玉溪年鉴 2019

【第27卷】

YUXI YEARBOOK

中共玉溪市委　玉溪市人民政府　主办

中共玉溪市委党史研究和地方志编纂办公室　编

云南出版集团

云南人民出版社

图书在版编目（CIP）数据

玉溪年鉴. 2019 / 中共玉溪市委党史研究和地方志编纂办公室编. — 昆明 : 云南人民出版社，2019.11
ISBN 978-7-222-18775-7

Ⅰ. ①玉… Ⅱ. ①中… Ⅲ. ①玉溪—2019—年鉴
Ⅳ. ①Z527.43

中国版本图书馆CIP数据核字（2019）第260041号

责任编辑：杨昆芹
责任校对：黄　灿
责任印制：代隆参

玉溪年鉴（2019）
中共玉溪市委党史研究和地方志编纂办公室　编

出　版　云南出版集团　云南人民出版社
发　行　云南人民出版社
社　址　昆明市环城西路609号
邮　编　650034
网　址　www.ynpph.com.cn
E-mail　ynrms@sina.com
开　本　889mm × 1194mm　1/16
彩　插　14
印　张　35.5
字　数　590千
版　次　2019年11月第1版第1次印刷
制　作　昆明美雅奇印务有限公司
印　刷　云南速盈印刷有限公司
书　号　ISBN 978-7-222-18775-7
定　价　380.00元

如有图书质量及相关问题请与我社联系
审校部电话：0871-64164626
印制科电话：0871-64191534
如有印装问题请与承印厂联系，联系电话：0871-63302934

云南人民出版社微信公众号

《玉溪年鉴》编纂委员会

《玉溪年鉴》编辑部

通讯地址　中共玉溪市委党史研究和地方志编纂办公室
（红塔区东风广场一号路上郑井 28—1 号 301 室）

邮政编码　653100

联系电话　0877-2025488

电子邮箱　yxdfzb@163.com

撰稿人员名单

（按文章顺序排列）

刘汉明　崔永红　何　洋　李林润　飞俊鸿　吴建勇　史　丽　朱浩吉　董学能　杨文博
王　华　郑学容　李颖昌　程　新　范　罡　高发红　朱文栋　徐瑞江　适丽招　瞿星宏
王朴林　梅　亮　刘飞艳　官家燕　徐　琦　何　潇　王　嫣　吴　磊　张正云　杨　伟
张海兰　潘翠华　李云东　刘仕芬　何建刚　陈　佳　马国富　黄蕊仪　黄晓薇　赵皖婷
周海琼　刘亚丹　黄建祥　普　芮　张春亚　杨继林　施乂莓　王建文　官家燕　刘桂华
陈　刚　张　晔　张　坤　李　勇　屈庆峰　盛　伟　陶速日　夏辉露　可文苑　周克金
张继宏　李海生　吴　敏　王宏伟　张　明　周文忠　颜洪敏　廖树琼　刘　英　桂晶晶
李连坤　曾应春　张志军　孙　钺　吕　萍　杨云光　马东锦　肖文俊　胡冬梅　师红艳
张丽慧　聂　晶　高兴忠　杨艳芬　郭　斌　陈桂芬　杨春江　蒋志东　李翠华　溥恩波
何海波　倪海浪　吴建勇　冯建团　胡文格　夏联强　张晓舟　杨晓橙　王红琴　李志能
刘双玲　关　翔　阮　波　李连兴　高　瑾　张员超　施丽梅　朱林立　岳志强　秦　婧
普　燕　徐彦明　魏　祥　李双艳　何飞逾　贾　平　杨绍富　饶　敏　李　徽　魏丽红
黄莲英　范　文　向小华　王　嫣　钟团兵　史启斌　张晓燕　高　倩　普泳智　陈　磊
盛海红　彭　林　何忠仙　杨　妹　郭春花　代玉洁　谭瑞云　潘美帆　孔素仙　肖钰姗
乔　雪　李悦颖　赵灵芝　马　璇　刘晓宇　孟玉芳　罗焯丹　向致林　赵亚红　赵雪如
吴　媛　禹春裕　魏正荣　李　争　张兴伟　赖恒红　徐明汉　马庆凯　普晨敏　罗继宇
高　丽　赵　鹏　杨　蕾　段旭晖　代媛媛　任金磊　乔　羽　阮于航　苗　莉　刘启良
王滟萍　赵翠玲　杨红芳　王　锦　李　强　张　谨　姚　梅　孙　欣　赵艳芳　武映棣
段　娟　任　媛　张　楠　徐　昊　康俊青　张　雪　瞿　敏　柏存龙　管迎春　杨　茜
乔艳梅　唐纾乔　廖　雁　李晓琳　廖成海　栾　奕　栗　芳　张芃婉　龙　伟　杨益民
高　敏　张晓欢　李跃辉　马丽波　雷亚萍　雷冬梅　蔡建平　胡贵青　张帆舸　邵昌云
杨金发　周　平　高　俊　吴希敏　马晓红　易　帅　毛倩雯　蒋晓霜　杨　睿　李远征
方丽华　杨进宏　刘家伟　方泽军　业　凌　胡　晓　杨　梅　尹俊峰　靳　雨　刘　毅
王　凌　杨　霏　解景然　陈南男　徐亚玲　李佳晴　瞿文君　王　溢　李奇松　罗启元
王玲玲　马一雄　李　敏　杨　勇　潘　勇　李忠福　王静霞　解景然　张琼梅　普　悦
陈　冬　可春辉　包翠芬　徐志强　徐晓秋　王一舒　杞云博　杜　洋　谢坊枋　杜鹏程
邓雪松　李顺祥　罗永波　周艳华　杨新燕　黎明燕　殷镱榕　杨　坤　杨　丽　周　羲
纳全龙　沈佳佳　龙江涛　姜　彬　邹贤超　龙利玲　刘浩勇　周艳华　杨新燕　黄健华
昂子艺　刘祥松　王德莉　徐凡清　苏为勇　赵腾蛟　张　兰　孙银龙　普文光　刀燕勤
李红兰

编辑说明

一、《玉溪年鉴》是中共玉溪市委、玉溪市人民政府主办，玉溪市委党史研究和地方志编纂办公室承办的地方综合性年鉴。自1993年创刊，每年出版1卷，2019卷为第27卷。《玉溪年鉴》始终坚持“质量第一、常编常新”的编鉴宗旨，紧紧围绕市委、市政府的中心工作，全面系统翔实地记述上一年度玉溪市各族人民在中国共产党的领导下建设美丽幸福新玉溪的伟大实践，以及全市政治、经济、文化、社会、生态等各方面的基本情况、深刻变化和重大成就，是外界了解认识玉溪的重要窗口。

二、《玉溪年鉴（2019）》第27卷主要反映玉溪市2018年度各方面的情况。全书分为图片专辑、特载、专记、专文、大事记、市情概览、中共玉溪市委员会、玉溪市人民代表大会、玉溪市人民政府、政协玉溪市委员会、民主党派·工商联、人民团体、法治、军事、农业、水利、工业、烟草产业、园区经济、城乡发展、环境保护、经济管理、商业贸易、交通·邮政、财政·税务、金融业、教育、科学技术、文化事业、旅游业、卫生、体育、社会生活、县（区）概况、人物、附录、索引37个类目，各类目下设分目，基本资料以条目形式撰写。全书共有条目1983条，照片302幅，统计图33个，表格32个，力求做到图文并茂，切实增强年鉴的信息量和可读性。

三、本年鉴所采用的稿件均由市直各单位和各县区史志办明确专人撰写，并经单位领导审核把关后收集，资料翔实准确，内容丰富，信息量大，是全市各级领导干部和各级各部门出台政策、制订工作计划的重要依据。

四、本年鉴设有目录和索引两种检索方法，目录在卷首，索引在卷尾。目录编排到条目；索引采用主题分析法，按主题词首字音序排列，同音字以声调为序排列。

五、在反映数量变化时，一般与2017年末数相比，文中出现“上年”字样，均指2017年，不一一注明。统计数字如部门间有出入或使用预计数的，一律以统计部门提供的为准。在条目中，部分单位、事件等名称，第一次出现时用全称，以后用简称，不一一注明。

六、《玉溪年鉴》的标识外形为玉佩造型，由三朵流畅的浪花汇聚成汹涌澎湃的大海，是对玉溪精神“玉汝于成、溪达四海”的最佳诠释。封面以浪漫主义的手法，把浪花和音乐符号有机结合起来，充满了生机和活力，体现了新时代玉溪人拼搏进取、追云逐浪、永立潮头的精神。

七、本卷年鉴的编辑出版，得到了各级领导干部和各级各相关部门以及社会各界的关心帮助，在此表示衷心感谢！由于时间紧、工作量大，加之编辑水平有限，年鉴中难免有不足之处，敬请各位读者谅解。

《玉溪年鉴》编辑部

重要活动

2018年，玉溪市委、市政府始终以习近平新时代中国特色社会主义思想为指引，在省委、省政府的正确领导下，深入贯彻党的十九大和十九届二中、三中全会及省委十届四次、五次全会精神，坚持稳中求进工作总基调，全面落实新发展理念，统筹推进“五位一体”总体布局和协调推进“四个全面”战略布局，团结带领全市党员干部和各族人民，坚持经济社会发展“5577”总体思路，聚焦聚力三大攻坚战、“六个走在全省前列”和推进“两型三化”、打造“三张牌”、举全市之力建设国家创新型城市等新要求，努力克服经济下行压力加大，勠力同心抓大事、干要事、解难事，全市经济、政治、文化、社会、生态和党的建设等各项工作成效显著。

①

①2018年2月7日，市监察委员会挂牌成立

②2018年12月14日，中共玉溪市委书记罗应光（前排右二）率市党政领导观看“玉溪市庆祝改革开放40周年暨撤地设市20周年成就展”

③2018年3月30日～4月1日，玉溪重点产业（上海）投资推介会举办，中共玉溪市委书记罗应光致辞

（曾永洪　摄）

产业升级

2018年，玉溪市突出“三区一港”产业定位，坚持“两型三化”发展方向，紧扣七大产业发展重点，高位推动“四带多园”建设，全力以赴打造“三张牌”，推动产业迭代更新、迈向中高端。深入实施“中国制造2025玉溪行动计划”，着力推动矿冶及装备制造业转型升级，打造“云南绿色钢铁城”；全力支持红塔集团技改升级和市场开拓，提升“红塔品牌”影响力；大力发展以信息产业为重点的数字经济，成功举办数字科技文化节，新引进360企业安全集团、易网科技等一批互联网企业；加快现代物流产业发展，全市登记物流企业463户；全力推进国家农业可持续发展试验示范区暨国家农业绿色发展先行先试区建设，新认证“三品一标”农产品60个；加快沃森、维和、克雷斯等骨干企业核心产品产业化进程，生物医药产业提速发展。

②

③

① 红塔集团现代化生产车间 （张本聪　摄）
② 新平县大力发展高原特色现代农业 （曾永洪　摄）
③ 华宁陶 （张本聪　摄）

三大战役

2018年，玉溪市打好“三大战役”着力强实体，始终把民营、园区、县域经济作为稳增长的重要支撑，多措并举推进实体经济发展。激发活力壮民营，坚持“两个毫不动摇”，构建“亲”“清”新型政商关系，“一户一策”精准帮扶重点企业、困难企业，13户企业上榜2018年全省非公企业100强，玉溪在全省民营经济发展考评中位居第一。瘦身强体建园区，调减园区规划面积，实施千百亿发展工程，高新区正式托管研和工业园区，联通大数据、研和数控产业园二期和仙福、太标转型升级项目顺利推进，易门铜业“五改十”项目投产，新平工业园区入围云南10强工业园区。争先进位强县域，强化经济运行分析调度，压紧压实县区目标责任，各县区比学赶超，综合实力不断增强，GDP过百亿县区达6个，澄江晋位云南县域经济十强县，新平、元江成为县域跨越发展先进县，红塔区列为云南民营经济综合10强县，元江、易门进入全省民营经济争先进位10强县。

①高新区龙泉工业园区标准厂房建设
②研和工业园区数控产业园
③高新区龙泉片区北京升华电梯有限公司生产车间
④高新区九龙大数据产业园晶鑫达科技有限公司生产车间

（曾永洪 摄）

②

③

④

五网建设

①

2018 年，玉溪市抓实建设进度、要素保障、跟踪服务，“五网”基础设施不断完善。江川机场、玉磨铁路进展顺利，玉溪至杭州高铁开通运行，弥楚、江通、澄川、大戛高速公路建设有序推进。红河天然气支线管道、城市生活垃圾发电等重大项目建设加快，农网升级改造、充电设施建设取得实效，中心城区天然气气化率达 76.5%。强化信息通信基础设施建设，“互联网 +”政务云平台建设成效显著，荣获中国优秀数据中心、“宽带中国”优秀试点城市称号。抓好滇中引水主体工程、15 件重点水源工程建设，确保 3 个中型和 5 个小（一）型水库主体工程完工。

②

① 华为云计算数据中心　（曾永洪　摄）
② 昆明至玉溪高速公路玉溪段　（潘　泉　摄）
③ 玉溪东风水库　（蒯子猷　摄）

城乡发展

2018年，玉溪市着力抓规划、重建设，城乡面貌明显改善。玉溪市城乡总体规划通过评审，完成科教创新城、高铁新城核心区等重点片区城市设计。“六城同创”深入推进，获中国智慧城市创新奖，玉溪市、江川区荣获第四届云南省文明城市称号，国家卫生城市通过第二轮复审。建成海绵城市试点项目84个、地下综合管廊23.3千米、排水管网46千米。县城提质扩容成效显著，澄江县喜获创建全国文明城市提名。编制出台乡村振兴战略规划及实施意见，23个省级农村人居环境整治示范村规划编制完成，人居环境提升工作进展全省排名第二。

① 宜居宜业宜游生态城市建设迈上新台阶（潘　泉　摄）
② 俯瞰玉溪中心城区（郭建林　摄）
③ 红塔区上牟溪冲村（曾永洪　摄）
④ 山区彝村大变样（潘　泉　摄）

③

④

生态建设

2018年，玉溪市着力抓环保、建生态，环境质量日益提升。“三湖”“十三五”规划75个项目、山水林田湖草46个项目开工率分别达88%和80%。深入实施保卫抚仙湖三年行动计划，“雷霆行动”148个问题完成整改，启动“森林抚仙湖”建设，完成径流区林业生态修复3万亩、休耕轮作5.7万亩，抚仙湖水质稳定保持Ⅰ类。启动实施星云湖水质达标三年行动计划，环湖截污治污、底泥疏挖等19项工程全面推进。设置2052名四级河（湖）长，实现河（湖）长全覆盖。开展“绿盾”专项行动，推行山林长制，完成营造林20.7万亩，森林覆盖率达57.3%。治理淘汰黄标车14908辆，中心城区空气质量优良率达99.7%。

①

① 玉溪市海绵化改造项目实施后的北片区一隅 （潘　泉　摄）
② 抚仙湖生态调蓄带 （曾永洪　摄）
③ 森林抚仙湖建设 （曾永洪　摄）
④ 聂耳广场一隅 （曾永洪　摄）

②

③

④

脱贫攻坚

2018 年，玉溪市始终把脱贫质量放在首位，坚持“四个不脱”，制定实施脱贫攻坚巩固提升三年行动方案，扎实开展“转作风、大调研、抓精准、促落实”专项行动和脱贫措施户户清行动，强化“挂包帮”“万企帮万村”等责任落实，建档立卡贫困人口减少 1.2 万人，贫困发生率降至 0.13%。对标“两不愁三保障”，围绕教育扶贫、健康扶贫和兜底保障精准施策、精准发力，全市建档立卡人口基本医疗保险和大病保险参保率、家庭医生签约率、子女入学率均达 100%，低保对象实现应保尽保，易地搬迁扶贫安置 5246 人。

①

②

③

④

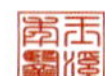

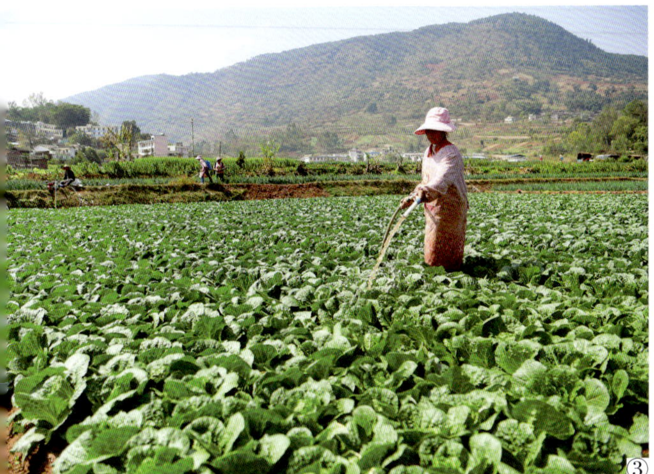

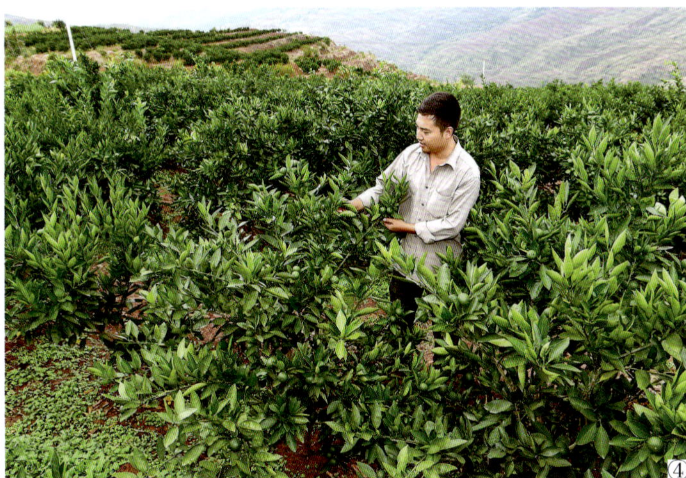

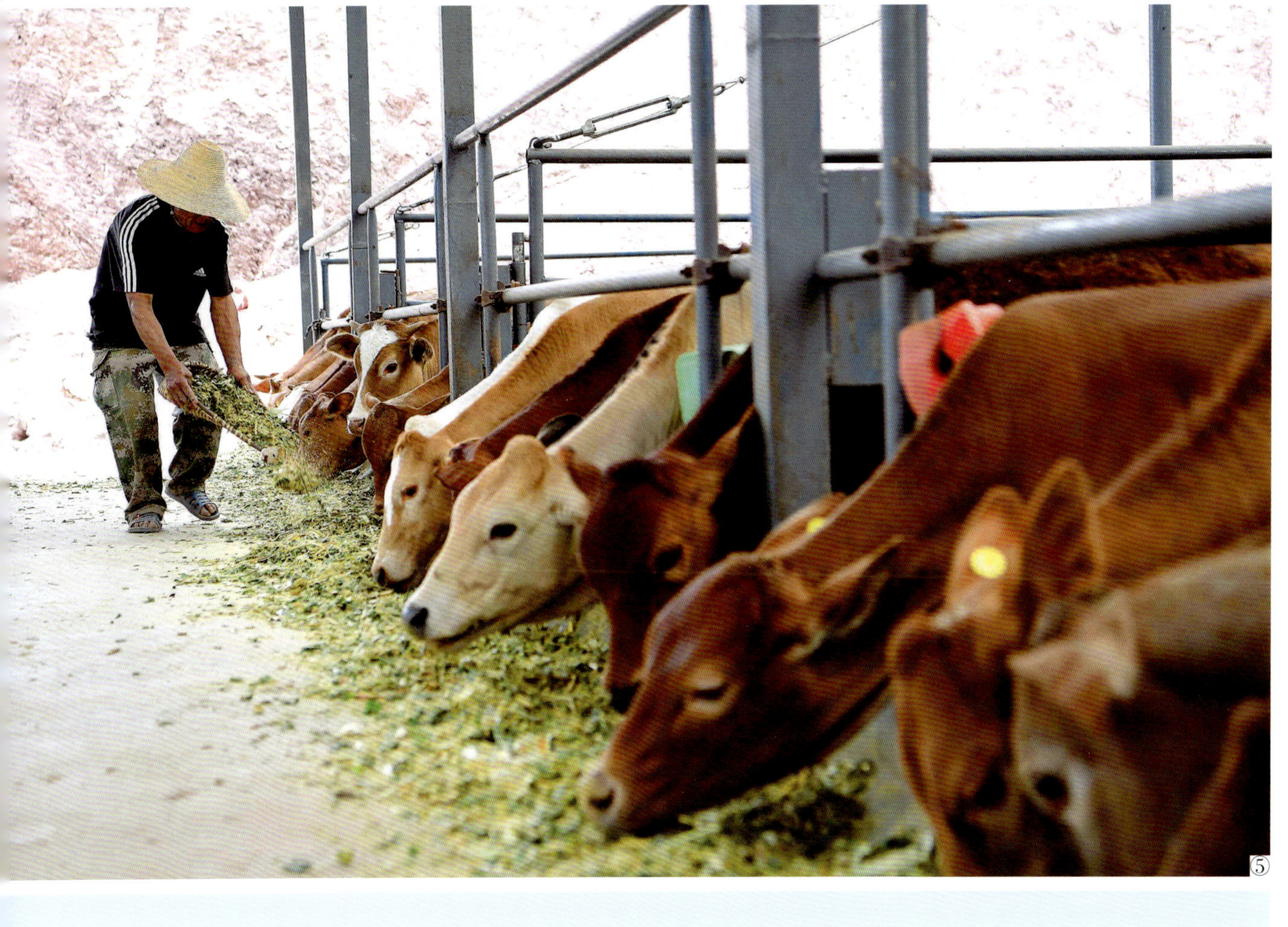

⑤

①2018年4月27日，全市脱贫攻坚巩固提升推进会议召开
②新平县建设扶贫安置房
③易门县十街乡种植冬早蔬菜助农增收
④易门县铜厂乡种植柑橘脱贫致富
⑤易门县十街乡发展养殖业增收致富

（曾永洪　摄）

民生保障

2018年，玉溪市坚持把人民对美好生活的向往作为奋斗目标，推动民生保障和公共服务走在全省前列。把稳就业摆在突出位置，重点解决好高校毕业生、农民工、退役军人等群体就业，确保城镇新增就业2.7万人，帮助8000名就业困难人员实现就业。推进学前教育增量提质发展，改造幼儿园42所。推动义务教育优质均衡发展，优化中心城区中小学教育资源布局。抓好社保扩面续保提标，全市社会保障卡持卡人数达212.5万人。健全养老服务体系，13个居家养老服务中心全面开工，新建101个老年活动室。

① 体育活动
② 玉溪市第一幼儿园
③ 玉溪市妇幼保健院医护人员为患儿治病

（曾永洪 摄）

①

②

③

文体活动

2018年，玉溪市加快“聂耳音乐之都”建设，开展庆祝改革开放40周年暨纪念玉溪撤地设市20周年系列主题活动。深入实施文化惠民工程，县（区）、乡镇（街道）文化馆站实现全覆盖。滇剧《王者江上》获国家艺术基金资助，涌现出《祝福》《蝶舞》等一大批新品力作。加大文化文物和非遗传承保护，通海兴义贝丘遗址获国家“田野考古一等奖”。广泛开展全民健身活动，省十五届运动会取得团体总分第二名好成绩，成功举办抚仙湖国际半程马拉松等国际国内赛事，成功申办第十六届省运会。

①

①诗朗诵《玉溪精神》
②聂耳文化广场上的升旗仪式
③情景剧《红塔记忆》

（曾永洪　摄）

②

③

（潘 泉 摄）

玉溪市行政区划图

子午镇
大庄镇
双柏
大地基
新村镇
楚 雄 彝 族 自 治 州
法脿镇
独田
爱尼山
碍嘉镇
安龙堡
大麦地镇
向阳
竹箐
者竜
峨毛
鱼科
腰村
春元
九甲镇
大雷锅山
哀牢山国家级自然保护区
现功
马房
罗柴冲
老厂
水塘镇
新塘
竹园
保和
新化
者东镇
邦迈
平寨
戛洒镇
大田
米尺莫
白达莫
新平彝族傣族自治县
新平
(桂山街道)
古城街道
平甸
南蚌
平安
布者
红旗
磨皮
镇沅
漠沙镇
腰街
曼蚌
发启
纸厂
和平镇
西尼
普
富庶
平掌
曼干
瓦寺
柏枝
木场
胜利
关圣
马鹿寨
漠沙农场
建兴
团田镇
古城镇
孟弄彝族乡
洱
新抚镇
新安镇
大风垭口隧道
景星镇
市
德安
墨江
通关镇
龙坝镇
因远镇
卡腊
车垤
咪哩
甘庄街道
曼来镇
红光农场
元江隧道
元江大桥
红河大桥
元江
(红河街道)
澧江街道
元江哈尼族彝族傣族自治县
元江农场
羊街
那诺
阿波里山
绿汁镇
铜厂
狮子山
老黑山
龙泉国家森林公园
龙格利
富良棚
塔甸
甘庄华侨农场
磨盘山国家森林公园
磨盘山

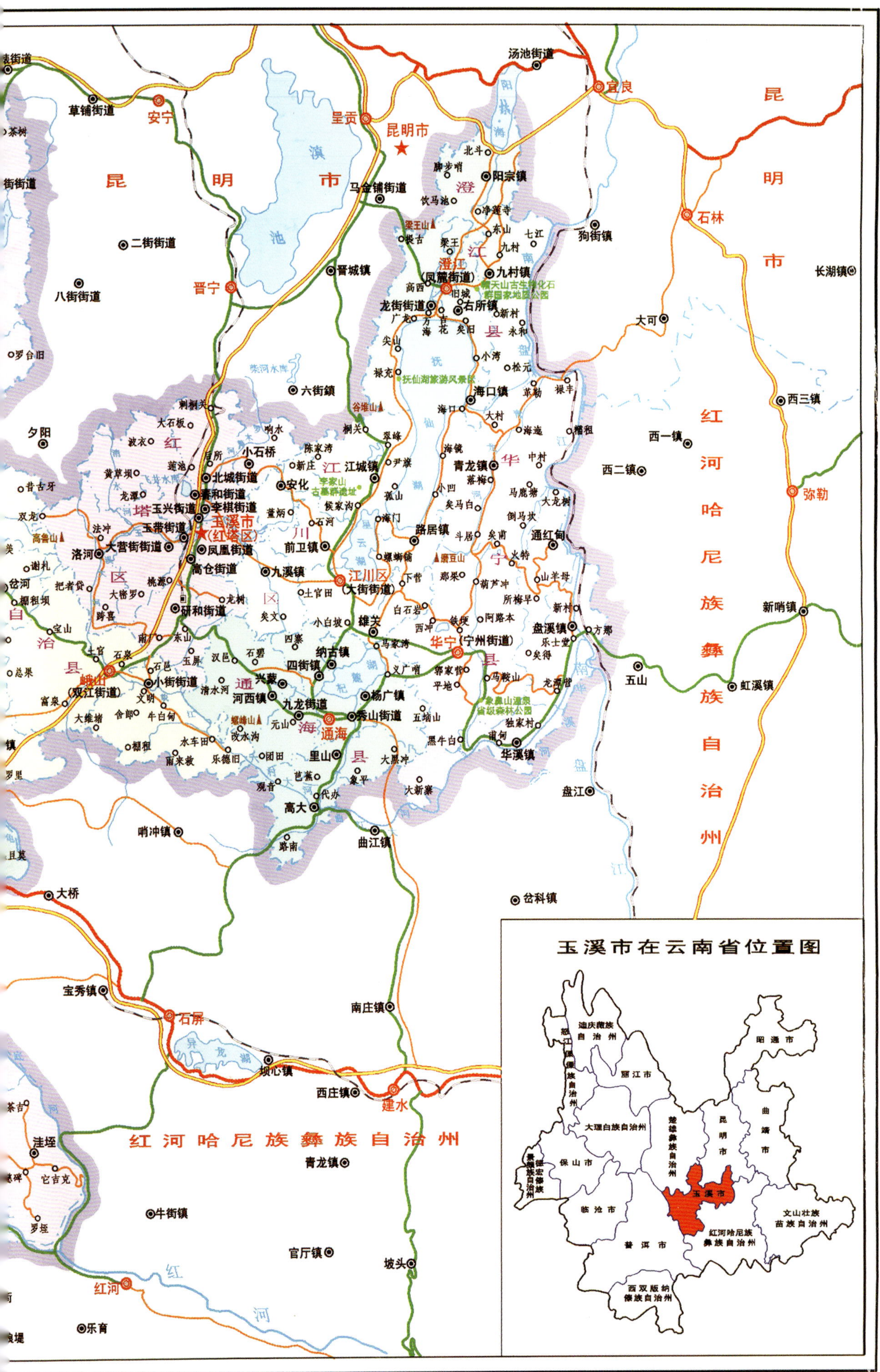

审图号：云S（2017）021号

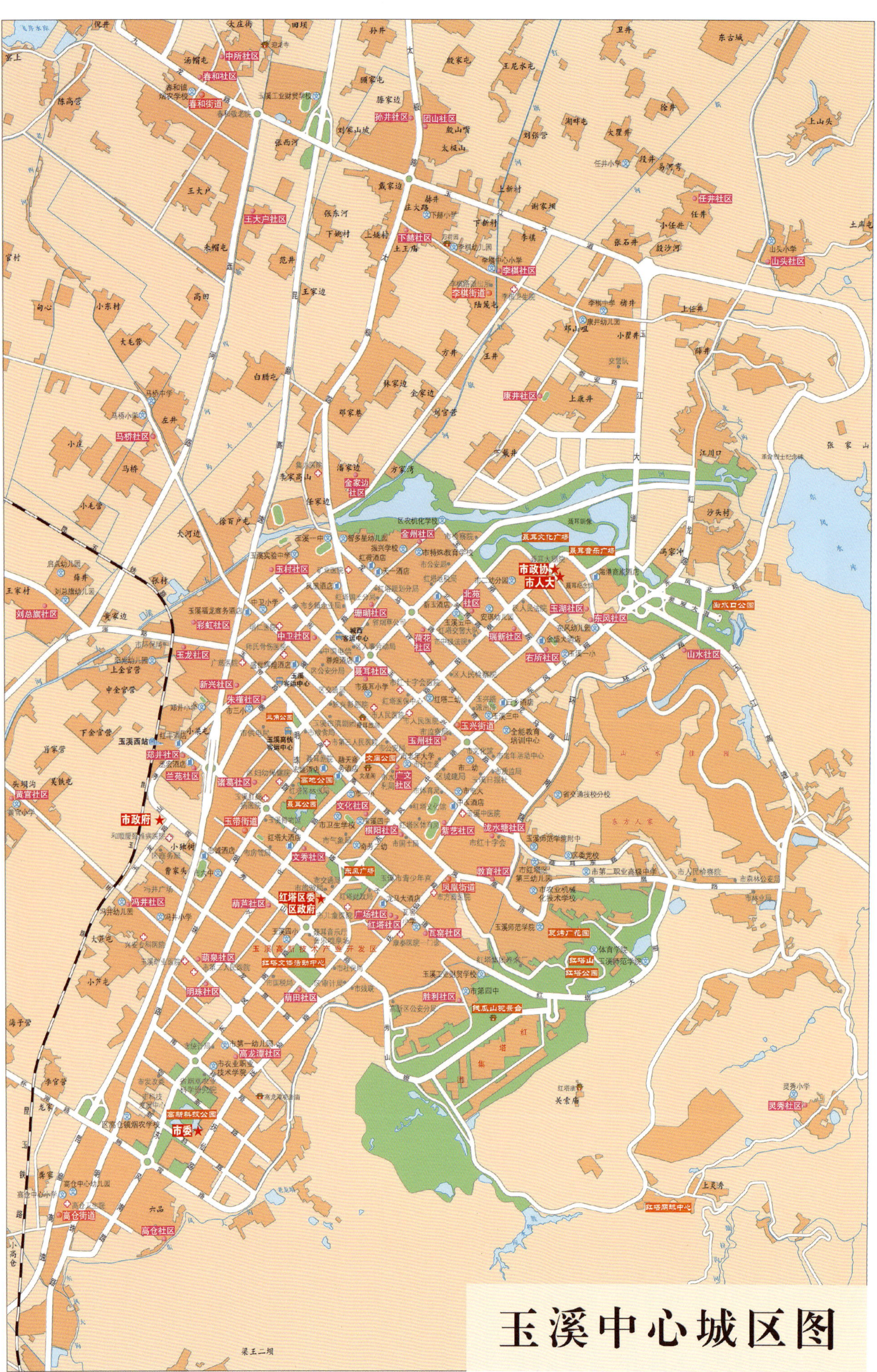

审图号：云 S（2017）021 号

目　录

CONTENTS

特　载
SPECIAL REPRINT

专　记
SPECIAL RECORD

专　文
SPECIAL ARTICLES

大 事 记
A CHRONICLE OF MAIN EVENTS

市情概览
AN OVERVIEW OF YUXI MUNICIPALITY

中共玉溪市委员会
THE CPC COMMITTEE OF YUXI CITY

玉溪市人民代表大会
THE PEOPLE' CONGRESS OF YUXI

玉溪市人民政府
THE PEOPLE' S GOVERNMENT OF YUXI

人民团体
MASS ORGANIZATIONS

军 事
MILITARY

烟草产业
TOBACCO

烟草管理

烤烟生产

卷烟生产

卷烟营销及专卖管理

烟草科技

园区经济
PARK ECONOMY

园区宏观管理

高新技术产业开发区

特色园区

城乡发展
URBAN AND RURAL CONSTRUCTION

城乡规划

城镇基础设施建设

建筑业

房地产业

城市管理与行政执法

公积金管理

六城同创

环境保护
ENVIRONMENTAL PROTECTION

生态环境保护

环保执法

三湖保护

经济管理

ECONOMIC MANAGEMENT

商业贸易
TRADE

交通·邮政
TRANSPORTATION · POST

财政・税务
FINANCE・TAXATION

财　政

税　务

金融业
FINANCE AND INSURANCE

金融管理

外汇管理

银行业监管

商业银行

文化事业
CULTURE

旅游业
TOURISM

卫　生
HYGIENE

体 育
PHYSICAL EDUCATION

社会生活
SOCIETY

县（区）概况

GENERAL SITUATION OF THE COUNTRIES AND DISTRICT OF YUXI

人　物
FIGURES

附 录
APPENDIX

索 引
INDEX

（黄 凯 摄）

特　载

SPECIAL REPRINT

责任编校：李海明

在市委五届七次全会上关于市委常委会工作的报告

在市委五届七次全会第一次全体会议上的讲话

政府工作报告

在市委五届七次全会上关于市委常委会工作的报告

中共玉溪市委书记　罗应光

（2019 年 1 月 7 日）

2019 年 1 月 7 日，中共玉溪市委五届七次全体会议召开，中共玉溪市委书记罗应光代表常委会向全会做工作报告

（曾永洪　摄）

受市委常委会委托，现在我向全会做工作报告。

市委五届五次全会以来，市委常委会始终以习近平新时代中国特色社会主义思想为指引，在省委、省政府的正确领导下，深入贯彻党的十九大和十九届二中、三中全会及省委十届四次、五次全会精神，坚持稳中求进工作总基调，全面落实新发展理念，统筹推进“五位一体”总体布局和协调推进“四个全面”战略布局，团结带领全市党员干部和各族人民，坚持经济社会发展“5577”总体思路，聚焦聚力三大攻坚战、“六个走在全省前列”和推进“两型三化”、打造“三张牌”、举全市之力建设国家创新型城市等新要求，努力克服经济下行压力加大、通海“8·13”“8·14”地震等带来的挑战，勠力同心抓大事、干要事、解难事，全市经济、政治、文化、社会、生态和党的建设等各项工作成效显著，稳步向高质量跨越式发展迈进。

一年来，市委常委会主要抓了十个方面的工作。

一、持续深入学习宣传贯彻习近平新时代中国特色社会主义思想和党的十九大精神

把深入学习宣传贯彻习近平新时代中国特色社会主义思想和党的十九大精神作为首要政治任务和长期工作主题，在学懂弄通做实上持续深化，转化为思想武装和实践成果。

持续加强学习教育，推进理论武装深入化。把习近平新时代中国特色社会主义思想和党的十九大精神作为党委（党组）理论学习中心组、万名党员进党校、支部“主题党日”等的重要学习内容，举办 3 期领导干部专题研讨班，集中开展厅处级和乡镇党政正职全覆盖轮训，推进“两学一做”学习教育常态化制度化，切实用党的最新理论武装头脑，更加坚定自觉地在思想上政治上行动上同以习近平同志为核心的党中央保持高度一致。

持续加大宣传力度，推进理论宣传大众化。持续抓好党的十九大精神和《习近平新时代中国特色社会主义思想三十讲》等宣传宣讲，在全市各类媒体重要时段、重要版面开设专题专栏，打造 10 个学习宣传贯彻习近平新时代中国特色社会主义思想示范点，采取专题宣讲、主题演讲、文艺巡演等多种形式推动学习向基层覆盖、向深度拓展，在全市上下形成学习新思想、领悟新思想、践行新思想的浓厚氛围。

持续深化研究阐释，推进理论研究科学化。制定出台《关于深入学习贯彻党的十九大精神促进玉溪跨越式发展的决定》，围绕深入贯彻习近平总书记考察云南重要讲话精神、“六个走在全省前列”和改革发展稳定重大理论和现实问题，深入基层开展调查研究，推出一批高质量理论研究成果，通过各类媒体刊载、发送相关理论文章，举办庆祝改革开放 40 周年等系列研讨会，以深学笃行的实践推动习近平新时代中国特色社会主义思想和党的十九大精神落地生根、开花结果。

二、毫不动摇坚持稳中求进，不断夯实高质量发展基础

市委常委会牢牢把握稳中求进工作总基调和供给侧结构性改革主线，落实高质量发展要求，把 2018 年作为“工作落实年”，制定实施“稳”的政策，积极应对“变”的因素，着力强化“进”的措施，全市经济运行保持稳中向好态势。预计全市生产总值增长 9% 左右，固定资产投资增长 10% 左右，一般公共预算收入增长 3.8%，社会消费品零售总额增长 12% 左右，城乡常住居民人均可支配收入分别增长 8%、9% 左右。

推进“两型三化”打造“三张牌”，迭代产业体系初步建立。突出“三区一港”产业定位，坚持“两型三化”发展方向，紧扣七大产业发展重点，高位推动“四带多园”建设，全力以赴打造“三张牌”，推动产业迭代更新、迈向中高端，预计非烟工业增加值增长 21%，税收收入总量位居全省第二。深入实施“中国制造 2025 玉溪行动计划”，着力推动矿冶及装备制造业转型升级，打造“云南绿色钢铁城”，玉昆钢铁集团产能置换升级改造项目启动实施；全力支持红塔集团技改升级和市场开拓，提升“红塔品牌”影响力，烟草产业保持增长；大力发展以信息产业为重点

的数字经济，成功举办数字科技文化节，新引进360企业安全集团、易网科技等一批互联网企业，蓝宝石衬底片和4个智能终端项目建成投产，国家电子商务示范市建设稳步推进；加快现代物流产业发展，全市登记物流企业463户。坚持质量兴农、绿色兴农，创名牌、育龙头、抓有机、建平台、占市场，全力推进国家农业可持续发展试验示范区暨国家农业绿色发展先行先试区建设，新认证“三品一标”农产品60个。编制大健康产业发展规划，高标准推进国际医疗健康城规划建设，加快沃森、维和、克雷斯等骨干企业核心产品产业化进程，生物医药产业提速发展；以“一部手机游云南”为契机，大力发展智慧旅游、全域旅游，寒武纪乐园、仙湖山水等38个旅游重大项目稳步推进，玉溪旅游的关注度不断提升、品牌影响力日益扩大。

实施科教创新聚力强驱动，发展质量动能逐步提升。始终把科教创新作为高质量跨越式发展的核心，围绕打造科教创新城加快教育、科技、产业创新深度融合，做好“创新+转型”文章，医养中心、体育运动中心等重点项目快速推进，引智引校成效显著，玉溪成为国家新一批开展创新型建设城市之一。压实压细创新主体培育、“双创”平台建设、科技成果转化等重点任务，申报院士专家工作站8个，被认定国家科技型中小企业56户、省级74户，全球创新中心云南分中心落户玉溪，通海县入选全国首批创新型县名单，红塔区认定为省级科技成果转化示范区，江川区认定为省级可持续发展试验区，高新技术企业、省级以上研发平台拥有量、专利申请量、授权量和每万人发明专利拥有量均居全省第二，全市科技对经济增长的贡献率达58.5%。深入推进质量强市建设，4家企业获批质量走廊省级示范单位，高新区获准筹建全国生物制品与植物提取物知名品牌创建示范区。

打好“三大战役”着力强实体，供给体系质量得到提高。始终把民营、园区、县域经济作为稳增长的重要支撑，多措并举推进实体经济发展。精准发力供给侧，在“破立降”上下功夫，淘汰炼铁、水泥、粗铜落后产能105万吨，为实体经济减税降费51.4亿元，销售商品房169.6万平方米，一批实体企业实现升规纳限。激发活力壮民营，坚持“两个毫不动摇”，构建“亲”“清”新型政商关系，“一户一策”精准帮扶重点企业、困难企业，13户企业上榜2018年全省非公企业100强，玉溪在全省民营经济发展考评中位居第一。瘦身强体建园区，调减园区规划面积，实施千百亿发展工程，深化实体化改革，高新区正式托管研和工业园区，污水处理、标准厂房等设施建设不断完善，联通大数据、研和数控产业园二期和仙福、太标转型升级项目顺利推进，易门铜业“五改十”项目投产，新平工业园区入围云南10强工业园区。争先进位强县域，强化经济运行分析调度，压紧压实县区目标责任，及时通报预警工作进度，各县区比学赶超，综合实力不断增强，GDP过百亿县区有望达6个，澄江晋位云南县域经济十强县，新平、元江成为县域跨越发展先进县，红塔区列为云南民营经济综合10强县，元江、易门进入全省民营经济争先进位10强县。

围绕项目建设全力抓投资，跨越发展后劲持续增强。始终把增投资作为稳增长、补短板的关键，实行市级领导联系“七位一体”工作责任制，层层落实目标责任，扎实开展项目问题清零、融资搭桥、推进预警三大行动，省市“四个一百”重大项目稳步推进，PPP项目通过减量瘦身实现建设提速。把优化投资结构重点放在增加工业、“五网”等投资上，强化融资、用地等要素保障，工业投资快速增长，“五网”基础设施不断完善。江川机场、玉磨铁路进展顺利，玉溪至杭州高铁开通运行，弥楚、江通、澄川、大戛高速公路建设有序推进。红河天然气支线管道、城市生活垃圾发电等重大项目建设加快，农网升级改造、充电设施建设取得实效，中心城区天然气气化率达76.5%。强化信息通信基础设施建设，“互联网+”政务云平台建设成效显著，荣获中国优秀数据中心、“宽带中国”优秀试点城市称号。

三、全面实施乡村振兴战略，推动农业农村优先发展

市委常委会坚持把实施乡村振兴战略作为解决“三农”问题、补齐“三农”短板的总抓手，编规划、搞调研、强措施，落实“千名领导挂千村”责任，全力以赴推动农业强、农村美、农民富。

聚焦成果全面巩固，脱贫质量实现新提升。始终把脱贫质量放在首位，坚持“四个不脱”，制定实施脱贫攻坚巩固提升三年行动方案，扎实开展“转作风、大调研、抓精准、促落实”专项行动和脱贫措施户户清行动，强化“挂包帮”“万企帮万村”等责任落实，建档立卡贫困人口减少1.2万人，贫困发生率降至0.13%。对标“两不愁三保障”，围绕教育扶贫、健康扶贫和兜底保障精准施策、精准发力，全市建档立卡人口基本医疗保险和大病保险参保率、家庭医生签约率、子女入学率均达100%，低保对象实现应保尽保，易地搬迁扶贫安置5 246人。持续开展专项纪律检查和专项巡察，扶贫领域监督执纪问责保持高压态势。

聚焦农业全面升级，产业发展取得新突破。坚持以农业供给侧结构性改革为主线，实施高原特色现代农业三年行动计划，推动“种养+加工+流通”全产业链发展，一产增加值增速全省领先。启动国家现代农业产业园规划编制，加快红河谷—绿汁江热区经济开发建设，大力发展特色优势产业，烟农收入、烟叶税均增长10%，粮食生产总体平稳，畜牧产值突破百亿元，通海蔬菜、新平柑橘、红塔区花卉被认定为云南第一批特色农产品优势区。大力实施农产品加工提升、农村一二三产融合发展等行动，着力培育龙头企业、家庭农场、农家乐等新型经营主体，打造了一批田园综合体，新增市级以上龙头企业21户。大力发展开放型农业，加快实施“互联网+现代农业”，抓好蔬菜、花卉等外向型生产基地建设，农产品出口额15.8亿美元，玉溪高原特色农产品销售实现北上广深等一线城市全覆盖。

聚焦农村全面进步，乡村建设呈现新面貌。重规划强引领，编制乡村振兴战略规划，加快实施“百村示范、千村整治”行动，大营街、小湾等4个村入选省农村综合改革乡村振兴试点。全面实施农村人居环境整治三年行动，“七改三清”“厕所革命”、污水垃圾治理和村庄绿化亮化取得实效。抓实农村精神文明建设，健全“一核三治、共建共享”现代乡村治理体系，全面推广村规民约、红白理事会等成功经验，广大农村讲文明、树新风、促和谐的良好风尚蔚然兴起。

聚焦农民全面发展，生活水平有了新提高。全面落实各项强农惠农富农政策，落实第二轮土地承包延期政策，大力推进农村土地“三权分置”等11项改革任务，农村集体产权制度改革列为全国整市推进试点。培育壮大村级集体经济，有效保障了农民集体收益分配。改善群众生产生活条件，骨干水源、引水调水、江河治理等重点水利工程

进展顺利。推行农村公路“路长制”，新建改扩建农村公路2 058千米，建制村通客车率达100%。完善农民收入增长政策支撑体系，开展“万名新型职业农民”培育行动，农村劳动力转移就业13万人，农村居民人均可支配收入全省第二。

四、突出改革开放时代主题，努力激发跨越发展活力

市委常委会坚持把改革开放作为全面建成小康社会的关键一招，以改革开放40周年暨撤地设市20周年为契机，总结经验、乘势而上，以更大力度深化改革攻坚，以更实举措扩大对外开放。

勇于先行深化改革，改革工作走在全省前列。认真贯彻落实中央和省委全面深化改革决策部署，强化党政主要领导亲力亲为抓改革，在全省率先出台全面深化改革工作要点，对标对表明确192项改革事项，实行重点改革任务市级领导领衔负责，召开6次全面深化改革领导小组会议，审议通过69项改革事项。突出重点聚力攻坚，纵深推进“123456”“放管服”改革，扎实开展“只进一扇门”“最多跑一次”等六大行动，平均办结时限缩短一半，企业开办时限压缩2/3以上，一般性不动产交易登记办理时限缩短八成以上；全面启动党政机构改革，推进企事业单位公务用车改革，经济体制、文教卫生、民主法治、群团组织、党的建设等重点领域改革效应逐步显现。大胆探索试点引领，创新型城市、海绵城市、健康城市等一批“国”字号试点落地见效，市级自行试点9项，殡葬制度改革实现“五个100%”目标，公立医院综合改革获国务院通报表扬。

持之以恒扩大开放，招商引智迈上更高台阶。始终把招商引资作为经济工作的生命线，坚持双向开放、突出资智并引，实际引进市外国内资金首次突破千亿元大关。加大“引进来”力度，聚焦珠三角、长三角、京津冀、川渝等重点区域，借力“相约春天”“收获金秋”“南博会”“进博会”等重要平台，招大引强成效明显，招才引智成果丰硕，引入投资10亿元以上项目79个，与复旦大学等13所高校（院所）签订合作协议。加快“走出去”步伐，支持企业境外投资兴业，玉溪列为全省境外投资备案初审试点州市；加强出口基地建设，发展加工贸易，开辟外贸市场，预计进出口总额超20亿美元。拓展区域合作宽度，主动搭平台、建机制，成功承办举办首届中国—南亚合作论坛、第十三届清华大学公共管理高层论坛、“我和云南有个约会”—2018总领事玉溪音乐故事会，持续加强与北京顺义、广东佛山等友好城市的产业对接和交流合作，入玉投资实现增量提质。

五、围绕城市让生活更美好，着力提速新型城镇化

市委常委会始终把城镇化作为现代化的必由之路、最大的内需潜力，突出中心城区、县城和特色小镇三个重点，扎实推进以人为核心的新型城镇化，全市城镇化率预计达52.5%。

推进“六城同创”，城市建设管理得到加强。扎实开展城市设计、“城市双修”试点，玉溪市城乡总体规划通过评审，海绵城市建设等专项规划完成编制。深入推进“增绿添色、点亮玉溪、六城同创、建设花城”，海绵城市、地下综合管廊建设顺利推进，金水河、玉溪大河基本消除黑臭，国家卫生城市通过省级复审，获评中国智慧城市创新奖、第四届云南省文明城市，列为全国建筑垃圾治理试点城市。强化市政工程建设，安全骑行项目基本完工，玉溪规划馆完成外部装修，火车西站站前广场、红龙路改扩建等项目有序推进。城市管理执法体制改革持续深化，数字化城市管理信息平台建设稳步推进，精细化智慧化管理步伐加快，城市功能品质不断提升。

加快提质扩容，县城发展潜力不断增强。以规模容量、经济实力等“六个提升”为目标，支持县区加速产城融合、打造特色品牌，县城提质扩容取得实效。澄江围绕“三个国际城市”定位抓好“一城三镇八村”规划建设，撤县设市稳步推进，喜获创建全国文明城市提名；江川、峨山提质扩容加快推进，江川成功创建第四届云南省文明城市。实施县城景观大道、城市公园、市民广场、城市综合体和文化体育中心“五个一”行动，市政道路、“两污”设施等重大项目加快推进。高新区国家产城融合示范区试点工作取得成效，“农转城”工作有序推进。

把握工作重点，特色小镇建设加快推进。突出特色、产业、生态、易达、宜居、智慧、成网“七大要素”，着力打造广龙全国一流特色小镇和戛洒、杨广等5个全省一流特色小镇，完成特色小镇规划编制，累计投资超百亿元，广龙旅游小镇获1.5亿元省级财政资金支持。按照“七个一”标准，启动20个旅游特色小镇规划建设，9个村入选第五批国家传统村落名单。组织通海县申报中国历史文化名城，通海河西镇成功获批第七批中国历史文化名镇，新平磨盘山、元江小燕村被确定为全省康养小镇建设试点。

六、坚持生态优先绿色发展，全力加快美丽玉溪建设

市委常委会深入贯彻习近平生态文明思想，认真践行“绿水青山就是金山银山”理念，始终将生态立市置于发展之首，压实环境保护“党政同责”和“一岗双责”，努力争当全省生态文明建设排头兵。

扛实护湖政治责任，“三湖”保护治理成效明显。坚定“共抓大保护、不搞大开发”导向，坚持“保护第一、治理为要、科学规划、绿色发展”思路，建立“三湖”统一的管理体制，全面落实河湖长制，强化控源截污、系统修复，“三湖”水环境保护治理“十三五”规划项目开工率达88%，水生态文明城市建设试点通过水利部评估验收。打好新时代抚仙湖保卫战，实施综合保护治理三年行动计划，加强流域空间管控，持续开展雷霆行动，实行禁泳限养管船，启动“森林抚仙湖”建设，山水林田湖草试点项目开工率达80%，径流区土地休耕轮作5.7万亩，抚仙湖总体水质稳定保持Ⅰ类，被列为第三批省级重要湿地名录。杞麓湖保护条例经省人大修订通过，实施星云湖水质达标三年行动计划和2018年脱劣应急方案、杞麓湖“四治一网”措施，环湖截污治污、污染底泥疏挖、湿地湖滨带提质改造等取得成效，总体水质不断改善。

狠抓污染防治攻坚，生态环境质量持续改善。深入实施清水、净土、蓝天、国土绿化和人居环境提升五大行动，污染防治攻坚初战告捷。加快森林玉溪建设，开展“绿盾2018”专项行动，推行山林长制，完成营造林20.7万亩，森林覆盖率达57.3%。强化国土资源管理，搞好水土流失综合治理，盘活清理建设用地，土壤污染防治工作稳步推进。

打好蓝天保卫战，加大工矿企业、机动车、施工场地等污染治理，按期完成黄标车治理淘汰任务，中心城区空气质量优良率达 99% 以上。强化问题导向和追责问责，中央和省环保督察问题整改取得实效。深刻汲取陕西西安秦岭北麓违建别墅严重破坏生态环境、严重违反政治纪律和政治规矩问题的教训，举一反三、引以为戒。严格“网格化”“双随机”环境监管，严厉打击环境违法行为，形成了环境守法常态化。

践行绿色发展理念，生产生活方式加快转变。严守资源消耗上线、环境质量底线和生态保护红线，“三线一单”编制工作有序开展。构建绿色产业体系，强化节能减排，着力实施节能“双控”管理和重点用能单位“百千万”行动，持续开展农药化肥使用量零增长行动，全市单位 GDP 能耗预计下降 2.9%，高新区命名为国家级绿色园区。推动生活方式绿色转型，国家新能源汽车应用示范城市、公交都市、低碳试点城市创建工作稳步推进。深入开展生态文明创建，华宁成功创建国家生态文明建设示范县，元江、澄江入选云南省生态文明县，8 个乡镇列为省级生态文明乡镇。

七、发展社会主义民主政治，始终把牢正确政治方向

市委常委会始终坚持统揽全局、协调各方，着力推进社会主义民主政治制度化、规范化、法治化、程序化，加快建设法治玉溪，人民当家作主得到保障。

持续加强民主政治建设，汇聚跨越赶超强大合力。支持人大及其常委会依法履职，支持政协参政议政，支持法院、检察院依法独立公正行使职权，各方围绕中心、服务大局的能力水平进一步提升。圆满完成市人大、市政府、市政协领导班子换届，巩固和发展爱国统一战线，完成市总工会、团市委、市妇联等 7 家群团组织换届，关工委、老干部等作用得到有效发挥。深入推进民族团结进步示范创建，新平县戛洒镇成功创建全国民族团结进步示范镇，宗教工作“一网两单”经验在全省推广。深化军民融合发展，挂牌成立市退役军人事务局，玉溪市和 5 个县区荣获省第十届双拥模范（先进）城（县）。

不断深化依法治市实践，提高法治玉溪建设水平。维护宪法权威、弘扬宪法精神，落实宪法宣誓制度，宪法专题讲座、巡回宣讲广泛开展。树牢“立良法，促善治”理念，编制五年立法规划，制定引入第三方评估、论证咨询等工作规范，市人大及其常委会制定地方性法规条例、飞井水库饮用水水源保护条例进入审议程序，市森林防火条例颁布实施。深入实施“七五”普法规划，加强诚信体系建设，提升基层依法治理水平，红塔区荣获全国第四批“法治创建先进县区”，创建国家级省级民主法治示范村 21 个、省级民主法治社区 6 个。推动依法治市创新，在全省率先探索建立学法用法档案制度，列为全国公共法律服务平台建设示范点，全市依法治市工作连续两年排名全省第一。

八、加强宣传思想文化工作，弘扬主旋律传播正能量

市委常委会坚决贯彻落实习近平总书记关于宣传思想工作“九个坚持”新要求，切实担起举旗帜、聚民心、育新人、兴文化、展形象的使命任务，为高质量跨越式发展提供坚强思想保证和强大精神力量。

始终坚持党管意识形态，掌牢宣传思想工作主动权。加强党对宣传思想工作的全面领导，将意识形态工作纳入“七位一体”重点任务和全市巡察重点，压紧压实工作责任。牢牢把握正确舆论导向，统筹网上网下、内宣外宣，精心组织主题宣传、形势宣传、政策宣传、成就宣传、典型宣传，成功举办庆祝改革开放 40 周年暨玉溪撤地设市 20 周年等系列活动，加强互联网内容建设，网络空间更加清朗、舆论引导更加有力。加强与中央、省级媒体合作，电视新闻外宣工作有望实现全省“四连冠”。

注重增强核心价值引领，培育精神文明建设新风尚。实施社会主义核心价值观“24 字人知人晓工程”，大力弘扬“玉汝于成、溪达四海”玉溪精神，为玉溪高质量跨越式发展凝心聚力铸魂。推动“道德讲堂”逐步向“文明讲堂”创新升级，抓好善行义举榜建设，“玉溪好人”“玉溪新乡贤”等先进典型纷纷涌现，传统美德教育示范基地、乡村学校青少年宫建设等形成常态、建成品牌。广泛开展群众性精神文明创建活动，19 个村镇、40 家单位、8 所学校分别入选全省文明村镇、文明单位和文明学校候选名单。

积极回应群众文化需求，推动文化事业产业大繁荣。深入实施文化惠民工程，县区乡镇街道文化馆站实现全覆盖，“三馆一站”全面“零门槛”免费开放，在全省率先完成中央广播电视节目无线数字化覆盖补点建设。加快“聂耳音乐之都”建设，引进国内外知名演出团队开展文化展演，举办“聂耳杯”合唱比赛等活动，聂耳文化品牌影响力持续扩大。实施文艺繁荣工程，滇剧《王者江上》获国家艺术基金资助，涌现出《祝福》《蝶舞》等一大批新品力作。加大文化文物和非遗传承保护，推进全国最佳楹联文化城市创建，通海兴义贝丘遗址获国家“田野考古一等奖”。实施文化产业提质工程，成功举办玉溪市文化产业博览会，华宁碗窑村、江川渔村等 5 个村列为省民族民间工艺品示范村、销售示范街区，新增联网直报文化企业 5 户。

九、始终坚持以人民为中心，用心用情书写民生答卷

市委常委会始终把保障和改善民生作为第一工程，主动适应主要矛盾新变化，积极回应民生福祉新期待，民生支出占全市一般预算支出的 76.4%。

不遗余力办好民生实事，社会保障更加健全。落实更加积极的就业创业政策，强化大学生、失业人员等重点群体帮扶，城镇登记失业率为 3.19%；加快创业孵化平台提档升级，云科玉溪高新众创空间认定为国家级众创空间。抓好社保扩面续保提标，全市社会保障卡持卡人数达 212.5 万人。健全养老服务体系，13 个居家养老服务中心全面开工，新建 101 个老年活动室，5.03 万名高龄老人享受保健补助。建立社会救助兜底保障自然增长机制，提高城乡低保标准，医疗救助、临时救助、防灾减灾保障有力，通海“8·13”“8·14”地震灾后恢复重建顺利推进。着力解决城乡住房困难，农村危房改造超额完成，棚户区改造有序开展。

全力以赴抓好民生工程，公共服务更加完善。以立德树人为根本、公平均衡为重点，推动教育优质发展，“全面改薄”、校舍加固成效明显，义务教育均衡发展和职业教育质量稳居全省前列，玉溪一中入选全国百强中学，学前教育提速提质，高等教育内涵发展。实施健康惠民工程，推进健康城市试点和国家公立医院综合改革示范城市建设，市儿童医院、市医院改扩建等工程有序推进，启动农村家庭病床创建，强化重大疾病防控、妇幼健康等工作，全市

人均预期寿命达 76.1 岁；积极构建“互联网 + 医疗健康”服务体系，市医院列为全省互联网医院试点。抓实国家体育产业联系点城市工作，广泛开展全民健身活动，成功举办抚仙湖国际半程马拉松等国际国内赛事，玉溪荣获第十五届省运会团体总分第二，成功申办第十六届省运会。

凝心聚力守好民生安全，和谐局面更加巩固。坚决打好防范化解重大风险攻坚战，扎实推进平安玉溪建设，严厉打击非法集资、网络传销、金融诈骗等违法犯罪行为，强化政府性债务管控，坚决守住不发生系统性、区域性金融风险的底线。强化领导干部接访下访和包案化解，创建信访“三无”县区和“人民满意窗口”，打造“TV+ 信访”新模式。压实安全生产党政同责和“一岗双责”，强化重点领域重点行业专项整治和隐患排查，安全生产形势稳定向好，食品药品安全持续加强。健全社会治安防控体系，创建全国禁毒示范市，市县乡村四级综治中心挂牌成立，反恐防暴、禁毒防艾和反邪教工作成效突出，扫黑除恶专项斗争取得阶段性战果，第八次上榜“中国最安全城市”。

十、强化党的建设根本保障，营造风清气正政治生态

市委常委会始终把抓好党建作为最大政绩和根本保障，以永远在路上的坚韧和执着推动全面从严治党向纵深发展。

注重加强政治建设，执政根基更加牢固。坚持把党的政治建设摆在首位，严守关于坚定维护以习近平同志为核心的党中央集中统一领导的若干具体规定，以实际行动树牢“四个意识”、增强“四个自信”、做到“两个维护”。深入学习黄群、宋月才、姜开斌、王继才同志先进事迹，教育引导党员干部践行“三严三实”和忠诚干净担当。建立党员领导干部带头落实组织生活制度提醒机制，全面推行支部“主题党日”和党员“政治生日”制度，持续加强“政治体检”“政治保健”“政治引领”，党内政治生活质量不断提高。

从严治吏锻造骨干，干部队伍选优配强。突出政治标准，树立鲜明正确用人导向，强化现代化知识培训提升，健全一线考察识别干部机制，加大“四类”干部培养储备，选优配强推动跨越发展的中坚力量。坚持严管厚爱，出台提振干部队伍精气神激励干事创业担当作为的实施意见等系列政策，选派 11 名厅、处级干部到省直部门和发达省区市挂职；严守“凡提四必”规定，严查个人报告事项，推进领导干部“能下”常态化，公务员违规经商办企等专项整治取得实效。创新人才机制，全面实施“百千万人才计划”，举办第三届云南国际人才交流会生物医药大健康产业发展论坛，开展“专家咨询服务活动玉溪行”，柔性引进高层次人才 10 名，建成省级专家基层工作站 18 个。

固本培元狠抓基层，组织建设全面提升。聚焦“基层党建巩固年”，细化市县乡基层党建责任清单，实行重点任务派单、调研督导检查等制度，基层党建责任进一步压实。出台加强新时代城市基层党建“2+5+N”系列文件，凝聚合力做强街道、做优社区、做实系统、做活治理，被列为全国城市基层党建示范市，4 个创新案例在人民网刊发。开展党支部规范化建设达标创建活动，持续整顿转化软弱涣散党组织，抓实党员发展和教育管理，党的组织体系不断健全。全面实施政治统领、强基筑底、战斗堡垒、先锋模范四大工程，推动基层党校乡村全覆盖，着力党建促脱贫巩固提升、促乡村振兴，打造“高原湖泊卫士”品牌，基层党组织的组织力不断增强。

挺纪在前正风反腐，党风政风焕然一新。坚持党要管党、全面从严治党，严格落实党风廉政建设主体责任和“一岗双责”，经常性纪律教育得到加强。发挥巡察利剑作用，完成省委第七巡视组反馈意见整改，全力配合省委第六巡视组高原湖泊保护治理机动巡视，市委第五、第六轮巡察圆满完成，第七轮巡察全面启动。强化中央和省市委重大决策部署监督检查，持续释放不担责就问责的强烈信号。巩固拓展落实中央八项规定精神成果，深入开展烟酒茶玉、公职人员挂证取酬等专项治理，深挖彻查隐形变异“四风”问题。持续深化监察体制改革，组建市县区监察委，开展乡镇（街道）监察试点，探索监察专员派出制度。深化运用监督执纪“四种形态”，立案审查调查 551 人，严肃查处违纪违法案件，反腐败斗争成果进一步巩固。

一年来，市委常委会高度重视自身建设，带头树牢“四个意识”、切实增强“四个自信”、坚决做到“两个维护”，严守政治纪律和政治规矩，在政治立场、政治方向、政治原则、政治道路上始终同以习近平同志为核心的党中央保持高度一致。带头落实学习制度，市委理论学习中心组开展集中学习 14 次，坚持用习近平新时代中国特色社会主义思想和党的十九大精神武装头脑、指导实践、推动工作。带头执行党的路线方针政策，及时学习贯彻中央和省委的各项重大决策部署，强化措施研究和政策落地，市委把方向、管大局、保落实的能力和定力不断增强。带头执行民主集中制，严格落实市委工作规则和市委常委会议事规则，及时听取研究市人大常委会、市政协和“一府两院”党组“三重一大”事项，市委总揽全局、协调各方的领导核心作用进一步发挥。带头严肃党内政治生活，召开市委常委班子民主生活会，开展批评与自我批评，自觉接受各方面监督，党内政治生活的政治性、时代性、原则性、战斗性不断增强。始终坚持党对一切工作的领导，认真贯彻落实中央和省新指示、新要求，全面加强对经济发展、城镇建设、乡村振兴、生态文明、民生保障和全面从严治党等方面的形势分析和对策研究，制定实施“1+7+1”工作部署，集中开展“六个走在全省前列”和“红塔品牌”影响力等专题调研，努力形成干在实处、走在全省前列的生动实践。

实践永无止境，发展永不停步。在总结工作的同时，市委常委会认真分析了当前面临的挑战和存在的问题，主要是：经济发展面临的环境更加严峻，产业结构不优，县域经济不强，投资总量不足，收支矛盾突出，经济持续向好的基础仍然不牢；重要领域和关键环节改革有待深化，科技投入不足，创新能力亟待增强，对外开放规模和层次不高；生态环保压力巨大，资源环境约束日益趋紧；全面建成小康社会还存在短板弱项，教育、医疗、养老等优质公共服务供给不足；全面净化优化政治生态，铲除滋生腐败的土壤，贯彻中央八项规定精神、反对“四风”，还有大量艰苦细致的工作要做，少数领导干部政治站位不高、思想不够解放、作风不够扎实、担当精神不足等问题仍然存在。对此，我们必须高度重视，采取有效措施加以解决。

以上报告的是 2018 年以来市委常委会的主要工作。这些工作的推进和各项成绩的取得，是以习近平同志为核心的党中央坚强领导和习近平新时代中国特色社会主义思想科学指引的结果，是省委、省政府正确领导、亲切关怀的结果，是全市上下齐心协力、砥砺奋进的结果，是社会各界和衷共济、鼎力支持的结果。在此，我代表市委常委会，向大家表示衷心的感谢！

请同志们对市委常委会的工作提出意见和建议。

在市委五届七次全会第一次全体会议上的讲话

中共玉溪市委书记　罗应光

（2019 年 1 月 7 日）

1 月 4 日至 5 日，省委召开十届六次全会，全面贯彻党的十九大和十九届二中、三中全会及中央经济工作会议精神，对 2019 年全省经济社会发展各项任务做了全面安排部署。为认真贯彻落实中央经济工作会议和省委十届五次、六次全会精神，扎实做好今年各项工作，圆满完成全市机构改革任务，决战决胜在全省率先全面建成小康社会，我讲四点意见：

一、认清发展形势明航向，坚定信心勇担使命践承诺

全面建成小康社会，是实现“两个一百年”奋斗目标的题中要义，在全省率先全面建成小康社会是省委、省政府对玉溪提出的要求，是我们向全市人民做出的庄严承诺。我们必须保持足够的政治清醒和战略定力，科学研判形势，强化使命担当，全力加压奋进，确保在全省率先全面建成小康社会取得决定性成效。

一要明辨发展大势凝共识、提信心。在率先全面小康的路上，困难重重、挑战重重，但机遇与挑战并存，变革预示着更大的发展。放眼全球，当今世界正在经历百年未有之大变局，单边保护主义不断蔓延，多边贸易体制受到严重冲击，大国竞争博弈日趋激烈，世界经济增长动力减弱，但变局中危和机同生并存，新一轮科技革命和产业变革正蓬勃兴起，和平与发展仍是当今时代主题。纵观全国，在以习近平同志为核心的党中央坚强领导下，我国有效应对外部环境深刻变化，保持了经济持续健康发展和社会大局稳定，经济运行总体平稳、稳中有进，长期向好的基本面没有变，我国发展拥有足够的韧性、巨大的潜力，仍处于并将长期处于重要战略机遇期。着眼云南，随着“一带一路”建设的有力推进，国家各种重大战略的深入实施，云南战略地位更加凸显，众多战略机遇交汇叠加，党中央和国务院给予云南大力支持，云南独特的区位优势、资源优势、开放优势，正在转化为后发优势。立足玉溪，我们正处于新型工业化、信息化、城镇化、农业现代化加速推进阶段，加快发展的基础条件日趋完善，综合交通、产业基础、资源条件、生态环境、改革创新等正逐步形成协同效应，内外统筹、双向开放的全面开放新格局正在加快形成，干部群众攻坚克难、干事创业的精气神正在显著提升。面对发展的机遇和挑战，我们必须跳出玉溪看玉溪，自觉把玉溪的发展放到全国全省大局中去思考、分析、谋划，从全局看局部、从未来看当下，保持战略定力，坚定必胜信心，牢牢把握经济工作的主动权。

二要摸清小康底数找差距、明方向。“知之愈明，则行之愈笃”。历届党委、政府围绕小康目标，一茬接着一茬干，一棒接着一棒跑，全面建设小康社会成效显著。全市生产总值、城乡居民人均收入与 2010 年相比实现翻番；贫困发生率降至 0.13%，脱贫攻坚实现巩固提升；城乡居民人均储蓄存款达 3.5 万元，城乡人均住房面积分别为 95 平方米、55 平方米，每百户汽车拥有量分别为 61 台、45 台，恩格尔系数分别为 24.5% 和 26.6%。根据云南小康体系标准测算，2017 年全市全面小康指数为 90.9%，35 项监测指标评价值 100% 的有 19 项，预计 2018 年全面小康指数为 92.14%，5 项构成指数中经济发展指数为 90.76%、民主法治为 92.57%、文化建设为 78.29%、人民生活为 96.08%、资源环境为 96.92%，在全省率先全面建成小康社会其势已成、其时已至！但同时，对照 2017 年 35 项监测指标，我们也要清醒地看到全面建成小康社会存在的差距：一是经济指标上，服务业占 GDP 比重为 38.4%、差目标值 11.6 个百分点，科技研发经费占生产总值比重为 0.64%、仅完成 42.7%，服务贸易占对外贸易的比重为 0.85%、仅完成 42.5%，互联网普及率差 11.46 个百分点。二是民主法治建设上，社会安全指数仅为 70.51%、差 29.49 个百分点，这一指标与我市的实际情况不相适应。三是文化建设上，文化及相关产业占 GDP 比重为 2.5%、差目标值 50%，“三馆一站”覆盖率差 25.56 个百分点。四是人民生活水平上，城乡居民收入评价值差目标值 17 个百分点，公共服务交通指数差 16.81 个百分点，基本社会保险参保率指数差 4.99 个百分点。五是资源环境上，单位 GDP 能耗差目标值 28.42 个百分点，城市建成区绿地率差 13.57 个百分点，地表水达到或好于Ⅲ类水体比例、主要污染物排放强度指数还需继续“补课”。这些都是今年必须高度重视、着力解决的问题，各级各有关部门一定要强化问题导向、结果导向，精准施策、精准发力，全力清除“拦路虎”“绊脚石”，为在全省率先全面建成小康社会提供坚实的基础支撑。

三要提高政治站位增定力、强责任。在全省率先全面建成小康社会，是我市贯彻落实习近平总书记考察云南重要讲话精神的生动实践，是一项重大的政治任务。我们必须扛实政治责任，强化政治担当，不折不扣贯彻落实好中央和省的重大决策部署，坚持经济社会发展“5577”总体思路，紧扣“六个走在全省前列”指示要求，严格对标全面建成小康社会监测指标体系，实化细化支撑指标，明确各方责任，一锤一锤钉钉子，一步一步抓落实，以实实在在的成效如期兑现庄严承诺。各县区也要主动对标对表，切实抓好全面建成小康社会监测，进一步强化重点领域和重点工作的研究，抓重点、补短板、强弱项，确保全面小康路上一个不能少，脱贫致富一个不能落下。

二、做好走在前列“新答卷”，坚决打好率先小康决胜战

今年是新中国成立70周年，也是玉溪在全省率先全面建成小康社会的决胜之年，做好各项工作意义重大。今年我市经济工作的总体要求是：以习近平新时代中国特色社会主义思想为指导，全面贯彻落实党的十九大和十九届二中三中全会、中央经济工作会议、省委十届五次六次全会、市第五次党代会精神，统筹推进“五位一体”总体布局，协调推进“四个全面”战略布局，坚持稳中求进工作总基调，坚持新发展理念，坚持推动高质量发展，坚持以供给侧结构性改革为主线，坚持深化市场化改革、扩大高水平开放，坚持经济社会发展“5577”总体思路，持续打好三大攻坚战，统筹推进稳增长、调结构、促改革、保生态、惠民生、防风险，进一步稳就业、稳金融、稳外贸、稳外资、稳投资、稳预期，增强人民群众获得感、幸福感、安全感，确保经济持续健康发展和社会大局稳定，全面建成小康社会目标基本实现。

市委、市政府考虑，今年全市经济社会发展的主要预期目标是：生产总值增长8.5%左右，固定资产投资增长10%以上，一般公共预算收入增长2%左右，城乡居民人均可支配收入分别增长8%和9%左右，城镇登记失业率控制在4%以内，单位生产总值能耗下降3.2%。确定上述目标，综合考虑了国内外环境、宏观政策及我市实际。各级各部门一定要对标对表，把思想和行动统一到在全省率先全面建成小康社会的目标要求上来，突出重点、压实责任，苦干实干、共同奋斗，突出抓好以下六个方面的工作：

第一，转换新旧动能，推动经济转型升级。当前，我市经济运行的主要矛盾是结构性问题，矛盾的主要方面集中在供给侧。要坚持以供给侧结构性改革为主线不动摇，着力在“巩固、增强、提升、畅通”上下功夫，加快产业迭代更新、转型升级，推动经济高质量发展。一要突出“两型三化”打造“三张牌”。坚持质量第一、效益优先，用先进技术和绿色理念改造传统产业、发展新兴产业，全力支持红塔集团提升“红塔品牌”影响力，加快信息、现代物流等重点产业向开放型、创新型和高端化、信息化、绿色化方向发展。打造“绿色能源牌”，积极培育新能源汽车产业，抓好清洁能源开发利用，重中之重是要把制造业作为强市之基，强化市县联动、政企互动，突出抓好玉昆钢铁集团产能置换升级改造项目推进，推动矿冶及装备制造业转型升级、集聚发展，全力打造云南绿色钢铁城。打造“绿色食品牌”，突出有机，壮大“烟菜花果药畜”特色优势产业，大力发展农产品精深加工，重点要推进国家农业可持续发展试验示范区暨绿色发展先行先试区建设，加快红河谷—绿汁江热区经济开发，着力培育“三品一标”品牌，建设国家级绿色农产品生产加工基地。打造“健康生活目的地牌”，以“一部手机游云南”为契机加快智慧旅游建设、推动文化旅游产业提档升级，以骨干药企为龙头推动核心产品产业化、打造全省重要的生物医药产业集聚区；抢抓入列全国智慧健康养老示范基地机遇，大力发展全产业链“大健康产业”，全力推进澄江国际医疗健康城建设。要抢抓数字经济时间窗口，大力发展基础型、应用型、服务型数字产业，切实抓好云计算服务、智能消费产品等细分产业，加快数字经济与三次产业发展深度融合，力争用5年左右时间，将玉溪建成云南数字经济发展先行区、面向南亚东南亚的数字经济示范区和创新中心。二要务求做强实体打好“三大战”。始终坚持“两个毫不动摇”和“三个没有变”，积极构建“亲”“清”新型政商关系，在简政放权、完善规则、提高效率等方面再发力，建立公平开放透明的市场规则和法治化营商环境，不折不扣落实减税降费政策，着力破解市场冰山、融资高山、转型火山，持续释放民营经济发展潜力和市场活力。树牢“绿色+”空间布局理念，优化园区产业布局，鼓励园区加强合作开发、发展飞地经济，支持引入战略投资者建设特色园中园，选优做强主导产业，培育发展产业集群，真正实现园区经济实体化、园区建设市场化、公共服务社会化。各县区要比学赶超、争先进位，抓增量、稳存量、保要素、防风险，在加快存量企业发展上“出众”，在培育引进实体企业上“出彩”，力争所有县区GDP过百亿元，以县域经济提速上档支撑全市经济强筋壮骨。三要扩大投资消费强化“双驱动”。强化投资关键作用，围绕产业发展和交通、水利、信息、物流基础设施等重点，完善储备项目及滚动接续机制，压实压细项目推进责任，强化集中开工和现场推进，坚持问题清零、融资搭桥、推进预警，抓实建设进度、要素保障、跟踪服务，确保投资任务圆满完成。特别要抓住国家大幅增加地方政府专项债券规模的机遇，吃透政策精神，加强政银企对接，千方百计争取专项债券资金支持，鼓励民间资本采取混合所有制、联合投标体等方式参与政府和社会资本合作项目，缓解“五网”建设等筹资压力。发挥消费基础作用，主动适应消费升级趋势，完善促进消费的体制机制，加快建设现代市场体系，拓宽做强电商平台，落实个人所得税专项附加扣除政策，释放消费潜力，扩大消费规模。全力实施服务经济倍增计划，积极发展教育、养老、医疗等服务业，进一步提高服务业增加值占GDP的比重。

第二，凝聚发展动力，持续深化改革开放。认真贯彻习近平总书记在庆祝改革开放40周年大会上的重要讲话精神，坚持把改革开放作为玉溪率先全面小康的关键一招，以开放倒逼改革，以改革促进创新，以创新引领发展。一要强化创新驱动。突出创新引领高质量发展，对照全面小康要求再提标、再加压、再发力，强化产业发展、城市运行、政府管理等方面的创新，高标准建设科教创新城和“双创”示范基地，加快建设国家创新型城市。健全以需求为导向、企业为主体的产学研一体化创新机制，着力提高研发经费占GDP的比重，推动县区科技成果转化中心全覆盖，促进重点企业延链集群，以企业创新助推产业转型。突出人才第一资源，大力实施玉溪“百千万人才计划”，构建刚性引才与柔性聚才有效融合机制，高起点建设“人才特区”和高层次人才创新园。二要坚持改革推动。全面落实中央和省全面深化改革各项安排部署，持续深化供给侧结构性改革，加力“三去一降一补”，加快“僵尸企业”出清，降低各类营商成本。坚持市场化方向，推动国资国企、财税金融等经济体制改革走深走实，增强中小微实体企业发展活力。深入实施“六个一”专项行动，持续深化“一站式惠民”等改革，推进“互联网+政务服务”，把“放管服”改革推向纵深。统筹推进农业农村、生态文明、党的建设等重点领域改革。三要聚力开放带动。紧盯珠三角、长三角、京津冀等重点区域，锁定领军企业，借力友好城市，搭建招商平台，大力承接产业转移，实现招商引智突破。主动服务和融入国家、省的重大发展战略，拓宽“南下”“北上”“东进”思路，积极对接境外市场，强化互利共赢合作；充分发挥进出口带动作用，大力发展加工贸易和服务贸易，推进跨境电子商务、跨境物流等外贸新业态和新模式，巩

固提升传统出口产品优势，扩大高新技术产品出口，确保外贸进出口稳定增长。

第三，突出工作重点，全力推动乡村振兴。要坚持乡村振兴20字方针不动摇，统筹推进、重点突破，走有玉溪特色的乡村振兴之路，打造全省乡村振兴“新样板”。一要坚持规划引领。着力实施市级乡村振兴战略规划，明确“时间表”“路线图”，科学指导县区和市直有关部门扎实有序推进工作。各县区要结合自身情况，尽快完成乡村振兴战略规划编制，按照新目标新要求及时完善提升原有乡村规划，确保规划的科学性、针对性、指导性和可操作性。认真落实省委“迁村并点、村按镇建”要求，统筹生态移民、易地扶贫、地灾防治、库区移民等工作，立足资源禀赋和区位条件，推进“多规合一”，优化“三生空间”，按照城镇功能抓好公共服务设施建设规划，做到“搬一个，成一个；建一个，兴一个”。二要推动重点突破。统筹产业、人才、文化、生态、组织“五个振兴”，摸清实情、找准差距，抓住“命脉”、点准“穴位”，务求重点工作取得突破。突出抓好“大产业＋新主体＋新平台”建设和全产业链发展，做特农事、做精加工、做足旅游，增加产品有效供给，努力在农村一二三产业融合发展提质扩面上取得突破。学习借鉴浙江“千村示范、万村整治”经验，健全完善推进“百千工程”的体制机制，突出抓好农村人居环境整治、垃圾污水处理、厕所革命、农业生产废弃物资源化利用和村容村貌提升，改善生产生活生态环境，让美丽农村成为“新乐园”、田园风光成为“聚宝盆”。坚持党建引领，积极构建自治、法治、德治“三治合一”乡村治理新体系，全面规范、推行村规民约，强化道德教化，突出法治引导、乡贤带动，培育文明乡风、良好家风、淳朴民风。三要凝聚各方合力。围绕乡村振兴指标体系做好全市村组的建档立卡工作，摸清弄准发展情况，实化量化工作责任，实行“2+1+N”工作机制，充分发挥“千名领导挂千村”的作用。向深化农村综合改革要动力，稳慎推进农村宅基地制度改革，如期完成全国农村集体产权制度改革整市推进试点工作，壮大集体经济，让广大农民分享改革红利。整合强农惠农富农政策，用足用好城乡建设用地增减挂钩等涉农政策，抓住“钱、地、人”等关键环节，打通要素进城与下乡通道，引进有实力、负责任的企业集团，大胆探索“公司＋党总支＋集体经济＋农户”“品牌整合抓产业促振兴”等乡村振兴模式。充分发挥农民主体作用和首创精神，引导工商资本下乡，鼓励返乡人员创业创新，加强新型职业农民和专业人才队伍培养，拓展农村就业空间和农民增收渠道。

第四，提升功能品质，有序推进新型城镇化。坚持以人的城镇化为核心、以提高质量为关键，吸收借鉴先进经验，突出规划建设管理，坚持不懈做强中心城区、做精县城、做特集镇，争做全省新型城镇化“先行区”。一要突出精准规划。坚持全市“一盘棋”、规划“一张图”，以全国城市设计和“城市双修”试点为契机，着力优化城市规划、精心做好城市设计，让城市既传承历史文脉、又彰显时代风貌。统筹兼顾、整体推进，强化“多规合一”，加快县城、特色小镇、美丽乡村等规划完善提升，确保城乡规划高质量、成系统、能协同、可落地。各县区和有关部门要严格规划管控，强化规划执法，维护规划严肃性和权威性，一任接着一任干、一张蓝图干到底。二要坚持精致建设。统筹地上地下，兼顾老城新城，突出抓好高铁新城建设、黑臭水体整治等重大工程，地上铺“海绵”、地下建“管廊”、城区建绿地，积极创建国家生态文明建设示范市，高标准推进“增绿添色、点亮玉溪、六城同创、建设花城”，着力打造科教创新城、健康宜居城、生态园林城。江川区要提高站位，强化核心责任，加快与红塔区融合发展；澄江县要围绕“三个国际城市”发展定位，推动“一城三镇八村”规划建设，加快撤县设市工作，全力打造世界一流的“健康生活目的地”；其他县要守住宜居、宜业、宜游底线，持续推进“五个一”建设，产城融合扩容，文化特色提质，推动产、城、人和谐共生。因地制宜、精准定位发展特色小镇，加快全国、全省一流特色小镇建设，以特色小镇建设加快新型城镇化进程。各县区至少要确定一个以上的点集中打造，突出产业支撑，培育文化内涵，真正让特色小镇成为城乡融合发展的引爆点。三要强化精细管理。做好城市经营大文章，加快建立科学规范、全面覆盖、无缝对接的精细化管理体系，深化城市管理执法体制改革，推动城市管理转向城市治理。持续推进“四治三改一拆一增”综合整治，继续开展马路围栏、施工扰民等问题的专项治理。提速智慧城市建设，加快智慧城管、智慧交通、智慧医疗、智慧教育等建设，大力发展总部经济、楼宇经济，加快数字玉溪建设，以数字化推动现代化、靠创新力提升竞争力。

第五，践行绿色发展，强化生态文明建设。树牢“绿水青山就是金山银山”理念，扛实生态环保政治责任，争当生态文明建设“排头兵”，助力云南建设中国最美丽省份。一要护好美丽湖泊“金饭碗”。坚定“共抓大保护、不搞大开发”战略导向和“保护第一、治理为要、科学规划、绿色发展”工作思路，严格执行3个湖泊保护条例，高水平编制“三湖”保护和开发利用总体规划，全面加强流域空间管控，突出抓好“十三五”规划项目和山水林田湖草试点、国家湿地公园试点项目建设，深入落实河湖长制，深入推进“高原湖泊卫士”行动，重点抓好“森林抚仙湖”建设、移民搬迁、休耕轮作和雷霆行动整改销号等工作，持续打好新时代抚仙湖保卫战，确保抚仙湖水质稳定保持Ⅰ类，星云湖水质脱劣向好、杞麓湖水质持续改善，争创国家“绿水青山就是金山银山”实践创新基地。二要构筑生态文明“风景线”。坚持生态优先、绿色发展，强化“三线一单”编制管理，构建绿色产业体系，鼓励绿色消费、绿色出行，推动绿色低碳可持续发展。深入开展国土绿化和环境提升行动，持续抓好退耕还林、石漠化治理、“绿盾”专项、江河治理等工作，提高山林长制管护成效，推进生态文明示范创建，筑牢绿色生态屏障。以省实施“城乡环境提升年”为契机，扎实推进美丽城市、美丽县城、美丽乡村、美丽公路、美丽景区建设，绘就美丽玉溪新画卷。三要打好污染防治攻坚战。强化责任、对标对表、销号管理，从严从实从快抓好中央和省环保督察、专项巡视反馈意见的整改落实。全面贯彻落实省委、省政府关于污染防治攻坚的决策部署，重点打好湖泊保护治理、水源地保护、黑臭水体治理等8个标志性战役，坚决打赢蓝天、碧水、净土三大保卫战，强化工矿企业、机动车、施工场地等重点污染源防治，抓好土壤污染修复、实施清洁柴油、推广新能源汽车等工作，让老百姓呼吸上新鲜空气、喝上干净的水、吃上放心的食物。

第六，聚力民生保障，不断增进人民福祉。“天地之大，黎元为先”“全面小康，民生为先”。必须始终坚持以人民为中心的发展思想，持续用力补短板，强化服务保基本，健全机制兜底线，不断满足人民日益增长的美好生活需要。一要打好脱贫成果巩固提升攻坚战增加获得感。把脱贫攻坚巩固提升与实施乡村振兴战略有机结合，深入推进脱贫攻坚巩固提升三年行动计划，建立完善稳定脱贫和防范返贫长效机制，突出产业扶贫、就业扶贫主抓手，打好健康、教育、社保组合拳，继续发挥部门、企业和社会各界的重要作用，凝聚脱贫合力，完善基础设施，改善人居环境，以乡村振兴提升脱贫成效。二要打好防范化解重大风险攻坚战增强安全感。保持对非法集资、非法金融、网络传销等风险防控的高压态势，严防社会类金融风险向银行业渗透，牢牢守住不发生系统性区域性金融风险的底线；强化“吃饭靠财政、建设靠融资”思想，既要抓住政策机遇窗口期扩大融资促发展，又要规范政府融资行为，有效防范和化解债务风险。深入推进平安玉溪、法治玉溪建设，筑牢社会治安防控体系，深化依法治市实践，加强和改进信访维稳处置，完善应急管理和防灾减灾体制机制，抓实反恐反邪工作，纵深推进扫黑除恶专项斗争，强化安全生产和食品药品安全监管，争创全国民族团结进步示范市、全国禁毒示范城市和云南网络安全示范市，巩固“长安杯”成果。三要优化均等公共服务增进幸福感。认真梳理分析全面建成小康的民生短板问题，科学配置教育、文化、卫生、体育等公共资源，着力解决好义务教育巩固率、“三馆一站”覆盖率、基本社会保险参保率、互联网普及率等方面存在的问题，打牢全面小康基础。织牢织密民生保障网，推动更高质量和更加充分的创业就业，提高城乡居民收入，做好社保扩面续保提标，保障群众基本医疗，提升多层次养老服务水平，完善住房市场体系和保障体系，抓好棚改、农危改等保障性安居工程，全力保障幼有所育、学有所教、劳有所得、病有所医、老有所养、住有所居、弱有所扶。

三、提高政治站位严纪律，克期完成机构改革硬任务

深化党和国家机构改革是以习近平同志为核心的党中央站在党和国家事业发展全局，适应新时代中国特色社会主义发展要求做出的重大政治决策，是推进国家治理体系和治理能力现代化的一场系统性、整体性、重构性的重大变革。深化市县机构改革，是坚持和加强党的全面领导、更好推进市县治理体系和治理能力现代化的迫切需要，是决胜在全省率先全面建成小康社会、更好开启玉溪社会主义现代化建设新征程的迫切需要，全市各级各部门和广大党员干部要从战略全局和长远发展的高度来认识这场重大变革的深远意义，切实把思想和行动统一到党中央的重大决策和省市的部署要求上来，目标一致凝共识，众志成城攻难关，确保市县机构改革任务圆满完成。

第一，坚持精细精准，抓紧抓实市级机构改革组织实施工作。坚决贯彻“先立后破、不立不破”的机构改革组织实施总原则，严格程序步骤，一个节点一个节点抓推进，一个环节一个环节抓落实，做到精密谋划、精心组织、精细实施、精准落实。一要抓紧启动涉改部门人员转隶组建工作。涉改各部门新班子组建后，要按照先转隶、再“三定”和“以划入部门为主、划出部门配合”的原则，严格按照机构改革实施方案明确的有关机构职责调整要求着手转隶工作。要把涉改部门的领导班子调整配备摆在优先位置，选优配强领导班子。涉及改革的部门要服从大局，主动配合做好相关工作，确保转隶工作顺利完成。二要统筹好新组建部门集中办公及挂牌工作。新组建以及涉及部门合并的，领导班子和综合科室必须在同一地点办公，其他科室也要尽量集中办公。要做好新组建部门挂牌，挂牌仪式在各口专项协调小组的统一领导下进行，原则上由分管市领导出席揭牌仪式。三要科学研究制定“三定”规定。坚持一类事项原则上由一个部门统筹，一件事情原则上由一个部门负责，合理确定各部门职责权限。要严格按照机构编制职数框架研究设计“三定”规定，把制定“三定”规定的主要精力和工作重心放在定职责上。四要妥善分流安排超配人员。按照“机构设置一步到位、人员分流逐步过渡”的原则，妥善解决好有关涉改部门人员超配问题，稳定好干部队伍。对于实有人员、领导班子成员超过“三定”规定的新组建机构，给予3年左右的过渡期；对个别合并单位比较多、转隶人员比较多、消化压力大的，可给予5年左右过渡期进行消化。五要认真做好机构改革中的离退休干部工作。做好涉改部门离退休干部管理的转接，确保离退休干部的事情有人管、工作有机构、经费有保障、党组织活动不断线、服务水平不降低，各项待遇得到落实。

第二，统筹市县机构改革，着力构建简约高效的基层管理体制。市县机构改革要同步部署、上下联动、有机衔接、压茬推进。一要加大机构职能整合归并力度。推进党政机构合并设立或合署办公，省市政府部门机构职能划入省市委机构的，县区要相应划转，涉及应急管理、退役军人事务、医疗保障等重点领域新组建机构，要上下一致抓好落实。二要深化乡镇（街道）机构改革。尽可能把资源、服务、管理放到基层，进一步完善乡镇（街道）职责和机构综合设置，推动建立简约高效的基层管理体制。三要推进审批服务便民化改革。把深化机构改革同“放管服”改革、优化营商环境紧密结合起来，深入推进审批服务便民化，强化基层政府社会管理和公共服务职能。

第三，深化事业单位改革，构建优质高效的公益服务体系。以推进政事分开、事企分开、管办分离为重点深化事业单位改革。一要全面推进承担行政职能事业单位改革。各级各部门所属承担行政职能的事业单位要一并纳入机构改革，做到统筹推进、同步实施。改革后，除行政执法机构外，全市各级不再保留或新设承担行政职能的事业单位。二要加大从事生产经营活动事业单位改革力度。按照党中央2020年底前基本完成改革的部署要求，坚持事企分开，依法依规依纪有序推进从事生产经营活动事业单位改革。三要区分情况实施公益类事业单位改革。理顺面向社会提供公益服务事业单位同主管部门的关系，逐步推进管办分离。明确为机关提供支撑保障事业单位的功能定位，逐步压缩规模、整合机构、精简编制，建立完善配套的人事管理、财政支持政策。

第四，深化综合执法改革，构建权责统一权威高效的行政执法体制。深化综合行政执法改革是市县机构改革的重要任务，要同步研究、同步部署、同步实施。一要推进重点领域综合执法。全面开展市场监管、生态环境保护、文化旅游市场、交通运输、农业5个领域的综合行政执法改革，继续深入推进城市管理、卫生监督、安全生产等领域综合执法。二要统筹配置行政执法职能。市级主要负责执法政策、执法标准的制定，对下级执法工作的监督指导，以及跨区域案件、大案要案的组织查处，具体执法职责主要由县级承担。三要整合执法队伍。市级原则上不设执法队伍，现有执法队伍逐步调整撤销，执法队伍主要设在县一级，县级同一系统最多保留一支执法队伍。要加强执法队伍的人员招录、使用和考核管理，全面清理规范临时人员和聘用人员，严禁使用辅助人员执法。

第五，强化刚性约束，维护机构编制管理的权威性。

严格贯彻执行机构编制法律法规政策规定，严肃机构编制纪律，强化机构编制刚性约束。一要严格机构限额管理。市县必须在限额内设置机构，不得突破。二要严格编制管理。编制总量不得突破，所有涉改部门和单位所需人员编制，必须在编制总盘子内调剂解决。三要完善权责清单制度。按照简政放权、便民高效、公开透明的原则，继续完善政府工作部门权责清单，让权力在阳光下运行，让责任在公开中透明。四要加大机构编制违纪违法查处力度。严格执行机构编制管理法律法规和党内法规，坚决整治上级部门通过项目资金分配、考核督查、评比表彰等方式干预下级机构设置、职能配置和编制配备的行为。

第六，压实改革责任，高标准高质量完成市县机构改革任务。市县机构改革要在今年3月底前基本完成，只有不到3个月的时间，全市各级各部门要坚持正确改革方向，紧盯目标任务，把握关键环节，扎实细致做好各项工作，确保全市机构改革平稳有序推进、如期圆满完成、走在全省前列。一要旗帜鲜明讲政治。全市各级各部门和广大党员干部要自觉站位党和国家事业全局、站位玉溪高质量跨越式发展，充分认识深化市县机构改革的重要性和紧迫性，在政治立场、政治方向、政治原则、政治道路上同以习近平同志为核心的党中央保持高度一致，积极拥护改革、支持改革、参与改革。二要压实责任抓落实。纪检监察口、市委办公室口、组织口、宣传口、统战口、政法口、市政府口7个专项协调小组，由市委常委牵头，要负责好统筹归口领域的机构改革组织实施工作。市人大常委会党组、市政协党组要分别负责好市人大、市政协机构改革的组织实施工作。各县区各部门党委（党组）对本县区本部门机构改革负总责。三要严明纪律抓改革。严明政治纪律、组织纪律、机构编制纪律、干部人事纪律、财政纪律和保密纪律，确保改革风清气正。要加强宣传思想政治工作，为推进改革营造良好社会环境和舆论氛围。要加强巡察、督查和执纪监督，严肃查处违规违纪等问题，确保机构改革任务的全面落实。

四、坚持党管一切谋全局，提高领导水平夺取“全年红”

在全省率先全面建成小康社会，圆满完成市县机构改革各项任务，党的领导是第一保证。必须坚决贯彻新时代党的建设总要求，持续加强和改善党的全面领导，全面提升各级党委把方向、管大局、保落实的能力和定力，为圆满完成各项任务提供坚强保障。

第一，总揽全局强核心，凝聚各方强大合力。越是形势复杂、挑战严峻，越要依靠党的坚强领导，发挥各级党委把方向、管大局、保落实的领导核心作用。必须坚持把党的政治建设摆在首位，牢固树立“四个意识”、切实增强“四个自信”、坚决做到“两个维护”，严明政治纪律和政治规矩，严肃党内政治生活，自觉同以习近平同志为核心的党中央保持高度一致。必须坚持总揽全局、协调各方，充分发扬社会主义民主政治，支持人大、政协、“一府两院”及人民团体各司其职、各尽其责，巩固发展爱国统一战线，把各党派、各团体、各民族、各阶层、各界人士的思想和行动统一到党委政府的决策部署上来。必须加强党对意识形态工作的全面领导，勇担举旗帜、聚民心、育新人、兴文化、展形象的使命任务，学懂弄通做实习近平新时代中国特色社会主义思想，践行社会主义核心价值观，弘扬“玉汝于成·溪达四海”的玉溪精神，广泛开展精神文明创建活动，积极争创中华诗词之市，加强网络空间治理和舆论阵地管控，守牢“主阵地”，弘扬主旋律，广泛汇聚率先小康、团结干事的强大正能量。

第二，牢牢把握主动权，加强经济工作领导。经济工作是党的中心工作，加强党对经济工作的领导是我们做好经济工作的根本保障。必须坚持经济工作正确方向，把思想和行动统一到党中央对经济形势的判断和对各项工作的决策部署上来，提高贯彻落实的坚定性和自觉性，自觉对标对表习近平新时代中国特色社会主义思想、稳中求进工作总基调、新发展理念和高质量发展要求，及时纠正偏差，绝不能走形变样、阳奉阴违，更不能自行其是、各自为政。必须强化经济发展政治责任，突出发展第一要务，提高发展专注度，把主要精力集中到稳增长促跨越和率先全面小康上来，搞好形势研判和运行调度，强化本地区本部门重大问题的分析研究，牢牢把握经济工作主动权。必须提高经济工作领导水平，加强对习近平新时代中国特色社会主义经济思想的学习领悟，学深悟透各方面的政策文件，提高应对经济运行复杂局面的能力。要把学习运用政策作为抓好经济工作的一项基本功，学习掌握中央确定的经济工作大政方针，学习掌握国务院及相关部委、省政府及各厅局出台的政策举措、政策方案，从中找准切入点、结合点、着力点，主动对接、主动争取、主动作为。希望全市各级领导干部特别是党政一把手静下心来把各方面的政策文件好好学一学，把怎样用好用足政策认真谋一谋，把需要争取的政策和项目细细理一理，努力把政策变成思路，把思路变成规划，把规划变成项目，把项目变成实实在在的发展成果；要坚持问题导向加强调研，善于发现问题、研究问题、解决问题，努力提升各级领导抓落实的能力。

第三，从严从实管干部，打造攻坚骨干队伍。各级干部是玉溪发展的中坚力量，更是我们事业成败的关键。要深入贯彻落实新时代党的组织路线，坚持党管干部、强化“选育管用”，全面提高干部工作质量。必须坚持事业为上选拔使用干部，树立干事创业的第一导向，着力在项目建设、产业发展等一线考察识别干部，推进“四个一百”工程，优化“四类干部”成长路径，选优配强党政正职，抓好专业型干部培养储备选拔。必须坚持政治标准教育培养干部，加强理论教育和党性教育，强化干部实践锻炼，探索建立多层次、多岗位干部交流、挂职锻炼机制，选派干部到上级机关、发达地方和基层一线锤炼本领、增长才干。必须坚持激励约束并重监督管理干部，强化正向激励，落实容错纠错机制，建立“1+N”激励制度体系，关心关爱干部，探索建立不适宜担任现职“负面清单”，把懒政怠政不作为、得过且过混日子、投机钻营唱高调的干部调整下去，打造一支高素质专业化干部队伍。

第四，全面过硬强基层，固本培元筑牢堡垒。基层党组织是党的全部工作的基础，抓基层打基础既是长远之计，也是固本之举。要实施“基层党建创新提质年”，把工作重心向基层下移，工作力量向基层下沉，合力推动农村富民、城市聚力等六大“先锋行动”，建好“智慧党建”平台，建强基层战斗堡垒。要全面规范提升基层组织建设，聚焦聚力村级基层党组织书记队伍建设、村级集体经济发展、村级后备干部培育等重点工作，开展党支部规范化达标创建，持续整顿转化软弱涣散党组织，不断提升基层组织的组织力。要加快全国城市基层党建示范市建设，树好全省城市基层党建标杆，构建全区域统筹、各领域融合、多方面联动的城市基层党建格局，努力为全省全国创造鲜活经验。

第五，正风肃纪反腐败，端本清源涵养生态。良好的风气是确保各项工作有力推进、经济社会健康持续发展的重要条件。要坚持严字当头、全面从严、一严到底，严格落实党风廉政建设主体责任，层层压实“一岗双责”，巩固和拓展落实中央八项规定精神成果，驰而不息纠正“四风”。要探索市县区巡察上下联动，推动纪律、监察、派驻、巡察四个监督全覆盖，让监督“长牙”“带电”，确保中央和省市委各项重大决策部署得到全面贯彻落实。要深化运用监督执纪“四种形态”，做好巡察“后半篇文章”，着力解决“温差”“落差”“偏差”问题；深入推进党风廉政建设和反腐败斗争，一体推进不敢腐、不能腐、不想腐，以正风肃纪换取海晏河清。

同志们，每一个追梦的身影，都将被历史所铭记；每一滴奔跑的汗水，也都将浇灌出未来。让我们紧密团结在以习近平同志为核心的党中央周围，在省委、省政府的正确领导下，以坚如磐石的信心、只争朝夕的劲头、坚韧不拔的毅力，振奋精神、团结拼搏，决胜率先全面建成小康社会，为在新时代现代化建设道路上走在全省前列、闯出一条高质量跨越式发展的新路子而不懈奋斗，以优异的成绩向新中国成立70周年献礼！

（黄 凯 摄）

政府工作报告

——2019年1月16日在玉溪市第五届人民代表大会第二次会议上

市长 张德华

2019年1月16日，玉溪市第五届人民代表大会第二次会议召开，中共玉溪市委副书记、市长张德华做政府工作报告（曾永洪 摄）

各位代表：

现在，我代表市人民政府，向大会报告政府工作，请各位代表审议，并请市政协委员提出意见。

一、2018年工作回顾

2018年是全面贯彻落实党的十九大精神的开局之年。市人民政府在省委、省政府和市委的坚强领导下，以习近平新时代中国特色社会主义思想为指导，认真贯彻党的十九大和十九届二中、三中全会、省委十届四次、五次全会及市委五届五次全会精神，紧扣“六个走在全省前列”、推进“两型三化”、打造“三张牌”的要求，围绕经济社会发展“5577”总体思路，坚持稳中求进工作总基调，贯彻新发展理念，以供给侧结构性改革为主线，统筹推进稳增长、促改革、调结构、惠民生、防风险工作，有效应对外部环境趋紧、经济下行压力加大等带来的影响，迎难而上、开拓创新、扎实工作，保持了经济平稳健康发展和社会大局稳定。预计全市生产总值增长9%左右，一般公共预算收入增长3.8%，固定资产投资增长10%，社会消费品零售总额增长12%，城乡常住居民人均可支配收入分别增长8%和9%，居民消费价格总水平上涨1.9%，城镇登记失业率3.19%，城镇化率达52.5%，单位生产总值能耗下降2.9%。受政策调整等因素影响，固定资产投资和外贸进出口总额未完成年初预定目标。

一年来，我们着力抓产业、调结构，经济发展稳中有进。认真落实稳增长各项政策，制定稳增长25条和“开门红”“双过半”等措施，突出七大重点产业，加快“四带多园”建设，抓重点补短板强弱项，推动产业迭代更新、迈向中高端，高质量发展的基础不断夯实。农业发展稳中提质。“绿色食品牌”打造迈出新步伐，出台支持绿色食品产业发展的政策措施，积极推进红河谷—绿汁江热区产业经济带开发。全市粮食产量6.2亿千克，烟农收入22.5亿元，畜牧业产值突破百亿元，农业增加值增长6.3%。褚橙珍果品、宏斌小米辣等5个产品入围省“10大名品”，新增“三品一标”农产品60个、云南名牌农产品7个。扶持发展农产品加工优强企业和农业“小巨人”，达利食品入列省绿色食品“10强企业”，磨浆农业、猫哆哩、万绿生物获省绿色食品“20佳创新企业”，新增省级重点龙头企业11户，滇雪粮油入选国家级龙头企业。工业经济稳中向好。“绿色能源牌”打造实现新突破，深入实施“中国制造2025玉溪行动计划”，规模以上工业增加值增长8%，非烟工业增加值增长20%。全力支持红塔集团加快技术改造、开拓市场，卷烟及配套产业增加值增长1.5%。玉昆、仙福、太标钢铁产能置换升级改造项目加快推进，南恩糖纸公司启动搬迁，矿冶及装备制造业增加值增长26%。蓝晶科技3 500万片LED衬底片扩建进展顺利，信德科技等4个智能制造项目投产运营，360、易网科技等互联网企业落户玉溪，电子信息产品制造业增加值增长70%。完成大健康产业发展规划，沃森、维和、克雷斯等企业发展加快，生物医药及大健康产业增加值增长7%。积极创建国家新能源汽车应用示范城市，比亚迪绿色交通智能制造顺利推进，595辆新能源汽车投入运营，新增集中充电站2座。加快建筑业发展，省建投六公司落户玉溪，建筑业增加值增长28%。高新区被命名为国家级绿色园区，140家企业入驻启迪众创园，玉溪省级广告产业园开园，全市建成标准化厂房80万平方米，园区工业增加值增长10%。优先帮扶100户重点企业，新增规模以上企业41户，民营经济增加值增长10.5%。江川区、澄江县生产总值突破百亿元。第三产业稳中有快。“健康生活目的地牌”打造取得新进展，全国健康城市创建加快推进。全力推动“旅游革命”，“一部手机游云南”玉溪板块上线运行，6个县区全域旅游示范区创建稳步开展，寒武纪乐园等38个重大旅游项目进展顺利，旅游总收入增长16%。通海杨广国际冷链物流园等项目开工建设，九溪润特一期、活发物流一期等项目建成投运，现代物流业增加值增长7%。实施消费升级行动计划，新增限额以上商贸企业39户，通海列为省电子商务试点县。第三产业增加值增长7.5%。

一年来，我们着力抓项目、增投资，发展后劲不断夯实。加强在库项目、新开工项目、重点前期项目调度，开展问题清零、融资搭桥、项目预警行动，建立补短板增动力惠民生项目库，完成PPP项目减量瘦身，全年集中开工项目352个，市级“四个一百”重点项目新开工99个、竣工37个，完成投资604亿元。投资结构不断优化，100个转型升级项目开工28个、竣工34个，工业投资增长10%。150个“五网”重点项目进展顺利，澄川、弥玉等6条高速公路和玉磨铁路建设有序推进，玉溪至杭州动车组列车开通。新建改建农村公路2 058千米，建制村通客车率达100%，华宁“四好农村路”全国示范县创建成果进一步巩固。江川通用机场取得立项批复。滇中引水工程玉溪段启动建设，15件水源工程加快推进，华宁大龙潭调水通海支线、澄江甸垛龙潭调水工程开工，15.2万农村人口饮水安全得到巩固提升。220千伏永济、110千伏圆明输变电工程完工，铺设城镇燃气管道39.6千米，中心城区天然气气化率达76.5%。联通玉溪数据中心竣工，华为玉溪云计算数据中心通过国际T3标准认证，玉溪荣获中国数据中心、宽带中国优秀试点城市称号。

一年来，我们着力抓改革、扩开放，内生动力加速释放。以“六个一”为重点的“放管服”改革持续深化，优化营商环境“123456”改革任务基本完成，企业和群众办事更加便捷、更有效率。坚决打好防范化解重大风险攻坚战，偿还到期债务本息125.8亿元，争取到位省级置换债券转贷资金61.37亿元，向上争取财政补助资金117.6亿元。财税和投融资体制改革不断深化，政府机构改革稳步推进，企事业单位公车改革基本完成，“三湖”管理体制进一步理顺，公立医院综合改革获国务院通报表扬。农村集体产权制度改革列为全国试点，完成农村土地确权登记颁证，新增土地流转6.9万亩。科教创新城建设进展顺利，我市成为国家新一批开展创新型建设城市之一，通海进入国家首批创新型县建设名单。新认定省级工程技术研究中心8户，新增省科技型中小企业74户、国家知识产权优势企业3户，申报院士专家工作站8个，科技对经济增长的贡献率达58.5%。成功举办首届中国南亚合作论坛、清华大学公共管理高层论坛和全国3D大赛，积极参加“南博会”“投洽会”“进博会”。设立招商引资工作委员会，“相约春天”“收获金秋”等招商引资活动成效显著，成功签约上海博氢、华力控股等知名企业集团，实际利用市外国内资金1 023.5亿元、增长11%。玉溪蔬菜基地认定为国家外贸转型升级基地，在北京、广州建立农产品销售中心，产品出口76个国家和地区，实现进出口总额20亿美元。深化与北京顺义、广东佛山等友好城市合作。

一年来，我们着力抓规划、重建设，城乡面貌明显改善。玉溪市城乡总体规划通过评审，扎实开展“城市双修”试点，完成科教创新城、高铁新城核心区等重点片区城市设计，启动市级行政综合服务中心规划。“六城同创”深入推进，获中国智慧城市创新奖，玉溪市、江川区荣获第四届云南省文明城市称号，国家卫生城市通过第二轮复审。建成海绵城市试点项目84个、地下综合管廊23.3千米、排水管网46千米，高铁站站前广场投入使用，红龙路、秀山路延长线改扩建工程完工，完成中心城区“花城”景观改造，金水河、玉溪大河基本消除黑臭。县城提质扩容成效显著，澄江县喜获创建全国文明城市提名。编制出台乡村振兴战略规划及实施意见，23个省级农村人居环境整治示范村规划编制完成，人居环境提升工作进展全省排名第二。戛洒等6个特色小镇建设加快，广龙小镇获省1.5亿元奖励，新平磨盘山、元江小燕村确定为全省康养小镇建设试点，通海河西获评全国历史文化名镇，9个村入选中国传统村落名录。“百村示范、千村整治”持续推进，完成53个“直过民族”聚居村庄环境提升工程基础设施建设，32个市级美丽宜居乡村重点村建设进展顺利，大营街、小湾等4个村入选省农村综合改革乡村振兴试点。农村“七改三清”、厕所革命、污水垃圾治理和村庄绿化亮化工程有效推进，“点亮玉溪”5万盏路灯任务全面完成，实现村庄太阳能路灯全覆盖。

一年来，我们着力抓环保、建生态，环境质量日益提升。动真碰硬解决环保问题，中央和省环保督察反馈问题整改稳步推进。“三湖”“十三五”规划75个项目、山水林田湖草46个项目开工率分别达88%和80%。深入实施保卫抚仙湖三年行动计划，“雷霆行动”148个问题完成整改，启动“森林抚仙湖”建设，完成径流区林业生态修复3万亩、休耕轮作5.7万亩，抚仙湖水质稳定保持Ⅰ类，被列为第三批省级重要湿地名录。启动实施星云湖水质达标三年行动计划，环湖截污治污、底泥疏挖等19项工程全面推进。修订《云南省杞麓湖保护条例》，实施湖体植物收割打捞，着力治理入湖河道污染，全面开展流域村落环境整治，通海第二污水处理厂投入运行。持续加强饮用水水源地保护，董炳河水环境质量生态补偿试点全面启动，大小矣资搬迁安置房主体工程竣工，16个县级以上集中式饮用水水源地水质达标率100%。设置2 052名四级河（湖）长，实现河（湖）长全覆盖。开展“绿盾”专项行动，推行山林长制，完成营造林20.7万亩，森林覆盖率达57.3%。治理水土流失面积159平方千米，石漠化综合治理面积5.9万亩，清理整治“大棚房”12.4亩。治理淘汰黄标车14 908辆，机动车尾气检测全面实施，中心城区空气质量优良率达99.7%。华宁荣获国家生态文明建设示范县，元江、澄江入选第三批省生态文明县。

一年来，我们着力抓民生、促和谐，人民福祉逐步增强。积极回应人民群众对美好生活的新期待，民生投入占一般公共预算支出的76.66%。十件惠民实事基本完成。坚决打好精准脱贫攻坚战，建档立卡贫困人口减少1.2万人，贫困发生率降至0.13%，脱贫质量实现新提升。落实更加积极的就业创业政策，城镇新增就业2.97万人，8 189名就业困难人员实现就业，新增农村劳动力转移就业13万人。发放创业担保贷款10.2亿元，扶持创业8 995人。启动医联体医保打包付费试点，全市社保卡持卡人数达212.5万人。养老服务体系逐步健全，4个乡镇敬老院改扩建、13个居家养老服务中心开工建设。有效应对通海“8·13”“8·14”地震，转移安置4.5万人，灾后恢复重建稳步推进。住房保障持续加强，公租房分配率达95.3%。教育补短板项目顺利推进，完成“全面改薄”项目108个、中小学幼儿园C级校舍加固改造项目172个，中心城区新增学前教育学位950个、高中学位861个，4个县区通过国家义务教育基本均衡督导评估。市医院改扩建、儿童医院迁建加快推进，新平和江川中医院完成改扩建。打响“聂耳音乐之都”品牌，开展庆祝改革开放40周年暨纪念玉溪撤地设市20周年系列主题活动，通海兴义贝丘遗址获国家田野考古一等奖。广泛开展全民健身活动，省十五届运动会取得团体总分第二名好成绩。荣获云南省第十届“双拥”模范城。贯彻落实国家民族宗教政策，启动全国民族团结进步示范市创建。严格落实党政领导干部安全生产责任制，持续深化重点行业领域安全生产专项整治，安全生产形势稳定向好。有效防范“非洲猪瘟”疫情，食品药品安全得到加强。扫黑除恶专项斗争全面开展，严厉打击非法集资、金融诈骗等各类违法犯罪行为，第八次上榜中国最安全城市，全市依法治市工作连续两年排名全省第一。残疾人、老龄、妇女儿童、红十字会等事业得到发展，外事侨务、应急管理、统计、档案、人防等工作不断加强。

一年来，我们着力抓作风、提效能，自身建设全面加强。始终坚持党的领导，坚决推动市委重大决策部署落地见效，自觉接受市人大及其常委会、市政协和社会各界监督，办理人大代表建议306件、政协委员提案301件，办复率均达100%。加快法治政府建设，严格执行政府工作规则和责任追究制度，规范专家论证等决策程序，330件重大事项通过合法性审查。认真落实全面从严治党要求，持续推进“两学一做”学习教育常态化制度化，深入贯彻落实中央八项规定和实施细则精神以及省市实施办法，持之以恒纠正“四风”，从严控制“三公”经费。扎实开展“转作风、提效率、促落实”工作落实年活动，全面增强“八种本领”，大力弘扬“跨越发展、争创一流；比学赶超、奋勇争先”精神，健全容错纠错机制，严肃问责不担当、不作为问题，积极营造“想干事、能干事、敢干事、干成事”的良好氛围，各级干部精气神明显提振，行政效能有效提升。

各位代表！过去的一年，我们准确把握发展大势，有效应对各种风险挑战，实现了经济持续健康发展，社会和谐稳定，成绩来之不易。这些成绩的取得，是习近平新时代中国特色社会主义思想科学指引的结果，是省委、省政府和市委坚强领导的结果，是市人大、市政协监督支持的结果，是全市各族人民共同努力的结果。在此，我代表市人民政府，向全市各族人民，向人大代表、政协委员，向各民主党派、工商联、各人民团体和社会各界人士，向中央和省驻玉单位、军警部队官兵，向所有关心支持玉溪发展的同志们、朋友们，表示崇高的敬意和衷心的感谢！

在看到成绩的同时，我们也清醒地认识到，在前进的道路上还面临不少困难和问题：产业结构不优，工业投资总量不足，新兴产业支撑作用不明显，招大引强签约项目落地慢；要素保障不足，土地供需矛盾突出，企业融资难、融资贵问题没有得到有效缓解，创新能力不强，高层次、技能型人才缺乏；生态环境保护压力大，污染防治任务艰巨，保护和发展资金需求大；财政收支矛盾突出，县域经济发展支撑能力减弱，防范债务风险压力不断加大；少数领导干部担当意识不强、作风不实、专业素质能力不高。面对这些困难和问题，我们必须高度重视，不掩饰、不回避、不推脱，切实采取有力措施加以解决。

二、2019年重点工作

今年是新中国成立70周年，也是玉溪在全省率先全面建成小康社会的决胜之年。当前，世界面临百年未有之大变局，我国经济运行稳中有变、变中有忧，外部环境复杂严峻，经济面临下行压力。变局中危和机同生并存，我国经济长期向好的态势没有改变，发展仍处于并将长期处于重要战略机遇期，随着“一带一路”建设的推进，国家各种重大战略的深入实施，众多战略机遇的交汇叠加，我市发展机遇难得、大有可为。我们要辩证看待国际环境和国内条件变化，紧扣重要战略机遇期新内涵，保持定力、攻坚克难，创造性地贯彻落实好党中央、国务院和省委、省政府以及市委决策部署，干在实处，走在全省前列，走出一条高质量跨越式发展的路子。

经济社会发展的总体要求是：以习近平新时代中国特色社会主义思想为指导，全面贯彻落实党的十九大和十九届二中、三中全会、中央经济工作会议、省委十届五次、六次全会、市委五届七次全会精神，统筹推进“五位一体”总体布局，协调推进“四个全面”战略布局，坚持稳中求进工作总基调，坚持新发展理念，坚持推动高质量发展，坚持以供给侧结构性改革为主线，坚持深化市场化改革、扩大高水平开放，坚持经济社会发展“5577”总体思路，持续打好三大攻坚战，统筹推进稳增长、促改革、调结构、惠民生、防风险工作，进一步稳就业、稳金融、稳外贸、稳外资、稳投资、稳预期，增强人民群众获得感、幸福感、安全感，确保经济持续健康发展和社会大局稳定，全面建成小康社会目标基本实现。

经济社会发展目标建议为：生产总值增长8.5%，固定资产投资增长10%以上，一般公共预算收入增长2.5%，社会消费品零售总额增长12%，城乡常住居民人均可支配收入分别增长8%和9%，居民消费价格涨幅控制在3%以内，城镇登记失业率控制在4%以内，城镇化率提高1.6个百分点，单位生产总值能耗完成省下达的目标任务。

实现上述目标，需要抓好九个方面的重点工作。

（一）推动产业转型升级，集聚发展动能，建设富强玉溪

坚持“两型三化”产业发展方向，保存量与扩增量齐抓，稳增长与促转型协同，推进“四带多园”建设，加快新旧动能转换，构建迭代产业体系，推动经济高质量发展走在全省前列。

巩固提升传统产业。认真落实“中国制造2 025玉溪行动计划”，加大工业结构调整力度，鼓励支持企业加快技术改造、设备更新、业态升级，推动以制造业为重点的产业集群发展，确保工业增加值增长8.3%。发挥烟草产业中流砥柱作用，支持红塔集团深化改革，加快玉溪卷烟厂、环球彩印技改步伐，全面加强精益管理，优化品牌结构，加快产品创新，着力在原料配方、减害降焦、新型烟草制品等方面取得新突破，进一步拓展市场，推动卷烟配套产业转型升级，提升烟草产业影响力、辐射力、控制力。以建设云南绿色钢城为重要抓手，加快玉昆钢铁产能置换异地搬迁工程及配套项目建设，着力推进仙福、太标钢铁产能置换升级改造，强化“地条钢”全链条监管，严防死灰复燃；加快数控产业园二期建设，确保9户企业入驻，打造全国知名数控机床生产基地；规划建设华宁绿色磷化工园区，引导化工企业集聚发展，推动矿冶及装备制造业转型升级，力争增加值增长20%。打好绿色能源牌，培育发展新能源汽车产业，支持蓝晶科技产业链招商，建设光电子产业园。

做大做强新兴产业。全力打造世界一流健康生活目的地，加快沃森核心产品产业化，做大做强维和、克雷斯等企业，大力发展全产业链大健康产业，生物医药及大健康产业增加值增长15%。实施旅游革命12大工程，持续开展旅游市场秩序整治，不断完善“一部手机游云南”功能，推进抚仙湖国家级旅游度假区、全域旅游示范区、旅游名镇名村建设，加快发展乡村旅游，确保寒武纪乐园、磨豆山自驾营地、云茶山庄建成运营，完成汇溪文旅小镇等前期工作，旅游业总收入增长16%。推动文旅融合发展，抓好玉溪青花街、华宁碗窑村等项目建设，大力开发陶瓷、青铜、银饰、刺绣等文化创意产品。提速高新区终端智能制造，确保23个项目达产达效，产值超过百亿元；依托阿里巴巴、华为、腾讯、360等企业，大力发展人工智能、互联网、物联网、大数据、区块链等新兴信息技术产业，

信息产业增加值增长25%。落实支持现代物流产业发展政策措施，加快传化通力公路港二期、红河谷农产品交易与物流园等项目前期工作，推进雄关农产品物流园、玉溪国际农产品交易中心等项目建设，建成中国东南亚食品商贸仓储物流港一期、通海杨广国际冷链物流园一期等项目，现代物流业增加值增长10%。

提速发展现代服务业。制定实施服务经济倍增计划年度方案，增供给予优环境并举，支持社会力量增加非基本的公共服务供给，加快教育、育幼、养老、医疗、文化、旅游等服务业发展，第三产业增加值增长7.5%。实施餐饮业提档升级行动，加快特色餐饮街区、特色商业区建设，积极创建国家电子商务示范城市，新增限额以上服务企业15户。适应消费升级的趋势，完善促进消费的体制机制，健全城乡流通市场体系，有序发展消费新业态新模式，开拓农村消费市场，不断满足人民群众日益增长的多层次多样化消费需求。落实个人所得税专项附加扣除政策，打击惩戒侵犯消费者权益行为。

大力发展建筑业。全面落实加快建筑业发展实施意见，着力培育专业资质承包企业，积极扶持龙头骨干企业，支持鼓励本土企业做大做强，力争新增1家一级施工总承包企业，努力引进具有施工总承包特级、一级资质企业，打造建筑业总部经济，确保增加值增长25%。开展装配式建筑产业试点示范，推动装配式建筑产业发展。坚持租购并举，完善住房市场体系和保障体系，坚持房子是用来住的、不是用来炒的定位，补齐租赁住房短板，落实稳地价稳房价稳预期责任，促进房地产市场平稳健康发展。

全力打好“三大战役”。培育壮大民营经济，始终坚持“两个毫不动摇”和“三个没有变”，认真落实减税降费等支持民营企业发展的各项政策，为实体经济降低各类成本不低于上年。积极开展清理拖欠民营企业中小企业账款工作，构建亲清新型政商关系。建立健全企业风险补偿机制，搭建“银企担”融资服务平台，推进农信社、地方商业银行回归本源，加强对民营企业定向支持，着力解决金融机构对民营企业不敢贷、不愿贷的问题，提高存贷比。培育发展一批省级成长型中小企业和专精特新“小巨人”企业，新增规模以上企业30户，民营经济增加值增长10%。着力增强县域经济实力，强化县区主要领导谋划产业发展、主抓企业扶持、加强财源建设责任，集中有限资金扶持发展前景广、税收贡献大的企业，扶优扶强100户重点企业，力争所有县区生产总值过百亿元，红塔区突破700亿元。大力发展园区经济，优化园区产业布局，支持引导战略投资者建设特色园中园，落实红塔、通海等5个园区实体化改革方案，高新区签约、开工、竣工亿元项目均达10个以上，红塔、易门园区各新增投资亿元以上项目2个，其他园区各新增投资5 000万元以上项目3个，完成基础设施建设投资60亿元，建设标准化厂房50万平方米，力争红塔工业园区主营业务收入超千亿元，全市园区工业增加值增长10%。

发挥投资关键作用。谋划实施一批重大工程，强化大企业大项目支撑，抓实建设进度、要素保障、跟踪服务，持续优化投资结构，提高生产性投资比重。加快推进南恩糖纸公司搬迁等38个续建项目，力争联塑年产10万吨新型塑料管材等25个项目开工，确保华宁玉珠水泥日产5 000吨水泥熟料等32个项目竣工投产，确保工业投资增长10%以上。认真落实促进民间投资的各项政策措施，开展排斥限制民营企业招投标问题专项整治，建立健全鼓励民间投资的长效机制，激发民间投资活力，确保民间投资增长20%以上。抓住国家大幅增加地方政府专项债券规模的机遇，加强政银企对接，加大基础设施领域补短板力度，全面推进市级“四个一百”重点项目建设，防止出现“半拉子”工程。配合做好玉磨铁路建设工作，加快玉楚、元蔓等5条高速公路建设，确保江通高速公路建成通车，力争永金高速公路戛洒至元江段开工。推进新平等4个通用机场、玉溪民用运输机场前期工作，加快江川、元江通用机场建设。抓好滇中引水主体工程、15件重点水源工程建设，确保3个中型和5个小（一）型水库主体工程完工。建设高标准农田10万亩，发展高效节水灌溉面积4.5万亩。抓好新一轮农村电网改造升级，实施5个110千伏及以上输变电工程。加大前期工作经费投入，确保市级、高新区分别不少于1亿元、县区不少于2 000万元，建立项目储备和滚动接续机制，抓好141项重大项目前期工作，提高项目成熟度。

（二）大力发展数字经济，促进融合发展，建设数字玉溪

坚持资源数字化、数字产业化、产业数字化，以数字经济驱动发展变革，建设全省数字经济发展先行区、面向南亚东南亚的数字经济示范区和创新中心，推动数字经济走在全省前列。

夯实数字经济发展基础。充分认识数字经济作为新一轮产业竞争制高点、带动高质量发展新动能的重要地位，把发展数字经济作为推进玉溪高质量跨越式发展的战略选择。强化顶层设计，实施“12310”发展战略，编制数字经济发展规划，出台支持数字经济发展十条意见，设立5 000万元发展资金，组建投资公司。实施互联网“出口倍增”工程，出口带宽力争突破3 000Gbps。加快人工智能、工业互联网、物联网等新型基础设施建设，加速IPV6、窄带物联网等新一代信息技术应用部署，在全省率先开展5G试用。汇聚各类数据资源，加快优势资源数据化，推动公共数据资源的整合共享与开发，发展专业数据采集和加工业务，筑牢数字经济的数据基础。实施“云上云”行动计划和“双创”升级战略，提升启迪众创园孵化能力，建设新一代绿色数据中心集群，争取华为玉溪云计算数据中心、联通玉溪数据中心列为云南重要的云服务中心。强化国内外知名企业和高端人才培养引进，推动企业集聚和全产业链发展，大力发展基础型、应用型、服务型数字产业，构建产业支撑体系。

加快数字经济融合发展。加快数字经济重点形态发展，推动数字经济与三次产业深度融合。大力发展数字农业，着力推进农业产业服务体系建设，加快发展农业农村互联网、农业物联网、农业信息化服务，推进“互联网+现代农业”。攻坚发展数字工业，把智能制造作为主攻方向，制定工业互联网发展行动计划，加快中科曙光工业互联网平台等项目建设，推进矿冶、能源、建材等传统行业数字化改造，支持高新区智能制造产业园加快发展，实施“互联网+先进制造业”，加快重点制造领域装备数字化、智能化，发展数字产品，提升制造业数字化控制和管理水平。加速发展数字服务业，大力推进智慧旅游，建设一批智慧景区、智慧公园、智慧酒店、智慧停车场、智慧厕所。全力发展“大数据+医疗”“大数据+健康管理”，推进数字化医疗云平台建设。加快发展数字金融、智慧物流等生产性服务业，大力发展电子商务、数字共享、文化创意等新型服务业态，加快推进广告产业园建设。全面整合政务

信息系统，建设市级信用信息共享平台，推动区块链技术在政务服务等领域应用，支持永兴元公司打造全市政务服务统一平台，消除信息孤岛，加快政府数字化转型。

（三）扎实做好三农工作，推进乡村振兴，建设美丽玉溪

坚持把解决“三农”问题作为重中之重，切实落实好农业农村优先发展政策，开创产业强、环境美、乡风淳、治理好、农民富的新局面，推动乡村振兴走在全省前列。

全力打造绿色食品牌。聚焦烟菜花果药畜6大重点产业，按照抓有机、创名牌、育龙头、占市场、建平台、解难题的思路，着力实施高原特色农业三年行动计划和产业兴村强县等6大行动，加快国家农业可持续发展试验示范区暨农业绿色发展先行先试区、特色农产品优势区建设，增加优质农产品供给，确保农业增加值增长6%。加大红河谷—绿汁江热区产业经济带开发力度，统筹抓好基础设施建设、土地开发整理和产业培育发展，打造新的增长极。切实抓好粮食生产，划定粮食生产功能区和重要农产品生产保护区130万亩，种植粮食160万亩、总产量6亿千克；推动烟叶发展转型升级，加强基本烟区核心烟区建设，打造抚仙湖万亩绿色生态烟区，种植烤烟56.7万亩，收购烟叶153.1万担，通过做优做强烟叶来支撑推动卷烟发展；稳定蔬菜面积130万亩，新增水果2万亩、鲜切花2 000亩，种植生物药7万亩；加快德康100万头生猪、峨山双胞胎公司9 000头母猪扩繁场建设，畜牧业产值增长3%。推进县乡全域有机化种植，深入实施农药化肥减量行动，推动“三湖”周边农业种植结构调整，建立有机食品认证体系和质量追溯体系，认证绿色有机蔬菜、水果10万亩。推进“一县一业”示范区建设，强化品牌宣传、推介和管理，新增“三品一标”农产品20个、云南名牌农产品5个。大力发展精深加工，支持达利食品、猫哆哩等企业加快发展，新增5户市级以上农业龙头企业，创建50个家庭示范农场，打造国家级绿色农产品加工基地，农产品加工业产值增长10%。建设大宗农产品原产地商品交易市场，扩大“玉品”影响力，提高大中城市和中东市场占有率。搭建科研、质量安全认证等平台，完善农村电子商务配套设施，新建改造一批农村生活服务中心，力争农产品网上交易额超过7.5亿元。出台破解企业融资难、土地流转慢、物流成本高等问题的政策措施，解决好小农户生产经营面临的困难。

加快美丽乡村建设。强化乡村规划引领，调整完善县域乡村规划，强化“千名领导挂千村”责任，进一步改善村庄基础设施，加快补齐农村人居环境和公共服务短板。学习推广浙江“千村示范、万村整治”经验，实施“美丽乡村建设万村示范行动”，落实“迁村并点、村按镇建”要求，每个县区打造2个在全省叫得响的乡村振兴特色示范点，完成省下达美丽乡村建设任务。巩固提升15万农村人口饮水安全，建成“四好农村路”300千米。实施农村人居环境整治三年行动，加大力度治理农村“脏乱差”问题，重点做好垃圾污水处理、厕所革命、村容村貌提升，遏制农村无序建房问题。推进13座乡镇垃圾处理厂、10座乡镇污水处理厂、150座村庄公厕建设，改造户厕1.3万户，创建30个省级农村人居环境整治示范村。大力发展乡村产业，促进农民就近就地创业就业。保护好传统村落、民族村寨和传统建筑。加强农村社会治理，持续推进农村移风易俗，治理不良社会风气，打造充满活力、和谐有序的善治乡村。

巩固提升脱贫成果。落实好脱贫攻坚巩固提升三年行动实施方案，着力解决那些收入水平略高于建档立卡贫困户的群体缺乏政策支持等新问题，健全稳定脱贫长效机制，防止和减少返贫现象。每个县区启动1个特色旅游扶贫示范村建设，产业资金占扶贫资金的30%，力争建档立卡贫困户人均可支配收入增长12%，住院费用自付比例控制在10%以内，完成“4类重点对象”农村危房存量改造任务。实施50个贫困自然村环境整治示范工程，加快易地扶贫搬迁拆旧复垦复绿。开展“自强、诚信、感恩”主题实践活动，坚持扶贫与扶志、扶智、扶德、扶勤相结合，激发群众内生动力。

（四）全面深化各项改革，持续扩大开放，建设开放玉溪

坚持向改革要动力、向开放要活力，以全面深化改革破解发展瓶颈，以全方位对外开放拓展发展空间，打造高质量发展的强大引擎。

在改革上持续用力。持续深化供给侧结构性改革，在“巩固、增强、提升、畅通”八个字上下功夫，巩固“三去一降一补”成果，保持破立降力度不减；增强微观主体活力，发展更多优质企业；提升产业链水平，形成新的竞争优势；畅通经济循环，破除生产、流通、分配、消费循环梗阻。转变政府职能，大幅度减少政府对资源的直接配置，强化事中事后监管。开展“营商环境提升年”活动，深化“放管服”改革，实施“六个一”行动，着力打造审批最少、流程最简、时限最短、成本最低、服务最优的营商环境。加快“一部手机办事通”建设，实现更多政务服务事项“掌上办”。深化财税体制改革，健全完善财政资金统筹使用机制，稳妥抓好财政事权和支出责任划分改革。深化国有企业改革，完成市属投融资公司整合重组。全面完成市县政府机构改革，深化乡镇机构和事业单位改革，优化职能配置，理顺权责关系，提高效率效能。全面深化农村改革，抓好农村集体产权制度改革试点，进一步深化农村土地制度改革，推动集体经营性建设用地入市，盘活农村集体资源。创新建设用地供给方式，建立市级供地统筹调配机制，清理处置批而未供土地。统筹推进收入分配、医疗、教育、养老等领域改革。

在招商上精准发力。推进长三角、珠三角、京津冀、川渝驻点招商和代理招商，策划包装150个以上重大项目，主动承接产业转移，全力办好“相约春天”“收获金秋”招商活动和《财富》全球可持续论坛。强化招商引资引智，聚焦重点产业特别是工业项目，推进全产业链招商，突出投资、增加值、税收、就业贡献考核，提高招商引资实效。建立签约项目首办部门责任制，着力破解项目落地难等问题，提高签约项目落地率，每个县区引进亿元以上工业项目不少于3个，确保实际利用市外国内资金增长11%。全面落实促进外资增长的政策措施，强化国外、境外招商，确保实际利用外资1 000万美元。

在开放上深处着力。认真落实稳外贸政策，加快已批准设立的玉溪海关基础设施建设，扩大农产品出口规模，支持农产品精深加工、生物制药等产品出口，增加资源型原材料等进口，确保外贸进出口总额增长10%。深度融入和服务“一带一路”国家发展战略，鼓励企业“走出去”发展，大力发展加工贸易、跨境电商等新业态。放宽市场准入，全面实施准入前国民待遇加负面清单管理制度，保护外商合法权益。建立市外玉溪籍知名人士、企业家联系机制，巩固发展与国内外友好城市的合作成果。加强与滇中各州市基础设施、产业布局、生态建设等合作，推动昆

玉一体化互补式、同城化发展。

（五）着力实施创新驱动，激发发展活力，建设创新玉溪

坚持创新引领发展，强化产业发展、城市运行、政府管理等方面创新，加快国家创新型城市建设，推动经济发展动力转变，为高质量发展提供新动能。

加快科教创新城建设。突出引资引智、产城联动、产教融合，严格执行项目入园标准，高标准打造科教创新城。抓好中电科技等18个签约项目推进，推动北航云南玉溪研究院、云南农大玉溪未来技术研究院、玉溪脑科学与人工智能研究中心早日落地。加快体校、少体校建设，确保“一场三馆”主体工程完工、卫校新校区秋季招生办学。启动创新创业中心规划建设，抓好云南服务外包学院等筹建工作。

打造科技创新平台。聚焦烟草、花卉、矿冶、水环境治理、生物医药等领域，借助外脑外智，健全需求为导向、企业为主体的产学研一体化机制，形成一批具有自主知识产权的科技成果并加快转化应用。加强知识产权保护，建立统一的科技成果产权交易平台。推动规模以上企业、高新技术企业建立研发平台，新建重点实验室、工程技术研究中心5个，新增市级以上企业技术中心8户，申报认定省级科技型中小企业10户、高新技术企业20户。推动玉溪高新区创建全国创新型特色园区，做好省级可持续发展实验区、新能源产业技术研究院等申报工作，逐步实现高新技术企业研发机构全覆盖。

提升科技创新能力。实施“百千万人才计划”，构建刚性引才与柔性聚才有效融合的机制，引进培养储备一批高层次创新创业人才。实施知识产权强县、强企工程，推进科技成果转化中心建设县区全覆盖。健全竞争性经费与稳定支持经费相协调的投入机制，鼓励引导企业加大研发投入，加强自主创新，力争全社会研发经费投入占生产总值比重达1.5%。实施企业经营管理人才素质提升计划，建立企业首席技师制度，打造一支勇于开拓创新、善于经营管理的企业家队伍。

（六）强化规划建设管理，提升城镇品位，建设宜居玉溪

坚持高水平规划、高质量建设、高标准管理，完善城乡规划，优化城镇布局，提升城镇的综合吸引力、承载力和可持续发展能力，推动新型城镇化建设走在全省前列。

强化顶层规划设计。严格执行玉溪市城乡总体规划，开展红塔区科教创新城、健康宜居城、生态园林城建设规划编制，完成城市综合交通体系规划。科学确定县城和集镇发展定位，进一步完善规划编制，完成澄江城乡总体规划、概念性规划及城市设计工作。编制省级村庄规划建设示范村、国家传统村落保护规划，实现县域乡村建设规划审批全覆盖。建立城市设计督查制度，构建“多规合一”协调机制和“一张蓝图”管控体系，坚决维护规划权威性、严肃性。

加快精品城镇建设。突出历史记忆、文化内涵、功能拓展、产城融合和全域人居环境提升，统筹推进“六城同创”，推动城镇植绿、添绿、护绿上水平、上层次。抓好高铁新城、玉溪大河三期、城北客运站等工程建设，推进“城市设计”和“城市双修”试点，启动市级行政综合服务中心建设，确保城市规划馆开馆、白龙路延长线等5条市政道路竣工通车、国家海绵城市试点通过验收。以实施“城乡环境提升年”为抓手，着力加快美丽县城、美丽公路、特色小镇建设。按照澄江发展新定位，统筹推进“一城三镇八村”建设，加快撤县设市，建设“湖清城美、湖城共融”的新澄江。推进江川区与红塔区互补融合发展，提升城市特色风貌和城市形象。加快农业转移人口市民化。积极争取棚改专项债券支持，改造棚户区20 829户，基本建成1 560户。引导社会资本参与特色小镇建设，每个县区至少打造1个特色小镇，加快6个特色小镇和2个康养小镇试点建设，力争创建2个全省高质量示范特色小镇，获得更多资金奖励。

提升城镇治理水平。巩固提升省级文明城市创建成果，积极申报中国人居环境奖。加强城市精细化管理，加快新型智慧城市建设，推进智能服务平台等16个项目实施，提升城市管理服务信息化、智能化。推进城市管理执法体制改革，推动管理执法向集镇延伸。进一步理顺中心城区城市管理体制机制。深化城市“四治三改一拆一增”综合整治，消除中心沟、玉带河黑臭水体，推进市污水处理厂污泥处置、餐厨垃圾处理工程建设，搞好建筑垃圾处理城市试点，逐步推行生活垃圾分类收集处理，启动市第三污水处理厂建设。整治城乡违法违规建筑，杜绝增量化解存量。科学组织市政项目施工，加强中心城区破损路面修复，打通“断头路”。合理规划设置停车场，增加停车容量、规范停车管理。优化调整公交线路、站点，推进公交服务向新建片区延伸。开展马路围栏、施工扰民、占道经营、小区临街烧烤等专项整治。开展城市养犬专项治理，规范养犬行为。

（七）践行绿色发展理念，守护绿水青山，建设生态玉溪

坚持生态立市战略不动摇，用最高标准、最严制度、最硬执法、最实举措全力打好污染防治攻坚战，推动生态文明建设走在全省前列。

加强湖泊保护治理。坚持保护第一、治理为要、科学规划、绿色发展，强化流域空间管控，完成“三湖”保护和开发利用总体规划编制，开展“高原湖泊卫士”行动，打造国家“绿水青山就是金山银山”实践创新基地，着力构建“三湖”生态圈。调整优化“十三五”规划项目和山水林田湖草试点项目，强化项目推进和跟踪督查，确保项目克期完工。深入实施河（湖）长制，加强河渠库塘综合整治，集中解决乱占乱采乱堆乱建等突出问题，逐步消除劣Ⅴ类入湖水体。深入实施抚仙湖综合保护治理三年行动计划，持续开展“雷霆行动”，加快一级保护区2万人生态移民搬迁，推进“森林抚仙湖”建设，完成生态修复8万亩。启动澄江第二污水处理厂建设，开展水库清淤，加强沿湖村落污水收集处理，构建流域健康水循环，确保抚仙湖水质稳定保持Ⅰ类。开展《云南省星云湖保护条例》修订，科学制定水体置换方案，加快水质脱劣步伐，完成一级保护区1 500亩土地流转、应退房屋搬迁安置和环湖截污干渠建设，确保星云湖水质脱劣目标实现。推进杞麓湖沿湖截污治污、城乡雨污分流管网改造等项目建设，大力实施绿色农业示范工程，巩固杞麓湖水质Ⅴ类向好趋势。

解决环境突出问题。切实履行环境保护主体责任，全力抓好中央和省环保督察、专项巡视反馈意见的整改落实。打好8个标志性战役，打赢蓝天、碧水、净土三大保卫战，持续改善生态环境质量。强化建筑工地、道路扬尘和工业大气污染治理，提高清洁能源利用率，确保空气质量总体保持优良。探索制定生态补偿办法，推进跨界河流水环境生态补偿试点，加强南盘江、元江等流域水污染综合防治，重要河湖库渠水功能区水质达标率70%以上。抓好集

中式饮用水水源地保护，加快实施东风水库环境综合整治三年行动计划，确保县城以上集中式饮用水水源地达标率100%。开展耕地保量提质行动，深入推进“大棚房”问题清理整治。实施土壤污染修复试点示范工程，开展矿山地质环境恢复和综合治理，推进土壤污染防治。

大力推动生态建设。加快推进“森林玉溪”建设，深入开展国土绿化和环境提升行动，落实山林长制，加大交通沿线、近山面山、景区景点植树力度，以红塔区为重点探索乡村“四旁”绿化路子，完成营造林33.6万亩、退耕还林7.1万亩，石漠化治理6.3万亩，治理水土流失122平方千米。完成湿地保护规划和15个自然保护区总体规划编制，强化自然保护区监管和生物多样性保护，严厉查处各类环境违法行为。积极创建全国生态文明建设示范市，倡导简约适度、绿色低碳的生活方式，让尊重自然、顺应自然、保护自然成为人们的自觉行动。

（八）防范化解重大风险，筑牢安全底线，建设平安玉溪

坚持结构性去杠杆的基本思路，规范举债融资机制，打好防范化解重大风险攻坚战，为高质量发展营造和谐稳定的环境。

防范金融风险。加大金融风险分析、研判和预警，强化金融监管和风险处置责任落实，牢牢守住不发生系统性金融风险底线。积极稳妥去杠杆，推进市场化法治化债转股。规范民间借贷，加强融资性担保机构、小额贷款公司监管，严厉打击非法集资、金融诈骗、网络传销等违法金融活动，抓好拓农、泛亚等重大案件存量风险处置。加大对失信人员曝光、惩戒力度，建立诚信健康金融环境。

防范债务风险。落实财政增收留用及以奖代补政策，激励县乡政府主动培植财源，做大财政收入总量。加大上级转移支付资金争取力度，扩大财政支出规模。强化预算约束，压减一般性支出，采取措施逐步化解县区财政欠拨专款。落实政府债务及隐性债务风险防范化解责任制，有序化解存量，严格控制增量，坚决杜绝违法违规或变相举债行为，做到坚定、可控、有序、适度。积极争取地方债券额度，用好各类专项债券，提高政府债券资金使用效益。加大土地、公租房等资源资产盘活力度，发挥财政资金聚合效应。

防范社会风险。完善立体化、信息化社会治安防控体系，强化反恐维稳，深入开展扫黑除恶专项斗争，严密防范和严厉打击各类违法犯罪，打好禁毒防艾人民战争，增强人民群众安全感。强化网络安全监管，争创全省首个网络安全示范市。做好信访工作，注重从源头上排查化解矛盾纠纷。强化应急管理，提升防灾减灾救灾能力。强化公共安全管理，全面实施安全工程三年行动计划，落实安全生产责任制，坚决遏制重特大安全事故。强化食品药品安全监管，让人民群众吃得更放心。

（九）加大民生保障力度，增进人民福祉，建设幸福玉溪

坚持把人民对美好生活的向往作为奋斗目标，完善制度，守住底线，尽力而为，量力而行，办好惠民实事，提升幸福指数，推动民生保障和公共服务走在全省前列。

加强就业和社会保障。把稳就业摆在突出位置，重点解决好高校毕业生、农民工、退役军人等群体就业，确保城镇新增就业2.7万人，帮助8 000名就业困难人员实现就业。深入实施全民参保计划，扩大和稳定社会保险参保续保。做好保障农民工工资“治欠保支”工作。全力推进通海地震灾后恢复重建。建立健全救助机制，提升社会救助水平。

办好人民满意的教育。推进学前教育增量提质发展，大力发展普惠性幼儿园，改造幼儿园42所。推动义务教育优质均衡发展，优化中心城区中小学教育资源布局。完善普通高中教育教学考核机制，推动普通高中内涵发展，新增1 500个普通高中学位，争取玉溪民中晋升省一级二等高中。推动职业教育转型发展，玉溪农业职业技术学院改革转型为综合性职业技术学院。稳步发展特殊教育。支持规范社会办学。加强新时代教师队伍建设，着力培养有理想信念、有道德情操、有扎实学识、有仁爱之心的“四有”好老师。

提高全民健康水平。统筹推进国家健康城市建设，配合做好国际医疗健康城规划，启动中山大学澄江教学医院建设，加快市医院扩容提质二期前期、市中医院扩容、市妇幼保健院迁建工作。推进分级诊疗制度建设，引导合理有序就医。全面深化公立医院改革，实施县级公立医院提质达标晋级行动计划。实施基层医疗机构服务能力提升工程，加强全科医生培养。加强急救队伍建设，提高急救能力。推进残疾人康复中心建设。广泛开展全民健身活动，启动巴萨足球学校建设，做好省第十六届运动会场馆建设工作。

繁荣发展文化事业。弘扬“玉汝于成、溪达四海”的玉溪精神，加强思想道德建设和群众性精神文明创建。全力打造“聂耳音乐之都”，办好第六届聂耳音乐（合唱）周活动，加快文化广播影视传媒中心建设。加大文化交流力度，繁荣文艺创作，积极发展新闻出版、广播影视等事业，完成125个未通达有线广播电视网络行政村联网工程。积极创建中国最佳楹联文化城市、中华诗词之市。编制澄江化石地世界自然遗产保护规划，加强文化遗产保护，让玉溪历史文脉得到更好传承。

提升社会治理能力。全面推进依法治市，深入开展“七五”普法，加强社会信用体系建设，提升人民群众法治素养和社会文明程度。认真贯彻落实党和国家民族宗教政策，推进民族团结进步示范市创建。完善城乡社区治理体系，积极规范和引导各类社会组织健康发展，打造共建共治共享社会治理格局。

开展第四次全国经济普查。进一步做好外事侨务、保密、档案、红十字会、关心下一代等工作，切实保障好妇女儿童、老年人、残疾人合法权益。支持好工会、共青团、妇联等群团组织发展。扎实抓好国防动员、人民防空、民兵预备役、双拥共建、优抚安置等工作。

聚焦全民健身、食品安全、公交出行、城市管理等与人民群众生产生活密切相关的重点难点焦点问题，着力办好人民群众最期盼、最关心、最需要、最迫切的十件惠民实事。

三、全面加强自身建设

民之所望，政之所向。建设人民满意的政府，是全市人民的殷切期望。我们一定坚持以人民为中心的发展思想，全面加强政府自身建设，进一步提升政府执行力和公信力。

我们将旗帜鲜明讲政治。始终同以习近平同志为核心的党中央保持高度一致，严守政治纪律和政治规矩，树牢“四个意识”，坚定“四个自信”，坚决做到“两个维护”，坚持把党对一切工作的领导贯穿到政府工作的各个方面，做到中央有号召、省委有要求、市委有部署、政府有行动，把“忠诚”“看齐”写在岗位上、落在工作中，当好执行

党委决策的“先锋官”。

我们将履职尽责勇担当。坚决维护宪法权威，依宪施政，依法行政。自觉接受市人大及其常委会的法律监督、工作监督，市政协的民主监督，认真办理人大代表建议和政协委员提案，广泛听取各民主党派、工商联、无党派人士和各人民团体的意见建议，主动接受社会、群众和舆论监督。加强学习型政府建设，全面提升“八种本领”，锤炼担当尽责的政治品格，在重任面前敢想敢干，在难题面前敢闯敢试，在矛盾面前敢抓敢管，以舍我其谁的精神，更好地担负起党和人民赋予的历史重任。

我们将锲而不舍转作风。坚持贯彻执行中央八项规定和实施细则精神以及省市实施办法，驰而不息纠正“四风”，坚决防止“四风”反弹变异。发扬唯实求真精神，大兴调查研究之风，扑下身子查实情、深入基层办实事。弘扬立说立行、雷厉风行的作风，不打推诿回避的“太极”，不当坐而论道的“看客”，说到的坚决做到，定了的坚决执行。坚持“不为”“乱为”一起治，“容错”“纠错”一起抓，让担子上肩，将责任压实，以钉钉子精神推动各项工作落实。

我们将廉洁奉公做表率。严格落实新时代全面从严治党要求，认真履行党风廉政建设“一岗双责”。加强干部队伍廉政建设，勤俭节约，严管严控，确保“三公”经费支出只减不增。深入推进政府系统党风廉政建设和反腐败斗争，加强审计监督，全面强化重点领域、关键环节、要害岗位的监管，做到多“设防”、不“撤防”，知敬畏、守底线，打造清正廉洁为民的政府形象。

各位代表！幸福是奋斗出来的，蓝图是实干绘就的。众志所为，无所不成。让我们紧密团结在以习近平同志为核心的党中央周围，在省委、省政府和市委的坚强领导下，团结拼搏、锐意进取，真抓实干、奋力赶超，为新时代玉溪高质量跨越式发展而努力奋斗，以优异成绩向中华人民共和国成立70周年献礼！

名词解释

1．六个走在全省前列：省委、省政府提出，玉溪要在推动经济高质量发展、新型城镇化建设、乡村振兴、生态文明建设、民生保障和公共服务、全面从严治党走在全省前列。

2．两型三化：推动产业结构向开放型、创新型和高端化、信息化、绿色化转型发展。

3．打造“三张牌”：打造绿色食品牌、绿色能源牌和健康生活目的地牌。

4．经济社会发展“5577”总体思路：第1个“5”是坚定不移地实施生态立市、产业富市、创新强市、开放兴市、共享和市五大战略；第2个“5”是坚定不移地推进“五网”设施建设；第1个“7”是坚定不移地巩固提升卷烟及配套、矿冶及装备制造、高原特色现代农业三大传统产业，发展壮大生物医药及大健康、文化旅游、信息、现代物流四大新兴产业；第2个“7”是坚定不移地实施脱贫攻坚、教育提质惠民、创业促进就业、城乡居民增收、社保扩面提标、健康养生养老、人口均衡发展七大民生工程。

5．旅游革命：2018年，省政府提出对云南旅游传统的发展理念、发展方式、发展模式进行根本变革和创新，破解长期积累下来的问题和深层次矛盾，彻底整治旅游市场，推动旅游产业转型升级，努力实现云南旅游业高质量发展，把云南打造成为世界一流旅游目的地。旅游革命任务和措施主要包括深化旅游市场秩序整治、构建云南旅游诚信体系、提升旅游供给能力、重构旅游管理机制4个方面的19项措施。

6．四好农村路：即“建设好、管理好、养护好、运营好”农村公路。

7．六个一：指企业开办时间再减一半以上，项目审批时间再减一半以上，政务服务一网办通，企业和群众力争只进一扇门，政务服务最多跑一次，凡是没有法律法规依据的证明一律取消。

8．“123456”改革：我市优化营商环境改革目标核心，“1”即打造以政务服务中心为平台的市县乡村四级政务服务“一张网”，实行“一门一窗一网、集成服务、马上就办”，实现“只进一扇门”“只到一个窗”“办理所有事”“最多跑一次”；“2”即一般性不动产交易登记2个工作日办结；“3”即企业从申请设立到具备一般性经营条件3个工作日办结；“45”即企业投资项目从立项到施工许可45个工作日办结；“6”即“企业开办环境、投资审批环境、产权登记环境、招商引资环境、公平竞争环境、政务服务环境”6项营商环境全面优化提升。

9．城市双修：指生态修复、城市修补。

10．六城同创：我市同时创建联合国人居环境奖、全国文明城市、国家健康城市、国家海绵城市、国家智慧城市、国家创新型城市。

11．百村示范、千村整治：从2015年到2017年，市委、市政府在全市开展100个示范村、1 000个重点整治村建设。2018年启动第二轮百村示范、千村整治。

12．七改三清：指在农村全面实施改路、改房、改水、改电、改圈、改厕、改灶综合行动，实行人畜分离、厨卫入户，清洁水源、清洁田园、清洁家园。

13．雷霆行动：指为保护好抚仙湖Ⅰ类水质，全面整治抚仙湖沿湖城镇居民生活污水、畜禽规模养殖、入湖河道、径流区工矿企业、旅游服务业造成的入湖污染问题，集中清理临违建筑、规范垃圾收集转运处理，加快退人、退房、退田、退塘，还湖、还水、还湿地及企事业单位退出，加强已建成环保项目管理运行维护，优化空间管控，加强环境卫生综合整治、旅游行业综合整治，提升监管能力等。

14．八种本领：习近平总书记在党的十九大报告中强调的学习本领、政治领导本领、改革创新本领、科学发展本领、依法执政本领、群众工作本领、狠抓落实本领、驾驭风险本领。

15．四带多园：打造昆玉—玉元经济带，带动玉溪高新区、红塔工业园区、研和工业园区、大化产业园区、新平矿业循环经济特色工业园区、元江工业园区发展；打造“三湖”生态经济带，带动通海、江川、澄江、华宁绿色经济和航空物流园、通海高原特色农业物流园、五金产业园发展；打造滇中高速环线经济带，带动华溪高原特色水果经济园、高鲁山生态休闲文化旅游园、甸中—十街生物产业园、华宁工业园区、易门工业园区发展；打造红河谷—绿汁江热区产业经济带，带动易门、峨山、新平、元江热区资源开发。

16．旅游革命12大工程：指实施智慧景区、智慧饭店、智慧民宿（精品酒店）、智慧特色餐饮、智慧乡村旅游、旅游厕所、文旅融合、康体旅融合、重大旅游项目推进、自驾线路及营地、智慧旅游商品企业和网络基础设施12大工程建设。

17．4类重点对象：指建档立卡贫困户、低保户、农村分散供养特困人员、贫困残疾人家庭。

18. 数字经济：指以使用数字化的知识和信息作为关键生产要素、以现代信息网络作为重要载体、以信息网络技术的有效使用作为效率提升和经济结构优化的重要推动力的一系列经济活动。

19. "12310"发展战略：指构建1个数字经济发展体系，坚持"数字产业化"和"产业数字化"2条发展主线，突出数字基础型产业、数字应用型产业、数字服务型产业3个重点产业方向，着力推进数字基础设施、云计算服务、工业互联网、大数据外包、前沿信息技术应用、网络安全服务、数字政府建设、物联网、智能消费产品、数字创新应用10个细分产业领域，加快玉溪数字经济创新发展。

20. "云上云"行动计划：指2015年，云南为加快信息化建设和信息产业发展而实施的涉及配套信息通信基础设施、云计算创新、互联网+、大数据行动、电子商务、电子政务等领域的系列发展计划。

21. 百千万人才计划：2018年，我市抢抓建设国家创新型城市的机遇，加快实施人才强市战略，提出用5年时间，分类引进百名高层次创新创业人才和团队、培养千名重点产业拔尖人才、储备万名急需紧缺专业化人才。

22. 一城三镇八村："一城"指澄江县城，"三镇"指海口小镇、立昌小镇、路居小镇，"八村"指小凹村、明星村、孤山村、牛摩村、禄充村、尖山村、小湾村、海镜村8个特色村。

23. 四治三改一拆一增："四治"即治乱、治脏、治污、治堵，"三改"即改造旧住宅区、改造旧厂区、改造城中村，"一拆"即拆除违法违规建筑，"一增"即大面积增加城市绿化。

24. 打好8个标志性战役：指打好九大高原湖泊保护治理、以长江为重点的六大水系保护修复、水源地保护、城市黑臭水体治理、农业农村污染治理、生态保护修复、固体废物污染治理、柴油货车污染治理攻坚战。

25. 治欠保支：指治理拖欠农民工工资行为，保证农民工工资支付到位。

2019年十件惠民实事

一、改善农村生产生活条件

完成农村分散供养贫困人员、贫困残疾人家庭、建档立卡贫困户、低保户4类重点对象7 000户农村危房改造，实施50个贫困自然村环境整治示范工程；巩固提升15万农村人口饮水安全，实施新一轮农村电网改造206千米。主办单位：市住房和城乡建设局、市扶贫开发办公室、市水利局、市发展和改革委员会、各县区人民政府。

二、深入开展厕所革命

改造提升20座乡镇公厕、150座村庄公厕，新建改建旅游厕所70座；"五一节"前全市A级以上景区全面消除旱厕，年内全面实现景区厕所标准化；年内全部消除所有城镇建成区旱厕，全面开展学校厕所标准化建设，因地制宜推进乡村厕所旱改水。主办单位：市住房和城乡建设局、市文化和旅游局、市教育体育局、市商务局、市交通运输局、各县区人民政府。

三、促进城乡就业创业

着力实施"贷免扶补"、创业担保贷款扶持7 000人创业，发放贷款10亿元，城镇新增就业2.7万人，帮助8 000名就业困难人员实现就业。主办单位：市人力资源和社会保障局、各县区人民政府。

四、实施教育增量提质

改造幼儿园42所，优化中心城区中小学教育资源布局，新增1 500个普通高中学位。主办单位：市教育体育局、各县区人民政府。

五、实施七彩云南全民健身工程

新建1条15千米全民健身步道，完善5条城市公园全民健身步道设施，实施3个乡镇（街道）和20个行政村（社区）体育场地设施建设，打造"七彩云南全民健身活动示范工程"市级2个、县级9个、乡镇级9个。主办单位：市教育体育局、各县区人民政府。

六、实施残疾人关爱行动

为100户贫困残疾人家庭实施无障碍改造、1 000名残疾人适配辅助器具、1 550名精神病患者提供医疗救助。主办单位：市残疾人联合会、各县区人民政府。

七、实施"关爱妇女儿童健康行动"

免费为10 500对计划怀孕夫妇提供孕前优生健康检查、10 000名贫困育龄妇女提供宫颈癌检查，妇女常见病筛查率达到60%以上，新生儿遗传代谢性疾病和听力筛查率均达85%以上；实施Hib流感疫苗、23价肺炎疫苗群体性预防接种健康惠民工程。主办单位：市卫生健康委员会、各县区人民政府。

八、实施食品安全放心工程

每个县区创建不少于2家"放心肉菜示范超市"；餐饮服务单位"明厨亮灶"工程改造率90%以上。主办单位：市市场监督管理局、各县区人民政府。

九、实施中心城区公交便民服务工程

健全完善公交线路站点，优化公交线路5条，新开通线路3条，新增站点（牌）20个、智能电子站牌40个，投放新能源公交车30辆。主办单位：市交通运输局、红塔区人民政府。

十、加强城市管理

修复中心城区杯湖路、汇溪路、汇景路3条破损路面；规范城区养犬行为，组织开展专项整治，形成常态化、规范化管理机制。主办单位：市住房和城乡建设局、市公安局、市农业农村局、各县区人民政府。

（张本聪　摄）

专　记

SPECIAL RECORD

责任编校：李海明

保持攻坚定力　强化精准施策

坚决打好打赢保卫抚仙湖雷霆行动攻坚战

全面实现精准脱贫　不断提升脱贫质量

为在全省率先全面建成小康社会奠定基础

保持攻坚定力　强化精准施策
坚决打好打赢保卫抚仙湖雷霆行动攻坚战

为深入学习贯彻党的十九大精神，认真贯彻落实习近平总书记考察云南重要讲话精神和李克强总理对抚仙湖保护治理重要批示精神以及省委、省政府关于抚仙湖保护治理各项决策部署，2017 年 11 月以来，市委、市政府先后召开市委常委（扩大）会议、抚仙湖综合保护治理现场会、保卫抚仙湖专题会、保卫抚仙湖雷霆行动推进会、保卫抚仙湖雷霆行动现场会暨餐饮住宿业专项整治誓师大会、保卫抚仙湖雷霆行动现场推进会等一系列会议，严格对照中央环保督察组反馈意见、审计署专项审计指出的问题，深入分析研究抚仙湖保护治理存在的问题，制定《玉溪市抚仙湖综合保护治理工作三年（2018 ~ 2020 年）行动计划总体方案》《中共玉溪市委办公室玉溪市人民政府办公室关于开展保卫抚仙湖雷霆行动的通知》《玉溪市保卫抚仙湖雷霆行动第二阶段实施方案》，举全市之力，坚决打好打赢保卫抚仙湖雷霆行动攻坚战。

一是着力实施关停拆退。坚持“生态功能不退化、资源环境不超载、排放总量不突破、环境准入不降低”四条红线，以硬指标形成硬约束。不讲条件“关”，关闭砂石料场、砖厂、水泥粉磨站 37 个，整治抚仙湖径流区餐饮住宿 1 544 户，其中一级保护区关闭 54 户、二级保护区关闭 99 户，整改达标企业全部安装油、气、水处理设备，污水垃圾实现统一收集处理。下定决心“停”，全面实施停审、停批、停建，严格控制开发建设规模，开发项目从 25 个减少到 18 个，规划建设用地面积从 10.2 万亩减少到 3.5 万亩，目前在建 8 个，总规划建设面积 2.94 万亩，已供地面积 1.27 万亩。干净彻底“拆”，拆除径流区临违建筑 691 宗 5.53 万平方米，拆除塑料大棚 109 个。不遗余力“退”，完成 22 个中央、省、市、县属企事业单位退出一级保护区工作，共退出土地面积 909 亩、建筑面积 14.3 万平方米；一级保护区 2.8 万人生态搬迁工程已完成生态移民 8 274 人，剩下 2 万余人搬迁工作年内一次性启动；退出沿湖集体所有建筑 10 处、土地 85 亩，拆除建筑面积 8 033.5 平方米；退出畜禽养殖 137 户 6.77 万只（头）。

市委书记罗应光（前排中）参加“森林抚仙湖”植树造林活动
（市抚管局　提供）

2018 年 1 月 23 日，市委副书记、市长张德华（前排中）到澄江调研抚仙湖保护工作
（市抚管局　提供）

二是着力整治镇村两污。全面加强全流域 238 个村落已建成污水收集管网和垃圾中转站管护运行，于 2018 年 3 月完成尚未建设截污管道的 69 个沿湖村落截污应急措施，铺设管网 18 千米，安装污水处理一体化设备 42 套。加快推进澄江县农村生活污水处理及人居环境提升工程，启动村组截污治污工程建设 151 个，铺设污水主管 137.65 千米，安装入户支管 203.91 千米，完成率 70%，完成投资 4.5 亿元。加强厕所建设管护，全县共建成各类公厕 588 座，其中旅游公厕 46 座（A 级公厕 18 座）、Ⅰ类公厕 5 座、Ⅱ类公厕 400 座、旱厕 137 座，全部公厕明确专人实施保洁管理。

三是着力防治面源污染。启动抚仙湖绿色生态经济区创建工作，并在深入调研、专家咨询、听取群众意见基础上，制定《抚仙湖径流区耕地休耕轮作实施方案》，科学精准推进重度污染区休耕轮作，完成径流区耕地流转休耕轮作 5.8 万亩，大力推广种植烤烟、蓝莓、荷藕等生态农业，休耕轮作区减施化肥 3 750 吨、农药 39.7 吨，削减率达 93.9% 和 89.4%。投资 2.3 亿元实施坝区高效节水减排项目 5.1 万亩，每年可节水 1 271.66 万立方米，节水率达 41%，减施化肥 4 313 吨、减施农药 201 吨。

四是着力推进生态修复。已建 49 个环保项目全部移交澄江县实施统一管理，全部采取市场化进行专业管护，充分发挥项目生态效益。投资 145 亿元的 45 个水污染防治项目加快推进，已完工 4 个，完成投资 68 亿元。投资 68 亿元的 30 个山水林田湖草试点项目，全部开工建设，完成投资 17.85 亿元。全面开展水源涵养林建设，投资 15 亿元实施 15.17 万亩“森林抚仙湖”建设，已完成植被恢复 3.2 万亩，项目全部建成后，每年可减施化肥约 4 000 吨、减少入湖泥沙约 2 万吨，抚仙湖径流区森林覆盖率由 33.36% 提高到 40%。完成 22 个磷矿开采点生态修复和大坡头堆放磷石膏整改，清理湖滨缓冲带复耕复种 80 块 33 亩。

五是着力强化规划管控。坚决贯彻“共抓大保护、不

2018 年 1 月 23 日，市政府召开玉溪市保卫抚仙湖雷霆行动推进会议　　（市抚管局　提供）

搞大开发”战略导向，着力在规划管控、停审停批停建、严格项目准入上狠下功夫，用规划严控开发强度，框住空间利用格局。加快推进“多规合一”，针对抚仙湖径流区 15 个专项规划彼此间兼容性互补性差、内容相互冲突的实际，高标准启动《抚仙湖保护和开发利用总体规划》编制，将各个专项规划的控制范围、规划红线等内容全面整合后，纳入总体规划进行全面管控，目前，《抚仙湖保护和开发利用总体规划》已上报省级待批。严格把好项目准入关，开展项目前置审查 25 个、项目规划审查 18 次。严格执行“三同时”制度，对在建项目施工、取水和排污进行实地专项检查 12 次，发出整改通知 4 次。

六是着力加强执法监管。严格实施河长制六项制度，创新制定四项配套制度，238 名四级河长巡河实现日常化，持续做好 103 条入湖河道保洁清理，河（湖）长制网格化管理实现全覆盖。加强水质监测预警，制定抚仙湖环境风险应急预案，组建抚仙湖保护治理专家组，建立流域水环境状况分析制度、水质状况评价通报考核制度、项目实施跟踪评估制度。严格执行抚仙湖保护条例，深入开展旅游行业、道路交通综合整治，始终保持严厉打击各类环境违法违规行为“零容忍”态势。

七是着力开展宣传发动。统筹环保、抚管、工青妇、镇村组等各方力量，深入开展雷霆行动进机关、进社区、进农村、进学校、进企业、进家庭“六进”活动，采取文艺演出、有奖竞答等多种群众喜闻乐见的形式，广泛深入宣传发动，把雷霆行动的正能量传递到村组的每个角落。适时策划新闻宣传，中央电视台 11 次对雷霆行动进行报道，各级媒体累计报道 900 余条次，为雷霆行动顺利推进营造浓厚的舆论氛围，形成社会支持、全民参与的良好格局。

保卫抚仙湖雷霆行动百日攻坚 10 个方面 100 个突出问题、雷霆行动第二阶段及应急工程 16 个方面 48 个问题已经全部完成整改验收销号，各项工作取得阶段性成效，为进一步加大保护治理力度奠定了坚实基础，积累了宝贵经验：一是高位推动是保障。中央和省的有关重要批示指示，既为市委、市政府指明了方向，更为玉溪市向上争取政策和资金带来了机遇。中央和省的政策资金支持极大地解决了实际困难，坚定了雷霆行动攻坚战必胜的信心。省环保厅、省水利厅、省财政厅等省级有关部门的关心帮助为雷霆行动注入了强大动力。市委、市政府先后多次召开市委常委会、市政府常务会、专题会，成立保卫抚仙湖雷霆行动组和市、县联合工作组，及时研究解决困难问题。市人大常委会、市政协充分发挥监督作用，从法律监督、工作监督和民主监督上给予全力支持。澄江县把径流区 6 个乡镇（街道）

工作组组织力量拆除阳光海岸酒店　（市抚管局　提供）

湖边建筑拆出后，湿地净化系统和陆地植被已恢复　（市抚管局　提供）

划分为6大战区，乡镇（街道）协调联动，全面统筹推进。江川区、华宁县和市级有关责任单位、配合单位制定方案，各司其职、密切配合、形成合力。在抚仙湖保护治理的历史上，从中央到地方，从机关到基层，犹如雷霆万钧的局面是空前的。二是坚决整改是核心。为全面完成审计署审计过程中发现问题的整改，玉溪市结合省环境保护督察组专项排查出的6大类28个问题，把问题细化为10大类100个问题，制定整改方案和问题责任清单，对13个责任单位、21个配合单位、27名责任人明确目标任务、整改措施和完成时限，实行责任单位和配合单位同岗同责同问，并通过媒体公布，主动接受监督。各责任单位、配合单位制定时间表、路线图，挂图作战，逐级传导压力、层层压实责任，切实做到一个问题、一套方案、一名责任人、一抓到底。三是依靠群众是基础。雷霆行动涉及抚仙湖径流区10余万群众，玉溪市始终把群众支持不支持、赞成不赞成作为工作的出发点和落脚点，深入细致开展群众工作，最大限度争取广大群众支持。四是严肃追责是关键。严肃督查、严格验收，整改不到位坚决不销号，责令重新整改；问题整改落实情况每日上报、每周总结、每月督查，强有力推动了工作落实。市纪委监委制定工作方案，严肃跟踪问效问责，在保证各项整改措施落实到位的同时，促进了干部作风持续转变。

（徐明汉）

全面实现精准脱贫 不断提升脱贫质量 为在全省率先全面建成小康社会奠定基础

玉溪是全省唯一没有贫困县的州市。经过2014年农村建档立卡贫困对象识别，全市有9个贫困乡、75个贫困行政村、1 100个贫困自然村、3.46万户12.11万贫困人口，主要分布在高寒冷凉的哀牢山少数民族地区、地质灾害多发的红河谷绿汁江流域和生态脆弱的革命老区，都是贫中之贫、困中之困、坚中之坚，是脱贫工作中最难啃的“硬骨头”。市委、市政府始终坚持以习近平总书记关于扶贫开发工作的重要论述为指引，把脱贫攻坚作为最大政治任务和第一民生工程，2017年7月在全省率先实施精准脱贫百日攻坚战，坚决打好打赢精准脱贫攻坚战。精准脱贫百日攻坚目标是：实现3个贫困乡脱贫摘帽、17个贫困行政村脱贫出列、3.28万贫困人口脱贫退出。经过几年的不懈努力，脱贫攻坚取得了决定性成效。2017年底，全市贫困人口减少到3 946户12 440人，县、乡、村贫困发生率均降到3%以下，全市贫困发生率降到0.78%，省级对市委、市政府扶贫开发成效考核综合评价为“好”。作为全省脱贫攻坚的先进集体，2018年10月17日召开的全省脱贫攻坚奖表彰大会上，市政府扶贫开发办等一批单位和个人受到省委、省政府表彰。

一、实施巩固提升工程，提高脱贫质量

市委、市政府认真贯彻落实习近平总书记在打好精准脱贫攻坚战座谈会上的重要讲话精神和全省脱贫攻坚相关会议以及《玉溪市脱贫成果巩固提升走在全省前列的实施意见》精神，以稳定实现贫困人口“两不愁三保障”和贫困地区基本公共服务领域主要指标接近或达到全国平均水平为目标，以9个贫困乡镇和198个贫困村为重点，按照“建新业、住新房、走新路、好生活”要求，始终把脱贫质量放在首位，聚力解决贫困地区基础设施不完善、产业培育发展滞后、社会保障网不牢实、人居环境脏乱差等问题，实施脱贫成果巩固提升，着力增强贫困群众获得感。始终把脱贫攻坚纳入全市经济社会发展“5577”总体思路，作为实现全面建成小康社会目标的首要任务，着力解决贫困

新平县戛洒镇关圣庙易地扶贫搬迁项目是全省最大的易地扶贫安置点，一期工程已经完成，有586户2 306人建档立卡户和地质灾害搬迁户搬入新房 （崔永红 摄）

新平县建兴乡中学教学楼　　（崔永红　摄）

地区基础设施差、产业发展滞后、公共服务体系弱等问题，着力补齐经济社会发展短板，一如既往，坚持高位推动，在统筹协调上做文章，把脱贫质量放在首位，对全市的脱贫攻坚巩固提升工作做出了安排和部署，围绕“2017 年全面脱贫、2018 年巩固提升，在全省率先全面建成小康社会”的脱贫攻坚目标，继续保持攻坚态势，巩固脱贫攻坚成果，持续提升脱贫攻坚质量，确保脱贫成果巩固提升在全省做出示范、走在前列。

二、实施动态管理精准推进巩固提升

为了做到精准扶贫、精准脱贫，按照上级的安排部署，全市各级各部门从严从实完成了贫困对象动态管理工作中的贫情分析、实地核查、信息采集与比对、三评四定、公示公告、信息录入等各环节工作。为精准贫困对象，各级召开专题会议 501 次进行研究，制定文件和方案 282 份，举办政策业务培训 1 401 期 36 296 人次，对全市有农业人口的 72 个乡镇（街道）641 个村（居）委会 5950 个村（居）民小组全面开展贫情分析，涉及农业人口 527 203 户 1 720 009 人，做到了组不漏户、户不漏人。脱贫攻坚巩固提升围绕未脱贫的 1.24 万贫困人口进行，坚持开发式扶贫与保障性扶贫并举，到户到人深入分析致贫原因，精准细化因户因人帮扶政策措施，明确落实帮户帮人责任单位和人员，以扎实的帮扶工作，实现真实的脱贫结果；坚持“两不愁三保障”标准，建立和完善贫困监测机制，认真组织开展农村“控辍保学”检查、大病慢性病普查、危房鉴别认定等工作，做到应纳尽纳、应扶尽扶，确保不落户不漏人。重视“边缘户”扶持工作，推进贫困地区群众生产生活水平全面提升，在扶贫开发整乡整村整族推进中，统筹规划和合理安排普遍受益的基础设施建设项目与精准到村到户的扶持项目；在产业扶贫中，强化统筹整合专项扶贫、行业扶贫、社会扶贫项目资金，注重激发产业发展的内生动力，从根本上改变简单发钱发物的“输血式”扶贫，防止产生“福利陷阱”，避免因政策不公带来新的社会矛盾。

在巩固提升工作中，全市脱贫攻坚正由“打赢”向“打好”转变，将从注重全面推进帮扶向更加注重深度贫困地区攻坚转变；从注重减贫速度向更加注重脱贫质量转变；从注重外部帮扶向注重外部帮扶与激发内生动力并重转变；从注重开发式扶贫为主向开发式与保障性扶贫并重转变。这需要各级领导干部深刻理解和准确把握尽快调整工作思路，完善政策措施，创新帮扶方法，改进工作作风，层层压实责任，坚决打赢打好脱贫巩固提升攻坚战。建立稳定脱贫长效机制，全面落实乡村振兴战略，按照“产业兴旺、生态宜居、乡风文明、治理有效、生活富裕”的总体要求，建立稳定脱贫长效机制，制定了《脱贫成果巩固提升走在全省前列的实施意见》《脱贫攻坚巩固提升三年行动实施方案》，下发了《玉溪市贫困地区农村人居环境整治三年行动实施方案》《玉溪市健康扶贫工程“三个一批”行动计划实施方案》等，为巩固提升脱贫质量、全面实现脱贫攻坚目标和实施乡村振兴战略提供制度保障。认真落实脱贫人口后续帮扶计划，坚持脱贫不脱政策、脱贫不脱帮扶、脱贫不脱责任、脱贫不脱监管，着力推进产业就业扶贫、保障性扶贫，实施贫困村提升工程等，培育壮大贫困村集体经济，发展合作经济，确保贫困户有稳定可靠的增收渠道、有脱贫发展的基础条件，巩固提升脱贫质量。坚持精准扶贫、精准脱贫基本方略，坚持现行扶贫标准，强化市、县抓落实工作机制，以精准施策、提质增效为核心，以扶贫领域腐败和作风问题专项治理为抓手，聚焦深度贫困地区和特困群众，突出产业发展增收、人居环境整治、社会保障巩固，强化统筹整合专项扶贫、行业扶贫、社会扶贫资源，加强基层组织建设与扶贫开发“双推进”，注重激发贫困群众内生动力，严格监督考评，用足“绣花”功夫抓好巩固提升工作。

三、统筹协调提升区域性扶贫成效

把脱贫攻坚巩固提升与实施乡村振兴战略统筹协调推进，坚持区域发展带动扶贫开发、精准扶贫促进区域发展的总体思路，加强乡村振兴与脱贫攻坚的政策衔接、机制整合和工作统筹，聚焦连片贫困地区，加大哀牢山区、革命老区、特困少数民族地区的基础设施建设，创造有利于“造血式”扶贫的大环境。一是继续抓好“四好农村路”建设，实施到贫困乡贫困村公路扩宽提升和到自然村道路硬化工程，实现 30 户以上的贫困自然村和 20 户以上的拉祜族自然村 100% 通硬化路。二是通过实施安全饮水保障到户工程，确保贫困地区农村饮水集中供水率、自来水普及率分别达到 95.5% 和 91.5% 以上；结合产业发展，加大贫困地区节水灌溉农业配套基础设施建设力度，提高有效灌溉率。三是加快推进“互联网＋扶贫”工程，提高贫困地区电子商务发展水平，积极发展基于互联网的新业态新模式，为推进精准电商扶贫创造良好条件。

四、产业和就业扶持实现可持续脱贫致富

使贫困群众增收是脱贫攻坚巩固提升的首要任务，全市各级各相关部门顺应农业供给侧结构性改革和打造“绿色食品牌”的新要求，加大贫困地区农业产业结构调整力度，着力提高农产品质量和经济效益。一是坚持因地制宜，充分发挥贫困地区生态、土地等资源优势，宜农则农、宜林则林、宜牧则牧，大力发展绿色生态高原特色农业。二是创新体制机制和方式方法，巩固和完善农村基本经营制度，坚持稳定土地承包关系，积极培育新型经营主体，打造区域农产品公共品牌，开展农超对接、农社对接，帮助农民对接市场，提高抗风险能力。积极推进专业化布局、区域化生产，推动农业产业集群发展，形成一村一品、一县一业等特色优势产区、乡村旅游基地。三是加大科技培训服务力度，结合产业发展和农业结构，创新培训服务方式，加大贫困劳动力种烟、种菜、种果、种药和养猪、养鸡等实用技术培训力度，提高劳动技能。四是建立完善贫困家

庭劳动力培训和转移就业管理机制，不断扩大转移就业规模，进一步增加农民劳务性收入，力争全市建档立卡贫困户人均可支配收入年均增长 14% 以上。五是以贫困村为重点，在认真总结近几年农村股份合作集体经济试点经验的基础上，稳步推进农村集体产权制度改革，全面开展清产核资，确保集体资产保值增值。

五、强化保障政策筑牢民生安全网

按照兜底线、织密网、建机制的要求，聚焦特殊贫困人口精准发力，从根本上解决因学因病因灾致贫返贫问题。紧紧围绕教育扶贫“控辍保学”要求，巩固提升县域义务教育均等化成果，确保农村适龄义务教育阶段子女“零”辍学；对非义务教育阶段贫困学生做到应助尽助，无一户因学致贫。在健康扶贫方面，加强贫困地区老妇幼残重点人群健康服务，保持建档立卡贫困户参加基本医疗、大病保险、大病救助保险和家庭医生签约服务 100%。精准落实救助政策，逐年提高救助标准，充分发挥社会低保在精准脱贫攻坚中的兜底保障作用。不折不扣贯彻落实易地扶贫搬迁、农村危房改造等补助政策，加快实施建档立卡贫困户、农村分散供养特困人员、低保户和贫困残疾人家庭的易地扶贫搬迁、地灾移民搬迁、农村危房改造项目，确保年底全面完成。

六、改善人居环境增强贫困群众获得感

贫困地区农村人居环境问题是脱贫工作的“面子”问题，事关全面建成小康社会的成色。各级各相关部门聚焦农村环境污染和“脏乱差”问题，坚持因地制宜、科学规划、精准施策、综合整治，扎实推进 300 个人居环境整治示范村，力争实现 90% 左右的村庄垃圾得到治理，卫生厕所普及率达到 85% 左右，生活污水乱排乱放得到管控，村内道路通行条件明显改善。大力实施绿化亮化工程，建立完善村规民约，引导农民积极呵护田园、水源和家园，增强卫生健康意识，稳步推进宜居乡村建设。经市贫困监测抽样调查表明，2018 年全市农村贫困监测人均可支配收入为 8144 元，比上年增长 16.48%。农村道路、水利建设、医疗设施等基础设施建设进一步完善，健康扶贫、教育扶贫等行业扶贫成果得到巩固，脱贫攻坚巩固提升第一年取得明显成效，为在全省率先全面建成小康社会奠定了坚实基础。

（崔永红）

山区群众发展养殖业脱贫致富　（崔永红　摄）

（黄 凯 摄）

专　文

SPECIAL ARTICLES

责任编校：李海明

砥砺前行促和谐　万众一心创“平安”

——平安玉溪创建的实践与启示

2017年9月，玉溪市在2005年至2016年平安创建中连续3届荣获“全国社会治安综合治理优秀市”，捧回了中央在社会治安综合治理领域设立的最高奖——“长安杯”。十二年来，玉溪市始终坚持经济发展与社会治理两者并重，把平安玉溪建设纳入全市经济社会发展规划统筹推进，努力构建“党政齐抓共管、部门合力推进、群众广泛参与”的工作格局，推动综治及平安建设各项目标任务落到实处，全市治安形势逐年向好，人民群众安全感满意度逐年上升，平安玉溪建设取得丰硕成果。回望十二年来创建全国“长安杯”的历程，全市广大政法、综治工作者和干部群众开拓创新、众志成城、砥砺前行，根植于平安玉溪的建设实践，形成了可复制的玉溪经验，探索出可推广的玉溪路径。

一、主要做法

自2005年启动平安玉溪创建工作以来，玉溪市加强和创新社会治理模式，深化依法治市实践，强化立体化社会治安防控体系建设，完善矛盾纠纷化解机制，全力在重点领域、重点行业、突出问题上出实招、求实效，有效提高了维护公共安全的能力。

（一）实施“三个推进”，形成齐抓共管的工作合力

玉溪市的平安创建工作先后经历了3任市委书记、4任市长、2任政法委书记。但始终不因换届而影响，不因人事变动而懈怠。一是实施“一把手”工程，在党政合力上推进。把保一方平安作为各级领导干部的政治责任，健全完善了主要领导负总责、分管领导具体负责、其他领导“一岗双责”的综治工作领导责任制。凡涉及综治维稳的重要工作、重大行动、重大问题，都放在全市工作大局中谋划推进，从市级层面决策、协调和督促，以市委、市政府文件印发实施，主要领导亲自抓，层层传导压力推动落实。2005年以来，全市累计召开研究综治维稳工作的市委常委会、政府常务会、领导小组会以及县区委书记、人大常委会主任、县区长、政协主席、县区委副书记座谈会30余次，组织开展调查研究50余次，确保创建全国“长安杯”工作各项措施落到实处。二是发挥县区和成员单位作用，在部门联动上推进。强化主体责任落实，每年由市委书记、市长与各县区委书记、县区长及综治成员单位“一把手”签订责任书，压实工作责任，从机制层面上织密工作缝隙，并综合运用评估、督导、考核、激励、惩戒等措施，全面推动领导责任制落细、落小、落实。各县区、市级综治委成员单位按照“属地管理”“谁主管谁负责”原则，层层建立领导责任制、部门责任制、单位责任制，把综治目标任务细化到每个单位、每个部门和每个责任人，构筑了社会治理责任新格局。三是制定经费保障政策，在工作支持上推进。建立“三补”经费保障长效机制，每年投入资金548万元，对全市村（居）治保主任、调解主任实行“以月定补”，对全市矛盾纠纷调处实行“一案一补”，对综治基层基础规范化建设实行“以奖代补”，维护稳定的第一道防线得到了持续巩固和强化。全市综治维稳经费逐年增加，市级人均不低于1元、县区不低于2元。公、检、法、司人均工作经费远高于其他机关单位，政法委工作经费按法、检部门标准执行。

（二）抓好“三个到位”，营造全社会参与的浓厚氛围

坚持分层次、多渠道、多形式的宣传思路，不断加大宣传力度。一是开展舆论攻势，面上宣传到位。在玉溪电视台开辟了警视窗、在玉溪日报开办“共创平安玉溪”专栏，集中宣传报道全市的创建工作。市、县、乡综治部门定期于每年3月、9月各开展1次综治维稳宣传月活动，集中宣传平安创建知识。二是深入实际搞发动，入户宣传到位。采取举办展览、发手机短信、开展文艺演出、编印宣传画册、散发公开信等方式，深入宣传平安玉溪建设、创建全国“长安杯”的举措、成效和政法综治先进典型人物事迹，着力提高综治工作的知晓率、平安建设的参与率。2016年，全市人民群众安全感满意度达90.48%，居全省第一。三是加强平安文化建设，营造氛围到位。围绕“平安玉溪”创建中的群众参与率、知晓率和满意率，多渠道、全方位宣传平安建设成功经验和先进典型，在全市建成36个法治文化主题广场和公园、30条法治文化街、500余块法治文化墙，营造浓厚的平安建设氛围。

（三）坚持“五从五抓”，构建打防结合的平安建设能力

坚持“以防为主，打防结合”的方针，积极做好社会矛盾纠纷的排查调处，严厉打击各类违法犯罪活动。

坚持从源头上抓排查。一是建立健全了以公安、司法、综治维稳等部门为主的信息收集、研判预警机制。在村组一级建立健全维稳信访网络，增强信息分析的深度和广度，提高信息传报的效率，对各种影响社会稳定的因素切实做到早发现、早控制。二是建立健全了矛盾纠纷排查机制。着力从举报受理、群众信访、座谈走访中把握潜在矛盾，对移民安置、征地拆迁、企业改制、林权改革等问题开展专项调研，对城乡接合部、城中村、边界地区和治安复杂场所、部位等开展明察暗访，及时提出防范措施建议，不断增强维护社会稳定工作的预见性、前瞻性，努力实现保稳定向创稳定的转变。三是健全完善重大决策风险评估机制。把社会稳定风险评估作为“前置程序”“刚性门槛”，在重大政策制定、重大改革实施、重大工程建设、重大活动举办前组织开展社会稳定风险评估工作。全市涉及山林、土地、水利、矿产、征地拆迁等八个领域的219个项目，全部开展了社会稳定风险评估。

坚持从根本上抓预防。一是强化法制宣传教育。坚持把预防矛盾纠纷发生作为法制宣传教育的重要内容来抓，

大力推进“学法、知法、用法、守法”工作，确保法制宣传教育人员、经费、效果三落实。二是建立医疗纠纷调处中心。在全省率先搭建了一个独立于医患双方以外的公正、中立的沟通协商平台，妥善化解了一大批医疗纠纷。该中心调处的医疗纠纷从2010年以前每年约120起降至2017年的46起，下降了62%，被司法部授予“全国优秀调解委员会”。三是积极推动大调解体系建设。积极整合调解资源，持续推进人民调解、司法调解、行政调解“三调对接”、行业调解跟进助推的衔接联动机制，实现了调解组织全覆盖。全市共设有调解组织936个（企事业单位调委会62个，个人调解室63个），有人民调解员11 106人。2005～2017年，全市各级人民调解组织调处各种矛盾纠纷15.8万余件，防止民转刑2 279件，调解成功率98%，矛盾纠纷调处成功率位居全省前列。

坚持从基础上抓化解。出台《玉溪市关于完善矛盾纠纷多元化解机制的实施意见》，进一步加强和创新社会治理，畅通群众诉求渠道、有效化解矛盾纠纷。一是抓矛盾纠纷化解组织的建设。在全省率先成立了市、县、乡、村社会管理综合服务中心，与政务服务中心合署办公，履行“政府行政窗口、社管创新平台、服务群众之家”的职责。在不增加编制的情况下，盘活基层综治维稳“资源存量”，全市75个乡镇、街道建立综治维稳信访中心，打造了一个“集综合治理、社会管理、群众工作、信访诉求、服务人民”为一体的社会管理工作平台，对矛盾纠纷实行“一站式接待、一条龙服务、一揽子解决”。二是建立重大矛盾纠纷领导牵头包案机制。实行党政领导包事、包案、包解决，综合运用法律、行政等各种手段和教育、调解、疏导等办法，集中力量攻坚克难，2013～2016年，共包案119件历史遗留问题，化解17件，102件得到有效稳控。

坚持从防控上抓整治。坚持专项整治与整体防控相结合，全力以赴抓好社会安全稳定工作，确保不发生重大恶性事件、治安事件。一是强化安全生产监管。认真落实企业安全生产主体责任，强化危爆物品管理，深入开展“缉枪治爆”专项行动。加强对寄递物流企业管理，不断提升“两客一危”、重型货运车辆道路运输服务管理和监管水平。强化平安智慧物流建设，有效推动了全市寄递企业收寄验视、实名收寄、过机安检“三个100%”安全管理制度的落实。加强对辖区企业、工厂、超市、出租房等进行安全生产、治安工作大检查，对出租房、建筑工地、“黄赌毒”窝点等重点区域进行专项整治。二是率先在全省推广“政校联合办学”，采用政府买单、学校实施、学生受教的形式，将初中毕业未能升学的学生全部免费送入职业学校就读。三是认真做好特殊人群的安置帮教工作。加强流动人口、外来人口的管理，对私房出租进行清查和登记。由财政出资对严重精神障碍患者监护人实行责任保险和资金补助制度，认真落实刑释解矫人员、青少年违法犯罪、吸毒人员等特殊人群服务管理和安置帮教责任人，落实一人一档一卷，杜绝脱管、漏管。

坚持从遏制上抓打击。充分发挥公安机关在社会治安综合治理中的主力军作用，结合全市社会治安实际，组织开展了“破案会战”，以打现行、破积案、挖团伙、追逃犯为主攻方向，重点打击暴力犯罪、“两抢一盗”等多发性犯罪、流窜犯罪等，严查严处食品安全、制假售假、环境污染等违法行为，坚决整治城市管理、人居环境、生态环境、旅游环境等方面存在的各种乱象，与各种敌对势力、民族分裂势力、宗教极端势力和邪教组织的破坏活动进行斗争，全力维护社会、政治稳定，巩固了平安创建成果。全市公共安全和治安形势良好，人民群众安全感、满意度逐年上升，7次跻身“中国最安全城市”。

（四）推进“四大建设”，探索社会治理管理创新

积极探索完善工作机制，把综治维稳信访工作从各职能部门的“份外事”变为“份内事”、从“临时性”变为“长期性”，有效提高了平安创建水平。

抓好基层基础建设。坚持整体防控与重点防控相结合，统筹推进城乡一体化社会治安防控体系建设。一是织密街面巡逻防控网。合理调整车巡、步巡等警力部署，最大限度地提高见警率和管事率。加大对中心城区、交通枢纽、学校等重点地区要害部位的巡逻控制力度，增强人民群众安全感。二是加强城乡社区防控网建设。积极推行警务室、治保室、调解室合署办公，落实一村一警，形成“街面有巡警，小区有保安，楼群有守望”的打防控机制，推动群防群治建设。三是加强单位场所防控网建设。加强城市公共交通安保工作，成立公交安保大队。强化易制爆危险品和剧毒化学物品管理，推行管制刀具打码销售。四是加强区域警务协作网建设。加强与消防、安监、城管、工商、税务、医院、银行等部门协作，建立警情通报、警民协防制度。与相邻市县定期召开协作会议，实现优势互补和勤务联动。五是强化技术视频防控网建设。投资建设平安玉溪城市视频，建成图像共享平台11个，并将重点单位的视频接入网格化管理信息系统平台，把安全管理触角延伸到末梢。

抓好基层平安创建。坚持以人民为中心的理念，抓服务重创新，平安建设活力不断激发，人民群众的安全感满意度不断上升。2016年群众安全感和满意度由2005年的86.4%上升至90.48%，提高4个百分点。一是加大网格化管理。大力推广网格化“6995”语音公众服务平台运用，把全市702个村（社区）划分为6 690个网格，并以网格为单位，逐人、逐地、逐事明确工作任务、责任到人，实现网格全覆盖、工作零缝隙。二是加大对跨地区、跨部门工作的联系，每半年召开一次社区综治维稳工作会议，每季度召开一次平安创建例会，研究和布置综治平安建设工作，做好群防群治工作。三是发挥民智、协调各方、凝心聚力，积极与街道（乡镇）、教育、卫生和妇联等部门联合，加大平安创建力度，大力开展“平安小区”“平安学校”“平安家庭”等创建活动，努力建立适应新形势打防结合的支撑点，积“小安”为“大安”。目前，全市317个小区、99家物业服务企业共创建“平安小区”30个，正在申报创建的40个。

抓好信访案件化解机制建设。按照县区每月排查一次、乡（镇）村每半月排查一次的要求，合力抓好信访案件排查化解工作。一是认真落实领导定期接访制度。在坚持市、县领导接待日制度的同时，充分利用市长热线、政务微博等渠道，通过举办重大决策、重要项目咨询会、听证会等活动，广泛听取了解群众的意见和要求，真正让群众话有处说、难有处诉、事有人办。二是全力构建网上信访“快车道”。完成全市9个县区75个乡镇148个社区的视频接访系统建设，搭建市、县区、乡镇、行政村4级视频接访平台，缩短了信访事项办理周期，及时就地解决了群众的诉求。三是实行领导牵头化解信访案件责任制。认真开展信访突出问题专项排查，对所排查出来的问题，由党政主要领导带头“包案”化解。先后解决了以玉溪机床厂为重点的一批国企改制遗留问题，红塔区等地的“空户”等30多项带有全局性的重点信访突出问题。

抓好民族团结进步示范建设。玉溪是云南省的宗教工

作重点市，有宗教活动场所121处，信教群众25万多人。十二年来，玉溪市始终坚持把平安玉溪建设与营造良好的法治环境作为宗教工作的重点，以民族团结进步示范村建设为引领，共整合投入各类资金近8亿元，抓好新平示范县等民族团结示范区的建设，累计建成了5个民族团结示范乡镇、52个民族团结示范村，13个民族特色村寨被国家民委命名为“中国少数民族特色村寨”，涌现出红塔区黄草坝、峨山塔冲、通海纳古、新平戛洒等一批经济发展、民族团结、社会和谐的先进典型，促进了全市民族团结、宗教和顺、社会稳定、经济发展，收到了良好的社会效果。

二、取得的成效

平安是人民幸福安康的基本要求，稳定是改革发展的基本前提。平安玉溪的创建，取得了以下收获。

（一）促进了社会和谐稳定

通过多年扎实有效的工作，全市社会更加稳定、治安更加良好、民族更加和睦，群众的安全感进一步增强，取得了社会治安持续平稳，人民群众安全感满意度上升，刑事案件立案、道路交通安全事故、火灾事故、群体性事件发生起数下降的好成绩。十二年来，全市无危害国家安全、造成严重后果的事件，无因民族问题引发大规模群体性恶性事件，无重大群死群伤特别交通事故、火灾事故、生产安全事故和群众反映强烈的“黄赌毒”治安乱点和场所等“十一无”案件发生，分别于2008年、2012年和2016年连续3届荣获全国社会治安综合治理优秀市称号，9个县区全部被省委、省政府命名为平安县（区）。

（二）促进了经济发展

平安玉溪的创建，不仅为玉溪营造了和谐稳定的环境，也为全市经济的发展奠定了坚实基础。2017年，全市完成生产总值1 415.1亿元，比2005年的368.4亿元增长了2.8倍；人均GDP达59 510元，比2005年的17 630元增长了2.4倍，人均GDP先后从3 000美元跨越到了9 000美元大关；人均公共财政预算收入5 770元，比2005年1 611元增长了2.6倍；城镇居民人均可支配收入34 880元，比2005年的9 551元增长了2.7倍；农村居民人均可支配收入13 057元，比2005年3 314元增长了2.9倍；城乡居民收入差距由2005年的2.88∶1缩小到2017年2.67∶1。先后荣获国家园林城市、国家卫生城市、全国“五五”普法先进城市、全国“双拥”模范城等称号。

三、几点启示

平安，是全社会的共同期盼，也是玉溪在全省率先全面建成小康社会，在新时代现代化建设道路上走在全省前列的关键支撑。平安玉溪创建的成功，有以下启示：

（一）全民参与是做好平安创建的根本

经验来自基层，办法来自群众，任何工作都离不开群众的智慧与推动。只有全民的深度参与，与政府和相关部门相互配合、齐心协力，工作推进才有基础。当前推进的“六城同创”也好，文明城市创建也罢，都应借鉴平安玉溪创建的成功经验，坚持把创建的出发点落在为民谋利和服务群众上，充分发挥人民群众在创建中的主体作用，深入广泛发动群众，依靠群众，实现政府与公众联动，做参与者、承担者，才有可能获得全面的胜利，否则就会成为“水中月、镜中花”，即使获得一时成功，最终也难以走得长远。

（二）强化组织领导是做好平安创建的保证

坚强的组织领导是做好一切工作的保证。平安玉溪创建的成功就在于充分发挥党委总揽全局、协调各方的领导核心作用，把平安玉溪建设纳入总体布局，一任接着一任干，把组织领导工作落到实处。平安玉溪成功创建实践表明：不管什么工作只有加强领导、精心组织、抓实抓细抓长，着力在组织领导上不折不扣地落实各项措施，形成一级抓一级、层层抓落实的局面，才能确保工作取得成效。

（三）抓好源头防控是做好平安玉溪创建的核心

源头是控制管理的核心。任何工作，只要管住了源头，就能做到早发现、早制止，将问题遏制和解决在萌芽状态。平安玉溪创建的成功启示我们：强化源头防控是维护社会稳定的治本之策，要做好社会治理工作就必须坚持以目标导向和问题导向相统一，一手抓人民群众反映强烈的治安问题解决，一手抓影响社会防控体系建设的体制性、机制性、保障性难题的破解，提升社会治安防控体系整体效能，从源头上做好维护稳定的基础工作，提高对各类风险发现、防范、化解和管控能力，解决好影响社会稳定的源头性、根本性问题，把风险化解于无形。

（四）抓好矛盾化解是做好平安玉溪创建的关键

有社会就有纠纷，纠纷不可避免。如何有效化解矛盾纠纷，降低纠纷给社会带来的风险与危害，玉溪市在推进平安创建过程中，紧紧抓住化解社会矛盾这个关键，及时构建了大调解格局，不断创新有效预防和化解社会矛盾的体制机制，推动矛盾纠纷及时就地解决，确保平安建设顺利推进。在风险社会的今天，要深入研究新形势下社会矛盾产生演变规律特点，针对前端治理中带有普遍性、趋势性的问题，及时向党委、政府提出完善政策制度的建议，推动有关地方和部门落实化解、管控责任，努力从源头上预防矛盾，在初始阶段化解矛盾。

（五）部门密切协作是做好平安玉溪创建的重点

部门合作联动是在不改变部门职责权限和管理程序的前提下，形成的一种各司其职、各负其责、齐抓共管、运转高效的工作推进机制。平安玉溪创建的成功就在于，紧紧依托信访、民宗等部门的参与，深化网安、禁毒、刑侦、治安等警种和部门间的内部协作，形成了各行业多系统齐抓共管，联动互补的局面。各级各部门一定要学习他们不畏艰辛、勇挑重担、改革创新、无私奉献的精神，树立全局的眼光、系统的思维，搭载好密切协作，相互促进的平台，把综治维稳工作与精神文明、基层党建、干部政绩考核等工作结合起来，打造一个平安、和谐、诚信、文明的新玉溪，再谱新时代美好玉溪新篇章。

（六）打击遏制是创建平安玉溪的重要手段

打击是通过惩罚犯罪，预防犯罪人再次犯罪。打击犯罪，既是震慑犯罪及黑恶势力，又是弘扬正气，在全社会形成惩恶扬善良好风气的有效手段。平安玉溪创建的成功昭示：只有坚持预防和打击两手抓、两手硬才能做到两不误。在面对如何“打好政治安全、国家战略落地实施、经济金融、社会治安、公共安全、社会矛盾、网络安全”等七大攻坚战的新形势、新任务面前，一定要坚持以人民群众的平安期盼为目标，以护航经济建设为中心，以依法治市为载体，一手抓保安全、护稳定，一手抓打基础、谋长远的工作，深化实战应用，提升主动打击、精确打击、深度打击的能力和水平，为公民树立遵纪守法光荣，违法犯罪可耻的观念提振信心。

（市委政研室　提供）

谋篇布局 完善功能 破解社科普及宣传示范基地建设难题

——玉溪市社科普及宣传示范基地现状调研报告

社科普及宣传示范基地（以下简称基地）是推进习近平新时代中国特色社会主义思想进机关、入基层的重要阵地，是加强党的意识形态工作的有效载体。近年来，特别是党的十八大以来，玉溪市在完善基地功能上着力，积极探索唱响意识形态工作主旋律，凝聚实现高质量跨越发展正能量的规律。

一、谋篇布局，将基地建在群众身边

加强社科普及先从建强基地抓起，建强基地从谋篇布局开始，坚持把基地建在群众身边，让弘扬科学精神有源头活水。

1. 完善顶层设计，明确基地布局方向。《玉溪哲学社会科学研究与发展“十三五”规划》，把培育科学精神、凝聚跨越发展智慧和力量，作为繁荣和发展玉溪市哲学社会科学的重要目标。加强哲学社会科学普及基地建设，充分发挥全市图书馆、博物馆、纪念馆、文化馆、爱国主义教育基地、“农家书屋”“社区书屋”等阵地的科普作用，建设社科普及宣传示范基地。《玉溪市社科普及宣传示范基地管理办法》，把优化社科普及载体、丰富社科普及内容、搭建社科普及平台、细分社科普及对象、壮大社科普及力量作为重要内容。《玉溪市社会科学发展专项资金管理办法（试行）》，把资金向成功申报省级基地的单位和开展丰富多彩科普活动的基地倾斜。

2. 盘活科普资源，挂牌基地功能互补。省、市两级基地协调推进，形成主题鲜明、主旋律昂扬、受众欢迎、各具特色的社科普及模式。一方面建设一批市级社科普及宣传示范基地，为高质量申报省级社科普及示范基地储备资源。另一方面瞄准省级示范基地建设项目，在更宽舞台上展示我市弘扬科学精神的经验和成效。目前全市建成省级基地5个：玉溪市图书馆、玉溪市博物馆、云南李家山青铜器博物馆、通海秀山历史文化公园、澄江化石科学研究博物馆。市级基地有8个：红塔区青科中心、孙兰英纪念馆、玉溪市委党校党史党建教育基地、峨山县委宣传部彝族服饰文化传承中心、玉溪市青少年活动中心、通海县青少年校外活动中心、玉溪农职院、澄江化石科学研究博物馆。

3. 激发建设热情，潜在基地特色各异。把基地建设过程转变成为推进中国特色社会主义理论大众化的过程。在申报中，市直单位和县区积极性空前高涨，2016年申报单位有9个，2017年增加到16个。有的坚持社科普及从娃娃抓起；有的突出优秀民族文化的挖掘整理和弘扬；有的彰显企业文化在经济发展中的软实力；有的将党史党建基地建到新农村建设第一线；有的在社会科学和自然科学的协调普及上着力；有的把用活滇中革命斗争史作为破除历史虚无主义的法宝。虽然申报成功的单位有限，但都从不同角度，把申报过程转变成为挖掘中华民族优秀历史文化资源的过程；转变成为讲好云南故事、玉溪故事的过程；转变成为增强文化自信、唱响民族团结主旋律的过程，为基地建设储备丰富的资源。

二、典型引路，将功能集中在示范上

加强社科普及先从完善基地功能抓起，完善基地功能从典型引路开始，坚持把总结和推广经验作为创新社科普及工作的重要途径，让弘扬科学精神有宽广舞台。举几个案例，以点带面、管中窥豹。

1. 基地是弘扬民族精神的主阵地，悠久厚重的中华文化让玉溪人民更自信。通海秀山历史文化公园是2016年挂牌的省级基地，一名工作人员说道：“只要心中有责任，处处都是社科普及的阵地”。该公园能够命名为省级基地，不是偶然，从《融在历史里的科学精神　扬在风景中的科学理论》经验材料中可以找到部分答案。一方面，县委、县政府把坚持把加强和改进社科普及，作为提升通海文化软实力的重要途径。为提升通海经济社会协调发展的软实力，以秀山历史文化公园为阵地，在挖掘整理优秀传统文化上下功夫，让社会主义核心价值观植根的沃土更加丰饶；在拓宽社科普及覆盖面上下功夫，让物化在古建筑、匾联、文庙中的科学精神更加贴近大众；在优化社科普及载体上下功夫，让靓丽景区成为推进马克思主义大众化进程的重要阵地。另一方面，基地工作人员把讲活古建筑、赋予文物新的时代内涵，作为增强文化自信的基本方式。在“礼乐名邦”匾额前，坚持展示通海文明进步对外开放形象；在涌金寺的古柏阁里，坚持展示古建筑千年不倒的中国智慧；在庄严的文庙中，坚持展示中华民族悠久灿烂厚重的文化渊源。在这种示范作用下，市社科联在元江县的哈施村委会的一个社科普及示范基地，在盘活哈尼族棕扇舞这个国家级非物质文化遗产上做文章，形成《古老棕扇舞　承载新理论》的经验。澄江化石科学研究博物馆在盘活古生物化石资源上做文章，形成《在生命起源地激发文化自信》的经验。云南李家山青铜器博物馆在盘活牛虎铜案这一国家级文物上做文章，让科普对象在面对牛虎铜案时，看到两千多年来，中国南北文化的交汇点；精湛的冶炼技术，力的平衡原理的精致运用；寓“动”于“静”之中的巧妙构图。优秀的历史文化资源，成为社科普及的有效载体。

2. 基地是培育核心价值观的大舞台，社科普及的主旋律在娃娃身上唱得更响亮。红塔区青科中心是2016年挂牌的市级基地。从该基地《培育核心价值观从娃娃抓起》中看到，以娃娃为纽带着力构建大科普格局，把基地建成学校、家庭和社会聚焦的科普大舞台；丰富科普内容，把基地建成为社会科学和自然科学荟萃的大观园；优化科普载体，把基地建成为孕育创新精神的孵化器。一是建强“点”，完善科普功能，发挥社科普及的主阵地作用。专职服务科普工作的人员编制给予保障。支撑科普工作的硬件设施科技含量高。二是重视“面”，拓展科普阵地，用活科普示范学校的带动作用。采取典型示范、以点带面的方法，建设科普示范校，承担全区4万多以青少年为重点的科普任务。三是顺应“势”，尊重科普规律，凝聚社科界重视科普工作的正能量。采取“思想道德和科学文化素质一起抓”的办法，赢得各级党委政府和职能部门的支持，凝聚科普工作的合力。先后省政府命名为云南省科学普及教育基地；中国科协命名为全国科普教育基地；玉溪市委宣传部、市社科联评定为市级社科普及宣传教育示范基地；红塔区教育局认定为德育教育基地、校外教育基地。在这种示范作用下，玉溪市青少年活动中心、通海县青少年校外活动中心，立足自身实际，创造出培育核心价值观从娃娃抓起的特有经验。

3. 基地是云岭大讲堂·玉溪讲坛的新课堂，中国特色社会主义的新思想在干部群众中影响更深远。充分发挥云岭大讲堂·玉溪讲坛在加强思想阵地建设中的作用，写进了市委的工作报告，这是对社科工作的肯定，同时也是对基地工作的肯定。基地在创造性地承办讲坛中，一是精心选讲题、确保内容讲政治。在2018年的选题上，《党的十九大涉及的重大理论与实践问题阐释》《进行具有新的历史特点伟大斗争的中国共产党》《坚持和巩固马克思主义在意识形态领域的指导地位》《苍生为重——人民日益增长的美好生活美好需要阐释》等讲题内容涵盖习近平新时代中国特色社会主义思想和党的十九大精神的主要方面和关键环节。二是严格选专家、确保嘉宾受欢迎。2018年3月15日，在市级基地玉溪农职院开讲的《从成熟走向成功》，主讲嘉宾是云南大学德高望重的苏升乾教授。他以亲民的语言、丰富的阅历，阐明如何用党的创新理论指导从成熟走向成功。三是善于抓契机，确保师出有名。在省级基地聂耳纪念馆开讲的《义勇军进行曲的艺术精华及精神内涵》，是为在聂耳故乡讲《国歌》的故事，为举办中国.聂耳音乐（合唱）周营造健康氛围而设计；在市级基地峨山开讲的《全域旅游与旅游强省建设》，是为全力打响“天下彝家·笃慕梦园”旅游宣传名片而设计。四是注重聚合力，确保关注部门多。市纪委、市直机关和市委党校分别参与承办《加强党内监督的重大意义和作用》《增强“四个意识” 坚定不移推进全面从严治党》《进行具有新的历史特点伟大斗争的中国共产党》讲座。多部门对基地举办云岭大讲堂的关注和参与，云岭大讲堂变成了增强党内监督意识的新熔炉、专题党课的新课堂和干部培训的新阵地。

三、直面问题，将目光聚焦在新时代

加强社科普及先从查找基地问题抓起，查找基地问题从找准新时代的新要求开始，坚持把习近平总书记在哲学社会科学工作座谈会上的重要讲话精神作为指南，让弘扬科学精神有精准坐标。谈基地建设与管理中出现的几个突出问题。

1. 社会科学与自然科学之间画地为牢，基地建设领域不宽。突出表现在：“这是自然科学的普及，而不是哲学社会科学的普及”，障碍了基地建设领域拓宽。2017年在市级基地的立项中，新平县申报的云南特行果业有限责任公司以普及农业科技为主，没有立项。实地考察中发现社科普及资源丰富。该公司的办公楼高高悬挂着“台湾神农”的标牌，并有该公司与台湾神农股份有限公司合作的产品和历史展示。工作人员告诉我们：“这里的产品有不少获得过神农奖，台湾和大陆共有一个祖先，我们的关系血浓与水。”该公司的荔枝庄园里，常年有上百名当地农户在这里运作设施农业和演出花腰傣民族节目，新平宣传部的同志说：“实施乡村振兴战略，这里不是有鲜活的案例吗；弘扬优秀的民族文化，这里不是有舞台吗；台湾和大陆同属于一个中国，这里不是有答案吗，到底什么样的地方才叫社科普及宣传示范基地。”要在树立“提高全民族的哲学社会科学素质，与提高全民族的自然科学素质同样重要”中，寻找建设基地的契合点；在“两个科学”一起普及中，提升社科普及的地位和作用，把基地建成为联系社会科学界与自然科学界之间的桥梁纽带。

2. “高大上”与“细小实”之间处理不当，基地建设载体不优。突出表现在：形式上轰轰烈烈、内容上凄凄惨惨，障碍了基地建设载体的优化。在发挥增强文化自信的功能上，讲中国上下五千的文明洋洋洒洒，讲发生在中华民族图强史上云南人、玉溪人敢为天下先的故事支支吾吾，内容缺乏吸引力、感染力。在省级基地聂耳纪念馆开讲的《义勇军进行曲的艺术精华及精神内涵》，从一个层面说明优化社科普及载体的必要性。主讲嘉宾云南农业大学高级职业指导师、副教授杨建荣感慨说：“在聂耳山下、聂耳纪念馆里，讲义勇军进行曲的故事，更多的感觉是神圣、庄严和亲切”。一位基层文艺工作者在讲座结束后这样评价：“在聂耳故乡讲《国歌》的故事，有一种自豪感，民族图存的路上，他是奋起抵抗侵略者的号角；在民族复兴的征程中，他是奋力实现中国梦的号角，这是一堂生动的爱国主义教育课。”这是处理“高大上”与“细小实”之间关系的成功案例。时机选得准，选在举办中国.聂耳音乐周活动中；对象选得准，选在聂耳故乡讲聂耳的故事；内容选得准，选在将中华民族优秀文化作为核心价值观的滋养。

3. “高度重视”与“心有余而力不足”之间矛盾存在，基地建设经费不足。表现在：在2016和2017年开展了2年的市级基地建设，且呈现健康发展的态势下，因财政困难不得不停止增量基地建设。2016年市委高度重视哲学社会科学的繁荣发展，敦促落实100万元的哲学社会科学发展专项资金，市社科联研究出台《玉溪市哲学社会科学发展专项资金管理办法（试行）》，其中20万元用于每年建设4个市级基地，计划用3到5年时间建设一批特色各异、功能互补的社科普及基地，夯实社科普及组织基础，为高质量申报省级基地储备资源。通过2年的市级基地建设，基层的建设热情高，把建设过程转化为创新社科普及方法的过程，转化为唱响社科普及主旋律的过程，转化为挖掘和整理社科普及资源的过程。面对现实，他们在盘活存量上下功夫，把加强管理作为提高社科普及质量的途径；在探索建立增量基地的资金保障机制上努力，牢固社科普及基地建设大有可为的观念，推进社科普及工作社会化、常态化，打造新的社科普及平台。

（市社科联　提供）

玉溪市生态文明建设调研报告

党的十九大提出加快生态文明体制改革，建设美丽中国。这是以习近平同志为核心的党中央从中国特色社会主义进入新时代、我国社会主要矛盾已经转化为人民日益增长的美好生活需要和不平衡不充分的发展之间的矛盾的实际出发提出的新理念新要求。为了全面了解玉溪生态文明建设基本情况，市政府研究室组成调研组，采取座谈、查阅相关资料、到基层实地调研等方式，深入了解玉溪近年来生态文明建设基本情况和存在的主要问题，研究提出了新时代加快玉溪生态文明建设的四点建议，现将调研情况报告如下：

一、玉溪市生态文明建设基本情况

2013年，国家确定云南省为生态文明建设先行示范区。2015年1月，习近平总书记在云南考察时，对云南提出成为“我国民族团结进步示范区、生态文明建设排头兵、面向南亚东南亚辐射中心”的战略定位，进一步赋予云南在生态文明建设中的重要地位和特殊使命。2015年8月，省委、省政府出台了《关于加快推进生态文明建设排头兵的实施意见》，吹响了新时期生态文明建设的号角。多年来，玉溪市委、市政府积极响应中央和省委、省政府的号召，着力推进生态建设产业化、产业发展生态化，切实加大“三湖两库”保护治理和生态城市建设力度，城市环境综合整治定量考核、公众对城市环境保护的满意率连续多年居全省前列，先后获得国家园林城市、国家卫生城市称号。全市大力推进新型工业化，发展高原特色现代农业和文化旅游产业，实施大企业大集团带动战略，初步建立了以烟草、矿冶为支柱，以装备制造、生物医药及大健康、信息、新能源新材料等新兴产业为特色的现代产业体系，全市经济总量不断攀升，实现了国民经济平稳较快发展，生态文明建设取得了显著成效。

（一）生态建设规划和生态保护机制逐步建立

习近平总书记2015年初考察云南时，将“成为生态文明建设排头兵”作为云南发展的三大战略定位之一，把“着力推进生态环境保护”纳入云南“五个着力”的重点任务，为玉溪市生态文明建设指明了方向。玉溪市结合实际编制了《玉溪市循环经济发展规划（2016～2020年）》《玉溪市低碳发展规划（2016～2020年）》《玉溪市生态文明建设规划（2017～2025年）》，制定下发了《玉溪市全面深化生态文明体制改革实施方案》《中共玉溪市委玉溪市人民政府关于贯彻落实生态文明体制改革总体方案的实施意见》《玉溪市生态文明建设走在全省前列的实施意见》等相关文件，进一步明确了生态文明建设的时间表、路线图和保障措施，为加快玉溪生态文明建设奠定了坚实的基础。

（二）城乡生态环境整治稳步推进

一是划定生态保护红线，夯实绿色发展基础。2017年，玉溪市制定并实施了《玉溪市林业生态保护红线划定原则方案》和《玉溪市生态保护红线监督管理办法》，划定了首期生态红线范围，成为全省首个启动林业生态保护红线划定的州市。

二是开展生态文明建设试点，综合整治农村生态环境。玉溪市从2015年开始全面启动了“百村示范、千村整治”行动，以“百村示范、千村整治”为契机，开展了69个乡镇（村）的生态文明建设试点工作，并在全省率先启动了《玉溪市生态文明建设规划》编制工作，加快推进生态文明建设示范创建，各县区及72个乡镇（街道）编制完成生态县（区）建设规划和乡镇环境规划，全市61个乡镇（街道）被命名为“云南省生态文明乡镇（街道）”，4个乡镇（街道）被命名为“国家级生态乡镇（街道）”，创建“省级绿色学校”123所、“省级绿色社区”25家、“省级环境教育基地”4个、“国家级绿色学校”2所、“国家级绿色社区”1家、“国际生态学校”1所。为乡村振兴奠定了基础，实现了乡村大变样。

三是统筹海绵城市试点区建设，打造魅力宜居城市。2017年4月，玉溪市成功申报成为国家第二批海绵城市试点，在中心城区划定20.9平方千米的试点建设区，占城市建设区面积的41%。试点区建设项目总计七大类290个子项目，总投资83.77亿元，以“1+N”的建设模式，统筹推进“地下综合管廊、新区开发、棚户区改造、黑臭水体治理、内涝治理、提质扩容、增绿添色、城市慢行绿道系统”等项目建设。进一步完善城市功能，提升城市品质，建设河畅岸绿、人水和谐、生态宜居、高原特色的海绵玉溪。海绵城市建设让玉溪变得更美丽。

（三）“三湖”保护治理初见成效

市委、市政府始终把“三湖”保护治理作为实施生态立市战略、建设生态文明的重中之重。成立了“三湖”水污染综合防治督导组，层层签订目标责任书；“三湖”31条主要入湖河道河长由厅级领导担任，并在全市全面落实河长制，建立了市、县、乡、村四级河长体系；全力推进“四退三还”，生态屏障构建日趋完善；抚仙湖北岸生态湿地一期工程顺利完工；星云湖南岸建成8.4千米生态调蓄带；星云湖、杞麓湖完成生态红线划定工作。“十二五”以来，“三湖”共争取中央及省级资金22.77亿元；启动PPP模式试点研究，上报概算投资近130亿元的9个项目参加财政部、环保部PPP项目推介；在全省率先实施沿湖区县生态建设目标任务考核办法，降低GDP考核权重，大幅提高以湖泊保护为重点的生态建设指标权重。抚仙湖保护治理工作受到国务院和省委、省政府的充分肯定，并进入国家投入保护的层面，成为全国高原湖泊保护治理的典范。

二、玉溪市生态文明建设存在的主要问题

通过全市人民的共同努力，玉溪生态文明建设取得了阶段性成果，但离党中央、国务院，省委、省政府的要求和人民群众的期盼还有一定的差距。

（一）生态环保意识薄弱，生态危机意识不强

市民对生态文明建设的重要性和必要性认识不充分，生态文明建设的观念和意识还比较局限。部分领导干部对生态文明建设思想上还存在模糊认识，没有真正领会“绿

水青山就是金山银山”的理念，没有完全按照《规划环评》的相关条例提高项目准入门槛，往往热衷于追求地方经济的快速发展而忽视了环境效益和社会效益。市民对“温室气体效应”“绿色出行方式”“使用环保购物袋”等环保常识比较熟悉，但对化学需氧量、总氮排放量、总磷排放量等生态环保术语却知之甚少。有些环保行为只停留在口号上，实施效果并不理想。例如，农药化肥的使用量仍然居高不下；汽车拥有量和使用量逐年高速增长；“绿色出行”并未达到理想状态；水资源浪费和污染现象有增无减等。

（二）生态环保制度不健全，管理职能不集中

近年来，根据国家出台的法律法规和云南省出台的地方性法规，玉溪市在生态环保方面制定了一系列相关政策和纲领性文件，并取得了一定的成效，为全市的生态文明建设提供了一定的制度保障。但生态环境保护法制保障力度不够，制度建设尚未健全，方法不够科学，对污染行为的惩处力度不足，处罚与造成的污染后果不相称，不能彰显出法律的威慑力。如一些相关政策和纲领性文件的制定太过笼统、不够具体，使得相关执法部门在具体执行的过程中不得要领。另外，政府生态管理职能被分散到环保、安监、林业、农业、水利等政府各职能部门中。职能的分散导致职能交叉、条块分割的现象产生，生态文明建设的决策职能、组织职能、控制职能、协调职能以及行政审批、监督、执法、处罚、执行等各个环节被割裂开来，使生态文明建设的统筹规划和综合治理缺乏稳步推进的动力，无法形成生态文明建设的统一性和协调性。

（三）生态环保项目融资难，建设项目投入不足

玉溪市生态文明建设任务繁重，需要财政投入较大。而政府财政支出能力相对较弱，落实到生态文明建设中的财政预算有限，一些生态建设项目因缺少资金投入而没有立项；一些已经投入建设的生态项目因建设过程中资金短缺而被搁置，导致用于生态文明建设的资金缺乏以及现有资金有效利用率较低，从而使玉溪市生态文明建设的资金短板日益凸显。以保护治理融资为例，尽管多年来国家及省、市政府已投入近23亿元对“三湖”进行保护和治理，但目前据测算，三湖“十二五”水环境保护规划项目资金缺口仍高达7.16亿元，“十二五”末消灭劣V类的目标未能实现。“十三五”期间，抚仙湖拟规划实施五大类45个项目，估算投资145亿元，特别是一级保护区范围内2.8万人的搬迁资金需求巨大。而国家对地方政府债务实行规模控制，严格限定政府举债程序和资金用途，湖泊保护治理项目融资渠道越来越窄，实施项目资金缺口非常大，全面完成水环境保护与治理规划项目任务艰巨。

（四）环境污染形势严峻，任重道远

“三湖”保护治理任务艰巨。抚仙湖水质虽然总体保持I类，但部分污染物浓度在I类标准最高限值附近，仍有出现超标的可能，而且仍然在低水位运行，由此带来的水生态风险将长期持续。星云湖、杞麓湖水质中，总氮、总磷等主要污染指标居高不下。土壤污染防治不容乐观。土壤详查方案尚未进行细化，土壤污染底数不清，土壤修复治理项目缺乏“整体”规划，呈现“零星式”整治现状。此外，中心城区噪声污染治理不容忽视，噪声扰民现象时有发生，声污染有反弹迹象。

三、新时代加快玉溪生态文明建设的四点建议

生态文明建设功在当代、利在千秋。中国特色社会主义进入新时代，对生态文明建设提出了新要求、新任务，迫切需要全市人民共同参与，始终践行“绿水青山就是金山银山”的发展理念，着力推动玉溪生态文明建设迈上新台阶。

（一）上下联动，全方位提升生态文明意识

首先，各级党委政府要把生态保护、环境治理、生态修复、生态重建、生态平衡放在首位，强化生态优先理念，坚持生态优先原则，在保护好生态的前提下高质量发展经济。广泛开展环境保护宣传教育活动，突出“个人—企业—学校—社区—政府”主线，采用环保宣传、文化熏陶、教育培训和知识竞赛等多种手段，普及生态环保知识，提高全体市民的生态道德、环境责任和生态文明意识。其次，要倡导科学环保的消费行为，鼓励绿色出行，让玉溪市每一位公民自觉承担起环境保护的责任，让环境保护理念深入人心，推动全民生态行为养成。另外，编印玉溪市生态文明建设市民手册，组织动员广大市民参与生态文明宣传活动和环保志愿者行动，提高全民的生态文明素质。倡导以清洁生产、爱护公物、文明办公为主要内容的社会公德，弘扬以简约生活、善待生命、邻里和谐为主要内容的家庭美德，树立勤俭节约为荣、奢侈浪费为耻的社会新风尚，努力形成全社会关心、支持、参与生态文明建设的新局面。

（二）多措并举，严要求构建生态文明制度

一是成立生态文明建设组织协调机构。成立由市委、市政府主要领导为组长，政府相关部门负责人为成员的玉溪市生态文明建设领导小组，并设置领导小组办公室，统筹实施生态文明建设规划，构建跨部门跨行业的协调机制，建立生态文明建设的综合决策机制和部门信息共享及联动机制，进一步完善政府主导、市场推进、公众参与的环境保护新机制。

二是制定鼓励发展生态经济的政策措施。充分调动全社会积极性，加快制定鼓励社会资金参与生态环保基础设施建设和经营的办法，扩大环保基础设施覆盖面、提高建设水平，按照“政府引导、社会参与、市场运作”的要求，鼓励不同经济成分和各类投资主体，以多种形式参与生态文明工程建设。完善促进产业绿色低碳发展的政策措施，大力发展绿色金融，实行有利于清洁能源、可再生能源发展使用的优惠政策。建立高新技术转化和转让的服务基地，发挥政府的行政指导和行政服务职能，促进高新技术得以合理转化及运用。推进垃圾、污水集中处理和环保设施的市场化运作，积极引进、鼓励和支持有利于生态文明建设的项目，采取更灵活的政策，充分发挥市场机制在生态资源配置中的作用。

三是建立健全综合执法监管机制。建立公、检、法、司、环保、林业等执法部门联合协作执法机制，充分发挥环保警察的职责作用，建立健全跨行政区域环境执法合作机制和部门联动执法机制，规范实施流域、区域、行业限批和督察制度，严厉查处环境违法行为和案件。深入开展整治违法排污企业、保障群众健康专项行动，对影响节能减排任务完成的环境问题进行挂牌督办，严格查处各种环境违法行为，推进污染减排工作，加强环境监管力度，以确保辖区环境安全。

四是实行有偿使用和生态补偿制度。建立健全归属清晰、权责明确、监管有效的自然资源资产产权制度。积极争取重点生态功能区生态补偿项目，逐步完善森林生态效益补偿机制，扩大生态公益林补偿范围，逐步提高生态公益林补偿标准。争取开展湿地、集中式饮用水源地、水土

保持等生态效益补偿试点工作，落实补助政策。坚持使用资源付费和谁污染环境、谁破坏生态谁付费原则，落实矿山环境治理和生态恢复责任。坚持谁受益、谁补偿原则，探索建立下游地区对上游地区、开发地区对保护地区、受益地区对受损地区、开发受益企业对政府生态治理和受损群众的生态补偿机制，实行转移支付、对口支援、专项补贴、生态移民、异地开发等多样化的生态补偿方式。

（三）绿色循环，多层次培育壮大生态产业

一是坚定发展绿色工业。抢抓全省打造“绿色能源牌”机遇，加快推进玉溪新型工业化。巩固提高“两烟”品质，提升烟梗、烟末、低次烟叶利用水平，向再造烟叶、生物质燃料和辅酶 Q10 等高附加值生物制品方向发展，不断拓展非烟发展空间。做优做精矿冶及建材产业，以园区为重点，强化企业节能降耗改造，推进结构优化、技术创新和污染防治，严格按照国家发布的工业行业淘汰落后产能生产工艺装备和产品指导目录，加快淘汰黄磷、水泥、钢铁、铁合金等行业落后产能。坚决关停达不到单位能耗限额要求，且不能有效整改的钢铁和建材行业企业。高速发展生物医药及大健康，大力发展新型疫苗、生物技术药、现代中药、民族药、植物原料药和化学药，支持重点企业迅速成长壮大。加快发展装备制造、信息、新材料新能源、节能环保等新兴产业，把玉溪高新区建成高新技术产业循环经济示范园区，把研和工业园区建成绿色装备制造产业基地。降低全市单位 GDP 能耗，将碳排放强度控制在国家和省下达的指标内。

二是大力发展生态农业。围绕打造“绿色食品牌”目标，大力发展高原特色现代农业。坚持发展农业生产与资源环境承载力相匹配，严守耕地红线和生态保护红线，从依靠拼资源消耗、拼农资投入、拼生态环境的粗放经营，转向注重提高质量和效益的集约经营，全力推进现代标准化农业发展，着力治理农业环境问题和加强农业生态保护，努力走出玉溪特色的农业可持续发展道路。加快发展高原特色农业和生态观光农业，发展“庄园经济”，打造精品农业庄园和高原特色农业示范园；实施优质农产品种苗工程，大力发展经果产业，建设一批生态农业示范基地、无公害农产品基地、绿色食品原料基地、有机食品基地和绿色食品基地，推动传统农业向产业化、集约化、高效化农业转变，促进农业标准化、品牌化、规模化发展。引导农户发展特色“品牌农业”。

三是加快发展现代服务业。以打造全国一流的“健康生活目的地”为目标，以“一部手机游云南”为抓手，加快景区提档升级，擦亮抚仙湖、帽天山、聂耳、红塔山、花腰傣等名片，做大做强玉溪文化旅游产业。着力推进生态文化旅游基础设施建设，以自然保护区、森林公园、湿地公园等为载体，深度挖掘文化内涵，推进生态文化的建设；以抚仙湖国家级旅游度假区、国家全域旅游示范区、昆玉红旅游文化产业经济带、哀牢山为核心的生态民族文化旅游区建设为契机，统筹推进全市旅游资源开发建设，提升乡村生态休闲旅游档次，打造特色生态文化旅游产品。加快旅游业与体育、医疗、养生、养老等相关健康产业融合发展，培育医疗服务、健康管理、养老服务产业集群，建设国际一流的云南抚仙湖国际医疗健康城、南亚东南亚医学中心及生命健康城。发展壮大现代物流产业，着力推进中国西南·玉溪国际物流园等一批物流园区、专业市场、物流站场建设，将玉溪建成现代物流重要枢纽、辐射南亚东南亚的重要内陆港。大力发展金融保险、科研和技术服务、科技教育等现代服务业，积极培育生态绿色经济增长点。

（四）筑牢基础，高标准优化可持续发展环境

一是优化国土空间格局。坚定不移实施主体功能区制度，建立国土空间开发保护制度，严格按照主体功能区定位推动发展。建立分级主体功能区、生态功能区、环境功能区保护体系，合理布局产业、城市、农村等不同发展组团间的生态用地空间，加强重要水源、湿地、水体、山林等自然生态系统保护和恢复，开展生态红线划定工作，明确生态功能保障的基线、环境安全的底线、资源利用的上线，严格规划红线管控，确保生态红线区域保护面积不低于国土面积的 20%，形成生态调节主导优先、生态服务功能互补、生态产品支撑供给的生态安全格局。

二是保障水资源可持续利用。实行最严格的水资源管理制度，确定水资源开发利用控制、用水效率控制、水功能区限制纳污“三条红线”的指标分解。大力发展节水农业，加快高耗水企业节水技术改造，推动再生水回用和雨水利用，在全社会推广节水技术和高效节水产品。健全水资源定价机制，2020 年用水总量控制在 12 亿立方米以下，工业用水重复利用率达 95% 以上，中水回用比率达到 60% 以上。在全市河湖库渠全面推行河长制，构建责任明确、协调有序、监管严格、保护有力的河湖库渠管理保护机制。通过实行“一河一策、一湖一策、一库一策、一渠一策”，解决好河湖库渠管理保护的突出问题。为维护河湖库渠健康生命、实现河湖库渠功能可持续利用提供保障，为玉溪市的可持续发展提供水安全保障。

三是加强土地资源高效利用。实行最严格的耕地保护和土地节约集约利用制度，推进农村土地综合整治和高标准基本农田建设，构建现代农业生产体系，形成农业综合生产能力高、农产品质量安全有保障、文化生态休闲效应强的农业发展格局。发挥城乡规划和土地利用总体规划的管控作用，严格增量用地指标供给控制，积极挖掘和盘活存量土地潜能，积极推进“工业上山、城镇上山”，引导产业向重点开发区域集聚，从限制开发区域、禁止开发区域有序转移，大力培育产业集群和特色产业基地，形成布局集中、产业集聚、发展集约的现代产业发展格局。按照新型城镇化和城乡发展一体化要求，合理确定城镇发展的增长边界，推行节地型和紧凑型城镇、旧村改造和建设用地整理，中心城区城市规划区范围内禁止新批一户一宅用地；各县县城、城郊接合部农民建房按照城市社区建设标准执行，努力形成布局紧凑、分工合理、舒适宜居的城镇发展格局。

四是推进“森林玉溪”建设。制定落实“森林玉溪”建设实施方案，着力抓好天然林、水源林、防护林保护和建设，抓好石漠化综合治理、陡坡地生态治理等生态工程，加快低效林改造步伐；大力培植和发展草山、草场；以城镇面山、各级各类道路两侧、“三湖”径流区、主要江河堤岸、村庄四旁绿化为重点，大力实施绿化造林工程，保护好名木古树；加强“三湖”和重要水库、河流、集中式饮用水源地等主要水源涵养地的水土保持、小流域综合治理；坚持“依法治林、科技兴林”，积极构建完备的林业生态体系、发达的林业产业体系，加快推进现代林业发展。

（市政府研究室　提供）

机关党支部规范化建设研究

——以玉溪市为例

机关党的建设在党的建设整体布局中具有特殊重要地位，对其他领域党的建设具有示范和带动作用。习近平总书记指出，机关党建要“走在党的基层组织建设的前头”。机关党的支部是党组织的细胞，支部既是党的战斗堡垒，也是党组织群众、宣传群众、凝聚群众、服务群众的前沿阵地，是党和群众之间的桥梁纽带。加强机关党支部的规范化建设，是落实全面从严治党部署的重要内容，是提升机关党建工作科学化水平的重要举措，是实现机关党组织规范有序、高效运转的基本保障。加强机关党支部工作标准化规范化建设，能够建立一套党建工作长效机制，将机关党支部建设的要求具体化为明确指标，把原来在党支部建设工作中实行的以定性为主转换成为以定量为主，有利于形成科学、严谨、系统的建设工作管理运行机制，实现党支部建设的制度化、规范化、程序化，切实增强机关党支部建设工作实效，因此，以改革精神推进机关党支部标准化规范化建设，是当前必须认真研究并加以解决的重要课题。

一、充分认识机关党支部规范化建设的重要意义和丰富内涵

加强机关党支部规范化建设，要正确理解“规范化”的内涵。一般而言，规范是指约定俗成或明文规定的言论、行动等所依据的原则。规范化是指在经济、技术和科学及管理等社会实践中，对重复性事物和概念，通过制定、发布和实施标准（规范、规程和制度等）达到统一，以获得最佳秩序和社会效益。从这个定义来看，党的基层党支部规范化建设，可以理解为通过建立健全一整套党内各种行为的规范总和，来维护党章的尊严和党规党纪的严肃性，维护和增强基层党支部的战斗堡垒作用。党支部是党的最基层组织，是党的全部工作和战斗力的基础，是党联系群众的桥梁和纽带，通过加强规范化建设，有助于基层党支部更好地应对新形势、新要求，不折不扣地完成各项工作任务，做到让组织满意、让党员满意、让群众满意。党的基层支部覆盖企业、农村、机关、学校、科研院所、街道社区、社会组织等各个领域，其中，党和国家机关的权力责任最集中、执政骨干最集中、党员最集中，开展工作具有更多优势和有利条件，机关党支部应该也必须在规范化建设中走在前头、做出表率。

加强机关党支部规范化建设，要明确规范化建设的内容和范畴。从整体来看，《中国共产党章程》是经党的全国代表大会，以全党名义、依法定程序制定的党内最重要的基础性文件，它包含总纲和条文两大部分，因而兼有政治纲领与组织规程的双重性质以及相应的指导和规范功能。可以说，党章是贯穿于党的一切活动和规范党员思想行为的最高准则，也是各级党的组织和全体党员所必须遵守的根本规范。在党章的基础上，党为了在某一个方面做出规范，还先后制定了《党员权利保障条例》《党内监督条例》《基层组织选举工作暂行条例》等具有法规性质的规范，这些规定都源于党章，是基层党组织所必须遵循的规范。从机关党支部的特点来看，1998 年印发、2010 年新修订的《中国共产党党和国家机关基层组织工作条例》（以下简称《条例》）是机关党的工作必须遵循的基本规章。习近平总书记强调，各级机关党组织要“认真贯彻落实《条例》，不断提高机关党建工作科学化水平”。总书记的重要论述，明确回答了机关党建的制度依据问题，充分体现了党中央运用法治思维、法治方式管党治党的思想，指出了各级机关党组织加强机关党建的基本遵循。因此，推进机关党组织规范化建设，就是要以《党章》为根本，以各类党内法规为依据，以《条例》为遵循，结合机关党组织实际制定相应的标准和要求，严格按照规章制度办事，提高机关党建的规范化、制度化水平。

党的十九大召开后，云南省委组织部根据党的十九大精神，下发《关于落实党章规定修改完善党支部规范建设试行标准的通知》，要求把党的十九大关于加强党的建设有关要求落实到党支部，坚持以提高组织力为重点，突出政治功能，督促引导各领域党支部切实担负好直接教育党员、管理党员、监督党员和组织群众、宣传群众、凝聚群众、服务群众的职责。

因此，探索开展机关党支部规范化建设，是机关党支部的建设实现纵深发展的内在需要，是党建工作面对新形势新任务新要求的有力因应，也是解决当前机关党支部建设突出问题的对症之策。通过引入标准化规范化的理念和方法，认真研究制定和实施机关党支部建设标准和规范，从而全面有力地推动中央和省委要求部署的落实，是一项具有现实性、必要性和紧迫性的机关党支部工作创新。

二、玉溪市机关党支部规范化建设的基本情况及存在的问题

（一）主要做法和成效

近年来，在市委的坚强领导下，市直机关各级党组织深入贯彻全面从严治党要求，牢固树立大抓基层鲜明导向，采取有力措施，加强基层党建，总体上形成了全面推进、整体提升的良好局面。特别是按照“统筹谋划、分类实施，无的要有、有的要强”的总体思路，通过实施“基层党建推进年”“基层党建提升年”“基层党建巩固年”三年行动计划，逐步实现从抓推进、打基础，向抓提升、上水平转变，党建基础、党建质量、党建水平得到了明显提升，探索推进机关党组织标准化规范化建设取得明显成效。

1. 抓责任落实，强化领导、高位推进。坚持以党的政治建设为统领，认真贯彻落实党中央、省委和市委有关会

议精神。机关工委每年定期召开全市机关党的建设工作会议，制定下发年度机关党建工作要点、基层党建推进年、提升年和巩固年实施方案以及责任清单、项目清单、考评清单，明晰部门党组（党委）、机关党委、党支部及其负责人的责任。定期开展党组织书记抓基层党建工作述职评议考核工作，从2017年开始，实现了三级党组织书记联述联评联考的全面覆盖。建立健全机关工委党员领导干部联系基层党建工作制度，采取随机调研、综合督查、交叉检查、专项检查等方式开展督查检查，推动任务落实，形成了党组织相互协作，共同推动工作落实的党建工作机制，层层压实党建工作责任。

2. 抓问题整改，分类指导，促进工作落实。2017年以来，按照“突出问题导向、对标销号抓整治，突出示范引领、以点带面促提升，突出夯实责任、强化督查抓落实”工作思路，围绕“落实党建责任制、抓好思想政治建设、规范党内政治生活、建强党务干部队伍、加强机关作风建设”5项重点内容，组织开展机关党建“灯下黑”专项整治，全面分析研究“灯下黑”“两张皮”等问题原因并形成了总体工作报告，反馈需要整改的问题，要求每个基层党组织制定一套整改方案，建立整改问题台账，明确整改责任人、整改目标和整改时限，并落实跟踪问效。围绕市委巡察反馈和省市委组织部专项督查情况，集中反馈市直单位党建调研督查发现的问题，通过实地督查调研、派单督办等方式，认真组织开展党员发展工作、党组织换届选举、党员组织关系接转、流动党员管理、党费收缴管理使用等专项查检工作。推行落实基层党组织换届提醒机制，优化和规范组织设置，建立完善组织换届选举动态管理台账，着力解决不按期换届的问题。

3. 抓规范建设，夯实党建基础。一是分类推进规范化党支部创建活动。2018年以来，坚持以提升党组织组织力为重点，全面实施“政治统领”“强基筑底”“战斗堡垒”“先锋模范”“勤廉先锋”等5个党建工程，围绕“五个基本”标准，组织开展党支部规范化建设排查摸底，按照“先进”“中间”“后进”三个等次进行分类排队。制定下发机关党支部规范化建设达标创建实施方案。例如，玉溪市直机关工委确定2018年达标创建298个，2019年达标创建152个，2020年达标创建约40个。二是以“万名党员进党校”活动为载体，加大党员的学习培训力度。例如玉溪市直机关工委投入经费70余万元培训党组织负责人和党务工作人员505名、培训普通党员1 241名、培训入党积极分子和党员发展对象304名。投入5万余元，为市直机关县处级领导干部订阅《老一辈革命家党建论述选编》丛书，推进“两学一做”学习教育常态化制度化。

4. 抓实践创新，激发党建活力。积极推进基层党组织活动方式、活动载体、运行机制创新。以规范基层党组织基础台账清单为抓手，全面推广使用《党支部规范化建设工作台账一本清》电子台账，强化基层党支部组织生活、队伍建设、工作制度等基础性工作，推动台账管理有形化、手册化、信息化。规范落实“三会一课”“三定一报备一纪实”制度，广泛开展“支部主题党日+”活动，持续深化“美丽玉溪服务先锋”行动和“当先锋走前头”主题实践活动，积极推进“云岭先锋”党员志愿服务，扎实开展“双联系一共建双推进”活动，促进基层党建与扶贫攻坚双推进。以“不忘初心、牢记使命、奋发有为”为主题，广泛开展支部主题党日、党员政治生日、宣传表彰先进、玉溪撤地设市20周年纪念活动，通过文艺演出、演讲比赛、知识竞赛、图片书画展等多种形式庆祝建党97周年。例如，2018年，玉溪市各机关党组织共开展主题党日848次，开展党员志愿服务339次，支部集中学习1 122次，党组织主要负责人讲党课406场次。各机关党组织主动适应新时代新要求，善于运用互联网技术和信息化手段开展党建工作，树立大数据思维，创新管理模式深入，实施“互联网+党建”，推广使用“玉溪机关党建”微信公众号、“云岭先锋”APP，创新网上活动方式，积极开展“微党课、微心得、微评论”活动，推动党员教育系列平台融合发展，不断提升党建工作科学化水平。如市公安局党委建立网上党支部，打造线上线下党员学习教育平台；玉溪日报社机关党委充分挖掘和发挥行业优势，运用互联网搭建党员积分制管理和党建目标考评工作平台，实现机关党建工作网络化和无纸化；市人民医院党委建好管好用好“智慧党建云平台”，助推党建工作有效开展。

5. 抓要素保障，提升整体水平。2016年4月市委出台《关于加强和改进机关党的建设的实施意见》，建立机关工委、机关党委、基层党支部（总支）联述联评联考机制，明确机关党建工作责任清单，强化考核激励问责，对责任落实不到位、工作不力的党组织，机关工委对机关党组织书记进行约谈；明确机关党组织书记由本部门党员负责人兼任，凡设机关党委的部门，按部门内设机构正职设专职副书记，着力选优训强机关党组织负责人；明确党支部（党总支）每月确定1天作为支部主题党日，每月开展1次集中学习，每季度开展1次交流研讨，每季度至少召开1次党员大会，支委会、党小组会每月至少召开1次，每半年上1次党课，各级机关党组织书记每年至少为基层党员干部讲1至2次党课；每年召开1次高质量的组织生活会、开展1次民主评议党员工作、开展1次述职评议考核工作。如玉溪市直机关工委2016年、2017年两年度均按党委5 000元、总支3 000元、支部1 000元的标准下拨机关党建工作补助经费60余万元；每年从代管党费中划拨15余万元，走访慰问老党员及生活困难党员200余名，落实“两新”组织党组织“16321”补助标准，下拨党建工作经费48余万。去年以来，按照党支部规范建设“十有”“十清”标准和党员活动阵地建设“六有”要求，玉溪市直机关工委投入补助经费30万元，打造5个机关党建阵地建设示范点，并在市直单位党组织统一规范上墙制度内容和启用“机关党建勤廉先锋”等机关党建工作品牌标识。

6. 抓督察检查，促进工作推进。2018年上半年，各级机关党组织以“基层党建巩固年”实施方案和责任清单、项目清单和考评清单为重点，围绕“党建工作责任、党内政治生活、基层党组织建设、发展党员和党员管理、坚持组织生活制度、开展党组织活动、基本保障落实”等7个方面，分解细化的各项具体内容，集中时间、集中力量，通过“查”“看”“问”等方式对各支部开展上半年机关党建督查调研工作，并将督查情况反馈给各支部，督促各支部党建工作的落实。

（二）存在问题及不足

近年来，玉溪市机关党支部规范化建设水平不断提高，但仍然存在一些问题，主要可以归纳为以下几个方面：

1. 机关标准化规范化建设工作发展不平衡。有的部门单位对机关党建工作重视不够，嘴上说得重要，行动落实得少。工作动力不足，保障投入不够，缺乏统筹谋划、整体推进的力度，工作运行不顺，影响机关党建规范化工作的质量。

2. 党支部规范化建设基础工作做得不够扎实。有的单位措施办法少，成效不够明显，党支部规范化建设达标创建工作仍需加强，有的仅满足于台账达标，形式过于内容，与规范化建设要求还有差距。

3. 机关党支部规范化建设与中心工作结合不紧密。有的单位找不到切入点和结合点，服务型党组织创建停在面上，党组织功能发挥不充分，党建活力不足。

4. 机关党支部规范化建设工作特色品牌不够凸显。有的机关党支部在抓机关党建工作中，满足于完成上级交办的工作，没有积极适应新时代新要求，及时转变传统陈旧的工作方法来创新工作载体，党组织活动仅停留在发展党员、收缴党费、传达党的会议、学习党的文件等方面，特色亮点不鲜明，缺乏针对性和实效性。

5. 机关党支部党务工作开展有困难。一是缺编制。机关党支部的党务干部基本为兼职人员，调查显示，兼职党支部书记占到91.5%，党建工作和业务工作任务重，压力大，工作被动应付，调查显示，行政干部兼职党支部书记，没有精力抓实抓细党支部工作的占到74.5%。就市直机关工委而言，下辖机关、事业单位、国有企业、“两新”组织等单位党组织分布广、党员多，涉及单位多、行业多，加之党建工作任务越来越繁重，而工委编制偏少、内设机构不全、工作力量不足，这些客观因素，严重制约着机关党建各项工作的正常开展，党建工作质量与新时代党的建设总要求差距较大。二是缺待遇。兼职的党支部党务工作者基本无任何晋级优先和经济补贴，完成党务工作任务靠的是理想信念，基本是义务劳动，长时间势必会影响工作积极性，调查显示，加强党支部书记队伍建设中，希望增强岗位吸引力的占到52.5%。三是缺能力。由于党务干部不专业，工作效果参差不齐，年纪大的适应不了信息化管理的要求，年纪轻的没有群众工作经验，做事浮于表面。四是缺经费。调查显示，党支部活动经费能保证正常活动的只占39%，认为缺乏经费和物质保障的占到38%，大多数活动无专项经费，严重制约着党支部活动的开展。

三、推进机关党支部规范化建设的对策和建议

机关党支部标准化规范化建设是一项长期的系统工程，只有进一步发扬改革创新精神，坚持问题导向，直面新时代，不断研究新情况，解决新问题，寻求新突破，才能推动机关党组织走上标准化规范化运行的轨道。

（一）加强政治建设，推进机关党支部规范化建设更加科学

党的十九大报告指出：“党的政治建设是党的根本性建设，决定党的建设方向和效果。”机关党支部标准化规范化建设必须以政治建设为统领，准确把握规律，推进机关党建各项工作始终走在正确科学的轨道上。

1. 进一步提高对机关党建工作的认识。提高政治占位，开展机关党建的各项工作必须紧紧围绕党的政治路线，特别是各种学习活动必须以政治为统领，确保党的路线方针政策的贯彻执行，确保以习近平同志为核心的党中央权威和集中统一领导的充分实现，用实际行动扭转重业务轻党建的认识。

2. 实现思想建党和制度治党相结合。思想建设是前提，决定和制约着党的各项建设，但必须把制度建设贯穿其中，因为制度具有根本性、全局性、稳定性和长期性的特征，为其他各项建设提供保证。思想建党和制度治党相结合，是做好机关党支部标准化规范化建设的重要前提，也是提高机关党建科学水平的重要保障。

3. 坚持目标导向和问题导向相结合。党领导全国人民取得改革开放40年的巨大成就启示我们，必须坚持目标导向和问题导向相结合。近年来，玉溪市机关党支部认真落实中央、省委、市委部署，以“基层党建巩固年”为抓手，以建设学习型、服务型、创新性基层党组织建设为重点，以创建党支部标准化规范化建设为契机，针对机关党建突出问题，认真研究应对举措，扎实推进，督导跟进。目标导向和问题导向相结合实现了化解矛盾，补齐短板，促进了机关党建各项工作的落实。

4. 抓好大学习、大教育、大培训活动。认真组织开展“不忘初心、牢记使命”主题教育，结合“两学一做”学习教育常态化制度化，引导广大机关党员干部悟初心、守初心、践初心。严格执行“三会一课”，认真落实民主集中制、民主评议党员等制度，严明政治纪律，提高政治觉悟和政治能力。

（二）完善制度建设，建立刚性有力的保障机制

1. 保障机关党支部建设规范化的工作机制。健全和完善标准化规范化建设的工作制度，制定工作计划，规范支部工作，特别是要根据各支部的工作特点，建立健全党总支、党支部工作条例或细则，明确职责、规范行为、有序推进，使基层党支部开展工作目标明确，有章可依、有章可循。

2. 建立机关党支部工作保障制度。一是落实标准化规范化建设要求。切实解决“事得有人做”的问题，机关专职党务干部一般按照工作人员总数的1% ~ 2%比例配备，各级党委、政府要把机关专职党务工作人员，列入机关行政编制，人事政策和编制要向基层倾斜，使机关有专职党务工作人员来抓实党建工作。二是确保基层机关党建活动有经费。各级党委、党总支要把党建年度工作经费纳入年度财政预算，并做到专款专用、管理有序、合理支出、财务公开。三是设置党务岗位津贴，并纳入财政预算。基层党务干部大多是业务骨干，为了提升党务干部的内生动力，转变党务岗位无人愿意干，党建工作拖拉、被动应付的局面，基层兼职党务干部应该有相应的岗位津贴。

3. 严格规范化建设的考评机制。一是严格对第一责任人的考评管理。推进机关党组织标准化规范化建设，必须把加强党的全面领导贯穿全过程，把机关党组织标准化规范化建设纳入各级机关党组织书记抓机关党建述职评议考核、领导班子和领导干部考核的重要内容，推动机关党委认真履行主体责任，推动机关党组织主要负责同志认真履行第一责任人职责。二是严格对支部的考核管理。党建工作与业务工作同目标、同责任、同落实、同检查、同考核，使党支部作用发挥有依据、水平提高有目标，切实担当起战斗堡垒作用。三是加强党员积分管理。使积分管理与公务员考核及绩效考核相结合，更好地促进党建工作与业务工作相融合，克服“两张皮”“灯下黑”现象，真正发挥积分管理的激励督查作用。四是严格奖惩机制。党支部要结合业务工作制定民主、公平、公正、公开的奖惩机制，增强党员的危机意识，鞭策党员不断学习、不断进步。五是强化对党务工作者的人文关怀。获得优秀党支部荣誉的党务工作者，要在职务晋级、岗位聘任、职称评定等方面给予优先考虑，以此激发党务干部工作的积极性和主动性。

（三）加强组织建设，形成严格规范的管理体系

机关党支部是党的组织基础。党章规定：“党的基层组织是党在社会基层组织中的战斗堡垒，是党的全部工作

和战斗力的基础。”这一重要概括，明确了党的基层组织的政治地位和作用，为加强机关党组织标准化规范化建设指明了方向。党的力量源于组织，党自身强大的战斗力和凝聚力，来源于党严密的组织结构和全体成员行动的一致。机关党组织标准化规范化建设必须提升基层党支部组织力。

1. 加强机关党支部建设，明确党支部的地位和作用。结合实际，推进基层党支部设置和活动方式创新，调整党总支委员会、支部委员会每届任期期限，严格按照要求述职述评，按期换届，推进“两学一做”学习教育常态化制度化。

2. 加强党支部带头人队伍建设，选优配强党支部班子。习近平总书记强调：“治国之要，首在用人”，“基础不牢地动山摇”，机关党支部的建设更是需要人才。各机关党组织要在上级党组织的统一领导下，健全完善党支部班子，形成支委分工合理、全体党员共同积极参与支部建设的良好局面。特别是要配强党支部书记，按照新时期好干部标准选贤任能，把忠诚干净担当的干部推举为党支部的带头人，改变简单以职能处（科）室负责人兼任支部书记的做法，注重从政治立场、业务水平、群众基础、组织协调能力等多方面综合考核考察。

3. 严格落实机关党委组织部门牵头、统筹、协调的责任。推动各项工作的组织实施。

4. 充分发挥各行业系统党委、党总支具体指导作用。强化条块结合，形成齐抓共管的整体合力。

5. 坚持高标准、严要求。把党中央、省委和市委精神部署落实到具体思路、具体举措上，落实到具体事、具体人上，着力解决部分基层党组织弱化、虚化、边缘化问题。

（四）强化思想建设，加强机关党员的教育管理

1. 严格入党程序，守好党员的“入口”。坚持“四个合格”为标准，吸收具有马克思主义信仰、共产主义觉悟和中国特色社会主义信念，自觉践行社会主义核心价值观的先进分子入党。坚持党章规定的党员标准，严把入口，畅通出口。按照“控制总量、优化结构、提高质量、发挥作用”的总要求，慎重发展、均衡发展。在积极分子和发展对象环节，严格考察和甄别，坚持“成熟一个，发展一个”，把政治素质强、业务能力精，敢于担当务实的同志发展到党的队伍里来，防止把不具备党员条件的人吸收到党内。

2. 严肃党内政治生活。开展各层级的交心谈心，开好民主生活会和组织生活会，认真开展批评与自我批评。进一步规范落实好“三会一课”制度，突出党性锻炼，坚决防止表面化、形式化、娱乐化、庸俗化现象。对于宗旨意识淡化、信仰信念不坚定，不正确行使党员权利、不履行党员义务的不合格党员要加强教育，对情节严重的要给予组织处理。

3. 加强学习培训，提升能力素质。一是对党支部书记以及支委成员开展专题培训，通过支部书记带头讲党课、上讲台，支部委员上微党课等培养方式，提高政治理论水平和实际工作能力。二是机关党支部根据实际，采用固定学习日、“主题党日”“政治生日”等形式，加强对党员的学习教育。三是注重对支部党员的能力培养，将理论学习和实践锻炼相结合，对年轻党员强化党性修养教育，注重压担子，提高履职水平，提升应对复杂局面的能力。对老党员强化信息技能教育，掌握操作各种新技能训练，适应新时代新要求。

4. 创新工作方式和工作观念。多组织内容开放、形式多样、过程民主互动的各类活动，加强各党支部之间的交流沟通，进一步探索“支部活动＋”的活动模式，在丰富多彩的交流互动中取长补短，提升机关党支部的创造力、凝聚力和战斗力，使每个党员都真正从思想上达标，完成党支部由外到内的标准化规范化建设。

（五）拓展平台建设，丰富规范化建设的工作载体

1. 搭建信息化平台的“天线”。信息技术发展一步，党建工作信息化就跟进一步。面对“互联网＋”时代层出不穷的新事物、新情况，机关党建工作如果创新意识匮乏、更新滞后，不能积极利用互联网的内外功能，就不能达到新时代党建工作要求。新时代的基层党建工作应把握“互联网＋”智能的发展脉搏，利用高新互联网技术优化机关党建工作的基础环节，提高效率、节约资源，按照机关党建工作的特殊规律，把信息网络技术融入党建业务，线下与线上、“面对面”与“键对键”相结合，使机关党建从现实世界扩展到网络空间，从而拓展党建工作的覆盖面。

2. 做好群团组织的“带头人”。密切联系群众是我党的优良传统，也是我们党制胜法宝之一。机关党组织要更好地发挥战斗堡垒作用，提升党支部的战斗力、凝聚力，就必须当好群团组织的“带头人”。团结引导工会、共青团、妇联等组织，从关心党员群众工作生活需求入手，开展新颖且有“人情味”的活动，推动机关党建与文化建设相融合，优化工作环境。

3. 架起机关党员个人成长的“连接线”。机关党支部标准化规范化建设要打破固有模式，多创造机会为党员提供展现自我的平台和载体，使他们在展示自我的同时得到互相学习、交流和提高的机会。

4. 搭好机关党员为民服务的“地线”。建立科学长效的服务机制，创新灵活贴心的服务模式，深入基层、深入群众，围绕党员和群众的需求开展服务活动，增强党组织吸引力和凝聚力。

机关党支部标准化规范化建设要做到有章可循、有制度支撑、有经费保障、有人做事、有平台管理等，是一项牵涉面广、工作量大、复杂艰巨的系统工程，必须循序渐进，长久地坚持抓紧抓好、抓实抓牢，还必须紧跟新时代的发展要求，务实求变、大胆创新，只有在务实创新中加强机关党支部标准化规范化建设，才能实现提高机关党的建设科学化水平。

（市委党校 提供）

（张本聪　摄）

大 事 记

A CHRONICLE OF MAIN EVENTS

编 写：王 斌

1 ～ 12 月大事记

1 月

5 日

△ 西藏科技厅调研组到玉溪考察交流设施农业及高原特色农业科技工作。

8 日

△ 中国共产党玉溪市第五届委员会第五次全体会议在玉溪召开。全会听取和讨论了市委书记罗应光受市委常委会委托作的市第五次党代会以来的工作报告，听取和讨论市委常委会 2017 年党的建设工作专题报告，审议通过《中共玉溪市委关于深入学习贯彻党的十九大精神促进玉溪跨越式发展的决定》，全面安排部署 2018 年全市经济社会发展任务。

10 日

△ 6 ~ 10 日，亚洲财富论坛——走进西部暨亚洲财富论坛十周年感恩庆典系列活动在昆明举行。市委副书记、市长张德华率队参加相关活动宣传推介玉溪，并邀请与会嘉宾、企业家赴玉溪考察，共谋发展。论坛举行期间，百余位企业家实地考察玉溪生物医药、信息产业、双创中心等具有玉溪特色的优势产业，对接招商引资工作。

11 日

△ 民盟中央主席、中国科学院副院长、中国科学院大学校长丁仲礼率国科大调研组到玉溪就建设国科健康科技小镇进行考察调研，并与市委书记罗应光、市长张德华等领导就推进项目建设相关事项进行座谈交流。

△ 省检察院在市检察院举行“全国检察机关文明接待室”授牌仪式，为玉溪市检察院、澄江县检察院、通海县检察院授牌。

12 日

△ 红塔区政府与云南省科学技术院签订战略合作协议并举行科技成果转化中心揭牌仪式。这是全省第一家区域性科技创新服务平台。

18 日

△ 17 ~ 18 日，玉溪市第四届人民代表大会第七次会议在聂耳大剧院举行。会议选举出 32 名玉溪市出席云南省第十三届人民代表大会代表。

19 日

△ 红塔区政府与云南电网能源投资有限责任公司签订深化投资促进战略合作框架协议。

24 日

△ 市体育局举行玉溪市青少年足球训练网点学校授牌仪式，全市 30 所学校被授予“玉溪市青少年足球训练网点学校”牌匾。

25 日

△ 2017 中国马拉松年度盛典颁奖晚会在上海举行，中国田径协会对 2017 年中国马拉松的发展做出突出贡献的机构、组织和人员进行表彰，抚仙湖国际半程马拉松赛获得铜牌赛事奖和最美赛道特色赛事奖。

26 日

△ 玉溪高新区管委会重奖创新发展企业，对 239 户企业颁发 2 541.5 万元创新发展贡献现金大奖。

2 月

4 日

△ 1 ~ 4 日，中国人民政治协商会议玉溪市第五届委员会第一次会议在玉溪举行。会议审议并同意政协玉溪市第四届委员会常务委员会工作报告和政协玉溪市第四届委员会常务委员会提案工作情况报告；会议听取并赞同《政府工作报告》，赞同《玉溪市中级人民法院工作报告》《玉溪市人民检察院工作报告》以及《玉溪市 2017 年国民经济和社会发展计划执行情况与 2018 年国民经济和社会发展计划草案的报告》《玉溪市 2017 年地方财政预算执行情况和 2018 年地方财政预算草案的报告》。会议选举产生政协玉溪市第五届委员会主席、副主席、秘书长及常务委员。夏立洪当选市政协第五届委员会主席，贺光明、郭亚钢、李少华、何雪峰、杨建敏、杨丽萍当选市政协第五届委员会副主席。

6 日

△ 2 ~ 6 日，玉溪市第五届人民代表大会第一次会议在玉溪举行。会议审议并通过《政府工作报告》《玉溪市 2017 年国民经济和社会发展计划执行情况与 2018 年国民经济和社会发展计划草案的报告》《玉溪市 2017 年地方财政预算执行情况和 2018 年地方财政预算草案的报告》《玉溪市人民代表大会常务委员会工作报告》《玉溪市中级人民法院工作报告》《玉溪市人民检察院工作报告》。会议选举产生新一届市级国家机关领导人员，李洪云当选为玉溪市第五届人民代表大会常务委员会主任，叶本功、郭开堂、孙云鹏、马良昌、吴伯平、龙兰当选为副主任，李伟当选为秘书长；张德华当选为玉溪市第五届人民政府市长，王力、解仕清、蔡四宏、贺彬、朱家伟、李劲松、曾敏当选为副市长；孟凡兵当选为玉溪市监察委员会主任；陈昌当选为玉溪市中级人民法院院长；选举出的玉溪市人民检察院检察长张德勋，根据地方组织法规定，将报经省人民检察院检察长提请省人民代表大会常务委员会批准。

7 日

△ 玉溪市监察委员会揭牌成立。

12 日

△ 位于市委党校内的玉溪市反腐倡廉警示教育基地正式开馆。

3 月

△ 玉溪市滇剧院申报的新创滇剧《王者江上》，成功入选国家艺术基金 2018 年度大型舞台剧和作品创作资助项目。

1 日

△ 《玉溪市城镇绿化条例》颁布施行。

△ 《玉溪市红塔区城市夜景照明管理办法》开始实施。

2 日

△ 玉溪市政府与中国船舶重工集团有限公司在北京签署战略合作框架协议。

8 日

△ 深圳龙士康科技美辰科技园、高新区医护用品产业园等 10 个项目在玉溪高新区九龙工业片区举行集中开工仪式。开工的 10 个项目，概算总投资 26.1 亿元。

△ 云南省第四批专家基层科研工作站授（揭）牌仪式在江川区举行。熊磊、缪应雷、耿嘉蔚、张燕平四位专家分别在红塔区妇幼保健计划生育服务中心、江川区人民医院、易门县人民医院、峨山南宝生物科技有限责任公司设立专家基层科研工作站。

9 日

△ 江川区政府与云南云莱集团雄川农业开发有限公司签订滇中智慧农业产业园项目合作协议，项目计划总投资 5.7 亿元。

△ 玉溪市健康惠民工程启动仪式在玉溪疫苗产业园举行。该惠民工程为 2018 年 1 月 1 日起出生的本市户籍儿童，免费接种 b 型流感嗜血杆菌结合疫苗；为年满 70 周岁及以上本市户籍老年人免费接种 23 价肺炎球菌多糖疫苗。

27 日

△ 省委副书记、省长阮成发率

队对玉溪2017年度落实党风廉政建设责任制工作情况进行检查考核。

31日

△ 七彩云南 抚仙玉溪——2018年“相约春天 共筑梦想”玉溪重点产业（上海）投资推介会在上海举行。推介会签约项目31个，总投资额219.89亿元，涉及生物医药及大健康、信息技术、旅游文化、现代物流、高原特色现代农业等产业和领域。

4月

△ 科技部、国家发展改革委发布支持新一批城市开展创新型城市建设名单中全国有17个城市入选，玉溪市成为云南省唯一上榜城市。

10日

△ 五届市委常委会第78次会议审议通过《抚仙湖径流区耕地休耕轮作工作方案》。

△ 市政府与合和集团签订通用航空产业发展战略合作协议。

11日

△ 玉溪市新的社会阶层人士联谊总会第一届会员代表大会第一次会议暨成立大会举行。

19日

△ 16～19日，省委副书记、省长阮成发在玉溪市各县（区）调研时强调：要认真学习贯彻习近平新时代中国特色社会主义思想和党的十九大精神，抓住机遇、坚定不移、锲而不舍、举全市之力建设创新型城市，推动新旧动能转换，实现高质量跨越式发展。

28日

△ 住房和城乡建设部等多部门联合下发《2018年列入中央财政支持范围中国传统村落名单的通知》，玉溪有5个村落入列2018年第一批中央财政支持范围中国传统村落名单，享受相关财政资金支持。入列名单的5个村落分别是：红塔区春和街道黄草坝村委会玉碗水村，通海县兴蒙乡桃家嘴村，华宁县宁州街道办事处碗窑村，元江县那诺乡二掌村、洼垤乡邑慈碑村。

5月

△ 玉溪华为数据中心在通过国际Uptime Institute组织的T3（Tier III）设计认证之后，又顺利通过建设认证，成为全国第一个通过“T3设计、建设”双认证的数据中心。

1日

△《玉溪市抚仙湖保护范围限制畜禽养殖管理办法（试行）》正式实施。

8日

△ 玉溪市纪委监委全新升级改版的门户网站“碧玉清溪”上线和手机客户端开通启动仪式举行。

△ 玉溪市律师行业党委成立。

9日

△ 玉溪市举行二季度建设项目集中开工仪式。江川区龙泉园区设主会场，玉溪高新区及红塔区、易门、澄江等9县（区）设分会场，通过视频与主会场连线，同步进行集中开工。此次集中开工项目84个，总投资156.3亿元。

△ 云南建投集团与市政府签订玉溪高铁新城合作框架协议。市委书记罗应光、中国银行云南省分行行长周洪源、云南建投集团董事长陈文山等出席签约仪式。市长张德华与云南建投集团总经理刘国强签订高铁新城合作框架协议。云南建投第六建设有限公司迁驻玉溪揭牌仪式举行。

10日

△ 市残联在市图书馆举办首届盲人朗读比赛。

17日

△ 市政府召开龙湖地产集团项目对接座谈会，市长张德华与龙湖集团副总裁崔恒忠就龙湖——抚仙湖星空国际旅游度假社区项目进行对接座谈。

△ 红塔烟草（集团）有限责任公司与北京微普联合生物科技有限公司签署战略框架协议。

18日

△ 2018全球创新中心云南分中心开业仪式暨科学家企业家走进玉溪交流活动在玉溪举行。科技部战略研究院研究员、全球诺贝尔奖得主中国秘书长赵刚主持开业仪式。市委副书记、市长张德华，全球创新中心执行总裁杰夫·里德分别致辞并为中心开业揭牌。开业仪式上，全球创新中心云南分中心分别与北京超算科技有限公司、中国咖啡工程研究中心、俄罗斯微硼纳米科技公司等企业现场签约。其间，还举行招商引资项目对接洽谈、科学家企业家走进玉溪交流座谈、产业考察及项目对接等活动。

21日

△ 市长张德华会见中铁辰邦（北京）投资管理有限公司名誉董事长侯杰一行。双方就开展新能源新材料产业合作等进行座谈交流。

22日

△ 20～22日，“海外华文媒体感知中国行”云南采访活动走进玉溪，来自美国、加拿大、日本、德国、匈牙利等多个国家的19家海外华文媒体组成的记者团分别赴澄江县、新平县、红塔区，进行采访活动。

25日

△ 国家档案局副局长刘鲤生率调研组到玉溪就县级国家综合档案馆建设项目进展情况以及国家重点档案专项工作情况进行调研。

31日

△ 云南省人民政府公布第三批省级重要湿地名录，全省共16处湿地入围，抚仙湖名列其中。

6月

△ 玉溪首个公安自助便民服务超市在玉溪市公安局红塔分局玉兴派出所启用。市民可自助办理居民身份证的换领、出入境证的领取、港澳台团队旅游的签注以及处理轻微交通违法等业务。

5日

△ 由省环保厅、省文明办、玉溪市联合举办的“美丽中国 我是行动者——保护抚仙湖我们在行动”云南省2018年六五环境日主场宣传活动在抚仙湖畔启动。

6日

△ 2018年全国“放鱼日”云南分会场——抚仙湖、星云湖土著鱼增殖放流活动举行。

9日

△ 云南省第五届滇中城市经济圈职工技能大赛玉溪选拔赛举行启动仪式。

13日

△ 第三届云南国际人才交流会“生物医药大健康产业发展”论坛在玉溪举行，200多名国内外嘉宾学者、行业精英齐聚玉溪，分享生物医药大健康产业发展先进理念。开幕式上，市委书记罗应光向中国工程院院士樊代明、中国科学院院士顾东风等10位专家颁发柔性引进高层次人才聘书。樊代明院士向市人民医院授牌，在玉溪正式设立“西京消化病医院玉溪整合医学中心”。玉溪高新区在论坛上向与会嘉宾介绍了玉溪生物医药及大健康产业发展情况。樊代明、顾东风两位院士为玉溪近800名医疗行业工作者做专题讲座。

15 日

△ 2018 年首届中国 - 南亚合作论坛（CSACF，以下简称“南亚论坛”）在抚仙湖畔举行，来自中国和南亚各国的官员、企业家、相关专家等嘉宾齐聚一堂，交流合作经验、探讨下一步的合作方式。论坛发表了《首届中国—南亚合作论坛抚仙湖倡议》。

22 日

△ 以“实施食品安全战略，推进健康云南建设”为主题的 2018 年度“云南食安论坛”在玉溪举行。

25 日

△ 24 ~ 25 日，华宁县遭受近年来最强降水过程，全县道路路基水毁 66 千米、2.4 万立方米，路面水毁 76 千米、1.3 万平方米，坍方近 7 万立方米，部分路段中断。据初步统计，强降雨导致全县 27 个村（社区）49 个小组受灾，涉及人口 2.2 万人，48 间房屋损坏，各类作物受灾 9 300 余亩，造成各类损失 6 000 余万元。

27 日

△ 云南省第四次全国经济普查综合试点在红塔区启动。

28 日

△ 市委召开撤地设市 20 周年座谈会。

7 月

1 日

△ 玉溪市医疗保险启动慢性病定点药店购药服务工作。

2 日

△ 玉溪市以“123456”目标为核心的“放管服”改革正式启动。

△ 市政府与上海珐伊玻璃钢船艇有限公司就“2018 年国际珐伊 28R 帆船世界锦标赛”落户云南玉溪事宜正式签约。

5 日

△ 国家税务总局玉溪市税务局正式挂牌成立，原市国税局、地税局正式合并。

△ 肯尼亚、坦桑尼亚和乌干达等非洲国家代表和联合国艾滋病规划署、联合国毒品与犯罪办公室等国际组织代表一行到玉溪实地交流、考察艾滋病美沙酮维持治疗有关工作。

6 日

△ 玉溪市举行住房租赁交易服务平台启动仪式，全省首个集政府监管系统、政府公租房管理系统、企业租赁管理系统的住房租赁交易服务平台正式在玉溪启动上线。

△ 云南云投集团与玉溪西美西节能减排服务有限责任公司签订战略合作协议，双方将合作共同在玉溪高新区建设高纯氧制备基地。

7 日

△ 2018“唱响音乐之都”云南首届“聂耳杯”流行歌手赛颁奖晚会在聂耳大剧院举行。

△ 云南首家地级纪检监察机关携手高校共建的“玉溪纪检监察学院”正式揭牌。签约仪式上，市纪委监委与玉溪师院签订《校地合作框架协议》，双方将共同探索纪检监察人才教育培养的方式和途径，加快纪检监察干部队伍专业化建设。

9 日

△ 市统计局公布玉溪第三次全国农业普查结果。调查显示：截至 2016 年末，全市耕地面积 251.5 千公顷，实际经营林地面积（不含生态林防护林）290.4 千公顷；全市共有 5 948 个农业经营单位，在工商部门注册的农民合作社总数 1 505 个；全市 99.9% 的村通公路，95.4% 的村通电，1.6% 的村通天然气，23.8% 的村有电子商务配送站点，94.1% 的乡（镇）实施集中或部分集中供水，100% 的乡（镇）有图书馆、文化站，90.2% 的乡（镇）有幼儿园、托儿所，100% 的乡（镇）有小学，100% 的乡（镇）有医疗卫生机构，96.9% 的村有卫生室，99.5% 的农户拥有自己的住房。

△ 13 时 20 分，华宁县盘溪镇矣则河水库扩容改造工程矣则河老隧洞处施工的接管引水工程发生事故，共造成 5 人死亡，1 人成功自救。

10 日

△ 文化和旅游部副部长李群一行到玉溪，就文化建设及文化旅游产业发展情况进行调研。

△ 玉溪市“青春创未来 共圆中国梦”青年创业创新大赛开赛，来自全市的 324 名创业者和创业团队携 324 个创业项目赴赛。

16 日

△ 13 ~ 16 日，市委书记罗应光、市长张德华率玉溪党政代表团赴广东佛山、珠海、深圳，考察学习借鉴城市建设的经验及做法，并开展招商引资活动。

26 日

△ 市政府与中国电子科技开发有限公司签署合作框架协议，双方将在玉溪国际智慧创新城、新型智慧城市建设与产业聚集平台、国际智慧健康城建设三个方面开展全领域合作。

31 日

△ 澄江县旅游发展局联合县司法局成立澄江县旅游纠纷人民调解委员会，可第一时间解决景区旅游纠纷，保障旅游经营者和消费者的合法权益，推动澄江县旅游业健康发展。

△ 24 时玉溪最后两个一级公路收费站——江川至通海、江川至华宁收费站停止收费。

8 月

2 日

△ 玉溪大营街乡村振兴战略示范项目指挥部在汇龙生态园揭牌，红塔区与昆钢控股公司将携手建设以“总部经济 + 田园综合体 + 文旅小镇 + 康养宜居”为发展主题的乡村振兴战略示范基地。

4 日

△ 3 ~ 4 日，省委书记陈豪到玉溪市调研经济社会发展和生态环境保护工作，并深入元江、通海、华宁县的城镇、乡村和企业，现场了解生态环境保护、产业培育发展和乡村振兴等情况。省委常委、省委秘书长刘慧晏，副省长王显刚、和良辉参加调研。

5 日

△ 国家烟草专卖局局长张建民到澄江县、红塔区调研。

7 日

△ 7 月 31 日至 8 月 7 日，2018 年云南省青少年校园足球篮球排球啦啦操四级联赛总决赛在玉溪举行。来自全省 16 个州市的 227 支代表队、5 000 余名队员参加，比赛分为足球、篮球、排球、啦啦操四个项目。

△ 市政府与中国工商银行云南省分行签订重点项目战略合作协议。

12 日

△ “泉润橘乡 陶冶华宁”2018 年云南 · 华宁重点产业（海口）招商推介会在海南省海口市举行，近百家来自海南特区的商会、企业和机构参加推介活动。推介会签约项目 7 个，签约总额 18 亿元。

13 日

△ 据中国地震台网测定：8 月 13 日 1 时 44 分，在通海县（北纬 24.19 度、东经 102.71 度）发生 5.0 级地震，震源深度 7 千米，震中位于通海县四街镇一带。地震发生后，市政府立即启动三级应急响应，成立前后方指挥部。截至 13 日 23 时，地震造成 18 人受伤。

14 日

△ 中国地震台网正式测定：8 月 14 日 3 时 52 分在通海县（北纬 24.19 度，东经 102.72 度）发生 3.0 级地震，震源深度 7 千米。9 时，云南通海震群发生 2.0 级以上地震 15 次，最大 2 次为 5.0 级，3.0 到 3.9 级地震 3 次，2.0 到 2.9 级地震 10 次。副省长和良辉率省政府工作组赶赴通海县四街镇，查看通海 5.0 级地震受灾救灾情况，主持召开抗震救灾工作会议，研究部署抗震救灾和灾后恢复重建工作。

15 日

△ 10 时 59 分，G1422 次玉溪至杭州高速动车开通，单程运行 12 小时 1 分钟。

16 日

△ 市政府与阿里体育有限公司签订战略合作框架协议，共同围绕“大力发展玉溪体育产业及全民健身事业”展开合作。

18 日

△ 第十三届清华大学公共管理高层论坛在抚仙湖畔举行，来自全国各地的清华校友代表，部分高校专家教授及领导出席论坛。共同探讨国家治理现代化与可持续发展路径，并为玉溪高质量跨越式发展提供咨询和智库支持。在本次论坛上，玉溪与清华大学共同成立清华·玉溪公共部门人才发展基金。

19 日

△ 以“尊医重卫 共享健康”为主题的玉溪市首届“中国医师节”暨上海市医疗援滇云南玉溪大型义诊活动启动。启动仪式后，义诊活动在聂耳大剧院举行。上海医疗专家还到通海地震灾区开展义诊活动，上海览海公益基金会代表上海医疗援滇专家团向通海地震灾区捐赠 100 万元。

20 日

△ 云南省第十五届运动会在临沧市落下帷幕。闭幕式上，市委副书记、市长张德华代表第十六届运动会承办方从副省长李玛琳手中接过省运会会旗，云南省第十六届运动会将于 2022 年在玉溪举办。

23 日

△ 在玉溪市国家创新型城市建设动员大会上，市政府与省科技厅、云南大学、中科院昆明分院、云南省科学技术院签署战略合作框架协议。25 个科技项目签约落地玉溪，预计科技投入 8.2 亿元。全市 116 户企业获得研发经费投入补助，补助金额 3 937.6 万元。会上还为云南联塑科技发展有限公司、玉溪建福集团机床有限责任公司、云南玉溪玉昆钢铁集团有限公司、云南玉药生物制药有限公司、云南红塔油墨有限公司 5 户企业进行企业研发中心授牌。

30 日

△ 在第 18 届亚运会男子双人划艇 1 000 米决赛中，玉溪籍运动员刘浩和队友王浩代表中国队参加皮划艇静水项目比赛，获得男子双人划艇 1 000 米金牌。

△ 玉溪市三季度建设项目集中开工。此次开工 81 项、投资总额 292 亿元，涵盖基础设施、社会事业、产业发展等领域，其中产业投资 212 亿元、占比达 72.6%。

9 月

△ 江川区江城镇温泉村委会徐家头村民小组和华宁县宁州街道办事处上村社区碗窑村民小组成为云南省“美丽乡村 + 文化”试点项目村，获得 1 300 万元财政资金支持。

10 日

△ 中国银保监会云南监管局批复同意云南玉溪红塔农村商业银行股份有限公司及云南玉溪红塔农村商业银行股份有限公司红塔支行等 16 个分支机构开业。

△ 华宁县举办 2018 柑橘产业发展论坛，邀请国内知名柑橘专家学者共谋华宁柑橘产业创新发展之计。华宁县政府与云南农业大学、云南高原特色农业产业研究院签订县校科技合作战略框架协议。

11 日

△ 8 ~ 11 日，在福建省厦门市举办的第 20 届中国国际投资贸易洽谈会上，玉溪设立展区搭建平台，与企业客商洽谈签约，加大产业招商工作力度，进一步宣传推介玉溪。洽谈会上，举行了云南省八大重点产业及“绿色能源”“绿色食品”“健康生活目的地”专题推介会暨集体签约仪式，玉溪 4 个项目参加集体签约，总投资额达 10.3 亿元。

13 日

△ 市政府与云南红塔银行签订战略合作协议。

14 日

△ 12 ~ 14 日，市委副书记、市长张德华率玉溪经贸代表团到泰国开展一系列走访和交流活动，调研玉溪驻泰国商务代表处运营情况，与玉溪在泰国投资贸易企业座谈，拜访泰国正大集团、TCC 集团并与之座谈交流。

15 日

△ 九三学社中央医疗卫生专家玉溪行启动暨“九玉合作”签约仪式在市人民医院举行。

△ 《民族文学》云南玉溪创作基地授牌仪式暨文学创作培训会在市委党校举行。

16 日

△ 14 ~ 16 日，市委副书记、市长张德华率队到新加坡考察，与新加坡 CPG 集团高层进行交流，学习城市规划设计和建设管理等方面的先进经验。

△ 以“奔跑吧，澄江”为主题的保利·2018 抚仙湖国际半程马拉松赛在抚仙湖畔樱花谷鸣枪起跑，来自国内外的近 1 万名参赛选手参赛。

17 日

△ 玉溪出台《关于实施玉溪市“百千万人才计划”的若干意见》。《意见》明确，将用 5 年时间，分类引进百名高层次创新创业人才和团队、培养千名重点产业拔尖人才、储备万名急需紧缺专业化人才，并配套出台 27 项引智留才新政，配套“零门槛”落户等 9 项人才服务保障措施。

20 日

△ 19 ~ 20 日，2018 年“创客中国”电子信息与信息安全创新创业大赛总决赛在玉溪启动。

21 日

△ 18 ~ 21 日，市委副书记、市长张德华率玉溪经贸代表团到柬埔寨考察访问，实地调研玉溪驻柬埔寨（金边）商务代表处，与玉溪在柬埔寨投资的贸易企业负责人座谈交流。与柬埔寨奥多棉吉省签订发展友好城市关系意向书，双方将在经贸、科技、人文、旅游等领域开展积极务实的交流与合作。

22 日

△ 玉溪首次被确定为全省国家统一法律资格考试的计算机考试考区之一。

25 日

△ 玉溪市“百千万人才计划”启动仪式在玉溪师院举行，标志着玉溪市“百千万人才计划”正式启动实施。

27 日

△ 25 ~ 27 日，市委书记罗应光率玉溪党政代表团赴上海开展招商引资和项目对接活动。

28 日

△ 市长张德华会见恒丰控股（集

团）有限公司总裁林剑星一行，双方就推动抚仙湖保护基金运作、加快项目包装策划孵化及科教创新城项目进行会谈交流。

29 日

△ 云南省企业联合会、云南省企业家协会发布 2018 年云南百强企业榜单，玉溪 10 户企业荣登榜单，上榜企业数居全省第二。这 10 户企业分别是红塔烟草（集团）有限责任公司、云南玉溪玉昆钢铁集团有限公司、云南玉溪仙福钢铁（集团）有限公司、玉溪大红山矿业有限公司、云南红塔银行股份有限公司、云南滇雪粮油有限公司、云南玉溪百信商贸集团有限公司、云南省活发集团、云南创新新材料股份有限公司、云南通变电器有限公司。

30 日

△ 红塔区政府与昆明钢铁控股有限公司合作协议签约暨云南昆钢矿业有限公司揭牌仪式在汇龙生态园举行，标志着云南昆钢矿业有限公司正式落户玉溪。红塔区政府分别与昆钢、伟光汇通、湖南鑫德诚置业签订《文旅小镇投资合作协议》，与玉溪润城城乡投资有限责任公司、云南誉通投资有限公司签订《文旅小镇土地一级开发合作框架协议》。

10 月

10 日

△ 2018 国际珐伊 28R 帆船世界锦标赛在玉溪抚仙湖帆船训练基地开赛。来自 16 个国家 26 支队伍（国际赛队 15 支，国内赛队 11 支）约 150 名选手参赛。

11 日

△ 玉溪高新区党工委、管委会与红塔区委、区政府举行玉溪高新区托管研和工业园区移交协议签字仪式，标志着研和工业园区由市委、市政府收回管理并委托玉溪高新区管理。

13 日

△ 以"云"育创新引擎 智享创业"滇"峰为主题的玉溪创新创业研讨会举行，与会成员共同成立"玉溪市创新创业联盟"。

15 日

△ 陈芬儿院士工作站在易门县挂牌。此工作站是中国工程院化工、冶金与材料工程学部院士，复旦大学教授陈芬儿，与云南磨浆农业股份有限公司和云南大学联合共建的院士工作站。

△ 峨山县人民医院——达安基因启动会举行，标志着基因检测业务入驻玉溪。

19 日

△ 中华口腔医学会"西部行"公益活动走进玉溪，来自北京大学口腔医学院的教授、主任医师、博士生导师谭建国等口腔专家，在市医院开展为期两天的口腔临床规范化治疗培训。

20 日

△ 15 ~ 20 日，市委副书记、市长张德华率云南省代表团应邀出席在加拿大多伦多市举行的第十五届《财富》全球论坛，张德华在《财富》全球论坛"中国与世界：一个新的商业时代"圆桌会议上致辞，向与会嘉宾介绍玉溪经济社会发展情况。并赴香港与《财富》亚洲总部有关负责人座谈，到香港新华集团开展项目对接活动，推介玉溪生物医药及大健康、高原特色现代农业等重点产业项目。

△《中国影像方志——通海》摄制组完成在通海县内全部内容的拍摄工作。

△"玉溪市首届武术交流比赛"在市体育馆举行。

22 日

△ 第二届中国考古学大会在四川成都举行。会上举行了 2016 ~ 2017 年度田野考古奖颁奖仪式。由云南省文物考古研究所、玉溪市文物管理所、通海县文物管理所承担的云南通海兴义遗址考古发掘项目荣获"田野考古奖一等奖"。

23 日

△ 由人民教育出版社主办的第二届"人教杯·走进新时代 重温中华经典"诵读大会在河南郑州举行。作为云南省唯一代表队——玉溪第一小学代表队的诵读节目《生命 生命》荣获一等奖。

24 日

△ 23 ~ 24 日，省政协主席、党组书记李江率队到玉溪，就基层政协工作及实施乡村振兴战略等工作进行调研。

25 日

△ 第五届中国水环境模型与智能决策研讨会在玉溪举行。

26 日

△"云南大学研究生澄江研修实践基地"挂牌仪式在澄江县举行。

27 日

△ 巴萨足球学院云南项目暨云南白药巴萨战略合作新闻发布会在抚仙湖畔召开，标志着巴萨足球学院云南项目的正式启动。与此同时，玉溪抚仙湖训练基地的建设计划也正式启动。

11 月

1 日

△ 云南新平南恩糖纸有限责任公司搬迁改造转型升级项目开工仪式举行。项目占地 500 亩，总投资 12 亿元。

2 日

△ 云南省活发集团刘总旗水泥有限公司日产 5 000 吨新型干法水泥熟料生产线项目举行开工仪式，项目建设计划投资 2.24 亿元。

3 日

△"玉汝于成·溪达四海"云南省玉溪市民族文化展演暨高原特色农产品推介活动在北京地坛公园举办。

△ 经过 3 个月的排练，国家艺术基金 2018 年度舞台艺术创作资助项目、新编大型滇剧《王者江上》在聂耳大剧院进行首演。

5 日

△ 参加"中央人才工作协调小组专家咨询服务活动云南行"的部分院士专家到玉溪，围绕"现代高原特色农业和生物医药大健康"等内容开展咨询服务。5 位院士专家包括中国工程院院士张兴栋、朱蓓薇、万建民、赵春江和四川大学华西医院教授文富强。

7 日

△ 全国中等城市体育协作会第三十一届年会在玉溪市体育局召开，来自全国 21 个中等城市体育协作会会员单位的 83 位代表参加年会。

9 日

△ 全市四季度建设项目集中开工。此次集中开工项目 108 个，总投资 337.3 亿元，涵盖基础设施、社会事业、产业发展等领域。

10 日

△ 5 ~ 10 日，首届中国国际进口博览会期间，玉溪 13 个项目签约，签约金额 3.9 亿美元。

△ 科技部在玉溪召开国家重点研发计划"量子调控与量子信息"重点专项 2018 年度工作会议，20 余位国内量子信息工程专家聚集玉溪，对量子信息的发展方向和重大课题进行研讨。

11日

△ 市长张德华会见中国健康产业投资基金管理股份有限公司执行总裁黄宾一行。双方就开展生物医药和大健康产业合作，打造“健康生活目的地”等进行座谈交流。

12日

△ 七彩云南 抚仙玉溪 -2018 年“收获金秋 共谋发展”开放合作暨创新发展招商引资推介大会举行。大会围绕玉溪未来发展的“开放”和“创新”方向，全方位多角度深入推介玉溪、宣传玉溪，对外发出投资玉溪的诚挚邀请，与参会嘉宾学者共谋合作发展。市长张德华代表市政府向钱卓、张涛、周楚新、杨彤颁发决策咨询顾问聘书，授牌云南驻香港商务代表处、厦门市赣州商会、艾瓦特·谷歌体验中心、深圳市对外经济贸易与投资发展促进会为玉溪市人民政府招商代理机构，向丘鸿彬、赵霞等 18 人颁发玉溪市招商引资顾问聘书。“上海音乐学院研究生专业实习基地和师生创作采风基地”“上海音乐学院·玉溪师范学院‘聂耳艺术研究中心’”“云南高原湖泊土著鱼繁育中心”“玉溪华大高原农业基因测序中心”在会上揭牌成立。36 个项目在大会上签约，项目总投资额 253.92 亿元，其中省内资金 58.21 亿元，省外资金 195.71 亿元。

13日

△ 12 ~ 13 日，省委书记、全省总河（湖）长、抚仙湖河长陈豪率调研组在玉溪市督促检查抚仙湖、星云湖、杞麓湖保护治理工作。

△ 国家工信部第七期德国中小企业经理人来华交流班赴玉溪考察，并举行中德企业对接交流座谈会。

14日

△ 2018 年全国地下综合管廊与海绵城市建设技术交流暨现场质量观摩会在玉溪召开。

△ 市总工会、团市委、市妇联、市侨联、市计生协会和市法学会群团组织换届大会召开。

16日

△ 玉溪召开庆祝改革开放 40 周年理论研讨会，总结交流改革开放 40 年特别是撤地设市 20 年以来经济社会发展的玉溪成就、玉溪实践、玉溪经验，为推动玉溪高质量跨越式发展营造健康的学术氛围。

18日

△ 17 ~ 18 日，2018 第二届抚仙湖国际瑜伽文化节在澄江县太阳山、抚海湾景区举行，来自国内外的 300 余名瑜伽爱好者现场展示瑜伽风采。

19日

△ 人社部 2018 年专家服务基层走进玉溪活动启动，由人社部、省人社厅联合选派 11 名医疗、花卉和中草药的高层次专家组成专家团，深入基层开展为期两天半的服务活动。

20日

△ 17 ~ 20 日，中国合唱协会、中共玉溪市委、玉溪市人民政府主办的2018中国·玉溪“聂耳音乐之都”“聂耳杯”合唱比赛在玉溪举行。来自全国 26 个省（区）、市的 30 支合唱团参赛。

22日

△ 科技部网站发布首批创新型县（市）建设名单，全国 52 个县（市）入选，建设主题包括科技支撑产业发展、科技支撑生态文明、科技支撑民生改善 3 个类别。云南省仅有通海县榜上有名，建设主题为“科技支撑生态文明”。

25日

△ 在通海县秀山街道黄龙村杞麓湖畔，被列为中国科学院战略性先导项目“美丽中国”研究示范基地的“高原湖库水生态修复研究中心”挂牌成立。该项目是由中国科学院牵头实施的一个国家级项目，也是在云南省挂牌成立的第一家。

26日

△ 玉溪外事侨务办获外交部批准，被列入外国人来华签证邀请函核发单位。

28日

△ 市人民检察院“12309 检察服务中心”揭牌。

29日

△ 玉溪市退役军人事务局挂牌成立。

12月

2日

△ 2019年国家公务员考试开考。玉溪市作为云南省的三个考区之一，首次承担国考任务，共计 1.2 万人在玉参加考试。

5日

△ 全国电子社保卡试点地区（云南）首发仪式在玉溪举行，成功签发云南省第一张电子社保卡。

6日

△ 2018 年创客中国国际创新创业大赛暨全球知商科创项目对接玉溪交流会举行。来自 2018 年创客中国国际创新创业大赛的 30 强选手分别就各自创新创业项目进行项目介绍和成果展示，并同玉溪各县（区）及园区进行项目对接洽谈。

7日

△ 6 ~ 7 日，全省公立医院综合改革典型经验推广培训会议在玉溪召开。玉溪市、峨山县、禄丰县、云县和祥云县作经验交流，与会人员到峨山县人民医院、小街卫生院和永昌卫生室进行现场观摩。

△ 玉溪市青年企业家商会成立并举行一届一次会员大会。

8日

△ 2018“聂耳音乐之都”“中国梦·唱响云南”原创音乐暨改革开放 40 周年云南音乐荣耀盛典在聂耳大剧院举行，12 个年度奖项揭晓。

9日

△ 6 ~ 9 日，以“数字经济·身临其境”为主题的“2018 数字科技文化节·玉溪暨第 11 届全国 3D 大赛年度总决赛”系列活动在玉溪举行。活动主要包括 2018 数字科技文化节·玉溪开幕式暨全国 3D 大赛年度总决赛开赛仪式，全国 3D 大赛年度总决赛，3D/VR/AR 数字化技术应用、VR/5G/AI 数字科技文化和 3D/VR/AR 数字人才教育发展论坛，数字经济高峰论坛及项目签约、颁奖，3D 数字秀互动体验 DigitalShow2018 等 9 个方面的系列活动。大赛吸引了来自全国各赛区及“一带一路”沿线国家和地区赛区的 600 多所高校、3 000 余家企业及创客组织参加。大赛决出特等奖 3 项、一等奖 87 项、二等奖 218 项、三等奖 205 项。市政府与国内 7 家公司签订促进数字产业发展战略合作意向协议。

11日

△ 玉溪市医疗器械行业协会正式成立，为云南省第一家州（市）级医疗器械行业协会组织。

12日

△ 生态环境部公布第二批国家生态文明建设示范市县名单，华宁县名列其中。

△ 玉溪市首个“12·12”森林防火宣传日启动仪式在江川区举行。

13日

△ 11 ~ 13 日，2018 中国体育文化博览会、中国体育旅游博览会在广州举行。受云南省体育局委托，玉溪承办此次展会的云南展台布置工

作。云南展台以玉溪风格呈现，参展主题为“七彩云南——健康生活目的地，一地四乡，运动玉溪”，全面展示玉溪丰富多彩的体育文化和体育旅游资源。

△ 由市委、市政府主办的“辉煌历史 玉溪巨变——庆祝改革开放40周年暨纪念玉溪撤地设市20周年成就展”在市博物馆开展。

△ 玉溪市儿童医院与昆明市儿童医院签订合作框架协议。

15日

△ 玉溪广告产业园正式开园，为云南省首家省级广告产业试点园区。

16日

△ 云南省书法家协会创作培训基地挂牌仪式暨云南省书法家协会“全国第十二届书法篆刻作品展”骨干创作培训在通海县秀山举行。

18日

△ 工信部在北京举行2018年制造业单项冠军经验交流会。云南蓝晶科技有限公司荣获全国第三批制造业单项冠军示范企业证书，为云南唯一夺冠企业。

27日

△ 市政府与交通银行云南省分行签订战略合作协议。

29日

△ 玉溪市消防支队迎旗授衔和换装仪式举行。

（黄　凯　摄）

（李卫东　摄）

（张本聪　摄）

市情概览

AN OVERVIEW OF YUXI MUNICIPALITY

责任编校：胡　芸

主要数据指标 2018

基本概况

总 面 积：15 285 平方千米
行政区划：辖七县二区，共设 75 个乡（镇、街道）
最高海拔：3 165.9 米（哀牢山脉主峰大磨岩山）
最低海拔：327 米（小河底河与元江汇合处）
耕地面积：25.06 万公顷
森林覆盖率：57.48%

人口

常住人口：238.6 万人
男性：122.4 万人
女性：116.2 万人
少数民族人口：76.6 万人
人口自然增长率：6.08‰
城镇化率：51.88%

GDP

生产总值（GDP）：1 493 亿元
第一产业增加值：149.5 亿元
第二产业增加值：766.4 亿元
第三产业增加值：577.2 亿元
三次产业结构：10∶51.3∶38.7
人均生产总值：6.26 万元

农业

农业总产值：250 亿元
农业增加值：151.3 亿元
粮食作物面积：166.7 万亩
蔬菜播种面积：146.1 万亩
粮食总产量：6.02 亿千克

工业和建筑业

全部工业增加值：680.1 亿元
规模以上工业企业主营业务收入：1 538.5 亿元
规模以上工业能源消费量：834.3 万吨标准煤
规模以上工业电力消费量：94.1 亿千瓦时
建筑业增加值：86.9 亿元

投资

固定资产投资增长：11.3%
第一产业投资增长：99.1%
第二产业投资增长：15.3%
第三产业投资增长：6%

消费品

社会消费品零售总额：392.5 亿元
外贸自营进出口总额：18.4 亿美元
引进市外国内资金：1 023.5 亿元
实际使用外资：495.6 万美元

交通与旅游

公路通车总里程：1.7 万千米
年末机动车保有量：89.8 万辆
接待游客：4 290.9 万人次
旅游总收入：368.3 亿元

财政收支

地方公共财政预算收入：142.5 亿元
地方公共财政预算支出：277.7 亿元
金融机构年末人民币各项存款余额：1 847.4 亿元
金融机构年末人民币各项贷款余额：1 142.5 亿元

教育和医疗

普通高校：2 所
普通高中：22 所
公共图书馆：10 个
医疗卫生机构：1 424 个

城乡居民收入

城镇居民人均可支配收入：3.77 万元
农村居民人均可支配收入：1.43 万元
城镇职工养老保险人数：33.2 万人
城乡居民基本养老保险人数：121.4 万人

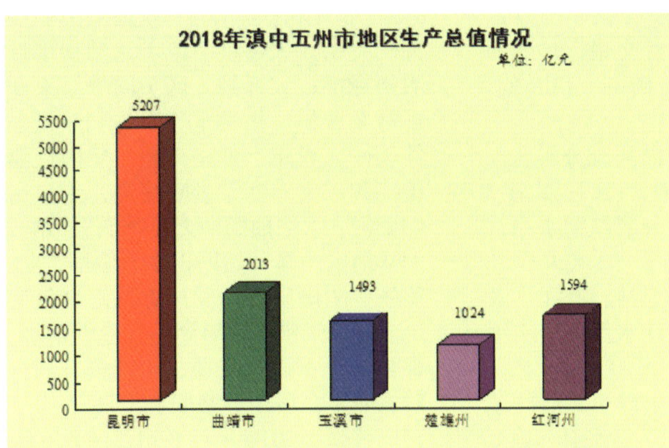
2018年滇中五州市地区生产总值情况
单位：亿元
5207
2013
1493
1024
1594
昆明市
曲靖市
玉溪市
楚雄州
红河州

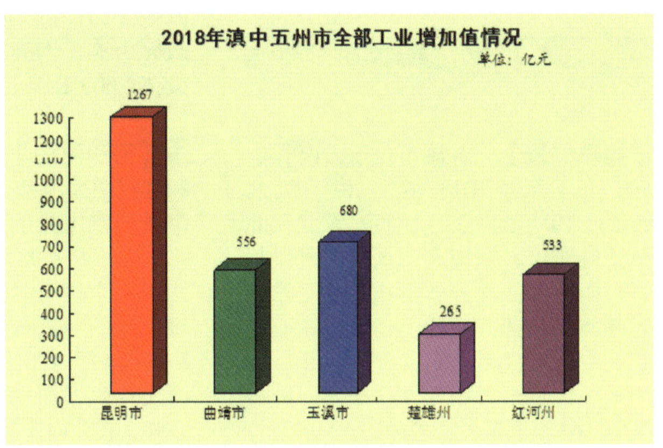
2018年滇中五州市全部工业增加值情况
单位：亿元
1267
556
680
265
533
昆明市
曲靖市
玉溪市
楚雄州
红河州

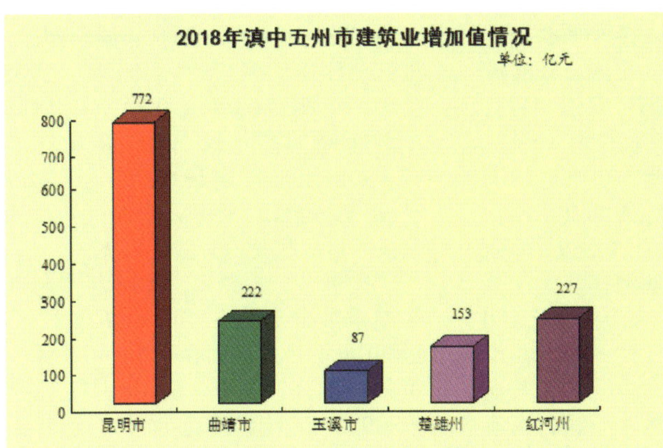
2018年滇中五州市建筑业增加值情况
单位：亿元
772
222
87
153
227
昆明市
曲靖市
玉溪市
楚雄州
红河州

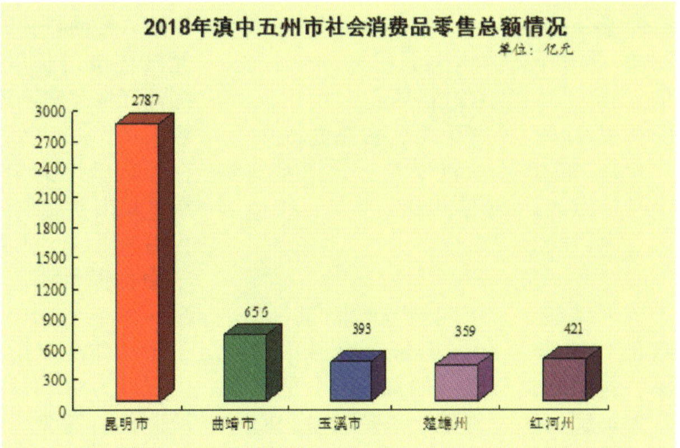
2018年滇中五州市社会消费品零售总额情况
单位：亿元
2787
656
393
359
421
昆明市
曲靖市
玉溪市
楚雄州
红河州

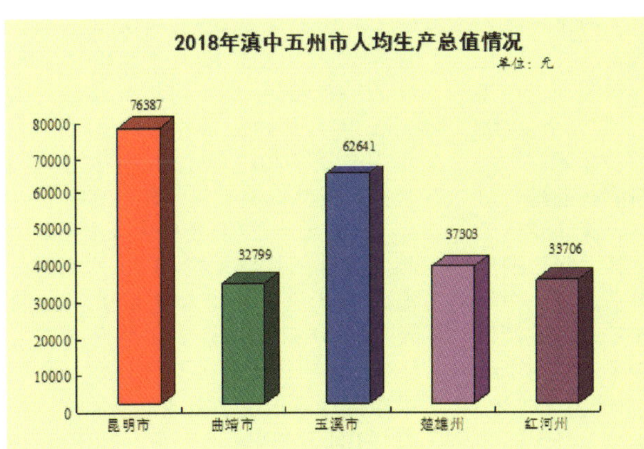
2018年滇中五州市人均生产总值情况
单位：元
76387
32799
62641
37303
33706
昆明市
曲靖市
玉溪市
楚雄州
红河州

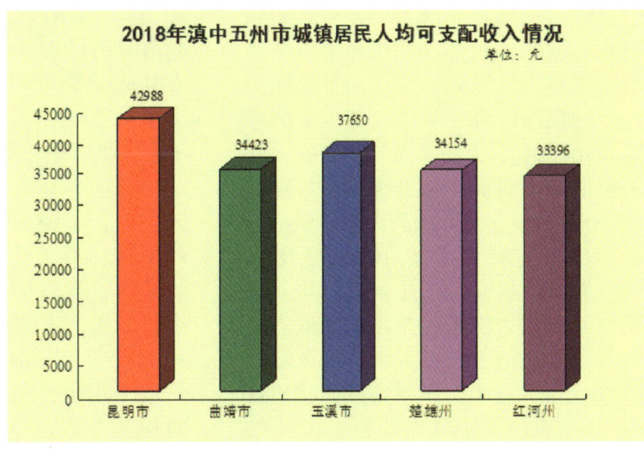
2018年滇中五州市城镇居民人均可支配收入情况
单位：元
42988
34423
37650
34154
33396
昆明市
曲靖市
玉溪市
楚雄州
红河州

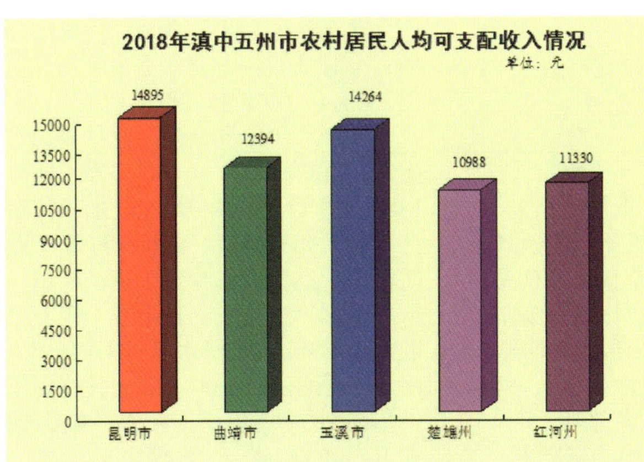
2018年滇中五州市农村居民人均可支配收入情况
单位：元
14895
12394
14264
10988
11330
昆明市
曲靖市
玉溪市
楚雄州
红河州

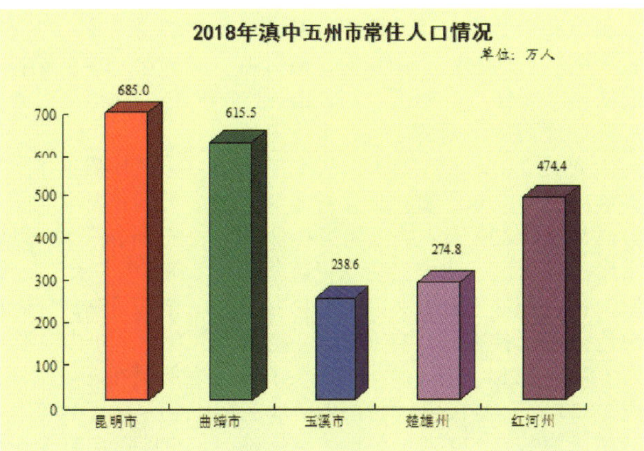
2018年滇中五州市常住人口情况
单位：万人
685.0
615.5
238.6
274.8
474.4
昆明市
曲靖市
玉溪市
楚雄州
红河州

自然环境

【地理位置】 玉溪市位于云南省中部，介于东经101° 16′～103° 9′、北纬23° 19′～24° 53′之间。东北和北面接昆明市，东南和南面与红河州相邻，西南和西面连普洱市，西北靠楚雄彝族自治州。市委、市政府驻地红塔区中心城区距云南省省会昆明市88千米。区域最大横距172千米，最大纵距163.5千米。总面积1.53万平方千米，其中，红塔区、江川区、澄江县、通海县4个县（区）是坝区，面积共3 348平方千米，占总面积的21.9%；华宁县、易门县2个县是半山区，面积共2 888平方千米，占总面积的18.9%；峨山县、新平县、元江县3个县是山区，面积共9 053平方千米，占总面积的59.2%。

【地形地貌】 市内地势西北高，东南低，地形复杂。山地、峡谷、高原、盆地交错分布。西部哀牢山是一巨大屏障，山峦连绵，谷壑纵横，属滇西纵谷地带；哀牢山以东是云贵高原西缘，东部和北部有一些较大的断层陷落盆地，南部和西部地表因被河流切割得支离破碎，形成一系列向南弯凸的弧形山脉，失去高原本来的面貌。元江河谷沿哀牢山脉东侧的元江断裂带切割较深，从江面到山顶高差达2 000米以上，形成高山峡谷地带。哀牢山脉主峰大磨岩山海拔3 165.9米，为市内最高点。小河底河与元江汇合处海拔327米，是市内最低点。全市除元江河谷外，大部分地区海拔1 500～1 800米。玉溪市政府驻地红塔区中心城区海拔1 630米。

【山地和山脉】 境内主要山峰中，哀牢山脉呈西北向东南走向，斜贯市内新平、元江2县西部。高鲁山位于玉溪盆地西侧，南北走向，主峰黑风洞山海拔2 614米；梁王山从江川区谷堆山转向北东，直抵阳宗海西侧，最高海拔2 820米；磨豆山沿抚仙湖东岸经江川区、华宁县直达杞麓湖北岸，最高海拔2 663米；大水井岩头山位于华宁县中部，自北向南，有红岩（海拔2 281米）、大水井岩头（海拔2 623米）、登楼山（海拔2 507米）、羊槽（海拔2 229米）等山峰；螺峰山位于通海县境内，是云南山字形构造的前弧地带，呈向南凸出的弧形，海拔2 241米。境内还有众多的零散破碎山体，因高山峡谷交错，形成海拔在2 000米以上的数十座孤立山峰。

【江河和湖泊】 市内河流分属珠江和红河两大水系。新平、易门、元江3个县和峨山县的一部分属红河水系，集水面积共9 981平方千米。红塔区和江川区、通海县、华宁县、澄江县及峨山县的一部分属珠江水系，集水面积5 044平方千米。红河的上游元江，源头在区外巍山县与大理市之间的茅草哨，自北向南流，进入新平县，称戛洒江、漠沙江，流入元江县境后称元江，出境入红河县，流入越南后方称红河。元江在市内长度为165千米。其支流绿汁江由北向南流经禄丰、双柏、易门、峨山4个县，在新平县三江口汇入元江，在市内长度为180千米；小河底河发源于峨山县甸中，流经化念称化念河，再沿新平、元江2县与石屏县边界流向东南称撮科河、小河底河，在元江县洼垤乡注入元江干流，在市内全长170千米。珠江上游南盘江的一段，在市内长度为90千米，流经华宁县。其支流曲江，发源于红塔区小石桥，南流入江川区称董炳河，经红塔区南流入峨山县，称猊江（峨山大河），流入通海县称曲江（高大河），再流经建水县曲溪镇入华宁县称华溪河，在盘溪镇三江口注入南盘江。曲江全长208千米，集水面积4 103平方千米。

市内有高原断陷湖泊抚仙湖、星云湖、杞麓湖和阳宗海。抚仙湖位于江川区、澄江县、华宁县之间。湖形似葫芦，北宽而深，南窄而浅，中间细长如颈，南北长31.5千米，东西最宽11.5千米，最窄处3千米，湖岸线长90.6千米，湖面水位海拔1 721米，面积212平方千米，容量205.5亿立方米，最大水深151.5米，平均水深87米，是云南省最深的湖泊，也是中国第二深水湖，总蓄水量比滇池大12倍，比洱海大6倍。

【气候概述】 2018年，玉溪市大部气温正常略偏高，降水正常略偏多，光照正常略偏少。全市平均降水量903.9毫米，比常年同期偏多1.6%。全市平均气温17.4℃，比常年偏高0.2℃。年内冬季阶段性低温天气明显，低温霜冻较常年略偏重；冬春干旱和初夏干旱较常年偏轻；大部县（区）5月降水略少至偏少，雨季开始期正常至偏早；主汛期大范围洪涝灾害不明显但局部暴雨洪涝灾害突出；夏季6月、8月和秋季9～10月阴雨寡照天气突出，大部县（区）达到秋季连阴雨标准；大部县（区）雨季结束期正常至偏早。年内水分条件和热量条件较好，光照条件略偏差。年内低温霜冻和“倒春寒”影响略重，干旱影响偏轻，水稻抽扬期无夏季低温影响，大部地区雨季开始期正常至偏早，夏、秋季“阴雨寡照”及局部暴雨洪涝突出。本年气候条件对湖泊和库塘蓄水、森林防火工作及交通、旅游较有利，对农业生产属中等略偏上年景。

气温　2018年年平均气温元江为24.2℃，新平17.5℃，其余各县（区）为16.2℃～16.7℃。与常年同期相比，澄江、江川偏高0.6℃～0.8℃，其余县（区）偏高0.0℃～0.3℃，总体属正常至略偏高年景。全市平均气温17.4℃，比常年偏高0.2℃。与2017年相比，澄江、通海、华宁持平，其余县（区）偏低0.1℃～0.3℃。

气温月、季变化　2018年，全市气温季节分布为冬季（2017年12月至2018年2月）和春季（3～5月）正常略偏高；夏季（6～8月）和秋季（9～11月）接近常年。全市各月平均气温与常年同期相比，2月、6月和10月偏低0.5℃～0.7℃，属正常略偏低年份；12月（2018年）偏高2.1℃，属特高年份；其余各月偏高0.0℃～0.8℃，属正常略偏高年份。年内冬季（2017年12月至2018年2月）阶段性低温天气明显，其中2017年12月20～22日受辐射降温影响，除元江外，其余8县（区）均出现低温霜冻天气；2018年1月9～13日及1月31日至2月7日受强冷空气影响，全市出现两次强寒潮天气过程，中东部地区出现小雪或低温冰冻，高海拔山区出现雾凇现象。2018年12月暖冬现象突出，除红塔区、元江外，其余7县（区）月平均气温均创1961年以来最高纪录，全市平均气温12.5℃，创1961年以来最高纪录。

降水　2018年，降水总量易门、元江、红塔区830～840毫米，新平1 046.9毫米，峨山946.5毫米，其余县（区）903～919毫米。与常年同期相比，红塔区偏少近1成，江川、新平偏多1成左右，其余县（区）接近常年。全市平均降水量903.9毫米，比常年同期偏多1.6%，属正常略多年景。与2017年相比，新平、峨山偏多16～25毫米，元江偏少63毫米，其余县（区）偏少101～344毫米。

 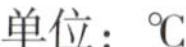

2018 年玉溪市平均气温（左）和气温距平（右）分布图

单位：℃

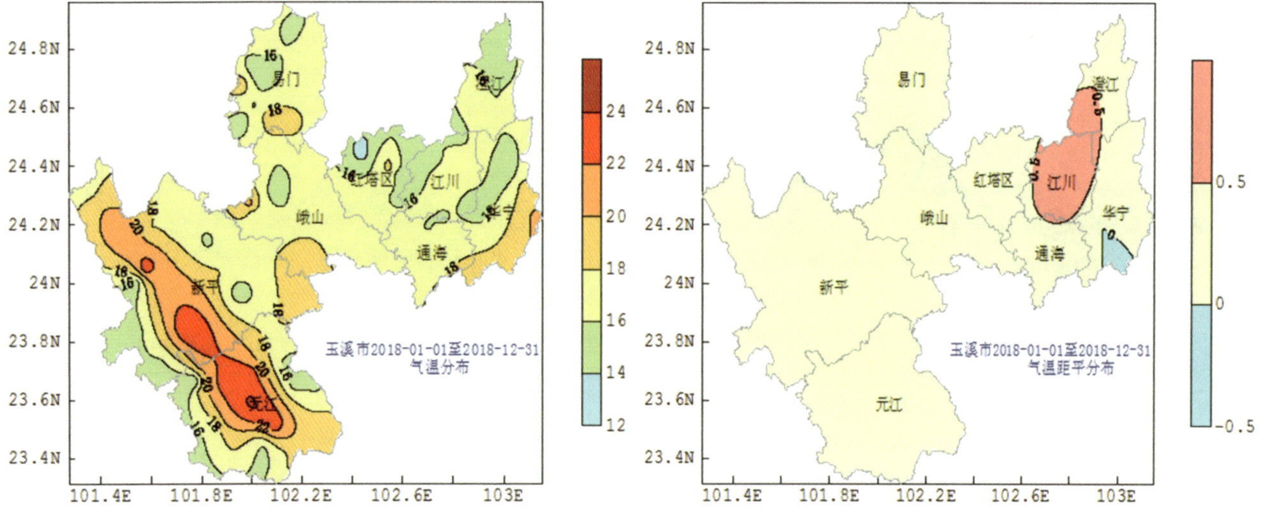

2018 年玉溪各县区平均气温表

气象要素	红塔区	江川	澄江	通海	华宁	易门	峨山	新平	元江
温度（℃）	16.4	16.7	16.6	16.2	16.3	16.6	16.3	17.5	24.2
比历年（±℃）	+0.1	+0.8	+0.6	+0.2	0.0	+0.1	+0.1	0.0	+0.3
比 2017 年（±℃）	−0.3	−0.2	0.0	0.0	0.0	−0.3	−0.2	−0.1	−0.1

2018 年全市平均气温逐月分布图

单位：℃

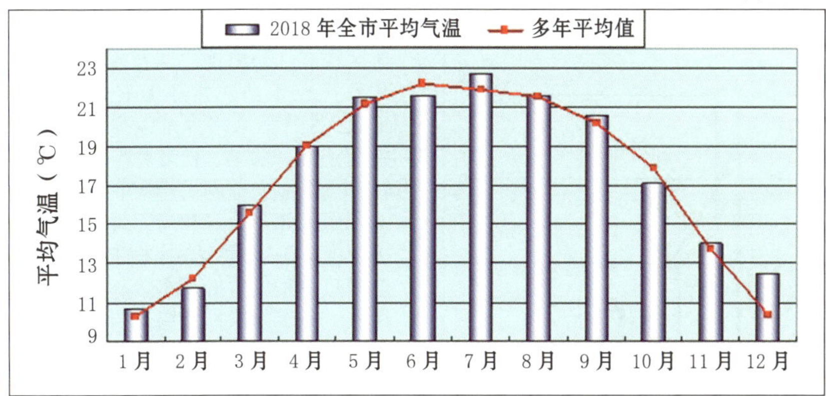

降水月、季分布　2018 年，全市降水季节分布为冬季（2017 年 12 月至 2018 年 2 月）偏少；春季（3 ~ 5 月）除易门和新平分别为偏多和特多外，其余大部地区正常至略偏少；夏季（6 ~ 8 月）大部地区正常略偏多；秋季（9 ~ 11 月）大部县（区）偏少。全市平均各月降水量与常年同期相比，1 月、3 月和 12 月特多，其中 1 月和 3 月比常年同期偏多 1 倍以上，12 月偏多 2 倍以上；6 月、8 月偏多 27% ~ 32%，属偏多年份；2 月和 11 月均偏少 97%，属特少年份；7 月偏少 45%，属偏少年份；5 月偏少 11%，属正常略少年份；4 月、9 月、10 月接近常年。降水绝对量以 7 月、11 月偏少和 6 月、8 月偏多明显。年内冬春气象干旱较常年偏轻；雨季开始期早晚不一，其中华宁、峨山、元江偏晚，新平特早，其余县（区）正常至偏早；主汛期无大范围严重洪涝灾害发生，但局部洪涝暴雨灾害突出，其中 6 月 8 ~ 9 日及 6 月 25 ~ 26 日的暴雨洪涝灾害影响较重；6 月和 8 月降水偏多，日照偏少，阴雨寡照突出；后汛期 9 月上、中旬和 10 月上、中旬出现秋季连阴雨天气；通海、江川、华宁雨季于 9 月中旬结束，属特早年份，澄江、元江于 11 月初结束，属偏晚至特晚年份，其余县（区）于 10 月中旬结束，属正常年份。

日照　2018 年，日照时数新平 2 321 小时，红塔区、华宁 1 830 ~ 1 918 小时，其余县（区）2 033 ~ 2 198 小时。与历年同期相比，红塔区、华宁偏少 9% ~ 12%，江川、元江偏少 4% ~ 5%，其余县（区）与常年同期接近。与 2017 年同期相比，红塔区、通海、峨山、元江偏多 33 ~ 57 小时，其余县（区）偏多 120 ~ 190 小时。

日照时数月、季分布　2018 年，全市日照时数季节分布为冬季（2017 年 12 月至 2018 年 2 月）略少；春季（3 ~ 5 月）正常略多；夏季（6 ~ 8 月）略少至偏少，其中江川、峨山、华宁、红塔区偏少 20% 以上；秋季（9 ~ 11 月）红塔区、澄江、华宁、元江正常略偏少，其余县（区）略偏多，大部地区比常年同期偏多 1 成左右。全市平均日照时数与常年同期相比，6 月偏少 4 成，8 ~ 10 月偏少 2 ~ 3 成，11 月偏多近 5 成，其余各月与常年同期基本接近。今年 6 月、8 月和 9 ~ 10 月阴雨寡照天气突出，其中 6 月全市平均日照仅为 87 小时，较常年同期偏少逾 4 成，为 1961 年以来同期第 3 少年份，江川创 1961 年以来同期最少记录；8 月上旬全市平均日照时数仅 19.1 小时，较常年同期偏少逾 6 成，为 1961 年以来同期第 2 少年份。

2018 年玉溪市降水量和降水距平百分率分布图

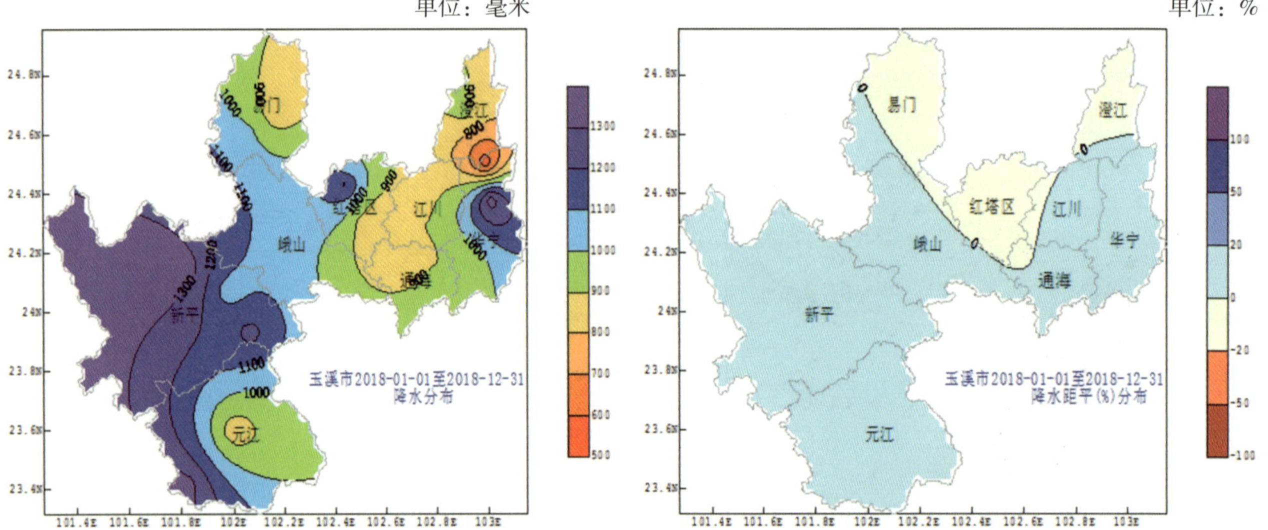

2018 年玉溪各县区降水总量表

气象要素	红塔区	江川	澄江	通海	华宁	易门	峨山	新平	元江
降水（mm）	838.4	909.0	918.9	903.6	908.3	830.4	946.5	1046.9	833.4
比历年（±%）	-7.8	+7.1	-0.8	+0.5	+1.1	-1.5	+2.3	+10.0	+3.6
比 2017 年（±mm）	-344.1	-100.5	-232.2	-326.0	-115.6	-150.9	+24.8	+15.6	-62.6

2018 年玉溪市平均降水量逐月分布图

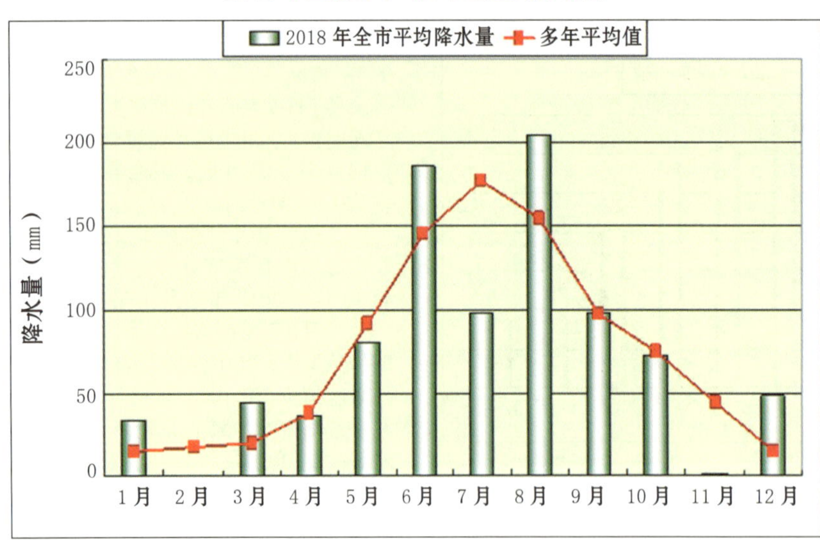

主要气候事件及影响

暴雨洪涝　2018 年汛期（5 ~ 10 月），全市 25 毫米以上的强降水天气为 58 站次（仅统计国家观测站），比常年同期平均值偏少 9 站次。大部县（区）6 月 9 ~ 10 日、14 ~ 15 日、25 ~ 26 日，7 月 14 ~ 15 日、25 ~ 26 日，8 月 3 ~ 5 日、8 日、11 ~ 12 日及 16 日，9 月 1 ~ 3 日和 6 ~ 7 日出现 11 次中到大雨局部暴雨天气，局部出现洪涝灾害。

冰雹、大风　年内冰雹、大风灾害主要出现在 3 ~ 4 月及 7 ~ 8 月，其中 7 月 21 ~ 25 日、8 月 15 ~ 16 日和 28 ~ 29 日影响范围较大。

低温霜冻　玉溪市 2017 ~ 2018 年冬季极端最低气温除新平、元江及华宁东南部在 0℃以上外，其余大部地区均在 0℃以下，大部地区为 -2℃ ~ -4℃，易门和红塔区局部高海拔山区达 -6℃ ~ -8℃。大部地区极端最低气温出现在 2017 年 12 月 21 日或 2018 年 2 月 3 日，中部以北地区出现不同程度低温霜冻灾害。

气候对农、水、林以及交通、旅游的影响

2018 年，我市大部气温正常略偏高，降水正常略偏多，光照条件较常年略偏差。年内冬季阶段性低温天气明显，低温霜冻较常年略偏重；大部地区在 2 月初出现“倒春寒”天气，冬春气象干旱较常年偏轻；大部县（区）5 月降水略少至偏少，雨季开始期正常至偏早，初夏干旱较常年偏轻；夏季无大范围洪涝灾害发生，但“阴雨寡照”天气和局部暴雨洪涝灾害突出。2018 年小春作物生长期间，全市热量条件较好，水分和光照条件稍差，冬季阶段性低温天气明显，对冬小麦等夏收作物抗寒锻炼有利，2 月上旬出现了一次强寒潮天气，农经作物不同程度受影响，其中正处于花荚期的粮油作物（蚕豆、油菜等）受灾较重。总体而言，小春作物气候适宜度为中等略偏上年景。2018 年全市大部县（区）雨季开始期正常至偏早，5 月上旬和下旬分别出现一次明显的降水天气过程，有利于水稻、玉米等大春作物及烤烟适时栽种。主汛期 6 月和 8 月降水偏多，阴雨寡照天气和局部暴雨洪涝灾害突出，对作物光合作用及产量、质量形成有一定影响。7 月降水特少，光、热条件丰厚，洪涝灾害偏轻，作物气象适宜度偏好。

2018 年玉溪市日照时数和日照距平百分率分布图

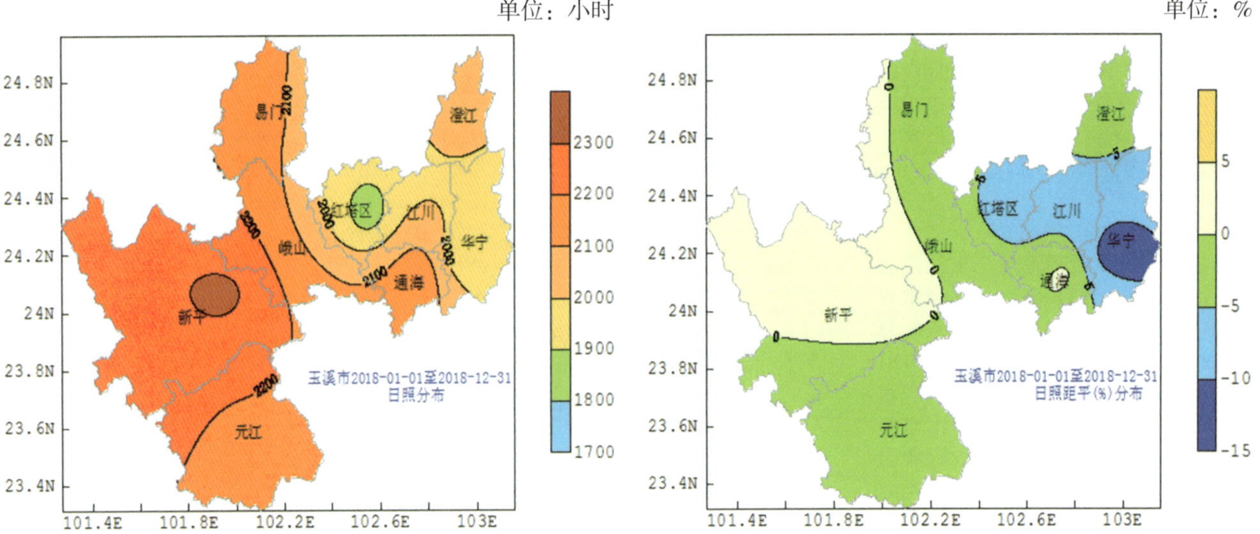

2018 年玉溪市各县区日照表

气象要素	红塔区	江川	澄江	通海	华宁	易门	峨山	新平	元江
日照（小时）	1 830	2 072	2 033	2 198	1 918	2 117	2 071	2 321	2 171
比历年（±%）	-9	-5	-2	1	-12	0	-1	3	-4
比 2017 年（± 小时）	+33	+120	+190	+53	+126	+154	+51	+141	+57

玉溪市 2018 平均日照时数逐月分布图

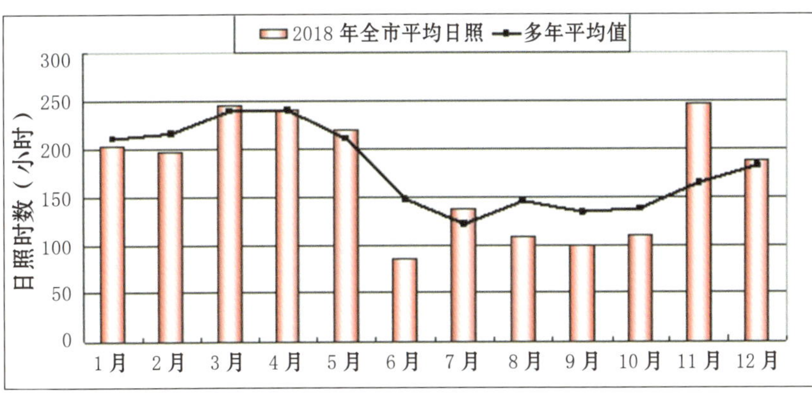

秋季 9 月上、中旬和 10 月上、中旬出现连续阴雨寡照天气，对大春作物成熟和收晒入库略有不利影响。2018 年大春气候适宜度总体为中等略好年景。全市气候条件对农业生产而言属中等略偏上年景。

2018 年，全市平均降水量 903.9 毫米，比常年同期偏多 1.6%，属正常略多年景。年内大部县（区）冬季降水偏少，春季正常略偏少，夏季正常略多，秋季偏少。2018 年干旱影响总体偏轻，汛期降水基本正常，秋季 9 月上中旬及 10 月上中旬出现两次连续阴雨天气过程，对夏、秋季蓄水较有利，总体而言，2018 年蓄水条件较好。

2018 年干季（1 ~ 4 月及 11 ~ 12 月），全市大部 1 ~ 4 月降水总量比常年同期偏多 1 ~ 4 成，新平偏多 1 倍，11 月特少，12 月特多。年头降水偏多，但降水相对集中，期间 1 月中旬至 3 月上旬降水持续偏少，2 月出现轻度气象干旱；年尾 11 ~ 12 月上旬降水特少，大部县（区）出现中到重旱。年内除 2 月中旬至 3 月上旬、4 月上旬至中旬、5 月中旬和 11 月上旬至 12 月上旬 4 个时段降水持续偏少而对森林防火不利外，其余时段降水过程较多，空气湿度较大，年内气候条件对森林防火总体有利。

2018 年，玉溪市大部降水正常略多，气温正常略高，冬季无明显冰冻雨雪灾害影响交通，春季气候适宜，有利于旅游，夏、秋季阴雨天气较多，对旅游略有不利影响。汛期内强对流天气引发的局部洪涝灾害突出，但大面积洪涝灾害不明显，除局地强降水引发山洪暴发造成部分道路堵塞、塌方外，基本未出现严重影响交通、旅游的天气、气候事件。年内“春节”“五一”“中秋”“国庆”等重大节假日天气较好，对交通旅游有利。本年气候条件对交通、旅游总体较有利。

（李林润）

自然资源

【森林资源】 2018 年，全市森林面积 86.03 万公顷，有林地面积 82.75 万公顷，森林覆盖率 57.48%；森林蓄积量 0.56 亿立方米；乔木林单位面积蓄积量 73.2 立方米 / 公顷。全市已建立各级自然保护区 13 个，面积 159.86 万亩，占国土总面积的 7.13%。市境内有国家级重点保护野生植物 31 种，其中，国家一级保护野生植物 5 种，国家二级重点保护野生植物 26 种。国家重点保护陆生野生动物 87 种，其中，一级保护陆生野生动物 13 种，二级保护陆生野生动物 74 种。

（飞俊鸿　吴建勇）

【湿地资源】 玉溪市湿地总面积64.6万亩，列全省第四位，占全市国土面积的2.88%。其中河流湿地12.4万亩，占湿地总面积的19.21%；湖泊湿地45.1万亩，占湿地总面积的69.79%；沼泽湿地0.08万亩，占湿地总面积的0.12%；人工湿地7万亩，占湿地总面积的10.88%。

（吴建勇）

【水资源】 水资源总量 玉溪市多年平均降雨量993.8毫米，折合水量148.53亿立方米；多年平均水资源总量42.64亿立方米（含地下水16.81亿立方米），平均每平方千米产水量28.56万立方米，2018年全市水资源量46.86亿立方米，人均水资源量1 992立方米。降水量时空分布不均，一年内干、湿两季分明，降水多集中在夏、秋季而形成雨季，雨季地表径流量占全年径流量的70% ~ 80%，元江流域的新平、元江两县的水资源较多，而珠江流域的红塔区、江川区、通海县、澄江县水资源较少。

水利工程蓄水动态 至2018年末，全市已累计建成水库592座，其中，中型16座，小（一）型100座，小（二）型476座，总库容7.56亿立方米；小坝塘2 077座；窖池304 877处。2018年年末，全市各类水利工程实蓄水量5.50亿立方米，比上年同期减少0.20亿立方米，减少3.4%，完成计划蓄水量的102%。其中，中型水库年末蓄水量2.68亿立方米，较上年同期减少0.12亿立方米；小（一）型水库年末蓄水量1.68亿立方米，较上年同期减少0.06亿立方米；小（二）型水库年末蓄水量0.82亿立方米，较上年同期减少0.02亿立方米；小坝塘年末蓄水量0.32亿立方米，较上年同期持平。

三湖蓄水动态 2018年年末境内三个高原湖泊（抚仙湖、星云湖、杞麓湖）年末总容水量206.71亿立方米，比上年同期增加0.08亿立方米。其中，星云湖比上年同期少蓄0.11亿立方米；抚仙湖比上年同期多蓄0.26亿立方米；杞麓湖比上年同期少蓄0.07亿立方米。

供用水量 2018年，全市河道外供水总量为9.05亿立方米，比上年增加5 407万立方米。其中地表水源供水量8.47亿立方米，占河道外供水量的93.6%；地下水源供水量0.40亿立方米，占河道外供水量的4.4%，其他水源（污水处理回用）供水量0.18亿立方米，占河道外供水量的2%。地表水源供水量中，蓄水工程供水量5.10亿立方米，占地表水源供水量的60.2%；引水工程供水量2.17亿立方米，占地表水源供水量的25.6%；提水工程供水量1.05亿立方米，占地表水源供水量的12.4%，其他（人工载运水量）供水量0.15亿立方米，占地表水源供水量的1.8%。

按供水用途分，2018年全市河道外用水量9.05亿立方米。其中生产用水量7.44亿立方米，占河道外用水量的82.2%；居民生活用水量1.20亿立方米，占13.3%；生态环境用水量0.42亿立方米，占4.6%。在生产用水量中，第一产业用水量6.01亿立方米，占生产用水的79.9%；第二产业用水量1.46亿立方米，占生产用水的19.4%；第三产业用水量0.05亿立方米，占生产用水的0.7%。

地表水水资源分布状况 主要河流有元江、南盘江两大水系，径流面积1.49万平方千米，其中元江流域径流面积9 524平方千米，珠江流域径流面积5 421.4平方千米。多年平均水资源量42.64亿立方米。其中，元江流域多年平均水资源量32.82亿立方米，珠江流域10.38亿立方米。

2018年，全市水资源总量46.86亿立方米，其中，元江流域36.25亿立方米，珠江流域10.61亿立方米。

玉溪出境断面以上元江控制径流面积2.31万平方千米，多年平均年径流量58.75亿立方米。玉溪境内全长165千米，主要支流有绿汁江、清水河、小河底河、扒河等80多条，全长360千米。

玉溪出境断面以上南盘江控制径流面积1.40万平方千米，多年平均年径流量31.57亿立方米。主要支流有曲江、海口河、青龙河等17条主要河流，全长292千米。

主要湖泊有抚仙湖、星云湖、杞麓湖。抚仙湖位于江川区、澄江县和华宁县三县之间，径流区面积674.69平方千米，当湖面高程为1 723.35米时，水域面积约216.6平方千米，湖长约31.4千米，湖最宽处约11.8千米，湖岸线总长约100.8千米；最大水深158.9米，平均水深95.2米，相应湖容水量约206.2亿立方米，其蓄水量占云南省九大高原湖泊蓄水总量的68.3%，占全国淡水湖泊蓄水总量的9.16%，为I类水质。

星云湖位于江川区境内，湖面积34.3平方千米，水深4 ~ 10米，平均水深6米，湖容量2.10亿立方米，多年平均入湖量8 191万立方米，2018年为劣V类水质。

杞麓湖位于通海县境内，湖面积37.3平方千米，最深水深6.5米，平均水深4.5米，湖容量1.78亿立方米。多年平均入湖量8 710万立方米，2018年为V类水质。

河流湖泊的水质，除曲江流经红塔区、峨山段和星云湖、杞麓湖已被污染外，其他河流湖泊的水质基本达标。全市省级以上（含省级）水功能区达标率73.3%。

地下水资源分布状况 珠江流域各县岩溶地区地下水出露形成泉水较多，珠江流域的红塔区、江川区、通海县、华宁县、澄江县等五县（区）以及峨山县的珠江流域部分，出露流量在0.01立方米每秒以上的就有150处，其中华宁县最多，有53处。较大的泉水有红塔区的九龙池、华宁县的王马大龙潭、盘溪大寨大龙潭、澄江县的西龙潭、峨山县的大龙潭以及易门县的大龙泉等。元江流域各县的泉水则较少，但由于河床切割较深，降水渗入到地下的水量绝大部分又汇入河道，特别是哀牢山地区，地下水的动储量较为丰富。地下水较为丰富的县为新平、元江，较少的为通海县。

地下水无大的污染现象，几个大的泉水如澄江县的西龙潭、华宁县的盘溪大龙潭、王马大龙潭、易门县的大龙泉水质都很好。

入出境水量 主要过境河流有元江、南盘江、小河底河，2018年从邻近地区（含南盘江干流）入境的水量为68.36亿立方米，流出本市的出境水量为27.01亿立方米。其中，南盘江流域入境水量17.59亿立方米，出境水量32.88亿立方米；元江流域入境水量9.42亿立方米，出境水量35.48亿立方米。

各区县水资源分布情况

红塔区：多年平均水资源总量即地表水2.38亿立方米（含地下水0.85亿立方米），2018年水资源量2.46亿立方米（含地下水0.79亿立方米），人均占有量479立方米。主要河流有州大河、红旗河、西河、密罗河、龙潭河、清水河、甸苴河、干沟河等。主要水库有东风水库、飞井海水库、红旗水库等，东风水库总库容为9 060万立方米，是红塔区生产、生活的主要水源。较大的泉水有九龙池、黑龙潭、白龙潭等。其中九龙池的多年平均出流量为1.13立方米/秒。

江川区：多年平均水资源总量即地表水0.98亿立方米（含地下水0.74亿立方米）。2018年水资源量1.32亿立方米（含地下水0.95亿立方米），人均占有量457立方米。境内有星云湖，与澄江、华宁共有抚仙湖，有季节性河流16条。中型水库有茶尔山水库。

澄江县：多年平均水资源总量即地表水1.45亿立方米（含地下水0.72亿立方米）。2018年水资源量1.41亿立方米（含地下水0.63亿立方米），人均占有量822立方米。境内河流短小，以湖泊为主。湖泊有抚仙湖、阳宗海。海口河为抚仙湖至南盘江的唯一出口，年平均出流量0.95亿立方米。自2008年实施抚仙湖星云湖出流改道工程以来，抚仙湖出口海口闸基本全年关闭，几乎无出流。重要水库有梁王河、东大河两座中型水库。地下水比较丰富，其中西龙潭年出流量为3 500.5立方米，最大出水量2.82立方米/秒，最小出流量0.49立方米/秒，是县城凤麓镇和龙街镇的生产、生活用水水源。

通海县：多年平均水资源总量即地表水0.97亿立方米（含地下水0.41亿立方米）。2018年水资源量1.15亿立方米（含地下水0.46亿立方米），人均占有量371立方米。杞麓湖是县内的主要湖泊，沿湖有中河、碧溪、大兴河等10多条季节性河流汇入。境内最大的河流为曲江。曲江常受上游东风水库蓄泄水量的影响，多年平均流量16立方米/秒。

华宁县：多年平均水资源总量即地表水3.36亿立方米（含地下水1.10亿立方米）。2018年水资源量3.05亿立方米（含地下水0.82亿立方米），人均占有量1 380立方米。与澄江、江川共有抚仙湖，主要河流有5条，分别为南盘江、曲江、华溪河、青龙河、龙洞河、小红河。泉水有大龙潭泉水，最大出流量为5.2立方米/秒。

易门县：多年平均水资源总量即地表水2.33亿立方米（含地下水0.81亿立方米）。2018年水资源量3.05亿立方米（含地下水0.98亿立方米），人均占有量1 843立方米。主要河流有绿汁江及其支流扒河。扒河集水面积1 531平方千米，年平均产水3.15亿立方米。绿汁江县内集水面积560.6平方千米，年平均流量28立方米/秒，多年平均产水1.15亿立方米。2018年扒河阿姑水文站断面年平均流量4.57立方米/秒，最大流量83.4立方米/秒，最小流量0.30立方米/秒，重要水库有岔河，大谷厂、苗茂等三座中型水库。

峨山县：多年平均水资源总量即地表水3.79亿立方米（含地下水1.35亿立方米）。2018年水资源量4.01亿立方米（含地下水1.36亿立方米），人均占有量2 351立方米。县内有大小河流24条，分属红河、珠江水系，属珠江水系的有猊江（上游为州大河），属红河水系的有化念河、绿汁江。2018年峨山大河峨山水文站控制断面平均流量10.9立方米/秒，最大流量92立方米/秒，最小流量1.12立方米/秒。绿汁江多年平均径流量0.64亿立方米；2018年绿汁江江边水文站断面平均流量24.9立方米/秒，最大流量220立方米/秒，最小流量3.32立方米/秒，化念河多年平均径流量1 462亿立方米。全县蓄水工程平水年可供水量4 261万立方米，重要水库有化念水库，库容1 836万立方米。

新平县：多年平均水资源总量即地表水17.67亿立方米（含地下水7.23亿立方米）。2018年水资源量18亿立方米（含地下水7.91亿立方米），人均占有量6 152立方米。主要河流有戛洒江（元江上游）和平甸河。2018年戛洒江最大流量319立方米/秒，最小流量3.88立方米/秒；平甸河大开门水文站控制断面平均流量4.62立方米/秒，最大流量86.2立方米/秒，最小流量0.38立方米/秒。全县蓄水工程总库容1.10亿立方米。中型水库有黄草坝、平甸河两座，总库容4 720万立方米。

元江县：多年平均水资源总量即地表水9.70亿立方米（含地下水3.60亿立方米）。2018年水资源量12.41亿立方米（含地下水4.67亿立方米），人均占有量5 694立方米。2018年元江干流元江水文站控制断面平均流量125立方米/秒，最大流量724立方米/秒，最小流量20.1立方米/秒；清水河最大流量390立方米/秒，最小流量0.49立方米/秒；小河底河最大流量1 400立方米/秒，最小流量1.67立方米/秒；主要河流有元江（红河）及其支流清水河、小河底河、磨房河等27条。主要中型水库有章巴水库、磨房河水库、街子河水库等。其中章巴水库库容2 300万立方米，是县城的生产、生活用水水源。

建置区划

【历史沿革】 玉溪市辖地，两汉分属益州、牂牁两郡。蜀汉分属益州、牂牁、兴古三郡。东晋、南朝分属晋宁、建宁、梁水、兴古四郡。隋属昆州。唐初分属黎、钩二州。唐南诏时分属拓东节度、通海都督、银生节度。宋大理时分为37部及善阐府、银生节度地。元设云南行省时，分属澄江路、临安路、元江路、中庆路。明时，澄江路改澄江府，通海、华宁、峨山县属临安府，新设新平县隶临安府，易门县属云南府，元江县设元江军民府。清时，新平县属元江直隶州，其余沿明制。民国废府、州，设道，属滇中道、蒙自道、普洱道，后撤道，县直属省。民国后期曾在新平县设第六行政督察专员公署。

新中国成立后，1950年1月1日成立滇中专员公署，3月改称玉溪专员公署，辖玉溪、昆阳、晋宁、呈贡、澄江、江川、华宁、通海、河西、峨山、易门、新平12个县。1951年，峨山县改为峨山彝族自治区。1954年，原属蒙自专区的元江县划属玉溪专区。1956年，峨山彝族自治区改为自治县。1960年，晋宁县（包括昆阳、呈贡）划属昆明市。1970年12月，新平县改设新平彝族傣族自治县，元江县改设元江哈尼族彝族傣族自治县。1983年8月，玉溪县改设玉溪市（县级）。1997年12月13日，经国务院批准，撤销玉溪地区，设立地级玉溪市，原县级玉溪市改设红塔区，1998年6月28日，新设立的市级领导机关挂牌工作。玉溪市下辖红塔区、江川区、澄江县、通海县、华宁县、易门县、峨山彝族自治县、新平彝族傣族自治县、元江哈尼族彝族傣族自治县。2015年12月3日，经国务院批准，撤销江川县，设立江川区。

【行政区划】 2018年，全市下辖七县两区，共设75个乡（镇、街道），其中街道24个、镇25个、乡26个（含10个民族乡）、社区280个、行政村429个。红塔区辖9个街道、2个乡、94个社区、10个行政村。江川区辖1个街道、4个镇、1个乡、1个民族乡、21个社区、53个行政村。澄江县辖2个街道、4个镇、25个社区、15个行政村。通海县辖2个街道、4个镇、3

个民族乡、27 个社区、49 个行政村。华宁县辖 1 个街道、3 个镇、1 个民族乡、23 个社区、54 个行政村。易门县辖 2 个街道、1 个镇、1 个乡、3 个民族乡、19 个社区、39 个行政村。峨山县辖 2 个街道、3 个镇、3 个乡、21 个社区、55 个行政村。新平县辖 2 个街道、4 个镇、6 个乡、26 个社区、97 个行政村。元江县辖 3 个街道、2 个镇、5 个乡、24 个社区、57 个行政村。

（史　丽）

人口与民族

【人口统计】 常住人口　2018 年年底，全市常住人口 238.6 万人，与上年年末相比，增加 0.5 万人，增长 0.21%。2018 年，全市出生人口 2.93 万人，比上年增加 0.03 万人，出生率 12.26‰，比上年提高 0.1 个千分点；死亡人口 1.47 万人，死亡率 6.18‰；自然增长数 1.46 万人，比上年增加 0.03 万人，自然增长率为 6.08‰，比上年提高 0.09 个千分点。

户籍人口　2018 年年底，全市户籍人口 220.25 万人，与上年年末数相比，增长 1.26 万人，增长 0.57%；总户数 799 491 户，比上年增加 6 180 户，平均每户 2.75 人。在户籍人口中：男性为 1 107 624 人，占 50.29%；女性 1 094 881 人，占 49.71%；城镇人口 878 884 人，占总人口的 39.90%，乡村人口 1 323 621 人，占总人口的 60.10%。

分年龄段人口情况　0 ~ 17 岁下 425 572 人，比上年减少 4 189 人，占 19.32%；18 ~ 34 岁 542 892 人，比上年增加 3 384 人，占 25%；35 ~ 59 岁 868 195 人，比上年增加 9 960 人，占 39.42%；60 岁以上 365 846 人，比上年增加 3 400 人，占 16.61%。

【民　族】 2018 年年末，全市有人口超过 5 000 人的民族 9 个，其中，汉族 1 436 174，占总人口的 65.21%，比上年增加 5 456 人，增长 0.38%；少数民族人口 766 331，占总人口的 34.79%，比上年增加 7 099 人，增长 0.94%。少数民族中：彝族 468 810 人，占总人口的 21.29%；哈尼族 133 145 人，占总人口的 6.05%；傣族 77 332 人，占总人口的 3.51%；回族 44 872 人，占总人口的 2.04%；白族 11 930 人，占总人口的 0.54%；苗族 8 852 人，占总人口的 0.4%；蒙古族 7 820 人，占总人口的 0.36%；拉祜族 7 778 人，占总人口的 0.35%；其他民族 5 792 人，占总人口的 0.26%。

国民经济与社会发展

【生产总值】 2018 年，全市完成现价生产总值（GDP）1 493 亿元，按可比价格计算增长 8.9%。分产业看，第一产业增加值 149.5 亿元，增长 6.4%；第二产业增加值 766.4 亿元，增长 9.4%；第三产业增加值 577.2 亿元，增长 8.7%。三次产业结构由上年的 10 ∶ 51.6 ∶ 38.4 调整为 10 ∶ 51.3 ∶ 38.7，一、二、三产业分别拉动 GDP 增长 0.6、5、3.3 个百分点，对经济增长的贡献率分别为 7%、56.2%、36.8%。全市人均生产总值达到 62 641 元，按可比价格计算增长 8.6%。非公经济实现增加值 552.5 亿元，增长 10.4%，占全市生产总值比重为 37.0%，比上年提高 0.6 个百分点，拉动全市经济增长 3.8 个百分点，对全市经济增长贡献率 42.5%。第二产业非公经济增加值对 GDP 增长的贡献率 22.5%，其中工业贡献率 14%，建筑业贡献率 8.6%。第三产业非公经济增加值对 GDP 增长的贡献率 18.1%，其中其他服务业贡献率 7.7%，批发和零售业贡献率 4.7%。

【财政收支】 2018 年，全市一般公共预算收入 142.5 亿元，增长 3.8%，其中增值税完成 55.5 亿元，增长 13.2%；企业所得税完成 5.9 亿元，增长 7.8%；城市维护建设税完成 18.7 亿元，增长 13.3%。

各县区一般公共预算收入完成情况：红塔区 17.9 亿元，增长 7.9%；江川区 7.8 亿元，增长 10.3%；澄江县 9.5 亿元，增长 8.6%；通海县 5.2 亿元，下降 7.7%；华宁县 4.4 亿元，增长 4.4%；易门县 6.4 亿元，增长 6.1%；峨山县 4.5 亿元，增长 3.3%；新平县 13.4 亿元，增长 6.1%；元江县 4.4 亿元，下降 10.6%。

2018 年，全市一般公共预算支出 277.7 亿元，增长 5.9%，其中教育支出 44.8 亿元，下降 7.3%；社会保障和就业支出 38.3 亿元，增长 13.9%；医疗卫生与计划生育支出 27.7 亿元，增长 2.7%。

【市场物价】 2018 年，全市居民消费价格比上年上涨 1.8%。分类别看，居民消费八大类商品及服务价格呈现“七涨一降”的运行态势。食品烟酒类价格上涨 1.8%，其中粮食类价格上涨 0.2%，畜肉类价格下降 7%，鲜菜类价格上涨 9.5%，鲜瓜果类价格上涨 8%；衣着类价格下降 0.4%；居住类价格上涨 3%；生活用品及服务类价格上涨 0.5%；交通和通信类价格上涨 1.8%；教育文化和娱乐类价格上涨 0.7%；医疗保健类价格上涨 4.1%；其他用品和服务类价格上涨 0.6%。

2018 年，全市商品零售价格上涨 2.1%；农业生产资料价格上涨 4%；工业生产者出厂价格上涨 4%；购进价格上涨 3.7%。

【农　业】 2018 年，全市实现农、林、牧、渔业增加值 151.3 亿元，按可比价格计算增长 6.4%，其中农业（种植业）增加值 108.8 亿元，增长 7%；林业增加值 4.2 亿元，增长 3.1%；牧业增加值 34.3 亿元，增长 5.2%；渔业增加值 2.1 亿元，增长 3.7%；农林牧渔服务业增加值 1.8 亿元，增长 7.2%。

2018 年，全市粮食总产量 6.02 亿千克，增长 1.3%；烤烟总产量 7 990 万千克，增长 6.1%；油料产量 3 608 万千克，增长 13.3%；园林水果产量 9.59 亿千克，增长 19%；甘蔗产量 6.78 亿千克，增长 3.8%；蔬菜产量 26.80 亿千克，增长 11.6%；核桃产量 1 730 万千克，增长 28.1%。

2018 年，全市肉蛋奶总产量 27.1 万吨，增长 8.7%，其中肉类产量 19.9 万吨，增长 7.9%；禽蛋产量 6.4 万吨，增长 12.7%；奶类产量 0.77 万吨，增长 1.1%。水产品产量 1.7 万吨，增长 0.2%。

【工　业】 2018 年，全市完成全部工业增加值 680.1 亿元，按可比价格计算增长 8.2%，拉动 GDP 增长 4 个百分点，对经济增长的贡献率为 45.2%。2018 年全市规模以上工业企业 421 户，主营业务收入 1 538.5 亿元，增长 12.4%，增加值增长 8.1%。分轻重工业看：轻工业增加值下降 0.3%，其中烟草制品业增长 1.1%；重工业增加值增长 33.6%，其中黑色金属矿采选业增长 23.3%，黑色金属冶炼及压延加工业增长 32.3%，有色金属矿采选业增长 18.9%，有色金属冶炼及压延加工业增长 32.7%。

部分工业产品产量增长较快，其中增幅最高的是磷酸增长49%，其次是硫酸增长28.6%，其余依次是纸制品增长25.8%、生铁增长23%、变压器增长21.1%。

【建筑业】 2018年，全市建筑业完成增加值86.9亿元，按可比价格计算增长22.7%。全市联网直报资质以上建筑施工企业213户，资质建筑企业期末人数71 954人，其中工程技术人员13 097人，比重为18.2%。资质以上建筑企业房屋施工面积1 077万平方米，增长39.6%；房屋竣工面积576.4万平方米，下降8.7%。

【固定资产投资】 2018年，全市固定资产投资增长11.3%，其中第一产业投资增长99.1%，第二产业投资增长15.3%，第三产业投资增长6%。

从主要行业看，工业投资增长15.3%，交通运输、仓储和邮政业投资增长15.7%，房地产业投资增长24.5%。

【国内贸易和对外经济】 2018年，全市实现社会消费品零售总额392.5亿元，增长12%。从销售地区看：城镇实现消费品零售额329.7亿元，增长12%；乡村实现62.8亿元，增长11.9%。从消费形态看：餐饮收入实现66.7亿元，增长11.9%；商品零售实现325.8亿元，增长12%。

2018年，全市完成外贸自营进出口总额18.37亿美元，下降12.6%，其中出口17.96亿美元，下降13%；进口4 049万美元，增长8.1%。分企业类型看：153户国有集体民营企业完成出口17.77亿万美元，下降12.4%；8户外商投资企业完成出口1 888万美元，下降44.2%。2018年自营出口商品中，金额达180万美元以上的商品有37种，累计出口额17.67亿美元，占全市出口总额的98.4%。

2018年，全市共实施市外国内资金项目812个，引进市外国内资金1 023.5亿元，增长12%，其中引进省外资金886.5亿元，增长21%。实际使用外资495.6万美元，下降56%。新批准设立外商投资企业3户，合同外资金额454万美元。

【交通运输、邮电业和旅游】 2018年，全市交通运输、仓储及邮政业实现增加值22.5亿元，增长11.7%。公路建设成效明显，客货运输发展平稳，全市公路通车总里程1.71万千米，其中高速公路90.4千米、一级公路107.5千米，高级、次高级路面占全市公路总里程的44.6%；全市公路运输客运量完成1 680万人，下降16.5%，旅客运输周转量117 922万人千米，下降12.7%；全市公路运输货运量完成1.27亿吨，增长11.2%，货物运输周转量211.39亿吨千米，增长15.9%。

2018年，全市拥有机动车89.8万辆，其中汽车43.5万辆，汽车中载客汽车35.5万辆（轿车19.4万辆），载货汽车7.8万辆（普通载货汽车7.6万辆），其他汽车2 438辆；摩托车45.9万辆；挂车4 404辆。

2018年，全市互联网出口总带宽2 360GB，移动数据量1.11万TB，全市固定电话用户9.7万户，移动电话用户247.1万户。互联网宽带用户56.7万户，其中，农村宽带用户26.7万户，城市宽带用户29.8万户。

2018年，全市接待游客4 290.9万人次，增长19.8%；旅游总收入368.3亿元，增长30.1%。年末，全市拥有星级饭店24家；国际国内旅行社39家；国家级A级以上景区20个，其中AAAA级5个；全国工业旅游示范点1个。

【金融和保险业】 2018年，全市金融业实现增加值87.4亿元，增长5%。年末金融机构人民币各项存款余额1 847.4亿元，比上年增加128亿元，增长7.4%，其中住户存款余额876亿元，增长6.2%。全市金融机构人民币各项贷款余额1 142.5亿元，增加145.7亿元，增长14.6%。存贷比61.8%，比上年提高3.8个百分点。

2018年，玉溪市共有产险公司15家、寿险公司11家，代理公司3家。全市实现保费收入44.8亿元，增长9.1%，其中财产险保费收入19亿元，增长9.2%；人寿险保费收入25.8亿元，增长9%。全市赔款支出14.3亿元，赔付（给付）率为31.9%，其中财产险业务支付赔款9.1亿元，赔付率47.9%；人寿险业务给付赔款5.2亿元，给付率20.2%。

【教育和科学技术】 2018年，全市有大专院校2所，招生5 204人，增长8.1%；在校学生16 799人，增长4%；毕业生4 358人，增长4%。普通中专学校3所，招生2 515人，增长5.7%；在校学生7 973人，增长4.7%；毕业生2 473人，下降1.8%。职业高中9所，招生5 480人，下降6.6%；在校学生15 172人，增长0.3%；毕业生4 645人，下降2.9%。普通高中22所，招生13 625人，增长1.1%；在校学生38 942人，增长1.1%；毕业生12 289人，增长0.8%。初中85所，招生24 503人，下降8.8%；在校生78 066人，下降5.5%；毕业生28 307人，下降1.5%。普通小学510所，招生24 558人，增长2.4%；在校生142 540人，下降1%；毕业生25 220人，下降8.5%。幼儿园（含学前班）在园幼儿6.4万人。小学学龄儿童入学率99.96%。学前三年儿童毛入园率87.7%。

2018年，全市共投入“三免一补”资金2.93亿元，全市义务教育阶段学生共8.6万人享受生活补助，小学生补助标准1 000元/生/年，初中生补助标准1 250元/生/年。中等职中与普通高中招生比例0.8 ∶ 1。

2018年，全市实施国家和省各类科技计划项目193项，获国家、省奖励的科技成果项目14项，向市级申报科技项目171项，其中一等奖0项、二等奖3项、三等奖11项。申报专利1 908件，批准（授权）专利1 228件。

【文化、卫生和体育】 2018年年末，全市共有文化馆10个，公共图书馆10个，乡镇综合文化站75个；国家级文物保护单位6项，省级27项，市级75项，县级167项；被列入国家级“非遗”名录项目6个，省级40个，市级166个，县级320个。全市有文化经营单位863家，其中娱乐场所478家，网吧364家；出版物经营单位222家，印刷企业128家，基本形成发展速度快、场所分布广、门类品种全，集欣赏娱乐、健身休闲为一体的文化娱乐产业。惠民演出1 000余场，观众130余万人次；放映农村公益电影3 300场，观众29.6万人；新购5.6万册图书配送694个农家书屋。提升“村村通”“户户通”无线数字化覆盖区域，全市广播电视综合覆盖率达99%，稳居全省前列。

2018年，全市共有卫生机构1 424个，其中医院71个；医疗卫生机构实有床位数1.36万张；卫生技术人员17 966人，其中执业（助理）医师6 074人。疾病预防控制机构10个，卫生技术人员470人；妇幼保健院（所、站）10个，卫生技术人员 768 人。传染病发病率为 119.90/10 万，全年发现艾滋病感染者随访管理率 98.3%。推进家庭医生签约服务，全市签约 97.7 万人，重点人群签约 67.5 万人，实现建档立卡贫困人口应签尽签。

2018 年，全市稳步提高城镇职工医疗保障水平，参保职工最高支付限额达到 25 万元。全市城乡居民筹资标准为 683 元，其中各级财政补助 503 元（中央财政补助 356 元，省级财政补助 67 元，市县区补助 80 元），个人缴费 180 元。

城镇职工医疗保险参保 27 万人，城乡居民医疗保险参保 185.8 万人，共计参保 212.8 万人，参保城镇职工就医 635 万人次，统筹基金支付 70 468 万元。参保城乡居民就医 809 万人次，统筹基金支付 13.56 亿元。

积极参加冬奥会跨界跨项跨季选材工作，其中 2 名运动员入选“钢架雪车”国家集训队。第十五届省运会玉溪代表团的 393 名运动健儿为玉溪赢得了荣誉，青少年组取得 46.5 枚金牌、65 枚银牌和 61 枚铜牌的成绩，金牌榜位列全省第四，团体总分位列第二。大众组代表团 104 名运动员参加 6 个大项 51 个小项的角逐，获团体总分 318 分（金牌 13 枚，银牌 10 枚，铜牌 13 枚），总分和金牌数列第 3 名，并获得体育道德风尚奖，圆满完成参赛任务。

【城市建设和生态环境】 至 2018 年，城市建成区面积 75.5 平方千米，城市污水处理率 94.75%，城市生活垃圾处理率 98.87%，建成区绿化覆盖面积 2 908.4 公顷，建成区绿化覆盖率 33.6%。建成区园林绿地面积 2 542.9 公顷，其中公园绿地面积 813.1 公顷，人均公园绿地面积 11.2 平方米。

2018 年，全市县域内 16 个集中式饮用水源地水质达标率保持 100%，全市水功能区国控、省控达标率 80.3%，中心城区环境空气质量优良率达到 99.7%，实现县级城镇环境空气质量自动监测系统全覆盖。全面落实河（湖）长制，设立 96 名市县级河长，323 名乡级河长，424 名村级河长，推进水生态文明建设，打造河湖生态美景。农产品质量安全例行监测总体抽检合格率保持在 98% 以上；新认证“三品一标”农产品 60 个，累计 203 个；新增云南名牌农产品 7 个，累计 27 个，加快建设农产品质量安全追溯平台。

2018 年，全市规模以上工业能源消费量 834.3 万吨标准煤（等价热值，下同），增长 9.8%。采矿业能源消费量 36 万吨标准煤，下降 9.4%，占规模以上工业能源消费量的比重 4.3%。制造业能源消费量 776.3 万吨标准煤，增长 10.9%，比重 93.1%，其中黑色金属冶炼和压延加工业能源消费量 433.3 万吨标准煤，增长 23.7%，比重 51.9%；非金属矿物制品业能源消费量 160 万吨标准煤，增长 4.7%，比重 19.2%。电力、热力生产和供应业能源消费量 22.1 万吨标准煤，增长 9.7%，比重 2.6%。规模以上工业电力消费量为 94.1 亿千瓦时，增长 2.7%（以上消费量是终端消费量）。

【劳动就业、社会保障和安全生产】 2018 年，全市城镇新增就业人员 3 万人，帮助 0.8 万名就业困难人员实现就业，城镇下岗失业人员再就业 1 万人，开发公益性岗位 5 002 个。全市农村劳动力转移培训 18.5 万人次、新增农村劳动力转移就业 13 万人、省外转移就业 6.5 万人次，城镇登记失业率 3.2%。

全市新增发放创业担保贷款 10.2 亿元，创业担保贷款扶持创业 5 469 人，扶持小微企业 74 户，“贷免扶补”扶持创业 3 452 人。

全市参加基本养老保险 154.6 万人，其中参加城镇职工基本养老保险 33.2 万人；参加城乡居民基本养老保险 121.4 万人；参加基本医疗保险 212.8 万人；参加失业保险 16.6 万人；参加工伤保险 25.6 万人；参加生育保险 20.7 万人。

城镇职工基本养老保险基金征缴收入 36.3 亿元，其中企业为 21.1 亿元，机关事业单位为 15.2 亿元；城镇职工基本医疗保险基金征缴收入 13.4 亿元，失业保险基金征缴收入 1 亿元，工伤保险基金征缴收入 1.1 亿元，生育保险基金征缴收入 1.2 亿元；全市农村劳动力培训 18.5 万人次，新增农村劳动力转移就业 13 万人，其中转移到省外就业 6.5 万人次、新增高技能人才 3 835 人，企业劳动合同签订率 97%，劳动人事争议仲裁结案率 99.3%，劳动人事争议调解成功率 73%，劳动保障监察举报投诉案件结案 25 件，按期结案率 100%，社会保障卡持卡人数 212.6 万人。

2018 年，全市共发生各类生产安全伤亡事故 56 起、死亡 58 人，其中生产经营性道路交通事故死亡 21 人；工矿商贸事故死亡 30 人；其他事故死亡 7 人。发生一次死亡 3 ~ 9 人（含 3 人）较大生产安全事故 2 起，死亡 9 人；连续 16 年杜绝一次死亡 10 人以上的重特大事故。

【人民生活】 2018 年，全市在岗职工平均工资 7.89 万元，比上年增加 9 698 元，增长 13.8%。城镇常住居民人均可支配收入 3.77 万元，比上年增加 2 770 元，增长 7.9%；城市常住居民（红塔区）人均可支配收入 3.91 万元，比上年增加 3 061 元，增长 8.5%。农村常住居民人均可支配收入 1.43 万元，比上年增加 1 207 元，增长 9.2%。

（何　洋）

机构及负责人

市直单位正副职名录

中共玉溪市委

书　记　罗应光
副书记　张德华
　　　　保明顺
常　委　罗应光
　　　　张德华
　　　　保明顺
　　　　明正彬
　　　　王　力（2018.03 离任）
　　　　晏　森（2018.03 离任）
　　　　景　绚（2018.03 任）
　　　　柳文炜（2018.03 任）
　　　　杨兴荣
　　　　金志达
　　　　张小良
　　　　孟凡兵
　　　　王志新
　　　　尚建华（挂职，2018.03 离任）
　　　　田　川（挂职）
　　　　胡春雨（挂职，2018.03 任）
秘书长　王志新
副秘书长　张亚辉（2018.01 离任）
　　　　陈川铭（2018.01 任）
　　　　吕　伟
　　　　余　莉（2018.11 离任）
　　　　罗绍国
　　　　孔令斌（2018.11 离任）
　　　　张　丽（2018.12 任）
　　　　李　德
　　　　邓　皓（2018.01 离任）
　　　　沐洪胜（2018.03 离任）
　　　　杨文钦
　　　　王　鹏（2018.01 任）
　　　　张国华（2018.12 任）

中共玉溪市纪律检查委员会（市监察委员会）

书　记　孟凡兵
副书记　张　伟
　　　　蒋光厚
　　　　陈世雄
常　委　孟凡兵
　　　　张　伟
　　　　蒋光厚
　　　　陈世雄
　　　　王　辉（2018.01 离任）
　　　　金家辉（2018.01 任）
　　　　解永辉（2018.12 离任）
　　　　施纯律
　　　　杨　红
　　　　叶永发（2018.01 任）
　　　　李文山（2018.01 任）
主　任　孟凡兵（2018.02 任）
副主任　张　伟（2018.02 任）
　　　　蒋光厚（2018.02 任）
　　　　陈世雄（2018.02 任）
委　员　龚德武（2018.02 任）
　　　　吕玉雄（2018.02 任）
　　　　金家辉（2018.02 任）
　　　　李学祥（2018.02 任）
　　　　叶永发（2018.02 任）

办公室
　主　任　叶永发
组织部
　部　长　施纯律
宣传部
　部　长　杨　红
案件审理室
　主　任　杨涓涓
信访室
　主　任　张建波
第二纪检监察审查室
　主　任　高　勇（2018.07 任）
第五纪检监察审查室
　主　任　郑　翔（2018.07 任）
第六纪检监察审查室
　主　任　赵　旭（2018.07 任）
党风政风监督室（市政府纠正行业不正之风办公室）
　主　任　王　洪
案件监督管理室
　主　任　张　宇
纪检监察干部监督室
　主　任　胡　斌
研究室
　主　任　王　杰
机关党委专职
　副书记　魏鸿林
市委巡察工作领导小组办公室（市委巡视工作联络办公室）
　主　任　杨丽坤
　副主任　王宏明
　　　　　储建玲
市监察局
　局　长　张　伟（2018.02 离任）
　副局长　王　辉（2018.02 离任）
市委第一巡察组
　组　长　杨江明
　副组长　刘庆平
市委第二巡察组
　组　长　吴天明
　副组长　甘莉娅
市委第三巡察组
　组　长　袁永祥
　副组长　卢　辉
市委第四巡察组
　组　长　邵昌荣
　副组长　李亚林
市委第五巡察组
　组　长　李　黎
　副组长　赵　波
市委第六巡察组
　组　长　王　辉
　副组长　马凌云

玉溪市人大常委会

主　任　李洪云
副主任　叶本功
　　　　郭开堂
　　　　周继武（2018.02 离任）
　　　　孙云鹏（2018.02 任）
　　　　马良昌（2018.02 任）
　　　　吴伯平（2018.02 任）
　　　　龙　兰（2018.02 任）
党组书记　李洪云
党组副书记　叶本功（2018.01 任）
秘书长　李　伟（2018.03 离任）
副秘书长　朱尤锋
　　　　肖剑林
　　　　姚学松
　　　　李世聪（2018.02 离任）
　　　　吴　芸（2018.12 任）
　　　　金德芳
　　　　许忠云
　　　　邓　兵
　　　　李万标
市纪委驻市人大机关纪检组
　组　长　秦俊杰
办公室
　主　任　朱尤锋
　副主任　孙学著（2018.02 离任）
　　　　　杨　辉
　　　　　罗　旭
财政经济委员会
　主任委员　刘振荣（2018.02 离任）
　　　　　　魏德武（2018.02 任）
　副主任委员　王志坚（2018.02 离任）
　　　　　　　黄太武（2018.02 任）
　　　　　　　孙学著（2018.02 任）
法制委员会
　主任委员　张　敏（2018.02 任）
　副主任委员　卢八林（2018.02 任）
　　　　　　　杨英泽（2018.02 任）
法制工作委员会
　主　任　卢八林
　副主任　李建军
内务司法工作委员会
　主　任　杨正昌
　副主任　向绪林

教科文卫工作委员会
主　任　周　葵（2018.02 离任）
袁　平（2018.02 任，2018.12 离任）
副主任　李贵华（2018.02 离任）
杨英泽（2018.02 离任）
邹伟斌（2018.02 任）
选举联络工作委员会
主　任　吕元平（2018.02 离任）
吴　芸（2018.02 任，2018.12 离任）
袁　平（2018.12 任）
副主任　蒋兴龙（2018.02 离任）
普香庭
民族外事华侨工作委员会
主　任　吴　芸（2018.02 离任）
吕元平（2018.02 任）
副主任　鲁燕标
城建环保资源工作委员会
主　任　夏伟十（2018.02 离任）
唐建民（2018.02 任）
副主任　杨静媛
农业工作委员会
主　任　马琼仙
副主任　邹伟斌（2018.02 离任）
蒋兴龙（2018.02 任）
预算工作委员会
主　任　黄太武
副主任　柏宁红
研究室
主　任　肖剑林
副主任　王革平
机关党委
书　记　李　伟（2018.03 离任）
专职副书记　李发林

玉溪市人民政府

市　长　张德华
副市长　王　力（2018.03 离任）
柳文炜（2018.03 任）
解仕清
蔡四宏
孙云鹏（2018.02 离任）
贺　彬
朱家伟（2018.08 离任）
李劲松
曾　敏（2018.02 任）
尚建华（挂职，2018.03 离任）
蔡永飞（挂职，2018.02 离任）
田　川（挂职）
周群英（挂职，2018.03 任）
胡春雨（挂职，2018.05 任）
党组书记　张德华
党组副书记　王　力（2018.03 离任）
柳文炜（2018.03 任）
秘书长　孙金会（2018.02 离任）
张亚辉（2018.02 任）
副秘书长　瓦庆超（2018.04 离任）
杨　胜（2018.07 离任）
张　名
戴兴德
刘世祥
毕孝宁
王贵元
刘建荣

玉溪市政协

主　席　夏立洪
副主席　李　平（2018.02 离任）
汪燕平（2018.02 离任）
马良昌（2018.02 离任）
贺光明
郭亚钢
李少华
何雪峰（2018.02 任）
杨建敏（2018.02 任）
杨丽萍（2018.02 任）
党组书记　夏立洪
党组副书记　汪燕平（2018.01 离任）
贺光明（2018.01 任）
秘书长　张　卫（2018.02 离任）
普昌文（2018.02 任）
副秘书长　方正春
马文荣
莽成柱
冯晓燕
龙　兰（兼，2018.02 离任）
何国斌（兼，2018.02 任）
毕永富
侯　坤
市纪委驻市政协机关纪检组
组　长　张　寻
办公室
主　任　方正春
副主任　韩　龙
黄海东
提案委员会
主　任　刘兴荣
副主任　吴志珍
经济委员会
主　任　谢光平
副主任　李　娜
杨　敏（兼）
科教文卫体委员会
主　任　金志林
副主任　刘德安
沐德能
陈　原（兼）
民族宗教委
主　任　许志云
副主任　张少英　矣胜荣（兼）
社会和法制委员会
主　任　王宏义
副主任　合丽娟
施忠平（兼）
人口环资委员会
主　任　普永发
副主任　张国华
杨立波（兼）
文史委员会
主　任　房红彬
副主任　张德华
杨志文（兼）
联络委员会
主　任　任连荣
副主任　李金秀
周　勇（兼）
研究室
主　任　马文荣
副主任　白洪峰
机关党委
书　记　普昌文（2018.12 离任）
专职副书记　马孔忠
机关党组
书　记　普昌文（2018.12 任）
副书记　方正春（2018.12 任）

玉溪市中级人民法院

院　长　陈　昌
副院长　业宁州
严　翔
李志明（2018.05 离任）
杜红英（2018.05 任）
党组书记　陈　昌
党组副书记　业宁州（2018.12 任）
市纪委驻市法院纪检组
组　长　郑子云（2018.12 离任）
副组长　郭　玉
政治部
副主任　王海明
文　艳
执行局
局　长　陈　聪（2018.12 离任）
副局长　刘宝金
审判委员会专职委员　李泳材
潘万江
行政审判庭庭长　孙忠宁
环境资源保护审判庭庭长　范兴林
审判管理办公室主任　李文玉
监察处处长　杨志江
审判监督庭庭长　杨　勇
司法行政管理处处长　苏建友
新闻信息宣传中心主任　武国中
机关党委专职副书记　钱丽芳
立案庭庭长　洪家敬
司法技术处处长　王庆生
刑事审判一庭庭长　柴继红

刑事审判二庭庭长　王云峰
研究室主任　田永德
书记员管理处处长　张兴明
司法警察支队支队长　吕永江
民事审判一庭庭长　严光辉
民事审判二庭庭长　曹　燕

玉溪市人民检察院
检 察 长　张德勋
副检察长　方家明
褚绍明
矣长城
杜红英（2018.05 离任）
李志明（2018.05 任）
党 组 书 记　张德勋
党组副书记　方家明（2018.07 任）
市纪委驻市检察院纪检组
组　长　尹贞宁
副组长　李　新
政治部
主　任　王永兴
副主任　王政云
张玉江
反贪局
局　长　吕玉雄（2018.01 离任）
副局长　黄希志（2018.07 离任）
高　勇（2018.07 离任）
反渎职侵权局
局　长　龚德武（2018.01 离任）
副局长　郑　翔（2018.07 离任）
检察委员会专职委员　柏利民
杨燕晨
机关党委专职副书记　吴秀芬
办公室主任　杨绍平
案件管理办公室主任　杨云川
公诉处处长　何　斌
控告申诉处处长
赵　旭（2018.07 离任）
黄希志（2018.07 任）
检察技术处处长　段　兵
法律政策研究室主任　曹立松
侦查监督处处长　林家宏
监察处处长　龙　斌
民事行政检察处处长　陈永俊
人民监督员办公室主任　秦绍有
法警处处长　王　超
环境资源保护检察处处长　严　康
计划财务装备局局长　李权晖
刑事执行检察局局长　李　芊

市委部门负责人

市委办公室
主　任　张亚辉（2018.01 离任）
陈川铭（2018.01 任）
副主任　王　力　毛金明
杨建兰
党委书记　王志新（2018.04 离任）
副 书 记　张亚辉（2018.01 离任）
陈川铭（2018.01 任，
2018.04 离任）
专职副书记　张春天（2018.03 任）
市纪委驻市委办纪检组组长　朱建全
市委常委办主任　邓　皓（2018.01 离任）
王　鹏（2018.01 任）
信息综合室主任　何光涛
市委督查室主任　吕　伟
市委正县级督查专员
张丽琳（2018.01 离任）
市委副县级督查专员　罗云寿
王红喜
丁　莉
市专用通信局局长　徐永梅（2018.10 任）

市委机要局
局　长　王从明
副局长　杨　勇

市档案局（馆）（副县级）
局（馆）长　马增福（2018.12 离任）
副局（馆）长　杨长利
陈全胜

市委组织部
部　长　晏　森（2018.03 离任）
景　绚（2018.03 任）
常务副部长　张绍东（2018.04 任，
2018.12 离任）
王　华（2018.12 任）
副部长　袁　平（2018.01 离任）
周　俊
陈川铭（2018.01 离任）
李家富（2018.01 任）
詹道斌
黄子连（2018.12 任）
部务委员　黄子连（2018.12 离任）
白树明
市招商引资绩效考核办公室
主　任　张绍东（2018.04 离任）
副主任　普绍平
市非公有制经济组织和社会组织党工委
书　记　陈川铭（兼，2018.01 离任）
詹道斌（2018.09 任）
副书记　方建华（兼）
丁　伟（兼）
马利兴（2018.11 任）
袁启文（2018.07 离任）
普庆荣（2018.09 任）
市党的基层组织建设办公室
主　任　袁启文（兼，2018.07 离任）
普庆荣（兼，2018.09 任）
市人才工作领导小组办公室
专职副主任　朱培亮
市纪委驻市委组织部纪检组
组　长　毕现昆

市委宣传部
部　长　杨兴荣
副部长　龚紫山
邓志刚（2018.03 任）
方勇云　李文平
市委精神文明建设指导委员会办公室（正县级）
主　任　邓志刚（2018.03 任）
副主任　郑寿启
市委讲师团（副县级）
团　长　乐兴建
市委对外宣传（市政府新闻）办公室
主　任　张正友
副主任　官朝弼
市文化体制改革与文化产业发展领导小组办公室
主　任　龚紫山
副主任　李宜涛
市加强和改进互联网舆论引导工作领导小组办公室
主　任　倪　军
市纪委驻市委宣传部纪检组
组　长　郭春良

玉溪日报社
社　　长　张存良（2018.12 离任）
党组书记　张存良（2018.12 离任）
副 社 长　李卫东
杨　光（2018.09 离任）
李向文
赵　琳（2018.09 任）
总 编 辑　杨　光（2018.09 任）
副总编辑　杨　光（2018.09 离任）
矣顺文
赵　琳（2018.09 任）

市委统战部
部　长　保明顺（兼）
常务副部长　何国斌
副部长　龙　兰（2018.01 离任）
沐爱斌
马利兴
市纪委驻市委统战部纪检组
组　长　张庆春
市政府台湾事务办公室
主　任　柳卫国（2018.04 任）

市委政法委员会
书　　记　明正彬
常务副书记　娄勇强

副书记
马加能（兼，2018.12 任）
杜　杰
张　丽（2018.12 离任）
杨应勇（2018.12 任）
政治部
主　任　李　浩（2018.12 任）
副主任　杨　彪（2018.01 离任）
肖玉成（2018.01 任）
市委依法治市领导小组办公室
专职副主任　潘宝华
市委（市政府）防范和处理邪教问题领导小组办公室
主　任　杨应勇（2018.12 离任）
副主任　杜云昌（兼）
何东明
市社会治安综合治理委员会办公室
主　任　张　丽（兼，2018.12 离任）
专职副主任
陈　凡（2018.11 离任）
祁　涛
执法监督室
主　任　马映涛
市维稳工作办
主　任　张　丽（兼，2018.12 离任）
专职副主任　吴仕祥

市委政策研究室
主　任　罗绍国
副主任　王　东
金宏森（2018.01 离任）
合晓斌
刘万平
张子懿（2018.10 任）
市委改革办
主　任　罗绍国（兼，2018.10 任）
副主任　张子懿（2018.10 任）

市委机构编制办公室
主　　任　赵永云
常务副主任　师尚佳
副　主　任　马勤伟
市事业单位登记管理局
局　长　赵永云（兼）
副局长　师尚佳（兼）
马勤伟（兼）

市互联网信息（市委网络安全和信息化领导小组）办公室
主　　任　李矿生
常务副主任　曾丽娟（2018.11 离任）
副　主　任　杨林生

市直机关工作委员会
书　　记　王志新
常务副书记　曹绍平
副　书　记　李增荣
纪工委书记　李文学

市委党史研究室
主　任　孔施祥
副主任　高柳莎（2018.10 任）

市委党校
校　　长　保明顺（兼）
常务副校长　刀有忠
副　校　长　宋红瑛
傅鹏飞
党 委 书 记　刀有忠
副　书　记　任　晗
纪 委 书 记　万舰航

市行政学校
副校长　刀有忠　宋红瑛
傅鹏飞

玉溪社会主义学院
院　长　保明顺（兼）
副院长　刀有忠
宋红瑛
傅鹏飞

市保密局
局　长　许中华
副局长　李艳萍

市委保密委
专职副主任　许中华
办公室主任　许中华
办公室副主任　李艳萍

市委老干部局
局　长　周　俊
副局长　冯　平
何永贤
市委离退休干部工作委员会
书　　记　周　俊（兼）
专职副书记　王　玲（2018.10 任）
干休所（副县级）
所　长　杜继玲
老年大学（副县级）
校　长　刘应元

市关工委
秘书长　李雪梅

群团组织负责人

玉溪市总工会
主　席　范志华（兼，2018.06 离任）
马良昌（2018.11 任）
党 组 书 记　张艳华
党组副书记　范志华（2018.06 离任）
常务副主席　张艳华（2018.11 任）
副　主　席　张艳华（2018.11 离任）
王　玲（2018.10 离任）
陈　杰
郭荣兴（2018.11 任）
兼职副主席　王新华（2018.11 任）

共青团玉溪市委
书　　记　朱　莉
党组书记　朱　莉
副 书 记　王　刚（2018.10 离任）
张　磊
卜绍良（2018.11 任）
兼职副书记　冯海云（2018.11 任）
余家赛（2018.11 任）

市青联
主　　席　朱　莉

市妇女联合会
主　　席　杨丽萍（2018.02 离任）
王　红（2018.05 任）
党组书记　杨丽萍（2018.02 离任）
王　红（2018.04 任）
副 主 席　郑丽英（2018.10 离任）
高柳莎（2018.10 离任）
张永慧（2018.11 任）
张春亚（2018.11 任）
兼职副主席　张　丽（2018.08 任）
李红梅（2018.08 任）
吕爱平（2018.11 任）

市科学技术协会
主　　席　罗世明（2018.08 离任）
沐华斌（2018.08 任）
党组书记　施　超
副 主 席　陈晓静
张　华（兼，2018.08 任）
王保才（兼）
吴光连（兼）

市社会科学界联合会
主　　席　陈克华
党 组 书 记　陈克华
专职副主席　钟长生
副　主　席　苏　涛（兼）
宋红瑛（兼）
方勇云（兼）

市文学艺术界联合会
主　　席　普　辉
党 组 书 记　普　辉
专职副主席　王尚宁（2018.01 离任）
贾来发（2018.01 任）

副 主 席 龚紫山（兼）
贾来发（兼，2018.01 离任）

市残疾人联合会
理 事 长 普建蓉
党组书记 普建蓉
副理事长 周利祥（2018.04 离任）
李媛美（2018.04 任）

市归国华侨联合会
主 席 何国光（2018.10 离任）
罗云川（2018.11 任）
党组书记 龙 兰（2018.02 离任）
罗云川（2018.10 任）
专职副主席 许真生
兼职副主席 周海明
李晓松（2018.11 任）

市红十字会
会 长 曾 敏（2018.11 任）
常务副会长 王 红（2018.04 离任）
欧光荣（2018.11 任）
党组书记 王 红（2018.04 离任）
欧光荣（2018.10 任）
副 会 长 陈 挺（兼）
曲校德（兼）
杜 勋（兼）

市计生协会
会 长 曾 敏（2018.11 任）
专职副会长 张红辉（2018.10 离任）
郑丽英（2018.11 任）
兼职副会长 李 丹（2018.11 任）
史 勇（2018.11 任）
张春亚（2018.11 任）

市法学会
会 长 明正彬（2018.11 任）
副会长 吕玉雄（2018.11 任）
严 翔（2018.11 任）
矣长城（2018.11 任）
苏少明（2018.11 任）
夏黎明（2018.11 任）
马映涛（2018.11 任）
罗家云（2018.11 任）

民主党派和工商联负责人

民革玉溪市委
主 委 李少华
专职副主委 施忠平
副 主 委 董金柱（兼）
冯咏梅（兼）

民盟玉溪市委
主 委 董晓娟
专职副主委 杨志文
副 主 委
蔡家俊（兼，2018.03 离任）
白洪峰（兼） 蒋建明（兼）

民建玉溪市委
主 委 自福庄
专职副主委 杨 敏
副 主 委 高巨华（兼）
王建钢（兼）

民进玉溪市委
主 委 何雪峰
专职副主委 矣胜荣
副 主 委 谭 佳（兼）
伍贤学（兼）

农工党玉溪市委
主 委 周爱华
专职副主委 陈 原
副 主 委 张轶群（兼）
罗增勇（兼）

致公党玉溪市委
主 委 周 勇
副主委 任云珏（兼）
李晓松（兼）
邓雪松（兼）

九三学社玉溪市委
主 委 郭亚纲
专职副主委 杨立波
副 主 委 王树坤（兼）
宁 杰（兼）

市工商业联合会（商会）
主席（会长） 杨建敏
党组书记 马利兴（兼）
副主席（副会长） 任 敏
谢 江
黄翠岚

市政府部门负责人

市政府办公室
主 任 瓦庆超（2018.04 离任）
副 主 任 卢春剑
桂云国
秦立明
党委书记 孙金会（2018.03 离任）
副 书 记 瓦庆超（2018.03 离任）

市纪委驻市政府办纪检组
组 长 郑 江
市政府法制办公室
主 任 李尊平

市政府接待办
主 任 李 德（兼）
副主任 岳东芬
市政府机关事务管理局
局 长 豆 卿
市政府驻北京联络处
主 任 瓦庆超（兼，2018.04 离任）
副主任 付少剑
市政府督查室
主 任 李 斌
正县级督查专员 王伟生
副县级督查专员 黄必权
杨四新
普家荣
市政府应急管理办公室
主 任 郭永生
副主任 孙乔宽
市政府烟草产业办公室
专职副主任 夏伯林
市政府食品安全办
主 任 王 军（兼）

市发展和改革委员会
主 任 邓 皓（2018.02 任）
党组书记 邓 皓（2018.01 任）
副 主 任 李长伟
刘世伟（2018.09 离任）
夏德喜（2018.07 任）
隆 勇
付春飞
市纪委驻市发改委纪检组
组 长 杨俊荣（2018.12 离任）
施永林（2018.12 任）
正县级稽查特派员
曾丽娟（2018.11 任）
重点项目稽查特派员
陈元剑（2018.09 离任）
苏 搏
杨海军
市铁路建设领导小组办公室主任
刘世伟（2018.09 离任）

市粮食局
局 长 王毓华
党组书记 王毓华（2018.12 离任）
副 局 长 杨丽芬 钱兴平

市工信委
主 任 康凌华（2018.02 离任）
李庆华（2018.03 任）
副 主 任 刘永新 孙汝泽

王　亮　张伟红
傅宏辉
党委书记　刘永新
副 书 记　康凌华（2018.02 离任）
李庆华（2018.03 任）
市纪委驻市工信委纪检组
组　长　王礼学
市中小企业管理局
局　长　康凌华（2018.02 离任）
李庆华（2018.03 任）
副局长　王　亮（兼）
孙汝泽（兼）
张伟红（兼）
傅宏辉（兼）
市无线电管理办公室
主　任　康凌华（2018.02 离任）
李庆华（2018.03 任）

市教育局
局　　长　罗江云
党组书记　罗江云（2018.12 离任）
张绍东（2018.12 任）
副 局 长　颜永宏
陈　挺
王　刚（2018.11 任）
吴光连
党委书记　鲁志明（2018.01 离任）
副 书 记　罗江云（2018.12 离任）
李　丹
市纪委驻市教育局纪检组
组　长　武国珍
市教育科学研究所（副县级）
所　长　矣向阳
市招生考试委员会办公室
主　任　方丽华

市科学技术局
局　　长　李世华
党组书记　李世华
副 局 长　柏文忠
张　华
赵　静（2018.08 离任）
曹仕辉（2018.09 任）

市知识产权局
局　长　李世华（兼）
副局长　张　华（兼）
赵　静（兼，2018.08 离任）
曹仕辉（兼，2018.09 任）

市民族宗教事务局
局　　长　沐爱斌
党组书记　沐爱斌
副 局 长　董存志
官建团
杨哲博

市公安局
局　　长　朱家伟（2018.08 离任）
副 局 长　杨江云
刘绍华
曾　逵
苏少明（2018.02 离任）
赵南方（2018.02 任）
党委书记　朱家伟（2018.08 离任）
马加能（2018.12 任）
副 书 记　苏少明（2018.01 任）
市纪委驻市公安局纪检组
组　长　汤文龙
副组长　尹炳学
于荣芳（2018.03 离任）
政治部
副主任　黄伟华
飞　霞
李　斌
公安局交警支队（正县级）
支 队 长　王景明
政　　委　聂　波
副支队长　何文奎
李　昊
车管所所长　李劲明
车管所政委　张庆莲
政治处主任　王　全
公安局禁毒支队（正县级）
支 队 长　卢保成
政　　委　李荣坤
副支队长　李浏华
周庆刚
公安局治安支队（正县级）
支 队 长　彭　涛
政　　委　罗云川（2018.10 离任）
副支队长　溥恩武（2018.02 离任）
李天才
公安局国内安全保卫支队（正县级）
支 队 长　杜云昌
政　　委　张再洪
副支队长　胡来福
杨江飚
公安局科技信息化支队（正县级）
政　　委　夏贵山
副支队长　雷建明
公安局技术侦查支队（正县级）
支 队 长　李红星
政　　委　余　辉
副支队长　孙　建
公安局网络安全保卫支队（正县级）
支 队 长　业光权
政　　委　周　斌
副支队长　王乔林
公安局经侦支队（正县级）
政　　委　业增华
副支队长　王卫林
李东有

公安局刑侦支队（正县级）
支 队 长　李顺平
政　　委　阮兆成
副支队长　李乔明
拔春明（2018.02 任）
公安局巡特警支队（正县级）
支 队 长　李世强
政　　委　李卫东
副支队长　张文献
肖　明
公安局警令部（正县级）
主　任　谢俊东
政　委　毕金剑
副主任　李光文
杨　峰
反恐支队（副县级）
支队长　候　冬
政　委　李云峰
市公安局水务治安分局（副县级）
局　长　曹文刚
政　委　李　迪
监所管理支队（副县级）
支队长　普光伟
政　委　李先祥
市公安局警务督察支队（副县级）
支队长　汪兴介
公安局警卫支队（副县级）
支队长　谢　军
政　委　刘光倞（2018.02 离任）
信访处（控告申诉办公室）（副县级）
处长（主任）　饶　静
出入境管理支队（副县级）
支队长　李绍洪
市看守所
所　长　解靖南
法制支队
支队长　刘玉龙（2018.02 离任）

市民政局
局　　长　方建华
党组书记　方建华
副 局 长　杨思荣
施义东（2018.12 离任）
杜　勋
市纪委驻市民政局纪检组
组　长　李佳雄
市社区建设领导小组办公室
副主任　肖　伟
市社会福利服务中心
主　任　赵　燕

市司法局
局　　长　师　文
党委书记　师　文

副局长　张文信
夏黎明
刀彦伟
市纪委驻市司法局纪检组
组　　长　周葆华
政治部主任　黄志慧

市财政局
局　　长　李丁全
党组书记　张春玉
党组副书记　李丁全
副局长　张春玉
禹联信
杨　莉
杨剑纲（2018.09 离任）
市纪委驻市财政局纪检组
组　长　梁黎坤
市政府金融办公室
专职副主任　黎　坚
市会计管理局（副县级）
局　长　陈　波
市非税收入管理局（副县级）
局　长　沈国庆
市国有资产管理委员会
主　　任　李丁全（兼）
专职副主任　杨　徽
副主任　康旭辉（兼）
党委书记　李丁全（兼）
专职副书记　康旭辉

市人社局
局　　长　袁　平（2018.02 离任）
李家富（2018.02 任）
党组书记　袁　平（2018.01 离任）
李家富（2018.01 任）
副局长　张　秦
林　清（2018.12 离任）
代春强
林甲乙
杨丽萍
市纪委驻市人社局纪检组
组　长　施立慰
市人才服务中心（副县级）
主　任　董　波
市企业退休人员管理服务中心（副县级）
主　任　金绍林
市社会保险局（副县级）
局　长　唐碧云
市公务员局
局　长　代春强
市医保中心
主　任
市医疗保险管理局
局　长　杨益昌
市劳动就业服务局
局　长　沈永生

市劳动人事争议仲裁院
院　长　周于娜

市国土资源管理局
局　　长　胡庆华
党组书记　胡庆华
副局长　廖　勇
李云辉
刘红进
市纪委驻市国土局纪检组
组　长　高培洪

玉溪市土地储备中心
主　　任　海秀兰（2018.04 离任）
钱树才（2018.04 任）
党组书记　海秀兰（2018.03 离任）
钱树才（2018.03 任）
副主任　业权华（2018.09 离任）
余　莉（2018.12 任）
李云嵩

市环境保护局
局　　长　张金翔
党组书记　张金翔
副局长　黄朝荣
矣家宁
李春文
市纪委驻市环保局纪检组
组　长　马　青

市住房和城乡建设局
局　　长　田江龙
党组书记　田江龙
副局长　李春宏
资永俊
王　晋
市纪委驻市住建局纪检组
组　长　秦京伟
市政公用事业和园林管理局（副县级）
局　长　李　毅
市房地产管理局局长（副县级）
局　长　李东泰（2018.09 离任）
业权华（2018.09 任）
市住房公积金管理中心（副县级）
主　任　尹振伟

市政府人民防空办公室
主　任　乐士发
副主任　向贵福（2018.12 离任）

市规划局
局　　长　董金柱
党组书记　王　宁
副局长　王　宁
陆建明
董晓娟（2018.02 离任）

市交通运输局
局　　长　马金鸿
党组书记　马金鸿

副局长　李金荣
张赶良
廖江华
市纪委驻市交通运输局纪检组
组　长　普绍福
市道路运输管理局
局　长　杨云波

市农业局
局　　长　陈开翔
党组书记　陈开翔
副局长　王琼丽
保艳敏
王保才
李顺德
市纪委驻市农业局纪检组
组　长　陈　勤
市畜牧兽医局（副县级）
局　长　王保才（兼）
市农科院（副县级）
院　长　张　钟
市乡镇企业局
局　长　陈开翔（兼）

市林业局
局　　长　资　武（2018.05 离任）
沐洪胜（2018.05 任）
党组书记　资　武（2018.03 离任）
沐洪胜（2018.03 任）
副局长　吴洪明
张跃伟
张世杰
市护林防火指挥部
专职副指挥长　张智勇
市森林公安局
政　　委　资　武（2018.03 离任）
局　　长　胡健伟
党组书记　胡健伟
副局长　余朝俊
柴力明
政治部主任　董海霞
市自然保护区管理局
局　长　资　武（兼，2018.04 离任）
沐洪胜（兼，2018.04 任）

市水利局
局　　长　乔正喜
党组书记　乔正喜
副局长　李霁涛
吴正坤
可松柏
宁　杰

市中心城区水资源调度管理局
局　长　李吉友
市防汛抗旱指挥部
专职副指挥长　罗金寿

市商务局
局　　长　段家祥（2018.02 离任）
赵　琼（2018.02 任）
党组书记　段家祥（2018.01 离任）
赵　琼（2018.01 任）
副 局 长　李艳红
赵永平
自福庄（2018.04 离任）

市文化广播电视局
局　　长　何永平
党组书记　赵　琼（2018.01 离任）
何永平（2018.01 任）
党组副书记　何永平（2018.01 离任）
副 局 长　岳　川
施有恒（2018.12 离任）
冯咏梅
钱彦富
贾来发（2018.02 离任）
李飞跃
市纪委驻市文广局纪检组
组　长　李树辉
市新闻出版和版权局
局　长　岳　川
玉溪市电视台
台　长　朱星宇

市卫生和计划生育委员会
主　　任　马跃武（2018.02 离任）
鲁志明（2018.02 任）
党组书记　周延海
党组副书记　马跃武（2018.01 离任）
鲁志明（2018.01 任）
副　主　任　周延海（2018.02 任）
施玉兰
史　勇
郭　敏
曲校德
市纪委驻市卫生计生委纪检组
组　长　俞　琴
市卫生监督局（副县级）
局　长　尉迟培俊
市疾病控制中心（副县级）
主　任　矣成江
市医改办
主　任　杨士伟

市审计局
局　　长　曾　敏（2018.05 离任）
方　洪（2018.05 任）
党组书记　曾　敏（2018.03 离任）
方　洪（2018.03 任）
副 局 长　杨海明（2018.04 离任）
李国录　许立贞

市旅游发展委员会
主　　任　何雪峰（2018.02 离任）
董晓娟（2018.03 任）
党组书记　李　泓
副 主 任　陈川明
孙　旭
朱建华

市工商局
局　　长　丁　伟
党组书记　丁　伟
副 局 长　王传宝　李宏奇
邹明佑
市纪委驻市工商局纪检组
组　长　王进方

市质监局
局　　长　罗江鹏（2018.02 离任）
党组书记　罗江鹏（2018.01 离任）
副 局 长　陆永喜
王　林
廖　平

市体育局
局　　长　李家富（2018.02 离任）
罗盛勇（2018.02 任）
党组书记　李家富（2018.01 离任）
罗盛勇（2018.01 任）
副 局 长　段利星
王　红

市安监局
局　　长　张玉江（2018.05 离任）
王虎能（2018.05 任）
党组书记　张玉江（2018.03 离任）
王虎能（2018.03 任）
副 局 长　李之泽
金发辉
申从德
安全生产巡查专员（副县级）
杨丽红（2018.12 任）

市食品药品监督管理局
局　　长　王　军
党组书记　王　军
副 局 长　普文生
尹义宪
王琼珍
王虎能（2018.04 离任）

市统计局
局　　长　史金华
党组书记　史金华
副 局 长　周映海
张　娟
蔡　伟

市政府外事侨务办公室
主　　任　姚晓岩
党组书记　姚晓岩
副 主 任　李　莉
刘东红

市政府扶贫开发办公室
主　　任　刘应华
党组书记　刘应华
副 主 任　曹炳勇
杨其久（2018.04 任）

市退役军人事务局
副　局　长　孔令斌（2018.12 任）
林　清（2018.12 任）
施义东（2018.12 任）
向贵福（2018.12 任）
陈　凡（2018.12 任）
党组副书记　孔令斌（2018.11 任）

玉溪高新技术产业开发区管委会
主　任　吴伯平（副厅级，2018.02 离任）
副主任　李长金
普东海
邓会宾（2018.11 离任）
宋明清
马艳青
党工委书记　孙会强（副厅级，2018.06离任）
马亚东（2018.06 任）
党工委副书记　吴伯平（副厅级，2018.02离任）
李长金
党工委副书记、纪工委书记　曲春祥
市公安局高新技术产业开发区分局
局　长　李全盛

玉溪研和工业园区管委会
主　　任　吴小郎
副　主　任　矣　勇
期来生
蔡振刚
党工委书记　方　灵
党工委副书记　吴小郎
彭福山

市委、市政府信访局（市委群众工作局）
局　　长　余　莉（2018.11 离任）

党组书记　余　莉（2018.11 离任）
张　丽（2018.12 任）
副 局 长　袁自福
甘向阳
张永慧（2018.11 离任）
马孔军
吕爱平（2018.11 任）
副县级督察专员　王若文
潘美华

市政府研究室（发展研究中心）
主　　任　杨　胜（2018.11 离任）
党组书记　杨　胜（2018.11 离任）
副 主 任　祁　虹
杨　增

云南省抚仙湖旅游度假示范区管委会
主　　任　罗江鹏（2018.02 任）
市抚仙湖管理局
局　　长　罗江鹏（2018.02 任）
党组书记　罗江鹏（2018.01 任）
副 局 长　马　虎（2018.09 任）
杨云华（2018.07 任）
陈黎彬（2018.12 离任）
杨丽红（2018.12 离任）
王　波

市移民局
局　　长　武继昌（2018.07 离任）
柳　洪（2018.09 任）
党组书记　武继昌（2018.07 离任）
柳　洪（2018.09 任）
副 局 长　刀红雁
张　建

市防震减灾局
党组书记　曾建志（2018.12 离任）
陆建明（2018.12 任）
副 局 长　孙军伟

市供销合作社联合社
主　　任　廖　伟
党委书记　廖　伟
副 主 任　瓦永云（2018.02 离任）
喻学超（2018.02 任）
郭恩达

市政府政务服务管理局
局　　长　王增琪
党组书记　王增琪
副 局 长　郭艾华
张艳霞
陈黎彬（2018.12 任）
市政务服务中心
主　任　王增琪
副主任　郭艾华　张艳霞

市公共资源交易管理局
局　长　王增琪（兼）
市公共资源交易中心
主　任　普长福

市贸促会
会　　长　莫晓顺（2018.03 离任）
自福庄（2018.04 任）
党组书记　莫晓顺（2018.03 离任）
副 会 长　郑玉玲

市招商合作局
局　　长　李明荣（2018.02 离任）
康凌华（2018.02 任）
党组书记　李明荣（2018.01 离任）
康凌华（2018.01 任）
副 局 长　冯以春
胡宝玉
陈　佳

市直学校、医院、企业负责人

玉溪工业财贸学校（技师学院）
校　长（院长）　李华伦（副厅级）
副校长（副院长）
刀玉萍
张正全（2018.07 任）
周爱华
权永红（2018.07 离任）
党委书记　杨正祥（副厅级）
副 书 记　李华伦
汤之德
纪委书记　汤之德
行政办公室主任　李相达
计划财务处主任　李　磊
人事处主任　李　朝
招生就业处主任　谭华运
教务处主任　林向阳
学生处主任　韩东良
保卫处主任　朱贵云
总务处主任　杨建帆（2018.09 任）
纪检监察处主任
倪吉艳（2018.09 任）

玉溪一中
校　　长　李立杰（2018.04 离任）
李富春（2018.04 任）
副 校 长　岳从阁
武增明
刘建坤
党委书记　迟万昌
副 书 记　李立杰（2018.03 离任）
李富春（2018.03 任）
王　利
纪委书记　王　利（兼）

玉溪农业职业技术学院
院　　长　董从华
副 院 长　李裕葵（2018.02 离任）
董绍辉
陆星星
党委书记　张兴斌（2018.07 离任）
副 书 记　董从华
普发明
纪委书记　许建辉

玉溪卫生学校
校　　长　权永红（2018.07 任）
副 校 长　施茗祥
王启润
党委书记　高丽清
副 书 记　权永红（2018.07 任）
徐永梅（2018.10 离任）
纪委书记
徐永梅（兼，2018.10 离任）

玉溪体育运动学校
校　　长　柏家渭
副 校 长　张朝和
张开兰
党委书记　张正全（2018.07 离任）
副 书 记　柏家渭
杨长兴
纪委书记　杨长兴（兼）

玉溪师范学院附属中学
校　　长　李富春（2018.04 离任）
张兴斌（2018.07 任）
副 校 长　李明辉
曾学康
杨春楠
党委书记　吴希敏
副 书 记　李富春（2018.03 离任）
张兴斌（2018.07 任）
王　敏
纪委书记　王　敏（兼）

玉溪市民族中学
校　　长　李永云
副 校 长　何建国
朱培康
李红敏（2018.09 任）
党委书记　张延强
副 书 记　李永云
罗忠诚
纪委书记　罗忠诚（兼）

玉溪市特殊教育学校（副县级）
校　　长　张国强

玉溪市人民医院
院　　长　曾　勇（副厅级）

常务副院长　郝应禄（2018.07 任）
副 院 长　杨　玲（2018.07 离任）
　　　　　蔡德芳
　　　　　童宗武
　　　　　张锡光
　　　　　赵云焰
　　　　　郝应禄（2018.07 离任）
党委书记　马跃光（副厅级）
副 书 记　曾　勇
　　　　　杨　玲
纪委书记　王娅波
总会计师　朱红媛

玉溪市中医院

院　　长　景　明（2018.04 任）
副 院 长　景　明（2018.04 离任）
　　　　　赵贵红
　　　　　徐　欣
　　　　　杨晓歌（2018.04 任）
党委书记　施　平
副 书 记　景　明（2018.03 任）
纪委书记　李文平

玉溪市第二人民医院

院　　长　马晓元
副 院 长　杨顺英
　　　　　刘　琼
　　　　　李玉有
党委书记　杨顺英
副 书 记　马晓元
　　　　　陈存文
纪委书记　陈存文（兼）

玉溪国有资本运营有限公司

董 事 长　柏继武
党组书记　柏继武
党组副书记　张国庆
副总经理　王建斌
　　　　　李玉红（2018.07 任）
工会主席　张国庆（2018.04 任）

玉溪融资担保公司

董 事 长　胡　芸
党组书记　胡　芸
总 经 理　邱　海
监事会主席　王锦文

玉溪交通运输集团公司

董 事 长　孔　伟
党委书记　孔　伟
副 书 记　李　睿
　　　　　李东滏
纪委书记　李东滏（兼）
总 经 理　李　睿
副总经理　尹跃洪
　　　　　邹桂鹏
　　　　　马现廷
工会主席　花苡萍

（朱浩吉）

（黄　凯　摄）

（张本聪　摄）

（李卫东　摄）

中共玉溪市委员会

THE CPC COMMITTEE OF YUXI CITY

责任编校：李晓媛

重要会议及决策

督查工作

政策研究

农业农村工作

深化改革

纪检监察

组织工作

宣传工作

统战工作

机关党建

老干部工作

党校工作

党史研究

保密工作

档案管理

机构编制

重要会议及决策

【市委重要会议】 2018年1月4日，2017年度全市党风廉政建设责任制检查考核动员视频会召开。市委书记罗应光强调，要认真学习贯彻党的十九大精神，深刻认识加强党风廉政建设的重要性和必要性，确保考核取得成效，推动全市全面从严治党向纵深发展，为实现玉溪高质量、跨越式发展，在全省率先全面建成小康社会提供坚强的政治保证。8日，中国共产党玉溪市第五届委员会第五次全体会议召开。全会听取和讨论了罗应光受市委常委会委托做的市第五次党代会以来的工作报告，听取和讨论了市委常委会2017年党的建设工作专题报告，审议通过了《中共玉溪市委关于深入学习贯彻党的十九大精神促进玉溪跨越式发展的决定》，全面安排部署2018年全市经济社会发展任务。罗应光就《决定（讨论稿）》向全会做了说明。市长张德华就贯彻中央经济工作会议精神、落实省委经济工作总体要求和主要目标、做好全市2018年经济工作做了安排部署。22日，举行五届市委理论学习中心组第十六次暨2018年第一次学习。罗应光传达中国共产党第十九届中央委员会第二次全体会议精全会精神并强调，要深刻学习领会全会的重大意义，领会坚决维护宪法的重要性和本次宪法修改工作的重大意义、总体要求和遵循原则，大力弘扬宪法精神，大力弘扬社会主义法治精神，深入推进法治玉溪建设，在法治轨道上做好玉溪改革发展稳定各项工作。

2月6日，省委第七巡视组组成测评组对玉溪市巡视反馈意见整改落实情况进行干部群众满意度测评。罗应光表示，市委将在前期巡视整改取得阶段性成效的基础上，进一步提高政治站位，进一步强化政治自觉，进一步强化政治责任，进一步强化政治担当，长期抓好巡视整改工作。13日，市委政法工作会议召开。罗应光出席会议并强调，要以习近平新时代中国特色社会主义思想为引领，加强党对政法工作的领导，积极推动社会治理创新，不断深化依法治市实践，提高新时代政法工作水平，建设更高水平的平安玉溪、法治玉溪。25日，为期3天的全市主要领导干部学习贯彻习近平新时代中国特色社会主义思想和党的十九大精神研讨班在市委党校开班。罗应光在开班式上强调，要切实增强“四个意识”，坚定“四个自信”，坚持“三个一以贯之”，以时不我待、只争朝夕的精神，坚定不移推动习近平新时代中国特色社会主义思想和党的十九大精神在玉溪落地生根见效，按照省委、省政府对玉溪发展的新定位新要求，凝心聚力推进玉溪市高质量跨越式发展。

3月8日，玉溪市召开创建云南省文明城市工作推进会。23日，全市领导干部大会召开，传达学习十三届全国人大一次会议和全国政协十三届一次会议精神，并对贯彻落实全国“两会”精神做安排部署。28日，举行五届市委理论学习中心组第十七次暨2018年第二次学习，深入学习习近平总书记在十九届中央政治局第四次集体学习时的重要讲话精神以及新修订的《中华人民共和国宪法》，坚决维护宪法尊严和权威，大力弘扬宪法精神，全面提升依法治市水平，为玉溪高质量跨越式发展提供有力的法治保障。

4月10日，市委农村工作会议召开。罗应光强调，要提高政治站位，抓住重点关键，强化保障措施，全力推动乡村振兴战略落地见效，确保实施乡村振兴战略走在全省前列，不断开创新时代玉溪“三农”工作新局面。26日，市委全面深化改革领导小组召开第十三次会议，传达中央全面深化改革领导小组第二次会议、中央全面深化改革委员会第一次会议、十届省委全面深化改革领导小组第十次会议和第十一次会议精神，研究审议玉溪市新闻工作者协会深化改革、农村集体产权制度改革、进一步改革完善药品生产流通使用等改革方案和事项。28日，五届市委理论学习中心组进行第十八次暨2018年第三次集中学习，深入学习领会习近平总书记关于社会主义精神文明建设的重要论述，深刻领会中国精神、社会主义核心价值观、群众性精神文明创建的重要意义，全力推进全市文明城市创建工作。

5月7日，五届市委理论学习中心组进行第十九次暨2018年第四次集中学习，学习以习近平新时代中国特色社会主义思想为指引，深入学习领会和贯彻省委、省政府对玉溪“七个走在全省前列”和打造“三张牌”、举全市之力建设国家创新型城市的重大时代意义和现实发展要求，大力弘扬“跨越发展、争创一流；比学赶超、奋勇争先”精神，把所学所思转化为推动当前工作的强大动力，推动玉溪实现高质量跨越式发展。28日，全市河（湖）长制领导小组暨市总河长会议召开，总结2017年推行河（湖）长制工作情况，全面安排部署2018年工作。罗应光强调，要坚决贯彻中央和省全面推行河（湖）长制决策部署，坚持生产生活生态统筹、水域水量水质并重、预防保护治理齐抓，高点定位、强势推进，努力打造新时代玉溪河畅水清岸绿湖美的生态新格局。张德华主持会议，保明顺、夏立洪出席会议。29日，五届市委理论学习中心组进行第二十次暨2018年第五次集中学习，深入学习贯彻习近平总书记关于推动长江经济带发展重要战略思想，增进“共抓大保护、不搞大开发”思想共识，坚持生态优先、绿色发展理念，充分认清和切实担当起玉溪在服务和融入长江经济带发展战略中面临的形势和任务，奋力谱写新时代玉溪高质量跨越式发展的新篇章。

6月8日，五届市委理论学习中心组第二十一次暨2018年第六次集中学习举行，深入学习贯彻习近平生态文明思想和全国生态环境保护大会精神，贯彻落实党中央、国务院关于生态环境保护的战略部署，对照中央环保督察组对云南环保督察“回头看”工作要求及省委、省政府环保督察组督察玉溪反馈意见，坚定践行绿色发展理念，坚决打好污染防治攻坚战，推进玉溪市生态文明建设走在全省前列，争当全省生态文明建设排头兵。26日，全市加强城市基层党建暨党支部规范化达标创建工作现场推进会召开，研究部署全市城市基层党建和党支部规范化建设工作。28日，市委召开玉溪撤地设市20周年座谈会。罗应光强调，要站在改革开放40周年、撤地设市20周年的新起点，玉溪开启了发展新征程，必须铆足非常之力、拿出非常之策、用尽非常之功，奋力赶超、与时俱进、只争朝夕、脚踏实地，做好新答卷，创造新业绩。保明顺主持座谈会。

7月24日，全市2018年上半年工作汇报会召开。罗应光强调，必须坚持以习近平新时代中国特色社会主义思想为指引，全面落实全省上半年工作汇报会精神，向改革要发展活力、向开放要发展潜力、向创新要发展动力，找准工作切入点，算好目标任务账，在破解难题上下真功，在效率质量上出实招，在担当作为上做表率，继续保持好、巩固好经济高开稳走的良好态势。同日，全市维护社会稳定工作会召开。罗应光强调，要切实增强做好维护社会稳定工作的责任感和紧迫感，强化措施、突出重点，明确责任、转变作风，不断提高维护社会稳定整体工作水平，为推动玉溪高质量跨越式发展营造和谐稳定的社会环境。25 日，五届市委理论学习中心组举行第二十三次暨 2018 年第八次集中学习。罗应光强调，要深入学习贯彻习近平新时代中国特色社会主义思想以及中央《乡村振兴战略规划（2018 ~ 2022 年）》，精准把握中央、省关于乡村振兴战略的各项决策部署，切实增强责任感使命感紧迫感，以更大的决心、更明确的目标、更有力的举措推动全市农业全面升级、农村全面进步、农民全面发展，谱写新时代乡村全面振兴新篇章。

8 月 7 日，玉溪市召开领导干部大会，传达学习省委书记陈豪调研玉溪讲话精神。罗应光强调，要按照省委、省政府对玉溪工作提出的“六个走在全省前列”新部署新要求，统一思想行动，深化市情认识，坚持“六车道”提速并进，在新时代现代化建设道路上走在全省前列，努力闯出一条玉溪高质量跨越式发展的新路子。23 日，全市网络安全和信息化工作会议召开。罗应光强调，各级各部门要深学笃用习近平网络强国战略思想，深入贯彻全国、全省网络安全和信息化工作会议精神，统一思想、认清形势，把握机遇、迎接挑战，以强烈的责任感和使命感推动全市网信事业发展迈上新台阶。24 日，市扶贫开发领导小组第八次全体会议召开。罗应光强调，各级各部门要统一思想认识，提高政治站位，牢固树立把脱贫质量放在首位的思想，继续保持“人不下马、马不解鞍”的状态，思想上不松绑、行动上不松劲，振奋精神持续发力，步步为营攻城拔寨，确保打好打赢脱贫攻坚战，在脱贫成果巩固提升上取得更大更好的成效。27 日，全市实施乡村振兴战略现场推进会在澄江县召开。罗应光强调，要在更高的层面凝聚共识、明确方向，坚持用最高的标准做好规划、绘好蓝图，用好结合的理念统筹推进、精准发力，汇集优质的资源破解瓶颈、释放潜力，担起十分的责任形成合力、强势推进，奋力推动玉溪乡村振兴走在全省前列。

9 月 3 日，中共玉溪市委党校、玉溪市行政学校、玉溪社会主义学院 2018 年秋季学期主体班次开班。19 日，市委、市政府召开民营企业家座谈会。罗应光强调，民营企业要紧盯“自强”“破难”“扛旗”等关键词，增强信心、做强企业，想方设法破解难题，以强烈的责任感和使命感扛起玉溪民营经济发展的大旗，推动新时代全市民营经济发展迈上新台阶。21 日，五届市委理论学习中心组进行第二十五次暨 2018 年第十次集中学习，罗应光主持集中学习并做动员和总结讲话。罗应光强调，要深入学习习近平总书记关于建设社会主义法治国家的重要论述，坚定不移推进依法治市和法治玉溪建设；学习习近平网络强国战略思想，准确把握当前及今后一个时期网信工作的总体要求、政策导向和重点任务，推动全市网信事业发展迈上新台阶。

10 月 16 日，玉溪市深化党政机构改革领导小组第一次会议召开，及时贯彻中央、省委对党政机构改革的决策部署，研究部署全市党政机构改革相关工作。23 日，玉溪市第四次全国经济普查工作推进会召开，全面落实中央和省对开展第四次全国经济普查工作的有关部署，交流经验、查找问题，安排部署下一阶段工作。29 日，五届市委理论学习中心组举行第二十七次暨 2018 年第十二次集中学习，深入学习习近平总书记关于教育的重要论述，全面学习贯彻全国教育大会精神，全面落实教育优先发展战略，紧紧围绕“九个坚持”系统谋划玉溪教育现代化，统筹各级各类教育快速发展，努力写好新时代玉溪教育改革发展的“奋进之笔”，推动玉溪教育现代化走在全省前列。31 日，市委全面深化改革领导小组召开第十七次会议，研究审议通过了《玉溪市深化普通高中改革促进优质均衡发展的实施意见》《玉溪农业职业技术学院转型发展为综合性玉溪职业技术学院的方案》。

11 月 1 日，市委召开“六个走在全省前列”专题调研成果汇报会，全面听取各专题调研情况，促进调研成果转化运用，推动习近平新时代中国特色社会主义思想和党的十九大精神、省委主要领导调研玉溪讲话精神在玉溪形成生动实践。21 日，五届市委理论学习中心组举行第二十八次暨 2018 年第十三次集中学习，认真学习《习近平扶贫论述摘编》，准确把握习近平总书记关于扶贫工作重要论述的丰富内涵和精神实质。22 日，全市宣传思想工作会议召开。罗应光强调，要以习近平新时代中国特色社会主义思想为指导，坚决贯彻落实习近平总书记关于宣传思想工作的重要论述和全国、全省宣传思想工作会议精神，牢牢把握宣传思想工作的使命任务，守正创新，担当作为，不断推动全市宣传思想工作开创新局面。29 日，五届市委理论学习中心组举行第二十九次暨 2018 年第十四次集中学习，集体观看教育专题片，强调全市各级党组织和广大党员干部要增强“四个意识”，践行“两个维护”，以旗帜鲜明讲政治、严守纪律规矩的高度自觉，为各项事业发展提供坚强保证。

12 月 4 日，玉溪市创建全国民族团结进步示范市动员大会召开。罗应光强调，全市上下要把创建工作作为重大政治任务、重大民生工程来抓落实，切实提高思想认识和责任担当，认真审视玉溪创建的优势条件和短板不足，打牢民族团结进步基础，积极探索可复制可推广的经验，为云南民族团结进步示范区建设贡献玉溪力量。14 日，罗应光到市博物馆参观“辉煌历史玉溪巨变——庆祝改革开放 40 周年暨纪念玉溪撤地设市 20 周年成就展”。罗应光强调，要坚持以习近平新时代中国特色社会主义思想为指导，始终高举新时代改革开放旗帜，吃好改革饭、走好开放路、打好创新牌，以更大力度改革开放创新推动“六个走在全省前列”，全面开创新时代现代化玉溪建设新局面。21 日，市委召开学习贯彻习近平总书记在庆祝改革开放 40 周年大会上的重要讲话精神座谈会。罗应光出席会议并强调，要深刻理解和把握习近平总书记关于改革开放 40 年伟大成就、宝贵经验以及坚持和发展中国特色社会主义的重要论述，切实增强推进新时代改革开放的自豪感、责任感和使命感，接续奋斗、接力探索，用改革思路破解发展难题，用创新举措推动工作落实，坚定不移做改革开放的践行者和实干家，不断把改革开放向前推进。25 日，全市农村集体产权制度改革试点工作推进会召开。罗应光强调，认真贯彻落实好中央和省关于推进农村集体产权制度改革的决策部署，统一思想、明确目标，凝心聚力、真抓实干，高标准、高质量推进农村集体产权制度改革试点工作，为全省探索更多可复制、可推广的玉溪经验。

【市委常委会议】 2018年1月5日，市委书记罗应光主持召开五届市委常委会第66次（扩大）会议。会议有4项议题：1. 传达中央经济工作会议精神；2. 传达学习省委十届四次全会精神，研究玉溪市贯彻意见；3. 研究市委五届五次全会有关事宜，讨论《会议工作方案（送审稿）》《市委常委会工作的报告（讨论稿）》、张德华在市委五届五次全会上的讲话、《中共玉溪市委关于深入学习宣传贯彻党的十九大精神促进玉溪跨越发展的决定（讨论稿）》《市委常委会2017年党的建设工作专题报告（讨论稿）》；4. 研究干部人事议题。8日，市委书记罗应光主持召开五届市委常委会第67次会议。会议有1项议题：专题听取各组讨论罗应光做工作报告、《中共玉溪市委关于深入学习贯彻党的十九大精神促进玉溪跨越式发展的决定（讨论稿）》、张德华的讲话、《2017年党的建设工作专题报告》《中国共产党玉溪市第五届委员会第五次全体会议决议（草案）》。16日，市委书记罗应光主持召开五届市委常委会第68次（扩大）会议，主要任务是：组织开展玉溪市县区委书记和市直党（工）委书记抓基层党建工作述职评议考核。17日，市委书记罗应光主持召开五届市委常委会第69次会议。会议有1项议题：研究干部人事议题。23日，市委书记罗应光主持召开五届市委常委会第70次会议。会议有11项议题：1. 研究市五届人大一次会议和政协玉溪市五届一次会议有关事宜，讨论拟提交市“两会”的市人大常委会、市政府、市政协、市中级人民法院、市人民检察院工作报告（讨论稿）及《玉溪市2017年国民经济和社会发展计划执行情况与2018年国民经济和社会发展计划草案的报告（讨论稿）》《玉溪市2017年地方财政预算执行情况和2018年地方财政预算草案的报告（讨论稿）》；2. 审议省委第七巡视组巡视反馈意见整改工作情况报告；3. 传达学习十九届中央纪委二次全会和省纪委十届三次全会精神，研究玉溪市贯彻落实意见；4. 研究审定2017年度党风廉政建设责任制检查考核结果；5. 传达学习全省组织部长会议精神，研究玉溪市贯彻落实意见；6. 传达学习全国全省宣传部长会议精神，研究玉溪市贯彻落实意见；7. 审议《中共玉溪市委玉溪市人民政府关于推进安全生产领域改革发展的实施意见（送审稿）》；8. 通报《中共玉溪市委2017年度全面工作报告》《中共玉溪市委关于2017年度落实全面从严治党主体责任情况的报告》《中共玉溪市委关于2017年意识形态工作情况的报告》；9. 研究玉溪市建设国家健康城市试点工作有关事项；10. 研究省管干部2017年度考核等次建议；11. 研究干部人事议题。31日，市委书记罗应光主持召开五届市委常委会第71次会议。会议有2项议题：1. 传达学习省委书记陈豪、省长阮成发对玉溪工作的指示精神，研究玉溪市初步贯彻意见；2. 研究干部人事议题。

2月24日，市委书记罗应光主持召开五届市委常委会第72次会议。会议有10项议题：1. 研究干部人事议题；2. 通报省委对玉溪市2017年度基层党建工作述职评议考核综合评价意见反馈情况；3. 传达学习中央、省委农村工作会议精神，研究玉溪市贯彻意见；4. 传达学习全省“基层党建巩固年”工作部署视频会议精神，研究玉溪市贯彻意见；5. 传达学习全省统战部长会议精神，研究玉溪市贯彻意见；6. 传达学习中央、省委政法工作会议精神；7. 审议《中共玉溪市委科学民主依法决策制度（试行）（送审稿）》等19项制度；8. 听取市委第三轮巡察整改落实情况和第四轮巡察工作情况，审议2018年巡察工作计划；9. 审议恢复党员权利问题；10. 研究纪检案件。

3月1日，市委书记罗应光主持召开五届市委常委会第73次会议。会议有1项议题：研究干部人事议题。同日，市委书记罗应光主持召开五届市委常委会第74次（扩大）会议。会议有1项议题：通报省委决定。12日，市委书记罗应光主持召开五届市委常委会第75次会议。会议有6项议题：1. 传达中央有关文件精神；2. 传达学习习近平总书记在打好精准脱贫攻坚战座谈会上的重要讲话精神；3. 研究更正执行部分人大决议的事项；4. 研究关于调整设立市委办公室、市人大常委会机关、市政府办公室、市政协机关党的组织设置和领导决策机构事项；5. 研究2017年度党（工）委书记基层党建述职评议考核反馈意见，审议《玉溪市“基层党建巩固年”实施方案（送审稿）》；6. 研究干部人事议题。26日，市委书记罗应光主持召开五届市委常委会第76次会议。会议有11项议题：1. 传达学习贯彻习近平总书记在党的十九届三中全会上的报告和讲话精神；2. 审议玉溪市干在实处走在全省前列的有关文件；3. 审议《关于调整市级领导联系“七位一体”重点工作项目的通知（送审稿）》；4. 审议《市委常委会2018年工作要点（送审稿）》；5. 审议《市人大常委会2018年工作要点（送审稿）》；6. 审议《政协玉溪市委员会2018年工作要点（送审稿）》《政协玉溪市委员会2018年协商计划（送审稿）》《中共玉溪市委关于加强和改进人民政协民主监督工作的实施意见（送审稿）》；7. 审议《关于加强和改进新形势下反邪教工作的实施意见（送审稿）》；8. 审议《市委理论学习中心组2018年学习选题计划（送审稿）》；9. 听取《关于2017年我市意识形态领域情况的通报（送审稿）》；10. 听取中共玉溪市委2017年度干部选拔任用工作“一报告两评议”结果及整改措施报告；11. 研究干部人事议题。

4月4日，市委书记罗应光主持召开五届市委常委会第77次会议。会议有1项议题：研究干部人事议题。10日，市委书记罗应光主持召开五届市委常委会第78次会议。会议有3项议题：1. 传达学习党的十九大关于总体国家安全观、国家安全工作的重大部署和要求，审议《2018年全民国家安全教育日宣传活动方案（送审稿）》；2. 审议《抚仙湖径流区耕地休耕轮作工作方案（送审稿）》；3. 审议《市委常委会会议2018年度议题计划（送审稿）》。20日，市委书记罗应光主持召开五届市委常委会第79次会议。会议有2项议题：1. 传达学习省政府主要领导赴玉溪调研讲话精神，研究玉溪市初步贯彻落实意见；2. 研究干部人事议题。26日，市委书记罗应光主持召开五届市委常委会第80次会议。会议有9项议题：1. 传达学习全省脱贫攻坚推进会议精神，听取全市2017年扶贫开发工作成效考核情况汇报；2. 听取全市一季度经济运行情况汇报，研究部署后三季度经济工作；3. 审议《玉溪市“十三五”时期文化发展改革实施方案》；4. 传达学习全省深入推进弘扬“跨越发展、争创一流；比学赶超、奋勇争先”精神大讨论座谈会精神，研究玉溪市贯彻意见；5. 传达学习全省机关党的工作会议精神，研究玉溪市贯彻意见；6. 听取2017年度全市综合考评结果（等次）汇报，审议2018年度全市综合考评办法；7. 听取玉溪市廉政文化长廊建设情况汇报；8. 传达学习十届省委第四轮巡视工作动员部署会及全省巡察工作推进会精神，研究玉溪市贯彻意见；9. 研究纪检案件。

5 月 7 日，市委书记罗应光主持召开五届市委常委会第 81 次会议。会议有 5 项议题：1. 审议《玉溪市第五届人民代表大会常务委员会 2018 ~ 2022 年立法规划（草案）》《玉溪市人民代表大会常务委员会 2018 年立法工作计划（草案）》；2. 研究玉溪市调出和推荐列入省委联系专家建议人选名单；3. 传达学习全省基层党建工作重点任务推进暨党支部规范化建设达标创建工作视频会议精神，研究玉溪市贯彻意见；4. 审议《2018 年市委文件制定计划》；5. 研究纪检案件。29 日，市委书记罗应光主持召开五届市委常委会第 82 次会议。会议有 9 项议题：1. 审议《纪念改革开放 40 周年暨玉溪撤地设市 20 周年系列活动方案》；2. 听取全市扫黑除恶专项斗争阶段情况汇报；3. 听取玉溪市兵力需求军地对接工作情况汇报；4. 审议《玉溪市人大常委会推进预算联网监督工作的实施方案（送审稿）》；5. 研究玉溪市主要行业化解过剩淘汰落后产能有关事项；6. 审议《关于清理规范重点支出同财政收支增幅或生产总值挂钩事项的实施意见（送审稿）》；7. 研究废止《关于限期拆除抚仙湖沿岸及江川玉带河岸违法违规建筑物的决议》相关事宜；8. 传达学习全省就业扶贫工作现场会精神；9. 研究干部人事议题。

6 月 1 日，市委书记罗应光主持召开五届市委常委会第 83 次会议。会议有 2 项议题：1. 研究干部人事议题；2. 研究纪检案件有关事项。6 日，市委书记罗应光主持召开五届市委常委会第 84 次会议。会议有 8 项议题：1. 传达学习习近平总书记在十九届中央政治局第五次集体学习和纪念马克思 200 周年诞辰大会上的重要讲话精神；2. 传达中央第六环境保护督察组对云南省开展“回头看”工作动员会精神，研究玉溪市贯彻意见和省委、省政府第一环境保护督察组反馈意见整改的相关工作；3. 听取全市安全生产工作情况汇报；4. 听取《关于 2017 年党内法规工作情况和 2018 年工作安排的报告》，研究相关工作；5. 审议《关于构建“亲”“清”新型政商关系的实施意见（送审稿）》；6. 审议《中共玉溪市委 2018 年政党协商计划（送审稿）》；7. 研究市管领导班子和市管领导干部 2017 年度考核等次；8. 研究干部人事议题。11 日，市委书记罗应光主持召开五届市委常委会第 85 次（扩大）会议。会议有 1 项议题：传达学习省委书记陈豪在云南省主要领导干部深入学习贯彻习近平新时代中国特色社会主义思想专题研讨班暨 2018 年省委理论学习中心组第四次集中学习时的重要讲话精神，研究玉溪市初步贯彻落实意见。19 日，市委书记罗应光主持召开五届市委常委会第 86 次会议。会议有 2 项议题：1. 通报 2017 年度全省党风廉政建设责任制检查考核情况，研究反馈意见存在问题整改方案；2. 研究纪检案件。25 日，市委书记罗应光主持召开五届市委常委会第 87 次会议。会议有 8 项议题：1. 研究撤销澄江县设立抚仙湖市工作有关事项；2. 研究《玉溪高新区托管研和工业园区的实施方案（送审稿）》；3. 传达学习中央环境保护督察“回头看”云南省边督边改工作推进会议精神，听取中央第六环境保护督察组“回头看”下沉玉溪督察工作情况汇报，研究部署全市下一步整改落实工作；4. 审议《关于健全人大讨论决定重大事项制度、各级政府重大决策出台前向本级人大报告的贯彻实施意见（送审稿）》；5. 研究有关机构编制事项；6. 研究部署全市城市基层党建工作；7. 传达全省组织部长座谈会精神，研究玉溪市贯彻初步意见；8. 研究干部人事议题。

7 月 9 日，市委书记罗应光主持召开五届市委常委会第 88 次会议。会议有 7 项议题：1. 传达《中共中央办公厅关于印发〈党委（党组）国家安全责任制规定〉的通知》文件精神，研究玉溪市初步贯彻意见；2. 传达全国全省网络安全和信息化工作会议精神，研究玉溪市初步贯彻意见；3. 审议《中共玉溪市委关于 2018 年上半年意识形态工作情况的报告（送审稿）》；4. 研究进一步贯彻落实完善改革性补贴和规范奖励政策有关事项；5. 传达赵乐际在贯彻落实《中央巡视工作规划（2018 ~ 2022 年）》推进会上的讲话和省委巡视工作五年规划精神，研究玉溪市初步贯彻意见；6. 审议《市委巡察工作实施细则（送审稿）》《市委巡察工作规划（2017 ~ 2021 年）（送审稿）》；7. 听取市委第四轮巡察整改情况及第五轮巡察工作情况汇报。13 日，市委副书记、市委统战部部长保明顺受市委书记罗应光委托，主持召开五届市委常委会第 89 次会议，会议有 1 项议题：研究县委书记考察对象建议人选。17 日，市委书记罗应光主持召开五届市委常委会第 90 次会议。会议有 1 项议题：研究干部人事议题。20 日，市委书记罗应光主持召开五届市委常委会第 91 次会议。会议有 9 项议题：1. 传达学习《中共云南省委办公厅关于在工作中严格规范有关表述的通知》精神；2. 传达学习习近平总书记在中央政治局第六次集体学习时的重要讲话精神；3. 传达学习习近平总书记在全国组织工作会议上的重要讲话精神；4. 传达学习习近平总书记对防汛抢险救灾工作的重要批示精神；5. 听取市政府党组 2018 年上半年经济运行情况汇报及下半年工作建议；6. 研究召开全市 2018 年上半年工作汇报会议有关事宜；7. 研究召开市委五届六次全会有关事宜；8. 研究纪检案件；9. 研究干部人事议题。31 日，市委书记罗应光主持召开五届市委常委会第 92 次会议。会议有 13 项议题：1. 研究《云南省杞麓湖保护条例（送审稿）》；2. 研究玉溪直达北京、郑州、杭州列车开行有关事项；3. 研究玉溪市农村人居环境整治三年行动有关事项；4. 研究《玉溪市原机关事业单位养老保险个人账户资金处理工作实施方案（送审稿）》；5. 研究 2018 年地方政府债务限额及新增债券额度分配使用有关事项；6. 研究全市汛期安全生产工作；7. 研究玉溪市建设国家创新型城市有关事项；8. 研究《关于经济建设和国防建设融合发展的实施方案（送审稿）》；9. 研究全市治理淘汰黄标车工作有关事项；10. 传达全省“四大重点”信访矛盾化解攻坚战领导小组会议精神，研究玉溪市贯彻意见；11. 研究干部人事议题；12. 研究纪检案件；13. 通报有关问责事项。

8 月 6 日，市委书记罗应光主持召开五届市委常委会第 93 次（扩大）会议。会议有 3 项议题：1. 传达学习省委主要领导调研玉溪重要讲话精神，研究玉溪市初步贯彻落实意见；2. 传达学习习近平总书记在同团中央新一届领导班子集体谈话时的重要讲话精神，研究玉溪市贯彻意见；3. 传达学习全省 2018 年上半年纪检监察工作汇报会精神，研究玉溪市贯彻意见。16 日，市委书记罗应光主持召开五届市委常委会第 94 次会议。会议有 5 项议题：1. 听取市政府党组关于通海地震抗震救灾工作情况汇报，研究下一步抗震救灾工作；2. 传达全省组织工作会议精神，研究玉溪市贯彻意见；3. 审议《关于加强新时代城市基层党建工作的意见（送审稿）》和《关于加强党群活动服务中心建设和管理使用的意见（送审稿）》；4. 审议《中共玉溪市委办公室关于进一步加强调查研究提高调查实效的通知（送审稿）》；5. 传达学习全省深化文化体制改革加快文化产业发展座谈会议精神，研究玉溪市贯彻意见。22 日，市委书记罗应光主持召开五届市委常委会第 95 次（扩大）会议。会议有 7 项议题：1. 传达学习省纪委监委主要领导调研玉溪讲话精神，研究玉溪市贯彻意见；2. 传达学习全省宗教工作“一网两单”制度现场推进会精神，听取全市民族宗教工作情况汇报；3. 听取“六个走在全省前列”专题调研方案汇报；4. 研究群团组织换届工作；5. 研究《东风水库 2018 年水质达标应急工程实施方案》《玉溪市东风水库饮用水水源地生态环境综合整治三年行动计划》《董炳河水环境生态补偿试点方案》相关事宜；6. 传达学习全省“自强、诚信、感恩”主题实践活动现场会精神，研究玉溪市贯彻意见；7. 传达学习全省产业扶贫现场会议精神，研究玉溪市贯彻意见。

9 月 10 日，市委书记罗应光主持召开五届市委常委会第 96 次会议。会议有 13 项议题：1. 传达学习习近平总书记对信访工作的重要批示精神，研究玉溪市贯彻意见，审议《开展突出信访问题百日整治行动实施方案（送审稿）》；2. 传达《中共云南省纪律检查委员会关于段跃庆、侯新华严重违纪违法案件的通报》；3. 传达学习新修订的《中国共产党纪律处分条例》，研究玉溪市贯彻意见；4 听取理顺玉溪师范学院财政管理体制及相关机制有关事项的汇报；5. 审议《关于开展抚仙湖径流区林业生态修复建设森林抚仙湖的实施意见》；6. 审议《玉溪市贯彻落实省委省政府环境保护督察反馈意见问题整改方案》；7. 研究澄江县广龙旅游小镇（抚仙湖北岸生态湿地移民搬迁安置房建设项目）有关事项；8. 审议《玉溪市通海“8·13、8·14”地震灾后民房及村庄重建实施方案》；9. 研究玉溪 9 个贫困乡镇脱贫退出有关事项；10. 传达学习中央和省委关于当前意识形态领域情况的通报，审议《当前我市意识形态领域情况的通报》；11. 传达学习全国宣传思想工作会议精神，研究玉溪市贯彻意见；12. 讨论研究中共玉溪市国家税务局玉溪市地方税务局联合委员会改设中共国家税务总局玉溪市税务局委员会相关事宜；13. 研究干部人事议题。

10 月 9 日，市委书记罗应光主持召开五届市委常委会第 97 次会议。会议有 12 项议题：1. 传达学习习近平总书记在中央全面依法治国委员会第一次会议上的重要讲话精神；2. 通报省纪委、省监委对陈现武的立案决定书；3. 审议《关于全面加强生态环境保护坚决打好污染防治攻坚战的实施意见》；4. 审议《玉溪市脱贫攻坚巩固提升三年行动实施方案》和《玉溪市贫困地区农村人居环境整治三年行动实施方案》；5. 研究玉溪市脱贫攻坚 4 类重点对象农村危房改造工作有关事项；6. 审议《玉溪市创建全国民族团结进步示范市实施意见》；7. 审议《玉溪市中小学幼儿园 C 级不安全校舍加固改造建设方案》；8. 研究江川通用机场建设工程选址部分位于东风水库二级水源保护区有关事项；9. 研究澄江县环湖棚改 2018 年右所镇矣旧片区和路居镇孤山牛摩片区项目建设有关事项；10. 审议《云南省新平彝族傣族自治县城乡规划建设管理条例（草案）》；11. 传达学习省委第五轮巡视工作动员部署会暨业务培训会精神，听取市委第六轮巡察脱贫攻坚巩固提升、扫黑除恶、农村人居环境整治专项巡察工作情况汇报；12. 传达学习全国互联网企业党建工作座谈会和全省流动党员管理工作座谈会、律师行业党的建设工作座谈会主要精神。16 日，市委书记罗应光主持召开五届市委常委会第 98 次（扩大）会议。会议有 2 项议题：1. 传达学习习近平总书记在十九届中央政治局第八次集体学习时的重要讲话精神；2. 传达学习省委十届五次全体会议精神。25 日，市委书记罗应光召开五届市委常委会第 99 次会议。会议有 8 项议题：1. 传达学习武在平、陈豪在中央第十二巡视组对云南省开展脱贫攻坚专项巡视工作动员会议上的讲话精神，研究玉溪市贯彻意见；2. 审议《红塔集团“红塔品牌”影响力专题调研报告》；3. 听取玉溪市 2017 年度地方企业国有资产管理情况报告和国有资产管理情况报告；4. 研究 2018 年市本级预算调整及平衡情况；5. 听取推动玉溪高质量跨越式发展专项纪律检查情况汇报（书面）；6. 审议《市委联系专家服务管理办法》；7. 研究干部人事议题；8. 研究纪检案件。31 日，市委书记罗应光主持召开五届市委常委会第 100 次会议。会议有 3 项议题：1. 传达省委书记陈豪 10 月 26 日和 10 月 30 日对当前工作的指示要求，研究玉溪市贯彻意见；2. 传达学习十届省委常委会第 103 次（扩大）会议上省委书记陈豪在听取九大高原湖泊保护治理工作情况汇报时的讲话精神，研究玉溪市贯彻意见；3. 传达学习全省宣传思想工作会议精神，研究玉溪市贯彻意见。

11 月 8 日，市委书记罗应光主持召开五届市委常委会第 101 次常委会议。会议有 1 项议题：研究干部人事议题。13 日，市委书记罗应光主持召开五届市委常委会第 102 次（扩大）会议。会议有 6 项议题：1. 传达学习《中共中央办公厅关于陕西省委、西安市委在秦岭北麓西安境内违建别墅问题上严重违反政治纪律以及开展违建别墅专项整治情况的通报》，提出玉溪市贯彻意见；2. 传达学习省委书记陈豪调研玉溪高原湖泊保护治理工作时的重要讲话精神，提出玉溪市贯彻意见；3. 传达学习云南省中央环境保护督察“回头看”及高原湖泊环境问题专项督察反馈意见和陈豪、阮成发在中央第六环境保护督察组对云南省开展“回头看”情况反馈会上的讲话精神，提出玉溪市贯彻意见；4. 传达学习全省扶持村级集体经济发展试点工作推进会精神，研究玉溪市贯彻意见；5. 听取五届市委第五轮巡察整改情况报告和第六轮巡察工作情况汇报，审议第七轮常规、专项巡察工作方案；6. 研究开展省管领导干部个人收入整改工作。20 日，市委书记罗应光主持召开五届市委常委会第 103 次常委会议。会议有 1 项议题：研究干部人事议题。29 日，市委书记罗应光主持召开五届市委常委会第 104 次会议。会议有 12 项议题：1. 审议《退役军人事务局机构设置及人员划转方案》；2. 研究干部人事议题；3. 传达学习习近平总书记在中央政治局第九次集体学习时的重要讲话精神，提出玉溪市贯彻意见；4. 传达学习习近平总书记在同中华全国总工会、全国妇联新一届领导班子成员集体谈话时的重要讲话精神，提出玉溪市贯彻意见；5. 传达学习全国农村集体产权制度改革试点推进会精神，提出玉溪市贯彻意见；6. 传达学习全国党委秘书长会议及全省党委秘书长办公厅（室）主任会议精神，研究玉溪市贯彻意见；7. 研究关于推进全市事业单位和国有企业公务用车制度改革有关事项；8.审议《关于加强耕地保护和改进占补平衡的实施意见》；9.审议《玉溪体育运动学校及玉溪市少年儿童体育学校迁建项目主体育场规模调整方案》；10.传达学习《关于贯彻落实习近平总书记重要讲话精神严肃整治领导干部利用名贵特产类特殊资源谋取私利问题的通知》精神，研究玉溪市贯彻意见；11.审议《玉溪市2018年度党风廉政建设责任制检查考核实施方案》；12.研究纪检案件。

12月5日，市委书记罗应光主持召开五届市委常委会第105次会议。会议有5项议题：1.传达学习“10·17”武汉会议和“11·30”文山会议精神，研究玉溪市贯彻意见；2.研究市五届人大二次会议和政协玉溪市五届二次会议相关事宜；3.传达学习全国城市基层党建工作理论研讨会精神，研究玉溪市贯彻意见；4.听取2018年玉溪市“扫黄打非”工作情况汇报；5.传达学习省扶贫开发领导小组第九次全体会议和全省完成全年脱贫攻坚玉溪目标任务推进会议精神，提出玉溪市贯彻意见。11日，市委书记罗应光主持召开五届市委常委会第106次会议。会议有5项议题：1.审议《市县两级机构改革方案、实施方案》《组建市级机构改革专项协调小组的方案》；2.传达省委书记陈豪在十届省委常委会第107次（扩大）会议听取十届省委第五轮巡视情况汇报时的重要讲话精神；3.研究《〈玉溪市国民经济和社会发展第十三个五年规划纲要〉实施情况中期评估报告（送审稿）》；4.审议《玉溪市党政领导干部安全生产责任制实施办法（送审稿）》；5.研究《玉溪市人民代表大会及其常务委员会制定地方性法规条例（党内送审稿）》有关问题。18日，市委书记罗应光主持召开五届市委常委会第107次（扩大）会议。会议有1项议题：专题研究安排部署配合省委第六巡视组巡视相关工作。21日，市委书记罗应光主持召开五届市委常委会第108次会议。会议有1项议题：专题听取市深化党政机构改革领导小组办公室关于市县机构改革方案修改情况汇报。24日，市委书记罗应光主持召开五届市委常委会第109次（扩大）会议。会议有16项议题：1.传达学习习近平总书记在十九届中央政治局第十次集体学习时重要讲话精神，提出玉溪市贯彻要求；2.传达学习第二批国家生态建设示范市县及“绿水青山就是金山银山”实践创新基地命名表彰会与中国生态文明论坛年会精神，提出玉溪市贯彻要求；3.传达学习省委党的建设工作领导小组（扩大）会议精神，研究玉溪市贯彻意见；4.听取全市涉军维稳工作情况汇报；5.传达学习全省城市基层党建示范城市建设工作座谈会精神，研究玉溪市贯彻意见；6.审议《玉溪市贯彻落实中央环境保护督察“回头看”及高原湖泊环境问题专项督察反馈意见问题整改方案（送审稿）》；7.审议《玉溪市关于贯彻落实省委陈豪书记重要批示精神全面推进构建抚仙湖流域健康水循环的意见（送审稿）》；8.研究全市2018年经济社会发展主要指标预计完成情况及2019年预期目标建议；9.审议《玉溪市乡村振兴战略规划（2018～2022年）（送审稿）》；10.审议《玉溪市加快数字经济发展实施意见（送审稿）》；11.研究玉昆钢铁集团产能置换升级改造项目有关事项；12.听取省委第六巡视组移交立行立改问题相关工作；13.审议《玉溪市党务公开实施办法（试行）（送审稿）》；14.审议《关于向市管国有企业和市政府重大投资项目派出监察专员的实施方案（送审稿）》；15.传达学习省纪委监委违纪违规案件通报精神，提出玉溪市贯彻要求；16.研究纪检案件。28日，市委书记罗应光主持召开五届市委常委会第110次会议。会议有2项议题：1.研究干部人事议题；2.审议《关于贯彻落实进一步激励广大干部新时代新担当新作为的意见实施方案（送审稿）》。

【重要通知、决定】 2018年1月8日，市委下发《关于新形势下进一步加强全市政法队伍建设的实施意见》。玉溪市正处于改革发展的重要时期，政法机关担负着繁重任务、面临着诸多挑战。各县区各部门要充分认识新时代新形势下加强政法队伍建设的重要意义，深刻领会新时代党的建设总要求，认真贯彻落实新形势下全面从严治党的重点任务，全面加强政法机关党的建设和政法队伍思想、业务、作风建设，努力提高政法干警素质能力和职业保障水平，确保政法机关履行好新的历史使命、完成好各项职责任务。22日，市委下发《关于深入学习贯彻党的十九大精神促进玉溪跨越式发展的决定》。深入学习贯彻党的十九大精神，以习近平新时代中国特色社会主义思想为指引谋划玉溪跨越式发展；突出抓重点补短板强弱项，全力决胜在全省率先全面建成小康社会；牢牢把握高质量发展要求，全面推进新时代玉溪经济社会发展；认真贯彻新时代党的建设总体要求，深入推进党的建设新的伟大工程。要更加紧密地团结在以习近平同志为核心的党中央周围，深入学习贯彻党的十九大精神，以习近平新时代中国特色社会主义思想为指引，不忘初心、牢记使命，砥砺前行、奋勇争先，为推动玉溪跨越式发展、谱写好中国梦玉溪篇章而努力奋斗。27日，市委、市政府下发《关于推进安全生产领域改革发展的实施意见》。紧密结合市委确立的“5577”经济社会发展总体思路，以严防重特大事故、遏制较大事故、降低一般事故为重点，依靠严密的责任体系、严格的法治措施、有效的体制机制、有力的基础保障和完善的系统治理，大力提升全市安全生产整体水平，为实现玉溪跨越式发展创造良好的安全生产环境，确保人民群众安康幸福、共享改革发展和社会文明进步成果。

3月28日，市委下发《中共玉溪市委科学民主依法决策制度（试行）》。制度建设是党的根本性、全局性建设。为适应新形势、新任务的要求，提高市委工作科学化水平，坚持和完善党的民主集中制，进一步健全市委集体领导和常委分工负责相结合的制度，不断推进党的建设制度化、规范化、程序化，充分发挥市委总揽全局、协调各方的领导核心作用，为玉溪干在实处走在全省前列实现高质量发展提供坚强保证。31日，市委、市政府下发《玉溪市干在实处走在全省前列的决定》。推动玉溪干在实处走在全省前列是深入学习贯彻习近平新时代中国特色社会主义思想和党的十九大精神，落实省委、省政府重大决策部署的具体体现，是推动玉溪高质量跨越式发展的必然要求。深入贯彻落实省委、省政府主要领导对玉溪“七个走在全省前列”和经济高质量发展要求，把2018年“工作落实年”一系列务实举措贯彻到走在全省前列的生动实践中，激励全市领导干部脚踏实地干、雷厉风行干、掷地有声干，勇争玉溪再创佳绩，推动玉溪高质量跨越式发展，努力为全省的发展担当更大责任、做出新的贡献。

6月1日，市委、市政府下发《玉溪市农村集体产权制度改革实施方案》。以发展股份合作等多种形式的合作与联合为主导，构建归属清晰、权能完整、流转顺畅、保护严格的农村集体产权制度，建立符合市场经济要求的集体经济运行新机制，加快形成有效维护农村集体经济组织成员权利的治理体系，发展新型集体经济，促进集体资产保值增值，稳定增加农民财产性收入，让农民群众在物质利益和民主权利两个方面都有获得感。在完善做好农村集体资产股份权能改革试点工作基础上，从2017年开始，用3年左右时间基本完成农村集体资产清产核资，用5年左右时间基本完成经营性资产股份合作制改革。9日，市委、市政府下发《关于实施乡村振兴战略走在全省前列的实施意见》围绕产业兴旺、生态宜居、乡风文明、治理有效、生活富裕的总要求，精准施策，集中发力，着力打造“绿色能源、绿色食品、健康生活目的地”三张牌，推动农业农村全面发展，奋力走出一条具有玉溪特色的乡村振兴路子。到2020年，在全省率先全面建成小康社会的基础上，乡村振兴取得重要进展，制度框架和政策体系基本形成。到2035年，乡村振兴取得决定性进展，农业农村基本实现现代化。到2050年，乡村全面振兴，与全国全省同步全面实现农业强、农村美、农民富。

7月6日，市委转发《市人大常委会党组关于〈玉溪市第五届人民代表大会常务委员会2018～2022年立法规划〉的请示》。坚持党对立法工作的领导，坚持依法立法、科学立法、民主立法，紧紧围绕全市经济社会发展“5577”总体思路和工作大局，在广泛征集立法项目、科学分析论证、认真研究审议的基础上，对未来五年的地方立法工作做了全面规划和统筹安排。认真落实立法规划，对于全面推进依法治市、建设法治玉溪，率先在全省全面建成小康社会的奋斗目标，具有重要意义。各级党委（党组）要加强对规划实施工作的领导，认真抓好规划的落实。各级领导干部要坚持立党为公、执政为民，增强依法执政的理念，提高法律素养，严格依法办事，确保宪法和法律法规的正确实施。16日，市委下发《中共玉溪市委关于建立市人民政府向市人大常委会报告国有资产管理情况制度的实施意见》，依据宪法和法律规定，市人民政府依法行使国有资产所有权并负有管理职责，市人大及其常委会负有国有资产监督职责。27日，市委、市政府下发《玉溪高新区托管研和工业园区实施方案》。将研和工业园区收回管理并委托玉溪高新技术产业开发区管理，由玉溪高新区统筹规划，统一建设，统一运营。积极、稳妥做好托管工作，实现托管工作平稳交接，加快园区经济发展。

9月27日，市委、市政府下发《新时期产业工人队伍建设改革实施方案》。按照政治上保证、制度上落实、素质上提高、权益上维护的总体要求，以实现产业工人体面劳动、全面发展、舒心生活为目标，以发挥技术工人的作用为重点，改革不适应玉溪市产业工人队伍建设的体制机制，保障产业工人合法权益，切实提高工人阶级先进性和主人翁地位，充分调动广大产业工人的积极性主动性创造性，为加快推进玉溪高质量跨越式发展，确保在全省率先全面建成小康社会提供力量支撑和人才保障。实施“6662211”玉溪产业工人技能提升行动（围绕6类重点群体，开展6项技术培训，到2020年，培养600名技术能手，建立打造20个优秀产业工人培养培训基地、200个技能人才工作室，认定100名“玉溪工匠”、10万名产业工人参加技能培训），把产业工人队伍建设作为实施科教兴玉战略、人才强市、创新驱动发展战略的重要支撑和基础保障。通过改革，产业工人队伍不断壮大，综合素质明显提高，保障产业工人地位的制度更加健全，产业工人合法权益进一步实现，劳动光荣、技能宝贵、创造伟大的时代风尚更加浓厚，造就一支有理想守信念、懂技术会创新、敢担当讲奉献的宏大产业工人队伍。

10月22日，市委、市政府下发《关于玉溪市创建全国民族团结进步示范市的实施意见》。作为少数民族人口占全市总人口34.5%的玉溪市，创建全国民族团结进步示范市，是贯彻落实习近平新时代中国特色社会主义思想和党的十九大精神的具体行动；是站在新的历史时期，牢牢把握各民族“共同团结奋斗、共同繁荣发展”主题，着眼于巩固和发展平等、团结、互助、和谐的社会主义民族关系，在更高起点、更高水平上推进民族团结进步事业创新发展的重大举措；是创新服务管理、做好新形势下民族工作、推动民族聚居地区经济社会全面发展的重要抓手；是顺民意、得民心、惠民生的民心工程。开展好创建活动，对于推进玉溪高质量跨越式发展和长治久安、实现“六个走在全省前列”、促进各民族共同繁荣发展、提升综合竞争实力，具有重要的现实意义和深远的历史意义。按照统筹推进“五位一体”总体布局和协调推进“四个全面”战略布局，牢固树立“创新、协调、绿色、开放、共享”的发展理念，坚定不移地实施“生态立市、产业富市、创新强市、开放兴市、共享和市”战略，牢牢把握各民族“共同团结奋斗、共同繁荣发展”主题，通过实施《中共玉溪市委、玉溪市人民政府关于玉溪市贯彻〈云南省建设我国民族团结进步示范区规划（2016～2020年）〉的实施意见》，打牢民族团结进步的思想基础、物质基础、法治基础、社会基础，把民族团结进步创建活动打造成为玉溪市民族团结进步事业的强基工程、亮点工程和一把手工程，促进全市民族团结、经济发展、社会和谐，实现争创全国民族团结进步示范市的目标。23日，市委、市政府下发《玉溪市脱贫攻坚巩固提升三年行动实施方案（2018～2020年）》。制定出台系列配套政策，采取有力措施，以前所未有的力度推进脱贫攻坚，取得了决定性成效。2017年底，全市贫困人口从2013年的3.46万户12.11万人减少到0.4万户1.24万人，县乡村贫困发生率都降到3%以下，全市贫困发生率下降为0.78%，脱贫攻坚工作已从减少贫困人口数量为主攻方向进入到巩固提升脱贫质量为主的新阶段。到2020年，稳定实现农村贫困人口不愁吃、不愁穿，义务教育、基本医疗和住房安全有保障；实现贫困乡村与全市农村居民人均可支配收入比例达到0.8∶1以上，基本公共服务主要领域指标达到全国平均水平。贫困地区乡村振兴取得重要进展，农业综合生产能力稳步提升，农业供给体系质量明显提高；农民增收渠道进一步拓宽，城乡居民生活水平差距持续缩小；农村基础设施建设深入推进，农村人居环境明显改善。31日，市委、市政府下发《关于加强和完善城乡社区治理的实施意见》。坚持以基层党组织建设为关键、政府治理为主导、居民需求为导向、改革创新为动力，健全体系、整合资源、增强能力，完善城乡社区治理体制，努力把全市城乡社区建设成为和谐有序、绿色文明、创新包容、共建共享的幸福家园，推动玉溪实现高质量跨越式发展，率先全面建成小康社会，谱写好中国梦的玉溪篇章。到2020年，基本形成基层党组织领导、基层政府主导的多方参与、共同治理的城乡社区治理体系，城乡社区治理体制更加完善，城乡社区治理能力显著提升、城乡社区公共服务、公共管理、公共安全得到有效保障。到2025～2030年，城乡社区治理体制更加成熟定型，城乡社区治理能力更为精准全面，促进自治、法治、德治高度融合，为夯实党的执政根基、巩固基层政权提供强大保障，为推进国家治理体系和治理能力现代化奠定坚实基础。

11月2日，市委、市政府下发《关于全面加强生态环境保护坚决打好污染防治攻坚战的实施意见》。坚持生态立市、环境优先战略，提高政治站位"立"、推进绿色发展"立"、坚守生态底线"立"、改善环境质量"立"、压实生态责任"立"，坚决打好以"三湖"保护治理为重点的污染防治攻坚战，将生态环境保护工作融入经济、政治、文化、社会建设全过程，全面推行环境保护"党政同责、一岗双责"，深入推进领导干部自然资源资产离任审计、生态环境损害责任追究及自然资源资产负债表编制等工作。到2020年，生态环境质量进一步改善，主要污染物排放总量大幅减少，环境风险得到有效管控，生态环境保护水平同全面建成小康社会目标相适应。

12月12日，市委、市政府下发《关于加强耕地保护和改进占补平衡的实施意见》。围绕实施乡村振兴战略，坚守土地公有制性质不改变、耕地红线不突破、农民利益不受损三条底线，坚持最严格的耕地保护制度和最严格的节约用地制度，像保护大熊猫一样保护耕地，着力加强耕地数量、质量、生态"三位一体"保护，着力加强耕地管控、建设、激励多措并举保护，切实落实藏粮于地、藏粮于计战略，提高粮食综合生产能力，为实现玉溪高质量跨越式发展构筑坚实的资源基础。全面落实"产业兴旺、生态宜居、乡风文明、治理有效、生活富裕"的乡村振兴战略总体要求，不断完善耕地保护和占补平衡机制，实现耕地管控、建设、激励多措并举保护，形成保护更加有力、执行更加顺畅、管理更加高效的耕地保护新格局。到2020年，全市耕地保有量不少于350万亩，永久基本农田保护面积不少于259.66万亩，单位地区生产总值建设用地使用面积下降22%，建成高标准农田120万亩以上。23日，市委下发《玉溪市党务公开实施办法（试行）》。推动全面从严治党向纵深发展，加强和规范党务公开工作，发展党内民主，强化党内监督，使广大党员更好了解和参与党内事务，动员组织人民群众贯彻落实好党的理论和路线方针政策，促进党务公开工作制度化、规范化、程序化，提高党的执政能力和领导水平。29日，市委、市政府下发《关于推进防灾减灾救灾体制机制改革的实施意见》。通过深化改革，使全市防灾减灾救灾体制机制更加科学，统筹协调、分工负责的防灾减灾救灾领导体制更加健全，分级负责、属地管理的防灾减灾救灾管理体制更加完善，政策体系更加完备，各级政府在灾害中的事权和工作责任得到进一步厘清，信息共享机制、社会力量和市场参与机制、军地协同机制、区域合作机制更加健全，防灾减灾信息化水平、灾害监测预警能力、全民防灾减灾意识、重大项目设防水平、综合减灾能力、灾后恢复重建能力进一步提高，防灾减灾与社会经济发展相匹配，同等致灾强度下灾害造成的损失不断减少，受灾群众生活更加有保障，全社会抵御自然灾害的综合防范能力全面提升。

【办文、办会】 2018年，市委办公室认真贯彻落实习近平总书记关于"加强党内法规备案审查工作"的重要指示要求，加大党内规范性文件备案审查力度，切实维护市委文件的权威性和严肃性。文电办理严谨规范。严格落实公文收、办、发、阅、传、存的相关规定，快捷高效办好来文，严肃规范做好发文，严谨细致管好公文，共拟办中央、省委和各部门来文698件；办理、排版、印发各类文件、电报、信息、简报2 314余件；收发中央、省、市各级各部门文件8 076件21 411份，传阅文件10 485人次，均做到了无延误、无滞留，零失密、零遗失。贯彻精简文件要求，年内，制发市委、市委办文件112个，比上年减少20.5%。加强公文处理与党内法规工作有序衔接。编制了《2018年市委文件制定计划》，建立了以合法合规性审核统筹公文办理全过程的公文处理机制。54项市委文件制定计划完成50项，完成率92.6%。审核办理以市委、市委办名义印发的文件66件，提出合法合规性方面的修改意见建议46条。有效防止文稿"带病上会"。认真贯彻落实《进一步加强市委文件审核工作的意见》，把好前置审核关口，全年共前置审核党内规范性文件39件，补充征求职能部门意见建议64次，出具审查意见书37份，提出修改意见建议88条，均被全部采纳。报备备案工作成效明显。严格执行《玉溪市党内规范性文件备案办法》，向省委报送备案党内规范性文件82件，报备率、及时率和合法合规率均达到了100%；处理各县（区）委、市委各部门报送市委备案的规范性文件480件，报备数量比上年增长32.7%，报备及时率比上年提高68.4%。充分发挥法律顾问参谋助手作用。充分借助法律顾问专业力量，全年听取法律顾问意见建议120余次，参与审查事务性合同94件、审核文件26件，提出修改意见建议17条。

市委办公室高标准组织筹办好市委全会、市委工作会、市委常委会、市委理论学习中心组学习和市委专题会议等重要会议，完成市委和市委领导的各项重要调研、视察、检查活动。充分发挥办公室运转枢纽作用，建立和完善与同级人大、政府、政协、纪委监委办公室和有关部门定期沟通协调机制，统筹重要工作高效运转。年内共召开5次市级机关秘书长办公室主任联席会议，有效统筹了市级机关重大会议活动，提高了工作的科学性和预见性。圆满完成国家领导人和省委、省政府主要领导以及其他领导赴玉调研、视察活动10余次，市委重要调研80余次、重要会议100余次的协调服务以及40余次重要接待的组织服务；召开全市性会议32次、会议天数16天、参会总人数9 723人次，比上年分别下降5.9%、11.8%、7.8%。召开市委常委会39次。

【信息工作】 2018年，党委信息工作按照中央、省委和市委领导对信息工作的新指示新要求，紧紧围绕市委、市政府的中心工作，突出中心导向、问题导向、咨政导向、典型导向和情报导向，扎实做好新形势下党委信息工作，为上级党委和同级党委及时了解情况、进行科学决策、推动工作落实提供了及时、全面、优质、高效的服务。充分发挥好"瞭望哨、烽火台、智囊团"的职能作用，及时、准确编报相关信息，为市委及时全面掌握重要动态、深度情况提供了准确信号，为中央和省委了解玉溪发展动态做出了贡献。向省委办公厅上报信息5 728条，被省委办采用415条、中办采用31条，采编各县（区）、市直各单位信息2 638条，编辑出刊

《玉溪重要信息》48期、《信息专报》43期、《工作情况交流》18期。

【上级领导视察调研】 2018年1月11日，民盟中央主席、中国科学院副院长、中国科学院大学校长丁仲礼率国科大调研组到玉溪市就建设国科健康科技小镇进行考察调研，并与罗应光、张德华等领导就推进项目建设相关事项进行座谈交流。

2月26～27日，副省长和良辉到玉溪调研抚仙湖保护治理及河（湖）长制工作，实地调研了解抚澄河保护治理、大鲫鱼河保护治理、抚仙湖农业面源污染治理、北岸生态调蓄带工程建设、沿湖企事业单位退出、广龙旅游小镇项目进展及抚仙湖海口出水口退田还湖情况。和良辉强调，玉溪市要进一步增强紧迫感、责任感和使命感，紧盯“确保抚仙湖长期保持一类水质”的目标，深化、完善抚仙湖防治规划和标准，举全市之力按时限完成抚仙湖防治各项任务，全面推进、坚决打好抚仙湖保护治理攻坚战。张德华参加调研座谈。

3月19日，副省长王显刚率队到玉溪市巡查抚仙湖、星云湖保护治理工作并强调，要坚持问题导向，以全面实施河湖长制为抓手，因湖施策、对症下药，驰而不息、久久为功，从讲政治的高度抓好“两湖”保护治理工作，坚决打赢新时代抚仙湖星云湖保卫战。罗应光、柳文炜陪同巡查或参加座谈。26～27日，全国政协常委、民建中央专职副主席吴晓青，全国政协常委、民建中央副主席、民建云南省委主委、云南省政协副主席高峰一行到玉溪，调研抚仙湖北岸生态调蓄带工程建设情况、广龙旅游小镇项目进展情况，参观抚仙湖生态展示中心和玉溪国家农业科技示范园区，并与民建玉溪市委领导班子和基层负责人员座谈。

4月11日，交通运输部副部长刘小明到玉溪市就推进“四好农村路”建设开展调研。刘小明强调，要深入贯彻落实习近平总书记关于建设“四好农村路”的重要指示精神，在新的历史起点上努力开创“四好农村路”运输服务工作新局面，让农村运输服务更安全、更便捷、更有效率、更可持续。副省长李玛琳、省交通厅厅长王云山，市长张德华等陪同调研。16日，省委常委、省委统战部部长杨宁率队到玉溪市巡视杞麓湖保护治理工作并主持召开2018年第一次省级河长会议。杨宁强调，要进一步深化认识、查找差距，积极行动、主动作为，统筹推进山水林田湖综合治理，全面贯彻落实中央、省委对河长制的工作部署，推动杞麓湖保护治理工作迈上新台阶。省委统战部副部长、省工商联党组书记马春，省林业厅、省水利厅相关领导参加巡视，保明顺陪同巡视。

4月16～19日，省委副书记、省长阮成发在玉溪市各县（区）调研并强调，要认真学习贯彻习近平新时代中国特色社会主义思想和党的十九大精神，抓住机遇、坚定不移、锲而不舍、举全市之力建设创新型城市，推动新旧动能转换，实现高质量跨越式发展。副省长陈舜、省政府秘书长杨杰参加调研，市委书记罗应光、市长张德华陪同调研并汇报玉溪工作情况。

5月7～10日，云南省委组织部、省委老干部局组织18位省级退休干部到玉溪市澄江县开展“走三迤、看变化、话发展”省情考察，共享改革开放成果，共话云岭跨越发展。云南省委组织部副部长、省委老干部局局长晏森，市委书记罗应光等陪同考察并介绍玉溪经济社会发展情况，市长张德华等参加考察座谈会。10～11日，省人大常委会常务副主任、省级河（湖）长制副总督察和段琪率督察组到玉溪市，就玉溪落实杞麓湖河长制工作情况进行督察。和段琪强调，要树立和践行新发展理念，进一步提高对实行河长制重要意义的认识，强化责任担当，压实治湖责任，全面落实河长制，着力抓好环湖截污、源头治理、农业种植结构调整等工作，切实做到保护水资源、防治水污染、改善水环境、修复水生态和加强执法监管。柳文炜陪同督察调研并汇报相关工作。

6月21～22日，省人大常委会副主任杨福生率调研组到玉溪市，就抚仙湖保护治理、城乡人居环境改善情况进行调研，听取市政府关于玉溪市2017年度环境状况和环境保护目标完成情况报告。市委秘书长王志新陪同调研。21～22日，省人大常委会常务副主任、省级河（湖）长制副总督察和段琪率队到玉溪市督察星云湖河（湖）长制落实情况并强调，玉溪市和江川区进一步细化成绩清单、问题清单、整改清单，严格落实河（湖）长制，按照“一湖一策”方案，加快推进环湖截污治污、污染底泥疏挖及处置、污水处理厂管网完善等项目建设，确保星云湖保护治理目标任务的顺利实现。市委书记罗应光陪同督察组进行实地督察，市长张德华向督察组汇报星云湖河（湖）长制工作落实情况。26日，由全国人大常委会委员、教科文卫委员会副主任委员吴恒带领的防震减灾调研组，就玉溪市《防震减灾法》贯彻实施情况开展调研，并与玉溪市有关方面进行座谈。市人大常委会主任李洪云参加调研座谈。

7月10日，文化和旅游部副部长李群一行到玉溪市，就文化建设及文化旅游产业发展情况进行调研。副省长李玛琳，市长张德华陪同调研。

8月2日，省委书记陈豪履行河（湖）长职责，率队到玉溪市澄江县检查抚仙湖保护治理及区域规划建设等工作并强调，要坚持以习近平生态文明思想为指导，增强紧迫感、危机感和使命感，切实扛起政治责任和使命担当，按照“保护第一、治理为要、科学规划、绿色发展”的总体思路，全力抓好抚仙湖保护治理工作，让抚仙湖Ⅰ类水质世世代代留存下去。省委常委、省委秘书长刘慧晏，副省长王显刚、和良辉参加调研，市委书记罗应光、市长张德华全程陪同调研。2～3日，省人大常委会副主任、省总工会主席王树芬一行到玉溪市，就开展“面对面、心贴心、实打实服务职工在基层”活动、切实提高工会服务职工群众能力等进行调研。省总工会副主席彭增梅参加调研。市委副书记、市委统战部长保明顺等陪同调研。3～4日，省委书记陈豪率队在玉溪市调研经济社会发展和生态环境保护工作并强调，全市要深入学习贯彻习近平新时代中国特色社会主义思想，坚持生态优先、绿色发展，努力闯出一条高质量跨越式发展的新路子来，率先全面建成小康社会，在新时代现代化建设道路上走在全省前列。省委常委、省委秘书长刘慧晏，副省长王显刚、和良辉参加调研，市委书记罗应光、市长张德华全程陪同调研并汇报相关工作情况。14日，省委常委、省委统战部长杨宁率队到玉溪市调研民营企业生产经营情况，实地了解全市有关支持民营经济发展政策落实情况、民营企业发展面临的困难和问题，听取对民营经济发展的相关意见和建议。杨宁强调，玉溪要围绕全省八大重点产业布局和打好“三张牌”的要求，进一步学深悟透贯彻落实好省委、省政府出台的一系列支持民营企业发展的政策措施，结合自身实际，拓宽工作思路，梳理出台和细化相关政策措施并向民营企业宣传好、落实好、执行好。省政协副主席、省工商联主席喻顶成，省委统战部副部长、省工商联党组书记马春参加调研，市委副书记、市委统战部长保明顺全程陪同调研并主持座谈，市委常委、红塔区委书记张小良参加调研和座谈。16～17日，省委常委、省纪委书记、省监委代理主任冯志礼调研全市纪检监察工作及抗震救灾情况并强调，要着力打造出一支忠诚干净担当的纪检监察干部队伍，坚持打铁必须自身硬，建好用好党风政风监督平台，擦亮“审查”这把反腐利剑，不断提高案件审理水平，持之以恒正风肃纪，努力探索出玉溪经验。市委书记罗应光、市纪委书记孟凡兵、市委常委、市委秘书长王志新陪同调研。22日，省政协副主席何波一行到玉溪市，就学习贯彻习近平总书记关于加强和改进人民政协工作重要思想情况进行调研指导。

10月11～12日，省人大常委会常务副主任、省级河（湖）长制副总督察和段琪率督察组到玉溪市对抚仙湖河（湖）长制工作落实情况开展督察。和段琪强调，玉溪市和澄江县要深入学习贯彻习近平生态文明思想，全面落实中央对河（湖）长制的工作部署，坚持问题导向，摸清现状底数，强化源头把控，抓住入湖河道治理这个重点，认真把河（湖）长制工作切实落到实处，切实提升入湖河道水质，持续削减入湖污染负荷。市委书记罗应光就抚仙湖河（湖）长制工作做情况汇报并陪同督察调研。16日，中国关工委常务副主任祖书勤率队到玉溪市就关心下一代工作进行调研，并强调要深入学习贯彻落实党的十九大精神和习近平新时代中国特色社会主义思想，深入贯彻习近平总书记对关心下一代工作的重要指示精神和全国教育大会精神，做到融会贯通、结合实际，打造品牌和亮点。市委书记罗应光向调研组汇报玉溪经济社会发展情况，保明顺汇报近年来全市关心下一代工作开展情况。23～24日，省政协主席、党组书记李江率队到玉溪，就基层政协工作及实施乡村振兴战略等工作进行调研。市领导保明顺、夏立洪、王志新等陪同调研。25～26日，根据国务院医改领导小组秘书处关于开展医改有关举措落实情况督察的要求，人社部工资司司长李秀山率国家医改工作督察组到玉溪市，就公立医院综合改革、分级诊疗制度落实等情况进行督察。

11月8日，副省长王显刚率队到江川区，对星云湖保护治理工作进行督导，并召开督导星云湖杞麓湖保护治理工作座谈会。王显刚强调，要坚持问题导向，以全面实施河（湖）长制为抓手，因湖施策、对症下药，从讲政治的高度抓好“三湖”保护治理工作，坚决打赢新时代“三湖”保卫战。张德华陪同督导。12～13日，省委书记、全省总河（湖）长、抚仙湖河长陈豪率调研组在玉溪市督促检查抚仙湖、星云湖、杞麓湖保护治理工作。陈豪强调，要深入学习贯彻习近平生态文明思想和习近平总书记近期重要批示精神，牢记习近平总书记的殷殷嘱托，提高政治站位，认真履行河（湖）长制责任，扎实推进中央环境保护督察“回头看”及高原湖泊环境问题专项督察反馈意见整改工作，坚决抓好九大高原湖泊保护治理。省委常委、省委秘书长刘慧晏，副省长和良辉参加，市委书记罗应光、市委常委、市委秘书长王志新等陪同调研。

督查工作

【党中央和省委、市委重大决策、重要工作、重要会议部署贯彻落实情况的督促检查】 2018年，市委督查室坚持“四个围绕”开展督查活动，确保各项工作落实到位，围绕中心工作抓督查，抓好中央、省、市委重要会议及工作部署的督查督办。坚持按照“定工作任务、定责任单位、定责任领导、定工作要求、定落实时限”的要求，重点抓好中央、省委决策部署和市第五次党代会、市委五届五次全会、市委常委会及专题会、市委及市委办公室文件、市委主要领导重要讲话等重点工作的督促检查。围绕专题抓督查。按照市委召开的专题会议、现场会议的要求及时开展督查，推动工作落实。通过联合督查、实地督查、抽样督查、跟踪督查、催报督查等方法，对玉溪青花街项目、玉溪大河三期和高铁新城二期、通海县杞麓湖保护治理和县城提质扩容等重点工作组织和参与多次专题督查及工作调研，及时形成督查报告。对华宁县陶瓷产业发展专题会议决定事项和2018年四季度全市稳增长工作会议精神进行分解立项督查，按月形成督查报告。着力解决由点到带有普遍性的问题，推动同类问题的解决或面上工作的开展，扩大督办效果和影响。围绕重要调研记录抓督查。围绕市委决策的制定和工作的落实，围绕改革发展稳定中的突出问题和群众普遍关心的热点、难点问题的解决认真办理重要调研记录。切实抓好市委主要领导调研时明确的工作事项，逐项落实，做到事事有人抓、件件有回音，不折不扣把各项决策部署落到实处。自5月负责承办重要调研记录以来，共办理市委重要调研记录8期，交办事项91项，印发督查专报15期。按照省委督查室的要求，认真组织开展督查，及时上报《关于中央和省国有权属单位退出抚仙湖一级保护区工作的情况报告》《玉溪市学习贯彻陈豪同志在云南省主要领导干部深入学习贯彻习近平新时代中国特色社会主义思想专题研讨班暨2018年省委理论学习中心组第四次集中学习时的讲话和〈云南日报〉评论文章的情况报告》《玉溪市优先解决拖欠农民工工资问题的情况报告》《关于省委陈豪书记在抚仙湖保护治理工作情况专报〔2018〕年第3期上批示的贯彻落实情况报告》《玉溪市贯彻落实国家加强环境保护和我省努力成为生态文明建设排头兵决策部署情况的报告》专题督办工作报告。年内，下发督查通知36期，分解立项督查事项1 340项。

【领导批办件的督促落实】 2018年，市委督查室严格按照“准确、快捷、高效”原则，抓好领导批示件的督办落实。在批示件办理过程中始终坚持“即时交办、专人负责、逐件反馈、及时专报”，做到全程跟踪，督查从速，办理快速，反馈迅速，真正做到了“事事有着落、件件有回音”。年内，共办理市委领导批示件143件，已办结141件，正在办理2件，办结率98.6%。

【重点工作督查】 2018年，市委督查室围绕“七位一体”进行督查。按照中央、省、市委的工作部署和全市工作重点。将党的建设、科教引领创新发展、招商引资、重点工作及项目、“三大战役”、生态文明建设、社会稳定七大部分19个方面的工作落实情况纳入督查工作重要内容，并认真落实督查督办责任机制，每季度汇总工作推进情况，及时向市委做出报告。持续推进保卫抚仙湖雷霆行动问题整改落实情况的督促检查。认真落实省、市抚仙湖综合保护治理工作专题会议有关决策部署，迅速行动、全力整改，有效防范抚仙湖水污染风险。雷霆行动开展以来，市委督查室紧紧围绕既定目标，强化全面督查、重点督查、专项督查，以督查推进度、以督查保质量、以督查促落实，对保卫抚仙湖雷霆行动100项问题责任清单进行督查、验收销号。截至3月27日，第一阶段的100项问题责任清单已全部销号，为打赢新时代抚仙湖保卫战筑牢了防线。第二阶段的8方面40项问题责任清单及10项应急工程，持续深入进行现场督查、采取针对性措施，有力地推动了抚仙湖保护治理工作向纵深推进；第二阶段实施方案40项问题责任清单中的25项清单已通过验收销号，10项保卫抚仙湖雷霆行动第二阶段应急工程中的5项工程已通过验收销号。全年共开展督查、实地核查验收8次，下发督查通知7期，形成督查通报7期，督查专报3期，反馈意见3份。加大对玉溪市创建全国全省文明城市、澄江县创建全国文明县城工作的督查力度。对创建工作中存在的突出问题和薄弱环节进行重点跟踪督办，直到整改工作任务得到完全落实。在强化督查的基础上，严格执行督查结果通报制度，创新督查机制，加大责任追究，根据工作推进落实情况，视完成程度分别实行督查通报、督查黄色通报、督查红色通报，推动了市、县文明城市创建工作扎实开展。年内，共组织开展创文督查13次，印发督促检查办理通知单5期，编发督查专报4期、督查通报8期。其中，督查专报第45期及督查通报第7期得到市委副书记保明顺的批示表扬和肯定。认真贯彻落实省委省政府关于中央环境保护督察“回头看”交办件边督边改的各项工作要求，进一步加大中央环境保护督察“回头看”交办件督查督办工作力度，6月23～26日，由市委督查室牵头，组成5个督查组，深入全市七县两区和22个市直相关单位，采取明察暗访、召开座谈会、查阅资料、面询相关人员、实地督查等形式，对各县（区）、市直相关单位落实办理《玉溪市贯彻落实中央环境保护督察反馈意见问题整改总体方案》及中央环保督察“回头看”交办件情况进行了深入细致的督查。逐个分析研究重点环保问题，明确责任单位、责任人员和办理完成时限，强化落实工作措施，实行挂账督办，专案盯办，加强整改督促检查，及时跟踪问效，形成督查专报2期、督查工作1期、工作动态3期。

【督查通报】 2018年，市委督查室强化预警通报，每月在各责任单位报送指标进度的基础上，根据工作进展情况，对要目标任务完成情况进行核实整理，以预警通报形式，及时印发到各县区、各责任单位，指出存在问题，责令限期整改，定期报送整改情况。强化责任通报，紧盯责任单位和责任人。对工作抓得紧、落实情况好的进行通报表扬，对措施不得力、工作不落实的限期整改。对社会普遍关注的重点工作、重点项目进展情况，通过督查信息适时进行通报。充分发挥督查的监督、引导、促进作用。2018年，共编发《督查专报》108期、《督查通报》17期、《督查工作》12期。

【综合考评工作】 2018年，市委督查室组织完成2017年度对全市七县两区和市直65个单位目标任务综合考评工作任务，在严格审核的基础上及时汇总考评结果，形成了考评报告。完成2017年度省委、省政府对玉溪的年度综合考核评价工作。紧紧围绕全市经济社会发展总体思路，逐项细化、层层分解，进一步完善考评指标体系，组织完成《玉溪市市直单位2018年度目标任务综合考评办法》《玉溪市2018年度县区目标任务综合考评办法》的制定。切实做好2018年度年终全市综合考评准备工作，各项工作有序开展。严格执行考评办法和奖励方案，以考评为契机，充分发挥综合考评“指挥棒”和“风向标”作用。始终坚持将目标管理和督促检查这两项工作有机结合，不断探索完善两者互促互进的工作机制，既促进了考核内容的完善，又增强了督查效果，形成了推进工作、促进落实的强大合力，充分发挥了综合考评的导向激励作用。

【督查调研】 2018年，市委督查室坚持把督查和调研有机结合起来，做到调研到关键处，参谋到点子上，服务到决策中，发力到亟需时，真正运用督查调研方式解决实际问题，推动工作落实。紧紧围绕党委重大决策部署和重点工作开展督查调研，及时准确掌握重大决策的落实情况和重点工作的进展情况，及时发现决策和工作部署在落实过程中的问题和环节，及时提出补救措施和改进建议。对市委中心工作和项目建设、脱贫成果巩固提升等重点工作，积极主动开展督查调研，确保圆满完成目标任务；对“创文”工作、环保工作等阶段性重点工作，随部署随立项，持续跟踪，一督到底，直至问题解决，任务落实。紧紧围绕群众反映、关注的社会热点难点焦点问题开展督查调研。坚持下基层、到一线、访民情、解民困，了解基层干部群众的所想、所急、所盼，倾听群众心声，找准问题症结所在，分析问题原因，提出对策建议。紧贴领导思路开展督查调研，准确领会把握领导意图，及时捕捉领导的思想观点，督查领导关心的，调研领导想知道的，真正成为领导的“智囊”。形成了《玉溪市航空产业发展推进情况报告》《玉溪市民营经济、县域经济、园区经济发展情况报告》《全市河（湖）长制工作调研报告》等调研报告。

【督查队伍建设】 2018年，市委督查室按照市委的要求，牢固树立“四个意识”、自觉践行“五个坚持”、大力弘扬“跨越发展、争创一流；比学赶超、奋勇争先”精神，全面提升“三服务”能力和水平。强化廉政建设。通过督查室例会、参加办公室组织的观看反腐倡廉工作电教片、举办警示教育会等形式，努力增强党风廉政教育的针对性和实效性。认真落实党风廉政建设责任制，抓好党风廉政建设责任分解、责任考核、责任追究等工作，强化领导干部“一岗双责”。强化干部教育培训，年内委托上海复旦大学举办了玉溪市党委督查系统领导干部能力素质提升培训班，各县（区）、市直相关部门专兼职督查员50人参加培训；选派5名干部参加市直相关部门省外培训学习；邀请省委督查室相关人员到玉溪市进行督查业务专题培训。加强交流学习，按照市委分管领导的安排，为学习借鉴其他州市党委督查工作和综合考评工作方面的先进经验和做法，市委督查室组成2个学习考察组，于10月29日至11月8日，赴昆明、曲靖、大理、版纳等10个州市进行学习考察。重点就新形势下党委督查工作和综合考评工作的开展情况、机构设置、干部队伍建设、督查资源整合、考评指标体系设置、结果运用等方面的做法和经验进行考察学习。

（市委办 提供）

政策研究

【重要文稿起草】 2018年，市委政研室起草市委五届六次七次全会报告、省委十届四次全会精神传达提纲、全市主要领导干部学习贯彻习近平新时代中国特色社会主义思想和党的十九大精神研讨班讲话、省对市综合考评情况汇报、玉溪市绿色发展情况汇报、玉溪市经济社会发展亮点难点重点概述、玉溪市革除婚丧陋习弘扬孝道精神推进乡风文明建设情况、玉溪撤地设市二十周年座谈会讲话、“六个走在全省前列”调研成果汇报会讲话、玉溪市2018年经济社会发展形势报告、玉溪市关于中央环境保护督察反馈意见问题整改落实情况汇报、玉溪市工作情况汇报、昆玉—玉元经济带建设座谈会讲话、全市2018年上半年工作推进会讲话、全市实施乡村振兴战略现场推进会讲话、中组部调研玉溪市基本情况汇报等56篇重大会议报告、讲话及中央、省委重大调研汇报材料的起草任务。牵头起草了《关于深入学习贯彻党的十九大精神促进玉溪跨越发展的决定》《关于玉溪市干在实处走在全省前列的决定》《关于实施乡村振兴战略走在全省前列的实施意见》等重要文件，完成干在实处走在全省前列“1+7+1”系列文件分工。

【调查研究】 2018年，市委政研室牵头组织了抚仙湖水质、乡村振兴、“红塔品牌”影响力、“六个走在全省前列”等重大专题调研，组织开展了工商资本下乡、“空心村”、农村土地所有权承包经营权分置改革、农村集体产权制度改革、农村基本公共服务、革除婚丧陋习弘扬孝道精神推进乡风文明建设等专项调研，形成有质量、有份量的调研报告12篇，编印《调查研究》6期。全年办理《省委重要调研记录》9期，整理上报涉玉工作推进情况19项。

农业农村工作

【乡村振兴】 2018年，市委农村工作领导小组围绕“产业兴旺、生态宜居、乡风文明、治理有效、生活富裕”总要求，认真谋划、精心部署、高位推动，全市乡村振兴工作稳步有序推进、开局良好，获得2018年度云南省（市）实施乡村振兴战略考评排名第一、全省州（市）“三农”发展综合考评排名第二的好成绩，受到省级通报表扬。制定出台《玉溪市关于实施乡村振兴战略走在全省前列的实施意见》，启动《玉溪市乡村振兴战略规划（2018—2022年）》编制工作，研究制定了《玉溪市实施乡村振兴战略责任制方案》《关于实行“千名领导挂千村”责任制工作方案》《玉溪市高原特色现代农业产业发展三年行动计划（2018—2022年）》等9个配套文件，调研形成《玉溪市推动乡村振兴走在全省前列调研报告》，搭建了推动乡村振兴的体制机制。市委农村工作领导小组坚持质量兴农、绿色兴农，突出抓好4个特色农业带建设，加快国家农业可持续发展试验示范区暨农业绿色发展先行先试区建设，加快发展无公害、绿色、有机农产品，全力打造“绿色食品牌”，积极拓展国内外市场，高原特色现代农业亮点频现。全市“三品一标”认证累计达203个，全年完成农业总产值261亿元，实现农业增加值153亿，农村居民人均可支配收入14 297元，农产品自营出口额18.5亿美元。抓好中央环保督察“回头看”整改工作，落实湖长制、河长制和山林长制，推进抚仙湖国家山水林田湖草生态保护修复工程试点工作，完成抚仙湖径流区坝区5.6万亩土地流转休耕轮作。年内，启动农村人居环境整治3年行动，突出抓好农村垃圾、污水整治和厕所革命，加快推进美丽乡村建设，成功打造了澄江马房村、赵桅社区都市农庄等一批田园综合体。落实农村土地承包关系稳定并长久不变政策，衔接落实好第二轮土地承包到期后再延长30年的政策，基本完成农村土地承包经营权确权登记颁证工作，稳步推进农村集体产权制度改革国家级试点工作，全面开展农村集体资产清产核资、集体成员身份确认、股权量化等工作。市委农村工作领导小组持续强化农村基本公共服务供给，着力解决贫困地区基础设施、产业就业发展、人居环境整治等问题，贫困发生率下降到0.12%，社会保障卡持卡人数达210万人。同时，深入实施“基层党建巩固年”，构建以党组织为核心，自治法治德治有机结合的“一核三治、共建共享”的新型城乡基层治理机制，培养储备村级后备力量4 251名，率先在全省推行网格化服务管理。

【市委农办工作】 2018年，市委农村工作领导小组办公室认真履行职能，扎实抓好农村综合性改革，深入推进美丽宜居乡村建设项目。紧紧围绕“推动乡村振兴走在全省前列”的目标，精心筹备召开市委农村工作会、全市乡村振兴现场推进会和市委农村改革专项小组联席会议，牵头起草市委1号文件、《关于成立玉溪市乡村振兴战略领导小组的通知》《玉溪市实施乡村振兴战略责任制方案》《关于实行乡村振兴“千名领导挂千村”责任制工作方案》，牵头市直相关部门认真研究《玉溪市高原特色现代农业产业发展三年行动计划（2018—2020年）》等6个配套文件。牵头组织开展推动乡村振兴走在全省前列专题调研，高质量完成《玉溪市推动乡村振兴走在全省前列调研报告》。牵头启动实施2018年市级美丽宜居乡村建设重点村、巩固提升村项目，完成市级2018年美丽宜居乡村项目申报评审并下达建设资金3 000万元，对2017年美丽宜居乡村省级重点村和市级建设项目进行了实地考评，牵头组织县区农办和市直有关单位到省外学习调研、招商引资并取得了积极成效。全年上报省委农办材料16篇，完成省委农办专题调研任务5个。

深化改革

【经济体制改革】 2018年，市委政研室落实高质量发展要求，用改革办法破解制约经济发展的突出问题，发挥经济体制改革牵引作用。纵深推进“放管服”改革，出台深化“放管服”改革优化营商环境系列方案，围绕“123456”改革目标，全面启动“企业开办时间再减一半以上，项目审批时间再减一半以上，政务服务一网办通，企业和群众力争只进一扇门，最多跑一次，凡是没有法律法规依据的证明一律取消”的“六个一”专项行动，审批服务更加便民利民，企业开办、投资审批、产权登记、招商引资、公平竞争、政务服务环境全面优化提升。深入推进供给侧结构性改革，在“破立降”上下功夫，聚焦烟草、钢铁、有色、化工、建材等行业，细化产业转型升级路线图、施工图，严控钢铁新增产能，积极稳妥化解过剩产能，为实体经济减税降费，深入实施“中国制造2025玉溪行动计划”，推动制造业转型升级。深化财税体制改革，推进财政事权与支出责任划分改革，推进专项资金和预算管理制度改革，玉溪网统一的预决算信息公开平台公开决算和“三公”经费率达100%。

加快投融资体制改革，设立了国有资本运营公司、融资担保公司和9家专业投资公司，构建政府引导、资本运营、市场转型、社会参与的多元化国有资本运作平台，稳步推进政府和社会资本合作模式。深化科技创新体制机制改革，以建成高水平的“科教创新城”为目标，着力打造云南领先、西部一流、辐射南亚东南亚的科学研究、科技合作、技术孵化、成果推广基地，玉溪成为云南唯一上榜创新型城市建设城市，申报院士专家工作站8个，被认定为国家科技型中小企业56户、省级74户，全球创新中心云南分中心落户玉溪，通海县入选全国首批创新型县，红塔区认定为省级科技成果转化示范区，江川区认定为省级可持续发展实验区。

【开放型经济体制改革】 2018年，全市围绕建设全省区域性中心城市和创新开放生态宜居文明幸福的魅力之城目标，探索创新扩大对内对外开放政策机制。强化“引进来”，搭建“相约春天”“收获金秋”“南博会”“进博会”等重要平台，招商引资、招才引智成效明显。加快“走出去”，支持企业境外投资兴业，玉溪成为全省境外投资备案初审试点州市。围绕国家电子商务示范城市创建，探索线上和线下市场相互促进融合发展新模式，培育了猫哆哩等一批电子商务骨干企业。拓展区域合作宽度，成功承办首届中国—南亚合作等论坛，加强与北京顺义、广东佛山等友好城市的产业对接和交流合作。

【农村综合改革】 2018年，全市围绕“两不愁三保障”目标，在教育扶贫、健康扶贫和兜底保障精准施策、精准发力，全市建档立卡人口基本医疗保险和大病保险参保率、家庭医生签约率均达100%，低保对象应保尽保，易地扶贫搬迁安置5 246人。实施高原特色现代农业三年行动计划，推动“种养+加工+流通”全产业链发展，农村一二三产进一步融合，通海蔬菜、新平柑橘、红塔区花卉被认定为云南第一批特色农产品优势区，新增市级以上龙头企业21户。全面实施农村人居环境整治三年行动，积极实施“七改三清”“厕所革命”、污水垃圾治理和村庄绿化亮化等举措，健全“一核三治、共建共享”现代乡村治理体系，农村讲文明、树新风、促和谐的良好风尚逐步形成。落实第二轮土地承包延期政策，大力推进农村土地“三权分置”等11项改革任务，农村集体产权制度改革列为全国试点。

【民主法制领域改革】 2018年，全市发挥法治对深化改革、促进发展、维护稳定的引领和保障作用。民主政治建设不断加强，人大、政协和“一府两院”工作在民主法制轨道上迈出新步伐。推进民族团结进步示范创建，戛洒镇成功创建全国民族团结进步示范镇，宗教工作“一网两单”经验全省推广。树牢“立良法，促善治”理念，编制五年立法规划，制定引入第三方评估、论证咨询等工作规范，市森林防火条例颁布实施。提升基层依法治理水平，红塔区荣获全国第四批“法治创建先进县区”，创建国家级省级民主法治示范村21个、省级民主法治社区6个。推动依法治市创新，依法治市工作连续两年排名全省第一。

【文化教育卫生体制改革】 2018年，全市实施文化惠民工程、文艺繁荣工程、文化产业提质工程，县（区）、乡（镇、街道）文化馆站实现全覆盖，滇剧《王者江上》获国家艺术基金资助，成功举办玉溪市文化产业博览会。深化教育体制改革，以全省学前教育改革发展试点市为抓手，学前教育提量与增质并行；实行阳光招生和阳光分班，义务教育巩固率达97.92%；按照“立足玉溪、面向全省、辐射全国”定位，加快构建玉溪现代职业教育体系；积极开展省级中小学职称改革试点工作，有效激发教师内生动力。深化医药卫生体制改革，玉溪市成为公立医院综合改革首批15个国家级示范城市之一，统筹推进医疗价格、药品采购、人事薪酬、医保支付、绩效考核等改革，发挥政策叠加效应，公立医院改革继续走在全省前列。

【社会体制改革】 2018年，全市深化社会治理体制改革，健全社会治安防控体系，强化领导干部接访下访和包案化解，创建信访“三无”县（区）和“人民满意窗口”，打造“TV+信访”新模式，扫黑除恶专项斗争取得阶段性战果，第八次上榜“中国最安全城市”。深化社会保障改革，稳步推进机关事业单位养老保险制度改革，做好被征地农民养老保险工作。深化医疗保险制度改革，启动医联体医保打包付费试点。抓好社保扩面续保提标，全市社会保障卡持卡人数达212.5万人。建立社会救助兜底保障自然增长机制，提高城乡低保标准。全面落实司法体制改革，推进审判机制改革和刑事速裁程序改革，扩大简易程序和小额诉讼程序适用，全面公开案件信息，被司法部确定为全国公共法律服务平台建设示范市。

【生态文明体制改革】 2018年，全市坚决打好新时代抚仙湖保卫战，着力实施关停拆退、环湖生态建设、镇村两污治理、面源污染防治、入湖河道综合整治、城镇规划建设、产业结构调整、新时代“仙湖卫士”八大行动，扎实开展“百日攻坚雷霆行动”，建立“三湖”统一管理体制。深入实施清水、净土、蓝天、国土绿化和人居环境提升五大行动，污染防治攻坚战深入实施。全面推行山林长制，开展“绿盾2018”专项行动，加快森林玉溪建设。推动生活方式绿色转型，国家新能源汽车应用示范城市、公交都市、低碳试点城市创建等稳步推进。开展生态文明创建，华宁成功创建国家生态文明建设示范县，元江县、澄江县入选云南省生态文明县，8个乡镇列为省级生态文明乡镇。

【党的建设制度改革】 2018年，市委全面深化改革领导小组办公室按照党的组织、干部人事、基层组织建设、人才发展体制机制“四位一体”改革工作布局，深化党的建设制度改革。以政治建设为统领，加强和改进领导班子思想政治建设，规范入党宣誓仪式，进一步严肃党内政治生活。以高素质专业化为目标，推进干部人事制度改革，进一步激励广大干部担当作为，有效破解“看摊守成”等问题。以提升组织力为重点，加快党的基层组织建设改革，大兴调查研究之风，加强农村、城市、企事业单位、非公企业和社会组织等各领域党建工作，推动基层组织建设全面进步、全面过硬。创新人才发展体制机制，出台《玉溪市“百千万人才计划”的若干意见》系列文件，整合优化人才引进、培养、储备措施，全面提升玉溪人才品牌竞争力。

【纪检体制改革】 2018年，全市围绕全面从严治党纵深发展、扎实推进国家监察体制改革、充分发挥巡察利剑作用、切实发挥派驻监督“探头”作用、全面加强党的纪律建设、坚定不移推进反腐败斗争、发挥反腐败协调小组作用、进一步扎紧制度笼子、推进纪检监察机关自身改革9大重点任务开展。认真贯彻落实党风廉政建设主体责任派单制实施办法，推动管党治党政治责任落到实处，抓好权力运行监督。进一步纠正“四风”，确保作风建设决策部署在玉溪落地见效，规范农村操办婚丧喜庆事宜，抓好纪律作风监督。

【市委改革办工作】 2018年，市委全面深化改革领导小组办公室发挥好改革协调服务职能，完善《市委全面深化改革领导小组工作规则》《市委全面深化改革领导小组专项小组工作规则》《市委全面深化改革领导小组办公室工作细则》，进一步规范决策程序，提高决策效率。全年召开市委深改组会议6次，审议通过改革方案69项；党的十八届三中全会以来，市委深改组累计召开会议33次，审议通过改革方案258项。在全省率先出台《2018年改革工作要点》，细化192项改革任务；明确20项重点改革任务市级领导领衔负责，牵头推进；提出年度30项重点督查改革任务，克期完成。在玉溪日报、玉溪电视台等媒体进行改革宣传报道150余篇，向上级推介推广本地改革经验和典型20余次，中国改革报刊发《擦亮改革“金招牌”推动发展高质量—云南省玉溪市全面深化改革工作纪实》，玉溪日报刊发《2017年我市全面深化改革工作蹄疾步稳亮点频现》《2017年玉溪重点领域和关键环节改革成绩突出》等系列文章，大力宣传全市改革成效。《玉溪改革简报》刊发32期93篇稿件，专刊10篇，被省委采用信息4篇，4篇改革信息得到市委书记罗应光、市长张德华批示。在人民大学分2期举办了110余人的改革骨干业务培训。同时，认真完成中央和省委确定的改革试点，自行开展不同领域的差异化试点，形成一批可复制可推广的经验做法，充分发挥了试点对全局改革工作的引领、示范、带动作用，统筹推进5个国家级试点、22个省级试点，加快推进市委深改组会议审议通过的《元江县村干部任期经济责任审计暂行办法》《澄江县关于加快构建县、镇（街道）、村（社区）一体化工作新格局的实施意见》等5个试点。及时对中央、省委和市委出台的重大改革方案落实情况进行督办，根据2018年改革督查计划，按季度进行跟踪督查，逐一对照督查各县区、各部门贯彻落实、方案制定、跟踪问效等情况；对9个县（区）、72个市直部门的改革工作进行考核评价，反馈突出问题60余条，提出整改建议50余条。压实各专项小组、责任部门责任意识，对省级已出台的50个重点改革方案进行督导督查，确保打通改革落地“最后一千米”。

（董学能）

纪检监察

【政治监督】 2018年，市纪委监委汲取秦岭北麓西安境内违建别墅问题上严重违反政治纪律的教训，把“两个维护”作为重大政治责任和根本政治任务，围绕坚决打赢防范化解重大风险、精准脱贫、污染防治“三大攻坚战”强化监督，确保习近平总书记重要指示批示精神和中央省市委重大决策部署不折不扣贯彻落实。强化对遵守政治纪律和政治规矩情况的审查，坚决清除政治生态污垢，查处违反政治纪律案件15件19人。制定向市级领导报送相关情况制度，及时向市委及有关领导报告信访分析、巡察、立案、留置、处分等情况。严把政治关、廉洁关，回复廉政意见178批1 961人次，廉政审查否决53人次。

【作风建设】 2018年，市纪委监委认真分析研判“四风”问题“风源”“风向”，增强重点纠治的精准度。针对“四风”问题的顽固性、反复性、变异性，把日常检查和集中督查结合起来，抓住重要节点，重申纪律要求，聚焦形式主义、官僚主义5个方面31类问题，发现问题线索56件，给予党纪政务处分45人，问责22人，通报曝光23起37人。严肃查处市路政支队支队长沈绍飞公款购买土特产、红塔区北城街道梅园社区违规公款旅游等典型案件。全市62个单位主动报告公务活动中购买赠送烟酒茶玉相关问题，处置烟酒茶玉等合计金额242.7万元；清理出26名公职人员违规挂证取酬96.3万元；整治领导干部利用名贵特产类特殊资源谋取私利行为，开展公职人员违规参与民间借贷获取高利或违规揽储及借用管理服务对象钱款住房车辆问题专项整治。开展推动玉溪高质量跨越式发展专项纪律检查，对市级“四个一百”重点项目推进情况延伸检查。督促完成保卫抚仙湖雷霆行动100个问题整改销号，严肃处理中央环保督察组“回头看”期间交办信访举报件32批104件，省委省政府第一环保督察组交办件12件。问责90个单位和党组织，追责问责426人。严肃问责了通海县“2·15”烟花燃爆事故、华宁县“7·9”矣则河水库淹溺安全责任事故、易门县公租房项目拖欠农民工工资问题等涉及的责任单位和责任人员。对部分县区和有关职能部门存在的责任意识不强、担当精神不足、履职尽责不到位等问题进行了通报。

【整治基层“微腐败”】 2018年，市纪委监委坚持以人民为中心的发展思想，重点围绕脱贫攻坚巩固提升、扫黑除恶专项斗争，聚焦教育、卫生、医保、社保以及惠民资金等民生领域，严肃查处侵害群众利益的不正之风和

2018年2月12日，市纪委五届三次全会召开 （邓雪飞 摄）

腐败问题53件81人，问责31人，给予党纪政务处分50人。强化脱贫攻坚监督执纪问责，发挥脱贫攻坚五级联动监督平台作用，受理群众诉求15 368件，办结15 363件，办结率99.97%，处置扶贫领域问题线索263件，立案审查14件17人，问责4个党组织和单位、30名干部，给予党纪政务处分17人，通报曝光15起26人。督促推动建档立卡贫困人口家庭病床全覆盖，建床541人次。建立扫黑除恶线索排查、线索移交、线索处置、问责追责、通报曝光等5项工作机制，发布通告，严打黑恶势力背后的“保护伞”，共受理涉黑涉恶问题线索92件，立案审查调查7件8人，给予党纪政务处分4人，移送司法机关3人。

【反腐败斗争】 2018年，全市纪检监察机关共受理信访举报1957件（次），比上年上升95.9%；立案审查调查502件，比上年上升18.1%，其中县处级53人，比上年上升165%；处分436人，比上年下降2.2%，其中县处级31人。运用“四种形态”1 760人（次），其中第一、第二种形态占比达88.2%。移送检察机关审查起诉23件30人。挽回直接经济损失3 929.33万元。在全省率先实现留置措施使用县（区）全覆盖，全市采取留置措施29人，其中县处级6人。严肃查办了市贸促会原党组书记、会长莫晓顺，市移民开发局原局长武继昌，峨山县人大常委会原副主任兼大化产业园区管委会原主任李戈良等严重违纪违法、职务犯罪案。

【巡察工作】 2018年，市纪委监委督促推动省委第七巡视组反馈意见整改落实。配合省委第六巡视组开展对玉溪市高原湖泊保护治理机动巡视。修订《市委巡察工作规划（2017～2021年）》《市委巡察工作实施细则》，探索“市县同步、以市带县、整体推进”，以常规、提级、交叉、专项等方式开展市、县联动巡察，“巡乡带村”推动巡察向村（居）延伸。市县两级派出151个巡察组对253个党组织开展巡察，发现问题3 039个，移送问题线索345件，整改落实问题2 507个，建立健全制度775项，挽回经济损失1 034.99万元。

【纪检监察体制改革】 2018年，市纪委监委推进国家监察体制改革、派驻机构改革、巡察机构改革等有机融合，市、县（区）监察委员会完成组建，纪检监察派驻机构全部进驻。科学优化配置人员，转隶人员和划转人员全部对等安置，24名转隶人员混编充实到监督执纪审查一线。发布《关于敦促违纪违法党员干部和行使公权力的公职人员限期主动交代问题的通告》，当日即有2名公职人员主动到市纪委监委交代问题。制定完善监督执纪监察相关制度，再造工作流程，规范相关文书，实现纪委监委工作提速、提质、提效。全市共设置派驻（出）机构138个，专职巡察组46个。开展乡（镇、街道）监察试点工作，全市74个乡（镇、街道）监察专员办公室全部挂牌。探索向市管国有企业和市政府重大投资项目派出监察专员，强化对国有企业和政府重大项目投资的监督。

【加强纪律教育】 2018年，市纪委监委大胆探索“互联网+反腐”新模式，改版升级门户网站“玉溪党风廉政网”为“碧玉清溪”网，同步推出手机客户端，形成“一网一端一微一头条号”立体化网络宣传平台。同时，建成玉溪市反腐倡廉警示教育基地和纪律教育千米文化长廊。举办全市新提拔县级领导干部履职能力提升和反腐倡廉教育培训班，开展新修订的党纪处分条例学习宣讲540场3.6万人，组织7万余人参加全市党纪法规知识竞赛活动，6万余人接受警示教育。编印发放《党的十八大以来纪检监察机关查处严重违纪违法干部忏悔录选编》《玉溪市纪检监察机关查处腐败典型案例选编》（一、二辑）6 000余册，市反腐倡廉警示教育基地自开馆以来共接待556批3万余人次。通过典型案例剖析、媒体公开曝光、公开纪律审查监察调查信息、组织观看警示教育片、参观省市警示教育基地等形式，全方位、多渠道开展警示教育，切实发挥警示教育的威慑作用，教育党员领导干部自觉遵守各项廉政纪律。

【强化自身建设】 2018年，市纪委监委全方位打造“党性修养、自律自觉、自由活力、认真包容”的机关文化，着力营造风清气正、积极向上、同心同德、奋发有为的良好氛围。制定加强纪检监察干部监督工作、干部家访等制度，编发《玉溪市纪检监察干部廉洁教育读本》3 750册。开展廉政风险排查，发现风险点265个，制定防控措施247条。定期举办“媒体开放日”，主动向新闻媒体通报工作情况，邀请人大代表、政协委员、社会各界人士参观纪委办公区、谈话室，自觉接受监督，打造“阳光纪检”。组建成立全省第一家州市纪检监察学院，实现对全市村务监督委员会主任、乡（镇、街道）纪（工）委书记、派驻机构干部培训全覆盖。大培训实现快融合，举办转隶融合培训29个专题，培训11 478人次。开展“不忘初心、牢记使命、塑形铸魂、打造铁军”专题教育活动，移植巡察工作方法，完成对澄江、华宁、元江三县纪检监察机关的专项检查，刀刃向内，严防“灯下黑”，对不适宜从事纪检监察工作的3名干部进行岗位调整。

【重要会议、活动】 2018年1月4日，全市2017年度党风廉政建设责任制检查考核工作动员视频会召开，市委书记罗应光做动员讲话。5日，峨山县纪委召开2017年度党风廉政建设责任制和市管干部检查考核汇报会，市委常委、市纪委书记孟凡兵出席会议并做考核动员讲话。18日，市纪委召开全市党风廉政建设和反腐败工作新闻发布会，通报玉溪市2017年党风廉政建设和反腐败工作情况。19日，市委常委班子召开2017年度民主生活会，省委常委、省纪委书记陆俊华到会指导并讲话，市委书记罗应光主持会议并做总结讲话，市人大常委会党组书记、市政协党组书记列席会议。同日，市纪委召开专题座谈会，向各民主党派、工商联、无党派人士和党外知识分子代表通报2017年党风廉政建设和反腐败工作情况，并征求意见建议。2月6日，经过玉溪市第五届人民代表大会一次会议第三次全体会议选举，市委常委、市纪委书记孟凡兵当选为玉溪市首届监察委员会主任，由孟凡兵提请，市人大常委会依法任命了监察委员会副主任和委员。7日上午，玉溪市监察委员会正式挂牌，市委书记罗应光，市人大常委会主任李洪云为市监察委员会揭牌，市委常委、市人大常委会领导班子成员、市政协主席，市纪委监委各部门负责人参加揭牌活动。12日，中共玉溪市纪委五届三次全会召开，市委书记罗应光出席会议并讲话，市委常委、市纪委书记、市监委员会主任孟凡兵主持会议，并代表市纪委常委会做题为《全面贯彻党的十九大战略部署一刻不停歇地推进党风廉政建设和反腐败斗争》的工作报告。同日，玉溪市举行反腐倡廉警示教育基地开馆活动，市委书记罗应光出席开馆仪式并宣布开馆。28日，市纪委常委会召开扩大会议，集中学习十九届中央纪委二次全会精神。

3月15日，市委召开全市巡察工作暨第五轮巡察动员部署会。同日，市委常委、市纪委书记、市监委主任孟凡兵为全体纪检监察干部上题为《尊崇党章忠于宪法自觉锻造成为让党和人民信赖的纪检监察干部》的专题党课。23日，由省纪委监察委举办的省、市、县三级纪委监察委“转隶融合、素质提升”培训班开班，省委常委、省纪委书记、省监察委主任陆俊华出席开班式并做动员讲话。全市、县（区）纪委监察委班子成员，机关各部门、各派驻（出）机构和巡察机构全体干部参加分会场视频培训。27日，省委副书记、省长阮成发率队对全市2017年度落实党风廉政建设责任制工作情况进行检查考核。28日，省纪委第九纪检监察室主任尚涛清、党风政风监督室副主任彭胜文一行到新平县桂山街道五桂社区调研关于规范农村操办婚丧喜庆事宜工作，孟凡兵等陪同调研。

4月3日，市纪委监委举行专题党课，市委常委、市纪委书记、市监委主任孟凡兵做了题为《学习两会精神以法制思维开创全面从严治党新局面》的专题讲授。8日，市纪委理论学习中心组举行2018年第二次集中学习。19日，市纪委召开纪委常委扩大会，深入学习贯彻习近平总书记在十九届中央国家安全委员会第一次会议上的重要讲话精神。24日，市委常委、市纪委书记、市监委主任孟凡兵到峨山，就峨山县经济社会发展和党风廉政建设工作进行调研。

5月2日，市纪委理论学习中心组举行2018年第三次集中学习。3日，市委常委、市纪委书记、市监委主任孟凡兵到易门县绿汁镇调研绿汁江河长制工作，开展绿汁江易门段巡河工作。4日，纪念马克思200周年诞辰大会在人民大会堂举行，市纪委监委全体干部收听收看大会全程。同日，市委常委、市纪委书记、市监委主任孟凡兵到通海县针对花卉行业商会、农村家庭病床建立情况进行调研。8日，“碧玉清溪”网站和手机客户端开通上线，市委常委、市纪委书记、市监委主任孟凡兵出席开通活动。

6月21日，市委常委、市纪委书记、市监委主任孟凡兵对绿汁江新平县段开展巡河调研，履行河长制责任。28日，市纪委理论学习中心组举行2018年第五次集中学习。同日，市纪委监委开展以“不忘初心、牢记使命、奋发有为”为主题的庆祝“七一”建党节及“万名党员进党校”学习活动。

7月7日，由市纪委监委与玉溪师范学院合作共建的玉溪纪检监察学院揭牌成立。玉溪师范学院党委书记张学武，市委常委、市纪委书记、市监委主任孟凡兵分别致辞，并为玉溪纪检监察学院揭牌。

8月2日，市纪委监委召开全市2018年上半年纪检监察工作汇报会，传达学习省纪委监委上半年纪检监察工作汇报会和全市上半年工作汇报会精神，听取各县（区）纪委监委和部分派驻（出）机构工作情况汇报，总结分析上半年工作，安排部署下半年任务。9日，市纪委监委举办“纪检监察开放日”活动，邀请市人大代表、政协委员、新闻媒体等参观谈话室。14日，市委常委、市纪委书记、市监委主任孟凡兵来到通海县四街镇，查看通海5.0级地震受灾情况，并看望受灾群众，对纪检监察机关在抗震救灾中开展好工作提出要求。16日，市纪委监委举行为通海地震灾区捐款活动。16～17日，省委常委、省纪委书记、省监委代理主任冯志礼到玉溪调研，就落实“两个责任”情况、修复政治生态情况与党委、纪委主要负责人深入交流，实地调研市纪检监察工作、挂钩联系企业生产经营及通海县抗震救灾情况。

9月7日，省纪委省监委与市纪委联合举办第六期道德讲堂，省委常委、省纪委书记、省监委代理主任冯志礼等参加道德讲堂学习。10日，市委常委、市纪委书记、市监委主任孟凡兵通过视频接访系统接待群众来访，解决群众合理诉求。18日上午，市委巡察工作领导小组召开会议，听取市委第六轮脱贫攻坚巩固提升、扫黑除恶、农村人居环境整治专项巡察工作情况汇报。29日，市委常委、市纪委书记、市监委主任孟凡兵带队，围绕“六个走在全省前列”工作要求，到市国资委及各市属国有企业开展专题调研。

10月15日，市人大常委会主任李洪云和市委常委、市纪委书记、市监委主任孟凡兵一行到澄江县龙街街道忠窑社区、高西社区，看望慰问百岁老人和困难老人。22日，市纪委理论学习中心组举行2018年第九次集中学习。23日，玉溪市纪委监委召开全市党风廉政建设宣传报道工作会暨第三季度新闻媒体座谈会。26日下午，市委常委、市纪委书记、市监委主任孟凡兵与55名新任市管干部开展集体廉政谈话。

11月2日，市纪委监委召开动员会，对在职党员开展“不忘初心、牢记使命、塑形铸魂、打造铁军”专题教育进行动员部署。9日，市纪检监察学会第二学联组2018年学术交流会在元江召开。11～12日，由省纪委常委、省监委委员李庆元带队的省纪委监委检查组到玉溪检查中央和省环保督察组交办问题整改及问责工作。12日，省纪委常委、省监委委员李庆元为玉溪市第十六期青干班学员和市纪委监委全体干部做党风廉政建

2018年2月12日，玉溪市反腐倡廉警示教育基地开馆，市委书记罗应光等领导出席开馆仪式 （施卫碧 摄）

设专题辅导。19日，市纪检监察学会召开第二届常务理事会。

12月4日，市纪委监委召开2018年度全市党风廉政建设责任制检查考核动员会。6日，市纪委监委召开2018年度全市党风廉政建设责任制检查考核培训会。14日，市纪委监委举办干部能力素质提升暨转隶融合第二十九专题学习培训。17日，市委常委、市纪委书记、市监委主任孟凡兵带队对易门县2018年度党风廉政建设责任制工作进行检查考核。17日上午，市纪委监委召开2018年度党风廉政建设责任制检查考核会，市委常委、市委秘书长王志新带队的第十检查考核组对市纪委监委落实2018年度党风廉政建设责任制情况进行集中检查考核。18日上午，市纪委监委组织全体干部集中收看庆祝改革开放40周年大会。同日，市委常委、市纪委书记、市监委主任孟凡兵深入乡村振兴“千名领导挂千村”联系点龙泉街道罗所社区林士桥自然村七组、八组，调研指导实施乡村振兴战略工作。20日，省委第六巡视组对玉溪开展高原湖泊保护治理机动巡视动员会召开。省委第六巡视组组长孙耕耘讲话，市委书记罗应光主持动员会并做表态发言。28日，市纪委监委组织近90名纪检监察干部前往抚仙湖面山开展义务植树造林活动。29日，市纪委理论学习中心组举行2018年第十一次集中学习，深入学习领会习近平总书记在中共中央政治局第十一次集体学习时的讲话精神。

（杨文博）

组织工作

【学习教育情况】 2018年，市委组织部把学习贯彻习近平新时代中国特色社会主义思想和党的十九大精神作为首要政治任务，持续深化“两学一做”学习教育常态化制度化，教育引导各级党员干部牢固树立“四个意识”，坚定“四个自信”，做到“两个坚决维护”。部署开展党的十九大精神干部轮训工作，市级举办3期研讨班，集中轮训厅、处级干部和乡镇党政正职1 105人。将学习贯彻习近平新时代中国特色社会主义思想和党的十九大精神纳入各级党委（党组）中心组学习、“万名党员进党校”、支部“主题党日”等学习内容，创新开展知识竞赛活动，推动学习向深处、实处走。安排督促全市各级党组织和广大党员深入学习习近平总书记关于党的建设和组织工作重要论述，进一步统一思想行动。

【党支部规范化建设工作】 2018年，市委组织部制定《党支部规范化建设达标创建实施方案》，逐级建立纸质和电子台账，编制《党支部规范化建设制度文件汇编》《党支部工作指导》和基层党支部规范化建设“一表清”等资料，强化工作指导。全面开展党支部规范化达标创建排查及分类定级工作，实行挂图作战整顿、挂牌督办。调整理顺市委办等机关党组织设置和领导决策机构，建立党组织目录和党员名册。实施党支部规范化建设达标创建百日攻坚行动，全年计划党支部验收达标3 901个、完成88.29%。进一步严肃党内政治生活，建立党员领导干部带头落实组织生活制度提醒公示、党员“政治生日”等制度，全面推行支部主题党日活动，印发《指导规范》不断提升活动规范性，督促全市2018年届满应换届的658个基层党组织完成换届。

【城市基层党建工作】 2018年，市委组织部抓住被确定为“全国城市基层党建示范市”的有利契机，把城市基层党建工作作为四级党组织书记的“一号工程”，市、县（区）成立由党委书记任组长的城市基层党建工作领导小组，市委书记罗应光率队赴深圳考察城市基层党建工作，示范带动压实责任。明确“1123456”城市基层党建工作思路，出台20个制度文件，构建城市基层党建“2+5+N”制度支撑体系。创新基层社会治理，实施街道内设机构“4+1”和事业单位“6+1”改革，推进社区“领头雁”和后备干部“金种子”培养工程。按照街道“八有”和社区“八化”标准打造52个街道社区示范点，选派39名优秀年轻党员干部挂任城市基层党建指导员。推动“1+10+N”党群服务中心联盟建设，建成各领域党群服务中心71个，建成使用玉溪市智慧党建平台。加强互助共建，将区域内的机关、国企、学校、社区和“两新”组织党建结合起来，逐步构建大党建格局，677个驻区单位党组织与街道社区签订共驻共建协议书，867个党组织1万多名党员到社区开展“双报到、双报告”活动1 961次，协调处理各类问题2 000余件。开展“全国城市基层党建创新案例”公开征集活动，推荐申报5个案例，4个在人民网刊发。

【党建引领作用助推脱贫攻坚巩固提升和乡村振兴工作】 2018年，市委组织部深入实施脱贫攻坚“挂包帮”“双联系一共建双推进”等行动，选派驻村扶贫工作队206支646人，出台选派管理办法，运用“云岭先锋”APP督查在岗情况，通过安排工作经费、组织体检、购买意外伤害保险、全员轮训等加强关爱。在乡（镇、街道）全覆盖组建青年人才党支部74个，凝聚青年党员2 023名，培养村级后备力量人选4 251名。开展扫黑除恶专项斗争，净化基层治理环境，全年调整撤换村党组织书记13人。实施党建引领乡村振兴行动，以“百个支部结对共建”“千名领导挂千村”“三百三千双万一化”等行动为抓手，助推乡村振兴战略实施。

【党员教育管理工作】 2018年，市委组织部集中整治入党仪式不规范、预备党员转正不及时等问题，做好失联党员规范管理和组织处置、退役军人党员组织关系转接排查处置管理、党员信教情况排查处置等工作，抓好在贫困村及产业工人、青年农民和“两新”组织中发展党员工作。建立党员教育培训联席会议制度，开展“万名党员进党校”集中培训1 124期，培训普通党员7.9万余名、占全市党员60%，全覆盖培训各领域党组织书记1.1万余人次。大力推广使用云岭先锋APP，全市实名登陆党员71 498人，实名登陆率53.6%。开展向黄群、宋月才、姜开斌为代表的抗灾抢险英雄群体和王继才学习活动，强化在抢险救灾中发挥基层党组织领导核心作用和党员先锋模范作用，下拨省管、市管党费135万元用于通海县抗震救灾。搭建党员学习教育实体平台，建成全省首家州市级党建书苑，党建书架达1 300余个，配套图书14.8万余册。出台《市管党费账户财务管理工作实施细则》《党费收缴、使用和管理工作细则》，试点开展党费专项审计，组织开展专项检查和重点抽查，规范党费管理使用。

【干部教育工作】 2018年，市委组织部认真落实省委主要领导调研玉溪指示要求，将现代化知识培训作为干部教育培训重要内容，出省开展城市规划、金融财税等重点培训。在市委党校举办信息产业发展等主体班次，培训干部4 000余人次，举办玉溪市第16期青年干部培训班；选调548名干部参加省级以上112个班次的脱产培训。出台《选派干部挂职管理办法（试行）》《群团机关挂（兼）职干部管理实施办法（试行）》，选派5名厅、处级干部出省挂职，3名处级干部到省直单位挂职，成立玉溪市挂职干部党支部，促进挂职干部作用发挥。

【干部选拔任用工作】 2018年，市委组织部出台《玉溪市突出政治标准加强干部考察的实施办法（试行）》，着力考准干部政治表现。严格程序选优配强县（区）、市直单位领导班子和领导干部，顺利完成市人大、政府、政协领导班子换届选举，推荐提名3名全国人大代表、选举产生32名省人大代表、推荐提名10名省政协委员，完成市残联、工青妇、侨联、计生协、法学会7家群团组织换届选举。围绕市监委组建、市纪委派驻机构和巡察组调整等做好纪检监察体制改革人事安排。

【干部监督工作】 2018年，市委组织部建立领导班子和领导干部联检联审工作机制，出台实施办法，有效整合力量。严格执行“凡提四必”规定，暂缓提交研究6人、取消任职决定1人，对个人有关事项报告存在漏、瞒报的64人给予相应处理，“下”了10名县处级干部。开展选人用人专项检查，对“带病提拔”领导干部选拔任用过程进行集中倒查，做好超职数配备干部整治情况自查，完成公务员违规经商办企业专项整治工作，持续推进干部人事档案管理制度建设和数字化工作。严格机构改革期间调配领导干部审批管理，进一步规范县级以上机关事业单位借调工作人员行为。出台《关于提振干部队伍精气神激励干事创业担当作为的实施意见》，抓好省委《关于进一步激励广大干部新时代新担当新作为的实施意见》贯彻落实，强化正向激励。抓实公务员招录、职务与职级并行等工作，加强大学生村官和选调生的教育培训和管理服务。

【干部分析研判工作】 2018年，市委组织部出台市管领导班子和领导干部定期分析研判、蹲点调研分析等制度办法，全覆盖开展县（区）、市直单位党政领导班子分析研判，专题调研“四类”干部培养储备情况，进一步掌握情况、提出意见建议。开展在脱贫攻坚、生态环境保护、科教引领创新发展“三个一线”考察识别干部工作，在脱贫攻坚一线提拔使用干部11名，其中提任科级3名，提任县处级8名。深入党和国家机构改革涉改单位开展综合研判，提出针对性意见建议。聘任市管干部考察员100余名，为提高考察质量打牢基础。

【人才机制创新工作】 2018年，市委组织部出台《关于实施玉溪市“百千万人才计划”的若干意见》，配套服务保障措施，启动玉溪市“百千万人才计划”。印发《市委联系专家服务管理办法》《专家基层科研工作站认定办法》和《人才工作创新项目评选实施细则（试行）》等制度，协调市科技局、市总工会等部门出台《领导干部服务企业科技创新行动方案》《新时期产业工人队伍建设改革实施方案》等政策，9个县（区）分别建立县（区）委联系专家库和服务管理办法，不断完善人才政策体系。加强人才政策宣传，到云南广播电台进行“云南人才风景线玉溪人才新政”栏目录制，在玉溪日报社开设“玉溪人才建功立业新时代”等专栏，推出系列人才故事24期，印发《玉溪市“百千万人才计划”》读本和宣传册5.1万册。

【人才引进工作】 2018年，市委组织部统筹实施“创新玉溪”等5类重点人才工程，成功入选“国贴”1人、“省突”5人、“省贴”3人、“云岭高端外国专家”1人、“云岭青年人才”1人。对10个省、市级专家基层科研工作站集中授牌，向首届“兴玉英才计划”人选和引进高层次人才颁发证书，实施“兴玉回归”工程，鼓励离退休干部回乡居住服务发展。开展第二届市级高层次人才创新创业示范基地和人才工作创新项目评选，开展“玉溪创新创业大赛”，举办4期人才工作大讲堂。选派17人、102人分别到省、市对口部门研修培养，组织18名专家人才开展“专家人才服务大篷车基层行”活动助力脱贫。举办“专家咨询服务活动玉溪行”活动，5名院士专家到玉溪开展现场咨询服务，签订6个意向性合作协议。承办第三届云南省国际人才交流会生物医药大健康产业发展—玉溪论坛活动，为10名院士专家颁发“柔性引进人才合作聘书”，举办清华大学抚仙湖高层论坛活动。

【组织部门自身建设】 2018年，市委组织部召开全市组织工作会议，总结党的十八大以来全市党的建设和组织工作，部署今后5年工作。建立半月定期召开部长办公例会制度，督促各科室落实重点工作任务。开展“家庭、家教、家风”主题教育和纪律规矩、部风部史教育，不断深化组织部门政治文化建设。组织实施组工干部专业化能力提升行动，打造敬业专业过硬队伍。统筹建立部领导和相关科室分片联系县（区）、部门机制，开展组织系统集中大调研，覆盖全市74个乡（镇、街道）。持续推进党的建设制度改革，出台制度32项，建立党员干部容错免责机制做法在《人民日报》刊载。加强组织系统信息化建设，实现虚拟专网对基层党组织的全覆盖，完成9个县（区）党委老干部局接入大组工网工作。

（王　华　郑学容　李颖昌）

宣传工作

【全市宣传思想工作会议】 2018年11月22日上午，全市宣传思想工作会议召开，市委书记罗应光出席会议并讲话，市委副书记、市长张德华主持。会议深入学习贯彻全国、全省宣传思想工作会议精神，全面总结党的十八大以来全市宣传思想工作取得的成绩，深入分析面临的形势和存在问题，研究部署今后一段时期的工作。市委书记罗应光在讲话中强调，做好新形势下全市宣传思想工作，要以习近平新时代中国特色社会主义思想和党的十九大精神为指导，增强“四个意识”，坚定“四个自信”，做到“两个维护”，坚持正确的政治方向，坚持统一思想、凝聚力量，坚持问题导向、效果导向，自觉承担起举旗帜、聚民心、育新人、兴文化、展形象的使命任务，用抓实基础性战略性工作、解决关键性要害性问题、提升工作质量和水平的成效推动宣传思想工作不断强起来，用强信心、聚民心、暖人心、筑同心的实绩促进各族人民在理想信念、价值理念、道德观念上紧紧团结在一起，为实现“六个走在全省前列”提供更加有力的思想舆论保障和良好的精神文化条件。下午，召开全市宣传思想工作会议总结会，市委常委、宣传部部长杨兴荣就如何落实全市宣传思想文化工作会议精神作工作安排。

【理论学习教育】 2018年，市委宣传部理论学习教育围绕深入学习宣传贯彻习近平新时代中国特色社会主义思想和党的十九大精神这一主题主线，突出重点、抓出亮点、形成实效。巩固健全理论学习制度，理论教育入脑入心。制发《市委中心组2018年学习选题计划》《中共玉溪市委宣传部〈关于印发2018年全市在职干部理论学习安排意见〉的通知》，对党委（党组）中心组学习和在职干部学习进行部署安排。年内，市委理论学习中心组共开展14次集中学习，编印《中共玉溪市委理论学习中心组学习参阅材料》1 650册，市委中心组学习赠书4批37种872套8 066本。全市征订《新时代面对面》17 000册，《习近平新时代中国特色社会主义思想三十讲》64 000册，把学习贯彻习近平新时代中国特色社会主义思想引向深入。巩固拓展理论学习平台，挖掘理论教育亮点。推动学习贯彻习近平新时代中国特色社会主义思想示范点示工作，在全市确定澄江县、红塔区小石桥乡、江川区九溪镇六十亩村等10个示范点；澄江县被省委宣传部列为全省首批学习宣传贯彻习近平新时代中国特色社会主义思想省级示范基地，典型带动作用有效发挥。与市委党校、市社科联、玉溪师范学院联合举办“玉溪市庆祝改革开放40周年暨撤地设市20周年理论研讨会学术论文征文”活动，确定40篇入选征文和10篇理论研讨会交流文章，编印《玉溪市庆祝改革开放40周年暨纪念玉溪撤地设市20周年学术论文选编》。依托玉溪宣传理论学习微信平台，坚持“每日一学”，先后推送了《习近平治国理政关键词》等230余篇重大理论热点文章。办好《今日玉溪》学习栏目，全年刊登12期理论文章。《社会主义论坛》杂志“跨越发展争创一流比学赶超奋勇争先”征文栏目刊登市委书记署名文章《奋力推进玉溪高质量跨越式发展》，刊登市长署名文章《用创新加创意驱动由追赶到跨越发展》。市委宣传部被中宣部办公厅表彰为“2018年度《党建》杂志学刊用刊先进集体”，李向阳获“2018年度优秀通讯员二等奖”。市委宣传部牵头组建玉溪市习近平新时代中国特色社会主义思想宣讲团，制发《中共玉溪市委宣传部关于组建习近平新时代中国特色社会主义思想宣讲团的通知》，根据中央、省委和市委的安排，开展5次以党的十九大精神和习近平新时代中国特色社会主义思想为主线的重大主题宣讲活动，年内，在各县（区）和市直各单位开展宣讲5 308场次，听众达347 259人次。认真做好全市宣传思想文化战线大调研工作，收集县（区）宣传部及市级宣传思想文化系统调研报告38篇，整理挑选《聂耳故乡唱响主旋律汇聚正能量——新时代玉溪市宣传思想文化工作调研报告》等7篇调研报告报省委宣传部研究室。筛选36篇编印成《玉溪市宣传思想文化战线大调研成果汇编（2018）》，为推动全市宣传思想工作提供参考借鉴。

2018年7月6日，学习《习近平新时代中国特色社会主义思想三十讲》宣讲动员会
（李晓兰 摄）

【舆论推动工作】 2018年，市委宣传部制发一至四季度宣传报道意见，明确宣传报道重点、形式和要求，指导各县（区）委宣传部、市级新闻媒体围绕中央、省委和市委重要决策部署，做好形势政策、重大主题宣传。制发《玉溪市庆祝改革开放40周年暨玉溪撤地设市20周年宣传报道方案》《玉溪市抚仙湖综合保护治理工作三年（2018 ~ 2020年）行动计划宣传方案》等宣传方案开展重点宣传。精心组织策划，做好玉溪市迎接国家卫生城市复审、“跨越发展争创一流比学赶超奋勇争先”大讨论、禁毒宣传月、安全生产月等专项宣传。参与组织策划纪念改革开放40周年暨玉溪撤地设市20周年系列文化活动。完成庆祝改革开放40周年暨纪念玉溪撤地设市20周年成就展、《云南改革开放40年丛书·玉溪卷》编纂工作。收集党的十九大宣传、创建全国全省文明城市等宣传资料，制作《玉溪市宣传思想工作图片资料汇编》进行交流宣传。选树先进典型，制发《关于命名玉溪市第三批学雷锋活动示范点和岗位学雷锋标兵的通知》，命名24个学雷锋示范点、33名岗位学雷锋标兵。健康有序构建清朗网络空间。召开全市2018年度互联网舆论引导和舆情信息工作暨业务培训会议，组织和指导县（区）召开新媒体从业人员座谈会4次。做好涉玉网络舆情和重大突发事件的舆情监测、报送、研判和预警工作，年内制发《网上玉溪动态》250期，向市委、市政府有关领导报送舆情信息1 061条。制发舆情分析专报37期。向各县（区）、各部门发出舆情预警1 056条，协调相关县（区）、部门处置舆情401条，收到舆情处置反馈233条。全年，全市共向省委宣传部报送舆情信息2 727条、每日要情81条，被采用596条，完成省级约稿5篇（条），舆情信息采用数量名列全省前列。抓好重点敏感节点舆情信息和互联网舆论引导工作，结合重大事件制定专项网络舆情和舆论引导应急处置预案，积极开展舆情风险点动态管理相关课题的调查研究，形成《玉溪市旅游文化领域舆情风险点动态管理的调查研究报告》和《玉溪市舆情风险点动态管理的调查研究报告》，推动9县（区）委宣传部舆情风险点排查工作，共排查梳理出9大类173个主要舆情风险点，形成舆情风险点清单，根据风险等级采取措施进行动态管理。积极参

与处置“通海县一烟花爆竹零售店发生爆燃”“通海县8·13、8·14地震”“抚仙湖水域禁止游泳”等热点网络舆情，协调指导各县（区）委宣传部和市直重点部门开展重点突发及热点事件的舆论引导工作，化解、纾解网民情绪，为全市经济社会跨越发展营造良好的网络舆论氛围。

【精神文明建设】 2018年，市委宣传部以培育和践行社会主义核心价值观为主线，深化精神文明创建活动，着力为全市改革发展稳定凝心聚魂。大力培育和践行社会主义核心价值观，印发《社会主义核心价值观“24字人知人晓工程”实施方案》，推动社会主义核心价值观人知人晓、深入人心。坚持“一路、两高、四园、多点”立体阵地宣传思路，进一步丰富科技广场敬业园、东风广场友善园宣传内容，提升档次标准；推动多点覆盖，实现驻中心城区各级党政机关及企事业单位围栏外墙、屋顶、内部布设社会主义核心价值观宣传栏，社会面宣传效果进一步增强。编印玉溪市培育和践行社会主义核心价值观宣传报道汇编第三集《向上向善——沿着榜样的足迹》5 000册。持续推进善行义举榜建设，传播凡人善举，推动形成讲道德、促和谐的良好风尚。开展年度帮扶生活困难道德模范、“身边好人”工作。印发江川、通海篇家风家训集锦600余册。市委宣传部、市文明办结合端午、中秋、七夕、重阳等节日，在聂耳文化广场组织开展“我们的节日”主题活动引导群众自觉传承中华民族优秀文化和传统美德。深入实施公民思想道德建设品牌项目。安排部署全年“道德讲堂”总堂活动，推进“文明讲堂”创新升级，举办玉溪市“文明讲堂”骨干（主持人）培训班，培训骨干131人，开展市级“文明讲堂”总堂活动10期，各县（区）、乡（镇、街道）、社区（村组）开办1 888期，受众20万余人次。组织开展《德耀中华·善行玉溪》——玉溪市先进模范颁奖、现场交流活动暨巡演启动仪式，开展德耀中华玉溪市精神文明建设先进模范巡讲。开展首届“玉溪新乡贤”推荐命名活动，命名首届“玉溪新乡贤”10人，引导广大群众见贤思齐，传播文明乡风。开展“我推荐，我评议身边好人”推荐评选活动，授予彭义等19人第三届“玉溪好人”称号，授予普云发等12人第四届“玉溪好人”称号，年内向省文明办推荐“云南好人”候选人26人。出台《玉溪市道德模范及提名奖推荐办法》《玉溪市道德模范及提名奖管理办法》，加强对道德模范的管理。认真做好全市公益广告作品征集和展播宣传工作，全年市级媒体累计刊播571篇（条）。在中心城区社区设置公益广告宣传栏2 702块，宣传牌11 224块，墙体、围栏宣传4 397块，屋顶公益广告272套，路灯杆公益广告2 138块，大型宣传小景23组。举办“新时代新乡村新风俗”主题征文活动，收到124篇作品，评选出获奖作品37篇。印发《2018年玉溪市未成年人思想道德建设工作实施方案》细化工作任务，评选“新时代玉溪好少年”19名，并择优推荐了4名“新时代云南好少年”候选人，其中2人被评为“新时代云南好少年”，1人被云南省文明办作为第三季度“新时代中国好少年”候选人向中央文明办推荐。广泛开展“传承红色基因”系列教育活动、“童心向党”歌咏活动、“向国旗敬礼”活动，开展优秀童谣征集推广传唱活动评选出10首原创优秀童谣上报省文明办，其中2首获三等奖，3首获优秀奖。推动乡村学校少年宫建设，协调市财政安排体彩公益金105万元，筹建7所乡村学校少年宫，通过开展乡村学校少年宫交叉检查、召开工作推进会、才艺大赛，有效促进了全市乡村学校少年宫的建管工作。不断深化群众性精神文明创建工作。扎实推进省级文明城市创建工作，澄江县获创建全国文明城市提名，玉溪市、江川区成功创建第四届云南省文明城市。召开创文专题会议、创建云南省文明城市推进会和联络员培训会，统一思想，提升业务工作水平。制发《文明城市测评点位标准及创建文明城市工作手册（2018年）》，推行创建文明城市工作网格化管理模式，建立市、县（区）、乡（镇、街道）、社区（村）四级联动的网格化管理机制。开展省级文明城市创建百日攻坚行动，纳入市委、市政府重点督察内容，顺利完成云南省文明城市测评检查。群众性精神文明建设广泛开展，文明行业、文明单位、文明村镇、文明校园等创建工作深入推进，命名第九届玉溪市文明行业1个、文明单位107个、文明村镇53个，第一届玉溪市文明校园7个。广泛开展“文明交通行动”，不断提高交通安全意识和文明素养。起草《玉溪市关于加强新时代农村精神文明建设的实施意见》，全市产业扶贫工作暨“自强、诚信、感恩”主题实践活动现场会召开，持续推动农村精神文明建设。志愿服务深入开展。全市登记注册志愿者15万余人、团体1 529个，以“3·5”学雷锋志愿服务月、“12·5”国际志愿者日为契机，积极组织开展学雷锋志愿服务活动。积极选树志愿服务先进典型标杆，红塔区凤凰街道教育社区获2017年全国“最美志愿服务社区”荣誉称号，玉溪市志愿者张鹏、红塔区大营街社区、新平县锦绣社区进入全国学雷锋志愿服务“四个100”先进典型候选名单，在中国文明网进行事迹展示投票。

红塔山公园先进模范事迹宣传展示栏 （申进明 摄）

【对外宣传工作】 2018年，市委宣传部围绕学习宣传党的十九大精神、庆祝改革开放40周年暨庆祝玉溪撤地设市20周年、“抚仙湖保卫百日攻坚雷霆行动”“创建全国文明城市”等重点工作，在市内媒体开设专栏12个，刊登播发相关稿件517篇（幅、条），人民日报、中央广播电视台等中央、省级媒体先后刊登播

2018 年 12 月 24 日至 2019 年 1 月 7 日，“红色文艺轻骑兵”——玉溪市聂耳大众文化小分队行动“放歌新时代”主题文艺巡演 （李终福 摄）

发《变“靠水吃水”为“养水吃水”》《“雷霆行动”宣传云南环保新经验新举措》等重点报道 141 篇（幅、条）。市委书记罗应光做客新华网，全国人大代表、市长张德华接受人民网、云南广播电视台专访，全面介绍玉溪经济社会发展、信访工作等玉溪重点工作经验成效。突出“七彩云南 抚仙玉溪——2018 年‘相约春天共筑梦想’玉溪重点产业（上海）投资推介活动”“亚洲财富论坛——点亮西南暨亚洲财富论坛十周年感恩庆典活动”等市委、市政府重大活动，制定宣传方案 31 个，组织、邀请市内外新闻媒体 30 余家，记者 184 人次参与报道，刊发播出活动相关稿件 120 余篇（幅、条）。深化与市外主流新闻媒体合作，保持“攻大报大台、上头版头条”的外宣力度。加强与新华社、央视、《人民日报》《云南日报》等中央、省级主流媒体合作，做深做细对外宣传工作。年内，省级以上媒体刊发宣传报道玉溪市的稿件 5 413 篇（幅、条），其中，省级媒体刊发 4 575（幅、条）、中央级媒体 838 篇（幅、条）。玉溪广播电视台以优异成绩同时荣获 2017 年度云南广播电视台电视新闻宣传第一名，2017 年度全省广播新闻宣传第一名，实现了电视新闻外宣工作全省“四连冠”。配合中央电视台新闻频道摄制的《抚仙湖春来到，万树樱舞话新篇》两会期间在 CCTV13 频道播出。《中国国家地理》玉溪特刊《秘境之城》编制发行，被《中国国家地理》杂志社誉为城市外宣合作的样本产品。《云南省形象宣传片·玉溪篇》《中国影像方志》《花开云南》《抵达云上的村落》等高质量外宣产品多渠道、大声量地推介展示玉溪形象。推动新闻发布平台建设，规范新闻发布工作。完成玉溪市新闻发布厅工程建设，正式投入使用。加大新闻发言人培训力度，制定全市新闻发布会和“改革开放 40 年”专题新闻发布会方案，明确年内新闻发布的主题、发布单位和组织时间，制定初步计划表。先后召开“昆明二环提升改造工程”新闻通报会、“6·5 环境日新闻发布会”等多场市级新闻发布会，共邀请省、市（其他州市）、县（区）新闻媒体 65 家，记者 80 余人/次参与新闻发布，刊登播发新闻稿件 97 篇（幅、条）。指导市直单位和县（区）自主召开新闻发布会，推动全市新闻发言人制度建设取得成效，市级新闻发布工作逐步迈入常态化、规范化轨道。

【文化产业】 2018 年，全市文化产业工作在夯实产业基础、创新产业模式和培养文化产业人才上取得新成效。市委宣传部同各县（区）签订《文化产业发展目标责任书》《陶瓷产业发展目标责任书》，全面部署文化产业发展的各项工作任务。按照《文化产业发展规划（2014–2020）》《发展铜文化产业（2015–2017）三年行动计划》等规划，健全完善分析研判、专项督查、定点指导等工作制度推动规划落地。围绕“金、木、土、石、布”布局，强化玉溪特色文化产业发展，年内，全市陶瓷产值约为 49.71 亿元，已有制陶在册企业、工商户共 362 户（包括建筑陶瓷），从业人员 8 103 人；通海银饰产业产值约 4.13 亿元，企业 54 户，从业人员 300 多人；铜工艺品产值 2.34 亿元，企业户数 38 户，刺绣产业实现总产值 1 450 万元，从业人员 300 余人。注重培育扶持，着力激发文化产业的内生动力。大力建设聚合资源、聚集企业、孵化功能强的文化园区，经省级认定，新平民族文化产业园获得“文化创意与相关产业融合示范基地”授牌，华宁县碗窑国际陶艺村、江川区前卫镇后卫村、通海县河西镇解家营村 3 个村获得云南省民族民间工艺品示范村称号，华宁县碗窑国际陶艺村、江川区前卫镇渔村获得云南省民族民间工艺品销售示范街区称号。加强培育联网直报企业，年内新增联网直报企业 5 个，3 家文化企业获得云南省民族民间工艺品龙头企业称号，华宁七彩虹窑陶艺有限公司的七彩虹窑等 4 个品牌获得云南省民族民间工艺品知名品牌称号。认真做好文化产业法人单位的认定工作，做好 2 004 家企业的统计工作。出台《玉溪市陶瓷文化产业专项资金管理暂行办法》规范使用省、市文化产业项目资金，着力扶持通印股份有

2018 年 9 月 21 日，玉溪市文化产业博览会 （市委宣传部 提供）

限公司、易门全心包装有限公司等重点项目。注重推介交流，着力开拓文化产业发展空间。利用深圳文博会、西博会、“2018·中国当代工艺美术双年展”“云南之窗，一县一品”全国工艺品交易会等展会，积极宣传推介玉溪市文化企业。邓红锦《长颈美皴瓶》、付云龙《抚仙湖映像》《众牛护子》《生命之门》4件作品入选“2018·中国当代工艺美术双年展”。组织玉溪文化企业参加“创意云南2018文化产业博览会”，设置350平方米特装主题馆，67户参展企业现场交易额超过38.7万元，并有7家企业谈成加盟合作。举办2018年玉溪市文化产业博览会，共有74家企业（经营户）参展，现场销售71.36万元，订单262.42万元，13家企业有合作意向。以地方特色节庆活动为载体，打造玉溪特色文化品牌。参加七彩云南2018民族赛装文化节，荣获优秀组织奖和9个单项奖。注重改革传承，着力夯实文化产业发展基础。制发《玉溪市“十三五”时期文化发展改革实施方案》，报市委研究印发《文学艺术界联合会深化改革方案》《社科联深化改革实施方案》《作家协会深化改革方案》《记协深化改革实施方案》，推动文学艺术群团协会深化改革。高度重视民间工艺师的培养和推荐，加大对优秀技艺和人才的保护与扶持力度。启动玉溪市第五批民族民间工艺师选树工作。各县（区）结合陶瓷、刺绣等区域特色，加强人才培养培训工作。

【文化事业】 2018年，市委宣传部深化文化惠民工程，推动公共文化服务体系建设。持续开展文化科技卫生“三下乡”集中示范活动，组织开展“我们的中国梦”文化进万家系列活动。大力推进文化广播影视传媒中心建设项目，完成投资1.4亿元，启动聂耳纪念馆、文化馆月光演艺厅等一批馆址提档升级改造，2个新建文化站投入使用。在全省率先完成中央广播电视节目无线数字化覆盖补点建设。落实惠民演出900余场，放映农村公益电影3 300场，观影群众29.6万人次。大力推进“聂耳音乐之都”建设，打造聂耳文化品牌，完成系列演出活动155场。组织开展云南首届“聂耳杯”流行歌手大赛，筹办2018中国·玉溪“聂耳音乐之都”“聂耳杯”合唱比赛和“中国梦·唱响云南”“聂耳音乐之都”2018原创音乐荣耀盛典活动。实施文艺繁荣工程，打造地方特色艺术精品。组织开展戏剧创作人才培训和美术人才培训、公共文化服务体系建设业务知识培训，提高精品创作硬实力。滇剧《王者江上》获国家艺术基金资助250万元，新创滇剧《祝福》、花灯《蝶舞》成功公演，聂耳竹乐团新创作《笙鼓欢歌》赴文山演出取得成功，《秘境云南》《水莽草》受邀在全国各地开展巡演。组织开展迎新春书赠春联、迎新春文艺晚会、玉溪画院第五届美术作品展、“玉溪好书”评选、纪念“五一口号”70周年书画摄影展等文化惠民活动。

（程　新）

统战工作

【多党合作事业】 2018年，市委统战部坚持和完善中国共产党领导的多党合作和政治协商制度，积极发挥民主党派参政议政和民主监督作用。协助市委召开各民主党派、工商联和无党派人士2017年度调研协商座谈会，组织召开向党外人士通报全市2017年度党风廉政建设和反腐败工作情况暨民主生活会征求意见座谈会，研究制定《中共玉溪市委2018年政党协商计划》。鼓励和引导民主党派、工商联、无党派人士确定9个重点调研课题，广泛开展调查研究，积极建言献策，2018年初“两会”期间提交人大建议18件、政协提案144件。进一步推动规范学习、活动、财务等制度，牵头制定民主党派经费支出管理办法；开展民主党派队伍建设情况调研，找准存在的困难和问题，形成《玉溪市民主党派代表人士队伍情况报告》。加大对民主党派成员特别是新进入班子成员的培训，推荐2名主委担任市直部门主要领导，安排7名民主党派干部分赴中国浦东干部学院、省委党校、省社院、陕西省社院学习培训，推荐2名党派机关干部到基层挂职锻炼。推动落实《中国共产党统一战线工作条例（试行）》中民主监督10种形式的贯彻执行，支持农工党内蒙古区委对全市开展脱贫攻坚民主监督，引导7家民主党派对口9个县（区）开展脱贫攻坚巩固提升民主监督工作。牵头开展纪念中共中央发布“五一口号”70周年系列纪念活动，举办“不忘合作初心，继续携手前进”主题书法美术摄影展，召开纪念座谈会，牵头开展全市统一战线“同心林”植树活动；全市7家民主党派以此为契机，结合各自特色优势，通过报告会、座谈会、学习培训、文艺晚会、主题征文、知识竞赛、廉政教育、爱国主义教育、新春音乐会、社会服务活动等多种形式精心组织开展系列教育活动，筑牢共同思想政治基础。做好民建中央、九三学社中央、农工党中央及各民主党派省委到玉溪调研、考察、开展社会服务等的接待服务工作。

【党外代表人士队伍建设】 2018年，市委统战部深入贯彻落实《中共玉溪市委关于加强新形势下党外代表人士队伍建设的实施意见》，建机制、抓培养、重使用、优服务，着力打造一支政治坚定、素质优良、结构合理的党外代表人士队伍。在全省率先开发使用党外代表人士综合管理系统，构

2018年1月15日，市委书记罗应光、市长张德华等领导到各民主党派机关调研

（曾永洪　摄）

建党外人士库、党外代表人士库、党外代表人才库、党外代表人士后备库等四级人士库，对党外人士进行动态信息跟踪，实现对党外人士情况底数全面掌握。同时，对全市党外高中级知识分子基本情况进行摸底调查，建立数据库。重大情况通报、重要会议召开、各类活动开展积极主动邀请市知联会成员参加。强化对市级知联会开展工作的支持和保障，不断加强县级组织建设，推动元江、华宁等县知联会的成立；以市知联会为主体，探索建立统战特色智库，为党外人才作用发挥搭建平台。切实帮助党外代表人士"加油充电"，弥补能力"短板"。推荐安排党外代表人士外出学习考察培训120余人次，其中副县以上党外干部15人次。落实市委组织部、市委统战部工作联动机制，进一步完善党外干部选拔任用工作机制，加大党外代表人士的政治安排和党外干部培养选拔工作力度，适时向市委推荐党外干部3批16人次。截至年底，全市党外干部4 294名，市、县（区）人大、政府、政协领导班子配备党外干部40名。贯彻落实中央和省委、市委有关换届工作意见精神，扎实做好人大代表、政协委员中党外人选的酝酿、推荐、提名、协商等相关工作。市、县（区）人大常委中有党外人士44名，人大代表中有党外人士500名；市、县（区）政协常委中有党外人士215名，委员中有党外人士1 100名。

【创新新的社会阶层人士统战工作】 2018年，市委统战部贯彻落实全国新的社会阶层人士统战工作会议精神，结合实际、大胆创新，积极探索，开创全市新的社会阶层人士统战工作新局面。成立全省州市级首个新的社会阶层人士联谊总会，市级成立"玉溪九峰"专委会、"新媒体"专委会，各县（区）成立43个工作站。探索出"市级总会+专业委员会""垂直分会+工作站"的层级模式，县（区）分会下建立新的社会阶层人士统战工作站，有效破解县（区）不能成立地域性分会这一难题。截至年底，全市成立65个工作站，其中，市级6个，红塔区43个，峨山县16个。建立了61 130人的人士库、200人的人才库和44人的代表人士库，并实行动态管理。协商推荐26名新的社会阶层代表人士为市、县两级人大代表、政协委员。建立"玉心E意"微信群，鼓励新的社会阶层人士发布互帮互助信息，引导他们通过微信群对地方经济社会发展提出意见建议。年内，共吸纳137名代表人士入群，收集好的建议意见45条，会员发布互帮互助的信息36条。支持发起"新的社会阶层人士勇攀九峰，为玉溪大好山河代言"活动，积极开展创文创卫、生态保护、反邪宣传等活动，吸引近万人次参加，活动成效得到省、市的肯定。积极引导开展公益活动，捐资助学，看望农村困难党员，开展"风雨同舟、情系灾区"募捐活动10余次，捐赠各类物资和慰问金10万余元。

【维护民族宗教领域和谐稳定】 2018年，市委统战部突出"共同团结奋斗、共同繁荣发展"两大主题，全面贯彻党的宗教信仰自由政策，依法管理宗教事务，推进各民族和睦相处、和衷共济、和谐发展。贯彻落实《云南省建设我国民族团结进步示范区规划（2016～2020）》（以下简称规划），研究制定《玉溪市创建全国民族团结进步示范市实施意见》《玉溪市深入开展民族团结进步示范市创建"八进"活动实施方案》。积极开展民族团结进步创建"八进"活动，不断拓展覆盖面和纵深度，把创建活动融入城市社区建设，贯穿于国民教育中，延伸到新经济组织、新社会组织中，推进民族团结进步创建工作向纵深发展。加强各民族交往交流交融，营造"民族团结人人做，民族团结一家亲"的浓厚氛围。抓好第二轮"十百千万"示范创建工程，抓好示范县、示范镇（乡）、示范村建设，启动实施27个示范村（特色村）、社区项目建设，向上争取资金3 460万元，安排市级示范区建设专项资金500万元，新平县戛洒镇申报创建"全国民族团结进步示范镇"已进入公示阶段。推动全国、全省宗教工作会议精神在全市深入贯彻落实。牵头做好三大宗教领域的重点工作，着力化解宗教领域的突出问题。加强宗教工作制度机制建设，认真落实省委宗教工作"一网两单"制度试点工作，得到省委领导认可，将玉溪市增加为全省试点，于8月在玉溪召开全省现场推进会，全市工作得到省委领导23次点名表扬，要求在全省总结推广玉溪经验。动员和发动广大宗教场所开展"四进四有"活动。截至年底，全市有71个场所积极参与，设立宪法和法律、社会主义核心价值观、中华优秀传统文化宣传栏376块。

【深化港澳台及海外统战工作】 2018年，市委统战部坚持以争取人心为出发点和落脚点，以有实效、有影响的活动为依托，不断壮大港澳台海外爱国力量。以全市党外代表人士综合管理系统建设为契机，对全市港澳台侨代表人士基本情况进行摸底调查，做到底数清、情况明，建立港澳台侨代表人士数据库。认真贯彻落实《市委办、市政府办印发〈关于实施玉溪市"百千万人才计划"的若干意见〉的通知》文件精神，制定《"玉溪籍在外精英人才库"建设方案》，开展全市玉溪籍在外精英人才信息调查，摸清找准工作对象，为今后开展工作奠定基础。在广泛征求意见的基础上，制定全市2018年度应邀赴台计划，认真抓好落实，及时督促10个团组按照相关程序和要求办理报批手续。部机关5名干部参加省台办组织的经贸文化交流团，赴台开展经贸文化交流。利用参加第七届云台会、第五届南博会的机会，结交新老朋友，涵养工作资源。第七届云台会期间，云南省人民政府台湾事务办公室和玉溪市人民政府共同主办"海外台商云南行"第3届昆明圆桌会，来自越南、泰国、缅甸、马来西亚等多个国家和地区的70多名海外台商以及20多家云南企业代表前来参会。热情接待到玉参访的港澳台侨人士，积极向来访嘉宾介绍玉溪经济社会发展情况、宣传玉溪扩大开放和招商引资的项目和政策。年内，接待13个团组238人。选派1名干部参加省委统战部在香港、澳门举办的云南港澳经济社会研讨班。根据省委统战部、云南海外联谊会有关要求，经市政协、市委统战部协商一致，玉溪市海外联谊会的业务主管部门由市政协变更为市委统战部。

【促进非公经济"两个健康"】 2018年，市委统战部围绕"两个健康"工作主题，认真履行职能职责，着力构建"亲""清"政商关系，有效促进玉溪民营经济健康快速发展。举办全市年轻一代非公经济代表人士"坚持和发展中国特色社会主义"主题教育活动。组织4户民营企业参加省级开展文化行业民营企业代表座谈会和卫生计生行业民营企业代表座谈会；推选3名企业负责人参加在浙江大学举办的云南省民营企业生物医药产业研修班；组织3名年轻一代民营企业家到井冈山市委党校参加2018年云南省年轻一代非公有制经济人士培训；

2018年4月11日，玉溪市新的社会阶层人士联谊总会成立，市委副书记保明顺出席大会并为联谊总会授牌　　（夏　娜　摄）

组织7名民营企业家参加省级举办的云南省民营企业家培训班；组织民营企业家代表作“不忘创业初心牢记企业使命继续改革前行”的表态发言和签名接力活动。通过一系列培训学习，引导全市非公经济人士不断增强“四个自信”，自觉做爱国敬业、守法经营、创业创新、回报社会的表率和践行亲清新型政商关系的典范。代市委起草《关于构建“亲”“清”新型政商关系的实施办法》。动员玉溪市18户民营企业参加“2018年云南省上规模民营企业调研及非公企业100强评选”活动百强榜单和龙头企业评选。收集整理全市民营企业当前面临的突出困难和问题12个，选取典型上报省工商联，争取政策支持。组织民营企业参加第五届中国—南亚博览会暨第25届中国昆明进出口商品交易会、滇缅经贸合作论坛第七次会议。组织召开党的十九大精神与新时代民营经济发展市级异地商会会长座谈会，协调解决异地商会子女就学、商会会员承包土地纠纷等7个困难和问题。扎实开展法律维权服务，组织开展“公司高管刑事法律风险防控”和“引导、构建和谐劳动关系——劳动合同法案例精选”专题讲座，协调解决云南磨浆农业有限公司注册商标、云南澄江县德安磷化工有限责任公司职工特殊工种认定与退休等民营企业反映的问题。依托玉溪市民营企业法律维权委员会这一平台，在全市范围内开展2018年“法律进企业”巡回宣讲活动。制定下发《2018年“四好”商会建设工作实施方案》，进一步强化对商会的指导服务，对15家市级“四好”商会予以授牌，发挥典型带动作用。积极指导做好玉溪市青年企业家商会前期筹备和花卉行业商会换届相关工作。坚持广泛性和代表性相结合的原则，积极主动地做好会员发展工作。截至年底，全市工商联会员有19 656个，其中，企业会员2 559个，团体会员177个，个人会员16 920个。扎实开展“万企帮万村”精准扶贫行动，活动开展以来，动员96户民营企业结对帮扶82个贫困村，投入帮扶资金3 652.74万元，受益群众14 452人。2018年云南省上规模民营企业调研及非公企业100强排序活动中，13家企业入围“非公企业100强”，4家企业入围“制造业20强”，1家企业入围“服务业20强”。

【统战工作科学化制度化】　2018年，市委统战部贯彻落实全国、全省和全市统战部长会议精神，推动统一战线各领域工作蓬勃发展，积极创造条件构建大统战工作格局。分10批组织全市统一战线成员87人参加省委统战部学习贯彻中共十九大精神培训班，安排部机关3名干部职工分赴清华大学、人民大学、浙江大学参加十九大相关培训；组织针对年轻一代非公经济代表人士、新的社会阶层代表人士、宗教界中青年教职人员和统战干部培训班3期，共300余人次参加。班子成员为市直单位和挂钩联系村专题宣讲党的十九大精神和习近平新时代中国特色社会主义思想8次，并通过日常座谈、调研工作、务虚会、交心谈心等形式共50余次与统战对象就习近平新时代中国特色社会主义思想和党的十九大精神，中央、省、市统战部长会议精神和法规政策进行交流学习，引导全市统战干群不断增强“四个意识”，树立“四个自信”，进一步凝聚全市统一战线成员的思想共识。深入推进党员干部“两学一做”学习教育常态化制度化，严格“三会一课”和党员积分制制度，通过主题党日活动、支部学习等形式开展经常性的爱国主义教育和党性教育。加大机关干部学习培训力度，选派3名干部出省参加学习培训，制定《市委统战部2018年中心组（扩大）理论学习计划》，先后组织专题学习研讨8次。定期组织各民主党派市委机关、市侨联机关、市委统战部组织开展双周学习，认真学习中央和省市委重要会议和相关文件精神，全年组织双周学习12次。积极营造干事氛围，制定下发《玉溪统一战线开展大兴学习之风、调查研究之风、真抓实干之风活动的实施意见》，在全市统战系统大力弘扬“跨越发展、争创一流，比学赶超、奋勇争先”精神，成效明显。加强干部的培养，积极支持1名部领导到省委党校中青班学习，2名年轻干部市委青干班学习，选派了2名党派干部到基层乡镇挂职锻炼，进一步推动干部成长进步。研究制定《中共玉溪市委统战部2018年度调研课题计划》，围绕“深入推进宗教工作‘一网两单’制度督查”“玉溪党外代表人士问题”等课题广泛开展调查研究，积极配合省委统战部开展重点课题调研。积极借助互联网和各类新媒体渠道开展统战宣传工作，配合省委统战部扎实开展“中央统战部门户网站云南统战宣传月”活动，报送特色亮点稿件53条，全年信息被中央统战部采用10条，省委统战部采用165条。完成了市、县（区）电子政务内网统战业务信息系统分保测评工作。

（范　罡）

机关党建

【机关党的政治建设】　2018年，市直机关工委坚持以政治建设统领机关党建工作，把坚决维护习近平总书记的核心地位、坚决维护党中央权威和集中统一领导，作为市直机关各级党组织和党员干部的根本政治原则，团结和引领市直机关各级党组织、党员干部强化“四个意识”，坚定“四个自信”。严肃党内政治生活。严格执行《新形势下党内政治生活的若干准

2018 年 4 月 28 日，全市机关党的工作会议召开。市委常委、市委秘书长、市直机关工委书记王志新出席会议并讲话（市直机关工委　提供）

基层党组织下拨党费 55.82 万元用于加强活动阵地建设。深入开展党建专项检查。通过实地督查调研、派单督办、交叉检查等方式，深入开展党员发展工作、党组织换届选举、党员组织关系接转、流动党员管理、党费收缴管理使用等专项工作的自检自查，核查组织关系介绍信 1 459 份，查找流动党员 13 名，建立市直机关组工干部信息档案 65 份、失联党员信息档案 52 份、因公牺牲党员信息档案 10 份。对党费收缴管理使用不规范等突出问题进行排查整改，研究制定《市直机关党费收缴管理使用制度》，进一步规范党费收缴、管理和使用工作。

则》，从严落实党组织生活基本制度，组织指导 471 个基层党组织开好组织生活会，689 名党员领导干部落实了双重组织生活制度。广泛开展“重温入党誓词”活动。推行党员“政治生日”制度，发放“政治生日”贺卡为 311 名党组织负责人过生日。积极发展健康的党内政治文化，不断增强党内政治生活的政治性、时代性、原则性和战斗性。开展党员信教问题集中排查工作，强化党员意识，牢记党员身份，坚定理想信念，提高党性修养。压实抓政治建设的政治责任，把是否强化“四个意识”、做到“两个维护”作为述职评议考核的重要内容，从严从实抓好党组织书记述职评议考核工作，532 个党组织书记向上级党组织进行述职，实现了三级党组织书记联述联评联考的全面覆盖，逐级压实主体责任，推动从严治党责任落实落地。

【机关党的思想建设】　2018 年，市直机关工委始终把学习贯彻习近平新时代中国特色社会主义思想和党的十九大精神作为首要政治任务和长期工作主题。领导干部以上率下，发挥“头雁”效应，各单位党组（党委）理论学习中心组开展集中学习研讨 621 次。注重发挥党支部主体作用，认真落实市委“十个一”要求，坚持读原著、学原文、悟原理，组织学习《习近平谈治国理政》《习近平新时代中国特色社会主义思想三十讲》等。持续推进市直机关“两学一做”学习教育常态化制度化，在学懂弄通做实上下功夫，用习近平新时代中国特色社会主义思想武装党员干部头脑。广泛运用微党课、故事党课、演讲比赛、闭卷考试等方式，对党员学习成效进行适时检验评估，推动党员深学细学、入心入脑、真懂真用。组织市直机关代表队，参加全市党纪法规知识竞赛。认真组织开展“爱读书、读好书、善读书”“经典诵读”“讲好玉溪故事”等系列读书活动，工委为市直机关县处级以上干部征订和赠送《老一辈的革命家》等各类书籍 5 000 余册。培育践行社会主义核心价值观，传承弘扬中华优秀传统文化，举办“书香机关・书香支部”国学文化讲座，邀请中国军事科学院专家教授作《毛泽东的精神》专题辅导，200 余名党员干部接受教育。全面落实意识形态工作责任制，切实以主流思想和舆论占领机关意识形态阵地。

【基层组织规范化建设】　2018 年，市直机关工委以开展“基层党建巩固年”为抓手，持续推进机关党建“灯下黑”专项整治，全面实施党支部规范化建设，扎实开展达标创建“百日攻坚”行动，全年完成 265 个党支部规范化达标创建。落实基层组织换届提醒机制，强化党组织动态管理，建立完善组织换届工作台账，完成党组织按期换届 187 个。顺应机构改革等领导体制调整，优化和规范组织设置，批准成立市委办机关党委等 7 个基层党组织，调整充实 17 个党组织班子成员。规范开展支部主题党日活动，推行“支部主题党日 +”形式，统筹党性教育、业务培训、志愿服务等活动，推动市直机关各级党组织开展主题党日 2 356 次，开展党员志愿服务 1 039 次，党组织主要负责人讲党课 865 场次。落实党内关怀激励，走访慰问困难党员、老党员和因公牺牲党员的家属 284 人。强化机关党建经费保障力度，投入 65.57 万元用于党员教育培训、慰问党员和党刊征订，向

【服务型党组织建设】　2018 年，市直机关工委持续深化大力弘扬“跨越发展、争创一流；比学赶超、奋勇争先”精神大讨论活动，推动市直机关广大党员干部不断适应新时代、落实新部署、展现新作风、干出新气象。积极开展“3・5”学雷锋志愿服务活动、党员志愿者创文创卫攻坚战。充分发挥党支部战斗堡垒作用，助力扫黑除恶专项斗争。持续开展“美丽玉溪服务先锋行动”，树立“全领域党建”理念，引导机关党组织和广大党员投身城市基层党建工作，378 个党支部、5 787 名党员深入社区“双报到”，各单位结合自身实际和工作特点，组织开展“共驻共建服务进社区”主题月、创建文明城市志愿服务等活动，促进机关党建与城市基层党建共融共建共治共享。深化“双联系一共建双推进”“当先锋走前头”等主题实践活动，机关党支部与贫困村党组织结对共建，着力推动机关党建与精准扶贫深度融合，强化机关党员干部脱贫攻坚的担当责任，促进基层党建与扶贫攻坚双推进。

【党员干部教育培训工作】　2018 年，市直机关工委严格按照《中国共产党章程》《中国共产党发展党员工作细则》等有关规定和要求，加强入党积极分子和发展对象队伍建设，举办入党积极分子和发展对象培训班，培训入党积极分子和党员发展对象 269 名。全年发展党员 108 名，预备党员转正 85 名。采取分级负责、分层实施、分领域推进等方法，扎实推进“万名党员进党校”教育培训。工委先后举办“市直机关万名党员进党校暨党组织书记示范班”和“万名党员进党校示范培训班”，培训基层党组

织书记532名，不断提升党组织负责人、党务干部的专业化水平和履职综合能力。坚持示范引领，上下联动，资源整合，市直机关各级党组织开展“万名党员进党校”培训105期，党员2 535名。组织召开市直机关学习新修订的《中国共产党纪律处分条例》专题培训会，为市直机关党组织负责人130余人做专题辅导。

【开展机关党建调研交流】 2018年6月4日，市直机关工委组织召开县（区）机关党建工作座谈会。9个县（区）机关工委分别就提升机关党建工作特色亮点、着力解决机关党建存在的突出问题等情况进行了汇报交流。

7月4～5日，曲靖市直机关工委书记孟靖华一行5人来玉溪就机关党建工作开展调研交流活动。玉溪市直机关工委常务副书记曹绍平主持召开了机关党建座谈会。调研组一行先后到玉溪日报社就党员积分制管理进行学习交流，参观了玉溪市公安局出入境管理支队党支部规范化建设，深入到元江县就县直机关党建工作进行详细了解。23～27日，市直机关工委组成5个督查调研组，深入80个市直部门单位，开展2018上半年机关党建综合督查调研。针对督查调研发现问题，及时召开分析研判会，逐一分析会诊市直各单位党建工作情况，对发现的338个问题进行“点对点”的书面反馈，进行限期整改。市委书记罗应光对督查调研工作给予充分肯定，对做好机关党建工作做出批示。市直机关工委认真贯彻落实市委领导重要批示精神，组织召开了市直机关督查整改落实工作会议，全力推进上半年机关党建工作综合督查调研发现问题整改落实。

8月1日，省委省直机关工委副书记左玉堂带队到玉溪开展机关党建工作座谈调研。市直机关工委常务副书记曹绍平就机关党建工作开展情况做了汇报，市委“两新”组织党工委副书记兼市党的基层组织建设办公室主任袁启文介绍了玉溪市“互联网＋党建”建设的总体情况，市人民医院党委副书记、副院长杨玲介绍了医院“党建云平台”的经验做法和特色亮点。13～17日，市直机关工委联合市委党校课题调研组先后到市公安局、市土地储备中心、市审计局、玉溪日报社、市水利局以及新平县直机关工委、元江县直机关工委、澄江县直机关工委、华宁县直机关工委、红塔区直机关工委等单位，通过实地参观、听取介绍、座谈交流、问卷调查等方式，对基层党建工作进行深入的全面了解，并就党建工作责任制落实、机关党支部规范化建设、城市基层党建工作、党员教育培训等方面开展调查研究。29～30日，市直机关工委常务副书记曹绍平带队，赴昆明、红河就两州市贯彻落实《中共云南省委关于加强和改进机关党的建设的意见》工作情况进行学习考察，市委组织部有关人员参加考察调研。

【自身建设】 2018年，市直机关工委认真落实民主集中制，抓好自身监督，严格组织生活，认真落实《县以上党和国家机关党员领导干部民主生活会若干规定》，组织召开工委领导班子民主生活会，着力提高班子解决自身问题的能力。认真开好组织生活会和开展好民主评议党员工作。加强在职干部理论学习，组织领导干部积极参加时代前沿知识讲座和干部在线学习，开展理论学习中心组集中学习研讨8次。完善制度建设，制定了市直机关工委《工作规则》《议事规则》等15个系列工作制度，进一步促进了机关规范运行。推行市直机关工委党员领导干部联系基层党组织工作制度。采取随机调研、综合督查、专项检查等方式，做到领导干部每年到所联系点指导党建工作不少于2次。加强机关党建工作宣传，创建“玉溪机关党建”微信公众号，推送基层党建工作动态信息58期235条。

（高发红）

2018年，省委省直机关工委来玉溪调研机关党建工作 （市直机关工委 提供）

老干部工作

【离退休干部队伍】 截至2018年底，全市共有离退休干部22 736人。其中，离休干部333人，退休干部22 403人。离休干部年龄最大97岁、平均年龄89.1岁，退休干部最大年龄100岁。全市建立离退休干部党（工）委10个，党总支21个，党支部662个。

【走访慰问老干部】 2018年，市委书记罗应光，市委副书记、市长张德华等四套班子领导带队走访慰问72名担任过副厅级以上领导职务及享受副厅双项和副厅三项待遇的离退休干部。市委老干部局走访离休干部、因病住院老干部、特困老干部等811人。市委常委、组织部部长景绚12月赴澄江看望玉溪第一个百岁退休干部。

【全市老干部工作会】 2018年1月29日，全市老干部工作会议召开。会议深入学习贯彻习近平新时代中国特色社会主义思想和党的十九大精神，传达学习了全国、全省老干部局长会议精神，深刻分析了新时代老干部工作的新任务新要求，总结2017年工作，安排部署2018年主要任务。

【迎春送福系列活动】 2018年2月8日，市委老干部局以“经济社会情况通报、文艺演出、新春游园、剪纸赠春联”四部曲为主题，给广大离退休干部送上新春祝福，700余位老同志欢聚一堂，共迎新春佳节。时任市委常委、组织部部长晏森出席并讲话，市政府分管领导主持，市政协副主席郭亚钢出席活动。

【老干部健康体检】 2018年4月3～4日，市委老干部局组织原担任过副厅以上领导职务和享受副厅级双

2018 年，市委书记罗应光慰问老领导段毓华　　（市委老干部局　提供）

项、三项、单项待遇，以及抗日战争时期享受副厅级医疗待遇的离退休干部 87 人进行一年一度的健康体检，有效提高了老干部健康保健的意识，体现了市委、市政府对老干部的关心和爱护。

【老干部党支部书记读书班】 2018 年 5 月，市委老干部局、市委离退休干部工委和市委老干部党校联合举办第 20 期离退休干部党支部书记读书班，通过“专家授课学思想、革命旧址忆初心、美丽乡村谈振兴”等方式，推动习近平新时代中国特色社会主义思想和党的十九大精神在全市离退休干部党组织中落地生根。市委常委、组织部部长景绚出席读书班并做动员讲话。全市离退休干部党支部书记、骨干 200 多人参加学习。

【全省干休所工作会】 2018 年 5 月 11 日，全省干休所工作会在玉溪召开，总结两年来工作，部署推动干休所工作创新发展、转型发展、科学发展。省委老干局副局长王从文出席会议并讲话。市委常委、组织部部长景绚到会致辞。会议对玉溪市干休所、大理州干休所两家 2017 年先进单位给予表彰。

【撤地设市 20 周年情况通报会】 2018 年 6 月 27 日，市委召开撤地设市 20 周年经济社会发展成就老干部通报会，与退休老干部们共同回顾玉溪撤地设市 20 年来的奋斗历程和取得的丰硕成果，总结取得的成绩，分析面临的问题，展望新时代玉溪发展的美好前景。全市县处级以上退休干部 800 余人参加会议。市委书记罗应光做主题报告。市委副书记、市长张德华主持通报会。

【老干部参观考察】 2018 年 6 月 16 日，市委老干部局组织厅级离退休干部参观第 5 届南博会暨第 25 届中国昆明进出口商品交易会。10 月 22 ~ 26 日，组织厅级离退休干部到德宏州开展“碧玉生辉走边疆·银发共赞新变化”省情考察活动，考察沿边开放和打造面向南亚东南亚辐射中心所取得的成功经验和做法，共享改革开放成果，共话云岭跨越发展。老领导们切身体验改革开放 40 年全省边疆建设的新成就、新发展、新变化，纷纷表示将紧紧围绕市委、市政府的中心工作，为推动玉溪实现“六个走在全省前列”贡献力量。

【老干部工作者培训班】 2018 年 7 月 23 ~ 29 日，市委老干部局组织全市老干系统共 59 名老干部工作者赴浙江大学学习，通过课堂授课、现场教学、互动学习等方式，为老干部工作者更新知识结构、拓宽视野思路提供“量身定制”的培训。

【设立老干部正能量工作室】 2018 年 8 月，在元江县探索设立两个以老干部个人名字命名的正能量工作室，分别是“张有华正能量工作室”“李子干正能量工作室”，主要开展党的政策法规宣讲、送文艺下乡、义诊、志愿服务、党课宣讲等活动，为退休回乡居住老同志发挥提供创新载体平台。

【文艺会演获奖】 2018 年 10 月，在省委老干部局主办的“讴歌奋斗历程·聚力伟大时代”纪念改革开放 40 周年云南省离退休干部文艺会演中，玉溪市选送的舞蹈《花彝乐》《又见北风吹》、合唱《中国脊梁》《远情》4 个节目荣获彩云金奖。

【退休生活适应性培训班】 2018 年 11 月，市委组织部、市委老干部局、市委离退休干部工委联合举办玉溪市离退休干部学习习近平新时代中国特色社会主义思想研讨班暨第五期退休生活适应性培训班。各县（区）、市直各单位离退休干部 180 余人进行了为期 3 天的培训。这次培训班列入市委干部教育培训计划，纳入市委党校主体班教学管理，以习近平新时代中国特色社会主义思想为指导，紧密结合老同志特点，科学设置课程。

2018 年 6 月 27 日，玉溪撤地设市 20 周年经济社会发展情况老干部通报会
（曾永洪　摄）

【命名表扬“最美老干部”】 2018年11月19日，全市举行第二届“最美老干部”表扬大会。经过推荐、初审、公示、审批等评选程序，共命名表扬第二届“玉溪最美老干部”20人、提名奖10人。会上，“最美老干部”代表张有华、朱丽云交流发言，分享了各自的典型事迹和经验做法。

【“我看玉溪40年新成就”专题调研】 2018年，全市组织“我看玉溪40年新成就”专题调研，全方位、多角度、立体化畅谈玉溪改革开放40年及撤地设市20年来取得的辉煌成就。召开座谈会420余场次，1.6万人次参加，访谈302位老同志，举办“纪念改革开放40周年”书画摄影展11期、文艺演出13场，离退休干部捐资助困5万余元，收集到文字材料161篇，畅谈条数4 372条，建言2 800余条。

【评选“五有五好”示范党支部】 2018年，市委老干部局继续在全市离退休干部党组织中开展“五有五好”示范党支部创建工作，评选出第二批市级“五有五好”示范党支部27个。示范党支部创建工作以有担当、支部班子好，有活力、党员队伍好，有制度、组织生活好，有载体、作用发挥好，有阵地、活动开展好为主要内容。

【老年大学示范校工作】 2018年，市老年大学开设42个专业、103个班，新增13个新班级，招收学员6 270名。有来自北京、河北、黑龙江、江西、辽宁、山东、上海、四川、贵州等省、市47名老同志就读。

【评选创建示范活动中心】 2018年，市委老干部局制定创建市级“示范活动中心”《实施方案》和评估标准，评选出5个“市级示范中心”。市老干部活动中心投入10万余元优化学习活动环境，投入近7万元建设文化长廊，打造文化宣传阵地，同时在老年人较为集中的棋阳社区（文庙）、葫田二区、聂耳广场、瑞丰小区增设活动分站。

【党员党性体检中心】 2018年，市委老干部局打造集传承红色基因、开展党性体检、提供党日活动套餐为一体的党员党性体检中心。通过“初心起航、党性自测、党性提升”3个单元和“初心唤起、书记寄语、党性自评、重温誓言、体检会诊”5个环节，激活离退休干部党建新动能。先后被《中国老年报》《云岭先锋》《云南老年报》等主流媒体大幅宣传报道，被省委办公厅信息编发。运行半年就已接待省、市单位以及县（区）学习考察组达800余人次，接待党性体检人员1 400余人次。

【脱贫攻坚工作】 2018年，市委老干部局抓实脱贫攻坚工作，局领导深入挂钩帮扶村10多次，调研指导土地流转、党组织建设、重点项目建设等，开展“仙湖卫士”“送文化下乡”等活动，干部职工捐款3万多元看望慰问老年人和联系户。

【宣传信息工作】 2018年，市委老干部局对老干部工作网改版升级，为县（区）和下属单位设立专区。“玉溪晚晴”微信公众号累计点击率50多万人次。在中国老年报、老干部之家、云岭先锋、金色时光、云南老年报、省老干部工作网、玉溪日报等媒体网站刊登报道163篇，云南老年报宣传专版2期。

（朱文栋）

党校工作

【教学工作】 2018年，市委党校围绕市委、市政府“六个走在全省前列”，打造“三张牌”等重大安排部署要求，科学设置教学内容，突出主业主课，主体班党的理论教育和党性教育占总课时的70%，其中党性教育约占22.9%。将依法治市、意识形态等相关知识纳入教学内容，对14个现场教学基地开展精品课程开发评选活动，评选出全市党校系统第二届精品课4门。严格落实领导干部到党校讲课制度，切实增强教学的针对性和实效性。

【科研工作】 2018年，全年取得98项科研成果，其中，核心期刊1项，国家级成果6项（国家级报刊4项、国家级研讨会2项），省级成果28项（省级报刊14项、省级课题6项、省级研讨会5项、省级获奖成果3项），市级成果61项，县级成果2项。

【培训工作】 2018年，市委党校举办培训班（含会议）172期31 978人次，其中，全市主要领导干部学习贯彻习近平新时代中国特色社会主义思想和党的十九大精神研讨班、第16期青干班等计划内班次20期3 233人次，老挝干部考察团、东南亚国家政党干部研修班等计划外班次152期28 745人次。

【理论宣讲】 2018年，市委党校结合全市“万名党员进党校”培训工作，选派教师参加市委“习近平新时代中国特色社会主义思想和党的十九大精神宣讲团”“习近平新时代中国特色社会主义思想三十讲宣讲团”。全年，宣讲和专题辅导551场124个专题，受众人数约为64 438人。

【基础设施】 2018年，市委党校投入493万元完成老办公楼修缮改造和校园西侧围墙改造工程，修建周边人行道、栈道。投入185万元对知行厅灯光音响进行改造升级。完成军人转业培训基地多媒体系统建设，建成党建书苑、党建书架。

【脱贫攻坚】 2018年，市委党校选派2名扶贫工作队员到元江县羊街乡坝木村开展精准扶贫。校领导及教职工多次深入联系点开展环境卫生整治、综治维稳与反邪教、党建、产业扶贫等工作调研指导，组织村三委班子培训参观学习。成立玉溪市首个新时代哈尼村寨讲习所，开展各类讲堂21次受众1 170余人次。全年，协调划拨、争取和捐赠（折合人民币）资金111.76万元。

【业务指导】 2018年，市委党校加强对县（区）级党校的工作指导，组织县（区）级党校领导、教师参加有关学术研讨会、座谈会等。召开全市党校系统常务副校长座谈会，举办全市党校系统师资培训班。明确教师联系指导县区党校业务分工，教职工不定期深入联系县区党校开展调查研究。全年，争取市级财政补助资金2 150万，加快推进县（区）党校校园改扩建工作，峨山、易门县委党校率先建成投入使用。

【云岭先锋·党建书苑】 2018年2月25日，全省首建的党建书苑—玉溪“云岭先锋·党建书苑”在市委党校揭牌。市委书记罗应光，省委组织部部务委员、云岭先锋杂志社社长蔡祥荣共同为玉溪“云岭先锋·党建书苑”揭牌并讲话。

【全市主要领导干部学习贯彻习近平新时代中国特色社会主义思想和党的十九大精神研讨班】 2018年2月25日，全市主要领导干部学习贯彻习近平新时代中国特色社会主义思想和党的十九大精神研讨班在市委党校开班。市委书记罗应光强调：高举习近平新时代中国特色社会主义思想伟大旗帜，坚定不移推进新时代中国特色社会主义玉溪新实践。

【新时代哈尼村寨讲习所】 2018年6月24日，玉溪市元江县羊街乡“新时代哈尼村寨讲习所”在坝木村委会揭牌开讲，校党委书记、常务副校长刀有忠以《新时代新气象新作为——深入学习贯彻党的十九大精神，在党的建设新的伟大工程中争当时代先锋》为主题上了首堂培训课。

【全市庆祝改革开放40周年理论研讨会】 2018年11月16日，玉溪市庆祝改革开放40周年理论研讨会举行。40篇入围论文中，党校系统入围9篇（市委党校5篇、县区党校4篇）。

【改革开放40年党的建设成就与经验理论研讨会】 2018年12月25日，党史党建教研室刘杰撰写的《改革开放40年制度治党的历史演进和创新发展》入选全国党建研究会“改革开放40年党的建设成就与经验理论研讨会”，系全省唯一入选成果。

（徐瑞江）

党史研究

【《执政纪要》编纂】 2018年，为进一步提高《执政纪要》编纂质量，市委党史研究室在编纂过程中增加图片使用量，对结构板块进行部分调整，将“执政论坛”篇目调整为“执政要论”“纪实报道”2个栏目。“常委论坛”仅收录2017年以来市委领导在市级以上党报党刊公开发表的理论文章。全书计43万字，收录照片43幅，2018年底出版发行。《中共玉溪市委执政纪要》（2017）为全市各级党组织总结执政经验、探寻执政规律积累了资料。

【《中共玉溪历史大事记（2001～2015）》编纂出版】 2018年，市委党史研究室编纂的《中共玉溪历史大事记（2001～2015）》由云南人民出版社公开出版发行，全书38万字。采用编年体编纂方法，以中共玉溪市委的活动为主线，主要记载2001年1月1日至2015年12月31日间玉溪重大历史事件以及在玉溪辖区内有影响的政治、经济、文化、社会等方面的重大活动，是全市各级党组织和广大党员干部群众了解玉溪政治、经济、社会、文化、生态发展和党的建设的重要书籍，具有重要的史料价值。

【《玉溪重要历史文献资料选编》编纂完成】 2018年，市委党史研究室编纂完成《玉溪重要历史文献资料选编》，于3月公开出版发行。《玉溪重要历史文献资料选编》主要收录1950年3月至1978年12月期间玉溪地委重要文件及反映重要决策、会议、活动、工作的文献资料；地委贯彻落实党和国家重大方针政策以及党和国家领导人的指示、批示等重要文献资料；地委贯彻落实省委、省政府重大决策部署及省委、省政府主要领导指示、批示等形成的重要文献资料；地委主要领导重要工作报告、讲话、文章等重要文献资料。全书49.3万字，收录照片43幅。分上、下两册。该书的出版，为全面展开玉溪社会主义革命和建设时期的党史研究，即时跟进改革开放新时期的党史征编打下坚实基础。

【《玉溪改革开放四十年》出版发行】 2018年，市委党史研究室启动《玉溪改革开放四十年》编纂工作，于年底出版发行。全书分序言、综述、六个专题及附录共9个部分，每个专题均穿插反映主题内容的照片，图文并茂。全书37.5万字，收录图片96幅，充分展示了玉溪改革开放四十年的辉煌成就，总结发展中的经验和不足，为玉溪发展提供历史借鉴。

【加强业务指导】 2018年，市委党史研究室加强对县区的业务指导，对《中国共产党红塔历史（1929～1950）》《中国共产党元江历史大事记（1945～1978）》《滇南游击战》进行审读并行文出具审读意见。同年，从审读范围、审读机构、审读程序、审核内容及审读责任方面制定出台《中共玉溪市委党史研究室关于党史题材出版物审读实施办法》，有效规范了全市党史出版物审核出版工作。

【发挥资政功能】 2018年，市委党史研究室充分发挥资政功能，先后为玉溪日报社、玉溪市委老干局、红塔区玉兴街道办事处、葫田社区等单位部门提供玉溪党史史料和100余幅图片。

【《滇中·红色记忆》拍摄完成】 2018年，市委党史研究室组织拍摄的党史专题片《滇中·红色记忆》拍摄完成。于9月25日在玉溪电视台新闻综合频道黄金时段开播。9月下旬在玉溪广播电视台新闻综合频道、公共频道、七县二区电视台黄金时段播出，并在玉溪网上长期刊播。该片通过讲述党的故事、玉溪故事，对全市广大党员干部和人民群众进行党史党性教育，营造“学党史、知党恩、跟党走”浓厚氛围。《滇中·红色记忆》党史专题片的拍摄，开创了玉溪地方党史从文字记载到影像记录的新路径，填补了市级党史专题片的空白。

【“玉溪党史网”“玉溪党史”微信公众号管理维护】 2018年，市委党史研究室充分发挥“玉溪党史网”和“玉溪党史”微信公众号的理论宣传教育功能，在“玉溪党史网”和“玉溪党史”微信公众号开设专题、专栏，搭建马克思主义理论和中国特色社会主义理论互动学习交流平台，适时进行网站内容充实和更新，把市委党史研究室编纂的书籍和全市革命遗址点上传到网站，改善党史书籍的阅读体验。全年上传各类党史资料400余万字，图片200余幅，理论文章600余篇，“玉溪党史网”浏览量达24 531人次，玉溪党史“微信公众号”订阅量2 270人，阅读量达19 210人、92 571次，浏览量和订阅量创历史新高。

【党史宣讲】 2018年，市委党史研究室加强党史宣讲力度，组织市、县（区）党史部门在机关单位和中小学校开展党史宣讲100余场（次），市委党史研究室领导为市直单位作党史专题宣讲10余场。

【党史信息】 2018年，市委党史研究室扎实抓好党史信息编写工作。各县（区）史志办及市委党史研究室各科室上报党史信息106条，在“玉溪党史网”发布信息69条，被省委党史研究室采用24条；被《市委重要信息》采用6条，信息工作考核得分65分，超额完成全年50分的信息考

2018 年 6 月 26 日，省委党史研究室主任苏红军一行 4 人到玉溪调研党史工作

（市委党史研究室　提供）

核任务；编纂《党史工作信息》6 期发至全市各部委办局、各县（区）。

【“党史进校园”试点】 2018 年，市委党史研究室持续开展“党史进校园”试点工作。选取全市七县二区 11 所中小学校作为“玉溪党史进校园”试点学校，编印《中国共产党玉溪历史学生读本（1927 ~ 1950）》6 000 册发放至试点学校，与市教育局组成联合调研组对试点学校进行调研检查和问卷调查，摸清“玉溪党史进校园”试点工作情况，进一步形成可在全市推广的工作经验。

【开展纪念活动】 2018 年，市委党史研究室利用节庆日开展各种纪念活动，在元旦、清明节、建党节、建军节、国庆节，以及国家公祭日、聂耳纪念日、抗战胜利纪念日等重大节庆日，在“玉溪党史网”开设“纪念改革开放 40 年”专栏，刊登纪念文章 60 余篇，在“玉溪党史”微信公众号刊发纪念文章 90 余篇。微信、QQ 群等信息平台，刊发各种纪念文章，全年刊发 900 余篇（条）。

【革命遗址保护利用】 2018 年，市委党史研究室向省委党史研究室争取革命遗址保护专项资金 20 万元，用于补助元江县李和才故居家庙展厅建设、澄江县党史陈列室进行修缮和布展。全年省、市、县（区）、乡（镇、街道）共投入资金 1 000 余万元，对易门县孙兰英烈士纪念馆、峨山县觅池冲中共滇中地委旧址、峨山县工委诞生地旧址等党史展馆进行提档升级。充分发挥全市党史遗址、党史展馆对党员领导干部的教育培训功能。配合市委组织部、市委党校，对易门县孙兰英烈士纪念馆、峨山县觅池冲中共滇中地委旧址、华宁县陶应全精神教学现场点、元江县李和才故居等 14 个玉溪市干部教育培训现场教学基地进行评审及精品课程评选，评选出 8 个干部教育培训现场教学基地，4 堂干部教育现场教学精品课程。

（适丽招）

2018 年 5 月 16 日，由玉溪市委党史研究室牵头，市委统战部、市直机关工委、市妇联、市编办、市保密局等机关单位组织近百名党员干部观看了花灯剧《山茶花红》

（市委党史研究室　提供）

保密工作

【组织领导】 2018 年，市保密局加强统一领导，完善工作职责，统筹工作任务，将保密工作融入全市各项工作任务中一并抓好贯彻落实。发挥保密工作机构职能作用，根据人员变动和工作需要，函询因人事变动的保密委成员单位人员调整意见，及时调整充实市委保密委员会成员，切实加强对全市保密工作的组织领导。组织召开市委保密委员会全体（扩大）会议，审议 2018 年保密工作要点，总结 2017 年保密工作，部署 2018 年保密工作，确保全市保密工作顺利开展。健全完善保密工作责任。为进一步明确各级党政领导干部在保密工作中的责任，重新修订完善《党政领导干部保密工作责任书》，并组织全市副处以上领导干部重新签订责任书，有效促进各层次党政领导干部履职尽责。统筹抓好各项工作任务。按照市委、市政府安排部署，将党的基层组织建设、创文创卫、意识形态、党风廉政建设、扶贫攻坚、综治维稳、统一战线、深化改革和依法治市等工作融入保密业务工作，一并贯彻落实，为全市经济社会发展贡献保密力量。

【宣传教育】 2018 年，市保密局以“学习贯彻党的十九大精神，全面提升全市公民保密意识”为主题，突出主题教育、专题教育和全民教育，进一步提升全体公民保密意识和保密常识。深入学习贯彻党的十九大精神，研究制定了《关于深入学习贯彻党的十九大精神促进玉溪保密工作转型升级的实施方案》，将贯彻落实十九大精神与关于加强和改进保密工作的部署要求结合起来，纳入全市党政领导干部保密工作主体责任，纳入各级党委（党组）年度目标综合考核内容。以开展保密法制“宣传月”活动为载体，开展一系列内容丰富、形式多样的活动。活动期间，全市各级领导共讲授68场次2 548人参加的保密党课，编印保密知识系列读本之七《出国（境）保密教育知识读本》等6 112册宣传资料，玉溪电视台和多个县（区）电视台播放保密法制宣传新闻22条、标语618条、公益广告28条，制作宣传专栏（板报）125版，确保活动取得实实在在的效果。开展全民教育。按照“七五”保密法制宣传教育要求，发放保密知识提醒、警示宣传材料和充实保密宣传网页，展示《保密法》和《保密法实施条例》系列挂图，大力开展保密法律法规宣传活动，引导全体公民弘扬法治精神、培育法治理念、推动法治实践。

【业务培训】 2018年，市保密局按照“基础实用、简单易懂”的原则，组织开展保密知识业务培训。组织开展Linux操作系统培训。以国产Linux操作系统安装和卸载、系统管理、网络管理、安全管理、服务器的搭建、运维能力、常用软件的使用技能、信息安全为主要内容，组织开展Linux操作系统培训，为涉密领域信息设备国产化替代工作奠定了坚实基础。组织全市保密（专）兼职干部业务培训。9月，邀请云南省国家保密局和大学的专家学者，组织全市200余名保密专（兼）职干部进行业务培训，全面提升信息化条件下机关单位的保密管理水平。同时，主动参加各类相关业务培训。组织机关和中心人员参加市委网信办组织的网络安全应急处置和安全技能培训，学习了解网络安全方面的知识。按要求参加全市机关单位组织开展的各类培训，先后选派48名人员参加市委办、市委网信办和市政府法制办等单位组织的各类培训。

【保密管理】 2018年，市保密局持续抓好定密管理、涉密计算机管理和涉密人员管理。全面规范定密管理工作。结合保密定点联系制度，全局干部职工与联系单位共同梳理本系统的涉密事项，细化国家秘密事项名称、密级、保密期限、定密责任人等定密事项，收集整理75家机关单位的国家秘密目录及定密责任一览表，编印下发《玉溪市机关单位定密事项一览表汇编》。加强涉密计算机管理。针对偶发的涉密计算机违规外联事件，研究部署具体举措并及时制发文件《关于加强涉密信息设备和涉密网络保密管理的通知》，最大限度杜绝发生涉密计算机违规外联问题。抓好涉密人员管理。落实涉密人员各项管理要求，规范涉密人员上岗、在岗、离岗全过程管控。完善涉密人员动态管理数据库，加强涉密人员因私出国（境）管理，加大与公安机关出入境管理部门协同配合力度，严格履行审查审批手续，确保涉密人员可靠、可控、可管。

【保密科技】 2018年，市保密局促进提高科学技术在保密工作中的运用。开展涉密领域国产化替代工作。制定下发《关于印发〈玉溪市实施涉密领域国产化替代工程工作方案〉的通知》，转发涉密专用信息设备名录，成立涉密领域国产化替代工程推进小组，做到分级负责、分工合作、密切协同，指导全市稳步推进涉密领域国产化替代工作。10月，组织县（区）和市直相关单位共12人参加青岛保密技术交流大会暨产品博览会，进一步了解保密技术方面的前沿知识和保密产品。继续推进保密综合业务网建设。积极推进保密综合业务网建设，根据国家保密局信息化建设规划，调整技术路线，重新修订保密综合业务网建设实施方案，先后指导各县（区）保密局完成基础设施建设和骨干网络设备搭建，实现市局和各县（区）节点网络的互联互通，确保全市保密系统按期完成建设任务。加强涉密网络监督管理。按照相关规定和程序，对检察院和组织系统的涉密信息系统开展资料审查、现场审查、督促整改和会议审批，共计颁发使用许可证11张。对市委办、市检察院、市委组织部等

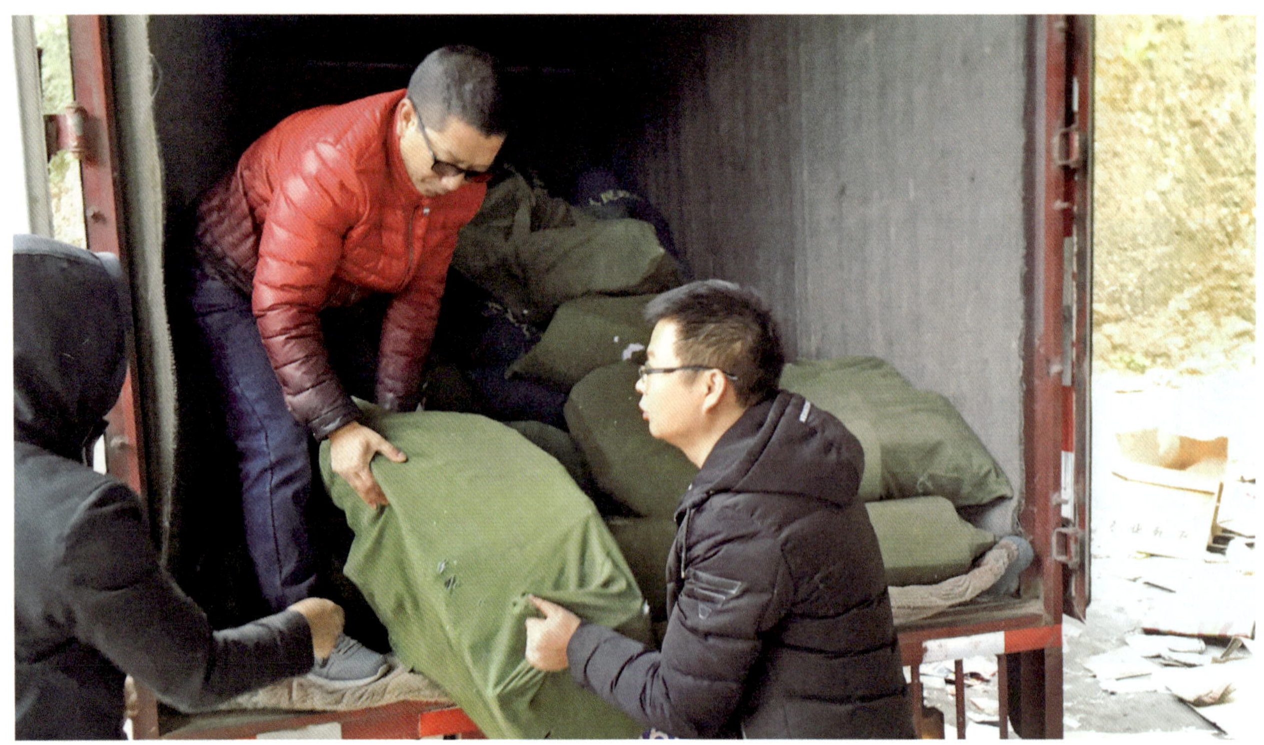

2018年1月31日，市保密局集中销毁2016年度涉密文件资料 （瞿星宏 摄）

涉密网络开展监督检查，指出存在问题，提出整改意见，做好系统验收启用前的准备工作。

【督促检查】 2018年，市保密局开展经常性的督促检查，是有效解决抓落实的方法措施。扎实开展保密自查自评。坚持以问题为导向，深入调查研究，组织座谈交流，不断总结经验，紧盯机关、单位内设科室和下属单位，着力解决自查自评开展不规范、不经常、不彻底等问题，确保自查自评工作取得实效。严密组织保密执法检查。根据保密法律法规，6月，拟制《玉溪市人大机关保密检查方案》，对市人大机关开展保密执法检查，进一步督促领导干部保密责任的落实，督促机关单位加强自检自查和规范保密管理秩序，达到“以查促改、以查促防、以查促教、以查促建”的目的。持续开展计算机自检自查。认真贯彻落实《关于切实加强计算机及其网络保密管理具体事项的通知》要求，每季度组织开展计算机自检自查工作，共组织开展计算机及其网络保密自检自查3次，检查涉密计算机2 418台，非涉密计算机5.4万余台；开展信息公开保密审查，审查发布信息10万余条，对送审的《执政纪要》等文史资料进行保密审查。

【保密保障】 2018年，市保密局加强保密技术服务中心建设。积极争取市委领导支持，组织编制玉溪保密技术服务中心建设项目可行性研究报告，着力推动保密服务中心建设。全力保障各类涉密活动。积极主动保障全市涉密会议、涉密活动，先后保障全市机关单位51场次5 558人参加的涉密会议。积极做好各类考试保障，先后参与了机关单位组织的51场次、220 721人参加的各类考试保密监督检查工作。加强涉密载体清退销毁。2018年，全市清退销毁2017年度涉密文件40 263份（其中绝密级文件7份、机密级文件7 112份、秘密级文件25 733份）、内部文件7 411份；销毁（服务器、台式机、笔记本、打印机、复印机、传真机）96台（件），磁介质（硬盘、光盘、软盘、U盘）819个，磁带27盘，硬盘数据消除13盘；统一制作发放2 090个保密专用袋，确保涉密载体“全寿命”管控。帮助服务地方企业。8月，组织鑫源公司、保安公司等4家有申报意向的企业进行辅导培训，2次组织3家资质企业参与保密业务知识培训，走访相关单位收集对3家资质企业的评价，通过向资质企业反馈问题、督促整改，促进资质企业从事涉密业务能力的提升，起到了服务地方经济建设的目的。开展保密技术检查检测。受邀对市人大、市委编办、驻玉部队等5家单位保密要害部门部位和重要涉密场所进行技术检测，反馈存在问题，并提出进一步加强保密管理的意见建议。

（瞿星宏）

档案管理

【召开全市档案工作会议】 2018年，全市档案工作会议在红塔区召开，会议传达学习了全国档案局（馆）长会议和全省档案工作会议精神，回顾总结党的十八大以来全市档案工作情况，研究部署2018年全市档案工作。市政府秘书长张亚辉主持会议，各县（区）党委政府分管联系档案工作领导，各县（区）档案局局长，市直各单位、中央和省驻玉单位专（兼）职档案人员，市城建档案馆主要负责人及市档案局（馆）全体干部职工共164人参加了会议。市委常委、市委秘书长王志新出席会议并讲话，指出全市各级档案部门要坚持以党的十九大精神为指引，坚持玉溪经济社会发展“5577”总体思路，放眼更远未来，瞄准更高水平，奋力开创档案事业发展新局面。市档案局局长马增福作了《牢记使命 勇挑重担努力开创新时代玉溪档案事业高质量发展新局面》的工作报告，报告全面总结回顾了2017年全市档案工作，安排部署了2018年工作。市档案局副局长杨长利对《云南省国家档案馆管理办法》进行了详细解读。

【档案法制建设】 2018年，市档案局制定了《玉溪市档案局深入学习宣传〈中华人民共和国宪法〉的实施方案》，组织干部职工开展宪法专题学习3次，组织3名县处级领导参加全市宪法知识考试，组织全局16名干部职工参加本单位开展的宪法知识考试及有关《国家安全法》《网络安全法》等法律法规学习。加强执法人员管理，规范行政执法，组织本单位6名工作人员参加执法资格新办证和换证人员、执法督察证新办证及换证、中途换证培训，市档案局16名执法人员信息均录入行政执法证件管理系统。完成省档案局、市依法治市办、市司法局、市法制办等相关单位要求办理的依法治市考核和领导述法、重大行政执法决定法制审核办法贯彻落实、行政裁决事项及行政裁决制度清理、“七五”普法工作中期督查等法治工作事项。开展放管服改革，推进职能转变，进一步修改完善《玉溪市档案局权力清单和责任清单》及内部审批事项，认真做好简政放权放管结合优化服务改革工作，整改省督查调研组提出的机构窗口服务问题，确定了为市档案局进驻玉溪市“一站式惠民”平台的服务事项为“馆藏档案、已公开现行文件、政府公开信息查阅利用服务；爱国主义教育基地展览”两项。开展取消和保留的索要证明材料、对外开具（核发）证明材料的清理工作。保留行政职权5类18项，对应责任事项115项，追责情形110项，证明材料2项。

【档案工作规范化管理】 2018年，市县（区）档案局以规范化认定和复查为抓手，促进档案工作管理规范化，全市128个单位通过了档案工作规范化管理示范单位认定或复查。其中市档案局组织完成了市委宣传部、市人大机关等11个单位的规范化示范单位的认定或复查，各县（区）完成117个单位的认定或复查。

【档案业务指导】 2018年，市档案局强化业务指导监督，推进各部门档案工作有序开展，指导内容涉及民生档案指导、档案年度归档、档案安全管理、档案工作规范化示范单位认定及复查等相关问题，对市委办等87个单位开展业务指导137次。加强档案业务培训，对全市气象部门、红塔银行档案人员、澄江县村和社区干部进行了业务培训，培训人员600余人。突出重点，推动民生档案资源建设，对市国土局、市医保中心、市社保局、市劳动就业局等涉及民生类档案的单位开展业务指导，解决具体业务问题。与市扶贫办联合印发了《玉溪市精准扶贫文件材料归档范围及保管期限表》。12月，市政府将精准扶贫档案纳入全市精准扶贫考核，由玉溪市扶贫办和玉溪市档案局对各县（区）开展脱贫攻坚巩固提升工作成效档案管理进行考核，各县（区）精准扶贫档案工作有序推进。与市民政局联合转发了《云南省第二次全国地名普查档案规范》。深入红塔区、江川区等

9个县（区）对精准扶贫、土地确权、婚姻档案等民生档案进行调研指导16次。强化重点项目业务指导，推进重点项目档案工作规范化。5月31日，为做好东片区暨“三湖”水资源配置应急工程档案归档工作，市档案局副局长杨长利带领调研组到市水务公司档案室进行实地调研，与工程业主方玉溪市抚仙湖水务管理有限责任公司和施工方中国有色金属工业第十四冶金建设公司进行了档案工作座谈，对如何做好档案工作进行了业务指导。12月5日，市档案局组织完成对通海县应急提水工程建设项目档案进行档案专项验收。

【上级部门执法监督检查和调研】 2018年5月14～17日，由云南省档案局副局长张文芝带队的执法监督检查组，对玉溪市贯彻《云南省国家档案馆管理办法》情况进行执法监督检查。检查组通过实地检查、翻阅台账资料、听取情况介绍、召开座谈会等方式，对红塔区、华宁县、新平县及市档案馆档案法律法规宣贯情况、国家档案馆建设和管理职责履行情况、国家档案馆依法履行收集保管利用职责情况、违法违纪情况进行了检查，实地查看了红塔区李棋街道、华宁县宁州街道、新平县平甸乡3个乡（街道）综合档案室规范化建设情况，对红塔区、新平县、华宁县档案馆建设项目进行了督查。省档案局执法监督检查组召开了反馈会，市委常委、市委秘书长王志新出席会议并讲话，市人大办、政府办、政协办及市财政局、市发改委、市住建局、市国土局、规划局相关领导和市档案局全体干部参加了会议。5月25日，国家档案局副局长刘鲤生一行3人率调研组，先后到玉溪红塔集团、红塔区国家档案馆在建新馆、澄江县档案局，调研中西部县级国家综合档案馆建设项目和国家重点档案保护开发项目进展情况。市委常委、市委秘书长王志新，市档案局局长马增福陪同调研。

【档案资源建设】 2018年，全市各级国家综合档案馆共接收档案5 645卷、240 585件，其中，市馆接收市外经局、市政府办公室档案524卷、5 930件，征集万斗云档案47件。

【档案开发利用】 2018年，全市各级国家综合档案馆共接待档案利用7 439人次、4 498卷次、18 481件次，其中，市馆共提供利用档案230人次、735卷次、3 377件次，复印档案24 321页；组织29名中小学生到市档案馆参观爱国主义教育展览；各县（区）爱国主义教育基地接待参观人员达到3 374人。积极推进档案文化产品开发，《滇傩探秘》《花腰傣服饰与文化概说》《玉溪传统村落》3个文化产品基本完稿。

【数字档案馆建设】 2018年，市档案馆主要进行档案数字化后的查缺补漏、数据库完善等工作，检查完善条目189 699条、文件11 918个；新录入条目38 227条，扫描原文23 299页。分别到省档案馆备份库和西双版纳州档案馆开展档案数据备份。每套数据为5 870GB，案卷级70 633条，文件级1 579 976条，原文10 887 454页。

【“国际档案日”宣传活动】 2018年6月11日，市档案局、红塔区档案局在聂耳文化广场，以“档案见证改革开放”为主题开展宣传活动。活动通过悬挂宣传横幅、设置咨询点、发放宣传材料等形式，深入葫田社区、葫芦社区、康井社区、玉溪第四小学及红塔集团等地，积极向群众宣传档案法律法规及宪法、社会主义核心价值观、保密及文明城市创建工作等知识。活动期间，现场接受群众咨询120余人次，散发《宪法修改的重点内容及其重大历史意义》《云南省国家档案馆管理办法》《档案管理违法违纪行为处分规定》《档案法制小知识》《保密宣传标语25条》《保密法规定的十二种违规行为》及《玉溪市市民文明手册》《文明始于心创建践于行》等宣传材料4 500余份。

【创建文明城市】 2018年，市档案局认真落实公益性文化设施向未成年人免费开放和爱国主义教育基地建设工作，制定了公益性文化设施开放工作方案，印发了《玉溪市档案局关于加强创建云南省文明城市问卷调查应知应会内容宣传工作的通知》《玉溪市档案局关于做好创建云南省文明城市实地测评工作的通知》《玉溪市档案局关于进一步加强创建文明城市日常创建工作的通知》及《市民手册》《应知应会》等创建文明城市有关学习资料500余份。制作了公示牌4块，在办公走廊、宣传栏、外墙、围栏等地设置安装10类公益广告及禁烟标示50余块，设置吸烟区1个，建设志愿服务站点1个，摆放有关志愿服务物品，建立完善有关制度和工作台账。开展文明交通、卫生整治等专项志愿服务活动8次。制定网格化工作方案，积极组织干部职工参加社区政策宣传、卫生清洁等志愿服务活动30余次，切实开展百日攻坚工作。按时上报说明报告、工作报告、实景图片、信息等材料110余份，圆满完成了各项创建省文明城市工作任务。

（王朴林）

机构编制

【党政机构改革和重要领域体制机制改革】 2018年，市委编办扎实推进行政体制和重要领域体制改革，为玉溪跨越式发展提供强有力的体制机制保障。扎实开展全市党政机构改革工作。认真贯彻落实党的十九届三中全会和省委十届五次全会、全省市县机构改革推进会精神，坚持早着手、早准备、早谋划，超前做好党政机构改革各项准备工作。采取召开座谈会、问卷调查、实地调研等形式，分组深入市直部门和9县（区）开展调研，梳理分析职能配置、机构设置、人员编制和领导职数等情况，做到“问需于基层、求证于部门”，走访调研300余人次，收集汇总意见建议335条，形成《玉溪市党政群机构改革调研报告》，做到底数清、数字准、情况明。研究拟订《玉溪市深化党政机构改革任务清单和推进时间表》《玉溪市深化党政机构改革工作专班人员分组及任务分工》，细化全市机构改革推进计划，确保全市机构改革“挂图作战”、规范高效、克期推进。研究拟订《玉溪市机构改革方案》和《市级深化党政机构改革实施方案》，稳妥推进全市机构改革。加强对县（区）机构改革工作的指导，确保市县机构改革同步推进，有序进行。稳妥推进“三湖”管理体制改革。合理优化管理机构，调整设置玉溪市抚仙湖管理局直接管理“三湖”，负责“三湖”径流区保护和开发利用总体规划、项目建设、重大产业布局规划实施的监管及“三湖”一级保护区综合行政执法，实现一个部门统一管理。合理融合机构职能，最大限度实现机构职能融合、业务工作协同、监管执法力量整合。推进“三湖”综合执法改革，全面整合执法职能，在抚仙湖、星云湖、杞麓湖一级保护区集中行使水政、环保、渔政等方面的行政处罚权。积极做好重点领域改革。配合完成纪检监察体制改革试点工作，做好涉改机构的人员编制划转工作，指导县（区）做好涉改单位人员编制、机构转隶工作和纪委监察委机构编制调整设置。积极为园区快速发展提供体制机制保障，调整优化玉溪高新区管委会领导职数和机构设置，拟订玉溪高新区管委会“三定规定”，为园区提供了体制机制保障。积极支持创建城市基层党建示范市工作，配合做好城市街道职能调整和体制改革工作。着力做好全市党政机关部门办企业清理整治工作。拟定《玉溪市清理整治党政机关部门办企业工作方案》《关于成立玉溪市清理整治党政机关部门办企业领导小组的通知》，组织对市级8户企业脱钩方案进行联合审核，清理整治工作圆满完成。

【“放管服”改革】 2018年，市委编办立足提升玉溪发展软实力，助力玉溪高质量跨越式发展，助推玉溪在全省率先全面建成小康社会，牵头拟订《玉溪市深化“放管服”改革优化营商环境实施方案》及其工作任务细化分解表和“六个一”行动配套方案，持续深化“放管服”改革，加快转变政府职能，不断优化办事创业和营商环境。围绕“123456”改革目标，全面实施“企业开办时间再减一半以上、项目审批时间再砍一半以上”、政务服务一网办通、企业和群众办事力争只进一扇门、最多跑一次、凡是没有法律法规依据的证明一律取消”6个行动，切实优化营商环境。改革后，所有办理事项做到“零超时”，平均办结时限由16.9天降到8.5天；一般性不动产交易登记从原来的21天压缩至2个工作日；企业开办时间从原来的9.5个工作日压缩至3个工作日，全市新增企业4 089户，比上年同期增长13%；新增个体工商户25 758户，比上年同期增长15%；工业投资项目审批时间从300余天压缩至45个工作日，全市通过投资项目审批平台审批、核准和备案投资项目938个，总投资715.4亿元。精准协同放权。继续取消一批制约经济发展、束缚企业活力的行政审批事项，下放一批“含金量高”的行政审批事项，承接好上级下放的行政审批事项。全面推行清单管理。健全完善权责清单、中介服务事项清单、随机抽查事项清单，编制并公布内部审批事项清单、直接受理事项清单。推进审批提速。29个市级政府部门归并设置行政审批科，市直政府部门237项事项实现直接受理。强化“双随机一公开”监管。

【事业单位分类改革】 2018年，市委编办通过深化事业单位分类改革，进一步理顺管理体制和运行机制，不断激发事业单位生机活力，促进公益服务平衡充分发展。积极推进从事生产经营活动事业单位改革工作。《玉溪市从事生产经营活动事业单位改革实施方案》印发后，针对改革过程中存在的焦点问题，深入易门县、新平县、江川区、红塔区、通海县涉改单位开展专题调研，了解涉改单位职工诉求，提出解决问题的思路和办法，为下一步工作推进奠定基础。尽力化解社会事业发展与事业编制资源不足的矛盾。认真研究玉溪市与中山大学合作办医机构编制事项，市人民医院床位数增至1 500床、改扩建工程投入使用后人员编制不足等问题，加强指导市儿童医院独立建制后与市人民医院编制、人员划分等事宜；指导红塔区乡镇教育资源整合、校点调整机构编制管理工作。出台《玉溪市事业单位机构编制管理创新挖潜服务发展的意见》，研究拟订《关于高等职业院校教学教辅机构和公立医院临床医技机构实行备案管理的通知》，增强高等职业院校和公立医院的法人自主权，完善高等职业院校和公立医院专业技术机构管理。按照中央、省环保督查反馈意见整改要求，指导县（区）进一步巩固自然保护区管理体制改革成果，完善县（区）环境监测监察执法机构人员力量配备；对照省委、省政府环保督查第一督查组反馈意见责任问题清单中反馈的环境监管能力建设不达标、自然保护区管护机构不健全的问题，提出整改方案。通过改革压缩精简编制。结合省、市事业单位创新挖潜服务发展的实施意见和从事生产经营活动事业单位改革，收回市驾校、市综合设计院、市水利建设大队等7个事业单位空编32名。认真做好事业单位登记管理工作。严格把好受理、审核、核准“三关”，指导好事业单位2017年度报告工作，全市实际提交年度报告的事业单位2 095家，提交率为99.57%，已公示2 094家，公示率为99.95%。严格把好申请关、受理关、审核关、核准关、发证关、公告关的“六关”，切实做好2018年事业单位登记管理工作。全市办理事业单位设立登记52家，变更登记471家，注销登记29家；其中，市级办理设立登记3家，变更登记45家，注销登记15家。

【机构编制管理】 2018年，市委编办坚持把财政供养人员只减不增作为一项硬任务，把管住用好机构编制作为工作生命线，全力抓好机构编制“控、调、减、督、保”工作。严格控制机构编制总量。严守机构编制总量底线，严格控制各县（区）各部门机构编制规模。严守机构编制审批底线，对确需新设机构的，坚持“撤一建一、多撤少建”，在撤销和整合现有机构基础上组建；对确需保障编制的，原则上在单位现有编制总量内调剂解决。进一步规范各类编制、职数使用审核工作。按照分类管理、科学合理、适度空编、确保急需的原则，全年下达市县（区）机关事业单位编制使用计划2 356名，其中，市级495名，县区1 861名。配合组织、人社、民政等部门，围绕选调生选岗、退役军人安置、“百千万人才计划”制定专门编制使用计划，并提供入编通道，实行随到随办。全年安置选调生4名，退役军人安置83名。盘活机构编制资源保障事业发展需要。探索在“大口、大块、大条”上优化盘活存量编制资源，通过综合设置机构、减少管理层级、整合精干内设机构、压缩非业务机构人员编制、减上补下充实基层等方式，优化结构，盘活存量，把有限的机构编制资源向重点领域和重点部位倾斜，更好地服务和保障中心工作。开展统筹使用各类编制资源专题研究。持续加强机构编制监督检查。全面落实机构编制管理“五个纳入”，巩固深化全市机关事业单位超编制超职数专项清理整治、中央巡视组巡视整改成果，持续抓好“一个条例、三个办法”的贯彻落实。综合运用审计、巡察、督查、“12310”举报等监督手段，制止“条条干预”行为。以信息化助推机构编制管理精细化。积极推行“互联网+机构编制”，以《机构编制管理证》（电子版）为重点，强化机构编制台账管理，在人员的出入编制管理上做到“一登记三调整”，切实加强机构编制实名制数据库日常维护和更新。

（梅亮 刘飞艳）

（李卫东　摄）

玉溪市
人民代表大会

THE PEOPLE’ CONGRESS OF YUXI

责任编校：李晓媛

重要会议

监督工作

代表工作

人事任免

【概　况】 2018年，市人大常委会在市委的坚强领导下，不忘初心，牢记使命，高举中国特色社会主义伟大旗帜，以习近平新时代中国特色社会主义思想为指导，深入学习贯彻党的十九大和习近平总书记考察云南重要讲话精神，坚持党的领导、人民当家作主、依法治国有机统一，弘扬“玉汝于成、溪达四海”的玉溪精神，认真落实市五届人大一次会议确定的目标任务，聚焦党委高度重视、人民强烈期盼、问题较为突出的事项，勇于担当，主动作为，各项工作实现良好开局，为全市决战脱贫攻坚、决胜全面小康、促进经济社会高质量跨越式发展做出了积极贡献。

【四届人大七次会议】 2018年1月16～18日，市第四届人民代表大会第七次会议在聂耳大剧院召开。大会应到代表308人，实到289人，符合法定人数。会议由大会主席团主持。会议表决通过了玉溪市第四届人民代表大会第七次会议选举办法。会议选举出32名玉溪市出席云南省第十三届人民代表大会代表。

【五届人大一次会议】 2018年2月1～6日，市第五届人民代表大会第一次会议在聂耳大剧院召开。会议应出席代表315名，实到310名，符合法定人数。会议由大会主席团主持。

会议共有13项议程：听取和审议玉溪市人民政府工作报告；审查和批准玉溪市2017年国民经济和社会发展计划执行情况与2018年国民经济和社会发展计划草案的报告，批准玉溪市2018年国民经济和社会发展计划；审查和批准玉溪市2017年地方财政预算执行情况和2018年地方财政预算草案报告，批准2018年地方财政预算；听取和审议玉溪市人民代表大会常务委员会工作报告；听取和审议玉溪市中级人民法院工作报告；听取和审议玉溪市人民检察院工作报告；选举玉溪市第五届人民代表大会常务委员会主任、副主任、秘书长、委员；选举玉溪市人民政府市长、副市长；选举玉溪市监察委员会主任；选举玉溪市人民法院院长；选举玉溪市人民检察院检察长；通过玉溪市第五届人民代表大会财政经济委员会主任委员、副主任委员、委员人选；通过玉溪市第五届人民代表大会法制委员会主任委员、副主任委员、委员人选。

大会选举产生了新一届市级国家机关领导人员。李洪云当选为玉溪市第五届人民代表大会常务委员会主任；张德华当选为玉溪市第五届人民政府市长；孟凡兵当选为玉溪市监察委员会主任；陈昌当选为玉溪市中级人民法院院长；选举出的玉溪市人民检察院检察长张德勋，根据地方组织法规定，报经省人民检察院检察长提请省人民代表大会常务委员会批准；叶本功、郭开堂、孙云鹏、马良昌、吴伯平、龙兰当选为玉溪市第五届人民代表大会常务委员会副主任；王力、解仕清、蔡四宏、贺彬、朱家伟、李劲松、曾敏当选为玉溪市人民政府副市长；李伟当选为玉溪市第五届人民代表大会常务委员会秘书长；马琼仙等33人当选为玉溪市第五届人民代表大会常务委员会委员。

大会表决通过了玉溪市第五届人民代表大会第一次会议关于玉溪市人民政府工作报告的决议、关于玉溪市2017年国民经济和社会发展计划执行情况与2018年国民经济和社会发展计划的决议、关于玉溪市2017年地方财政预算执行情况和2018年地方财政预算的决议、关于玉溪市人民代表大会常务委员会工作报告的决议、关于玉溪市中级人民法院工作报告的决议、关于玉溪市人民检察院工作报告的决议。

【常委会会议】 2018年，市五届人大常委会举行常委会会议8次，其主要内容：

2月7日，市五届人大常委会举行第一次会议。会议听取和审议了《关于提请审议朱尤锋等30名同志职务任免的报告》《关于提请审议尚建华等34名同志任免职的报告》《关于提请审议张伟等8名同志任职的报告》。会议表决通过了玉溪市第五届人民代表大会常务委员会代表资格审查委员会组成人员名单、玉溪市人民代表大会常务委员会任免名单、决定任免名单和任命名单。会议向被任命人员颁发了任命书，并组织被任命人员开展宪法宣誓。

3月29日，市五届人大常委会举行第二次会议。会议听取和审议了《玉溪市人民代表大会常务委员会关于接受李伟同志辞去玉溪市第五届人大常委会秘书长职务的决定（草案）》《玉溪市人大常委会2018年工作要点（草案）》《玉溪市人民政府关于提请终止执行部分人大决议的议案》，听取和审议了人事任免事项。会议表决通过了玉溪市人民代表大会常务委员会关于接受李伟同志辞去玉溪市第五届人大常委会秘书长职务的决定、玉溪市人大常委会2018年工作要点、玉溪市人民代表大会常务委员会关于《玉溪市人民政府关于提请终止执行玉溪市人民代表大会常务委员会部分决议的议案》的决定、玉溪市人民代表大会常务委员会任免名单、决定任免名单和批准任命名单。会议向被任命人员颁发了任命书，并组织被任命人员开展了宪法宣誓。

5月3日，市五届人大常委会举行第三次会议。会议听取和审议了《玉溪市人民政府关于2017年玉溪市环境状况和环境保护目标完成情况的报告》。会议审议通过了人事任免事项，决定任命胡春雨为市人民政府副市长。

6月25日，市五届人大常委会举行第四次会议。会议听取和审议市人民政府关于贯彻实施《中华人民共和国促进科技成果转化法》的报告、关于民族地区教育事业发展情况的报告。会议审议通过了《玉溪市人民代表大会常务委员会关于玉溪市贯彻实施〈中华人民共和国促进科技成果转化法〉情况的审议意见》《玉溪市人民代表大会常务委员会关于玉溪市民族地区教育事业发展情况的审议意见》和《玉溪市人民代表大会常务委员会关于废止〈玉溪市人民代表大会常务委员会关于限期拆除抚仙湖沿岸及江川玉带河岸违法违规建筑物的决议〉的决定》，传达学习了全国省、市两级人大常委会负责同志学习班精神。

7月13日，市五届人大常委会举行第五次会议。会议听取了《〈玉溪市人民政府关于提请审议撤销澄江县设立抚仙湖市的议案〉的情况说明》，审议《玉溪市人民政府关于提请审议撤销澄江县设立抚仙湖市的议案》，表决通过《玉溪市人民代表大会常务委员会关于撤销澄江县设立抚仙湖市的决定》。

8月29日，市五届人大常委会举行第六次会议，会议听取和审议了市人民政府关于玉溪市2018年上半年国民经济和社会发展计划执行情况的报告、关于玉溪市2018年上半年地方财政预算执行情况的报告；听取和审议《玉溪市人民政府关于提请审议〈玉溪市2017年市本级财政决算（草案）的报告〉的议案》，审查和批准玉溪市2017年市本级财政决算；听取和审议《玉溪市人民政府关于提请审议〈2017年度市级预算执行和其他财政收支审计工作报告〉的议案》；听取和审议《玉溪市人民政府关于提请审议〈玉溪市2018年市本级财政专项预算调整方案（草案）的报告〉的议案》，审查和批准玉溪市2018年市本级财政专项预算调整方案。会议还审议通过了有关人事任免事项。

10月31日，市五届人大常委会召开第七次会议，会议听取和审议了《玉溪市人民代表大会及其常务委员会制定地方性法规条例（草案）》、玉溪市人民政府关于2017年度地方企业国有资产管理情况的报告、玉溪市2018年市本级财政预算调整方案（草案）的报告、玉溪市实施“七五”普法规划情况的报告、玉溪市城乡总体规划（2016～2035年）编制工作情况的报告，表决通过了相关决议和审议意见。会议通过了有关人事免职事项。

12月25日，市五届人大常委会召开第八次会议，会议听取和审议通过了《玉溪市人民代表大会常务委员会关于召开玉溪市第五届人民代表大会第二次会议的决定（草案）》《玉溪市第五届人民代表大会第二次会议议程（草案）》，关于个别市人大代表的代表资格审查的报告，《玉溪市飞井水库饮用水水源保护条例（草案）》《关于统筹建设区域共享生活垃圾处理中心的议案》审议督办结果的报告，《关于提请市政府出台〈新建住宅小区配套基础教育设施管理办法〉的议案》审议督办结果的报告，市人民政府关于代表建议、批评和意见办理情况的报告，关于2017年度玉溪市市级地方预算执行和其他财政收支审计查出问题整改情况的报告，关于玉溪市国民经济和社会发展第十三个五年规划纲要实施情况的中期评估报告，关于《玉溪市人民代表大会及其常务委员会制定地方性法规条例》修改情况的报告。会议通过了有关人事任免事项，传达学习了栗战书委员长在云南省与部分全国人大代表和地方人大代表座谈时的讲话精神。

【主任会议】 2018年，市五届人大常委会举行主任会议22次，其主要内容：

2月7日，市五届人大常委会举行第1次主任会议。会议宣读了市委《关于叶本功等同志任免职的决定》，研究了市五届人大常委会第一次会议有关事项，听取和讨论了人事任免名单（草案）、玉溪市第五届人民代表大会常务委员会代表资格审查委员会组成人员名单（草案）。

5月2日，市五届人大常委会举行第5次主任会议。会议研究市五届人大常委会第三次会议有关事项、人事任免名单（草案）、《玉溪市人大常委会组成人员联系基层人大代表的意见》（讨论稿）、确定重点处理建议、关于开展玉溪红河谷—绿汁江热区产业经济带建设工作专题询问方案（草案），听取和讨论了市人大常委会城建环资工委关于市人民政府2017年全市环境状况和环境保护目标完成情况的调研报告。

5月31日，市五届人大常委会举行第7次主任会议。会议听取玉溪市人民政府关于玉溪市普通高中教育发展情况报告，听取市人大常委会教科文卫工委关于玉溪市普通高中教育发展情况调研报告。

5月31日，市五届人大常委会举行第8次主任会议。会议听取市人民政府关于工业园区建设及园区招商引资工作情况的报告、市人大财经委关于玉溪市工业园区建设及园区招商引资工作情况的调研报告，研究《玉溪市五届人民代表大会常务委员会2018～2022年立法规划（草案）》《玉溪市人民代表大会常务委员会2018年立法工作计划（草案）》，听取市人大常委会新一届立法咨询专家和规范性文件备案审查专家咨询委员会专家遴选情况汇报和关于赴宜宾等地学习考察工业园区建设及招商引资工作情况的报告。

6月20日，市五届人大常委会举行第9次主任会议。会议研究市五届人大常委会第四次会议有关事项，听取市人大常委会教科文卫工委关于玉溪市贯彻实施《中华人民共和国科技成果转换法》的调研报告，听取市人大常委会民外侨工委关于玉溪市民族地区教育事业发展情况的调研报告，听取市人大法制委关于对废止《玉溪市人民代表大会常务委员会关于限期拆除抚仙湖沿岸及江川玉带河岸违法违规建筑物的决议》的初步审查结果报告，研究2018年市人大代表建议办理专项资金安排方案。

7月12日，市五届人大常委会举行第11次主任会议。会议研究市五届人大常委会第五次会议有关事项，听取关于《玉溪市人民政府关于提请审议撤销澄江县设立抚仙湖市的议案》的情况说明。30日，市五届人大常委会举行第12次主任会议，专题听取市人民政府关于玉溪市脱贫攻坚成果巩固提升工作情况的报告。同日，市五届人大常委会举行第13次主任会议，专题听取市人民政府关于抚仙湖流域水污染综合防治“十三五”规划执行情况和重点项目推进情况的报告。

8月24日，市五届人大常委会举行第14次主任会议。会议研究市五届人大常委会第六次会议有关事项，听取和讨论人事任免名单（草案）、市人大财经委关于玉溪市2018年上半年国民经济和社会发展计划执行情况的调查报告、市人大常委会预算工委关于玉溪市2018年上半年地方财政预算执行情况的调查报告、市人大常委会预算工委关于《玉溪市人民政府关于提请审议〈玉溪市2017年市本级财政决算（草案）的报告〉的议案》的初步审查结果报告、市人大常委会预算工委关于《玉溪市人民政府关于提请审议〈关于玉溪市2018年市本级财政专项预算调整方案（草案）的报告〉的议案》的初步审查报告，研究《玉溪市人大预算审查联系代表工作办法》《玉溪市人民代表大会及其常务委员会宪法宣誓程序（修订草案）》，研究成立市人大常委会国家安全人民防线建设小组，调整市人大常委会信访工作领导小组、市人大常委会机关法治宣传教育工作领导小组、市人大常委会机关依法治市和综治维稳（平安建设）工作领导小组有关事项及市人大常委会全面深化改革有关事项。

9月4日，市五届人大常委会举行第16次主任会议。会议专题听取了市人民政府关于加强耕地占补平衡管理，保障重点项目用地情况的报告。26日，市五届人大常委会举行第17次主任会议。会议听取市公安局关于扫黑除恶工作情况的报告、市中级人民法院环境保护审判有关工作情况的报告、市人民检察院公益诉讼有关工作情况的报告，听取市人大常委会内司工委关于玉溪市公安机关开展扫黑除恶专项斗争的调研报告、关于玉溪市审判机关环境资源审判工作情况的调研报告、关于玉溪市检察机关开展公益诉讼工作的调研报告。同日，市五届人大常委会举行第18次主任会议。会议听取市人民政府关于实施农村宅基地建房建设审批及监督管理工作情况的报告、市人大常委会城建环资工委关于市人民政府实施农村宅基地建房建设审批及监督管理工作情况的调研报告。

10月25日，市五届人大常委会举行第19次主任会议。会议研究市五届人大常委会第七次会议有关事项，听取和讨论人事任免名单(草案)、《玉溪市人民代表大会及其常务委员会制定地方性法规条例（草案）》、关于玉溪市2017年度地方企业国有资产管理情况的调研报告、关于《玉溪市人民政府关于提请审议〈玉溪市2018年市本级财政预算调整方案（草案）〉的议案》审查结果报告、关于玉溪市实施“七五”普法规划情况的调研报告、关于玉溪市城乡总体规划（2016～2035年）编制工作情况的报告，听取和讨论建立玉溪市人大常委会基层立法联系点有关工作和关于对市人民政府推进红河谷—绿汁江热区产业经济带开发情况进行专题询问的准备情况。

12月18日，市五届人大常委会举行第21次主任会议。会议研究市五届人大常委会第八次会议有关事项、市五届人大二次会议相关事项，听取和讨论人事任免事项，市人大常委会代表资格审查委员会关于个别市人大代表的代表资格审查的报告，市人大常委会农工委关于《玉溪市飞井水库饮用水水源保护条例（草案）》审议情况的报告，市人大常委会城建环资工委关于市五届人大一次会议主席团交付审议督办的《关于统筹建设区域共享生活垃圾处理中心的议案》审议督办结果的报告，市人大常委会教科文卫工委、城建环保资源工委关于市五届人大一次会议主席团交付审议督办的《关于提请市政府出台〈新建住宅小区配套基础教育设施管理办法〉的议案》审议督办结果的报告，市人大常委会选联工委关于视察市人大代表建议、批评和意见办理工作情况的报告，讨论市人民政府关于2017年度玉溪市市级地方预算执行和其他财政收支审计查出问题整改情况的报告，听取和讨论市人大财经委关于《玉溪市国民经济和社会发展第十三个五年规划纲要实施情况的中期评估报告》审查结果的报告、市人大法制委关于《玉溪市人民代表大会及其常务委员会制定地方性法规条例（草案）》修改情况的报告，研究市人大代表建议办理工作综合考评情况。

【滇中城市经济圈五州市人大工作合作机制第三次会议】 2018年11月8～9日，滇中城市经济圈五州市人大工作合作机制第三次会议在玉溪召开，会议围绕“履职尽责，担当作为，合力推进滇中城市经济圈五州市区域性水生态环境保护与治理一体化”主题，就加强五州市人大工作合作机制，发挥人大职能作用，助推滇中城市经济圈五州市区域性水生态环境保护与治理一体化进行了深入研讨，会议由玉溪市人大常委会承办。昆明、曲靖、楚雄、红河四州市人大常委会相关领导及环保局、住建局、农业局、林业局、水利局（河长办）、湖泊管理局主要负责人，玉溪市人大常委会领导班子成员、副秘书长、各委室负责人，市政府相关职能部门主要负责人，两区七县人大常委会主任出席了会议。省人大常委会委员、环资工委主任黄文武，市委副书记、市委统战部部长保明顺，市委常委、市人民政府副市长田川及澄江县委、县政府领导应邀出席会议。会议决定由市人大常委会牵头，围绕国家和省委、省政府关于滇中城市经济圈一体化发展的目标和定位，紧扣本次会议主题，收集、综合五州市意见建议，在反复修改完善和再次征求意见基础上，形成专题报告文稿呈送省人大常委会。积极争取省人大常委会的帮助指导和大力支持，将滇中五州市区域性水生态环境保护与治理一体化纳入省级层面部署。建立议题办理落实机制。对涉及需2个及以上州市共同落实的事项，由提议的州市人大常委会牵头，商相关州市人大常委会联合开展视察、调研、执法检查，对发现的问题商相关州市人大常委会联合开展督办。对需要争取省级层面协调解决的问题，分别或联合向省人民代表大会或常务委员会提出议案、建议，推动问题得到解决。滇中城市经济圈五州市人大工作合作机制第四次会议2019年在楚雄州召开，由楚雄州人大常委会承办。

【监督工作】 2018年，市人大常委会围绕打好“三大攻坚战”“六个走在全省前列”和打好“三张牌”要求，坚持问题导向，紧盯关系高质量跨越式发展的大事要事，突出关键环节关键问题，找准强化监督的切入点和突破口，听取和审议“一府两院”工作报告23个，开展专题调研22次、专题询问1次，组织代表视察3次，扎实推进市委中心任务落实和群众关心的热点难点问题得到解决，以掷地有声、抓铁有痕的实际成效回应社会关切和群众期盼。

聚力高质量发展督促经济平稳运行。听取和审议市人民政府关于国民经济和社会发展计划、财政预决算、审计报告及玉溪市“十三五”规划纲要实施情况中期评估报告，提出建设性意见建议，推动经济运行稳中向好。首次听取和审议地方企业国有资产管理情况报告，促进国有资产保值增值。加强对政府全口径预决算的审查监督，加快构建人大预算联网监督体系，促进人大预算审查监督重点向支出预算和政策拓展。专题调研全市预决算公开、县级财政未拨专款、农村“四好”公路建设及资金管理使用等情况，督促落实整改措施。调研工业园区建设及园区招商引资工作，向市委报送关于云南玉溪玉昆钢铁集团有限公司产能置换升级改造项目搬迁至大化产业园区的建议，推动绿色钢铁城建设。调研全市项目库建设及运行情况，督促推进重大项目建设。调研红塔集团改革发展情况，针对“两统一、两整合”改革以来遇到的困难和问题，提出改进完善的思路建议。

聚力乡村振兴督促“三农”工作。深入调研督查，专题听取全市脱贫攻坚成果巩固提升工作情况，提出推动责任落实、政策落实、工作落实的措施，助力打赢脱贫攻坚战。用心用情用力做好“挂包帮、转走访”工作，联系点新平县老厂乡脱贫攻坚成效显著，勐炳村、马房村的土地开发整治和产业发展探索出新经验。密切关注抚仙湖径流区万亩绿色生态烟叶生产情况，加强对烤烟生产关键环节的督查。调研全市土地整治情况，促进加强耕地占补平衡管理，完善重点项目建设用地保障机制。精心组织开展玉溪红河谷—绿汁江热区产业经济带开发工作专题询问，传导压力，激发动力。组织代表视察森林防火，督促责任落实全覆盖。配合省人大常委会调研新型农业经营主体培育发展情况，促进构建现代农业体系。调研农村宅基地建房审批和监督管理工作，推动探索监管新模式。围绕农业产业结构调整、易地扶贫和生态移民搬迁、美丽宜居乡村建设、乡村特色旅游发展等开展专题调研，推动乡村振兴走在全省前列。

聚力美丽玉溪建设督促生态环保。坚定不移实施生态立市战略，推动中央环保督查、“回头看”督查和省级环保督查问题整改工作落实。听取和审议全市2017年度环境状况和环境保护目标完成情况报告，推动大气、土壤、水污染防治工作有效开展。调研抚仙湖流域水污染综合防治“十三五”规划执行和重大项目推进情况，督促加快保护治理项目实施进程。切实履行市级河（湖）长责任制，做好“三湖”河（湖）长制省级、市级督察工作，与昆明市人大常委会联合组织代表视察阳宗海水环境治理及河（湖）长制落实情况，推动“河长治”“湖长清”。听取和审议《玉溪城市总体规划（2016～2035年）》编制工作情况报告，督促抓好新一轮城市总体规划修编。加大综合整治督导力度，促进改善城乡人居环境。

聚力社会和谐稳定督促民生改善。把人民群众对美好生活的向往作为人大监督的出发点和落脚点，问民生之需、谋民生之利、解民生之忧，持续推动民生改善。调研学校安全和学生体质健康促进工作，专题听取普通高中教育发展情况报告，听取和审议民族地区教育事业发展情况报告，督促办好公平而有质量的教育，补齐优质教育资源短板。调研农村医疗卫生和健康扶贫、全市院前医疗急救工作等民生薄弱点和关键点，督促打通服务群众“最后一千米”。

聚力公平正义督促法律法规实施。坚持监督与支持相统一，保证宪法和法律有效实施，促进严格执法、公正司法、全民守法，不断增强人民群众的获得感、幸福感、安全感。专题调研和听取市中级人民法院环境资源审判、市人民检察院公益诉讼、公安机关扫黑除恶专项斗争情况报告，推进生态环境保护、综治维稳和平安玉溪建设。听取和审议“七五”普法规划实施情况，推动普法工作成为社会效益与经济效益双赢的惠民工程。听取和审议《促进科技成果转化法》贯彻实施情况报告，助力国家创新型城市建设。调研涉侨法律法规贯彻实施和华侨农场体制改革发展情况，切实保障归侨侨眷权益。配合全国人大开展《防震减灾法》实施情况调研，督促提升防震减灾基础能力和协同能力。配合省人大常委会开展贯彻实施《民族区域自治法》及云南省实施办法情况执法检查，推动民族区域自治和民族团结进步示范区建设；调研《种子法》贯彻实施情况，促进现代种业持续健康发展。加强备案审查工作，聘任规范性文件备案审查咨询专家12名，对市人民政府报备的《玉溪市宗教活动场所管理办法》等5件规范性文件进行备案审查，向省人大常委会报备2件规范性文件，有效维护国家法制统一。完善人大信访工作机制，落实市级领导包案化解信访积案和重点矛盾纠纷排查化解工作责任，年内共接待来访群众121人次，群众来信来访74件次全部办结。

【代表工作】 2018年，市人大常委会健全工作机制，更好地发挥代表在密切联系群众、参与管理国家事务中的重要作用。举办新任市人大代表和人大工作者共230余人参加的培训班，引导代表做政治上的明白人、宪法法律的守护人、学习的带头人、人民群众的贴心人。健全完善常委会组成人员联系代表、代表联系选民和群众机制，常委会组成人员联系代表208名，各级人大代表联系群众19 077名。合理划分代表小组，保障代表活动经费，

2019年5月10～11日，省人大常委会常务副主任、省级河（湖）长制副总督查和段琪到通海县督查杞麓湖河（湖）长制落实情况（高 翔 摄）

2018年，市人大常委会基层立法联系点授牌揭牌 （张维强 摄）

加强指导服务，闭会期间代表履职实效明显增强。组织全国、省、市人大代表58人次参与“一府一委两院”及有关部门的座谈、民意调查、旁听案件审理、听证等活动，邀请16名市人大代表列席常委会会议，拓宽代表知情知政渠道。指导规范代表联络活动阵地建设，探索开设代表联系群众窗口，及时收集督办人民群众关心关注的热点难点问题。启用玉溪市建议综合管理平台，实现建议提交、审核、交办、办理、督办全程信息化。督查2015～2017年代表建议办理专项资金项目，安排本年度专项资金300万元办理29件涉及急、难、老、小项目的代表建议。采取常委会领导牵头重点督办、相关委室具体督办、组织代表视察、听取和审议办理工作情况报告等多种方式，完善办理机制，加强督查考核，使办理单位有压力、人大代表有动力、促进工作有效力。市五届人大一次会议期间代表提出的统筹建设区域共享生活垃圾处理中心、出台新建住宅小区配套基础教育设施管理办法2件议案和323件建议，闭会期间收到的9件建议全部办结。已解决或基本解决的建议195件、占58.7%，比上年提高2.55个百分点。

【人事任免】 2018年，市人大常委会坚持党管干部原则和人大依法任免干部有机统一，完善机制，规范程序，认真审议人事任免议案，依法任免国家机关工作人员114人次。适应监察体制改革需要，做好市监察委员会组成人员任命工作。完善宪法宣誓程序，组织常委会任命的9批77名人员向宪法宣誓。依法做好代表补选和资格审查工作。加强任后监督，增强任命人员的民主意识、法治意识、责任意识和人大意识，保证人民赋予的权力真正用来服务人民。

（官家燕）

（张本聪　摄）

（李卫东　摄）

玉溪市人民政府

THE PEOPLE' S GOVERNMENT OF YUXI

责任编校：李晓媛

重要会议及决策

调研研究

应急管理

扶贫开发

政务服务管理

市政府机关事务管理局

信访工作

外事工作

侨务工作

重要会议及决策

【重要会议】 2018年，市政府召开全体会议1次，廉政工作会议1次，常务会议19次，专题会议142次。

玉溪市第五届人民政府第一次全体会议。2月7日，玉溪市第五届人民政府召开第一次全体会议。市委副书记、市长张德华出席会议并讲话，市委常委、常务副市长王力主持会议。市政府全体班子成员、市政府工作部门主要负责人出席会议；市政府副秘书长、办公室副主任，市政府督查专员，市直有关单位，中央、省驻玉有关单位主要负责人，各县区人民政府县区长列席会议；市人大常委会、市政协、市监察委、玉溪军分区，市法院、市检察院，国家开发银行云南省分行、红塔集团、合和集团、云南红塔银行，市委办、市人大办、市政协办，各人民团体，民主党派和工商联应邀参加会议。会议贯彻落实了省、市重要会议及市两会精神，结合全年经济社会发展目标做了各项工作部署。会上，市人民政府与各县区人民政府、高新区签订了玉溪市2018年经济发展主要目标责任书。

玉溪市第五届人民政府第一次廉政工作电视电话会议。4月27日，市政府组织参加了国务院省政府廉政工作电视电话会议，会后召开市第五届人民政府第一次廉政工作电视电话会议。市委副书记、市长张德华出席会议并讲话。市政府领导班子成员，副秘书长、办公室副主任，市直有关单位，中央和省驻玉有关单位主要负责人参加会议；市人大常委会、市政协、市监察委、玉溪军分区，市法院、市检察院，红塔集团、合和集团、云南红塔银行，市委办、市人大办、市政协办，市委组织部、宣传部、统战部、政法委、政策研究室、市直机关工委、防范和处理邪教问题办公室、编办，各人民团体，民主党派和工商联有关领导应邀参加。会议贯彻落实了国务院和省政府廉政工作会议精神，总结政府系统党风廉政建设和反腐败工作，安排部署2018年工作任务。各县区设分会场参加会议。

玉溪市人民政府常务会议。2018年，市政府共召开19次常务会议。

第95次常务会议。1月22日，市长张德华主持召开第四届市人民政府第95次常务会议。会议共有11项议题：1. 研究《政府工作报告（讨论稿）》《关于玉溪市2017年国民经济和社会发展计划执行情况与2018年国民经济和社会发展计划草案的报告（讨论稿）》《关于玉溪市2017年地方财政预算执行情况和2018年地方财政预算草案的报告(讨论稿)》；2. 研究玉溪市市本级2018年一般公共预算支出安排建议；3. 研究《玉溪市人民政府2017年度法治政府建设情况报告(送审稿)》；4. 研究《玉溪市投资项目协同管理系统建设方案（送审稿）》；5. 研究《中共玉溪市委　玉溪市人民政府关于推进安全生产领域改革发展的实施意见（送审稿）》；6. 研究招商引资工作机制有关事项；7. 研究组建玉溪市民兵应急机动骨干分队有关事项；8. 研究玉溪交通投资有限公司组建方案有关事项；9. 研究玉溪市建设国家健康城市试点工作有关事项；10. 研究《玉溪市进一步改革完善药品生产流通使用政策的实施意见（送审稿）》；11. 研究《抚仙湖径流区休耕轮作工作方案》。

第1次常务会议。3月12日，受市长张德华委托，常务副市长王力主持召开第五届市人民政府第1次常务会议。会议有1项议题：研究提请市人大常委会审议终止执行部分人大决议的有关事项。

第2次常务会议。3月23日，市长张德华主持召开第五届市人民政府第2次常务会议。会议共有11项议题：1. 传达全省固定资产投资工作会议精神；2. 研究玉溪市干在实处走在全省前列的有关文件；3. 研究玉溪市污水处理厂TOT特许经营协议补充协议的有关事项；4. 研究火车站片区公共租赁住房管道燃气建设的有关事项；5. 研究《玉溪市人民政府关于支持现代物流产业发展若干政策的意见（送审稿）》；6. 研究《玉溪市盐业监管体制改革方案（送审稿）》；7. 研究《玉溪市宗教活动场所管理办法（送审稿）》；8. 研究《玉溪市抚仙湖保护范围限制畜禽养殖管理办法（试行）（送审稿）》；9. 研究江川区迎接国家卫生城市复审的有关事项；10. 研究玉溪市改进耕地占补平衡管理的有关事项；11. 研究玉溪市环境保护税划分比例的有关事项。

第3次常务会议。4月24日，市长张德华主持召开第五届市人民政府第3次常务会议。会议共有14项议题：1. 传达学习省政府主要领导调研玉溪重要讲话精神，安排部署玉溪市贯彻落实意见；2. 传达全省招商引资工作会议精神；3. 研究《玉溪市2018～2022年立法规划和2018年立法计划(送审稿)》；4. 研究其他事项；5. 研究调整红塔区城镇土地使用税征收范围有关事项；6. 研究2017年铁路运营亏损补贴剩余资金有关事项；7. 研究《玉溪市加快建筑业发展的实施意见(送审稿)》；8. 研究《玉溪市农村集体产权制度改革实施方案（送审稿）》；9. 研究2017年抚仙湖山水林田湖草生态保护修复工程试点基础奖补资金安排有关事项；10. 研究《玉溪市抚仙湖非机动船入湖管理办法（送审稿）》；11. 研究玉溪市保卫抚仙湖雷霆行动第二阶段应急工程有关事项；12. 研究其他事项；13. 研究玉溪市开展病残吸毒人员收戒收治暨涉毒特殊群体收押收治工作有关事项；14. 研究与云南省建设投资控股集团有限公司合作开发高铁新城片区工作进展情况及签订合作框架协议有关事项。

第4次常务会议。5月16日，市长张德华主持召开第五届市人民政府第4次常务会议。会议共有7项议题：1. 研究其他事项；2. 研究《玉溪市人民政府华为技术有限公司智慧城市建设合作协议（送审稿）》；3. 研究玉溪市主要行业化解过剩淘汰落后产能有关事项；4. 研究终止执行抚仙湖一级保护区至环湖公路外侧50米范围内严禁审批临时性或永久性建筑限制性规定内容有关事项；5. 研究玉溪市市直单位退休医疗照顾人员医疗费用补助有关事项；6. 研究《国家公立医院综合改革示范城市建设玉溪工作方案（送审稿）》；7. 研究《玉溪市残疾人康复中心建设方案（送审稿）》。

第5次常务会议。6月4日，市长张德华主持召开第五届市人民政府第5次常务会议。会议共有12项议题：1．集体学习《中华人民共和国宪法修正案》；2．传达学习云南国际医疗健康城项目论证及规划会议有关文件精神，安排部署有关工作；3．传达省委省政府第一环境保护督察组督察玉溪市情况反馈会议有关精神，安排部署全市环境保护督察整改有关工作；4．研究全市安全生产工作有关事项；5．研究《玉溪市市属国有企业市场化选聘高级管理人员的指导意见（试行）（送审稿）》；6．研究《关于贯彻〈云南省政府投资建设项目审计办法〉的通知（送审稿）》；7．研究《关于加快推进农业供给侧结构性改革大力发展粮食产业经济的实施意见（送审稿）》；8．研究玉溪市深化“放管服”改革优化营商环境实施方案及配套方案有关事项；9．研究《玉溪市产业科技创新发展引导专项资金管理暂行办法（送审稿）》；10．研究《玉溪市关于加快发展健身休闲产业的实施意见（送审稿）》；11．研究红塔区中心城区核心片区土地综合成本核算有关事项；12．通报玉溪市扫黑除恶专项斗争工作情况。

第6次常务会议。6月24日，市长张德华主持召开第五届市人民政府第6次常务会议。会议共有12项议题：1．研究《玉溪市全面推行山林长制实施意见（送审稿）》；2．研究云南省玉溪汽车运输经贸总公司等8户企业脱钩方式有关事项；3．研究给予饶云追记二等功有关事项；4．研究《玉溪高新区托管研和工业园区的实施方案（送审稿）》；5．研究《关于进一步深化红塔工业园区实体化改革的实施方案（送审稿）》；6．研究《关于进一步深化易门工业园区实体化改革的实施方案（送审稿）》；7．研究玉溪市公安局交警支队申请增加政府购买劳务派遣服务有关事项；8．研究《“一带一路”抚仙湖2018年国际珐伊28R帆船世界锦标赛赛事方案（送审稿）》；9．研究组团参加2018年云南省第十一届少数民族传统体育运动会有关事项；10．研究撤销澄江县设立抚仙湖市工作有关事项；11．研究《玉溪市2018年市预算内投资项目前期工作经费投资计划（送审稿）》；12.研究中央环境保护督察“回头看”玉溪市整改落实的初步意见。

第7次常务会议。7月4日，市长张德华主持召开第五届市人民政府第7次常务会议。会议共有9项议题：1．研究《关于规范市直单位政府购买劳务派遣服务管理的通知（送审稿）》；2．研究金水河、中心沟黑臭水体治理及玉江大道、红龙路、城东区、城南区、城北区管廊建设7个PPP项目整改有关事项；3．研究《关于建立粮食生产功能区和重要农产品生产保护区的实施意见（送审稿）》；4．研究市级机关交流干部一号周转住房新增租赁经费有关事项；5．研究《玉溪市体育代表团参加云南省第十五届运动会奖励办法（送审稿）》；6．研究《关于进一步贯彻落实完善改革性补贴和规范奖励政策实施方案（送审稿）》；7．研究继续使用彩票公益金资助基层老年人体育场地设施建设有关事项；8．研究《关于实施玉溪市“百千万人才计划”的若干意见（送审稿）》；9．研究江川九龙晟景项目深化整改有关事项。

第8次常务会议。7月30日，市长张德华主持召开第五届市人民政府第8次常务会议。会议共有14项议题：1．研究全市治理淘汰黄标车工作有关事项；2．研究《玉溪市“互联网+政府服务热线”整合实施方案（送审稿）》；3．通报全省“四大重点”信访矛盾化解攻坚战领导小组会议精神；4．研究《云南省杞麓湖保护条例（送审稿）》；5.研究玉溪直达北京、郑州、杭州列车开行有关事项；6．研究玉溪市农村人居环境整治三年行动有关事项；7．研究《玉溪市文化广播影视传媒中心项目融资和施工建设实施方案（送审稿）》；8．研究其他事项；9．研究《玉溪市原机关事业单位养老保险个人账户资金处理工作实施方案（送审稿）》；10．研究玉溪市建设国家创新型城市有关事项；11．研究《2018年国务院大督查玉溪市迎检工作方案（送审稿）》；12．研究2018年地方政府债务限额及新增债券额度分配使用有关事项；13．研究全市汛期安全生产工作有关事项；14．通报玉溪市2018年上半年反恐怖工作情况。

第9次常务会议。8月22日，市长张德华主持召开第五届市人民政府第9次常务会议。会议共有13项议题：1．研究《玉溪市人民政府关于2017年度市级预算执行和其他财政收支的审计工作报告（送审稿）》；2．研究《玉溪市2017年市本级财政决算（草案）的报告》《关于玉溪市2018年市本级财政专项预算调整方案（草案）的报告》《关于玉溪市2018年上半年地方财政预算执行情况的报告》；3．研究《玉溪市人民政府关于进一步做好财政增收节支工作的通知（送审稿）》；4．研究加强预算管理化解县区财政欠拨专款有关事项；5．研究拨付举办2019年《财富》全球可持续论坛承办合作费有关事项；6.研究《玉溪市湿地保护修复制度工作方案（送审稿）》；7．研究《东风水库2018年水质达标应急工程实施方案（送审稿）》《玉溪市东风水库饮用水水源地生态环境综合整治三年行动计划（送审稿）》《董炳河水环境生态补偿试点方案（送审稿）》有关事项；8．通报玉溪市疫苗质量安全监管工作情况；9．研究《“我和云南（玉溪）有个约会——2018九国总领事庆中秋迎国庆音乐故事会”活动方案（送审稿）》；10．传达全省旅游革命动员大会精神，研究玉溪市贯彻落实意见；11．传达第六次云南省妇女儿童工作会议精神，研究玉溪市初步贯彻落实意见；12．研究玉溪国有资本运营公司厦门国际银行股权质押融资有关事项；13．研究玉溪市市级行政服务中心方案设计费用有关事项。

第10次常务会议。8月28日，市长张德华主持召开第五届市人民政府第10次常务会议。会议共有10项议题：1．研究江川通用机场建设项目开展相关招标采购工作的有关事项；2．研究玉溪市脱贫攻坚4类重点对象农村危房改造工作有关事项；3．研究行政许可和行政职权事项有关工作；4．研究澄江县广龙旅游小镇（抚仙湖北岸生态湿地移民搬迁安置房建设项目）有关事项；5．研究澄江县环湖棚改2018年右所镇矣旧片区和路居镇孤山牛摩片区项目有关事项；6．研究2017年规模以上企业研发经费投入补助有关事项；7．研究《玉溪市中小学幼儿园C级不安全校舍加固改造建设方案（送审稿）》；8．研究理顺玉溪师范学院财政管理体制及相关机制有关事项；9．研究《玉溪市贯彻落实省委省政府环境保护督察反馈意见问题整改方案（送审稿）》；10．通报玉溪市食品药品安全工作情况。

第11次常务会议。9月3日，市长张德华主持召开第五届市人民政府第11次常务会议。会议共有10项议题：1．研究江川通用机场建设工程选址部分位于东风水库二级水源保护区有关事项；2．研究玉溪市加快“四好农村路”建设有关事项；3.研究《玉溪市通海“8·13”“8·14”地震灾后民房及村庄重建实施方案（送审稿）》；4．研究玉溪市市级部门自建政务服务大厅整合方案有关事项；5．研究玉溪市9个贫困乡镇脱贫退出有关事项；6．研究《玉溪市脱贫攻坚巩固提升三年行动实施方案（送审稿）》《玉溪市贫困地区农村人居环境整治三年行动实施方案（送审稿）》；7．研究《云南驰登商贸有限公司“7·9”较大淹溺事故调查报告（送审稿）》；8. 研究《2018 年抚仙湖径流区耕地休耕轮作省级补助资金使用方案（送审稿）》；9. 研究《中共玉溪市委玉溪市人民政府关于全面加强生态环境保护坚决打好污染防治攻坚战的实施意见（送审稿）》；10. 研究《中共玉溪市委玉溪市人民政府关于加强和完善城乡社区治理的实施意见（送审稿）》。

第 12 次常务会议。9 月 10 日，市长张德华主持召开第五届市人民政府第 12 次常务会议。会议共有 7 项议题：1. 研究《关于进一步加强和完善玉溪市城乡社区（村）网格化服务管理工作的实施意见（送审稿）》《玉溪市“雪亮工程”（公共安全视频监控建设联网应用）实施意见（送审稿）》《关于推进全市综治中心建设的实施意见（送审稿）》；2. 研究其他事项；3. 研究《玉溪市支持社会力量发展养老服务业的实施意见（送审稿）》；4. 研究《玉溪市农村公路“路长制”实施方案（送审稿）》；5. 研究《关于开展抚仙湖径流区林业生态修复建设森林抚仙湖的实施意见（送审稿）》；6. 研究《玉溪市创建全国民族团结进步示范市实施意见（送审稿）》；7. 研究红塔区白龙路延长线项目规划建设有关事项。

第 13 次常务会议。10 月 11 日，市长张德华主持召开第五届市人民政府第 13 次常务会议。会议共有 11 项议题：1. 研究《玉溪市开展驻点招商工作实施方案（送审稿）》；2. 研究深化改革推进出租汽车行业健康发展的有关事项；3. 研究《玉溪市绿色建筑行动方案（送审稿）》《玉溪市装配式建筑及产业发展规划（2018 ~ 2025 年）（送审稿）》《玉溪市人民政府办公室关于大力发展装配式建筑及产业的实施意见（送审稿）》；4. 研究《玉溪市县区级耕地保护责任目标考核办法（送审稿）》；5. 研究《玉溪市飞井水库饮用水水源保护条例（草案）（送审稿）》；6. 研究《玉溪市星云湖 2018 年脱劣应急方案（送审稿）》；7. 研究《玉溪市深化普通高中改革实现优质均衡发展的实施意见（送审稿）》；8. 研究《玉溪农业职业技术学院转型发展为综合性玉溪职业技术学院的方案（送审稿）》；9. 研究其他事项；10. 研究《玉溪体育运动学校及玉溪市少年儿童体育学校迁建项目主体育场建设规模调整方案（送审稿）》；11. 研究清理盘活财政存量资金安排事项。

第 14 次常务会议。10 月 22 日，受市长张德华的委托，常务副市长主持召开第五届市人民政府第 14 次常务会议。会议共有 3 项议题：1. 研究《红塔集团“红塔品牌”影响力专题调研报告（送审稿）》；2. 研究《关于玉溪市 2017 年度企业国有资产管理情况的报告（送审稿）》《关于玉溪市 2017 年度国有资产管理情况的报告（送审稿）（书面）》；3. 研究 2018 年市本级预算调整草案及平衡情况。

第 15 次常务会议。11 月 19 日，市长张德华主持召开第五届市人民政府第 15 次常务会议。会议共有 11 项议题：1. 研究玉溪高新区管委会智能终端制造及配套产业发展资金有关事项；2. 研究《玉溪市抓项目促投资稳增长实施方案（送审稿）》；3. 研究关于推进全市事业单位和国有企业公务用车制度改革有关事项；4. 研究《玉溪市划转部分国有资本充实社保基金工作方案（送审稿）》；5. 研究《关于推进防灾减灾救灾体制机制改革的实施意见（送审稿）》；6. 研究《关于制定和实施老年人照顾服务项目的实施意见（送审稿）》；7. 研究《关于加强耕地保护和改进占补平衡的实施意见（送审稿）》；8. 研究玉溪市第三批市级文物保护单位评审情况；9. 研究《关于深化审评审批制度改革鼓励药品医疗器械创新的实施意见（送审稿）》；10. 研究全市 1 ~ 10 月安全生产工作；11. 通报玉溪市 2018 年城乡居民基本养老保险基金委托投资运营工作情况。

第 16 次常务会议。12 月 5 日，市长张德华主持召开第五届市人民政府第 16 次常务会议。会议共有 13 项议题：1. 研究《玉溪市党政领导干部安全生产责任制实施办法（送审稿）》；2. 研究《关于进一步深化预算改革加强预算管理的实施意见（送审稿）》；3. 研究关于规范银行账户管理盘活财政存量资金安排有关事项；4. 研究拨付部分中央省驻玉单位申请 2017 年度目标任务综合考评奖励有关事项；5. 研究《2017 年度玉溪市市级预算执行和其他财政收支审计查出问题整改情况的报告（送审稿）》；6. 研究《〈玉溪市国民经济和社会发展第十三个五年规划纲要〉实施情况中期评估报告（送审稿）》；7. 研究《通海五金产业园区实体化改革实施方案（送审稿）》；8. 研究《关于进一步深化华宁工业园区实体化改革的实施方案（送审稿）》；9. 研究《关于进一步深化新平工业园区实体化改革的实施方案（送审稿）》；10. 研究玉溪市非洲猪瘟应急防控工作有关事项；11. 研究国家创新型城市建设工作有关事项；12. 研究红塔区李棋街道大矣资社区搬迁工作有关事宜；13. 研究玉溪市急救中心配置急救车辆有关事项。

第 17 次常务会议。12 月 13 日，市长张德华主持召开第五届市人民政府第 17 次常务会议。会议共有 10 项议题：1. 研究玉溪市 2018 年扫黑除恶工作；2. 研究《玉溪市安全工程三年行动计划实施方案（送审稿）》；3. 研究《关于完善县乡财政管理体制促进财政增收的实施意见（修订）（送审稿）》；4. 研究《玉溪市促进民间投资健康发展的政策措施（送审稿）》；5. 研究《玉溪市乡村振兴战略规划（2018 ~ 2022 年）（送审稿）》；6. 研究《关于实施玉溪市 125 个未通达有线广播电视网络行政村联网工程的请示》有关事项；7. 研究玉溪市公安消防支队记集体二等功有关事项；8. 研究《玉溪市人民政府西双版纳生物医学研究院玉溪脑科学与人工智能研究中心共建协议（送审稿）》；9. 通报全市深化“放管服”改革优化营商环境工作推进情况；10. 传达市委书记罗应光对“十三五”规划中期评估工作有关要求。

第 18 次常务会议。12 月 23 日，市长张德华主持召开第五届市人民政府第 18 次常务会议。会议共有 13 项议题：1. 研究《玉溪市关于贯彻落实省委陈豪书记重要批示精神全面推进构建抚仙湖流域健康水循环的意见（送审稿）》；2. 研究省委第六巡视组移交的 6 个立行立改问题整改有关事项；3. 研究《玉溪市贯彻落实中央环境保护督察“回头看”及高原湖泊环境问题专项督察反馈意见问题整改方案（送审稿）》；4. 研究市政府与中国电子科技开发有限公司合作有关事项；5. 研究《关于加快推进特色小镇创建工作的实施方案（送审稿）》；6. 研究全市 2018 年经济社会发展主要指标预计完成情况及 2019 年预期目标建议；7. 研究《玉溪市加快数字经济发展实施意见（送审稿）》；8. 研究玉昆钢铁集团产能置换升级改造项目有关事项；9. 研究玉溪市开发投资有限公司融资有关事项；10. 研究更新公务用车有关事项；11. 研究《玉溪市关于深化教育体制机制改革的实施意见（送审稿）》；12. 书面通报2018年市政府系统人大代表建议政协提案办理工作情况；13. 书面通报玉溪市2018年反恐怖工作情况。

【市政府专题会】 2018年，市政府共召开142次专题会议。

2018年1月5日，市委副书记、市长张德华主持召开会议，专题研究农业及生态可持续发展工作，副市长贺彬、市政府秘书长孙金会参加会议。会议听取了市农业局、市林业局、市水利局、市环境保护局、市抚仙湖管理局和市烟办关于2018年重点工作情况的汇报，贺彬副市长进行工作安排，张德华市长提出明确要求。6日，市长张德华主持召开市政府工作务虚会，深入贯彻落实党的十九大、中央经济工作会议和省委十届四次全会精神，围绕“玉溪发展怎么看、接下来怎么干”主题，总结上年工作，研判当前形势，就未来5年及2018年发展思路集思广益。与会领导围绕会议主题以及2018年《政府工作报告（征求意见稿）》进行发言，市长张德华做总结讲话。同日，市委常委、常务副市长王力，副市长李劲松实地调研并专题研究玉溪科教创新城建设相关工作。会议听取了玉溪科教创新城规划建设指挥部办公室、玉溪科教创新投资有限公司工作推进情况汇报，与会人员提出了意见建议，副市长李劲松提出工作要求，市委常委、常务副市长王力作总结讲话。10日，市委副书记、市长张德华主持召开会议，专题研究城市建设和交通工作。会议听取了市公安局交警支队关于中心城区交通环境综合整治工作，市规划局关于晋红高速市内连接路、城南客运站周边交通改善（路网）计划，市住房城乡建设局关于红塔大道和东风路示范路建设计划、城市管廊和海绵城市工程建设、今后3年市政道路改造建设计划，市交通运输局关于2018年公路建设和国省道改造计划等情况汇报，与会人员作了专题发言，市政府分管领导提出了工作意见，市长张德华提出了工作要求。同日，市政府分管领导主持召开会议，专题研究东风水库水污染综合整治工作。会议听取了设计单位中国市政工程华北设计研究院总院有限公司的情况汇报，参会单位作了充分发言，对相关问题进行了研究。市政府分管领导对下一步工作提出明确要求。13日，市政府分管领导主持召开全市用地报批工作专题会议，研究全市加快批而未供土地供应等工作。会议听取了市国土资源局关于各县区批而未供土地2013～2017年供地率情况的通报，红塔区、通海县、澄江县、华宁县、易门县、高新区管委会、市土地储备中心等县（区）和单位关于当前土地供应、新增建设用地报批及存在主要问题的情况汇报，市政府分管领导就加快全市土地供应和新增建设用地报批工作提出了要求。15日，市政府分管领导主持召开会议，专题研究玉溪城市道路照明品质提升与智能化运营管理项目推进有关工作。会议听取了市住房城乡建设局对项目有关情况的汇报，对项目实施内容进行了研究，参会单位做了发言，市政府分管领导对下一步工作提出明确要求。同日，市政府分管领导主持召开会议，专题研究玉溪市荷花池公共停车场建设工作。会议听取了市家园建设投资有限公司的情况汇报，对玉溪市荷花池公共停车场投资方案进行了研究，市直参会单位做了发言，市政府分管领导对下一步工作提出了明确要求。同日，副市长李劲松主持召开会议，专题研究玉溪科教创新城项目规划建设工作。会议听取了玉溪科教创新城规划建设指挥部办公室工作推进情况汇报，参会的市直单位及红塔区做了发言，副市长李劲松对下一步工作提出了具体要求。18日，市政府召开会议专题研究全市推进工业企业纳规工作。市政府有关副秘书长、市直有关部门主要负责人围绕纳规工作基本情况、存在问题、意见建议等情况作了发言。市委常委、常务副市长王力，市委常委、副市长田川就下步工作提出工作要求。19日，副市长贺彬主持召开保卫抚仙湖雷霆行动专题会议，会议听取了澄江县副县长陈斌关于雷霆行动问题整改需协调解决事宜有关情况的汇报，市直有关单位和江川区、华宁县政府相关负责人参加会议并发言，副市长贺彬就进一步把雷霆行动推向深入提出了明确要求。23日，受市委常委、常务副市长王力委托，李庆华召开专题会议推进玉溪市电子政务网络管理中心（以下简称“市网管中心”）成建制划转具体工作的落实。市委组织部、市委编办、市委网信办、市工业和信息化委、市财政局、市人力资源社会保障局等相关部门参加了会议。会议听取了市委网信办的汇报，围绕人财物的划转、办理划转过程中出现的问题等方面的工作进行了认真讨论研究。李庆华就做好下一步的工作提出了明确的要求。同日，市委副书记、市长张德华主持召开保卫抚仙湖雷霆行动现场推进会，市政府办公室、市政府督查室、市环境保护局、市农业局、市水利局、市抚仙湖管理局、市抚投公司及澄江县有关领导参加会议。参会人员实地检查了沿湖村庄截污、临危建筑拆除、畜禽养殖场所关停搬迁、企事业单位退出等问题整改进展情况，听取了澄江县县长范永光、市抚仙湖管理局副局长陈黎彬有关情况汇报，市长张德华对下阶段工作提出明确要求。24日，根据市长张德华在《玉溪市营商环境三项指标及相关情况调研报告上的批示》精神，市政府召开改善营商环境专题会议。市政府研究室汇报了玉溪市营商环境“开办企业”“投资项目报建审批”“不动产交易登记”三项指标及相关工作调研情况，市政府有关副秘书长、市直有关部门负责人参加会议并发表意见，副市长解仕清提出工作要求。同日，市政府分管领导主持召开会议，专题研究城镇保障性安居工程建设工作。会议听取了市住房城乡建设局的工作情况汇报，参会单位做了发言，对工程推进的困难和问题进行了充分研究分析，市政府分管领导对下一步工作提出明确要求。30日，市政府召开玉溪高新区智能终端制造及配套产业现场办公会议，专题研究解决项目推进中出现的困难和问题。市委常委、市政府常务副市长王力，副市长解仕清，玉溪高新区管委会主任吴伯平，市政府有关副秘书长，市直有关单位，玉溪高新区管委会分管领导及园区7户企业代表参加了会议。会议听取园区企业代表关于项目推进情况和项目推进中出现的困难问题的汇报、玉溪高新区管委会关于近期智能终端手机生产项目工作推进情况及需要市政府协调解决事项的汇报，常务副市长王力对下一步工作进行了安排部署，并提出明确要求。同日，市政府召开严防“地条钢”死灰复燃专题工作会议，市委常委、副市长田川和市政府党组成员、市总工会主席范志华出席会议并讲话。市化解办（市发改委）传达国家和省严防“地条钢”死灰复燃工作部署电视电话会议精神，并提出了全市严防“地条钢”死灰复燃工作方案，会议听取市发改委、市工信委、市安监局、市环保局等相关部门工作情况和意见，对全市进一步严防“地条钢”死灰复燃工作打进行安排部署。31日，副市长贺彬主持召开会议，专题研究市森林公安局配备警务辅助人员有关事宜。会议听取了市森林公安局局长胡健伟有关情况汇报，市委编办、市财政局、市人力资源社会保障局、市林业局有关领导参加会议并发言。

2月7日，市政府召开会议专题研究玉溪市金融基金工作有关事宜，市委副书记、市长张德华，常务副市长王力，副市长贺彬，副市长李劲松以及市级有关单位负责人参加了会议。会议听取了市国新基金公司及市科教创新投资公司负责人对设立抚仙湖保护基金、三湖保护基金、科教创新基金、雏菊基金（一带一路基金）工作进展情况的介绍，市级相关单位负责人做了发言，王力、贺彬、李劲松对金融基金工作提出了建议和要求，张德华对金融基金工作做了安排部署。9日，市新型智慧城市工作领导小组召开第2次会议，分析当前工作中存在的困难和问题，研究部署有关工作。会议听取了市住房城乡建设局、东南大学玉溪智慧城市研究院关于市新型智慧城市顶层设计修编方案、建设愿景以及相关工作情况报告，与会人员进行了认真讨论研究，市委常委、常务副市长王力对下步工作进行了部署安排。11日，副市长贺彬主持召开保卫抚仙湖雷霆行动推进会。会议听取了澄江县政府副县长陈斌关于雷霆行动、休耕轮作工作进展情况以及市抚仙湖管理局局长罗江鹏关于抚仙湖综合保护治理三年行动计划方案、保卫抚仙湖雷霆行动第二阶段实施方案和省环境保护督察组反馈问题整改方案制定情况的汇报，市直相关单位负责人参加会议并发言，副市长贺彬对下一阶段工作提出明确要求。25日，市委常委、常务副市长王力主持召开会议，专题研究玉溪国际农产品交易中心纳入PPP项目库及抚仙湖休耕轮作土地流转有关事宜。副市长贺彬出席会议，市财政局、市农业局、市政府金融办公室、市抚仙湖保护开发投资有限责任公司、中天城投（云南）公司等有关单位领导参加会议并发言，市委常委、常务副市长王力就项目推进提出明确要求。28日，市政府秘书长张亚辉主持召开会议，专题研究市政府督查工作。会议听取了督查室主任李斌关于2017年督查工作、全市政府督查机构设置、OA督查督办系统建设、市政府督查室队伍建设等方面的情况汇报，与会人员做了发言，市政府秘书长张亚辉听取汇报后充分肯定了市政府督查室工作取得的成效，并对今后的工作提出明确要求。

3月2日，副市长解仕清主持召开宝象物流项目现场办公会议，专题研究宝象物流项目推进工作中存在的困难和问题。市直有关单位分管领导，江川区政府分管领导、区属有关单位主要领导参加了会议。会议听取了江川区政府和云南宝象物流集团有限公司关于项目推进情况及存在的困难和问题的汇报，副市长解仕清对下一步工作进行了安排部署，并提出明确要求。6日，市委常委、常务副市长王力主持召开会议，专题研究澄江县仙湖山水项目推进中存在的困难和问题。会议听取了澄江县关于仙湖山水项目的情况汇报，参会市直部门领导进行了发言，常务副市长王力就下一步工作提出具体要求。7日，受常务副市长王力委托，市政府副秘书长、办公室主任瓦庆超主持召开会议，专题研究玉溪数字经济投资有限公司组建有关事宜。会议听取了市互联网信息办公室关于组建玉溪数字经济投资有限公司初步方案等事项的汇报，与会人员进行了认真讨论研究，提出意见和建议，市政府副秘书长、办公室主任瓦庆超对有关工作进行了安排布置，提出了明确要求。同日，市政府召开中国西南·玉溪国际物流港项目专题会议，研究项目推进相关事宜。副市长解仕清，红塔区政府、市直有关单位负责人参加了会议。会议分别听取了玉溪物流投资有限公司关于中国西南·玉溪国际物流港项目建设推进情况的汇报、湖南嘉德集团关于项目招商等情况的汇报、研和工业园区管理委员会关于项目规划及用地情况的汇报，与会人员进行了认真讨论研究，提出意见和建议，副市长解仕清对有关工作进行了安排部署，提出了明确要求。8日，副市长贺彬主持召开会议，专题研究2018年烤烟生产扶持政策及相关问题，市财政局、市审计局、市纪委驻市政府办纪检组、市农业局、市政府烟草产业办、市烟草公司、红塔集团相关领导参加会议。会议听取了市政府烟草产业办关于2018年烤烟生产扶持政策及相关问题建议的汇报，与会人员做了充分的研究和讨论。22日，市长张德华主持召开会议，专题研究“三湖”综合保护治理工作，副市长贺彬参加会议并发言，会议听取了江川区、通海县、澄江县政府和市环境保护局、市水利局、市抚仙湖管理局关于“三湖”综合保护治理情况的汇报，市长张德华就下步工作提出明确要求。同日，受市委常委、副市长田川委托，市政府副秘书长戴兴德主持召开会议，专题研究玉溪市邮政管理局办公业务用房问题。市发展改革委、市财政局、市邮政管理局、市政府机关事务管理局等有关部门负责人参加会议。会议听取了玉溪市邮政管理局关于办公业务用房情况的汇报，与会单位人员做了发言，市政府副秘书长戴兴德提出工作要求，形成一致意见。24日，市政府副市长解仕清主持召开会议，专题研究玉溪生物医药产业园项目建设推进有关工作。会议现场调研了玉溪生物医药产业园项目建设推进情况，听取了玉溪高新区有关情况汇报，红塔区政府、市直有关单位等与会单位做了发言，副市长解仕清对下一步工作提出明确要求。27日，市长张德华召开引进新能源汽车及其重要零部件项目专题会议。副市长解仕清、田川，市政府秘书长张亚辉及有关副秘书长，市直有关单位负责人参加了会议。会议分别听取了市交通运输局、玉溪高新区管委会关于引进新能源汽车及其重要零部件及比亚迪、新海宜新能源汽车项目推进情况的汇报，有关副市长发表了意见，市长张德华就加快引进新能源汽车及其重要零部件项目工作等事宜做了安排部署。30日，市政府分管领导主持召开中国石化昆明—玉溪成品油管道玉磨铁路研和车站段迁改工程（以下简称“管道迁改工程”）协调会。会议分别听取了市安全监管局关于完善管道迁改工程安全设施“三同时”办理事项情况、市发展改革委关于管道迁改工程基本情况和前期立项批复工作及项目推进情况、中石化华南分公司蒙自输油管理处关于管道封堵连头工艺技术及工序流程和施工过程中存在的安全风险分析及安全保障措施等情况的汇报，对管道迁改工程存在的问题进行了研究，市政府分管领导对管道迁改工程完善安全设施“三同时”手续和实施封堵连头等工作提出了明确要求。

4月3日，市政府与中船重工集团公司就战略合作项目推进在北京中船重工集团总部召开会议，市委常委、副市长田川，中船重工党组成员、副总经理何纪武参加会议，会议围绕3

月玉溪市与中船重工签署的战略合作框架协议项目推进开展了深入交流，并就进一步加大推进力度、快速高效推动项目落地达成共识。8日，市政府秘书长张亚辉主持召开会议，专题研究全市二轮修志工作。会议听取了市地方志办主任李海明关于玉溪市二轮修志工作进展情况的汇报，市政府办副主任卢春剑作了发言，市政府秘书长张亚辉提出了工作要求。10日，副市长曾敏主持召开会议，专题研究玉溪市与中山大学合作办医项目规划建设有关事宜。会议听取了澄江县卫计局负责人关于项目规划设计方案的汇报，与会人员就项目规划设计、用地保障等前期工作进行了充分发言，副市长曾敏提出工作要求。19日，市政府秘书长张亚辉主持召开“放管服”改革相关工作会议，分析当前“放管服”改革工作中存在的主要问题，明确了问题整改工作任务，要求市直各有关单位统筹市本级和县区两级，迅速制定整改措施，及时高效做好整改工作。

5月3日，市委常委、常务副市长主持召开了云南玉溪大化产业园区开发建设投资有限公司（以下简称大化公司）地方政府置换债券资金存在问题督促整改专题会议，会议听取了大化公司和市财政局领导关于大化公司地方政府置换债券资金存在问题整改落实情况的汇报，对大化公司政府置换债券资金存在问题整改进行了督促，对下步整改工作进行了安排部署。5日，为落实好5月2日“市长热线”关于中心城区南片区和万裕生态城须及时供气的相关要求，解决玉溪能投佳亨公司撬装站选址问题，市政府分管领导召集市发展改革委、市规划局、市住房城乡建设局、市安全监管局、市质监局、高新区管委会、市土地储备中心、市公安消防支队、市交投公司等单位相关负责人到高新区柴家山脚原东近面山项目部，研究确定撬装站选址方案。会议听取了市住房城乡建设局的选址方案汇报，与会单位充分发表了意见，市政府分管领导对下一步工作提出具体要求。8日，副市长朱家伟组织相关部门专题研究中心城区交通环境综合整治工作，副市长朱家伟率队对红塔区中心城区中卫路、气象路、花园路、凤凰路、福寿街等路段进行实地调研，并在市公安局交警支队召开红塔区中心城区交通环境综合整治工作专题会议。市公安局、市规划局、市住房城乡建设局、市交通运输局、市公安局交警支队和红塔区政府、公安分局、城管局等相关领导参加。10日，市政府召开旅游工作专题会。市长张德华出席会议并讲话，副市长周群英，市政府秘书长张亚辉出席会议。各县区政府和市直有关单位主要负责人参加会议。会议听取了市旅发委关于“一部手机游云南”、旅游市场秩序整治、“三年行动计划”及2018年旅游重点工作情况汇报，各县区旅游产业发展情况汇报，就有关工作做了安排部署。13日，省环境保护厅、省住房城乡建设厅联合主持召开2018年玉溪市城市黑臭水体整治环境保护专项行动实地督查反馈会。会议听取了督查组的反馈意见，省住房城乡建设厅城建处处长李平辉对实地督查做了总结发言并对玉溪下一步迎检工作提出要求。市政府副秘书长、研究室主任杨胜代表市政府做了表态发言。18日，为加快推进玉溪市棚户区改造工作步伐，解决棚户区改造项目过程中资本金缺口问题，市政府副秘书长、研究室主任杨胜主持召开玉溪市2016、2017年棚户区改造项目资本金筹措专题会议。会议听取了玉溪市家园建设投资有限公司关于棚改资金使用情况及存在困难的汇报，与会领导结合实际发表了意见，市政府副秘书长杨胜提出工作要求。21日，市政府常务副市长主持召开玉溪科教创新城规划建设工作座谈会。会议听取了玉溪科教创新城管委会专职副主任颜永宏关于玉溪科教创新城规划建设工作进展情况汇报，与会人员就推进科教创新城规划建设工作进行了发言，副市长曾敏对下一步工作进行了安排部署，常务副市长做总结讲话。24日，市政府召开文化发展和产业调研座谈会。市长张德华出席会议并讲话，副市长周群英，市政府秘书长张亚辉、副秘书长张名出席会议。各县区政府和市直有关部门负责人及文化名人代表参加会议。会议听取了市文化广电局、市文产办关于文化事业和文化产业发展情况汇报，玉溪文化名人代表围绕会议主题进行发言，对全市文化工作和产业的发展作出安排和部署。24日，市长张德华主持召开玉溪市打造世界一流“绿色食品牌”工作专题会议暨领导小组第一次会议。副市长解仕清、贺彬，市政府秘书长张亚辉，市直有关单位领导、各县区政府县区长、分管副县区长和部分企业负责人参加会议。会议听取了通海县、澄江县、新平县以及市农业局、市工商局、市科技局和企业代表的工作汇报，市长张德华就工作推进提出明确要求。29日，玉溪市与云南省烟草专卖局联合召开抚仙湖径流区核心烟区现代农业发展座谈会，省烟草专卖局（公司）局长、总经理李光林，副总经理邓小刚，市委书记罗应光，市委副书记、市长张德华，市委常委、市委秘书长王志新，副市长贺彬出席座谈会，市烟草专卖局（公司）等市直有关单位、澄江县党政主要领导和有关企业负责人参加会议。会议研究讨论了联合打造抚仙湖径流区万亩绿色生态烟区、稳定核心烟区、示范带动现代农业发展等有关工作。5月，为加快推进玉磨铁路玉溪境内段建设工作，受市政府分管领导委托，市政府党组成员、市总工会主席范志华率市发展改革委（市铁建办）、市国土资源局、市交通运输局、市安全监管局等市直单位和滇南铁路建设指挥部相关领导，先后深入玉磨铁路红塔区、峨山县、新平县、元江县施工段调研，并召开现场推进会。

6月1日，云南电网有限责任公司党委书记、董事长薛武一行到访玉溪，与玉溪市政府举行座谈会。云南电网有限责任公司有关领导及玉溪供电局班子成员，副市长田川，市政府秘书长张亚辉、副秘书长戴兴德，市发展改革委、市工业和信息化委、市财政局、市国土资源局、市土地储备中心有关领导参加了会议。双方就相关事宜进行了广泛交流，并明确了有关事项。5日，市委常委、常务副市长主持召开机场建设工作推进会，专题研究全市机场建设推进工作。会议听取了市航空产业领导小组办公室关于江川通用机场、江川民用运输机场以及其他县区通用机场前期工作推进工作的情况汇报，并对工作推进过程中存在的问题和困难进行了研究，柳文炜对下一步工作做出了具体安排和要求。同日，副市长贺彬主持召开黄标车淘汰工作专题会议，研究黄标车淘汰工作有关事宜。副市长朱家伟，市政府副秘书长毕孝宁、王贵元出席会议。会议听取了市环境保护局、市交通运输局、市公安局关于黄标车淘汰工作推进情况汇报，与会单位做了发言，副市长贺彬、朱家伟分别就黄标车淘汰工作做出部署，提出明确要求。6日，市新型智慧城市建设工作领导小组召开第3次会议，会议听取了领导小组办公室关于玉溪市加快推进新型智慧城市建设相关情况报告，研究了新型智慧城市建设实施意见和投融资方案，参会单位领导做了充分发言，副市长朱家伟提出了工作要求，市委副书记、市长张德华做讲话，并对玉溪新型智慧城市建设提出具体工作要求。7日，市委常委、常务副市长，市委常委、副市长胡春雨共同召开专题会议，研究市属国有企业退出“政府投融资平台”工作，市财政局、市国资委、市金融办、银监玉溪分局及相关市属企业负责人参加了会议。会议听取了各部门对市属企业退出“政府投融资平台”工作的意见建议，对相关工作进行了安排部署。8日，市政府分管领导主持召开玉溪市中心城区（红塔区）黑臭水体治理存在问题调查处理专题会议，市环境保护局、市住房城乡建设局、市水利局和红塔区政府、高新区管委会负责人参加会议，邀请市纪委监察委相关领导列席会议。会议听取了中心城区（红塔区）黑臭水体治理存在问题调查组调查情况汇报，研究了存在问题责任追究处理意见。11日，副市长贺彬主持召开会议，专题研究农业工作有关事项，市直有关部门和有关县区参加会议并发言。14日，副市长贺彬主持召开会议，专题研究抚仙湖保护治理有关工作，市直有关部门和相关县区参加会议并发言。同日，市政府副市长贺彬主持召开会议，专题研究水利工作有关问题。市直有关部门参加会议并发言。19日，市政府分管领导主持召开新天地城市综合体项目建设专题会议。会议听取了红塔区政府关于保利云南置业有限公司重组新天地实业发展有限公司有关情况汇报，研究了新天地城市综合体项目建设相关事项，市政府分管领导提出了工作要求。同日，副市长朱家伟召集市司法局、市财政局、市国土资源局、市规划局、市土地储备中心等部门召开会议，专题研究市司法业务用房建设相关事宜。20日，根据第五届市政府第5次常务会议安排，市委常委、常务副市长主持召开深化“放管服”改革优化营商环境专题会议，市政府有关副秘书长、市直有关单位负责人参加会议。会议听取了市委编办关于《玉溪市深化“放管服”改革优化营商环境实施方案》及“六个一”行动方案（以下简称《方案》）有关事项的情况汇报，市委网信办、市发展改革委、市财政局、市人力资源社会保障局、市国土资源局、市住房城乡建设局、市工商局、市政务服务管理局、市政府法制办等与会单位作了发言，常务副市长对下一步工作提出明确要求。同日，受市政府分管领导委托，市政府副秘书长张名主持召开会议，专题研究解决4个中玉酒店股权变更问题。会议听取了旅投公司关于变更4个中玉酒店股权的工作汇报，市国资委、市工商局、市商务局和中玉酒店原股东单位参会领导进行了发言，市政府副秘书长张名进行了会议总结。21日，为推进云南省第三强制隔离戒毒所（以下简称省三所）新平分所迁建工作，副市长朱家伟组织召开会议专题研究省三所新平分所迁建工作，市级和红塔区两级相关部门主要负责人参加。会议听取了省三所关于新平分所迁建工作的进展情况汇报，红塔区政府和市发展改革委等市直相关部门做了发言，会议形成一致意见。27日，为认真贯彻落实中央环境保护督察组下沉玉溪督察要求，按照五届市委常委会第87次会议、第五届市政府第6次常务会议部署安排，市长张德华主持召开会议，专题研究通海县第二污水处理厂及三义造纸厂整改落实工作。副市长贺彬、市政府秘书长张亚辉出席会议，市纪委监察委、市委宣传部有关人员及通海县政府、市环境保护局、市住房城乡建设局、市政府督查室负责人参加会议。会议听取了通海县有关工作情况汇报，与会市直部门负责人做了发言，副市长贺彬提出了意见建议，市长张德华做了全面安排部署。同日，市政府分管领导召集市发展改革委、市财政局、市国土资源局、市环境保护局、市住房城乡建设局，澄江县、江川区政府，玉溪市家园建设投资有限公司、云南省城乡建设投资有限公司、玉溪中车环保工程有限公司有关领导就澄江县重点项目进行专题研究。会议听取了澄江县政府关于抚仙湖环湖棚改2018年右所镇矣旧片区和路居镇孤山牛摩片区项目、澄江县农村生活污水处理及人居环境提升工程PPP项目优化调整入库整改等有关情况的汇报，各参会单位做了发言，市政府分管领导对下一步的工作提出具体要求。28日，为认真贯彻落实中央环境保护督察组下沉玉溪督察要求，按照五届市委常委会第87次会议、第五届市政府第6次常务会议部署安排，市长张德华主持召开会议，专题研究玉溪高龙潭历史遗留废渣治理工作。副市长贺彬、市政府秘书长张亚辉出席会议，玉溪高新区管委会、市财政局、市环境保护局、市水利局、市政府督查室等部门负责人参加会议。会议传达了省长阮成发6月25日在省政府第10次常务会议上关于中央环境保护督察“回头看”整改工作的要求，听取了玉溪高新区管委会有关工作情况汇报，市长张德华对中央环境保护督察“回头看”整改落实工作做了安排部署。29日，为加快玉溪市高速公路PPP项目建设进度，市政府召开专题会议，研究《新平县大开门至戛洒高速公路PPP项目》《元江至蔓耗高速公路PPP项目》《江川至通海高速公路建设PPP项目》及《澄江至江川高速公路工程建设PPP项目》财政承受能力论证报告中关于财政支出责任分担事宜，市委副书记、市长张德华主持会议，市委常委、副市长胡春雨及市直有关单位、县区负责人参加了会议，会议听取了市交通运输局局长马金鸿对高速公路PPP项目建设情况的汇报，与会人员就高速公路PPP项目财政承受能力及支出责任划分进行了讨论。

7月2日，副市长、保卫抚仙湖雷霆行动组执行组组长贺彬主持召开保卫抚仙湖雷霆行动专题会议，现场检查雷霆行动第二阶段问题整改进展情况，就下一步工作推进进行研究，市委督查室、市政府督查室、市抚仙湖管理局、市农业局、市环境保护局、澄江县及市抚投公司参会并发言。3日，市政府分管领导主持召开会议，专题研究市文化管理服务中心缴纳职工职业年金、“聂耳音乐之都”建设经费预算执行等有关事宜。会议听取了市文化广电局局长何永平做工作情况汇报，参会部门领导进行了发言，市政府分管领导提出了工作要求。5日，市长张德华主持召开玉溪市航空产业发展汇报会。会议听取了玉溪市航空产业发展领导小组办公室、航空装备制造组、航空教育培训组、航空旅游产业组、资金筹措组以及合美通用航空公司、云上飞鹰通用航空公司等单位的工作情况汇报，并对工作推进过程中存在的困难和问题进行研究。市政府有关领导参加了会议并做了发言，市长张德华对全市航空产业发展进行了具体安排，并对下一步工作提出了工作要求。6日，副市长贺彬主持召开东风水库水源地保护专题会议，市直有关部门参加会议并发言。9日，为做好中央环保督察“回头看”和省环境保护督察反馈意见整改有关工作，市政府召开专题会议，研究全市园区污水集中处理设施建设推进事宜。市委常委、副市长田川，市政府副秘书长戴兴德，市工信委、市环保局和各县区政府分管领导参加会议。会议分别听取了市工信委、市环保局和各县区政府对园区污水集中处理设施建设的时间要求、模式、进度等情况汇报，市委常委、副市长田川就园区污水集中处理设施建设工作提出了明确要求。18日，华晨汽车投资（大连）有限公司再次赴玉溪市开展旅游房车整车组装生产线及专用车生产制造项目选址考察。市政府分管领导主持召开项目座谈会，与华晨汽车投资（大连）有限公司冉维清等公司领导就旅游房车整车组装生产线及专用车生产制造项目选址落地、市场需求及项目推进相关事宜等进行了会谈，并明确了有关事项。同日，市政府与中船重工战略合作项目推进会议在玉溪召开，市委常委、副市长田川，中船重工集团产业发展部副主任朱宏光参加会议，会议由市政府副秘书长毕孝宁主持，会议围绕双方战略合作协议的推进落实进行了深入交流，并就下一步加快合作项目推进形成了一致意见。19日，副市长解仕清主持召开玉溪市国家卫生城市复审烟草广告整治工作推进会。市政府有关副秘书长，红塔区、江川区、高新区有关领导，市直有关单位、红塔集团有关负责人等参加了会议。会议听取了市工商局关于玉溪市国家卫生城市复审烟草广告整治工作规范、烟草广告整治有关问题的汇报，各参会单位发表了意见建议，副市长解仕清对下一步工作提出明确要求。23日，市政府分管领导召集市规划局、红塔区政府、大营街街道及大营街社区有关领导就红塔区大营街“退二进三”有关事项进行专题研究。会议听取了大营街社区关于大营街“退二进三”相关工作的情况汇报，与会人员提出了意见建议，市政府分管领导对下一步的工作提出明确要求。24日，副市长解仕清主持召开橡胶交割库及铁路专用线项目建设选址专题会议。市发展改革委、市商务局、市粮食局、市铁建办、玉溪物流投资有限公司、研和工业园区管委会、红塔区政府及区属有关单位负责人参加了会议。会议听取了红塔区政府关于橡胶交割库及铁路专用线项目建设前期工作的专题汇报，参会人员进行了认真讨论研究，提出了意见建议，副市长解仕清对有关工作进行了安排部署，提出了明确要求。28日，市政府分管领导主持召开会议，专题研究中心城区市政基础设施PPP项目整改谈判工作。会议听取了市住房城乡建设局的情况汇报，市直参会单位做了充分发言，市政府分管领导对下一步工作提出明确要求。同日，市政府分管领导主持召开会议，专题研究全市保障性安居工程和人居环境整治工作。会议听取了市住房城乡建设局和各县区关于保障性安居工程推进情况的汇报，就加快推进棚户区改造、保障性安居工程跟踪审计发现问题整改、人居环境整治、新型城镇化建设等工作进行了研究。市政府分管领导对下一步工作提出明确要求。

8月1日，副市长贺彬主持召开会议，专题研究水利有关工作。会议听取了市水利局有关工作情况的汇报，红塔区、江川区政府和市直有关部门、相关公司参加会议并发言。2日，市政府分管领导召集市住房城乡建设局、峨山县政府、玉溪市家园建设投资有限公司、中国水电建设集团十五工程局有限公司有关领导就峨山县县城提质扩容重点建设项目工作推进进行专题研究。会议听取了峨山县政府和中国水电建设集团十五工程局有限公司关于峨山县县城提质扩容重点建设项目投资规模、征拆费用比例、银行融资等方面的情况汇报，与会人员提出了意见建议，市政府分管领导对下一步的工作提出明确要求。7日，市委、市政府召开玉水金岸C区下沉广场风险点处置专题会议。会议现场查看了风险点情况，听取了市住房城乡建设局及专家关于风险点情况的汇报，专题研究风险点处置工作。市委常委、市委政法委书记明正彬，副市长、市公安局局长朱家伟出席会议。同日，市长张德华召开玉溪科教创新城规划建设工作专题会，会议听取了玉溪科教创新城管理委员会专职副主任颜永宏关于玉溪科教创新城规划建设工作进展情况的汇报，市教育局、市文化广电局、市财政局、市土地储备中心、市国土资源局、市体育局、红塔区政府、市物流投公司围绕项目启动建设以来存在的困难问题和第43期《玉溪科教创新城规划建设工作座谈会会议纪要》分解的工作任务落实情况进行了汇报。副市长曾敏做发言，市长张德华做讲话。9日，市长张德华主持召开会议，专题研究中央环境保护督察“回头看”问题整改相关工作，市政府副市长贺彬、市政府秘书长张亚辉出席会议。会议听取了市环境保护局关于中央环境保护督察“回头看”问题整改进展情况的汇报，有关县区及市直部门领导参加会议并发言。同日，市长张德华以市级星云湖湖长身份到江川区实地巡查星云湖保护治理工作情况并召开现场推进会议，市政府副市长贺彬、市政府秘书长张亚辉出席会议。会议听取了江川区政府和市水利局（市河长办）关于星云湖河（湖）长制省级督察反馈问题整改进展情况的汇报，市直部门有关领导参加会议并发言。同日，市长张德华主持召开会议，专题研究高龙潭环保问题整改工作，副市长贺彬、秘书长张亚辉出席会议。会议听取了玉溪高新区管委会、市工业和信息化委、市环境保护局关于高龙潭环保问题整改方案的汇报，与会市直部门做了发言，市长张德华做出全面安排部署。同日，按照市政府主要领导批示要求，副市长解仕清、曾敏召集市直相关单位和县区政府召开深化“放管服”改革优化营商环境暨投资项目审批服务工作领导小组第一次会议，分析当前工作中存在的困难和问题，研究部署有关工作。市政府有关副秘书长参加会议。会议听取了市委编办、市发展改革委、市政务服务管理局、市招商合作局和红塔区政府有关深化“放管服”改革优化营商环境、投资项目审批服务、招商项目落地审批等工作情况汇报，与会市政府领导及市直有关部门负责人做了发言，副市长解仕清对下步工作提出明确要求。10日，市政府召开专题会议，研究玉溪市钢铁企业发展相关事宜。会议听取了市工业和信息化委关于全市钢铁企业产能置换和转型升级技改项目推进情况的汇报。与会通海县、华宁县政府有关负责人做了发言。副市长解仕清、田川就下步工作提出要求。16日，市政府召开云南玉溪玉昆钢铁集团有限公司（以下简称玉昆钢铁集团）产能置换升级改造项目建设专题会议，研究部署项目建设有关工作。市长张德华，副市长解仕清、田川，副秘书长戴兴德，市直有关单位主要负责人，红塔区、峨山县、新平县政府主要领导、分管领导，红塔工业园区、大化产业园区管委会，玉昆钢铁集团有关负责人，有关银行主要负责人参加了会议。会议听取了市工业和信息化委、玉昆钢铁集团关于玉昆钢铁集团产能置换升级改造项目建设领导小组组成、项目推进、下步工作计划等情况汇报，副市长解仕清、田川提出工作建议，市长张德华做讲话。19日，市政府分管领导主持召开会议，专题研究红塔区、澄江县、华宁县2018年棚户区改造相关工作。市住房城乡建设局对全市棚户区改造工作情况进行了通报，红塔区、澄江县、华宁县政府做了表态发言，会议对红塔区、澄江县、华宁县政府如何加快棚户区改造等工作进行了专题研究，市政府分管领导对下一步工作提出明确要求。20日，市政府召开会议，专题研究成立合和集团基金管理公司相关事宜，副市长解仕清，市委常委、副市长田川，合和集团、市金融办、市工商局相关领导参加会议，会议听取了合和集团在玉溪成立基金管理公司有关事宜的汇报，参会单位做了充分发言，明确了相关事项。21日，副市长、市新型智慧城市建设工作领导小组副组长、办公室主任召开领导小组办公室会议，领导小组办公室副主任杨胜、田江龙、李刚，市委网信办、市公安局、市住房城乡建设局、市招商合作局、东南大学玉溪智慧城市研究院等有关单位领导参加会议，邀请中国电子科技开发有限公司、西双版纳生物医学研究院等相关负责人参加涉及议题会议。会议专题研究中国电子科技开发有限公司投资建设玉溪国际智慧创新城、组建玉溪新型智慧城市科技投资运营有限公司、与西双版纳生物医学研究院大脑破译及应用重点实验室合作建设智慧城市公共交通安全智能管理系统和举办新型智慧城市专题讲座等相关事项。同日，市政府分管领导主持召开会议，专题研究玉溪得胜家居商业中心二、三期土地规划用途调整工作。会议听取了得胜家居集团关于得胜家居商业中心二、三期规划设计方案请求变更的情况汇报，与会部门对规划调整内容进行了专题讨论研究，市政府分管领导对此项工作提出要求。23日，市政府分管领导主持召开火车站保障房项目配套道路及地下综合管廊建设专题会议。会议听取了市住房城乡建设局关于火车站保障房项目配套道路及地下综合管廊相关事项的情况汇报，专题研究了火车站保障房项目配套道路及地下综合管廊建设存在的困难和问题，市政府分管领导对下一步工作提出明确要求。25日，市政府分管领导主持召开比亚迪新能源汽车投放相关工作专题会。会议听取了市交通运输局关于比亚迪新能源汽车投放相关工作情况的汇报，市直有关单位和各县区政府充分发表了意见建议，市政府分管领导对比亚迪新能源汽车投放工作提出明确要求。28日，副市长曾敏召开会议，专题研究市儿童医院新建项目周边配套道路规划建设相关工作。会议听取了市卫生计生委副主任曲校德对市儿童医院项目建设周边市政工程基础设施建设方案的汇报，市规划局、市住房城乡建设局、市土地储备中心、市财政局、家园公司等相关单位与会人员发表了意见。30日，市长张德华主持召开玉溪市打造“绿色食品牌”工作领导小组第二次会议。副市长贺彬、市政府秘书长张亚辉分别参加调研和会议。市打造世界一流“绿色食品牌”工作领导小组成员单位、各县区政府分管副县区长和部分企业负责人参加会议。会前现场调研了玉溪国际农产品交易中心和亚洲花卉科创谷科创园建设项目推进情况，听取了通海县、易门县、新平县、市农业局的工作汇报，市长张德华就下步工作推进提出了明确要求。

9月3日，市政府分管领导主持召开华晨汽车生产制造项目推进专题会议，研究市政府与华晨汽车投资（大连）有限公司合作项目相关事宜。会议听取了玉溪高新区管委会关于项目合作推进情况的汇报，与会人员进行了充分讨论，市政府分管领导对有关工作进行了安排部署，提出了明确要求。4日，副市长解仕清主持召开江川工业园区投资开发有限公司1亿元借款展期及利息资金拨付专题会议。会议听取了市航空产业发展领导小组办公室常务副主任李林春关于云南合美通用航空实业有限公司发展问题的情况汇报和玉溪市国新投资基金管理有限公司董事长王建斌关于江川工业园区投资开发有限公司1亿元借款逾期的情况汇报，与会的市工业和信息化委、市财政局、江川区政府、玉溪国有资本运营有限公司、江川工业园区投资开发有限公司等单位负责人做了发言，副市长解仕清对下步相关工作提出明确要求。5日，副市长解仕清、田川带队到元江县调研甘庄集镇和物流园区、工业园区项目建设情况，并召开调研座谈会。市发展改革委、市工业和信息化委、市财政局、市国土资源局、市住房城乡建设局、市规划局、市交通运输局、市水利局、市商务局，滇南公司、市物流投资有限公司等部门负责人和元江县政府领导及相关部门负责人参加了会议。会议听取了元江县县长封志荣关于元江县甘庄集镇和物流园区、工业园区项目建设情况的汇报，参加调研的市直有关部门和单位围绕元江县提出的项目建设中需要帮助解决的问题清单做了发言，副市长解仕清、田川分别对下一步工作提出了要求。7日，市政府分管领导主持召开会议，专题研究中心城区荷花池、泷水塘片区土地供应工作。会议听取了市土地储备中心关于红塔区中心城区加快荷花池、泷水塘片区土地供应工作情况的汇报，参会单位做了充分发言，市政府分管领导对下一步的工作提出具体要求。17日，市政府分管领导主持召开会议，专题研究全市8条高速公路建设用地报批工作。会议听取了市交通运输局、各县区政府关于全市高速公路项目建设存在的困难和问题等情况汇报，市直有关单位聚焦高速公路项目用地报批工作提出了意见和建议，市政府分管领导提出了具体工作要求。21日，市委常委、市委秘书长王志新主持召开红塔古镇建设协调会，研究解决古镇前期工作中涉及的相关事宜，就成立项目开发建设工作推进组、加快项目国际招标等事项形成统一意见。28日，市委副书记、市长张德华主持召开红塔区稳增长工作专题会，研究解决红塔区稳增长中存在的困难和问题。市委常委、常务副市长，市委常委、红塔区委书记张小良，以及市、区有关单位负责人参加会议。会议听取了红塔区政府稳增长工作情况汇报，就红塔区提出请求市政府帮助解决的问题进行了讨论和研究。同日，市长张德华主持召开与香港恒丰控股有限公司等企业洽谈合作座谈会，研究抚仙湖保护基金、科教创新城发展基金及其他相关工作。会议听取了恒丰控股公司董事长林剑星关于抚仙湖保护基金、科教创新城发展基金的情况汇报，听取了上海精武体育总会陈名杰关于安保防卫学院落户玉溪的情况汇报，听取了龙基生物科技公司张祖军关于国家中俄发展基金战略及当前基因检测发展的情况汇报。市直参会部门领导做了发言，市长张德华对双方合作事项提出了要求。29日，市长张德华到江川区以市级星云湖湖长身份召开星云湖保护治理工作推进专题会议，市政府副市长贺彬、秘书长张亚辉出席会议。会议听取了市环境保护局、市水利局、市农业局、市抚仙湖管理局、市财政局、市住房和城乡建设局以及江川区政府关于落实8月9日星云湖保护治理现场推进会议精神的有关情况汇报，并对相关工作提出明确要求。同日，受市政府分管领导委托，市新型智慧城市建设工作领导小组办公室副主任、市政府研究室主任杨胜主持召开领导小组办公室会议，领导小组办公室副主任田江龙、李刚，市委组织部、市委网信办、市发展改革委、市公安局、东南大学玉溪智慧城市研究院等单位有关领导参加会议，邀请中国电子科技开发有限公司、西双版纳生物医学研究院等相关负责人列席会议。会议听取了西双版纳生物医学研究院关于合作成立玉溪脑科学与人工智能研究中心初步方案、云南慧谷唐延大健康项目建议书和中国电子科技开发有限公司合作建设玉溪国际智慧创新城投资协议等情况，专题研究了新型智慧城市建设相关事项。

10月8日，市长张德华主持召开全市城镇保障性安居工程建设工作专题会议，会议听取了市住房城乡建设局关于全市保障性安居工程建设情况和红塔区、澄江县、华宁县政府关于棚户区改造工作情况汇报，深入研究了保障性安居工程建设特别是澄江县环湖棚改2018年右所镇矣旧片区和路居镇孤山牛摩片区项目建设有关事项，市直参会部门领导做了发言，常务副市长柳文炜，市政府分管领导、胡春雨就加快推进全市保障性安居工程建设提出意见，市长张德华提出了具体工作要求。12日，市政府分管领导主持召开会议，专题研究贯彻落实省级河（湖）长制督察组督察玉溪市落实抚仙湖河（湖）长制工作重要指示精神，市环境保护局、市水利局、市抚仙湖管理局和澄江县委、县政府有关负责人参加会议，并做了发言，市政府分管领导对下一步的工作提出具体要求。16日，常务副市长主持召开玉溪科教创新城规划建设推进工作专题会，会议听取了玉溪科教创新城管理委员会关于落实市政府第87期专题会议纪要分解工作完成情况及制定招商优惠政策、引智引校、征地拆迁、科教创新城城市设计编制、科创城新型规划数字沙盘制作方案、主体育馆规模调整后续工作、玉溪科教创新城管理局组建工作的情况汇报，相关参会部门做了发言，副市长曾敏作工作安排，常务副市长柳文炜提出工作要求。17日，副市长贺彬主持召开全市农村集体产权制度改革及“两区”划定工作会议。会议听取了市农业局关于全市农村集体产权制度改革及“两区”划定工作推进情况的汇报，副市长贺彬对相关工作提出明确要求。同日，副市长贺彬主持召开全市非洲猪瘟疫情防控工作会议。会议听取了市农业局关于全国非洲猪瘟疫情形势及全市防控工作开展情况汇报，副市长贺彬对相关工作提出明确要求。23日，市政府分管领导召集市财政局、市国土资源局、市住房城乡建设局、市规划局、市土地储备中心、市公共资源交易中心和红塔区就泷水塘片区YXTC（2014）1—2、3、4、5、6、7号地块重启供应的相关问题进行专题研究。会议听取了市土地储备中心关于泷水塘片区土地供应相关情况的汇报，参会单位做了发言，市政府分管领导对下一步的工作提出具体要求。同日，市政府秘书长、市政府办公室党组书记张亚辉主持召开会议，专题研究进一步理顺市政府办公室财务核算单位会计主体关系有关事宜。24日，副市长贺彬主持召开玉溪市中央环境保护督察“回头看”及高原湖泊环境问题专项督察反馈意见问题整改工作专题会议。会议听取了市环境保护局对中央环境保护督察“回头看”及高原湖泊环境问题专项督察反馈意见问题整改工作情况汇报，副市长贺彬对下阶段工作做了明确安排部署。27日，副市长曾敏主持召开会议，专题研究中山大学澄江教学医院项目规划建设推进工作。澄江县政府主要领导、分管领导及相关部门负责人，市政府办公室、市卫生计生委、玉溪大健康投资公司有关负责人参加会议。会议传达了10月8日省卫生计生委主持召开的中山大学澄江教学医院项目协调推进会精神，听取了澄江县及市直部门关于该项目前期工作进展情况汇报，与会人员围绕该项目尽快实质性推进规划建设工作进行了充分发言。30日，市政府召开云南玉溪玉昆钢铁集团有限公司（以下简称玉昆钢铁集团）转型升级产能置换项目建设领导小组会议，协调解决项目推进过程中的有关问题。副市长解仕清，市委常委、副市长田川，市政府副秘书长戴兴德，峨山县政府、市直有关单位负责人参加了会议。会议听取了市工业和信息化委、峨山县政府关于项目推进情况的汇报，与会人员进行了认真讨论研究，提出意见和建议，副市长解仕清、田川分别对有关工作进行了安排部署，提出了明确要求。

11月10日，市政府分管领导主持召开会议，专题研究澄江县右所镇矣旧片区棚户区改造项目相关工作。会议听取了澄江县政府、市住房城乡建设局、农业发展银行玉溪市分行相关情况的汇报，澄江县委副书记、县长范永光就推进右所镇矣旧片区棚户区改造项目提出建议，市政府分管领导对下一步工作提出具体要求。13日，副市长曾敏主持召开会议，专题研究市急救中心救护车辆和卫生监督特种专业技术用车配置相关事项。会议听取了市卫生计生委关于购置救护车和卫生监督特种专业技术用车的情况汇报，与会人员进行了认真讨论研究，副市长曾敏对有关事宜进行了安排部署。14日，市政府召开龙马山重点旅游项目现场会，会议实地查看红塔区龙马山生态旅游度假区项目建设，听取了项目方负责人汇报项目建设情况，各参会单位发表了意见建议，副市长周群英对下一步工作进行了安排，市政府分管领导提出工作要求。同日，市政府分管领导主持召开贯彻落实省委主要领导玉溪调研讲话精神工作会议。会议传达了省委主要领导玉溪调研讲话和市委第102次常委会议有关精神，市政府分管领导对村庄规划、生态移民搬迁、通海撤县设市等工作进行了安排部署。16日，市长张德华主持召开全市稳增长工作推进会议，听取了各县区及市直有关单位关于经济发展的情况汇报，分析研究了当前经济运行中存在的问题和困难，参会市级领导做了工作发言，市长张德华对确保完成全年经济发展目标任务做出了具体安排、提出了明确要求。17日，市政府召开2018年“收获金秋共谋发展”开放合作暨创新发展峰会总结会议。市委副书记、市长张德华，副市长解仕清，市政府副秘书长戴兴德，市直有关单位主要负责人参加了会议。会议听取了市招商合作局关于峰会系列活动开展情况的汇报，产业招商组牵头部门进行了发言，副市长解仕清提出工作建议，市长张德华对有关工作进行了安排部署，提出了明确要求。19日，副市长贺彬主持召开专题会议，对集中式饮用水水源地环境问题整改进展缓慢县区进行约谈。会议听取了市环境保护局关于全市饮用水水源地环境问题整改进展情况的通报，集中式饮用水水源地环境问题整改进展缓慢的红塔区、峨山县、元江县政府有关领导做了表态发言，副市长贺彬对集中式饮用水水源地环境问题整改工作提出明确要求。20日，副市长贺彬主持召开保卫抚仙湖雷霆行动第二阶段工作推进会议。会议听取了保卫抚仙湖雷霆行动市县联合工作组办公室和澄江县政府关于雷霆行动第二阶段问题整改落实情况及保卫抚仙湖雷霆行动总结表扬大会筹备情况的汇报，市直有关单位领导参加会议并发言，副市长贺彬对下阶段工作提出明确要求。21日，副市长曾敏主持召开会议，专题研究华宁县C级不安全校舍加固改造项目推进事宜。会议听取了华宁县政府关于C级不安全校舍加固改造工作推进情况的汇报，与会人员进行了充分讨论，副市长曾敏对有关工作进行了安排部署，提出了明确要求。26日，市政府召开全市磷化工产业整合发展座谈会，副市长解仕清，市委常委、副市长田川，市政府副秘书长戴兴德，江川区、澄江县、华宁县政府分管领导、工信局局长、工业园区管委会主任，市直有关单位负责人，玉溪磷化工行业协会会长、副会长参加了会议。会议听取了市工业和信息化委和江川区、澄江县、华宁县关于磷化工产业发展情况及下一步发展思路的汇报，与会人员进行了认真讨论研究，提出意见和建议，副市长解仕清、田川分别对有关工作进行了安排部署，提出了明确要求。27日，市委常委、副市长田川主持召开会议，专题研究红塔区政府向市工信委借款3 000万元资金用于企业调头逾期的有关事宜。市工信委、市财政局及红塔区政府、区工信局、区财政局等有关单位领导参加会议。会议听取了市工信委关于红塔区政府3 000万元逾期借款的情况汇报，参会单位做了发言，市委常委、副市长田川对下一步工作提出明确要求。28日，市政府分管领导召开会议，专题研究玉溪国际农产品交易中心项目推进有关工作。会议听取了固本文旅产业投资有限公司项目推进情况的汇报，市直有关单位、红塔区参会人员作了充分发言，市政府分管领导对下一步工作提出明确要求。29日，受市委常委、常务副市长的委托，市政府副秘书长刘世祥主持召开了全市推广使用国VI标准成品油工作会议。会议听取了市发展改革委副主任李长伟关于全市推广使用国VI标准成品油的有关工作情况汇报，与会人员进行了充分的讨论研究，刘世祥对有关工做进行了具体安排。30日，市长张德华主持召开全市特色小镇、康养小镇建设推进会。会议听取了市发展改革委关于全市特色小镇建设情况、市规划局关于全市康养小镇规划建设情况和有关县区工作情况的汇报，分析研究了特色小镇、康养小镇建设中存在的困难和问题，参会领导提出了工作意见和建议，市长张德华对下一步工作提出了明确要求。

12月3日，市政府副市长、东风水库市级河长贺彬主持召开专题会议研究红塔区李棋街道大矣资社区搬迁工作。会议听取了红塔区有关工作情况的汇报，市政府副市长、东风水库市级河长贺彬对下阶段工作提出明确要求。6日，市长张德华以市级星云湖湖长身份到江川区召开星云湖保护治理工作推进专题会议，副市长贺彬、市政府秘书长张亚辉出席会议。会议听取了市环境保护局、市水利局以及江川区关于贯彻落实9月29日星云湖保护治理现场推进会议及近期市政府领导批示精神的情况汇报，市直有关部门主要领导和相关专家进行了会议发言，市长张德华对相关工作提出明确要求。8日，市政府分管领导主持召开会议，专题研究抚仙湖昌新国际艺术学院项目选址工作。会议听取了市规划局、澄江县和云南大学昌新国际艺术学院、云南抚佑仙湖投资有限公司关于项目前期工作的情况汇报，对项目选址工作进行了研究。10日，市政府召开会议，对11月工业经济增速下滑较大的县区和园区进行约谈。市工业和信息化委主要负责人汇报了全市11月份规模以上工业增加值增速情况、提出了下一步工作建议。被约谈的通海县、华宁县、易门县、新平县政府，研和工业园区管委会分别汇报了2018年11月份规模以上工业增加值增速下滑的主客观原因分析，确保完成全年工业经济发展目标任务的措施办法，并作表态。市委常委、副市长田川就下步工作提出工作要求。11日，市长张德华主持召开同济大学玉溪智能制造研究院工作推进会，听取工作推进情况及下步工作计划汇报，研究工作推进过程中存在的困难和问题。市委常委、副市长田川，玉溪高新区管委会、市工业和信息化委、市教育局、市科技局、市财政局、市重点办等单位和部门参加会议并发言。副市长田川对下步工作提出意见建议，市长张德华对下步工作做了具体安排、提出明确要求。同日，市长张德华主持召开航空产业发展工作推进会议，听取了全市航空产业和机场建设推进情况汇报，分析了工作推进中存在的困难和问题，对下一步工作提出了具体要求。同日，副市长曾敏主持召开会议，专题研究云南省交通高级技工学校玉溪分校剥离玉溪市交通运输集团事宜。会议听取了市教育局局长罗江云对云南省交通高级技工学校玉溪分校剥离玉溪市交通运输集团工作情况的汇报，与会人员进行了充分讨论，副市长曾敏进行总结讲话。12日，市长张德华主持召开玉溪市打造世界一流“绿色食品牌”工作领导小组第三次会议。副市长贺彬、田川，市政府秘书长张亚辉，市打造世界一流“绿色食品牌”工作领导小组成员单位主要负责人和各县区分管副县区长参加会议。会议传达学习了省打造世界一流“绿色食品牌”工作领导小组第9次会议精神，通报了全市打造世界一流“绿色食品牌”工作推进情况，听取了红塔区、华宁县、元江县打造“绿色食品牌”实施方案和“一县一业”实施方案汇报，听取了6大产业和全市推进“一县一业”实施方案汇报，市长张德华就下步工作推进提出明确要求。15日，副市长解仕清主持召开合美通用航空公司项目推进会，专题研究解决合美通用航空公司发展中存在的有关问题。市工业和信息化委、市航空产业办、江川区政府及云南合美通用航空实业有限公司（以下简称“合美公司”）有关负责人参加了会议。会议听取了合美公司关于公司运营中存在有关问题的汇报，各参会单位发表了意见建议，副市长解仕清对下一步工作进行了安排部署，提出明确要求。19日，玉溪玉昆钢铁集团有限公司转型升级产能置换项目建设领导小组（以下简称领导小组）召开第三次会议，研究项目建设推进有关事项。市委常委、副市长、领导小组副组长田川，市人大常委会副主任、领导小组副组长孙云鹏，副市长、领导小组副组长解仕清，市政府副秘书长戴兴德，市直有关部门，峨山县委、县政府及云南玉溪玉昆钢铁集团有限公司有关负责人参加会议。会议听取了峨山县关于项目投资合作协议有关事项及项目一线工作指挥部关于人员增补方案、初步工作方案的汇报，与会人员进行了认真讨论研究，提出了意见和建议；田川、孙云鹏、解仕清分别对有关工作进行了部署安排，提出了明确要求。同日，副市长曾敏主持召开玉溪市残疾人康复中心项目建设专题会议。市残联党组书记、理事长普建蓉、玉溪旅游文化体育投资有限责任公司董事长助理谭斌分别汇报了玉溪市残疾人康复中心项目建设的前期工作和进展情况，会议认真分析了市残疾人康复中心项目建设前期面临的问题和困难，对项目建设前期土地划拨及土地行政划拨成本资金筹措、建设资金筹措、初步设计和后期运营模式等进行了讨论研究，副市长曾敏提出具体工作要求。同日，市政府分管领导主持召开会议，专题研究玉溪监狱、元江监狱、省第三强制隔离戒毒所国有土地移交地方和玉溪监狱土地征用相关事项。会议听取了红塔区、峨山县、新平县、元江县政府和玉溪监狱、元江监狱、省第三强制隔离戒毒所关于国有土地移交地方及土地征用相关事项的情况汇报，参会单位做了充分发言，市政府分管领导对下一步工作提出了具体要求。

【政府督查】 2018年，市政府督查室承担着市委市政府重大决策、重要工作部署、重大项目建设，市政府工作报告和十件惠民实事确定的各项目标任务，政府常务会议、专题会议、现场办公会议决定事项，市委、市政府领导批示、交办事项，上级部门转交办事项，市政府文件要求贯彻落实事项等大量督查落实工作。年内，开展各类综合督查、专项督查、跟踪督查、书面督查活动339次，形成重点工作督查专报96期；完成督查落实市政府领导交办批示督查件300件，市委主要领导批示件49件，整理上报重要批示督查专报57期；对市政府常务会议192项决定事项进行了跟踪落实，192项决定事项已全部办结；完成上级部门要求督查落实件47项。认真贯彻市政府“工作落实年”安排部署，及时起草了《玉溪市人民政府开展转作风提效率促落实“工作落实年”活动实施方案的通知》，抓好市政府重点工作任务督促落实，助推经济社会实现高质量跨越式发展。圆满完成国务院大督查、省政府综合督查玉溪迎检筹备工作，起草了省政府综合督查玉溪市迎检方案、2018年国务院大督查玉溪市迎检工作方案和汇报材料，顺利完成国务院大督查和省政府综合督查发现问题的跟踪整改督促落实。

【建议提案办理】 2018年，市政府共承办建议、提案621件。办理省人大代表建议8件、省政协提案6件，其中，主办4件办复率达100%、满意率达100%，已经解决或基本解决的1件，正在解决或列入计划逐步解决的1件，因目前条件限制或其他原因暂时不能解决的2件。办理市人大代表建议306件、市政协提案301件，分别占办理总数的94.74%、90.94%；面商率、办复率和满意（基本满意）率均达100%。已经解决或基本解决的分别为172件、169件，分别占办理总数的56.21%、56.15%；正在解决或列入计划逐步解决的分别为90件、104件，分别占办理总数的29.41%、34.55%；因目前条件限制或其他原因暂时不能解决的分别为44件、28件，分别占办理总数的14.38%、9.3%。年内，建议提案办理工作在全省实现“两个率先”，在全省率先推出建议提案一体化移动办公系统，形成了一个平台、一个APP、一张网、一体化的“四个一”工作格局；在全省率先实现市级建议提案办理结果公开。

【政务信息】 2018年，市政府办公室以做好“三服务”为目的，把政务信息工作摆在突出位置，坚持高质量报送信息。在及时、准确、全面、规范上下功夫，严把信息报送政治关、法律关、政策关、内容关、时限关，认真组稿编发、报送信息，充分发挥政务信息职能，使政府领导及时准确掌握基层工作的难热点问题，针对性地提出解决问题的办法，有效履行了政务信息参谋辅政作用。年内，市政府办公室收到各县区、各部门上报的政务信息7 249篇，采编1 821篇，采编率25%；市政府办上报省政府办公厅661篇，被采用84篇，全年得分1 302分（任务分400分），获2018年度全省政府系统信息工作先进单位二等奖；上报市委办公室信息76篇，被采用42篇，得分465分（任务分200分）；编发《玉溪政务信息》31期、编报《信息专报》19期（其中市长批示2期）、编报《信息快报》15期。

【政府信息与政务公开】 2018年，市政府办公室认真贯彻落实《中华人民共和国政府信息公开条例》《云南省政府信息公开工作规定》，扎实推进玉溪市政府信息与政务公开工作，不断建立健全信息公开工作机制，工作取得明显成效。印发了《玉溪市人民政府办公室关于调整市政务公开领导小组组成人员的通知》，将政务公开工作列入重要议事日程，并明确有市政府领导分管“政务公开”工作，各部门各司其职，上下联动，做到了领导、机构、人员“三位一体”，整体推进政府信息公开工作。建立健全信息公开工作机制，规范政府信息公开内容、途径及其形式，提高政府信息公开工作的针对性和实效性，形成了一整套内容完全、程序严密、配套完善的12项信息公开工作机制，其中包括《玉溪市政府信息公开协调会议制度》《玉溪市政府信息公开保密审查制度》《玉溪市政府信息公开工作目标任务综合考评制度》《玉溪市政府信息公开工作社会评议制度》《玉溪市政府信息公开责任追究制度》和《玉溪市政府信息公开指南》等，为政府信息公开提供了制度保证。制定下发了《玉溪市人民政府办公室关于印发玉溪市贯彻落实云南省人民政府办公厅2018年政务公开工作要点分工方案的通知》，围绕稳增长、促改革、调结构、惠民生和防风险工作，坚持创新发展理念，推进决策、执行、管理、结果“五公开”工作，要求各县区、各部门认真对标对表分工方案，按照“谁牵头负责、谁组织落实”的原则，逐项抓好工作落实。市政府办公室按月开展检查、督促整改，按季度正式发文通报，通报结果计入年终综合考评。制定了《玉溪市政府信息公开工作目标任务综合考评制度》，建立了考核机制，制定印发《玉溪市人民政府办公室关于做好全市政府系统政务信息工作及2018年度目标考核任务的通知》，将政务公开工作列入全市综合目标考核指标体系，将组织保障、主动公开情况、政府文件公开属性审查、政策解读、平台保障、依申请公开、保密审查等纳入考核范围，进行了严格的考查。建立监督检查评议制度，市政府办公室、市互联网信息办加强对各县区、各部门的业务和技术服务，定期跟踪工作进展情况，开展部门、县区间的经验交流，及时发现和处理工作中出现的问题，有力推进政府信息公开工作的有效落实。制定出台《玉溪市人民政府办公室关于推进社会公益事业建设领域政府信息公开的实施意见》《玉溪市人民政府办公室关于推进公共资源配置领域政府信息公开的实施意见》等重点领域政府信息公开的实施意见方案，并抓好实施意见方案的贯彻落实。制定印发了《玉溪市政府信息公开保密审查制度》，明确全市信息公开保密审查机构、职责；严格保密审查程序，全市各级各单位对信息公开、起草公文和制作信息，严格按照《国家秘密及其密级具体范围的规定》相关条款，对信息公开内容是否涉及国家秘密进行初审，提出是否公开的意见，对属于不宜公开的信息说明具体理由，由科室负责人审核后报单位分管领导审批，信息保密审查符合制度规定、符合依法审查程序，涉及敏感事件和保密内容的信息一律不予公开，全市所公开的政府信息均不涉密。在市政府门户网设置了“政策解读”专栏，市本级共出台规范性文件4件，均按要求开展了解读，全年全市共在政府门户网发布政策解读材料491件。在市政府门户网设立了“人大代表建议和政协提案办理工作”专栏，按照要求积极公开发布建议提案办件答复件，年内，公开办件信息113条。出台并实施了《玉溪市人民政府办公室关于印发玉溪市人民政府新闻发布会实施方案的通知》，市政府、各县区、各部门明确了新闻发言人。全市参加（或举办新闻发布会）49次，其中主要负责人参加新闻发布会33次。并于4月初依托已搭建好的政府信息公开集约化平台，搭建了全市统一的政府门户网站“政民互动”栏目，热切回应社会关注情况，截至年底，共收到网民有效留言504条。加大网站建设和加大政务新媒体监管，年内，全市共保留政府网站15个（政府门户网站10个、市级部门网站5个），要求各县区、各部门认真落实《国务院办公厅关于印发政府网站发展指引的通知》，加强政府网站内容建设，丰富信息资源，强化办事服务等功能。并制定印发了《玉溪市人民政府办公室关于开展政务新媒体基本情况调查摸底工作的通知》，目前，全市开设政务新媒体210个，其中，政务微博61个，政务微信123个，移动客户端2个，其他政务新媒体24个。具有互动功能的政务新媒体有143个，已建立发布审核制度的政务新媒体有175个，严格按照“谁开设、谁管理”“谁发布、谁负责”的原则，落实政务新媒体主体责任。制定出台《玉溪市人民政府办公室关于印发玉溪市“互联网+政府服务热线”整合实施方案的通知》，下一步将全面实现全市“96 128”政务查询专线与“12 345”政府热线整合，打造基于“12 345”政府热线平台，实现“一号对外”。开展《玉溪市人民政府公报》工作。年内，出版印制了《玉溪市人民政府公报》三期，每期印制3 000份，主要刊登市政府规章、市政府规范性文件、市政府部门规范性文件，刊物实行免费重点赠阅全市乡（镇）政府，街道办事处，社区、村（居）委会，乡（镇、街道）综合文化站，村（社区）文化室，农家书屋，法院、检察院，档案馆、公共图书馆、政务服务大厅等基层单位。并充分利用互联网优势，在政府网站设立政府公报专栏同步发布。积极开展全市政府网站和信息公开网的两网整合及集约化建设工作，组织实施全市政府网站季度普查通报及整改，取得明显成效。在国务院办公厅、省政府办公厅组织开展的政府网站抽查中实现连续16次100%的合格率，在中央网信办网站发布的2018年中国优秀政务平台推荐及综合影响力评估结果通报中玉溪市荣获2018年度中国政务网站优秀奖，成为云南省唯一获此奖项的州市。全年，玉溪市主动公开政府信息424 185条，其中，主动公开规范性文件数195 930条、制发规范性文件总数71条。通过不同渠道和方式公开政府信息的情况，其中，通过政府公报公开政府信息数20条、通过政府网站公开政府信息数138 566条、通过政务微博公开政府信息数14 627条、通过政务微信公开政府信息数19 075条、通过其他方式公开信息数55 967条。全市无因政府信息公开的行政诉讼案件发生。全市接到依申请公开政府信息69起，均按程序办结。

【电子政务】 2018年，全市政府系统的OA办公系统进入稳定运行阶段，OA办公系统运行良好，提高了行政效率、节约了行政资源，成为市政府办日常办公中最为重要的工具。认真贯彻市委、市政府的要求，严格遵守公文处理的有关规定，加强与软件运营商的及时沟通，指派精通业务和熟悉办文工作的专人配合政府办领导在各县区、各市直部门普遍开展OA系统安装和推广使用工作。进一步完善OA办公系统的电脑版和手机版，配合市工业和信息化局对OA系统改造升级，极大提升系统运行性能，确保公文处理及时、高效。年内，市政府办公室OA系统发文3 310个，办公室收文流转16 540个，其中办件6 278个，信息简报1 510个，会议、调研通知类文件2 850个，传阅文件5 902个。

【上级领导调研】 2018年1月11日，中国科学院副院长丁仲礼到玉溪调研国科健康小镇选址情况。18日，工业和信息化部副部长辛国斌到玉溪调研工业经济发展情况。

2月26～27日，省政府副省长和良辉到玉溪市调研抚仙湖保护治理及河（湖）长制工作落实情况。

3月10日，省政府副省长张国华到玉溪调研抚仙湖旅游发展工作。19日，省政府副省长王显刚到玉溪巡查抚仙湖、星云湖生态环境保护治理工作。22～23日，中国文联党组成员、副主席郭运德到玉溪调研基层文联工作情况。

4月11日，交通运输部副部长刘小明到玉溪调研“四好农村路”运输服务等工作情况。16～19日，省委副书记、省长阮成发到玉溪调研经济社会发展情况。25日，全国政协副主席、九三学社中央常务副主席邵鸿到玉溪调研经济社会发展情况。27日，民盟中央原副主席吴正德到玉溪开展主题为“学习民盟传统云南行”的调研。

5月7～10日，省人大常委会副主任保永康等省级离退休干部一行到澄江县考察玉溪经济社会发展、生态建设、抚仙湖保护治理、特色小镇规划建设、基层党建等工作。10～12日，省人大常委会常务副主任、省级河（湖）长制副总督察和段琪到通海县对落实杞麓湖河（湖）长制工作进行了督察。

6月2日，全国政协人口资源环境委员会副主任杨松到易门县调研芦潭冷水箐片区土壤污染治理与修复工程情况。12日，中台办主任刘结一到玉溪调研研和工业园区发展情况。15日，中央第六环保督察组副组长黄润秋到通海县督察。18～20日，中央第六环保督察组组长朱小丹到玉红塔区、江川区、澄江县督察。21～22日，省人大常委会常务副主任、省级河（湖）长制副总督察和段琪到江川区对玉溪市落实星云湖河（湖）长制工作进行督察。21～22日，省人大常委会副主任杨福生到红塔区、澄江县调研2017年度环境状况和环境保护目标完成情况。

7月10日，国家文化和旅游部副部长李群到红塔区、澄江县调研文化旅游发展情况。

8月2～4日，省委书记、省人大常委会主任陈豪到澄江县、元江县、通海县、华宁县调研生态环境保护和经济社会发展情况。3日，副省长、省公安厅厅长任军号到玉溪参加全省农村道路交通管理工作现场会。5日，国家烟草专卖局党组书记、局长张建民到澄江县调研烟草工作。14日，副省长和良辉、国家地震局副局长阴朝民到通海县检查地震灾情。19日，副省长李玛琳到澄江县调研县级医院建设及医改工作。27日，省人大常委会副主任纳杰到玉溪高新区九龙片区调研玉溪华为云服务数据中心。

11月8日，副省长王显刚到江川区、通海县督导星云湖杞麓湖保护治理工作。11～12日，省人大常委会常务副主任、省级河（湖）长制副总督察和段琪到玉溪市及澄江县对抚仙湖河（湖）长制工作情况进行督察。12～13日，省委书记、省人大常委会主任陈豪到澄江县、江川区调研抚仙湖、星云湖等高原湖泊保护治理工作，督促检查中央环保督察“回头看”反馈问题整改工作。16日，全国政协副主席、国家民委主任巴特尔到玉溪调研民族团结工作。22日，国家统计局副局长贾楠到澄江县调研第四次全国经济普查工作。29～30日，省老体协主席刘平到玉溪调研老年人体育工作。

（徐　琦）

调研研究

【重要文稿起草】 2018年，市政府研究室紧紧围绕市委、市政府的中心工作，不断开拓进取、求实创新，较好地完成了各项文稿起草工作。参与完成了市政府工作报告、报告起草说明、报告修改情况说明和市政府五届二次全会上的讲话提纲等重要会议材料。全面学习领会文件精神，深刻把握玉溪市情，撰写《张德华市长在市委五届五次全会上的讲话》《张德华市长在市政府五届一次全会上的讲话》《张德华市长在十九大研讨班结束时的讲话》《市委罗应光书记在全市四大新兴产业调研座谈会上的讲话》《张德华市长在市委农村工作会上的讲话》《张德华市长在玉溪市第五届人民政府第一次廉政工作电视电话会议上的讲话》《张德华市长在全市2018年一季度经济运行分析会上的讲话》《张德华市长在市人民政府党组理论学习中心组2018年第四次学习时的主持讲话》《张德华市长在五届市委理论学习中心组第二十次暨2018年第五次集中学习时的发言》《中央环境保护督察“回头看”张德华市长个别谈话参阅资料》《张德华市长在“三湖”生态经济带建设调研座谈会上的讲话》《张德华市长在玉溪撤地设市20周年经济社会发展成就老干部通报会上的主持讲话》《张德华市长在全市2018年上半年工作汇报会上的讲话》《张德华市长在全市深化放管服改革暨优化营商环境动员培训会上的讲话》《张德华市长参加省一部手机游云南专题会的发言提纲》《张德华市长在文化建设和产业调研座谈会上的讲话提纲》《张德华市长在2018年云南省高校百场形势政策报告会玉溪师范学院报告会上的讲话提纲》等50余篇领导讲话发言材料。围绕玉溪干在实处走在全省前列、脱贫成果巩固提升、民生保障和公共服务、城镇化建设、生态文明建设等方面，起草了《玉溪市干在实处走在全省前列的决定》《玉溪市贯彻落实省政府促进经济持续健康较快发展22条措施的实施方案》《玉溪市人民政府关于加快建筑业发展的实施意见》《玉溪市脱贫成果巩固提升走在全省前列的实施意见》《玉溪市新型城镇化建设走在全省前列的实施意见》《玉溪市民生保障和公共服务走在全省前列的实施意见》《生态文明建设走在全省前列的实施意见》《优化营商环境情况报告》《玉溪本地企业可供政府采购梳理情况》等30余项事关玉溪发展的重要文件材料，为全市经济社会发展做出了积极贡献。完成了《张德华市长接受人民网关于玉溪市脱贫攻坚取得实质性成效采访的访谈提纲》《张德华市长在2018年全省农业工作会议上的交流材料》《玉溪改革开放40周年外宣材料》等外宣材料，为推介玉溪、扩大玉溪知名度发挥了重要作用。

【调查研究】 2018年，市政府研究室把开展调研作为研究室参与政务、提高服务的重要手段，聚焦全市经济社会长远发展的重大问题，开展前瞻性的战略研究。积极配合省政府研究室开展了玉溪大数据发展、政务服务等12项专题调研工作，充分发挥好下情上达作用。主动参与市政府重点工作调研、红河谷—绿汁江热区产业经济带建设情况、农村异地扶贫搬迁推进情况、乡村旅游发展情况等调研活动。完成了《玉溪市城市规划建设专题调研报告》《玉溪市社会治安综合治理调研报告》《玉溪发展数字经济研究报告》《玉溪市生态文明建设调研报告》《玉溪市农村生活垃圾治理情况的调研报告》《玉溪市柑橘产业发展调研报告》《玉溪市普通高中教育发展情况调查报告》7篇调研报告，持续深化对玉溪发展全局性、综合性、战略性问题的研究，推动形成一系列经济社会发展新办法、新举措。

【课题研究】 2018年，市政府研究室紧紧围绕市委、市政府中心工作，以解决玉溪发展面临的重大战略问题和实际问题为目标重点关注转型发展、科教创新、乡村振兴、现代金融、社会治理区域一体化发展等领域，超前谋划、加强前瞻性战略研究，与玉溪师院等单位合作，完成了《玉溪市科教引领创新发展研究》《玉溪市生态文明建设研究》两大课题研究，对玉溪加快科教创新城建设生态文明建设具有很强的指导意义。

【决策咨询服务】 2018年，市政府研究室以“高效、精准、高质量”为重点，不断提升决策咨询服务能力，决策咨询服务的影响力不断扩大。制定决策咨询顾问工作计划，落实工作经费，充分发挥市政府决策咨询顾问管理办公室的职能作用，切实加强决策咨询顾问的服务和管理工作，提高政府智库影响力。年初以来配合市政府决策咨询顾问开展了科教创新城建设、农村民居建设调研，并按顾问建议，与专业机构合作编制《玉溪农村民居建筑施工样图》。购买新华社智库信息，定期为市政府领导和相关部门提供安邦和国研智库信息。高质量办好《领导参阅》等内部刊物，维护好研究室资料网，为市政府领导和部门提供便捷的信息资料服务。完成《抚仙湖研究》系列丛书共5册，启动《政府工作报告》和《玉溪发展研究》汇编工作。

（何　潇）

应急管理

【突发事件基本情况】 2018年，全市各级各部门严格按照《玉溪市突发公共事件总体应急预案》和有关专项预案要求，全力做好突发事件处置工作，努力减少突发事件造成的损失，切实维护社会稳定。各县区、各部门上报市政府应急办各类突发事件114起（自然灾害类31起、事故灾难类51起、卫生事件类11起、社会安全类21起），其中三级（较大级）10起、四级（一般级）104起，无特大、重大级事件发生。

2018年，华宁县开展重大动物疫情处置应急演练培训　　（市应急办　提供）

【应急预案体系建设】　2018年，市应急办进一步加大应急知识宣传力度，编制印刷了《玉溪市市民应急知识手册》30 000册，向各县区、乡（镇、街道）和市直各部门及市民群体广泛发放宣传，切实提升了广大民众应对突发事件的科学素质、文明素质和自救意识。以市政府办文件印发了《玉溪市人民政府2018年应急管理工作要点》，切实做好《玉溪市应急体系建设“十三五”规划》中期评估工作，出台了《玉溪市食品药品监督管理局抢险救灾应急预案（试行）》《玉溪市林业局林业生产安全事故应急救援预案》《玉溪市非煤矿山生产安全事故灾难应急预案》《玉溪市冶金等工贸行业企业生产安全事故应急预案》4个部门预案，修订下发了《玉溪市住房城乡建设系统地震应急预案》《玉溪市安全生产事故灾难应急预案》《玉溪市危险化学品生产安全事故灾难应急预案》《玉溪市教育系统突发公共事件应急预案》等15个专项应急预案。截至年底，全市已编制了1个市级和9个县（区）级总体应急预案、27个市级专项应急预案、87个市级部门应急预案、228个县区级专项应急预案、800余个县级部门预案、197个乡（镇、街道）级应急预案、702个社区（村委会、居委会）及重点企（事）业单位均编制了各自的应急预案。全市应急预案体系基本覆盖了突发公共事件的主要领域、行业，基本形成了“横向到边，纵向到底”的应急预案管理体系。

【应急管理执法】　2018年，全市进一步强化应急管理有关法律法规的执行力度，强化行政监督，促进应急管理工作依法、科学、规范、有序开展。水利、林业、防震减灾、安监、食品药品监管等部门结合各自工作实际，对防汛抗旱、森林防火、地震应急准备、安全生产、食品安全等行业和领域开展专项检查，对发现问题进行整改。年内，全市各级各部门未发生突发事件处置不力、报告不及时的情况。

【监测预警】　2018年，全市各县（区）、市直应急有关部门进一步加大应急基础设施建设，不断建立健全监测预警体系，全市突发公共事件监测预警能力不断加强，防范处置能力不断提高。加强应急基础设施建设，市应急指挥中心整体搬迁改造项目已完成主体工程，为玉溪市应急管理工作多部门多种突发事件信息融合共享、互联互通创造了强有力的平台支撑。

2018年，红塔区北城街道刺桐关地质灾害应急演练　　（市应急办　提供）

【应急救援队伍建设】　2018年，全市各级应急救援队伍建设不断加强。基本建立了以公安、消防、医疗救护队伍、驻玉部队和武警、民兵应急分队、预备役部队为基本力量，以群众自救、互救组织和志愿者队伍为补充力量的突发公共事件应急救援队伍体系。截至年底，全市综合性和行业性应急救援队伍已达15大类近800余支（包括专业、半专业等队伍），分别为玉溪市综合应急救援队（玉溪消防支队特勤中队、44人）和县区消防中队（其中红塔区2个中队），玉溪市医疗卫生应急救援队（共642人，分为急性传染病处置、食物中毒事件、化学/职业中毒事件、放射事故/核辐射卫生等七支队伍应急队伍），玉溪市水利应急救援队（水利建设大队、120人），玉溪市森林扑火队（专业队47支1 063人、专业队伍175支4 154人、义务扑火队594支14262人），玉溪市动物疫情应急处置队（专职兽医1 800人、村级兽医人员933人），玉溪市塔甸煤矿救护队（31人，属云南省18支三级资质煤矿矿山救援中队之一），玉溪市烟花爆竹救护队（30人、属于省级九支应急救援队伍之一），玉溪市危险化学品（黄磷）应急救援队（30人，下设3个小队）、玉溪市建筑工程质量安全应急抢险队20（441人，包括市政基础设施应急抢险队、市建筑大型机械应急抢险救援队等三支队伍），玉溪市道路抢修队（270人）、玉溪市环境监测及执法应急队（执法队伍116人、监测队伍158人）、玉溪市电力抢修应急队（248人）、玉溪市通讯抢修应急救援队（队伍人数暂未具体统计）、玉溪市抚仙湖水上救援队（140人，包括半专业人员），公安部门处突队伍（888人，巡特警民警108人、辅警780人）。

【应急物资保障】 2018年，民政部门投入应急救援装备和物资采购经费300万元，储备了帐篷、彩条布、折叠床、棉被等大量应急救援物资；农业部门建立市级救灾备荒种子储备管理制度，完成年度市级救灾备荒种子杂交玉米9万多千克、油菜籽6 000多千克储备；畜牧部门下拨消毒类药品等物资691件（货值3.45万元），市级储备应急物资价值15.97万元。林业部门防火资金投入森林防火经费8 456.14万元，储备动力灭火设备2 658台、灭火工具31 000件、防火物资13000件（套）。水利部门及时清理、维修防汛抗旱器材设备，配置了防汛物资、设备，准备了价值133.2万元的防汛物资。国土部门为地质灾害监测员装备了充电电筒、雨衣、雨水鞋，对地质灾害隐患监测点配备铜锣、皮尺等。市级教育部门每年投入100万安全专项资金、应急处置专项经费50万元。消防部门执勤战斗车辆总数89辆，超国家配备标准1.86倍；器材装备总数增加至1.7万件套，实现所有单位按照《城市消防站建设标准》和《云南省公安消防部队地震灾害轻、重型救援队建设标准》100%配齐器材装备。安监、卫生、公安等部门也及时更新、补充各类应急物资、应急装备，保障应急处置需要。

【应急处置】 2018年，市政府应急办共协助市政府、市政府办领导和县（区）政府及报名处置各种突发事件62起（自然灾害类9起、事故灾难类30起、卫生事件类5起、社会安全类18起），其中三级（较大级）5起、四级（一般级）57起，领导批示督促落实19件。通海县“2·15”烟花爆竹爆燃事故、华宁县“7·09”矣则河水库扩容改造围堰垮塌事故、通海县“8·13”和“8·14”地震等事故灾难得到及时、高效、妥善的处置，最大限度减少人民群众的生命财产损失和人员伤亡危害造成的不利影响，为玉溪经济社会跨越发展营造了安全、稳定的发展环境。

【应急演练】 2018年，全市把应急演练作为提高应急处置能力的重要手段，各县（区）、各部门、各行业（企业）根据实际，有计划、有重点地组织开展各种应急演练，不断提高应急处理实战能力。全市各级部门开展各种形式的应急演练近1.3万次，参演人数近80万人次，演练涉及地震、地质灾害、矿山救助、危险化学品、环境污染、消防火灾等行业领域。

【宣传培训】 2018年，全市把应急科普宣传、专业应急技能培训作为公众提高防灾减灾意识和自救互救能力的一项重要工作来抓，不断强化应急科普宣传、教育培训工作力度。聘请省、市应急管理专家对全市县区、乡（镇、街道）和市直各部门应急管理干部280人进行培训，着力提升各级各部门应急管理能力。利用各种活动，广泛开展应急科普宣传。全市各级各部门以“三下乡”“防灾减灾日”“安全生产月”“11·9消防日”“110宣传日”等活动为契机，通过广播、电视、报纸，发放宣传手册、宣传单，张贴宣传标语，发送手机短信，出动宣传车、举行文娱演出等方式，积极开展各种形式的应急科普宣传活动，提高应急防范能力。

（王 嫣）

2018年，江川区江城镇山洪、地质灾害防御应急演练 （市应急办 提供）

扶贫开发

【概 况】 2018年，全市建档立卡贫困人口减少12 254人，减少至512户1 705人，全市贫困发生率降至0.13%，比上年降0.65个百分点；乡（镇、街道）贫困发生率降至1%以下，其中，9个贫困乡镇贫困发生率降至0.31%，比上年降1.55个百分点；198个贫困行政村贫困发生率降至0.26%，比上年降1.27个百分点；9个深度贫困村贫困发生率降至0.49%，比上年降1.68个百分点。深度贫困乡洼垤乡贫困发生率降至0.1%，比上年降1.68个百分点。

【贫困对象动态管理】 2018年6～7月贫困对象动态管理工作中，新识别贫困人口143户494人，返贫21户69人，剔除识别不精准138户457人，清退补录30户102人；人口自然增加339人，人口自然减少964人。10～11月年度贫困对象动态管理，脱贫3 685户11 522人，新识别贫困人口50户187人，返贫7户28人，剔除71户275人，人口自然增加841人，人口自然减少845人，锁定建档立卡贫困户26 136户93 907人，其中，已脱贫25 624户92 202人，未脱贫512户1 705人。

【财政专项扶贫资金投入】 2018年，全市财政专项扶贫资金投入4.07亿元，其中，中央财政专项扶贫资金1.55亿元，比上年1.54亿元减少4 821万元；省级财政专项扶贫资金4 330.38万元，比上年2 983万元增1 347.38万元；市级投入财政专项扶贫资金1.81亿元，比上年预算1.80亿元增加14万元，增幅0.08%；县区投入财政专项扶贫资金7 742.3万元，占中央和省级财政专项扶贫资金投入的52.04%。2016、2017年度财政专项扶贫资金结转结余资金清零；2018年度财政专项扶贫资金结余结转802.94万元，结余结转率为1.97%，其中，中央资金1.86%、省级资金2.01%、市级资金2.07%、县级资金1.9%；下达县区资金结余结转率2.55%，下达市直部门资金结余结转率为0。

【产业扶贫项目】 2018年，财政专项扶贫资金产业项目总投资8 062.26万元，实施产业扶贫项目128个，扶持13 014户建档立卡贫困户发展畜禽养殖18 468只、牲畜养殖12 531只、蜜蜂900箱，扶持种植蔬菜16 581.36亩、药材363.9亩、其他经济作物7 501.3亩、经济林果8 118.52亩。整合涉农资金3.17亿元，实施粮食高产创建9.4万亩、烟草产业精准扶贫5.3万亩、蔬菜种植面积47.8万亩、新植水果2.8万亩、种植生物药原料3.1万亩、稻田养殖0.33万亩；整合资金1.12亿元，实施贫困地区新一轮退耕还林4.76万亩、天然林停伐补助19.47万亩、木本油料提质增效面积30万亩、聘用生态护林员精准扶贫504人。

【劳动力培训转移】 2018年，全市共计完成建档立卡贫困人口29 159人次就业培训，其中，引导性培训15 397人次，专项培训5 528人次，技能培训6 179人次，专项服务培训90人次，经营性培训140人次，创业培训1 825人次。新增转移就业建档立卡贫困人口11 805人，其中，县内新增转移就业4 400人，县外新增转移就业1 611人，省外国内新增转移就业5 784人（上海759人，广东1 139人，其他3 886人），境外就业10人；第一产业就业人数3 280人、第二产业就业人数2 622人、第三产业人数5 903人；有序输出2 437人，帮带和自发输出9 368人。创业人数137人，其中市内创业108人。“促就业、扶创业、助脱贫”春风行动大型招聘会182个单位进场，提供岗位7 612个，进场12 300人次，达成意向性协议2 030个，建档立卡公益岗位就业人数805人，政策咨询人数达3 700余人次。

【“直过民族”项目】 2018年底，“直过民族”脱贫攻坚累计完成投资4.10亿元，其中，基础设施建设完成投资2.43亿元，产业发展完成投资1 567.47万元，安居工程建设完成6 832.87万元，生态环境建设完成1 212.5万元，发展教育脱贫一批完成投资405.1万元，“直过民族”整村推进完成6 638.46万元。完成村组公路135.7千米，土地整治2 900亩，饮水工程17件，农村电网改造7件，五小水利工程8件；完成经济林果种植6 200亩、改造10 000亩，生猪养殖1 613头，家禽养殖4 710羽只；16名拉祜族中高职学生享受“雨露计划”，完成直过民族农村劳动技能培训4 132人次。

① 2018年，通红甸乡产业扶贫养牛项目已成规模 （华宁县扶贫办 提供）
② 2018年，玉溪库独木“直过民族”整族帮扶建设情况 （胡青山 摄）

【扶贫小额信贷】 2018年，全市累计发放扶贫小额信贷4.17亿元，完成率100.90%，其中，省联社玉溪办事处发放贷款3.23亿元、完成率101.53%，邮储银行玉溪市分行发放贷款7 329万元、完成率为97.72%，农行发放贷款2 053万元、完成率102.65%；红塔区发放贷款3 057.8万元、完成率100.26%，江川区发放贷款3 053.65万元、完成率101.79%，澄江县发放贷款3 645.20万元、完成率101.26%，通海县发放贷款2 078.00万元、完成率103.90%，华宁县发放贷款5 054.50万元、完成率101.09%，易门县发放贷款6 141.00万元、完成率102.35%，峨山县发放贷款5 000.00万元、完成率100%，新平县发放贷款5 242.50万元、完成率104.85%，元江县发放贷款8 446.00万元、完成率97.08%。2018年全年存入风险补偿金4 002.69万元。项目惠及全市贫困农户8 670户。

2018年，玉溪磨皮产业扶贫柑橘种植项目 （胡青山 摄）

【其他财政专项扶贫资金项目】 2018年，实施基础设施项目276个，实施村内道路硬化89.92千米、场地硬化2.75万平方米、机耕路建设213.09千米、沟渠建设1 010.64千米、饮水管道安装7 840.45千米、修建水池215口、挡墙支砌6 120.12立方米、建设公厕120座、垃圾池138个，建成村卫生室2所、村组活动室16个，安装太阳能路灯2 074盏；实施教育培训项目70个，实用技术和转移就业培训受益建档立卡贫困户9 889户、雨露计划受益3 182人次；实施民族团结示范村项目24个。

【“挂包帮”定点扶贫和驻村扶贫工作队工作】 2018年，市县（区）挂包单位帮助贫困村引进各类项目644个，其中，市级挂包单位引进290个，县区挂包单位引进354个；帮扶单位协调或直接投入资金4.74亿元，其中，市级挂包单位2.79亿元，县区挂包单位1.94亿元，在帮扶单位协调或直接投入中，资金4.60亿元，物资折款1 371.8万元。全市198个建档立卡贫困村和9个贫困乡中的8个非建档立卡贫困村共206个村建立了驻村扶贫工作队，选派驻村扶贫工作队员767人，每个贫困村3～5人，同时，选派了第一书记，任命了工作队长，实现了全覆盖。年内，驻村工作队员入户调研2.93万人次，撰写驻村工作日记5 400篇、调研报告1 981篇，提交驻村工作计划1 038份，帮助驻村制定和完善各项制度849个、脱贫攻坚巩固提升计划规划813个，提出工作建议1 623条，参与乡村中心工作及扶贫项目落实1 030件，参与组织召开群众会议7 900次，为驻村办好事实事1 934件，参与调解矛盾纠纷1 009起，帮助驻村协调争取到位扶贫项目213个、落实各类资金及物资折款9 835.48万元。

（吴　磊）

政务服务管理

【建成运行新政务服务中心】 2018年8月27日，玉溪市新政务服务中心迁址后对外开展服务。新的市政务服务中心位于红塔区玉龙路2号，按照服务便民化的理念设置服务大厅，实行“前台综合受理、后台分类审批、统一窗口出件”服务模式，运用“一站式”惠民平台为市民提供优质高效的政务服务，实现了“一网、一门、一次”的改革目标，有效解决了服务群众“最后一千米”的难题，展示了玉溪服务型政府的新形象。

【启动玉溪市人民政府自然人政务服务大厅建设项目】 2018年9月3日，第五届市政府第11次常务会议讨论通过了《玉溪市市级部门自建政务服务大厅整合方案》，9月20日市政府办公室印发了《玉溪市市级部门自建政务服务大厅整合方案》，选定玉溪慧波亚太国际汽车城4个展厅改造装修，建设玉溪市人民政府自然人政务服务大厅，大厅面积2万多平方米，于11月启动建设，集中整合市公安局、市人力资源社会保障局、市税务局、市住房公积金管理中心、红塔区不动产登记中心等8个部门的12个自建大厅进驻，并在大厅增设水、电、气窗口，为办事群众提供服务。

【建成运行市级“一站式”惠民服务平台】 2018年，市级“一站式”惠民平台建设与新政务服务中心搬迁工作同步完成，并于8月27日正式开展服务工作。市级审批服务事项全部录入“一站式”惠民平台，办事人的申请材料、审批材料等进行电子化方式归档保存，证照批文进入证照库，做到一次填写多次复用、一次录入永久共享，企业和个人不用再重复提交，实现“让数据多跑路，让企业、群众少跑腿”。市级政务服务、不动产交易登记和开办企业综合服务系统统一依托“一站式”惠民平台实现标准化服务，年内，网上审批服务办理率突破80%，提升了企业和群众办事效率，全年满意度达100%。

【“一窗式”政务服务改革】 2018年，玉溪市运用“一站式”惠民平台在全省率先实现“前台综合受理、后台分类审批、综合窗口出件”的“一窗式”政务服务模式。各级政务大厅设咨询导办区、综合接件区、后台审批区、自助服务区、休息等候区、统一出件区6大功能区，为办事群众和企业提供优质的政务服务，推动营商环境持续改善。

【远程异地评标实现常态化】 2018年6月，玉溪远程异地评标进入常态化阶段，采用网上获取招标文件、网上递交投标文件、远程异地评标模式，省、市、县（区）三级的工程建设、政府采购项目推行远程异地评标工作。评审小组可由省、市专家和县（区）专家组成，身处异地的评标专家到达所在地的省、市、县（区）公共资源交易中心签到，评标时，通过远程异地评标系统开展异地评审。评审过程影、音频同步传输并保存，实时在线交流、打分，评标结果及评标报告由系统自动生成，评标专家通过电子签名共同确认。全市综合评标专家库入库专家2 140名，完成与省级评标专家库对接，其中进入省级评标专家库的专家762名，进一步拓展了专家资源。年内，全市完成电子化评标项目1 633个，其中远程异地评标项目117个。

【国有土地使用权出让实现电子化】 2018年6月21日，玉溪市首宗土地网上电子化交易项目——新平县XTC（2017）15号宗地挂牌成功，这是全省首宗利用云南省土地使用权网上交易系统完成的土地交易项目，标志玉溪市土地使用权交易进入电子化新阶段，土地使用权电子化交易工作走在了全省前列。7月10日起，全市除工业项目纳入城镇低效用地再开发范围的项目可采用线下交易方式（3年内逐步实现网上交易），其他土地使用权交易项目一律采用电子化方式实行网上交易。年内，全市完成电子化交易土地使用权73宗，成交金额25.05亿元。

【政务服务中心业务办理】 2018年，全市政务服务中心受理办理业务2 766 572件，办结2 763 776件，办结率99.9%。其中，市级政务服务中心共受理办理业务316 872件，办结316 845件，群众满意率100%。

【投资项目网上审批服务业务办理】 2018年，全市政务服务中心受理投资项目审批事项2 581个项目、3 646件事项，投资概算6 306.69亿元，准予审批3 492件，按时办结率100%。其中，市政务服务中心办理投资项目审批454个项目、884件事项，投资概算2 665.27亿元，准予审批850件，按时办结率100%。

【“一站式”惠民平台业务办理】 2018年8月27日至12月31日，市级政务服务中心运用一站式惠民平台受理办理业务79 974件，出件窗口出件1 776件，好评率99.8%。

【公共资源交易】 2018年，全市公共资源交易中心为各类交易活动提供信息服务2 866次，场地服务2 909次，受理交易项目1 570个，完成交易项目1 501个，成交金额198.17亿元，节约资金5.24亿元，溢出资金3.39亿元。其中，市公共资源交易中心为各类交易活动提供信息服务510次，提供场地服务765次，受理交易项目407个，完成交易项目387个，成交金额35.73亿元，节约资金1.69亿元，溢出资金0.53亿元。

【政府采购和出让中心业务办理】 2018年，全市政府采购和出让中心完成政府采购项目606个，成交金额65.58亿元，节约资金0.74亿元，节资率1.12%；矿业权出（转）让项目18个，成交金额0.24亿元，溢出资金0.077亿元，溢出率48.8%；国有产权交易项目60个，成交金额1.28亿元，溢出0.14亿元，溢出率11.9%；国有建设用地使用权出让项目122个，成交金额39.51亿元，溢出金额3.18亿元，溢出率8.74%；罚没资产拍卖项目4个，成交金额30.4万元，溢出资金5.88万元，溢出率23.97%。

（张正云）

市政府机关事务管理局

【财务管理工作】 2018年，市政府机关事务管理局严格执行各项财经纪律，认真贯彻落实中央八项规定，健全完善厉行节约、反对铺张浪费长效机制，完善审批报销程序，启动单位内部控制规范和财政资金绩效评价管理工作，“三公”经费支出逐年压缩。全年完成了市政府办公室及所属9个财务单位的财务收支核算、单位国有资产清查、2017年度部门决算、“三公”经费公开和2018年度部门预算公开等工作，按时按质报送相关报表、资料、数据，做到账证相符、账实相符、账表相符。截至年底，市政府办公室“三公”经费支出111.18万元。其中，因公出国（境）6人次，支出35.61万元；公务接待费17.11万元，比上年同期减少7.9万元；公务用车运行维护费56.49万元。

【公务用车改革和公务用车管理工作】 2018年，市政府机关事务管理局严格做好公务用车管理工作，年内，为事业单位配备特种专业技术用车4辆，办理车辆划拨手续2辆。对市党政机关、事业单位44辆黄标车及8辆达到报废条件的车辆进行了报废处置。认真做好事业单位车改的相关准备工作。学习中央、省事业单位车改的相关文件精神，梳理事业单位车辆情况，积极配合做好事业单位车改方案的起草。顺利完成全市公务用车管理监督“全省一张网”工作。全力以赴保障为市委、市政府重要工作、重大会议和活动提供车辆保障。年内，为涉改单位提供公务车辆出行3 520辆次，服务16 445人次，向13个执勤执法单位提供执勤执法车辆出行424辆次，服务1 329人次；司勤人员出车6 090天次，车辆行驶总里程103.69万千米。收取车辆使用费227.22万元，上缴国库车辆使用费227.22万元，免收执法车辆使用费22.38万元，车辆运行支出225.54万元。

【公共机构节能管理工作】 2018年6月11～17日，市政府机关事务管理局结合玉溪市创文创卫工作，广泛开展以“节能降耗，保卫蓝天”和“提升气候变化意识，强化低碳行动力度”为主题的节能宣传周活动。贯彻《公共机构节约能源资源消费统计制度》，推广网络直报系统，组织全市公共机构推广使用《网络直报系统》暨《统计制度》培训会议，全市公共机构能源消费计量统计均实现网络直报。开展公共机构节能“十三五”中期评估工作。制定下发《玉溪市政府机关事务管理局关于开展公共机构节能“十三五”中期评估工作的通知》，对全市公共机构2016年以来节约能源资源目标进展、组织领导与制度建设、工作部署和目标分解、绿色行动、节能工程、重点行业和重点用能单位节能、计量、统计、监督考核、市场机制和资金落实10个方面进行评估。积极开展节约型公共机构示范单位和能效领跑者创建工作，澄江县行政中心成功获评国家级能效领跑者，市公安局、玉溪一中、中医医院、元江县机关事务管理局申报为2017～2018年云南省节约型公共机构示范单位。

【机关办公用房和资产管理工作】 2018年，市政府机关事务管理局圆满完成市纪委监察委过渡办公业务用房修缮改造及配套工程建设项目。统筹推进市级行政综合服务中心筹建工作领导小组办公室各项工作，草拟《玉溪市市级行政中心筹建工作方案（征求意见稿）》报研，市级行政中心筹建工作取得了阶段性进展。调剂解决市纪委监察委、市深改办及工作专班、市食药监局、市邮政管理局、驻市政府办纪检组、市交通局、市应急办等部门办公用房问题。严格管理市政府办公室、管理局国有资产，做好清查盘点登记工作，做到“三个一”，即：一物、一卡、一照片，账卡物相符。结合实际，采取逐步清理盘点的步骤清点造册，重新清点了市政府食堂和市政府办机关车队、秘书三科、秘书五科、消防支队和葫田二区周转房的固定资产。

【会务服务工作】 2018年，市政府机关事务管理局以“提高效率、提升质量、规范服务”为目标，由会议服务科统筹协调机关会议室的管理使用，认真搞好会务服务工作。全年共

接待各类会议644场次，接待人员2.9万多人次，制作名称水牌9 500余个。

（杨 伟）

信访工作

【概 况】 2018年，全市信访系统认真学习贯彻习近平新时代中国特色社会主义思想和党的十九大精神，紧紧围绕市委、市政府工作大局，突出问题导向，强化主动作为，积极适应新形势新任务新要求，着力攻坚克难，着力深化改革，不断提升信访工作专业化、法治化、信息化水平，坚决打好重点领域、重点群体、重点问题、重点人员矛盾化解攻坚战，主动及时回应社会关切，有效维护群众合法权益。年内，全市各级信访部门共接处群众信访事项14 056件人次。共受理群众来信来访12 312件人次，比上年上升12.98%，其中，来信1 645件次，比上年上升96.30%；来访2 559批10 667人次，比上年批次下降27.38%，人次上升5.13%，集体访7 660人次，比上年人次上升29.28%；全市群众到省级部门走访210批407人次，比上年批次下降28.1%，人次下降54.79%；到国家信访局走访21批30人次，与上年批次相同，人次下降9.1%。全市共收到群众通过邮件、手机、微信、人民网地方领导留言板等互联网平台群众来访754件，比上年上升3.0%，其中，国家和省信访局交件401件，市、县区自收件195件，办理人民网网民给地方各级领导留言事项158件。市长热线办公室共接处群众通过书记市长电子信箱及市长热线电话“12345”反映问题、建言献策16 116件次，按政策直接答复群众14 832件次，电话协调有关单位处理448件次，在规定时间内交相关县区、部门办理836件次。全市共办理信访事项复查38件，办理信访事项复核2件。

【群众信访】 2018年，信访总量仍在高位运行，随着玉溪经济社会建设的加速推进，新的利益诉求群体不断涌现，老的利益诉求群体又有新动向。部分利益诉求群体活动频繁，相互串联，交互聚集参与维权活动，异常访时有发生，网络炒作呈升温趋势。信访热点多元化，除征地拆迁、村务公开、农民工工资、劳动社保等方面，涉及金融领域的信访问题增量明显、增幅较大，聚集维权高发。从信访群众关注的焦点看，在关注政策落实的同时，更加关注政策设计，在关注现实利益的同时，更加关注长远保障，在关注生产生活的同时，更加关注干部作风，在关注个人利益的同时，更加关注公共利益。

【信访矛盾化解攻坚】 2018年，玉溪市积极组织全市集中开展重点领域、重点群体、重点问题、重点人员信访矛盾化解攻坚战工作。市委常委会、市政府常务会专题研究“四大重点”信访矛盾化解攻坚工作，市联办下发工作方案，要求各级各部门紧紧抓住“四大重点”信访矛盾化解攻坚准备、排查、交办、化解、总结关键环节，以点带面，整体推进，重点突破。9月，召开信访突出问题百日专项整治工作推进会。全年，深入摸排信访突出问题，全面落实化解稳控责任，集中化解了一批信访突出问题。国家级交办“四大重点”矛盾纠纷3件，办结3件；省级交办10件，办结10件；市级排查交办“四大重点”矛盾纠纷35件，办结35件；县级交办61件，办结61件，办结率100%。

【领导带头接访下访】 2018年，全市共有11位市级领导到市信访局通过市、县区、乡（镇、街道）视频接访系统接待群众反映信访事项33件62人次，已全部办结。市委书记罗应光、市长张德华带头接访群众、接听市长热线，全市各级各部门领导接访群众1 553批3 872人次，约访643批950人次，下访2 717批5 814人次，开展视频接访356件629人次。玉溪市将领导包案化解信访积案纳入“七位一体”工作，对市级排查出的13件信访积案和省级交办的3件信访积案实行市级领导包案化解。经各级各部门的共同努力，20件省、市、县区级党政领导包案的信访案件全部化解，化解率100%。在开展信访积案化解过程中，市信访局组织撰写信访专报、简报、调研报告共30篇，典型案例材料12篇。

【信访案件评查】 2018年，玉溪市进一步健全完善案件评查机制、办法，先后组织开展信访基础业务规范化集中自查、专项督查活动及2018年度信访案件评查工作。通过调阅案件、座谈交流、集体评议，对信访件的录入、受理、办理、回复、送达等环节进行严格审查，以规范信访基础业务倒逼信访工作责任的落实，以信访基础业务规范化促进信访问题的解决。5月，国家信访局检查组实地抽查了玉溪市30个信访件，其中，评为优的信访件21件，占70%；评为良的信访件6件，占20%；有7件信访件被评为没有发现问题的规范件，占23%。国家信访局检查组对玉溪市的信访基础业务规范化建设工作予以充分肯定和好评。

【信访工作法治化】 2018年，玉溪市大力加强信访法治化建设工作，依法分类处理信访投诉请求工作在全

2018年3月，市委书记罗应光受国家行政学院和国家信访局邀请，为在京举办的“全国部分地市信访工作专题研讨班”授课，介绍玉溪市信访工作经验

（市信访局 提供）

2018 年 5 月，国家信访局检查组到市信访局实地检查信访基础业务规范化建设工作

（市信访局　提供）

市全面推开。成立玉溪市律师参与信访工作联席会议，建立律师参与信访接待工作制度，延伸法律服务触角，依法化解信访矛盾纠纷。按照“三到位一处理”的原则，坚决依法处理信访活动中的违法犯罪行为，有效规范依法逐级走访的信访工作秩序。积极探索“枫桥经验”本地化新路子，全面推进人民调解参与信访问题化解工作，成立领导小组和工作室，形成化解信访问题新机制，通过就地调解、党政领导包案等方式，排查信访纠纷 376 次 102 件，受理和调解信访纠纷 121 件，调解成功 93 件。

【创建“人民满意窗口”】 2018 年，玉溪市信访系统认真组织开展“人民满意窗口”创建活动，下发了创建活动实施方案，围绕服务优质、工作规范、环境优美、制度健全、人民满意五大目标，从 6 个方面 19 条细化内容明确了“人民满意窗口”创建标准。开展创建活动以来，“人民满意”评价引导加快，信访文化建设成效明显，向群众发放各类宣传资料 600 余份 2 000 多人次，群众满意率明显提升。为使创建活动取得实效，还在信访接待窗口开展争做“十个表率”实践活动和“三亮三比”活动，全面提高来访接待工作精准化、规范化、法治化、一体化和专业化水平。

【“阳光信访”新模式】 2018 年，市信访局根据市政府主要领导的政群互动批示要求，与玉溪广播电视台协同配合，打造了每月一期的玉溪市首档政群互动电视信访节目—“信访回音壁”，将信访问题化解全过程公开透明的展示在镜头下。7 月 30 日，《玉溪新闻》专栏“信访回音壁”开播，全年成功播出 6 期，受到了各级党委、政府和广大群众的关注和好评。与玉溪日报社合作，对书记市长电子信箱及市长热线的来信来电、玉溪电视台已报道办结的信访事项、重要信访事项及办理情况进行采编、刊发，年内已刊发 6 期。同时，科学整合优化玉溪市“12345”市长热线电话、“96128”政务查询专线和各行业政务服务热线资源配置，打造“统一、便捷、高效”的政府热线服务新模式。

【信访形势分析研判】 2018 年，市信访局认真收集整理各类信访信息，对信访形势进行综合分析研判，及时发现带有普遍性、倾向性问题，特别是群众反映强烈的信访突出问题，提出有价值的工作意见建议，把工作重点从事后处理转移到事前预防上来，争取工作主动权。全年，上报信访专报 124 期，信访形势分析 13 期，发出预警信息 56 份，在“手机信访”“玉溪信访”微信公众号推送信息 87 期，多篇分析建议得到书记、市长的批示肯定。特别是全国、省、市重要会议和重大活动期间，把服务和保障重要会议、重大活动作为重要政治任务抓紧抓好，创新建立了一系列有效措施，制定下发工作方案 23 个，执行“零报告”工作制度 116 天，圆满完成了信访工作任务，有效维护了社会和谐稳定。

（张海兰）

2018 年 5 月，市长张德华到市长热线办公室接听“12345”市长热线

（市信访局　提供）

外事工作

【因公出国（境）管理】 2018 年，全市共审核报批因公出国（境）团组 38 批 65 人次，对任务不明确、人事不相符团组，计划外团组等 8 个批次 8 人次不予报批。全年，全市因公出国（境）工作中未出现一例违规违纪现象。

【重要出访】 2018 年，市外事侨务办严格按照云南省外办批复的“因公临时出国（境）计划”执行出访任务，优先保障国家周边外交任务、“一带一路”和“辐射中心”建设、对外经贸、招商引资引智相关活动、区域合作、友城交往和参加重要的多双边国际合作机制交往等任务。围绕市第五次党代会“开放兴市”发展战略，以及加快建成开放合作新高地的要求，优先保障市内重点工作和重点任务的落实。按照批复计划统筹安排，提升了对外工作的实效性和出访质量，玉溪市的对外交流工作取得新进展。

5月，市委书记罗应光赴墨西哥、古巴、秘鲁就现代化烟草种植技术、城市规划建设及城市特色文化保护等进行交流洽谈，寻求合作。通过对外交流，借鉴了国外先进工作方法和经验，拓宽了国际视野，同时进一步宣传推介了玉溪。

7月，为做好2019年《财富》全球可持续论坛前期宣传工作，市委常委、常务副市长率团访问美国科罗拉多州阿斯彭市，参加《财富》2018头脑风暴科技论坛，在论坛上做了主旨发言，宣传推介玉溪，同时与美国时代集团就2019年《财富》全球可持续论坛事项进行了深度工作对接。

9月，市委副书记、市长张德华率政府经贸代表团赴泰国、柬埔寨、新加坡进行外经贸洽谈。期间，在柬埔寨奥多棉吉省三隆市与奥多棉吉省省长索塔威签订了发展友好城市关系意向书，双方将在经贸、科技、人文、旅游等领域开展积极务实的交流与合作。

10月，市委副书记、市长张德华率云南代表团赴加拿大参加《财富》全球论坛，在《财富》全球论坛“中国与世界：一个新的商业时代”圆桌会议上致辞，向与会嘉宾介绍玉溪经济社会发展情况，并邀请与会嘉宾2019年9月来玉溪参加《财富》全球可持续论坛。

【对外友好交流】 2018年，市外事侨务办主动融入“一带一路”、云南建设中国面向南亚、东南亚辐射中心战略，始终贯彻落实“深化与周边国家、发展中国家和新兴市场国家的友好关系”国家大政方针，积极开展民间外交，充分发挥民间外交优势，多渠道、多形式、多层次地开展对外交流与合作。“坚持与邻为善、以邻为伴，巩固睦邻友好，深化互利合作，努力使自身发展更好地惠及周边国家”的工作方针，充分发挥地缘和传统优势，使“睦邻、安邻、富邻”的周边外交政策落到实处。加强与老挝、越南、缅甸、柬埔寨等东南亚国家的睦邻友好关系，促进市领导带团出访泰国、柬埔寨、新加坡，加强与老挝占巴塞省的联系，争取在农业、科技、文化、教育、旅游等方面达成进一步合作。注重物色与玉溪有互补性的城市，多渠道联系友好城市建设工作。目前，玉溪市着力加强与荷兰、多米尼加、越南、印度、斯里兰卡等国家的交流与合作，正在寻求互补性较强、能实现双赢的城市发展友好城市。

【外国人来华签证邀请】 2018年，市外事侨务办积极向上争取，并经外交部批准，被列入外国人来华签证邀请函核发单位。今后玉溪市单位或者个人因公或者因私邀请外国人来华访问，可由市外事侨务办向外国人所在国家（地区）的中国驻外使馆、领馆或者外交部委托的其他驻外机构核发签证邀请函。外国人来华签证邀请函管理信息系统互联网在线申办、邀请主体范围广、受邀人访问地范围广、系统内邀请函提高受邀人获签效率、提供方便快捷的绿色通道、坚持免费服务原则“六大亮点”将为玉溪市邀请外国嘉宾访问玉溪提供更多便利，对更好地服务好全市对外开放工作具有重要意义。

【玉溪英文网】 2018年，市外事侨务办立足于打造国际传播平台，创新

2018年9月18日，市委副书记、市长张德华在柬埔寨奥多棉吉省三隆市与奥省省长索塔威签订发展友好城市关系意向书

（市外事侨务办 提供）

2018 年 3 月 9 日，市委书记罗应光向代表团介绍抚仙湖治理保护措施和成效
（市外事侨务办　提供）

对外宣传方式，坚持做好玉溪英文网的管理。英文网站内容覆盖全市人文历史、发展状况、社会民生、投资环境、旅游资源等，极大地便利了国际各界友人及时获知玉溪市在经济、社会、文化、教育等方面所取得的成就。通过玉溪网英文版加大宣传力度，让更多的人了解玉溪、认识玉溪，提升玉溪对外知名度、美誉度和影响力，强化玉溪的竞争优势。

【外宾接待】　2018 年，市外事侨务办外事接待工作立足于宣传推介玉溪为出发点，在外事接待中，根据来访外宾的目的和国别，有针对性地安排参观点，着重展示玉溪生态环境保护、基层党建、脱贫攻坚、智慧型城市建设等方面取得的显著成绩，展现玉溪的区位优势和良好的投资环境，宣传党委政府积极打造对外开放合作新高地系列政策措施，重点宣传介绍与外方可能合作的领域和内容，积极牵线搭桥，力促实现成果。全市共接待来自美国、英国、德国、加拿大、芬兰、荷兰、瑞典、泰国、柬埔寨、孟加拉国、印度、尼泊尔、斯里兰卡、斐济、老挝、越南、马来西亚、阿富汗、巴基斯坦、印度、蒙古国、肯尼亚、坦桑尼亚、乌干达、印度尼西亚、新加坡、缅甸、菲律宾、牙买加、澳大利亚、爱沙尼亚、俄罗斯、克罗地亚、希腊、日本、韩国、丹麦、南非、罗马尼亚、土耳其、拉脱维亚、土库曼斯坦、古巴、捷克、奥地利、瑞士、以色列、伊朗、安哥拉、莫桑比克、纳米比亚、津巴布韦 52 个国家和中国香港的来宾 44 批 1 209 人次，有效服务全市经济社会的发展。第三届云南国际人才交流会生物医药大健康产业发展论坛、东盟 + 中日韩中小企业服务机构跨境电子商务发展研讨会、“我和云南有个约会—2018 总领事玉溪音乐故事会”“一带一路”环抚仙湖 2018 年国际珐伊 28R 帆船世界锦标赛等各类高端外事活动和重要国际赛事先后在玉溪举办。6 月首届中国—南亚合作论坛在抚仙湖畔举行并发表“抚仙湖倡议”，不断提升玉溪对外影响力的同时，也向来自世界各地的朋友展示着改革开放 40 年玉溪的万象更新和美好未来，在国际国内均引起了广泛关注。

2018 年 7 月 12 日，市政府副市长曾敏陪同美国时代集团、华人文化集团考察澄江县寒武纪小镇
（市外事侨务办　提供）

【重要外宾接待】　2018 年，市外事侨务办为推动 2019 年《财富》全球论坛在云南召开，华人文化集团邀请《财富》全球论坛负责人、执行董事约翰·尼德汉和时代华纳集团国际业务负责人、执行总编克雷·钱德勒访滇。3 月 9 日，副省长张国华陪同代表团前往澄江县考察举办大型会议会展的基础设施情况，详细查看了抚仙湖希尔顿酒店各类型客房、餐厅、宴会厅、会议厅和外围环境等，关注了周边酒店群开发、生态环保移民等情况。

4 月 11 ~ 12 日，柬埔寨驻昆总领事准立恒率团访问玉溪，旨在协助推荐与玉溪市优势互补的柬埔寨城市，与玉溪缔结国际友好城市，深入探讨交流合作事宜。

6 月 13 日，第三届云南国际人才交流会生物医药大健康产业发展论坛在玉溪举办，200 多名国内外嘉宾学者、行业精英齐聚玉溪，分享生物医药大健康产业发展先进理念。此次论坛充分展示我市生物医药大健康领域的发展优势，促成优质企业、优质项目落户玉溪，为玉溪市“5577”战略注入新的活力，促进玉溪生物医药及大健康产业对外交流与合作发展。14 ~ 15 日，由中国商务部、外交部和云南省人民政府共同主办的首届中国—南亚合作论坛在玉溪举办。首届中国—南亚合作论坛与第 5 届南博会和第 25 届昆交会同期开幕，并举行了中国—南亚地方减贫事业经验交流展开展仪式、中国—南亚地方行政长

2018 年 10 月 10 日，国际珐伊 28R 帆船世界锦标赛在抚仙湖畔开幕

（市外事侨务办　提供）

官对话会、中国—南亚经贸合作高层圆桌会和金融合作发展战略研讨会和南亚论坛媒体沙龙暨新闻吹风会等系列活动。16 日，为了进一步丰富云南省与后杭盖省在友好省关系框架下的合作内涵，拓展玉溪市与蒙古国地方友好交流合作，蒙古国后杭盖省省长蒙赫那森率代表团访问通海县。

7 月 12 日，美国时代集团、华人文化集团访问玉溪，就与云南省合作举办 2019 年《财富》全球可持续论坛进行实地踏勘。19 日，越南驻昆总领事苏国俊率团访问玉溪，参观考察我市外贸企业，推动越南与玉溪在经贸、旅游、投资等多个领域的交流与合作。

9 月 25 日，"我和云南有个约会—2018 总领事玉溪音乐故事会"在抚仙湖畔举行，来自缅甸、老挝、泰国、柬埔寨、马来西亚、澳大利亚等国的驻昆明（成都）总领事集聚一堂，共享金秋岁月，共叙多边友谊。活动以"倾听中国故事、感知云南魅力"为主题，以"各国总领事为主人翁，讲故事和文艺表演结合"为主要表现形式，广受各界好评。"2018 总领事玉溪音乐故事会"以综艺表演节目的"文艺线"、总领事微电影的"故事线"和总领事现场讲述的"互动线"方式呈现，用多样的形式分享了各国总领事与玉溪结缘的故事，向观众展现他们眼中不一样的玉溪。

10 月 10 ~ 14 日，2018 国际珐伊 28R 帆船世界锦标赛在玉溪抚仙湖矣渡湾的抚仙湖高原帆船基地正式开赛。来自 5 大洲 14 个国家的 26 支高水平赛队，共计 143 名选手参赛，其中，国际赛队 15 支，国内赛队 11 支，在为期 4 天的比赛中完成 11 轮角逐，争夺冠军荣耀。

（潘翠华）

侨务工作

【关怀慰问侨界人士】 2018 年，市外事侨务办开展"侨爱工程—暖侨行动"春节送温暖慰问活动。走访慰问困难归侨侨眷和侨界代表人士 200 户，发放慰问金 10 万元。重点看望了生活困难的归侨侨眷尤其是有特殊困难的、年迈的归侨和空巢老人，了解并帮助他们解决生产生活中存在的具体问题，送去党和政府的温暖。特别慰问了有影响力的海外华人华侨在国内的眷属和归侨侨眷代表人士，向他们送去党和政府的关怀及新春的问候并请他们将党和政府的关怀之情传递给海外的亲友们，希望侨眷们积极地宣传玉溪招商引资、招才引智的优惠政策和良好的投资环境、生活环境，推动海外侨胞们回家乡来投资兴业，共建美丽玉溪。通过慰问活动，起到了与海外侨胞联系感情，进行宣传的效果，为涵养侨务资源，推动侨务公共外交打下基础。中秋节期间，峨山县、易门县走访慰问"三胞"眷属及出国留学生家属，红塔区金州社区、胜利社区举办道德讲堂和慰问侨界人士，各级侨办开展各种慰问活动，给广大归侨侨眷送去了党委、政府的关怀和节日的祝福。

【技能培训助力归侨侨眷创业】 2018 年 6 月 25 ~ 29 日，市外事侨务办在玉溪技师学院举办归侨侨眷乡村旅游服务技能培训班。来自各县区有创业意愿、有从事乡村旅游服务相关行业想法的 48 名归侨侨眷参加培训，在 5 天的培训中，专业教师为学员具体传授旅游服务技能知识，进行旅游服务技能实践，学员学习并初步掌握餐饮服务、茶艺、客房服务及乡村旅游创业规划等知识技能。联手职教资源进行科教帮扶助侨脱困，从而改善侨界民生的模式初步形成。

【送医送药义诊活动】 2018 年，市外事侨务办为满足归侨侨眷集中地区困难群众日益增长的健康需求，缓解其看病难的民生问题，全市组织医疗

2018 年 7 月 21 日，元江红侨社区送医送药义诊活动　（市外事侨务办　提供）

专家组20余人携带便携式医疗仪器、设备与药物深入归侨侨眷集中地区开展义诊服务，并为患疾的涉侨群众发放常用药品。先后在元江县澧江街道红侨社区、红塔区胜利社区等地开展4期送医送药义诊活动。活动中，专家组接诊2 000余人次，发放价值25 000余元的各类药品，为一些患病多年的困难涉侨群众提供了专业的诊断意见，让一部分群众免去了到市级医院复查病情的繁复，现场群众对义诊服务给予了高度评价，取得了良好的社会效益。

【推进为侨服务法治化进程】 2018年1月，玉溪市为侨法律服务工作站挂牌单位玉溪滇玉律师事务所组织10余名律师组成服务团队在元江县甘庄街道开展法律进侨乡活动，发放侨法宣传资料，为侨乡群众提供现场法律咨询和法律援助，将依法治国、依法维权的法治观念普及到广大侨界群众，把依法爱侨、护侨、助侨落到了实处。9月，全市范围内开展系列“侨法宣传月”侨法宣传及为侨服务活动。推动侨法宣传进机关、进乡村、进社区、进学校、进企业、进单位，运用多种载体，不断丰富侨法宣传手段和内容，进一步拓展侨务法制宣传渠道与途径，扩大侨法宣传的覆盖面。红塔区胜利社区开展“传统文化讲堂”和以“弘扬传统文化传承家庭美德”为主题的道德讲堂，金州社区开展“端午节志愿服务活动”和以“孝老爱亲崇德向善”为主题的道德讲堂；澄江县采取双方联动的形式，对部分侨眷代表上门进行走访宣传，借助微信平台，延伸侨法宣传触角，丰富宣传方式；峨山县利用中秋座谈会广泛宣传涉侨政策，引导广大归侨侨眷为经济社会等各项事业发展进步做出应有贡献。各涉侨社区、村委会有针对性地组织侨眷与社区群众开展侨法学习会、联谊会、文体赛等丰富多彩的活动，通过活动加强沟通联络，以活动促进社区侨务工作的深入人心，将法律宣传、侨情联络、为侨服务融为一体。侨法宣传月期间，全市向群众发放宣传资料55 500余份，受众面广，成效明显，帮助群众了解侨法基本内容，教育引导群众学法、识法、懂法、守法，增强法律意识，依法维护归侨侨眷合法权益，切实维护社会稳定。年内，红塔区胜利社区获省侨办批准建设为“侨法宣传角”。社区积极创新侨务工作，制定两委联系党员、党员联系楼栋长、楼栋长联系居民、带领居民参与社区建设的“三联一带”制度，党员深入涉侨群众家中，宣讲侨法侨政策，发挥了基层党组织战斗堡垒作用。

【侨乡文化建设取得新成绩】 2018年，元江县红侨社区以推进侨乡文化建设为抓手，不断拓展侨务工作新局面，先后被国侨办确定为“侨之家”“为侨公共服务示范单位”。为传承侨乡历史文化，凝聚侨智、汇集侨心、发挥侨力，在各级侨务部门的支持下，红河华侨农场归难侨历史资料展示室于1月建成正式开放，通过展品、档案照片、历史文物，完整地将红河华侨农场的建场史、归侨史、发展史、改革史进行了陈列。经国务院侨务办公室批准，元江县红河华侨农场归难侨历史资料展示室被确定为国侨办首批“侨乡侨文化宣传展示基地”。

【华文教育工作稳步开展】 2018年3月、7月全市举办2期海外华裔青少年中国“寻根之旅”夏令营玉溪营，来自泰国、缅甸的100位海外华裔青少年和领队教师聚集玉溪开展了中华文化学习和交流活动。省侨办副主任刘云娥，市委常委、副市长尚建华，玉溪师范学院校长王力宾出席开营仪式并致辞。活动期间，外国营员们游览了玉溪古窑遗址、市博物馆、聂耳音乐广场等各处地标和古迹，学习了汉语、太极、中国民族音乐以及中国书画等中华传统才艺。近距离接触中国文化、玉溪文化，激发了海外华裔青年们学习汉语的激情，对玉溪留下了美好的影响。10月8 ~ 23日，泰国、

①2018年3月13日，海外华裔青少年中国“寻根之旅”夏令营玉溪营授旗仪式
②2018年6月13日，十六届东盟华商会玉溪产品展示
（市外事侨务办　提供）

越南华文教师培训班在玉溪市举办，来自泰国与越南的100位华文教师参加了本次培训班。在为期16天的培训中，海外华文教师学习了汉语基础理论学习、汉语教学技能培训、汉语学习兴趣培养3个大类别10余门课程，在丰富而充实的课程中，提高了汉语读写水平，充分领会汉语的魅力，了解汉语教学中需要注意的知识与技巧。举办培训班，将有效帮助国外的华文教师改善汉语教学方式，提高汉语水平，成为架设在中国与海外华裔之间的友谊之桥，促进全市海外华文教育继续朝着正规化、标准化、专业化的方向迈进。年内，全市甄选3名优秀教师外派老挝、缅甸等国家协助当地开展华文教育工作，展示玉溪教师的风采和素质，为国家华文教育事业做出应有的贡献。

【拓展外宣】 2018年，玉溪市成功举办“海外华人媒体感知中国行”玉溪采访活动，来自美国、加拿大、日本、德国、匈牙利等多个国家的19名华人编辑、记者齐聚玉溪，赴澄江、新平、红塔区参观和考察玉溪经济社会发展情况，多角度了解和宣传玉溪。海外华文媒体记者们表示，此次玉溪之行改变了对云南经济社会发展滞后的固有印象，十分看好玉溪高原特色农业、烟草行业、生态农业等行业齐头并进的现状，对玉溪投入抚仙湖的保护力度之大深表赞赏。玉溪、风景美如画，宜居生态令人印象深刻，传统民族文化完整保存程度保存良好，文化的传承接续令人钦佩，现代化的中国新农村富足安泰，玉溪的发展变化令人充满期待。随后，中新网及凤凰美洲网、加拿大七天传媒、加拿大乐活网、西班牙侨声报、欧洲新报等在海外具有影响力的华人媒体分别对玉溪做了专题报道，扩大了玉溪在海内外的影响力和知名度。6月，玉溪市猫哆哩、望天树等知名企业参加第十六届东盟华商会“华商走进云南，云品走向世界”展示会，借助平台向与会的世界各地侨领、华商推介玉溪产品，吸引多名国内外商家品尝产品，进行咨询，取得明显的实效。

（李云东）

（李卫东　摄）

（张本聪　摄）

政协玉溪市委员会

YUXI COMMITTEE OF CHINESE PEOPLE' S POLITICAL CONSULTATIVE CONFERENCE

责任编校：李晓媛

重要会议

协商议政

政协专门委员会工作

重要会议

【概 况】 2018年，政协玉溪市委员会在中共玉溪市委的坚强领导下，广泛团结全体政协委员和政协各参加单位，紧紧围绕全市工作大局，认真履职尽责。全年举行全体会议1次，常委会议6次，主席会议15次；开展常委会专题协商3次，专题协商2次，立法协商1次，对口协商3次，界别协商1次，提案办理协商3次；开展专题调研视察25项，提出意见建议300余条。

【政协玉溪市五届一次会议】 2018年1月30日至2月4日，政协玉溪市第五届委员会第一次会议在聂耳大剧院召开。市委书记罗应光，市委副书记、市长张德华，市委副书记、市委统战部部长保明顺，市人大常委会主任李洪云，省委组织部换届督导组组长曹开庆等到会祝贺。四届市政协主席夏立洪代表政协玉溪市第四届委员会常务委员会向大会报告工作。四届市政协副主席李少华受政协玉溪市第四届委员会常务委员会委托，向大会报告市政协四届一次会议以来的提案工作情况。市委副书记、市长张德华作《政府工作报告》说明。会议期间，政协委员分组审议了市政协常委会工作报告和提案工作报告，协商讨论了政府工作报告，计划、财政报告，市中级人民法院工作报告、市人民检察院工作报告。会议选举产生了政协玉溪市五届委员会主席、副主席、秘书长及常务委员。夏立洪当选政协玉溪市第五届委员会主席，贺光明、郭亚钢、李少华、何雪峰、杨建敏、杨丽萍当选政协玉溪市第五届委员会副主席。会议还选举普昌文为政协玉溪市第五届委员会秘书长，并选出政协玉溪市第五届委员会常务委员55名。

【常委会议】 2018年1月21日，市政协召开四届二十四次常委会议。市政协主席夏立洪主持会议并讲话，市政府副市长蔡永飞通报政协提案办理工作情况，市政协副主席汪燕平、马良昌、郭亚钢、贺光明、李少华，市政协秘书长张卫，市政协党组成员普昌文参加会议。会议审议通过了《关于召开政协玉溪市第五届委员会第一次会议的决定（草案）》《政协玉溪市第五届委员会第一次会议议程（草案）》《政协玉溪市第五届委员会第一次会议日程（草案）》《政协玉溪市第四届委员会常务委员会工作报告（草案）》《政协玉溪市第四届委员会常务委员会提案工作情况的报告（草案）》《政协玉溪市第四届委员会常委会工作报告和提案工作报告报告人建议名单（草案）》《关于授权主席会议主持政协玉溪市第五届委员会第一次会议预备会议的决定（草案）》《关于授权主席会议审定政协玉溪市四届二十四次常委会议未尽事宜的决定（草案）》《政协玉溪市第五届委员会委员名单》。

2月4日，市政协召开五届一次常委会议。市政协主席夏立洪主持会议并讲话。市政府副市长解仕清，市政协副主席贺光明、郭亚钢、李少华、何雪峰、杨建敏、杨丽萍，秘书长普昌文出席会议。会议审议通过了《政协玉溪市第五届委员会常务委员会关于设置专门委员会的决定（草案）》以及政协玉溪市第五届委员会副秘书长名单（草案）、政协玉溪市第五届委员会各机构主任、副主任名单（草案）。

3月29日，市政协召开五届二次常委会议。市政协主席夏立洪出席会议并讲话，副主席李少华、何雪峰、杨丽萍，秘书长普昌文出席会议。市委常委、副市长田川，四届市政协副主席李平、汪燕平应邀出席会议。会议传达学习了全国政协十三届一次会议和十三届一次常委会议精神，审议通过了《政协玉溪市委员会常务委员会2018年会议计划（草案）》《政协玉溪市委员会2018年工作要点（草案）》《政协玉溪市委员会2018年协商计划（草案）》和《政协玉溪市委员会专门委员会通则（草案）》。

5月25日，市政协召开五届三次常委会议。市政协主席夏立洪出席会议并讲话，副主席郭亚钢、李少华、何雪峰、杨建敏、杨丽萍，秘书长普昌文出席会议。会议听取了通海县人民政府关于杞麓湖治理保护工作情况的汇报，审议通过了《关于杞麓湖治理保护工作情况的调查报告（草案）》，并围绕“杞麓湖治理保护工作”开展了专题协商。

8月29日，市政协召开五届四次常委会议。市政协主席夏立洪主持会议。市委常委、市政府常务副市长柳文炜，市政府副市长周群英，市政协副主席贺光明、郭亚钢、何雪峰、杨建敏、杨丽萍，市政协秘书长普昌文出席会议。会议听取了柳文炜通报玉溪市2018年以来经济运行情况，听取了市卫生计生委工作情况通报，审议通过了《关于玉溪市医养结合发展情况的调查报告（草案）》，并围绕“加快医养结合发展”开展了专题协商。

12月4～5日，市政协召开五届五次常委会议。市政协主席夏立洪，市政府副市长贺彬，市政协副主席贺光明、郭亚钢、李少华、何雪峰、杨建敏、杨丽萍，秘书长普昌文出席会议。会议听取了市委农办关于玉溪市实施乡村振兴战略情况的通报、市政协6个课题组对玉溪市实施乡村振兴战略调研情况的专题汇报，围绕“实施乡村振兴战略”开展了专题协商。会议审议通过了《政协玉溪市委员会全体会议工作规则》《政协玉溪

2018年，政协玉溪市五届一次会议期间《政府工作报告》协商会

（潘 泉 摄）

市委员会常委会议工作规则》《政协玉溪市委员会主席会议工作规则》以及有关人事事项，决定2019年1月14～18日召开政协玉溪市第五届委员会第二次会议。

2018年，全国政协副主席、九三学社中央常务副主席邵鸿到玉溪调研

（市政协办公室　提供）

【主席会议】 2018年1月18日，市政协召开四届四十三次主席会议，协商讨论了政协玉溪市第五届委员会委员名单，讨论了市政协五届一次会议有关问题、市政协四届二十四次常委会议筹备工作方案（会期、议程、日程）、《中国人民政治协商会议玉溪市第四届委员会常务委员会工作报告（讨论稿）》《中国人民政治协商会议玉溪市第四届委员会常务委员会提案工作情况的报告》（讨论稿），研究审定了市政协对县区政协2017年度履职工作考核结果。

1月21日，市政协召开四届四十四次主席会议，审议了政协玉溪市第五届委员会第一次会议主席团、主席团会议主持人和秘书长建议名单（草案），政协玉溪市第五届委员会第一次会议主席团常务主席和常务主席会议主持人建议名单（草案），政协玉溪市第五届委员会第一次会议提案审查委员会主任、副主任、委员建议名单（草案），政协玉溪市第五届委员会第一次会议副秘书长建议名单（草案），政协玉溪市第五届委员会第一次会议主席团执行主席及主持人建议名单（草案），政协玉溪市第五届委员会第一次会议特邀及列席人员名单（草案），政协玉溪市第五届委员会第一次会议分组及召集人名单（草案），政协玉溪市第五届委员会第一次会议期间提案截止日期的决定（草案），政协玉溪市第五届委员会第一次会议选举办法（草案）。

2月4日，市政协召开五届一次主席会议，研究了五届市政协主席会议成员分工，讨论了《政协玉溪市第五届委员会常务委员会关于设置专门委员会的决定（讨论稿）》、有关人事事项、市政协五届一次常委会议筹备工作方案。

3月8日，市政协召开五届二次主席会议，听取了各委室汇报2018年工作计划，研究了市政协2018年重要会议活动、调研视察课题、协商计划，讨论了《政协玉溪市第五届委员会办公室、研究室和各专门委员会与市级各部门对口联系协商意见（讨论稿）》《中国人民政治协商会议玉溪市委员会专门委员会通则（讨论稿）》，审议通过了政协玉溪市委员会专门委员会工作细则，决定了政协玉溪市第五届委员会专门委员会委员人选建议名单，确定了市政协五届一次会议重点督办提案和委室对口督办提案，讨论了《中共政协玉溪市委员会党组关于党组成员分工联系民主党派工商联工作的意见（讨论稿）》《政协玉溪市委员会主席会议组成人员联系市政协委员制度（讨论稿）》及《政协玉溪市第五届委员会主席会议组成人员联系委员名单（讨论稿）》《政协玉溪市委员会办公室关于印发〈政协玉溪市第五届委员会界别活动小组分组名单〉的通知（讨论稿）》，研究了玉溪市海外联谊会工作移交市委统战部相关事宜，听取了机关行政后勤管理工作相关事项汇报、文史委关于与玉溪日报社深度合作编撰《玉溪美食》的工作汇报，传达学习了迎接国家卫生城市复审动员大会及创建云南省文明城市工作推进会精神。27日，市政协召开五届三次主席会议，讨论了《政协玉溪市委员会常务委员会2018年会议计划（讨论稿）》《政协玉溪市委员会2018年工作要点（讨论稿）》《政协玉溪市委员会2018年协商计划（讨论稿）》《关于加强和改进人民政协民主监督工作的实施意见（讨论稿）》《关于我市实施乡村振兴战略情况的专题调研方案（讨论稿）》《关于主席会议成员分工联系县区政协的通知（讨论稿）》《玉溪市政协机关委室联席会议制度（讨论稿）》《玉溪市政协与各民主党派工商联秘书长联席会议制度（讨论稿）》《政协玉溪市五届二次常委会议筹备工作方案（讨论稿）》。

4月27日，市政协召开五届四次主席会议，讨论了《2018年工作经费包干额度分配情况》、支付2017年市政协所承担的物管费事宜、进一步规范接待工作相关事宜、进一步规范调研视察和外出学习考察相关事宜。

5月23日，市政协召开五届五次主席会议，讨论了《杞麓湖治理保护工作情况的调查报告（讨论稿）》《杞麓湖治理保护工作专题协商方案（讨论稿）》《政协玉溪市五届三次常委会议筹备工作方案（讨论稿）》《玉溪市政协2018年改革举措任务分解（讨论稿）》、政协玉溪市五届一次会议提案办理专项补助资金分配情况（讨论稿）、市政协机关2017年度综合考评奖二次分配实施方案（讨论稿）、市政协机关食堂修缮费用支出事宜。

7月10日，市政协召开五届六次主席会议，协商审议了撤销澄江县设立抚仙湖市相关事宜。31日，市政协召开五届七次主席会议，听取了各专委会汇报2018年上半年工作总结及下半年工作计划，讨论了《加快推进我市城市生活垃圾分类处理的调查报告（讨论稿）》《玉溪市政协对各县区政协目标任务考核办法（试行）（讨论稿）》，听取了玉溪市山区民族教育促进会、红塔烟草（集团）关于第八届全市资助贫困大学生启动仪式暨表彰山区民族地区中小学幼儿园优秀教师活动筹备情况汇报。

8月23日，市政协召开五届八次主席会议，讨论了2018年驻县区市政协委员活动经费安排、补助县区政协改善办公条件资金分配有关事宜和《关于玉溪市医养结合发展情况的调查报告（讨论稿）》《加快医养结合发展专题协商方案（讨论稿）》，确定了召开政协玉溪市五届四次常委会议的会期及议程。

10月17日，市政协召开五届九次主席会议，专题协商了《玉溪市城乡总体规划（2016～2035年）》，审议了《中国人民政治协商会议玉溪市委员会全体会议工作规则（讨论稿）》《中国人民政治协商会议玉溪市委员会常务委员会工作规则（讨论稿）》《中国人民政治协商会议玉溪市委员会主席会议工作规则（讨论稿）》《关于制定玉溪市政协年度协商计划的办法（讨论稿）》《政协玉溪市委员会专题协商活动组织实施办法（讨论稿）》《玉溪市政协专门委员会向常委会议报告工作暂行办法（讨论稿）》《政协玉溪市委员会关于加强和改进调研视察考察工作实施办法（讨论稿）》《政协玉溪市委员会委员联络实施办法（试行）（讨论稿）》《政协玉溪市委员会常务委员提交年度履职报告工作办法（试行）（讨论稿）》。

11月16日，市政协召开五届十次主席会议，讨论了《政协玉溪市第五届委员会第二次会议筹备工作方案（讨论稿）》《关于推进提案公开工作的意见（讨论稿）》《关于做好住玉省政协委员履职服务工作的意见（讨论稿）》。22日，市政协召开五届十一次主席会议，讨论了人事事项，听取了市政协6个调研组对玉溪市实施乡村振兴战略调查情况的专题汇报，确定了召开政协玉溪市五届五次常委会议的会期及议程，讨论了玉溪市政协2019年新年茶话会筹备方案（讨论稿）。

12月11日，市政协召开五届十二次主席会议，听取了各专门委员会汇报2018年工作总结及2019年工作计划，研究了政协玉溪市五届二次会议特邀及列席人员范围，审议了政协玉溪市五届二次会议大会发言材料题目、政协玉溪市五届二次会议界别联组会发言材料题目、市政协五届一次会议以来提案办理工作考核情况。29日，市政协召开五届十三次主席会议，讨论了《政协玉溪市第五届委员会常务委员会工作报告（讨论稿）》《政协玉溪市第五届委员会常务委员会关于五届一次会议以来提案工作情况的报告（讨论稿）》和政协玉溪市第五届委员会第二次会议的有关事宜，通报了政协玉溪市五届二次会议大会发言材料和界别联组会发言材料准备情况，确定了向常委会做工作情况报告的专门委员会、2018年度县区政协目标任务综合考评等次，讨论了《政协玉溪市五届六次常委会议筹备工作方案（讨论稿）》。

【新年茶话会】 2018年12月28日，市政协举行2019年新年茶话会，玉溪市党政军领导与社会各界人士欢聚一堂、共谋发展。市委书记罗应光，市委副书记、市长张德华，市委副书记、市委统战部部长保明顺等主要领导出席茶话会。市政协主席夏立洪主持茶话会。罗应光代表市委、市政府向全市各族各界人士，驻玉人民解放军指战员、武警官兵和公安干警，在玉的港澳台同胞、海外侨胞致以新年的祝贺和问候。农工党玉溪市委主委周爱华代表民主党派、工商联，市科学技术协会主席沐华斌代表各界人士进行会议发言。市委、市人大、市政府、市政协领导班子成员，部分市级离退休老领导，市中级人民法院院长、市人民检察院检察长，各民主党派、工商联、人民团体、无党派、归侨侨眷、民族宗教界、驻玉部队、驻玉省政协委员等人士代表出席茶话会。

协商议政

【协商议政】 2018年以来，市政协始终坚持围绕中心、服务大局，聚焦全局工作的重点、经济工作的难点、群众关注的热点，坚持政治协商、民主监督、参政议政有机融合、整体推进、协调统一，为助推玉溪改革发展献计出力。发挥平台作用，协商议政求深。加强政协协商与党委政府工作的有效衔接，切实发挥人民政协作为协商民主重要渠道和专门协商机构的作用。践行协商于决策之前和决策执行之中的重要原则，对市委全会报告、政府工作报告及其他有关报告、《玉溪市城乡总体规划（2016～2035年）》等开展协商。坚持小切口、大视野，选取玉溪市实施乡村振兴战略、加快医养结合发展、杞麓湖保护治理、非物质文化遗产保护、中小学心理健康与安全教育等12个课题，灵活运用常委会议协商、专题协商、对口协商、界别协商、提案办理协商等协商形式，邀请政协委员、专家学者、各界群众和有关部门面对面座谈协商，许多协商成果得到市委、市政府重视肯定，被有关部门采纳落实。组织政协委员、各民主党派对《玉溪市人民代表大会及其常务委员会制定地方性法规条例（草案）》进行立法协商，广聚民意民智，促进了民主立法和科学立法工作。推动政协协商向基层延伸、向群众延伸，邀请党代表、人大代表、公民代表、基层一线群众和省、市政协委员参加常委会专题协商议政，有效拓展了社会各界有序参与政协协商的渠道。

加强调查研究，建言献策求精。坚持“突出重点、适度超前、量力而行、注重精品”的工作原则，将加强调查研究、提高建言质量作为提升政协话语权和影响力的基础性工作抓紧抓好。年内，重点围绕全市工业经济

2018年，驻玉省政协委员视察玉溪民营经济发展情况 （市政协办公室　提供）

发展、民营企业实施“走出去”发展、科教创新城规划建设、城市生活垃圾分类处理、民族团结进步创建“六进”活动等党委政府重视、群众普遍关心的课题，开展了15项专题调研，分6个专题对全市实施乡村振兴战略进行调研，累计提出意见建议200余条，多数被采纳落实到推动玉溪实现“六个走在全省前列”的实践中，促进玉溪市高质量跨越式发展。

坚持问题导向，民主监督求实。切实发挥协商式监督特色优势，围绕全市改革发展稳定的重大问题和涉及群众切身利益的实际问题，选择玉溪市特色小镇建设、高新区龙泉片区发展、创建云南省文明城市和创卫复审工作、非物质文化遗产保护、自然保护区条例实施、宗教活动场所安全、市人民医院改善医疗条件等10个课题开展专项视察，广泛听取意见，如实反映情况，坦诚提出建议，切实增强监督实效，推进了有关工作。重视发挥提案、大会发言、反映社情民意等民主监督作用，组织政协各参加单位和广大政协委员深入实际调查研究，积极反映来自基层的意见、呼声和要求。政协玉溪市五届一次会议以来立案的331件提案全部办复完毕，解决率达56.5%，比上年提高2.5个百分点，办理结果、办理态度满意率均为100%。

政协专门委员会工作

【提案委员会】 2018年，市政协坚持“围绕中心、服务大局、提高质量，讲求实效”的提案工作方针，创新工作思路，突出工作重点，努力提高“三个质量”。深化理论学习，不断提高政治站位。加大引导力度，广泛征集提案。向社会公开征集提案线索，以函件形式向市直相关部门征集提案选题参考素材。印发致政协委员和参加单位的一封信，整理编辑提案选题参考题目100条，引导委员和政协参加单位提好提案。政协玉溪市五届一次会议以来共收到提案343件，立案331件，立案率达96.5%。做好审查立案，按时交办提案。立案的331件提案及时交由60个承办单位办理。增强服务意识，开展提案督办。在规定时限内，立案的331件提案全部办复完毕，取得了较好的办理实效。做好调研视察工作。到江川区安化彝族乡安化社区和元江县洼垤乡坡垤、罗垤、邑慈碑等村组就脱贫攻坚工作情况进行专题调研和回访。到江川区大街街道大庄社区大庄小组，对“百村示范、千村整治”工作进行调研。

【经济委员会】 2018年，市政协聚焦党政中心工作，精心选题，潜心调研，积极建言献策，充分发挥专委会的桥梁纽带作用，较好完成了各项工作任务。不断加强政治理论、形势政策、业务知识学习，找准政协工作的切入点、结合点和着力点，更好地服务玉溪发展大局。调研视察做抓手。对玉溪市高新区龙泉片区建设发展情况进行视察。协助省政协对全市工业园区建设发展情况进行调研。对全市工业经济发展情况、实施乡村振兴战略“培育乡村发展新动能”情况进行调研。积极参与玉溪市“七位一体”重点工作项目调研。对市政协五届一次会议141号提案《关于加大民营企业发展扶持力度的建议》进行对口督办。联系活动成常态。召开全市政协经济委工作会议，积极组织经济界别小组委员活动。扎实做好“脱贫攻坚助推行动”，认真落实“百村示范、千村整治”联系工作，完成好政协玉溪市五届一次会议筹备工作和会务工作任务。

【科教文卫体委员会】 2018年，市政协紧扣市政协年度工作要点，狠抓工作落实，积极发挥专委会重要基础作用。围绕履职领域建言献策，服务全市经济社会事业。对玉溪市医养结合发展情况、科教创新城规划建设情况、实施乡村振兴战略“焕发乡风文明新气象”情况进行调研，对玉溪市创建全省文明城市工作情况开展视察。结合全国卫生城市复审查和创建全省文明城市，向全市政协委员发出公开信《创建卫生和文明城市政协委员要率先垂范》。认真督办政协玉溪市五届一次会议198号提案《关于加强全市中小学心理健康教育与安全教育的建议》。秉持宗旨意识，积极关注民生。精心筹备，周密安排，玉溪市山区民族教育促进会和红塔集团联合开展第八届“资助贫困大学生和表扬山区民族地区中小学幼儿园优秀教师”活动，共资助151名贫困大学生，表扬奖励50名教师。创新工作机制，开展界别活动。召开全市2018年科教文卫体委工作座谈会，组织开展三次界别委员活动。配合机关工作大局，做好政协玉溪市五届一次会议的宣传工作，参与做好市委第五轮巡察工作，积极做好创文工作。

【人口资源环境委员会】 2018年，市政协紧扣政协年度工作要点，认真履行职能，积极发挥专委会基础作用。坚持政治引领，自身建设不断加强。坚持求真务实，扎实开展“杞麓湖治理保护情况”专题调研，为常委会开展专题协商议政提供了较充分的基础服务。开展“关于我市特色小镇规划建设情况”视察，开展“我市实施乡村振兴战略——打造绿色发展新格局”调研，开展相关提案面商回复和督办工作，为加强社会基础管理和服务工作提供支持。坚持体现政协特点，做好联系联谊工作。做好外地政协来玉溪市考察的配合服务工作。联合科教文卫体委到外州市和省外考察取经。开展委员联络服务工作，组织界别委员活动。注重开展对本专委会委员的联系和服务工作。

【社会和法制委员会】 2018年，市政协紧紧围绕市委关于建设法治玉溪的部署，积极组织开展协商、调研、视察和民主监督工作。开展专题调查研究，充分发挥职能作用。对玉溪市实施乡村振兴战略——构建乡村治理新体系工作情况、城市生活垃圾处理情况进行调研，对玉溪市贯彻实施自然保护区条例工作情况开展视察。创新履职方式，与市中级人民法院建立《关于对不履行执行义务的政协委员实施惩戒的联动机制》。对专委会委员进行专题培训，组织界别委员和专委会委员到云南省第三强制隔离戒毒所视察，到市中级人民法院视察执行难工作。做好提案督办工作，推动《关于玉溪市村规民约修订完善工作的建议》提案得到有效解决。参加市人大组织的立法项目建议征集协调会、《红塔山自然保护区管理条例》立法工作座谈会、省人大关于杞鹿湖保护条例立法征求意见会。组织政协委员对市人大提出的《玉溪市人民代表大会及其常务委员会制定地方性法规条例（草案）》进行立法协商。

【民族宗教委员会】 2018年，市政协围绕中心，认真组织开展协商、调研、视察和民主监督工作，积极服务党委政府民族宗教工作大局和全面建

2018 年，玉溪市山区民族教育促进会和红塔集团联合开展第八届“资助贫困大学生和表扬山区民族地区中小学幼儿园优秀教师”活动

（市政协办公室　提供）

成小康社会工作目标。加强自身建设，不断提高专委会履职能力。深化政治理论学习，积极参加部门会议和对口单位有关活动，组织专委会和界别委员开展活动，深入基层密切联系群众，加强与省、县（区）政协对口专委会的联系，加强对外交流学习。认真开展调研视察，积极建言献策。组织开展宗教活动场所安全情况视察、民族团结进步创建“六进”活动情况调研、玉溪市实施乡村振兴战略——建设美丽幸福新家园重点调研。加强同宗教人士的工作联系，共同做好相关工作。对《打造江川九溪罗合白民族特色村寨》提案进行督办，促进提案办理成果转化。积极完成省政协安排的云南少数民族刺绣发展情况调研课题、《云南少数民族刺绣及相关服饰文化与产业发展》研讨征文。加强宣传，树立政协机关良好形象。年内，组织撰写调研视察报告 4 篇、研讨征文 3 篇、工作信息 14 篇。完成专委会工作指南的制定。

【文史委员会】 2018 年，市政协创新工作机制，全年编辑出版文史资料 1 辑，组织和参与调研视察考察活动 6 次，提交调研考察报告 3 份，组织界别活动 1 次。学用结合，深入理解习近平新时代中国特色社会主义思想。严格要求，高度重视党风廉政建设。精选集萃，积极探索文史资料为现实服务的新途径。坚持“注重政协特色、突出抢救性和提升社会影响力”的工作思路，探索与市旅发委、玉溪日报社、市县（区）饮食行业协会合作，创新征编方式，提升文稿质量，编辑出版第 18 辑文史资料《玉溪味道》。聚焦安化，竭力为脱贫攻坚献计出力。围绕中心，提升协商服务水平和建言能力。以非物质文化遗产保护为切入点开展专题视察和考察，对玉溪市实施乡村振兴战略——焕发乡风文明新气象工作情况进行重点调研。创新方式，组织界别委员开展丰富多彩的活动，增强委员履职能力。

【联络委员会】 2018 年，市政协牵头组织举办市政协 2018 年新年茶话会。多渠道加强与海外“三胞”及眷属、归国华侨和各界人士的联系，做好争取人心、凝聚力量的工作。把市政协业务主管的玉溪市海外联谊会整体移交至玉溪市委统战部归口管理。开展调研视察，积极建言献策。考察学习红河保税区和玉溪籍外贸企业在河口县的经营发展情况，对玉溪市民营企业实施“走出去”发展情况、玉溪市实施乡村振兴战略——开启全面脱贫新局面工作情况进行调研，组织政协委员对玉溪市创卫复审工作进行视察。加强政协组织之间的互动联系，形成整体合力，实现履职成效最大化。加强委员联系，做好委员管理。制定完善《政协玉溪市委员会委员联络实施办法（试行）》《政协玉溪市第五届委员会常务委员述职办法（试行）》等制度。将 314 名委员划分为 17 个界别活动小组。积极组织委员参加各类参观、视察、座谈会、听证会及公众开放日等活动，为委员履行职能搭建平台。组织市政协委员填写《委员活动情况登记表》。加强“挂包帮”联系，全力做好脱贫攻坚工作。

（刘仕芬）

（张本聪　摄）

（李卫东　摄）

民主党派·工商联

DEMOCRATIC PARTIES FEDERATION

责任编校：李晓媛

民革玉溪市委

民盟玉溪市委

民建玉溪市委

民进玉溪市委

农工党玉溪市委

致公党玉溪市委

九三学社玉溪市委

工商业联合会

民革玉溪市委

【思想建设】 2018年，民革玉溪市委深入学习宣传和贯彻落实习近平新时代中国特色社会主义思想和中共十九大精神。组织全体党员深入学习中共十九大精神、习近平总书记在全国两会上关于新型政党制度的重要论述、在纪念马克思200周年诞辰大会、庆祝改革开放40周年大会等一系列重要讲话精神。团结引领民革全市党员和干部进一步牢固树立“四个意识”、增强“四个自信”、坚定“两个维护”，深化政治共识，不断巩固团结奋斗的共同思想政治基础。组织市委委员和广泛发动各支部参加学习贯彻习近平总书记关于加强和改进人民政协工作的重要思想。准确把握新时代人民政协工作的新部署、新要求，联系民革履职实践，坚持问题导向，查摆差距不足。通过学习，进一步增强做好新时代政协工作的政治责任感和历史使命感。隆重纪念民革成立70周年、“五一口号”发布70周年，庆祝改革开放40周年系列活动。参加民革省委举办全省纪念民革成立70周年知识竞赛、网络竞赛答题活动，重温民革党史，表达合作初心，提高了思想政治教育的吸引力，营造了良好的学习氛围。选派机关干部张杰贤参加省委组织的“观故居，走多党合作之路”活动，赴甘肃邓宝珊将军故居学习民革前辈爱国革命历史。由市委统战部主办，7家民主党派协办的纪念中共“五一口号”发布70周年大型书画摄影展在玉溪博物馆举办，民主党派成员积极投稿参与，市直各单位莅临观看，突出了“不忘合作初心，继续携手前进”主题，充分展现了统战系统的精神风采。民革有4人提供书法和摄影作品参展，并获参展证书。党员冯咏梅作为艺术总监，李沅遥为总导演，由市委市政府主办的“时代回响，玉溪赞歌”庆祝改革开放40周年，纪念玉溪撤地建市20周年文艺晚会，得到了领导和广大市民的好评。邀请民革中央委员、理论研究与学习委员会副主任、民革云南省委副主委、云师大哲学与政法学院副院长李广良教授到玉溪进行专题讲座。李教授以纪念中共中央“五一口号”发布70周年的历史意义和启示为题，全面系统地作了讲座，激励全体民革党员始终坚定不移坚持中国共产党的领导，不忘合作初心，继续携手前进，始终在思想上、政治上、行动上同以习近平同志为核心的中共中央保持高度一致，增强“四个意识”坚定“四个自信”，做到“两个维护”。坚持好、发展好、完善好中国共产党领导的多党合作和政治协商制度，努力做中共玉溪市委的好参谋、好帮手、好同事，在新时代展现多党合作的新气象、新作为。

【组织建设】 2018年，根据民革中央安排部署，全国基层组织建设核心内容是示范支部创建。10月初，民革玉溪市委启动示范支部创建活动，制发活动方案，召开全体党员动员会。通过创建活动推进基层组织工作达到《中国国民党革命委员会章程》和《中国国民党革命委员会基层组织工作条例》规定的基本要求，同时打造一批思想政治素质高、组织工作规范、履职能力强、规章制度健全的示范支部。2018年，发展党员6人，发展率4.5%，学历均为大学本科。党员何建刚被玉溪市检察院聘任特约检察员。范玫均、吕玉珏参加与上海复旦大学联合举办的首届基层组织负责人培训班学习，民革中央组织部部长到班授课。组织5名民革新党员在省社院进行了培训。

【参政议政】 2018年，民革市委领导积极参加市委、市政府和有关部门召开的在各类民主协商会、党外人士座谈会和征求意见会，在民革党内征求意见，坦诚建言，分别对2018年市政府工作报告、政党协商计划、市政协重点工作等重大议题，提出真知灼见，对促进决策的科学化民主化发挥了积极的作用，得到市委、市政府肯定。1月15日，中共玉溪市委召开各民主党派、工商联和无党派人士2017年度调研协商座谈会，主委李少华代表民革作了《玉溪旅游产业发展品牌定位及业态开发》的调研成果汇报，市委书记罗应光给予充分肯定和高度评价。在市政协五届一次全会期间，民革提交7件集体提案，3件联合提案。

【扶贫工作】 2018年，新平县水塘镇大口村为水塘镇2个贫困行政村之一，属中共玉溪市委、民革玉溪市委、新平县公安局等3个单位的“挂包帮”“转走访”联系点。上年末，大口贫困行政村达到脱贫出列标准，全村建档立卡贫困户57户203人，其中，脱贫退出44户157人，未达到脱贫退出标准13户46人。为持续推进脱贫攻坚工作，进一步巩固提升脱贫攻坚成果，大口村坚持做到扶贫工作队伍不散、力度不减、全面抓实脱贫攻坚巩固提升工作。深入开展扶贫领域问题整改落实工作，实现问题“清零”。持续抓好扶贫对象动态管理工作，扶贫对象应扶尽扶、应退尽退；深入开展贫困户“户户清”“施工图”建设工作，精准施策，贫困村、贫困户发展短板不断补齐；深入开展“自强、诚信、感恩”主题实践活动，不断唤醒贫困户生命自觉，真正实现精神脱贫。经2018年底动态管理和贫困退出工作，达到脱贫退出标准13户45人，无新识别户，无脱贫返贫户，实现大口村所有建档立卡贫困户全面脱贫。2018年，民革玉溪市委协调产业发展资金8万元，解决建档立卡户异地搬迁困难各支部捐款2.4万元。

（何建刚）

民盟玉溪市委

【省部级调研】 2018年1月11日，民盟中央主席、中国科学院副院长、中国科学院大学校长丁仲礼率国科大调研组到玉溪市进行国科健康科技小镇建设考察调研，与市委书记罗应光、市长张德华、市委副书记保明顺、市人大常委会主任李洪云、市政协主席夏立洪等领导座谈交流，民盟云南省委主委、省科技厅厅长徐彬，民盟玉溪市委主委、市规划局副局长董晓娟陪同。

4月27日，原民盟中央副主席、四川省政协副主席、民盟四川省委主委吴正德，原民盟中央副主席、云南省政协副主席、民盟云南省委主委倪慧芳带队到玉溪开展“学习民盟传统云南行”调研，市政协副主席贺光明，民盟玉溪市委主委、市旅发委主任董晓娟，专职副主委杨志文，市台办主任柳卫国陪同调研并汇报相关情况。

【思想建设】 2018年，新一届民盟玉溪市委按照习近平总书记“四新”要求，切实加强思想政治建设。认真学习贯彻中共十九大、民盟十二大和中共玉溪市委五届五次全会精神，对标对表统一思想行动，提高政治站位和思想认识；组织开展“四学两做”（学理论精神、学盟史盟章、学法律政策、学市情政情，做本职岗位能手、做热心盟员）活动，深化“不忘合作初心·继续携手前进”主题教育，增进思想共识。开展纪念“五一口号”70周年和改革开放40周年系列活动，成功举办“十九大精神宣讲暨‘不忘合作初心·继续携手前进’主题教育先进事迹报告会——玉溪专场”，编印发放新盟章300多册，编印发放《民盟玉溪市委纪念“五一口号”70周年——“同心梦·盟员行”主题讲坛演讲汇编》和《三届民盟玉溪市委调研（调查）报告汇编》，实行盟员入盟教育制度强化政党意识和盟员意识，组织盟员到昆明魁阁、西南联大博物馆及“一二·一”纪念馆参观学习，传承“红色基因”，引领盟员坚定走中国特色社会主义政治发展道路，“发扬爱国奋斗精神，建功立业新时代”。民盟玉溪市委被民盟中央表彰为“思想宣传工作先进集体”。

【组织建设】 2018年，民盟玉溪市委发展盟员30人（其中博士1人、硕士3人），平均年龄37.2岁，年发展率7.96%，盟员结构有改善，后备人才有储备。支部19个，直属小组3个，共有盟员406人，其中，正高职称11人、副高职称151人，副高以上职称占39.9%。马桥中学支部、玉溪五中支部进行了换届。

以提升“五种能力”为目标，确定2018年为玉溪民盟“制度建设年”和“工作落实年”，制定通过了6项制度，修订完善3项制度，加强制度建设，规范履职尽责。年初成立咨询委员会发挥老盟员传帮带作用；成立监督委员会，在玉溪民主党派中率先建立内部监督机制；组织盟务干部和盟员到市廉政建设基地参观学习，盟市委班子进行廉洁集体谈话。完善专委会设置，调整充实成员共有103名成员。实施“人才强盟”战略，建立参政议政、社会服务、高职称高学历、公务员盟员、后备队伍等人才库，完成300多盟员基本情况信息的收集与更新，力求盟情精准。支持主委随同盟省委组团赴北欧三国考察学习，举办2期盟务干部和盟员履职业务培训，认真配合玉溪统战特色智库专家推荐，22名盟员入选玉溪统战特色智库，2名盟员受到省部级表彰。民盟玉溪市委被民盟云南省委表彰为“组织发展先进集体”。

【参政议政】 2018年，民盟玉溪市委与市委、市政府中心工作同频共振、参政履职。年初组织参政议政业务培训，提升精准建言能力，加强参政议政队伍建设，盟内现有省人大代表1人、市人大代表2人、区人大代表5人，市政协委员11人、区政协委员5人。弘扬民盟“奔走国事·关注民生”优良传统，主动融入玉溪大发展，利用省、市、区“两会”平台主动作为，提交集体提案12件、联合提案2件，提交代表建议13件、政协委员提案33件（其中2件提案被市政协列为委室对口督办提案），质量数量都比上年有大的跃升。确定3个调研课题，由主委、副主委牵头调研，形成并报送了《关于加快推进玉溪红河谷—绿汁江热区经济带建设的调研报告》《关于玉溪市药品流通工作情况的调研报告》《关于玉溪中心城区义务教育优质均衡发展试点工作情况的调研报告》，供市委、市政府决策参考。继续对口红塔区脱贫攻坚工作进行民主监督，竭力帮助巩固提升。盟员人大代表、政协委员和特约监督员参与了法院“三类罪犯”假释减刑庭审及“未检”活动，对依法治市进行民主监督。

【挂钩脱贫帮扶】 2018年，民盟玉溪市委与市工商联合力挂钩帮扶新平县平甸乡磨皮村巩固提升脱贫成果。派出机关干部陈佳蹲点挂钩磨皮村开展脱贫巩固工作，挤出2万元经费支持村民培训，主委副主委带队到村组开展人居环境整治。盟员黎爱红爱心企业玉力测绘地理信息咨询服务有限公司出资38万元，高质量完成磨皮村总体规划及11个小组规划，成为新平县第1个脱贫巩固与乡村振兴相融合的村庄规划。协调玉溪各各达商贸有限公司向磨皮小学捐赠价值6 000元的大型太阳能热水器，解决100多师生洗漱沐浴难题。与市工商联联合开展健康和技能扶贫活动，为“建档立卡户”及其他群众医疗义诊并免费发放8 000元常用药品，组织盟员林果专家李希幸、王蓉给磨皮村彝族群众现场进行核桃管护修枝技术培训，助力磨皮村脱贫巩固和乡村振兴。

【烛光行动】 2018年，民盟玉溪市委继续推进农村教育“烛光行动”。1月10日，首届“初中语文名师工作室”启动仪式在玉溪五中举行，盟员张忠明任主持人。3月28日，汤开科、张忠明、杨志文、师永平等盟员到高仓中学帮助打造“儒雅”校园文化；5月30日，“民盟烛光行动初中语文成长共同体”研修班成员及红塔区、澄江县部分中学的初三语文教师在北城中学开展初中语文中考研讨活动。6月20日，民盟玉溪市委、市教育局教科所、玉溪心理学会在红塔区高仓中学联合举办农村教育“烛光行动”“心理健康名师助力中考”活动受好评。

【“黄丝带”帮教】 2018年，民盟玉溪市委深化与元江监狱的合作联动，帮助服刑人员改造回归社会。8月31日，与元江县政协、元江县委统战部、玉溪市心理学会共同在元江监狱开展“黄丝带”系列帮教活动，民盟玉溪市委、云南元江监狱“黄丝带”帮教法律服务工作室和心理咨询2个工作室揭牌；盟员徐恒毅为200余名监狱干警和服刑人员做宪法及相关法律讲座，杨海鑫、张英等5名律师为服刑人员一对一开展法律咨询援助服务；玉溪心理学会秘书长赖靖怡、市第二人民医院心理科主任王雨虹携3名心理咨询师为服刑人员一对一开展心理咨询与矫治。

【“同心”公益活动】 2018年，民盟玉溪市委树立“大统战”理念，开展“党盟同心”公益活动服务社会。2月6日，与红塔区委统战部联合在洛河乡跨喜村开展健康扶贫医疗义诊送医送药活动；6月28日，与江川区委统战部联合在大街街道大庄社区上大河居民小组开展法制、健康专题讲座和送医送药服务群众系列活动；8月21日，与市委统战部、红塔区委统战部联合在金州社区组织玉溪市统一战线“孝老爱亲·崇德向善”同心文明讲堂；组织基层支部和盟员为通海“8·13”地震灾后重建捐款献爱心，8月23日，由主委董晓娟带队到通海县杨广镇云龙村开展灾后重建送温暖活动，进行医疗义诊，捐赠2.89万元的药品、饮用水和食品；8月24日，与市委统战部、红塔区委统战部联合在小石桥乡组织“玉溪统一战线同心林”植树活动；9月26日，与玉溪市第二人民医院、元江县委统战部联合在元江县车垤村开展医疗义诊送医送药健康扶贫活动；180名盟员为“森林抚仙湖”建设捐款，并于12月29日由主委董晓娟、专职副主委杨志文带领35位盟员到澄江县尖山片区岔河现场义务植树。系列玉溪市统一战线“重自身修养·重社会责任·树良好形象”公益活动，扩大了民盟的社会影响。

（陈　佳）

民建玉溪市委

【拓展对外联络工作】　2018年3月26～27日，全国政协常委、民建中央专职副主席吴晓青，民建云南省主委、云南省政协副主席高峰等领导到玉溪调研。26日上午，调研组调研了抚仙湖北岸生态调蓄带工程建设情况和抚仙湖广龙旅游小镇项目进展情况，参观了抚仙湖生态展示中心和玉溪国家农业科技示范园区。26日下午，民建中央专职副主席吴晓青、民建云南省主委高峰一行与民建玉溪市委领导班子和基层负责人座谈，民建玉溪市委主委自福庄做了工作汇报。民建云南省主委高峰充分肯定了民建玉溪市委工作，并对玉溪民建今后工作提出要求。民建中央专职副主席吴晓青做了讲话，并对玉溪民建今后工作提出希望和要求。27日上午，调研组一行调研参观了民建会员企业云南维和药业股份有限公司和玉溪明珠花卉股份有限公司。

【思想建设及学习培训】　2018年，民建玉溪市委高度重视思想建设及学习培训工作，努力推动会员理论学习深入开展。深入学习中共十九大精神，认真学习民建十一大精神，继续认真开展“不忘合作初心、继续携手前进”主题教育活动，抓好会员对民建会章、会史的学习，认真学习全国“两会”精神，认真学习新修订的宪法，认真学习领会陈豪书记调研玉溪重要讲话精神。民建还精心组织会员参加中央统战部、民建中央等部门举办的各类专题学习培训。此外，民建于11月10日举办了以“纪念改革开放40周年”为主题的骨干会员培训会，原民建中央宣传部部长张皎做了题为“弘扬优良传统，凝心聚力再创辉煌”的专题讲座，民建云南省委理论研究室副主任江南作“民主党派参政议政工作浅析”的专题辅导；12月26日，民建举行新会员入会仪式暨会章会史培训会，专职副主委杨敏对民建会章会史做了专题培训，主委自福庄做培训总结讲话。

2018年10月，民建市委抽调精干力量组成调研组到玉溪各县区开展农村电子商务发展情况专题调研

（民建玉溪市委　提供）

【组织建设】　2018年，民建玉溪市委抓好会员队伍建设，不断提高会员整体素质，按照“三个为主”的基本方针做好组织发展工作，一些高层次有代表性和影响力的人士被吸收入会。年内，发展新会员14名，截至12月，民建会员人数达353名，其中，男会员203名，女会员150名，会员平均年龄47.3岁；具有大专以上学历的会员328名，占会员的92.9%；具有中高级以上职称的会员164名，占46.5%。民建加强基层组织建设工作，基层组织的凝聚力和活力进一步得到提升。

【“悦动的旋律”新春音乐会】　2018年，民建玉溪市委为引导会员牢固树立“四种意识”，更加坚定“不忘合作初心，继续携手前进”的政治信念，1月25日，民建在市文化馆月光演艺厅举办“悦动的旋律”新春音乐会。民建会员、会友230余人聆听了音乐会。音乐会由12个节目组成，晚会主题鲜明，内容丰富多彩，格调高雅，具有较高的艺术水准，充分展示了玉溪市文化艺术事业发展水平。音乐会的举办，是民建深入学习贯彻中共十九大精神，引导民建会员增强文化自信的一次具体实践。

【纪念中共中央“五一口号”发布70周年系列活动】　2018年，民建玉溪市委精选会员作品参加民建省委纪念中共中央发布“五一口号”70周年纪

2018年5月19日，民建玉溪市委与民建昆明医科大学附属第三医院支部到新平县人民医院开展大型义诊活动

（民建玉溪市委　提供）

念活动书画作品展和玉溪市统一战线纪念中共中央发布“五一口号”70周年书法美术摄影展，精选朗诵节目《诗意中国》参加民建云南省委纪念中共中央发布“五一口号”70周年诗歌朗诵会。重温历史组织会员积极撰写纪念征文。于5月3日召开纪念中共中央“五一口号”发布70周年座谈会，重温民建与中国共产党风雨同舟、亲密合作的光荣历史。

【参政议政】 2018年，民建玉溪市委在政协玉溪市五届一次会议上，向大会提交《关于玉溪市实施乡村振兴战略的建议》等5件集体提案。民建市政协委员提出《关于缓解玉溪小微企业融资难的建议》等10件个人提案。在市五届人大一次会议上，市人大代表高风兰向大会提交《关于在中心城区建两个大型停车场的建议》《关于在中心城区增建一个公立幼儿园的建议》的个人建议案，市人大代表岳修辉向大会提交《务实解决好民营企业，特别是农产品加工企业的融资担保问题》的个人建议案。民建向大会提交的提案、议案被全部立案。

【调研活动】 2018年，民建玉溪市委紧扣市委、市政府的中心工作，组织调研组人员深入市、县区有关部门，开展了《玉溪市农村电子商务发展情况的调研》《玉溪市非物质文化遗产保护与利用的调研》《玉溪“三湖”生态经济带产业发展情况的调研》3个专题调研工作，为玉溪农村电子商务发展、市非物质文化遗产保护利用、“三湖”生态经济带产业发展提出对策和建议。

【社会服务】 2018年，民建玉溪市委充分发挥自身优势，积极引导和鼓励会员、会员企业家奉献爱心，回报社会。认真做好“挂包帮、转走访”工作。春节前夕，民建开展春节慰问扶贫联系点贫困户送温暖活动；8月23日，民建玉溪市委一行3人再次深入里士村委会围绕脱贫攻坚工作开展调研，民建筹集3万元用于里士村办公楼相关设施设备建设；11月27日，民建机关工作人员及市政协民建界别政协委员一行7人，前往里士村开展脱贫攻坚问题整改“回头看”专题调研，并组织开展政协委员帮扶行动；12月11日，主委自福庄、专职副主委杨敏、市委委员岳修辉一行前往里士村开展脱贫攻坚专题调研。5月19日，民建与民建昆明医科大学第三附属医院支部到新平县联合开展“健康中国行.义诊在新平”大型义诊活动，活动当日，14位专家义诊1 000余人次，业务技能培训102人，发放药品3万余元。6月20日，“儒嘉”中国关心下一代爱心行到新平县戛洒镇中心小学开展爱心捐赠活动，捐赠仪式上，江苏儒嘉生物科技有限公司向中心小学捐赠学生运动服、运动鞋、书包、雨伞等物品2 900多件（套），向50名贫困生现场献关爱金2万多元。7月4～8日，民建上海市闵行区委一行8人到新平县开展社会服务工作及扶贫工作调研，并到新平县第一中学举行了帮扶捐赠仪式，捐赠电脑30台，资助困难学生25人，合计金额16万余元。

（马国富）

民进玉溪市委

【思想建设】 2018年，民进玉溪市委认真组织开展中共十九大、习近平新时代中国特色社会主义思想，国家、省、市“两会”精神的学习活动；积极参加中共玉溪市委、市委统战部、市政协等部门组织的时代前沿知识、《宪法》《监察法》等专题知识讲座；组织全体基层支部主任赴上海市、嘉兴市考察参观中共一大会址、民进成立旧址、柯灵故居和南湖革命纪念馆，并与民进黄埔区委座谈交流，认真学习其在参政议政、自身发展、社会服务等方面的工作经验；组织市委委员、各基层支部主任、副主任和部分骨干会员到玉溪市反腐倡廉警示教育基地开展廉政教育活动，并重温入会誓词；组织民进玉溪市综合支部骨干会员赴中共云南一大会址、麻栗坡县烈士陵园、老山主峰战场开展“重温历史聚初心缅怀先烈强信心”爱国主义教育实践活动。深入开展纪念发布“五一口号”70周年系列活动，组织会员参加民进中央和中共云南省委统战部开展的纪念征文活动，玉溪民进两位会员撰写的征文获民进中央优秀征文奖，并被中共云南省委统战部在云南日报媒体客服端采用；组织会员参加民进云南省委举办的纪念中共中央发布“五一口号”70周年知识问答活动，并以229人次答题数名列全省民进组织第一；在市委统战部举办的统一战线纪念“五一口号”发布70周年书法美术摄影展活动中，玉溪民进两位会员报送的摄影、美术作品入选参展；通过“玉溪民进”微信公众号连续刊文10余篇回顾中共中央发布“五一口号”前后历程，与全体会员共同体味情怀、汲取力量、深化共识；组织开展主题纪念文艺晚会。4月下旬，民进玉溪市委在玉溪举办纪念中共中央发布“五一口号”70周年文艺晚会。

年内，民进玉溪市委共编辑、编办《玉溪民进》会刊79期（总第453～532期），数量较往年有大幅增加，且均被民进省委网站采用。民进玉溪市委充分利用工作简报、微信公众号、微信群等宣传阵地，切实提高学习、宣传思想工作的时效性、覆盖面和影响力。10月，民进玉溪市委被授予“民进全国宣传思想工作先进

2018年4月，中国民主促进会玉溪市委员会纪念中共中央发布“五一口号”70周年文艺晚会

（民建玉溪市委　提供）

集体”荣誉称号，受到民进中央表彰，民进中央主席蔡达峰为民进玉溪市委颁奖。

【组织建设】 2018年，民进玉溪市委先后选派40余名骨干会员参加了民进中央、中共云南省委统战部、省委党校、民进云南省委和九三玉溪市委举办的培训和专题讲座活动。组织民进玉溪市委机关人员参加由中共玉溪市委统战部组织开展的反恐专题讲座和反恐实训。民进玉溪市委重新制定《中国民主促进会玉溪市委员会会议制度》和《民进玉溪市委财务工作制度》，进一步推进各项会务工作的制度化、规范化和程序化建设。7月组建成立了教育文化、医疗卫生、经济与社会3个专门委员会。

按照组织发展工作的各项方针政策，年内发展新会员3名。共有9个基层支部，会员210人，其中教育界会员占55.7%，文化艺术界会员占19%，出版传媒界会员占0.5%。会员中具有中高级职称的占79.5%；省政协委员1人，市政协委员11人（常委3人，委员8人），市人大代表1人，县区政协委员、人大代表6人。

【参政议政】 2018年玉溪市政协五届一次全会期间，民进玉溪市委提交集体提案12件，委员个人和联名提案12件，共计24件提案，全部立案。6月上旬，民进玉溪市委被民进云南省委表彰为提案工作先进集体，玉溪民进两位会员被表彰为提案工作先进个人。年内完成《玉溪市中学教育现状调研》《乡村振兴中的短板与老百姓的盼点专题调研》和《开展生态环境文化建设，助推健康生活目的地的调研》3个调研课题。

【社会服务】 2018年，民进玉溪市委齐心协力助力玉溪市创建全省文明城市，全市会员在创文和全国卫生城市复审工作中积极行动、率先垂范；深入开展脱贫攻坚巩固提升工作，先后5次赴挂包村开展走访调研，寒冬送暖、农业科技培训和农村人居环境综合整治活动，并协调下拨资金11万元用于解决挂包村的实际困难；民进玉溪市委全体机关干部积极参加“共植同心林共圆中国梦”植树活动，以实际行动推进美丽玉溪、生态玉溪、文明玉溪建设；助力弘扬与发展中华文化，认真承办云南民进开明画院第二次理事会活动，积极推选会员参加“大地精华咏恒—第二届中国文化和自然遗产日——昆明之心”大型公益活动，民进玉溪市委被活动主办方授予“第二届（2018）中国文化和自然遗产日公益证书”；积极支援地震灾区建设，组织全市会员为通海县地震灾区爱心募捐，共捐款10 271元。

【同心工程】 2018年2月，为支持帮助云南统一战线“同心工程”示范点民进云南省委帮扶点华宁县宁州街道的建设，民进玉溪市委组织书画界会员在春节前到华宁县宁州街道岔纳村，为当地群众民送上文化大餐。活动中，为岔纳村村民送出春联110余副，活动受到当地干部群众热烈欢迎。

（黄蕊仪）

①2018年，民进玉溪市委与市招商局联合开展对口帮扶送农业科技下乡活动
②2018年，民进全国“春联万家”活动——云南玉溪会场

（民建玉溪市委 提供）

农工党玉溪市委

【思想建设】 2018年，农工党玉溪市委班子成员认真学习中共十九大和十九届历次全会精神、习近平总书记系列重要讲话精神，积极参加中共玉溪市政协党组举办的专题活动，中共玉溪市委、中共玉溪市委统战部等部门组织的时代前沿知识讲座、十九大精神宣讲、双周学习等系列会议，努力提升班子成员思想政治素质。认真学习、深刻领会中国特色社会主义理论体系的科学内涵、精神实质和根本要求，进一步增强了贯彻这一理论体系的自觉性和坚定性，提高运用科学理论的能力。树立和践行社会主义核心价值观，通过学习树立正确的价值观念，积极的精神状态，形成良好的

行为规范。认真开展“不忘合作初心继续携手前进”主题教育活动，自觉把思想和行动统一到以习近平同志为核心的中共中央决策部署上来，统一到中共云南省委、玉溪市委的安排部署上来。引导党员从中国共产党与民主党派长期团结合作的光辉历程中，深刻认识自觉接受中国共产党领导既是历史必然，也是现实正确选择。学习新时期统一战线和多党合作理论政策，深刻认识多党合作制度的理论基础，准确把握多党合作的基本特征，始终坚持多党合作的政治准则。认真学习农工党章程，深入了解多党合作和农工党历史，引导广大党员自觉遵守农工党章程，继承和弘扬老一辈领导人与中国共产党风雨同舟、团结合作的优良传统，增强接受中国共产党领导的自觉性。

【组织建设】 2018年，农工党玉溪市委根据《中国农工民主党章程》第五章第三十七条规定，农工党玉溪市委十五支部（玉溪师范学院、市滇剧院、市文化馆等）成员中，玉溪师范学院党员超过5名，已经具备独立成立支部的条件。经11月2日中国农工民主党玉溪市第四届委员会第七次全体会议研究，决定成立农工党玉溪市第十七支部（玉溪师范学院支部），原十五支部进行相应调整。截至年底，农工党玉溪市委十五支部调整完毕，十七支部成立，圆满完成了基层组织成立和调整工作。年内，发展新党员6名，平均年龄33.5岁，共有17个支部，1个党小组，党员237人。

【参政议政】 2018年，农工党玉溪市委组织开展对科教创新城“引智引才”工作和生态循环农业发展的调研，参与了市政协组织的调研视察和提案协商督办工作、市委统战部组织的调研视察活动，积极履行参政议政和民主监督职能，组织广大农工党员深入调查研究，了解社情民意，广泛收集相关信息，认真进行分类整理、提炼。以人大建议、政协提案形式，积极建言献策。向省政协十二届一次全会提交了《关于在全省范围启动专业技术职务中专教师系列正高级职称评聘工作的建议》《关于将玉溪市大营街街道大营街社区列入全省乡村振兴战略规划示范村的建议》《关于进一步推进医养结合事业发展的建议》3件提案；向玉溪市人大五届一次全会提交了《关于加快培育和发展“运动健康”产业的建议》人大代表建议1件。向政协玉溪市五届一次全会提交了《关于进一步推进玉溪市医养结合事业发展的建议》《关于开通玉溪经昆明南站达长水国际机场专线的建议》《关于打造江川区九溪镇罗合白民族特色村寨的建议》等政协集体提案和委员提案16件。向政协玉溪市红塔区五届二次全会提交了《关于加大中心城区西面老火车站片区道路基础设施建设力度的建议》《关于建立红塔区危急孕产妇救治中心的建议》《关于进一步加强农村饮用水安全工作的建议》政协集体提案和委员提案3件。

【关注农业农村农民发展】 2018年4月3日，农工党玉溪市委组织农业专家到江川区九溪镇矣文村委会开展特色村寨考察踏勘工作，专家组实地踏勘了矣文村道路铺设、村容村貌、农业种植用地、罗合白村古核桃林等情况，并向矣文村干部了解了少数民族特色村寨发展面临的困难和问题。农业专家还对矣文村果蔬种植、土地复种等方面给予了专业的意见和建议，并现场对村民进行了相关技术的指导和培训。10月16日，为继续推进山区种植业发展，增加农民收入，到红塔区春和街道波衣村水槽小组开展捐赠树苗活动，活动共捐赠价值1万余元的车厘子树苗，受到了山区群众的欢迎。

【健康扶贫系列活动】 2018年4月10日，经农工党玉溪市委和红塔区人民政府共同协调，农工党云南省委兼职副主委、云南省阜外心血管病医院副院长马林昆率医疗团队开展健康扶贫系列活动。云南省阜外心血管病医院与红塔区签署了合作协议，通过合作，将进一步推进红塔区国家健康城市建设试点和健康促进县区创建工作，促成区域医疗联合体和专科联盟，充分发挥云南省阜外心血管病医院优质医疗资源优势，提升红塔区医院管理和医疗水平，提升专科诊疗水平。合作协议签订后，健康扶贫系列活动中玉溪市儿童先心病免费筛查干预项目也同时启动，本次筛查历时20天，项目辐射玉溪市红塔区、新平县、元江县3个县（区）25个乡镇，针对0～18岁先天性心脏病患儿开展筛查，对需要手术的患儿提供免费救治，减少玉溪市“因病致贫、因病返贫”家庭，并推动建立玉溪市先心病有效筛查、随诊机制。同日，云南省阜外心血管病医院、玉溪市红塔区人民政府、农工党云南省阜外医院支部、农工党玉溪市委联合举办的心血管病健康专题讲座也在玉溪龙马酒店举办，专家们通过生动的语言、翔实的案例，深入浅出地为广大市民进行了心血管病健康知识的科普，受到了玉溪市民的一致好评。4月11～30日，专家团队在市第三人民医院开展大型义诊活动，同时继续对部分学校开展先心病筛查，不间断地筛查先心病患儿，并择期继续开展大型医疗义诊。

【“挂包帮转走访”巩固提升活动】 2018年1月9日，市委机关深入“挂包帮、转走访”联系点华宁县宁州街道红坡村委会石门坎小组开展“自强、诚信、感恩”主题实践活动暨“关爱民生，寒冬送暖”走访慰问活动。1月17日和4月3日，按照全市农村人居环境专项整治行动的安排部署，市委全体机关干部到扶贫挂钩联系点华宁县宁州街道红坡村委会开展人居环境整治集中行动。3月20日，市委机关及九支部党员张福全到华宁县宁州街道红坡村委会开展节后慰问及帮扶踏勘工作。4月23日，市委组织九支部6名企业家党员到华宁县宁州街道红坡村委会开展企业家党员帮扶活动。活动中，向华宁县宁州街道红坡村委会捐赠了价值人民币13 000元的无线应急预警广播系统设备一套。农工党玉溪市委党员、云南祺晟有限责任公司董事长兼总经理毛志明向村民们介绍了公司基本情况，招工条件和工资水平，鼓励符合条件和有打工意愿的村民到公司工作。随后，市委就2018年农工党玉溪市委帮扶村委会建设相关项目与宁州街道和红坡村委会进行了商讨。活动之后，市委还对挂包帮联系户进行了走访慰问，鼓励联系户保持奋发向上的冲劲，巩固提升脱贫攻坚成果。10月15日，市委组织到华宁县宁州街道红坡村委会开展联系户帮扶工作。在红坡村委会与支书主任李良及驻村工作队员进行了座谈交流，对该村的贫困户动态管理情况及巩固脱贫攻坚成果情况进行了深入了解，并对农工党玉溪市委挂钩联系的3户联系户进行了入户走访；实地察看了联系户李逵和王保良入住新房的情况。10月25日，市委开展脱贫攻坚问题整改“回头看”“户户清”活动。与帮扶户开展座谈，走访了解脱贫情况，鼓励他们积极参加各种劳动技能培训，掌握新兴技术，转变发展方式，从依靠种植增值率不高的农作物和家禽家畜转向集约化和规模化的种养殖品种，科学致富。年内，农工党玉溪市委从工作经费中拨资金5万元，帮助红坡村委会石门坎小组实施人畜分离、硬化路面等，使红坡村委会的人居环境得到提升。

【义诊咨询活动】 2018年7月19日，农工党玉溪市委围绕“不忘合作初心，继续携手前进”主题，结合统一战线开展重自身修养、重社会责任、树良好形象活动，组织医卫界专家党员到通海县兴蒙蒙古族乡下村村委会开展送医送药社会服务活动。义诊活动一方面为村民进行免费的健康体检及看病开药，一方面向群众普及健康知识，努力做到让每一位前来就诊的群众满意。通过参加义诊的医护人员的共同努力，这次活动接诊群众200多人次，并针对不同疾病免费发放了9 000余元的相关药品，在一定程度上缓解了群众看病难、就医难的问题，受到了群众的一致好评。

【支持城乡基础教育】 2018年10月10日，农工党玉溪市委到北城街道夏井小学，为同学们捐赠了1万余元的课外读物，受到了夏井小学师生们的热烈欢迎。16日，到春和街道波衣小学现场查看山体滑坡重建情况，听取情况介绍，对学校预防自然和学生安全管理方面提出了意见和建议，同时还深入了解该校图书室的建设情况。

【关心爱护弱势群体】 2018年9月13日，农工党玉溪市委第十二支部（红塔区疾控中心支部）组织党员到红塔区洛河乡清水河麻风病康复院慰问在院的麻风畸残患者，向10位在院麻风患者老人送上月饼、糕点、饮品和米糊等价值3 000余元的慰问品，并鼓励生活在康复院的患者和工作人员要发扬“自尊、自信、自强、自立”精神，勇敢面对社会、面对生活。11月29日，农工党玉溪市委组织十二支部10名专家党员到红星国际广场施工工地，开展“主动检测，知艾防艾，共享健康”为主题的“世界艾滋病日”健康宣传服务活动。宣教活动以现场咨询，发放小礼品，艾滋病、性病、丙肝宣传折页以及年历等资料进行，并免费为农民工开展HIV、梅毒检测。来自建筑单位的农民工兄弟约400余人参加了活动。

【民主监督】 2018年5月21～22日，农工党玉溪市委配合农工党内蒙古自治区委员会调研组对玉溪市脱贫攻坚工作开展民主监督。通过开展座谈和实地调研，内蒙古政协环资委主任、农工党自治区委主委云治厚对玉溪的脱贫攻坚工作给予了充分肯定。调研期间，调研组先后到峨山县双江镇总果村、江川区九溪镇矣文村进行入户走访实地查看脱贫攻坚工作进展情况，并向走访的各贫困户赠送了慰问品。

【表彰先进】 2018年5月，农工党玉溪市委被农工党云南省委评为“2013至2017年社会服务工作先进集体”和“2013至2017年参政议政工作先进集体”。党员张铁群、黄晓薇被评为优秀党员。7月，农工党玉溪市委圆满完成2018年度党刊发行任务，被农工党中央评为2018年度《前进论坛》发行工作市级先进单位。12月，为表扬先进，进一步激发基层组织和广大党员的工作积极性，农工党玉溪市委决定对2018年成绩显著、表现突出的集体和个人进行表扬。八支部、九支部、十二支部、十四支部、十五支部、十六支部被评为“优秀基层组织”；周爱华等18名党员被评为“参政议政先进个人”；包蕾等43名党员被评为“优秀党员”。

（黄晓薇）

致公党玉溪市委

【思想建设】 2018年，致公党玉溪市委以坚持开展学习实践活动为契机，通过主委会、常委会、支部小组学习、网络学习、个人自学等方式，进一步加强学习型参政党建设。先后组织学习了《中国共产党统一战线工作条例》《中共中央关于加强政党协商的实施意见》《中共中央关于加强社会主义协商民主建议的意见》、中共十九大、致公党第十五次全国代表大会、致公党云南省第七次代表大会会议精神，习近平总书记系列重要讲话精神和视察云南重要讲话精神等重要文件。通过学习，广大致公党员特别是领导班子和骨干成员的思想觉悟和理论水平有了进一步提高，对坚持中国特色社会主义道路的理解更加深刻，对致公党党章、党史和老一代领导人优良传统的了解更加深入，对新时期参政党的目标、任务和努力方向的有了更深的了解，进一步凝聚了共识，增强了对中国特色社会主义的道路自信、理论自信、制度自信和文化自信，增强了政治意识、大局意识、核心意识、看齐意识，更加明确了承担起中国特色社会主义亲历者、实践者、维护者、捍卫者的重要职责。

【组织建设】 2018年，致公党玉溪市委发展新党员3人，其中，本科学历3人，平均年龄32岁。按照组织发展工作的各项方针政策，下设7个基层支部，有党员153人。开展纪念“五一口号”发布70周年系列活动，组织进行“弘扬致公精神·重走滇西抗战路”参观学习活动。组织市委委员、各支部主副委、老年党员代表，共计20人，到保山市开展纪念“五一口号”弘扬致公精神·重走滇西抗战路参观学习活动。扎实推进学习实践活动，组织党员参观全市统战系统纪念中共中央发布“五一口号”70周年摄影书画作品展；庆祝改革开放40年暨玉溪撤地设市20周年成就展。组织3名党员参加全省统一战线成员学习贯彻中共十九大精神培训班（第二期）。

【参政议政】 2018年，致公党玉溪市委在市政协五届一次会议上，提交集体提案8件、领衔提案1件、联合提案1件、委员提交个人提案5件。提案涉及健康养老、农技队伍建设、烟草科技成果转化、工业企业创新创造、科技成果转化应用统计、抚仙湖绿色生态经济区规划、绿色出行、医疗机构服务项目价格调整等方面内容。致公党玉溪市委精心组织准备，认真开展《玉溪市互联网、大数据与实体经济深度融合研究》的课题调研，成立以主要领导为组长的课题调研小组，深入开展调研。

【社会服务】 2018年，致公党玉溪市委继续配合致公党省委和市委统战部做好“同心”工程。组织动员广大党员，发扬奉献精神，发挥特色优势，竭尽所能，做好社会服务工作，开展好“同心”工程。深入精准扶贫联系点江川区安化乡早谷田村委会烂泥箐村民小组开展慰问调研工作。组织市委机关干部开展“关爱民生寒冬送暖”活动、农村人居环境整治工作、多次看望生病“挂包帮”农户，帮助他们解决生产、生活中的困难，组织党内专家成员多次实地勘察，无偿为村小组老年活动室建设提供规划、预算、招投标代理工作，积极推进老年活动室的建设。为保障村民的饮用水安全，将主委工作经费5万元，用于资助村民小组更换人畜饮水管道，让村民们喝上干净水、放心水。经市委会同市卫计委多方协调对接，年内，市卫计委安排下达了安化彝族乡新庄村委会村卫生室建设资金8万元。持续开展“致福助侨”奖学金发放工作。向元江红河华侨农场、甘庄华侨农场和通海县的7名优秀贫困的归侨侨眷高考学子发放共计3.5万元奖学金。持续开展爱心义诊送医送药下乡活动。联合市外事侨务办到元江县澧江街道红侨社区、甘庄社区、红塔区胜利社区廉租房小区、江川区安化乡早谷田村开展送医送药义诊活动，共计接诊1 000余人次，发放价值25 000余元的各类药品。为帕金森病患者凝心聚力献爱心。在得知致公党员郭亚萍的患者陈俊英因帕金森病生活艰难的情况后，致公党玉溪市委退休支部在水滴筹平台和微信上为其开展筹款献爱心活动。8月14日，陈俊英在新昆华医院接受了DBS手术，术后身体得到恢复。帮助元江县甘庄街道解决新侨村民小组提升改造人居环境。为实施乡村振兴战略，坚持农业农村优先发展，坚持绿水青山就是金山银山，顺应广大农民过上美好生活的期待，以建设美丽宜居村庄为导向，急需对新侨小组公厕及村内排污沟进行改造修缮，在了解到这一情况后致公党玉溪市委协调经费3万元，用于补助新侨小组提升改造人居环境。

【宣传工作】 2018年，致公党玉溪市委及时上报各类工作信息，撰写简报46期，分别为工作情况、会议学习和培训、党员支部活动、扶贫助困、政协会议和提案等方面的内容。其中，多期简报都被致公党云南省委微信公众号、市委统战部网站、市政协网站采用。积极组织党员订阅云南致公微信，关注致公发展，加大致公宣传工作力度。

【海外联谊】 2018年，致公党玉溪市委党员结合本职工作和生活实际，以亲情、乡情、友情及血缘、地缘、业缘为纽带，向海外华人华侨介绍玉溪对外开放的优越政策，宣传家乡的变化，传递中国改革开放以来取得的新成就，增进友情，融合亲情。接待了英国春晚总导演、英中妇女商会主席、英中舞蹈和文化艺术联合会会长张玉霞一行，就舞蹈和文化艺术方面进行了交流；与“一带一路”沿线国家侨商代表团开展座谈；无锡市委主委高慧一行在致公党玉溪市委召开座谈会，对“一带一路”和生态环境建设等课题开展研究讨论；与致公党保山市委就纪念“五一口号”发布70周年召开了座谈会，参观了保山城市规划展览馆和永子文化园。

（赵皖婷）

九三学社玉溪市委

【思想建设】 2018年，九三学社玉溪市委通过召开主委会、市委委员会、市委委员（扩大）会、全体社员大会、支社活动等多种形式，深入学习贯彻习近平新时代中国特色社会主义思想，传达学习中共十九大、十九届二中全会、九三学社十一大会议精神；深入开展“不忘合作初心，继续携手前进”主题教育实践活动，以中共中央发布“五一口号”70周年、改革开放40周年为契机，积极撰写心得体会、经验交流文章，邀请全国政协委员、九三学社中央委员、清大筑境规划建筑设计研究院副院长许进(九三学社创始人许德珩之孙)做了题为《我对九三学社的几点认识》的社史宣讲专题报告会；举办社史社章、统战理论和十九大精神培训与知识竞赛等系列教育学习活动；传达学习省、市“两会”精神和市政府五届一次会议精神，积极参加中共玉溪市委、市委统战部、市政协等部门组织的时代前沿知识讲座、十九大精神宣讲、《宪法》《行政监察法》等专题知识讲座；充分利用《领导干部在线学习学院》《云南省国家工作人员学法用法及考试平台》“九三社员之家”等平台，加强学习，努力提高领导班子成员、广大社员的思想政治素质；组织骨干社员赴重庆、老山、蒙自等地开展爱国主义教育，凝聚共识，提升广大社员的政治素质和爱国热情，坚定理想信念。

【组织建设】 2018年，九三学社玉溪市委继续贯彻“人才强社”战略，先后组织和选派12人次参加社中央、社省委、省委统战部、市委统战部及市政协等举办的专题学习培训活动；社员发展上，注重质量，体现界别特色。全年发展新社员14人，共有8个支社189名社员。社员中具有高级职称102人，占社员总数的53.97%，具有中级职称76人，占社员总数的40.21%，其他11人，占社员总数的5.82%；硕士以上学历33人，占社员总数的17.46%。有副厅级干部1人，正处级干部1人，副处级干部7人。有全国人大代表1人，省政协委员1人；市人大代表1人，市政协委员13人（市政协副主席1人，常委3人）；区人大代表（常委）1人，县区政协委员5人（常委3人）。

【机关建设】 2018年，九三学社玉溪市委以建设六型机关为目标，不断加强机关能力建设，完善机关工作制度20余项，编印《九三学社玉溪市委工作制度汇编》《九三学社玉溪市委工作手册》，完善组织信息数据，配置图书资料，规范档案管理等工作取得成效，圆满通过社中央办公厅机关能力检查验收。

【参政议政】 2018年，九三学社玉溪市委围绕绿色农业发展、乡村振兴战略开展深入调查研究，形成《关于推进玉溪市绿色农业发展的建议》调研报告，被社省委列入2018年参政议政课题。为探索符合玉溪实际的医养结合模式，助推玉溪医养结合事业和产业发展，市政协副主席、九三学社玉溪市委主委郭亚钢带队进行调研，形成《关于玉溪市医养结合发展情况的调查报告》，得到市委书记罗应光批示。依托政协、人大平台，积极建言献策。向市人大五届一次会议提交1件人大代表建议；向市政协五届一次会议提交18件集体提案和10件委员提案。提案和建议案均围绕全市经济建设、产业发展、生态文明建设和民生改善等方面，得到了大会和媒体的高度关注，大部分提案均得到了落实，问题得到了解决。

【社会服务】 2018年，九三学社玉溪市委主动作为，积极协作，开启“九玉合作”新篇章。在副市长周群英的牵头联系多方协调下，九三学社中央副主席丛斌于9月14～16日率队，组织13位国内著名九三医卫专家赴玉溪开展医疗帮扶活动，同时，九三学社云南省委与市政府签署了“九玉合作”框架协议，双方在医疗卫生、农业、科技等领域达成合作意向，开启了九三服务玉溪经济社会发展的新

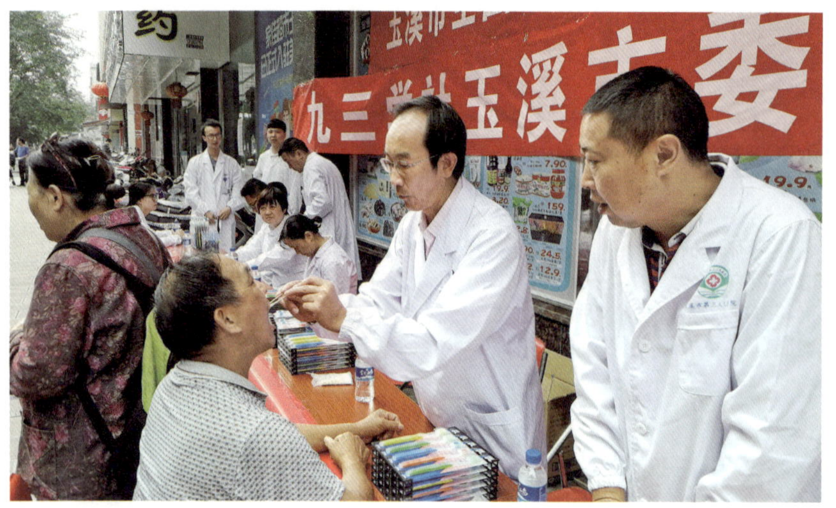

2018 年 9 月 20 日，九三学社玉溪市委开展爱牙日义诊活动

（九三学社玉溪市委　提供）

篇章。活动期间，共接诊患者360余人，开展健康知识讲座3场次和1场次的专业类知识培训，受众人数达1 500余人。12月15～16日，“百名专家科技下乡”暨“九玉合作”健康扶贫医疗义诊在新平县中医院举行。活动组织11名省内九三知名医疗专家开展义诊、指导帮教、查房、诊疗、培训等活动，为345名新平群众进行了诊疗，解答健康咨询、用药咨询87人次；开设3个专题的科普知识讲座，受众人数达600余人次；对新平县中医院骨伤科、针灸科、外科3个科室进行了业务查房指导；3位医疗专家历时4个小时，全程参与全髋植换手术1台。

发挥九三优势，助力脱贫攻坚。年内，社市委5次深入扶贫联系点华宁县宁州街道火特村委会走访调研，看望慰问驻村干部、村组干部，与村组干部座谈交流，详细了解脱贫攻坚巩固提升、产业发展等相关情况；3次深入联系户家中入户走访，了解存在困难和问题，就脱贫巩固工作提出了意见建议。全年下拨主委经费2万元、市级领导机动金2万元作为火特村蔬菜种植培训费；与团市委共同协调资金5万元，用于村委会办公楼建设补助。4月18日，组织市内九三医疗专家深入扶贫联系点开展义诊，接诊患者100余人次，免费发放10 000元的常用药品，发放常见病、慢性病等疾病预防知识宣传册200余份。2次深入火特村开展农村人居环境专项整治行动。12月18日，深入江川区大街街道土官田村委会土官田村开展乡村振兴“千名领导挂千村”调研走访，全面了解土官田村人口分布、经济发展、产业结构、村庄规划、脱贫攻坚巩固提升、危房改造、饮用水等情况介绍。

9月20日，举办“全国爱牙日”大型义诊活动，为700余名群众进行诊断咨询，发放口腔宣传资料700余份，保健牙刷700支。

5月9日，山东淄博市政协副主席、社淄博市委主委王济众与社淄博市委企业家联谊会代表到玉溪交流社会服务工作和调研抚仙湖保护。8月26日，重庆市北碚区政协副主席、社北碚区委主委李航带领社北碚区委、社西南大学委员会联合调研组到玉溪，调研有机农业和交流社会服务工作，同行的社北碚区委副主委、西南大学文学院中国书法研究所所长、博士生导师曹建教授还举办了书法讲座，并题写了“玉溪九三”条幅。10月18日，邀请九三学社青年企业家代表团成员赴玉溪进行调研考察，并与玉溪高新区、工业信息、科技等部门进行交流座谈，共商发展大计、共谋合作愿景、共促经济发展。10月30日，社天津市委秘书长张玉芳一行4人到玉溪就宣传工作进行交流调研。

2018 年 12 月 15 ～ 16 日，九三学社玉溪市委赴新平县中医院开展“九玉合作”健康扶贫医疗义诊活动

（九三学社玉溪市委　提供）

【表彰先进】 2018年，九三学社玉溪市委员会被九三学社中央委员会表彰为“先进集体”“2018年度机关正规化建设交叉检查市级组织机关工作成效奖”“2018年度机关正规化建设交叉检查工作组织奖”等荣誉称号；被九三学社云南省委员会表彰为“2018年度宣传工作先进集体”“2018年度社会服务先进集体”。

3名社员主持或参与的4个项目荣获云南省科学技术进步奖三等奖；1名社员主持的1个项目获云南省农业农村厅农业技术推广三等奖；2名社员参与的项目获玉溪市农业局2017年度农业技术推广二等奖；3名社员积极参与九三学社中央开展的“我与改革开放40年”征文活动，其中，1名社员征文获入围奖，2名社员征文获参与奖；1名社员撰写的“五一口号”征文荣获九三学社云南省委纪念中共中央发布“五一口号”70周年征文二等奖；1名社员撰写的论文获玉溪市农业局2017年度优秀论文二等奖；1名社员入选云南省医学学科后备人才；1名社员获玉溪市第三次全国农业普查工作市级先进个人；1名社员获玉溪市第六届青年演员大赛声乐特等奖；1名社员被市政协表彰为2018年信息工作先进个人；1名社员被玉溪市妇联授予玉溪市巾帼建功标兵荣誉称号。

【宣传工作】 2018年，九三学社玉溪市委以“九三宣言”“九三学社简介”、九三学社历届中央主席、荣获“两弹一星”功勋奖章、国家最高科学技术奖的九三学社杰出代表人物的事迹等内容制作展板，在现有办公室进行展示宣传。全年共编辑信息68条，向社省委、市政协、市委统战部投稿，分别被《云南九三》《政协信息》《玉溪统一战线》等网站采用；编辑《玉溪九三》简讯12期，完成《玉溪九三》（2017年刊第五期）刊印工作。通过不断对外宣传，有效扩大了社会影响力，树立良好的九三形象。

（周海琼）

工商业联合会

【五届二次执委会】 2018年4月25日，市工商业联合会（总商会）召开五届二次执委会，听取市工商联五届执委会工作报告，总结回顾2017年主要工作和取得成绩，对2018年主要工作任务进行安排部署，并对上年度荣获市级“四好”商会称号的15个商会进行通报和授牌。

【构建亲清新型政商关系】 2018年，市工商业联合会代市委起草《关于构建“亲”“清”新型政商关系的实施意见》，经6月6日五届市委常委会第84次会议研究通过，于7月9日印发全市实施。

【学习培训】 2018年，市工商业联合会贯彻中国工商业联合会第十二次全国代表大会精神，研究制定《玉溪市工商业联合会（总商会）打好“民营经济”战役三年行动计划（2018～2020）》；积极筹备并于11月16日牵头召开全市民营企业座谈会，全面贯彻落实习近平总书记在民营企业座谈会上的重要讲话精神；11月4～10日在电子科技大学经济与管理学院举办“非公经济代表人士创业创新能力提升培训班”，52名非公经济人代表人士和工商联部分干部参加培训。

【商会组建和会员发展】 2018年，市青年企业家商会成立。全市工商联有会员19 656个，其中，企业会员2 559个，团体会员177个，个人会员16 920个；有行业组织商会84个，乡镇（街道）商会74个，园区商会1个，异地商会15个，个体劳动者协会2个，其他1个。会员和商会数量均在全省位居前列。

【经济服务】 2018年7月20日，市工商联组织市内4户生物医药与大健康企业参加“2018一带一路工商合

①2018年5月3日，市工商联牵头召开玉溪市民营企业法律维权委员会第二次联席会议。市委常委、市政法委书记明正彬出席会议并做讲话 ②2018年12月7日，玉溪市青年企业家商会正式成立，云南能投汇龙科技股份有限公司董事长兼总经理杨成云当选首任会长。市委常委、秘书长王志新，市人大常委会副主任孙云鹏共同为玉溪市青年企业家商会揭牌、授印，市政协副主席、市工商联主席杨建敏为玉溪市青年企业家商会会长授牌并致辞。云南省青年企业家商会领导到会祝贺 （市工商联 提供）

2018年4月2日，市工商联组织召开党的十九大精神与新时代民营经济发展市级异地商会会长座谈会，市委副书记、市委统战部部长保明顺出席会议并讲话，对各家商会提出的问题予以回应，帮助研究解决措施 （市工商联 提供）

作‘云聚会’暨生物医药与大健康企业交流活动”。8月2日，市工商联参加省工商联“上规模民营企业调研及非公企业100强排序”活动，全市13户企业荣登100强榜单，总量排名全省第二，仅次于昆明市。6月3日，组织重点产业民营企业参加滇缅经贸合作论坛第七次会议，云南太标集团应缅方要求在大会上作企业代表发言。4月2日，组织召开党的十九大精神与新时代民营经济发展市级异地商会会长座谈会，市委副书记、统战部部长保明顺出席会议并对各家商会提出的问题予以回应，帮助研究解决措施。

【维权服务】 2018年8月下旬至9月上旬，市工商联在全市范围内开展“法律进企业”巡回宣讲活动23场次，覆盖全市工商联执委企业负责人、商会会员、民营企业管理人员、个体工商户、县区工商联干部等1 300余人。4月25日，邀请省内知名律师为120余名民营企业家作法律风险防控和构建和谐劳动关系专题讲座。5月3日，牵头召开玉溪市民营企业法律维权委员会第二次联席会议，谋划部署未来一个时期重点工作。同时，认真做好61家民营企业劳动关系状况监测工作。

【创业帮扶】 2018年，市工商联完成1 250户“贷免扶补”工作任务，发放贷款金额1.25亿元，带动吸纳就业人数2 511人；完成“小微企业贷款”扶持目标任务36户，发放贷款6 700万元，带动就业396人；圆满完成“创业担保贷款”目标任务300户，发放贷款3 000万元，带动632人就业。

【参政议政】 2018年，市工商联向市政协五届一次全会提交《关于促进民营医院健康发展的建议》《关于解决停车难的建议》等8个集体和个人提案，其中《关于解决停车难的建议》被列为重点督办提案。

【光彩事业】 2018年，玉溪市光彩事业促进会全年接收24个企业（团体）捐赠款560万元，转出捐赠款9笔540万元，在广大非公经济人士中发挥了较好的示范带动作用。

【支援抗震救灾】 2018年8月31日，市工商联牵头召开全市民营企业参与通海“8·13”“8·14”地震抗震救灾工作座谈会，市委常委、副市长田川出席座谈会并做讲话，玉溪市光彩事业促进会向全市广大非公有制经济人士发出支援通海“8·13”“8·14”地震抗震救灾倡议。截至10月底，全市民营企业捐资捐物总计达1 041.01万元。

【“万企帮万村”精准扶贫】 2018年，全市有146户民营企业参与“万企帮万村”精准扶贫行动，结对帮扶158个贫困村，实施帮扶项目347个，投入帮扶资金7 977.09万元，惠及22 489人。

【民营企业调查点建设】 2018年，市工商联将民营企业调查点工作打造为民营企业发展的“晴雨表”和民营企业家思想状况和利益诉求的“显示器”，按照区域分布、行业结构、企业规模等综合平衡要求，动员125户符合产业导向、成长性好、创新性强、发展前景广阔的民营企业加入全国工商联民营企业调查点系统。

（刘亚丹）

（张本聪　摄）

（李卫东　摄）

人民团体

MASS ORGANIZATIONS

责任编校：佐湘麟

总工会

【概　况】 2018年，在市委和省总工会的领导下，以“五大主题行动”为抓手，强化措施、狠抓落实，工会各项工作扎实推进、稳步提升，各项工作取得新的进展和成效。

【玉溪市第五次工代会】 2018年11月13～15日市工会第五次代表大会召开，会议选举产生市总工会第五届委员会委员、主席、常务副主席、副主席、兼职副主席、常务委员以及市总工会第五届经费审查委员会委员、主任、副主任。

【技能提升】 2018年，市总工会围绕五网建设和重大项目建设，开展“践行新理念，建功十三五”“七比一创”主题劳动竞赛，激发和调动广大职工参与玉溪建设的积极性、主动性和首创精神。全年组织75个工种、307场、6万名职工参与技能技术大赛，促进企业的人才培养和技术进步。此外，在农民工中开展各类法律法规知识竞赛和技能提升培训，完成省总工会下达的农民工引导性培训任务4.5万人。

【示范引领】 2018年，市总工会建立“玉溪工匠”培养、选树和激励机制，并开展第三届、第四届职工创新创意成果评选活动，建立完善职工创新成果、发明专利推介机制，促进职工创新成果转化，充分发挥劳模和高技能人才示范引领作用。同时，召开劳模座谈会、事迹报告会，组织劳模疗养、体检，并发放三级劳模慰问金、帮扶金。

【和谐劳动关系】 2018年，市总工会落实协调劳动关系三方制度，着力推动行业协商、区域协商，签订工资集体协商合同1 310份，合同签订率95.6%，覆盖企业3 325户、职工11.27万人；推进工会劳动法律监督意见书和建议书制度，充分发挥667个工会劳动法律监督组织、2 123名监督员作用，开展工会劳动法律监督和劳动法律宣传活动，受理劳动法律监督案件65件；建立困难职工法律援助制度，在10个县（区）职工服务中心设立法律援助站，实施困难职工法律援助103件；积极参与农民工工资清欠集中行动，维护农民工劳动经济权益；加强农业人口转移培训工作，与广东惠州市总工会达成农民工维权合作协议，建立“惠州市博罗县石湾镇玉溪娘家人服务站”，推进全市农村劳动力转移就业；创建国家级和谐劳动关系园区1个、省级“劳动关系和谐企业”45个、市级“劳动关系和谐企业”63个；做好职工信访接待、矛盾排查和化解工作，妥善解决涉及职工切身利益的问题。全市公有制企事业单位建立厂务公开民主管理制度和职工代表大会制度率均达100%；非公有制企业分别达97.9%、95.2%。

【“安康杯”竞赛活动】 2018年，市总工会组织491家单位、4 062个班组、6.21万人参加“安康杯”竞赛活动。在企业工会中广泛宣传贯彻落实“安全第一、预防为主、综合治理”的方针，开展“查隐患防事故”群众性安全生产活动，增强企业重视安全、人人关心安全、人人遵章守纪的主动性、积极性和自觉性。

【职工帮扶】 2018年，全市6个省AAA级帮扶服务中心全部转型升级为职工服务中心，通海县、澄江县、华宁县、峨山县、元江县被省总工会命名为省级职工服务中心示范单位。全市建成54个乡镇（街道）职工服务站，实施困难职工解困脱困精准帮扶项目，做实单亲女职工帮扶、金秋助学、困难职工生活大病救助，全年走访困难企业22户，慰问困难职工761人，发放帮扶慰问金36.1万元；两节期间，帮扶慰问在档困难职工3 914人，发放帮扶资金235.08万元；对市直单位、高新区83名困难职工实施临时生活救助、医疗救助，发放帮扶资金24.33万元；深入玉磨铁路、弥楚高速等13个重点工程项目工地，慰问一线职工、农民工（含困难农民工）834人，发放慰问金和手机充值卡18.28万元；第十四期职工医疗互助全市参加17.88万人，收取互助金2 179.52万元，报销2.87万人，发放医疗互助金1 499.77万元。

【改革创新】 2018年，为突破建会盲区，加强新经济组织和新社会组织的工会组织建设，在省市县（区）级工业园区成立总工会7个，12万职工纳入管理；全市45个乡镇街道完成建立总工会工作，乡镇（街道）工会主席由同级副职兼任，配备75名兼职工会干部和78名工会社会化工作人员；完成村（社区）建立联合工会组织94个；新建基层工会组织141个，其中保安行业建立9个工会组织、民办教育机构工会94个、民办医疗机构工会32个，成立快递行业工会、陶瓷行业工会，做好“八大群体”那会入会工作。全市有基层工会组织3 273个，涵盖基层单位5 996个，工会会员23.44万人；“六有”工会建设达标单位3 098家，占基层工会组织的90.16%。

【自身建设】 2018年，市总工会贯彻执行中央和省委、市委决策部署，结合工会实际，在全市工会中广泛开展“争先创优跨越发展”行动，全面深化工会改革，去除“机关化、行政化、贵族化、娱乐化”；各级工会坚持“组织起来，切实维权”的方针，全面推进服务型创新型工会机关建设；巩固党的群众路线教育实践活动、“三严三实”和“忠诚干净担当”专题教育成果，推进“两学一做”教育常态化制度化；严格落实中央八项规定精神，落实党风廉政建设主体责任和“一岗双责”，抓好工会系统廉政建设。

（黄建祥）

共青团玉溪市委员会

【共青团玉溪市五届二次全委（扩大）会议】 2019年3月14日，共青团玉溪市五届二次全委（扩大）会议在市青少年宫多媒体会议室召开。会议全面总结全年共青团工作，研究部署2019年共青团工作重点和目标任务。同时，通报玉溪共青团全年工作考核结果，颁发先进团委证书。

【学雷锋志愿服务活动】 2018年3月5日，团市委组织300余名团员、青年志愿者、义工参与2018年玉溪市“人人学雷锋共创文明城”大型志愿服务活动，为现场1 000余名市民提供爱心义卖、临时停车牌发放、青少年心理健康咨询等服务。

【玉溪市第二届环星云湖五四公益徒步活动】 2018年5月4日，团市委联合江川团区委、区文明办、区文广体局等单位和新天力有限公司等企业，在星云湖畔举行“玉溪市第二届

①2018年11月13～15日，团市委召开共青团玉溪市第五次代表大会，全市253名团员代表及相关列席人员参加会议，并选举产生团市委委员、候补委员、常委和书记班子　②2018年5月4日，团市委举办"青年大学习"五四主题团日活动，组织700余名团员青年观看花灯剧《山茶花红》，继承和发扬"爱国、进步、民主、科学"的五四精神　（团市委　提供）

环星云湖五四公益徒步"活动。通过爱心人士和爱心企业捐赠，筹得4.76万元爱心资金，全额捐赠到市青少年发展基金会，用于开展留守儿童公益夏令营项目。

【青年马克思主义者培养工程培训班、少先队辅导员培训班】　2018年9月，团市委在市委党校举办2018年玉溪市"青年大学习"暨青年马克思主义者培养工程培训班、少先队辅导员培训班，各县（区）团干部、总辅导员和部分青联委员共137人参加培训。培训班组织全体学员加强团干部和少先队辅导员业务知识学习，开展素质拓展活动，进一步提高全市团干部、少先队辅导员的理论水平和业务能力。

【宣讲活动】　2018年，团市委在全市广泛开展宣讲活动。线下分级分层分类组织主题培训班、学习会，累计开展习近平总书记"7.2"重要讲话精神、团十八大精神、云南团十四大精神宣讲390余场次；线上充分利用团属网络新媒体，分别推送10余条学习资讯，组织全市团员青年自觉进行网络学习，并纳入团员学习管理。

【网上共青团建设】　2018年，团市委继续推进"共青团+互联网"建设，在全市发展建成10家"网上共青团"门户网站、27个团属官方微博平台、10家微信平台、3家抖音公众号和89家"青年之声"互动社交平台；组建青年网宣队伍，网宣员总数、网评员总数、网络文明志愿者总数均达100人；平台发送各类文章346篇以上、短视频56条，内容涉及创建文明城市、禁毒防艾、反邪教、婚恋交友、创业就业等，访问量累计超过13万人次。

【"青年之家"云平台建设】　2018年，团市委将玉溪双创中心启迪众创园青年之家纳入"青年之家"云平台，并开展4场"青年之家主题活动季"活动，主题涵盖培育和践行社会主义核心价值观、动手做版画DIY、学习市第五次团代会精神、志愿服务团队分享活动。截至年末，"青年之家云平台"共进驻12家青年之家。

【精准扶贫】　2018年，团市委深入扶贫联系点华宁火特村开展扶贫慰问工作。多次组织党员干部进行实地调研，密切联系和慰问对口联系贫困户情况，多方筹措20.5万元帮扶资金和物资；下派一名职工到火特村作为驻村帮扶干部，进一步帮助贫困户实现脱贫致富。

【青年创业创新工作】　2018年，团市委与市人社局等部门联合举办"春风行动"暨"农村劳动力转移就业百日行动"大型招聘会，协调182个单位进场，达成意向性协议2 030个。联合市委组织部、市委宣传部、市青联、市科技局等市级单位举办玉溪市"青春创未来共圆中国梦"青年创业创新大赛，吸引全市324个优秀个人和团队参赛，设18个颁奖项，发放扶持资金28.3万余元。同时，推送7个创业创新优秀项目参加"创青春"2018云南青年创新创业大赛，获1个银奖、3个优秀奖和1个优秀组织奖；组织举办"梦在远方，路在脚下——共青团与你同行"优秀外出务工青年经验分享会，吸引200余名玉溪市籍的优秀外出务工青年代表、创业青年代表和来自各基层的有意向创业和外出务工的青年参会。

【创建省级文明城市工作】　2018年5月，市校外未成年人心理健康辅导中心正式成立，团市委依托辅导中心组建阳光心理志愿者队伍。截至年末，组织全体干部职工、志愿者深入到各社区、学校开展志愿服务活动69次，发放宣传材料1 450余份，心理咨询热线接待和个案咨询140余次；完善学雷锋志愿服务站的设施建设，投入10余万元资金，购置休息桌椅、各类书籍等硬、软件，供市民免费阅览；

依托青少年宫，及时更新设置正面宣传展示牌126块。

【“三下乡”活动】 2018年，团市委到江川区九溪镇六十亩村委参与文化科技卫生“三下乡”活动，现场组织开展捐赠、义诊、文艺演出等服务活动，发放对联、窗花1 000余份，支持基层团建经费1万元，并围绕扶持青年创业就业方面政策进行现场宣传。

【全国和省市“两红两优”评选活动】 2018年，团市委配合开展2017年度全国、全省“两红两优”申报评选工作，2家优秀团组织和3名优秀个人喜获荣誉称号。同时，积极开展玉溪市2017年度“两红两优”评选，授予曾萧羽等514名团员“玉溪市优秀共青团员”称号，授予陈家基等154名团干部“玉溪市优秀共青团干部”称号，授予共青团红塔区玉兴街道委员会等15个基层团委“玉溪市五四红旗团委”称号，授予共青团红塔区洛河民族中学总支委员会等40个基层团组织“玉溪市五四红旗团支部”称号。

【团员发展调控、智慧团建系统录入工作】 2018年，团市委计划发展团员1.33万名。截至年末，实际发展团员1.26万名，剩余编号收回反馈至团省委。同时，建立完成从团市委到所有团支部的系统组织“智慧团建”工作，同步开展系统信息采集录入。

【大学生志愿服务西部计划志愿者】 2018年，团市委做好西部计划志愿者中央项目管理工作，新增志愿者32名，登记延期13名。同时，继续启动西部计划地方项目招募工作，新增志愿者15名，登记延期35名。

【“面对面”暨倾听日活动】 2018年1月23日，围绕“扶持引导青年社会组织健康有序发展”主题，团市委举办“共青团与人大代表、政协委员面对面”活动暨“倾听日”座谈会，会议就全市各地青年社会组织的基本情况、发展中存在的问题进行充分交流，并对扶持引导青年社会组织健康有序发展提出意见建议，充分反映青年社会组织的利益和诉求，推动形成市级“两会”的提案与议案。

【看望帮扶玉溪籍未成年犯】 2018年1月25日，团市委牵头市综治维稳预防青少年违法犯罪专项工作小组的24家成员单位领导、12355青少年服务台专家组成帮教团，到云南省未成年犯管教所看望帮扶玉溪籍未成年服刑人员，为他们送去新春祝福及1.5余万元的慰问品。

【少工委四届三次全会】 2018年3月，少工委四届三次全会在市青少年宫召开。会议传达学习省少工委六届二次全会会议精神，全面总结2017年全市少先队工作的各项成果，并对2018年少先队工作做出安排。同时，会议选聘出新的玉溪市少先队总辅导员，红塔区、元江县、通海县三个县（区）就少先队工作优秀经验做交流，为全市少先队工作提供参考借鉴。

【“你好，新时代——争做新时代的好少年”六一主题队日活动】 2018年6月1日，团市委联合市文明办、市妇联、市关工委等部门，在玉溪聂耳小学开展“童心向党·筑梦玉溪——争做新时代好少年，文明在你我身边”六一主题队日活动。200余名少先队员进行古诗词吟诵、古筝乐团演奏、茶艺表演、武术社团及书法绘画表演。

【少先队改革工作】 2018年7月，经省少工委审查，市委研究同意，团市委以《玉溪市少先队改革实施方案》文件印发实施。全市七县二区严格落实《少先队改革实施方案》中所列10项主要任务清单，加快出台符合各县区、中小学实际的实施方案，并对标对表加以落实。

【少先队理论研究成果】 2018年4月至6月，市少先队工作学会相关人员及各县（区）少先队总辅导员组成课题论证专家组，对2017年申报立项的《新时代乡村学校少先队自主教育策略的应用研究》等26个市级课题进行结题验收。全市申报立项的全国少先队40项研究重点课题之一《社会主义核心价值观在少先队分层教育中的应用研究》也于2018年中上报全国少工委办公室参评。印刷出版《玉溪少先队》第七期期刊850册。同时，结合云南省少工委举办的少先队理论文章及案例征集评选活动，上报全市144篇少先队案例论文，其中33篇优秀案例论文分获一、二、三等奖。

【少先队先进典型选树活动】 2018年，市少工委配合开展“全国优秀少先队员、全国优秀少先队辅导员、全国优秀少先队集体”“新时代好少年”等评比活动。华宁县宁州镇示范小学少先队员董舒颖获“全国优秀少先队员”荣誉称号，李佳园、邹雨含等19名少先队员获2018年“新时代玉溪好少年”荣誉称号。

【“情暖童心·爱系留守”星启夏令营】 2018年，团市委联合市教育体育局、市民政局、市关工委、市青少年发展基金会等多家单位，携手社会各界及爱心企业，共同举办玉溪市第二届“情暖童心爱系留守”星启夏令营，来自各县区的115名贫困留守儿童参加活动，并投票选出优秀小营员30名，优秀志愿者15名。

【爱心圆梦大学生公益活动】 2018年，团市委、市青少年发展基金会启动“圆梦行动——玉溪市希望工程爱心圆梦大学”公益活动，携手10余家玉溪市各界爱心单位、企业，广泛募集20余万元爱心资金，帮助54名家庭经济困难的学子“圆梦大学”，追逐青春梦想。

【希望“心”生命救助计划】 2018年3月，团市委联合市青年发展基金会共同开展“希望‘心’生命救助计划”暨“国立爱心基金”项目义诊活动，共收到200余户先心病患病困难家庭申请。经筛选，57名先心病患儿符合救助条件，于4月送往广州进行手术治疗。

【小桔灯夜校】 2018年3月至6月，团市委开展“小桔灯夜校”公益项目，招募20名玉溪师范学院教育专业大学生，为周边的小学生以及外来务工子女提供夜间辅导授课。服务时长108小时，吸引儿童到场628人。

（普　芮）

妇女联合会

【概　况】 2018年，市妇联围绕“五位一体”总体布局，“四个全面”战略布局，围绕市委经济社会发展“5577”总体思路，围绕中心、服务大局，深化改革、服务妇女，更好地促进妇女全面发展，维护妇女儿童合法权益。

2018 年 3 月 16 日，市妇联和驻玉某部队联合举办“相约云之南 · 情定火箭军”联谊会 （市妇联 提供）

【思想政治引领】 2018 年，市妇联以“巾帼建新功 · 共筑中国梦”“巾帼心向党 · 建功新时代”为主题，开展宣传教育活动；选树优秀榜样典型，用榜样的力量引导和激励广大妇女在推动经济社会发展中再创佳绩，命名市级三八红旗手 60 人、三八红旗集体 39 个、巾帼文明岗 30 个、巾帼建功标兵 40 人、巾帼创新业示范基地 27 个，获省级表彰的三八红旗手 4 名，三八红旗集体 3 个；加强市妇联微信公众号管理及 9 县区微信平台的指导。截至年末，玉溪妇联微信公众平台发布信息 1 369 条，粉丝关注量 5 189 人，总阅读量 25.71 万人次。

【妇女创业创新】 2018 年，市妇联以资金扶持为推动，围绕全市产业发展重点，实施鼓励创业贷免扶补 800 户，小额创业担保贷款 325 户，扶持 1 125 名妇女创业，辐射带动 3 185 名妇女创业就业；举办“巾帼创新业带头人”培训班，在新平县召开“乡村振兴巾帼行动”创业创新推进会，帮助女性创业者、女能人提高管理和经营水平；启动“乡村振兴巾帼行动”暨“创业创新 · 她精彩”创业展；举办“玉溪市妇女青年创业创新成果展示主题设计大赛”，通过玉溪师院大学生双创基地“设计 +”的智慧注入，促进创业创新优秀设计人才的培养和妇女青年创业创新企业提质增效；举办“春风行动”大型招聘会，1 132 人达成意向性就业协议。

【妇女儿童维权】 2018 年，市妇联以“建设法治玉溪 · 巾帼在行动”为主题，深入开展“百万妇女学法律”、法律“四进”和“三八”妇女维权月法制宣传活动；强化调研指导，切实履行综治维稳、反邪教和禁毒工作职能，全年接待来信、来访、来电 349 件，结案率 100%；开展妇女儿童维权骨干培训 4 期；开展新一轮全国妇联、联合国儿基会社区儿童保护项目工作，继续实施“女童保护”项目，开展全市“女童保护”讲师培训，培训“女童保护”师资 29 名；深入开展全市农村土地承包经营权确权登记颁证工作和红塔区村居委会村规民约修订完善工作调研总结，积极推动各级学习推广。

【精准脱贫】 2018 年，市妇联围绕全市扶贫攻坚总体目标，坚持扶贫与扶志、扶技、强资、教育相结合，先后开展巾帼脱贫家政服务、刺绣、茶艺、种植、养殖各类技能培训 102 期，参培人员 7 436 人；扶贫与强资相结合，贷免扶补、创业担保贷款、妇女发展循环金向有创业意愿、有创业能力的贫困妇女倾斜；协同做好“下农村、进家庭、找家长”“控辍保学”工作；深入开展挂包帮工作，加强对脱贫攻坚联系点华宁县华溪镇黑牛白村委会的调研帮扶，积极协调、投入资金 11.44 万元，开展基础设施项目建设，发挥黑牛白村彝族文化研习社、黑牛白村妇女发展互助社作用，组织全村骨干妇女开展刺绣培训，促进产业发展。

【“两规”实施】 2018 年，市妇联加强“两规”督导，市政府办抽调五个督查组对 9 县区“两个规划”实施情况开展专项督查，对涉及重点指标任务完成差距大的部门，由市政府办下发整改通知进行整改，推动重难点指标的落实；召开玉溪市第五次妇女儿童工作会议，强化儿童之家建设能力、两法两办法、两规业务培训；争取省市福彩公益金 340 万元，全市儿童之家 227 个（新建 137 个）。

【关爱妇女儿童】 2018年，市妇联春节前对全市200户农村留守儿童和困境儿童家庭开展走访慰问活动，争取到全国妇联“两癌”救助金69万元，救助69名“两癌”贫困妇女；省妇联妇女儿童关爱救助及维权专项资金20.95万元，救助45名“两癌”贫困母亲，实施贫困单亲母亲住房援建项目4户，慰问贫困三八红旗手9名；母亲水窖项目、东南大学“向阳花”相伴成长助学实践活动等项目持续实施；开展“扣好人生第一粒扣子”暨“小手拉大手”创文创卫庆“六一”主题教育活动。

【家庭文明建设】 2018年，市妇联坚持把家庭文明建设作为培育和践行社会主义核心价值观的重要载体，在基层“妇女之家”常态化开展寻找“最美家庭”和“好家风好家训”宣传展示活动，全年评选出“最美家庭”30户、“最美家庭提名奖”22户，获省级表彰“五好家庭”4户，“五好家庭”先进协调组织3个；开展玉溪市家庭教育十三五规划中期评估，举办家庭教育骨干培训班，140余人参加培训。

【巾帼共建美丽家园】 2018年，市妇联结合市委市政府“城乡人居环境综合整治三年行动”“千名领导挂千村”等举措，积极开展文明城市创建，规范红塔区94所社区家长学校创建；开展“创建文明城市巾帼志愿服务”系列活动，通过“创文、创卫”工作宣传、环境卫生整治、文明劝导等方式，引导市民爱护环境、文明出行；成立100人规模的“玉溪九峰巾帼志愿者服务队”，以“争当巾帼文明使者，共建幸福魅力玉溪”为主题，倡导绿色、健康、环保、文明等理念；8.13通海地震灾情发生后，市妇联迅速部署行动，通海县、江川区巾帼志愿服务队、玉溪九峰巾帼志愿服务队等1 500余名巾帼志愿者积极参与抗震救灾志愿服务。

【妇联改革】 2018年，市妇联开展全市妇联改革工作专题调研及督查，形成《玉溪市妇联2018年改革督查情况通报》，从严从实抓牢各项改革工作，全国妇联所属5家媒体记者到玉溪进行实地采访，宣传报道改革成果；举办全市县区、乡镇（街道）妇联主席培训班；落实按妇女儿童人均1元钱标准安排专项工作经费政策，市级及2个县区成立妇女儿童发展中心，配备编制9名，为推动妇女事业发展提供坚强保障。

【妇联组织党的建设】 2018年，市妇联坚持“党建带妇建”，扎实推进妇联系统党的思想建设、队伍建设、作风建设、廉政建设、制度建设。以巡察整改为推动，抓好巡察整改落实工作，全面压实党建和党风廉政建设责任，将从严治党贯穿到实际工作中；切实履行意识形态工作责任，完善网络舆情应急机制和新闻发言人制度，加强意识形态阵地管理，强化舆论引导。推进“两学一做”学习教育常态化制度化，按期换届选举产生市妇联新一届支部委员会。深化作风建设，全力营造风清气正的干事氛围，以优良作风赢得广大妇女的信赖和拥护。

（张春亚）

2018年11月13～15日，玉溪市妇女第五次代表大会召开，选举产生新一届市妇联领导班子
（市妇联 提供）

科 协

【概 况】 2018年，市科协贯彻落实《玉溪市干在实处走在全省前列的决定》，开展“科教引领创新发展”和“跨越发展、争创一流，比学赶超、奋勇争先”讨论活动，各项工作取得新成绩，向上争取资金344万。开展提升基层科协组织力“4+2”试点工作，选定华宁县作为试点县，澄江县、通海县、华宁县、易门县、新平县、元江县科协完成换届选举；农校、体校成立学校科协，高新技术产业开发区成立园区科协；开展“建家交友”活动，在全市科技工作者中开展创新争先个人事迹征集，征集到15人的典型事迹；召开第二个“全国科技工作者日”座谈会、党外科技工作者座谈会、科技工作者建功立业新时代推进会，听取科技工作者意见建议；设立学会专项，推动公共服务职能转移，支持6个学会实施三级联动项目5个、资助学会开发科普资源4项，其中《核桃提质增效技术措施》获得中国林学会第七届梁希科普奖；建设市科协专家服务站，与12位省内外专家签订协议，建成澄江县化石博物馆、澄江森海农业开发有限公司、新平县睦群农业综合开发公司3个专家服务站；参与创新创业工作，组织17家企业和13名个人申报云南省科协、省发改委“大众创业万众创新”评选工作，玉溪启迪孵化器产业有限公司和玉溪万绿生物有限公司、玉溪万家红园艺公司分别获得优秀企事业单位二、三等奖，罗秉俊获得优秀个人称号；开展农村专业技术协会规范化和示范性提档升级建设，完成94个，占农技协总数的38.6%；组织开展网络科普知识大赛，全市9.17万人参加；加强对科普项目的监管，聘请玉溪三合会计师事务所对2015年至2017年实施20万元以上的32个科普项目进行检查验收。2018年，玉溪市科协连续第三年被中国科协评选为“全国科普日活动优秀组织单位”；连续第二年被评选为第三十三届“全国青少年科技创新大赛基层赛事优秀组织单位”；入选中国科协“科界”最热门组织并排名第五位，成为全省唯一一个获此殊荣的地级市科协；连续第四年被云南省科协表彰为“学会工作先进单位”；农函大办学工作被云南省农函大考评为一

等奖；江川区、华宁县、峨山县科协被云南省科协表彰为“全民科学素质竞赛先进集体”；华宁县城关社区、澄江县拥晖社区、易门县西环路社区、通海县大树社区被云南省科协命名为“云南省科普示范社区”；新平县第四小学、通海县秀山第二小学被命名为“云南省科普教育示范学校”。

【学会改革发展】 2018年9月12日，市科协印发《玉溪市科协联系服务学会和科技工作者办法》，建立起学会管理进退和清理机制，对市科协直接主管的9个学会实现台账登记；市心理学会、市老科技工作者协会、市反邪教协会完成换届；批复同意注销市青少年科技辅导员协会；责令市科技情报学会进行整改。调整学会内部结构治理，市心理咨询师学会、市轻化工协会、市老教授协会成立监事会，建立联合党支部；市老科技工作者协会、市反邪教协会、市学会研究会、市心理咨询师协会实现秘书长专职化。增强学会服务能力，市风景园林学会参与政府购买服务，完成园林植物冻害、玉溪常见园林植物树种、玉溪彩色植物适应性等调查；市轻化工协会面向企业开展咨询服务、科技项目中期评价等活动，吸收40多名大学生作为学生会员，开展社会实践、博士讲坛，传播前沿科学知识；市心理咨询师学会承担共青团玉溪市委热线电话和社区心理教育工作，服务社会作用明显。

【学术交流活动】 2018年8月17日，市科协下发《关于开展玉溪市第十届优秀科技论文征集评选的通知》，截至年末，征集到优秀学术论文152篇，组织参加云南省科协第八届学术年会，4篇论文被收录论文集。

【青少年科技创新大赛】 2018年，市科协举办第三十三届青少年科技创新大赛，征集参赛作品505件，其中，学生创新成果项目39项、科技实践活动21项、少年儿童科幻绘画286幅、科技创意作品23项、科技教师方案及创新成果项目86项、教师论文50篇；推荐173项市级获奖作品参加省级竞赛，其中创新大赛作品一等奖2项、二等奖12项、三等奖57项，青少年FLL机器人工程挑战赛竞赛一等奖1项、二等奖3项、三等奖2项。江川区职业中学黄文浩同学的青少年科技创意作品《用微波炉变压器制作点焊机》获“全国优秀创意奖”，新平县平甸乡梭克小学杨伟同学创作的少儿科学幻想绘画作品《地震修复机器人》获“全国少儿科学幻想绘画”三等奖。

【青少年学科竞赛】 2018年，市科协组织玉溪一中561名学生参加全国中学生生物学联赛云南分赛，有55人获奖，其中获一等奖3人、二等奖15人、三等奖37人。玉溪一中任冉龗同学获全国生物学竞赛三等奖。

【青少年科学调查体验活动】 2018年，市科协组织玉溪第一小学、玉溪第四小学、通海县秀山第一小学参加以“体验科学，快乐成长”为主题的全国青少年科学调查体验活动，推广示范学校创建工作，8 445名师生及家长参与，网络提交作品8 400余件。

【基层科普组织建设】 2018年，市科协新成立各类基层科普组织35个，其中农村专业技术协会11个、科普示范基地17个、企业科协1个、科普示范学校3所、科普示范社区及社区科普大学3个（所）。

【科普志愿者队伍】 2018年，市科协科普志愿者登记注册121人，比上年增加31人；相关学会科技人员在中国科协“科界”平台注册认证会员3 547人，各级基层科普组织人员在“科普中国”APP注册科普宣传员6 186人，分享文章8.97万篇，分享基站4 152个。

【科普信息化建设】 2018年，市科协实施精准化网络科普，积极发展电视科普，与玉溪广电网络公司合作，建设开发广电网络智慧云平台“科普玉溪”电视专区，精准覆盖全市七县两区35万户家庭、150余万人口；全年建设校园e站、乡村e站、社区e站电视专区399个；与玉溪网新媒体发展有限公司合作，建成市科协科技成果转化平台。

【科普宣传活动】 2018年，市科协持续举办全国科普日、科技活动周、科技“三下乡”等主题科普活动，组织开展百名科技专家下基层、玉溪科普展、玉溪科普大篷车联合行动、“流动科技馆巡展”等地方特色科普活动。全市科协系统动员3 265名科技工作者到307个村（社区）、171所学校，开展科普宣传活动259次，举办科普专题讲座166场次，发放科普读物和资料27.2万份，全市30万人次群众受益。

【农函大办学】 2018年，全市科协系统在75个乡镇（街道）开专业232个（统办专业127个、地方特色专业105个）农村专业致富技术函授大学教学班，招收学员1.43万人（统办专业7 442人、地方特色专业6 867人）。其中农村党员2 845人、基层干部2 147人、少数民族6 260人、妇女4 977人、返乡农民工513人。参与农函大教学管理人员256人，聘请辅导教师204人。

【巡察整改】 2018年3月27日至5月8日，五届玉溪市委第五轮巡察市委第一巡察组对市科协党组进行巡察。7月12日，市委第一巡察组向市科协党组反馈巡察意见，市科协党组针对巡察组反馈的在党的领导、党的建设、全面从严治党三个方面存在的8个主要问题，细化为24个具体问题，对应提出47条整改措施。截至年末，重新修订《玉溪市科协机关工作规则》，涉及行政管理制度15个；制定修改玉溪市科协党组系列制度13个、党建工作制度16个、意识形态领域工作制度11个；调整落实各项责任制议事工作领导小组13个；涉及的24个具体问题整改完成20个。

（杨继林）

侨　联

【概　况】 2018年，市侨联组织党组理论学习中心组学习研讨，参与市委统战部组织的“双周集中学习”，抓好省、市重要会议精神；强化机关管理，组织召开党组班子民主生活会，落实“三会一课”、民主评议党员、党费缴纳、主题党日、党员积分制管理，严格党建工作责任制、党风廉政建设责任制、意识形态工作责任制等制度履行，强化“一岗双责”，严格执行中央八项规定精神，着力抓好干部队伍作风建设；举办全市侨联系统培训，组织干部分期参加全省统一战线学习贯彻中共十九大精神培训、全市宣传思想暨意识形态工作培训、玉溪市党政领导干部能力素质提升培训等学习培训，切实增强侨联干部队伍的素质能力建设；市侨联副主席许真生、元江县交通局局长冯德华作为全市归侨侨眷代表参加第十次全国归侨侨眷代表大会。市侨联兼职副主席周海明、元江县甘庄街道归侨袁有妹被授予“全国归侨侨眷先进个人”称号，市侨联综合科科长刘家俊被授予“全国侨联系统先进个人”称号。市侨联综合考评为一等奖，党风廉政工作考核为优秀。

【联系服务群众】 2018年，市侨联高度重视服务侨众和联系群众工作，多次组织慰问帮扶活动，组织市慰问组到元江县甘庄、红河华侨农场及红塔区、易门县、峨山县、华宁县、通海县开展春节慰问75户，发放慰问金7.5万元；深入新平扬武马鹿寨开展“关爱民生、寒冬送暖”活动、建档立卡联系户生产生活情况调研、人居环境综合整治、“六清”入户调查分析等工作；落实乡村振兴“千名领导挂千村”责任要求，组织领导干部分别深入峨山县双江街道登云社区小龙潭组、易门县浦贝乡苗茂村委会苗茂小村、新平县平掌乡丫口村委会新村小组开展调查研究；协助开展“致福助侨”活动，7名优秀贫困归侨侨眷高考学子获得“致福助侨”奖学金3.5万元。

【服务经济社会发展】 2018年，市侨联建立市侨资企业项目库，截至年末，全市有侨资企业21户，涵盖卷烟配套、精密仪器、花卉种植、食品加工、农业开发等行业；征集32个招商项目，由省侨联统一推荐到第五届南博会和第十六届东盟华商会进行宣传推介；推荐玉溪全维智码信息技术有限公司、通海育农科技有限责任公司两家企业担任“云南省侨联新侨创新创业联盟”理事；开展侨乡文化建设调研，形成《玉溪市侨乡文化建设现状与思考》调研报告，助力侨乡文化产业发展；推选出10名侨界人大代表、政协委员参加市“两会”，其中市政协委员9名、市人大代表1名，全年提出建议、提案11件；市侨联副主席、秘书长许真生当选玉溪市五届政协常务委员会委员；协助筹建“红河华侨农场归难侨历史资料展示室”，1月建成开馆，3月入选国侨办首批“侨乡侨文化宣传展示基地”。此外，组织机关工作人员、侨界志愿者深入李棋街道下赫社区开展社区人居环境整治、入户宣传动员、“万裕生态园”问题协调、创卫攻坚值班等工作，协同爱尔眼科医院到下赫社区开展义诊活动；在归侨、侨眷居住较为集中的红塔区金州、胜利社区和元江红河、甘庄两个华侨农场打造“侨胞之家”，开展“为侨公共服务示范单位”“暖侨敬老示范点”等各种创建活动。

【侨法宣传和依法护侨】 2018年，市侨联开展普法宣传活动，在聂耳文化广场和归侨侨眷较为集中的社区开展以《宪法》和《归侨侨眷权益保护法》为重点的宣传活动，运用组织学习培训、发放宣传资料、提供法律咨询、普法知识竞赛、发放调查问卷等形式，扩大法律宣传面和影响面，全年发放宣传资料1.2万多份。此外，陪同省人大常委会外事华侨工委、省侨办调研组到元江县甘庄、红河华侨农场入户走访归侨侨眷代表，走访慰问困难归侨侨眷，调查了解归侨侨眷扶贫救济及权益保护工作开展情况。依法维护侨益，及时协调处理信访事项，年内全市侨联系统共协调办理涉侨信访件8件。

【海外联谊】 2018年，市侨联多次深入侨乡联系、走访看望归侨侨眷、留学和归国留学人员留守家庭，了解情况掌握诉求，通过服务国内眷属和邀请回乡探亲的侨胞开展交流座谈等方式，提升海外华侨华人对祖国的向心力，培育对外交流的民间友好力量；以峨山县为创新示范，搭建出国、归国留学人员及留学人员家长微信交流联谊平台，拓宽沟通交流渠道；做好回乡侨胞的服务工作，全年接待回国探亲华侨华人9批48人。

【召开三届十次、十一次全委（扩大会议）】 2018年4月25日，市侨联召开三届十次全委（扩大）会议，会议由市侨联专职副主席兼秘书长许真生主持，市侨联主席何国光传达学习云南省侨联十届三次全委会议精神，并受市侨联三届常委会委托作2017年度工作报告。9月7日，召开三届十一次全委（扩大）会议，专题传达学习第十次全国归侨侨眷代表大会精神，并就玉溪学习宣传贯彻落实大会精神进行安排部署。

【侨务培训】 2018年7月23～24日，市侨联在市委党校举办第二期全市侨务干部培训班。培训班邀请玉溪师范学院、云南省社会主义学院、云南大学的教授分别讲授“新时代中国特色社会主义法治建设的时代特征和基本内涵”“港澳台海外统战工作”“东南亚南亚总体形势和中国周边外交”三个专题，组织全体学员参加反腐倡廉警示教育基地警示教育活动。

【侨联换届】 2018年11月13～15日，召开第四次归侨侨眷代表大会。会议选举产生市侨联第四届委员会委员、常务委员、主席、专职副主席、兼职副主席和秘书长。11月20日，召开群团组织工作专题会议，市委书记罗应光对新班子进一步做好侨联工作、发挥侨联组织作用、服务玉溪高质量跨越式发展提出希望和要求。

（施又苺）

（张本聪　摄）

（张本聪　摄）

法 治

LEGAL SYSTEM

责任编校：王 捷

政法及综治

【概　况】 2018年，全市政法机关坚持以习近平新时代中国特色社会主义思想为指导，全面贯彻落实党的十九大和十九届二中、三中全会精神，坚持稳中求进工作总基调，坚持改革引领、创新驱动，坚持标本兼治、综合治理，平安、法治建设和社会治理创新有序推进，社会持续稳定，实现“三个不发生”目标，为推动玉溪高质量跨越式发展营造良好的平安法治环境。党建引领基层自治的经验作为全国6家创新经验之一，在首期新时代政法工作经验交流会上面向全国汇报交流，扫黑除恶专项斗争阶段性工作和坚持发展“枫桥经验”的做法得到省委肯定，综治维稳（平安建设）、依法治市和防范处理邪教工作考核位居全省前列。

【维护社会稳定】 2018年，全市政法机关牢固树立总体国家安全观，始终把维护国家政治安全、特别是政权安全、制度安全放在第一位，深入推进重大事项社会稳定风险评估工作，对115件重大事项进行评估，发出预警通知书85份，最大限度地从源头上解决问题、消除隐患，减少社会矛盾；密切掌握境内外各种敌对势力推动“街头运动”、策划“颜色革命”等活动的最新动向和策略变化，获取行动性、内幕性、预警性、深层次、战略性情报，收集各种信息1 613条，开展情报会商研判589次，为预警防范、决策指挥、反恐实战提供可靠的情报支撑；强化专项打击，查处传播暴恐音视频案件19起，行政拘留19人；严密防范反华势力，通过宗教、民主、维权3个渠道渗透颠覆破坏活动，成功应对防范“中美经贸摩擦升级可能带来的社会稳定风险”“美国将驻以色列使馆迁往耶路撒冷可能引发的涉稳问题”等风险挑战；通过开展信访突出问题百日专项整治，推动“四大重点”信访矛盾攻坚化解，办结国家级交办的矛盾纠纷3件、省级交办的10件，市级共排查交办35件，办结32件，确保信访突出问题得到有效化解；认真落实省委第七巡视组巡视玉溪反馈意见的整改工作，以治理境外宗教渗透、打击邪教活动为重点，逐级建立责任制，研究整改方案，完善相关制度；开展依法查处韩国基督教渗透专项活动和社会主义核心价值观、政策法规、国旗国歌、科学文化书籍进宗教活动场所“四进”活动，推进“家庭拒绝邪教”“无邪教创建”“敲门行动”等专项工作，“四送一创”保持常态，取缔了设在清真寺和公共活动场所内的5个“达洼宣教”接待点，立涉邪教案件13起，破8起，打掉窝点9个，铲除邪教教会4个，抓获50余人。

【平安玉溪建设】 2018年，市委政法委主动回应人民群众对平安的新需求，把专项治理与系统治理、综合治理、依法治理、源头治理结合起来，不断健全富有活力和效率的新型城乡基层治理体系，制定《进一步加强和完善玉溪市城乡社区（村）网格化服务管理工作的实施意见》《关于推进全市综治中心建设的实施意见》，投入财政经费888.28万建设市级综治中心，并在74个乡（镇、街道）建立完善治保会组织702个，发展治保员9 800余人。同时，强化寄递物流企业管理，严格落实“三个100%”安全生产制度，全市有50家寄递企业安装了实名登记信息系统；强化平安智慧物流工作，全市1 183辆客车（9座以上）全部安装定位系统，512辆危货车辆安装实时视频监控系统，204家加油站全部完成系统建设并开展实名登记；全面推广建设“两车”智能防盗系统，全市“两车”案件大幅下降，立“两车”案件1529起，比上年下降37.54%。此外，组建31个公安武装处突单元，10个公安、武警反恐应急混编专班和4个公安、武警联勤反恐突击单元，按照网格化布警和动态化勤务的要求值守街面、驻点。并在主要国道、省道、高速公路、乡镇街道建设一、二、三级公安检查站11个，实行等级查控勤务，实现扎口封边。全年受理治安案件1.98万起，比上年下降10.3%，查处1.34万起，查处违法人员1.44万人；共立刑事案件9789起，比上年下降5.3%，连续7年实现了刑事立案逐年下降；共立现行命案33起，比上年升6.45%，命案全破。检察机关受理各类刑事案件5 160件，批准和决定逮捕犯罪嫌疑人1 771人，起诉2 668人。法院受理各类案件3.33万件，办结2.82万件，分别比上年上升10.86%和20.78%，综合结案率84.69%。

【服务经济社会】 2018年，全市政法机关紧紧围绕全市经济社会发展总体目标，从打击经济犯罪、保障企业权益、防范化解金融风险、维护市场秩序、提供良好法律服务、营造公平正义法治环境等方面入手，为推动全市高质量跨越式发展提供保障和服务，坚持把金融类风险纳入《重大不稳定问题清单制度》，重点排查、管理，推动开展“云端2 018”专项行动，以涉民、涉网经济犯罪为重点，严厉打击非法集资、网络传销等涉众型经济犯罪活动，全市共排查摸底投资类公司196家，发现金融风险隐患主体87个（已立案打击20个），共立经济案件260起，比上年下降10.3%，涉案价值为6.77亿元，破157起，挽回经济损失1.35亿元，抓获作案成员233人；针对“泛亚有色”非法集资案在昆明市西山区人民法院开庭一审，精心制定《玉溪“泛亚有色”庭审期间维护社会稳定工作方案》，统一答复口径，以更大的担当和更细的措施，实现“三个不发生”工作目标；依托市公安局反电诈分中心，整合公安、银行、通信等多方资源，探索建立劝阻预警、研判打击、金融电信防控、宣传防范“四位一体”的打击防控机制，共劝阻疑似电信诈骗案件586起，破案78起，为群众挽回受损资金1 074.62万元；坚持和发展新时代“枫桥经验”，全面规范和推进行业性、专业性人民调解组织建设，坚持人民调解、司法调解、行政调解三调联动，加大各类社会矛盾纠纷的排查、化解、稳控力度，从源头上防范社会风险。全市943个人民调解委员会，1.1万名调解员累计排查各类矛盾纠纷27 428件，成功化解2.67万件，化解率97%。

【法治玉溪建设】 2018年，市委依法治市领导小组办公室继续抓住领导干部这个“关键少数”，着力增强领导干部尊法守法学法用法的自觉性和主动性，制定《党政主要负责人履行推进法治建设第一责任人职责实施办法》，首次组织各县（区）、各单位主要负责人提交个人述法报告；有序推进法治建设各项工作落地生根，不断提高新时代党对法治建设工作的领导水平，出台《玉溪市依法治市工作约谈办法（试行）》，认真落实省督查、述法、约谈等配套制度和措施；深入推进“七五”普法，邀请省普法办组织的巡回宣讲团对《中华人民共和国宪法》进行专题宣讲，成功举办“12·4”宪法日和法制宣传日等活动。市委理论学习中心组4次集体学法，市政府组织1 000余名领导干部参加专题法治讲座。市委政法委制定下发《玉溪市委政法委统筹指导政法机关支持配合国家监察体制改革试点工作意见》等8项配套制度，积极推广繁简分流、诉前调解、专业团队调解等制度机制，推进以审判为中心的诉讼制度改革。做好员额检察官正常流动和退出员额报批工作，报批确认员额2名，退出原单位员额6名。全面落实司法责任制，顺利完成法官助理转任和编制外书记员转聘工作，最大限度配置人力资源到办案一线。加快推动审判权和执行权分离改革，制定下发《关于构建共同解决执行难联动机制的实施方案》《关于支持人民法院基本解决执行难问题的通知》。全市法院受理执行案件9 034件（含旧存2282件），执结7 577件，执结率83.87%；执结标的52.19亿元，执行标的到位率43.67%。有财产可供执行案件实际执结率90.55%，终本案件合格率91%，信访案件挂网督办率100%。制定出台《玉溪市生态环境资源保护行政执法与刑事司法衔接工作机制》，切实加大生态环境资源保护执法力度，提高惩治破坏生态环境资源违法犯罪的效率。以“四民主、两公开”为主线，不断健全完善《村民自治章程》《村民（社区）公约》和依法管理的各项制度。全市695个村委会（社区）开展了“民主法治村（社区）”“法治创建”等活动。

【政法智能化建设】 2018年，全市政法机关坚持把政法大数据战略、智能化建设作为政法机关“一把手”工程来抓，针对新形势下基层社会治理需求，结合创建智慧城市，加强技防和信息化建设，推动建设全市智能图控系统、智能交通系统，加强网格化服务管理、信息化支撑的综合服务管理信息系统建设。全市共接入高清视频资源1.46万路，建成覆盖全市市域边界、县域边界、中心城区和乡镇边界的3个圈电子城墙热点系统，建成汇集全市602个卡口的车辆特征信息分析平台，建成230套人脸识别前端，构建了全时空信息采集网络，预警抓获在逃人员76名；制定《玉溪市“雪亮工程”（公共安全视频监控建设联网应用）实施意见》，全市视频资源联网应用稳步推进；按照综治基础数据规范国家标准，在市网格化信息系统平台上开发综治业务“9+X”模块；强化对省综治信息系统的运用，完成市、县（区）、乡（镇、街道）、村（社）4级纵向到底，各级综治成员单位横向到边的组织架构设置，形成了职能整合、上下联动的网络化、信息化社会治理格局。全市共录入省综治信息系统楼栋信息55.24万条、房屋信息91.46万条、流动人口信息14.09万条、吸毒人员583人、矛盾纠纷7.29万件。并依托“玉溪市数据资源共享平台”，开展以“反恐维稳和社会面治安防控”为专题的外部数据整合，在云平台上对汇集的各类原始数据进行梳理、分析、清洗和入库，建立资源共享服务目录。

【扫黑除恶专项斗争】 2018年，市委政法委认真贯彻落实习近平总书记重要指示精神和中央、省委关于开展扫黑除恶专项斗争的决策部署，将扫黑除恶专项斗争纳入社会治安综合治理一票否决情形之一。市扫黑除恶专项斗争领导小组先后11次召开专题会和联席会，压实责任，确保各项措施落实到位。各成员单位聚焦打击重点，周密谋划，主动出击，合成作战，迅速形成强大声势，有力打击了黑恶势力的嚣张气焰。全市共打掉涉黑团伙5个、涉恶团伙27个，抓获黑恶势力团伙成员480人，破获案件349起，查封、扣押、冻结涉案资金421.26万余元，缴获自制枪支21支、猎枪弹20发、各类管制刀具99把，扣押涉案车辆38辆、房产1处；依法起诉涉黑涉恶案件17件149人（涉黑案件4件28人、涉恶案件13件121人），一审审结涉黑涉恶案件12件84人（涉黑案件2件2人、涉恶案件10件82人）；按照“一案三查”的工作要求，严格落实黑恶线索排查核查责任，认真核查各类情报信息线索，确保“查实有结果、查否有依据、条条有落实、件件有回音”。市级共收到涉黑涉恶线索408条，核查办结334条，核查办结率81.9%。纪检监察机关收到信访反映及问题线索88件，办结58件，正在办理30件，共立案查办涉恶案件3件4人，其中给予开除党籍处分4人，移送司法机关处理3件3人。

【政法队伍建设】 2018年，市委政法委坚持以政治建设为引领，按照“五个过硬”总要求和“三个绝对”的标准，围绕大力加强思想政治、纪律作风、业务能力和领导班子建设，制发《新形势下进一步加强全市政法队伍建设的实施意见》《市级政法部门政法队伍建设联席会议制度》等文件，提出进一步加强全市政法队伍建设的具体措施和要求；开展为期3个月的政法队伍纪律作风专项整治活动，促进全市政法干部队伍纪律作风、进一步好转，“四个意识”更加牢固，履职能力进一步提升，精神面貌有了明显变化，政法机关党组织的凝聚力、创造力和战斗力明显增强，为促进平安玉溪、法治玉溪建设奠定基础，提供保证。

（王建文）

立法工作

【编制立法计划】 2018年，市人大常委会围绕市委、市政府中心工作和人民群众普遍关注的热点、难点问题，从全面深化改革、全面推进依法治市的现实需要出发，严格按照地方立法权限和立法程序，在广泛征求意见、深入调查研究和充分研究论证的基础上，编印《玉溪市第五届人民代表大会常务委员会2018 ~ 2022年立法规划（草案）》和《玉溪市人民代表大会常务委员会2018年立法工作计划（草案）》。并根据计划，按照急需先立、成熟优先的原则，确定《玉溪市人民代表大会及其常务委员会制定地方性法规条例》《玉溪市飞井水库饮用水水源保护条例》作为2018年拟提请市人大常委会审议项目，《玉溪市东风水库饮用水水源保护条例》《玉溪市革命历史遗址保护条例》作为开展立法调研项目，有计划、有步骤推进地方立法工作。

【颁布《玉溪市森林防火条例》】 2018年3月31日，《玉溪市森林防火条例》获省第十三届人大常委会第二次会议审查批准，并于2018年6月1日起施行。《玉溪市森林防火条例》对有效预防和扑救森林火灾，保障人民生命财产安全，保护森林资源和生物多样性，维护生态安全具有重要意义。为确保条例得到全面贯彻实施，市人大常委会于5月2日召开条例颁布施行宣传动员会，为条例的施行做好广泛动员宣传。

【健全完善立法制度机制】 2018年，市人大常委会按照《中共玉溪市委全面深化改革领导小组2018年工作要点》和《玉溪市2018年依法治市工作要点及分工方案》要求，起草《关于争议较大的重要地方立法事项引入第三方评估的工作规范》和《关于地方立法中涉及的重大利益调整论证咨询的工作规范》，经市委全面深化改革领导小组会议审议通过后发文实施。2个工作规范的出台实施，提高了全市地方立法的科学化精细化精准化水平，更好发挥立法机关在表达、平衡、调整社会利益方面的重要作用。

【建立基层立法联系点】 2018年，市人大常委会为坚持开门立法，拓宽基层群众和社会组织参与立法互动的渠道，积极探索建立基层立法联系点工作，确定红塔区玉兴街道人大工委、江川区江城镇人大主席团和云南滇玉律师事务所等10个基层立法联系点，并制定《玉溪市人大常委会基层立法联系点工作办法（试行）》。基层立法联系点的建立，使地方立法更接地气，更贴近群众需求，让地方立法能更多地体现民意、尊重民意、顺从民意，对进一步推进科学立法、民主立法、依法立法具有重大意义。

【咨询专家库建设】 2018年，市人大常委会完成市第五届人大常委会地方立法和规范性文件备案审查咨询专家选聘工作，聘任地方立法和规范性文件备案审查咨询专家48名，比上一届增加16名，其中，地方立法咨询专家从原有28名增加到36名，规范性文件备案审查咨询专家从原有4名增加到12名。同时，加强与玉溪师院地方立法研究评估与咨询服务基地的沟通联系，切实加强立法理论研究，促进全市立法理论与立法实践的紧密结合。

【规范性文件备案审查】 2018年，市人大常委会围绕“有件必备、有备必审、有错必纠”的工作目标，加大对市政府规范性文件的备案审查工作力度。全年对市政府报备的《玉溪市宗教活动场所管理办法》《玉溪市抚仙湖非机动船入湖管理办法》等4件规范性文件进行备案审查，确保市政府规范性文件合法有效，维护国家法制统一。

【参与杞麓湖保护条例修订】 2018年，市人大常委会积极配合省人大常委会做好《云南省杞麓湖保护条例》修订工作。11月29日，云南省第十三届人民代表大会常务委员会第七次会议修订通过《云南省杞麓湖保护条例》，予以公布。

【立法队伍和立法能力建设】 2018年，市人大法制委、市人大常委会法工委人员调整充实到10人，是全省地方立法人员配备最多的州市。市人大常委会在全国人大常委会2018年第一期立法培训班和全省地方立法工作座谈会上，就立法机构和队伍建设做交流发言，受到全国人大和省人大常委会的充分肯定。法治政府建设

（官家燕）

法治政府建设

【建设法治政府】 2018年，市政府法制办坚持以习近平新时代中国特色社会主义思想为指导，按照“四个全面”的战略布局，牢固树立五大发展理念，深入推进依法行政，加快完成法治政府建设各项任务，积极发挥法治引领、规范和服务保障作用，全市依法行政水平显著提升，法治政府建设再上新台阶。3月，省政府法制办公布全省“十二五”期间法治政府建设状况评估结果，市政府在全省16个州（市）中排名第一。市政府法制办深入贯彻落实中共中央、国务院《法治政府建设实施纲要（2015～2020年）》和《云南省法治政府建设规划暨实施方案（2016～2020年）》，结合《玉溪市法治政府建设实施方案（2016～2020年）》，制定《玉溪市2018年法治政府建设任务分工方案》，从9个方面细化49项工作任务；召开2018年全市法治政府建设工作电视电话会议，市长张德华全面总结十八大以来玉溪法治政府建设取得的主要成效和经验，分析新形势下面临的困难和问题，对下一步工作进行安排部署，高位推进法治政府建设工作；坚持领导干部集体学法制度，全年组织市政府常务会议集体学习《中华人民共和国宪法》等法律；举办全市政府系统领导干部专题法治讲座和法治政府建设专题研修班，邀请国家监委专家授课，全面提升全市法治干部法治素养。

【依法科学民主决策】 2018年，市政府法制办严格执行《云南省重大行政决策程序规定》《玉溪市重大行政决策程序规定（试行）》，坚持重大行政决策公众参与、专家论证、风险评估、合法性审查和集体讨论决定的法定程序，强化决策法定程序的刚性约束。全市组织开展重大行政决策公众参与（听证）事项46件，专家论证111件，风险评估27件，进行合法性审查406件，集体讨论决定事项406件，确保依法科学民主决策，确保行政决策合法适当。同时，对330件涉及市政府重大决策、重要招商引资和重大建设项目等事项进行合法性审查，做到市政府重大行政决策事项合法性审查全覆盖，审查率达100%；认真贯彻落实《云南省重大行政决策终生责任追究办法（试行）》《玉溪市重大行政决策责任追究暂行办法》，实行重大决策终身责任追究制度及责任倒查机制，向市、县（区）政府及部门印制发放《重大行政决策程序范围》卡片3 500张，切实做好重大行政决策责任追究办法的宣传落实。全年无因“未按照法定权限、程序、时限决策，造成决策失误、重大损失或恶劣影响”而被追责人员。

【政府法律顾问工作】 2018年，市政府法制办严格落实《市政府关于进一步加强政府法律顾问工作的意见》及其配套办法，持续巩固政府法律顾问全覆盖成果，将法律审查和法律咨询纳入市政府决策程序，切实推进政府法律顾问工作制度化常态化。全年为市政府提供法律咨询服务391件（次），提出法律意见1 063条。其中，参与审查重要合同（协议）86件，参与各类重大行政决策事项、重要文件审查72件，参与书记市长接待日11期，参与信访矛盾纠纷化解33件153人次，参加研究疑难复杂涉法专题会议29次，参与研究、办理行政复议、行政诉讼案件15件。

【地方立法】 2018年，市政府法制办推进科学立法、民主立法、依法立法，认真执行立法项目向社会公开征集、立项论证制度，全面推进地方立法工作，《玉溪市东风水库饮用水水源保护条例》《玉溪市飞井水库饮用水水源保护条例》《玉溪市革命历史遗址保护条例》《玉溪市海绵城市建设管理条例》《玉溪市物业管理条例》《玉溪市文明行为促进条例》6个项

目列入全市 2018 ~ 2022 年地方立法规划；组织开展《玉溪市飞井水库饮用水水源保护条例》立法相关工作，切实加强重点领域立法。

【规范性文件监督管理】 2018 年，市政府法制办加强规范性文件备案审查，对县（区）政府和市政府部门报送的 14 件规范性文件进行备案审查，市政府发布的 4 件规范性文件全部合法有效，并按规定报备；认真开展地方性法规及规范性文件清理，组织开展涉及著名（知名）商标制度、产权保护、涉企规范性文件专项清理，对市政府制定的规范性文件废止 1 件，拟废止 4 件，拟修订 2 件，及时清理不适应经济社会发展的制度障碍，保障法制统一。

【行政复议、诉讼和调解】 2018 年，全市共收到行政复议申请 60 件，申请人主动撤回复议申请 6 件，决定不予受理 7 件；受理办结 47 件，确认行政机关行为违法或行政机关自行纠错、案件终止审理的 26 件，复议纠错率 55.32%。行政复议作为化解行政争议的主渠道作用发挥日趋明显。市政府法制办积极做好行政应诉工作，认真贯彻落实《市政府办关于加强和改进行政应诉工作的实施意见》，全面落实《行政机关负责人行政诉讼出庭应诉规定》。市县（区）政府及部门参与行政应诉 103 件，人民法院判决维持或驳回诉讼请求 87 件，撤销或确认行政机关行为违法的 16 件，诉讼纠错率 15.53%；开庭审理 62 件，行政机关负责人应到庭 66 人，实际出庭应诉 64 人，行政机关负责人出庭应诉率 96.97%。妥善化解行政争议，维护社会和谐稳定。全年受理行政调解案件 2.35 万件，调解结案 2.03 万件，调解成功率 86.53%。

【行政执法监督】 2018 年，市政府法制办加强行政执法人员持证上岗和资格管理，行政执法主体信息录入 423 个，行政执法人员信息录入 9 509 人；圆满完成省级行政执法人员网上考试系统运用试点工作；组织全市 3 233 名行政执法人员执法资格培训，做到持证、亮证执法；认真落实行政处罚信息公开制度，凡是适用一般程序做出的行政处罚案件，各行政执法单位自做出行政处罚决定之日起 20 个工作日内在互联网上主动公开行政处罚结果信息，接受事后监督，并将行政许可和行政处罚信息在“信用玉溪”网站上公示，同步上传到省信用信息数据采集平台。截至年底，全市归集行政许可和行政处罚信息 7 万余条。同时，严格落实《云南省重大行政执法决定法制审核办法》《玉溪市重大行政执法决定法制审核暂行办法》，要求重大行政执法决定未经法制审核或审核未通过的，行政执法机关不得做出决定，全市各行政执法单位共开展重大行政许可、重大行政处罚、重大行政强制等重大行政执法决定法制审核 5 368 件；落实行政执法和刑事司法衔接工作机制，全市检察机关共受理两法衔接案件 38 件 39 人，均建议行政执法机关移送处理，公安机关立案 22 件 23 人；全市各行政执法单位共录入信息 2 146 条，有效实现信息互通和资源共享、行政处罚和刑事处罚无缝对接；加强行政执法监督，落实行政执法案卷评查制度，认真组织开展全市 2018 年行政执法案卷评查工作，组织行政执法案卷评查 1.37 万卷，市政府随机抽取七县二区和 23 个市级行政执法部门 71 卷行政执法案卷进行评查，优秀合格率 88.73%，并指出行政执法过程中存在的问题，有效提高行政执法质量和效率。

【仲裁工作】 2018 年，市政府法制办理顺仲裁委秘书处经费、人事管理等工作，出台《玉溪仲裁委员会秘书处“三重一大”实施办法》等制度，建立健全公务接待、资产管理、财务审批、岗位管理等内部管理机制，提升仲裁委秘书处服务管理能力水平；严格执行仲裁裁决文书核阅制度，不断提高仲裁法律服务质量。仲裁委全年受理各类民商事案件 53 件，涉案标的 4.08 亿元，通过多渠道化解争议纠纷，有效维护经济秩序和社会和谐稳定。

（刘桂华）

公 安

【概 况】 2018 年，市公安机关在市委、市政府和省公安厅党委的坚强领导下，牢牢把握稳中求进工作总基调和玉溪市“5577”经济社会发展总体思路，以习近平新时代中国特色社会主义思想为指导，认真贯彻落实十九大、十九届一中、二中、三中全会和全国全省政法、公安工作会议精神，按照年初市局党委确定的“123 451”工作思路和争创全国先进、全省一流的目标，以“警务实战创一流、跨越发展勇争先”专项工作为主线，坚持问题导向和创新引领，破难题、补短板，高站位谋划、高标准推进各项公安工作，取得了“四无三降一全两升”的好成绩，无影响国家安全和社会政治稳定的重大案事件、无暴恐案事件、无重大恶性公共安全事件、无重大舆论热点炒作事件；全市刑事案件、治安案件、八类重点案件持续下降；实现命案全破；公安机关驾驭社会治安局势和社会治理能力进一步增强，公安执法办案水平和执法公信力进一步提升，有力维护了新形势新常态下社会政治和治安大局的持续稳定。全市经济发展、政治安全、民族团结、宗教和顺、社会稳定的大好局面得到进一步巩固和提升，第八次入选全国最安全城市。

【维护国家安全和政治稳定】 2018 年，全市公安机关牢固树立总体国家安全观，始终把确保国家政治安全、政权安全放在首位，强化风险隐患排查研判和预警预防，认真落实维稳形势联合会商和“4+N”每周研判、专题研判、日常研判等情报工作制度，与市维稳办、市信访局等相关部门建立联合情报会商机制，紧紧围绕各类重要会议、重大活动和敏感节点主动做好做实情报信息收集、分析、研判、预警、推送等各项工作，及时为安保维稳、风险评估和领导决策提供有力的情报支撑；加强网上舆情监控和引导，进一步健全完善依法办理、舆论引导、社会面管控“三同步”机制，健全完善网络舆情监测预警体系，加大网络公开管理力度，落实网上巡查管控机制，加大网上巡查和执法力度，组织开展“打击网络政治谣言和有害信息”等专项行动，及时巡查发现、上报、处置一批网络谣言及网络违法信息，全市没有发生影响较大的舆情炒作事件；切实做好民族宗教安全保卫工作，开展专项治理，严厉打击非法宣教活动，与民宗、统战等相关部门密切协作，依法依规加强对全市宗教活动场所的依法管理治理工作，坚决抵御各类宗教极端思想渗透；主动做好境外非政府组织和境外人员的监督、管理和服务工作，在全市开展防范打击“三非”人员专项行动；组织开展了打击处置邪教组织的专项行动，打击处理一批邪教违法犯罪人员；

加强对重点人员、重点群体的排查和管控力度，按照“属地管理、分类管控”的原则，与信访、综治等部门和基层组织密切配合，认真落实管控措施和包保责任，确保在重点时期和敏感节点，全市没有出现规模性赴省进京上访、规模性聚集滋事和网络炒作事件；继承和发扬“枫桥经验”，认真落实矛盾纠纷排查化解机制和情报信息三级研判机制，全年排查各类民间矛盾纠纷 8 132 起，化解 7 721 起，调解治安案件 4 397 起，排查各类敏感性、涉众性矛盾纠纷 232 起，全市没有发生影响恶劣或造成重大人员伤亡的案事件；坚持高标准、严要求，圆满完成重大活动、重要警卫任务、勤务 72 批次，确保安保任务、安保对象、安保工作的绝对安全。

【深入推进反恐怖斗争】 2018 年，全市各级公安机关牢固树立长期斗争的思想，以严密防范暴恐案件为底线，大力加强反恐怖情报信息工作，严密重点人管控，强化专项侦查打击，着力加强能力建设，认真落实反恐防恐的首责主任，以“创新、发展、实战”为核心，统筹推进境内境外、网上网下、防范应急等反恐怖斗争各项措施的落实，及时主动查隐患、补漏洞，严密防范和有效应对处置各类暴恐活动。充分发挥履行市反恐办的职责，不断推动全市构建完善“横向到边、纵向到底、层层分解、件件落实”的反恐怖工作责任体系和问责制度，积极加强督促指导、跟踪落实、考核问效，以落实反恐怖工作“四项制度”为抓手，推动各行业、各部门的责任措施落实，具体明确监管部门、行业场所、企业单位的监管责任、主体责任，以推进落实反恐怖防范标准和规范为契机，进一步梳理、审核全市 22 类重点目标 652 个，反恐重点目标分类分级管理防范工作更趋科学、规范，社会面反恐防范总体水平进一步提升。

【扫黑除恶】 2018 年，全市公安机关深入贯彻落实中央、省、市关于扫黑除恶专项斗争的决策部署和要求，在各级党委领导下，加强与纪检监察、组织、政法各部门的主动衔接，把打击黑恶势力犯罪与治理基层腐败问题、加强基层政权建设有机结合起来，聚焦涉黑涉恶问题突出的重点地区、重点行业、重点领域，坚持打早打小打苗头，及时发现和打击带有黑恶势力犯罪苗头性、倾向性的违法犯罪活动，依法严厉打击各类黑恶势力犯罪，按照“零遗漏”的要求，广泛收集、深入摸排各类涉黑涉恶犯罪线索，严格落实“三长负责制”，对排查出来的线索逐一核查落实，成立专案，全力攻坚，除恶务尽。全年打掉黑恶势力集团 32 个，其中 5 个黑社会性质组织犯罪集团，27 个恶势力犯罪集团，抓获黑恶势力团伙成员 475 人，破获各类刑事案件 332 起，查封、冻结、扣押涉案资金 361 万余元；共侦办寻衅滋事、非法拘禁、敲诈勒索、开设赌场、故意毁坏财物、组织卖淫、聚众斗殴、强迫交易、强迫卖淫等九类涉恶案件 390 起，抓获犯罪嫌疑人 589 名；共接到举报和主动摸排出各类线索 302 条（重复线索 44 条），核查结束 227 条。全市扫黑除恶专项斗争战果在全省排名前列。

【打击刑事犯罪】 2018 年，全市公安机关终把群众对平安的新需要作为“第一目标”，坚持“更快地破大案、更多地破小案、更准地办好案、更好地控发案”的原则，始终保持对各类刑事犯罪的严打高压态势，深入推进涉枪违法犯罪、“盗抢骗”犯罪、电信网络诈骗犯罪、走私成品油犯罪、涉电涉路犯罪等专项打击整治工作，全市刑事、盗窃和“两抢”警情持续下降，现行命案保持全破，全市社会治安形势平稳，人民群众安全感不断提升。全年共立各类刑事案件 9789 起，比上年下降 5.3%，连续 6 年实现刑事立案下降，破获现行案件 3770 起，破获年前积案 1 556 起，破案绝对数为 5 326 起，抓获犯罪嫌疑人 6 130 人，查获犯罪团伙 53 个 240 人。此外，严格落实现行命案快出警、快勘查、快抓捕等快侦快破工作要求，把握案发初期的破案黄金期，共立、破命案 33 起，其中 20 起命案均是在 12 小时内破获，连续三年实现命案全破的目标，通过加大命案积案攻坚工作，破获命案积案 8 起；共立“八类重点案件”434 起，比上年下降 2%，破获 392 起。

【打击电信网络新型犯罪】 2018 年，全市公安机关充分发挥云南省反电信网络诈骗中心玉溪市分中心作用，进一步整合公安、银行、通信等多方资源，探索建立劝阻预警、研判打击、金融电信防控、宣传防范“四位一体”的打击防控机制和“统一组织指挥、快速接警止付、集中研判串并、统一抓捕起诉”的侦办机制。全市共立电信网络诈骗案件 1 096 起，破 123 起，抓获嫌疑人 31 名，运用公安部电诈平台支付受骗资金 1 134.98 万余元，劝阻部、省反诈中心推送的疑似诈骗电话 5 401 个，避免群众直接经济损失 103.2 万余元。并在部、省公安机关的领导指挥下，成功侦破公安部督办的红塔区“1.04”电信诈骗案，抓获犯罪嫌疑人 41 人，追缴涉案资金 501.81 万元。

【打击涉电涉路违法犯罪】 2018 年，全市公安机关积极主动加强警企协作，不断健全完善警企沟通、协作工作机制，严厉打击盗窃破坏电力、电信、交通设施等涉电涉路违法犯罪活动，确保全市电力、电信、交通设施安全，全市共立各类涉电案件 133 起，破获 112 起，抓获犯罪嫌疑人 45 人，立案数比上年增加 55 起，上升 70.51%，破案数增加 56 起，上升 100%；共立涉高速公路刑事案件 9 起，破获 9 起，追缴偷逃过路费 27.9 万元。

【打击“盗抢骗”犯罪】 2018 年，全市公安机关认真贯彻落实侦破“盗抢骗”系列团伙案件工作机制，以组织开展“三打击一整治”专项行动为契机，深入推进 DNA、指纹、人脸识别等刑事技术破案会战，主动发现和打击一批职业犯罪团伙，不断健全完善“层报、研判、指令”相关工作制度，加大对跨区域系列团伙案件的侦办力度，努力提升打击“盗抢骗”犯罪活动的能力。全年共立盗窃案件 6294 起，比上年减少 1 027 起，下降 14.11%，破案 3 383 起；共层报跨区域系列团伙案件线索 19 条，其中跨省线索 3 条，跨州、市线索 16 条，破获跨区域系列团伙案件 155 起，有力打击跨区域系列犯罪活动。

【打击经济违法犯罪】 2018 年，全市公安机关深入开展打击非法集资、网络传销等涉众型经济犯罪专项行动，严防经济金融风险向社会稳定领域传导，坚持以控赃追赃为重点，强化资金查控，最大限度追赃挽损，将群众损失降到最低。全年共立经济案件 314 起，比上年下降 9.2%，涉案价值 11 亿元，破获 197 起，挽回经济损失 1.37 亿元，抓获犯罪嫌疑人 273 人；开展“云端 2018”专项行动，以涉民、涉网经济犯罪为重点，严厉打

2018年5月15日，市公安局联合市金融办、工商、税务、人行、银监等部门在聂耳文化广场开展打击和防范经济犯罪宣传活动　　（市公安局　提供）

击非法集资、网络传销等涉众型经济犯罪活动，共接收云端核查线索5起，发起任务28起，接收部署应用任务67条，发起任务147起；排查摸底投资类公司256家，专业合作社100余户，交易类公司4家，小额信贷公司3家，经济信息咨询类公司7家，P2P公司3家，发现金融风险隐患主体91个；受理立案假币犯罪的刑事案件21起，抓获犯罪嫌疑人30人，刑拘27人，逮捕12人，起诉12人，共查获假人民币229.06万元、假币制作模板648套及一批制假设备、材料；共立涉烟刑事案件55起，破获41起，捣毁制假窝点3个，抓获违法犯罪人员55人，刑事拘留49人，逮捕14人，协办行政案件416起，处罚353人，收缴涉烟物品价值3 494.15万元，涉案卷烟3 436.24件，烟叶共381.06吨。

【禁毒工作】　2018年，全市公安机关以遏制境外毒品渗透内流和萎缩境内毒品消费市场为主攻方向，不断健全完善毒品立体查缉网络，深入推进“5·14”堵源截流机制建设，保持公开查缉力度不减，统筹加强涉毒情报、专案侦查、公开查缉、打击零星贩毒等工作，强化核心战斗力，不断提高打击效能。全年共破获毒品犯罪案件569起，缴获毒品561.233千克（其中海洛因158.315千克，冰毒379.097千克，吗啡23.549千克，氯胺酮0.272千克）、制毒物品100千克，抓获犯罪嫌疑人609人；其中，破获万克以上案件14起，破获省级毒品目标案件1起，协助省外破获部级毒品目标案件2起。牢固树立“破一案，斩一线，打一片”的思想，持续保持打击零星贩毒的高压态势，深入开展以排查吸毒问题、摧毁吸贩毒网络为重点的“鹰眼一号”扫毒专项行动，共破获零星吸贩毒品案件244起，占毒品刑事案件数的42.88%，地下毒品交易市场进一步萎缩，新生吸毒人员得到有效遏制。通过大排查大收戒大管控专项行动，全市共收戒吸毒人员1 865人；争取市委、市政府重视支持，依托省第三强制隔离戒毒所设立“玉溪市病残吸毒人员救治中心”，共收戒收治病残吸毒人员223人。

【整治突出治安问题】　2018年，全市各级公安机关坚持重点打击整治与日常巡检查处相结合，继续深入推进扫黄禁赌、食药打假、旅游市场秩序整治等专项工作，强化日常检查巡查和重点行业场、重点区域、重点时段的整治，严厉打击查处各类违法犯罪活动。全年共受理治安案件1.98万起，比上年下降10.3%，查处1.34万起，查处违法人员1.44万人；查办扫黄打非案件235起，收缴违法出版物943件；侦破涉黄刑事案件44起，刑事拘留38人，取保候审4人，逮捕4人，移送起诉17人，查处涉黄场所2家；查处涉黄行政案件503起，行政拘留534人，罚款82人，拘罚并处8人，查处涉黄场所4家；共侦破涉赌刑事案件36起，铲除赌博窝点36个，行政拘留66人，罚款4人，拘罚并处95人，刑事拘留98人，取保候审66人，逮捕20人，其他处理35人；查处涉赌行政案件355起，其中行政拘留507人，罚款368人，拘罚并处285人，其他处理1人；缴获赌资313.9万元、赌博游戏机58台、麻将桌等赌具一批。全市公安机关继续深入开展打击整治食品药品违法犯罪“利剑”专项行动，共侦办食药打假刑事案件84起，其中生产、销售伪劣产品3起、生产销售假药28起、生产销售不符合安全标准的食品43起、生产销售有毒有害食品8起、其他2起；抓获犯罪嫌疑人83人，刑事拘留7人，取保候审45人，逮捕4人，移送起诉40人；参与各类集群战役核查线索46次，查获并销毁冷冻肉制品296.95余吨，各类假药600余瓶盒。全市共侦破走私销售成品油案件31起（其中刑事案件20起，行政案件8起，移交有关部门处理的3起），抓获违法犯罪嫌疑人37人，涉案柴油1.08万吨，汽油13.7吨，煤油11.2吨，涉案金额2.5亿余元；捣毁黑窝点6个，非法流动加油车16辆，非法经营加油站9个。同时，充分运用物联网技术，全面推广“两车”智能防盗系统建设，全市安装智能防盗系统“两车”数已达6.71万辆，2018年共立盗窃“两车”案件1 130起，与上年同期相比立案下降46.95%，破获474起，抓获违法犯罪嫌疑人285人，追回被盗两车316辆，全市“两车”案件高发的势头得到有效遏制。

【人口管理】　2018年，全市公安机关认真贯彻落实省政府、市政府关于进一步深化户籍制度改革的有关政策和制度，按照“能放尽放、应落尽落”的原则，全面放开人才、学生等重点群体落户限制，全面放开中心城区和建制镇地区落户限制，积极推动户籍人口城镇化工作。截至2018年底，全市户籍人口2 202 505人，户籍人口城市化率达39.90%，比2017年底增加0.72个百分点。全市采集流动人口信息88 698条。其中半年以下的10 552人，半年至一年的17 870人，一至五年的46 983人，五年以上的13 293人；其中来自省外的30 300人。年内共受理暂住变更登记4.69万人。根据群众自愿申领居住证1.95万证。全市公安机关共受理各项户籍业务 38.53 万条，其中项目变更业务受理 6.12 万人，住址变动 22.89 万条，办理迁移落户 1.06 万起，未出现违规办理户籍审批业务情况；及时清理户口存疑数据，全市共恢复户口 225 个，漏登人口补录 92 个，清理重登误登注销户口 476 个。

【群防群治】 2018 年，全市群防群治“三支骨干力量”进一步加强，在实行警务室、治保室、调解室“三室”合署办公的基础上，进一步规范警务室的标识标牌，配备相应的装备器械，统一治保组织成员的服装，建立完善治保会 702 个、治保小组 6 030 个，共有治保组织成员 9 635 人。治保会全年提供各类案件线索 1 076 条，协助抓获犯罪嫌疑人员 159 人，协破刑事案件 168 起，协查治安案件 759 起，调解各类纠纷 5 607 起，开展安全检查 1.01 万次。全市公安机关落实保安三级监管工作机制，深入开展保安市场和服装清理整治，加大武装守护押运工作监管力度，充分发挥保安队伍辅警力量作用，全市共有保安服务企业 20 家，保安员 9 689 人，自行招用保安员单位 110 家，保安员 989 人，服务企业大型活动安保 106 场次，投入安保力量 7 845 人次，参与群体性事件处置 16 次，出动保安员 392 人。此外，深入贯彻《企业事业单位内部治安保卫条例》，进一步加强内部单位保卫组织建设，全市有治安保卫重点单位 456 家，其中市级治安保卫重点单位 87 家，设置治安保卫组织机构456个，配备专职保卫人员 2 540 人、保安员 1 492 人，单位内部保卫组织年内提供破案线索 161 条，协破刑事案件 81 起，协查治安案件 145 起，抓获违法犯罪嫌疑人 51 人。

【枪爆危险物品管理】 2018 年，全市公安机关认真落实上级有关工作部署和要求，通过深化动员上缴、举报查缴、检查收缴、破案追缴、深挖追缴“五缴”措施，全面深入推进缉枪治爆工作，全年收缴枪支 1 424 支（军用枪 1 支、猎枪 11 支、小口径枪 1 支、气枪 115 支、火药枪 447 支、改制射钉枪 844 支、其他 5 支）、子弹 32 586 发（军用子弹 4 655 发、猎弹 293 发、小口径弹 312 发、气枪铅弹 3 689 发、射钉弹 15 304 发、其他 8333 发）、炸药 5 810 千克、雷管 2.27 万枚、索类爆炸品 5 740 米、黑火药 812 千克、战争遗留物 480 枚发、仿真枪 108 支、管制刀具 907 把，烟花爆竹 1.58 万箱，发现安全隐患 549 起，当场整改 537 起，限期整改 12 起；清理互联网涉枪涉爆违法信息 378 条，落地核查 3 条；侦办涉枪涉爆刑事案件 48 起，采取刑事强制措施 51 人，查处涉枪涉爆治安案件 30 起，治安处罚 29 人。同时，加强监督检查，深化对猎区、行政管辖边界区、林区、湖区、矿区“五区”的查缴工作，强化对重点区域、路段、时段进出车辆、人员的枪爆危险品检查工作，对全市涉枪单位开展检查 532 家次，涉爆单位开展检查 628 家次，涉剧毒化学品单位开展检查 524 家次，涉放射性物品单位开展检查 416 家次，涉易制爆化学品单位开展检查 469 家次，管制刀具生产经营单位开展检查 587 家次。

2018 年 9 月 11 日，玉溪市缉枪治爆指挥部在新平县扬武镇集中统一销毁一批收缴的各类非法枪支、管制刀具等危险物品（市公安局 提供）

【行业管控】 2018 年，全市公安机关强化行业场所“双随机”抽查检查机制，提升行业场所治安管控水平，随机抽查旅馆业 4 612 家次、娱乐场所 497 家次、废旧金属收购业 137 家次、洗浴按摩场所 86 家次、物流寄递业 410 家次、机动车修理业 366 家次、汽车租赁业 65 家次、印章刻制业 10 家次、典当业 12 家次、美容美发 8 家，查处治安案件 388 件，刑事案件 34 件，对存在经营不规范的行业场所及时进行督促整改；扎实开展物流寄递业和旅游市场治安整治工作，深入推动寄递物流企业严格落实“实名寄递、开箱验视、X 光机安检”“三个 100%”安全措施，堵塞违法犯罪渠道；深入开展旅游市场治安专项整治，共检查旅游地区行业场所 5 871 家次，发现安全隐患 364 处，下发整改通知书 9 次，处罚违规场所 29 次，整治旅游景区治安乱点 10 处，参与行政联合执法开展次数 181 次，检查旅游场所 1 107 处，接处涉旅警情 522 起，调解旅游纠纷 145 起。

【环保资源执法】 2018 年，全市公安机关全力维护全市良好的生态环境，积极主动联合环保等部门执法 122 次、整治环境突出问题 136 个，侦办污染环境（资源类）案件 58 起，比上年增加 38 起，增幅 190%；查获涉案人员 102 人，比上年增加 60 人，增幅 142.86%；严厉打击各类涉林违法犯罪活动，受理各类森林和野生动物案件 978 起，比上年增加 27 起，增幅2.8%，查处违法人员 958 人（次），收缴木材 54.55 立方米，野生动物 516 头（只），为国家挽回经济损失 1 000 余万元。

【社会治安防控体系建设】 2018 年，全市公安机关大力推进社会治理创新，按照打防并举、标本兼治的原则，统筹推进城乡一体化社会治安防控体系建设，不断补齐治安整体防控和基层基础方面的短板，全面加强社会面武装巡逻值守，推行“网格化”巡防模式，科学划分巡防网格，以党政中心、车站、商业广场、学校、医院、集贸市场等重点部位为中心和人员密集场所为重点建立41个武装执勤点开展定点执勤，以联勤联动为基础，推进公安武警联勤武装巡逻工作，全年开展公安武警联勤武装巡逻1 143场次，投入警力9 144人次、1 440车次，有效维护了社会面治安秩序。同时，牢固树立“防为先、防为上”的指导思想，着力推进社区民警专职化，在全市702个行政村（社区），建立规范的社区（驻村）警务室543个；本着“警力有限、民力无穷”的理念和“专群结合，协调联动”的思路，不断加强群防群治队伍建设，全市共建立完善治保会702个、治保小组6 030个，共有治保组织成员9 635人，城乡社区防控网络进一步织密。此外，创新行业场所管理方式，加强单位内部治安防范体系建设，以党政首脑机关、反恐重要目标单位、部位为重点，推广单位来访人员登记信息系统建设。全市158家单位安装使用了来访人员登记信息系统，采集上传数据147万条，触发预警3条，抓获犯罪嫌疑人2人。并以加强散装汽油购销安全监管为基础，推进散装汽油购买信息系统建设，全市在经营的加油站204家，安装使用散装汽油销售实名登记信息系统手机APP193家，安装使用集成二代证读卡功能的M901专用设备138家，系统安装率达100%。

【公共安全管理】 2018年，全市交警部门进一步构建完善缉查布控网、路面秩序管控网、高速公路防控网、城市疏堵保通网，农村事故防控网等“五张网”，切实强化路面管控，不断强化“两客一危一微一货”等重点车辆安全管理，狠抓“三超一疲劳”、酒驾、无证驾驶、超速、超员等严重交通违法行为集中整治，全面推进农村“两站两员”建设，不断改善道路交通安全基础设施，有力确保全市道路交通安全、有序、畅通。至年底，全市公路通车里程达1.7万公路，机动车保有量89.78万辆、驾驶人85.96万人。全年受理一般程序交通事故565起，造成251人死亡，494人受伤，经济损失143.8万元，比上年事故起数上升56.5%、死亡人数下降7.4%、受伤人数上升52.5%、经济损失下降24.9%，其中，发生一次死亡3人以上的道路交通事故5起，未发生一次死亡5人及以上的较大及重特大道路交通事故；受理按简易程序处理的道路交通事故2.02万起，同比上升22.48%。全市共排查整治一、二级公路道路安全隐患140处、三、四级公路道路安全隐患1.05万个；深化农村“两站两员”建设，全市73个乡镇（街道），661个农村村委会（社区），73个乡镇100%建立交管站，有交通安全管理员364人，建立村社安全劝导站502个，农村村委会（社区）安全劝导站建成率为75.9%，有安全劝导员487人。消防部门积极推进消防安全大排查大整治，紧盯城市火灾高风险点和敏感区域，瞄准“靶心”防控大火，共检查单位2.15万家，督促整改火灾隐患4万余处。全年发生火灾事故415起，比上年上升9.1%，事故造成1人死亡，比上年下降50%，经济损失231.7万元，闭上男下降27.2%。

【“放管服”改革】 2018年，全市公安机关深化户籍制度改革，按照“能放尽放、应落尽落”的原则，全面放开人才、学生等重点群体落户限制，全面放开中心城区和建制镇地区落户限制，积极推动户籍人口城镇化工作，至年底，全市户籍人口城市化率达39.90%；持续推进居民身份证“三项制度”，年内共受理上传17.69万证，受理各项户籍业务38.53万条；深入推动公安行政审批改革，在继续落实好云南省公安厅服务经济社会发展10条措施、“35+22”便民措施，市局49项“放管服”改革措施的基础上，不断创新举措，部分行政审批事项办理时限大幅压缩，审批和处理权限下放到县级公安机关和派出所，极大地方便了办事群众；出入境部门全面推行出国境申请免费快递、免费照相服务和周六延时办公，为群众节省费用200万余元；大力推进“互联网+公安管理服务”，在全省率先推出“智慧网吧”管理模式，通过“电子身份证”、人像比对进行实名认证上网，在提高“实名率”的同时，也方便了广大网民；交警部门推出的交通事故可视化调解模式极大提高了事故的调处率、满意率。全市9个县（区）在县级政府所在地建成“云南公安自助便民服务超市”9家，实现了居民身份证的自助申领、自助照相和电子缴费，“云南公安自助便民服务超市”开通以来，通过身份证自助设备成功受理群众办理居民身份证申领业务4 777余人，自助取证1.63万余证；群众自主办理交通违法处理和罚款缴纳6 729笔（次），缴纳金额67.68万元；群众自助办理港澳台旅游签注977证次，自助领取出国境证件938证次。

【执法规范化建设】 2018年，全市公安机关积极推进执法规范化建设，推进受立案制度改革、刑事案件“两统一”工作机制改革，实现接报案、受案、立案、办案、结案全过程可溯式管理；推行法律要求与实战应用相结合的执法教育培训模式，全年组织执法培训20期次963人，组织旁听庭审10次。同时，不断完善和拓宽执法监督机制，改进监督方式，提升监督成效，共召开执法管理委员会议45次，研究案件41件，研究执法问题60个，解决执法问题52个；召开法、检、公联席会议17次，与检、法机关就案件和执法问题沟通、协商122次，研究案件164件，协调解决问题145个。此外，强化案件审核，确保办案质量稳步提升，全市公安法制部门共审核各类案件8 738件1.17万人，通过严把案件事实关、证据关和程序关，杜绝关系案、人情案和冤假错案的发生；畅通信访渠道，切实做好群众来信来访工作，全年接待群众来信来访88件次，同比下降26.05%，其中，初信初访64件次，占信访总量的72.73%。办理省公安厅、人大、政法委、信访局等部门转办、交办和领导批示的信访事项150件次，做到了“事事有着落，件件有回音”。

【队伍建设管理】 2018年，全市公安机关加强理想信念和忠诚教育，建立政治督察、政治轮训制度，制定《巡察工作规定》，对基层党组织坚持党的领导、加强党的建设、从严治党治警情况进行全面“体检”，对市、县两级公安机关组织开展两轮政治巡察；以开展“不忘初心、牢记使命”主题教育和推进“两学一做”常态化制度化为重要抓手，着力加强队伍思想政治建设。在全市公安机关队伍纪律作风专项整治活动中，从“五个过硬”方面深入查找剖析和全面整改队伍纪律作风中存在的突出问题，进一步增强广大民警的政治意识、纪律意识，转变工作作风，树立良好形象；全面加强基层党建工作，激活党建“神经末梢”，成立市局机关党委，深入开展以健全基本组织、建强基本队伍、开展基本活动、落实基本制度、强化基本保障为主要内容的党支部规范化达标创建活动，市局16个党支部通过了第一批达标验收，建立落实党员民警到社区“双报到”“双报告”制度，推动城市基层党建共驻共建，推进“警务实战、执法规范化、信息化应用”3类教官扩容，实现“一所一队一教官”全覆盖，形成分级负责实战训练机制，实现常态化警务实战教学，有效缓解“工训矛盾”，民警能力素质显著提升；全面落实落细“两个责任”和“一岗双责”，层层签订“一岗双责”责任书和党风廉政建设主体责任责任书，建立落实党风廉政建设责任制派单制，推动责任落实，共向市局党委委员、各部门主要领导发送落实党风廉政建设责任制派单45份，派单内容79条，应用监督执纪“四种形态”查处队伍中的违法违纪问题，营造，风清气正的良警营政治生态环境；抓廉政风险防控机制建设，强化监督管理，对个人廉政岗位廉政风险进行排查，全市共排查副科以上领导干部798人，排查出风险点1 176个，制定防控措施2 101条。建立健全制度，全力推进经济责任审计全覆盖，对领导干部经济责任、“三公”经费、执法活动财物开展全面审计。

【公安宣传和先进典型】 2018年，全市公安机关共在国家级、省级主流媒体、重点网站刊播稿件735篇。其中，国家级稿件25篇，中央电视台专题、新闻13条，省级稿件511篇，省级电视99条，省级以上网页87条；在《玉溪日报．玉溪警方》共刊播稿件1 068篇，云南警方手机报采用信息441条，通过玉溪警方官方微博、微信、头条号刊播信息1 145条，回复网民咨询求助126条。同时，积极培育选树先进模范典型，制定《玉溪市公安机关先进典型选树工作办法》，建立一、二级典型库，通过深入挖掘、树立、培育、宣传，涌现出一批先进典型。全市公安机关4个集体和5名个人被记二等功，25个集体和119名个人被记三等功，39个集体和233名个人被记嘉奖。

（陈　刚）

①2018年4月2日，市公安局组织开展全市公安巡特警2018年应急拉动演练

②2018年8月21日在玉溪市人民警察训练基地举办玉溪市公安机关首届“实战大比武”暨“岗位技能大赛”

（市公安局　提供）

检　察

【概　况】 2018年，全市检察机关紧紧围绕党中央决策部署、国家总体安全观，法律监督和打赢“三大攻坚战”以及经济社会发展大局，坚持讲政治、顾大局、谋发展、重自强的检察工作总要求，忠实履行法律监督职责，有力维护国家安全和社会稳定，自觉守护公平正义，深入推进司法体制改革，不断完善自身建设，为玉溪干在实处走在全省前列、服务玉溪高质量跨越式持续健康发展提供了有力的法治保障。

【批准、决定逮捕】 2018年，全市受理审查逮捕案件1 541件2 457人，已审结1 538件2 434人，经审查批准逮捕案件1 291件1 921人，不批准逮捕案件247件513人，不捕率为21.08%，与去年同期相比，件数和人数分别上升34.24%和31.88%。其中，不构成犯罪不捕38人，事实不清、证据不足不捕333人，无社会危险性不捕116人，刑事和解9人，其他不捕26人，与去年同期相比，上升26.32%。相对不诉14人，存疑不诉10人，无捕后撤案、捕后判无罪案件。全年批准逮捕故意杀人、故意伤害、强奸等侵犯公民人身权利、民主权利案件共228件342人，批准逮捕危害公共安全类案件31件36人（其中涉枪涉爆犯罪案件8件9人）；批准逮捕“两抢一盗”犯罪案件329件424人，毒品犯罪案件386件450人；批准逮捕破坏社会主义市场经济秩序犯罪案件83件118（其中批准逮捕非法经营犯罪案件24件32人，合同诈骗犯罪案件17件18人，非法吸收公众存款犯罪案件3件5人）。

【审查起诉、提起公诉】 2018年，全市受理公安机关及监察委移送审查起诉的各类刑事案件2 710件4 043人，审结2 247件3 271人。其中，提起公诉2 026件2 902人，决定不起诉182件297人，附条件不起诉39

件72人，不起诉率为6.7%，不起诉人数比上年上升7.69%；出席一审法庭2 036件次，人民法院一审做出有罪判决1 566件1 937人；出席二审庭26件次；办理二审刑事案件48件127人（办理上诉案件29件97人，办理下级院提请抗诉案件19件30人）；办理职务犯罪不诉上报审批案件11件12人；起诉放火、危险驾驶等危害公共安全犯罪案件515件529人；起诉故意杀人、抢劫、强奸侵犯公民人身权利、民主权利等严重暴力犯罪案件74件99人；起诉妨害社会管理秩序犯罪案件499件798人，其中起诉走私、贩卖、运输等毒品犯罪案件362件418；起诉盗伐林木等破坏环境资源犯罪案件23件31人；起诉利用邪教组织破坏法律实施犯罪案件4件15人；起诉职务犯罪案件20件28人，其中起诉监察委移送起诉的职务犯罪案件11件11人，起诉的职务犯罪案件中，厅级干部1件1人，处级干部6件6人，科级干部1件1人，涉案金额在100万元以上的9件9人；起诉破坏社会主义市场经济秩序犯罪80件161人，其中起诉虚开增值税发票案件4件7人，集资诈骗案件1件2人，其他各类诈骗案件51件82人，非法经营案件17件29人，生产、销售伪劣商品犯罪案件6件41人；对被害人谅解或双方达成和解并切实履行、社会危害不大的案件，努力促成双方当事人达成刑事和解17件20人；对案情简单、事实清楚、证据确实充分及犯罪嫌疑人、被告人认罪的轻微刑事案件，快速办理471件；对存在治安漏洞的单位发出检察建议11份；积极开展法制宣传教育29次。

【扫黑除恶专项斗争】 2018年，全市依法从严从快批捕黑恶势力犯罪嫌疑人45件236人，提起公诉19件149人。在批捕、起诉环节提前介入黑恶势力案件7件。

【公益诉讼】 2018年，全市受理公益诉讼案件477件，比上年上升402.11%；立案468件，比上年上升392.63%；发出诉前检察建议427件，比上年上升427.16%，已采纳诉前检察建议317件，比上年上升395.31%；履行诉前公告程序8件，提起公益诉讼10件（其中刑事附带民事8件，民事类1件，行政类1件），比上年上升900%，其中6件已有结果（3件法院均做出判决支持检察机关的诉讼请求，2件因当事人自愿履行公益诉讼请求而作调解处理，1件因行政机关积极履职公益目的得到实现而作撤诉处理），另外4件法院正在审理中；初查线索移送后受党政纪处理和刑事立案4件。同时，在“保障千家万户舌尖上的安全”专项监督活动中，1～10月共立案166件（民事公益诉讼线索立案2件，行政公益诉讼方面线索立案164件），多涉及网络餐饮生产经营者食品加工违法行为及监管部门未依法履行职责问题。此外，受理有关弱势群体保护支持起诉案件435件，比上年上升113.2%；做出支持起诉361件，比上年上升78.7%；采纳450件，比上年上升373.7%，其中支持农民工起诉326件。

【立案监督】 2018年，全市监督公安机关立案119件，比上年上升58.67%，立案监督案件提起公诉60人，生效判决41人；监督公安机关撤案118件，比上年上升73.53%；纠正漏捕58人，生效判决34人，其中判处有期徒刑以上的33人，向侦查机关发出书面纠正违法350件次，侦查机关已纠正338件次，纠正率96.57为%；受理两法（即刑法、行政法）衔接案件41件47人，建议行政执法机关移送涉嫌犯罪案件41件43人，比上年分别上升272.73%和186.67%；建议行政执法机关移送涉嫌犯罪25件27人并均已立案，比上年分别上升212.5%和145.45%。全市7县2区和17个市级重点行政执法单位共录入信息4 012条，从信息平台中发现立案监督线索并成功立案22件，做出有罪判决2人。并在2个专项监督（监督危害食品、药品安全及破坏环境资源）活动中，监督行政执法机关移送涉嫌犯罪案件24件，监督公安机关立案20件。经监督的案件做出有罪判决14人。

【侦查活动监督】 2018年，全市对事实不清、证据不足一次退回侦查机关补充侦查415件915人，二次退回补充侦查112件289人；追诉漏犯55人，纠正遗漏起诉罪行80件次；书面纠正侦查活动违法35件次，发出检察建议13件次；市院提请省检察院延长侦查羁押期限案件41人次，批准各县区院提请批准延长侦查羁押期限案件110人次。

【刑事审判监督】 2018年，全市对交通肇事等15类案件提出量刑建议676人，法院采纳445人，采纳率为65.83%；对发现的错误判决，抗前请示29件，提出抗诉16件，已获法院改判7件，抗诉采纳意见率为43.75%。

【刑事执行检察】 2018年，全市在刑罚交付执行检察中，检查判决、裁定、执行通知书、拘留证、逮捕证、释放证等法律文书1.03万份，发现错误15份，发出纠正违法通知书3份、书面检察建议4份，提出口头纠正意见8次，均已得到纠正；办理减刑、假释、暂予监外执行案件合计7 313人（减刑7 083人、假释224人、暂予监外执行6人），派员出席减刑案件开庭审理264件，假释案件开庭审理24件；书面监督纠正提请不当、减刑幅度不当等案件79件，提出书面检察建议79份，建议被采纳76份。全年未发现审前未羁押判处实刑罪犯未执行刑罚及被判处有期徒刑以上刑罚剩余刑期在三个月以上仍羁押在看守所的罪犯和被撤销假释的情况；发现1件暂予监外执行条件消失未及时收监执行的情况，经监督已收监执行。在监督维护在押人员合法权益专项活动中，与刑事被执行人谈话1 156人次，刑事被执行人约见检察官139人次。对期限即将届满的在押人员督促看守所依法向办案单位及办案人员进行预警催办督办案件4件2人；在社区矫正检察监督中，书面提出纠正333人，得到采纳并已纠正332人，提出收监执行检察建议25人，口头提出收监执行检察建议1人，收监执行26人，并与市司法局联合出台《关于进一步加强社区矫正工作日常监管及检察监督的意见》；在羁押必要性审查中，将原来的依职权启动审查为主向依申请、建议、职权启动并存转变，共立案314人，其中依职权立案255人、依申请立案59人，经审查建议变更强制措施237人、建议释放7人，办案机关采纳建议157人；在财产刑执行专项检察中，核查2017年7月1日至2018年4月30日期间涉及罚金、没收财产、没收赃款及违法所得的案件共663人，判处金额合计889.14万元，已执行261.50万元，执行率为29.41%。核查2016年1月1日以来职务犯罪、金融犯罪、涉黑犯罪、破坏环境资源犯罪、危害食品药品安全犯罪等“五类罪犯”涉财产刑执行案件所涉及的53人，财产刑判处金额 857.27 万元，已执行 407.37 万元，执行率为 47.52%。进行讯问合法性核查 133 件，发现违法问题 18 件，其中向办案机关发出纠正违法通知书 3 份（均已采纳），发出排除非法证据检察建议书 8 份（采纳 7 份），向侦监、公诉部门发出疑似非法证据提示函 7 份（采纳 5 份）；针对监管活动中的违法情形，书面提出纠正执行活动违法 365 件，已纠正 358 件。对重点环节、重点部位开展安全防范检察 180 次，重大节假日安全检察 60 次，发现安全隐患 26 件，协助消除安全隐患 20 件；收到 7 名服刑罪犯举报涉黑涉恶犯罪线索，对监狱提请的 1 名涉黑涉恶罪犯减刑审查，提出减刑控制二个月的建议，看守所检察室收到涉黑涉恶犯罪举报线索 7 条；全面实施派驻监狱检察为巡回检察，于 10 月 18 日至 19 日分别与元江、玉溪监狱进行了巡回检察试点工作的交接；在全省第二届检察机关刑事执行检察业务竞赛中，玉溪参赛代表队获得“一标兵三能手”的成绩（全省 43 人参赛，评定五名标兵、十名业务能手）。

【民事检察】 2018 年，全市受理审查民事案件 1000 件，比上年上升 122.72%。其中，生效裁判、调解书监督 78 件，比上年上升 105.3%；提出抗诉 4 件，比上年上升 400%；提请抗诉 13 件，比上年上升 550%；促成和解 2 件，提出再审检察建议 9 件，比上年上升 125%。执行监督受理审查 246 件，比上年上升 68.5%；发出检察建议 215 件，比上年上升 45.3%；采纳检察建议 215 件，比上年上升 45.3%。审判程序（人员）违法行为监督受理 188 件，比上年上升 268.6%；发出检察建议 186 件，比上年上升 279.6%；采纳检察建议 124 件，比上年上升 153%。受理支持起诉案件 488 件，比上年上升 139.2%；做出支持起诉 488 件，比上年上升 140.3%；采纳 594 件，比上年上升 512.4%。举行公开听证 124 件。

【行政检察】 2018 年，全市受理行政生效判决的监督案件 11 件，行政生效裁定的监督案件 12 件，其中终结审查 10 件（含上年受理案件），不支持监督申请 1 件，息诉 1 件；受理行政审判程序中违法行为的监督案件 1 件，提出检察建议 1 件，检察建议被采纳 3 件（含上年办案回复 2 件）；受理行政执行活动监督案件 50 件，提出检察建议 50 件，检察建议被采纳 36 件；受理行政机关不当履行职责监督案件 427 件，提出检察建议 438 件。其中检察建议被采纳 447 件（含上年受案后，今年提出检察建议及被采纳），终结审查 5 件，移送犯罪线索 10 件；受理民事行政非诉执行监督案件 78 件，其中民事非诉执行监督案件 23 件、行政非诉执行监督案件 55 件，发出检察建议 78 件，被采纳 76 件；受理市级行政公益诉讼案件线索并立办案件 4 件，其余案件正在审查办理当中。

【环境保护检察】 2018 年，市检察院受理刑事立案监督（监督行政执法机关移送）案件 1 件 1 人（非法运输珍贵、濒危野生动物制品案），适时介入侦查案件 2 件 2 人（非法出售珍贵、濒危野生动物案；非法运输珍贵、濒危野生动物制品案）。涉及行政监督等案件线索转交基层院办理 25 件，基层院办理行政检察监督（行政公益诉讼）案件共 13 件；统一业务办案系统外受理基层院报送非诉执行监督案件请示共 47 件；受理对行政机关（含国有企业）不当履行职责监督案件 6 件，发出检察建议书 6 件，采纳检察建议并回复 6 件，其中监督行政机关拟行政处罚不当案件 1 件，行政机关履行监管职责不到位案件 3 件，监督国有企业加强内部管理职责案件 2 件。为促进全市水环境水生态水资源保护，市检察院与市水利局、市河长制办公室联合出台《关于协同推进水环境水生态水资源保护工作机制的意见》。另外，市检察院联合市环保局监察支队、森林公安等相关行政执法部门对垃圾焚烧项目、擅自非法占用林地，通海县废弃蔬菜叶非法堆弃、元江县元江金矿非法堆浸点污染环境，抚仙湖综合治理保护，市级自然保护区等重点区域，开展有针对性的行政执法检察监督及相关案件线索摸排。

【未成年人检察】 2018 年，全市受理审查逮捕未成年人案件 90 件 170 人，不批准逮捕 54 人，其中无社会危险性不捕 38 人；受理审查起诉未成年人案件 123 件 238 人；附条件不起诉 70 人，附条件不起诉考验期满后决定不起诉 35 人；附条件不起诉后起诉 5 人；对未成年人刑事案件提出抗诉 2 件，抗诉后法院改判 2 件。依法发出检察建议 65 份；对涉罪未成年人或未成年被害人心理矫正（疏导）1 人，提供法律援助 48 人，开展刑事和解 1 人。5 月 31 日，市、县两级检察机关举办了主题为“关爱祖国未来，擦亮未检品牌”的检察开发日活动；9 月开展了法治进校园活动。

【控告申诉检察】 2018 年，全市受理来信来访 541 件，审查处理 541 件，同比上升 67.49%。来信来访中，举报类 5 件，控告类 50 件，申诉类 161 件；民行类 198 件，其他类信访件 127 件。所受理的信访件均在规定的时间内分流处理完毕，未出现因处理不当引发的矛盾事件发生。受理刑事申诉案件 71 件，比上年上升 57.77%；受理民事行政监督案件 198 件，比上年上升 104.12%；办理国家司法救助案件 55 件，比上年上升 103.7%，发放救助金额 92.634 万元，所办案件均在规定的时间内办结。接收涉黑腐败犯罪线索 18 件，分流处理 18 件。检察长接待日接待来访 77 人，批办案件 48 件。受理省院交办刑事申诉案件 12 件并全部办结上报省院。办理 15 件不服检察机关处理决定申诉案件，其中公开审查、公开答复 2 件，维持原决定 13 件。经审查和复查息诉 7 件。办理不服法院生效刑事裁判申诉案件 69 件，其中立案复查 35 件，审查结案 34 件。立案复查案件中，发出检察建议 5 件，不予抗诉 31 件，终止办理 1 件。办理阻碍辩护人、诉讼代理人依法行使诉讼权利案件 4 件。在公诉环节对 1 230 余件案件进行风险评估，拟定风险等级并形成风险评估意见，强化涉检信访的源头治理和防控工作。对不起诉案件及被害人请求抗诉案件进行答疑说理 70 余件次，化解矛盾纠纷 40 件次。全市两级检察机关成立了法律援助工作站及律师参与化解和代理涉法涉诉信访案件法律服务中心玉溪市人民检察院工作站。

【检察技术】 2018 年，全市受理办结各类检察技术案件 25 件（市院 18 件、县区院 7 件），与上年同期相比减 88.63%。其中法医临床 15 件（市院 8 件、县区院 7 件），比上年同期增 36.36%；法医病理 10 件（市院 10 件、县区院 0 件），比上年同期减 16.67%；文件检验专业类、司法会计类及电子物证类均未办理案件。同步录音录像 2 件 2 人次（市院 1 件 1 人次、县区院 1 件 1 人次），比上年同期减 99.66%。同时，提供软硬件技术支持170余次，对县（区）院提供技术指导30余次；处理话线路故障16次，维护电话机设备故障21次；组织视频会议保障工作85场次，联调74场次，其中2场为市检察院自行组织；为各类重大活动提供音响、照相、摄像等技术支持。此外，采用华为模块化架构设计，将IT机柜（28个）、供配电、制冷、监控、布线、智能化管理等所有子系统统一集成，建成高标准模块化的中心机房。新机房能满足信息网络高效可靠、快速灵活和智能管理的需求，成为安全可靠性、灵活性、可扩展性、可管理性、舒适实用、高效节能的全新现代化机房，大幅提升全市检察院的信息化水平。完成网络光纤布线改造方案与四楼大会议室改造方案。重新清理和优化部署通信线路、网络设备，解决了长久以来部分办公系统故障频发的问题。使用华为通信网关设备取代使用20多年的爱立信MD110程控交换机，调整优化了电话网络及功能。完成市检察院“玉溪掌上检务APP”系统的改版升级，通过操作手机即可实现请销假、派车申请、公务出差申请、差旅费报销、财务报销、办公用品申领、计算机耗材申领等功能。通过国家保密局的涉密信息系统投入使用前的实地审查，保证年内无失密、泄密事件发生。

【司法警察】 2018年，全市司法警察支队开具9个长期派警令派出22名司法警察，到其他部门履职，实行集中管理与分散使用相结合。开具8个派警令派出30余司法警察执行押解、提押犯罪嫌疑人、送达法律文书、参与处置突发事件、死刑临场监督、保护出庭公诉检察人员安全等职责。全市检察机关58名司法警察全年依法履行司法警察职责共计1.14万人/次。

【案件管理和改革】 2018年，全市受理公安机关、监察机关、其他检察院及其他单位移送的各类案件5 704件，接收卷宗1.19万册；送案审核4 313件，移送案件4 148件；制作电子卷宗2 930件1.02万册；接收、登记并入库涉案款1 303.22万余元，登记并入库涉案物品4.94万件，登记并出库涉案款1 824.77万余元，登记并出库涉案物品4.75万件。全市在案件监管的内容和方法上进行改革，运用案件流程监控、质量评查、业务分析研判、情况通报等手段，评估司法办案权力清单落实、员额检察官办案和领导干部办案、部门负责人和检察长监督管理等办案责任制运行的效果，制定了《玉溪市基层检察院2018年度检察业务考评办法》《玉溪市人民检察院检察业务核心数据通报督导制度（试行）》，进行办案情况通报10期，信息化办案通报3期，核心数据通报5期。并对案件受理审查、案件流程监控、案件质量评查等业务工作推行检察官办案责任制，设立办案单元29个，建立流程监控案件6 172件，对所受理案件均做到全程、同步监控。此外，针对流程监控中所发现的违法违规情形，发送《流程监控通知书》103份，进行口头提示971次；开展行贿犯罪档案查询5 198件次；梳理案件受理审查和结案审核工作中存在的突出问题4类37项，并提出解决的建议和对策，做到案件承办人与案管送案的同步，保证结案审查的时效性；接待辩护人、诉讼代理人1 351人次，其中安排阅卷764人次；通过系统为律师提供电子卷宗光盘686盘；公开案件程序性信息4 160条，公开法律文书1 712份，公开重要案件信息263条；组织案件质量评查960件。

【检察委员会】 2018年，全市共有检察委员会委员92名。其中，非专职委员76名，占委员总数的82.61%；专职委员16名，占委员总数的17.39%。两级院共召开检委会134次，审议议题336件，其中案件271件，事项19件；组织检委会集体学习46次，检察长列席同级人民法院审委会33次。两级院已建成并投入使用新的检委会会议室（峨山县院正在建设中），并组织对“统一业务应用系统检委会子系统”的应用培训。

【检察理论研究】 2018年，全市检察机关设置检察理论研究课题方向13个，由18个课题组具体承担研究任务并已结题。申报省院重点调研课题中标3篇并已结题；组织申报2018年全省法治建设重点调研课题、第十三届“西部法治论坛”和“泛珠三角合作与发展法治论坛”征文，组织参加高检院、省政法委、省检察院、省法学会和党委政府等组织的调研活动，完成《全市检察机关发挥检察职能参与服务、保障“决胜全面建成小康社会三大攻坚战”调研报告》《与改革开放相伴相生——玉溪检察机关恢复重建40年》《玉溪市人民检察院推动民生保障和公共服务走在全省前列工作情况报告》《玉溪市人民检察院贯彻落实中央“三化意见”情况报告》等30余篇专题调研报告；上报省院研究室指导性案例备选案例4件、职务犯罪案件典型案例6件、涉“一带一路”典型案例1件、检察建议案例6件、以案释法和优秀说理法律文书2篇；在省以上刊物发表或获省级以上表彰奖励的检察理论研究成果18篇，其中1篇获2017年云南省检察机关“深化司法改革与检察队伍建设”主题调研征文一等奖，一篇入选第十四届国家高级检察官论坛并收录中国检察出版社出版的《深化依法治国实践背景下的检察权运行》一书。

【外部监督】 2018年，全市两级检察院按照高检院规定，对原自行侦查的职务犯罪案件中的“十一类案件或事项”中拟不起诉的12件13人案件进入人民监督员监督程序，接受人民监督员监督，经人民监督员监督后同意承办部门拟处理意见的11件12人，不同意承办部门拟处理意见的1件1人。不同意承办部门拟处理意见的1件1人将案件处理结果通知人民监督员后，均未提出复议；组织人民监督员参与检察开放日、庭审观摩、案件听证、刑事和解、申诉案件答复、案件公开审查、未成年人的审讯等各种活动43次；组织特约检察员参与检察开放日、12 309检察服务中心揭牌、申诉案件答复、案件听证等活动17件次；以信函、短信等形式经常向人大代表、政协委员通报检察工作，邀请人大代表、政协委员视察检察工作、案件听证、观摩案件庭审等活动42次。市、县（区）两级院检察长分别走访或电话询访驻玉的23名省人大代表；接待律师阅卷和当事人查询1 351次，安排律师阅卷1 059次；公开案件程序性信息4 160条，公开法律文书1 712份，发布重要案件信息263条，通过检察新媒体对外发布工作信息2 460条；对“两会”期间人大代表、政协委员提出的47条意见建议，全市两级检察院进行了针对性的整改。

【检务保障】 2018年，市检察院共收到财政拨款收入7 585.32万元。其中：省级财政拨款收入6 580.32万元，比上年同期增加57.90%；市级财政拨款收入1 005万元，比上年同期减少45.93%；其他收入112.97万元。市检察院经费总支出7 527万元。其中，省级财政拨款支出6 147.37万元，比上年同期增加47.20%；市级财政拨款及其他资金支出1 379.63万元，减少31.33%。市检察院“三公经费”支出62.31万元，比上年同期减少10.40%；差旅费支出89.43万元，比去年同期减少40.94%；会议费支出4.54万元，比去年同期减少47.33%。完成市检察院采购项目695.65万元；完成市检察院“阳光检务”工程项目1 310.16万元中“检察文化交流展示中心”626.78万元合同签订；审批全市各县（区）检察院采购项目159.81万元；市检察院入账资产107件，共计130.62万元。完成全市检察机关资产上划省级管理工作，共计上划省级管理资产2.77亿元。市检察院无偿划拨玉溪市监察委员会资产39件，合计1 130.39万元。“两房”建设项目完成最终验收。办公楼和综合楼外立面修缮及办公楼功能布局改造项目已开工。

【司法体制、机制改革】 2018年，市检察院牵头组织市司改各成员部门，对全市检察队伍情况、办案质效、经费保障状况开展摸底调研，组织两级检察院对司改后的机构、人员、保障等方面的需求进行预测和评估，先后形成了《司法体制改革工作推进情况报告》《重点改革事项工作开展情况报告》《贯彻落实中央“三化意见”情况报告》等多个专题报告；围绕深化司法体制综合配套改革调研，形成《关于深化司法体制综合配套改革的调研报告》；制定《2018年全市检察改革工作要点及任务分工方案》《玉溪市检察院案件承办预警再分流机制管理办法（试行）》《玉溪市检察机关检察官联席会议制度（试行）》等规范性文件以及市人大常委会专项工作报告等重要文稿20项，通过中央改革办司改督查，省委政法委委托第三方评估、省院督察调研组对玉溪两级检察院司改工作的督察调研；组织召开4次全市检察机关司法体制改革推进工作会，2次员额检察官联席会议，6次司改领导小组工作会议。通过市委对市检察院深化改革工作的考核；撰写报送《玉溪市人民检察院2018年改革台账》《玉溪市人民检察院关于重点改革事项的落实情况》《玉溪市人民检察院“两法衔接”工作开展情况》等专项报告以及《改革开放40年取得的成就》等改革综合材料5篇、改革信息7篇。同时，在保持市院机关现有机构整体稳定的前提下，按照“整合资源、优化职能”“只减不增”的原则，对内设机构进行大部制整合，将原有的21个内设机构整合为9个大部试运行。基层检察院结合政法专项编制总数和实际工作需要，分别按照5部制和8部制进行改革。9个基层院的内设机构由原来的133个减少到57个，9个基层检察院所有内设机构负责人由所属县区委重新任命。全年报批确认员额2名，退出员额6名，其中因工作调动退出员额制检察官4名，个人申请退额2名。此外，出台《工作业绩考评办法》《基层检察院检察业务考评办法》《玉溪市人民检察院工作任务完成情况月通报办法（试行）》《玉溪市人民检察院政府购买服务岗位人员管理考核办法（试行）》《玉溪市人民检察院政府购买服务岗位人员绩效考核实施细则》和《玉溪市人民检察院聘用制书记员管理办法》；与市委组织部、市中级人民法院联合出台《玉溪市各级人民法院、人民检察院领导干部管理实施办法（试行）》；与市中级人民法院、市公安局、市森林公安局、市烟草专卖局、市食品药品监督管理局联合出台《玉溪市中级人民法院、玉溪市人民检察院、玉溪市公安局、玉溪市烟草专卖局关于查办涉烟案件证据指引标准》《玉溪市人民检察院、玉溪市公安局、玉溪市中级人民法院、玉溪市食品药品监督管理局办理食品、药品刑事案件证据收集指引标准》《关于在森林公安局和公安城区或重点派出所设立派驻检察官办公室的实施意见》《办理未成年人刑事案件社会调查制度实施办法》《办理未成年人刑事案件分案提请批准逮捕和分案移送起诉实施办法》。此外，出台《玉溪市人民检察院关于办理审查逮捕案件对逮捕必要性公开听审的工作规则》《玉溪市检察机关侦查监督部门重大监督事项案件化办理工作的实施细则》。红塔区、澄江县、元江县、易门县、华宁县、新平县、通海县未检岗位检察官实施不兼办其他案件、不参与其他业务部门轮流分案制度。全市公检各10个办案单位已全部实现将未成年人与成年人分案提请批准逮捕和分案移送审查起诉。

【监察体制改革】 2018年，市、县（区）两级检察院整体转隶反贪污贿赂、反渎职侵权、职务犯罪预防等机构33个，转隶领导职数62名，其中市检察院转隶机构3个，转隶干警27名（其中2名正处、5名副处、20名科级）、32个编制（市检察院转隶人员全部于1月到是市监察委报到上班）。

【对口援藏】 2018年，市检察院坚持以检察业务工作援助为中心，以检察干部人才援助为根本，以检察教育和科技援助为动力，以资金项目援助为保障，推进对口援助维西县检察院工作。市检察院再次安排维西县院全体干警到玉溪考察学习并体检；市院一名副检察长及公诉处一名副处长到维西县院进行业务培训；红塔区院选派2名业务骨干到维西县检察院进行挂职锻炼。

【干部人事】 2018年，市检察院4名处级干部试用期满并通过考核；市检察院矣长城当选市法学会副会长。提请市人大常务委员会批准任命基层院检察长1名、提请批准任免市院机关法律职务11名。市院下派4名中层干部到红塔区等4个基层检察院挂职任副检察长；选派5名干部到江川区前卫镇、九溪镇担任驻村扶贫工作队员。选配基层院检察长2名，选配县（区）检察院班子成员3名。全市检察机关共招录工作人员11人，其中检察官助理9人，综合岗位2人。市检察院面向社会公开招聘14名服务岗位人员。招聘全市检察机关省级财政保障聘用制书记员69名，并完成岗前培训。市检察院30名干警被评定为2017年度优秀公务员等次。

【机关党建】 2018年，市检察院制定基层党建工作实施方案、重点任务项目清单、党组织书记抓基层党建工作责任清单，建立市院党员领导干部党建工作联系点制度，完善市院机关党委主要领导联系党支部工作制度，明确机关党委成员工作职责，健全完善机关基层党建工作责任落实体系，严格党建工作责任追究。4个党支部实现规范化达标；将11个党支部调整为8个党支部。开展“万名党员进党校”集中培训；组织市院机关及县区院45名党务干部到古田红色教育基地参加培训；开展机关党委和各支部分别为党员集体过“政治生日”活动；推广“支部主题党日+”的党内生活制度形式；在案管、控申、法警"窗口部门"的党员干警中开展"党员先锋岗""党员示范岗"等活动，开展亮出党徽、亮出身份职责和亮出个人承诺的"三亮"活动；组织党员到新平县帽合山、易门县孙兰英烈士纪念馆、原玉溪县第一个党支部旧址等地开展革命传统教育。机关党委和7个在职党支部分别与扶贫联系点的2个党总支11个党支部结成了联系对子。全年组织8次党组理论学习中心组集中学习.组织干警参加东风社区环境整治、志愿者服务632人次，向创文办报送信息20篇。6名党组织书记做现场述职（机关党委书记到市直机关工委进行现场述职），4名党组织书记提交书面述职报告。

【教育培训】 2018年，全市68人次参加高检院组织的各类培训；市检察院和部分县（区）检察院160余人到上海复旦大学进行领导干部综合素能提升培训；45名党务干部到红色革命教育圣地——福建龙岩接受教育培训；政治部、公诉、侦监、刑事执行、控申等部门以以会代训的方式召开20多次业务会，突出解决实践难题。举办第二届全市检察机关刑事执行检察业务竞赛。439名干警参加2018年度全省网络在线学法用法学习，900人次参加中国检察教育培训网络学院2018年各种专题研修班的在线学习，4 053人次参加习近平新时代中国特色社会主义思想和党的十九大专题培训。组织全市检察人员参加全市检察机关为期5天的刑事检察综合业务培训。对41名司法警察、新聘69名聘用制书记员共110人采取军事化封闭式的管理模式，进行14天的业务技能和军体培训。6月至9月，全市两级检察院按照上级党委政法委、检察院的安排部署，积极开展为期3个月的检察队伍纪律作风专项整治活动。组织439人开展"万名党员进党校"培训。全市检察机关共有全国检察业务专家3人、全国检察理论研究人才3人、全国检察调研骨干人才2人，全省检察业务专家4人。

【检察宣传】 2018年，市检察院通过在云南法制报、玉溪日报等传统媒体开设的"玉溪检察"专栏，在"检察之窗"门户网站、"长安网"开设的"玉溪检察"网页、检察局域网发稿636篇（条），其中省级以上媒体发稿210篇（条），市级发稿416篇（条）。通过检察官方微博、微信、检察新闻客户端等新媒体发信息4 531条（微信1 219条、微博1 835条、新闻客户端808条，其他439条）。《玉溪检察》在年初进行全面改版。改版后，全年出刊4期，编发文章80余篇，制作PDF版4期，共计40万余字。市检察院组织开展道德讲堂活动5期，拍摄党建宣传片《不忘初心跟党走砥砺前行谱新篇》和工作纪实片《人民检察院为人民》。

【表彰奖励】 2018年，全市两级检察院共有19个集体、36人次受到国家、省、市、县四级的表彰。其中2个集体和1名个人受到国家级的表彰，4个集体和8名个人受到省级的表彰，4个集体和20名个人受到市级的表彰，9个集体和8名个人受到县级的表彰。红塔区检察院、元江县检察院副检察长陶正祥被最高检察院分别荣记集体一等功和个人一等功；新平县检察院荣获最高检察院授予的"第五届全国检察机关派驻监管场所'二级规范化检察室'"称号；市检察院工会被云南省总工会授予"云南省模范职工之家"荣誉称号；市检察院系统荣获市文明办授予的"玉溪市文明行业"荣誉称号；市检察院系统84人获颁"检察荣誉章"。

（张 晔）

法 院

【概 况】 2018年，全市法院受理各类案件3.33万件，审执结3.06万件，结案数首次突破3万件，未结案件数连续两年下降，案件收结数比上年分别上升6.93%和14.54%。其中，中院受理各类案件5 785件，审执结5 516件，比上年分别上升26.28%和30.4%。

【刑事审判】 2018年，全市法院依法惩治刑事犯罪，维护社会和谐稳定，受理刑事案件2 539件，审结2400件，比上年分别上升5.44%和6.76%；受理涉黑涉恶犯罪案件17件149人，审结12件84人，依法严厉惩处高继成等恶势力犯罪集团5个；审结故意杀人、强奸、抢劫等严重刑事犯罪案件123件，审结盗窃、故意伤害、危险驾驶、毒品犯罪等多发性案件1 823件；严惩涉众型经济犯罪，审结集资诈骗、非法吸收公众存款等案件10件；审结污染环境、盗伐林木、非法采矿等案件35件；审结涉枪、涉爆、涉邪教等犯罪案件62件。同时，把惩治腐败犯罪作为重大政治任务，既精心抓好对云南省煤田地质局原党委书记胡克宁受贿等大案要案的审理，也对发生在扶贫、征地等领域，直接侵害群众利益的职务犯罪及时惩处，审结贪污贿赂案件66件。在判决发生法律效力的2 199名罪犯中，判处五年以上有期徒刑、无期徒刑、死刑（含死缓）344人，贯彻教育、感化、挽救方针，推进少年审判机制创新，审结未成年人犯罪案件239件。加强人权司法保障，依法为195名被告人指定辩护人。

【扫黑除恶】 2018年，全市法院受理涉黑涉恶犯罪案件17件149人，其中涉黑案件4件28人、涉恶案件13件121人；一审审结12件84人，依法严厉惩处恶势力犯罪集团5个、恶势力团伙4个、参加黑社会性质组织罪犯2人，判处五年以上有期徒刑28人，判处财产刑26人，没收涉案款19万余元、汽车一辆及作案工具若干，有力打击黑恶势力犯罪嚣张气焰。全市法院高度重视扫黑除恶专项斗争，把扫黑除恶专项斗争作为重大政治任务，作为全市法院牢固树立"四个意识"、坚决落实"两个维护"的具体实践，落实专项工作经费10万元并将扫黑除恶专项斗争纳入全市法院工作要点；玉溪中院成立以陈昌院长为第一责任人的扫黑除恶专项斗争领导小组，并建立扫黑除恶专业审判队伍，先后制定出台《关于开展扫黑除恶专项斗争的实施方案》《扫黑除恶专项斗争工作考核办法》等系列文件，为扫黑除恶专项斗争深入开展提供有效机制保障；积极开展涉黑涉恶案件受理审理情况专题调研，形成《玉溪市中级人民法院关于对全市黑恶势力犯罪案件受理审理情况的调研报告》，对全市法院审理涉黑涉恶案件工作进展进行督导；整理汇编《扫黑除恶专项斗争办案手册》，为全市法院在审理相关案件时提供全面、系统、准确的法律法规和政策依据；深化宣传发动，营造扫黑除恶浓厚氛围，自3月上旬向社会公布全市法院举报电话以来，玉溪中院以网站、微信和电子宣传屏为载体，先后发布10余期扫黑除恶宣传文章，在机关外墙悬挂多幅宣传标语，组织干警到周边社区、学校和医院等处张贴、发放宣传材料700余份，并通过简报、专刊和电子宣传屏等形式积极开展内部宣传。12月14日，由市委宣传部、市扫黑办牵头，玉溪中院在省高院统一安排部署下召开了扫黑除恶新闻发布会，通过发布全市法院涉黑涉恶案件审判情况的及2起典型案例，充分彰显党和国家扫黑除恶的坚强决心和法治权威；深挖彻查黑恶势力问题线索，建立涉黑涉恶腐败问题线索移送制度，持续将刑事审判中涉黑涉恶问题线索摸排作为重点，并逐步将摸排范围扩大至民事、行政、执行和扶贫领域，于3月下旬集中对近3年来职务犯罪、轻微刑事犯罪案件161件301人，信访案件77件、来信176件、信访人员545人进行全面梳理排查，全年累计向相关部门移送问题线索共2条；强化协调配合，促进形成工作合力。扫黑除恶专项斗争开展以来，省高院刑一庭庭长李红斌、副庭长梅育先后到玉溪授课，为全市扫黑除恶专项斗争的开展提供了有效的指导；在玉溪中院指导下，各县（区）法院多次参加了县区政法委组织的案件研讨会并提出相关工作建议；自7月11日全市首例涉黑涉恶案件开庭审理以来，通过全市法警的统一调配及公安机关有效警力支持，相关案件庭审均得以顺利进行，无任何突发意外或负面舆论炒作情况发生。

【民事审判】 2018年，全市法院妥善调处民商纠纷，服务经济社会发展，受理民商事案件1.76万件，审结1.63万件，比上年分别上升0.47%和4.39%，一审民商事案件调撤率为52.56%；推进家事审判方式改革，探索设立家事案件冷静期、家事调查员、家事调解员等工作机制，审结婚姻家庭、继承等家事纠纷案件2 690件；审结机动车交通事故责任纠纷案件861件，切实减轻当事人诉累；规范金融秩序，全力化解金融风险，审结金融借款、民间借贷、保险等涉金融纠纷案件4 714件；维护劳动者和用工企业合法权益，审结劳动争议、劳动合同纠纷案件699件；维护市场经济秩序，审结买卖、运输、承揽、建设工程等合同纠纷案件5 938件；化解涉及“三湖”保护治理各类纠纷，审结环境民事公益诉讼案件2件；处理涉企纠纷，审结涉公司、证券、票据等民事纠纷109件，维护企业股东和投资人合法权益；完善市场退出机制，稳妥推进“僵尸企业”司法处置，审理公司清算和破产案件6件，其中“执行转破产”案件3件。

【行政审判】 2018年，全市法院有效化解行政争议，监督支持依法行政，受理行政案件201件，审结185件，比上年分别上升32.24%和77.88%；围绕市委、市政府中心工作，大力支持重点项目建设，审结涉及征收拆迁、拆临拆违等案件11件；加强行政案件协调工作，注重行政争议实质解决，助力创建全国文明城市、环保督察整治工作，31件案件经协调后原告撤诉；推动落实行政机关负责人出庭应诉制度，行政机关负责人出庭应诉64人次，出庭应诉率为96.97%；积极推动法治政府建设，派员授课指导，提供法律咨询，审查行政非诉93件次；坚持办案理赔、错案预防并重，审结国家赔偿案件7件。

【执行工作】 2018年，全市法院“基本解决执行难”取得阶段性成果，受理执行案件9 068件，执结7 916件，执行到位金额14.12亿元。2016～2018年，全市法院共受理执行案件2.49万件，执结1.96万件，执行到位金额76.58亿元，“三个90%，一个80%”的核心指标顺利完成。同时，全市法院共紧紧依靠党委领导，推动构建共治格局。市“两办”印发《关于支持人民法院基本解决执行难问题的通知》，市委政法委印发《关于构建共同解决执行难联动机制的实施方案》，综治部门将全市相关单位配合解决执行难工作情况纳入考核，中院与市政协、市委组织部、市检察院、市公安局、市人社局等多家单位联合发文，在多个领域联合实施信用惩戒措施，各县（区）党委、人大、政府、政协也出台相关实施意见，全市综合治理执行难工作格局初步形成；不断强化失信惩戒，加大强制执行力度，通过户外LED屏、门户网站、微信、微博及广电智慧云平台等载体公布“黑名单”，将失信被执行人有关信息推送市发改委联合信用奖惩平台，累计公开失信被执行人信息10 112人次，限制高消费1.42万人次，限制出入境30人次，推动形成“一处失信，处处受限”的社会氛围；积极推进以“总对总”为核心，“点对点”为补充的网络查控体系建设，与金融、国土、房管等信息平台对接，实现对被执行人银行存款、工商登记、证券交易、不动产等信息的全方位网络查控，使“被执行人难找、财产难寻”的问题逐步得到解决，通过网络查控系统查询案件2.24万件、被执行人8.72万人次，保持执行高压态势，强制腾房45套，搜查60件次，拘留583人次，以涉嫌拒执罪移送公安机关侦查16件18人，已判决5件7人；优化网络司法拍卖，强化执行监督管理，借助淘宝网免费智能询价系统，对房屋、车辆进行网上询价，解决传统对外委托评估耗时长、费用高的问题；尝试引入第三方辅助机构，探索“互联网＋平台＋服务”的司法网拍新模式，推动线上、线下服务的深度融合和创新，全市法院网拍标的物1 292件，网拍成交率46.6%，网拍成交金额3.76亿元，实现拍卖环节违纪违法“零投诉”；加强执行规范化建

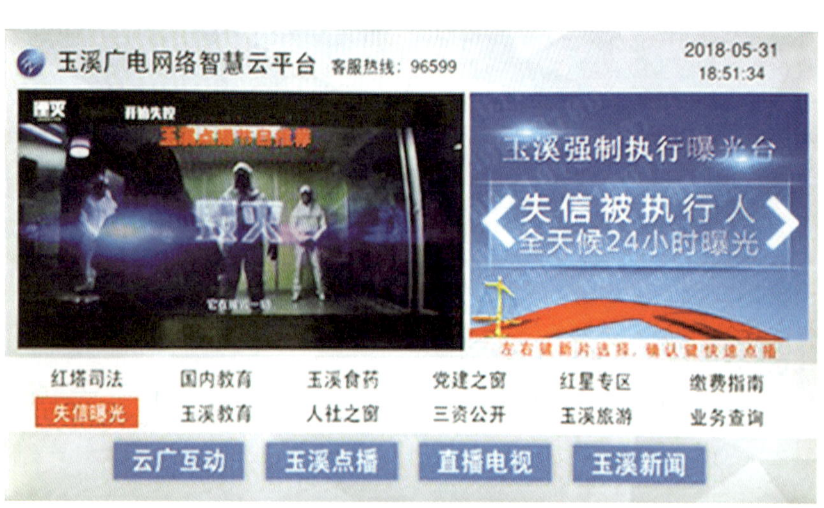

自2018年6月1日起，玉溪中院建成全省首家“强制执行曝光台”，在玉溪互动广电智慧云平台开辟“玉溪强制执行曝光台”窗口，作为玉溪两级法院订制的专属界面，提供失信曝光、失信查询、强制执行视频轮播菜单 （玉溪中院 提供）

设，全面运行执行案件流程节点管理系统，实现对执行案件37个节点全流程监控；启用“一案一人一账号”的执行案款管理系统，执行案款进出全程留痕；推进审判权与执行权相分离体制改革，设立执行裁判庭专门办理涉执行裁判案件。全市法院受理执行异议案件314件、执行复议案件41件，当事人的法定救济渠道更加畅通。

【诉讼服务】 2018年，全市法院加大诉讼服务中心升级版建设力度，优化自助立案、网上交费、案件查询等信息平台功能，为当事人提供一站式诉讼服务，将司法服务延伸到群众家门口，人民法庭和巡回法庭为人民群众化解纠纷1 066件；完善司法救助，依法为经济困难当事人缓减免诉讼费94.35万元，向特困申请人发放司法救助金331.31万元。峨山、新平、元江法院用“双语审判”方式审结案件256件，服务民族团结示范区建设。同时，全市法院努力构建开放、动态、透明、便民的“阳光司法”机制，全年网络庭审直播6 002件次，网上公布裁判文书1.61万篇，并公开2.11万件案件的审判流程信息和5 515件案件的执行信息，将司法案件从立案、审判到执行的全部重要流程节点信息化、可视化、公开化；注重司法民主，完善参审机制，全市人民陪审员参审案件3 504件，一审普通程序案件参审率76.26%。创新公开形式、重视媒体融合，形成以玉溪法院网为基础，微博、微信、手机APP、新闻客户端等为辅助的公开格局。玉溪中院司法宣传工作被最高人民法院政治部和人民法院新闻传媒总社通报表扬。

①2018年12月3日，玉溪中院举行宪法宣传周活动启动仪式，全院干警160余人参加。宣传周活动期间，玉溪中院利用户外大屏滚动播出宪法宣传内容等多种形式，广泛开展宪法学习宣传教育及法治宣传教育，营造全社会尊崇宪法、学习宪法、遵守宪法、维护宪法、运用宪法的良好氛围 （玉溪中院 提供） ②2018年12月4日，玉溪市中级人民法院开展了以“尊崇宪法，学习宪法，遵守宪法，维护宪法，运用宪法”为主题的法院开放日活动，邀请云南民族大学应用技术学院学生、玉兴街道办事处干部职工共60余人到玉溪中院参观学习 （徐斌玲 摄）

【司法改革】 2018年，全市法院深化司法体制综合配套改革，全市法院人员编制、领导职数和财物上划省级统一管理。同时，推进人员分类管理，完成员额法官单独职务序列改革，抓好法官补选工作；推进司法辅助人员职务序列改革，转聘法官助理133人；完成编制外书记员考核转聘工作，转聘编制外书记员180人；进一步落实司法责任制，全市法院入额院领导办理案件4 169件，占全市法院受理案件数的14.43%；召开专业法官会议216次，对1 087件疑难复杂案件进行“联合会诊”，召开审判委员会讨论案件253件；全面落实立案登记制，当场登记立案率达99.32%；认真执行“三项规程”，落实庭审实质化要求，坚持证据裁判原则，确保无罪的人不受刑事责任追究，对22名（均为自诉案件）依法不构成犯罪的被告人宣告无罪。

【智慧法院】 2018年，全市法院运用大数据、云计算、人工智能等技术，探索实践“三全三化”的智慧法院建设模式。以全省法院审判管理信息系统升级试点为契机，深化科技法庭、电子卷宗随案同步生成、案卷材料云柜流转、语音识别技术、类案裁判参考、裁判文书辅助制作等智慧法院系统应用，健全智能移动办公系统关联功能，实现两级法院事项审批、会议安排、车辆管理等司法政务的移动办公。8月，中院自主研发的法微出差平台、单据管理平台、接待管理平台分别获得国家版权局颁发的“计算机软件著作权登记证书”。此外，全市法院强化审判运行分析调度，月研判、季点评常态化，有效整合审判资源，员额法官人均结案数达140.43件，综合结案率达91.91%，办案效率稳步提高；严格办案流程管理，实行节点控制，对临近审限案件进行督办、限期结案；突出审判监督程序依法纠错功能，中院受理申诉、申请再审案件84件，依法决定再审8件；联合检察、监狱等部门使用减刑假释信息化办案平台，实现远程视频开庭、案件网上办理；严格把握减刑假释条件，审结减刑假释案件2 650件，其中公开开庭审理职务犯罪、涉黑犯罪、金融犯罪案件80件，并邀请人大代表、政协委员、民主党派人士旁听。

【队伍建设】 2018年，全市法院强化“建一流班子、带一流队伍、创一流业绩”的工作思路，将从严治党、从严治院贯穿始终，突出“五个过硬”，建设忠诚干净担当的法院队伍。中院审管办、法警支队获全国法院先进集体荣誉，江川区人民法院等6个法院获省级先进集体荣誉，全国法院司法技术工作先进个人王庆生、云南省第六届“人民满意公务员”杨爱斌、全省优秀法院干警王波等9人被评为先进个人。同时，全市法院牢固树立“四个意识”，全面加强党的建设，深入推进“两学一做”学习教育常态化制度化，认真落实人民法院基层党组织组织力提升工程，加强“党建+审判”工作，进一步完善党建工作机制，制定党建责任制考评办法、党支部规范化建设达标创建方案等系列文件；落实党员目标管理和积分制管理，组织全市法院党务干部培训332人次，积极开展“万名党员进党校”工作；扎实推进党支部规范化建设，中院建立6个规范化党员活动阵地，申报的9个党支部通过市直机关工委考核验收，申报达标率达100%；加快推进“互联网+党建”建设，全面启用“云岭先锋”手机APP平台，中院在内网开设党建园地专栏；开展法院文化建设提升活动，不断深化社会主义核心价值观教育、社会诚信体系建设、未成年人思想道德建设和法律志愿服务，进一步提升司法公信力和群众满意度。9月，全市法院系统被市委、市政府命名为“第九届玉溪市文明行业”。此外，全市法院注重司法能力培养，提升干警履职能力，举办执行攻坚、审判业务、行政综合等各类培训班，培训干警965人次，实现全员覆盖；推行法官培养导师制，做好审判业务“传、帮、带”，建立年轻干部成长档案制度，选派11名干警到挂钩扶贫点、社区党组织和县区法院挂职锻炼；采编《玉溪审判》《法槌》《通海审判》等内刊8期，强化审判理论研究和精品案例培育，完成全省法院重点调研课题2篇，在省级以上法学刊物发表论文、案例7篇，中院2篇裁判文书被评为全省法院优秀裁判文书。中院召开党风廉政建设相关会议5次，制定有关文件9份，签订责任书170份，派发落实主体责任清单187条，推动党风廉政建设责任制层层落实；抓实廉政风险防控，排查廉政风险点67个，制定廉政风险防控措施61条；抓好日常监督管理，实践运用“四种形态”，对领导干部廉政提醒谈话119人次；整改落实上级法院司法巡查反馈意见，积极开展审务督察、司法巡查、纪律作风专项整治等活动，引导干警牢固树立法纪观念和规矩意识；巩固落实中央八项规定精神及省市实施办法的成果，集中整治形式主义、官僚主义和“四风”突出问题，营造风清气正的人民法院政治生态。

【接受监督】 2018年，全市法院坚持党对法院工作的绝对领导，重要事项及时向市委请示汇报，确保法院工作正确政治方向，牢固树立宪法意识，不断提高对全国根本政治制度的认识，认真落实市五届人大一次会议审议法院工作报告时提出的意见建议，积极配合人大开展专题调研，主动邀请人大代表、政协委员及相关部门人员旁听庭审、见证执行、视察法院；扎实做好上级法院组织的部分全国人大代表、全国政协委员、省人大代表和省政协委员视察玉溪法院期间的各项工作，虚心听取代表委员对法院工作的意见建议，不断改进法院工作；办理代表委员建议提案3件，办结率100%；认真落实同级检察长列席法院审判委员会工作制度，中院审判委员会讨论检察机关抗诉案件3件；重视加强与新闻媒体的沟通联系，构建司法与媒体良性互动关系，虚心接受社会各界监督。

【玉溪市首例刑事环境公益诉讼案件】 2018年4月12日，元江法院公开开庭审理了段某某、张某某滥伐林木、被告人李某某非法收购滥伐的林木一案，该案是玉溪市法院系统受理的首例刑事附带民事环境公益诉讼案件，案件邀请了人大代表、政协委员旁听庭审，检察院、环保等相关职能部门也到庭旁听，案件进行实时网络直播。法院审理查明，2017年1～3月期间，被告人段某某与时任元江县曼来镇农场田村委会武山组组长的被告人张某某等人商量，以人民币1万的价格将武山组小路园（地名）等处的集体林地内的林木出售给被告人段某某自行砍伐。双方在未办理林木采伐许可证的情况下，被告人段某某雇请人员砍伐了该处的林木。经玉溪市玉林司法鉴定中心司法鉴定，被砍伐的林木为云南松、云南油杉，毁林面积为75.4亩，其中纯林地44.6亩，农地30.8亩，砍伐林木原木材积共为98.79立方米，折合立木蓄积164.66立方米。被告人段某某将部分砍伐的林木64.32立方米出售给从事木材加工的被告人李某某。经元江县林业局林业调查规划队对该滥伐林木地块植被恢复造林作业设计，完成该地块植被恢复造林工程75.4亩，需要投资5.35万元。法院审理认为，被告人段某某、张某某违反森林法的规定，在未经林业行政主管部门及法律规定的其他主管部门批准并核发采伐许可证的情况下，任意砍伐集体林地内的林木，折合立木蓄积为164.66立方米，数量巨大，已构成滥伐林木罪。被告人李某某系从事木材加工职业人，在未认真核实木材来源及是否有采伐许可证的情况下，明知是滥伐的林木而予以收购，立木蓄积为64.32立方米，情节严重，其行为已构成非法收购滥伐的林木罪。法庭当庭进行宣判，判处被告人段某某有期徒刑三年，缓行三年，并处罚金人民币3万元；判处被告人张某某有期徒刑二年，缓刑二年，并处罚金人民币2万元；判处被告人李莫某有期徒刑一年，缓刑一年，并处罚金人民币1万元。并由被告人段某某赔偿植被恢复费用2.67万元；被告人张某某赔偿植被恢复费用1.60万元；被告人李某某赔偿植被恢复费用1.07万元。宣判后，被告人张某某表示上诉，其余被告人表示不上诉。

【玉溪市中级人民法院一审审结云南省监察委员会首例采取留置措施案件】 2018年10月25日，玉溪市中级人民法院对云南省煤田地质局原党委书记胡克宁（男，60岁，汉族，重庆市垫江县人）受贿案进行一审宣判，以被告人胡克宁犯受贿罪，判处有期徒刑六年，并处罚金60万元；涉案款230.55万元、卡地亚手表一块予以没收，上缴国库。被告人胡克宁因涉嫌犯受贿罪于2018年2月9日至4月28日被云南省监察委员会采取留置措施，该案系云南省监察委员会挂牌成立后，首次决定采取留置措施的案件。2018年4月28日，经玉溪市人民检察院决定，由玉溪市公安局执行逮捕。

（张　坤）

司法行政

【概　况】 2018年，全市司法行政工作在市委、市政府的正确领导和省司法厅的帮助指导下，坚持以习近平中国特色社会主义思想为指导，深入学习贯彻党的十九大和十九届二中、三中全会精神，全面贯彻落实习近平总书记对政法工作的重要指示和省、市政法工作会议部署要求，紧扣新时代新使命，主动适应新矛盾新要求，围绕党委政府的中心工作，以公共法律服务体系建设为总抓手，认真履行维护社会稳定，促进公平正义，保障人民群众安居乐业职责，积极探索创新发展"枫桥经验"新路子，重点抓好法治宣传、人民调解、人民监督员管理、特殊人群管控、法律服务、全面深化改革、队伍建设和基层基础建设等工作，为开创玉溪高质量跨越发展新局面做出了应有贡献。

【队伍建设】 2018年，全市司法行政系统认真落实民主集中制、谈心谈话制度和党内生活制度，规范党委中心组学习制度、党委议事规则和集体讨论制度；组织开展政治学习，抓好党的十九大精神和习近平新时代中国特色社会主义思想学习，落实"两学一做"制度化常态化要求，组织全体干部职工和法律服务队伍认真开展职业道德、执业纪律教育和诚信教育活动，不断提高政治思想建设水平；狠抓基层党组织建设，按照市委组织部、市直机关工委"党建工作巩固年"的相关要求，认真坚持"三会一课"制度，制定《玉溪市司法局党委2018年党建工作要点》《基层巩固年实施方案》和《党建工作联系制度》，组织市局党员干部职工参加"万名党员进党校"培训活动；认真做好发展新党员工作，全年共发展新党员3名；做好支部换届提醒及党员流转工作，认真组织指导十七个党支部开展组织生活会。

【党风廉政】 2018年，全市司法行政系统认真落实中央、省、市党风廉政建设和纪律作风专项整治部署要求，组织召开市司法局党委领导班子纪律作风专项整治专题民主生活会，完成了纪律作风专项整治工作；认真查找、整改"四风"突出问题特别是形式主义、官僚主义的新表现，坚决纠正表态多、调门高、行动少、落实差等突出问题；进一步强化主体责任意识，厘清党风廉政建设主体责任，强化领导核心作用；严格落实"一岗双责"，做到将党风廉政建设与司法行政业务工作同安排、同检查、同落实；充分运用监督执纪"四种形态"，精准把握政策尺度和执纪标准，充分运用第一种形态，用好后三种形态，强化日常监督管理，不断推动管党治党持续走向"严紧硬"。

【基础设施建设】 2018年，全市司法行政系统积极推进市、县（区）司法局业务用房建设工作。6月19日，市政府召开专题会议，研究并同意市司法局业务用房建设项目，市司法局已取得业务用房建设项目可行性研究报告的批复、估算投资及工程造价的批复文件，市规划局核发《建设项目选址意见书》《用地规划许可证》。红塔区、峨山县司法局业务用房完成主体建设。同时，全市加强对标准化司法所建设工作的指导帮助力度，以创建省级规范化司法所为抓手，以提高司法所履职能力和服务水平为目标，以打造司法所公共法律服务窗口为内容，坚持结合实际、因地制宜、分类指导原则，以点带面推进新一轮"省级规范化司法所"创建活动，实现司法所建设标准化，业务活动规范化，管理科学化，全面打牢司法行政基层基础工作。江川区安化司法所、华宁县宁州司法所和盘溪司法所、新平县平甸司法所、易门县小街司法所等基本完成规范化建设。

【法治宣传】 2018年，市司法局制定《2018年全市司法行政新闻宣传工作要点》，加强与媒体互动和宣传主题策划，切实提高司法行政新闻宣传的感染力、渗透力、影响力；整理剪辑微视频参加全国第三届平安中国微电影微视频比赛，通过讲述司法行政干部真实感人故事，有效传递司法行政工作的主旋律和正能量；在聂耳文化广场电子彩屏上集中密集播出以反邪教、禁毒、文明城市创建工作相关法律法规为主要内容的宣传短片，每天在玉溪电视台黄金时段播出法治公益广告；与玉溪日报合作开办玉溪日报司法专版，维护运行好"玉溪法宣在线"微信公众号平台和玉溪长安网司法专题网页。玉溪法宣在线全年编发图文信息129期，538条，玉溪长安网玉溪司法专题网页编发图文信息313条，刊发玉溪日报司法专版7版，编发普法专刊3期，70余篇；编发烤烟宣传信息专刊16期。

【人民调解】 2018年，全市认真开展人民调解参与信访问题化解工作，成立由市司法局和市信访局主要领导担任组长的"玉溪市人民调解参与信访问题化解工作领导小组"，并制定"三年行动方案"。7月27日，"玉溪市人民调解参与信访问题化解工作室"在市信访局正式挂牌建立，以党政领导包案为突破口，确保信访矛盾纠纷化解工作取得实效。全市人民调解组织排查信访纠纷376次102件，受理和调解信访纠纷121件，调解成功93件，履行协议90件，导入法治轨道45件。省级领导包案的3起案件已经得到有效化解，市级领导包案的13起案件已经化解12件，另1起正在积极化解中。全市共建立人民调解组织943个，其中村（居）调委会701个，乡（镇、街道）调委会74个，企事业单位调委会62个，医疗纠纷调委会8个，道路交通事故纠纷调委会9个，劳动争议纠纷调委会14个，物业纠纷调委会5个，商会调委会4个，设立人民调解参与信访问题化解工作室或者调委会10个。全年人民调解共排查矛盾纠纷4 961件，预防纠纷5 219件，调解矛盾纠纷16 976件，调解率达100%，调解成功16 894件，成功率达99%以上，履行16 849件，履行率99.4%，涉及当事人4.72万名，协议涉及金额2.7亿元；防止民间纠纷引起自杀事件3件3人，防止民间纠纷转化为刑事案件91件194人，防止群体性上访48件6 742人，防止群体性械斗11件710人。市司法局被评为2 013 ~ 2017年全国创建"平安医院"活动先进单位，基层科被评为"全国人民调解工作先进集体"，3人被评为"全国人民调解工作先进个人"。

【公共法律服务】 2018年，玉溪市被司法部确定为全国公共法律服务平台建设示范点。全市积极整合法治宣传、法律援助、律师、公证、司法鉴定、人民调解等公共法律服务资源，全力推进市、县（区）、乡（镇、街道）、村（社区）4级公共法律服务平台建设工作，抓好公共法律服务实体平台、"12348"公共法律服务热线平台和公共法律服务网络平台3大平台建设。全年完成343个平台建设任务，

"12348"云南法网和掌上"12348"的宣传推广应用工作，制定云岭法务通推广应用实施方案，购买10台"云岭法务通"触摸屏摆放在各级公共法律服务中心大厅使用，为群众提供智慧法律服务；组织全市210名律师、273名基层法律服务工作者和司法所工作人员组建法律服务团，以"互联网+法治扶贫"载体，深入开展"万人进千村帮万户"法律服务助推脱贫攻坚活动；对全市贫困乡镇、贫困村聘请法律顾问情况进行摸底调查，提交9份法律顾问基本情况清单、198份扶贫领域问题清单和法律服务需求清单；围绕"法治乡村建设"，建立198个贫困村"法润脱贫"法律服务微信群，有187名驻村工作队员、253名调解员进群为6 779户建档立卡贫困户提供零距离的法律服务。

【社区矫正】 2018年，市司法局严格落实日常监管措施，加强社区服刑人员定位，实行分类管理，与市检察院联合开展2次社区矫正执法检查，针对检查发现问题提出整改意见和措施，及时消除社区服刑人员管理安全隐患；严格落实《社区矫正实施办法》《云南省社区矫正实施细则》和中央政法委对综治考核监外执行监督工作要求，做好社区矫正调查评估、社区服刑人员交付接收、社区服刑人员进入特定场所、外出、居住地变更等事项审批，依法规范办理对社区服刑人员的考核奖惩、执行变更、解除矫正、死亡通知等；认真开展隐患排查，在春节、"两会"、南博会及中秋、国庆等重要时段，每日汇报"两类"人员的监管安全情况，组织各县（区）司法局开展安全监管、走访排查、分析研判等工作，及时掌握人员情况，确保底数清、情况明；进一步建立健全社区矫正执行档案和工作档案，实行一人一档，建档率达100%。

【安置帮教】 2018年，全市司法行政机关通过登录刑满释放人员信息管理系统，对监狱、看守所提供的服刑人员信息及时与派出所和基层进行核实查对，确保刑满释放人员出监所后的正常衔接。同时，利用该系统对每个刑满释放人员认真做好登记、管理，落实安置帮教工作，并按时上报各类工作数据，按照"信息准确、无缝对接"的要求，对重点对象坚持"必接必送"制度，从源头上预防和减少重新犯罪。此外，推进社区矫正和刑释人员帮教基地建设，建立健全基地集中教育培训、心理矫治、临时食宿救助、资产管理等相关制度；发挥示范作用，进一步解决刑释人员等特殊人群的教育、管理、帮扶场所、建立完善的制度、促进顺利回归社会，有效减少重新违法犯罪。

【律师工作】 2018年，市司法局加强律师队伍党建和教育管理，在全市首次成立律协党委，召开律师行业党建工作座谈会。同时，加强法律职业资格证书备案、登记和办理工作，对历年证书持有者进行资格证书备案，对通过司法考试、办理申领手续的119人发放《法律职业资格证书》；办理2个律师事务所成立初审、1个律师事务所注销初审、30名实习人员申领律师执业证材料初审和8名公职律师、4名公司律师材料上报工作；做好律师事务所、律师执业年度考核工作，组织符合条件的律师事务所完成2017年度财务审计工作；按照"组织严密、程序严谨、标准严格、纪律严明"的考务要求，组织首届国家统一法律职业资格考试玉溪考区工作，玉溪考区报名人数803人，实考649，在法考工作中实现零差错、零失误、零事故、零投诉的目标。

【公证工作】 2018年，全市完成10个公证机构27名执业公证员的年度考核工作。国立、华宁、新平等8家公证机构由生产经营类事业单位调整为公益二类事业单位，重新核定事业编制32名，解决了部分公证机构无编制和编制少的问题。全市公证机构通过参与工程施工项目招投标活动、棚户区改造房源建设集体土地安置竞价择位、现场监督公证、国有土地使用权出让合同进行公证等活动，积极服务地方重点工程和项目建设；开通"绿色"公证通道，为老弱病残等弱势群体提供上门服务、优先服务；开通公证服务热线电话，公开业务范围、工作流程、收费标准和监督电话，推动公证服务质量的提升。全市10个公证处全年办理各类公证1.12万件，其中民事公证6 287件、经济公证3 260件、涉外公证1 593件、涉港澳台公证47件、涉及标的90亿元。

【法律援助】 2018年，市司法局加强法律援助队伍教育管理，举办2018年度全市法律援助业务培训班，完成全市10个法律援助机构、8名法律援助律师、3名法律援助工作者的年检、注册工作；着力解决法律服务"最后一千米"问题，依托"云岭先锋"基层服务型党组织综合平台，开通农村网上申请、受理法律援助服务；开展"法援民生·农民工工资清欠专项行动"，多渠道、多形式开展农民工维权法治宣传，对农民工因工资拖欠及工伤赔偿申请法律援助的案件，一律免予经济困难状况审查。开展全国助残日专项行动，做到简化程序，不断提升助残法律援助服务水平；完善便民服务措施，提升全市法律援助窗口单位服务能力和质量，在市、县（区）人民检察院设立法律援助工作站。全年办理法律援助案件2 125件。其中民事法律援助案件949件、刑事法律援助案件1 169件、行政法律援助案件7件；法律咨询2 473人次；受援对象2 223人，其中残疾人24人、老年人164人、未成年人491人、妇女219人、农民工560人。

【司法鉴定】 2018年，全市根据司法部、省司法厅关于严格准入、严格管理、提高司法鉴定质量和公信力的实施意见要求，重点开展司法鉴定机构、鉴定人准入条件和执业状况的核查清理，组织开展法医物证、法医毒物鉴定专项检查活动；积极开展司法鉴定公益法律服务，与公益法律服务中心和有关单位建立司法鉴定援助工作机制，搭建服务平台，畅通服务通道，为民生领域和困难群众提供优质快捷的司法鉴定服务，全年共办理司法鉴定援助案件38件。同时，发挥行业协会自律监督作用，加大司法鉴定典型案例库建设和网上值守服务，健全完善投诉处理机制，依法规范公正开展投诉处理工作。全市8家司法鉴定机构109名鉴定人全年办理各类司法鉴定案件3 820件，出庭作证8件次，重新鉴定8件，无违法违纪行为发生。

【人民监督员管理】 2018年1月，全市正式启用全国人民监督员管理信息系统，人民监督员的报名选任、日常管理、实时统计等工作实现全流程在线操作，检察机关、司法行政机关在人民监督员随机抽选、回避、监督评议情况反馈等环节实现了信息共享和在线联动。同时，加强人民监督员培训，举办人民监督员业务培训班，组织全市40名人民监督员积极参与检察机关案件办理关键环节的监督工作，健全了检察权力运行的外部监督制约机制。全市人民监督员全年对11件案件进行了监督评议，参加评审观摩、案件听证、检察开放日等活动43人次。

【扫黑除恶专项斗争】 2018年，全市司法行政机关按照专项斗争的统一部署和总体要求，建立完善与相关部门的衔接配合机制，积极开展律师、社区矫正、人民调解、基层法律服务等工作中涉黑涉恶问题线索排查，全面掌握玉溪市法律服务队伍代理涉及扫黑除恶案件工作情况，重点排查刑释矫正对象涉及黑恶势力情况，统筹做好指导、监督、协调、管理等工作。3月9日，全市律师工作会议召开，安排部署玉溪市律师参与扫黑除恶辩护代理工作，成立“玉溪市律师协会扫黑除恶专项工作律师辩护代理业务指导委员会”。市司法局制定印发《关于组织人民调解员参与全市扫黑除恶专项斗争活动的通知》，组织动员基层人民调解组织积极参与扫黑除恶专项斗争，加强重点行业领域纠纷排查化解力度，充分发挥人民调解在维护社会和谐稳定中“第一道防线”的作用。同时，采取各种有效措施开展扫黑除恶法治宣传，充分发挥新媒体作用优势，为开展扫黑除恶专项斗争营造了良好的社会舆论氛围。

（李 勇）

（张本聪 摄）

（张本聪　摄）

军　事

MILITARY

责任编校：王　捷

玉溪军分区

31637部队

预备役三团

武　警

市公安消防支队

人民防空

玉溪军分区

【安全稳定工作】 2018年，军分区广泛开展“贯彻落实新条令、塑造军队好样子”活动，组织参加“新条令知识竞赛”，以“五抓”为重点，研究制定《军分区“一事一规”工作规范》，调整规范机关各类登统计和办公场所，推行营院警卫勤务、饮食保障、绿化保洁社会化保障，有效正规了各项秩序；围绕“人车枪弹密”等17个安全管理要素，坚持抓好安全教育、形势分析、风险评估和隐患排查，先后组织3次安全工作大检查，清查整治51个具体问题；深入开展“百日安全”活动，人人签订安全承诺书，悬挂“百日安全”倒计时牌，组织军队人员“信教”情况摸排筛查和网络信息清理排查，顺利完成24.5吨报废弹药调运销毁，确保部队高度集中统一和安全稳定，军分区被省军区表彰为安全稳定先进单位。

【党建工作】 2018年，军分区全面贯彻落实军委主席负责制，从严抓好习主席批示指示督办落实，开展以违纪违法案为反面教材警示教育和党的纪律教育，党委、纪委正副书记带头为官兵职工上党课；认真学习贯彻三级党的建设会议精神，专题召开军分区党的建设会议，分层组织党委、党支部和党员个人对标查摆问题，梳理建立问题清单台账，调整规范党组织设置，党组织功能得到强化；以军委纪委、军委政法委有关文件精神为红线，对照基层“微腐败”和形式主义、官僚主义问题清单，建立两级基层风气监察联系点，深入开展作风建设专项督察，部署展开严守财经纪律清查整治活动。

【国防动员事业】 2018年，军分区认真贯彻上级《后备力量建设“十三五”规划》和民兵调整改革动员部署会议精神，依令全部撤销9县（区）原常驻民兵分队，如期完成普通民兵和基干民兵调整编建任务，两次接受省军区检查考评验收，全市基干民兵“一人一卡一号”精细化管理做法得到省军区首长肯定；及时调整健全国动委成员单位，规范专职办公室设置，推进市级人防基本指挥所建设，精准展开国防动员潜力调查，采集汇总潜力数据3万余条；深入开展基层武装部规范化建设达标“回头看”，组织全市基层武装部长强能集训，启动专武干部任职资格认证和履职考评，评选表彰优秀专武干部和民兵。军分区联合市政府制定出台《关于加强和改进征兵工作的实施意见》，提高入伍大学生奖励经费，圆满完成新兵征集任务，大学生士兵比例达63.04%，创历史新高。

【军队全面停止有偿服务工作】 2018年，军分区全面停止有偿服务工作在上级机关的正确指导和分区党委、首长的坚强领导下，停偿工作有序扎实推进。全区56个项目，进行分类处理，龙发酒店按上级要求，进行清产核资，并对其租金进行评估，与承租方签订整改协议，下一步按上级要求开展工作；华宁泉乡酒店在2016年6月30日办理资产移交手续，交于县政府管理，实现停偿目标；元江县人武部内部招待所在2016年9月1日办理资产移交手续，交于县政府管理，实现停偿目标；其余53个房地产租赁项目在2017年12月9日（中央军委规定的最后时限是2018年6月30日）前实现关停目标，与承租户签订终止合同协议，对部分提前终止合同项目进行租金减免，完成租金和保证金的退还，对收回的门面房进行清理整治，封闭门脸、拆除广告牌、修复破旧墙面、清理场地卫生，并按城镇规划要求进行了临街外立面处理，实现“车移、物搬、场净”的目标要求。

【军事设施保护】 2018年，军分区针对2017年辖区内军事通信光缆3次被人为挖断情况，于5月17～30日，借助“5·17”世界电信和信息社会日集中宣传活动，与电信玉溪分公司共同开展军民联合护线宣传活动，在破坏军事通信设施多发的地区，走访军用光缆沿线地方政府部门和有关单位，宣传军事设施保护工作方针、政策和法规，通报了破坏军用通信线路典型案例、发放军事设施保护宣传资料200余份、张贴公告80处、悬挂宣传横幅10条，通过此次军民联合护线活动有效提高了人民群众对军事通信设施保护意识，进一步增强全民、全社会自觉参与军地联合护线工作形为。

【民兵调整改革工作会议】 2018年1月17日，军分区召开专题会议研究民兵调整改革工作，会议要求全市要抓好民兵数质量调查，通过深入发动、跟进督导、严审把关，确保调查“全面彻底、精准翔实、摸清底数”，为展开民兵调整改革提供决策依据；抓好基干民兵队伍编组，以红塔集团、玉溪师范学院等基干民兵为主体，组建具备合成保障能力的市级民兵应急营，示范带动各级民兵应急队伍编建，建实红塔、易门、江川对口保障军兵种专业分队，对接部队展开联训，建强3支省级民兵专业队伍，确保精干能用管用，加强社民情复杂地区民兵情报队伍布建，依托网监部门、新媒体等力量组建网络分队，做到“耳聪目明反应快”；抓好基地化轮训备勤，组织民兵教练员比武集训，集中选拔培养，分开抽调使用，采取“应急力量+”模式，以民兵应急营（连）为主，带部分专业、特殊分队人员，分批到

2018年9月10日，玉溪市举行新兵入伍欢送仪式（军分区 提供）

玉溪市国防动员训练基地进行轮训，军事基础、专业技能、拉动演练各占三分之一，提升应急应战能力，实行经费“统分结合”、管理“训管分离”、保障“购买服务”，保证基地化轮训有力有序展开。

【市委议军会暨县区人武部党委第一书记党管武装工作述职会】 于2018年7月31日上午召开，会议传达学习省委议军会精神，安排红塔区、峨山县、元江县3个县（区）人武部党委第一书记党管武装工作述职，军分区政委金志达讲评各县区党管武装工作，军分区司令员冯潜向会议报告国防动员和后备力量建设情况，市委书记、军分区党委第一书记罗应光围绕奋进新时代、扬帆新征程，携力开创党管武装工作新局面做讲话，会议由市国动委主任、市长张德华主持。会议提请审议了驻玉军警部队提出的党管武装考评工作、驻玉部队及玉溪籍官兵和自主择业军队转业干部随迁子女入学入托、解决驻玉部队及玉溪籍官兵就医等方面困难问题。市委督查室通报2017年市委议军会决议的9个事项的专项督查情况。

【双拥共建】 2018年，军分区如期完成军队全面停止有偿服务项目终止收回和善后整改，挂牌成立退役军人事务局，启动悬挂军人军属光荣牌，开展送立功受奖喜报活动，全覆盖走访慰问1.7万名重点优抚对象，发放定期抚恤和生活补助1.3亿元，组织100名重点优抚对象进行疗养，拥军优属氛围更加浓厚。全市高质量接收安置转业干部64人、退役士兵176名，落实5名随军家属随调，解决193名军人子女入学入托，市和5个县（区）被表彰为省双拥模范（先进）城县。驻玉部队全力参与全市经济社会建设，支援重点工程项目4个，援建中小学10所，精准扶贫挂钩帮困1 051人，抚仙湖绿化植树2 700株，完成各类抢险救灾任务，挽回财产损失2 148.3万元，为驻地经济社会发展做出了积极贡献。

【学生军训工作】 2018年，全市学生军训工作坚持以习主席改革强军系列讲话精神为指导，认真贯彻落实《教育部关于加强学生军事训练管理工作的通知》《中央军委国防动员部〈部队承担学生军训人员管理办法（试行）〉》等文件精神，紧紧围绕服务国家人才培养和服务国防后备力量建设需要，以制度化规范化建设为主线，以检查评估为抓手，狠抓军事理论课教学质量，正规军事技能训练组织实施。军分区根据市教育局提报的年度学校军训需求，协调驻玉军警部队安全、顺利、高标准完成29所学校2.97万名学生军训承训任务，实现了开校即开训、无一校缺训、无一人漏训的目标，受到军地学校一致好评。

【军分区参加通海“8·13”地震救援工作】 2018年8月13日，在市抗震救灾指挥部统一指挥下，军分区按照Ⅲ级响应预案，派出机关指挥组带应急民兵分队63人（机关8人、华宁民兵轮训队35人、市民兵应急营1连20人），在严泽平副司令员带领下于震后5小时抵达灾区，展开群众转移、险情排查、救灾帐篷搭设等救援行动，配合地方政府全力做好救援工作。8月21～26日，应市抗震救灾指挥部请求，军分区再次派出指挥组带澄江县民兵轮训备勤分队、红塔集团民兵应急连部分专业骨干共111人，赴通海县四街镇地震灾区支援危房拆除和物资搬运集中攻关行动，分别在10个自然村（点）协助地方设置灾民安置点5个面积1.5万平方米，搭建帐篷300顶，转移安置人员1 200人，拆除危房20间，搬运物资2000套（件），铺设饮水管道500米，确保了受灾群众有住处、有床睡、有饭吃。

【战备训练建设】 2018年，军分区以“八查”为重点，以“六项抓手”为载体，深入开展“和平积弊大起底大扫除”活动，从党委、机关和个人层层查纠和平积弊，扎实做好战备值班和整建制拉动检查准备，修订完善战备计划和13类重大突发事件应对处置预案，调整充实师团两级战备库室物资，组织军分区机关带备勤分队整建制拉动，出动官兵民兵2 867人次，圆满完成通海8.13、8.14抗震救灾任务，在实战中锻炼了队伍、提升能力；严格落实议训研训参训制度，制定出台《玉溪军分区军事训练监察实施办法》，建立个人军事训练档案，突出抓好首长机关体能和早操训练，开展干部参谋业务集中轮训和民兵教练员集训暨新大纲研训活动，严密组织年度军事训练监察、年终军事训练考核和开训动员周活动，有效促进军事训练落实。大力推进民兵“基地化轮训、常态化备勤”，组织民兵教练员骨干集训暨新大纲研训活动，择优聘用25名民兵教练员；扎实开展民

2018年8月13日，玉溪军分区救灾队伍赴通海县展开救援（军分区　提供）

2018年8月31日，省军区工作组赴玉溪民兵武器装备仓库进行武器弹药清查（军分区　提供）

兵轮训备勤，圆满完成9批次900名应急连民兵轮训和394名专业分队民兵训练任务，全年累计消耗各类弹药3.47万发。

（屈庆峰）

31637部队

【强化学习】 2018年，31637部队党委团结带领全体官兵，全面贯彻习近平强军思想，坚决落实上级党委决策部署，聚力练兵备战、深化改革转型、加速建设发展，完成了一系列奠基性、开创性、艰苦性的工作，部队全面建设迈出新步伐，围绕学懂弄通做实要求，持续掀起学习习近平新时代中国特色社会主义思想和十九大精神热潮，党的创新理论在部队落地生根；扎实开展“传承红色基因、担当强军重任”主题教育，编印《工化先锋英模风采录》《先进“三互”小组故事汇》，举办第一届“先锋杯”文体活动，官兵“四个意识”“四个自信”更加坚定；按照“干部分专题、战士设课程”模式抓好理论普及，组织理论培训、建立学习档案、制定考评细则，引领官兵学出新境界新成效；开展“先锋杯”文化活动、军营微课创作活动，筹建旅史馆、营连荣誉室，挖掘培塑宣传维和工兵营、“十大南疆先锋”杜浩标等先进典型，持续培育“四有”新时代革命军人。

2018年2月8日，31637部队到玉溪市江川区雄关乡白石岩村免费巡诊送医送药

（31637部队 提供）

【能力提升】 2018年，31637部队紧贴任务搞研练，深入开展“和平积弊大起底大扫除”活动，持续推进应急专业力量建设和战备基础建设，高标准迎接联合国维和待命分队考察评估；严密施训组训，本级组织2次群众性比武竞赛活动，参加上级组织的比武竞赛名列前茅；完成第17批维和分队轮换、联演联训等任务，部队实战实训深入推进，被上级评为“军事训练先进旅团级单位”。

【帮扶活动】 2018年，31637部队围绕习主席“四个坚持扭住”要求抓建设，制定量化评比细则，常态开展能力帮扶活动，集中培训新任书记，公正选晋士官队伍，基层造血功能得到强化；持续开展“帮战友”“三互”

2018年5月7日，31637部队第17批赴黎巴嫩维和多功能工兵分队出征大会合影

（31637部队 提供）

活动，投入38万元救助困难官兵，官兵获得感幸福感不断增强；狠抓新《条令》学习宣贯，深入开展作风整治等专项活动，完善信息化管理硬件设施，部队“四个秩序”更加规范，被上级评为“正规化建设先进单位”。

【党建工作】 2018年，31637部队从严从紧抓党建。抓好“不忘初心、牢记使命”主题教育，切实树立勤勉敬业清正廉洁良好形象。深入学习贯彻军委党的建设会议精神，梳理问题“总台账”，组织专题党纪教育，扭住“两个清理”肃清流毒；严格落实领导干部双重组织生活和党支部“七项组织生活制度”，官兵自觉学党章、上党课、交党费；胜利召开第一次党代表大会，所属某连被陆军评为“先进基层党组织”；深入开展机关作风和基层风气“双十条”整治，聘请培训84名风气监督员，部队新风正气更加充盈。

【维和任务】 2018年，31637部队高标准推进第十七批赴黎维和任务，刷新黎巴嫩扫雷作业多项纪录（最快时间通过扫雷资质认证，最短时间上雷场，最快时间扫出第一枚雷），安全高效清排7 080平方米，销毁地雷1 410枚、未爆弹2枚，数量创单批之最，驻黎观察员和法国、爱尔兰、柬埔寨等外军纷纷到作业现场观摩学习，给予高度肯定，联合国地雷行动中心主管评价扫雷官兵为“世界上最好的扫雷队伍”。同步完成17条通道25个蓝桶勘察及部分维护任务、联黎赋予的5大项10余个点位24小项工程建筑任务，坚持力所能及为当地居民提供医疗救助，结合首个“中国医师节”开展“敬佑生命，大爱无疆”义诊活动，被当地居民称为“最可爱的东方朋友”。

【社会服务】 2018年，31637部队配合全市开展“全国卫生城市创建”和“全国双拥模范城”活动，与地方党委政府开展春节走访慰问活动。同时，积极参与驻地脱贫攻坚工作，深入考察帮扶对象江川区白石岩村实际情况，安排连队党支部与白石岩村党支部结成帮带对子；捐助22万元，帮助建设白石岩村梁王茶种植基地；捐助8万元重点帮扶8户精准扶贫对象（每户1万元）；与8名贫困学生结成帮扶对子，为每名建档立卡贫困学生资助1 000元；在上年建设党员活动室的基础上，安排某连党支部与白石岩村党支部结成帮带对子，积极帮助村委会开展党务工作以及丰富业余文化生活，使贫困户既“富口袋”又“富脑袋”。

（盛 伟 陶速日）

预备役三团

【年度整组】 2018年，预备役三团始终以战斗力建设为导向、以实战化标准为检验，坚持把军事斗争准备放在首位，定期组织党委议训，分析训练形势，完善教案教材，进一步规范战备秩序，真正做到全部心思向打仗聚焦、各项工作向打仗用劲；整组工作更加务实，保证预备役官兵平时能参加部队训练、战时能遂行任务。6月完成年度整组工作，调整预任军官6人，出队54人，入队26人。9月完成修理所60人次的成建制训练，党团员比例、复退军人比例和专业对口率分别达到87.58%、64.51%和73.44%。利用节日战备、任务转换等时机，组织战备教育，组织战备演练，研判战备形势，增强战备意识，进一步认清国家安全形势面临的新情况新特点新挑战，树牢“平时应急、战时应战”的使命意识。

【军事工作】 2018年，预备役三团深入贯彻习主席关于实战化军事训练重要论述，坚决落实陆军、战区陆军大抓练兵备战的指示精神，结合师年度军事训练工作筹划部署，按照“正秩序、打基础、抓研练、促转型”的思路，正规教、学、练、考、保5个环节，骨干集训深入扎实，机关训练成效明显，应急演练紧贴实际，战备秩序不断规范，训练保障扎实给力，军事训练整体向上向好发展。1～11月，现役官兵完成基础理论、基础体能、基本技能共14个课目训练及分业训练，预任官兵（成建制训练）完成基本常识与技能、共同条令、基础体能10个课目训练，弹药消耗指标达100%。

【应急救援】 2018年，预备役三团深入贯彻习主席关于改革强军的战略决策和对军队能打仗、打胜仗的核心要求，始终牢记预备役部队的崇高使命担当，结合部队人员调整、任务转变，全面修订应急应战方案预案；配合师在团完成地震救援骨干训练，团本级完成3期60人次的分队骨干暨地震救援骨干训练；完善以一营为基础的50人战备应急救援分队，并结合师“备战日”活动适时组织演练，全年组织以抗震救灾、森林灭火、应急处突为目的的应急救援演练20余次，累计出动官兵500余人次，团应急救援能力不断增加。

【政治工作】 2018年，预备役三团严格落实党委中心组带机关集中学习制度和专题辅导。党委中心组落实学习日20个，专题学习18次，突出抓好学习贯彻党的十九大精神和中央军委党的建设会议精神，扎实开展“不忘初心、牢记使命”和“传承红色基因，担当强军重任”主题教育活动，常态化开展经常性思想教育和法纪教育，进一步增强维护核心、看齐追随的政治自觉；坚持党委四个带头，紧随军队改革推进步伐，真正把看齐追随落实到拥护支持推进改革的实际行动中；强化民主集中制意识，全面系统学习民主集中制基本理论，深刻把握民主集中制的科学内涵和精神实质，高度自觉地贯彻新修订的《党章》《政治工作条例》《党委工作条例》《关于新形势下党内政治生活的若干准则》和党委议事规则，严格落实重大问题征求意见制度，研究决定敏感和重大问题，注意听取官兵意见建议；持续开展基层正规化建设活动，稳步推进打赢脱贫攻坚战，资助1.8万元落实“1+1助学行动”，对帮困户走访慰问，建档立卡，向帮扶村投入6.2万余元用于农田清淤加固及管网配置建设，挂钩帮带的8户贫困户全部脱贫。

（夏辉露）

武 警

【概 况】 2018年1月1日，武警部队领导指挥体制由国务院、中央军委双重领导调整为中央军委集中统一领导，支队番号由武警玉溪市支队变更为武警玉溪支队。2018年，支队紧紧围绕“建设一流、保持先进、当好窗口、立起标杆”目标，强抓练兵备战、基层发展、急难任务、问题整改；加强实案化体系化精确化战备建设，不断提升部队快速反应能力，出动2 869人次，完成武装押解、通海地震救援等临时勤务53起；严格军事训练“八落实”，邀请总队教员、院校教练实地授课，组织教练员集训和群众性大练兵，总队三级指挥员比武荣获团体第二名，2次参加总队参谋业务比武均获团体第三名，选派2名特战队员参加总部“巅峰”比武，为总队争得了荣誉；紧贴“传承红色基因、担当强军重任”主题活动，组织参观红色教育基地；完成红塔、玉溪中队荣誉室改造，全面推进营区政治环境和支队史馆建设；深入开展“官兵大谈心、情感大交流、矛盾大化解、家庭大走访”活动，选派优秀官兵代表参加总队疗养，组织心理医疗服务下基层，发放医疗补助2.7万元，解决24名官兵子女入学，协调20名转业干部和士官工作安置，为141名官兵及家属申领夫妻分居、随军未就业和教育补助，务实解决官兵实际困难。机动中队被总队表彰为基层建设标兵中队，红塔、玉溪、华宁、警卫勤务中队被表彰为基层建设先进中队，澄江、易门和执勤一中队进步幅度较大，无明显后进单位。

【加强政治理论学习】 2018年，武警玉溪支队全体官兵掀起学习习近平新时代中国特色社会主义思想和习近平强军思想热潮，坚持把个人自学与集中学结合起来，号召全体官兵利用课余时间抄写经典章节，全体官兵积极响应；认真整理习近平新时代中国特色社会主义思想和习近平强军思想应知应会，并区分干部、士官和战士3个层面学习；机关、基层中队利用开饭前10分钟时间，抽点官兵畅谈学习体会；按照习主席“学懂、弄通、做实”的要求，把学习融入业务研究、执勤处突、反恐维稳、军事训练和支队建设各个方面，增强对工作的指导性。

【队伍建设】 2018年，武警玉溪支队党委深入学习贯彻习近平新时代中国特色社会主义思想和党的十九大精神，坚持把“三个绝对”“两个维护”作为第一位政治要求，认真组织参加党委中心组学习和师团职干部理论培训，深入开展专题民主生活会和以郭徐张房案为反面教材的专题组织生活，时刻保持头脑清醒、政治坚定、用权公正。推荐副团职干部2人、提拔使用营（连）职干部21人，选晋士官144人，士官选晋率位居总队前列。

【筑牢安全基础】 2018年，武警玉溪支队深入贯彻新《条令》，持续开展学法规、用法规和警示教育活动，狠抓军容着装标准化、营区行进队列化、礼节礼貌规范化落实；全力筹备总队“贯彻新条令、落实新纲要、规范新标准”试点建设任务（玉溪集训），全面提升部队正规化管理质量；严密组织“暑期百日安全竞赛”和“安全大检查、隐患大起底、问题大整改”和驾驶员作风纪律教育整顿活动，坚持每周实地检查，每日21时车辆回场报告制度，运用手机智能管控手段，整治安全隐患114处，严肃查处5名不假外出违规喝酒官兵和4名违反执勤纪律哨兵，有力维护纪律权威。支队被武警部队表彰为安全工作先进单位和“暑期百日安全竞赛”活动优胜单位，支队连续24年实现安全无事故。

【战备保障】 2018年，武警玉溪支队投入2 000余万元经费，完成支队综合战备物资库和机动、红塔、玉溪中队战备库室建设，改造提升教导队、红塔、玉溪中队训练场地，全面加强所属中队基础设施和营区环境建设，支队训练场配套率达到92%，教导队被武警部队评定为“一级教导队”，并在“青海会议”上做了录像交流；圆满完成总队“玉溪集训”、指挥员大比武和支队各类集（培）训保障任务45次，动用车辆2 000余台，保障任务安全高效。狠抓“一组五队”建设，严密组织军械员、卫生员、驾驶员、炊事员、司务长技能培训，应急保障能力提升较为明显。

【慰问活动】 2018年7月30日，市委书记罗应光率玉溪军分区政委金志达、市纪委书记孟凡兵、市委秘书长王志新、市政府分管领导等一行8人看望慰问支队官兵，为全体官兵送来地方党政府和全市人民的深情厚爱与诚挚问候。

【联勤巡逻勤务】 2018年，武警玉溪支队每天出动15名兵力，配合公安干警，圆满完成常态化两警联合巡逻勤务。全年出动5 400余人次，与公安机关混合编组担负中心城区、城南客运站、高铁站两警联勤巡逻任务，并挑选思想过硬的特战队员与市公安局特警支队组成机动反恐单元担负七县二区暴恐事件支援处置任务。

【党委全体（扩大）会议】 2018年1月25日至26日，武警玉溪支队召开党委全体（扩大）会议。会议认真传达学习武警部队党委二届十三次全体（扩大）会议精神和总队党委三届十五次全体（扩大）会议“两个报告”和一个讲话，总结分析2017年支队建设形势，研究部署2018年工作任务。全体党委委员出席，基层军政主官、全体机关干部参加会议。

【官兵家属座谈会】 2018年3月8日，武警玉溪支队组织召开官兵家属座谈会。会议由主任杨龙生主持，支队党委委员、部分官兵家属代表参加座谈会。座谈会组织观看了支队建设发展情况汇报片，让家属了解和关心支队的建设发展，支持和鼓励家属在部队的工作。

【五类“十大标兵”事迹报告会】 2018年8月17日，五类“十大标兵”先进事迹报告会在支队礼堂隆重举行。报告团由执勤、训练、学习成才、遵章守纪、尊干爱兵方面优秀代表组成。报告团成员讲述自己的切身经历，树立官兵刻苦训练勇当尖兵、遵章守纪不违规、爱岗敬业做奉献的榜样。

【升旗仪式】 2018年8月1日，为庆祝建军91华诞，进一步激发广大官兵坚决看齐追随、投身强军实践的爱国热情，支队隆重举行升国旗仪式。

【基层集训试点任务】 2018年5月24日至7月底，云南总队党委分5批集中支队、大队、中队主官，在玉溪支队举行“贯彻新条令、落实新纲要、规范新标准”基层集训，着力推进一流武警总队建设。总队在玉溪支队机关和两个不同层面的中队进行试点，全方位进行演示、逐细节进行规范，在实践中贯彻新条令、落实新纲要、规范新标准，树立务战为战的根本指向。

【评奖评优】 2018年，武警玉溪支队被武警部队表彰为“安全工作先进单位”和“暑期百日安全竞赛活动优胜单位”，被总队表彰为“基层建设先进支队”和“执勤建设先进支队”；参谋部被总队表彰为“先进参谋部”；政治工作处被总队表彰为“先进政治工作处”；保障处被总队表彰为“先进保障处”；军械库被总队表彰为“红旗军械仓库”；机动中队被总队表彰为“基层建设标兵中队”；警卫勤务中队被总队表彰为“红旗车分队标兵单位”；红塔中队、玉溪中队、华宁中队和警卫勤务中队被总队表彰为“基层建设先进中队”。机动中队排长茶绍龙在武警部队第二届“巅峰”特战比武中取得优异成绩，荣立二等功；机动中队班长鲁平宪被总队表彰为“十大标兵士官”；教导队教员蒋东俊，机动中队班长周佩、副班长潘永超被总队表彰为“百名优秀士官”；警卫勤务中队上士何志光被总队为“优秀军械保管员”；警卫勤务中队驾驶班班长任谋被总队表彰为“红旗车驾驶员”。支队长陶明昌、参谋部正连职参谋白文博、机动中队副班长蒋荣恒、机动中队班长鲁平宪、机动中队军械器材员兼文书段胜兴、机动中队班长王绍才、执勤一中队班长黄齐川、警卫勤务中队上士何志光、红塔中队中队长孙树鸿、玉溪中队中队长朱辉、执勤二中队班长李静、新平中队军械器材员兼文书王胜颢、通海中队班长李文博、华宁中队班长吴勇黎、警卫勤务中队班长郑发高、警卫勤务中队班长兼给养员宋兴瑞被评为“三等功臣”。

（朱洪彪　樊修德）

市公安消防支队

【概　况】　2018年，市消防支队在上级党委的坚强领导下，主动融入改革发展大局，严格落实“五不”总体要求，有效确保“两个稳定”，改革与发展各项目标任务圆满完成。全年发生火灾410起，亡1人，伤0人，直接经济损失195万元，比上年分别下降4%、50%、100%和39%，连续23年未发生重大以上火灾事故。

【压实消防安全责任】　2018年，市消防支队着力推动消防安全责任落实，市委、市政府领导多次带队对消防工作进行实地检查和慰问，市政府召开消防工作会议6次，与10个县（区）、41个市直部门行业系统签订消防工作目标责任状并纳入政府综合考核；结合行业部门消防安全竞赛活动，制定印发15个重点行业部门工作职责分工和任务清单，有效推动行业部门落实消防安全监管职责；将全市74个乡（镇、街道）统一纳入全市社会管理综合治理服务平台，借力行政村治安保卫委员会建立健全社区消防安全管理队伍，发动2 000余名治保会成员开展农村防火工作，建立区域联防组织129个，末端力量全面夯实；以全面贯彻执行重点单位《两个标准》为契机，推动全市573家消防安全重点单位严格落实“户籍化”管理制度和标准化达标建设，1 124个一般单位“四个能力”建设全部达标，社会单位履行职责能力不断提升。齐抓共管、群防群治的良好局面逐步成型。

【火灾隐患排查整治】　2018年，市消防支队始终坚持依法治火，针对老旧城区、文物建筑和招商引资企业园区进行消防安全检查，开展冬春火灾防控、春夏消防安全检查、电气设施专项治理、高层建筑消防安全综合治理、群租房治理、电动自行车治理、大型城市综合体治理、文物古建筑专项治理等专项行动，全力根除火灾隐患。全年检查单位2.5万家次，发现并督促整改火灾隐患5.5万余处，临时查封79家，责令“三停”108家，罚款319.7万元，行政拘留113人，整改销案重大火灾隐患单位8家，有力确保火灾形势稳定。

【重大安保任务】　2018年，市消防支队组织开展元旦、春节、元宵节等“零点”夜查行动，圆满完成第十三届清华大学公共管理高层论坛、2 018七国总领事玉溪音乐故事会、保利2 018抚仙湖国际半程马拉松赛和“一带一路”环抚仙湖2018年国际珐伊28R帆船世界锦标赛消防安全保卫等重大安保任务，有效确保辖区的消防安全；积极参与第5届南博会消防安保，被总队评为“南博会安保先进支队”。

【消防安全基础建设】　2018年，市消防支队全面推进消防安全基础建设，全市74个乡（镇、街道）、702个社区（村委会）全部成立组建“一委一办三员”，累计投入500余万元确保702个社区（村委会）“一村一站一池”建设全面推进，完成消防安全风险评估和消防专项规划修编工作，新建市政消火栓312个，702个社区（村委会）“一村一站一池”建设全面推进，火灾抗御能力明显提升。执法规范化成效显著，拍摄《云南省执法现场示范摄录示范片》，经验在全省推广。

【消防服务培训】　2018年，市消防支队深入贯彻“放管服”政策，推行5项便民利民措施，主动上门为招商引资企业服务，受到群众一致好评；以“七进”工作为重点，巩固报纸、电视、广播等传统阵地，加大微信、微博等新兴媒体宣传力度，微信目标人群注册达6万余人，微博粉丝达14.35万人，充分利用“美篇、抖音、小视频”等创新宣传方式，宣传工作深度广度进一步提高；组织210名社会单位消防控制室内从业人员参加职业技能鉴定培训，全市累计持证上岗人数超97%。

【专业力量建设】　2018年，市消防支队坚持高标准，组建省级高层专业攻坚队，创新技战术操法，承办全省高层建筑灭火综合演练，得到总队高度肯定；开展高大地化综合实战演练27次，地震拉动演练3次，圆满完成了麻栗坡“9·02”山体滑坡、墨江“9·08”地震跨区域增援和“担当

2018年2月11日，玉溪市支队举行全市消防部队实战化大练兵开训动员大会

（市应急管理局　提供）

2018”全省地震救援演练任务。

【队伍实战能力】 2018年，市消防支队始终坚持问题和实战导向，结合应急救援“主力军、国家队”定位，以强化队伍基础能力为突破口，全力提升队伍素质。消防队伍全年共出动1 110起，成功处置通海“2·15”烟花爆燃事故、华宁盘县“7·09”工程坍塌救援等急难险重任务，抢救疏散人员1 301人；出色完成通海“8·13”“8·14”地震救援，得到省委常委、省纪委书记冯志礼和市委书记罗应光、市政府市长张德华等省市领导高度肯定，通海中队荣立集体三等功，4人荣立个人三等功，32名同志被总队嘉奖。

【提升职业荣誉感】 2018年，市消防支队在《玉溪日报》等主流媒体刊发文章10余篇，全面总结宣传全市消防发展历程和典型事迹，在社会上引发强烈反响，受到党委政府和人民群众的高度评价。12月17日，市政府第17次常务会专题研究决定为支队记集体二等功，并发文号召全市干部群众学习。12月18日，市政府出台《消防救援人员优待办法》，市消防支队成为全省首家由市级政府发文促进优待政策落实的消防部门。12月29日，市委、市政府主要领导出席支队迎旗授衔和换装仪式，市委书记罗应光做重要讲话，提升消防队伍的社会尊崇度和广大消防指战员的职业荣誉感。

【财政政策支持】 2018年，全市拨付地方消防经费8 165万元，到位地方消防经费1.03亿元（含营房款）。市政府印发《关于进一步加强政府专职消防队伍管理的通知》，为专职消防队伍事业单位法人登记工作顺利完成提供了强力政策支撑。全市3个普通消防站、4个小型消防站建设项目顺利推进。

【坚持发展导向】 2018年，市消防支队自觉向总队党委看齐，把功夫下在打基础、蓄底气、管长远的工作上，不搞面子工程、不做表面文章，真抓实干、埋头苦干成为全市消防发展的新常态以务实高效、科学合理为基本原则，主动向总队党委请示汇报调整全年目标任务，在广泛调研、科学论证的基础上下达任务指标，力所能及地减轻基层负担；集中财力采购消防员基本防护装备2 723件套，全市17式消防员基本防护装备配备率、适体率均达到100%；投入760万元采购20辆高性能越野运输车和4辆模块保障运输车，全力提升队伍在复杂地质条件下的快速反应和突击救援能力。

【党风廉政建设】 2018年，市消防支队层层签订廉政建设责任状，用好基层风气监督员队伍，严格把控“三重一大”事项特别是经费支出审批，强化监督执法、工程建设、物资采购等敏感环节监管，织密管控网络；纵深推进纪律作风整顿和网络赌博、自媒体使用等专项整治，堵塞管理漏洞；紧盯后勤财经风险，建立每月定期实地对账和网上资金实时监控制度，先后开展2轮财务大清查，完成所有大队财务管理专项审计，发现并整改问题139个，补缴清退资金8.2万元；核查信访违纪问题4起，对1名干部给予党纪处分，运用“四种形态”对3名官兵做出严肃处理，队伍高度集中统一。

【正规化达标建设】 2018年，市消防支队坚持从细处着眼、小处着手、实处着力，深入推进队伍正规化达标建设，4个单位二星级达标，其中2个达到三星级标准；扎实开展新条令条例学习宣贯活动，常态化落实队伍分析研判和安全预警制度，第一时间出台《从严管理队伍“五条规定”》，高密度开展督察，纠正各类问题417条，有效确保改制期间队伍秩序正规；严格落实“准现役、准军事化”要求，从一日生活制度抓起，从点滴养成严起，以上率下纵深推进集中教育整训活动，队伍纪律意识、作风养成始终如一。

（可文苑）

人民防空

【基本指挥所建设】 2018年，市人防办继续推进基本指挥所（4420工程）建设。7月，省人防办下发《云南省人民防空办公室关于玉溪市4 420工程施工图设计文件审查的批复》，工程施工图设计文件经专家审查合格，国家人防办办理项目初步设计审批。市人防办与家园公司签订《委托代建合同》，由市家园公司负责项目的融资建设，并配合市家园公司办理项目用水、用电、招投标、等相关手续事宜。同时，进行4420工程基坑支护方案论证，召开4420工程监理单位招标（竞争性比选）会议，10千伏电力迁改及临时用电施工（竞争性比选），确定中标单位，经《云南省人民防空办公室关于玉溪市4 420工程开工建设的批复》文件同意项目开工建设。全年完成项目投资310万元，完成全年目标任务的25.8%。

【人防法规和工程业务培训】 2018年6月26日，市人防办举办全市人防法规和人防工程业务培训，邀请单位法律顾问杨莹开展依法行政法治专题讲座，讲解法治思维的概念和特点；播放建水县录制的《人防工程平战转换演练教学》视频，提高参训人员对法治思维重要性的认识。市人防办全体人员和各县（区）人防办（住建）分管人防工作的领导和专兼职人员共42人参与培训。

【指挥通信训练】 2018年，市人防办开展2次市县联合的人防机动指挥车设备与人员保障指挥通信训练；坚持每月1次对市人防机动指挥车开机维护和加电充电；由于卫星已改用亚洲11号，对人防使用的接受站的参数及时进行重置。8月23～24日，市人防办与澄江县人防办在澄江县进行训练，23人参训。11月7～8日，市人防办与华宁县人防办到华宁县进行市县联合野外通信训练，参加此次野外通信训练有19人；根据省人防办要求，市人防办指通科进行电台值班，全年每天与省人防办二次通话任务，保证信息随时联通。

【防空警报器建设】 2018年，市人防办进行防空警报器的补点建设，由于城区的不断扩大，原有的防空警报器音响范围不能达到新增城区，为提高防空警报覆盖面积，购置2台2 400WE电声防空警报器安装在新天地、玉溪铜业公司，扩大全市防空警报覆盖率。

【结合民用建筑开展行政审批】 2018年，市人防办开展结合民用建筑修建防空地下室和防空地下室易地建设审批工作，同步开展网上审批，规范行政执法，促进人防工程建设，坚持“以建为主，以收促建”的原则，严格执行易地建设费缴纳标准。全年办理并出具防空地下室建设设计条件通知23

份，审核防空地下室设计方案并批复29件，办理防空地下室建设许可证1份，办理人防工程竣工验收备案4件，出具缴纳防空地下室易地建设费通知书6份，提交人防行政审批领导小组讨论行政审批事项29项，现场执法检查73次，到县（区）检查指导工作20次，接待、受理、回复、解答各类业务咨询77次。全市审批结合民用建筑修建防空地下室建设项目8项，防空地下室建筑面积9.85万平方米；审批防空地下室易地建设项目53项。市人防办积极做好市政府招商引资、城市基础设施建设和民生工程等重大项目人防行政审批服务工作，落实“降费减负”政策，对工业园区内企业执行免征人防易地建设费，对其他企业按降低30%的收费标准收取人防易地建设费。

【防空警报维护管理】 2018年，市人防办加强防空警报设施维护维修，继续实行社会化管理，受托方严格按照《2018年度人防警报设施技术维修合同》要求，做好中心城区的23台固定防空警报器设备巡检维修工作，按每月1次对警报器设备终端接收机、电源线路、扬声器等设备进行巡回检查，对发现的问题及时修理，检查情况形成月报表每月底报送市人防办；每季度1次对警报器内部终端设备的供电系统和信号控制系统进行电压和信号检测；在试鸣前对中心城区防空警报器进行维修，及时排除隐患，确保全市防空警报器系统处于良好的工作状态，全市警报器完好率达100%。

【防空警报试鸣】 2018年9月18日上午9时至9时11分，全市七县二区城区同时进行防空警报试鸣。为做好防空警报试鸣活动，市、县（区）两级分别成立市防空警报试鸣领导小组和各县（区）试鸣指挥部，负责试鸣工作的组织指挥协调工作，并在试鸣前一周开展人民防空知识宣传周活动。9月11～17日在玉溪日报、玉溪电视台、广播电台、政府新闻网刊播市政府公告，向市民发送试鸣短信。全市鸣响防空警报62台，其中固定防空警报59台（电动警报55台，电声警报4台），移动防空警报3台，中心城区25台固定防空警报器。警报信号基本达到城区全覆盖，鸣响率达到100%，音响覆盖率90%。

【人防疏散演练】 2018年9月7日，市人防办在红塔区李棋街道金州社区振兴学校组织进行防空防灾应急疏散演练，金州社区振兴学校在校高年级师生180多人参加演练，在市人防办和红塔区人防办、金州社区有关工作人员疏导下，应急疏散到学校附近时代新都汇防空地下室躲避空袭。并由市人防办主任乐士发介绍3种警报的识别和听到警报后应采处的行动措施，讲解逃生防灾技巧和注意事项，提高学校应对各种突发事件的组织指挥能力，强化国防意识、安全意识和人防意识。

【人防宣传】 2018年，市人防办加大人防知识的宣传教育力度，征订《云南人防》《中国人民防空》杂志发放到各级政府和部分学校，积极向《云南人防》杂志投稿；围绕“关注人防、服务群众”主题，按照“宣传宪法、突出特色、贴近群众、注重实效”的工作思路，在玉溪日报上开辟了2个专版（2018年9月13日、2018年9月17日各1期），宣传人防知识和人防法律法规，并向玉溪日报社增订印发1 000份专版报纸到社区和市区发放；结合“9·18”防空警报试鸣演练，全市开展为期一个星期的人民防空知识宣传活动，利用玉溪日报、玉溪电视台、广播电台、政府新闻网等主流媒介刊播市政府公告

【人防教育】 2018年，市人防办继续做好在全市初级中学开展以防原子、化学、生物武器为主要内容的“三防”人防知识教育。各县人防办会同市县（区）国教办、教育行政主管部门积极行动，继续组织各初级中学开展人防知识教育，组织观看《永远的蓝天》《居安思危、备战人防》人民防空电影科教片；学习人防知识宣传手册、国防知识读本；开办人防知识教育专题讲座，开课学校达62所、受教育学生达41 032人。

【准军事化建设】 2018年，市人防办按照“政治坚定、业务精湛、纪律严明、作风过硬、廉政高效”的“准军事化”建设标准和要求，着力加强机关自身建设，以开展“两学一做”常态化制度化教育为抓手，加强和规范党建工作和党风廉政建设，抓好党风廉政建设相关纪律、制度和规定的落实，深入开展学习《党章》和习近平新时代中国特色社会主义思想；组建民兵联合防空营营部，编制了民兵联合防空营营部机构，全办人员参加军分区对民兵分队的授旗仪式；深入学习第七次全国和第五次全省人防工作会议精神以及中央、省委领导在人民防空会议上的重要讲话精神，并结合实际，抓好贯彻落实。人防工作列为市委议军会的议题，把当前人防工作存在问题列入议军会决议议题。

（周克全）

（张本聪　摄）

农　业

AGRICULTURE

责任编校：王　斌

农业管理

【概　况】 2018年，全市实现农林牧渔业总产值250亿元，按可比价增长6.3%，其中：农业产值170.8亿元，可比增6.9%；林业产值6.6亿元，可比增7.0%；牧业产值66.69亿元，可比增5.1%；渔业产值3.21亿元，可比增4.5%；农林牧渔服务业产值2.74亿元，可比增6.5%。实现农林牧渔业增加值151.3亿元，按可比价增长6.4%（增加值增速全省排名第一）。其中：农业增加值111.97亿元，可比增7.0%；林业增加值4.57亿元，可比增4.4%；牧业增加值30.76亿元，可比增4.9%；渔业增加值2.15亿元，可比增4.1%；农林牧渔服务业增加值1.84亿元，可比增7.2%。实现农村居民人均可支配收入14 264元，增长9.2%，绝对额位列全省第二。新增农机总动力3.6万千瓦，农机总动力达到279.6万千瓦，农机作业642.09万亩次，耕种收综合机械化水平50.809%。培训新型职业农民1 620人。完成农业固定资产投资68.2亿元，同比增长86.9%。积极推进红河谷—绿汁江热区农业产业开发，实施生态循环农业示范点10个、标准化农业生产示范基地10个、年存栏100头以上云岭牛标准化养殖示范场5个，完成两河流域内土地流转开发调研工作，市农林投资公司年内完成土地流转2 000亩，红河谷—绿汁江流域水果新植6.43万亩，占全市新增水果8.4万亩的73.5%。玉溪鲜花产业供应链体系示范园区建设进展顺利，流转土地300亩，建成高标准栽培设施90亩，建成切花采后处理车间4 000平方米、保鲜冷库10间5 000立方米，线上销售系统已建成。强化农业项目建设监管，重点抓好11个农业重点项目，除了玉溪国际农产品交易中心建设等4个项目相对滞后外，其他峨山双胞胎猪业有限公司年存栏9 000头母猪扩繁场建设、华宁柑橘现代农业产业园建设等9个项目已按目标完成投资任务。

（张继宏）

【督查督办】 2018年，市农业局按照市委、市政府的要求，对市委、市政府确定的重大决策和重点工作、重点项目涉及市农业局的，通过采取定期上报材料与深入一线、调查研究相结合等方式，对各项工作任务落实情况进行跟踪督查督办。市农业局督查事项46项，办结省政府、市委、市政府主要领导批示件12件，其中省政府领导批示件3件、市委主要领导批示2件、市政府主要领导批示10件，办结率100%。1～12月，通过各类公开渠道累计发布信息3 850条，其中通过“农业信息网”发布信息3 314条，农产品价格信息类282条，执法类208条，财政预决算类信息46条；通过玉溪日报发布新闻稿45条。发布重要事项公示46件，办理电话来访132件、网上咨询8件，办理信访案件6件。

（李海生）

【建议、提案办理】 2018年，市农业局根据市政府“两会”建议和提案交办会议的安排，承办人大代表建议23件，其中主办13件、协办10件。13件主办件中，有12件为A类件，有1件为C类件。承办政协委员提案33件，其中主办25件、会办8件。25件主办件中，全部为A类件。承办的13件代表建议中，涉及农业发展建设5件、农业发展资金扶持4件、畜牧业发展2件、农产品质量安全1件、农村土地承包1件。主办答复的13件建议的面商率、满意率均达到100%。承办的25件提案中，所办提案涉及农业产业发展7件、农产品质量安全体系建设3件、农业中加强科技服务体系建设3件、农业供给侧结构性改革1件、产业扶贫1件、开放型农业1件、畜牧业发展2件、农产品市场发展3件、信息化智慧农业2件、农民专业合作社1件、农村集体产权制度改革1件。主办答复的25件提案的面商率、办结率、满意率均达到100%。做到件件有着落、事事有回音，得到人大代表、政协委员的一致好评。

（张继宏）

【农业发展规划编制】 2018年，市农业局编制完成《玉溪市农业绿色发展先行先试工作方案（2018—2030年）》，完成红河谷—绿汁江热区产业经济带、昆玉—玉元经济带、滇中高速公路环线经济带农业产业发展规划和《“十三五”高原特色现代农业产业发展规划（2016—2020年）》中期评估；启动玉溪国家现代农业产业园规划编制，谋划做好2019年国家级现代农业产业园申报创建工作。

【现代农业重点建设项目】 2018年，新增市级“四个一百”农业重点产业项目10项。加强项目申报，获批易门十街生态循环农业综合开发项目、华宁柑橘现代农业产业园项目、元江芒果现代农业产业园项目等3个项目，中央、省级扶持资金3 400万元。

（吴　敏）

【农业专项扶持资金】 2018年度中央、省级、市级投入农业部门专项扶持资金81 356.33万元，其中：中央23 192.63万元、省级55 165.35万元（含价值1 055.8万元的物资、抚仙湖保护治理专项资金48 857.82万元）、市级2 998.35万元。

中央耕地地力保护资金，全市以分县（区）粮食作物计划播种面积行

玉溪市农业科学院油料所承担完成的2018～2019年云南省油菜杂种优势机理研究试验初花期航拍图

（罗延青　摄）

业统计数为测算依据，按照《云南省财政直接补贴农民资金“一折通”发放管理暂行办法》通过“一折通”兑付种粮农民面积160万亩、资金合计9 882万元。中央草原生态保护补助奖励，澄江、华宁、易门、峨山、新平、元江县获得中央草原生态保护补助奖励2 929.1万元。其中禁牧124.83万亩、补助资金936.22万元；草畜平衡797.15万亩、补助资金1 992.88万元；资金通过一折通发放给养殖户。实施项目管理，由项目县畜牧部门组织实施。中央农业资源及生态保护补助资金（草原生态修复治理），全市草原生态修复治理资金559万元，完成辖区内草地资源清查工作。完成农牧户信息采集、草畜平衡核查、禁牧管护、补助奖励资金发放、监督检查、草原上图等政策与技术培训、绩效评价、草原承包和基本草原划定等草原生态补奖政策落实的基础工作经费补助，在新平县进行草牧业试点多年生人工草地建植。中央农村一二三产业融合发展补助资金，中央一二三产业融合发展补助易门项目资金1 000万元，支持部分重要农产品主产区的专业合作社和农户建设果蔬保鲜初加工设施，改善落后的农产品产地初加工设施条件，实现“增加供给、均衡上市、稳定物价、提高质量、保证加工、促进增收”等一举多效的目标。中央绿色高效技术推广资金423万元，项目资金主要用于农业技术推广服务补助、农业科技示范补助、农业技术人员能力建设补助。中央和省基层动物防疫工作补助经费838.13万元，用于乡村两级动物防疫人员开展强制免疫经费补助。峨山县实施中央耕地保护与质量提升项目，补助资金89万元，开展耕地质量提升与化肥减量增效示范。

【农业保险补贴】 2018年，全市农作物（水稻、玉米、油菜、能繁母猪）保险补贴2 209.41万元，其中：中央1 217万元，省级494.77万元，市级497.64万元。中央农业生产救灾资金120万元。

【现代农业产业园建设】 2018年，全市投入现代农业产业园建设资金1 000万元。按照现代农业产业园创建项目要求、把握产业园功能定位、科学确定产业园规模布局、突出产业园创建任务、探索农民持续增收新机制新路径，建设元江芒果现代农业产业园。

【农民培训项目】 2018年，全市组织实施中央新型职业农民培训任务1 200人，其中：生产经营培训680人（人均补助标准3000元），专业技能型培训150人（人均补助标准3000元），社会服务型培训370人（人均补助标准3000元），培训补助资金166万元。以2018年有外出就业意愿的农村劳动力和返乡农民工为主要培训对象，针对用工需求量大的机械制造、电子电器、服装缝纫与加工、保安、家政、餐饮服务、建筑装饰等行业和工种开展多种形式的引导性培训和转移就业培训1 700人及举办10场示范性劳务招聘会。

【省级农业发展专项资金】 2018年，省级农业发展专项资金3 052.1万元。主要用于粮食生产、经济作物生产、农场经济信息统计、畜牧业生产发展、草地畜牧业生产发展与生鲜乳及饲料安全监管、动物疫病防治及防疫体系建设、农业科技推广与可持续农业技术创新、现代农业产业技术体系建设、渔业技术推广与资源保护、新型职业农民培训、农产品质量安全、农机技术推广与购置补贴、农业信息化与市场推广、农产品加工及统计监测、生物产业发展。

【村级农技推广人员工资补助】 2018年，村农业技术推广人员工资补助费169.2万元。全市700个农技推广员，按每人每月300元的补助，市级承担200元，县级承担100元。

（王宏伟）

【农资监管】 2018年，全市农业部门围绕重点产品、重点环节以及重点农时，突出抓好关系到农业生产和农产品质量安全的农业投入品监管，开展春秋两季农资打假专项治理行动工作。1～12月，全市共出动农业执法人员14 410人次，检查规模种养生产基地场4 634家次，农民专业合作经济组织108家次，兽药生产经营单位1 097家次，饲料生产经营单位972家次，农药种子肥料经营网点6 976家次，农机经营门店623家次。

（张 明）

【监督抽查】 2018年，全市组织完成种植业产品、畜禽产品、水产品等农产品质量监督现场抽样309批次。完成农资投入品监督现场抽样433批次，其中农作物种子345批次、农药63批次、肥料25批次。组织执法人员发放宣传材料24.71万份，电视媒体宣传23场次，组织执法培训175场次10 046人次。

【立案查处案件】 2018年，全市共立案查处违法案件133起，其中种子18起，农药37起，肥料8起，兽药26起，动物卫生监督28起，其他16起。查获劣质农资17 337千克，货值金额17.32万元。全市受理纠纷投诉12件，挽回经济损失44.28万元。选送到省农业厅参评的江川区承办的“未经定点从事生猪屠宰活动案”获得2015～2017年全国生猪屠宰行政处罚优秀文书。通海县针对在海南省海口市琼山区芹菜产品抽检不合格情况，及时启动专项监督抽查程序，在全省首次对农药残留检测毒死蜱超标的3户个体农户实施行政处罚。

（张 明）

【行政审批事项】 2018年，市农业局承接行政许可事项9项，下放行政许可事项4项，调整行政许可事项1项，承接取消下放调整后，市农业局保留7项行政许可事项，分别是农业植物及其产品调运检疫及植物检疫证书核发，农药经营许可（除限制使用农药外的在辖区内跨县、市、区设立分支机构的其他农药经营许可），在地方媒体发布兽药广告审批，重点保护的农作物天然种质资源采集、采伐批准，农药广告审查，向省外提供云南特有的农作物种质资源审批，拖拉机驾驶培训学校、驾驶培训班资格认定，均由市农业局直接受理办理。市农业局对现行的7项行政许可事项编制了办事指南（完整版、简版）和业务手册，于9月30日在市农业信息网站上向社会公布，规范审批程序。

根据《云南省人民政府关于取消和保留证明材料清单的决定》，对动物诊疗场所使用权证明，国际交往捐赠、交换的公函证明，所生产药物及保健品中需用水生野生动物或其产品的证明，属人工繁殖的水生野生动物子代或其产品证明，种子检验室、加工厂房、仓库和其他设施及办公场所自有产权或自有资产证明，土地使用证6项证明不再索要；仅对从境外引进畜禽蜂遗传资源初审、种畜禽蜂蚕生产经营许可证核发2个事项保留索要种畜（家畜）系谱或者种禽代次证明，对拖拉机联合收割机操作人员操作证证件核发、生鲜乳收购许可、生鲜乳准运证明核发、执业兽医资格证书核发、渔业船舶船员证书核发5个事项保留索要身体条件证明（健康证明、健康体检证明）。9月，该项行政许可已经下放到县（区）局，市农业局不存在中介服务事项。

全年共调整权责清单21项，其中承接行政许可事项9项，下放行政许可事项4项，调整行政许可事项1项，取消行政处罚3项、行政奖励1项、行政征收1项、其他行政职权2项；经过清理，市农业局还有行政职权8类共308项，其中：行政许可7项、行政处罚240项、行政强制24项、行政检查12项、行政确认5项、行政奖励14项、行政征收1项、其他行政权力5项，规范了权力运行，优化了行政审批流程。

【双随机一公开监管】 2018年，市农业局制定“双随机、一公开”监管工作实施细则和实施方案，明确双随机抽查事项的两库一单（建立随机抽查事项清单，建立执法人员名录库、检查对象名录库）。抽查方式主要有现场检查、监督抽查2种，抽查频率为1～4次/年，随机抽查事项的抽查比例各有不同，分别在2～100%之间，如病原微生物实验室监督检查、渔业安全检查、饲料和饲料添加剂监督抽查等为2%，兽药经营检查为10%，动物防疫检查为30%，农业转基因生物安全监督检查为50%，而对持《种畜禽生产经营许可证》种畜禽场抽查则为100%。实际工作中，渔业安全检查、渔业执法检查、兽药经营检查、持《种畜禽生产经营许可证》种畜禽场抽查、病原微生物实验室监督检查等事项的随机抽查比例达100%。2018年，市县农业部门开展随机抽查229次，参加检查人员1100余人（次），抽查对象3811人（次），抽检样品19 619个（台、份），检查方式均为市、县（区）农业部门联合检查或县（区）农业部门检查。

【互联网＋政务服务】 2018年，市农业局应用云南省政务事项管理系统平台，将涉及农业部门的事项全面梳理录入“云南省政务服务平台”及“一站式惠民”政务服务平台，两个平台共录入254项，事项录入准确率达到100%。

【规范性文件】 2018年，市农业局制定印发《关于实行规范性文件“三统一”制度的通知》，实行规范性文件统一登记、统一编号、统一公布制度（简称“三统一”制度），落实《玉溪市农业局重大行政执法决定法制审核办法》《玉溪市农业局规范性文件监督管理制度》，完善规范性文件制定程序，落实合法性审查、集体讨论决定等制度，凡市农业局名义发布的规范性文件，一律由局产业政策与法规科进行合法性审查，并报市政府法制办审查备案。全年，对《抚仙湖径流区耕地休耕轮作实施方案》《玉溪市农村集体产权制度改革实施方案》《玉溪市关于推动农村土地所有权承包权经营权分置的实施意见》《玉溪市抚仙湖绿色生态农业经济区建设管理办法》《玉溪市人民政府福建建工集团有限责任公司战略合作框架协议》《玉溪市人民政府关于做好病死畜禽无害化集中处理工作的实施意见》《玉溪市生物资源科学处理中心项目特许经营协议》等10件文件进行合法性审查并出具审查意见。

【法律顾问】 2018年，市农业局聘请红塔律师事务所律师为市农业局法律顾问，法律顾问参与审查法律文书10件，参加农产品PPP项目招标、市农业局及红塔区政府与中天城投等重大项目谈判3次，参与相关法律法规的研究及讨论9次，接受法律咨询7次，参与行政案卷评查1次，为市农业局妥善解决和处理行政争议、化解人民内部矛盾、维护社会稳定提供了优质高效的法律服务。

【农业行政执法案件评查暨执法培训】 2018年9月26～28日，市农业局举办2018年农业行政处罚案卷评查暨执法培训，各县（区）农业局法规股股长、农业综合执法大队大队长及执法业务骨干，市农业局有关科室及执法单位60余人参加培训。培训内容主要有：农业行政处罚案卷的制作要点培训，对上年10月1日至2018年9月20前结案的15件县（区）农业行政处罚案卷进行互评和点评。对推荐上报的15件案卷进行评查，评出7件优秀案卷、8件合格卷，选送4件优秀案卷参加的执法案卷评查。11月26日，推荐参评的4件案卷全部被评为省农业厅“2018年全省农业行政处罚优秀案件”，13人被评为“2018年全省农业优秀行政执法人员”。

（周文忠）

【农业农村深化改革】 2018年，市农业局出台《玉溪市推动农村土地所有权承包权经营权分置实施意见》《玉溪市农村集体产权制度改革实施方案》，制定《玉溪市农村集体产权制度改革试点方案》，稳步推进全国农村集体产权制度改革整市推进试点工作。

（吴　敏）

【农产品展示推介】 2018年，全市共组织24家企业参加第5届中国－南亚博览会暨第25届中国昆明进出口商品交易会、30家企业参加第十四届中国昆明国际农业博览会、10家市级企业参加第十六届中国国际农产品交易会、15家企业参加“云南特色·冬农魅力”2018云南高原特色现代农业（北京）推介活动、13家市级企业参加云南高原特色现代农业（上海）推介活动，精选优质特色农产品参加展示，取得了一定的认识度，充分展示高原农产品特色。

【参评省绿色食品“十大名品”】 2018年云南省“十大名花”评选中，云南云秀花卉有限公司“云秀”牌月季鲜切花荣获第三名，通海锦海农业科技发展有限公司“锦海”牌月季种苗荣获第四名；2018年云南省“十大名菜”评选中，云南宏斌绿色食品集团有限公司“宏斌”牌小米辣荣获第一名，通海高原农产品有限公司“高原绿洲”牌高山娃娃菜荣获第二名；2018年云南省“十大名果”评选中，新平金泰果品有限公司“褚橙”牌褚橙珍品果荣获第五名。

【省级名牌农产品】 2018年，全市有效省级名牌农产品企业共有18家企业23个产品，其中2018年认证的企业有10家12个产品，分别是通海高原农产品有限公司“高原绿洲”萝卜丝，云南猫哆哩集团食品有限责任公司“猫哆哩”酸角糕、酸角果派、西番莲果派，云南特行果业有限责任公司“佳贡”荔枝，云南宏斌绿色食品集团有限公司“宏斌”小米辣，云南省玉溪市高原甜橙有限责任公司“高原王子”冰糖橙，云南磨浆农业股份有限公司“磨浆”核桃乳，云南滇雪粮油有限公司“滇雪”菜籽油，通海锦海农业科技发展有限公司“锦海”月季种苗。

【农村电子商务行动】 2018年，全

市从事农产品电子商务56户，交易额超7亿元。其中，超过8 000万元3家（玉溪百信电子商务有限公司、新平金泰果品有限责任公司、云南特行果业有限责任公司），超过5 000万元2家（实建电子商务公司、云南地衡丰农业科技开发有限公司）。

【“一村一品”建设】 2018年，全市统计上报“一村一品”专业乡镇7个及“一村一品”专业村37个，涉及的主导产品主要是蔬菜、水果等。

【“一县一业”建设】 2018年，玉溪市“一县一业”建设通过省级专家评审认证。确定玉溪市各县（区）“一县一业”的主导方向，其中：红塔区以鲜切花为主导产品的花卉产业，江川区以鲜切花、盆花为主导产品的花卉产业，澄江县以蓝莓、大樱桃、核桃等为主导产品的水果产业，通海县以洋白菜、芹菜、莴笋、大白菜为主导产品的蔬菜产业，华宁县以柑橘为主导产品的水果产业，易门县以鲜野生菌为主导产品的蔬菜产业，峨山县以肉牛为主导产品的畜牧产业，新平县以冰糖橙为主导产品的水果产业，元江县以芒果为主导产品的水果产业。省农业厅初定玉溪市2018年“一县一业”试点县为通海县蔬菜产业、新平县水果产业。

（颜洪敏）

【信息进村入户工程】 截至2018年底，全市累计完成村级益农信息社建设458个（其中：标准型173个，专业型94个，简易型191个），培训村级信息员1 515人次，依托益农信息社或平台的便民服务5.5万人次、涉及金额2.4亿、电子商务成交额506万元。

【农产品质量追溯体系建设】 2018年，为提高玉溪市农产品质量安全信息化监管水平，市级财政安排专项资金50万元用于农产品质量安全追溯系统应用推广。经项目申报、评审、公示等环节，完成10个农产品质量追溯系统示范点建设。

【农业展示馆建成】 2018年，为庆祝改革开放四十年，市农业局建成玉溪农业展示馆。展馆面积220平方米，分为前言、领导关怀、玉溪概况、历经四个阶段、取得的成效、未来发展方向和结束语等七个部分，以图文展板结合多媒体的形式，展示玉溪市改革开放四十年农业农村经济发展取得的丰硕成果，宣传玉溪主动融入“一带一路”开放型农业领跑全省，通过大力实施乡村振兴战略，推动玉溪高原特色农业跨越发展。

（农业局）

农业经济管理

【农村土地承包经营权确权登记颁证项目】 2018年中央农村土地承包经营权确权登记颁证资金494万元。主要用于查田勘界、证书印制、人员培训等与农村土地承包经营权确权登记颁证有关的费用支出。

（王宏伟）

【农村集体经济组织收益分配情况】 2018年，全市农村集体经济组织实现收入162 501万元，比上年减少38 381万元，减19.1%。其中经营收入30 234万元、发包及上交收入24 015万元、投资收益3 826万元、补助收入57 510万元、其他收入46 916万元。全年支出127 389万元，其中经营支出18 499万元、管理费用49 598万元、其他支出59 292万元。实现收益34 711万元，比上年减少43 256万元，减55.5%。加上年初未分配收益47 452万元和其他转入18 332万元，全年实现可分配收益100 495万元，在提取公积公益金45 941万元、应付福利费1 033万元后，农户分配20 202万元，其他分配1972万元，年末未分配收益31 347万元。全市户均收入2 790元、人均收入863元；户均收益596元，人均收益184元。

【农村集体经济组织资产负债情况】 2018年末，全市农村集体经济组织资产总额1 317 775万元，其中流动资产551 925万元、农业资产205万元、长期资产765 645万元。负债190 269万元，其中流动负债175 602万元、长期负债14 667万元。所有者权益1 127 506万元。全市村组负债中，兴办公益事业负债24 897万元，占13.1%。全市村均负债285万元，人均负债1 011元，负债面广、量大，应当引起各级领导的高度重视。

【农村集体“三资”管理情况】 截至2018年12月末，全市共计代管农村集体资金44.37亿元，资产59.92亿元，在集体资源中，耕地5万块，面积29.6万亩；林地72.7万块，面积651.4万亩；果园447块，面积7 873亩；建设用地1.6万块，面积8.2万亩；水面84.4万块，面积3.2万亩；矿山2 662宗，面积8.5万亩；道路35.1万条，长度34 786千米；沟渠701.9万条，长度26 002千米；其他农用地226.5万块，面积21.4万亩。

【农村集体产权制度改革试点】 2018年，玉溪市高度重视农村集体产权制度改革试点工作，采取坚持“强化组织领导、强化目标管理、强化动员培训、强化督促指导”四个强化，顺利启动改革；把好“人口界定、清产核资、股权设置管理、人员过度”四个关口，稳步推进改革；注重“农村集体产权制度改革与农村综合改革、农村集体产权制度改革与产业项目、农村集体资产股份合作与土地流转、登记备案与注册登记”四个结合，确保改革有成效等办法措施稳步推进农村集体产权制度改革，助推乡村振兴战略有效实施。截至2018年12月末，全市9县（区）均出台产权制度改革实施方案，成立了领导机构；9县（区）、67个乡镇、610个行政村、4 938个村小组召开动员部署会议；张贴宣传标语14 584条、印发宣传材料159 973份、媒体宣传报道59次；开展业务培训1 032期、26 153人次；278个行政村、2 585个村小组完成清产核资工作；7个行政村、102个村小组完成成员身份认定；51个村小组完成股权设置量化；改革时点量化资产总额24 501.46万元；38个村小组成立新型集体经济组织；颁发股权证书3 334份；股金分红总额6 286.3万元。

【规范农村集体产权流转交易】 2018年，全市利用农村集体产权流转交易平台进行产权交易1 438件，其中：公开招投标597件，邀标581件，竞价282件，询价采购93件，竞争性谈判60件，招租17件，标底价39 724.65万元，中标价40 334.30万元，有效增加集体收入609.65万元。

【农村集体“三资”管理工作考核】 2018年，市“三资”办组织县（区）开展农村集体“三资”管理考核。考核综合得分80分以上有8个县（区），分别是：通海县89分、江川区、峨山县 88 分、新平县 87 分、红塔区 86 分、华宁县 85 分、元江县 84 分、易门县 83 分，考核等级为合格。澄江县 77 分，考核等级为基本合格。

（廖树琼）

【农村经济稳步增长】 2018 年，市农经站对全市 74 个乡（镇）、667 个村（居）民委员会、6227 个村（居）民小组 2018 年农村经济运行情况进行全面调查统计。2018 年，全市实现农村经济总收入 16 763 102 万元，比上年增 1 477 622 万元，增长 9.7%，农村经济总收入稳步增长。从经营层次看：乡镇办企业收入 1 573 798 万元；村组集体经营收入 1 300 053 万元；农民家庭经营收入 13 519 792 万元；农民专业合作社收入 46 976 万元；其他经营收入 322 483 万元。五个经营层次与上年相比，除乡镇办企业收入减 6.7% 外，村组集体经营、农民家庭经营、农民专业合作社、其他经营收入均有所增加，增幅分别为 39.7%、8.4%、9.0%、113.7%。农民家庭经营收入在农村经济总收入中所占比重为 80.7%，农民家庭经营在农村经济发展中占主体地位。从行业划分看：农业收入 2 023 531 万元，比上年增 179 712 万元，增长 9.8%，其中种植业收入 1 899 665 万元，比上年增 143 909 万元，增长 8.2%。林业收入 68 821 万元，比上年增 6 114 万元，增长 9.8%。牧业收入 767 540 万元，比上年减 1 762 万元，减 0.2 %。渔业收入 62 435 万元，比上年增 4 795 万元，增长 8.3%。工业收入 6 767 749 万元，比上年增 710 244 万元，增长 11.7%。建筑业收入 1 895 755 万元，比上年增 221 930 万元，增长 13.3%。运输业收入 1 183 709 万元，比上年增 60 285 万元，增长 5.4%。商饮业收入 2 829 634 万元，比上年增 254 125 万元，增长 9.9%。服务业收入 735 075 万元，比上年增 37 332 万元，增长 5.4%。其他收入 428 853 万元，比上年增 4 847 万元，增长 1.1%。与上年相比，农业、林业、渔业实现收入增长，幅度分别达 9.8%、9.8%、8.3%，其中种植业收入增幅达 8.20%。从产业划分看：农村中一、二、三产业收入分别是 2 922 327 万元、8 663 504 万元、5 177 271 万元，与上年相比，各个产业分别增长 6.9%、12.1%、7.4%。各产业收入在农村经济总收入中所占比重分别为 17.4%、51.7%、30.9%，其中一产业中占农村经济总收入比重最大的是农业、牧业，分别达到 12.1%、4.6%；二产业中占农村经济总收入比重最大的是工业，达 40.4%；三产业中占农村经济总收入比重最大的是商饮业，达 16.9%。

【农村经济成本费用率居高不下】 2018 年，全市农村经济总费用 14 128 665 万元，比上年增 1 292 752 万元，增长 10.1%。在总费用中：生产费 12 304 491 万元，比上年增 1 274 426 万元，增长 11.6%；管理费 1 206 354 万元，比上年增 68 877 万元，增长 6.1%。成本费用率 84.3%，比上年的 84.0% 上升 0.3 个百分点，各种生产资料价格上涨以及高额人工工资导致费用率居高不下。

【农民收入稳步增加】 2018 年，全市农村经济可分配净收入总额 3 126 914 万元，扣除上交国家税金 274 906 万元、上交国家有关部门 1 786 万元，农民所得总额 2 806 846 万元。农民人均所得 14 911 元，比上年的 13 513 元增 1 398 元，增长 10.3%。全市有 30 个乡镇（街道办事处）农民人均所得突破 15 000 元，有 162 个村（居）委会、社区农民人均所得突破 16 000 元，有 28 个村（居）民小组农民人均所得突破 27 000 元。

（刘　英）

【家庭承包耕地流转】 2018 年末，全市家庭承包耕地流转总面积 382 860 亩，比上年 327 441 亩增加 55 419 亩，增幅为 16.92%，主要原因是玉溪市紧急启动保卫抚仙湖雷霆行动，大力推进抚仙湖径流区耕地轮作项目，签订合同地块面积 57 070 亩（其中水田 56 881 亩，旱地 189 亩）；承包耕地流转总面积中：出租 372 235 亩；转让 2 775 亩；互换 2 287 亩；股份合作 4 096 亩（其中耕地入股合作社面积 3 122 亩）；其他形式流转 1 467 亩。地方财政安排支持土地流转专项资金 6.8 亿元。流入农户 171 735 亩，比上年增加 6 619 亩，增幅 4%；流入合作社 18 866 亩，比上年增加 637 亩，增幅 3.5%；流入企业 166 239 亩，比上年增加 46 774 亩，增幅 39.15%；流入其他主体 26 020 亩，比上年增加 1 389 亩，增幅 5.6%。共签订耕地流转合同 127 685 份，（其中：签订书面流转合同 108 245 份，比上年增加 49.99%；签订口头协议流转合同 19 440 份，比上年增加 8.43%），比上年 90 097 份增加 37 588 份，增幅为 41.72%。家庭承包耕地流转服务以农户间自发流转和乡村组织提供信息流转为主。农户间自发流转的面积 145 868 亩，占流转总面积的 38.10%；乡村组织提供信息流转的面积 174 821 亩，占流转总面积的 45.66%；委托乡村组织流转的面积 61 942 亩，占流转总面积的 16.18%；其他方式流转的面积 229 亩，占流转总面积的 0.06%。在已流转的土地中，用于种植粮食作物的面积 53 459 亩，比上年 50 402 亩增加 3 057 亩，增幅为 6.07%；流转出耕地的农户数 110 413 户，比上年减少 20 341 户。

（桂晶晶）

【家庭农场】 2018 年，全市家庭农场发展到 1 091 个，比上年新增家庭农场 188 个，被县级以上农业部门认定为示范性家庭农场示范场 451 个，其中省级 21 个、市级 343 个、县级 273 个，评审认定市级示范农场 50 个，纳入家庭农场名录管理系统的家庭农场 890 个；家庭农场经营土地面积 70 676 亩，比上年新增 7 119 亩，其中耕地 41 727 亩（家庭经营 6 437 亩，流转经营 31 701 亩），草地 454 亩，水面 680 亩，其他 27 815 亩；家庭农场行业分布情况为种植业 372 个，畜牧业 414 个，渔业 17 个，种养结合 192 个，其他 96 个；家庭农场年销售农产品总值 45 707 万元，家庭农场购买农业生产投入品总值 29 532 万元，拥有注册商标的家庭农场 4 个，107 个家庭农场获得贷款 2 070 万元。

【农民负担状况】 2018 年，全市上交集体各种款项 2 314 万元，较上年减少 1 180 万元，减少率为 33.77%。其中土地承包金 2 041 万元，所占比重为 88%，比上年减少 28 万元，共同生产费用 38 万元，较上年减少 15 万元，其他款项 235 万元，所占比重为 10%，比上年减少 1 137 万元，减少率为 82.87%。共 169 个村发生了一事一议筹资筹劳行为，比上年减少 23 个村，筹资 182 万元，较上年减少 61 万元，其中：道路筹资 48 万元；水利筹资 2 万元；其他筹资 132 万元，涉及人员 8.48 万人，人均 21.46 元。筹劳 25.47 万个，比上年减少 7.5 万个，其中：道路筹劳 6.93 万个；水利筹劳 2.34 万个；植树造林筹劳 0.06 万个；其他筹劳 16.14 万个，涉及筹劳人数

8.54 万个，劳动力人均负担 2.98 个，没有超过劳均 10 个的标准，筹资酬劳总规模和人均筹资酬劳都比上年有所下降。农业生产性收费 1 413 万元，比上年减少 385 万元。其中农业灌溉水费 704 万元，所占比重为 49.8%，比上年减少 160 万元；农业灌溉电费为 704 万，所占比重为 49.8%，比上年减少 219 万；其他收费为 5 万元，所占比重为 0.4%，比上年减少 6 万元。行政事业性收费等其他负担项目保持低负担或无负担。行政事业性收费 3 073 万元，较上年减少 439 万元。其中：未出现农民建房和计划生育收费；外出务工经商 139 万元；农机、摩托车、三轮车和低速载货汽车收费 2 894 万元，所占比重 94%，比上年减少 439 万元；其他收费 40 万元，相比上年减少 44 万元。全年农民共得到政府补贴 51 730 万元，比上年减少 3 434 万元。其中：农业支持保护补贴 10 190 万元，所占比重为 20%，比上年减少 134 万元；农机购置补贴 2 380 万元，所占比重为 4%，比上年增加 89 万元；退耕还林还、草补贴为 5 829，所占比重为 11%，比上年增加 115 万元；其他补贴为 33 331 万元，所占比重为 64%，比上年减少 3 504 万元。全年合作医疗共收费 31 780 万元，比上年增加 4 458 万元，全年上缴税金 102 978 万元，比上年增加 9 724 万元。

（李连坤）

【农村土地确权工作】 2018 年，全市基本完成了土地确权工作。全市共实测耕地面积 4 384 406.46 亩，占二轮家庭承包面积的 359.7%，占国土二调面积的 115.16%；调查承包方农户数 486 655 户，占二轮承包农户数的 102.86%；全市 7 县 2 区共 663 个村（居委会、社区）、6 093 个村（居）民小组完成了农村土地承包经营权确权登记颁证工作，占总数的 98.08% 和 97.50%；确权面积 3 224 468.89 亩，占应开展确权面积的 98.63%。已颁发土地承包经营权证书 482 507 户，占二轮家庭承包农户的 101.98%，占调查承包方农户的 99.15%；已确权承包耕地面积 3 224 468.89 亩，占二轮家庭承包面积的 264.54%，占国土“二调”面积的 84.7%。其中涉及确权确股的行政村 51 个，农户数 49 324 户，承包地面积 115 640.57 亩。新平县、元江县、峨山县、通海县、江川区 5 个县（区）已经完成农业农村部土地确权成果数据汇交工作，华宁县、易门县、红塔区、澄江县确权成果数据正处理完善中。

（曾应春）

【农民专业合作社】 截至 2018 年底，全市在农业部门备案的农民专业合作社共 932 个，比上年增加 32 个。年内新注册合作社 80 个，注销 48 个。被农业部门认定的合作社示范社 288 个，比上年增加 59 个，其中市级新增 24 个；参加农民专业合作社成员 12.54 万户，占全市承包农户的 26.79%，比上年增加 5.26 个百分点；合作社成员中建档立卡户 8 631 户，比上年增加 7 971 户，带动非成员农户 18.2 万户。合作社统一销售农产品总值 19.43 亿元，比上年减少 1.1 亿元；统一购买生产投入品 3.8 亿元，比上年减少 6 462 万元；全年实现经营收入 4.24 亿元，盈余 6 773 万元，比上年增加 123 万元，按交易量返还给社员 4 161 万元，按股分红 214 万元。274 个合作社执行按交易量返还成员，占总数的 29.4%，比上年增加 16 个，大部分合作社还难以做到按交易量返还收益。全市仅有 8 个合作社获得财政资金扶持，比上年减少 16 个，获得扶持资金 12.6 万元，比上年减少 87.4 万元，减少 87.4%。

（曾应春）

种植业

【种植结构持续调优】 2018 年，全市完成农作物播种面积 428.18 万亩，同比增加 7.91 万亩，增 1.9%。其中，粮食 166.69 万亩，经济作物 261.49 亩，粮食作物与经济作物比为 38.91 ∶ 61.09，粮食作物比重降低 1.7 个百分点。调减甘蔗 0.71 万亩、油料 1.1 万亩，增加蔬菜 11.42 万亩、烤烟 1.19 万亩、鲜切花 0.2 万亩。

【粮食生产】 2018 年，全市粮食作物播种面积 166.69 万亩，比上年减 1.48 万亩，减 0.9%；粮食单产 361 千克，比上年减少 7 千克，减 1.9%；总产量 60 156.2 万千克，比上年增 775.2 万千克，增 1.3%，全年粮食产量实现自“十一五”来恢复性“十三连增”。其中：小春粮食面积 46.64 万亩，比上年减少 4.6 万亩，减 9%；总产 8 295.47 万千克，增加 35.2 万千克，增长 0.4%。大春粮食面积 120.06 万亩，同比增加 3.12 万亩，增长 2.7%；总产量 51 860.73 万千克，比上年增加 740 万千克，增 1.4%。

【冬季农业开发】 2018 年，全市冬季农业开发面积 117.13 万亩，同比减少 0.87 万亩，减少 0.7%。但产量、产值持续走高，总产量 139.48 万吨，同比增加 3.01 万吨，增长 2.2%；产值 30.3 亿元，同比增加 0.4 亿元，增长 1.3%；平均亩产值 2 587 元，同比增加 50 元，增长 2%。

（张志军 孙 钺）

【经济作物生产】 2018 年，全市经济作物种植面积为 261.49 万亩，同比增加 11.85 万亩，增 4.7%。蔬菜、花卉面积持续增加，烤烟面积有所回升。蔬菜面积 145.94 万亩，比上年增加 11.42 万亩，增长 8.5%；产量 267.63 万吨，比上年增加 27.43 万吨，增长 11.42%。花卉面积 5.59 万亩，比上年增加 0.76 万亩。烤烟面积 59.55 万亩，比上年增加 1.2 万亩，增长 2.0%；产量 7.99 万吨，比上年增 0.46 万吨，增 6.1%。甘蔗和油料面积持续减少。甘蔗面积 15.16 万亩，比上年减 0.71 万亩，减少 4.5%；产量 67.79 万吨，比上年减少 6.72 万吨，减少 9.0%。油料面积 23.90 万亩，比上年减 1.22 万亩，减少 4.9%；产量 3.59 万吨，比上年减少 0.28 万吨，减少 7.2%。

（张志军）

【晚秋作物种植】 2018 年，全市种植晚秋作物 53.81 万亩。其中晚秋粮食 27.21 万亩，晚秋蔬菜 26.6 万亩。在晚秋粮食中，种植秋玉米 11.63 万亩，占 42.7%；秋大豆 2.28 万亩，占 8.4%；秋马铃薯 1.82 万亩，占 6.7%；秋荞 2.21 万亩，占 8.1%；晚稻 2.02 万亩，占 7.4%；其他 7.25 万亩，占 26.7%。实现晚秋粮食产量 8 502 万千克。

【科技增粮】 2018 年，全市完成省、市级粮油作物绿色高质高效创建示范区 24 片，平均亩产 657.56 千克，比非示范区亩增产 126.93 千克，增产 23.92%，实现增产粮食 3 340.34 万千克，增产油菜籽 58.03 万千克，每亩节本 82.89 元，每亩增效 264.26 元，辐射带动面广，增产增收明显；完成农作物间套种 240 万亩；完成测土配方施肥 220.83 万亩；完成粮食地膜覆盖栽培47.01万亩，其中小春季8.4万亩（冬马铃薯4万亩，冬玉米3.5万亩，其他粮食0.9万亩），大春季38.61万亩（玉米33.21万亩：含鲜食玉米，马铃薯0.4万亩，晚秋计划5万亩）；集中育秧育苗1.34万亩，其中玉米集中育苗0.14万亩，水稻集中育秧1.2万亩；完成良种推广总面积111.24万亩；完成重大病虫草鼠害防治面积1 211.45万亩次，其中统防统治面积326.03万亩、绿色防控面积316.78万亩次；完成玉米“三干”播种73.53万亩；市级（市农科院）组织开展绿色高产高效模式攻关。晚秋生产落实较好，完成播种面积55万亩。

【农作物受灾】 2018年，全市农作物播种面积428.18万亩，农作物受灾面积30.98万亩，占农作物播种面积的7.24%，其中成灾18.45万亩，占4.31%，绝收6.67万亩，占1.56%。受灾具体情况为冰冻灾，农作物受灾面积18.09万亩，占农作物播种面积的4.22%，其中成灾12.25万亩，占2.86%，绝收4.99万亩，占1.17%；洪涝灾。农作物受灾面积9.29万亩，占农作物播种面积的2.17%，其中成灾4.58万亩，占1.07%，绝收1.33万亩，占0.31%；风雹灾，农作物受灾面积3.6万亩，占农作物播种面积的0.84%，其中，成灾1.62万亩，占0.38%，绝收0.36万亩，占0.08%。

（张志军　孙　钺）

【农作物保险】 2018年，省农业厅下达玉溪市种植业保险计划面积为102.82万亩，其中水稻18.61万亩、玉米68.23万亩、油菜15.98万亩。参加种植业保险的9县（区）签单承保面积94.1699万亩，其中水稻14.5106万亩，玉米65.5926万亩，油菜14.0665万亩，比计划102.82万亩少8.6501万亩。种植业保险保费由中央、省级、市级和县级分别按40%、25%、25%、10%的比例承担。保险公司共赔付给受灾农户892.4165万元，其中水稻179.7189万元，玉米417.2988万元，油菜295.3988万元。

（吕　萍）

【蔬菜生产】 2018年，全市蔬菜种植面积139.71万亩，比上年增加5.19万亩，增长3.9%；蔬菜总产量266.73万吨，比上年增加26.52万吨，增长11.0%；蔬菜产值55.04亿元，比上年增加10.04亿元，增22.3%。

【水果生产】 2018年，全市新植果园面积8.41万亩，超额完成年初新增2万亩水果的目标任务，完成计划任务数的4.2倍。新植柑橘3.09万亩、香蕉1.55万亩、芒果1.49万亩、桃0.38万亩、草莓0.34万亩、柿子0.33万亩、樱桃0.21万亩、石榴0.17万亩、其他0.85万亩。其中红河谷—绿汁江流域水果新植面积6.43万亩，占全市新植面积的76.5%。全市水果在园面积累计92.21万亩，比上年增加18.73万亩，增25.5%；水果产量94.63万吨，比上年增加23.3万吨，增长32.7%；水果产值40.81亿元，比上年增加10.71亿元，增长35.6%。

【蔗糖生产】 2018年，全市甘蔗种植面积14.85万亩，比上年减少1.02万亩，减少6.4%；甘蔗产量60.8万吨，比上年减少13.71万吨，减少18.4%；甘蔗总产值4.61亿元，比上年减少0.28亿元，减少5.7%。市内4家制糖企业生产白糖6.18万吨。

（杨云光）

【茶叶生产】 2018年，全市茶园面积7.14万亩，比上年减少13.6%；实现茶叶总产量4 604.8吨，比上年增加166.6吨，增长3.7%，其中精制茶产量3 620.43吨；全市茶叶综合产值41 226.3万元，比上年增加961.57万元，增长2.4%。有市级重点农业龙头企业1个，Sc认证企业4个，茶叶初制所28个，专业合作社10个，茶农人数34 511人，茶农总纯收入9 755.63万元，茶农人均纯收入2826元，比上年增加614.5元，增长27.4%。

【芦荟生产】 2018年，全市市芦荟种植面积11 720亩，比上年减少7.8%；芦荟鲜叶产量35 322.5吨，比上年减少30.4%；芦荟产值2 097.4万元，比上年减少30.7%，芦荟鲜叶平均单价0.6元/千克。

【除虫菊生产】 2018年，全市除虫菊种植面积1 423.3亩，比上年增111.1%；除虫菊产量94.3吨，比上年增长52.5%；除虫菊产值225.5万元，比上年增长70.1%，平均单价23.9元/千克。

【茉莉花生产】 2018年，全市茉莉花种植面积4508亩，比上年减少42.2%；茉莉花产量2 664.8吨，比上年减少41.8%；茉莉花产值5 863.2万元，比上年减少38.4%，平均单价22元/千克。

【三七生产】 2018年，全市三七种植面积20 980亩，比上年增长16.2%；三七产量689.5吨，比上年减少54.7%；三七产值14 858.1万元，比上年减少8.5%，平均单价215.5元/千克。

【重楼生产】 2018年，全市重楼种植面积3 613.2亩，比上年增长78.2%，其中新植面积1 402.1亩；重楼产量20.6吨，比上年增长565.4%；重楼产值1 475.5万元，比上年增长575.2%。

【露水草生产】 2018年，全市露水草种植面积1 838亩，比上年减少21.5%；露水草产量2 704.7吨，比上年增长49.3%；露水草产值661.2万元，比上年减少52.7%。

【石斛生产】 2018年，全市石斛种植面积477亩，产量75.3吨，产值3 210.4万元。

【蔬菜新品种新技术】 2018年，全市引进6个蔬菜新品种，试验面积18.4亩；蔬菜新品种展示面积4 975亩。蔬菜新技术推广应用面积137.76万亩，其中，漂浮育苗29.78万亩，喷滴灌技术5.23万亩，测土配方施肥39.59万亩，绿色防控26.11万亩，地膜覆盖36.31万亩，其他技术0.73万亩；设施蔬菜面积3.3万亩，其中大中棚蔬菜面3.2万亩，小棚蔬菜面积0.01万亩。

【水果新品种新技术推广】 2018年，全市引进17个水果新品种，试验面积58.8亩；水果新品种展示面积1 425亩。水果新技术推广应用面积165.53万亩，其中高接换种1.57万亩，喷滴灌技术20.18万亩，测土配方施肥35.27万亩，病虫害统防统治55.73万亩，绿色防控43.88万亩、其他技术8.9万亩；大棚设施水果面积0.21万亩。

（杨云光　马东锦）

【花椰菜项目获奖】 2018年，市经济作物工作站主持完成的“玉溪三湖流域外销花椰菜标准化技术集成与应用”项目荣获省农业厅农业技术推广

三等奖，该项目在通海、江川、澄江、华宁县“三湖”流域推广花椰菜良种、工厂化育苗、平衡施肥、绿色综合防控等技术达98%以上。2015～2017年累计推广面积45.32亩，新增总产量10.40万吨，新增总产值21 991.42万元，新增纯收益21 241.32万元，科技投资收益率28.3%。

（杨云光 肖文俊）

【冰糖橙技能大赛】 2018年11月7日，全市冰糖橙芽变优选技能大赛在新平县金茂酒店举行，共选送134个样品，其中新平县77个、华宁县41个、元江县16个，邀请国家、省、市、县的7位专家组成专家组，设置综合最优奖、高糖奖、果肉颜色特别奖、无核奖、最美外观奖等6类单项奖。通过专家组对9个指标进行打分，评出9个单项奖、3个最佳组织奖。

（杨云光 胡冬梅）

【名菜名果】 2018年度云南省绿色食品“十大名品”中玉溪名品有云南宏斌绿色食品集团有限公司“宏斌”牌小米辣位居省“十大名菜”第一名，通海高原农产品有限公司“高原绿洲”牌高山娃娃菜排名省“十大名菜”第二名。新平金泰果品有限公司“褚橙”牌褚橙珍品果排名省“十大名果”第五名。

【水果蔬菜出口】 2018年，全市水果和蔬菜两项出口99.66万吨，出口创汇133 640万美元，占全市出口商品总额的74.4%，比上年下降7.4个百分点，其中水果占全市出口商品总额的62.5%，蔬菜占全市出口商品总额的11.9%。水果出口量59.59万吨，比上年减少14.0%，出口金额112 343万美元，比上年减少25.3%。蔬菜出口量40.07万吨，比上年增长8.9%，出口金额21 297万美元，比上年增长20.5%。

（杨云光）

林 业

【概 况】 2018年，全市着力深化重点领域林业改革，在全省首家制定出台《玉溪市全面推行山林长制实施意见》，实施以党政领导负责制为核心的山林长责任制。加快森林抚仙湖建设，制定出台《玉溪市抚仙湖径流区林业生态修复建设森林抚仙湖实施意见》，完成定植任务3万亩。在全省首家制定森林防火地方性法规——《玉溪市森林防火条例》，2018年森林防火工作取得全省第一名的好成绩。完成营造林22.7万亩，其中完成新一轮退耕还林4.76万亩。完成义务植树532.16万株。森林覆盖率由56.7%提升到57.48%。全市森林公安机关共查处各类森林和野生动物案件978件，为国家挽回直接经济损失1 000余万元。全市林业有害生物发生面积53.44万亩，防治面积53.11万亩，防治率99.4%。认定玉溪市家庭农（林）场示范场17个。加强林业技术培训，举办培训209期1.38万人次。

（师红艳）

【林业投资】 2018年，中央、省、市共投入全市林业系统资金63 084.22万元。其中：中央28 061.25万元、省级32 684.53万元、市级2 338.44万元。比上年同期数52 406.47万元增加10 677.75万元，增长20.37%。

（张丽慧）

【林业产值】 2018年，全市林业产业总产值77.27亿元，比2017年66.97亿元增加10.3亿元，增长15.38%，其中：第一产业产值60.02亿元，比上年增长13.22%；第二产业产值9.38亿元，比上年增长17.25%；第三产业产值7.87亿元，比上年增长32.05%。

（聂 晶）

【市级示范家庭农（林）场认定】 2018年，市农业局、林业局联合认定50个家庭农场、17个家庭林场为玉溪市家庭农（林）场示范场（红塔区1个，澄江县1个，华宁县1个，峨山县3个，易门县11个）。

【参加云南坚果博览会】 2018年10月11～15日，市林业局组织6户企业和1户专业合作社参加2 018云南昆明坚果博览会，获金奖产品1个，铜奖产品3个，分别是：云南磨浆农业股份有限公司核桃乳获饮品类金奖，云南新平福涛农产品开发有限公司核桃油获核桃油类铜奖，华宁县林业局、江川区盛果核桃种植专业合作社大砂壳核桃获干果类铜奖，市林业局获组织奖。

（高兴忠）

【林权制度配套改革】 2018年，全市林权流转70宗0.33 962万亩417万元；林权抵押贷款43宗0.68 532万亩3 410.5万元。林木确权登记颁证42本0.773 036万亩；林木权抵押贷款16宗0.177 484万亩710万元。

【国有林场改革通过省级验收】 2018年4月10～12日，省国有林场改革工作领导小组组织省级验收组，对玉溪市国有林场改革工作进行验收。验收组听取玉溪市及澄江、华宁、易门3个县政府工作汇报，查阅国有林场改革相关档案痕迹资料，实地查看易门县龙泉国有林场、澄江县梁王山国有林场和玉溪市玉白顶国有林场、北山国有林场改革发展情况，座谈走访林场职工，经过认真评议，玉溪市国有林场改革通过省级验收。

【《玉溪市国有林场中长期发展规划（2017～2035年）》通过专家评审】 2018年3月1日，市国有林场改革领导小组办公室召开《玉溪市国有林场中长期发展规划（2017～2035年）》专家评审会。评审组在听取项目组关于《规划》编制的情况说明和内容介绍，查阅资料、询问答疑后一致同意通过评审。

（杨艳芬）

【云南松种质资源库项目竣工】 2018年，通过五年的实施，全市建成云南松种质资源保存库总面积1 263亩，其中：种源收集区面积501亩，收集种源137个，种植21 890株；优良单株种植604亩，收集优良单株554个，种植25 904株；收集个体类型3个，种植面积128亩，种植4 473株；建成繁育苗圃30亩。防护围栏10 942米，界桩2 764个，主干道路7 792米，步道4 383米，供水管网27 802米，蓄水池3个共1 000立方米，综合管理用房505平方米，基本完成作业设计的各项建设内容。

（郭 斌）

【林业双增综合考核全省第2】 根据云南省林业厅2018年3月通报，云南省2016年度林业双增目标责任状考核检查年度检查综合评分结果，玉溪市得分99.52分，居16个州（市）第2名。

【启动路域桉树替换工作】 2018年，全市全面启动路域桉树替换工作。

截至12月底，完成桉树采伐面积4 602.9亩，采伐蓄积量18 858.5立方米，完成替换造林1 720.2亩。

【石漠化综合治理】 2018年，澄江、易门县根据石漠化综合治理项目初步设计，共完成林草植被保护与建设5.94万亩，其中：人工造林完成0.89万亩，为计划任务的100%；封山育林完成5.05万亩，为计划任务的100%。对易门县境内米茂、草箐、老吾和澄江县境内山冲河、禄充、尖峰山6条小流域进行有效治理。

（陈桂芬）

【古树名木资源普查】 2018年，市林业局组织开展新一轮古树名木资源普查。成立市古树名木资源普查工作领导小组，制定《玉溪市古树名木资源普查工作实施方案》，举办玉溪市古树名木资源普查培训会，严格按照《古树名木鉴定标准》《古树名木普查技术规范》开展普查工作。截至2018年11月20日，全市共普查古树名木23 013株，其中古树名木群537个，含古树名木10 246株。

（杨春江）

【峨山县千亩核桃科技精准扶贫示范基地建成】 2016年4月至2018年12月，市林业局组织实施2016年度中央财政“峨山县核桃科技精准扶贫示范基地”项目。项目在峨山县塔甸镇大西村委会建成核桃科技精准扶贫示范基地1 000亩，通过施肥、整形修剪、病虫害防治等抚育管理，基本形成丰产树形，核桃结实株率由2015年的6%提高到2018年的84.1%，亩产由2015年的1.6千克提高到2018年的8.9千克；实施核桃品种改良3 289株，改良成活株率95.9%；举办技术培训班8期，培训895人次，培养当地彝族支系山苏嫁接能手11人；发表论文2篇，出版专著2本，编印发放技术资料15.2万份；开展林下复种，间作蔬菜5 161亩（含复种面积），总产值863.23万元，亩均产值1 673元，16户贫困建档立卡户全部脱贫，示范带动2.96万亩。

【《核桃提质增效技术措施》出版】 2018年5月，由市科协、市林学会编著的玉溪市科学普及丛书—《核桃提质增效技术措施》由云南民族出版社出版发行。该书针对核桃选地不当、品种混杂、技术措施不落实等低产主要因素，详细介绍了良种应用、密度调整、整形修剪、科学施肥、筑埂保土、树盘覆盖、旱季灌水、雨季排涝、合理间作、病虫防控、成熟采收与无烟烘烤等提质增效的12项技术措施，是核桃种植区基层农林技术员和核桃种植户的实用技术手册。

【森林生态系统定位研究站建成】 2012年12月至2018年3月，在新平县实施云南玉溪森林生态系统定位研究站建设项目，总投资445万元，项目完成新建一幢综合实验用房538.97平方米、坡面径流场8处、水量平衡场3处、测流堰3座、气象观测场1处、综合观测塔1座、固定样地12块，购置了必要的水文、土壤、生物、大气等观测设施设备。该研究站2015年试运行以来，功能发挥正常，每年采集气象、水文、生物、土壤、水土资源监测等数据100万余个，计算相关指标6万项。2018年6月15日，项目通过省林业厅的竣工验收。

举办林业技术培训　（蒋志东　摄）

【2人获评首批“中国林业乡土专家”】 2018年5月，中国林学会启动首届林业乡土专家的评选认定工作，玉溪市推荐7名林业乡土人才。12月19日，中国林学会公布首批中国林业乡土专家评选结果，213名入选“中国林业乡土专家”，其中新平县建兴乡马鹿社区大寨的刘云生、新平濒危乡土植物园有限公司的柴锦明2人榜上有名。

【科普作品获梁希科普奖】 2018年10月8日，中国林学会公布第七届梁希科普奖评选结果16项，其中由市协、市林学会共同编著的《核桃提质增效技术措施》一书，获科普作品类三等奖，为玉溪市首个梁希科普奖项。

（蒋志东）

【森林督查】 2018年5月，全市组织开展森林督查工作，共核查图斑6 153个，出动人员1 117名，核查图斑面积5 467.7746公顷；发现违法项目416个、违法图斑688个、违法图斑面积353.5547公顷；查处行政案件197起，行政处罚金额1 352 608.8元，收回林地91起，恢复植被面积149.7973公顷。

【征收占用林地审核审批】 2018年，全市共受理征收占用林地行政审批事项119件，其中：上报省厅80件，办结55件，其余25件待批。累计征占用林地649.1004公顷，预缴省林业厅森林植被恢复费8 676.5844万元；市局临时占用林地共受理39件，办结39件，累计临时占用林地176.6122公顷，缴纳森林植被恢复费2 092.7379万元。涉及减免森林植被恢复费6件，面积48.9787公顷，减免植被恢复费604.0248万元。

【森林资源主要指标监测】 2018年10～12月，市林业局组织完成玉溪市2018年森林资源主要指标监测工作。监测结果为：国土面积1 496 708公顷，森林面积860 272.91公顷，森林覆盖率57.48%；森林蓄积量0.5586亿立方米；单位面积蓄积量73.2立方米/公顷。比较2017年森林资源主要

指标监测结果，2018年森林面积、森林蓄积量呈“双增长”态势，其中森林面积净增11 461.32公顷；森林覆盖率净增0.77个百分点；森林蓄积量净增0.0076亿立方米；单位面积蓄积量净增0.9立方米/公顷。

（李翠华）

【森林防火】 2018年，全市森林防火工作以不发生森林火灾为目标，以发挥党委领导、党政同责抓防火为统领，以强化森林防火宣传、普及法律知识为基础，以实施网格化管控野外火源为核心，以推广实施以水灭火、视频监控和航空护林为切入点，以强化各级扑火专业队建设提升应急处置能力为关键，以开展督促检查和纪律问责为手段，以加强森林防火系统思想建设为保障，突出问题导向，强化各项防控措施，有效遏制森林火灾发生，再创连续4年无森林火灾、无人员伤亡的最好成绩。

【市委书记罗应光调研森林防火工作】 2018年3月14日，市委书记罗应光率队到元江县就基层党建、生态建设、森林防火、乡村振兴等工作进行调研。罗应光前往羊岔街高山水库群和南溪老林，就生态保护和森林防火工作进行调研，了解河长制、林长制落实情况。罗应光强调：要牢固树立社会主义生态文明观，增强绿水青山就是金山银山的意识，扛实生态环境保护政治责任，落实好河长制、林长制，加大生态系统保护力度，为建设生态宜居文明幸福美丽玉溪提供有力保障。要继续落实“山山有领导、段段有人管、重点有人盯、责任全覆盖”要求，严格落实护林防火责任制，确保防火措施落实到位，切实消除火灾隐患，全力保障人民生命财产安全和生态安全。

【《玉溪市森林防火条例》实施】 2018年3月31日，省第十三届人民代表大会常务委员会第二次会议审查批准《玉溪市森林防火条例》，自2018年6月1日起实施。《条例》共7章48条，以《森林法》、国务院《森林防火条例》《云南省森林防火条例》等法律、法规为立法依据，紧扣当前玉溪市森林防火工作中存在的突出问题，进行了细化和创新。

【衡阳市考察组到玉溪市调研】 2018年5月16～17日，湖南衡阳市人大常委会副主任侯明星一行8人组成调研组到澄江县实地调研森林防火法律法规执行情况。调研组先后调研了澄江县森林防火指挥中心森林防火视频监控系统、禄充社区森林防火工作、帽天山林区森林防火工作、澄江生态展示中心生态建设情况，详细了解澄江县森林防火基本情况、主要经验和存在问题，并就森林防火宣传教育、专业队伍建设、野外用火管理以及巡查、扑救制度措施等立法重点问题，进行交流和沟通。

（溥恩波）

玉白顶林场建成千亩云南松种质资源保存库　　（蒋志东　摄）

【林业有害生物防治】 2018年，全市林业有害生物发生面积53.44万亩，防治面积53.11万亩，防治率99.4%；防治作业面积55.66万亩，其中无公害防治作业面积54.8万亩，无公害防治率98.46%；成灾面积1.91万亩，成灾率1.48‰；测报准确率97.7%；种苗产地检疫率100%。

（何海波）

【松材线虫病疫情集中普查】 2018年3月上旬至6月上旬，全市组织开展松材线虫病疫情集中普查工作。全市普查面积605.62万亩，共调查枯死树39 295株，取样491株，1 102个样品；对14家松木制品生产和使用单位、5个建筑工地、2个木材（市场）集散地进行了检疫检查；对外地购入的206个光缆盘、电缆盘和3 850立方米的思茅松锯材进行了现场复检。普查结果表明，玉溪市未发现松材线虫病入侵和危害。

【无人机防治森林病虫害】 2018年4～6月，江川、通海、易门县利用无人机防治中华松针蚧、云南文山松毛虫，这是玉溪市首次开展无人机防治森林病虫害。此次无人机防治面积1.2万亩，经技术人员验收，虫口死亡率平均达90%以上，防治效果明显。

（倪海浪）

【《玉溪市湿地保护修复制度工作方案》出台】 2018年9月25日，市政府印发《玉溪市湿地保护修复制度工作方案》。《方案》明确了玉溪湿地保护修复工作的指导思想及基本原则，提出了实行湿地面积总量管控，确保湿地面积不减少，到2020年，全市湿地面积不低于64.61万亩，其中自然湿地面积不低于57.58万亩，全市自然湿地保护率达75%以上；各县区自然湿地保护率不低于52%；一般湿地认定率60%以上的工作目标。《方案》要求各县区人民政府及相关职能部门围绕工作目标重点抓好十项重点工作，实施四个工程，落实五项保障措施，确保玉溪市湿地保护修复工作稳步推进。

（吴建勇）

【林区治安秩序稳定】 2018年，全市森林公安机关共查处各类森林和野生动物案件978件，综合查处率100%，处理违法犯罪人员958人（次），收缴林木、木材54.55立方米，野生植物9株，野生动物516头（只），罚款519.16万元，为国家挽回直接经济损失1 000余万元。

【专项行动和扫黑除恶专项斗争】 2018年，全市森林公安机关组织开展打击破坏森林和野生动植物资源违法犯罪专项行动、打击象牙等珍贵濒危野生动物制品非法贸易专项行动和“春雷2018”“绿剑2018”、保护湿地和自然保护区生物资源和环境安全专项执法行动、扫黑除恶专项斗争等专项整治行动。行动期间，全市共清理木材、野生动物非法交易、加工经营场所及野生动物活动区域507处，清理整治古玩城、花鸟市场等68处，清理取缔小摊点、小档口等372个，清理违规建设设施3处，清理非法占用林地项目92个，巡查湿地和自然保护区182次；开展宣传教育活动260次，查处涉象案件7起、珍贵濒危野生动物案1起、打掉团伙2个，查处涉林案件700余起，收缴野生动物300余头（只）、疑似野生动物制品171件、作案工具143件。

【“平安林区”创建】 2018年，全市森林公安机关深入开展矛盾纠纷排查化解工作，加强林区巡逻防范，推行“一警一乡镇（街道），一警多能、责任到人”的林区警务实战模式，加强林区跨区域警务合作，实现林区安全稳定。2018年，相邻县区协作协查案件25起，多警种合成联防合作30次，召开协作会、开展联合调研50次；发放各类宣传资料4 000余份，悬挂横幅10余幅，粘贴标语100余条，收缴非法枪支5支，管制刀具1把，射钉枪弹48发、钢珠250枚，立非法持有枪支案2起，抓获犯罪嫌疑人2人。

（冯建团）

畜牧业

【概　况】 2018年，全市畜牧业发展以大力推进养殖业供给侧结构性改革为主线，以“扩量、提质、增效”为核心，以绿色发展为导向，优化区域布局，统筹产业与区域、环境协调发展，突出生猪和家禽两个重点，积极发展牛羊生产，推广种养结合循环养殖模式，扶持培育畜牧龙头企业，推动养殖业转型升级。全市肉蛋奶总产量27 110.1万千克，比上年增长8.9%，实现畜牧业产值66.69亿元，占农业总产值的26.7%。

【生猪生产】 2018年，全市生猪存栏99.61万头，比上年增长5%，其中能繁母猪存栏8.04万头，比上年增长2.5%；肥猪出栏130.5万头，比上年增长9.5%，出栏率137.9%。

【畜禽生产】 2018年，全市家禽存栏1 437.5万只，比上年增长4.9%；家禽出栏2 891.4万只，比上年增长7.5%，出栏率211.5%。禽蛋产量6 413.3万千克，比上年增长12.7%。牛存栏19.76万头，比上年增长2.7%；肉牛出栏11.38万头，比上年增长7.7%，出栏率59.2%。山绵羊存栏39万只，比上年增长2.7%；肉羊出栏31.3万只，比上年增长7.7%，出栏率82.5%。

（胡文格）

【畜牧规模化养殖】 2018年，市级财政扶持小额信贷扶持畜牧业发展贴息700万元。为确保畜牧产业持续健康发展，转变畜牧生产方式，加快养殖小区、规模养殖、专业村建设步伐，促进农民增收，其中：市级财政承担2.0%，县级财政承担1.0%，养殖户承担3.9%。

【动物防疫员补助】 2018年，村级动物防疫员（协检员）工资及村级动物防疫员人身意外伤害保险项目计划及补助经费518.165万元。其中，村级动物防疫员工资补助费288万元。全市村级动物防疫员1 200人，补助标准每人每月300元，其中：市级补助200元，县（区）的补助不得低于100元。村级动物防疫员人身意外伤害保险6万元。全市村级动物防疫员1 200人。县（区）积极为村级动物防疫员购买人身意外伤害保险。人均年度保费100元，市、县（区）各承担一半。村级动物协检员工资补助费223.92万元。全市村级动物协检员933人，补助标准每人每月300元，其中：市级补助200元，县（区）补助不得低于100元。

【市级生猪散养户猪瘟和高致病性猪蓝耳病疫苗费】 2018年，市级生猪散养户猪瘟和高致病性猪蓝耳病疫苗费用200万元。

（王宏伟）

【非洲猪瘟应急防控】 2018年8月8日，全市启动非洲猪瘟应急防控工作，全面开展紧急排查及广泛宣传工作，印发《非洲猪瘟防控知识手册》80本、《非洲猪瘟防控知识问答》3.6万份、《非洲猪瘟现场排查手册》1 010本，张贴《重大外来动物疫病防控知识挂图——非洲猪瘟》2 660份，发放《禁止生猪及生猪产品输入的明白纸》、告知书135 097份。对全市养猪场（户）、生猪交易市场、生猪屠宰场、生猪无害化处理点等进行非洲猪瘟疫情排查，每日按时将全市排查情况上报省厅。至12月31日，累计排查养殖场户16.87万场次、共排查生猪515.6万头次，关闭生猪交易市场45个，实施生猪产地检疫16.2万头，屠宰检疫11.9万头，全市未发生非洲猪瘟疫情。

（胡文格　张晓舟）

【畜禽禁养区关搬工作】 市农业局制定了《玉溪市禁养区划定和禁养区养殖场户关闭或搬迁整改具体措施》，截至2018年6月30日，全市划定畜禽养殖禁养区800个，面积4 835.871平方千米。截至9月30日，完成关闭及搬迁畜禽养殖场户81户（其中：江川区1户、澄江县47户、通海县22户、峨山县1户、新平县8户、元江县2户）。关闭及搬迁畜禽量896 805头、只（其中：猪12 373头、家禽881 550只、奶牛450头、羊2432只）。

（胡文格）

【生猪屠宰监管】 2018年，全市开展屠宰检疫监管畜禽442.17万头（只），其中检疫生猪68.76万头、牛羊26.04万头（只）、家禽347.37万只。开展“扫雷行动”，对9个县（区）的36个生猪定点屠宰场（点）进行专项整治，行政执法476次，出动执法人员5 448人次；开展联合执法14次，立案调查2起，查处货值3 395元，罚没912元；清理小型屠宰场点1个；监督屠宰企业无害化处理猪760头、禽类5 560只、有害产品5.568吨。

【兽药监管】 2018年，全市采取经常性和突击性相结合的监管方法，对全市兽药经营开展无缝监管。累计出动执法人员1 644人次，共检查兽药门市1 225个（次），抽检兽药9.38万盒（包），检出不合格兽药产品648盒（包），对经营假劣兽药及无证经营者进行打击，办理兽药违法案件45件，没收不合格兽药1 075盒（包），罚款2.3万元。

【畜产品质量安全监测】 2018年，全市开展畜产品质量安全例行监测，共抽样品184批次。其中，养殖场（户）45个84批次，屠宰场22个62批次，农贸市场18个23批次，超市11个15批次，检测结果为184批样品均为合格。对通海县云江奶牛场抽样生鲜乳1批，生鲜乳抗生素残留检测合格。养殖环节瘦肉精监测，对全市规模（猪、牛、羊）养殖场25个，监测75个批次的瘦肉精。检测项目为克仑特罗、莱克多巴胺、沙丁胺醇，样品全部合格。按照畜禽产品兽药残留监测计划，对江川区、通海县养殖场、农贸市场随机抽取样品20批，其中鸡肉10批、猪肉10批，重点检测氟喹诺酮类、四环素类药物残留，检测结果全部合格。

【能繁母猪保险】 2018年，全市能繁母猪共承保100 534头，各级财政补助和农户自筹保费603.2万元；母猪死亡3 959头，理赔4 176 745元。

【百万头生猪项目建设】 2018年，全市加大100万头生猪养殖项目建设，实施“公司＋家庭农场”模式，促进生猪标准化、规模化、产业化发展。峨山祖代种猪场项目建设完成投产，建成1 200立方米大型沼气池一座，投入建设资金6 000万元，存栏种猪1 632头，仔猪存栏4 377头，累计销售父母代种猪和商品猪6 628头。新平种猪场项目新平县政府补助资金1 000万元，落实项目建设用地210.52亩，德康公司支付5年土地流动资金73.682万元。项目于10月动工建设并有序推进。截至12月，易门、峨山、新平、元江等项目县正式合作签约112户209个单元（年出栏肥猪1 000头为1个单元），动工67户141个单元，建成并关猪20户38个单元，完成投资12 599万元。

【云岭牛项目建设】 2018年，将“云岭牛”作为全市主推的肉牛品种，加大元江“云岭牛”扩繁场及峨山、新平育肥场建设，共建设“云岭牛”养殖示范场5个，项目总投资243.08万元，其中市级投资100万元，养殖户自筹143.08万元。建设标准化牛舍及基础设施2 702平方米，新建青贮窖1 780立方米，引进种牛17头，种植牧草120亩。全市54个牛冻精改良点，完成牛冻精改良5 906头，其中黄牛4 878头，水牛255头，奶牛733头；受胎4 589头，其中黄牛3 913头，水牛235头，奶牛441头，平均受胎率73.5%。

【兽医社会化服务】 2018年，全市组建兽医社会化服务组织（动物防疫合作社）取得突破，7县2区共成立21个动物防疫合作社，其中江川区和峨山县全部乡镇都成立了动物防疫合作社，且运行良好。

（胡文格）

【跨省引进乳用种用动物检疫登记】 2018年，市动物卫生监督所共登记跨省引种11批，涉及种畜禽8.4431万头（羽），其中种猪0.2381万头，种禽8.2050羽。

【动物产地检疫】 2018年，全市动物卫生监督机构对380个规模化养猪场（小区）、89个规模养牛场、143户规模养羊户及351户规模养禽户报检的1 052.46万头（只） 畜禽，全部实施了产地检疫。其中：检疫生猪204.6037万头，检出病猪328头；检疫牛11.2285万头，检出病牛0头；检疫羊21.7695万只，检出病羊5只；检疫家禽1 327.4813万只，检出病禽2 649只。对检出的病畜禽按规定进行处理，有效防止了动物疫病传播蔓延。

【动物屠宰检疫】 2018年，全市动物卫生监督机构在38个生猪定点屠宰场、11个牛羊屠宰场（点）开展屠宰检疫工作。全年共检疫畜禽441.2599万头（只）。其中：检疫生猪69.4057万头，检出病害猪459头；检疫牛羊27.4999万头（只），检出病牛羊0只；屠宰检疫禽类344.3543万只，检出病害禽3 927只。对检出的病害动物及其产品，开具《检疫处理通知单》，监督畜主进行无害化处理。全市屠宰环节瘦肉精抽检监测1.6263万头份，结果均为阴性。

【动物检疫电子出证】 2018年，全市检疫电子出证32.4686万份，其中动物A证0.1636万份，动物B证5.6761万份，动物产品A证0.0533万份，动物产品B证26.5756万份。全市共受理出省畜禽检疫210.9192万头（只、羽），其中猪99.7370万头、牛85头、禽200.8472万羽、兔443只、犬14条、驴25头、其他146只（羽），出省动物产品5 158 160千克，出省畜禽及产品检疫电子出证率达100%。

【动物疫病可追溯体系建设】 2018年，全市动物卫生监督机构在74个乡镇100%的推广使用动物标识，共佩戴动物标识125.70万个，其中佩戴猪标识115.655万个、牛标识2.61万个、羊标识4.186万个。

【兽药监管】 2018年，全市监督检查兽药经营门店1 219个（次），累计出动执法人员1 621人次，抽检兽药9.1476万盒（包），不合格兽药产品594盒（包），货值0.5482万元，对违法行为严格立案查处。完成兽药抽样送检20个（其中风险监测5个），涉及10个兽药经营企业、2个诊疗机构、20家兽药生产企业，经送云南省兽药饲料检测所进行检验，合格20个，合格率100%。全市182户兽药经营企业用户全部注册并通过审核确认，注册率审核率100%。149户兽药经营企业完成上传入库和出库数据，使用率为81.8%。

【执法办案】 2018年，全市动物卫生监督机构办理行政执法案件95件，结案92件。其中：兽药监督执法立案45件，结案45件；动物防疫监督执法立案36件，结案33件；屠宰监管立案1件，结案1件，畜牧执法立案13件，结案13件。市动物卫生监督所组织开展全市动物产地检疫执法业务培训、兽药安全信息化管理系统使用培训、动物检疫执法技能培训、非洲猪瘟动物卫生监管要点培训及动物卫生行政执法案卷评查暨执法培训共4期，266名业务骨干参加了培训。

（杨晓橙）

【种畜禽场生产】 2018年，全市有执种畜禽生产经营许可证的良种猪禽场7个，其中种猪场5个、种禽场2个。5个种猪场存栏种猪3 622头，其中纯种猪存栏2 247头，累计销售纯种猪113头、LY母猪1 503头、商品仔猪17 411头；2个种禽场存栏祖代种禽3.05万羽、父母代种禽38.503万羽，累计销售种禽14.1万羽、商品禽3 968.6万羽。

（王红琴）

【动物防疫】 2018年，市级调拨各种疫苗23种，3 791.66万毫升（万头份），其中重大动物疫苗3 408万毫升，其他常规疫苗383.66万毫升。向省上争取强制免疫疫苗 2 671（万头份、万毫升），合计 1 055.8 万元。免疫畜禽疫病 23 种，18 940.88 万头（只），其中重大动物疫病免疫 6 894.42 万头（只），免疫密度均达 100%；其他常规疫病免疫 12 046.46 万头（只）。

【防疫物资贮备管理】 2018 年，市级共储备各类消毒药、防护服、防疫应急包等各类应急物资 4 601 件（箱、台），其中市级储备 759 件（箱、台）；向省上争取防疫物资 2 300（件、袋、副），合计 18.4 万元。

【动物疫病监测】 2018 年，全市共完成 18 个大项，29 种疫病，50 112 份样品监测，其中免疫抗体监测 33 922 份，病原学监测 16 190 份。

（张晓舟）

【云岭牛产业发展情况】 2018 年，全市云岭牛种畜存栏 567 头，其中母畜 559 头，公畜 8 头，存栏数比上年增 384 头；2018 年调入云岭牛冻精 12 550 剂，改良云岭牛 2 015 头、产犊 1 228 头、成活 1 222 头、出栏 720 头。

（王红琴）

【草原生态补助奖励项目】 2018 年，新一轮草原生态保护补助奖励项目继续在澄江、华宁、峨山、易门、新平、元江 6 县开展，实施草原补奖面积 921.98 万亩，其中禁牧面积 124.83 万亩，草原平衡面积 797.15 万亩；兑付补奖资金 2 929.1 万元，涉及 47 个乡镇，433 个村（居）委会，132 771 户 50.1 万人。

【退耕还草工程】 2018 年，易门、元江县实施新一轮退耕还草 1 700 亩，其中易门 700 亩，元江 1 000 亩，中央预算投资 25.5 万元。

【草地资源清查成果验收】 2018 年 11 月 15 ~ 20 日，邀请省草原监督管理站、省国土学院有关专家，对玉溪市草地资源清查成果进行验收。专家组根据预检结果对各县（区）进行再次复核清查资料，按照技术检查、底图检查、数据库检查和资料成果检查等程序进行，并以乡镇为单位抽查实地验证。玉溪市草地资源清查成果为全省第一家通过验收的州市。

（刘双玲　关　翔）

乡镇企业

【农产品加工业】 2018 年，全市农产品加工企业发展到 7 265 户（企业 494 户、个体 6771 户），同比增长 0.6%，农产品加工业产值 280.38 亿元，同比增长 10.04%；从业人员 5.2 万人，营业收入 255.42 亿元，同比增长 7.13%；实现利润总额 19.86 亿元，同比增少 9.02%；支付劳动者报酬 13.86 亿元，同比增长 11.75%，原材料采购支出 127.22 亿元，比上年增长 8.6%。带动农户 19.99 万户，带动农户增收 5.42 亿元。

【规模以上农产品加工业】 2018 年，全市农产品加工业规模以上企业 136 个，从业人员 2.09 万人，完成总产值 176.34 亿元，同比增长 6.05%，占全市农产品加工业总产值的 62.89%；实现营业收入 168.07 亿元，同比增长 7.83%，占全市农产品加工企业营业收入的 65.8%。利润总额 16.61 亿元，占全部农产品加工业利润总额的 68.52%，上缴税金 5.98 亿元，占全部农产品加工业上缴税金的 85.06%。

【休闲农业】 2018 年，全市休闲农业经营户 361 户。其中农家乐 297 户，休闲农庄 22 户，休闲农业园 6 个，民俗村 1 个，其他类型 35 户；从业人员 6 890 人，接待人次 877.17 万人次，比上年增 18.73%；营业收入 6.75 亿元，基本与上年持平。休闲农业对农民增收作用突显。

【农产品加工业重点投资扶持】 2018 年，云南卓一食品有限公司“云南高原特色香辛料产品新技术研发及技术改造”，云南云曲坊生物科技有限公司“年产 4 000 吨米酿花饮系列产品技术改造”，云南易门山里香食品有限公司“一万件食用菌休闲食品生产线建设”3 个农产品加工项目获得 100 万元专项资金扶持；红塔区农业局“农产品加工统计监测”等 10 个项目获得 6 万元资金扶持。

（阮　波）

【云南滇雪粮油有限公司递补为国家农业龙头企业】 2018 年，经专家评审，农业农村部、财政部、商务部等八部委联席会议审定，递补 148 户企业为农业产业化国家重点龙头企业，玉溪市申报的云南滇雪粮油有限公司名列其中，成为继云南宏斌绿色食品有限公司后第二户农业产业化国家重点龙头企业。

【省市级重点龙头企业】 2018 年，华宁县新村柑橘有限责任公司、云南澄江莲心食品有限公司、玉溪丫眯绿色休闲食品有限公司、易门辰丰农产品开发有限公司、新平茶马古道茶业有限公司、云南洋丽人花卉有限公司、云南飞熊农业开发有限公司、云南正大种子有限公司、云南探花农业科技开发有限公司、云南佳海农业产业有限公司、云南爱必达园艺科技有限公司共 11 户企业被认定为云南省第十三批农业产业化重点龙头企业，全市省级以上重点农业龙头企业达 73 户。玉溪瑞丰农业科技开发有限公司、云南金晟农产品进出口有限公司、玉溪田禾农业发展有限公司等 18 户企业被认定为玉溪市第十一批农业产业化龙头企业。全市 182 户市级以上农业产业化经营与农产品加工重点龙头企业实现销售收入 204.7 亿元，上缴税金 3.93 亿元。云南猫哆哩、玉溪丫眯、云南万绿等 50 户企业年销售收入上亿元，其中玉溪滇雪粮油食品工业有限公司、云南达利食品有限公司等 2 户企业年销售收入超过 15 亿元。

【农产品出口】 2018 年，全市农产品出口保持 10 年高速增长后首次出现下滑，全市自营出口额 152 647 万美元，同比减少 17.3%，其中水果 112 343 万美元，同比减少 25.3%；蔬菜 21 297 万美元，同比增长 20.5%；冻猪分割肉 4 761 万美元，同比增长 9.6%；葵花子 4 568 万美元，同比减少 7.3%；熟制萝卜丝 1 393 万美元，同比增长 33.9%；姜 1 047 万美元，同比增长 74.5%。

（李连兴　高　瑾）

渔　业

【渔业资源保护项目】 2018 年，中央渔业资源保护项目资金 70 万元，主要用于渔业资源经济物种鲢鱼、鳙鱼、抗浪白鱼、抚仙四须鲃、云南倒刺鲃、星云白鱼和濒危物种大头鲤增殖放流补助。

（王宏伟）

【渔业经济】 2018年，全市渔业经济总产值65 121.67万元（按现行价格计算），比上年增加2 952.43万元，增幅4.75%。其中渔业产值（含养殖、捕捞、苗种）28 315.1万元，占渔业经济总产值的43.48%，比上年减少165.63万元，减幅0.58%；渔业工业和建筑业产值11 718万元，占渔业经济总产值的17.99%，比上年增加1 253.8万元，增幅11.98%；渔业流通和服务业产值25 088.57万元，占渔业经济总产值的38.53%，比上年增加1 864.26万元，增幅8.03%。全市渔业经济增加值为13 777.54万元，其中渔业增加值为7 471.19万元，渔业工业和建筑业增加值为2 552.25万元，渔业流通和服务业增加值为3 754.1万元。

【水产品总产量】 2018年，全市水产养殖面积为10 643公顷，完成计划面积的102.3%，比上年减少2公顷，减幅0.02%。其中池塘养殖面积1 269公顷，比上年减少25公顷，减幅1.93%；湖泊养殖6800公顷与上年持平；水库养殖面积2 569公顷，比上年增加23公顷，增幅0.9%；河沟养殖面积5公顷，与上年持平；稻田养鱼面积2 315公顷，比上年减少228公顷，减幅8.97%。全市水产品总产量17153吨，比上年减少26吨，减幅0.15%。其中淡水养殖产量15 152吨，占水产品总量的88.33%，比上年减少26吨，减幅0.17%；淡水捕捞产量2 001吨，占总产量的11.67%，与上年持平。全市淡水养殖产量15 152吨，其中池塘（含坝塘）养殖产量7214吨，比上年减少99吨，减幅1.35%；湖泊养殖产量3 745吨，其中星云湖产量2 365吨，杞麓湖产量1380吨，比上年湖泊养殖产量增加220吨，增幅1.06%，其中星云湖增加65吨，杞麓湖增加155吨；水库养殖产量3454吨，比上年减少69吨，减幅1.96%；河沟养殖产量53吨，比上年减少3吨，减幅5.4%；稻田养鱼产量为686吨，比上年减少75吨，减幅9.86%。全市淡水捕捞产量2001吨，与上年持平。其中抚仙湖捕捞产量1909吨，比上年增加16吨，增幅0.85%，其中江川区558吨，澄江县1 025吨，华宁县326吨。江河捕捞产量92吨，比上年减少16吨，减幅14.81%。

①2018年6月6日，"全国放鱼日"向抚仙湖投放规格6厘米以上的抗浪鱼221万尾；向星云湖投放规格6厘米以上的大头鲤102.2万尾。图为星云湖放流点增殖放流活动现场（梁用本 摄） ②2018年9月23日，峨山县桃李谷举办首届中国农民丰收节——峨山摸鱼节（普云飞 摄）

【渔业安全生产】 2018年，全市组织开展珠江流域、红河流域渔政执法行动，沿江巡查80多千米，主要对州大河、曲江、高大河、南盘江，红河流域的嘎洒江、元江进行宣传和开展打击非法捕捞执法行动。在渔业（渔船）安全生产、水产品质量安全生产监管等方面签订责任书，做到层层落实，层层有人抓，全市未发生渔业（渔船）安全生产事故，实现渔业安全生产"零死亡"。4～6月，市水产工作站与省、区联合分别在九道河水库和星云湖组织开展渔业安全生产救援应急演练实训。6月26～28日，省渔科院及省农科院质标所有关人员到易门、新平进行产地抽样，对红塔区进行市场监测抽样工作，抽检合格率100%。

【渔业科技成果】 2018年3月1日，市农业局主持，邀请省、市有关专家，对市水产工作站等单位共同完成的《稻鱼生态种养技术与推广应用》成果进行验收。华宁县四个鲟鱼品种通过绿色食品认证；江川"开渔节"荣获农业农村部休闲渔业品牌称号；夏黎亮获得"兴玉产业领军人才"市中青年学科带头人称号。元江鲤水产种质资源场建设项目完成投资430万元，12月21日，省渔业局组织相关单位，并成立专家验收组对元江县元江鲤水产种质资源场建设项目完成验收。

（张员超）

农村能源

【农村能源建设】 2018年，全市实施农村节能改灶3 500眼，农村太阳能推广3 000台，主要安排在各县（区）贫困村组实施。其中：红塔区改灶700眼、太阳能热水器600台；江川区改灶802眼、太阳能热水器803台；华宁县改灶700眼、太阳能热水器600台；峨山县改灶700眼、太阳能热水器600台；元江县改灶700眼、太阳能热水器600台。

【农村能源安全生产】 2018年，全市累计出动专业技术人员700余人次，开展沼气安全管理使用培训51期，培训农户和沼气管护人员4 500余人次，发放各类宣传资料3万余份，现场解答群众询问11 600多次，切实把沼气安全生产意识宣传到户。对全市23.34万口农村户用沼气池、179个小型联户沼气工程、5座已建大型沼气工程、9座在建大型沼气工程、1座在建生物天然气工程和415个村级沼气服务网点分别进行安全生产大检查，重点检查进料出料、沼气生产、安全设施、安全制度、设备安装和使用运行等关键环节有无安全隐患，及时排除不安全因素，保障沼气池正常运转使用。

（施丽梅）

【“三品一标”认证及监管】 2018年，全市共有20家企业72个产品获得证书，全部为绿色食品。全市持“三品一标”有效证书的有91家企业187个产品，其中无公害农产品38家企业59个产品，绿色食品45家企业117个产品（包含绿色食品生产资料1个），有机食品3家企业6个产品，农产品地理标志产品5家单位5个产品。全市用标“三品”总产量93.5万吨（不含烤烟地理标志登记地标产品的300万担），总产值11亿元。认证获准面积（含加工原料面积）52.51万亩（不包含烤烟地理标志登记面积260万亩）。全年办理完成15个到期“三品”的保持认证工作，其中绿色食品10个，无公害农产品5个。年内抽检用标产品122个，用标产品抽检率100%，合格率100%。

【全生物可降解地膜对比试验】 2018年，在峨山县小街街道办事处雨来救村委会大箐土、小箐土小组1 000亩的烟草耕地，进行2个品种的全生物可降解地膜在烟草种植上的推广示范。在试验区进行48次地膜降解情况观察记录，获得3 024个地膜降解数据，对试验区土壤进行5 000多次的温度、水分监测，为掌握全生物可降解地膜在全市烤烟生产上的实际运用状况，确立可降解地膜最适宜推广区域和效益最大化作物，为今后推广做好基础技术贮备。

（朱林立）

【规模化大型沼气工程】 2018年，全市共实施8座大型沼气池工程及1座规模化生物天然气工程建设，主体工程已经完工，累计完成投资13 072.7万元，其中包含中央资金3 778.3万元，地方配套90万元，自筹资金9 204.4万元。新建的规模化沼气工程建设，通过“以种量养、以养促种、种养结合、区域循环”的生态模式，变废为宝，把畜禽粪便变成沼气工程发酵原料，切实为企业节柴省电，实现区域生态良性循环，真正达到节能减排的目的。

（施丽梅）

【第二次全国污染源普查】 2018年，市农业局抽调16名技术人员组成8个农业污染源普查工作组，进行污染源普查工作，开展培训调查、质控人员633人次。畜禽业组完成规模以上养殖户2 910户入户清查工作，建库1 310户。种植业组完成地方事权的3张表的填报，完成典型地块800个20种不同模式的抽样调查表和APP端填报，完成县（区）平地/坡地主要种植模式及减排措施调查表填报。水产组完成池塘养殖模式面积22 740.66亩，产量8 832.36吨的填报工作，完成养殖户931户、养殖专业户22户和5亩以上养殖面积429户的普查工作。秸秆组完成秸秆普查直接还田964 100.8亩，饲料化企业76家、原料化企业1家，企业年使用秸秆量16 902吨的县（区）统计调查工作。元江县作为原位监测县，完成了120户入户调查工作，中稻及一季晚稻、玉米、大豆、甘薯4种作物采样、制样、寄样工作。地膜组完成2个生产企业、地膜生产总量48400吨，地膜年使用总量7 668.17吨、地膜覆膜总面积946 319亩，地膜年回收总量5 953.6吨、地膜回收企业数量3个、地膜回收利用总量18 067.9吨的县（区）统计调查工作。通海县被列为地膜原位监测县，入户调查和原位监测分别委托第三方云南农大和昆明理工大，已完成入户调查121户。原位监测组委托第三方建设玉溪市种植业氮磷流失原位监测点3个，原位监测每年取两次样方，已完成第一次75个样方的数据采集。移动源组完成农业机械拥有量、农业生产燃油消耗情况、机动渔船拥有量的调查工作。

（岳志强）

种子管理

【农作物种子市场专项检查】 2018年，在春秋两季农作物种子销售期，市种子管理站深入各县（区）进行农作物种子市场联合检查，专项整治农业投入品、打击侵犯知识产权和制售假冒伪劣农资、依法查处取缔无证无照经营和农业行政处罚等案件。全市共出动执法人员1 199人次，执法车辆347台次，检查9个县（区）、73个乡镇（街道）集贸市场411个次、种子企业101次、种子经营门店3 193个次，检查种子包装、标签12 857个次。对全市种子经营户进行检查清理，全市有合法种子经营企业9家，种子经营户1 141户，培训合格的种子从业经营人员2 213人。

【种子质量监督抽查检验】 2018年，全市种子管理部门在春秋两季种子市场对全市辖区内种子企业、经销户、门店的种子进行抽样，进行“净度、发芽率、水分”三项指标室内检验。春季重点抽查玉米、杂交水稻、常规水稻、蔬菜等作物种子，抽取样品327份，涉及品种312个次，合格样品325份，抽检合格率99.4%，比上年提高0.5%。秋季重点抽查小麦、油菜、豌豆、蔬菜等作物种子，抽取样品148份，涉及品种138个次，合格样品148份，检验检测种子样品合格率100%，比上年提高0.7%。

【种子生产经营备案】 2018年，全市网点备案530个，生产备案8个，经营备案522个，网点备案率84%；网络备案3 798单，生产备案16单，经营备案3 782单。备案品种数1 842个，备案数量218.3万千克。

【查处种子违法案件】 2018年，全市共立案查处一般程序违法案件19起，比上年增13起；没收违法种子1 395.6千克，比上年增1 379.6千克；处于罚没款6.13万元，比上年增3.33万元。共调处种子质量纠纷案件30起，比上年增10起；调处金额8.47万元，比上年增7.27万元。

【农业转基因生物（种子）安全监管】 2018年，全市结合开展春秋季种子市场监督检查及农作物种子质量监督抽查工作，开展农业转基因生物（农作物种子）专项检查，加强对种子经营者的宣传教育，并对种子生产经营企业及经营门店开展农作物种子转基因成分抽查抽检，严查转基因种子非法销售。运用上海佑隆生物科技有限公司生产的转基因快速检测试纸条（Bt CrylAb/Ac试纸）对大小春农作物种子质量监督抽查抽取的412个种子样品进行转基因成分快速定性检测，全部检测反应为（-）阴性，即不含Bt CrylAb/Ac试纸对应的转基因成分。

【实施农作物种子质量年专项活动】 2018年，市种子管理站制定《玉溪市农作物种子质量年专项活动实施方案》。从2018年开始，连续三年在全市范围内开展种子质量年专项活动。按照标本兼治，以治标促本，打防结合，综合治理，突出服务和引导的要求，切实开展工作，促进全市种子质量得到显著提升，种业转型升级取得显著成效，到2020年，玉米、水稻、小麦、大豆等主要农作物和油菜、马铃薯、豌豆、蔬菜类等非主要作物种子质量明显提高，主要农作物种子质量指标标注合格率保持在96%以上，假冒侵权案件下降10个百分点。

【引进鲜食玉米新品种】 2018年，市种子管理站引进14个玉米新品种开展区域试验，通过品种展示及田间鉴评，筛选出适宜玉溪市种植的鲜食（甜、糯）玉米新品种有白美玉、晶煌17、雪甜7 401、双萃2 750、双色先蜜等。展示示范面积每个点连片种植60～100亩（当地主栽品种），辐射带动3万亩，大面积应用品种为库普拉902、双色先蜜、甜蜜3号、安迪18、新美夏珍等。

【种子企业杂交玉米制种基地田间质量抽检】 2018年，市种子管理站组织市、县（区）两级种子管理人员开展市内杂交玉米制（繁）种基地进行专项检查和田间花期质量抽检联检活动。共检查杂交玉米制种基地30个片区，其中亲繁基地7片，品种7个，亲繁面积190.2亩；制种基地23片，制种面积3 412亩，品种以正大719为主。检查结果为：均按种子生产许可证规定的地点、品种生产种子，所生产的品种真实，无生产假冒品种行为，各生产制种基地信息档案健全规范。

（秦　婧）

农业机械

【中央财政农机购置补贴项目】 2018年，中央财政农机购置补贴资金2 990万元。到2018年年末，全市农机总动力达到270.5万千瓦，农机装备数量稳步增长，装备结构更趋于合理。主要农作物耕种收综合机械化率达到47.6%以上，水稻、玉米、马铃薯等主要粮食作物生产全程机械化水平稳步提高，果蔬、油菜、花卉、中药材等特色经济作物机械化生产取得突破性进展，养殖业、林果业、农产品初加工机械化生产有所突破。

（王宏伟）

【农业机械购置补贴】 2018年，全市共完成中央农业机械购置补贴资金2 990.1516万元（含2018年下达资金2 990万元和上年结转资金0.1516万元），机具补贴2 990.1516元，拉动农民投入购机资金7 572.26万元，直接新增农机总价值10 562.22万元，受益农户8 258户，购置补贴农机台14 443（套），设施设备数量1 323台（套）。中央深松整地作业补贴资金216万元，全市投入深松作业机械190台套，共完成机械深松作业面积15.6万亩。

【农机总动力】 2018年，全市实现农机总动力190.63万千瓦（删除农用运输车51.35万千瓦，大中型拖拉机37.58万千瓦），新增3.2万千瓦，增1.16%。全市拥有拖拉机38 870台，比上年减17 833台（包括按照省上要求不再统计变型拖拉机，减少16 714台），减1.97%；拖拉机配套农具20 624部，比上年减少1 847部，减8.22%，拥有耕整机101 480台（套），比上年增3 360台（套），增3.42%，拥有联合收获机械175台，比上年增1台，增0.57%。

【农业机械作业面积】 2018年，全市共完成农机化作业面积642.09万亩，比上年增加9.67万亩，增长1.52%。其中：机耕面积246.18万亩，比上年增加1.69万亩，增加0.69%；机播面积16.84万亩，比上年增加1.49万亩，增长9.71%；机电灌溉面积102.70万亩，比上年增加4.87万亩，增长4.98%；机械植保面积234.42万亩，比上年减少4.58万亩，减少1.92%；机收面积

2018年4月23日，市农业局领导到澄江县督查农机安全生产工作（李　翔　摄）

38.75万亩，比上年增加2.5万亩，增长6.9%；水稻机械化插秧面积5.71万亩，比上年增加1.21万亩，增长26.89%。

（普　燕　徐彦明）

【农机春耕备耕】　2018年，全市组织农机力量投入春耕备耕工作，开展农机抗旱和春耕备耕工作。检修农机具10.28万台。共投入农机具10.86万台（套），其中拖拉机3.31万台、插秧机7.01万台，投入抗旱机具4.32万台，其中拖拉机1.49万台，排灌机械2.66万台；完成机耕整地面积113.86万亩，其中深松面积5.857万亩，计划机播面积5.53万亩，完成机播面积3.48万亩，旱稻栽植面积2.74万亩，中稻和一季稻栽植面积8.2万亩，春玉米播种面积20.59万亩，机械浇（灌）地面积53.15，其中农机抗旱灌溉面积27.44万亩。培训机手、修理工人0.43万人。

（普　燕）

【农机推广应用】　2018年，全市推广果蔬烘干机1 842台，青核桃剥壳（去皮）一体机59台，秸秆打捆机3台、秸秆还田机14台，实现机械化秸秆还田面积144 296亩、牧草机械化收获0.03万吨。全市拥有秸秆综合利用生产机械126台。在易门县召开全省小麦全程机械化机收现场演示会，组织实施玉米全程机械化项目，指导建成多个玉米机械化播种示范区。全市推广小麦机收面积36 800亩，完成玉米机播面积18 200亩、机收面积10 778亩。开展机械化深松作业，中央深松整地作业补贴资金216万元，全市投入深松作业机械190台套，共完成机械深松作业面积15.6万亩。3月在易门县召开全市农机春耕生产现场演示培训会，引进耕作、植保、播种、施肥、覆膜、移栽等20余种机械进行示范推广，现场推广手动栽苗器300余台。清理农业机械培训机构教学资质，建立农业机械培训教学情况检查制度，开展检查2次，进一步提高农机培训装备水平，提升教学质量，从源头把好农机安全操作关。在易门、元江县开展农机修理工职业技能鉴定培训工作，培训学员113人，合格104人、合格率达92.04%；在易门、新平、元江县开展农机新型职业农民培育，培训人员194人；在新平县举办全市农机专业合作社带头人培训班，培训人员53人。

【农机化教育培训】　2018年，全市完成农机化教育培训12 622人次，完成目标任务的140.2%，其中管理人员51人次，技术人员94人次（农机推广骨干53人次），监理人员47人次，农机操作人员12 071人次（农机购置补贴新购机农户8 105户）。

【参加全国农机职业技能竞赛】　2018年，市农机技术培训推广站组织全市推广及培训系统人员参加云南省农机职业技能竞赛初赛荣获第一名，并代表云南省参加在山东日照举行的全国农机职业技能竞赛。

（普　燕　徐彦明）

2018年5月31日，全市农机事故应急救援演练培训现场会在红塔区举行

（李　翔　摄）

【拖拉机、联合收割机牌证管理】　2018年，制订《玉溪市拖拉机（联合收割机）驾驶培训许可业务手册》和《玉溪市拖拉机（联合收割机）驾驶培训许可办事指南》，并完成在市政务服务大厅的系统录入和其他事项的办理，实现在政务服务大厅办理拖拉机（联合收割机）驾驶培训许可证的申请、审验、换证等工作。全市办理拖拉机（不含变型拖拉机）注册登记138台，注销登记48台，拖拉机在册数33 478台；注册登记联合收割机6台，在册联合收割机92台。全市共检验拖拉机（含变型拖拉机）18 722台。农机上牌率、检验率均完成省级下达的目标任务。

（普　燕　徐彦明　魏　祥）

【农机驾驶人员管理】　2018年，全市拖拉机驾驶员考试合格发证386人，到期换证7 721人，注销1 495人，在册拖拉机驾驶员34 902人；联合收割机驾驶员培训考试合格发证39人，在册联合收割机驾驶人102人。拖拉机、联合收割机持证率完成省级下达的目标任务。

【农机安全宣传教育】　2018年，全市农机监理部门认真搞好农机安全教育宣传教育工作，出动宣传车辆1 395车次，宣传人员4 953人次，发放宣传材料135 923份，开展农机安全宣传“七进”活动1 387次，举办安全知识讲座99次，教育群众6 540人次。全市各级农机监理部门共签订《农机安全监理工作目标责任书》85份，农机监理部门与机手签订《农机安全生产责任书》20 393份，省、市、县（区）、乡四级责任书签订率100%。

【农机安全生产“打非治违”专项行动】　2018年，全市针对岁末年初、春节“两会”、春耕备耕、“安全生产月”、汛期、中秋国庆及今冬明春7个重点时段，先后7次开展全市农机安全生产大检查。全市检查农业机械8 650台次，检查驾驶人员7 502人次，查出无牌行驶58起，无证驾驶93人次，农机未检作业148起，进行批评教育506次。排查单位企业590家次，排查有关场所1 257个次，查出一般隐患446项，其中已整改446项，整改率100%。全年未发生一起农机安全事故。

（魏　祥）

【变型拖拉机专项整治】 2018年，全市持续开展变型拖拉机专项整治工作，全市在册管理变型拖拉机原存量为20 473台，现存量19 656台，共注销登记817台。

【“平安农机”创建】 2018年，全市深入开展“争创群众满意窗口、争创优质服务品牌、争创优秀服务标兵”为主题的农机安全监理“为民服务创先争优”示范窗口创建活动，江川区农机站张涛获评全国农机安全监理示范岗位标兵、华宁县农机站李洁获评全省农机安全监理示范岗位标兵。

【规范农机监理业务】 2018年，玉溪市积极组织人员参加全国、全省业务培训班并举办全市培训班，组织学习《拖拉机和联合收割机登记规定》《拖拉机和联合收割机驾驶证管理规定》。市农业机械安全监理所深入各县（区）对考试发证工作进行指导、监督，及时处理问题，确保新部令6月1日起顺利实施。2018年，全省更换使用云南农机安全监督管理系统，市、县（区）两级农机监理部门对数万条农机及驾驶人数据进行清理核对、查缺补漏，保证数据的准确性。

（魏 祥）

【农产品检测】 2018年，全市农产品质量安全定量检测抽检405个批次，其中蔬菜180个，水果90个，畜禽肉45个，禽蛋45个，水产品45个。种植类产品农药残留定量检测项目为甲胺磷、氧乐果等63个农药品种，畜牧产品兽药残留定量检测项目为喹诺酮类、磺胺类等4类23个兽药品种，水产品抽检项目为喹诺酮类、孔雀石绿等4类19个渔药品种。全市样品抽检总合格率97.8%，其中种植类产品抽检合格率97.0%，畜牧水产品抽检合格率99.3%。全市完成24 276个批次的蔬菜、水果样品农药残留快速检测，其中蔬菜22 579个，水果1 697个。全市农药残留快速检测总合格率98.7%，其中蔬菜98.8%，水果97.4%。除通海县抽检总合格率96.7%外，余各县（区）抽检合格率均在98%以上。

【农产品质检体系建设】 2018年8月，市农产品质量安全检验检测中心承建的农业农村部农产品质检体系完成项目建设并通过验收。项目建设资金900万元，实际完成投资892.2万元。元江县、峨山县、江川区农产品质检机构先后通过检验检测机构“双认证”资质认定。全市有红塔区、新平县、元江县、峨山县、江川区农产品质检机构通过“双认证”。

（李双艳）

土肥植保

【化肥使用量连续三年负增长】 2018年，通过技术创新、示范引领和深化服务，多措并举、多管齐下，做好“加减乘法”，加强耕地质量建设，做好“加法”提质减肥；开发利用有机肥资源，做好“减法”替代减肥；推进技术集成创新，做好“乘法”增效减肥，全力推进全市化肥使用量零增长工作，并取得明显成效。据统计部门统计，2018年全市化肥用量8.3万吨（折纯），比上年削减7.26%，化肥使用量连续三年实现负增长。

【抚仙湖径流区耕地休耕轮作】 2018年5月22日，市政府办公室印发《关于抚仙湖径流区耕地休耕轮作工作方案的通知》，计划自2018年开始到2020年，对抚仙湖径流区坝区常年种植蔬菜的5.35万亩耕地以租赁的形式流转土地经营权，构建“农户—抚投公司—新型经营主体”的土地经营权流转机制，发展适度规模的绿色农业、生态农业和休闲农业，确保流转土地禁种高耗水、肥、药的农作物，实施休耕轮作，实现削减农业面源污染，有效控制抚仙湖水质下降趋势，确保抚仙湖稳定保持I类水质，实现经济发展与抚仙湖保护双赢。2018年共流转土地5.8万亩，种植烤烟1万亩、香根草0.4万亩、油菜3.2万亩。

【耕地质量提升】 2018年，全市实施秸秆还田106.69万亩，推广商品有机肥67.1万亩，农家肥36.79万亩，种植绿肥1.31万亩，废弃菜叶沤化还田6.98万亩，实施耕地轮作休耕试点项目1万亩。通过加强耕地质量建设，提高耕地基础生产能力，确保在减少化肥投入的同时，保持粮食和农业生产稳定发展。

（何飞逾）

【“三湖两库”径流区化肥施用强度调查】 2018年，市土肥站在“三湖两库”径流区内科学合理布设肥强度调查点400个，对农户全年肥料购买、施用情况作精确调查，对调查结果分作物、分区划进行统计分析，准确掌握“三湖两库”径流区化肥施用强度情况，因地制宜指导“三湖两库”化肥减量增效工作。以“三湖两库”径流区为重点安排肥料利用率试验25组，通过田间试验，摸清农户常规施肥下主要农作物氮肥、磷肥和钾肥的利用率现状和测土配方施肥提高氮肥、磷肥和钾肥利用率的效果。

【耕地质量等级调查评价】 2018年，玉溪市建立健全耕地质量等级调查评价与信息发布制度，提升耕地质量管理水平是农业部门履行耕地质量监测保护职责，强化绿色发展理念，落实“藏粮于地、藏粮于技”战略的重要举措。按照每1万亩耕地不少于1个，覆盖所有县（区）乡（镇），且能代表1万亩耕地地力水平的原则共布设319个调查点，通过野外调查和土壤样品采集、检测，完成耕地质量等级调查评价的基础工作。

【测土配方施肥技术推广示范】 2018年，玉溪市土肥站在10年测土配方施肥项目实施的基础上，继续组织实施测土配方施肥，推广测土配方施肥技术面积220.83万亩，配方肥施用面积89.51万亩，配方肥施用总量40 156吨，减少不合理施肥量（折纯量）7 679.8吨。实施各类肥料田间试验98组，举办各种技术204期，培训农户9.7万人次。依托项目在峨山县建立化肥减量增效示范区2万亩，全市共建立土肥水示范区22个，示范面积4.29万亩。

（贾 平）

【耕地质量监测网络建设】 2018年，根据全市基本农田分布情况，综合考虑各县（区）化肥施用强度及耕地质量等级评价需要，市土肥站在全市设置100个市级耕地质量监测点，并建立全面的监测点档案信息，完成玉溪市耕地质量监测网络建设。6月完成《玉溪市耕地质量监测报告》，报告分析结果显示，全市耕地土壤总体状况良好，按照全国第二次土壤普查土壤养分分级标准，土壤有机质、全氮、碱解氮、速效钾含量均在中等以上级别。其中有效磷、速效钾含量各县（区）监测点分析结果显示均达到丰富水平。耕地质量水平有所提升。

【肥料市场监督检查】 2018年春季农资检查活动中，全市共出动执法人员666人次，检查肥料生产企业19家，肥料市场72个，肥料经销户966户，受理投诉案件1件，处罚不合格产品2个，处罚金额0.36万元，没收违法所得5万元。

（杨绍富）

农业科研

【"玉溪三湖径流区农田氮磷梯级削减技术研究与应用"项目通过成果评价】 2018年4月28日，市农科院委托省企业创新研究会对所完成的"玉溪三湖径流区农田氮磷梯级削减技术研究与应用"项目进行成果评价，邀请省内土肥、资源环境及环境保护等7位专家组成评价专家组。在听取项目汇报，查阅相关材料，经过质询、讨论，评价专家组一致同意通过成果评价。该项目自2005年以来，采用土壤养分调查、田间肥效试验与室内检测相结合、试验研究与示范应用并举的方法，从农田、入湖沟渠及近岸湖面入手研究明确三湖径流区主栽蔬菜养分吸收量、氮磷流失量及肥料利用率，形成以"施肥结构和施肥量及施肥方法"为核心的10种大田主栽蔬菜的氮磷削减技术，与常规施肥相比，平均可减施化肥N 13.6%～45.3%、P_2O_5 27.1%～77.6%；构建入湖沟渠及近岸湖水空心菜和薄荷漂浮种植技术，吸收入湖沟渠水氮28.97千克/亩、磷4.26千克/亩，吸收近岸湖面水氮25.99千克/亩、磷4.99千克/亩，氮磷梯级削减效果显著。此项目的研究对有效削减三湖农业面源污染负荷，为高原湖泊流域农业产业发展及水环境治理与保护提供了借鉴，研究具有创新性，整体处于国内同类研究先进水平。

【水稻绿色高产高效示范现场观摩暨技术培训】 2018年7月2日，市农科院组织市内相关专家对元江县农技推广站承担完成的澧江街道南洒村那塘小组208亩多年生稻23绿色高产高效核心示范区进行现场实割测产验收。7月3日，在南洒村那塘观摩现场，市农科院副院长杨进成研究员结合多年生稻示范，对水稻旱育稀植、精确定量栽培、测土配方施肥、病虫害绿色防控等绿色高产高效栽培技术进行现场简要培训，并引领参训人员对多年生稻23绿色高产高效百亩核心示范区进行田间现场观摩。

（饶　敏）

【农业技术推广、优秀论文评奖】 2018年，全市共申报请奖项目25项，5月29日召开专家评审委员会，评出授奖项目25项，一等奖3项、二等奖8项、三等奖14项。推荐省农业技术推广奖10项，一等奖1项、二等奖2项、三等奖7项。全市收到各县（区）、市直各单位申报论文72篇，其中：种植业类28篇，畜牧兽医类21篇，渔业养殖3篇，农机能源类11篇，综合类8篇，每篇论文通过组织两位专家盲评后求出平均分的方式，评出一等奖4篇、二等奖10篇、三等奖22篇。

2018年11月9日，云南省农业科学院生物技术与种质资源研究所副主任、国家燕麦荞麦产业技术体系——荞麦病虫草害防控岗位专家王莉花研究员，内蒙古农业大学国家燕麦、荞麦产业技术体系——燕麦病虫草害岗位专家周洪友教授、张笑宇副教及中国农业大学王小芬副教授及博士生张越等一行，到玉溪市考察交流指导市农科院联合江川区和澄江县农技站与省农科院生物所合作开展的多项烟后秋苦荞新品种、新技术试验示范工作

（胡选江　摄）

【基层农技推广体系改革与建设补助项目】 2018年，全市争取到中央财政资金423万元，确定7个县（区）实施农技推广补助项目，江川区58万元、澄江县58万元、通海县61万元、华宁县61万元、易门县61万元、峨山县63万元、元江县61万元。建设农业科技试验示范基地17个，招募特聘农技人员35人，各个项目培育农业科技示范主体56个，农业主体技术到位率98%，农业科技示范主体抽样满意度不低于98%，农技推广公共服务对象抽样满意度不低于80%，全国农业科教云平台在线填报率达100%。

【村级农业技术推广人员工资补贴】 2018年，全市已认定村级农业技术推广员705名，财政每人每月给予300元的工资补贴，其中市级补贴200元、县级补贴100元。市级共补贴村级农业技术推广人员工资169.2万元。

（李　徽）

【中草药及草莓种植技术培训】 2018年11月13日，在红塔区举办玉溪市生物药业产业发展科技培训，参加此次培训人员139人；第二期12月12日在华宁县举办生物药业产业发展科技培训，参加此次培训人员168人；12月20日在红塔区举办草莓生物技术应用现场实训，参加此次培训65人。

（魏丽红）

【新型职业农民培育】 2018年，玉溪市向上争取新型职业农民培育工程项目资金222万元，培训任务1 200人，实际培训1 260人。新型职业农民培育工程是国家2014年启动的支农惠农项目，按生产经营型3 000元/人（培训不少于15天）、专业技能型和专业服务型1 000元/人（培训不少于7天）补助经费。2014～2018年，全市新型职业农民培育工程共投入项目资金1 915万元，其中：中央资金1 348万元，省级资金242万元，市级资金325万元，培训7 509人，其中生产经营型4 302人，专业技能型1 712人，专业服务型1 495人。通海云秀玫瑰种植专业合作社社长、新型职业农民段金辉，被推荐参加农业农村部2018年度“全国百名杰出新型职业农民”资助项目人选评选活动，在云南推荐的5名参选者中脱颖而出，成为云南省入围的2名人选之一，成为玉溪市第一个获此殊荣的新型职业农民，获得1万元的项目资助和到北京免费参加专题研修班、创业培训与交流的机会。

【农业农村实用技术培训】 2018年，全市农业系统共开展农业农村实用技术培训1 201期95 618人次，其中：妇女34 213人次，占比35.8%；贫困地区14 744人次，占比15.4%；建档立卡户2 042人次，占贫困地区人数的13.9%；少数民族38 548人次，占比40.3%，其中直过民族（拉祜族）707人次。

【农学会换届】 2018年7月27日，市农学会召开会员代表大会，成功换届。选举产生新一届理事会、监事会及学会领导集体，杨绍聪当选理事长，杨云光、董云武、王树明、杨进成当选副理事长，郭春平当选监事长，黄莲英当选秘书长。新一届理事会、监事会成员全部由农业专业技术人员组成，体现学会的学术性和科技性。

【农技推广大使】 2018年，省农学会组织开展“云南省首届百名农技推广大使”评选活动，表彰长期在农业技术推广一线工作业绩突出的农业技术推广人员。玉溪8名基层农技人员获此殊荣，红塔区种子站刘庆荣，江川区植保站普华明，通海县秀山街道农业中心许艳斌，华宁县农技站张春帆，澄江县海口镇农业中心杨彦斌，易门县经作站饶辉，新平县经作站普金安，元江县曼来镇兽医站杨菊琴。

（黄莲英）

（张本聪　摄）

（李卫东　摄）

水 利

WATER CONSERVANCY

责任编校：王 斌

水利规划与建设

水利管理

防汛抗旱

水资源管理

水利规划与建设

【概　况】　2018年，市政府下达水利投资计划23亿元，年末全市实际完成水利建设投资23.3亿元，占目标任务的101.3%。组织实施重大水利项目27项，建成高标准农田14.15万亩，发展高效节水灌溉面积8.34万亩，巩固提升15.2万农村人口饮水安全问题。新建山区“五小”水利工程1.8万件，实施农业水价综合改革面积20.19万亩，完成水土流失综合治理面积159.06平方千米，占计划的130.4%；完成江河治理34.2千米。全市库塘蓄水5.49亿立方米，占年度任务的101.8%；争取上级资金43 942万元。据玉溪市统计局数据，2018年全市水利管理业固定资产投资完成25.4亿元，占全年目标任务25亿元的101.6%。2018年中央水利投资计划执行情况和州市水利工作目标任务完成情况省考核均为优秀。

【水利规划】　2018年，全市认真抓好“十三五”水利规划项目的实施工作，组织完成玉溪市水利发展“十三五”规划中期评估和《云南省级水利发展2016～2020年规划中期评估》相关工作；组织编制《玉溪红河谷—绿汁江热区产业经济带水利规划》；开展《平甸河与化念河汇口以上流域水资源调查评价报告》及《玉昆钢铁集团有限公司转型升级产能置换项目供水保障方案》编制工作。

【民生水利建设】　2018年，全市完成冬春农田水利投资18.68亿元，群众投入工日2 254万个，出动机械台班47.8万台。完成土石方1 937.8万立方米，其中：土方1 361.2万立方米、石方368.96万立方米、混凝土207.64万立方米。新修和维护小型水源工程1 490件，修复水毁工程435件，完成干支渠防渗152.7千米，田间渠道143.4千米，疏浚河道304.8千米，清淤沟渠2 021.6千米，建设村镇供水工程68处。新增蓄水能力967.4万立方米，新增和改善灌溉面积28.62万亩，新增节水灌溉面积15.22万亩。年新增节水能力804万立方米，改造中低产田8.62万亩，新增供水受益人口21.6万人，治理水土流失面积102.1平方千米；全市计划实施农业高效节水减排面积6.66万亩。至12月，完成投资21 106万元，建成高效节水减排面积7.47万亩；全市“五小”水利完成投资48 735万元，共建成“五小”水利工程18 012件。

【水源工程建设】　2018年，全市续建和新开工的重点水源工程有15件〔含3件中型、12件小（一）型〕，总投资173 592万元，累计完成总投资144 160万元，其中2018年度完成投资23 012万元。重大引调水工程：玉溪市东片区暨“三湖”生态保护水资源配置应急工程项目——通海江川支管工程截至2018年12月底完成投资11 468万元；澄江抚仙湖水资源生态保护旬埣龙潭调水工程2018年底完成投资1 100万元。实施11座灾后薄弱环节小型病险水库除险加固项目。截至12月，11座小型病险水库除险加固项目全部开工建设，主体工程已完工8座，完成投资1 196万元，其余3座正在顺利建设中。

【农村水电站增效扩容改造】　2018年，市水利局依法依规、按时按质地做好农村水电监督管理的工作，促进绿色小水电的发展；积极与相关部门、业主协调沟通，使财政资金落实到项目上；加强对增效扩容改造水电站招投标的指导和监督管理；督促农村水电站业主建立健全电站生产和安全管理规章制度，完善安全运行管理制度，落实责任，着力提高电站的安全运行水平，实现安全生产、文明生产；确保水电站增效扩容改造工程建设符合增效扩容改造程序和相关规定，确保水电站增效扩容改造工程改造完成后实现农村水电站“无人值班，少人值守”的目标。2018年，玉溪市“十三五”批复的8个农村水电站增效扩容项目全面启动实施，总投资9 900万元。华宁县华溪水电站完成改造投产运行，全市农村水电站增效扩容改造投资共完成5 000多万元，农村水电发电量完成累计达18.05亿度。

（范　文　向小华）

南方农业高效节水减排澄江改革试点新建光伏太阳能板发电提水

（市水利局　提供）

水利管理

【水利扶贫攻坚】　2018年，全市水利部门认真贯彻落实中央、省扶贫开发精神，紧紧围绕市委市政府的安排部署，严格按照“扶贫工作必须务实、脱贫过程必须扎实、脱贫结果必须真实”的要求，紧扣“两不愁三保障”和贫困人口、贫困村、贫困乡脱贫出列摘帽“695”标准，严格按照“六个精准”“五个一批”开展水利脱贫攻坚工作。截至12月，全市建成水利脱贫攻坚工程370件，完成投资33 279.46万元，新增、改善灌溉面积10.44万亩，涉及农村人口14.5万人。项目的实施极大地提升了贫困地区水利基础设施配套水平，较好地解决了贫困地区生活生产用水问题，为提高贫困地区抗御水旱灾害能力，保护和合理利用水土资源，保障经济社会持续、稳定、健康发展产生重要作用。

【水土保持工作】　2018年，全市认真贯彻学习习近平总书记“绿水青山

①易门县岔河水库 ②通海县杞麓湖水生植物残体打捞

（市水利局 提供）

就是金山银山"的重要指示，积极践行党中央"绿色"发展理念，压实水保责任，把其作为全市生态文明建设的重要工作内容抓紧抓实，努力为生态文明建设和乡村振兴战略增色添绿。2018年，全市水土流失防治目标任务为完成新增治理水土流失面积122平方千米，通过水利、林业、农业等部门和社会各界的共同努力，全市共完成水土流失综合治理面积159.06平方千米，完成投资22 376.603万元。实施新平县富库小流域坡耕地水土流失综合治理、通海县高大乡路南村下场生态清洁小流域治理、澄江县东大河清洁型小流域综合治理3件重点水土保持项目，共完成投资1 360.65万元，治理水土流失面积1.943平方千米，占总计划数的100%。

【乡（镇）供水】 2018年，全市在农村饮水安全工程建设中采取集中连片、管网延伸等方式，尽力将分散的小型供水工程联网形成较大集中供水工程。截至2018年底，全市建成农村集中式供水工程3 376处，受益人口167.85万人。2018年全市农村饮水安全巩固提升工程完成投资6 123.87万元，新建、改造、完善农村饮水安全巩固提升工程181件，巩固提升农村人口15.2万人。

【农业水价综合改革】 2018年，元江县、江川区、通海县出台新的农业水价调整政策。元江县农业水价由0.052元/立方调整到0.065元/立方；江川区农业水价自流灌溉由0.07元/立方调整到0.1元/立方；提水灌溉由0.12元/调整到0.28元/立方；通海县农业水价由0.061元/立方调整到0.157元/立方。出台改革配套政策。出台《关于进一步健全农业水价形成机制实施意见》《玉溪市农业水价综合改革节水奖励和精准补贴试点办法》，确保农业水价综合改革的顺利推进。按照省级年度目标任务，制定年度实施计划，市发展改革委、财政局、水利局、农业局、国土局、烟草公司等部门联合发文将任务分解下达各县（区），并根据部门职能分工细化年度改革任务。各县（区）将计划任务落实到具体灌区和项目，全市完成农业水价综合改革面积20.19万亩。

【深化"放管服"改革】 2018年，市水利局着力提升水行政服务质量，深入推进"放管服"改革"六个一"行动，落实"三集中、三到位"和"一颗印章管审批"模式，及时公布"最多跑一次"和内部审批事项清单，落实涉水市场准入负面清单制度。进一步推进"双随机一公开"抽查实现"全覆盖"。认真承接省水利厅下放的审批事项，加强事中事后监管，修订完善审批事项办事指南、业务手册，精减优化审批服务流程，大幅压缩审批时限。审批法定时限20个工作日，承诺时限5个工作日，部分审批事项压缩至3个工作日。市水利局行政许可审批事项仅有9项，相比2012年精简61%。2018年，入驻投资项目审批服务中心窗口共接收行政许可申请27件，办结27件，综合办理提速率达51%。

【水库运行管理】 2018年，全市落实水库大坝安全责任制，明确责任主体，强化预警监测，加强巡查巡视，及时排除安全隐患；建立协调联系机制，做好灾后水利薄弱环节小型病险水库和小坝塘除险加固项目建设与防范工作。完善全市604座水库大坝注册登记，完成18座水库水文资料的整编，指导通海县地震水库坝塘抗震救灾工作，完善、汇总全市444座水库除险加固项目信息等。

【水利信息化建设】 2018年，全市防汛骨干网完成维护全面升级，并接入国家防汛抗旱指挥系统，视频会商系统实现国家、省、市、县四级相连。国家防汛抗旱指挥系统二期工程数据汇集平台已试运行，网络畅通，设备运转正常。玉溪市防汛骨干信息网络由7县2区及市局出口带宽均不低于20M的专网组成，承载视频会议系统、东风水库高清视频监控系统。玉溪市山洪预警平台、玉溪市水利视频会议系统使用正常。

（范 文 向小华）

防汛抗旱

【抗旱工作】 2018年是全市旱情较轻的一年，全市仅有1座小坝塘因旱干涸，7个县（区）、12个乡镇（街道）、30个村（居）委会、61个自然村9 991人、3 040万头大牲畜出现饮水困难，有14个村、3 606人依靠拉、挑送水解决饮水困难问题。全市大小春农作物累计受旱面积5.53万亩，其中绝收0.36万亩，估算因旱直接经济总损失约3 621万元。市、县水利部门主动深入灾区，指导受灾群众采取有效措施开展自救。全市投入抗旱人数11.95万人次，泵站38处，动用机动抗旱设备304台套次，出动运水车辆396辆次，引、提、拉送水量14.5万方，投入抗旱资金371.83万元。临时解决9 991人、3 040头大牲畜饮水困难，挽回经济损失3 221万元。

【库塘蓄水及供水】 2018年，市水利部门及时开展摸家底、算水账，组织各县（区）编制春耕用水计划工作，顺利保障各行业生产生产用水的同时，确保以烤烟生产为中心的春耕生产用水。1月1日全市库塘蓄水量5.66亿立方米，占年度计划蓄水数的109%，保障全市各行业1～6月生产、生活用水和春耕用水。6月进入雨季时，全市库塘蓄水3.67亿立方米，比上年同期多4 036万立方米，比正常年同期多1 923万立方米。全市上半年供水50 121.6万立方米，其中，库塘供水20 132万立方米，泵站提水9 228.3万立方米，管道沟渠引水20 640.2万立方米，地下井水121.1万立方米。

【江河治理】 2018年，全市在建江河治理项目8件，其中主要支流3个，中小河流治理项目5件。下达各级资金14 816万元，其中，中央13 647万元，省级601万元，市级613万元。截至2018年底，完成投资8 637万元，完成江河治理34.2千米，新增防洪保护4.66万人、2.36万亩农田。已争取纳入国家《加快灾后水利薄弱环节建设实施方案2016～2019》项目14个，其中8个中小河流治理项目初设报告已批复，2个主要支流治理项目取得可研批复，完成初设上报省级待审，1个项目完成可研审查。全市累计完成重点河道、沟渠水毁修复项目13件，修复河堤沟渠长9.7千米，其他水利设施285处，完成水毁修复投资842万元。恢复对1.85万人、1.56万亩农田的保护功能。

【山洪灾害防治建设】 2018年，全市山洪灾害防治项目总投资378.98万元，其中中央资金347万元，开展县（区）自动监测站点补充建设、视频（图像）站点建设及县级到乡镇监测预警平台延伸建设，继续组织开展山洪灾害预警设施设备和群测群防体系建设。11月23日，各县（区）的建设任务已全部按建设方案完成。

【防汛工作】 2018年汛期，因强降雨造成全市9县（区）59个乡镇（街道）出现不同程度的洪涝灾害，累计受灾人口13.44万人，紧急转移82人；倒塌房屋51间；农作物受灾9.08万亩，成灾6.1万亩，绝收1.32万亩，粮食减产3 665.84吨，经济作物损失9 321.1万元，水产养殖损失39.75吨；公路中断204条次，损坏堤防115处、19.08千米；损坏护岸11处，损坏水闸2座，损坏机电泵站8座。因洪涝灾害造成直接经济损失2.57亿元，其中：农业1.34亿元，工业交通业6 142.8万元、水利工程4 278.9万元。共投入抢险人数3.65万人次，机械设备150台班，投入编织袋4.29万条，沙石料0.13万立方米，油料18.86吨，用电2万度。实现减淹耕地0.7万亩，避免粮食减收537.7吨，减少受灾人口1万余人，全市实现防洪减灾效益3.5亿元。全市储备价值286万元的防汛物资，主要有防洪编织袋25.6万条、正虹吸管2套、抢险冲锋舟2艘、水泵56台、救生衣195件等。

（王 嫣）

【山洪灾害非工程措施建设】 自2010年市（县）两级实施山洪灾害非工程措施项目以来，截至2018年累计投资10 535.8万元，建成自动雨量、水位站305个，群测群防点1 252个（简易雨量站1 205个、简易水位站47个），图像（视频）监测站32个，预警广播576个。项目建成投入运行后，实现危险区雨水情监测全覆盖，雨水情信息水利、气象、水文、国土部门共享，全市水雨自然灾害应对能力得到提升。

（范 文 向小华）

水资源管理

【严格水资源论证和取水许可】 2018年，全市严格实施水资源论证制度，认真执行重大规划水资源论证，督促开发建设项目业主编报《水资源论证报告》。凡直接从江河、湖泊或者地下取用水资源的建设项目，对未提交经审定的建设项目水资源论证报告书的，政府投资主管部门不予审批、核准，对擅自开工建设或投产的一律责令停止。强化项目申批与核准水资

嘎洒大转弯 （市水利局 提供）

源论证及审批工作，以流域和区域用水总量控制红线为依据，强化水资源论证制度，严格水资源论证报告的审查。加强水资源论证及审批后的日常监管与执法工作。严格执行《取水许可和水资源费征收管理条例》和《云南省取水许可和水资源费征收管理办法》，加强取水许可管理和水资源费征收。首先是理顺全市取水许可管理体系，按照分级负责的原则，推进规范化管理，建立全市统一、证账相符、信息全面、便于监督管理的市和县（区）两级取水许可台账和信息库。截至2018年12月全市取水许可证保有量1 238套，取水许可台账录入率100%，全年征收水资源费2 011万元。加强日常监管，严格按总量控制红线，执行取水许可的暂停和限制审批。强化取水许可现场核验制度，凡取水工程设施未经过和通过验收的，不得发放取水许可证。

【水生态文明建设】 2014年5月，玉溪市列为水利部第二批全国水生态文明试点城市。玉溪市组织编制了《玉溪市水生态文明城市建设试点实施方案》并通过水利部水规总院审查及省政府批复。试点以来，市委、市政府成立了水生态文明城市建设试点工作领导小组，建立协调配合机制，明确责任分工，积极推进试点建设。《试点实施方案》明确水生态文明建设的水资源高效利用体系、水安全保障体系、水环境综合治理体系、水生态保护与修复体系、现代水管理体系、水生态文明培育6大任务体系。提出6大实施行动的32类工程项目，工程概算总投资99.32亿元，实际完成投资127.32亿元。明确22项具体评价考核指标，并选择高效节水灌溉、再生水利用、生态引水工程、水源地保护、水环境整治与生态修复、生态湿地建设、水文化景观建设、水生态文明村建设等8项工程作为重点示范工程。通过三年努力，玉溪市完成《试点实施方案》中的各项任务和实施项目，达到试点期22项考核目标。2018年6月29日以95.3的高分通过珠江委专家组的技术评估，12月20日通过国家级行政验收。通过试点建设，把水生态文明理念融入治水实践中，探索出高原湖泊全要素、全过程系统治理思路，形成“高效节水减排”促进抚仙湖保护，带动高原特色农业转型发展的“澄江经验”，以及“精心组织、科学谋划、系统治理、示范先行、文化引领、城湖共生”的高原湖泊城市水生态文明建设模式。打造“山河坝湖”玉溪特色水景观，传承玉溪水文化体系，展现“玉带绕城、明珠乐溪”的水生态画卷，构建河清湖美、人水和谐社会，人们得以共享水生态文明成果。

【饮用水水源保护】 2011年，省政府对玉溪市东风水库水源地保护区划进行审批，市政府先后对7县2区县级以上集中饮用水水源地保护区划进行审批。实施以农村农业面源污染控制，水源保护区生态修复、生态建设工程为主的水源地保护工程措施。开展东风水库、飞井水库等清洁型小流域治理，水库径流区建设人工湿地、截污工程，改善入库水质状况。2018年，市水利局编制《东风水库三年水质达标方案》《东风水库2018年水质达标方案》，提出2018年度重点工程项目和措施，明确各相关部门职责。按照《云南省水利厅关于珠江委开展全国重要饮用水水源地安全保障达标建设抽查工作的通知》要求，东风水库开展重要饮用水源地达标建设工作，11月2日通过珠江委专家组评估。全市在集中供水水源地一级保护区均采取建设隔离防护工程、退耕还林等措施，保护区全部安装界碑、界桩、警示牌、宣传牌等防护措施，禁止无关人员和车辆入内，切实加强水源地保护和管理，控制面源污染，减少水源污染，按照饮用水水源地管理要求开展水质监测。通过一系列卓有成效的保护措施，全市县级以上城市集中式饮用水水源地水质均达到年度目标值（2017年目标值为96%），实际达标率100%。

【入河排污口管理】 2018年，市水利局组织县（区）从入河排污口设置和布局方面存在的问题、重点行业入河排污口污水排放和监测情况、入河排污口管理制度等方面对全市38个（规模以上34个、规模以下4个）入河排污口开展专项检查。11个排污口因停厂未排放，1个排污口实现零排放，1个排污口进中水厂，3个排污口污水接入市政管网未直接排入河道，注销2个，实际运行的排污口16个。全市经水利部门审批入河排污口设置论证的排污口6个，7个待省水利厅审查批复。

按照《云南省水利厅关于迅速整改中央环境保护督察“回头看”发现突出涉水问题的通知》要求，县（区）水利局针对自身问题提出整改方案，明确责任人、时间表和线路图，并按照方案积极整改。为加强规范入河排污口的管理，市水利局下发《关于开展入河排污口登记及完善设置审批手续工作的通知》，组织开展全市入河排污口基本情况排查登记及完善设置审批手续，督促各县（区）在8月底前完成入河排污口基本情况排查资料上报，12月完成入河排污口登记及完善设置审批手续。截至2019年1月31日，各县（区）已经完成入河排污口基本情况登记表的填报工作，按省厅要求规模以上排污口全部整改完成。

【节水型社会建设】 2018年，全市建成节水灌溉面积57.5万亩，农田灌溉水利用系数0.57，工业用水重复利用率87.6%，城区供水管网漏损率低于8.11%，城镇污水处理率81.7%，再生水利用率31.9%。积极开展节水型城市、节水型企业（单位）和节水型小区的创建活动，全市两批共46家企业、单位（小区）获得“云南省节水型企业、单位（小区）”称号，形成典型引导的社会节水氛围。红塔区节水型小区覆盖率提高到15.35%。2014年澄江县被列为省级节水型社会建设示范县，2017年12月试点工作通过省级考核，2018年3月通过省级验收。

【星云湖补水】 玉溪市东片区暨“三湖”生态保护水资源配置应急工程主体工程建设完成后，为充分发挥其效益，经市委、市政府研究决定，依托应急工程向星云湖、杞麓湖进行生态补水，以达到保护和治理“三湖”的目的，最大限度发挥应急工程生态效益、环保效益。通过实施星云湖“十三五”项目，配合生态补水，对水体进行置换，以改善星云湖劣Ⅴ类水体，缓解枯水季节入湖水量不足、水位下降导致蓄水量减少、湖泊自净能力下降等问题，达到对湖泊水环境质量和水生态改善的作用。2016年10月17日启动星云湖生态补水工作，2016～2018年共补水4 682万立方。其中，2016年补水768万立方、2017年补水1 388万立方、2018年补水2 526万立方。

【依法管水治水】 2018年，以水利部和住建部、生态环境部对玉溪市黑

华宁县盘溪镇七犀龙潭（市水利局 提供）

臭水体开展专项检查活动和“清四乱”为契机，市水利局与相关部门密切配合，依法查处玉溪东冶海绵城市建设运营有限责任公司在州大河擅自设置排污口案、玉溪马桥建设集团有限公司在金水河擅自设置排污口案，联合市公安水务治安分局、环保部门依法取缔东风水库一级保护区内的养鸡场。2018年，共查处6起水事违法案件。其中立案2起，结案2起，结案率100%。严厉打击非法采砂，适时开展督查督办。市水利局联合公安、国土、交通、林业、环保等部门，对新平县龟枢河非法采砂情况进行督查、督办，全市非法采砂得到有效控制。

【河长制工作】 2018年，全市各级河（湖）长履职尽责，紧紧围绕河（湖）长制“六大任务”，统筹流域治理，切实推动河（湖）长制从“有名”到“有实”转变，严格落实“保、治、管、防、修”五大职责任务，市县河（湖）长开展巡河2 817次，乡镇河长巡河17 414次，村级河长巡河实现日常化。落实市级编制3人、县区编制47人、乡镇编制39人，落实市级经费1 000万元、县级经费2 654.62万元。完成河湖库渠分级管理名录编制和复核，完成市级74件“一河（湖）一策”方案编制，县级完成340件，完成率100%。制定实施河（湖）长制水质监测方案，发布水质预警通报12期。完成全市河湖库渠水系沙盘制作及全国河长制湖长制管理信息系统数据填报。印发《玉溪市红塔区江川区跨界河流董炳河水环境质量生态补偿试点方案》，设立补偿基准金300万元。以河（湖）长制为抓手，推进突出问题专项整治，着力抓好“云南清河行动”。推进河（湖）长清河行动，严格按照“六必看、六必听、六必改、六提升”的要求，全面加大河道整治力度，共清理河道209条3 450.47千米，清理垃圾50 600.45吨。推进“清四乱”行动，发现“四乱”问题645个，整改销号353个。着力抓好督察督办工作。市级总督察、副总督察对县级督察7次，县级对乡镇督察32次，市级河长办对县级督察7次，县级河长办对乡镇183次。完成对7县2区河（湖）长制落实情况考核。切实加强河长制宣传工作，播放新闻182条次、玉溪日报宣传报道240篇，印发1万份河（湖）长制100问，“玉溪河长”微信公众号推送信息125期，发布河（湖）长制信息简报40期。

（范 文 向小华）

（张本聪 摄）

（张本聪　摄）

工　业

INDUSTRY

责任编校：李海明

工业运行

【工业经济运行主要特点】 2018年，全市工业和信息化系统认真贯彻落实市委、市政府决策部署，坚持“两型三化”产业发展方向，落实“五抓”要求，全力推动全市工业经济高质量跨越式发展，全市工业经济总体保持稳定发展态势，全部工业增加值增长8.2%，增速较上年提高1.1个百分点；占全市生产总值的45.6%，占比较上年下降1.2个百分点，拉动全市经济增长4个百分点，对全市经济增长贡献率达45.2%。

全年规上工业总产值同比增长17.1%，工业增加值同比增长8.1%。规上工业增加值增速比上年同期（7.2%）提高0.9个百分点。主要呈现以下特点：

规上工业增速在省内排名上升。从省内看，全年增速8.1%，低于全省规上工业增速（11.8%）3.7个百分点，在全省排名第13位，比去年同期的第15位上升了两位。比昆明市（14.0%）低5.9个百分点，比红河州（13.5%）低5.4个百分点，比曲靖市（11.9%）低3.8个百分点。

烟草制品业增速保持在合理期间。12月份，烟草制品业增加值同比负增长4.4%；全年同比增长1.1%，增速比上年同期（0.4%）提高0.7个百分点。

非烟工业继续保持高位运行。12月份，非烟规上工业增加值同比增长22.1%；全年同比增长21.2%，增速比上年同期（22.1%）下降0.9个百分点，略超全年增长目标任务（21%）0.2个百分点。

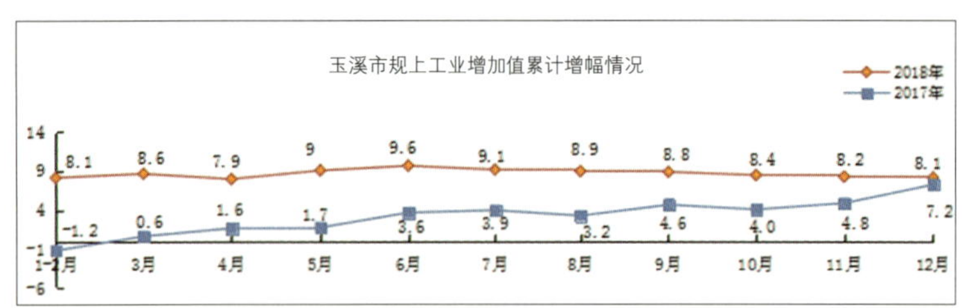

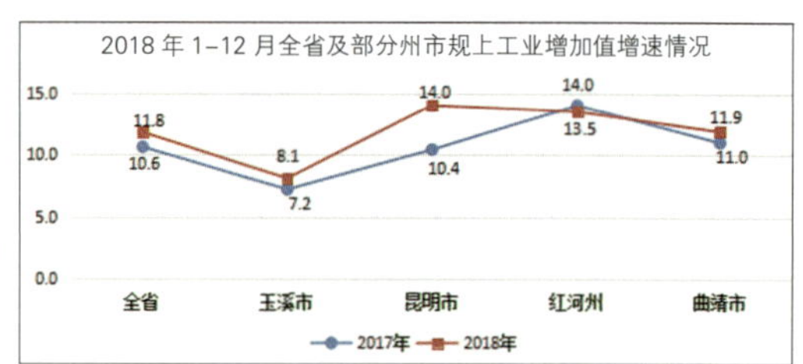

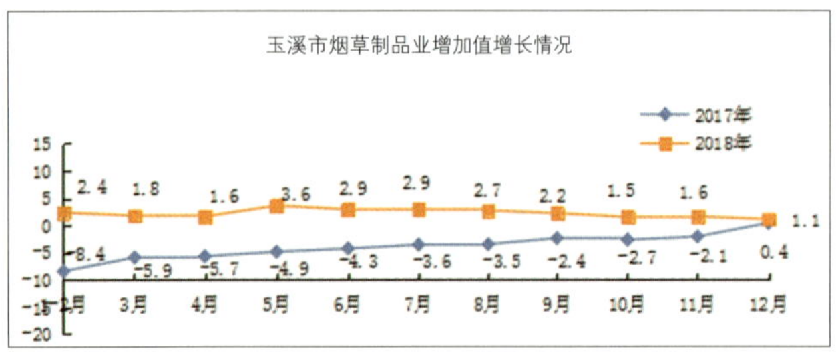

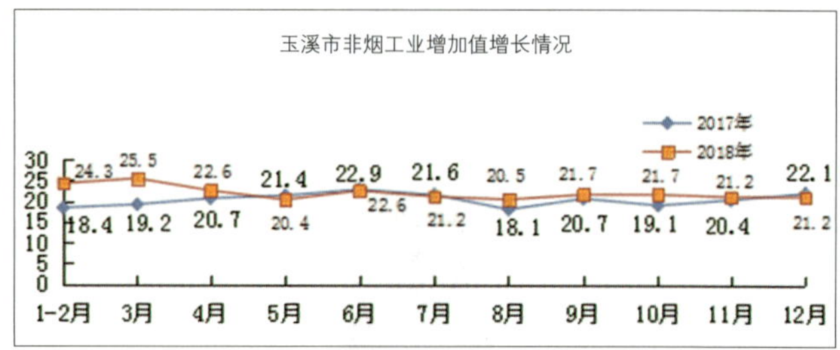

规模企业培育成绩明显。全市新增规模以上工业企业41户，其中，纳规19户，升规22户，超额完成全年新增规上企业40户的目标任务。

工业经济效益有所改善。全市规模以上工业企业实现主营业务收入1 538.5亿元，同比增长12.4%；发生主营业务成本1 085.9亿元，增长17.2%；亏损企业77户，同比减少10户；实现利润总额112.4亿元，同比增长1.9%，企业利润小幅增长。

工业投资增速大幅回落。全市工业投资虽同比增长15.3%，高于全市固定资产投资增速4个百分点，但各季度增速波动较大，低于全年增长目标任务（20%）4.7个百分点，其中，一季度末增长94.6%、二季度末增长63.3%、三季度末增长31.7%。全市10个县区（含玉溪高新区）工业投资保持增长的有6个，下滑的有4个。增长的县区分别是：江川区同比增长214.2%，元江县同比增长124.2%，澄江县同比增长82.1%，华宁县同比增长50.5%，新平县同比增长31.6%，通海县同比增长20.5%；下滑的县区分别是：红塔区同比负增长30.9%，峨山县同比负增长26.8%，高新区同比负增长22.7%，易门县同比负增长2.7%。

工业用电持续增长。12月份，工业用电量完成9.90亿千瓦时，同比增加0.45%；全年工业用电量完成106.98亿千瓦时，同比增加9.56%，其中，黑色金属冶炼及压延加工业用电量同比增加32.16%。

主要工业产品及原材料价格涨跌相当。全市监测的10种主要工业产品及原材料价格环比是“3涨3平4跌”即生铁、钢坯和铜选矿环比上涨，铁矿石原矿、粗铜和水泥环比持平，焦炭、线材、电解镍和黄磷环比价格下跌；同比是“4涨1平5跌”即焦炭、生铁、钢坯和电解镍同比上涨，水泥同比持平，铁矿石原矿、线材、铜选矿、粗铜和黄磷同比下跌。

2018年12月份主要工业品价格对比表

单位：元

品名称	历史最高价格	现价	现价较历史最高价变化幅度		去年同期	现价与去年同期增减幅	
			绝对值	百分比		绝对值	百分比
焦炭	2 200	1 779	-421	-19.14	1 613	166	10.3
铁矿石原矿	800	150	-650	-81.25	290	-140	-48.3

（续表）

品名称	历史最高价格	现价	现价较历史最高价变化幅度		去年同期	现价与去年同期增减幅	
			绝对值	百分比		绝对值	百分比
生铁	4 600	42 620 840	-1 613	-35.07	2 517	470	18.7
钢坯	5 000	3 840	-1 160	-23.20	3 775	65	1.7
线材	6 000	4 189	-1 811	-30.18	4 543	-354	-7.8
铜选矿	56 000	41 062	-14 938	-26.68	42 213	-1 151	-2.7
粗铜	82 000	42 620	-39 380	-48.02	44 919	-2 299	-5.1
电解镍	450 000	96 450	-353 550	-78.57	89 317	7 133	8.0
黄磷	28 000	14 813	-13 187	-47.10	16 237	-1 424	-8.8
水泥	450	293	-157	-34.89	293	0	0.0

停产企业和负增长企业情况。12月末，7户企业停产，环比持平，占全市规上企业总户数的1.66%，其中，2户企业由国家代报数据，1户企业因企业整合后将数据并入整合主体，1户磷化工企业因原材料成本高黄磷价格低停产，1户钢延压企业因技改搬迁停产，2户钢延压企业因外购钢坯成本高停产。

12月末，全市产值累计负增长规上工业企业63户，环比减少9户，同比减少11户，其中，负增长5%以上的47户，负增长10%以上的37户，负增长30%以上的15户。全市规上企业负增长面仍达14.93%，其中，研和工业园区负增长面高达43.75%，红塔区为29.09%，高新区为32.61%，通海县为16.00%。

【县区非烟规上工业增长情况】 2018年，红塔区非烟规上工业增加值同比增长21.7%，高新区增长28.1%，江川区增长23.4%，澄江县增长17.3%，通海县增长15.0%，华宁县增长21.5%，易门县增长20.4%，峨山县增长24.3%，新平县增长15.3%，元江县增长23.4%。

与全年非烟规上工业增加值增长目标任务相比，仅有3个县超过目标值，峨山县超4.3%、澄江县超2.3%、红塔区超0.7%，其他6个县（区）和玉溪高新区均未达到目标值，通海县、易门县、新平县等重点县（区）差距较大，通海县差10.0%、易门县差8.6%、华宁县差6.5%、元江县差4.6%、新平县差2.7%、高新区差1.9%、江川区差1.6%。

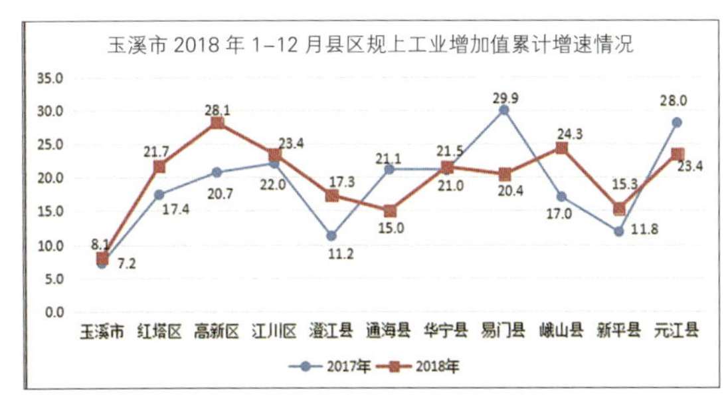

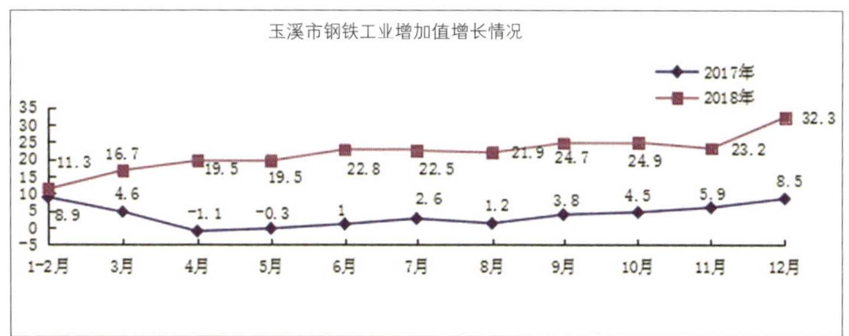

①2018年6月，玉溪建福集团机床公司与沙运赤技术团队在南博会上成功签约　②2018年6月，玉溪汇龙科技在南博会上成功签约

（市工信委　提供）

【重点产业运行情况】 2018年，全市“四大产业”实现工业总产值1 597.1亿元，增长15.6%；实现工业增加值612.5亿元，增长8.5%。卷烟及配套产业工业总产值同比增长2.0%；工业增加值同比增长0.8%。矿业及装备制造业工业总产值同比增长26.0%；工业增加值同比增长26.6%。矿冶业工业总产值同比增长26.6%；工业增加值同比增长26.4%。其中：钢铁行业，黑色金属冶炼及压延加工业增加值同比增长32.3%；生产钢材759.4万吨，同比增长18.2%。有色行业，有色金属冶炼及压延加工业增加值同比增长32.7%；生产铜选矿产品含铜量4.3万吨，同比负增长10.2%。化工行业，化学原料和化学制品制造业增加值同比增长15.9%；生产黄磷15.4万吨，同比负增长7.2%。建材行业，非金属矿物制品业增加值同比增长24.0%；生产水泥1 292.6万吨，同比增长11.1%。装备制造业工业总产值同比增长22.9%；工业增加值同比增长27.4%。生物医药及食品加工业工业总产值同比增长12.4%；工业增加值同比增长24.2%。其中：生物医药工业总产值同比增长22.4%，工业增加值同比增长30.7%；食品加工业工业总产值同比增长10.8%，工业增加值同比增长22.4%。电子信息产品制造业完成工业总产值同比增长90.2%，工业增加值同比增长182.3%。

【工业发展存在的主要问题】 2018年，全市工业经济虽然与上年相比总体保持平稳增长，但经济运行中仍然存在一些不容忽视的困难和问题：经济运行的平稳性不够。从全市规上工业增速看，一季度末增长8.6%、二季度末9.6%、三季度末8.8%、四季度末8.1%，其中，烟草制品业起伏较大，一季度末增长1.8%、二季度末2.9%、三季度末2.2%、四季度末1.1%，非烟规上工业一季度末增长25.5%、二季度末22.6%、三季度末21.7%、四季度末21.2%，工业经济运行“前高后低”问题较为突出。从县（区）增速看，易门县、华宁县、通海县等县自一季度实现高开后，其他三个季度均一路下滑，其中易门县一季度末增长32.9%、二季度末24.5%、三季度末24.3%、四季度末20.4%，华宁县一季度末增长33.2%、二季度末26.0%、三季度末23.2%、四季度末21.5%，通海县一季度末增长23.6%、二季度末19.6%、三季度末16.6%、四季度末15.0%。工业经济结构性调整任务依然艰巨。从烟草制品业与非烟工业占比看，全市规上工业中，烟草制品业和非烟工业的占比分别为61.3%、38.7%，非烟工业占比较去年提高1.8个百分点，但在今后较长时间内，烟草制品业增长情况仍是决定全市工业增速的主要因素，二季度末烟草制品业增长2.9%、全市规上工业增长9.6%，均为全年最高增速期，进入三季度后又逐月下滑，继续保持烟草制品业平稳增长面临较大压力。从非烟工业看，矿冶业增加值增长26.4%、占全市规上工业增加值的比重达20.5%，装备制造业增长27.4%、占比为4.5%，生物医药及食品加工业增长24.2%、占比为6.6%，电子信息产品制造业增长182.3%、占比为0.5%，装备制造、生物医药及食品加工业、电子信息产品等新兴产业合计占比仅为11.6%，非烟工业主要靠矿冶业，特别是黑色金属冶炼及压延加工等传统产业拉动，新兴产业尚处培育阶段，支撑不足等问题短期内难以改变。

（钟团兵）

工业产业

【卷烟及配套产业】 2018年，全市有规模以上烟草制品企业4户，云南中烟（玉溪）、中烟施伟策（云南）再造烟叶有限公司、云南玉溪卷烟厂滤嘴棒分厂、云南省通海县秀山镇烟丝加工厂。全市卷烟及配套产业工业总产值同比增长2%，增加值同比增长0.8%。全市有卷烟配套企业36户，规模以上企业31户，合和集团控股参股企业10户，其中印刷企业15户，辅料企业11户，生物化工企业10户。拥有较为先进的技术装备，不断引进意大利、美国、德国、法国、英国、瑞士、日本等国家先进设备进行技术改造，拥有国际先进的造纸法再造烟叶、商标印刷、OVD防伪箔膜、水松纸、复合铝箔纸、真空镀铝纸、激光镭射膜、BOPP、滤嘴棒、水性油墨、电化铝等技术装备。民特优产品丰富多样，从过去单一的商标印刷发展到目前再造烟叶、商标印刷、水松纸、滤嘴棒、复合铝箔、BOPP、香精香料、增塑剂、乳胶、金拉线、卷烟带、防伪标识、真空镀铝纸（卡纸、内衬纸）、激光镭射膜、烟用葡萄糖、油墨、纸箱（纸板）、丙二醇、电化铝（镭射电化铝）等门类63个种类。生产经营理念不断更新，部分卷烟配套企业努力增强市场竞争意识、营销意识、产品创新意识，不断研制开发新技术、新产品，积极拓展市外省外国外市场。生产产能不断扩大，中烟施伟策（云南）再造烟叶3万吨/年，单线产能、生产规模均在亚洲领先。其他再造烟叶企业的生产规模最小4000吨/年、最大2.5万吨/年。

【矿冶产业】 2018年，全市矿冶产业完成工业总产值增长26.6%，完成工业增加值增长26.4%。均超额完成年初确定的工业总产值和工业增加值增长15%以上的目标任务。强化行业管理，促进企业规范发展。对全市水泥、化工、钢铁等已建成企业新办、到期换证和生产条件发生重大变化需办理全国工业产品生产许可证的企业积极组织申报材料，做好矿冶等原材料行业准入公告工作，开展资源能源消耗通报。突出发展重点，明确发展方向。编制《玉溪市矿冶业“十三五”发展规划》，明确全市矿冶产业发展方向、发展目标和重点、工作措施。多措并举，推进产业结构优化。严控新增产能，按照国家和省的要求进一步梳理排查钢铁、煤炭、电解铝、水泥、平板玻璃等行业在建项目违规建设情况，严把准入关，严格执行产能置换政策，严禁以上相关行业新增产能。整合提升钢铁产业，抓紧完善通过清理后已得到国家认可，并已同意备案或有限期备案的全市11个钢铁违规建成项目用地、环评、能评、安全等相关手续，玉溪钢铁集团不断推进深化重组，玉昆钢铁、汇溪钢铁公司、福玉钢铁公司3家钢铁企业实质性整合正式签约。优化提升化工产业，根据国家、省的安排部署，积极开展城镇人口密集区危险化学品生产企业搬迁改造工作，全市化工产业布局逐步优化，澄江东溪哨工业园、华宁盘溪工业园已成为全市磷化工业发展的主要聚集地。稳步发展有色金属产业，依托云铜集团，支持玉溪矿业实施资源整合，加快原料基地建设。巩固提升建材行业，进一步优化全市水泥行业布局结构，支持具有区位和资源优势、产业发展基础较好的易门县、华宁县等地建设水泥熟料基地。

【生物医药制造业】 2018年，全市

生物医药企业有26户（规模以上企业20户），其中生物制药企业17户、植物提取企业9户。规模以上生物医药总产值同比增长22.4%，增加值同比增长30.7%。以疫苗、单抗为代表的生物技术药取得突破，玉溪市疫苗产业园区聚集沃森生物、九洲生物、泽润生物、嘉和生物4家企业，现有b型流感嗜血杆菌结合疫苗、23价肺炎球菌多糖疫苗、A群C群脑膜炎球菌多糖结合疫苗3个产品，年内主营收入近8亿元。以民族药、特色药为代表的中成药初具规模，全市有中成药加工企业7家，拥有中成药药品批准文号150个，常年生产的品种107个，7户企业拥有全国独家品种14个，国家中药保护品种7个，民族药品种10个。产业创新加快，生物医药企业的技术升级、新产品开发和产业化取得新进展，疫苗生产、单抗药物、中成药制剂及高纯度茄尼醇、辅酶Q10、天然色素、三七总皂苷等生物提取加工技术方面取得重大突破。项目稳步推进，年内，新开工项目2个，总投资4.5亿元的玉溪嘉和生物公司嘉和生物单抗产业化二期项目已签约，总投资1.1亿元的云南佑生药业有限责任公司药品生产扩建项目正在办理前期手续。续建项目2个，云南康贝特生物科技有限公司植物提取物及保健食品生产基地建设项目11月份试生产，云南鸿翔中药科技有限公司中药饮片建设项目（一期）已基本完成生产厂房、质检综合楼、办公楼和其他配套用房改造。生物医药产业园建设加快，完成了玉溪医药产园概念性规划编制，启动东近面山部分路网建设和土地整理，云南沃森生物技术股份有限公司定制标准厂房已签订代建协议，生物科技众创公园项目已投入运营。骨干企业扶持发展，组织生物医药企业申报2018年度中药饮片产业发展专项资金，云南维和药业股份有限公司申报2个项目，华宁鸿翔中药科技有限公司申报2个项目，云南康贝特生物科技产业基地项目争取扶持资金1 100万元。

【装备制造业】 2018年，全市把装备制造业作为重点产业，多措并举加快发展。全市规模以上装备制造企业有100户，比上年增加3户，装备制造业实现工业总产值增速22.9%，工业增加值增速27.4%。圆满完成年初工业总产值和增加值均增长10%的目标任务。完成了《玉溪市新能源汽车及配套产业发展规划（2018～2025）》《玉溪市数控机床产业发展规划（2018～2025）》编制工作，通过专家评审。有力推进通用航空装备项目建设，督促、指导企业办理生产及销售许可证照等作，与北京航空航天大学、中船重工对接洽谈引进无人机生产项目。积极推进重点项目建设，杭萧钢构“钢结构绿色工业装配化建筑产业基地项目”进展顺利，1#厂房钢结构已完工，全年完成投资4.8亿元；升华电梯一期项目顺利竣工投产，二期工程建设启动；云轨项目因政策、市场等原因变更为云巴基地建设项目，已完成土地平整95%。激发招商活力，装备制造业完成签约招商项目5个，开发包装装备制造业招商项目7个。新能源汽车配套产业领域实现招商新突破，高新区龙泉片区已签约入驻高恩德锂离子电池、正能实业动力电池、振华集团6万吨三元正极材料生产、信卓誉5万吨负极材料生产、星能环保植物电池、河南环宇赛尔锂离子电池及动力电池生产线6个新能源电池生产及上下游项目，投资达100亿元。

（钟团兵）

电力工业

【概　况】 截至2018年底，全市供电系统运行维护35千伏及以上变电站120座（500千伏变电站2座，220千伏变电站14座，110千伏变电站56座，35千伏变电站48座），总变电容量1 474.025万千伏安；运行维护35千伏及以上输电线路340条，长度4 789.81千米（500千伏线路10条，长度659.356千米，220千伏线路36条，长度935.915千米，110千伏线路143条，长度1 906.147千米，35千伏线路151条，长度1 288.392千米）。年内，完成售电量119.69亿千瓦时，同比增长11.51%；实现营业收入41.15亿元，同比增长5.1%；固定资产投资4.64亿元；第三方客户满意度82分；客户平均停电时间（低压）10.06小时/户；综合线损率4.67%；全员劳动生产率76.64万元/人·年；安风体系审核得分率90.6%，达到五钻申报条件。

2018年度主要指标完成情况

指标名称（全口径）	计量单位	本年完成	上年完成	同比增减	备注
供电量	万千瓦时	1 255 543.7	1 127 050.1	11.40%	
售电平均单价	元/千瓦时	397.36	422.53	-5.96%	含税
最高日供电量	万千瓦时	3990	3495	14.16%	
最高日负荷	万千瓦	192.7	167.3	15.18%	
平均日负荷率	%	83.05	82.98	0.08	
线损率	%	4.67	4.77	-0.10	
主设备可用率	%	99.99	99.99	0	
综合电压合格率	%	99.41	99.20	0.21	
综合供电可靠率	%	99.9053	99.9043	0.001	

（续表）

指标名称（全口径）	计量单位	本年完成	上年完成	同比增减	备注
电费回收率	%	100	99.99	0.01	
企业总资产	万元	500 123.80	553 125.18	-9.58%	
固定资产原值	万元	1 046 652.11	979 362.99	6.87%	
固定资产净值	万元	463 695.91	431 824.46	7.38%	
主营业务收入	万元	410 156.96	389 669.78	5.26%	
上缴税金	万元	38 418.50	34 216.17	12.28%	
全员劳动生产率	万元 / 人年	76.64	71.72	4.92%	

【电力安全】 2018年，玉溪供电局认真抓好安全生产，人身、设备、电力安全事故和有责任的三级及以上事件等安全生产目标顺利实现。全力构建“大安全”监管格局，推进综合监管和专业监管履职能力提升。建立LISS电网风险管控机制，全面落实玉溪电网九大安全风险29项重点工作47项措施。积极应对电网风险预警，成功化解220千伏玉元双回线路迁改等多个重大电网运行风险。明晰安全生产职责和履职到位标准，推进责任体系建设，以《安全生产责任制建设工作指引》为抓手，运用《重点责任清单》《履职评价标准》等，建立履职评价结果与绩效考核的联动机制，提高安全生产责任传递效果。系统推进“1+3”安全管理诊断工具的运用，发现各类违章问题8 092项。扎实开展大反思大讨论活动，暴露1 606个问题，严格整改。以“金石”安全文化为引领，开展领导班子公开承诺、“六个一”等特色活动。大力推行科技兴安，推广多渠道视频监督模式，开发安全监督数据管理平台，提升安全监督效能。严格落实15项设备管控工作要求，完成230项专业巡维计划及15项设备健康趋势跟踪维护计划。完善设备主人管理机制，深入推行差异化巡维，配网故障率同比降低37.06%，故障缺陷比同比降低93.64%。供电保障能力进一步夯实，配网自动化终端综合在线率从92%提升至96%，配网自动化实用化评价排名南方电网第三。以“能带必带”推进带电作业，全年开展配电带电作业1 653次，在全省考评中排名第二。扎实做好应急“三体系一机制”管理，有针对性地开展应急演练，提升各级人员应急处置能力。有效应对低温雨雪冰冻灾害和“8·13”通海县地震灾害，未发生因电力供应问题造成的不良影响，加强与气象等部门联动，顺利完成各项应急抢修任务。

2018年9月6日，玉溪供电局与中国铁塔玉溪市分公司签订《共享铁塔战略合作协议》
（余晓琳 摄）

【电力供应】 2018年，玉溪供电局积极促进市域清洁能源消纳，完成电能替代电量3.10亿千瓦时，同比增长204%。全面推进电动汽车充电基础设施建设，累计建设投运充电站8座、分散式充电点8个，充电枪335把。自动抄表率达97.06%，电子化结算率达96.02%。不断优化营商环境，坚决落实国家关于一般工商业电价平均降低10%的政策，为客户节约用电成本3 044万元。全面推进预购电管理，管辖客户全部签订预购电协议，月预购电金额保持在1.5亿元左右。明确服务调度定位，建立服务调度日简报、周通报、月分析机制，以客户诉求为切入点，促进内部各项管理水平提升。大力推进“互联网+”服务模式，12398、95598投诉同比降低71%、22%，第三方客户满意度得分82分。营配服务新模式落地实施，扎实推进“客户经理+设备主人”网格化服务模式，创新“3×3”管理方法，划分网格服务组173个，服务网格696个，强化网格工作协同，控制安全风险，提升工作质量。

【电网建设】 2018年，玉溪供电局完成了“十三五”配电网规划和智能电网示范区专项规划，220千伏永济变、110千伏圆明变二期和公司督办的2个供电所项目顺利投产。配电环网率达85.29%、可转供率达76.29%。完成两区七县网架优化方案、易门变主变调换方案（相对主变增容减少约400万投资），有效解决负荷分布不均、轻重载共存等问题。提升中压配电网供电能力，中压配网环网率达85%、可转供率达76%。建立授

①500kV 玉溪变电站员工展新形象 ②以电为马，为你保驾护航——玉溪电网全力以赴保供电护航2018年高考（玉溪供电局提供） ③玉溪供电局输电管理所低温输电线路特巡开展巡线工作 （王 榕 摄）

权采购管控模式，强化物资供应保障，助力基建、生产、营销项目按计划推进，有效保障冰灾、地震等自然灾害抢修复电工作。库存常规储备物资周转率775.9%，闲置物资再利用率提升至98.29%。

【经营管理】 2018年，玉溪供电局不断夯实管理基础，抓住数据、资产、制度、班组四个管理重点，制定和修编专项工作方案22个。持续推进信息系统实用化及基础数据清理专项行动，数据质量稳步提升，核心主数据一致率99.14%，电子化移交闭环率98.28%。连续8年开展信息安全管理体系建设并通过审核。有力推进资产清理，主网资产账卡物一致率98.56%，配网资产账卡物一致率97.08%。扎实推进经营管控，构建大财务管理监督体系，开展金融风险排查和税收自查工作，全面防范经营风险。扎实推进“两金”清理工作，“两金”余额同比下降44.2%。建成财务共享中心，建设成果在全省分享。全年完成审计项目89项，提出管理建议276条。持续推进精益管理，编制印发《玉溪供电局2018年综合标杆一流评价提升方案》，制定十二项关键举措，91项提升行动计划，编制局、县、供电所三个层级行动计划1 304项。局综合标杆一流评价88.99分，达到“网内一流”水平，6家县级供电企业达到“网内一流”水平。做实班组建设，累计创建2个五星班站所、15个四星班站所和53个三星级班站所。全年立项126个精益管理项目，举办4期精益项目管理辅导培训班，取得精益项目成果104项。推进战略－计划－绩效常态化管控模式，承接公司“十三五”发展规划，纳入战略地图管控行动计划377项。优化组织绩效管理，修编《组织绩效管理业

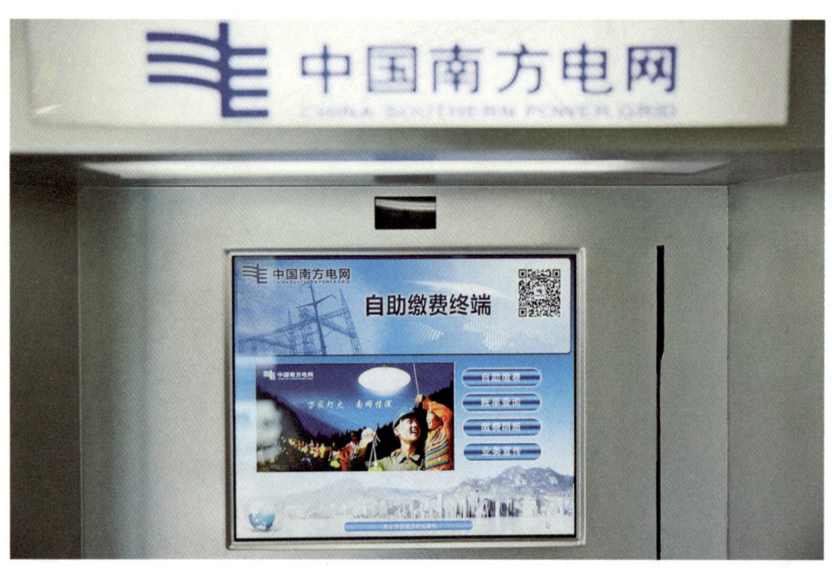

红塔区电力营业厅升级，为客户提供24小时不间断缴费服务　（贺　璇　摄）

成服务调度集约，全面解决“三供一业”分离移交等历史遗留问题，玉溪片区全部县（区）供电局完成机构优化工作，6个县（区）供电企业完成“子改分”工作任务，实现业务平稳过渡。完成峨山大化工业园区化念片区电力专规编审，参与增量配电网改革试点。538户企业参与电力市场化交易，结算电量89.33亿千瓦时，同比增长15.6%，占玉溪电网大工业电量的97.74%。

【科技进步】　2018年，全市电力系统累计拥有专利数95项，获得中电联电力创新一等奖1项、职工创新三等奖1项，南网科技进步三等奖1项，省公司科技进步奖5项，技改贡献奖11项，职工技术创新奖9项，专利授权获奖11项。持续推动科技创新成果转化，9项成果达成了转化意向。积极推动大众创新，全年授奖101件。通过对无人机巡检数据统计分析，完成了无人机搭载紫外放电检测仪的研究应用、无人机通道自主巡视手机APP软件的研发2项创新项目。《陶瓷横担固定金具》获得南方电网公司职工创新成果铜奖和云南电网公司专利授权奖，《提高全身式安全带防坠钩悬挂合格率》获得云南省电力行业QC成果发布三等奖。

（玉溪供电局　提供）

务指导书》，开展组织绩效计划座谈7场次，14个职能部门形成65项考核内容累计条目650项。抓好一体化作业标准体系建设，累计评估公司颁发制度128项，确定直接适用执行公司制度1 354项。修编本地化作业标准41项、补充新编85项，印发补充管理要求类发文5份，清理废止本地化作业标准49项、补充管理类发文5份。全面深化依法治企，全年办结法律案件12宗，挽回或避免经济损失1 108.43万元，新发案件11宗，同比下降38.89%，未发生负有责任的法律案件。

【供电改革】　2018年，玉溪供电局制订了推进2018年度全面深化改革工作要点和计划推进表，制订5个方面19项重点工作34项推进措施，形成一把手、一盘棋、一份计划、分专业牵头的管理优化稳步推进模式，完成职责界面调整，制定《玉溪供电局机构优化调整实施方案》。完成营销四中心的合并，整合各类资源，完

2018年度各县（区）供电企业技术经济指标完成情况表

单位名称	完成情况	售电量（亿kW·h）	售电收入（含税）（万元）	电费回收率（%）	综合线损率（%）	电压合格率（%）	供电可靠率（%）	客户平均停电时间（h）
澄江供电局	年内完成	8.08	35 676.23	100	1.58	99.37	99.87	11.02
	同比（%）	14.29	10.31	0	–26.17	0.42	–0.05	64.97
峨山供电局	年内完成	3.97	19 054.73	100	3.73	99.29	99.92	7.06
	同比（%）	1.1	0.09	0.18	0.03	0.09	0	–2.5
华宁供电局	年内完成	7.918	29 225.93	100	2.03	98.94	99.94	4.68
	同比（%）	33.2	27.03	0	35.96	0.15	0.04	–3.82
江川供电局	年内完成	7.98	27606	100	2.33	99.45	99.91	7.52
	同比（%）	–21.61	–22.24	0	33.14	0.03	0.02	24.04
通海供电局	年内完成	9.88	51 485.43	100	4.6	99.37	99.87	7.93
	同比（%）	–0.33	–0.04	0	–0.66	+0.17	+0.08	–0.72
新平供电局	年内完成	11.90	55 123.07	100	2.42	99.32	99.86	13.74
	同比（%）	–2.50	–9.36	0	33.1	1.2	–0.03	29.80

（续表）

单位名称	完成情况	售电量（亿kW·h）	售电收入（含税）（万元）	电费回收率（%）	综合线损率（%）	电压合格率（%）	供电可靠率（%）	客户平均停电时间（h）
易门供电局	年内完成	10.40	49 711.40	100	1.72	99.31	99.91	7.81
	同比（%）	7.77	2.14	0	8.86	0.50	0.05	-20.79
元江供电局	年内完成	5.84	2.45	100	4.27	98.83	99.89	9.31
	同比（%）	16.10	10.36	0	-4.47	0.07	0	-8.00

信息化建设

【数字经济基础设施建设成效显著】 2018年，全市数字基础设施服务能力大幅提升，为发展数字经济奠定了基础、拓展了空间。全市完成电信业务总量112.37亿元，同比增长106.3%。全面落实提速降费政策，提速降费程度超过50%。完成信息通信基础投资3.08亿元，光纤骨干网超过7万皮长千米，互联网出口带宽超过2 000Gbps，移动通信月数据业务量达11 081TB。全市光纤接入端口达183万个，社区和行政村实现光纤全覆盖。云计算等新一代数字基础设施形成规模化运营，华为玉溪数据中心成功通过国际T3标准设计、建造双认证，成为国内第一个取得双认证的T3级数据中心，跃居国内知名数据中心行列，并在第八届中国数据中心大会上获评优秀数据中心。云南联通玉溪云数据中心、全省5G核心网已建成，联通西南国际出入口局枢纽支撑能力大幅提升。华为、联通两大数据中心拥有机架总数2 700个，形成2万台以上物理服务器的云计算能力。

【数字产业培育取得突破】 2018年，全市信息产业完成增加值29.8亿元，同比增长52.9%，保持了连续2年25%以上的高速增长。能终端制造及配套产业发展提速，引进智能终端制造及配套产业项目23项，协议总投资225亿元，其中美辰、泰阳时代、信德等4个项目已投产运营。全市电子信息产品制造业规上企业工业总产值同比增长90.2%，增加值同比增长182.3%。软件和信息服务业集聚发展较好，华为、360安全企业集团、易网科技、美亚柏科、猪八戒网、启迪控股、亿赞普等35户互联网企业落户玉溪，以IDC运营、大数据、网络安全服务等为主的软件和信息服务业呈现出蓬勃发展的局面。培育壮大本土电子信息制造企业，蓝晶科技成为全球知名的LED基片制造商，被认定为云南省唯一的国家级制造业单项冠军。玉溪融建信息公司和云南永兴元公司实现业务高速增长，主营业务收入分别达6 100万元、2 700万元。玉溪融建成长为省内唯一具备运维T3标准数据中心的IDC企业，并入选云南省首批工业互联网云服务商，云南永兴元自主研发的智慧政务、“互联网+”政务、数据交换等平台软件获评电子政务优秀解决方案，产品和服务已输出到重庆、广西等地。

【数字政府建设有序推进】 2018年，全市建成了统一的政务云，35个党政部门的重要业务系统实现上云，云化率达83%，获得中国智慧城市创新奖。智慧政务广泛应用，全市实现了政务协同、政府网站、互联网出口、视频会议、移动办公和网络安全保障有机统一，全市电子公文交换100%覆盖，党政机关电子公文内部流转办结率达80%，在全省率先开发应用“一站式”政务服务应用平台。信息资源互联共享应用成效突出，建成全省第一个实战型的“信息资源互联共享平台”，共享数据280余万条。市税务部门通过数据共享应用，累计追缴应交未交税收3亿元，打掉增值税发票犯罪团伙1个；市发改部门应用平台数据，使玉溪市信用体系排名从全国262名上升至149名。全面推进公共服务“互联网+”应用，在全省率先建成教育云平台，全市612所中小学全部接入平台，实现山区与城市学校同上一堂课，让山区学校直接享受到城市优质教学资源。“互联网+医疗”“互联网+综治”应用在全国处于领先水平，被国家有关部委确定为示范应用项目。

【数字创新创业日趋活跃】 2018年，全市围绕大众创业、万众创新战略布局，依托玉溪双创中心启迪众创园及“猪八戒”孵化平台，大力推进数字经济创新创业，入驻企业达148家，涌现出一批成长性好的初创企业，今日青年网络科技公司业务已延伸至韩国、缅甸、老挝等地，云南昭何大数据公司已和百度、爱数、龙猫数据等大型数据公司建立稳定合作关系。

（钟团兵）

【电子政务外网建设】 截至2018年底，全市电子政务外网建设不断完善，建成了纵向连接市、县（区）、乡镇（街道办），横向连接市、县（区）各直属部门的高速、安全、可靠、全光纤化电子政务外网基础网络平台，电子政务外网覆盖了全市七县二区842个单位，其中省到市为500+50M带宽，市到县（区）为3×1G+0.5G带宽，县（区）到乡镇为2×100M带宽，实现了国家、省、市、县（区）、乡镇互联互通，政务专网、政务外网、互联网三网合一。

【信息化协同办公OA系统】 市委网信办不断加大信息化系统建设力度，进一步提升全市党政机关办公自动化应用水平，切实提高工作效率，截至2018年底，全市有1 310个单位开通了公文交换账号，663个单位实现内部流转，共交换文件331 592份，办理文件1 807 705份。

【统一互联网出口】 截至2018年底，市委网信办按照国家信息化外网建设的相关要求，依托覆盖“市、区县、乡镇”三级的信息化外网，通过MPLSVPN技术将互联网与信息化外网进行融合，分别在市级和七县二区建立了互联网统一出口。市级和红塔区90%的专线单位已经开通统一互联网出口，通海县、澄江县、华宁县、峨山县、新平县所有专线覆盖单位已经开通统一互联网出口，元江县在集中办公区的单位开通统一互联网出口，江川区、易门县尚未开通统一互联网出口。

【信息资源统一共享】 截至2018年底，市委网信办初步完成了玉溪市惠民应用公共基础资源库的设计，构建了全市统一的人口、法人、城市部件3类业务信息基础库，接入了工商、公安、人社、住建等74个单位，建设编目620条，导入数据246万条，收集了230万条人口数据搭建人口基础库，从工商部门收集40多万条数据搭建法人基础库，从政法部门收集170万条数据搭建城市部件数据库。

（史启斌）

【电信运营】 2018年，玉溪电信分公司积极打造智能化高速网络，不断加快电信网络建设，让用户获得更多实惠。持续推进提速降费，提高网络质量，大幅降低用户上网资费，7月1日起全面取消国内手机流量“漫游”费，手机用户省内流量升级为国内流量（不含港澳台），手机流量平均单价年内至少降低30%，推出五大优惠服务举措，包括全国大流量手机套餐；家庭融合套餐；面向年轻用户群体需求提供超值优惠的互联网卡；降低流量包资费，每GB流量降幅近30%；大幅下调60个方向国际漫游流量业务资费。加大家庭有线宽带提速力度，平均单位带宽价格下降30%。大力推广六模全网通手机，消费者、产业链和通信运营企业等多方受益。加强网络建设，关注用户感知，提升网络运营能力，年内工程建设总投资达5 694.59万元，新建FTTH光端口4.82万个，LTE1.8G新建开通20个站点、LTE800M开通138个站点及晋红高速开通28个，主城区覆盖率达98%，高速公路、风景区覆盖率达95%，农村覆盖率由原来的40%提升到85%，城区高层质差小区明显减少，网络质量及各项网络指标显著提升。有力支撑政府重要项目，推进互联网+产业，提升信息消费，完成红塔区高清视频监控系统四期项目建设任务、玉溪“互联网+食药监管”平台项目建设、全市中小学义务教育光网项目建设、玉溪武警支队“绿色军营”项目建设等。

①2018年5月25日，玉溪电信分公司开展应急通信保障演练 ②2018年5月16日，玉溪电信分公司开展保护通信设施宣传活动 ③2018年1月22日，玉溪电信分公司举办道德讲堂活动，宣讲党的十九大精神

（电信公司 提供）

聚焦服务短板，多项措施提升服务能力，强化执行，坚持对服务问题追责考核，利用“当日装、当日修、慢必赔”服务举措提升装机履约时限。重视实战演练，全力保证通信畅通，5月25日组织开展2018年度应急通信演练工作，8月13日通海县发生地震后，公司立即启动应急预案，深入地震灾区开展抢险救灾工作，投入应急抢险人数35人次、车辆6台、卫星电话2台、单兵设备2台、油机45台次，认真做好全市“两会”期间和“峨山县火把节”“2018年抚仙湖自然音乐节”等活动的通信保障。

（张晓燕）

【移动通信运营】 2018年，玉溪移动通信分公司深化“大连接”战略实施和“四轮驱动”融合发展，大力推进改革攻坚和管理提升，转型发展成效明显，支撑保障能力持续提升，基础管理不断深化，公司整体运营稳中向好。全年累计完成通信服务收入10.31亿元，完成投资1.95亿元，全市手机上网客户普及率超过80%，宽带市场占有率达41%。提速降费、提升服务，年初率先推出全国流量不限量套餐，7月1日起取消流量本地、全国差别，统一为全国流量。国际足联世界杯比赛期间，率先推出金球流量包、霸王包流量包，满足中低端人群、超高流量人群的大额流量需求，通过一系列降费举措，让广大客户确实享受优惠。为满足客户境外出游的手机上网和通话需求，公司积极与境外运营商谈判，多次下调漫游资费，30/60/90元流量包不限量资费已经扩展至201个国家和地区，并推出包括港澳台、欧洲、北美洲、大洋洲、“一带一路”沿线国家等多国/多天流量不限优惠，覆盖了90%漫游出行客户的需求。发挥行业优势，助力脱贫攻坚战，认真落实“互联网+精准扶贫”帮扶责任，结合行业特点加快网络基础设施建设，全年通信基础设施投入达45.54万元。网络信息安全管理工作规范有序开展，重点开展重要数据和用户个人信息保护工作、网络安全三同步管理、办公终端/营业终端安全整改、新技术评估等相关工作，推进网络安全体系建设，加大网络安全工作的支持和保障力度。

（移动公司 提供）

【联合网络通信运营】 2018年，玉溪联合通信分公司以4G为中心，加速推进重点乡镇、重点区域、重点楼宇的4G网络建设进度，积极对核心网及在网运行基站进行优化调整，不断改善网络覆盖和网络质量，为用户提供优质服务。集客方面，全流程支撑系统中受理项目需求137个，重点完成市邮政局11个网点专线接入开通，中石油36个加油站WIFI项目新建开通，31 637部队FTTH覆盖开通，市儿童医院服务器托管和专线新建开通，新平大红山矿业互联网接入新建开通，元江风电厂南北升压站专线接入新建开通、华为云计算中心专线接入新建开通等。传输方面，协调代理维护OTN环路腰街—元江主用、华宁一中—澄江南门备用、SDH10G环二楼—梅营、二楼—扬武的衰耗等安全隐患查处，完成玉溪传输核心节点的倒代备用纤芯方案，组织调通测试等工作。基站建设方面，完成库存废旧电池报废申请，完成41台次的空调维修及替换工作，保证节点站运行稳定，完成节点站隐患排查工作，发现市电隐患8处，电源隐患12处，电池隐患3处，土建隐患13处，空调隐患13台。优化资源配置，发挥网络最大效益，完成了中石油中心机房传输设备扩容2.5G单板，市儿童医院传输设备成环改造割接，割接中凯宏星奔驰4S店2条主干光缆进新立光交箱，江川联塑科技专线用光缆割进新立光交箱，阳光海岸新立光交光缆割接，完成玉溪师院、二职中、工业财贸学校等的校园网应急保障工程建设和“一部手机游云南”测试、问题点的处理等工作。

（联通公司　提供）

【铁塔公司生产经营情况】 2018年，玉溪铁塔分公司坚持“一家建设、多家使用”“能共享不新建”“能共建不独建”原则，在通信行业内深入推进资源共享，快速推动移动网络规模发展，初步形成“共享竞合”的铁塔模式，加快转型升级步伐，培育多点支撑的业务增长格局，持续提升市场竞争力。全年累计实现经营收入1.46亿元，预算完成率100.41%，同比增长2.3%；累计经营成本1.24亿元，预算完成率98.61%，欠目标进度1.39PP，同比增长2.17%；累计利润总额2 110.32万元，预算完成率103.67%，超过目标进度3.67PP，同比增长26.11%，利润总额呈增长态势。整合外部资源，营造良好的政策环境，市政府2次召开互联网基础设施建设调研会，全力支撑玉溪铁塔在5G等基础通信设施建设方面做出成效。从“单点建塔”转向“移动覆盖综合解决方案”，玉溪分公司逐步摆脱宏站固定点位、固定塔高的传统建设模式，通过宏微一体、室内外协同，满足客户移动覆盖需求。通过各部门联动，内外协同，狠抓订单转化率提升，与运营商确认需求订单1 631个，订单签约1 603个，需求转化订单率98.28%，保持玉溪铁塔的竞争力。通过造价控制，统筹社会资源，共推送46个综合解决方案至运营商，新建站单站造价15.07万元，比上年下降39.57%，改造站单站造价0.65万元，比上年下降35.48%，宏站需求1 631个，交付1 542个，交付率94.6%；微站需求27个，交付27个，交付率100%；室分需求10个，交付10个，交付率100%。牢牢立足共享发展，把握好价值创造的源泉和基础，全市共享率达71.5%，平均单站租户达到1.459，全省排名第2。为有效提升客户满意度，公司精准化把握建设需求和节奏，订单起租及时率100%，排名全省第1，已交付站点100%签署批量起租表，累计回款1.38亿元，回款率94.4%。坚持创新驱动，提升业务拓展能力，拓展业务收入253万元，完成全年拓展型业务收入目标，以“互联网+”思维与相关部门就交警高点监控、广告业务、森林防火监控、抚仙湖监控等项目探索合作模式，推动传统监控向智慧监控变革与创新，加快构筑绿色玉溪体系，与市广电局、市气象局、市电网公司等多家单位签订战略合作协议，积极推进玉溪移动广告、汇龙广告、通海公安高点监控、

①

②

①玉溪铁塔公司到通海“8·13”地震灾区开展通信保障工作　②玉溪铁塔公司与市工信委开展联创共建

（铁塔公司　提供）

市气象局自动站代维、公安 PDT、雪亮工程等项目落地。强化站址运营理念，完善一点支撑、可视可管可控的运营体系，发挥资源最大效益。维护推行全面质量管理，以问题为导向，充分了解运营商诉求，以运营商关注的痛点为抓手，重点对超频、超长、长期停发电问题进行闭环管控。3 家运营商平均断电时长及“5+1”指标均达到运营商要求，完成值全省排名第 1；发电及时率显著提升，从年初的 85.15% 提升至 92.85%；故障工单处理质量达标率各月均高于 98%，各季度均排名全省前列。代维嵌入式管理，常态化开展代维维护工作布置、考核管理及应急通信保障，有效落实代维日常管理制度，代维管理规定动作执行率全省排名前列。

【玉溪铁塔助力玉水金岸“5G 智慧小区”建设】 2018 年，玉溪铁塔分公司下发《关于开展玉溪市分公司业务拓展之“圈地”专项行动的通知》，并就公司转型阶段“做什么、如何做、谁来做”开展讨论。1 月 4 日，玉溪铁塔获首份“圈地”项目合作协议《玉溪玉水金岸通信覆盖项目战略合作框架协议》，本次“圈地”活动灵活选用签约储备方式，实现室分资源提前获取、批量获取和科学获取，为玉溪铁塔储备“5G”资源奠定了基础。

【玉溪铁塔与高新区签署“智慧园区”战略合作协议】 2018 年 5 月 28 日，玉溪铁塔分公司与高新区管委会签署“智慧园区”合作协议，共同推进高新区的通信配套基础设施建设。双方在信息基础设施上发展业务合作，合作领域包括通信基站、室内分布系统、智能小区（楼宇）、智能家居、智能驾驶、充电桩新能源业务、物联网网络等，签署协议有助于铁塔公司在高新区开展项目建设、社会资源利用、物业协调、新业务拓展等。

【安全生产检查】 2018 年 9 月 17~19 日，省通信管理局深入玉溪铁塔分公司，对通信工程建设质量和安全生产情况、隐患整治、特殊环境特殊时期安全生产工作、光纤到户、提速降费等工作情况进行监督检查，通过检查，玉溪铁塔分公司进一步强化安全生产意识，有效提升工程质量管理规范。

（高　倩）

（张本聪　摄）

（张本聪 摄）

（张本聪　摄）

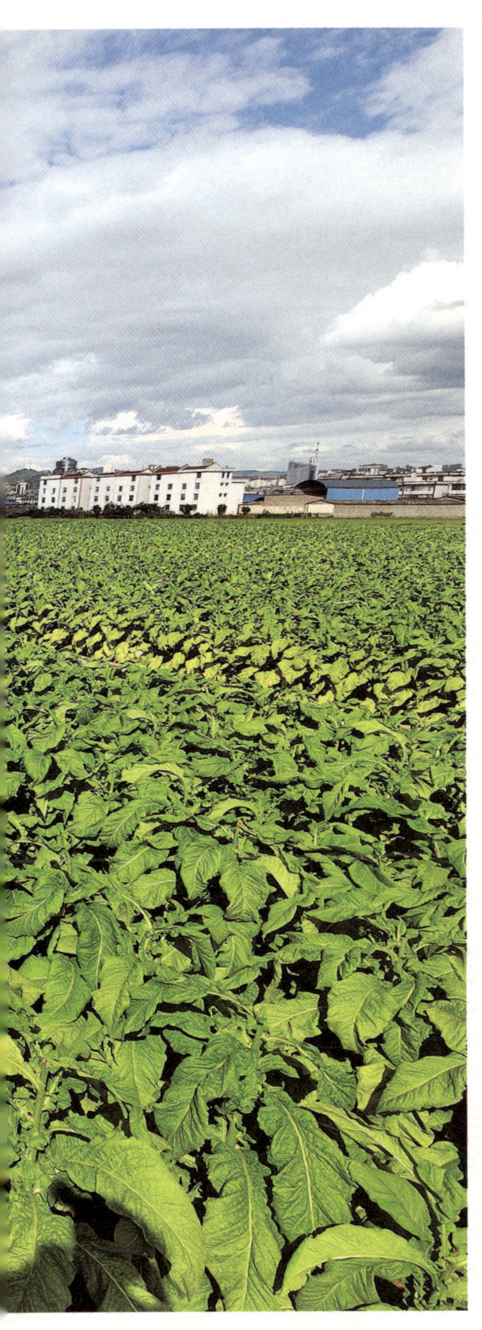

烟草产业

TOBACCO

责任编校：王　捷

烟草管理

【调控烟叶计划】 2018年，市政府印发《关于调整预下达2018年烤烟生产收购计划的通知》，全市烟叶计划分配综合考虑工业需求、生产条件、种植水平、烟叶质量、税利贡献等因素，以单产差异化实施县（区）精准调控，最高的县（区）调减生产收购计划9.9%。

【优化烟区布局】 2018年，全市以稳定品质优良的核心烟区为基础，落实田烟种植面积18.1万亩，占总种植面积32.6%；巩固提升连片规模化种植水平，建设万担千亩的乡村骨干烟区，万担以上的乡（镇、街道）面积占比93.9%，千亩以上的村委会收购量占比79.3%，户均10亩以上的农户面积占比55.4%。

【调优品种布局】 2018年，全市统筹品种布局，加大良种轮作力度，坚持以特色品种K326为主，搭配布局云烟87、云烟116和KRK26品种。其中，布局K326特色品种44.09万亩，占比80%。

【烟草产业政策扶持】 2018年，市政府印发《关于切实抓好2018年烤烟生产工作的通知》，出台一系列巩固提升烟叶生产发展的政策措施，各县（区）加大执行烟叶税扶持烤烟产业的力度，在资金扶持方面，全市烤烟生产扶持投入总额超3亿元。

【抚仙湖万亩绿色生态烟区建设】 2018年，全市实施抚仙湖径流区休耕轮作，建设万亩绿色生态烟区，在澄江县龙街街道、右所镇、路居镇规划种植绿色生态烟叶1万亩。万亩绿色生态烟叶实现提质增效“双丰收”，即收购烟叶3万担，上等烟比例79.58%；均价31.78元/千克，亩均收入4 767，户均收入13.9万元。烟叶安全质量、外源污染物和非烟物质控制达标率达100%，打造抚仙湖“绿色生态烟叶品牌”取得新进展。

【烤烟生产收购管理实行千分制考评】 2018年，市烟草产业发展领导小组印发《2018年烤烟生产收购管理千分制考评办法》，考评结果为红塔区1 036.27分、江川区1 013.36分、澄江县981.99分、通海县1 030.63分、华宁县965.8分、易门县976.47分、峨山县1 029.14分、新平县1 002.23分、元江县995.48分。

【“2260”高端特色烟叶开发】 2018年，市烟草产业发展领导小组印发《2018年“2260”高端特色烟叶开发实施方案》，全市计划种植优质烤烟5万亩，收购调拨红塔集团高端特色烟叶15万担，安排在江川区、澄江县、华宁县、峨山县、新平县5个县（区），每个县（区）各1万亩、3万担。

【县乡村烤烟样板示范】 2018年，全市按照“以点带面、典型引导”的思路，落实县（区）委书记、县（区）长、分管副县（区）长分别挂钩的千亩以上连片示范样板38片4.3万亩，乡级样板127片5.2万亩，辐射带动烟叶生产水平整体提升。

【烟叶生产基础设施建设】 2018年，全市持续改善烟叶生产基础设施条件，年度规划建设烟叶生产基础设施项目1 012件，完成997件；烤房建设1 400余座，投资6 000余万元。

【烟草援建水源工程】 2018年，全市积极争取国家局水源工程援建项目，完工验收项目1件，即红塔区平滩箐水库；在建3件，即新平县横山水库、华宁县核桃冲水库、峨山县筇川水库；新开工项目2件，即元江陆家店水库（4月28日开工建设，项目总投资8 577.61万元）、华宁县小箐水库（6月21日开工建设，项目总投资9 639.95万元）。峨山新街河水库已通过国家局审查待文件批复。澄江县小冲水库已上报国家局等待评审。

【烟草产业扶贫政策】 2018年，全市制定出台“对种植烤烟的建档立卡贫困户，按合同种植面积直补烟农100元/亩”的精准扶持政策，下达县（区）烟草精准扶贫资金531.1万元。全市建档立卡贫困户种烟涉及59个乡（镇、街道）、332个村（社区）、7 078户、2.85万人，种烟面积5.31万亩，烟农交售烟叶收入2.01亿元，户均收入2.83万元，人均收入7 022元。

【元江县开展雪茄烟试种】 2018年，全市开展雪茄烟适应性栽培研究，在元江县勘查筛选2个区域进行试验性种植，分别位于澧江街道南洒村委会、曼来镇东峨村委会。南洒村委会试验种植区占地面积78.06亩，种植雪茄品种4个，配套建设雪茄烟晾房2座。曼来镇东峨村委会小规模试验性种植4亩，配套晾房1座。

【烟叶产业三年行动计划】 2018年，市打造世界一流“绿色食品牌”工作领导小组办公室印发《全市烟叶产业三年行动计划（2018～2020年）》，力争到2020年，烟叶种植规模59万亩，烟叶收购量162万担，烟农交售烟叶收入24.3亿元以上，烟叶税收入5.3亿元以上。

（普泳智）

烤烟生产

【概　况】 2018年，全市烟草商业总资产79.44亿元，比上年增10.02%；固定资产净值3.70亿元，比上年减8.49%；流动资产63.19亿元，比上年下降3.50%；资产负债率9.39%，比上年下降0.34个百分点；三项费用率6.78%，比上年下降0.17个百分点。全年实现“两烟”销售收入81.56亿元，比上年增8.75%；“两烟”税利36.23亿元，比上年增11.98%；“两烟”利润23.21亿元，比上年增14.23%。

（陈　磊）

【烟叶生产】 2018年，全市有种烟县（区）9个、乡镇（街道）63个、村（居）委会412个、村（居）民小组2 808个、烟农6.47万户，签订烤烟种植合同6.47万份，面积55.6万亩。其中，土地流转种烟农户975户，面积3.96万亩，户均40.63亩；30亩以上农户481户，面积3.02万亩（面积占比76.26%），户均8.59亩；户均10亩以上农户1.73万户，面积28.57万亩；千亩村192个，面积44.34万亩；千亩村民小组41个，面积5.16万亩。全市规划种植4个品种烟叶，“K326”品种44.09万亩，占79.29%；“KRK26”品种0.6万亩，占1.08%；“云烟116”品种1.99万亩，占3.58%；“云烟87”品种8.92万亩，占16.04%。烟叶生产收购5项指标均比上年增长，即收购总量150.1万担，增9.69万担；上等烟比例71.43%，比上年提高7.69个百分点；烟农售烟总收入22.47亿元，比上年增 10.69%；户均售烟收入 3.47 万元，比上年增 27.11%；均价 29.94 元 / 千克，比上年增 1.02 元 / 千克；上缴烟叶税 4.94 亿元，比上年增 10.51%。

【做强产业政策保障】 2018 年，全市加大烟叶生产扶持力度，市级财政仍执行 16 元 / 担烟叶生产组织奖励政策。全市烟草商业产前投入 1.4 亿元，为玉溪烟叶发展打好基础。全年商业保险（气象灾害）累计理赔 0.19 亿元，涉及受灾面积 5.17 万亩（绝收面积 1 065 亩，受灾烟农 1.6 万户），比上年减少 5.03 万亩。

【烤烟生产布局】 2018 年，全市着力调优烟叶种植规划布局，主抓“三个优化”。优化烟叶计划，即综合考虑工业需求、生产条件、烟农意愿、种植水平、烟叶质量、税利贡献等因素，以单产差异化实施县区精准调控，县（区）最高调减 9.9% 生产计划。优化调拨计划，即全力保障云产卷烟品牌发展，调拨红塔集团 103.86 万担，占全市国内计划的 74%。优化烟区布局，即坚持“好田好地种好烟、好烟好料送红塔”工作思路，全市落实田烟种植面积 18.12 万亩、占比 32.6%，地烟 37.48 万亩、占比 67%；全市田、地烟共 2 209 片连片种植，其中田烟 753 片、地烟 1 456 片，田、地烟 100 亩以上共 1 882 片连片种植，连片面积 53.47 万亩、占比 96%，其中 1 000 亩以上连片 45 片 5.92 万亩，500 ~ 1 000 亩连片 182 片 11.76 万亩，100 ~ 500 亩连片 1 655 片 35.78 万亩。

【烟叶生产管理】 2018 年，全市围绕做实“第一车间”，全力抓实“四个关键”，即移栽抓“早”，不断提升移栽质量和集中度，52.44 万亩烟叶集中在清明至谷雨节令内移栽，占比 94%；中耕抓“产”，围绕“田烟单产 200 千克以上、地烟单产 150 千克以上”目标，狠抓“增肥追肥、揭膜破膜、培土填塘”3 项底线技术措施落实，亩均多施追肥 1 倍以上；生产抓“绿”，100% 应用蚜茧蜂生物防治技术，施用商品有机肥 11.6 万亩，回收烟田废弃地膜 14.88 万亩、农药包装废弃物 9.84 万亩，STP 项目试点 0.66 万亩，建成生物质燃料烤房 938 座、热泵烤房 70 座、生物质燃料生产线 2 条，全面投入使用，燃料自给率 47.1%；烘烤抓“专”，全市密集烤房投烤率 85%，上部叶一次性采烤面积 54.02 万亩，占计划面积 97.16%，上部叶一次性采烤户数 6.41 万户，占种植户 99.04%，联户联烤 19.84 万担，专业化、商品化烘烤 95.12 万担，专业化、商品化模式烘烤占比近 70%。截至年末，全市有烤房 9.23 万座，其中密集烤房 2.29 万座。

【转变烟叶生产组织方式】 2018 年，全市纵深推进生产组织方式转型。户均种烟规模 8.59 亩 / 户，比上年提高 0.97 亩，单户规模 10 亩以上的 19.5 万户，面积占比 55.4%，比上年提高 17.3%，实现种植规模化。年内新增职业烟农 3 010 户，近 4 年累计培育 10 122 户职业烟农，全年种烟 11.11 万亩，占比 20%；交售烟叶 29.53 万担，占比 53%；交售上等烟 73.01%，均价 29.90 元 / 千克，户均规模 10.98 亩，交售收入 4.36 万元，实现烟农职业化。烟农合作社优化整合至 42 个，行业示范社 3 个，专业化服务基本覆盖 5 大主要环节，机械化作业率稳步提升，实现服务专业化。

【保障烟农增收】 2018 年，全市加快推进烟叶扶持政策措施从增产转向提质导向，落实县（区）委书记、县（区）长、分管副县（区）长分别挂钩的千亩以上连片示范样板 45 片 5.92 万亩，在抓好烟叶工作中把农业农村优先发展要求落到实处。同时，在全市学习龙树典型，“科技不妆反素”，红土地上栽好烟，膜下小苗抢节令，以水调肥快生长，揭膜培土提单产，抓实培训保落实，陡坡早栽不等雨，贫瘠土壤巧施肥，克服连作要改土，以烟为主调结构，以烟为主强规划，精准育苗衔节令，注重安全争市场；“产业不乱反精”，以烟为主建产业，全年单产 140.5 千克 / 亩，比上年增加 1.2 千克 / 亩，均价 30.81 元 / 千克，比上年增加 0.05 元 / 千克，上等烟比例 73.95%，比上年增 8.02%，亩产值 4 326.81 元 / 亩，比上年增 1%。此外，与工业客户积极沟通，以基地单元为载体，工商共建“科研 + 种植 + 加工 + 流通 + 品牌”全产业链品牌专属原料基地，调整技术、提升服务、增加效益、互利共赢。云南中烟对江川区、澄江县、华宁县、峨山县、新平县所属“2260”高端特色烟叶开发项目区的 46 个村委会、233 个村民小组、6 234 户烟农、5 万亩烟田，按照 1 000 元 / 亩补贴标准，补贴 5 000 万元。“2260”片区交售均价 32.19 元 / 千克，高于全市均价 29.94 元 / 千克，提高了烟叶使用价值，保证了烟农增收。

（盛海红）

卷烟生产

【概　况】 2018 年，红塔集团以母分公司形式下辖云南省内玉溪、楚雄、大理、昭通 4 家不具有法人资格的卷烟厂；控股红塔辽宁烟草有限责任公司、海南红塔卷烟有限责任公司、香港红塔国际烟草有限公司、老挝寮中红塔好运烟草有限公司、云南合和（集团）股份有限公司；参股吉林烟草工业有限责任公司、中烟国际欧洲公司。集团总资产 1 175.64 亿元，其中固定资产净值 94.32 亿元、流动资产 531.75 亿元，资产负债率为 16.35%。集团在岗员工 9 032 人（含集团总部和玉溪、楚雄、大理、昭通卷烟厂），其中博士 3 人、硕士 218 人、大学本科 3 016 人；有专业技术人员 3 905 人，其中高级 54 人、中级 1 283 人、初级 2 568 人。集团全面贯彻落实国家局和云南省委省政府的决策部署，牢固树立“云南中烟一盘棋思想”，坚持以品牌市场为导向、以提高供给体系质量为主攻方向，全面履行生产管理主体责任，深化研产销联动工作机制，加快卷烟新品类构建，加大新老产品的开发维护和市场培育力度，聚集合力优状态、提结构、稳规模，奋力打好品牌复兴、企业复兴、转型升级发展“三个攻坚战”，集团重点品牌发展保持稳中有进。

【卷烟生产经营】 2018 年，红塔集团境内外卷烟总产量（含省内四厂内销与出口、品牌合作、境外加工生产卷烟）2 307.91 亿支（461.58 万箱），比上年下降 6.58%。省内四厂生产内销卷烟 1 702.12 亿支（340.42 万箱），比上年下降 2.39%。其中，一类烟 698.34 亿支（139.67 万箱），比上年下降 0.34%；二类烟 19.69 亿支（3.94 万箱），比上年下降 11.75%；三类烟 885.06 亿支（177.01 万箱），比上年下降 2.06%；四类烟 75.78 亿支（15.16 万箱），比上年增长 40.22%；五类烟 23.26 亿支（4.65 万箱），比上年下降 63.13%。省内四厂生产出口卷烟 38.55 亿支（7.71 万箱），比上年增长 0.76%。

玉溪卷烟厂生产内销卷烟930.62亿支（186.12万箱），比上年下降2.39%。其中，生产一类烟573.78亿支（114.76万箱），比上年增长4.19%；生产二类烟19.69亿支（3.94万箱），比上年下降10.97%；生产三类烟313.04亿支（62.60万箱），比上年下降4.72%；生产四类烟22.01亿支（4.40万箱），比上年下降37.34%；生产五类烟2.10亿支（0.42万箱），比上年下降87.61%。按品牌，生产“玉溪”573.78亿支（114.76万箱），比上年增长4.19%；生产“红塔山”332.72亿支（66.54万箱），比上年下降5.12%；生产“红梅”24.12亿支（4.82万箱），比上年下降53.73%。玉溪卷烟厂生产出口卷烟生产31.90亿支（6.38万箱），比上年下降1.88%。全年玉溪卷烟厂万支卷烟综合能耗2.12千克标煤，平均消耗烤片6.02千克/万支、滤嘴棒1 669.98支/万支、卷烟纸600.29米/万支、接装纸0.32千克/万支、商标500.07张/万支、水0.07吨/万支、电6.22千瓦时/万支。

红塔集团实现卷烟工业销量（含集团省内四厂内销与出口、合作生产、境外加工卷烟销售）2 337.30亿支（467.46万箱），比上年下降6.02%。省内四厂内销卷烟销量1 683.59亿支（336.72万箱），比上年下降1.59%，其中，一类烟657.52亿支（131.50万箱），比上年下降2.65%；二类烟19.7亿支（3.94万箱），比上年下降12.64%；三类烟904.26亿支（180.85万箱），比上年增长1.68%；四类烟80.32亿支（16.06万箱），比上年增长40.42%；五类烟21.80亿支（4.36万箱），比上年下降67.19%。境外加工卷烟工业销量106.55亿支（21.31万箱），比上年下降7.09%。出口卷烟工业销量38.54亿支（7.71万箱），比上年增长0.23%。

红塔集团本部（含省内四厂）实现销售收入599.01亿元，比上年下降1.30%；实现税利501.39亿元，比上年下降2.84%；实现工业总产值728.22亿元，比上年增长1.72%，其中，在市内实现工业总产值495.20亿元，比上年增长1.44%。

【主要产品】 2018年，红塔集团重点卷烟品牌稳中向好发展。“玉溪”品牌（境内内销）生产711.15亿支（142.23万箱），比上年增长0.41%；商业销售703.85亿支（140.77万箱），比上年增长3.69%，位居行业一类卷烟商业销量第二位；单箱批发销售收入5.19万元，与上年持平，高于行业重点品牌平均单箱批发额1.77万元，商业批发销售收入731亿元，比上年增长3.77%。“红塔山”品牌（境内内销）生产1 209.70亿支（241.94万箱），比上年下降10.23%；商业销售1 332.05亿支（266.41万箱），比上年增长0.59%，位居全国卷烟品牌销量第四位；单箱批发销售收入1.85万元，比上年增长0.34%，商业批发销售收入492.33亿元，比上年增长0.93%。

【品牌建设】 2018年，红塔集团按照云南中烟品牌发展三年规划（2018～2020年），完成集团“玉溪”“红塔山”品牌发展规划，进一步理清品牌发展总体思路。坚持聚集品牌发展能力建设，突出产品线优化布局和产品发力两个重点，加强品类构建，提升品牌供给体系质量；“玉溪”品牌抓住“突高端树标杆、提升价值形象”主线，着力打造高端和高价位主导规格，“红塔山”品牌抓住“提基座强活力、重塑价值形象”主线，突出年轻时尚化发展方向，加快低三转高三，集中力量突破二类，同时布局一类，整体补齐补优“玉溪”“红塔山”产品线，以差异化产品有效满足市场需求变化，助推云产卷烟品牌转型升级高质量发展。

【新品类及新品卷烟培育】 2018年，红塔集团继续加大新品类及新品卷烟的研发维护和市场培育力度，为品牌稳中向好发展提供有力支撑。全年上市新品（上市销售未满一年的卷烟规格）有“玉溪（中支华叶）”“玉溪（中支和谐）”“玉溪（中支阿诗玛）”“玉溪（硬金）”“红塔山（新时代）”“红塔山（硬传奇）”，合计商业销售22.60亿支（4.52万箱）。集团“细中短爆”新品类卷烟累计商业销售94.30亿支（18.86万箱），比上年增长160.27%。新品、次新品累计商业销售110.85亿支（22.17万箱），实现税利47.11亿元，税利贡献度10.18%。

【出口卷烟】 2018年，红塔集团生产出口卷烟38.55亿支（7.71万箱），比上年增长0.76%。玉溪卷烟厂生产出口卷烟31.90亿支（6.38万箱），比上年下降1.88%，其中，“玉溪”系列8.29亿支（1.66万箱）、“红塔山”系列0.54亿支（0.11万箱）、“阿诗玛”系列18.55亿支（3.71万箱）、“新兴”系列4.00亿支（0.80万箱）、“BRASS”系列0.20亿支（0.04万箱）、“美西”系列0.32亿支（0.064万箱）。

【境外卷烟生产】 2018年，红塔集团境外生产卷烟106.75亿支（21.35万箱），比上年减少4亿支（0.8万箱），减幅3.6%。其中，“玉溪”4.4亿支

2018年5月7日，红塔集团董事长王勇（右二）、玉溪卷烟厂厂长马云参（右一）及市烟草专卖局（公司）人员，到红塔区卷烟零售终端调研，了解红塔品牌市场销售情况，听取零售户对红塔卷烟新品推广培育的意见建议

（0.88万箱），比上年减少1.8亿支（0.36万箱），减幅29.31%；“红塔山”10.55亿支（2.11万箱），比上年减少0.05亿支（0.01万箱），减幅0.58%；“红梅”4.55亿支（0.91万箱），比上年增加1.15亿支（0.23万箱），增幅33.09%；“阿诗玛”“MARBLE”“BRASS”等其他品牌87.25亿支（17.45万箱），比上年减少3.25亿支（0.65万箱），减幅3.59%。

【“玉溪（翡翠）”概念发布】 2018年9月26日，红塔集团在玉溪举办“清香之宗 品质玉溪——‘玉溪’品牌创牌45周年纪念暨‘玉溪（翡翠）’概念发布会”。“玉溪（翡翠）”是红塔集团与北京微普联合生物科技有限公司跨界合作，利用微生物调香科技打造的一款中式高端舒适型卷烟新产品，独创功能性海洋生物颗粒载香纸、窖藏发酵手工精选烟叶等微生物技术的应用和顶级的烟叶用料，铸就“玉溪（翡翠）”烟香清雅如竹、味感湿润如玉的高品质，为高端消费人群带去更加舒适、安全的消费体验。

【生产管理】 2018年，红塔集团按照实时订单、滚动订单需求，克服市场需求多样、销售计划与设备产能不匹配、新品试制生产难点多等实际情况，优化流程，科学排产，及时高效组织生产；加大装备技术改造力度，完成13万箱细支、10万箱中支、6万箱短支卷烟和3万箱爆珠嘴棒的年产能布局，新品类卷烟生产设备保障能力显著提高；推进MES系统（生产制造执行系统）建设，打造数字化、智能化卷烟工厂，MES系统在大理卷烟厂实现完整功能上线运行，在楚雄、昭通和玉溪复烤一车间实现主功能上线运行。全年计划生产满足率100%、准时发货率98.77%、准时到货率94.72%，柔性化生产能力和快速响应市场能力持续提升。

【质量管理】 2018年，红塔集团深入推进质量隐患排查，抓严抓细全过程跟班工艺纪律检查考核，开展质量专项改进攻关，全覆盖消除生产过程质量管控盲区，推进MES系统质量模块主功能在省内四厂上线运行和在省外控股企业试运行，过程质量保障能力和质量监管信息化、品牌合作生产均质化水平持续提升。持续开展包装与卷制质量改进提升，结合“短中细爆”等新品类发展要求，加强新技术、新工艺、新材料的吸收应用和质量管控，探索建立加热不燃烧卷烟工艺质量管控体系，按计划组织实施省内各厂、品牌合作生产、境外生产烟用材料和卷烟产品质量监控，完善监督体系。全年卷烟产品监督抽检合格率100%，烟支、盒装质量缺陷率显著下降，质量问题市场投诉率持续降低。

【节能减排】 2018年，红塔集团深化能源管理体系建设，深挖主要耗能部门及环节的节能潜力，稳步推进天然气、生物燃料替代燃煤的步伐，减少污染物排放，持续在提高经济效益、环境效益、社会效益上下功夫，各项能耗、排放指标达到云南中烟下达的目标。全年集团能源消耗总量6.44万吨标准煤，比上年上升8.35%；卷烟万元产值综合能耗5.71千克标煤，比上年下降3.78%；卷烟万元增加值能耗7.28千克标煤，比上年下降1.39%；单箱卷烟综合能耗11.80千克标煤，比上年上升0.49%；卷烟单箱耗水0.37立方米，比上年上升6.37%；复烤吨烟能耗134.66千克，比上年下降4%；复烤吨烟耗水4.21立方米，比上年下降7.9%。

【烟叶原料采购】 2018年，红塔集团密切政工商战略协同，选派工作组分赴省内外35个烟区，加强产区、品种优化布局衔接和工商交接质检前移，深入推进烟叶精准采购；统筹推进“2 260、高原阳光、抚仙湖畔”高端特色烟叶开发，开展科研项目14项，构建更加完善的优质烟叶开发技术支撑体系，为品牌发展提供特色优质原料保障；加大工业调剂和陈烟使用力度，持续优化烟叶库存结构。截至年底，省内外烟叶工商交接16.69万吨（333.7万担），等级合格率达71.8%，基地化采购率84.5%，其中省内完成14.31万吨（286.24万担）；采购进口烤片0.75万吨（15.09万担）；工业调剂（调出）烤片1.90万吨（37.93万担）、长烟梗0.15万吨（3.01万担）；采购烟草薄片1.19万吨（23.76万担）。

【“2260”高端特色烟叶开发】 2018年，红塔集团加强与玉溪、楚雄等烟区政府和烟草公司的战略协同，进一步调整优化“2260”高端特色烟叶开发的区域布局，清退风格特征不明显、综合质量未达标的区域，取消南华、易门2个项目区，新增澄江、牟定2个项目区；政工商3方共同完善相关工作、技术、考核方案和补贴办法，大力倡导测土配方施肥，坚持成熟采烤，推进绿色防控，共同把控质量，强化检查考核和结果运用，推动品牌与原料深度融合。全年采购高端特色烟叶1.5万吨（30万担），经云南中烟技术中心专家评定，烟叶成熟度好，香气量足，风格特色突出，与集团高端卷烟品牌发展需求的符合度更加切合。

【特色品种保障】 2018年，红塔集团与玉溪、楚雄、大理、昭通、红河5州市地方政府烟办和烟草公司加强合作联动，衔接落实烟叶特色品种布局，烤烟品种纯度检查考核覆盖28个县120个种烟乡镇；按照要求，各州市高度重视育苗管理，播种、供苗台账齐全，面积核实细致，土壤保育措施稳步实施，商品有机肥和腐熟农家肥广泛施用，一体化成熟采烤技术落实到位。全年共采购特色烟叶10.75万吨（215.08万担），为集团品牌发展提供特色原料保障。

【烟叶生产扶持资金】 2018年，红塔集团在全市核心烟区投入扶持资金1.24亿元，发挥有限资金在推广实用技术、提升烟叶质量和稳定稳定烟农种烟收益等方面的作用。其中，“2260”高端特色烟叶开发扶持资金5 000万元、特需烟叶生产扶持考核兑付资金4 320万元、基地单元建设资金1 320万元、政府协作资金1 760万元。

【烟叶工业分级】 2018年，红塔集团完成省内烟叶工业分级任务12.85万吨（256.97万担），其中，玉溪厂7.84万吨（126.35万担）、楚雄厂2.85万吨（57.0万担）、大理厂2.27万吨（45.35万担）、昭通厂1.41万吨（28.27万担）。各厂复烤车间就来料制定分选计划，强化技能培训，做到细分产区、精分等级，确保分后烟叶等级质量、实物得率、分选损耗率、吨烟劳务费用等关键指标持续提升。

【复烤加工】 2018年，红塔集团烟叶复烤加工强化分选环节，提高投料质量，加强在线质量管控、过程参数及重点指标核验，批次产品抽检结果比上年进一步提高。全年完成烟叶复烤加工19.92万吨（398.42万担）。其中，省内四厂15.86万吨（317.27万担），含片烟回烤计划3万吨（60

玉溪卷烟厂复烤一车间分后烟叶堆放现场　（红塔集团　提供）

万担）；区外委托 24 个复烤厂复烤加工 4.35 万吨（87.09 万担），出片率 67.14%。

【科技创新】　2018 年，红塔集团共申请专利 538 件，已受理专利 538 件（发明 132 件），已授权专利 289 件（发明专利 15 件），共申请计算机软件著作权 38 件，获登记 24 件。8 月，集团获国家知识产权局授予“国家知识产权优势企业”称号。集团《提升昭通基地烟叶与云南卷烟品牌符合度的研究及应用》获省科技厅 2017 年度科学技术进步奖三等奖。在云南中烟 2018 年度科学技术进步奖评奖中，集团获奖 5 项，《提升细支卷烟卷制质量的关键技术研究》获一等奖、《滤棒混合加香改进技术及直接加香技术的研究应用》获二等奖、《RD5000 型逆流式烘丝机工艺特性研究及应用》等 3 个项目获三等奖。集团 2017 年度科技进步奖、青工创新创效活动成果评比中，分别评审产生奖项 47 项和 94 项。其中，《烟用包装纸印刷质量控制与检测技术研究》获科技进步奖特等奖，《烤机热风进风方式的研究与应用》等 3 个项目获科技进步奖一等奖，《红塔生态特色原料基地——生物防治技术体系的构建及示范》等 8 个项目获科技进步奖二等奖，《ZB48 包装机组稳定性的探究》等 12 个项目获科技进步奖三等奖，《高端品牌卷烟质量缺陷的精益控制》等 23 个项目获科技进步奖鼓励奖；《优化程序提高膨胀丝柜储柜信息准确率》等 22 个项目获青工创新活动成果一等奖、《润叶加料系统综合改进》等 72 个项目获青工创新活动成果二等奖。

【新型烟草制品研究开发】　2018 年，为抢占新型烟草制品未来市场的先发优势，红塔集团利用现有设备资源完成 2 条中心加热不燃烧卷烟生产线的改造，实现年产 3 万箱 ϕ7.7*45mm、ϕ7.3*45mm 两种规格产品，从基棒成型到成品包装全流程规模化生产能力；系统建立加热不燃烧卷烟加工制造的工艺标准体系，形成 40 多项专利技术；实现第二代加热不燃烧新型烟草制品“MC”在韩国、日本等国际市场销售。

【社会公益】　2018 年，红塔集团本部及玉溪卷烟厂累计捐款 1 452 万元，助力玉溪扶贫攻坚、教育事业发展。集团本部捐款 519 万元，其中，向玉溪市山区民族教育促进会“百名贫困学子大学圆梦计划”捐款 60 万元，向玉溪师范学院“红塔奖（助）学金”捐款 79 万元，向元江县咪哩乡瓦纳小学和江川区雄关乡麦冲幼儿园等 5 所中小学校、幼儿园共捐款 260 万元，向峨山县大龙潭乡集中安置点建设项目捐款 100 万元，其他公益捐款 20 万元。玉溪卷烟厂捐款 933 万元，其中，向挂钩扶贫点峨山县富良棚乡美党村捐款 316.5 万元，用于公共基础设施建设、改善乡村学校办学条件等 7 个项目，向玉溪市第四中学、市第三幼儿园、灵秀小学等 10 余所中小学校、幼儿园共捐款 472.5 万元，向峨山县人工防雹项目捐款 60 万元，其他公益捐款 84 万元。

【主要荣誉】　2018 年 1 月 3 日，红塔集团荣获国资委授予的“2017 年度重点企业信息报送先进单位”称号；8 月，荣获国家知识产权局授予的“国家知识产权优势企业”称号；11 月 9 日，荣获中国设备管理协会授予的“第十一届全国设备管理优秀单位”称号，集团本部的杨明荣获“全国设备管理优秀工作者”称号；9 月，集团本部的李红林荣获中华全国总工会授予的“全国优秀工会工作者”称号；11 月 6 日，玉溪卷烟厂的邱仕强荣获人力资源和社会保障部授予的“全国技术能手”称号。

（彭　林）

2018 年 9 月 12 日，红塔集团玉溪卷烟厂物业公司员工为峨山县富良棚乡美党村花农分枝打包第一批上市销售的百合花　（红塔集团　提供）

卷烟营销及专卖管理

【卷烟营销】 2018年，全市进一步强化终端建设，加深“互联网+”新零售实践探索，构建以标杆终端为引领、现代终端为支撑、普通终端为基础的分层分类管理体系，建成“云香印象”品牌终端729个，销售卷烟8.56万箱（42.78亿支），比上年增2.35%。其中，一类烟销售1.99万箱，比上年增6.97%；二类烟销售3710箱，比上年增34.49%。全年实现含税销售收入27.25亿元，比上年增5.06%；上缴卷烟税收6.81亿元，比上年增6.31%；实现单箱含税销售收入3.19万元，比上年增2.65%，高于全省平均水平850元。其中，全市云产新品销量达1 987箱，占一、二类烟销量比例的8.41%，新品平均单箱5.86万元，为全市单箱提升822元贡献了622元。玉溪市场红塔集团卷烟销量占比始终稳居全省第一，红塔卷烟销量占比70.83%，是全省平均占比的3倍。

【云产一、二类烟品牌培育效果显著】 2018年，全市通过构建“提一、转二、减三”梯次上移的结构提升格局，与上年相比，一类、二类烟占比提高1个百分点，千元价位一类烟销量增长21.80%。全年销售云产一、二类烟2.09万箱，比上年增9.33%，实现大幅增长。其中，云产一类烟销售1.82万箱，比上年增7.22%；二类烟销售2701箱，比上年增26.05%。

【自律互助小组建设取得成效】 2018年，市烟草公司全面加强自律互助小组建设，稳定卷烟市场秩序，全市城区零售户3 674户，小组建设数量233组，覆盖率100%；集镇及农村零售户5 407户，小组建设数量330组，覆盖率96.71%。自律互助小组全市综合覆盖率98.04%。

（何忠仙）

【专卖管理监督】 2018年，全市有持证卷烟零售户9 129户，占全市人口比例的4‰，比上年增157户。年内，全市联合出动执法人员6 870人次、执法车辆1 740台次，检查工商经营户3.22万户次；查获涉烟案件593起，大要案件87起（移送公安案件36起），其中卷烟案件576起（假烟案件158起、走私烟案件12起、真品卷烟案件406起）、烟叶案件17起；查获“假私非”涉案卷烟3 022.46万支（案值2 134.38万元），查获烟叶、烟丝等原料381.54吨（案值1 448.89万元）；刑事拘留47人，批捕32人，判刑17人；破获符合国家局标准的网络案件4起，4起网络案件均受到国家局表彰奖励，其中“8·13”生产、销售伪劣产品网络案件涉及生产、运输、仓储、销售4个环节，是玉溪自工商分家以来侦办的第一起卷烟制假售假网络案件。

（杨　妹）

【企业管理】 2018年，市烟草公司获年度购置计划2 029.64万元，实际执行1 823.40万元；获投资计划项目7个，涉及金额10.26亿元；编制《2019年投资计划和购置计划》通过“三项工作”管理委员会审议；组织9个县（区）12个项目区12个标段的烟叶生产基础设施项目（烟水工程）招投标，涉及金额1 358.49万元；召开三项委办公会10次，决策事项34项；全市烟草商业实施项目161个，涉及资金2.6亿元，其中公开招标项目157项、项目数占比97.52%，公开招标金额2.59亿元、金额占比99.49%；完成并上报《玉溪烟草商业经济运行报告》和《玉溪烟草商业对标情况报告》各12期，下发《玉溪烟草商业经济运行通报》12期；持续抓好ISO9000质量管理体系及标准化体系建设工作，按照ISO9000：2015年新要求组织全市公司修订完善体系，并通过第三方监督审核，保持ISO9000证书有效性；制定下发了一套以生产经营业务为主线的5大类、34项、616个定额指标，基本覆盖生产经营业务关键环节的定额标准管理体系；组织注册28个QC小组和29个QC课题，取得28个QC小组活动成果，培养36名QC诊断师，收集27条精益改善建议，被采纳建议13条，9条建议完成改善。完成并上报卷烟督察工作4期；完成全市卷烟规范经营整改督查工作，形成督查报告27期；参与完成全市烤烟生产千分制专项考核两次。组织完成全市公司目标责任状考核。

（郭春花）

【三农公司】 2018年5月17日，玉溪三农高原特色现代农业有限责任公司（以下简称“三农公司”）由云南省烟草公司玉溪市公司以货币方式出资2 000万元注册成立，并于2018年7月3日揭牌营业。三农公司属云南省烟草公司玉溪市公司的全资子公司，主要负责组织实施抚仙湖径流区万亩绿色生态烟区打造、推动一二三产融合、多元化发展等业务。三农公司设董事会（董事长1人、副董事长1人、监事1人、董事4人）、设综合管理部、综合经营部、烟草生产技术研发Ⅰ部、烟草生产技术研发Ⅱ部、旅游管理部、物资工程管理部、财务管理部、审计监督部、安全保卫部、绿色农业发展部共10个职能部门。

【土地流转】 2018年，顺利完成抚仙湖流域5.35万亩土地流转，签订4 108亩土地流转协议，圆满完成万亩土地流转区域烟叶种植。探索出“三农公司+农业产业工人+种植大户”的生产经营管理模式，累计交售烟叶18万千克，交售金额569.9万元，交售均价31.66元/千克，上等烟比例79.22%，较全市平均水平高7.79个百分点。带动土地流转区域烟农再就业943名，其中产业工人283名。烟农产业工人实现人均1.89万元打工收入，种植大户实现户均1.84万元收入。

（陈　磊）

【荣　誉】 2018年，市烟草公司职工高艳（女）荣获“云南省最美家庭”和“全国最美家庭”荣誉；技术中心主任张立猛被国际烟草科学研究合作中心（CORESTA）评为科技委员会委员；峨山县分公司职工李建琨、李建发、驾驶员方荣忠、辅导员马海鹏于2019年2月被峨山县政府授予“峨山县见义勇为先进集体”；许仕全、李家逵、安建南、周勇、张学富被云南省烟草专卖局授予“全省优秀站长”称号。蔡红涛、杨林祥、吕杰、邓春、王海、林林、王崇安、梅宝东在玉溪市烟草公司举办的烟叶分级职业技能竞赛中被授予“烟草技术能手”称号。

【社会公益】 2018年，玉溪市烟草专卖局（公司）共捐款216.46万元（其中个人捐款26.46万元），用于各项社会公益活动。

扶贫攻坚　易门县铜厂乡铜厂村委会脱贫攻坚建设项目资金30万元，其中改善人居环境照明项目20万元，村级文化活动场所建设项目10万元。选派4名优秀干部到易门县铜厂乡铜厂村、江川区九溪镇矣文村、峨山县小街镇雨来救村驻村扶贫。员工个人捐款26.46万元，走访慰问贫困户，提供产业发展物资及医疗帮扶等，其中，易门铜厂乡铜厂村13.71万元、华宁县青龙镇红岩村1.13万、江川区九溪镇矣文村0.36万元、通海县河西镇清水河村0.52万元、通海县地震灾区1.38万元、新平县建兴乡盘龙村0.38万元、峨山县小街镇雨来救村2.05万元、红塔区研和街道可官九组1.03万元、易门分公司患重病协销员5.9万元。

公益捐款　捐款190万元，其中：元江县曼来镇“直过民族”群众人畜饮水安全项目60万元，元江县因远镇清水河片区继续实施产业扶贫项目60万元，通海县地震灾区40万元，玉溪市第一小学教育资金10万元，玉溪市第一幼儿园教育资金10万元，玉溪市第二幼儿园教育资金10万元。

其他公益活动　开展“学雷锋志愿服务月系列活动”，组织团员青年清理城市卫生死角，劝导市民参与创卫工作，宣传民政部门最新的殡葬政策，配合交警宣传员，解说酒驾相关知识等。助力3.15法制宣传教育活动，开展真假烟鉴别解答和涉烟法规政策解说。组织320名职工以捐资（计0.96万元）代劳方式参加义务植树活动。组织开展环境卫生整治活动50余次，开展河道、人居蓄水池清理20余次。

（代玉洁）

【红塔区烟草专卖局(分公司)】 2018年，红塔区局(分公司)设综合办公室、人事劳资科、党建办公室（年内已运作，未发文）、监察科、督察考评室（2018年2月23日撤销）、生产科技室、区域市场部、专卖监督管理室、财务室、安全保卫科、现代烟草农业基础设施建设办公室10个职能科(室、部)和高仓、北城、小石桥、大营街、洛河、研和、春和7个烟叶工作站（点）。在岗员工119人，其中专业技术职称80人（初级职称54人、中级职称26人）、大专以上学历108人（含硕士研究生10人）、聘用烤烟生产技术员87人、烘烤技术员102人。任航被云南省烟草专卖局（公司）评为云南省烟草商业“七五”普法法律知识竞赛暨云南工商企业法律知识竞赛“优秀个人”；方晓的论文《烟草企业利用“互联网+”开展卷烟营销面临的法律风险及对策》获云南省烟草专卖局（公司）2018年法律人才库优秀论文“二等奖”。

经济效益　2018年，全区有4 231户烟农种植烤烟34 550亩，全部为地烟；种植品种“K326”和“KRK26”，其中“K326”种植32 550亩，“KRK26”种植2 000亩；收购烟叶9.45万担（472.5万千克，其中指令性计划完成439.5万千克，出口备货计划完成33万千克），比上年度减少2.58%，完成计划的100%；支付烟叶收购款1.43亿元，比上年减3.38%；户均交售收入3.37万元，比上年增13.47 %；收购均价30.21元/千克，比上年减少1.27%；上等烟比例73.07%，比上年增加4.74个百分点；平均每亩交售烟叶137千克/亩，交售收入4 131.94元/亩，分别与上年持平、减少60.51元/亩；上缴烟叶税3 141万元，比上年减少3.8%；国家局工商交接收购等级合格率77%，省局工商交接收购等级合格率76%，比上年减4个百分点；收购综合等级合格率87.65%，比上年增11.65个百分点；销售卷烟2.58万箱(12.90亿支)，比上年增长4.58%，其中一类烟销售7614箱，比上年增长8.84%；实现销售收入（含税）9.14亿元，比上年增长7.89%；单箱销售收入（含税）3.54万元/箱，比上年增长3.16%。

专卖管理　2018年，红塔区有持证卷烟零售户2 238户，占全区人口比例的0.43%，比上年增47户。全区联合出动执法人员2 390人次、执法车辆551台次，检查工商经营户3 285户次，查获涉烟案件182起，其中大要案件20起（全部移送公安机关）、移送工商案件52起、行政案件110起（一般案件61起、简易案件8起、无主案件41起）；查获“假私非”涉案卷烟795.13万支（案值643.1万元），查获烟叶、烟丝等原料168.11吨(案值858.51万元)，刑事拘留12人，批捕5人。破获符合国家局标准的网络案件1起。

STP项目　2018年，红塔区高仓承担全市烟叶生产可持续发展（Sustainable Tobacco Programme，简称STP）项目试点工作，在高仓街道100%推行。该项目涉及种烟农户459户，合同面积6 550亩，合同收购量1.84万担（92万千克），最终实现上等烟比例73.95%，比全区平均值高0.88个百分点，均价30.81元/千克，比全区增0.6元/千克，烟农交售收入2 834.06万元，户均交售收入6.17万元，比全区增83.1%。STP项目试点在ABSustain平台上在线自评得分84分，在全省作经验交流。

烟叶生产基础设施建设　2018年，红塔区规划建设烟叶生产基础设施项目145件，项目总造价184.821万元。其中，烟草行业补贴资金概算170.12万元，包含烟水配套项目共12件，工程总投资77.02万元（国家局补贴资金46.21万元，省内配套补贴资金30.8万元）；完成生物质燃料烤房试点133座，烟草行业补贴93.1万元（国家局补贴资金55.86万元，省内配套补贴资金37.24万元）；综合配套费7.253万元，均为省内配套补贴资金。基本烟田受益面积0.1万亩。

平滩箐水库建设　红塔区平滩箐水库属小〈一〉型水利工程，总库容183.1万立方米，主要建筑物包含枢纽工程和渠系工程（其中枢纽工程包含大坝、输水隧洞、溢洪道）。工程概算总投资9 921.07万元，其中烟草行业援建资金6 223.67万元。12月28日，工程通过竣工验收，大坝填筑高度62米，完成进场道路4千米、输水隧洞282.52米、溢洪道194.58米的浇筑；完成输水管道工程13.7千米。

卷烟品牌终端建设　2018年，分公司开展卷烟品牌体验终端、旅游终端、现代终端建设。全年建成及拟建中的体验终端户18户，其中恒雷卷烟专营店作为首家建成的卷烟品牌体验终端，成为样板试验点向全市乃至全省推广；强林石化加油站被成功打造成卷烟消费者品吸体验。全区开通现代终端扫码客户153户，开通户数及自动信息周采集率均位于全市第一。

社会公益　2018年，红塔区局党支部持续抓好“挂包帮”研和可官九组的脱贫攻坚工作，建立健全“领导挂点部门包村干部帮户”长效机制，认真落实贫困对象动态管理，该挂包点的贫困户自2015年42户158人至2018年全部脱贫。7月6日，分公司注册成立了红塔区烟草分公司志愿服务队，注册人数119人，占分公司在册在岗人数100%。志愿活动次数29次，活动时长1 314小时。另外，年内组织119名职工捐款3 570元用于捐资代劳义务植树活动。2018年“关爱民生，寒冬送暖走访慰问活动”共向研和街道可官九组捐款1.03万元。

（谭瑞云）

【江川区烟草专卖局(分公司)】 2018年，江川区局（分公司）设综合办公室、人事劳资科、财务室、专卖监督管理室（稽查大队）、生产科技室、现代烟草农业基础设施建设办公室、督察考评室、监察科、安全保卫科、区域市场部、卷烟物流中转站11个职能部门，江城、安化、前卫、大街、九溪、雄关6个烟叶工作站，周官、光山2个烟点。在册在岗职工107（市管干部6人），年内调入6人。其中，男性79人（市管干部6人），女性28人；专业技术职称78人（初职61人、中职17人），大专以上学历79人（研究生3人）。年内使用劳务外包107人（全年使用71人），烤烟专业合作社业务外包964人（生产技术人员141人，烘烤31人，分级、助收621人，打包、装车171人）。

经济效益　2018年，江川区有种烟农户9 669户，种植烤烟7.12万亩（其中田烟3.2万亩，地烟3.92万亩），收购烟叶9825吨（19.65万担），其中指令性计划完成916.5万千克，出口备货计划完成66万千克，完成计划100%，全市第一家完成收购任务。中上等烟叶比例97.21%，其中上等烟占72.58%，比上年提高6.41个百分点；收购金额3.07亿元，比上年增15.21%；均价31.22元/千克（比全市平均高1.28元，全市排名第一），比上年增加0.73元/千克；烟农户均交售收入31726元，比上年增17.19%；实现烟叶税及附加6 748.79万元，同比增15.20%。全年销售卷烟8 420.19箱（4.21亿支），比上年增10.49%，其中一类烟销售1 699.36箱，比上年增4.49%，二类烟364.3箱，比上年增45.13%，三类烟6 327.97箱，比上年增10.56%，四类烟24.87箱，比上年增3.09%；实现卷烟销售收入2.62亿元，比上年增11.68%；单箱销售收入31 070元/箱，比上年增1.1%，实现税收1.44亿元（其中国税3 524.2万元、地税1.08亿元），比上年增加1 624.8万元。

专卖管理　截至2018年年底，江川区有持证卷烟零售户929户（年内新办140户、变更56户、延续576户、歇业49户、依职权注销110户）。全区联合出动执法人员898人次、执法车辆230台次，检查工商经营户3 278户次；烟叶收购期间，设置9个固定卡点和2个流动卡点防止烟叶非法流通，卡点共计查获非法运输烟叶的车辆52辆、烟叶17.92吨，未立案。全年查获涉烟案件76起，比上年减少35%，其中大要案11起，比上年减少35.29%，行政案件57起（一般案件42起、简易案件15起），无证案件8起，涉案金额289.8万元，比上年增加7%；查获“假私非”涉案卷烟210.49万支（案值179.3万元）；卷烟罚没款2.74万元；逮捕“7．28”案件犯罪嫌疑人2人。

烤烟种植轮作规划　2018年，全区落实连片种植197片，比上年增加9片，连片种植规模均达到100亩以上。其中，连片面积200亩以下的有63片8 943.9亩，占总种植面积12.57%；连片面积200～500亩的96片3.09万亩，占43.48%；连片面积500～1000亩的30片2.02万亩，占28.45%；连片面积1 000亩以上的8片1.1万亩，占15.5%。实现规模化种植，机械化作业。

烟用物资调供　2018年，江川区局（分公司）供应育苗类物资，设置漂育苗点26个、大棚53个、小棚8 197个，育成烟苗8 250万株，供移栽面积7.12万亩，专业化商品化育苗率100%，基质700立方米；供应“保得”生物肥（土壤接种剂）500千克、硫酸锌8 000千克、有机钾肥6 500千克；供应复混肥3 983.05吨、硫酸钾1 991.52吨、提苗肥213.45吨；供应麻片24.67万套、麻线8吨、布标签25.82万张。

科学种烟　2018年，全区堆捂农家肥3.31万吨，施用面积6.61万亩；完善膜下小苗移栽技术，新盛合作社代购膜下小苗移栽用地膜5.35万件，全区膜下小苗移栽面积5.6万亩，占计划面积的78.71%。

蚜茧蜂防治烟蚜　2018年，江川区公司设置7个夏季繁蜂点，设立大棚1 638平方米、小棚500个；设置1个冬春季繁蜂点，大棚1 638平方米。全区防治烤烟种植面积7.12万亩，占烤烟计划种植面积的100%，将蚜株率降到3%以下，降低烟叶农药残留量，提高烟叶安全性；防治大春非烟作物10万亩、小春非烟作物10万亩。实现了蚜茧蜂防治蚜虫由单季向三季防治、由烟草走向大农业的转变。

烟叶生产基础设施建设　2018年，江川区完成2017年结转到2018年的烟田水利设施、机耕路项目41件。其中，烟田水利设施38件，机耕路项目3件，项目总造价362.41万元，包含烟草行业投入358.63万元、政府整合投入3.77万元。项目通过区、市、省验收。完成新建生物质能源烤房10座，烟草行业投入37万元，项目通过区、市验收。

行政管理　分公司开展供水、供电、物业“三供一业”分离移交改造。改造职工住宅210套，涉及老烟草生活区、福临小区两个职工生活区，涉及金额413.44万元，其中物业改造项目83.88万元、供电改造项目198.78万元、供水改造项目130.78万元，实现职工生活区一户一表、抄表到户，物业自主管理，与主业完全脱钩。

（撰稿　潘美帆）

【通海县烟草专卖局（分公司）】 2018年，通海县局（分公司）设综合办公室、人事劳资科、生产科技室、区域市场部、专卖监督管理室、财务管理室、安全保卫科、监察科、现代烟草农业基础设施建设办公室、卷烟物流中转站10个职能科室（3月14日撤销督察考评室），下设河西、四街、九龙、杨广、里山5个烟叶工作站，烟叶收购期间增设高大、四寨、二街3个烟叶收购点。年末，有在岗职工80人，其中大学专科以上学历74人（研究生4人）、专业技术职称51人（中职20人），使用劳务外包74人（全年使用56人，收购期间使用18人），烤烟专业合作社业务外包819人。年内，分公司、分公司东南小区分别被玉溪市住房和城乡建设局评为二星级园林单位、三星级园林小区。

经济效益　2018年，全县有9 309户烟农，比上年减7.57%，种植烤烟4.87万亩（田烟2.8万亩、地烟2.07万亩），种植品种“K326”；收购烟叶13.45万担（672.5万千克），其中，国内计划627万千克、出口备货计划45.5万千克，比上年减1.82%，完成合同计划100%；支付烟叶收购款2.04亿元，比上年增2.36%；均价30.34元/千克，比上年增1.24元/千克；上等烟比例71.49%，比上年增5.36个百分点；国家局检查工商交接等级综合合格率71.2%，比上年增3.2个百分点；省局检查工商交接等级综合合格率84.5%，比上年增13.5个百分点；销售卷烟5.4亿支（1.08万箱），比上年增2.68%；实现销售收入（含税）3.17亿元，比上年增5.27%；单箱销售金额2.93万元，比上年增2.52%；上缴税金1.04亿元，比上年减8.07%，其中上缴烟叶税4 488.68万元，比上年增2.36%。

专卖管理　2018年末，通海县有持证卷烟零售户1130户，比上年增13户，持证户占全县人口比例的3.77‰。全年出动执法人员267次、1 439人次，出动车辆208车次，检查经营户3 388户，查获涉烟案件73起，其中大要案7起（全部移送公安）、行政案件66起（一般案件13起、移送市场监督管理局无证经营案件10起、简易案件34起、无主案件9起）；查获涉案卷烟7 103.9条、烟叶39.8吨，案值232.44万元，罚没款92.83万元篇；公安拘留涉案人员8人、逮捕3人，法院判处3年以下有期徒刑1人、判处罚金3人。

烟叶基础设施建设　2018年，通海县建成烟叶基础设施项目39件，烟草行业补贴资金304.15万元。其中，烟水配套项目29件，烟草行业补贴247.87万元（国家局补贴资金148.72万元，省内配套补贴资金99.15万元）；生物质燃料烤房10件（座），烟草行业补贴资金37万元；综合配套费19.28万元。基本烟田受益面积2 700亩。

抗震救灾　2018年8月13日1时44分、8月14日3时50分，通海县连续发生两次5.0级强烈地震，造成282座密集型烤房、477座普通烤房受损或倒塌，损失烟叶5.19万千克。通海分公司第一时间投入抗震救灾，累计出动车辆46车次、人员256人次，发放告烟农书500份，争取省局（公司）抗震救灾专项补助，筹集捐款200余万元（四川中烟捐款100万元；玉溪市公司捐款40万元，项目扶持60万元；职工捐款1.23万元），修复烤房91座，易地搬迁密集型烤房10座并派技术员驻烤，补助烟农异地烘烤烟叶，协助农机部门紧急安装烘干机烤房161座，挽回烟农烟叶烘烤损失70余万元。

新品培育　2018年，通海培育的8个新上市卷烟销量172.02箱，销售金额1 016.89万元，分别占全市新品卷烟销量、销售金额的8.82%和8.91%，在全市县（区）中排名第二。

“三供一业”分离移交　积极推进分公司东南小区、老职工生活区“三供一业”分离移交，累计投入维修改造资金280.56万元，其中申请中央财政补贴127.17万元、行业补贴2.86万元、修理费用150.53万元。12月31日前完成两小区供水、供电、物业6个维修改造项目，与云南电网有限责任公司玉溪通海供电局签订住宅小区供配电移交协议，与通海县东南小区业主管理委员会及老职工生活区业主签订物业管理分离移交协议，与通海县供排水有限公司签订供水分离移交协议，完成剥离国有企业办社会职能的管理体制改革。

（孔素仙）

【新平县烟草专卖局（分公司）】 2018年，新平县局（分公司）设综合办公室、财务室、人事劳资科、监察科、党建办公室（年内已运作，未发文）、督察考评室（2018年1月19日撤销）、生产科技室、现代烟叶基础设施建设办公室、区域市场部、物流中转站、专卖监督管理室、安全保卫科11个科（室）和平甸、新化、老厂、扬武、者竜5个烟叶工作站及戛洒专卖管理所。在岗职工78人，其中，大学专科以上学历67人（研究生3人）、专业技术职称54人（中职12人、初职42人），聘用季节性用工779人。

经济效益　2018年，新平县有7 163户烟农种植烤烟9.71万亩（田烟4.76万亩、地烟4.95万亩），种植“K326”“KRK26”“云烟116”“云烟87”四个品种，收购烟叶1 000万千克（20万担）。其中，国内计划完成935万千克、出口备货计划完成65万千克，比上年增6.35%，完成合同计划100%。上等烟比例71.96%；支付烟叶收购款2.87亿元，比上年增15.73%；均价28.70元/千克，比上年增2.33元/千克；实现烟农交售收入2.87亿元，比上年增3 899.84万元，户均烟农收入4.01万元，比上年增39.24%；实现烟叶农特税6 314万元，比上年增15.73%；上缴烟叶税6 314万元，比上年增15.73%；工商交接等级综合合格率国家局检查为60.4%，比上年减8.6个百分点。全县销售卷烟4.44亿支（8872.04箱），比上年减1.35%，其中一类烟销售0.95亿支（0.19万箱），占总销量的21.40%，比上年增幅2.54%；实现销售收入（含税）2.65亿元，比上年增3.75%；平均单箱销售收入2.98万元/箱，比上年增1 400元/箱。

专卖管理　2018年，新平县有持证卷烟零售户1 012户，占全县人口比例的3.8‰，比上年减11户。全县联合出动执法人员1 654人次、出动执法车辆543台次，检查卷烟零售户9 756户次，查获涉烟案件82起，其中大要案件8起（已移送公安案件8起，含1起符合国家局标准的网络案）、行政案件74起（一般案件53起、简易案件11起、无主案件10起）；查获“假私非”涉案卷烟345.36万支（案值241.65万元），刑事拘留12人，批捕11人。

基础设施建设　2018年，新平县规划建设烟叶生产基础设施项目113件（个、条、件、座、台、片），项目工程总造价811.78万元，申请烟草行业补贴资金概算797.78万元，政府及烟农投入14万元。项目包括2017年结转到2018年的新化乡小寨、堵居堵、罗武寨3个项目工程83件，烟草行业投入544.86万元（国家局补贴资金220.75万元、省内配套补贴324.11万元）；2018年工程建设项目30件（烟水工程10件和烤房建设20件），工程概算总投入资金266.92万元，其中申请烟草行业补贴252.92万元（烟水工程165.83万元、烤房建设资金74万元和其他费用13.09万元），政府及烟农投入14万元。

“8·13”玉溪烟草商业首起卷烟制假窝点网络案　2018年8月13日，新平县烟草专卖局成功破获玉溪烟草商业首起卷烟制假窝点网络案。该案查获成品卷烟1 261条、散支卷烟100.8万支及包装盒2.31万张、卷烟玻璃纸4件、卷烟小盒内衬纸9件、自制电动塑封机1台、激光打码机1台、烫印机6台，涉案物品案值合计226.23万元，抓获制假人员12人，批捕11人。该案涵盖生产、运输、仓储、销售环节，是新平县局破获的案值最大、环节最完整、逮捕人数最多的大案，成功通过国家局标准网络案件申报。

烟叶种植规划　2018年，新平县着力调优烟叶种植规划布局，抓规模化连片种植，实行合理轮作，全县烟户均烤烟种植面积达13.56亩，全县落实规模连片种植烤烟257片，面积7.65万亩，占市下达指令性面积的100%。其中，1 000亩以上连片3片，计3 376亩；500～1000亩连片56片，计3.63万亩；100～500亩连片155片，计3.4万亩；100亩以下连片43片，计2 821亩。同时，调优品种，科学规划每个品种的种植区域，全县规划种植4个品种，规划“云烟116”品种1.07万亩、“K326”品种2.44万亩、“KRK26”品种4 000亩，全部安排在新化乡；“云烟87”品种3.74万亩，分别安排在平甸乡1.4万亩、古城街道3 100亩、桂山街道620亩、老厂乡9 780亩、戛洒镇3 100亩、杨武镇3 880亩、者竜乡2 330亩、建兴乡620亩。

烤烟生产　2018年，新平县设有育苗点30个，2.09万个育苗小棚，2月28日前常规育苗结束，3月10

日前膜下育苗结束，配套供苗面积10.35万亩，4月15日烤烟移栽工作启动，4月18日在平甸乡费贾村召开移栽现场会，5月10日完成移栽，移栽进度比往年提前7天。8月16号全县召开烤烟收购工作会，8月20日全面启动收购工作，较上年提前6天；10月2日结束收购，比上年缩短11天。

烘烤管理　2018年，新平县推广实施完成上部烟叶4～6片一次性采烤面积7.15万亩，占计划面积93.41%；聘请烘烤主管6名、烘烤辅导员65名；加大现有密集烤房利用率，积极推广新能源烤房烘烤，投入使用密集烤房244群3 016座，投烤率90%以上，投入普通小烤房使用6 270座；依托烟草专业合作社成立烘烤专业队组织实施烟叶商品化烘烤点169群2 228座，推行专业化烘烤75群788座，商品化烘烤烟叶烘烤质量高，烟叶成色好，黄烟率达92%以上，烘烤综合损失率控制在10%以内。

绿色发展　2018年，新平县烟草生产工作持续强化绿色发展的科技支撑，提升烟叶品质，完成50座清洁能源密集烤房推广任务（即全县新建清洁能源烤房20座，烟草行业投资74万元，实施改造清洁能源烤房30座，县政府投资21万元）；探索土壤保护的绿色新模式（在大力推广使用农家肥的同时，实施秸秆还田和秸秆覆盖0.50万亩，实施完成有机肥推广面积4.03万亩）；加大生物防治力度，建立绿色防控区（全年推广芽茧蜂防治面积7.65万亩）；认真落实植烟土壤保育重大专项实施方案（按照《云南省烟草公司玉溪市公司植烟土壤保育重大专项实施方案》的要求：每200亩取1个土样的取样标准，提取土样383个送往云南省烟草农业科学研究院检测）。

（撰稿　肖钰姗）

【澄江县烟草专卖局(分公司)】2018年，澄江县局（分公司）拥有综合办公室、财务管理室、人事劳资科、生产科技室、现代烟草农业基础设施建设办公室、市场部、专卖监督管理室、安全保卫科、监察科、卷烟物流中转站等10个职能室(科、部、站)和龙街、右所、海口、九村、路居等5个烟叶工作站和尖山、新村、永和、七江、上坝等5烟点。在岗在册职工82人，其中专业技术职称59人（初级44人、中级15人），大专以上学历69人（含研究生4人），聘用烟草辅导员85人、烘烤辅导员56人及临时聘用收购人员540。

经济效益　2018年,澄江县局(分公司）签订种烟合同4513户，比上年减1 330户；种植烤烟5.44万亩，比上年增17.13%，其中田烟1万亩、地烟4.44万亩，种植品种为“K326”和“云87”；收购烟叶14.85万担(742.5万千克），指令性计划完成13.84万担，出口备货计划完成1.01万担，完成合同计划的100%，中上等烟叶占97.71%，上等烟占74.36%，比上年增加7.94个百分点；收购金额2.28亿元，比上年增加0.37亿元；收购均价30.67元/千克，比上年增加0.59元/千克；烟农户均交售收入5.04万元，比上年增加1.77万元；上缴烟叶税5 009.62万元，比上年增19.2%；工商交接等级综合合格率93.76%，比上年增2.2个百分点。全年销售卷烟3.37亿支（6 951.6箱），比上年减0.03%。其中，一类烟销售1 739.35箱，比上年增7.29%；实现卷烟销售收入2.24亿元，比上年增1.79%；单箱销售金额3.23万元/箱，比上年增1.82%。

专卖管理　2018年，澄江县有持证卷烟零售户852户，占全县人口比例的4.68‰，比上年增加79户。全县联合出动执法人员1 988人次、执法车辆435台次，检查工商经营户5 025户次，查处“两烟”违法案件56起，包括无证经营卷烟14起、一般案件24起、简易案件13起，公安立案5起，其中5万元以上大要案8起；查获“假私非”涉案卷烟224.32万支（案值188.9万元）；查获烟叶、烟丝等原料17.06吨(案值32.8万元)；抓获10人，刑事拘留7人，取保候审4人，逮捕5人。

烟叶生产基础设施建设　2018年，澄江县局（分公司）完成烟叶生产基础设施建设项目360件（座），完成烟草行业投入补贴资金1 143万元，受益面积0.72万亩。其中，完成新建生物质能源烤房10群290座，烟草行业投入项目补贴资金1 073万元；完成烤房设备维修更换7群70座，烟草行业投入项目补贴资金70万元。项目已于当年建设完成，并投入了烘烤使用。

合作社建设　2018年，为持续提升合作社经营管理能力，澄江县九龙烟农专业合作社与澄江县玉叶庄园烟农专业合作社（行业示范社）合并，进一步提升合作社在规范管理、专业化服务、拓展经营方面管理能力。澄江县玉叶庄园烟农专业合作社除做好烤烟专业化服务外，按照国家局、省局促烟农增收会议精神，开展小青瓜种植，实现纯利润3.86万元。

优化烟叶结构　2018年，澄江县局（分公司）采取多种措施严格按照优化烟叶结构工作流程和技术标准操作要求开展工作，全县底脚叶清除面积5.44万亩，底脚叶清除率、顶叶毁型率确均达100%。

打造旅游终端体验店　2018年，根据“云香印象”品牌终端建设要求，澄江县分公司在旅游区、新城区、创业园等挖掘建设卷烟品牌终端。重点探索旅游终端的窗口，突出终端消费体验功能。通过将“云烟之乡”的烟草元素与旅游纪念品、土特产商品等结合，带动卷烟销售与品牌培育，突出终端消费体验功能，成为宣传产品的窗口、培育品牌的阵地，价格引领的示范；重点打造龙润园旅游终端体验店、玉溪庄园体验店，成为全市旅游终端、体验终端和现代终端的引领示范标杆，并在8月5日迎接国家局局长张建民一行的调研指导。

推进自律小组建设　2018年，全县共计推动成立零售客户自律小组47个，其中城区15个、农网32个，覆盖全县100%卷烟零售客户，成立价格引导小组1个。自律小组和价格引导小组的建设成立，对全县整体卷烟销售环境起到了规范引导作用，使客户逐渐由以往粗放销售模式向精细模式转变，提升了客户盈利水平。

（乔　雪）

【峨山县烟草专卖局(分公司)】2018年，峨山县局(分公司)设综合办公室、党建办公室（年内已运作，未发文）、人事劳资科室、生产科技室、区域市场部、专卖监督管理室、财务管理室、安全保卫科、现代烟草农业基础设施建设办公室、卷烟物流中转站、监察科、11个职能科室和小街、岔河、塔甸、富良棚、甸中、大龙潭6个烟叶工作站及小街、双江、宝泉、化念、岔河、甸尾、大寨、富良棚、大龙潭、塔甸、亚尼11个烟点。在岗职工66人，其中，专业技术职称50人（初职41人、中职8人、高职1人），大专以上学历58人（研究生2人）。

经济效益　2018年，峨山县有9 112户烟农种植烤烟6.89万亩（田烟2.12万亩、地烟4.77万亩），其中“云烟116”品种9 232亩、“K326”品种5.96万亩；收购烟叶18.65万担（932.5

万千克），其中国内计划17.4万担、出口备货计划1.25万担；上等烟比例71.02%，比上年提高4.29个百分点；均价29.63元/千克，比上年增加0.78元/千克；烟叶交售收入2.76亿元，比上年增1.34%；烟叶税6 078.4万元，比上年增1.34%。全年销售卷烟3.17亿支（6344.32箱），比上年增1.64%，其中一类烟销售1 291.49箱，比上年增5.1%；单箱销售收入3.05万元/箱，比上年增0.5%；实现（含税）销售收入1.94亿元，比上年增长2.19%。

专卖管理 2018年，全县有持证卷烟零售户619户，占全县人口比例的3.64‰，比上年减少20户。全县联合出动执法人员1 728人次、执法车辆405台次，检查工商经营户6 340户次，查获涉烟案件30起（其中大要案件7起），移送公安案件7起、自办行政案件23起（一般案件19起、简易案件4起）；查获“假私非”卷烟2.39万条（案值211.96万元），刑事拘留6人，逮捕3人，取保候审2人。

烟草科技 2018年，全县有育苗点40个，为固定育苗点，100%实现专业化育苗商品化供苗。根据气候特点、移栽节令和移栽方式，倒推播种时间，严格错时分段育苗，播种、剪叶全部实现机械化；继续推广地膜烟揭膜培土技术4.55万亩，占地膜烟的73.8%；移栽膜下小苗4.77万亩，占移栽总面积的76%，移栽成活率达到98%以上；实施节水滴灌661.2亩，比市级下达500亩计划增加161.2亩；首次推广种植“云烟116”品种取得成功，共种植9 232亩，占13.4%；收购“云烟116”品种烟叶125万千克，上烟比例74.97%，比“K326”高4.56个百分点，均价29.54元/千克。

烘烤管理 2018年，全县有可用烤房2.05万座，其中普通烤房1.74万座、密集烤房3 108座，覆盖面积6.83万亩，普通烤房、密集烤房投烤率分别为87.4%、96.5%；专业化烘烤达91.8%，商品化烘烤达60.7%；实施4～6片一次性采烤面积6.59万亩，占总面积的95.7%，全年烘烤损失率7.1%。

“2260”高端特色烟叶开发项目 2018年，峨山县实施的“2260”高端特色烟叶开发项目，在全省“2260”田间评议中获得好评（得分排全市第一）年内，在其余6个乡镇设置县级样板点，示范面积5 600亩。

创新烟叶生产组织方式 2018年，通过乡村政府土地流转引导、县烤烟领导小组烘烤设备建设倾斜、分公司提供生产计划和技术、物资保证的方式，扶持鼓励有技术、有资金、有能力、会管理的烟农和农业公司加大土地流转力度。全县种烟大户流转土地面积2 110.9亩，10亩以上农户1 949户，占比为21.4%，比上年增加6.1个百分点。

基础设施建设 2018年，峨山县基础设施建设项目工程208件、项目区2个，烟草补贴492.02万元，受益面积0.39万亩。其中，完成密集烤房建设40座，烟草补贴148万元（属省内配套资金）；配套生物质燃料燃烧机117台，烟草补贴81.9万元（国家局补贴49.14万元，省内配套资金32.76万元）；小街猴子山及甸中西就两个项目区建设水池47个、管网3件、提灌站1件，批复补贴资金240.67万元（国家局补贴144.4万元，省内配套资金96.27万元）。年内，筇川水库建设已进入收尾阶段，拨付援建资金2 518.67万元（2016年批复总投资1.05亿元，其中烟草援建资金6 296.68万元）；新街河水库于2018年12月22日得到国家局烟草援建资金（6 140.97万元）的批复后，峨山县组建项目管理局，由分管副县长任管理局局长，项目正在有序推进中。

扶贫攻坚 峨山县局（分公司）的精准扶贫帮挂钩点是小街雨来村委会6个村民小组，结对帮扶贫困户有24户。县局（分公司）选派2名干部驻村扶贫，采取出资产业扶持，群众受益超过37万元；同时分公司挂钩干部职工个人为贫困户捐资捐物计2.05万元，单位党支部出资1 900元，用于走访慰问贫困户，提供产业发展物资及医疗帮扶等。

（李悦颖）

【华宁县烟草专卖局(分公司)】 2018年，华宁县局（分公司）下设综合办公室、财务室、监察科、党群办（年内已运作，未发文）、人事劳资科、生产科技室、专卖监督管理室、区域市场部、安全保卫科、现代烟草农业基础设施建设办公室、物流中转站11个职能科室和宁州、青龙、通红甸、华溪4个烟叶工作站及前所、新城、葫芦冲、青龙、红岩、大村、干坝、禄丰、糯租（因年代久远，地质疏松，存在安全隐患，2018年该烟点人员撤离）、通红甸、华溪11个烟叶收购点。有在册在岗职工82人，其中女职工12人、男职工70人，大学专科以上学历70人（研究生1人），专业技术职称56人（初级53人、中级3人），使用劳务外包1110人。年内，华宁县局（分公司）在市局 “头脑风暴创意活动”中生产科技室提案获烟叶生产和基础设施建设类专题优秀奖，区域市场部提案获卷烟营销和物流管理类专题优秀奖；华宁县局（分公司）被市局（公司）评为2017年度卷烟营销先进单位。刘满昌、段有富、龙文娟、赵士清被市局（公司）评为 “2017年度优秀共产党员”。

经济效益 2018年，华宁县有6 382户烟农种植烤烟8.13万亩（其中田烟1.9万亩、地烟6.23万亩）；种植品种K326（5.94亩）、云烟87（2.18亩）；收购烟叶1 112.5万千克（22.25万担），比上年增17.6%，完成合同计划100%，其中指令性计划1 038万千克、出口备货计划74.5万千克；上等烟叶比例72.55%，比上年增加16.67个百分点；支付烟叶收购款3.41亿元，比上年增27.69%；均价30.65元/千克，比上年增2.42元/千克；烟农户均交售收入5.34万元，比上年增63.8%；工商交接等级合格率82.53%，比上年提高5.67个百分点；实现烟叶税及附加7 502.44万元，比上年增27.69%。全年销售卷烟6 589.57箱（3.29亿支），比上年增2.92%。其中，一类烟销售1 150.84箱，比上年增3.13%；实现卷烟销售收入（含税）1.93亿元，比上年增4.89%；实现单箱销售收入（含税）2.93万元/箱，比上年增1.95%。

专卖管理 2018年，华宁县有持证卷烟零售户793户，占全县人口比例的3.7‰，比上年减36户。全县联合出动执法人员726人次、执法车辆84台次，检查工商经营户881户次，查获涉烟案件81起（烟叶案件5起、卷烟案件76起）；查获烟叶81.42吨、卷烟14.08万支（真烟13.16万支、假烟0.92万支），案值316.2万元；侦办五万元以上大要案件6起。破获1起国家局标准网络案件。

“2260”高端特色烟叶开发项目 2018年，华宁县局开展“2260”高端特色烟叶开发项目工程。项目种植面积1万亩，收购烟叶150万千克，收购金额4 906.39万元，均价32.71元/千克，亩产值4 906.39元/亩。

科技推广 2018年，华宁县全部实行商品化育苗，科学规划育苗点40个，育苗9 750万株，供大田移栽面积 8.13 万亩；针对 338 孔烟苗难管控问题，改用 231 孔一次性育苗盘，培育小壮苗；全面推广测土配方，科学平衡施肥，采集检测土样 300 个，根据测土结果和前作情况，确定施肥量及养分配比，分片区、田地烟设计施肥方案；推广节水滴灌面积 986.8 亩，占植烟面积的 1.21%；治理废旧地膜污染，回收废旧地膜 311.85 吨，治理面源污染 4.5 万亩，地膜回收率达 90% 以上；全面落实绿色发展理念，建立绿色防控示范区面积 5 000 亩；100% 推广烟蚜茧蜂防治烟蚜生物防治技术，覆盖全县 8.13 万亩烤烟和 24 万亩非烟作物蚜虫的防治；田间安插黄板、蓝板 6 万片和性诱剂 4 000 套及太阳能杀虫灯 150 台，有效防治田间虫害。

专业化服务　引导综合服务型合作社、村组成立烘烤专业队，开展专业化、商品化烘烤。全县 109 个密集烤房群 2 060 座烤房实行商品化烘烤，承担烟叶烘烤任务 11 万担。植烟区密集烤房利用率 93.97%，上部叶 4 ~ 6 片一次性采烤率 97.2%，专业化烘烤、商品化烘烤比例分别达 93.97%、51.94%。年内，由华宁鑫农烟草农民专业合作社、华宁县鑫科达烟草专业合作社承担全县专业化服务，开展烟叶生产育苗、大田管理、烘烤、专业化分级和烟叶收购助收等服务。同时，拓展烟用物资供应业务，全年组织供应农膜约 450 吨、漂盘 40 万余片、化肥约 160 吨、黄板 3 万片、蓝板 3 万片、性诱剂 4 000 套、太阳能杀虫灯 150 台。

土地流转　2018 年，踊跃出 50 亩以上土地流转大户 115 户，流转土地 8 124 亩（其中“2260”项目区 42 户 3490.5 亩）。

防灾减灾　2018 年，全县设立防雹点 11 个，配备防雹作业人员 42 名，就位防雹炮弹 1 000 枚，配套防雹经费 80 万元。

基础设施建设　2018 年，华宁县规划建设烟叶生产基础设施项目 64 件，项目总造价 275.91 万元（烟草行业补贴资金 245.91 万元，建设主体村委会投资 30 万元）。其中，烟水工程项目区 2 个，烟水配套项目 44 件，烟草补贴 159.28 万元（国家局补贴资金 95.57 万元，省内烟草配套补贴资金 63.71 万元）；完成密集烤房 20 座，烟草补贴 74 万元（均为省内烟草配套补贴资金）；综合配套费 12.63 万元（均为省内烟草配套补贴资金）。基本烟田受益面积 0.25 万亩。

（赵灵芝）

【元江县烟草专卖局(分公司)】 2018 年，元江县局（分公司）设综合办公室、人事劳资科、生产科技室、现代烟草农业基础设施建设办公室、财务管理室、专卖监督管理室、安全保卫科、监察科、卷烟区域市场部、卷烟物流中转站 10 个股室和因远、洼垤、青龙、龙潭、羊街、那诺、咪哩、曼来 8 个烟叶工作站（专卖管理所）。有在岗在册职工 69 人，其中大学专科以上学历 63 人（研究生 3 人）、专业技术职称 45 人（初职 42 人、中职 3 人）。年内，元江县局被市公司评为“2017 年度玉溪烟草商业卷烟营销先进单位”，荣获三等奖；被市公司评为“2017 年度玉溪烟草商业‘头脑风暴创意活动’三等奖”；职工普文杰获“2018 年度云南烟草商业纪检监察惩防监管平台应用工作优秀工作者”称号。

经济效益　2018 年，全县有 6 795 户烟农种植烤烟 5.68 万亩（田烟 1.05 万亩、地烟 4.63 万亩），种植品种“K326”；收购烟叶 15.15 万担（757.5 万千克），国内计划完成 706 万千克、出口备货计划完成 51.5 万千克，比上年增 13.40%，完成合同计划 100%；亩产交售收入 4 007.62 元(不含补贴)，比上年增 18.99%；支付烟叶收购款 2.27 亿元，比上年增 14.84%；均价 30.02 元 / 千克，比上年增 0.37 元 / 千克；上等烟比例 68.52%，比上年增 1.74 个百分点；烟农户均交售收入 3.35 万元（不含补贴），比上年增 31.81%；上缴烟叶税 5 003.51 万元，比上年增 14.84%；工商交接等级综合合格率 79.33%，比上年提高 9.58 个百分点。全年销售卷烟 3.4 亿支(6856.91 箱)，比上年增 3.83%，进度全市排名第二。其中，一类烟销售 1 350.71 箱，比上年增 8.04%；实现卷烟销售收入（含税）1.99 亿元，比上年增 6.42%；单箱销售金额 2.9 万元 / 箱，比上年增 2.63%。

专卖管理　2018 年，元江县有持证卷烟零售户 812 户，占全县人口比例的 0.40%，比上年增 53 户。全县联合出动执法人员 3 855 人次、执法车辆 436 台次，检查工商经营户 3 644 户次，查获涉烟案件 52 起，其中大要案件 6 起（已移送公安机关）、行政案件 52 起（一般案件 20 起、简易案件 25 起、无主案件 7 起）；查获“假私非”涉案卷烟 297.84 万支（案值 161.76 万元）；查获烟叶、烟丝等原料 1.14 吨（案值 5.36 万元）。

烟区基础设施建设　2018 年，全县规划建设烟叶生产基础设施项目 28 件，项目工程总造价 314.25 万元（烟草行业补贴资金 304.25 万元，政府及烟农投入 10 万元）。其中，烟水配套项目 18 件，烟草补贴 249.07 万元(国家局补贴资金 149.44 万元，省内配套补贴资金 99.63 万元）；完成新建生物质能源烤房 10 座，烟草补贴 37.00 万元；综合配套费 18.18 万元，均为省内配套补贴资金；烟水配套项目区 2 个，基本烟田受益面积 0.36 万亩。

扶贫攻坚　2018 年，元江县烟草行业累计扶贫 1 835 户（建档立卡户，下同）、7 982 人，其中龙潭乡通过产业扶贫帮扶 234 户、921 人贫困户，全乡累计实现收入 755.92 万元，元江县局（分公司）职工捐款及慰问款合计 7 150 元（物资折算 2 150 元）。龙潭乡它科垤村 2018 年实现烟农总收入 159.72 万元，比上年增 12.49%；实现烟叶均价 29.94 元 / 千克，比上年增 6.09%；实现烟农户均收入 2.50 万元，同比增 44.12%。

雪茄烟叶适应性示范研究试验项目　2018 年，元江县局依托当地与世界著名烤烟产地——美国的北卡罗莱纳州和弗吉尼亚州，以及巴西、津巴布韦相媲美的自然条件，与古巴 Pinar del Rio 省优质雪茄烟产区相似的气候及生态特征，在元江县开展玉溪雪茄烟叶适应性示范研究试验项目。全县试种 54 亩雪茄烟叶，其中澧江街道南洒村委会试种 50 亩、曼来镇东峨村委会试种 4 亩，总产量 5 087.9 千克。

（马　璇）

【易门县烟草专卖局(分公司)】 2018 年，易门县局（分公司）设有综合办公室、人事劳资科、监察科、党群办公室（年内已运作，未发文）、生产科技室、区域市场部、专卖监督管理室、财务管理室、安全保卫科、现代烟草农业基础设施建设办公室、卷烟物流中转站 11 个职能室和龙泉、六街、小街、绿汁、铜厂、浦贝、十街 7 个烟叶工作站。在岗职工 80 人，其中，专业技术职称 47 人（初职 37 人、中职 10 人）、大专以上学历 61 人（研究生 2 人）。2018 年，易门县局（分公司）杨光明、张靖、李莉、法敏、汤文麒、李江、张雨欢在 2017 年度玉溪商业“头脑风暴创意活动”中，获“卷烟营销和物流管理类专题优秀奖”。

经济效益　2018年，易门县有7 536户烟农种植烤烟6.39万亩（田烟2.06万亩、地烟4.33万亩），其中种植“K326”品种3.72万亩，“云烟87”品种2.67万亩；收购烟叶16.65万担（832.5万千克），其中指令性计划完成776万千克，出口备货计划完成56.5万千克，完成合同计划的100%；实现烟农收入2.44亿元（含各项补贴及保险赔付），比上年减2.01%，其中支付收购资金2.34亿元，比上年减2.09%；均价28.1元/千克，比上年减1.06%；上等烟比例67.40%，比上年提高2.47个百分点；上缴烟叶税5 146.7万元，比上年减少2.30%。全年销售卷烟2.46亿支（4920.68箱），比上年减12.46%。其中，一类烟销售1 172.95箱，比上年减9.25%；销售收入1.57亿万元，比上年减10.20%；单箱销售收入3.20万元，比上年增2.56%。年内举办新品上市推广宣传活动20余场，通过现场品吸、品牌价值宣讲等方式，不断提升云产新品卷烟在市场中的影响力。

专卖管理监督　2018年，易门县有持证卷烟零售户732户，占全县人口比例的4.07‰，比上年减少11户。全县联合出动执法人员942人次、执法车辆268台次，检查工商经营户4 001户次，查获涉烟案件66起，其中大要案11起、移送公安案件6起、无证经营案件5起、行政案件45起（一般案件10起、简易案件30起、无主案件5起）；查获“假私非”涉案卷烟569.28万支（案值352.28万元），查获烟叶、烟丝等原料9.12吨（案值32.05万元）；批捕2人，刑事拘留4人。

烟叶生产基础设施建设　2018年，易门县规划建设烟叶生产基础设施项目43件，烟水配套项目区2个，项目总造价261.48万元（均为烟草行业补贴资金）。其中，烟水配套项目43件，烟草补贴244.37万元（国家局补贴资金146.62万元，省内配套补贴资金97.75万元）；综合配套费17.11万元，均为省内配套补贴资金。年内完成烟草行业补贴资金概算的41.63%，基本烟田受益面积0.31万亩。

商品化育苗　2018年，全县52个育苗点，较2017年减少5个，全年育苗3个批次，育苗1.42万棚，100%实现商品化育苗。

技术推广　2018年，分公司制作并发放《烟农告知书》宣传彩页至全县7 536户烟农，同时制作微信宣传材料辅助宣传，指导开展“增肥追肥、揭膜破膜、培土填塘”三项底线技术措施，共计开展揭膜培土0.44万亩、破膜培土2.07万亩，合计2.51万亩，占盖膜面积40.6%；追施水肥7.15万亩，占种植面积100%；增施硝铵5.31万亩，占种植面积74.3%，全县烟株整体长势得到扭转，技术效果得到普遍认可。

公益活动　2018年，组织员工个人为患病协销员捐款5.9万元；组织全体职工到联系点开展助农移栽活动2次；开展“学雷锋志愿服务月”活动，组织9名团员参与法治宣传教育活动；开展“脱贫攻坚人居环境整治”主题活动等。

（刘晓宇）

烟草科技

【科技创新成果】　2018年，市烟草公司承担实施科技项目23项，在国内核心期刊烟草科技、植物保护等上发表科技论文9篇；申请专利12项（9项为发明专利），获得授权专利5项（4项为发明专利）；编制国家标准1项、地方标准4项；获得云南省政府科学技术进步奖三等奖2项，获得中国烟草总公司云南省公司科学技术进步三等奖4项；连续三年受邀参加CORESTA（国际烟草研究合作中心）会议并做学术交流，是省内行业唯一参与国际烟草学术交流的地市级公司；1人被国际烟草科学研究合作中心（CORESTA）评为科技委员会委员，成为云南烟草科技领域第一人；2人获得“玉溪市中青年学科技术带头人”荣誉。科技创新平台建设实现新提升，累计建成2个国家省部级创新平台、2个行业级创新平台及4个地市级创新平台，科技创新实力继续保持全国地市级烟草商业首位。

【氯离子控制技术研究与示范】　2018年，市烟草公司在抚仙湖径流区万亩绿色生态烟叶示范区4 000余亩开展土壤保育工作。针对片区植烟土壤长期种植蔬菜，造成耕层土壤养分富集的实际情况，为控制氯离子，并确保大田烟株长势均匀一致，在移栽时节统一实施施放水泡田和塘土、客土改良（三合土）措施及有机肥施用全覆盖，烤烟长势均匀清秀，烤后烟叶品质较好，烟叶氯离子含量均未超标（含量＜0.8%），土壤氯离子含量下降35%，由移栽前的中值43±25mg/kg降低到采收后的中值28±10mg/kg。

【密集轮作烟区土壤保育技术】　2018年，全市建成澄江、江川、通海烟菜轮作土壤保育示范区3个，各1万亩，以示范区带动，辐射示范8万亩，占全市全周期菜烟轮作面积10.72万亩的80%左右。示范区氮肥施用量6.2千克，较全市平均下降13.9%，防治黑胫病和线虫病农药用量较全市平均水平减少35%。

【定制式施肥技术示范】　2018年，全市在江川和峨山两个县区合计推广应用“定制式施肥技术”（即测土配方施肥技术）2万亩，示范区化肥用量平均减少10千克/亩，烤烟产量与对照区无明显差异。

【绿色防控专项工作】　2018年，市烟草公司通过优化完善并整合集成烟草病虫害绿色防控应用模式，针对玉溪烟区主要害虫建立纱网阻隔和蚜茧蜂放蜂、斜纹夜蛾、烟青虫、棉铃虫、小地老虎性诱剂布设及塔巴可食诱剂布设、杀虫灯布设等技术手段相结合的“三防一阻”绿色防控技术体系。全市七县二区共建设9个绿色防控综合示范区，示范区面积5.75万亩，辐射区面积12万亩。此外，还建立了僵蚜盒防治蚜虫、蠋蝽和叉角厉蝽防治夜蛾类害虫、小花蝽防治蓟马等单项技术绿色防控示范区。调查结果表明，示范区各虫害危害率均小于5%，控制在安全阈值内；全年示范区化学农药使用量较2015年减少54.96%，辐射区化学农药使用量较2015年减少31.24%；示范区亩均防治成本69.27元，远低于化学防治区的129.9元。

（孟玉芳）

（黄　凯　摄）

（张本聪　摄）

园区经济

PARK ECONOMY

责任编校：李海明

园区宏观管理

【园区规划建设】 2018年，全市共规划建设11个工业园区，其中国家级高新区1个，省级工业园区6个（红塔工业园区、研和工业园区、通海五金产业园区、新平矿业循环经济特色工业园区、易门工业园区、华宁工业园区），市级工业园区4个（玉溪大化产业园区、江川工业园区、澄江工业园区、元江工业园区）。

【园区经济运行】 2018年，全市工业园区（不含红塔集团）实现主营业务收入1 422.87亿元，增长22.40%，完成工业增加值313.08亿元，增长13.84%，完成固定资产投资333.24亿元，增长42.22%。

【园区规划调整】 2018年，全市按照“三区三线”和“多规合一”要求，对市内工业园区空间布局和产业布局进行调整，全市工业园区规划面积由352.32平方千米调整为240.45平方千米，瘦身面积111.87平方千米。园区空间布局由“一园多片”调整为“一园三片”，产业定位调整为“一主两副”3个产业。

【园区基础设施建设】 2018年，全市工业园区完成园区基础设施投资102.56亿元，完成土地收储9 177亩，开发和整理土地7 901亩。建成标准厂房84.27万平方米。加快园区“五通一平”和污水集中处理设施建设，高新区、研和工业园区、红塔工业园区、新平矿业循环经济特色工业园区、华宁工业园区、通海五金产业园区、易门工业园区已建成园区污水集中处理设施，并投入运行。

【园区项目建设】 2018年，全市工业园区完成招商引资526.76亿元，增长25.40%。新开工工业项目158个，其中投资5 000万元以上的项目102个。竣工工业项目112个，其中投资5 000万元以上的项目67个。

（罗焯丹）

高新技术产业开发区

【概　况】 玉溪高新技术产业开发区为云南省第二个国家高新区，已形成一园三片区加研和工业园区的发展空间格局。国务院和市政府批复规划开发面积为73.12平方千米，其中：南片区6.08平方千米、九龙片区7.04平方千米、龙泉片区60平方千米，托管的研和工业园区约42.37平方千米。形成了以生物医药、互联网及电子信息、先进装备制造为特色引领、以卷烟及配套为主体支撑、以现代服务业为重要保障的“311”特色产业体系，汇聚红塔集团、华为、联通、沃森生物、达利集团、联塑、恩捷新材料、维和制药、猫哆哩等竞争力强的骨干企业，园区经济保持强劲增长势头和良好运行质量。截至2018年底，园区企业达3 037户，个体工商户5 078户，民营经济有从业人员4.4万余人，其中规模以上工业企业76户，高新技术企业31户。玉溪高新区在全国157个国家高新区综合排名为第65位，比2012年的第87位上升22位，园区综合实力不断增强，国家级排名持续攀升。

【生产总值】 2018年，玉溪高新区实现地区生产总值518.74亿元，同比增长9.2%；规模以上工业总产值644.54亿元，同比增长7.3%；规模以上工业增加值421.97亿元，同比增长3.0%。不含玉溪卷烟厂和研和园区，玉溪高新区实现地区生产总值（非烟GDP）103.6亿元，同比增长26.3%；完成规上工业总产值149.3亿元、同比增长30.3%，完成规上工业增加值37.2亿元、同比增长28.1%；完成外贸进出口总额3.05亿美元、同比增长149.1%；完成一般公共预算收入7亿元、同比增长5.1%，完成一般公共预算支出6.49亿元，同比下降8.6%；完成固定资产投资61.45亿元、同比增长12.8%。龙泉片区，全年完成工业总产值18.5亿元，同比增长39.6%；实现工业增加值3.4亿元，同比增长36.2%；完成固定资产投资17.9亿元，同比增长62.9%；完成招商引资额24亿元。研和工业园区，规模以上工业总产值105.28亿元，同比增15.5%；规模以上工业增加值15.38亿元，同比增11.9%；规模以上固定资产投资25.27亿元，同比增108.7%。招商引资实际到位市外国内资金（区招商局数据）40.28亿元，省外国内资金39.25亿元；标准厂房竣工面积9.1万平方米，同比增81%。

【招商引资】 2018年，高新区招商引资继续保持优异业绩，招商引资到位资金105.8亿元、同比增长38.7%，其中省外资金94.62亿元，同比增长56.5%。全年签约项目34项，投资总额159.28亿元；新开工10亿元以上工业项目5个，完成市下达目标任务的125%；新开工1亿元以上工业项目17项，完成市下达目标任务的113%；新开工5 000万元以上工业项目2个，完成市下达目标任务的200%；竣工5 000万以上工业项目数13个，完成全年任务的130%；围绕年初确定的“三个20项”的目标，年内签约亿元以上项目21个，完成全年任务的105%；新开工亿元以上项目24个，完成全年任务的120%；竣工亿元以上项目21个，完成全年任务的105%；新开发包装项目28个，完成全年目标任务的280%。招商引资所衍生的新产能对经济增长贡献日

玉溪高新区招商引资项目集中签约　　（高新区管委会　提供）

玉溪高新区龙泉片区标准厂房（高新区管委会 提供）

益显现，年内，4个智能终端制造及配套产业项目已投产运营并纳规，对非烟规上工业总产值拉动较大；在建项目17项，年内新引进的华电达动力电池、高恩德锂离子电池、正能实业动力电池、振华集团6万吨三元正极材料生产、信卓誉5万吨负极材料生产、星能环保植物电池、东莞迪亚宝18 650电池生产、国雅智能锂离子电池生产项目等8个新能源新材料产业项目正在形成新的产业聚集和产能贡献。

【产业培育】 2018年，高新区通过产业集群驱动，优化产业结构，实现产业转型新发展。生物医药及大健康产业、先进装备制造产业和互联网及电子信息产业等新兴产业获得空前的发展。先进装备制造产业发展规模已超过生物医药及大健康产业，成为玉溪高新区非烟第一大产业。年内，先进装备制造产业累计实现工业总产值41.3亿元，同比增长129%，占非烟工业规上总产值的27.6%。生物医药及大健康产业累计实现工业总产值38.7亿元，同比增长13.4%，占非烟工业规上总产值的25.9%。互联网及电子信息发展迅速，大数据产业发展基础正在打牢。玉溪政务云数据中心项目被认定成为全国第一个通过“T3设计、建造”双认证的数据中心，同时经申报取得工信部增值电信业务经营许可证，荣获“2017 ~ 2018优秀数据中心”奖项数据中心。玉溪政务云数据中心作为玉溪信息产业重要支柱，已为云南中医药大数据、云南省卫生和计划生育委员会三期项目、云南烟科院等37家单位提供了信息化服务，全面支撑智慧政府、企业云、垂直行业云建设，积极推动玉溪市信息产业发展。

【财政运行】 2018年，在宏观经济不景气、国际贸易摩擦不断加剧、国家连续出台减税降费政策的背景下，玉溪高新区财政采取挖掘税源、盘活存量资金、优化支出结构、加快资金支付进度等措施，保障了园区建设及产业发展的需要。高新区全年完成财政总收入15亿元，增收0.5亿元，同比增长3.7%；完成地方一般公共预算收入70 089万元，增收3 399万元，同比增长5.1%，完成年初预算的95.5%，完成预算调整的100%。其中完成税收收入53 038万元，增收1 471万元，同比增长2.9%；完成非税收入17 051万元，增收1 928万元，同比增长12.7%。园区完成地方一般公共预算支出64 926万元，减支6 128万元，同比下降8.6%，完成年初预算的77.8%，完成预算调整的110.3%。园区完成基金预算收入15 778万元，减收15 220万元，同比下降49.1%，完成年初预算的31.3%，完成预算调整的115.3%。园区完成基金预算支出123 587万元，减支22 046万元，同比下降64.1%，完成年初预算的30.9%，完成预算调整的130.6%。

【科技创新】 2018年，高新区有高新技术企业31户，其中规上工业高新技术企业有25户、占高新区规上企业总数比重45%。科技研发机构及专家人才不断增多，研发能力不断增强。年内新组织认定4个市级技术中心、1个市级工程技术研究中心。高新区有国家、省、市级技术中心32个，国家、省级科技型中小企业81户，各级工程技术中心13个，院士（专家）工作站5个，国家“千人计划”专家4人，云南“百人计划”专家2人，云岭产业领军人才、省委联系专家1人，市委联系专家5人。高新区各孵化创业平台入驻创业企业260户，带动就业1500余人。年内新引进创业企业72户，其中：云科玉溪高新众创空间成功认定为国家级众创空间，新引进5个创业团队（现有常驻团队40个），青年创业园新引进27个创业团队，互联网产业创新引进企业30户，启迪众创园新引进企业10户。新入驻团队获得授权知识产权33项，培育高企1户，认定科技型中小企业10户，创新创业大赛获奖2项，建设1个省级中小企业公共服务示范平台。

【园区建设】 2018年，玉溪高新区坚持“产城融合”发展导向，注重高标准规划、高起点建设、高效能管理，不断加强基础设施建设。编制完成南片区城市设计方案并通过专家评审，启动12户企业“退二进三”工作，完成部分路段提升改造，玉溪生物医药产业园核心区基础设施建设持续推进。在九龙片区、龙泉片区实施一期52万平方米标准厂房建设，已竣工交付使用近30万平方米，研和园区9万平方米的标准厂房建设进展顺利。南片区启动了创新路延长线、东近面山1#路等部分路网建设，基本完成土地整理，完成投资1 000余万元。九龙片区启动了莲池区域内八纬路、九纬路、二经路延长线道路建设工作，完成西河路延长线河道整治相关工程。龙泉片区完成分区规划编制评审，完成5条道路绿化亮化，江滇路和江源路全面建成通车，自来水厂和集中式污水处理厂建设快速推进。研和工业园区中小企业创业园4条道路和大坡头土地整理主干道工程基本完工，玉溪第二污水处理厂建成运营，管网配套设施二期项目稳步推进。

【融资担保】 2018年，高新区为激发园区内生动力，鼓励企业加快和实现高质量发展，对在财税增长、科技创新、外贸进出口、品牌建设、安全生态等方面成绩优秀的企业进行表彰奖励，拨付奖励资金 2 830.4 万元，对猫哆哩、贡润祥等 17 户企业贷款进行贴息和担保费补助，拨付贷款贴息及担保费补助资金 788.9 万元。为园区中小微企业解决融资难题，年内为爱西贝、健坤、耀龙塑胶等 5 家公司进行贷款置换 4 684 万元，新增融资担保额 500 万元，解除融资担保额 1 810 万元，为园区企业累计再保 13 笔 8 600 万元；为缩短智能终端制造企业流动资金周转周期，高新区成立出口垫税资金池，注入资金 1 200 万元，为智能制造企业办理出口退税垫付资金 14 笔累计金额约合人民币 1 603 万元；为支持园区和企业发展，组织 225 个企业（或项目）申报省各块专项扶持资金，申报资金预计 2 亿元（已下达各类扶持资金 1.5 亿元）。

【实体化改革】 2018 年，高新区全面深化改革，印发了《玉溪高新区党工委关于印发实体化管理“三办法一细则”有关修改意见的通知》，市政府办印发了《玉溪高新技术产业开发区管理委员会主要职责内设机构和人员编制规定》，根据市委、市政府要求，高新区印发《玉溪高新技术产业开发区管理委员会内设机构主要职责规定的通知》，健全完善机构职能职责，内设机构更加精简高效。高新区持续深化“放管服”改革，取消行政事项 2 项、调整合并 7 项、增强行政许可 3 项。编写行政许可事项和政务服务大厅办理公共服务事项的简版办事指南，编制上报 24 项进行审核备案；推行“多证合一”改革工作，核发“多证合一”企业营业执照 460 份；成立玉溪高新区推进“证照分离”改革试点工作领导小组，谋划部署改革试点，对试点的 92 项进行任务分解，完善服务并落到实处。

【园区品牌打造】 2018 年，高新区各项争先示范创建工作取得新突破。年内新获 4 个荣誉称号或示范基地认定，积极争取国家科技部火炬中心及财政部的支持，成功申报“打造特色载体推动中小企业创新创业升级示范基地”“国家级绿色园区”“云南省新型工业化产业示范基地”“云南省服务外包示范园区”，完成《玉溪高新区创新型特色园区建设方案》的编制，积极申报“国家级创新型特色园区”“全国模范劳动关系和谐工业园区”，园区知名度及综合发展能力进一步提升。

【绿色发展】 2018 年，高新区在环保和节能降耗方面按照“节能降耗绿色发展”要求，继续狠抓节能降耗，走绿色发展之路，准入园区的企业都是技术含量高、附加值高、低能耗的企业，努力打造云南新能源电池产业园。向上下游拓展延伸，打造“上游电池材料及工艺设备—中游电池产品—下游电池应用产品及延伸产品”完整的产业链条。坚持规划先行，依据环境保护法律法规强化项目引入条件控制，守住生态保护红线、环境质量底线、资源利用上线和环境准入负面清单即“三线一单”，严格控制生产项目的污染物排放总量，规范审批程序和审批时限。

【和谐园区建设】 2018 年，高新区积极完善法治建设机制，认真落实党政主要负责人履行推进法治建设第一责任人职责。建立社会稳定风险隐患问题派单制度，扎实开展社会治安综合治理，园区长期挂牌的重大纠纷隐患由年初 14 起降至 3 起，成功调处一般性纠纷 23 起，解决拖欠农民工工资 1 250 万元。高新区突出抓好安全生产，坚持宣传与检查、自查与互查相结合，组织检查组 32 个（次），检查企业 165 户（次），查出隐患 523 项，隐患整改率 100%。强化网络安全，加快信息化建设步伐。及时回应群众诉求，认真解决群众关心的热点难点问题，办理市长热线及各种交办件 61 件，群众来电来访举报 108 件，办结率 100%。抓好民兵应急连营组建，确保园区国防力量建设及和谐园区建设工作顺利推进。

（向致林）

特色园区

【红塔工业园区】 2018 年，红塔工业园区开展总体规划修编和申报省级工业园区工作。修编后，园区规划面积由 57.37 平方千米调整为 18.65 平方千米，“一园八片”调整为“一园三片”，即北城片区、观音山片区、洛河片区。园区主导产业定位为：在发展壮大原有产业的基础上，以发展新能源新材料产业为主，生物医药、卷烟及配套产业为辅，适度发展商贸物流服务产业。园区八个片区完成主营业务收入 984.39 亿元，同比增 9.43%；完成工业总产值 869.98 亿元，同比增 11.58%；完成规模以上工业增加值 467.94 亿元，同比增 4.62%；完成税收 261.26 亿元，同比增 2.66%。

年内，观音山片区批准征收（收购）土地 188.07 公顷，已开发利用 150.67 公顷，工业投资及基础设施建设项目 31 个，累计完成投资 24.77 亿元，其中，29 个工业投资项目完成投资 23.71 亿元，2 个基础设施建设项目完成投资 1.06 亿元。已有 25 个项目竣工投产，6 个项目在建。观音山片区基础设施建设逐步完成创业路、红云路、红园路、南菁路、云锦路的硬化、亮化、绿化及供排水、通信、燃气管道等配套设施建成通车，总长 4.2 千米，红线宽度 12 ~ 24 米。完成饮水管道改造和加压站、过渡性供水、原水供给设施、市政用水供应、B 地块雨污排水专管、前进沟改道、原水泵站改造等供排水，一期一、二批次用地 10 千伏电网、110 千伏彩虹变电站等供电工，移动、电信、联通通讯铁塔接通 4G 信号等工程项目先后竣工投入使用。晋红高速和新黄路建成通车，投资 5 000 万元的创业路北段及配套设施开工建设，道路全长 998 米，红线宽 18 ~ 24 米。

园区实施市外国内招商引资项目 18 项，省外国内项目 16 项，市外省内项目 2 项，实际引进到位资金 98.99 亿元，完成任务的 100%。洽谈项目 56 个，重点跟踪联系项目 4 个；签约项目 3 个，计划总投资 1.93 亿元；在建项目 13 个，计划总投资 29.71 亿元。向上级争取各类政策资金 1 961 万元，其中补助园区资金 580 万元，补助企业资金 1 381 万元。云南玉溪玉昆钢铁集团有限公司、云南省活发集团投资有限公司、云南蓝晶科技有限公司被评为第八届“云南省百户优强民营企业”；云南蓝晶科技有限公司荣获全国制造业单项冠军示范企业；云南宇城杭萧钢构有限公司被省住房和城乡建设厅列为省级装配式建筑产业基地。

（赵亚红）

【研和工业园区】 2018 年，研和工业园区实现主营业务收入 175.44 亿元，同比增 16.0%，其中，工业企业主营业务收入 117.68 亿元，同比增 9.5%；工业总产值 111.21 亿元，

①2018年7月4日，市委书记罗应光（前排中）到园区调研太标循环经济示范项目

②2018年11月26日，研和工业园区"流动讲习所"宣讲习近平总书记在民营企业座谈会上的重要讲话精神

（研和工业园区　提供）

同比增16.4%；规模以上工业总产值105.28亿元，同比增12.8%；工业增加值（现价）17.49亿元，同比增11.0%；工业和基础设施固定资产投资15.26亿元，同比增22.1%，其中工业投资4.52亿元，同比增11.3%；招商引资实际到位资金59.74亿元，同比增18.0%；新开工工业5 000万元以上项目8个；新竣工工业5 000万元以上项目5个；签约招商引资项目数13个，其中工业项目12个；标准厂房竣工面积9.08万平方米，同比增80.5%。截至年末，入园企业287户，其中工业企业106户，规模以上工业企业16户，拥有玉溪新兴钢铁有限公司、云南太标集团、云南正成工精密机械有限公司、云南滇雪粮油有限公司等一批知名企业。

年内，开展好园区基础设施建设，总投资5 424万元的中小企业创业园4条产业道路进行初验、结算；总投资1.3亿元的装备制造产业标准厂房建设项目主体工程完工，正进行辅助工程施工；大坡头土地整理主干道工程完工验收；投资8 555万元的中石油进场道路项目完成初验。省道S102线哨坡至玉钢路段路灯修复及中央分隔带加装波形护栏板工程顺利完工，进行验收复审；启动园区主要道路绿化、美化、亮化工程。

抓好项目建设，全年项目总数36个，续建项目4个，年内新开工项目9个，前期工作项目23个。云南太标数控机床有限公司年产10 000台数控机床光机加工配套生产线项目，计划总投资1.42亿元，10月完工。玉溪研和工业园区装备制造产业标准厂房建设项目，计划总投资1.35亿元，主体工程已经完工，正进行辅助工程施工。中石油玉溪油库连接线道路工程，计划总投资0.86亿元，11月完工。

数控装备制造标准厂房建设　（研和工业园区　提供）

加大招商引资力度，外出招商17次，参加招商推介会6次，签订招商引资协议16个，协议投资17.35亿元。重点抓好装备制造（数控机床）、钢铁延压、现代物流"三大产业"招商引资，集中签约云南普菲特数控机械有限公司等9家数控企业。总投资3 300万元的云南钢协再生资源回收利用有限公司年回收利用23万吨废钢资源建设项目、总投资7 600万元的云南太标再生资源利用有限公司年回收拆解3万辆废旧汽车项目、总投资300万元的玉溪金帝商贸有限公司再生物资回收加工销售项目3个企业入驻园区。

（赵雪如）

【澄江工业园区】　2018年，澄江工业园区实现工业总产值41.74亿元，同比增长5.06%；工业增加值9.20亿元，同比增长12.67%；主营业务收入31.25亿元，同比增长15.4%；固定资产投资12.75亿元，同比增长42.27%；招商引资到位资金12.75亿元，同比增长25.13%；园区企业税金上交总额1.16亿元，同比增长15.06%；园区企业利润总额完成2.21亿元，同比增长126.59%。

年内，园区完成总体规划新一轮修编调整，园区规划用地总面积调整为9.07平方千米，其中，蛟龙潭片区4.32平方千米、东溪哨片区3.98平方千米、提古片区0.77平方千米。推进土地收储开发整理及水网、电网、路网建设，完成园区年度土地集约利用评价。收储提古片区和蛟龙潭片区土地166.35亩，及时保障云南汇盈环保包装科技有限公司年产2亿平方米环保型高档纸板纸箱项目和中国东南亚食品商贸仓储物流港项目建设用地。完成蛟龙潭片区1号主干道、3号次干道、4号次干道建设及道路绿化、亮化工程；完成蛟龙潭片区南充沟排水设施建设项目和东溪哨片区磷都水厂排水沟治理工程；启动蛟龙潭片区8号市政道路建设。

园区签约入驻项目4个，其中，1亿元以上项目1个，云南汇盈环保包装科技有限公司年产2亿平方米瓦楞纸板纸箱生产项目；5 000万元以上项目2个，澄江高登建材有限公司高档门窗生产加工项目、澄江鑫成鹏高分子科技有限公司生产电线电缆光缆材料项目；1 000万元以上项目1个，云南三创安防工程有限公司警用装备及零部件制造项目。制作完成工业园区招商引资宣传片，从区位优势、投资环境等方面对园区进行全方位宣传推介。组织参加招商展会等向客商推介园区招商引资重点项目，全年外出招商活动7次。江西东海蓝玉光电科技有限公司、中铁辰邦（北京）投资管理有限公司等17户企业到园区实地考察。

年内，园区新开工5 000万元以上项目5个，1 000万元以上项目2个；竣工1 000万元以上项目6个。新开工5 000万元以上项目：云南汇盈环保包装科技有限公司年产2亿平方米环保型瓦楞纸板纸箱生产项目、澄江鑫成鹏高分子科技有限公司生产电线电缆光缆材料项目、澄江铭成工贸有限公司澄江县建筑废料回收及深加工项目、澄江高登建材有限公司高档门窗生产项目、澄江冶钢集团水泥有限公司混凝土搅拌站项目。新开工1 000万元以上项目：云南三创安防工程有限公司警用装备及零部件制造项目、云南盘虎有限公司黄磷生产粉矿气力输送及粉矿成球项目。竣工1 000万元以上项目：云南赣滇轻型材料有限责任公司年产36 000吨水泥制品项目、云南抚仙湖精酿啤酒有限公司希博瑞啤酒生产线建设及工业体验观光项目、冶钢集团水泥粉磨站迁改入园项目、永旭沥青搅拌站项目、金威建材有限公司年产30万吨水泥干粉砂浆项目、恺达异地搬迁高密度聚乙烯市政管道生产技术改造项目。

（赵腾蛟）

【通海五金产业园区】 2018年，通海五金产业园区以投资环境建设为基础，以产业培育为中心，以优化软环境为手段，努力推进园区建设。园区有入园企业97户，其中建成82户、在建15户。全年实现工业总产值89.34亿元，同比增长13%，其中规模以上工业总产值71.95亿元，同比增长2%。实现主营业务收入83.21亿元，同比增长14%，其中工业企业主营业务收入80.59亿元，规模以上工业企业主营业务收入65.25亿元。实现工业增加值17.66亿元，同比增长20%。新增固定资产投资11.94亿元，同比增长9%。完成招商引资30.20亿元，同比增长25%。投资5 000万元以上的项目开工10个，同比增长43%，投资1 000万元以上的项目开工3个，同比减73%，投资5 000万元以上的项目竣工6个，同比增长50%，投资1 000万元以上的项目竣工7个，同比减50%。年内，三通一平土地整理275亩，标准厂房建设竣工面积8.21万平方米，园区可出让土地面积1 855.08亩。企业用电量41 718万千瓦时，同比增92%。园区从业人员8 162人，同比增3%。

抓好园区实体化改革工作。市政府下发《关于通海五金产业园区实体化改革实施方案的批复》。县政府强化责任，细化措施，进一步修改完善《通海五金产业园区实体化改革实施方案》。制定《通海五金产业园区人事管理办法》《通海五金产业园区绩效考核和薪酬分配制度》，确保园区实体化改革稳步推进。

开展园区总体规划修编工作。园区规划为一园三片区，规划总面积为1 922.22公顷，其中里山片区规划面积1 711.8公顷，以五金机电及新材料产业为主导产业，生物资源加工产业和彩印包装产业为辅，形成园区的核心片区，杨广片区规划面积130.32公顷，以冷链物流区为主，为通海的农副产品、食品、生物资源加工产品等提供仓储、冷链物流服务，曲陀关片区规划面积80.1公顷，为仓储物流基地，主要为五金机电及新材料产品、彩印包装产品等提供仓储和物流服务。

推进基础设施及配套项目建设。完成梅子园片区五号路、四号路1、2、3号支路建设，大石山片区低丘缓坡土地综合开发利用土地平整项目，大石山片区一号路南段边坡防护工程，完成里山片区污水处理厂建设，于8月投入试运营。园区总开发面积2.8平方千米，正在实施开发的土地规划面积1.5平方千米。园区日供水能力达8 000立方米，可用电力总装机容量22万千伏安，建成道路总里程10千米，完善了给排水、供电、通讯、网络、OA办公平台等配套功能，基本实现开发一片，基础设施配套一片，为园区入园企业营造好的基础设施配套环境。围绕“储备一批、开工一批、投产一批、达产一批”，抓紧抓实项目，为园区持续发展注入活力。进一步明确土地价款相关事宜，落实产业扶持基金并有效运行，畅通供用地渠道，提升企业对政府的信任度，激发企业投资热情。加强部门联动，实行入园项目集中审查、并联审批，压缩审批时限，打破“互为前置”，为项目落地开工提供高效率、低成本的政务服务。推进云南CY集团有限公司通海数控机床生产及铸造基地建设项目一期工程、通海云石工贸有限公司新建年产5万吨扣件铸造自动化生产线项目等9个重点项目建设，促进企业早日投产达产。

（吴　媛）

【华宁工业园区】 2018年，华宁工业园区完成工业总产值72.8亿元，同比增长4.6%；完成主营业务收入57.1亿元，同比增长13.1%；完成工业增加值26.87亿元，同比增长18.7%；完成招商引资27.56亿元，同比增长22.3%；完成固定资产投资15.98亿元，同比增长22.5%；园区在建项目20项，完成投资16.08亿元。新建、续建项目20个，协议总投资32.8亿元；新开工投资1 000万元以上项目11个，协议总投资13.11亿元；竣工投资1 000万元以上项目9个，累计完成投资14.09亿元；标准厂房竣工面积80 116平方米，完成市级园区经济发展目标的100.1%。全年未发生重特大环保和安全事故。新增入园企业5户，入园企业86户，从业人员7 109人。新开工投资5 000万元以上工业项目3个。

按照省工业和信息化委对省级园区进行“瘦身强体”的总体要求，园区管委会启动了新一轮《云南省华宁工业园区总体规划2018～2035》修编，将园区规划面积由原来的13.98平方千米缩减为10.82平方千米，瘦身率达22.6%；空间布局由原来的“一园四片区”调整为“一园三片区”，即新庄片区、冲麦片区和盘溪片区；产业布局由原来的“五大产业”调整为“一主两辅”三大产业，即装备制造业、化工和陶瓷建材产业。以打造中国西部地区重要的风电设备制造基地、云南省磷化工循环产业示范区、云南省重要的陶瓷产业核心区为目标，把华宁工业园区建成全县经济增长核心区。科学编制华宁磷化工产业基地（园区）建设规划，2018年12月13日，市政府下达了《关于华宁工业园区实体化改革实施方案的批复》。

年内，投入资金934万元完成257亩的土地征收；筹集土地竞买保证金1 200万元对新庄片区4块土地334.97亩进行竞买摘牌；筹集资金980万元完成莲花片区85亩土地的竞拍工作。投资7 902万元建设新庄片区5号路项目；投资75万元建设新庄片区集中式污水处理项目；投资1 231万元建设莲花片区基础设施配套项目；园区和云南蓝天重工公司共同投资500万元治理滑坡体。

（张 兰）

【易门工业园区】 2018年，易门工业园区实现工业总产值197.84亿元，同比增19%；工业增加值56.28亿元，同比增29%，完成市下达任务54.5亿元的103%；主营业务收入174.12亿元，同比增45%，完成市下达任务148.83亿元的117%；招商引资66.59亿元，同比增19%，完成市下达任务66.53亿元的100%；固定资产投资66.15亿元，同比增67%，完成市下达任务62.04亿元的107%；利润总额6.6亿元，同比增39%；税金总额4.01亿元，同比增20%。

年内，园区健全完善“党政同责、一岗双责、齐抓共管、失职追责”责任体系，持续开展安全隐患排查和化解。全年累计检查生产经营单位和在建项目286户次，发现和消除各类事故隐患830项；汛期安排排查企业37户，发现隐患242条，督促企业完成整改隐患185条，限期整改57条；消防安全排查140户次，发现和消除各类事故隐患569项，督促企业建立健全特种设备岗位责任、隐患治理、应急救援等安全管理制度，保障特种设备安全运行。配合环保部门完成17个建设项目的环评评审，对8个建设项目进行竣工环境保护验收，对15户环保违法企业做出行政处罚。积极推进环保督查整改，提前完成园区污水收集管网及配套设施项目建设。对园区范围内148户工业企业和个体工商户开展入户核实、入户调查。积极推进原料堆场、烟气治理、路域环境整治工作。强化协调服务，加强农民工工资支付保障工作协调服务，参与调处各类劳资纠纷18件次，接待来访人员50余人次反映工资款、工程款拖欠问题，涉及270余人约480万元，已经办结17件次、250万元。认真开展综治维稳、信访、流动人口均等化等政策宣传和日常工作，及时排查矛盾纠纷隐患，积极化解企业与企业、企业与职工、企业与周边矛盾问题，协调解决各类矛盾纠纷7件。根据省、市园区实体化改革部署要求，易门工业园区完成人员聘任（用）工作，组建园区实体化平台公司，在省、市园区中率先迈出实质性步伐，促进管理体制“去行政化、走公司化”，人事改革“打破身份、全员聘用”、绩效考核“到岗到人、以绩定奖”，为园区高质量跨越式发展注入动力。

按照省工信委要求，开展园区总体规划修编和省级园区重新认定申报工作。修编后的园区规划面积由45.52平方千米“瘦身”到26.56平方米，空间布局由“一区五园”调整为“一园三片区”，产业定位为“一主两辅”（主导产业：冶金，辅助产业：建材、特色食品制造），有效解决园区规划与主体功能区规划不协调、部分区域与永久基本农田控制线、生态保护红线相冲突，园区规划面积过大、片区过多、集中度不高等问题。

扩大投入，夯实园区基础，年内完成投资870万元的麦子田片区绿化工程项目。完成投资5 018万元的园区污水收集管网及配套设施项目建设，比环保部、省环保厅要求时限提前1个月。完成4万平方米标准厂房附属工程建设。完成公鸡山二期开发及主干道建设项目可研、主干道施工图设计、地勘、征地等工作。修复大椿树加油站至三元宫和易门东源水泥有限公司门口段315米园区破损路面，对大椿树片区1 880米排水（排洪）系统实施改造。完成大椿树中贸物流项目用地129亩、公鸡山大椿树水泥厂项目用地529亩土地收储工作；挂牌出让供地2宗115.311亩。完成园区总体规划（修编）地质灾害危险性评估工作，易门工业园区总体规划（修编）压覆矿产资源评估通过专家评审，报市国土资源局审核批准。

园区洽谈项目18个，意向投资28.47亿元；签约宇航机械、汇鑫晟人防工程、大椿树水泥、中贸物流、易润茶叶、屋顶光伏发电、开源塑料建材、贝乐谷、远方陶瓷五线9个招商项目，总投资15.2亿元；洽谈并审查项目16个，计划投资24.35亿元。园区完成招商引资66.59亿元，完成市下达指标任务数66.53亿元的100%。将项目落在实地、进度抢在前面、效益及早显现，加快推进中贸物流、晶科新能源、广福达工贸、七雄新能源气体、三乐建材、中盛日科建材、洪一工贸建材、傲远大森槽道支架、裕隆盛食品、佑生药业扩建、科胜清源污水处理设备、超润食品配制酒及生态饮料等项目进度。园区在库项目62个，其中签约项目9个，新建项目28个，续建项目25个。完成新开工亿元以上项目11个，超额完成市下达任务8个；新开工5 000万元以上项目24个，超额完成市下达任务20个；竣工5 000万元以上项目12个，超额完成市下达任务7个。建设标准厂房10.62万平方米，超额完成市下达任务2.62万平方米。完成固定资产投资66.15亿元，完成市下达任务的107%，其中工业投资31.29亿元。

（禹春裕）

【大化产业园区】 玉溪大化产业园区是市委、市政府高起点、高要求、高效率、高标准规划建设的云南省山地产城统筹创新区、云南省低丘缓坡建设示范区和云南省现代新型工业发展基地，是玉溪市乃至全省土地存量最多、环境容量最大、发展潜力最好的工业园区之一。园区地处峨山县，规划“一园三片区”，总面积51.89平方千米，其中化念片区36.74平方千米，产业布局规划为冶金压延、装备制造，金水片区13.1平方千米，产业布局规划为铸造及装备制造、新型建材、轻工及现代物流产业，甸中片区2.05平方千米，已纳入甸中—十街农业生物产业园规划，产业布局规划为油橄榄系列产品、特色食品加工及饮料制造产业。

截至2018年末，园区有入园企业64户，入驻项目67个。园区建成项目46个，在建项目16个，开展前期工作项目5个。规模以上企业24户。年内完成招商引资16.5亿元，完成目标任务的101%，完成固定资产投资4.16亿元，完成目标任务的100%，向上争取资金1 000万元，完成目标任务的100%，完成主营业务收入66.32亿元，实现工业总产值65.1亿元，工业增加值18.2亿元。

年内，新增企业8户，入园项目8个，其中新增1亿元以上项目3个，云南兴达铝业有限公司年产15万吨铝锭项目、云南源天生物集团有限公司农业产业融合项目、云南丰晨电缆有限公司生产特种电缆1KV电线电缆及35KV以下交联电力电缆项目（因化念片区作为玉昆项目选址用地，该项目已暂停，将另行选址）。新增5 000万元以上项目2个，峨山立新混凝土年产40万立方米商品混凝土搅拌站建设项目、云南绿水青山新型装饰材料有限公司年产180万平方米多层实木复合地板项目。新签约项目3个，玉溪汇鑫包装有限责任公司年产5 000万平方米包装纸箱新建项目、峨山县高英冷饮加工厂冷饮速冻食品加工项目、云南玉溪玉昆钢铁集团有限公司转型升级产能置换项目。

（普文光）

【新平工业园区】 2018年，新平工业园区紧紧围绕县委、县政府重点工作，认真贯彻落实省、市、县关于稳增长相关政策，不断完善园区基础设施，优化发展环境，创新招商方式，稳步有序推进园区各项工作。全年完成主营业务收入260.4亿元，同比增17%；完成工业总产值247.6亿元，同比增2%；完成工业增加值55.33亿元，同比增8%；完成固定资产投资30.4亿元（包含非电工业和基础设施等），同比减15%；完成招商引资及融资到位资金43.5亿元。荣获2017年度“云南省10强工业园区”称号。

园区有建设项目37个，概算投资156.55亿元，年内完成投资30.4亿元。其中续建项目25个，年内完成投资24.6亿元；新建项目12个，年内完成投资5.84亿元。全年完成招商引资到位资金42亿元，完成市级目标任务数37.35亿元的112%。新开工5 000万元以上项目9个，完成市政府下达任务数7个的127%；竣工5 000万元以上项目5个，完成市政府下达任务数5个的100%；

年内，重点推进大开门综合开发及转型升级项目基础设施建设，进一步完善扬武片区田房组团一期基础设施建设，完善了桂山片区小横山污水收集工程建设等项目工程。完成园区范围内土地征收补偿2 180.6亩，目前共完成基础设施投资22 436万元（含征地补偿费12 719.91万元）。重点推进仙福公司产能置换技术升级改造项目和云南新平南恩糖纸有限责任公司搬迁改造转型升级项目，仙福公司产能置换技术升级改造项目计划投资83.17亿元，项目竣工投产后，预计新增就业1 000人，新增工业总产值35亿元，利税1.5亿元，年内已通过省工信委公告，完成项目备案、规划总图、初步设计、主要设备订购等工作，累计完成投资近4.6亿元（含设备订购预付款）；云南新平南恩糖纸有限公司搬迁改造转型升级项目计划投资12.07亿元，项目建成后将实现工业产值22.8亿元，实现利税4亿元，农业产值达4.3亿元，就业岗位达1000个，年内已完成项目备案、地形图测绘，正开展规划设计、环评、地勘、水保、林勘等项目建设前期工作，并与多家设备生产商对接设备工艺选型工作，成立转型升级项目领导小组已进驻并开展工作，负责协调推进搬迁改造各项工作。

按照《云南省工业和信息化委员会关于开展工业园区总体规划修编的通知》及“瘦身强体”要求，新平工业园区高度重视，积极开展总体规划修编工作，规划范围由原来的“一园四片区”调整为“一园三片区”，即将扬武、桂山、戛洒和漠沙片区中的漠沙片区调出规划范围，园区面积由67.79平方千米调为33.45平方千米，产业定位为主导产业：矿冶（铜铁矿采选及压延加工），辅助产业：装备制造及生物资源加工。规划成果已经市级评审通过并提交省工信委进行终评；同步开展总规环评修编，完成报告编制并提交省环评中心待评审。

（魏正荣）

【元江工业园区】 2018年，元江工业园区按照“一园三片区”区域格局规划，规划用地总面积为8.76平方千米，产业定位为“一主两副”（“一主”即特色生物资源及农产品加工业；“两副”即综合物流服务业、矿冶及新材料加工业）。同时结合产业资源组成和全县产业组织需求，补充增加两类重点发展细分产业：流通增值加工产业、大健康医药产业。其中，甘庄—干坝片区规划面积4.55平方千米，重点发展以公铁联运、冷链物流、流通加工为代表的综合物流服务业，打造特色生物资源及农产品加工规模化企业入驻的主要生产基地；江东片区规划面积2.98平方千米，主要形成以万绿集团为代表的特色生物资源及农产品加工业、大健康产业等绿色产业和中小微企业创业产业园；安定片区规划面积1.23平方千米，重点发展以镍、金、蛇纹石利用等为代表的矿冶及新材料加工产业。年内，元江工业园区入驻企业47户，其中规模以上企业18户。完成主营业务收入31.2亿元，比上年同期增6.08亿元，同比增长24%，完成市下达目标30.4亿元的103%；工业总产值32.5亿元，比上年同期增8.48亿元，同比增长35%；规模以上工业增加值7.5亿元，比上年同期增1.99亿元，同比增长36%，完成市下达目标6.01亿元的125%；招商引资资金12.07亿元，比上年同期增2.99亿元，同比增长33%，完成市下达目标11.07亿元的109%；固定资产投资12.22亿元，比上年同期增3.15亿元，同比增长35%，完成市下达目标11.07亿元的110%；新开工1 000万元以上项目7个，完成市下达目标任务的100%（其中新开工5 000万元以上项目3个，完成市下达目标任务的100%）；新竣工1 000万元以上项目5个，完成市下达目标任务的100%；标准厂房竣工面积4.06万平方米，完成市下达目标任务的101%。

新建项目，云南万绿生物股份有限公司芦荟干粉生产线技术改造项目，项目于8月31日开工建设，累计完成投资3 019万元。元江县永发水泥有限公司1 000t/d水泥熟料生产线节能降耗及环保升级改造建设项目，项目于8月31日开工建设，累计完成投资3 019万元。元江碧水源环保科技有限公司元江县第三自来水厂建设项目，项目于8月31日开工建设，累计完成投资2 000万元。元江碧水源环保科技有限公司元江县第二污水处理厂及配套管网工程建设项目，项目于8月31日开工建设，累计完成投资2 000万元。元江县山川矿业有限公司元江金矿综合技改（一期）项目，项目于8月10日开工建设，累计完成投资3 000万元。竣工项目，元江县瑞丰民特食品有限公司热带水果产业融合项目，项目于8月竣工投产，累计完成投资2 150万元。元江县恒达投资有限责任公司工业园区强电搬迁项目，项目于8月竣工，累计完成投资1 781万元。云南万绿生物股份有限公司芦荟皮渣高效节能干燥项目，项目于8月竣工投产，累计完成投资1 530万元。云南万绿生物股份有限公司芦荟干粉生产线技术改造项目，项目于12月竣工投产，累计完成投资3 019万元。元江县永发水泥有限公司1 000t / d水泥熟料生产线节能降耗及环保升级改造建设项目，项目于12月竣工投产，累计完成投资8 430万元。前期项目，红河谷农产品物流与交易园区（一期）建设项目。项目于2018年1月26日正式进入财政部PPP项目库，该项目是元江县第一个入库的PPP项目。开展项目投资主体的招商工作，完成项目的分阶段实施方案编制，完成项目区4条道路的地质勘查、初步设计评审和施工图设计，正在开展铁路进场道路及箐门口搬迁安置点、主干道5等物流项目区的征地拆迁工作。江东中小微创业园项目，完成总规、可研，并咨询项目控规、地勘、初设、施工图等设计成本工作。

基础设施建设，完成工业园区土地平整项目，计划投资51 441.22万元，平整范围2 675.55亩，平整后可利用面积1 929.135亩，土地利用率72.1%。完成土地平整土石方开挖、回填113万立方米，完成投资4 060万元。开工建设元江县工业园区标准厂房二期配套设施建设项目，计划投资8 000万元，建成厂房3.5万平方米。项目分两期实施，一期建设标准厂房约10 000平方米，计划投资2 500万元，二期建设标准厂房约25 000平方米，计划投资5 500万元。开工建设元江县第三自来水厂，计划投资5 983万元，建设日处理5 000立方米/天的水厂、新建输水管网及附属设施。项目采取PPP模式建设，已完成地表清理、场地平整，完成投资2 000万元。开工建设元江县第二污水处理厂及配套管网工程，计划投资5 772万元，主要建设2 500立方米/天的处理厂。项目采取PPP模式建设，已完成厂区地表清理、厂区场地平整工作，完成投资2 000万元。现代物流园区建设，红河谷农产品物流与交易园区（一期）建设项目，完成项目分阶段实施方案编制，完成项目区4条道路地质勘查、初步设计评审和施工图设计，正开展铁路进场道路及箐门口搬迁安置点、主干道等物流项目区的征地拆迁工作。

园区立足元江优势和特色，突出五大产业及产业链延伸抓招商，采取“走出去，请进来”战略，全面开展招商活动。制作完成园区招商宣传片和招商宣传册，开展招商洽谈，年内接待来访客商33次，12家企业123人，参与外出招商8次，签约项目3个，完成招商引资资金12.07亿元，比上年同期增2.99亿元，同比增长33%。加强“政银”银企合作，助力民营企业发展壮大。强化政策支撑，优化营商环境，着力破解制约民营经济发展的突出困难和问题，落实惠企政策，给予企业各种利好，形成上下联动、支持企业发展良好氛围。协调元江县金融机构，实现大型企业贷款余额、中型企业贷款余额、小微企业贷款余额分别为1.1亿元、11亿元、13.1亿元，持续优化发展环境，促进民营经济健康发展。元江县恒达投资有限责任公司向元江农村信用联社融资1 500万元，加快推进园区基础设施建设，全面提升园区承载力和吸引力。

（李红兰）

（李卫东　摄）

（张本聪　摄）

城乡发展

URBAN AND RURAL CONSTRUCTION

责任编校：李海明

城乡规划

【规划编制及研究】 2018年，市规划局完成《玉溪市城市总体规划（2018～2035）》编制，经市规委会、市人大常委会审议通过，上报省政府。完成《九溪亚洲花卉科创谷发展规划》编制，市政府已经批复同意。完成《玉溪市枢纽经济区发展战略规划》，市规委会已经审议通过。完成《玉溪市（红塔区、江川区）海绵城市建设专项规划（2017～2030）》《玉溪市中心城区道路竖向设计（2016～2030）》，已获市政府批复。推进江川区控规一张图编制，组织完成九溪亚洲花卉科创谷控制性详细规划编制。完成市规划馆布展方案。

玉溪市人大常委会审议玉溪市城市总体规划　　（市规划局　提供）

【全国城市设计试点工作】 2018年，市规划局认真开展全国城市设计试点工作，建立了"规划三维辅助审查系统"，完善城市设计规划管理制度，制定《玉溪市城市设计管理实施细则》《玉溪市中心城区建筑风貌导则》，开展《中心城区城市设计》《玉溪市科教创新城核心区控制性详细规划》《玉溪市中心城区城市环境艺术设计及导则研究》《城市规划—城市设计宣传》等重点城市设计和专项规划编制。

【"城市双修"试点工作】 2018年，市规划局修改完善了《玉溪市中心城区"城市双修"试点工作实施方案》，组织开展"城市双修"规划编制工作，以"增绿添色、点亮玉溪、六城同创、建设花城"为统领，以海绵城市建设为抓手，拟定规划建设项目库，全面推动"城市双修"试点各项工作。

【县区规划编制指导】 2018年，市规划局指导澄江县做好抚仙湖保护和开发利用总体规划及"一城三镇八村"相关规划，推进《澄江概念性规划及城市设计》编制工作，报送省规委会审议，指导完成澄江广龙旅游小镇、寒武纪小镇修建性详细规划编制审查工作。指导县（区）域乡村建设规划编制，实现县域乡村建设规划全覆盖。做好省级特色小镇规划审查，全市特色小镇规划已全部完成编制。组织新平县、元江县申报省级康养小镇。指导通海县申报中国历史文化名城，指导河西镇成功申报为第七批中国历史文化名镇。完成全市市域范围内具有保护价值的历史街区和历史建筑普查评估划定工作，全市划定历史文化街区2处，历史建筑确定248处。组织完成4批28个国家级传统村落保护发展规划规划编制，全部通过云南省村镇规划建设管理专家委员会技术审查，已上报住建部。组织申报第五批中国传统村落9个，申报2018年省级示范村70个，配合市委农办对2018年40个市级美丽宜居乡村项目实施方案进行审查，督促各县（区）加快推进2018年度村镇规划编制。

【通海地震灾后重建规划编制】 2018年，市规划局组织人员赴通海县，配合当地政府，完成地震灾害发生后的3个临时集中安置点规划选址和建设工作，制定印发《关于加强"8·13"通海地震灾后恢复重建城乡规划编制工作的通知》，编制《通海县城避难场所规划》，组织开展通海县四街镇者湾村灾后重建规划及29个自然村地震灾后恢复重建规划、江川区九溪镇矣文村委会4个自然村和江川区雄关乡灾后恢复重建规划，为灾后科学有序重建提供技术支持。

【城乡规划管理】 2018年，市规划局强化服务提效率，及时办理规划手续，提高规划审批效率，组织召开局项目审查会13次、市规办会5次、市规委会3次，受理规划报件185件，办理核发建设工程规划许可证106件，建设用地规划许可证34件，建设项目选址意见书31件，规划验线45次，规划竣工验收27件。深化改革强监管，抓好城乡规划监督检查，制定印发《玉溪市城乡规划督察制度》，开展乡村建设规划许可督查、行政执法案卷评查和抽查、违法建筑专项治理，制定《玉溪市违法建筑认定办法》，协助办理违法建设案件8件。转变作风求实效，开展转作风提效率促落实"工作落实年"活动，制定实施方案，抓好工作落实，公示公开事项145项，办理信访件3件。

（李　争）

城镇基础设施建设

【全国建筑垃圾治理试点】 2018年，玉溪市被列为国家建筑垃圾治理试点城市，是全省唯一一个试点城市。玉溪市建筑垃圾资源化利用项目已完成厂区布局、设备布局设计和项目公司组建，与项目公司签订特许经营协议，资源化利用项目完成可研编制，《专项规划》完成大纲编制、治理体系规划等，项目已完成招标工作。

【县（区）提质扩容】 2018年，江川区市政基础设施建设项目泉大道南段道路工程、浪广路北延工程、城市全民健身运动场馆开工建设，完成投资1.42亿元。澄江县城提质扩容项目可研获批复，已完成PPP包装、社会投资人招选工作；澄江县农村生活污水处理及人居环境提升工程已完成前期工作和社会投资人招选工作，对全县133个村民小组进行雨污分流截污及路面恢复建设，完成投资3.07亿元;澄江广龙旅游小镇建设项目已开展房屋、道路施工建设，80%的楼栋封顶断水，完成投资15亿元。峨山县提质扩容项目PPP合作合同已签署，项目已成功申报财政部PPP综合信息平台管理库，完成投资1.32亿元。污染治理设施设备不断完善，已建成垃圾处理厂9座，处理能力1 212吨/天，建成垃圾渗滤液处理站9座，垃圾中转站18座，清运并处理垃圾31.2万吨。年内，省级下达排水管网建设任务46千米，已完成排水管网建设97千米，完成任务数的210.8%。污水处理厂累计处理污水5 467万吨，完成COD削减量14 369吨，完成氨氮削减量1 258吨。

【天然气利用】 2018年，全市持续推动天然气发展利用工作，建成天然气储备站1座、调压站1座，建成LNG气化站、LNG储配站、CNG加气站等2座。全市推广居民用户7.3万户，通气2.3万户，管道气化率26%。铺设城镇燃气管道380.15千米，其中，中心城区199.15千米。

【中心城区安全骑行】 2018年，在中心城市实施安全骑行项目，倡导绿色出行，引导市民选择新型环保出行工具，缓解城市交通压力。建成自行车骑行道33千米，投入运营公共自行车租赁停放点113个，安装道路交通摄像头31套。各停放点中，累计安装摄像头200个、普通锁车器2 722套、充电锁车器580套、站点控制器126台，投入普通自行车2 360辆，助力自行车440辆。市民通过玉溪公共自行车系统办理会员卡4 970张，微信用户83 902户，利用微信平台扫码租车122.38万人次，会员卡租车46.61万人次，骑行时间达2.13亿分钟。

【城市供水管理】 截至2018年末，全市有城市供水企业9家，自来水厂17个，供水管网总长1 318.64千米，自来水厂供水能力26.62万立方米/日，城市供水普及率98.24%，水质合格率100%。

【“点亮玉溪”工程】 2018年，全市大力实施“点亮玉溪”工程，按照“一次规划、示范先行、分期实施”原则，开展农村太阳能路灯建设，完成七县二区4281个村（组）5万盏太阳能路灯安装工作，累计完成投资2.8亿元，在全省率先实现自然村太阳能路灯全覆盖。

【黑臭水体治理】 2018年，玉溪中心城区金水河、玉带河、中心沟下段、玉溪大河下段4条河道列入住建部黑臭水体整治项目，累计完成投资8.9亿元。经生态环境部和住建部专项督查，认定金水河、玉溪大河基本消除黑臭，中心沟截污箱涵完工。

【农村危房改造】 2018年，全市持续实施4类重点对象农村危房改造工程，逐步保障贫困农户住房安全。年内，省级下达改造任务4 000户，已100%竣工。数据录入至全国扩大农村危房改造试点农户档案管理信息系统，系统录入数4 272户，录入开工数4 106户，录入开工率102.65%，录入竣工数3 854户，录入竣工率96.35%。

【百村示范千村整治】 2018年，全市继续开展“百村示范、千村整治”行动，不断完善村庄污水、垃圾处理及村内道路、公厕等基础设施。全年硬化村内道路247.81万平方米，修建挡墙48.11万立方米，建设活动场所36.1万平方米、停车场10.03万平方米、

2018年6月12日，玉溪市召开创建云南省文明城市志愿服务工作专题会议 （李 冉 摄）

①“安全生产月”活动启动仪式 ②劳动模范参观玉溪中心城区海绵城市建设 ③玉溪市房屋租赁平台建设

（市住建局 提供）

民事房 15.14 万平方米，安装文化活动设施 461 套、路灯 19 499 盏，绿化植草（灌木）22.55 万平方米、植树 10.98 万株，布设人畜管道 30.69 万米、污水处理管道 46.65 万米，建设污水处理设施 231 座、公厕 808 间 2.77 万平方米、化粪池 3 678 座、垃圾收集处理设施（箱体、池）744 个 5 002.18 立方米，特色民居整治 12.28 万平方米，受益群众 96 200 户 313 454 人。

【厕所革命】 2018 年，市住建局按照厕所革命逐步向农村纵向延伸的要求，明确厕所改造以水冲厕所为主、干旱山区可建设卫生旱厕的建设思路，逐步改善农村群众入厕条件。全市 61 个乡镇建成公厕 357 座，覆盖率 100%。549 个建制村建成公厕 1 186 座，覆盖率 100%。全年农村无害化卫生户厕改造建设目标任务 13 553 座，累计改造 14 974 座，完成任务数的 110.5%。建成旅游厕所 18 座，其中新建 15 座，改建 3 座，完成率 100%。

【人居环境整治行动】 2018 年，市政府出台《玉溪市农村人居环境整治三年行动实施办法》。全市 61 个乡镇生活垃圾设施覆盖率达 100%；5 643 个自然村实现垃圾有效治理覆盖率达 100%；自然村生活垃圾保洁员制度、收费制度覆盖率达 100%。乡镇污水处理设施覆盖率达 100%；555 个建制村实现污水处理，污水处理率为 79.17%；61 个乡镇自来水设施供水覆盖率为 100%。全市 61 个乡镇建成公厕 303 座，覆盖率为 100%。全市 549 个建制村建成公厕 1 375 座，覆盖率为 100%。红塔区、澄江县 2 个县确定为省级农村人居环境整治示范县；红塔区北城街道上桃园新村、送佛坝村，大营街街道下西古城，李棋街道江川口村七组，春和街道黄草坝村二组；澄江县龙街街道朱家山村、白土坡村，海口镇海口村，右所镇马房村，九村镇鱼塘村；江川区九溪镇罗和白小组，前卫镇下高桥村；峨山县甸中镇览耻冲小组，大龙潭乡大龙潭小组；元江县曼来镇迤萨村；易门县浦贝乡曰末旧村；华宁县宁州街道小河小组、鸡蛋村；新平县平甸乡冬瓜箐村，老厂乡老方寨村；通海县秀山街道黄龙四组，里山乡高家庄村23个村庄列为全省农村人居环境整治示范村。

【旧住宅区、旧厂区改造】 2018年，全市计划改造旧住宅区项目7个，已启动5个，完成改造面积2.68万平方米。旧厂区主要分布在红塔区、澄江县、峨山县、易门县、通海县，旧厂区普查总量为59.43万平方米，完成改造59.43万平方米，完成率100%。

【通海地震灾后重建】 2018年，省、市、县住建部门组成3个检查组，及时开展地震受损房屋初步评估工作，分别对通海县建筑工地、液化气供应站、供排水设施设备、垃圾填埋场、保障性住房、重点建设项目等重点部位进行拉网式检查，应急评估组共投入建筑结构、质监方面专家140人次，投入车辆18辆，总计排查民房864栋，其中可以使用建筑284栋，暂停使用建筑343栋，禁止使用建筑237栋。全力投入灾后重建工作，参与者湾、四街临时安置点的场地平整、帐篷搭设、供排水、厕所等建设工作。

【三供一业分离移交】 2018年，市、县（区）住建部门按照省、市国资委要求，主动服务企业，切实做好驻玉中央和省属国有企业职工家属区“三供一业”分离移交工作。红塔集团、中国移动通信公司、红塔区烟草专卖局、玉溪供电局、云南省烟草农业科学研究院5个单位7个居民小区5 239户居民的自来水管网改造工作达到“三供一业”供水设施分离移交条件，经现场检查后与相关单位签订《国有企业家属区“三供一业”供水设施分离移交协议》，进行供水设施交接。

【聂耳文化广场管理】 2018年，市住建局认真做好景区管理工作，全年接待游客130余万人次，接待各级考察团体8批次，办理政府性公益性活动42次、商业性活动18次，清理景区内地面、水面垃圾等1 300余吨。加强景区设施检查维护，维修各类灯具1 898盏/次，亮灯率达98%。进行反暴恐知识培训4次、实战演练2次，消防安全知识培训4次、实战演练1次，水面救生知识培训4次、实战演练1次、景区安全生产大检查4次，开展景区志愿服务活动40余次。

（张兴伟）

建筑业

【建筑企业资质、资格管理】 2018年，市政府制定下发《关于印发玉溪市加快建筑业发展的实施意见的通知》《玉溪市加快建筑业发展的实施意见》，加大建筑业政策扶持力度，确保建筑业企业总产值、增加值稳步增长。5月9日，云南建投第六建设有限公司迁驻玉溪揭牌仪式在玉溪举行，省建投六公司成功转驻玉溪。12月21日，市政府召开全市建筑业发展大会，对符合奖励政策的4户建筑业企业分别给予20万元的奖励。

【建筑企业及产值】 2018年末，全市有建筑业企业341户，其中一级12户（施工总承包4户、专业承包8户）、二级134户、三级160户、不分等级35户，建筑业企业数量和质量居全省前列。完成建筑业总产值268.35亿元，增长36.0%，占GDP5.8%，成为支柱产业，建筑业增加值86.85亿元，增速28.8%，增速全省排位第一。建筑业从业人员近10万人。房屋施工、新开工面积增长均在20%以上。

【招标投标工作】 2018年，全市完成房屋建筑及市政工程招投标728个，节约造价约5.5亿元，其中：限额以上工程招投标490个，招标工程造价94.67亿元，中标造价89.24亿元，节约造价5.43亿元，工程造价降低5.74%，公开招标率100%；限额以下工程招投标238个，招标工程造价1.6亿元，中标造价1.54亿元，节约造价664.5万元，工程造价降低4.15%。全市728个招投标工程市属企业中标445个（壹级资质13个，贰级资质191个，叁级资质241个），占61.13%，其中市本级施工招标26个，市属企业中标21个（壹级资质6个，贰级资质11个，叁级资质4个），占80.77%。

【工程质量安全管理】 2018年，全市住建系统围绕房屋建筑和市政工程质量安全开展专项整治行动，不断健全完善房屋建筑和市政工程质量安全管理体系，深化工程质量主体责任，强化工程质量安全监管和工程技术创新能力，全市工程质量安全管理水平明显提升。累计排查治理隐患建筑施工企业798户，排查整改重大隐患2项，整改率100%；停产整顿74户，警示罚款177.06万元；通报3次，媒体宣传4起，曝光案例1起。全市完成塔式起重机施工升降机备案证及单机备案证全部换证350台。开展建筑施工专项治理动员部署暨2018年度“安全生产月”活动，通过各类活动设立防灾减灾展板205块、发放防灾减灾资料手册7000余份（册），制作活动主题公益广告、宣传画等宣教品1577部（张），开设专版9期，开展安全发展主题宣讲活动21次，举办安全知识大赛8次、演讲比赛4次，开展安全事故警示教育活动30场，接收、解答群众咨询300多人次。

【工程建设标准定额管理】 2018年，市住建局进一步加强工程建设标准化监督管理，确保建设工程质量，对各县（区）所有企业在建项目进行拉网式检查，检查在建项目68个，下发《玉溪市住房和城乡建设局工程建设标准实施责令改正通知书》27份，依托监管平台，对全市标准员工作资料进行网上上传审核，审核项目35个。举办玉溪市施工现场标准员工作资料编制培训班、出台相关配套文件、推广应用“标准通”软件。完成玉溪市“标准通”PC端及移动APP—标准版软件平台升级改造和工程造价数据信息平台（二期）建设。

【装配式建筑发展】 2018年，市住建局引进杭萧钢构、远大住工、中民筑友等装配式建筑知名企业。拟建钢结构绿色工业装配化建筑产业基地和装配式节能建筑科技园，该产业基地总投资8亿元，完成投资2.3亿元。

【建设领域工程欠款清理】 2018年，市、县（区）住建部门直接受理拖欠农民工工资举报35件，涉及人员650余人，涉及拖欠工资500多万元，已及时解决。协助市劳动局清理建设领域拖欠农民工工资45件，涉及人员1 020余人，涉及拖欠工资890多万元，已及时解决。全市建筑行业未发生因拖欠农民工工资引发的重大群体性事件。对26个项目颁发了施工许可证，按照要求缴纳了农民工工资保证金。

【城建档案管理】 2018年，市城建档案馆签订建设工程档案责任书41份，发放建设工程档案初验认可证22份、建设工程档案合格证5份，入库档案4 639卷。为在建项目业务指导档案人员110余人次，参加建设项目竣工验收42个，查询利用城建档案27人次。实现馆藏工程建设档案24 029卷，档案数字化率达100%。

（张兴伟）

房地产业

【房地产企业管理】 截至2018年末，全市有房地产开发企业203家（二级10家、三级18家、四级81家、暂定94家）。年内，全市共受理房地产开发企业延期换证68家（暂定资质48家、四级资质16家、三级资质4家），注销房地产资质62家。

【房地产业投资】 2018年，全市房地产业投资同比增长24.46%，其中全市房地产开发投资完成129.37亿元，同比增长60%。土地购置面积15.35万平方米，同比下降75.04%。商品房施工面积1 119.09万平方米，同比增长18.68%，其中住宅施工面积795.5万平方米，同比增长15.36%。商品房竣工面积161.06万平方米，同比增长32.67%，其中住宅竣工面积119.81万平方米，同比增长39.55%。商品房开发到位资金116.73亿元，同比增长83.25%，其中国内贷款73.88亿元，同比增长441.23%，自筹资金39.65亿元，同比增长22.39%。

【房地产去库存】 2018年，市住建局制定下发《关于进一步做好房地产市场稳定工作的通知》，商品房销售面积完成172.77万平方米，同比增长22.24%，其中住宅销售面积154万平方米，同比增长32.22%，完成了年初下达的商品房销售面积增速10%的目标任务。全市商品房待售面积91.66万平方米，同比下降0.71%，其中住宅待售面积50.37万平方米，同比下降4.74%；全市商品房库存面积总体可控，去库化周期处于合理区间。

【二手房交易管理】 2018年，全市二手房交易成交7 808套，同比增长33.13%；成交面积98.75万平方米，同比增长31.31%；成交金额37.51亿元，同比增长38.93。

【住宅维修资金管理】 2018年，全市有205个小区18 027户住户交存住宅专项维修资金1.26亿元，有36个项目申请使用住宅专项维修资金，支出587.31万元，办理维修资金变更登记4 258件。全市累计有454个小区110 986户住户交存住宅专项维修资金7.49亿元。

【房地产中介企业管理】 截至2018年末，全市有房地产中介机构107家（房地产经纪机构98家、估价机构9家）。年内，办理房地产估价机构资质升级1家，延续备案三级房地产估价机构3家、信息变更3家。配合省房协全面检查了9家房地产估价机构。办理房地产经纪机构设立备案9家、延续备案10家；办理云南省房地产经纪人协理注册32份、信息变更16份、注销登记7份。检查中心城区房地产经纪机构2次，对部分县（区）经纪机构进行抽查，共检查24家；发放宣传单100份；协助调解中介机构与购房人矛盾纠纷3起。

【住房租赁交易服务平台】 2018年6月22日，具有“互联网＋租赁＋金融”特征的“玉溪市住房租赁交易服务平台”正式联网上线，成为全省第一个具备房源联网核查、网签网备核心功能的州市，也是全省州市中首次上线政银合作模式的住房租赁交易服务平台。

【房屋租赁登记备案管理】 2018年，全市办理房屋租赁登记备案1 804本，办证面积18.88万平方米；审验房屋租赁登记备案64本，审验面积7.23万平方米。进行公房消防安全和社会治安检查42次。红塔区对外出租住房115套，面积7 405.89平方米；出租商铺64间，面积4 351.28平方米，出租办公用房10间（幢），面积1 573.66平方米。

【棚户区改造】 2018年，全市棚户区改造开工任务6 000套，其中澄江县2 986套、红塔区600套、江川区1 200套、易门县353套、峨山县200套、元江县361套、华宁县300套，全市棚户区改造开工率95%，除华宁县300套未完成开工任务外，其余县（区）已全部开工，完成投资10亿元，基本建成4 700套。

【公共租赁住房】 省住建厅下达玉溪市公共租赁住房建设任务63 510套（其中廉租房17 971套、公租房45 539套），实际开工建设63 654套，购买135套。全市有公共租赁住房63 789套，除去已盘活处置的3 376套，用于出租的公共租赁住房60 413套。截至2018年底，全市已分配入住49 638套。

【限价商品房销售】 至2018年末，全市累计销售限价商品房4 025套。中心城区万和家园限价商品房有1 500套，已认购1 345套；万裕润园限价房有1 720套，已签销售合同1 682套，已售未签合同31套，未售7套。

【公租房销售】 至2018年末，全市累计销售公租房（含廉租房）3 359套，出售总价4.2亿元。中心城区李棋公租房已签销售合同176套，未签合同78套。

（张兴伟）

城市管理与行政执法

【城市管理机构和队伍建设】 截至2018年末，除红塔区、江川区及高新区单独设立城市管理综合行政执法机构外，其余七县均在住房城乡建设局加挂牌子，设立城市管理综合行政执法机构。全市有执法人员322人（其中行政人员及参公管理的82人，全额拨款事业人员或工勤人员240人），执法辅助人员600余人，城市管理执法队伍不断壮大。在全市城市管理执法队伍中，深入开展“强基础、转作风、树形象”专项行动，完成了城市管理执法人员和辅助人员执法服装和标志标识采购配备工作。各县（区）全部实现住房城乡建设领域行政处罚权集中行使，制定公布权责清单，统一规范行政执法文书和执法程序，补充配备执法装备，按照平均每3人1台标准配备执法记录设备，实现执法过程全记录，执法人员业务技能明显提升。

【城市精细化管理】 2018年，市住建局严格执行《云南省玉溪城市管理条例》和11个配套管理办法，督促指导各县（区）全面推行城市精细化管理，及时了解掌握推行情况，提高精细化、规范化管理水平，着力解决交通拥堵、占道经营、私搭乱建等问题。实现城市管理工作与“六城同创”、特色小镇建设、城乡人居环境提升等工作有机结合起来，有效避免政出多门、各自为政、资源分散现象，城市管理进入法制化、规范化、科学化轨道。调整完善市、区两级城市建设管理体制，红塔区、江川区建立以街道办事处为责任主体，城管部门为主体，执法力量下沉的管理体系，初步实现“两级政府、三级管理、四级网络”城市管理格局，积极探索“721”工作法，坚持疏堵结合、标本兼治，大力推行人性化管理。加快智慧城管平台建设，使用玉溪市规划馆部分办公用房作为玉溪市智慧化城市管理监督指挥中心，玉溪华为云计算中心平台，服务器、网络等环境已提供到位，为持续推进市、县、区两级数字城管平台建设提供有力保障。先后完成两区七县110平方千米的数据建设，覆盖22个街道办事处、93个社区、5 347个单元网格，普查部件涉及5大类121小类，共517 887个，兴趣点采集68 436个，对普查范围内所有道路进行三维实景数据采集、入库等工作，摸清两区七县城市管理“家底”。完成两区七县全部数据普查、网格划分、实景采集、部件确权、指挥中心场地装修、大屏幕建设、软件系统平台搭建等工作。

【城乡建设执法稽查】 2018年，市住建局组织市、县两级城市管理部门执法骨干76余人开展“强基础、转作风、树形象”推进会暨城管执法专题培训，对4个项目责任主体进行安全生产警示约谈，协助江川区办理1起省厅转办投标类举报案件，配合做好国务院安委会办公室督导组安全生产专项督导反馈问题整改工作，核查处理审计移交案件6起，依法查处住房城乡建设类违法违规行为5起，暂扣企业安全生产许可证3起，罚款80 093.09元，结案率100%，行政复议、行政诉讼败诉率为零。全年办理住房城乡建设领域（含城乡规划类）一般程序行政处罚案件230起，结案220起，罚款329.66万元，处罚企业39家，处罚个人183人，结案率95.65%。开展违法违规建筑治理工作，清理排查出违法建筑面积139.10万平方米，累计查处违法建筑面积136.48万平方米，累计查处进度98.12%。

【城市扬尘污染治理】 2018年，市住建局制定下发《关于印发玉溪市中心城区2018年建筑施工扬尘治理工作方案的通知》《关于深入开展建筑施工扬尘治理工作的通知》《关于加强中心城区2018年冬季大气污染防治工作的通知》等文件，整合开展以中心城区为重点的城市扬尘污染攻坚行动，将治理范围扩大到全市各县（区），建筑施工扬尘对城区空气质量影响不断减少。年内，市级向11家建筑（施工）企业下达《责令整改通知书》，向2家建筑（施工）企业下达《责令停工整治通知书》，针对中心大坝路道路运输扬尘污染严重问题，协调建设方和施工方投资92万余元铺设硬化施工便道，向4个县（区）整改不到位的项目和工地下达《督办通知》，坚决遏止建筑工地扬尘对市容环境卫生和空气质量的影响。

【城市管理执法体制改革】 2018年，按照中央、省城市管理执法体制改革的精神以及市级改革实施方案要求，市政府把改革事项纳入年度综合目标考核和《玉溪市新型城镇化建设走在全省前列的实施意见》内容，拟定上报市级城市管理机构改革方案，持续推进市本级体制机制改革。截至年底，各县（区）均拟定了城市管理执法体制改革工作实施方案，红塔区、通海县、峨山县已正式印发改革实施方案，其余县（区）完成征求意见，提交市政府专题会议讨论修改完善。

【城市停车管理】 2018年，市住建局在具备条件的道路、建筑退让空地、临时空地增划停车位，龙潭路、星云路东西向市政道路上施划停车位800个，建筑退让范围施划停车位250个，建设市医院、市中医院周边空地建设占地80亩的临时停车场2个，新增临时停车位1 500个。海绵城市规划建设过程中，利用公共区域空间增加公共停车区域5个，增加停车位240个。进一步规范收费管理，投入资金9.9万元，采购PDA手持终端22台，通过使用PDA手持终端数字化方式进行计时收费。城市管理部门会同公安交警建立执法协作机制，全年查处非机动车道违规停车行为23 792起，罚款115万余元，在主要道路人行道入口处安装防撞桩1 000余个，防止车辆开入人行道。

（张兴伟）

公积金管理

【住房公积金个人贷款政策】 2018年，市住房公积金管理委员会印发《关于调整住房公积金政策的通知》，对全市公积金政策进行调整，具体为：职工购、建住房且未办理公积金个人住房贷款的，对拥有产权的职工和直系亲属成员（系指父母、子女），在购建住房一年内可以提取一次住房公积金。在玉溪市辖区外购买住房，住房所在地为职工、配偶及子女的户籍所在地或就业地的，可以提取住房公积金和申请公积金个人住房贷款；职工购、建首套自住住房或第二套改善型普通自住住房一年内的，可申请公积金个人住房贷款，购、建第三套及以上住房的不予办理公积金个人住房贷款；借款人家庭月收入还贷比上限控制在60%（含）以下；缴存住房公积金的双职工家庭，双方正常缴存公积金的，公积金个人住房贷款最高额度为100万元，一方正常缴存公积金的，住房公积金个人住房贷款最高额度为50万元；职工在就业地缴存住房公积金，回户籍所在地玉溪市辖区购买住房，可持就业地住房公积金管理中心出具的缴存证明，申请公积金个人住房贷款。

【住房公积金年度运行情况】 2018年，全市归集住房公积金28.98亿元，比上年增长8.64%。有9.51万人支取住房公积金21.44亿元，比上年增长27.81%。向3 977户职工发放个人住房贷款17.95亿元，比上年减少13.37%。年末，全市累计归集住房公积金217.35亿元，累计支取住房公积金140.90亿元，累计发放住房公积金贷款140.77亿元，归集余额76.46亿元，贷款余额75.54亿元。全市住房公积金存贷比100.65%，其中个人贷款存贷比98.80%，项目贷款存贷比1.84%。全市逾期贷款118.36万元，逾期率0.016%。

【“公转商”贷款】 2018年，市住房公积金管理委员会围绕支持房地产去库存中心任务，相继调整、放宽全市住房公积金使用政策，充分挖掘资金潜力，在红塔区、江川区试行推出“公转商”贷款。在不增加借款人利息负担和等候时间的情况下，通过银行满足个人住房消费需要，为有购房贷款需求的职工开拓新的贷款渠道。年内，工商银行和建设银行已开办“公转商”贷款。

【拓宽办理住房公积金缴存贷款金融机构】 2018年，市住房公积金管理委员会不断拓宽办理住房公积金缴存贷款金融机构，全市受委托办理住房公积金缴存贷款业务的银行有12家，工商银行、农业银行、建设银行、交通银行、农信社、中国银行、红塔银行、富滇银行、广发银行、中国邮储银行、上海浦东发展银行、中信银行。

【港澳台同胞纳入住房公积金制度覆盖范围】 2018年，市住房公积金管理中心印发《玉溪市人民政府外事侨务办公室玉溪市住房公积金管理中心关于在玉溪市就业的港澳台同胞享有住房公积金待遇的通知》，将港澳台同胞纳入住房公积金制度覆盖范围，自2018年1月起，凡在玉溪市就业的港澳台同胞可凭港澳居民往来内地通行证、台湾居民来往大陆通行证等身份证明申请办理公积金业务，与本市缴存职工享受同等的缴存、提取、贷款等住房公积金政策。港澳台同胞与用人单位解除或终止劳动（聘用）关系，并返回港澳台的，可以实时提取个人住房公积金账户余额。

【住房公积金查询】 2018年，全市缴存住房公积金职工可通过登陆玉溪政务信息公开网、玉溪公积金门户网、玉溪市政府微信平台站、玉溪住建公众号，或拨打玉溪住房公积金查询专线8 889 123、云南省政务查询专项96 128、全国住房公积金热线12 329，以及到玉溪市政务服务大厅公积金窗口等渠道查询个人住房公积金缴存、贷款详情，及时了解玉溪住房公积金政策和工作动态信息。年内，服务大厅受理业务和政策咨询62 977人次，中心网站访问量达到462 512人次，“8889123”电话语音查询系统达到1 935人次，接听全国住房公积金热线“12329”795起，接听云南省96128政务信息热线咨询电话14个，实现服务满意率100%和零投诉。

（张兴伟）

六城同创

【争创联合国人居环境奖】 2018年，市政府成立以市委副书记、市长张德华任组长的工作领导小组，形成市创建办总牵头，区级创建办负责各辖区创建工作，市直各单位指导的工作机制，制定工作例会制度、月报制度和联络员制度，确保信息上传下达及时有效。调整下发新的实施方案，明确各责任单位具体工作目标和职责，列出详细工作任务和材料清单，打牢创建基础。整理完成新版《玉溪市中国人居环境奖评价报告》，基本做到底数清、问题明，研究各牵头单位指标完成情况，制定对策措施，推动创建工作取得实效。广泛收集痕迹资料，以海绵城市试点建设、黑臭水体治理、地下管廊建设等重点工作为主，委托专业公司全过程收集相关视频、照片、文字等材料，推进创建申报影像资料、宣传画、生物多样性规划、燃气规划修编、黑臭水体监测等各项工作。选定住建部城乡规划中心作为玉溪市申报技术服务单位，邀请技术专家到玉溪参加人居奖指标研究专题会，围绕玉溪创建情况对各牵头单位工作进行针对性指导。市创建办与技术服务单位共赴江苏省徐州市，学习其成功创建经验，借鉴“它山之石”完善玉溪市人居奖创建工作。

【海绵城市建设】 2018年，市规划局、市住建局按照海绵城市建设“渗、滞、蓄、净、用、排”的功能要求，编制完成相关规划，持续开展建设项目海绵技术审查，受理海绵项目235件，组织召开海绵项目技术审查会100余次，指导各县（区）编制海绵城市建设专项规划，将海绵城市建设要求落实到控规和开发地块规划建设管控中。年末，4个海绵工程PPP项目包累计完成98个项目，占地面积15.46平方千米，在建项目28个，占地面积3.43平方千米。已建、在建项目总数126个，占项目总数178个的70.79%，已建、在建面积18.89平方千米，占总面积20.9平方千米的90.38%。通过开展海绵城市建设，试点区内的16个内涝点减少至4个。

（张兴伟）

【新型智慧城市创建】 2018年，玉溪市以华为云计算数据中心和政务服务外网为依托，启动全市信息资源统一共享交换平台和信息资源库建设，重点推进数字城管、智慧旅游等项目，城市管理水平和公共服务能力不断提升。11月15日，国家信息中心联合高交会承办方IDG公司在深圳举办第二十届中国国际高新技术成果交易会，玉溪市获得“中国智慧城市创新奖”，是云南省唯一获奖的州市。

（史启斌）

【创建文明城市】 2018年，按照市委、市政府的总体部署，玉溪市多措并举落实“六化”工作措施，全面推进创建文明城市工作再上新台阶。8月，玉溪市、江川区迎接省级文明城市测评，12月29日被省委、省政府命名为第四届云南省文明城市。12月，澄江县在全国文明城市提名城市首年测评中，以87.27分的综合成绩高居全省10个县级全国文明城市提名城市首位。广泛凝心聚力，实现创建参与全民化。市委、市政府主要领导做出重要批示，主持召开推进会3次，开展实地调研7次。市创文办每周至少开展实地调研1次，指导七县二区创文工作，形成一级做给一级看，一级带着一级干的良好局面。搭建市民便于参与、乐于参与平台，吸引市民广泛参与文明城市创建，多渠道、多层次、多形式开展市民文明素质教育。形成“月月有活动，处处见参与”创建氛围。全媒全民动员，实现创建宣传立体化。持续推进氛围营造，全面覆盖公益广告、新闻媒体、社会宣传“三个宣传面”，推动形成全天候、广覆盖，横到边、纵到底的“立体化”宣传态势。将公益广告与社会主义核心价值观、传统文化、道德模范宣传相融合，与聂耳文化和城市景观相融合，采用景观小品、雕塑等呈现形式，使公益广告成为城市的一道亮丽风景，将柴家山主题公园、聂耳精神文化主题园、孝文化主题园等一批主题公园打造成为城市新地标。印制《玉溪市市民文明手册》和创文宣传折页，制作一批深受市民喜爱并具有实用性的围腰、扇子和临时停车牌等创文宣传品，开展创文宣传“进媒体、进机关、进企业、进学校、进家庭、进社区”活动，发放创文宣传品98.5万份，市民的知晓率和支持率大幅提高。压实工作责任，实现创建责任网格化。建立推行“网格化”“街长制”管理模式，构建“一张管理网”，创建任务层层压实。市、区、街道、社区四级联动网格化管理推动153家市、区级包保单位下沉到42个社区网格，每周全面巡查2次，指导帮助挂包片区和点位落实网格责任区内的“创文”工作指标任务，推进结对共建和入户走访等志愿服务活动常态化。澄江县在实行网格化管理的基础上，推行“街长制”，将县城建成区划分为5个街区，由5位副县长分别担任街长，非建成区集镇由各街镇党（工）委书记任街长。江川区将建成区划分为30个网格，由30个区级领导担任网格长，将每个网格划分成3～5个片区，由网格内单位主要领导担任片长，片区内划分成点，落实点长，由单位干部职工进行一对一管理，形成“分级负责、无缝对接、全面覆盖、责任到人”的管理格局。交办整改问题，实现创建销号清单化。将督导检查贯穿创建文明城市全过程，打造“一条监督链”，过程监督环环紧扣。建立“‘2+1’专项监督＋群众监督＋舆论监督”三位一体动态监督模式，实行“周督查、月通报、年度测评”，采取清单管理、限期整改、挂账销号办法，形成问题整改闭合循环。强化两级联动，实现创建一体化。澄江县是全市首个荣获全国文明城市提名资格城市，在抓好市本级创建云南省文明城市同时，坚持市、县两级联创，以重点带全局，做到市、县“一体化”统筹。建立工作机制，实现创建工作常态化。实施“目标＋考核”双引擎驱动，任务分解到位。制定年度工作目标计划，实行任务上墙、挂图作战、逐项销号，做到创建主体明晰化、目标责任具体化、创建指标定量化。建立长效机制，制度执行到位。严格执行“五项机制”（工作碰头会机制、工作情况反馈机制、问题整改销号机制、专项工作推进机制、信息报送机制），下发《关于加强玉溪市创建文明城市日常创建工作的通知》，制定11项具体措施抓好日常创建工作，建立和完善专项工作调研指导、日常巩固督查、市民文明监督评价、常态化测评等长效机制，不断巩固提升创建成果，促进创建工作长效化、常态化。

（市委宣传部　提供）

（张本聪　摄）

（张本聪　摄）

环境保护

ENVIRONMENTAL PROTECTION

责任编校：李海明

生态环境保护

【概　况】　2018年，全市环保工作在市委、市政府的正确领导和省环保厅的指导下，以党的十九大精神为指导，全面贯彻落实习近平生态文明思想，紧紧围绕推进绿色发展、建设美丽玉溪主题，坚持目标导向补短板，坚持问题导向破难题，以改善环境质量为核心，全面落实大气、水、土壤污染防治三大行动计划，切实解决生态环境领域突出问题，全力打好污染防治攻坚战，许多工作取得显著成绩，走在全省前列。出台《中共玉溪市委 玉溪市人民政府关于全面加强生态环境保护坚决打好污染防治攻坚战的实施意见》，打好污染防治大仗、硬仗、苦仗。实施蓝天保卫行动，中心城区空气质量优良率达99.72%。“三湖”流域水环境保护治理“十三五”规划75个项目完工10项，在建56项，开展前期工作9项，开工率达88%，完工率13.33%，投资完成率达43.92%，抚仙湖总体保持Ⅰ类水质，星云湖、杞麓湖水质明显改善。全市集中式饮用水源地水质达标率保持100%。全面开展第二次全国污染源普查工作。列入2018年重点督察改革的4项任务已全部完成。在全省率先出台《玉溪市生态环境损害赔偿制度改革实施方案》《玉溪市深化环境监测改革提高环境监测数据质量实施方案》。华宁县荣获国家生态文明建设示范县，元江县、澄江县入选第三批省生态文明县，通海县里山乡、杨广镇、河西镇、兴蒙乡，江川区雄关乡、路居镇，新平县古城街道，华宁县盘溪镇等8个乡镇入选第十一批省级生态文明乡镇。全市累计出动环境监察人员8 025人次，检查企业2818家（次），下达环境行政处罚决定书280份，处罚金额3 101.78万元。提前办结中央第六环保督察组交办投诉举报案件104件，相关工作得到督察组和省委、省政府的充分肯定。一些长期性、复杂性、矛盾性问题得到解决，环保督察整改工作取得阶段性进展，促进了生态环保“党政同责、一岗双责”和企业主体责任落实。全市上下大力践行绿水青山就是金山银山的理念，生态文明思想深入人心，生态环境保护工作积极适应新常态，敢于迎难而上，勇于改革创新，各项工作推进有力，环境质量持续改善，群众对生态环境的获得感不断增强。

①2017年7月19日，江川瑞文酒店拆除前　②2018年4月15日，江川瑞文酒店拆除后　（谢　衡　摄）

【第二次全国污染源普查】　2018年，市政府召开全市第二次全国污染源普查工作推进会，印发《玉溪市第二次全国污染源普查实施方案》，安排部署全市的普查工作。市、县（区）污染源普查机构配备工作人员76名，分4次16期对各县（区）、高新区普查办全体人员和全市拟聘的普查员、普查指导员进行业务培训，培训人次达3 000余人次，选聘普查员、普查指导员1 269人。市、县（区）污染源普查办按“应查尽查、不重不漏”原则，确定全市污染源普查基本单位名录库和伴生放射性矿普查初测基本单位名录，伴生放射性矿普查初测基本单位名录2家、工业企业和产业活动单位名录2 975家、生活源锅炉名录14台、集中式污染治理设施名录119个、规模化畜禽养殖单位名录1 280家、入河排污口110个、国家级及省级工业园区（产业园区）4家。制定《玉溪市第二次全国污染源普查清查阶段质量核查方案》，开展市级质量核查工作，保证普查清查质量。制定《玉溪市第二次全国污染源普查宣传工作方案》，在政府政务信息公开网站、微信公众平台开设“玉溪市第二次全国污染源普查专栏”，及时宣传普查工作动态。印发污染源普查宣传海报600张、《致全市普查对象的公开信》1 000份、宣传套装1 200份。

【大气污染防治】　2018年，全市认真落实大气污染防治目标责任书，制定《玉溪市2018年蓝天保卫行动方案》《玉溪市打赢蓝天保卫战三年行动实施方案》，全面实施大气污染防治行动。加大工业企业污染治理。中心城区5户钢铁企业、1户水泥企业全部建成了脱硫、脱硝工程并投入运行。城市建成区淘汰、煤改生物质、煤改气10t/h及以下的燃煤锅炉72台（套）。加大建筑施工场地环境管理，将建筑施工场地环境监管纳入环境执法的重要内容之一，市、区环保部门联合开展专项检查，严厉打击环境违法行为，有效遏制中心城区施工场地扬尘污染。强化机动车污染防治。全市已成立16家机动车排气污染检验机构，共建成57条机动车尾气检测线，2018年1月1日起全面开展检测工作，全年检测车次376 346辆，合格268 826辆，不合格107 520辆次，合格率为71.43%。全市淘汰黄标车17 001辆，黄标车淘汰完成率为100%。加大空气质量监测的预警预判，采取强有力的应对措施。与昆明、曲靖、楚雄签订大气污染防治联防联控合作框架协议。市环境污染防治工作领导小组办公室下发5个紧急预警通知，以控制可吸入颗粒物和细颗粒物两项大气污染物为重点，实施“三停”并加强对施工场地和渣土车辆等污染源的严格管控，强化重点工业污染防治。坚持中心城区和县城PM2.5监测发布制度，中心城区和县城环境空气质量监测数据通过当地主流媒体实时发布。全省2017年度空气质量改善目标完成情况考核为优秀，居16个州市第3名。中心城区环境空气质量一级197天，二级167天，超标1天，与上年相比一级天数增加9天，二级天数减少7天，超标天数减少2天，中心城区空气质量优良率达99.72%以上，空气质量按《环境空气质量标准》评价为二级，环境空气质量优良天数比例和PM2.5年平均浓度均控制在省下达的环保约束性指标范围之内。

【土壤污染防治】 2018年，市政府与市环保局、市国土局、市农业局和9个县（区）政府签订《土壤污染防治目标责任书》，各级各相关部门按照《土壤污染防治目标责任书》要求，认真抓好落实。按照“成熟一批，纳入一批”的原则，做到动态更新，视项目成熟程度分类择优上报申请中央和省级土壤污染防治专项资金支持，申报10个土壤污染防治中央储备库项目；实施易门县芦潭冷水箐片区土壤污染治理与修复示范工程，对受污染的约400亩土地的土壤修复；深入推进重点行业企业用地土壤污染状况调查，按时完成全市233户企业用地信息采集工作，已全部进入市级质控环节。

【重点水污染防治】 2018年，全市持续开展乡镇和县级以上饮用水水源评估工作，加大集中式饮用水源地监测和监管力度，依法排查、清理整治县级以上集中式饮用水源保护区内违法建筑和排污口，全市集中式饮用水源地水质达标率保持100%。市环保局联合市工信委建立“旬调度、月通报、强督查”工作制度，认真研究治理措施，全力推进全市工业园区污水集中治理设施建设工作，全市省级及以上工业园区已完成建设任务。华宁县、峨山县、易门县、元江县完成国考断面水质自动监测站建设任务。

【农村环境整治】 2018年，全市争取到中央农村环境整治支持传统村落保护资金项目5个（补助资金1 500万元），中央农村环境整治资金预算资金项目1个（补助资金636万元），省级环境保护专项资金支持整乡推进农村环境综合整治项目2个（补助资金1 000万元）。市环保局督促指导县（区）抓紧做好争取到的农村环境综合整治资金项目实施工作，联合市财政局、市住建局完成13个农村环境综合整治项目实施方案审查工作，督促相关县（区）推进15个农村环境综合整治项目实施，完成2个农村环境综合整治项目验收工作。

【生态文明建设】 2018年，市环保局组织专家对《玉溪市生态文明建设规划（2017～2025年）》进行评审，制定《玉溪市生态文明建设走在全省前列的实施意见》，完成推动生态文明建设走在全省前列专题调研报告。华宁县荣获国家生态文明建设示范县称号，元江县、澄江县入选第三批省级生态文明县，通海县里山乡、杨广镇、河西镇、兴蒙乡，江川区雄关乡、路居镇，新平县古城街道，华宁县盘溪镇等8个乡镇入选第十一批省级生态文明乡镇。组织红塔区、江川区、易门县开展第四批云南省生态文明县区创建和申报工作。

【生物多样性保护】 2018年，全市认真落实《玉溪市贯彻落实全省自然保护区专项督查反馈问题整改方案》，对涉及全市五类14个方面的问题明确了整改要求、整改时限和责任单位。云南元江国家级自然保护区、云南哀牢山国家级自然保护区、易门龙泉市级自然保护区、通海县秀山县级自然保护区、新平哀牢山县级自然保护区5个保护区编制了自然保护区总体规划并获得批复，其余自然保护区均已委托正在开展自然保护区综合科学考察及总体规划的编制工作。市政府印发《玉溪市人民政府关于开展“绿盾2018”自然保护区监督检查专项行动的通知》《玉溪市“绿盾2018”自然保护区监督检查专项行动工作方案》，成立由市政府办、市委督查室、市政府督查室以及市环保局、市国土局、市住建局、市农业局、市林业局、市水利局、市旅游发展委组成的玉溪市“绿盾2018”自然保护区监督检查专项行动协调领导小组，组织协调、指导督促相关部门落实“绿盾2018”专项行动各项任务，成立3个市级督查组，对各县（区）及各自然保护区管护机构工作开展情况进行现场督查，深入开展问题整改“回头看”，建立台账管理制度，实行“拉条挂账、整改销号”。

【生态文明体制改革】 2018年，市政府办下发《玉溪市人民政府办公室关于2018年生态文明体制改革工作任务分解及有关工作要求的通知》，将生态文明体制改革的各项工作任务分解到相关职能部门，10项列入改革台账的改革事项中，已完成4项，正在推进2项，其余4项均属省级尚未制定出台相关的文件或方案，各责任单位开展了前期调研收资等工作，列入2018年重点督察改革事项任务4项已全部完成。在全省率先出台《玉溪市生态环境损害赔偿制度改革实施方案》《玉溪市深化环境监测改革提高环境监测数据质量实施方案》，全面启动生态环境损害赔偿制度改革、提高环境监测数据质量，生态文明制度体系得到进一步健全。

【服务经济社会】 2018年，市环保局全面依法开展规划环境影响评价，从决策源头预防生态环境的破坏。根据全市发展战略布局和各县（区）发展现状及资源环境禀赋，着力抓好重点行业和产业园区规划环评工作。制定《玉溪市长江经济带战略环境评价“三线一单”编制工作实施方案》，积极开展“三线一单”编制工作，已完成《玉溪市“三线一单”研究报告(征求意见稿）》《玉溪市环境管控单元生态环境准入清单（征求意见稿）》。深化改革，依法依规开展建设项目环评审批。把握“一个主线、两大目标、三项管控措施”原则，进一步规范审批制度，在确保审批质量前提下，严格落实限时办结制度，优化审批程序，提高审批效率。全市完成建设项目环评文件审批227项（其中工业类项目113项、非工业类项目114项）。狠抓落实，加强建设项目事中事后监管。采用“双随机”抽查、挂牌督办、约谈等综合手段，开展建设项目环境保护事中事后监督管理工作，严格依法查处和纠正建设项目违法违规行为。开展2017年申报登记备案的532个建设项目备案管理专项清理核查工作。加快排污许可证核发，将排污许可制建设成为固定污染源环境管理的核心制度，作为企业守法、部门执法、社会监督依据。完成火电、造纸、水泥、焦化、有色金属、原料药制造、电镀、制糖、钢铁、陶瓷、淀粉、屠宰及肉类加工共12个行业86户企业排污许可证核（换）发。依法注销排污许可证氮肥生产、水泥（熟料）生产、炼焦各1户。

（赖恒红）

环保执法

【中央环境保护督察反馈问题整改】 《玉溪市贯彻落实中央环境保护督察反馈意见问题整改总体方案》中的22项问题在整改中细化为31项，2018年全市已整改完成23项，剩余8项中长期整改问题正在加紧推进，分别为工业园区污水处理设施建设问题、城镇污染治理设施建设问题、高原湖泊治理与保护力度仍需加大问题、高原湖泊水环境形势严峻问题、自然保护区管理机构能力建设问题、城乡“脏、乱、差”问题、违规建设项目金色抚仙湖九龙国际会议中心问题、矿产资源过度开发问题。

【省级环境保护督察】 2018年6月1日，省委、省政府第一环境保护督察组向市委、市政府反馈督察意见，反馈4类22个问题。市委、市政府坚持问题导向、目标导向，将22个问题划分为立行立改、2018年10月底前完成、2018年底前完成、中长期（2019—2020年）4类54个整改事项，明确整改责任、时限、目标、措施，制定下发《玉溪市贯彻落实省委省政府环境保护督察反馈意见问题整改方案》，全力推进反馈意见问题的整改落实。

【中央环保督察“回头看”】 2018年6月10～23日，中央第六环境保护督察组督察三组下沉玉溪开展督察“回头看”及高原湖泊环境问题专项督察工作。市委、市政府高度重视、高位推动，精心组织、狠抓落实，积极主动配合中央环保督察“回头看”下沉玉溪督察的各项工作，持续强化边督边改和责任追究，圆满完成中央环保督察“回头看”及高原湖泊环境问题专项督察迎检工作。从信访转办件、反馈意见问题数量看，玉溪市排在昆明市、曲靖市、红河州、大理州、楚雄州后，受到省领导表扬。全市提前办结中央环保督察组转办的二十九批次104件环境问题，立案处罚46家，下达处罚决定书29份，处罚金额236.08万元，查封扣押24家，关停企业3户，约谈23人，下达责令整改通知书203份，立案侦查2件，刑事拘留2人。根据中央环境保护督察“回头看”及高原湖泊环境问题专项督察反馈意见，玉溪市制定了《玉溪市贯彻落实中央环境保护督察“回头看”及高原湖泊环境问题专项督察反馈意见问题整改方案》，确保所有问题整改到位、取得实效。

【环境监管执法】 2018年，全市环保部门深入贯彻实施新《环境保护法》《环境影响评价法》以及国务院、省政府和市政府加强环境监管执法的意见，严格落实“网格化”和“双随机”环境监管，健全行政执法与环境司法的沟通协同机制，充分运用重罚、曝光、入刑等手段，保持严厉打击环境违法行为的高压态势，推动形成环境守法新常态。市环保局加强全市环境执法队伍建设，提高环境执法水平，实施《2018年玉溪市环境执法大练兵实施方案》《玉溪市2018年“三湖”流域环境监察工作方案》。开展纳污坑塘整治、非煤矿山安全生产专项整治、突出环境问题排查整治、集中式饮用水水源地排查整治、排污许可证专项执法检查、化工污染专项执法检查、有色金属冶炼行业工业污染源全面排查等工作。全市累计出动环境监察人员8 025人次，检查企业2 818家（次），下达环境行政处罚决定书280份，处罚金额3 101.78万元。办理环保法及其配套办法案件52件，其中查封扣押12件、限产停产21件、移送行政拘留18件、涉嫌污染犯罪移送公安机关1件，有效震慑企业环境违法行为。全市92户重点污染企业的386台套污染源自动监控设施完成建设安装，通过验收并和环保部门联网运行。市环保局成立玉溪市环境保护督察问题整改验收工作领导小组，对举报问题办理不到位或出现反弹、群众重复举报多、群众不满意件多、举报问题调查结论不属实比例高等问题进行认真梳理分析，在县（区）自查自验基础上，组织对2016年中央环境保护督察及2018年“回头看”期间投诉举报整改情况进行验收，加大现场核查和责任追究力度，对整改不力、超期未完成整改、弄虚作假的，严肃追究责任，以实实在在的工作成效取信于民。严格按照要求将群众举报问题查处、整改、问责等

2018年6月12日，市委副书记、市长张德华（前排中）带领相关部门负责人到县（区）开展环保督查
（李　冉　摄）

市抚管局突击查处违规偷捕鱼行为 （郑恩怡 摄）

情况及时向社会公开，回应社会关切和群众期待。

【污染投诉处置】 2018年，市环保局认真做好“12369”环保热线、环保微信举报等工作，畅通群众诉求渠道。加强环境信访工作，做好环境纠纷矛盾排查和化解工作，及时化解环境矛盾纠纷、解决群众关心的热点环境问题。全市受理污染投诉763件，已办理763件，办结率100%，有效及时化解矛盾，消除不稳定因素，维护和保障群众的环境合法权益。

【辐射环境管理】 2018年，市环保局坚持“预防为主，防治结合，安全第一”方针，多措并举，严格管理，抓好全市辐射环境安全监管。新办理辐射安全许可证6家，重新申领2家，审批核技术利用环评报告表1个，收贮放射源3枚。对180家核技术利用单位进行现场检查，检查放射源160枚，射线装置277台。对全市124家核技术应用单位的辐射安全许可证到期进行延续、变更、注销。年内，全市未出现放射源失控、丢失和被盗，未发生辐射污染事故。

【环境法制】 2018年，市环保局制定印发《玉溪市环境保护局2018年依法治市任务分工方案》《玉溪市环境保护局2018年法治政府建设任务分工方案》《2018年玉溪市环境保护局法治宣传教育工作意见》等依法治市工作方案，确保依法治市、依法行政和法治宣传教育工作有序推进。制定印发《玉溪市环境保护局关于成立玉溪市环境保护局重大行政处罚案件审查委员会的通知》《玉溪市环境保护局环境违法案件查处工作规程》，规范重大行政处罚案件审查程序，审核出具重大行政处罚案件意见书34件。严格落实《2018年玉溪市环保局集中专题学习计划安排》《玉溪市环境保护局进一步加强国家工作人员学法用法制度的实施方案》《2018年玉溪市环境保护局法治宣传教育工作意见》，扎实推动党员领导干部学用党内法规和学法用法制度化常态化。

【环保宣传教育】 2018年，市环保局制定印发《中共玉溪市环境保护局党组意识形态工作责任制实施细则》《玉溪市环境保护局意识形态工作分析研判制度》，对苗头性问题或潜在矛盾及时研判，主动应对，积极疏导，统筹推进意识形态工作责任制落实。制定《玉溪市环保局微博、微信公众平台运行管理规定（试行）》《玉溪市环境保护局关于玉溪市政府信息公开网环境保护专栏信息维护管理的通知》《玉溪市环境保护局新闻报道管理办法及新闻发言人制度》等制度，确保政务公开及“两微”管理工作落实到位。召开新闻发布会，对全市环境质量状况、“6·5”环境日活动安排情况回答媒体记者的提问，对玉溪环境保护工作做到主动发声，积极应对。通过报刊、广电、网络等途径积极做好《宪法》《环保法》《大气污染防治法》《云南省抚仙湖保护条例》宣传教育工作。制定印发《玉溪市环境保护局2018年六五环境日中国主题宣传活动方案》《玉溪市环境保护局玉溪市教育局玉溪市中级人民法院玉溪市人民检察院关于组织开展2018年“环保·法制·科普进校园”宣传活动方案》，组织开展一系列宣传活动，在全市营造全民参与环保工作、争当全省生态文明建设排头兵和创建云南省文明城市的浓厚氛围。省环保厅、省文明办、市政府联合在澄江县抚仙湖北岸已拆除的水苑宾馆（生态修复地块）举办“保护抚仙湖我们在行动”云南省2018年六五环境日主场宣传活动。

（赖恒红）

三湖保护

【“三湖”水污染综合防治】 2018年，全市全力以赴抓实“三湖”水环境保护治理“十三五”规划实施，“三湖”水污染防治攻坚战取得阶段性成效。“三湖”流域水环境保护治理“十三五”规划75个项目，总投资192.3亿元，完工10项，在建56项，开展前期工作9项，开工率88%，完工率13.33%，投资完成率43.92%。抚仙湖总体保持Ⅰ类水质，杞麓湖全年综合评价达到Ⅴ类水质，提前实现规划水质目标。星云湖水质为劣Ⅴ类水质，与上年同期相比，主要污染指标有所好转，高锰酸盐指数、总氮、化学需氧量平均值分别下降15.6%、7.1%、2.9%。实施保卫抚仙湖雷霆行动，用100天时间完成100个突出问题整改。启动抚仙湖综合保护治理三年行动计划，深入推进雷霆行动第二阶段问题整改，第二阶段48个问题已验收销号30个问题。打响星云湖脱劣应急攻坚战，强化星云湖补水及水资源调度、“清塘、清库、清河、清沟、清四乱、清湖滨湿地及湖泊淤泥”六清行动、流域村镇生活污水应急处理、流域风险源排查整治、水质监测分析研判。杞麓湖农业面源治理和内源治理取得初步成效，杞麓湖农田减肥增效工程累计完成投资4 950万元，累计完成测土配方施肥32.1万亩，推广水溶性配方肥、液体配方肥7.3万亩，固体配方肥8万亩，发放诱虫板20万片、安装400台太阳能杀虫灯。杞麓湖湖体植物收割打捞工程基本完工，完成投资4 570万元，累计打捞水葫芦、茭草、香蒲、铁线草、海白菜等约 17.3 万吨，基本实现湖面净、水面清。

（赖恒红）

【保卫抚仙湖百日攻坚雷霆行动 100 个问题验收销号】 市委、市政府召开抚仙湖综合保护治理现场会后，全市拉开保卫抚仙湖雷霆行动百日攻坚战序幕，各级各有关部门高度重视、全力攻坚，坚持统一认识、统一领导、统一行动“三个统一”，突出关停拆退、控源截污、休耕轮作、执法监管、宣传发动“五个着力”，对标对表扎实抓好 100 个问题整改，截至 2018 年末，抚仙湖保护治理 10 个方面 100 个突出问题全部完成整改验收销号，完成 22 家中央和省市县属企事业单位全部退出抚仙湖一级保护区，抚仙湖径流区内 25 个采砂采石场全部关闭，5.53 万平方米临违建筑全部拆除，铺设城镇污水管道 12.5 千米，4 个垃圾中转站实现正常运行，雷霆行动百日攻坚取得阶段性成效，为进一步加大保护治理力度奠定坚实基础，积累宝贵经验。

【抚仙湖综合保护治理三年行动计划启动】 2018 年，在推进保卫抚仙湖百日攻坚雷霆行动基础上，市委、市政府进一步拓展和延伸抚仙湖保护治理工作，出台《抚仙湖综合保护治理工作三年（2018 ~ 2020 年）行动计划》，采取最严格的组织领导、最严格的保护措施、最严格的执法监督、最严格的责任追究，举全市之力抓好问题整改，通过实施关停拆退、环湖生态建设、镇村两污治理、面源污染防治、入湖河道综合整治、城镇规划建设、产业结构调整、新时代“仙湖卫士”八大行动，全面防范和杜绝水生态风险发生，实现抚仙湖周边开发建设有序、宾馆酒店农家乐等服务业得到有效管控、农业面源污染得到根本控制、工程治理全面提速、入湖污染负荷得到有效削减，依法治湖护湖得到进一步加强、全民保护抚仙湖意识得到进一步增强。

【全面启动抚仙湖径流区土地流转休耕轮作】 2018 年，全市实施抚仙湖径流区 6 万亩重度污染区耕地休耕轮作，通过调整优化种植结构，有效削减农业面源污染。抚仙湖径流区 1 087 户畜禽养殖户全部关闭，131.6 万头（只）畜禽全部退出，每年减少畜禽粪污排放 10.6 万吨。启动以田园综合体为主的 11 个农业产业绿色示范点建设，推动农业产业转型升级，着力打造径流区绿色农业经济示范区，成土地流转 5.8 万亩，种植香根草 2 000 亩、油菜 3.3 万亩。

【启动建设“森林抚仙湖”植树造林工程】 2018 年，市委、市政府出台《玉溪市抚仙湖径流区林业生态修复建设森林抚仙湖实施意见》，计划在抚仙湖径流区进行 15 万亩林业生态修复，着力打造市级机关及企事业单位样板林 7 000 亩、县级机关示范样板林 2 900 亩、企业履行社会责任和生态责任样板林 5 700 亩，提高抚仙湖流域森林覆盖率，创建玉溪林业生态修复样板。按照 3 年完成的目标，倒排计划、快速推进，年内完成土地流转 3 万亩，签订工程施工合同 1.44 万亩，完成植被恢复 3 000 亩。

【调整优化“三湖”管理体制机制】 2018 年，市委、市政府认真落实省委、省政府关于调整优化九大高原湖泊管理体制机制的决策部署，按照“先立后破、不立不破”原则，加快推进“三湖”管理体制机制改革，做到队伍不乱、工作不断。制定实施《调整优化抚仙湖星云湖杞麓湖管理体制实施方案》《抚仙湖星云湖杞麓湖综合行政执法体制改革方案》，调整优化抚仙湖星云湖杞麓湖管理体制，升格市抚仙湖管理局部分内设机构，组建综合行政执法队伍，市抚仙湖管理局内设机构（综合处、抚仙湖管理处、星云湖管理处、杞麓湖管理处）和派出执法机构（综合行政执法一、二、三、四大队）已完成组建，下设财政全额拨款公益一类事业单位 1 个（玉溪市三湖生态环境保护研究与工程管理中心），人员调配基本到位，各项工作步入正轨，初步实现“三湖”统管统治统保护。

【保卫抚仙湖雷霆行动第二阶段 48 个问题验收销号】 2018 年 3 月 29 日，市委、市政府召开抚仙湖综合保护治理三年行动计划启动会议，对保卫抚仙湖雷霆行动第二阶段工作进行全面动员部署。全市各级各相关部门保持定力、聚焦问题、精准施策，在全面完成第一阶段 100 个问题整改基础上，突出“五个重点”、强化“五个难点”，对标对表扎实抓好第二阶段 48 个问题整改落实，截至年底，保卫抚仙湖雷霆行动 48 个问题已全部整改验收销号，有力推动抚仙湖保护治理向更深层次延伸、向更广领域拓展。

【环保督查反馈问题整改】 2018 年，市抚仙湖管理局严格按照中央、省、市关于环保督察问题整改有关要求，不折不扣抓好整改落实。截至年底，中央第七环保督察组反馈意见涉及抚仙湖的 28 个问题，完成整改 16 个，按时序进度推进整改 12 个；中央第六环保督察组“回头看”反馈意见涉及抚仙湖的 9 个问题，完成整改 4 个，按时序进度推进整改 5 个；省委、省政府第一环保督察组反馈意见涉及抚仙湖的 15 类 26 个问题，完成整改 18 个，按时序进度推进整改 8 个；省委

抚仙湖禁渔期间渔船翻扑上锁编号集中管理 （郑恩怡 摄）

督查室对抚仙湖保护治理工作推进情况开展督查反馈的6类17个问题，完成整改8个，9个问题正抓紧整改；省级河（湖）长制督察反馈问题涉及抚仙湖的18个问题，完成整改1个，按时序进度推进整改17个。

【工程项目建设】 2018年，全市全面整合项目、资金和资源，统筹推进“十三五”水环境保护和山水林田湖草试点项目建设。抚仙湖流域水环境保护治理“十三五”规划45个项目建设，竣工验收1项，完工4项，在建34项，6个项目拟在“十三五”中期评估时进行调减，开工率86.67%，完工率11.11%，前期工作完成率100%，完成投资65.65亿元，投资完成率46.53%。统筹推进山水林田湖草46个试点项目建设，竣工验收1项、完工4项、在建34项、正开展前期工作7项，开工率达84.8%。

【落实河（湖）长制】 2018年，市委、市政府调整充实市河（湖）长制领导机构及组成人员，由市委书记和市长任河（湖）长制领导小组组长（试验区管委会主任），相关领导任副组长（副主任），省环保厅、省水利厅分管副厅长兼任副组长（副主任），市直有关部门及县（区）政府领导为成员。将云南省抚仙湖—星云湖生态建设与旅游改革发展综合试验区管理委员会更名为云南省抚仙湖星云湖杞麓湖生态建设与旅游改革发展综合试验区管理委员会，与市河（湖）长制领导小组实行“一个机构两块牌子”运行机制。撤销玉溪市“三湖”水污染综合防治领导小组，职责整合划入玉溪市河（湖）长制领导小组（试验区管委会），将涉及水资源保护治理各项决策权纳入市河（湖）长制领导小组进行全面统筹。由市委书记罗应光担任抚仙湖市级湖长和抚仙湖北岸生态调蓄带、抚澄河河长，由市委副书记、市长张德华担任星云湖市级湖长和学河、渔村河河长，由市委副书记、市委统战部部长保明顺担任杞麓湖市级湖长，有关厅级领导担任其他入湖河道河长，省、市、县、乡、村五级河（湖）长“定区域、定人员、定责任、定任务、定标准”，共设河（湖）长188名，其中省级河长2名、市级河长13名、县级河长33名、镇级河长51名、村级河长89名，设河道责任单位37家。出台《玉溪市河长制市级河长巡查办法（试行）》《玉溪市全面推行河长制工作督办办法（试行）》等巡查制度，规范市级河长的巡查工作，督促河长定时监管、记录责任河渠治水工作进展情况。年内，市级总河（湖）长巡湖60次、向上专题汇报10余次，市级（湖）长巡河30次，县级河（湖）长巡河305次，镇级河（湖）长巡河3 515次，村级河（湖）长巡河实现日常化。

【全面加强抚仙湖非工程管理措施】 2018年，市抚仙湖管理局出台《玉溪市抚仙湖保护范围限制畜禽养殖管理办法（试行）》《玉溪市抚仙湖非机动船入湖管理办法》等配套措施，全面加大执法监管力度，立案查处各类环境违法案件37起、办结27起，有效震慑各类违法违规行为。完成取水许可验证换证97户、审批取水514.3万立方米。超额完成抚仙湖资源保护费（任务数为800万元）征收工作，计征收抚仙湖资源保护费1 437.26万元，与上年相比增加499.89万元，增53.33%。实行最严格水资源管理制度，制定抚仙湖2018年取水控制计划，征收水资源费30.02万元。组织开展监管行业安全整治、隐患排查治理和打非治违等工作，应排查治理事故隐患生产经营单位39家，实际排查39家，排查出重大事故隐患1项，正在整改。打击、查处和纠正违法违规行为16起。严格执行开、封湖制度，组织开展渔政执法专项整治，推进水生态系统恢复，开展增殖放流活动，办理渔业捕捞证1 103个（含垂钓证30个），收取渔业资源增殖保护费108.49万元，向抚仙湖投放土著鱼苗种231万尾。投入资金806.86万元，推行抚仙湖一级保护区环境卫生市场化运作，深入开展“四清”保洁活动66次、清理垃圾1 225吨，环境卫生监管能力全面提升。

【强化抚仙湖保护治理规划管控】 2018年，市抚仙湖管理局坚决贯彻“共抓大保护、不搞大开发”战略，着力在规划管控、停审停批停建、严格项目准入上狠下功夫，用规划严控开发强度，框住空间利用格局。加快推进“多规合一”，针对抚仙湖径流区15个专项规划彼此间兼容性互补性差、内容相互冲突实际，高标准启动《抚仙湖保护和开发利用总体规划》编制，将各个专项规划控制范围、规划红线等内容全面整合，纳入总体规划进行全面管控。坚决降低开发强度，对原有规划建设的项目再梳理再论证再决策再瘦身，全面实施“停审停批停建”工作，清退项目11个，开发项目从25个减少至18个，规划建设用地面积从10.2万亩减少至3.5万亩，实供建设用地1.32万亩。严格把好项目准入关，开展项目前置审查25个、项目规划审查18次。严格执行“三同时”制度，对在建项目施工、取水和排污进行实地专项检查12次，发出整改通知4次。

【全面实施抚仙湖“禁泳”】 2018年10月9日，市抚仙湖管理局向社会发布《关于在抚仙湖水域禁止游泳的通告》，从10月20日24：00起在抚仙湖全面禁止游泳。全市各级深入开展“禁泳”宣传，加强舆情应对，强化正面引导，做好疏导解释，力争社会各界支持。市抚仙湖管理局加大巡检力度，劝导游泳行为880次1 000余人。

（徐明汉）

（张本聪　摄）

经济管理

ECONOMIC MANAGEMENT

责任编校：李晓媛

经济社会建设投资

【概　况】 2018年，全市完成生产总值1 493.04亿元、增长8.9%，其中：第一产业增加值149.5亿元、增长6.4%，第二产业增加值766.4亿元、增长9.4%，第三产业增加值577.2亿元、增长8.7%；固定资产投资增长11.3%，社会消费品零售总额392.5亿元、增长12%，一般公共预算收入142.5亿元、增长3.8%，城镇居民人均可支配收入37 650元、增长7.9%，农村居民人均可支配收入14 264元、增长9.2%，城镇化率达52.5%，居民消费价格总水平上涨1.8%，城镇登记失业率3.19%，单位生产总值能耗下降2.9%。

（马庆凯）

【固定资产投资】 2018年，全市完成投资869.2亿元、增长11.3%，其中第一产业增长99.1%，第二产业增长15.3%，第三产业增长6%。从主要行业看，工业完成投资144.7亿元，增长16.9%；交通运输完成投资230.2亿元，增长12.3%；仓储冷链物流完成投资1.2亿元，下降73.4%；房地产业完成投资188.3亿元，增长24.5%。投资运行特点：全市投资持续回落，全年投资增速高开、稳走、快速会落态势，一季度增长38.8%、二季度增长28.6%，三季度增长13.6%，全年增速11.3%。县（区）投资增速不均衡，红塔区降幅收窄，全年负增长10.7%，华宁县、澄江县、易门县、新平县、江川区实现“两位数”以上增长，增速分别是20.6%、17.3%、15.8%、12.6%、10.2%；元江县、通海县、峨山县圆满完成月度目标任务，增速达31%、29.8%、34.6%。重点行业“六增五降”，全年重点行业完成投资783.2亿元，占全市投资比重90%。其中：农业完成68.2亿元，非电工业完成144.7亿元，房地产完成188.3亿元，水利完成25.4亿元，旅游完成32.3亿元，综合交通建设完成230.2亿元，教育完成31.7亿元，公共设施完成55.4亿元，卫生完成5.9亿元，仓储物流完成1.2亿元。基础设施支撑作用不明显，交通、市政公共设施等在建项目压减投资和逐步完工，投资比重在低位徘徊。农业、水利、卫生计生、交通、市政等6个行业完成投资385.1亿元，占全市投资比重44.3%，高于一季度0.07%、高于二季度3.72%、高于三季度0.88%。

（普晨敏）

【“五网”建设推进情况】 2018年，面对国家加强PPP项目库清理整改、固定资产投资不断下滑不利局面，全市上下多方筹谋、着力化解降低影响，主动作为，实施“五网”重点建设项目推进“12345”机制，市政府召开专题会议、抓督促检查，各县（区）、各行业主管部门实施“一把手”工程，大干快上、奋勇争先。经过各方积极努力，150项重点项目进展顺利，完成投资270亿元，完成计划的105.3%，占全市完成投资的31.4%，圆满完成市政府确定的投资目标任务，为“稳增长”做出重要贡献，其中：路网73项，完成投资246亿元，投资总量连续2年超过200亿元，继续高位增长；航空网6项，积极推进前期工作；能源保障网19项，完成投资9.9亿元；水保障网47项，完成投资9.6亿元；互联网5项，完成投资4.5亿元。

（罗继宇）

能源工作

【元江那塘山光伏电站】 元江县那塘山光伏电站位于元江县澧江街道南洒村那塘山旧寨。工程装机规模20兆瓦，布置20个1MWp太阳电池方阵及逆变升压配套装置，年利用小时数1244h，年均上网电量2 488万千瓦时，项目业主为玉溪江川远盛太阳能科技有限公司。2017年10月开工建设，2018年12月建成并网运行，累计完成投资1.88亿元。

【甸中镇农（林）光互补电站】 甸中镇农（林）光互补电站位于峨山县甸中镇他格莫小组。工程装机规模50兆瓦，建设50兆瓦光伏电站及110千伏升压站、输送线路、办公生活区等相关配套设施，年利用小时数1307h，年均上网电量6 534万千瓦时，项目业主为峨山永鑫光伏发电有限公司。2017年9月开工建设，2018年6月建成并网运行，累计完成投资4.4亿元。

（高　丽）

【滇中引水工程】 2018年，在省滇中引水工程建管局统筹安排下，市直相关部门和县（区）通力合作，市滇引办明确目标压实责任，全力推进滇中引水工程建设，统筹二期工程前期工作，扎实做好征地拆迁安置工作，按时完成滇中引水工程征地拆迁安置80%以上工作目标任务，完成投资2.1亿元。通过依法招标，确定云南省水利水电勘测设计院作为二期工程可行性研究报告及相关专题报告的编制单位，完成了红塔区、江川区、通海县、华宁县、易门县5个受水县（区）可研主体报告编制，并提交省院汇总。

（赵　鹏）

峨山县甸中镇光伏电站　　　　（市发改委　提供）

国有资产管理

【监管企业情况】 截至2018年底，市国资委有监管企业11户，下属全资及控股二级子公司51户，三级子公司31户，四级子公司1户，共94户企业，职工人数1 398人。资产总额630.17亿元，负债总额280.97亿元，所有者权益总额349.20亿元，资产负债率44.59%。全年实现营业总收入10.51亿元，利润总额6 308.11万元，净利润4 433.11万元，实际上交税费总额4 896.18万元，国有资本保值增值率100.08%。

【国有资产集中统一监管】 2018年，市国资委按照市委、市政府出台的《关于推进市级经营性国有资产集中统一监管的实施意见》和《玉溪市清理整治党政机关部门办企业工作方案》文件要求，推进所涉及8户企业经营性国有资产移交划转工作，其中云南玉溪汽车经贸总公司由市政府授权市国资委履行出资人职责；玉溪国家粮食储备库和玉溪军粮供应站划转市国资委监管，由市国资委委托玉溪市粮食局负责全面管理；其余5户由市政府授权市国资委监管企业履行出资人职责，基本完成市级经营性国有资产集中统一监管目标任务。

【国有资本经营预算管理】 2018年，市国资委为强化国有资本经营预算执行工作，提高国有资本经营预算执行力度，印发了《玉溪市国资委关于汇算清缴2017年度国有资本经营预算收入的通知》，组织监管企业汇算清缴2017年度国有资本经营收入，纳入国有资本经营预算收缴范围的15户公司归属母公司净利润4 138.63万元，实缴国有资本经营预算收益143.45万元，完成年初预算108.02万元的132.8%，比上年增加12.31万元，增长9.39%。

【投融资和重大项目建设】 2018年，市国资委围绕“5577”总体思路和“四带多园”产业布局，加强对监管企业重点项目的监管，督促监管企业积极拓展融资渠道，落实项目建设资金，狠抓项目实施。监管企业统计上报实现融资总额193.05亿元，其中，银行贷款47.14亿元，PPP项目融资111亿元，其他形式融资34.91亿元；负责实施项目建设97个，完成投资总额209.70亿元；市融资担保公司在保项目36个，在保余额23.82亿元，其中为民营企业担保户数16户。监管企业扎实推进基础设施、五网工程等重点建设项目，大戛、元蔓、江通、澄川4条高速公路实现投资108.33亿元；玉溪科教创新城项目稳步推进，完成投资14.59亿元，其中玉溪卫校迁建项目完成投资4.35亿元，玉溪体校及少体校迁建项目完成投资5.23亿元，职教园区基础设施项目完成投资5.01亿元。火车西站站前广场、市政道路建设快速推进，站前广场地面工程中间通道国庆节按时完工运营；玉兴·康城、泷水塘回迁安置项目及市医院改扩建工程、市儿童医院、市文化广播影视传媒中心等建设项目有序推进；加强三湖水污染治理，扎实推进抚仙湖径流区植被恢复、抚仙湖径流区耕地休耕轮作、玉溪市东片区暨“三湖”生态保护水资源配置应急工程（Ⅱ期）、星云湖12条主要入湖河流综合治理抢险救灾应急等工程项目。

【防范和化解债务风险】 2018年，市国资委认真贯彻落实中央关于打好三大攻坚战的有关精神，有效防范和化解监管企业经营风险，切实增强企业抗风险能力，推动企业高质量发展。制定了《玉溪市国资委关于市属企业降杠杆防风险的指导意见》，提出市属企业平均资产负债率控制在65%以内目标要求。聘请瑞华会计师事务所，对监管企业及其子公司的债务情况进行专项清理审核。纳入专项债务清理的企业67户，其中直接监管企业11户，所属子公司56户。组织全市国有企业开展债务监测系统相关数据收集整理及填报，按照《关于做好州市国有企业债务风险监测预警工作的通知》要求，从5月31日起，将全市96户国有企业（市属企业37户，县区企业59户）纳入云南省国有企业债务监测系统，通过债务信息系统填报整理债权类型、债权人名称、增信措施、债务余额等24项指标进行债务监测，及时揭示运营风险。

【监管企业混改工作】 2018年，市国资委深化国有企业混合所有制改革，鼓励监管企业探索混合所有制经济，推进下属二、三级公司混合所有制改革工作。监管企业与社会资本进行合作，出资成立28户混合所有制企业，其中控股企业11户，参股企业17户。指导玉溪科教创新投资有限公司制定混合所有制改革工作方案，支持玉溪国有资本运营有限公司以参股方式，与民营企业玉溪市会集投资控股有限公司共同出资设立玉溪国联文化产业发展有限公司，合作创办玉溪市红塔区生态实验小学（挂名玉溪第一小学国际部）。

【“三供一业”分离移交】 2018年，市国资委按照《玉溪市加快剥离国有企业办社会职能和解决历史遗留问题工作实施方案》要求，全力推进国有企业职工家属区“三供一业”分离移交工作，制定下发《驻玉中央和省属国有企业职工家属区国有资产移交工作方案》，圆满完成中石化云南玉溪石油分公司职工家属区“三供一业”分离移交工作。

（普剑云）

工商行政管理

【概　况】 2018年，全市各类市场经济主体稳步发展，新登记各类市场主体36 380户，其中新登记企业5 111户，新办个体工商户31 269户。全市累计存续各类市场主体183 671户，其中企业31 996户，增长19%。农民专业合作社1 768户，成员38 613个，全市从事个私经济从业人员722 282人，增长1.60%。全市有效注册商标总量达15 303件，中国驰名商标9件、地理标志证明商标17件、马德里国际注册商标15件。立案查处不正当竞争案件3件。

【行政审批】 2018年，市工商局继续深化商事制度改革，着力优化营商环境。推进企业登记全程电子化改革，6月20日启动发放企业电子营业执照，实现企业办理工商登记注册“零见面”，办理企业全程电子化登记689户。推进“多证合一”登记制度改革，7月市工商局与各部门联合发文《关于转发云南省工商局等二十二部门关于深入推进我省“多证合一”改革工作的通知》，对原有32项整合项目进行调整，将9项涉企证照事项进一步整合到营业执照上。将原《报关单位注册登记证书（进出口货物收发货人）》和《出入境检验检疫报检企业备案证书》合并整合为《海关进出口货物收发货人备案（含报关报检资质）》。调整后，全市“多证合一”改革实行“四十证合一”，整合事项40项，涉及22个部门。实施外资企业商务备案与工商登记“一窗受理”。实现外商投资企业商务备案与工商登记“单一窗口、单一表格”受理。全市共有29家外商投资企业享受外商投资企业审批改备案的政策红利，快速办理注册登记。

【企业监督管理】 2018年，全市应当进行企业信息公示企业户数27 731户，已公示26 191户，公示率94.45%，比上一年度上升5.27%。全面实施“双随机一公开”监管工作，不断完善“双随机”联合抽查工作机制，积极推进跨部门双随机联合抽查检查，着力提升“双随机、一公开”监管工作规范化、标准化。对新登记企业住所进行抽查，按企业总数10%的比例抽取3个批次，共抽查检查企业629户，在金融、教育培训、医疗美容、环保、知识产权代理5个领域，抽取36户企业对企业登记情况、信息公示情况等进行抽查检查。按照双随机抽查联合检查工作要求，随机抽取全市检查对象5 943户（其中企业1 485户、个体户4 370户、农民专业合作社88户），所有抽查检查结果依法进行公示。

【个私经济监督管理】 截至2018年底，全市个体工商户登记注册149 096户，从业人员370 911人，注册资金168.26亿元，分别增长-3.57%、-1.05%、5.48%；农民专业合作社1 768户，成员38 613个、出资额20.59亿元，分别增长10.92%、4.35%、9.98%。全市从事个私经济从业人员722 282人，增长1.60%。发展农民专业合作联社25户；发展家庭农场612户，增长6.62%，其中个体工商550户，内资公司1户，个人独资企业61户。全市应进行信息公示个体工商户132 393户，实际公示113 205户，公示率85.51%，增长2.86%，应公示农民专业合作社1 529户，实际公示1 431户，公示率93.59%，增长1.11%。认真组织实施个体工商户简易注销登记改革试点工作，全市依据《玉溪市个体工商户简易注销登记暂行办法》注销登记99 125户。全市出动执法人员15 875人次，出动执法检查车辆5 883台次，检查各类经营主体59 650户，开展宣传教育活动27 116户次，清理无证照经营、下发责令整改通知书并补办证照276户，依法查处5件。

【市场规范管理】 2018年，市工商局加强旅游市场整治、规范旅游市场秩序，严厉打击扰乱旅游市场秩序的各种违法违规经营行为。全市共检查旅行社及其分支机构135户，景区景点121个，旅游购物商店（含购物点）169户，旅游合同530份，旅游广告660条。对全市烟花爆竹市场开展专项检查，对现有的4户生产企业，13户批发企业全部进行检查。帮助企业解决融资难，办理企业动产抵押物登记93份，抵押登记金额61.45亿元，贷款金额16.14亿元。办理注销登记48份，注销贷款金额9.9亿元，办理抵押变更登记7件。

【消费者权益保护】 2018年，市工商局把文明城市创建与“诚信经营、放心消费”承诺创建有机结合起来，认真组织开展“诚信经营、放心消费”工作。全市创建“诚信经营、放心消费”商业街区1个、街区1条、承诺企业117户、“诚信经营、放心消费”承诺店298户。强化商品质量抽样检测，重点抽查涉及人民生命安全和身体健康的产品六大类365组。针对投诉高发领域的重点行业和重点商品，强化对消费市场的商品质量案件查办，取缔家用电器无照经营5户、服装无照经营3户，查处违法案件7件。

【广告监督管理】 2018年，全市监测互联网广告195条次，开展专项整治工作宣传71次。接到互联网广告投诉举报30件，立案查处4件，简易处罚3件，责令整改19件。积极参与创建文明城市公益广告工作。指导、督促红塔区、高新区、江川区在中心建成区主次干道、商业街区视线范围内至少有6块公益广告宣传，印制张贴公益广告海报2万份。

【商标监督管理】 2018年，全市工商部门受理商标申请441件，其中市内申请399件，省内申请39件，省外申请3件，法人或其他组织申请231件，自然人申请210件。全市有效注册商标总量达15 303件，增长1 856件，增长率5%，提前完成有效商标量增长3%、总量突破13 850件的指标。全市工商和市场监管部门组织开展打击侵权假冒伪劣商品、保护注册商标专用权、商标侵权专项检查行动，出动执法人员330人次，出动执法车辆26次，检查经营户538个，查处侵犯知识产权和制售假冒伪劣商品违法案件87件。

【竞争执法】 2018年，市工商局以新《反不正当竞争法》颁布实施为契机，加强对不正当竞争案件查处工作。立案查处不正当竞争案件3件，罚款11.2万元。深入开展打击传销和无传销创建工作，出动执法人员1 650人次，驱散取缔传销窝点11个，发放宣传材料21 500份，检查出租房等易聚会场所2 106个次。加强对辖区内直销企业监管，认真开展直销市场检查，接收直销企业备案8次，对92个直销企业服务网点和专卖店进行专项检查，出动执法人员86人次，检查服务网点90户次。

【消协工作】 2018年，“12315”中心接听消费者咨询电话6 077个，接待来访人员7 553人次，受理投诉1 282件，其中市工商局“12315”消费者投诉举报中心受理消费者投诉792件，省局分送53件，全国“12315”互联网平台受理投诉275件，各县（区）消协自行受理投诉162件，共解决1 277件（5件正在时限内办理），49件达不成协议，成功调解率96.16%，为消费者挽回经济损失252.49万元。受理举报234件，其中市工商局“12315”消费者投诉举报中心受理消费者举报108件，省局分送17件，全国“12315”互联网平台受理举报71件，各县（区）消协自行受理举报38件，共解决234件，办结率100%。

【个私协工作】 截至2018年底，全市有10个县（区）级个私协会，74个乡镇、60个基层分会。全市登记注册的私营企业有175 828户，从业人员722 310人，注册资金1 113.59亿元，发展个私会员140 662户。

（全自华）

价格管理

【价格监测预警】 2018年，市价格主管部门全面监测市场价格的同时，突出做好特殊时段、重要时期居民生活必需品、重要生产资料价格应急监测和预警，为价格调控监管提供信息支持。重点对民生、生活必需品、肉禽蛋农副产品、农业生产资料以及成品油、建筑材料价格、重要涉农收费进行监测，上报主要商品价格监测表76份，其中粮油副食品价格监测表52份、重要商品价格监测月报表12份、建材价格专项监测表12份，形成监测分析10篇。

【价格认定】 2018年，市价格主管部门认真贯彻执行《价格认定规定》，做好涉案、涉纪、行政、涉烟等价格认定工作和全市价格认定管理工作，积极开展价格认定质量评查，推进价格认定法规制度建设，为维护司法、行政执法公正、社会和谐稳定、促进全市烟草产业的健康持续发展发挥积极作用。全市办理价格认定案件1 231件，认定金额5 747.33万元。

【价格认定学习提升年活动】 2018年，市价格主管部门根据《云南省物价局关于印发开展价格认定学习提升年活动方案的通知》要求，结合全市价格认定工作实际，制定工作方案，组织全市价格认定人员参加省物价局举办的价格认定业务培训班学习及价格认定知识在线答题，进一步提高价格认定工作人员理论水平和业务能力，形成一批研究成果。

（杨　蕾）

审　计

【审计成果】 2018年，市审计机关完成审计项目672个，查出主要问题金额262.84亿元，其中违规金额15.02亿元、管理不规范金额247.81亿元；收缴财政金额8.16亿元，归还原渠道资金2 496万元，核减工程投资额24.37亿元。审计发现非金额计量问题520个，移送司法机关、纪检监察机关和有关部门处理事项117件36人，涉及金额1.06亿元。出具审计报告和专项审计调查报告728篇，提交审计信息536篇，被批示、采用247篇次，完善规章制度20项，向社会公告审计结果564篇。

【国家重大政策措施贯彻落实跟踪审计】 2018年，市审计局重点对城镇棚户区、农村危房改造及配套基础设施建设决策部署贯彻落实情况、全省发改“一条线”易地扶贫搬迁政策落实情况、“三湖”治理“十三五”规划实施情况及减税降费政策措施贯彻落实情况进行审计。针对保障房审计、“三湖”治理审计反映出的问题，市政府专题研究并督促相关单位整改。减税降费审计调查结果显示共为企业和群众减负12亿元。

【“三大攻坚战”审计】 2018年，市审计局结合市本级及高新区2017年度财政预算执行和税收征管审计、市本级财政决算草案审计，完成了2017年度至2018年6月全市地方政府债券资金管理使用情况审计和峨山县、易门县脱贫攻坚审计。每月开展市政府安排的54项抚仙湖流域山水林田湖草生态保护修复工程试点项目跟踪审计。组织开展1个县（区）、10个乡镇的领导干部自然资源资产离任审计，建立自然资源资产离任审计专家库，制定出台了相应的管理办法。

【经济责任审计】 2018年，全市审计部门按照党政同责、同责同审要求，审计领导干部77名，其中，县处级19名、乡科级48名、其他10名。联合6个部门出台了《玉溪市领导干部经济责任审计全覆盖实施意见》及4个配套制度，首次开展54名新转任县处级领导干部的任前告知工作。市委深改领导小组印发了《元江县村干部任期经济责任审计暂行办法》，进一步消除村（社区）干部审计监督盲区。

【固定资产投资审计】 2018年，市政府印发《关于贯彻〈云南省政府投资建设项目审计办法〉的通知》，停止前置审计，进一步规范全市投资审计工作。市审计局开展李棋片区、火车站片区公租房、东部调水工程、东近面山绿化等重大项目审计，全年审计投资220.57亿元。研究制定了协审中介机构管理办法和考核细则，进一步防控审计风险、规范中介机构管理。

（段旭晖）

统　计

【第四次全国经济普查】 2018年，第四次全国经济普查工作纳入了全市重点工作，各项工作走在了全省前列。市委、市政府高度重视，统筹推进经济普查工作，10月23日市委召开全市第四次全国经济普查工作推进会，高位推动经济普查工作。市政府印发《玉溪市人民政府关于做好第四次全国经济普查工作的通知》，6月19日召开第四次全国经济普查领导小组第一次会议，签订目标责任书，全面安排部署经济普查工作。统筹推进经济普查综合试点和服务业专项试点工作，6月在红塔区成功举办全省和全市的综合试点，对普查方案、宣传动员、数据评估、执法检查、专业报表等全流程模拟经济普查过程，为普查正式登记奠定基础。6月24 ~ 28日，成功举行全省16个州市试点培训及现场观摩，全省服务业专项试点工作于6月在新平县圆满完成。顺利完成普查区划分与绘图工作，是全省第一个完成此项工作的州市。统一开展“地毯式”单位清查工作，清查法人单位31 033个、产业活动单位7 013个、个体经营户233 613个，分别比“三经普”增长123.7%、50.6%、91.7%。

【统计改革】 2018年，玉溪市制定下发《关于深化统计管理体制改革提高统计数据真实性的实施意见》和《玉溪市地区生产总值统一核算改革方案》，为全市落实统计改革指明了方向。市统计局印发《关于深化统计管理体制改革提高统计数据真实性的实施意见的分工方案》，制作了绿色发展统计指标统计表及指标解释，对生态文明建设年度评价结果进行解读分析，完成各县（区）绿色发展指数初步评价工作。及时更新“数据玉溪”，推进固定资产投资统计方法制度改革，组织县（区）完成2017年500 ~ 5 000万元投资项目情况1 854个及5 000万元以上投资项目354个项目核实上报，完成2018年1 ~ 7月5 000万元以上投资项目302个项目本年完成投资核查，进行了数据修订。组织开展自然资源资产负债表试编试点工作，各县（区）均按照“六道程序”严格开展业务培训和试编试点工作。完成“调查样本名录、样本历史数据、样本群名录、历史台账、培训资料整理归档”工作，做好建设领域小微企业调查、规模以下服务业抽样调查、规模以下企业创新调查、限额以下批发零售住宿餐饮行业调查、规模以下工业调查等。

【统计辅政】 2018年，市统计局履行好统计信息、咨询、监督职能和发挥参谋作用，围绕市委、市政府重点工作，持续提升统计辅政能力。建立班子成员联系县（区）统计局工作制度，推动“基层工作水平、重点项目投资监测、企业纳规纳限、依法统计、大型普查”等重点工作深入开展。把挂图监测作为统计辅政的重要手段，完成月度市、县（区）经济指标挂图上墙，按月度监测23项生产总值基础指标完成情况，督促党委、政府和各部门认真履职。挖掘统计数据与玉溪日报深度融合新模式，通过刊发“玉溪统计”专版10期，对经济运行情况、“三农普”数据公报、“四经普”工作情况、统计小知识进行全方位宣传。挖掘数据深度分析，全年撰写统计信息109期、统计快报31期、统计简报150期。

【统计基础】 2018年，市统计局将统计基础基层建设和业务人员水平能力提升作为全市统计工作的重点内容，加大力度夯实统计基础。与工信、发改、住建、农业、商务等部门联合对各县（区）统计局和乡镇统计站专业人员及企业统计员开展专题培训23次，组织市、县专业人员参加国家、省统计局举办的各类业务培训200余人次。利用经济普查省级综合试点和服务业专项试点契机，对基层统计人员进行业务培训，提升统计业务水平和能力。建立部门间经济运行分析联席制度，对市直部门统计人员开展业务培训。严格遵守统计方法制度，依法依规，扎实做好GDP核算、农业、工业、服务业、投资、名录库管理等基础性工作。

【依法统计】 2018年，市统计局采取措施加强统计执法，营造良好的依法统计环境，为数据质量提升提供保障。将《统计法》纳入市委党校领导干部教育培训必修课，对“统计造假、弄虚作假引起中央高度关注，统计数据造假的危害及原因，统计的内容及重要性，统计法律法规对领导干部违法行为及处分主要规定，增强法治意识、做模范守法的领导干部”5方面内容进行详细讲解。将《统计违纪违法责任人处分处理建议办法》《防范和惩治统计造假、弄虚作假督察工作规定》纳入重要学习内容，举办培训班1次，选派8名同志参加全省统计执法证考试。加大统计执法检查力度、惩处力度、曝光力度，对140户联网直报单位开展“重点”检查、“专项”检查和“常规”检查。健全有关防范和惩治统计造假、弄虚作假的领导责任体系，明确工信、商务、旅游、财政等11个部门为各自管理行业经济普查数据质量第一责任单位，建立统计数据质量追溯制度。开展“双随机一公开”抽查工作2次，及时在门户网站进行公开。建立领导干部违规干预统计工作全面留痕机制。制定印发《2018年玉溪市统计法治工作要点》《2018年玉溪市统计局普法计划》，安排部署年度统计法治工作。

（市统计局　提供）

国土资源管理

【耕地占补平衡管理】 2018年，市国土资源局制定下发《关于规范市级耕地占补平衡指标管理的通知》《关于印发玉溪市改进耕地占补平衡管理的实施方案的通知》，全面统筹全市耕地占补平衡管理工作，优先受理、核拨、核销有指标产出地的县（区）申请使用指标。建立市级耕地占补平衡指标调剂交易平台，实行全市调剂、统一限价交易，申请使用市级统一调剂交易指标必须按规定缴纳耕地开垦费和耕地占补平衡指标调剂交易价款。核拨耕地占补平衡指标291.69公顷，收取指标调剂交易价款4 916.47万元。

【用地保障】 2018年，市国土资源局合理配置土地资源，坚持有保有压，优先确保“五网”、农村人居环境整治、易地扶贫搬迁、“三湖”保护等重点项目用地。统筹核拨新增建设用地计划指标445.28公顷，其中农用地432.24公顷，耕地266.52公顷，分别占预下达计划指标的86.12%、99.75%、99.95%。加大农用地征转报批力度，报批用地545.77公顷（8 186.55亩），超额完成3 686亩。供应建设用地1 878.23公顷，收取出让价款42.02亿元。加大批而未供土地清理处置力度，将批而未供土地清理处置任务分解到县（区），纳入国土资源目标责任考核，对供地率低于40%的县（区）实施预警，暂停其除国家、省级重点和民生项目外的用地报件受理。经过清理，供地率由年初的43.29%提高至70.19%。

【地质灾害防治】 2018年，市国土资源局严格落实地质灾害防治责任制度，开展“拉网式”地质灾害隐患巡查排查，发现的新隐患点立即纳入群测群防体系。全市境内发现并登记在册的各类地质灾害隐患点1 157处，其中滑坡965个、崩塌74个、泥石流99条、地面塌陷5处、地面沉降8处、地裂缝6处，受威胁的36 850户164 214人，涉及资产34.24亿元。全力争取大型以上地质灾害治理项目，中央投资特大型地质灾害治理项目及省投资大型地质灾害治理项目78个，投资概算5.77亿元。全市发生地质灾害灾情11起，成功预报避让6起，避免经济损失121万元。妥善开展通海“8·13”“8·14”地震应急处置及次生地质灾害隐患排查核查等工作，保障好人民群众生命财产安全。

【执法监察】 2018年，市国土资源局认真开展土地矿产卫片执法检查工作，立案查处土地违法案件77件，收缴罚款4 951.77万元，没收和拆除违法建筑物15.3万平方米。立案查处矿产违法案件23件，收缴罚款80万元，没收违法所得38.55万元。全面开展“大棚房”问题专项清理整治，建立问题台账，排查发现违法违规项目15个，占用耕地39.42亩（其中基本农田9.04亩），完成拆除整改5宗，立案查处3宗。

【不动产登记】 2018年，市国土资源局建立健全不动产登记首问责任制等规章制度，推进不动产登记窗口规范化建设，做好改善营商环境暨不动产登记政务服务改革工作。全市登簿量72 891件，比上年增长67.96%。总发证量59 736件，接入量48 057件，接入率99.89%。优化内部业务流程，大幅压缩各项登记办理时限。首次登记平均办理时限从上年同期18个工作日压缩为11个工作日，二手商品房转移登记平均办理时限从上年同期15个工作日压缩为8个工作日，抵押登记平均办理时限从上年同期10个工作日压缩为5个工作日，查封登记、异议登记、预告登记基本实现即时办结。开发短信平台提高工作效率，发送领证通知、数据整合、划拨出让等各类通知短信10 344条，每天为红塔区登记中心节省1个小时工作时间。建成云南省第一个不动产交易登记信息共享交换及档案自助查询平台，已正式上线运行，集中整合不动产登记、土地登记等海量数据，满足多个部门业务信息共享需求，方便群众通过身份证自助查询名下不动产登记信息。红塔区自上线推广应用以来，共办理查询请求43.62万条。以江川区为试点，统一了全市林权宗地图制作和不动产单元号的编制方法。

【“数字玉溪”建设】 2018年，市国土资源局积极开展“数字玉溪”推广应用，指导市河长办在线调用“数字玉溪”地图资源，开展“河长信息系统建设”，指导市土地储备中心应用“数字玉溪”在线地图资源，叠加、展示、汇报全市土地征收、供应地块情况，完成收储地块分布图制作，指导市交警支队直属一大队、市住房和城乡建设局、红塔区公安分局等部门调用“数字玉溪”成果，开展相关工作。完成“数字玉溪地理空间框架”转型升级项目数据整合和软件平台升级工作，开展新型智慧玉溪时空大数据与云平台建设项目。

【深化改革】 2018年，全市国土资源系统不断深化改革，取得了明显成效。易门县作为房地一体农村宅基地和集体建设用地使用权省级试点，选择龙泉街道办事处罗所社区居委会罗所和林士桥2个村约500户宅基地和农房开展试点工作，完成试点2个村501户487宗的房地一体的外业调查测量工作，对336宗审核结果进行公告，依申请办理不动产权证书131本。在试点的基础上进一步扩大调查范围，完成龙泉街道罗所社区银河村、中屯社区平滩子、平阳地村434宗的外业测量和内业整理。峨山县作为市级试点单位，完成岔河乡河外村委会棚展组、凤窝组，双江街道柏锦社区莲花组、安逸组、柏锦组5个组432宗房地外业调查工作，并公示结果。“放管服”改革取得显著实效，从审批模式、审批流程、审批责任等方面明确规范，承接好省级下放的“采矿权转让审批”等行政许可事项9项，进一步简政放权，承接、下放、调整行政许可事项10项。梳理部门内部审批事项，建立部门内部审批事项清单，将“乡（镇）土地利用总体规划及规划修改审查”等9项审批事项明确为部门内部审批事项，上报市政府列入《玉溪市市级部门内部审批事项目录》管理。推进建设项目压覆重要矿产资源查询、备案或审批按区域统一办理的运行模式，降低制度性交易成本，进一步释放改革红利。深入贯彻落实市委全面深化改革工作要求和部署，出台了《玉溪市扩大国有土地有偿使用范围实施方案》，起草《加强耕地保护和改进占补平衡的实施意见》，加快构建国土资源管理新机制。

【生态文明建设】 2018年，全市国土资源系统认真落实矿山地质环境保护工作，推进矿产资源综合利用示范基地和绿色矿山建设，加强矿山环境恢复治理和土地复垦监管。按照《云南省高原湖泊抚仙湖生态修复实施方案（2017～2020年）》《玉溪市人民政府办公室关于印发玉溪市抚仙湖综合保护治理工作三年（2018～2020年）行动计划总体方案的通知》《玉溪市人民政府办公室关于印发玉溪市抚仙湖流域山水林田湖草生态保护修复工程试点项目任务分解通知》要求，实施7个山水林田湖土地整治项目，建设规模1 482公顷，计划投资6 170万元。落实“补改结合”政策，积极申报实施提质改造项目，加大提质改造项目实施力度，实施和申报实施高标准农田建设（提质改造）项目10个，建设规模3 137.4公顷，预算投资1.09亿元。完成《2017～2020年玉溪市矿山地质环境保护与恢复治理规划》编制和矿山地质环境调查，做好抚仙湖周边矿山环境治理恢复项目生态修复工作。

（代媛媛）

土地储备

【土地收储、供应】 2018年，市土地储备中心完成土地收储3 204亩（含华宁县南过境路200米范围内联合收储项目431亩），完成土地收储计划的97.13%。实现土地供应1 315亩（划拨用地1 181亩，出让用地134亩），完成土地供应计划的127.17%，实现市级储备土地供应收入16.7亿元。获得玉溪科创城（核心区）职教片区（一期）项目土地储备专项债额度6.2亿元。

【土地资产盘活】 2018年，市土地储备中心转变观念理念，创新机制，突破障碍，着力化解历年积压难题。研究出台中心城区核心片区土地综合成本核算办法，启动2个片区土地供应工作，成功出让荷花池C地块，实现土地价款1.8亿元，推进泷水塘片区公开挂牌拍卖工作。梳理历年划拨土地欠缴款情况和垫支资金拖欠情况，有效化解收回土地欠缴款2亿元。进一步盘活存量土地，围绕满足决策条件、满足市场推介条件、满足土地供应条件开展储备地块的包装策划工作，探索建立土地出让前公开征询制度。确保泷水塘回迁安置房建设项目有序推进，完成主体封顶及回迁户认房工作。拨付荷花池片区城市综合体项目临时安置补偿费2 075.75万元。

【项目储备】 2018年，市土地储备中心协调组织科创投公司、银行、第三方机构，争取财政、国土、发改等部门支持，认真策划包装土地收储及一级开发整理项目，成功申请并发行土地储备专项债券6.2亿元，全面保障科教创新城（核心片区）项目一级开发整理及土地收储。

【土地整治】 2018年，市土地储备中心与元江县政府联合投资开展土地整治项目，建设规模7 980亩，新增耕地855亩，新增耕地率10.79%，预算投资1 780万元。

（市土地储备中心 提供）

矿产资源管理

【矿政管理】 2018年，全市公开挂牌出让采矿权1个，出让金额216万元。开展首轮矿业权出让收益市场基准价制定工作，按规定征收已设矿山企业采矿权出让收益741.78万元，征收探矿权采矿权使用费（占用费）17.71万元。承接省级委托下放矿业权审批登记事项，将省政府委托下放的9项矿业权审批登记事项纳入市级行政许可清单。实行行政审批容缺受理、马上就办、一次性告知、一站式办理、主动服务、领导亲办等机制，市级审结并配号发证30件（探矿权21件、采矿权8件、划定矿区范围1件），6月1日起，正式启用自然资源部印发的新版勘查许可证和采矿许可证。严格实行矿业权联勘联审依法审批和采矿权生态环境综合评估工作机制，构建多部门“联合踏勘、联合审查、依法审批”的矿业权设置审查机制。探矿权、采矿权设立前需经国土资源、工业和信息化委、环境保护、林业、水利、安全生产监管、住房和城乡建设、交通运输等部门联合现场

矿业权勘查开采信息公示抽查矿山——元江县永发水泥有限公司曼林烧马山水泥用石灰岩矿　（市国土资源局　提供）

踏勘并出具审查意见，实行审查意见“一票否决制”矿业权申请办理相关申请登记业务，凡未按要求开展联勘联审和矿山生态环境综合评估工作、联勘联审部门不同意办理和未通过矿山生态环境综合评估的，国土资源主管部门不予办理矿业权申请登记手续。以公开方式选定地质勘查报告（储量核实报告）、矿产资源开发利用方案、矿产资源勘查实施方案的评审机构和矿业权出让收益评估服务机构，评估、评审费用纳入财政预算，进一步减轻矿业权人负担。组织开展探、采矿权人信息公示工作，全市探矿权填报公示率91.67%，采矿权填报公示率89.53%。按照“双随机一公开”要求，制定了《玉溪市矿业权人勘查开采信息公示工作专项抽查工作方案》，公开选取实地抽查技术承担单位2家，配合国土资源部门执法人员和抽查专家开展实地抽查工作，随机抽取检查采矿权16个，抽查比例达16%。

【矿山管理】　2018年，全市国土资源部门开展非煤矿山安全生产专项整治行动，扭转非煤矿山数量多、“小、散、弱”、开采不规范、布局不合理、转型升级或淘汰矿山关闭不彻底等问题，关闭和减少矿山102座。着力化解非煤矿山转型升级中存在的采矿权退出注销慢、各类自然保护区内矿业权关闭退出不彻底等问题，由省级公告注销采矿权3个，市级公告自行废止采矿权11个、探矿权7个。

【储量监管】　2018年，全市开采煤炭5.2万吨、铁矿508.75万吨、铜矿449.56万吨、磷矿45.8万吨、水泥用灰岩618.49万吨、建筑用砂石土1 426.96万吨。市国土资源局着力推进建设项目用地压覆重要矿产资源按区域统一办理管理模式改革工作，取得了实质性进展。进一步释放“放管服”改革红利，办理建设项目用地压覆矿产资源查询112件次，出具压覆矿产资源备案证明46份，组织审查建设项目压覆矿产资源评估报告21个。对全市67个生产矿山开展矿产资源储量动态测量工作。追缴矿产资源补偿费56.69万元。

（代媛媛）

质量技术监督管理

【质量强市工作】　2018年，市质监局草拟了《玉溪市关于开展质量提升行动的实施意见》，组织制定《玉溪市开展“服务零距离、质量零缺陷”中小企业质量技术服务行动和“百个产业集聚区、百种重点产品和服务”质量提升行动工作方案》，对“双零”“双百”工作进行安排部署。组织市属企业申报云南质量走廊省级示范单位，全市11家企业提交了申报材料，4家企业获得批准创建云南质量走廊省级示范单位。市政府组织召开全市质量提升推进大会，对质量提升工作进行安排部署。

【实施名牌战略】　2018年，市质监局对云南名牌申报工作进行安排部署，共有33家企业41个产品正式申报，经征求各职能部门意见，符合申报条件最后向省品质办推荐的有23家29个产品。积极推动高新区“全国生物制品与植物提取物知名品牌示范区”创建工作，已通过国家市场监督总局的文审论证，进入筹建阶段。

【质量宣传】　2018年，市质监局组织开展以“加强市场监管，建设质量强国”为主题的“质量月”宣传活动。联合高新分局、红塔区市场监管局，深入红塔区郑井社区，在云兴建材市场开展质量服务进社区现场宣传咨询活动。悬挂质量月宣传标语横幅，摆放食品相关产品、名牌战略、标准化、计量、特种设备安全小常识等展板12块。深入宣传贯彻党中央、国务院关于质量监管、质量提升的决策部署以及相关法律法规和标准等，制作发放宣传资料4 000余份，向群众解答质量咨询18个。

【标准化工作】 2018年，市质监局顺利验收第一批市级农业标准化示范区6个项目建设，起草了《玉溪市第一批农业标准化示范区项目建设情况的报告》报市政府。选取了由玉溪紫玉花卉产业有限公司承担的红塔区玫瑰盆栽种植农业标准化示范区和由澄江森海农业发展有限公司承担的澄江县蓝莓种植农业标准化示范区2家市级农业标准化示范区作为第二批市级农业标准化示范区。省级服务业标准化试点的玉溪映月潭温泉娱乐有限公司项目，成功申报为国家级服务标准化试点项目，玉溪百信商贸集团有限公司（物流）成功申报为省级服务业标准化试点项目。全市有效备案地方规范31项。全面推进企业产品和服务标准自我声明公开和监督制度，全市共有96家企业上报320项标准，涵盖429种产品，在企业标准信息公共服务平台自我声明公开。

【计量管理】 2018年，市质监局组织相关部门对中心城区主要农贸市场在用的计量器具进行检定和监督检查，检查农贸市场7个，检定在用的计量器1 000多台件，没收违法作弊电子秤13台。制定下发《玉溪市质量技术监督局关于开展2018年定量包装商品净含量市级监督抽查计划的通知》，对辖区内54家生产企业生产的月饼、食用油、桶（瓶）装水、茶叶、化肥4类70批次定量包装商品净含量进行监督抽查。加强基层医疗卫生机构医用计量设备的监督管理工作，出动执法人员250人次、车辆110台次，检查医疗单位80家，检查医疗在用计量器具1 877台件。对6家重点用能单位进行现场监督抽查，4家达到一级计量要求，2家达到二级计量要求，强制检定计量器具受检率达到90%以上。开展“诚信计量自我承诺示范单位”创建活动，引导培育45个诚信计量自我承诺示范单位。

【认证认可工作】 2018年，市质监局制定《玉溪市质量技术监督局有机产品创建示范区实施管理办法（试行）》，积极推进有机产品认证示范区创建工作，完成全市83个检验检测机构统计报表的填报、审核工作。组织辖区内上规模的10个水泥、陶瓷砖生产企业参加云南省低碳产品认证宣传贯彻培训会，引导参会企业进行低碳生产，进一步推动低碳产品认证工作。充分利用“认证认可业务综合监管平台”管理系统，开展管理体系认证活动专项监督检查。

【特种设备安全监察】 2018年，市质监局制订下发《玉溪市质量技术监督局关于印发2018年玉溪市特种设备安全监察工作要点的通知》，明确19项安全监察工作要点。制定下发《2018年特种设备“安全生产月”活动实施方案》，积极开展“安全生产月”“六进”活动，发放各类宣传资料及宣传用品800余份。开展特种设备安全生产“六项行动”，全市组织安全宣传10场，市局开展督查2次，各县（区）检查特种设备使用单位562家，抽查特种设备1 945台，发现设备超期未检、作业人员无证操作安全隐患问题25项，指出存在问题156项，下达特种设备安全指令书17份，填写特种设备现场安全监督检查记录562份。全市受理特种设备安装、改造、修理施工开工告知2 411份，办理特种设备使用登记锅炉61台、压力容器601台、电梯590台、起重机械486台、场（厂）内机动车辆123台、大型游乐设施5台，压力管道50条，其中燃气管道6条，工艺管道27条，制冷管道17条。出动特种设备执法检查人员3 545人次，检查特种设备生产、经营、使用、检验单位2 045家次，检查特种设备7 613台次，填写《特种设备现场安全监督检查记录》1 819份，查出隐患566条，下达《特种设备安全监察指令书》129份。

【打假治劣】 2018年，市质监局深入开展“质检利剑”行动和“质量卫士”执法打假专项行动。继续落实省局部署的各项“双打”工作任务，继续抓好“双打”与专项整治的结合。12 365质监热线电话受理业务182件，出动执法人员3 060人次，检查企业630家次，立案查处案件10件，涉案货值金额1.4万元。

【法制质监建设】 2018年，市质监局进一步深化“放管服”改革，办理行政审批事项3 375件，所有办理事项均在承诺时限内按时办结。经过对行政许可事项目录的认真梳理、调整，市质监局行政许可事项68项，有审批权的行政许可事项47项，仅有申请受理权限无审批权的行政许可事项21项。健全“双随机、一公开”监管机制，加强事中、事后监管工作，按季度在市政府信息网站公开检查结果。开展“减证便民”专项行动，在办理相关行政许可时已取消向当事人索要证明材料8项。认真组织开展2018年度行政执法案卷评查工作，抽查了2017年已结案的16个行政执法案卷，经过评查，优秀14卷，占评查总数的87.5%；合格2卷，占评查总数的12.5%；无不合格案卷。全力落实“谁执法谁普法”普法责任制，制定《玉溪市质量技术监督局关于贯彻落实“谁执法谁普法”普法责任制的实施方案》，通过“法宣在线”、邀请市政府法制办人员做依法行政专题讲座等多种形式，定期组织法律知识学习活动。

（于　洋）

食品药品监督管理

【食品药品企业】 截至2018年底，全市有获证食品生产企业339家、流通企业13 997家、餐饮服务单位10 615家，药品生产企业22家、流通企业1 074家，保健食品生产经营企业1 315家，化妆品生产经营企业2 484家，医疗器械生产经营企业764家，药械使用单位1 638家，已登记食品生产加工小作坊1 008户，已备案食品摊贩2 987户。

【食品安全监管】 2018年，市食品药品监督管理局强化食品生产加工环节监管，现场核查食品生产企业91家，飞行检查食品生产企业22家，发现问题12项，下达责令改正书21份。强化食品流通环节监管，落实食品经营许可和食品摊贩备案制度，积极推广“云南省食品安全监管网”注册入网工作，已注册2 683家，录入数据3万余条；飞行检查农贸市场10家，食品销售经营企业20家，发现问题32项，下达责令改正通知书14份，立案3起。强化餐饮服务环节监管，推进量化分级管理，完成量化分级评定9 387家，其中A级161家，量化分级率100%；学校食堂持证率100%；大力推进“明厨亮灶”工作，已改造7 394家、占70%，比年初新增1 160家、增幅18.6%；全市完成餐饮服务食品安全保障任务184次，共计435天、1 359餐次，保障期间开展快速检测1 094批次，为35万人次提供食品安全保障；集体聚餐备案7 397餐次；全力抓好重点旅游景区餐饮服务单位食品安全监管工作，保卫抚仙湖“雷霆行动”成效显著，抚仙湖一级保护区425户、二级保护区1 119户通过整治和加大硬件设备投入，已恢复经营。

【药品化妆品医疗器械安全监管】 2018年，市食品药品监督管理局进一步改革完善药品医疗器械生产经营政策，制定出台《关于深化审评审批制度改革鼓励药品医疗器械创新的实施意见》《关于进一步改革完善药品生产流通使用政策的实施意见》2个改革性文件，废止“禁止零售药店销售大、小容量注射液和粉针剂”规定，推进药品流通供给改革，在全省率先规范假药认定程序。扎实开展药械日常监管和专项整治工作，药品零售企业飞行检查158家，开展中药饮片质量集中整治、药品安全源头治理、“净网2018”药品专项整治、药品制剂生产企业不良反应（事件）检测情况专项检查、药品批发企业经营第二类精神药品、保健食品欺诈虚假宣传、医疗器械严重违法广告等专项整治20项。在全省率先规范假药认定程序，加强疫苗质量安全监管，有效规范疫苗质量管理工作。强化化妆品监督抽验，提高抽验的靶向性，严厉打击违法违规行为，完成国抽、省抽、市抽，抽验化妆品69批，检出不合格产品10批，不合格率14.5%。

【监督抽验】 2018年，市食品药品监督管理局积极开展食品药品监督抽检，完成食品国抽651批次、省抽508批次、食用农产品1 306批次，药品抽检677批次，化妆品抽检69批。其中，市食品药品检验所承担食品检验任务1 418批次、样品合格率94.6%，承担药品检验任务677批次、样品合格率87.7%，完成保健食品及化妆品检验任务42批次。

【“放管服”改革】 2018年，市食品药品监督管理局深化“放管服”改革，优化大厅许可受理，公示办事指南、办理流程、注意事项，以许可受理“最多跑一次”为标准，优化服务、简政放权。全市食药械行政审批接件10 469件，受理9 584件，办结9 500件，正在办理84件，按时办结率100%，企业满意率100%。

【执法稽查】 2018年，全市食品药品监督管理部门优化投诉举报处理流程，对群众投诉举报第一时间受理、第一时间查处、第一时间回复，全年受理群众投诉举报184件，办理食药违法案件423件、罚没款215.48万元。

【“四项监测”工作】 2018年，全市上报MDR报告数742份，其中严重报告95份、占12.80%；ADR报告数1 814份，其中新的和严重的1 106份、占60.97%；二级及以上医疗机构报告覆盖率100%；化妆品不良反应报告134份；药物滥用报告上报834份；全市发生AEFI病例221例。

（任金磊）

安全生产监督管理

【安全生产事故指标控制】 2018年，全市发生各类生产安全事故56起、死亡人数58人，与上年相比，事故起数、死亡人数分别下降1.8%、1.7%，其中一般生产安全事故54起、死亡49人，较大生产安全事故2起、死亡9人。全市安全生产形势保持总体稳定，连续16年杜绝了一次死亡10人以上的重特大事故发生。

【安全生产责任制】 2018年，全市严格按照“党政同责、一岗双责、齐抓共管、失职追责”和安全生产“三个必须”等要求，不断健全落实安全生产责任制。市委、市政府对安全生产工作高度重视，及时研究安全生产重大问题，部署重点工作，出台了《关于推进安全生产领域改革发展的实施意见》《玉溪市党政领导干部安全生产责任清单》《玉溪市党政领导干部安全生产责任制实施办法》等文件，对各级党委、政府和行业部门安全生产责任进行细化明确。市政府领导班子成员、9个县（区）政府、16个市直部门层层签订了安全生产目标责任书，细化明确年度安全生产责任和目标任务。将安全生产作为经济社会发展、综合考评、社会治安综合治理等考评的重要内容，考核分值设置由以前不到综合考核总分值的2%提高到4%。进一步调整充实市安委会成员单位，由市长任安委会主任、各位副市长任安委会副主任，成员单位由原来的33个增加到50个。召开市委常委会议3次、市政府常务会议5次，听取安全生产工作情况，研究审议、安排部署安全生产各项重点工作。召开安委会全体会议8次、安委办专题会议6次、警示约谈会议5次，对安全生产重点时段、重点工作进行全面安排部署。

【安全生产工作制度建设】 2018年，市安全监管局建立完善了安全生产系列工作制度。健全安全生产形势分析制度，市安委会按季度、市安委办按月定期召开会议，通报分析安全生产形势，研究部署下一阶段安全重点工作和防范措施。健全安全生产督查检查制度，结合岁末年初、元旦春节、汛期、中秋国庆等重点时段、重大节

2018年3月14日，国家安监总局原监管一司司长裴文田（左三）到新平大红山铁矿检查安全生产工作

（蔡宜恒 摄）

假日，每季度组织开展安全生产督查检查，全面推动各项重点工作落到实处。健全安全生产提醒、约谈制度，出台了《玉溪市安全生产提醒制度》，对事故控制不力的红塔区、华宁县等县（区），和市交通局、市水利局等单位下发《安全生产提醒通知书》，督促深刻汲取事故教训，采取有效防范措施，严防事故发生。严格实施安全生产约谈制度，组织召开警示约谈会议5次，对发生较大事故或连续发生一般生产安全事故的新平县、华宁县、元江县、澄江县及相关行业主管部门进行约谈通报。健全安全生产跟踪督办制度，对日常监督检查、政府综合督查等发现的隐患和问题，由市安委办下发《督办通知》，逐项进行跟踪督办，下发隐患和问题《督办通知》24份，累计跟踪督办各类隐患和问题500余项。

2018年9月12日，省安委办安全生产综合督查组督查玉溪市安全生产工作，现场抽查澄江客运站（袁劲松　摄）

【安全隐患排查治理】 2018年，市安全监管局按照安全生产大检查“全覆盖、零容忍、严执法、重实效”要求，始终保持隐患排查治理和打非治违高压态势。强化企业自查自改，结合安全生产大检查长效机制管理工作，采取网络巡查、现场抽查、暗访暗查等方式，督查企业对照隐患排查标准，认真开展自检自查自改。全市纳入长效机制管理系统正常生产的961户企业，每月开展对标自查，将检查情况及时进行网络填报，累计排查各类隐患112 255项，整改112 062项，整改率99.83%，大检查长效机制管理工作每月保持综合排名全省第一。采取部门专项检查、政府综合督查、专家上门“诊”查等多种方式，开展拉网式隐患排查整治，及时消除各类事故隐患，共计排查发现各类隐患10 549项，整改10 375项，整改率98.35%。实施政府挂牌督办重大安全隐患18项。加大执法力度，严厉查处各类非法违法生产经营建设行为，共计打击非法违法行为92 636起，关闭取缔企业100户，停产整顿64户，吊销证照34户，问责通报工作不力的单位8个、个人28人。

【“1+7”专项整治行动】 2018年，全市安监系统针对国务院安委会大检查督查反馈的问题和隐患，围绕煤矿、非煤矿山、危险化学品、烟花爆竹、道路交通、建筑施工、城镇燃气、铁路等重点行业领域，深入开展安全生产“1+7”专项整治行动，严格按照专项整治行动时间步骤要求，采取列出清单、跟踪督办、分析通报、警示约谈等方式，加强督促指导，确保各重点行业专项整治目标任务按期高质完成，国务院安委会、安委办，省安委会、安委办督查检查玉溪市发现的85项问题和隐患，已全部整改完毕。

【非煤矿山专项整治】 2018年，市安全监管局全力推进非煤矿山转型升级工作，省政府下达玉溪市非煤矿山总量控制在159座以内，已从253座减少至151座，超额完成省政府下达的目标任务。全面组织开展非煤矿山“体检”工作，全市133座非煤矿山完成自检自查自改，市、县（区）组织专家对65座在生产矿山进行全面安全体检，对68座停产停建矿山落实停产停建各项要求情况进行检查。加大对列为省级“两化”（即：机械化换人，自动化减人）创建示范矿山的玉溪大红山矿业有限公司大红山铁矿和玉溪矿业有限公司大红山铜矿创建工作的督促指导，2户企业投入资金19 555万元，建成生产车辆综合管理系统等20多项系统和项目，购买使用掘进台车、反井钻机等87台（辆）机械化联合装备（设备），从业人员比工作开展前减少18.91%，“两化”建设工作取得阶段性成效。

【危险化学品安全综合治理】 2018年，全市安监系统持续深入推进危险化学品安全综合治理工作，完成危险化学品33户生产（储存）企业的风险分级、复核，建立了完整的企业名单及安全风险分布档案，完善了数据库。全面推行危险化学品生产企业风险研判和承诺公告制度。完成抚仙湖保护区域和澄江工业园区危险化学品安全风险排查和风险容量评估工作。督促3户乙炔生产企业开展乙炔装置自动化改造，完成列入城镇人口密集区的2户危险化学品生产企业实施转产搬迁和关闭，逐步推进12户非城镇人口密集区危化企业关闭退出和搬迁改造。组织855户危险化学品经营、运输、使用单位开展安全风险信息系统录入。

【烟花爆竹专项整治】 2018年，市安全监管局深刻汲取通海县“2·15”较大事故教训，坚持问题导向，明确将“规范生产、严格仓储、做大批发、做细零售、严打非法”作为全市烟花爆竹综合治理工作思路，在全面贯彻落实云南省烟花爆竹零售店（点）基本安全条件检查表28条的基础上，细化制定《玉溪市烟花爆竹零售店（点）基本安全条件检查表（试行）》，从选址布局、建筑结构、平面布置、消防电器、销售形式、从业资格、标识标志、安全管理等8个方面42项重点内容进行综合整治。全市烟花爆竹安全生产水平得到大幅提升，经营秩序进一步规范，烟花爆竹综合整治工作取得明显成效。全市有零售经营网点273户（长期零售店189户，临时零售店84户），连锁经营138户，连锁率50.5%。排查烟花爆竹生产经

2018 年 10 月 26 日，市安委会组织开展道路施工隧道坍塌事故应急演练（袁劲松 摄）

营单位 1 003 户次，治理各类安全隐患 1 861 条，打击非法经营烟花爆竹行为 133 起，打击非法运输 6 起，收缴各类烟花爆竹产品 3 526.5 件，实施行政拘留 4 人，罚款 9.9 万元，组织销毁退出生产企业的烟花爆竹原材料和半成品 214.3 吨、成品 4 176 件。

【安全生产改革创新】 2018 年，市安全监管局认真贯彻落实市委、市政府出台的《关于推进安全生产领域改革发展的实施意见》和《中共玉溪市委全面深化改革领导小组 2018 年工作要点》，出台了《玉溪市党政领导干部安全生产责任清单》，进一步细化明确党政领导班子成员安全生产责任；出台《玉溪市企业安全生产标准化建设实施办法》，进一步规范推动企业安全生产标准化建设。强化安全生产基层执法力量建设，增设安全生产巡查专员和总工程师编制，市安全监管局配备了 1 名安全生产巡查专员。国务院安委办在《全国安全生产简报》上推广了玉溪市安全生产领域改革发展的相关工作措施和经验。认真贯彻《地方党政领导干部安全生产责任制规定》和云南省出台的《实施细则》，制定出台《玉溪市党政领导干部安全生产责任制实施办法》，进一步细化完善 11 条内容，新增 4 条职责规定。认真贯彻落实省委、省政府决策部署和《云南省三年行动计划实施意见》要求，制定下发《玉溪市安全工程三年行动计划实施方案》，在巩固安全生产重点行业领域“1+7”专项行动成果的基础上，坚持问题导向和目标导向，细化增加玉磨铁路（玉溪段）、水利行业、冶金等工贸行业 3 个行业领域三年行动计划内容，分项方案由省级的 7 个增加到 10 个。细化增加交通运输、金属冶炼和公路、铁路、水利设施建设施工等 8 个重点工程内容，重点整治工程内容由省级确定的 17 项增加到 25 项。

【安全生产投入】 2018 年，市安全监管局着重在加大购买服务、信息化建设、公共安全隐患排查治理、应急能力提升等方面持续加大安全生产投入力度。购买专家服务 80 余人次，支付费用 8.69 万元。投入安全生产隐患排查治理资金 449.94 万元，加强安全生产应急能力建设资金 81.31 万元，安全生产宣传教育培训资金 27.17 万元，信息化和装备建设资金 271.66 万元。认真落实安全监管部门经费保障和公务车辆保障，市级财政安排部门预算收入 1 401.04 万元，有力保障了安全生产各项工作顺利推进。市安全监管局保留 1 辆通信应急车辆（应急救援车辆）和 2 辆特种专业技术用车（监管执法车辆），最大限度保障应急救援和安全监管执法需要。

【安全生产应急保障】 2018 年，市安全监管局强化应急体系建设，不断加强玉溪烟花爆竹应急救援队、玉溪市矿山应急救援队、华宁县祥磷救援服务中心、澄江磷化工应急救援队 4 支安全生产专业应急救援队伍建设，加大应急救援队伍资金扶持，补助资金 80 万元用于应急救援队伍装备建设。组织开展应急管理专项执法检查，将安全生产行政执法工作和应急管理专项执法检查紧密结合，全市对 559 户在产重点企业开展应急管理专项执法检查，下达执法文书 438 份，立案查处违法行为5起，实施经济处罚15.8万元。加强安全生产应急预案管理，市、县（区）编制安全生产专项应急预案29个，其中，市级专项应急预案7个，县（区）专项应急预案22个，全市高危行业企业安全生产应急预案备案数767个。组织开展安全生产应急演练，全市开展各类应急演练332次，累计6 038人参演，投入演练费用87.3万元。建立健全安全生产应急值班值守制度，严格执行领导干部带班、值班人员24小时在岗值班、及时报送应急信息等相关要求，制定《非警务类报警求助应急联动处置工作管理制度（暂行）》，进一步规范应急联动处置工作，加强对县（区）应急值班工作的监督指导，确保遇到各类事故险情响应迅速、科学高效应对处置。

【安全生产宣传教育】 2018年，市安全监管局以“生命至上、安全发展”为主题，采取主题宣讲、宣传咨询日、公益广告、警示教育、知识竞赛等多种形式，扎实开展6月的“安全生产月”活动，开展了“我为安全生产写宣传标语”活动，收到良好效果。注重应用新兴媒体强化对安全生产工作的宣传报道，建立玉溪安监微信公众号，联合玉溪电视台、玉溪日报社等新兴媒介面向全市持续推送安全生产信息，加大在《玉溪日报》刊载报道力度，刊载400余篇安全生产报道。全面宣传贯彻《地方党政领导干部安全生产责任制规定》，编制《学习贯彻〈地方党政领导干部安全生产责任制规定〉资料汇编》，发放至全市各级党政领导干部。组织市委、市政府主要领导和全市各级党政领导干部4 300人对学习《规定》情况进行书面测试，确保学习效果。做好安全生产教育培训工作，培训特种作业人员、安全管理人员、主要负责人8 743人次。

（市安全监管局　提供）

（曾永洪　摄）

（张本聪　摄）

商业贸易

TRADE

责任编校：李海明

国内贸易

对外贸易

招商引资

贸易促进

粮食行业

供销合作

国内贸易

【概　况】 2018年，全市商务部门认真贯彻落实省、市重要会议精神，聚焦聚力全年目标任务，攻坚克难，加压奋进，各项工作保持健康稳步发展。内贸流通市场活跃，全市实现社会消费品零售总额增长12%，批发业销售额增长16.7%，零售业销售额增长15.7%，租赁和商务服务业营业收入增长42.6%。市场建设管理有序，建成乡镇农贸市场8个，占地面积4.42万平方米，投资额2 629.42万元，实现就业人数1965人、年交易额1.4亿元。电子商务产业加快发展，全市纳入统计电商销售企业113户，实现销售额7.9亿元，其中销售额超过1 000万元的电商龙头企业10户，完成销售额4.9亿元，占全市电商销售总额的62%。现代物流产业发展迅速，全市完成现代物流产业项目投资15.6亿元，物流产业增加值124亿元。鹏程、宏程2户企业成功申报国家3A级物流企业，通力成功申报为国家4A级物流企业。

（乔　羽）

【成品油销售】 2018年，全市成品油市场运行平稳、供求稳定。中国石化玉溪分公司和中国石油玉溪分公司购进汽柴油69.13万吨，同比增长3%，销售汽柴油69.16万吨，同比增长3%，其中汽油销售25.71万吨，柴油销售43.45万吨。中石化玉溪石油分公司汽柴油销售量与上年相比增1%，中石油玉溪分公司汽柴油销量与上年相比增7%。两家公司的各类成品油库存6 823吨。全市持有《成品油零售经营批准证书》的加油站（点）219座，批准新建加油站7座，建成验收11个，全市成品油流通零售服务体系日趋完善。

【“云油利剑”专项行动】 2018年，全市商务部门持续严厉打击成品油市场违法经营行为，确保成品油市场秩序稳定、企业规范经营。出动执法人员1 800余人次，执法车辆500台次，检查加油站（点）205个，侦破销售成品油案件28起，抓获违法犯罪嫌疑人30人，捣毁黑窝点5个，非法流动加油车14辆，非法经营加油站点7个，涉案柴油10 828.65吨，汽油13.7吨，煤油11.2吨，涉案金额9 500余万元。

【城乡高效物流配送体系建设】 2018年，全市商务部门统筹规划，加强部门协作和政策联动，组织不同行业的8家企业作为试点，有效整合城乡物流配送资源，建设城乡高效物流配送体系。年内，城乡物流成本降低0.2～0.3个百分点，现有仓库利用率提高5%，配送集中度、车辆满载率进一步提高，标准化托盘、配送箱周转率提高7个百分点，城乡高效物流配送网络初步形成。

【现代物流产业重大项目建设】 2018年，现代物流产业重大项目建设有序推进。中国东南亚食品商贸仓储物流港项目完成投资8.63亿元，建成商贸区356套7万平方米，完成仓储区主体浇筑，基本完成项目一期建设任务。九溪润特农产品物流仓储中心项目完成投资3.4亿元，完成1～6号仓库36 000平方米仓库建设，完成场地平整90 000平方米，项目一期工程建设任务完成，部分堆场投入使用。滇中（玉溪）粮食产业园、活发集团物流园仓储区、云菜集团农产品加工冷链物流、通海杨广智慧农业小镇农产品冷链物流园、云南食盐仓储分包物流配送中心、宏程集团现代物流配送及综合加工等重大项目稳步推进。全市现代物流产业重点项目20个，其中竣工项目3个、在建项目9个、前期项目8个、年内新开工项目4个，概算投资约120亿元。2018年全市完成物流产业项目建设投资15.6亿元。

（阮于航）

【2018数字科技文化节·玉溪暨第11届全国3D大赛年度总决赛举办】 2018年12月6～9日，市政府与全国三维数字化技术推广服务与教育培训联盟共同举办“2 018数字科技文化节·玉溪暨第11届全国3D大赛年度总决赛”系列活动。国内各地高校、企业参赛代表参加3D数字秀、全国3D大赛年度总决赛、龙鼎颁奖、合作签约等活动版块。市商务局组织玉溪特色商品展，把玉溪高原特色农产品、科技产品、文创产品、特色美食等产品展示给众多参赛选手、嘉宾，把特色商品展办成玉溪产品“走出去”的窗口，借势宣传玉溪，对接洽谈产品推介。

（苗　莉）

①

②

③

①滇中（玉溪）粮食物流产业园规划展示　②南博会玉溪展区　③红塔区电子商务示范产业园

（市商务局　提供）

【电商销售】 2018年，全市商务部门积极拓展本地产品网络销售渠道，与天猫、淘宝、京东、聚划算等20余家主流电商平台建立合作关系，本土生鲜果品、鲜切花卉、鲜花饼、茶叶、野生菌等农特产品上线销售。全市纳入统计的电商销售企业113家，销售额合计9.04亿元，猫哆哩、实建、丫眯、供销电子公司年销售额均突破5 000万元。淘宝特色中国·玉溪馆入驻商户230户，2 000余件线上、线下本地特色产品入馆售卖，日发包量5 700余件，入驻商户实现网络销售额1.86亿万元。

【红塔区电子商务示范产业园建设】 2018年，红塔区电子商务示范产业园公共服务区、展示区、线下体验区、快递物流区和入驻企业办公区等装修完成，入驻园区企业38家，从业人员665人，吸纳农民工就业470人，园区企业电商销售额1.55亿元、实现税收2 139万元。

（刘启良）

【第20届中国国际投资贸易洽谈会举办】 2018年9月8～11日，第20届中国国际投资贸易洽谈会在厦门国际会议展览中心举办，云南省系本届主宾省，玉溪市派出由市直相关部门和县（区）主要领导组成的代表团赴厦门参会，市商务局牵头组织参加主宾省系列活动。洽谈会期间，市委副书记、市长张德华参加主宾省团的系列活动，会见北京财富嘉除禾代表团、华南美国商会代表团、福建云南商会。在云南省八大重点产业及“绿色食品、绿色能源、健康生活目的地”专题推介会暨集体签约仪式上，玉溪市有4个项目成功签约，总投资10.3亿元，项目涉及教育、旅游文化、康养、制造业、商贸物流等领域。在云南绿色食品厦门体验周活动中，元江县电子商务协会被省商务厅确定为协办单位，在云南馆专设热带水果展示墙。

（王滟萍）

对外贸易

【概　况】 2018年，全市对外贸易负重前行，面对中美贸易摩擦升级，受产品市场价格、政策、少数重点企业停业和通海8.13、8.14地震灾害等因素影响，全年完成进出口总额18.37亿美元，下降12.6%，对外贸易首次出现大幅下滑。其中，出口17.96亿美元，下降13%；进口0.4亿美元，增长8.1%。提高外资管理服务水平，办理外商投资企业备案事项27项，其中新备案6项，增资2项。新增外资企业6户，投资范围涵盖生物技术开发、餐饮住宿、房地产开发与经营等领域。加快“走出去”步伐，新批对外直接投资企业3户，454.4万美元，新增投资国别（法国）1个，对外投资项目39项，其中“一带一路”沿线国家项目32项，占82%。

（乔　羽）

【拓展韩国市场】 2018年11月15～16日，韩国重症残疾人福利会（中央会）会长金京会一行5人到红塔区、易门县、通海县考察投资项目、采购农副土特产品。经多轮商议，韩国重症残疾人福利会（中央会）与云南环泰进出口有限公司达成合作意向，签订《中国·云南农产品出口韩国贸易合作协议》，韩国重症残疾人福利会（中央会）负责搭建平台，推荐云南农产品，联系韩国采购企业，并吸纳云南环泰进出口有限公司为会员企业；云南环泰进出口有限公司组织农产品货源，做好物流运输及报关工作，完成农产品贸易交易，双方共同促使云南带有地理标志原生态农产品进入韩国市场。

【外经贸洽谈】 2018年9月12～21日，市委副书记、市长张德华率队赴泰国、新加坡、柬埔寨进行外经贸洽谈，调研了泰国、柬埔寨农产品市场和部分农产品出口企业，与在泰国投资贸易企业进行座谈，鼓励企业充分发挥玉溪及自身优势，用好“两个市场”“两种资源”，加大与泰国、新加坡、柬埔寨的经贸合作，不断提升国际化经营能力。期间，市委副书记、市长张德华调研了市政府驻泰国、柬埔寨商务代表处，了解商务代表处成立以来的工作开展情况，要求商务代表处进一步发挥好平台和桥梁作用，推动开放兴市战略实施，为玉溪经济发展做出更大贡献。

【首届中国国际进口博览会举办】 2018年11月5～10日，首届中国国际进口博览会在上海市国家会展中心举行。云南交易团玉溪分团精心准备，积极参与各展会论坛及相关活动，主动与境外客商对接，完成场外签约项目11个，签约金额3.87亿美元；现场成交签约项目7个，成交金额1 745万美元，圆满完成预定目标任务。

（赵翠玲）

【实施“走出去”战略】 2018年，全市新批对外直接投资企业3户，投资总额454.4万美元，新增投资国别（法国）1个，办理境外投资企业注销手续2户。全市经过国家商务部及省商务厅核准备案的境外投资项目39个，涉及13个国家和地区，其中老挝13个、越南4个、柬埔寨2个、泰国9个，新西兰、印尼、瑞士、马来西亚、罗马尼亚、缅甸、法国各1个，中国香港3个，中国台湾1个，项目投资涉及农产品加工、烟草种植加工、矿产资源开发、建筑建材、房地产、水电开发、精细磷化工、贸易、餐饮等领域。全市在“一带一路”沿线国家对外投资项目32个，占对外投资项目的82%。

（杨红芳）

【外商投资企业管理】 2018年，全市新增外资企业6户，云南易润茶业发展有限公司、玉溪蓝溪生物科技有限公司、玉溪热泉旅游开发有限公司、艾索（云南）生物科技有限公司、云南璋枫商贸有限公司、云南龙悦投资开发管理有限公司，投资总额10.83亿美元，注册资本5.58亿美元，合同外资4.24亿美元。全市办理外商投资企业备案事项27项，其中新备案6项，企业名称变更1项，增资2项，股权变更4项，经营范围变更1项，法定代表人变更4项，投资者名称变更2项，董事会成员变更1项，投资者基本信息变更1项，证照类型及号码变更1项，联系人变更1项，延长经营期限1项，转内资企业1项，注销1项。开展外商投资企业年度投资经营信息联合报告工作，应参报企业54户，实际参加联合年报的企业51户，其中投产经营41户，处于筹建期10户，参报率94.4%，从业人员4 622人，营业收入合计27.76亿元，利润总额2.51亿元，净利润2.27亿元，纳税总额2.62亿元。

【“一口办理”工作】 2018年6月30日，玉溪市与全国、全省同步推行外商投资企业商务备案与工商登记“一口办理”工作，即外商投资企业设立商务备案与工商登记“单一窗口、单一表格”受理，减少企业办事环节，实现“信息多跑路、企业少跑腿”，增强外商投资企业获得感。全市3户企业按照“一口办理”工作流程完成备案。

（刘启良）

招商引资

【概　况】　2018年，全市招商合作部门按照省委、省政府对玉溪发展定位要求和市委、市政府对投资促进工作安排部署，积极应对经济下行严峻挑战，保持定力、突出重点，聚焦产业、注重质量，围绕科教创新城建设，紧扣七大重点产业和打造“三张牌”，坚持招大、引强、选优、做特，全力实施精准招商，全市招商引资、引智工作取得新发展。年内，引进市外国内资金1 023.5亿元，同比增长12%，其中使用省外资金886.5亿元，同比增长21%，实际利用外资495.61万美元，完成目标任务1 500万美元的33%，新开办外商投资企业6户。

【外来投资】　2018年，市委、市政府成立市招商引资工作委员会，下设九个产业招商组，领导、统筹全市招商引资工作。成立外资招商工作领导小组、重点项目要素保障组，出台《推动招商引资项目落地的实施方案》《依托商会协会和驻外机构开展以商招商工作的实施意见》《重大招商引资项目专家咨询评估制度》，有力推动全市招商引资、引智工作较快发展。全市引进市外国内资金1 023.5亿元，完成市下达任务的100.8%，其中，红塔区引进市外国内资金300亿元，增幅6%，江川区引进市外国内资金90亿元，增幅17%，通海县引进市外国内资金71亿元，增幅20%，澄江县引进市外国内资金95亿元，增幅14%，华宁县引进市外国内资金62亿元，增幅16%，易门县引进市外国内资金86亿元，增幅11%，峨山县引进市外国内资金80亿元，增幅10%，新平县引进市外国内资金82亿元，增幅11%，元江县引进市外国内资金76亿元，增幅13%，高新区引进市外国内资金106亿元，增幅33%。全市实际利用外资495.61万美元，其中，香港的298.92万美元，占60.3%，美国的119.99万美元，占24.2%，老挝的51.27万美元，占10.3%，荷兰的18.11万美元，占3.6%，韩国的5.33万美元，占1%，马来西亚的2万美元，占0.4%。

【产业招商】　2018年，全市组织外出招商353次，其中市级组织136次，市领导带队56次，市委、市政府主要领导带队12次。赴北京顺义区及京津冀区域招商39次，市领导带队9次；赴珠三角区域招商57次，市领导带队8次；赴川渝地区招商38次，市领导带队4次；赴长三角区域招商81次，市领导带队11次；赴海西（福建）经济区招商24次，市领导带队8次。成功引进上海博氢、华力控股、昊邦药业、广大集团、中电科技、东南大学智慧城市研究院、脑科学与人工智能研究中心等企业和科研机构。与复旦大学、上海音乐学院等32所知名高校院所对接，签订合作协议18个，9个“校校、校政”项目已开展实质性合作。4个专家科研工作站、全球创新中心云南分

2018年3月30日至4月1日，玉溪重点产业（上海）投资推介会期间，市委副书记、市长张德华到复旦大学开展项目对接考察

（曾永洪　摄）

中心、云南建投第六公司落户玉溪，成功引进300余名高层次人才。“相约春天”“收获金秋”推介会签约项目67个，投资额近500亿元。七大产业引进项目531个，引进市外国内资金554亿元，分别占全市招商引资项目数及到位资金的65%和54%，其中信息产业引进项目31个，引进市外国内资金53亿元；生物医药及大健康产业引进项目32个，引进市外国内资金18亿元；旅游文化产业引进项目68个，引进市外国内资金130亿元；现代物流产业引进项目38个，引进市外国内资金61亿元；高原特色现代农业产业引进项目229个，引进市外国内资金124亿元；矿冶及装备制造业引进项目128个，引进市外国内资金167亿元；卷烟及配套产业引进项目5个，引进市外国内资金1.7亿元。“三张牌”项目引进363个，引进市外国内资金322亿元，分别占全市引进项目及市外国内到位资金的45%和31%。

【重点项目推进】 2018年，市招商合作局策划包装290个投资额达3 000亿元的项目，在各类平台进行推介。试点引入专业机构，深度包装重点产业项目38个，每个项目配套推介PPT、视频和项目册。通过省投促局官网、玉溪招商网及“玉溪招商”微信公众平台，以视频、动画、图文、项目二维码等多种形式对外推介，玉溪招商网累计访问量24.5万人次，“玉溪招商”微信公众平台关注人数1 300人次。借助网易、腾讯、爱奇艺、优酷视频等网络平台和30余家网站进行宣传，重点招商引资项目和列入市级领导联系的“七位一体”工作全面落实月通报、季督查、年考核要求，下发《重点招商工作调研督导实施方案》，坚持每季度对县区（园区）、高新区招商项目和重点工作进行督导推进。加强项目跟踪服务，营商环境持续改善。对重点在谈、签约的招商引资项目及时交办相关部门，强化责任落实，加大协调服务，扎实跟进落实重大项目，切实提高项目落地率、资金到位率。分阶段梳理下发重点跟进推进项目清单，确定每一阶段招商工作重点及精准招商目标企业，明确责任市领导、责任部门、责任局领导及工作人员，进行精准对接洽谈，跟踪推进重点项目。不断完善招商引资绩效考核办法，清理签而不动等僵尸项目，全市签约项目321个，其中已开工建设164个，已完工10个，省、市平台签约项目78个，已开工建设21个。

【以商招商】 2018年，全市招商合作部门借助北京顺义、广东佛山、惠州、上海金山等友好城市平台，持续开展交流合作和产业对接，加强与异地商会、外埠商会、省市政府驻外机构、驻外商务代表处合作，以商招商成效明显。泛珠三角、长三角、环渤海、京津冀到玉投资保持稳定增长，分别到位资金412亿元、156亿元、158亿元、137亿元，同比增长17%、19%、28%、49%。投资来源于全国29个省、直辖市及省内9个州市和省级企业，福建、北京、广东、四川、浙江分别以147.76亿元、114.51亿元、82.78亿元、75.9亿元、67.44亿元位居到位资金前5位，五省、市到位资金占总到位省外资金的55%。与云南日报、玉溪日报等媒体合作，先后刊发稿件100余篇，被省局和市委、市政府及新华社内参采用招商信息稿件200余篇。在推介活动中采用网站、报纸、手机直播等方式扩大宣传，提升玉溪的美誉度和知名度，扩大玉溪的“朋友圈”。

（李　强）

①2018年11月12日，“收获金秋　共谋发展”投资峰会期间举行项目签约仪式
②2018年11月12日，“收获金秋　共谋发展”投资峰会期间召开专家恳谈会议

（李　强　摄）

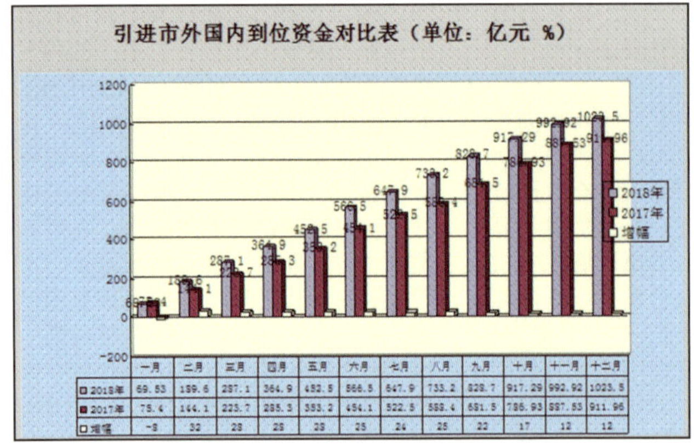

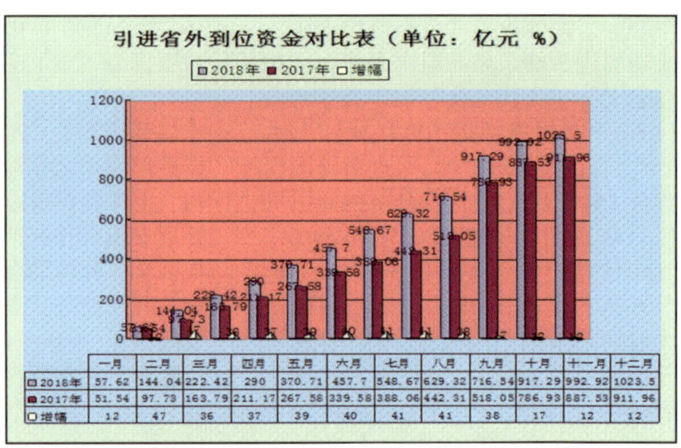

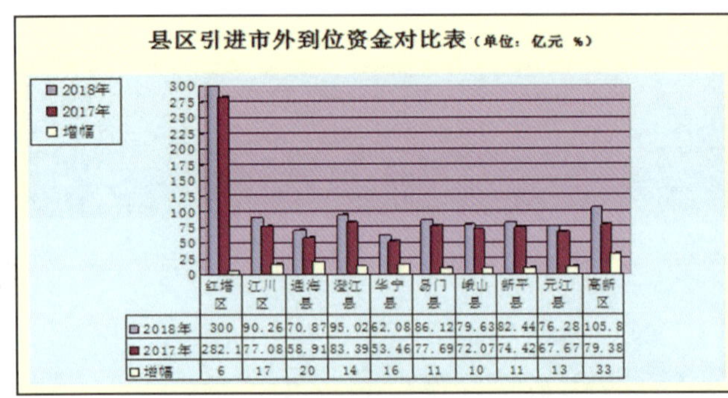

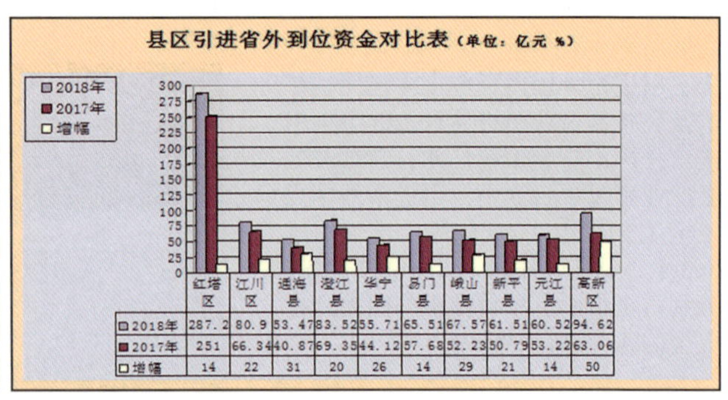

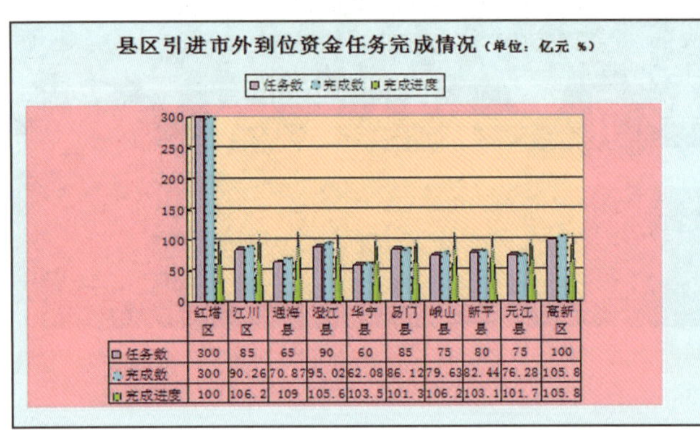

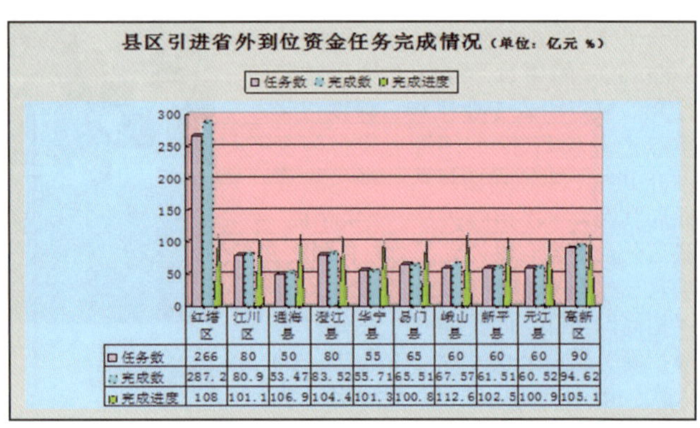

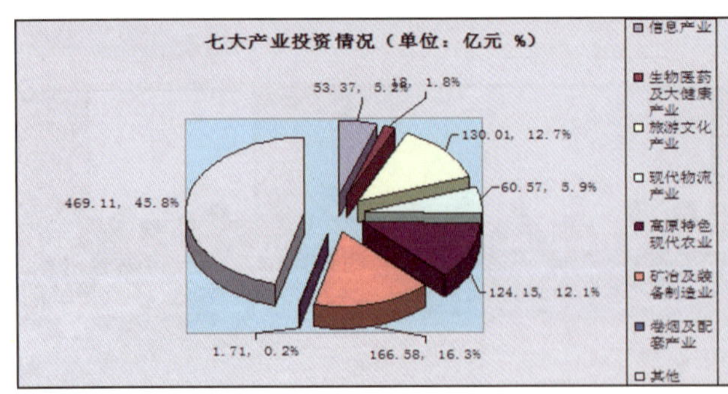

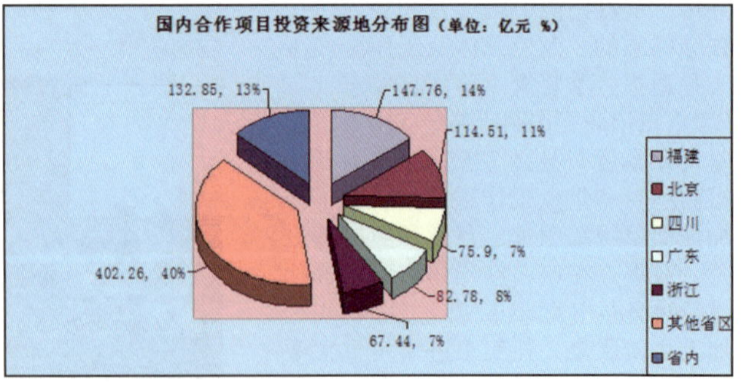

贸易促进

【经贸摩擦应对】 2018年，市贸促会不断提升服务渠道和内容，多方面开展经贸摩擦应对和经贸信息预警。通过政务网站、QQ群、微信群等载体，将中国贸促会（云南）南亚东南亚法律服务中心、中国贸促会云南省经贸摩擦预警中心等收集的经贸信息及时发布给相关行业企业，将玉溪市企业及行业的涉外信息及时上报中国贸促总会，形成上下联动机制，合力应对，为企业提供化解贸易纠纷和经贸摩擦应对服务。全年发布和传递预警信息40余条，发布贸促动态信息50余条，经贸类资讯信息200余条，有效提升全市进出口企业防范国际经贸风险的意识和能力。

【参展参会】 2018年，市贸促会持续加大与国内外经贸组织交流合作，服务外贸企业走出去。主动加强与省贸促会、云南国际商会沟通联系汇报，积极争取支持，为企业开展经贸合作创造更多机会。宣传利用省、市惠企政策，组织发动企业参加各类洽谈会，依托国际、国家、省、市各类博览会平台，协调落实各企业参团参展。第5届南博会暨第25届昆交会期间，组织玉溪市企业、异地商会120余人参展，精心组织峨山金峰金属制品、玉溪山水生物科技、云南同方科技3家企业参加孟中印缅商务论坛，新平东绿食品、雄川农业开发、玉溪山水生物科技3家企业参加“阿富汗经贸投资洽谈会”，促成峨山金峰金属制品有限公司与缅甸企业达成铁丝及金属制品供货500万美元的协议。市贸促会作为支持单位，参与第14届中国（易门）菌交会。动员组织新平凤翥峨毛茶合作社参加第26届莫斯科国际食品展，与外商达成15吨峨毛茶采供意向，意向金额达600万人民币，与2家当地企业达成普洱茶和云南特产合作意向，共同推广普洱茶文化和云南绿色高原特色产品。组织云南凯添农业开发等4家企业参加“一带一路”云鬟印度洋经贸投资促进合作系列讲座。邀请泰王国驻昆领事处商务领事娜姹暾女士一行到玉溪，与云南茂源果蔬进出口有限公司、云南通泰贸易进出口有限公司、云南象腾蔬菜有限公司等15家企业20余位代表座谈，为企业解答对泰国贸易投资中的疑难问题，为企业赴泰国投资献计献策。

【举办展会】 2018年，市贸促会全力提升会展活动对新兴产业的示范作用，促进产业升级转型。2017年12月29日至2018年1月1日，由中国国际贸易促进会云南省分会主办，中国国际贸易促进会云南省玉溪市委员会、中国（昆明）国际汽车博览会组委会承办的“第5届玉溪国际汽车博览会暨新春嘉年华”成功举办，展会以“引导汽车时尚消费，传播汽车潮流文化”为宗旨，以“尚车生活荣耀玉溪”为主题，以拓展玉溪汽车市场、传播汽车资讯、展示汽车品牌形象及弘扬汽车文化为主导，打破传统单一的车展模式，整合云南省主要媒体、汽车经销商资源，进行有目的、全方位、立体式宣传推广，推广国家节能汽车，为各大汽车厂商搭建销售平台。展会参展汽车品牌超过30个，展车数百台，打造玉溪车市品牌营销平台。11月9～13日，市贸促会协助主办方云南省东南亚南亚产业发展促进会，在聂耳文化广场成功举办“玉溪EVAUTO南亚东南亚新能源汽车展”，培育壮大新能源汽车市场。

【外经贸实务培训】 2018年11月

①市贸促会组织企业参加阿富汗经贸合作论坛 ②市贸促会到江川区调研进出口企业 ③市贸促会到易门县调研康源菌业 （市贸促会 提供）

19～20日，市贸促会在龙马大酒店举办外经贸实务培训班，全市90余家企业170余名外经贸企业家及各县（区）外经贸部门分管领导参加培训。此次培训在强化调研的基础上，从企业当前面临的实际问题和需求出发，精心设计培训课题，切实提升服务企业的能力和水平。邀请税务部门、昆明海关、省商务厅以及企业老总对农产品增值税、农产品营销、海关通关以及出口货物检验检疫、境外投资等专题进行详细讲解探讨，着力促进参训企业互动交流与信息共享。

【做好服务企业工作】 2018年5月中下旬，市贸促会加强调研，精准服务企业，深入各县（区）工信局和20余家外经贸企业调研，实地查看生产状况、与企业家座谈、发放调查问卷，详细了解企业当前面临的困难和问题，帮助协调解决困难。通过加强对规模以上的企业走访调研、信息联络服务、工作宣传等，与会员企业单位紧密联系，提升服务效能，着力推进外资引进力度和外向型经济走出去发展。强化交流，扩大对外宣传联络。利用玉溪国际汽车博览会、昆交会、南亚商务论坛、莫斯科国际食品展等平台，有针对性地加强与省内外有关贸促机构、商协会联系，寻找项目对口投资商及主题洽谈会，组织项目洽谈，实施有效对接，进一步扩大对外联系网络，拓展经贸合作空间，促进外经贸健康快速发展。加强指导服务，充分发挥异地商会作用。坚持组建与服务相结合，促进异地商会健康有序发展。多次带领异地商会赴各县（区）进行项目投资考察，指导协助抓好党建、换届等工作，协调解决会员在子女就学、生产、生活等方面遇到的困难问题，牵线异地商会参与脱贫攻坚、捐资助学等公益活动，进一步扩大玉溪异地商会的影响力。

（张　谨）

粮食行业

【粮食安全行政首长责任制考核】 2018年，市粮食局压实压细粮食安全各项责任，顺利通过省政府粮食安全行政首长责任制考核检查，2017年度粮食安全行政首长责任制考核结果再次荣获全省优秀等次。认真做好县（区）责任制考核工作，按照市综合目标考核工作和《玉溪市粮食安全行政首长责任制考核办法》要求，牵头完成对县（区）2017年度履行粮食安全行政首长责任制的考核工作，制定2018年度县（区）粮食安全行政首长考核责任制考核评分细则，县（区）政府履行粮食安全行政首长责任的使命感和责任感进一步增强，促进粮食安全保障责任全面落实。

【粮食安全保障】 2018年，市粮食局认真完成粮食储备任务，突出抓好成品粮储备，提高粮食储存质量，补齐全市粮食应急短板，落实好食用油储备，增加中央、省级在玉溪的粮食存储规模，增强全市粮食安全保障能力。认真组织做好储备粮轮换管理工作，加大先进储粮技术推广运用。继续做好政策性粮油供应工作，实现军粮统筹采购管理和规范化管理，军粮供应保障水平进一步提升。认真完成学生粮、救灾救济粮和平价粮销售供应，有力保障市场供给，稳定市场粮油价格。完善粮食应急供应网络建设，按照“三店合一”思路开展应急供应门店建设。全市已建成粮食应急供应网点51个、应急加工企业16户和应急储运企业12户，粮油应急网点供应粮油2.82万吨。开展“放心粮油”进农村、进社区、进校园工程，建立“放心粮油”示范销售店28个、示范配送中心2个、示范加工企业6个。

【粮食购销经营】 2018年，市粮食局积极做好粮食收购工作，全市累计收购粮食1 090.6万千克、油菜籽169.8万千克，其中，国有粮食企业收购粮食810.4万千克，占收购总量的75%。抓好粮食购销经营，克服国内粮食“去库存”、市场低迷等不利因素影响，稳扎稳打做好粮食购销经营工作，全市国有粮食企业发展平稳，累计购进粮食（原粮）35.5万吨、销售粮食（贸易粮）29.44万吨，实现粮油销售收入10.16亿元，利润0.29亿元，全市11户国有粮食企业全部实现盈利。强化粮食产业发展政策指引，制定下发《关于加快推进农业供给侧结构性改革大力发展粮食产业经济的实施意见》，为全市粮食产业发展指明方向、提供政策保障。

【粮食项目建设】 2018年，市粮食局积极推进滇中（玉溪）粮食产业园项目建设，制定《滇中（玉溪）粮食产业园土地一级开发整理方案》，报批土地面积430亩，完成长1 685米、宽20米的园区道路工程，一期项目建设通过国家发改委专家初步评审，核定总投资11 978万元，争取中央补助资金2 570万元。抓好粮食仓储设施建设，“智慧粮库”建设工作稳步推进，争取中央、省、市补助资金1 250万元，实施全市7县2区及市级库共10个中心粮库的智能化升级改造项目。研究制定军民融合项目规划，项目建设方案已上报国家局待审。

【优质粮食工程】 2018年，市粮食局争取上级资金支持，争取到“优质粮食工程”项目中央补助资金2 396万元。市粮食质量监测中心开展“优质粮食工程”粮食质量安全检验检测体系建设，力争建成功能完善、实力强大的区域性粮食质量安全监测机构。全市9个县（区）的国有粮食收储企业建立了粮食质量安全监测点，配备农残、真菌毒素和重金属等快检设备，完成75批次域外来粮风险监测任务。云南滇雪粮油有限公司认真推进“中国好粮油”示范项目建设，投入3 491万元建设小包装生产线、购置先进设备，开展粮油产品宣传和品牌推广。

【粮食监督检查】 2018年，市粮食局强化粮食收购市场监管，加强重大节日粮食流通市场检查、巡查力度。全市粮食系统开展粮油食品执法检查201次，出动执法人员1 396人次，检查企业877个次，确保全市粮油市场价格稳定、秩序良好。根据《玉溪市2018年粮食库存检查工作实施方案》，按照“双随机”原则组织开展粮食库存检查展检查工作。加强粮食质量安全专项检查，组织开展储备粮、学生粮、新收获粮食等粮食质量安全检测，检验各类粮油样品414批次。

【粮食安全生产】 2018年，市粮食局与各县（区）粮食局签订《玉溪市粮食系统安全储粮和安全生产责任书》，明确职责任务，层层传导压力，确保“一规定两守则”落地生根，切实守住“两个安全”底线。组织开展“两节”“两会”期间安全储粮和安全生产专项治理、全市粮食系统安全稳定廉政专项检查等安全检查工作，年内没有发生安全责任事故。

（姚　梅）

供销合作

【概 况】 2018年，全市供销合作社系统实现销售总额130.92亿元，同比增9.05%；实现资产总额33.9亿元，同比增2.1%；实现所有者权益11.88亿元，同比增0.65%；实现汇总利润0.84亿元，同比增13.1%；实现净利润0.79亿元，同比增13.77%；实现农副产品购进48.17亿元，同比增13.76%；电子商务销售额1.45亿元，同比增18.88%；实现社会贡献2.87亿元，同比增长4.7%；上缴各类税费0.34亿元，同比增17.19%；化肥销售78.86万吨，同比减3.69%，完成年计划65万吨的121.32%；化肥储备6.6万吨，同比降11.05%；食用菌农业产值7.6亿元。争取上级资金263万元。全年组织各类培训989人次。

【农资供应】 2018年，全市供销社系统及农资经营企业针对农资生产企业受原材料价格上涨、环保政策制约和国际市场影响导致农资价格上涨、货源紧缺的问题，认真分析研判农资市场形势，积极与生产企业对接，签订购销合同，确保货源落实到位、储备计划到位。千方百计筹措资金1.35亿元，做好化肥采购、调运和储备，储备量达6.7万吨。围绕化肥使用量零增长，以及在“三湖”径流区逐步全面禁止使用农药和化肥，大力推广有机肥和病虫害绿色防控工作要求，坚定不移推进绿色化、有机化，督促系统内农资经营企业转型升级，加强监管，建立完善农资经营管理信息平台和管理制度，实现农资储备调供可追溯，杜绝假冒伪劣产品进入市场，做好农业生产资料供应。全系统化肥销售78.86万吨，其中有机肥销售2.52万吨，同比降11.95%；高效水溶肥销售0.37万吨，同比降14.07%。

【电子商务】 2018年，市供销社和红塔区、江川区、澄江县供销社成立电商公司，开展电商业务的社属社涉企业23家，建成乡、村级电商服务站点20个。全市完成电子商务销售额1.45亿元，同比增0.23亿元，增18.88%，其中玉溪供销电商公司实现销售总额0.79亿元，同比增长0.19亿元，增31.86%，玉溪市农资公司、通海县农资公司与“农一网”达成合作，创办农资网上代购点88个，各代购网点网销农资78.24万元。

【食用菌产业发展】 2018年，全市供销系统重点推进的5个食用菌产业发展项目已实施完成，总投资95万元，争取省级食用菌产业发展资金补助32万元，通过项目引领，新发展野生食用菌资源保护示范基地700亩；与市科协联合跟拍纪录片干巴菌人工扩繁电教片1部；组织系统内2家食用菌加工企业共计22个产品参加第十四届昆明农博会。全市食用菌产量18 663吨，产值7.42亿元，其中野生菌10 103吨，产值6.58亿元，人工食用菌8 560吨，产值0.84亿元。

【基层社建设】 2018年，全市供销系统按照“夯实基础、创新发展、强化服务”工作思路，全面开展基层组织体系完善工作，着力打造经营性服务与公益性服务有机结合，专项服务与综合服务相协调的基层供销社。通过基层供销社标杆社建设，增强基层供销社经济实力，提升基层供销社服务功能，拓展为农服务的内容和空间，更好地服务“三农”。全市供销系统投资315万元建成基层供销社标杆社9个，全年实现基层供销社营业收入20.57亿元，同比增27.88%；实现利润0.22亿元，同比增14.98%；上缴税收481万元，同比增6.65%。

2018年6月22日，省供销社调研组到玉溪调研　　（市供销社　提供）

①2018年12月11日，市供销社召开全市供销社系统农产品流通工作座谈会 ②2018年12月19日，玉溪市供销社与贵阳市供销社签订战略合作协议

（市供销社　提供）

【基础设施建设】　2018年，全市供销系统新开工建设新平县者竜供销社商业中心、元江咪哩综合服务中心、江川电子商务有限公司运营中心、江川农资庄家医院门店4个项目，累计完成投资达626.5万元；完成通海九街供销社综合服务中心建设、峨山化念供销社农资日用消费品中心超市建设和通海县供销社财神庙综合交易场地改造3个项目，累计投入资金495万元；确定12个基层社改造项目，计划总投资575万，已完成8个，完成投资额374万；省社电商公司投资200万元建设的玉溪电商运营中心已开工建设，即将建成运行；澄江县藕粉厂高原特色农产品产业融合发展项目竣工，完成投资1675万元；年内新发展江川区金农电子商务有限公司和玉溪珍茸食用菌技术研发有限公司2家参控股企业。

【社会化服务体系建设】　2018年，市供销社创建总社基层社标杆社1个，领办创办新发展农民合作社51个，申报省供销社农民专业合作社示范社6个，发展农民合作社联合社3个，改造提升综合服务社36个。全年收集发布农资农产品价格信息2 067条，其中农资价格信息1 443条，农产品价格信息624条。认真开展新型职业农民培训，围绕天麻种植、花卉栽培、蔬菜营销、柑橘栽培管理、中药材种植管理等开展新型职业农民和农村实用人才技能培训10期770人次。

【综合改革】　2018年，市供销社积极推进综合改革，召开全市供销合作社主任工作会议，认真分析研究全市推进综合改革过程中存在的问题和不足，将工作任务细化落实到各县（区）供销社和社属企业。按照深化供销社综合改革新要求，研究制定《玉溪市供销合作社关于新时代下全面深化改革打造玉溪新供销的实施方案》《关于进一步加强基层供销合作社建设的指导意见》，进一步明确推进供销社综合改革的方法路径。加大综合改革推进和落实的调研督查力度，围绕历史遗留问题、农村电子商务发展、春耕农资储备供应、主要经济指标完成进度、创新发展、项目建设等方面开展调研和督查24次，有效推动工作落实和问题矛盾化解。稳步推进“三会”制度的建立和完善，帮助指导县（区）供销合作社和有条件的基层社按照供销合作社章程建立健全“三会”制度，逐步建立完善上下贯通、联系紧密的管理运行机制。年内已有7个县、20个基层供销社建立完善“三会”制度，为推进供销社依章依规治社提供制度保障。

（孙　欣）

（张本聪　摄）

（黄 凯 摄）

交通·邮政

TRANSPORTATION · POST

责任编校：佐湘麟

公路运输

【概　况】 2018年，市交通运输局全力推进各项工作，为全面建成小康社会提供交通保障，综合交通建设投资200亿元以上，全市综合交通固定资产投资259.32亿元，其中交通物流枢纽11.6亿元、铁路建设29.05亿元、公路建设218.67亿元。截至年末，全市公路里程为17 326.06千米，其中高速公路342.46千米、一级公路107.5千米、二级公路677.72千米、三级公路930.58千米、四级公路14 855.8千米、等级外412千米，高等级公路占全市公路通车总里程比率分别为1.98%、0.62%、3.91%。市到县实现公路高等级化，通乡镇公路全部实现油路化，建制村公路硬化率、通客车率、通邮率均100%，农村公路硬化率为68.49%。

【高速公路建设】 2018年，昆明绕城高速东南段澄江至宜良段建成通车，国家高速网项目弥楚高速弥勒至玉溪段、弥楚高速玉溪至楚雄段，地方高速网项目江川至通海高速、澄江至江川高速、新平大开门至戛洒高速、永金高速S35元江至蔓耗玉溪段稳步推进。昆明绕城高速东南段澄江至宜良段于1月22日建成通车，澄江至宜良段起于澄江龙街枢纽互通立交，止于宜良枢纽互通立交，全长50.9千米，全线采用双向六车道高速公路标准建设，设计速度80千米/小时，路基宽32米，隧道共14座，桥梁171座，设14处互通立交。弥楚高速弥勒至玉溪段（华宁、通海试验路段累计完成投资35.8亿元，2018年完成29.49亿元）；弥楚高速玉溪至楚雄段（峨山、易门试验路段累计完成投资47.36亿元，2018年完成32.98亿元）。江川至通海高速全长33.64千米（大寨至秀水沟段长23.88千米，紫红坝至大寨段长9.76千米），累计完成投资50.78亿元（2018年完成24.16亿元），占概算投资的88.5%。澄江至江川高速公路全长45.97千米（起于澄江县山冲新村接昆明东南绕城高速，止于江川大寨接江通高速），概算投资67.6亿元，累计完成投资47.52亿元（2018年完成16.96亿元），占概算投资的70.29%。新平大开门至戛洒高速公路全长66.65千米（起于新平县大开门接国高G8511昆磨高速，止于戛洒镇），概算投资108.34亿元，累计完成投资94.05亿元（2018年完成41.87亿元），占概算投资的86.84%。元江至蔓耗（玉溪段）高速公路全长41.9千米（起于元江县红光农场附近，接国高往G8511元磨高速，止于元江与红河县交界处，接拟建项目省高往S35永仁至金水河高速公路红河州境内路段），概算投资55.6亿元，累计完成投资42.4亿元（2018年完成25.29亿元），占概算投资的76.4%。高速公路储备项目5项，完成新平（戛洒）至镇沅（者东）高速、红塔区（研和）至江川区（紫红坝）高速、新平（大开门）至石屏（宝秀）高速公路项目工可招标，正在工可编制；帮助玉溪机场公司完成机场高速（紫红坝至机场段）工程技术咨询，取得工可咨询审查意见；取得永金高速新平（戛洒）至元江（红光）段工可行业审查意见，正开展勘察设计招标。

①2018年7月12日，江通高速最高大桥——上普塘大桥下部结构全部完成（李浩杰　摄）　②华宁县被交通运输部、农业农村部、国务院扶贫办命名为“四好农村路”全国示范县

【农村公路建设】 2018年，市交通局围绕脱贫攻坚和“四好农村路”建设，起草《玉溪市加快“四好农村路”建设实施方案》和《玉溪市“路长制”实施方案》并发文执行。设置“路长制”责任公示牌、限高限宽杆，从源头治理，有效推进农村公路养护规范化和常态化；开展市级“四好农村路”示范乡镇评选，加快推进全市“四好农村路”建设；完成改扩建农村公路2 057.9千米，全市9个贫困乡实现建制村通硬化路，其所属25个50户以上自然村均通硬化路。此外，抓好元江县那诺乡打芒、者党村委会扶贫工作，下派一名副局长到者党村委会，担任驻村扶贫“第一书记”，交通运输系统派驻工作队员7名，驻村扶贫工作队坚持长期驻村，认真开展挂钩扶贫工作；因地制宜，提出整乡实施产业扶贫的发展路子，实施养殖业、种植业、旅游业“三业合一”的扶贫措施，打芒、者党两个村委会已出列；市交通局获“脱贫攻坚劳动竞赛”优

胜单位称号，一名驻村工作队员获先进个人称号。

【国省道干线公路改造项目】 2018年，国道G213线改扩建工程属省交通运输厅2015年省道改造项目，玉溪境内全长227.54千米，概算投资26亿，建设主体为云南省公路局。省公路局与玉溪市政府签订合作协议，过境段66.54千米由涉及的地方政府负责建设，计划年底前完成，其余路段161千米由省公路局组织，整个项目分三段实施，第一段红塔区（梅园）至峨山（小街箐）全长49.67千米，由玉溪国有资本运营集团和红塔区政府分段组织实施；第二段峨山（小街箐）至新平（石扬岔口）全长72.04千米，其中峨山过境段长9.57千米，由峨山县政府组织实施完成，其余路段62.77千米由省公路局组织实施；第三段新平（石扬岔口）至元江（界止坡）全长105.83千米，其中元江过境段长7.3千米，由元江县政府组织实施，其余路段96.26千米由省公路局组织实施；改造项目累计完成投资9亿元，占概算投资的55.82%；新平县城至易门十街、新平建兴至戛洒、新平县城过境公路取得工可批复；县乡道4条131千米项目完成工可编制。

铁路运输

【概 况】 2018年，玉溪铁路建设稳步推进，完成玉昆钢铁公司铁路专用货场项目立项备案工作，解决专用货场建设用地问题、昆玉铁路电气化扩能改造工程遗留问题，玉磨铁路玉溪段征地拆迁工作进展顺利，中期清理概算工作基本完成，各标段正线施工如期进行。按照“管行业必须管安全，管业务必须管安全，管生产必须管安全”的总体要求，全面履行政府部门监管责任，全年铁路建设安全事故呈下降趋势，在建铁路工程发生事故1起，死亡2人，事故起数较上年下降2起，下降60%，死亡人数比上年下降3人。

【玉磨铁路玉溪段建设完成情况】 2018年，玉磨铁路玉溪段完成投资29.05亿元，比上年增长17.1%，其中正线建设完成投资28.64亿元，征地拆迁完成投资4 088.95万元。全线累计完成投资263.5亿元，完成总投资的52.1%；玉溪段完成投资89.02亿元，其中正线建设完成投资77.81亿元，征地拆迁完成投资11.21亿元。同时，开展征地拆迁工作，按时间要求提供建设用地，玉溪段完成永久征地并交付5 263.83亩，完成临时用地租用并交付5 138.33亩，完成拆迁面积14.31万平方米。推动“三电”迁改工作顺利进行，玉溪段“三电”迁改工作基本完成，迁改投资完成约1.3亿元；配合完成中石油、中石化管道迁改工作，完成博能天然气管道迁改任务。

【玉溪直达杭州旅客列车开行】 2018年，在开行玉溪直达北京普速列车、玉溪直达郑州动车组列车的基础上，8月15日，中国铁路昆明局集团有限公司支持增开玉溪至杭州动车组列车，支付列车开行费2 000万元。截至年末，玉溪站全年发送旅客79.28万人次，比上年增长39%，到达旅客78.84万人次，比上年增长39%。

交通运输管理

【公路养护管理】 2018年，全省开展“四好农村路”创建活动，在农村公路管理养护工作中初步形成“县道县管、乡道乡管、村道村管”和“统一领导、分级管理”模式以及“日常养护沿线农民以户承包，路面养护专业队伍集中修复”相结合的养护方式。为加强日常养护工作，切实整治公路路域“脏乱差堵”等问题，全年下达中修工程16项，中央财政补助金2 671万元，各县区交通运输局组织施工图设计和招投标，完成生防工程98项，其中公路安全生命计划项目28项，处置隐患里程247.73千米，总投资2 518万元；云南省未通客车建制村安全生命防护工程70项，处置隐患里程922.59千米，投资1.3亿元，中央财政补助6 460万元，地方自筹6 575万元；危桥改造项目5座，计划投资241万元。全市农村公路MQI优良中等率县道84%，乡道75%，村道68%；经常性养护率县道100%，乡道85%，村道75%；绿化率县道96%，乡道68%，村道55%。

【路政管理】 2018年，全市路政管理工作稳步发展，路产管理、行政执法、超限运输管理、应急管理、路政宣传等持续稳定向好，农村公路路政管理资金已列入市级财政一般公共预算，全年下达市级补助资金127.57万元，用于农村公路路政管理工作。同时，抓好高等级公路服务设施整治提升和国省干线一、二级公路服务设施整治提升选址工作；昆玉高速刺桐关服务区，玉元高速研和服务区、大开门服务区、甘庄服务区完成改造并投入使用。加强路政信息化建设，做好全市路政业务系统使用推广工作，市路政支队作为云南省智慧路政信息化试点建设单位，在省交通运输厅支持和指导下全力推进玉溪市地方路政业务系统建设，利用业务信息系统加强路政管理，提高工作效率；1月在红塔区路政大队进行系统使用试点；8月起，省交通运输厅信息中心软件工程师到各县区开展培训并安装系统使用设备，参训人员在系统工程师的指导下，学习怎么通过系统对路产档案、案件处理、日常路巡、许可业务等数据进行集中处理。此外，加强路产、路权保护，加大治超工作力度，印发《玉溪市超限超载运输治理宣传手册》3万份、宣传片50份，实行固定治超点24小时值班，强化督查检查，深入开展整治工作；全年路政巡查1.02万次，巡查里程29.3万千米，发出巡查执法文书308份，发生涉路违法行为1 093起，查处1 089起，查处率99.6%，对受损路面投入修复资金106.37万元；路政案件发生344起，查处344起，查处率100%，罚款7.35万元；治超工作出动路政人员1.13万人次，卸载51起，收取超限运输罚没款1.23万元。全年完成38项行政许可审批项目，通过全市执法人员的努力和文明执法，没有发生复议及诉讼案件。

【运政管理】 2018年，全市道路运输管理严格履行道路运输监管职责，构建高效便捷、安全可靠、绿色环保、规范诚信的道路运输服务体系，为社会经济发展、满足城市客货运输需求、方便人民群众便捷出行提供更有力的道路运输保障。全年运管稽查累计出动执法人员1.67万人次，检查运输车辆9.25万辆次，受理违章案件6 197件，其中查扣非法营运车辆90辆，全市客、货运市场秩序有改观。截至年末，全市开通省际班线1条、市际班线75条、县际班线51条、县内班线132条，拥有班线客车1 598辆；开通城市公交营运线路98条，拥有公交车875辆、出租车1 141辆。

同时，对全市两家客运公司14条县际班线进行延续许可，并签订《玉溪市县际道路客运线路经营权合同》，对三条市际客运班线延续许可和一条市际客运班线新增申请资料进行审核并上报审查意见；严格审核旅游、临时包车备案申请，发放省际包车牌50块，省内包车牌3 303块，省内临时牌209块。截至年末，全市现有货物运输企业4.82万户（危货运输企业14户、50辆车以上规模企业40户、个体4.77万户，占总数的98.9%）；在册货运车辆有7.22万辆（危货运输车525辆、个体户5.6万辆，占总数的78%）；其他运输相关业户共2 851户；具有国际运输资质企业13家（国际危货运输资质2家），国际运输车辆511辆，完成出口运输量4.2万吨（危货运输量1 999.16吨）。全年完成客运量1 528万人千米、客运周转量10.81亿人千米、货运量1.18亿吨千米、货运周转量197.95亿吨千米、总周转量199.03亿吨千米，分别比上年增长–16.91%、–14.67%、11.98%、40.53%、15.33%。道路运输服务保障能力持续提升，为期四十天的春运期间，投入客车5.21万辆次，完成客运量66.17万人次，比上年下降33.93%。自全省施行危险货物道路运输电子运单管理系统以来，全市道路运输管理部门对道路危险货物运输企业、充装单位使用、查验电子运单及落实运输、充装等环节安全生产情况实施监督检查，全年开具电子运单6.79万份，运量110.15万吨。此外，推进道路货运车辆检验检测改革，全市有22家机动车检验检测机构，已完成改革3户，9户提交《建设意向申请》，3户完成改造并向公安交警部门提交数据接口申请等待批复。

【城市公交、出租车管理】 2018年，全市加强公交基础设施建设，不断调整和优化线路网络，为保障广大市民乘车需求，适时优化调整公交线路，提高公交化改造率。全年新增公交线路1条（20路）、调整公交线路1条（21路），满足环山路沿线和大营街街道大密罗社区的出行需求。同时，加快信息技术在公交线网优化、运营调度、服务监管和行业管理等方面的应用，采取BOT模式完成智能调度系统建设，将公交车辆运营协调、道路人流量与车流量的实时监控、车辆定位线路跟踪及到站预测等功能合而为一，对中心城区公司所属公交车试行智能调度管理，通过GPS判断站点位置，自动通过TTS报站，公交车全程自动报站，车载视屏显示当前站点及下一站点信息；全年查处并处罚违规违纪2 089次，完成150辆公交车车载设备的升级改造及新装工作，在中心城区主要路段建设使用100座公交电子站牌，供乘客查询线路信息和候车时间。推广“公交一卡通”及移动支付，完成中心城区所有公交车上刷卡设备的改造以及公交IC卡管理系统升级改造，使城区公交车上刷卡设备同时支持M1卡、农业银行储蓄卡闪付、建设银行储蓄卡非接触支付，基本实现跨省市的互联互通。同时加快完成终端设备升级，实现多码合一和多卡合一的支付方式，全面支持手机扫码付款乘车。截至年末，共办理公交IC卡17.09万张（爱心卡6.34万张、学生卡5 371张、普通卡6 828张、“一卡通”9.54万张），全年使用公交卡客运量1 487.03万人次，一卡通使用率47.6%。为弘扬社会正能量，增强社会凝聚力，提升玉溪公交形象，6月6～8日选调车况良好的57辆新能源公交车和130辆出租车参加爱心送考公益活动，接送考生7 000余人次。此外，严格落实公交线路许可、出租车运营资质审定及三证的审验制度，按照线路运营许可、车辆新增、出租车更换流程依法报批，截至年末，中心城区有城市公共客运从业人员4 632人（公交车在岗从业人员367人，出租车在岗从业人员1103人），全年核发25本《从业资格证》，注销出租汽车200辆；5月完成辖区内4家出租汽车公司2017年度服务质量信誉考核工作；强化出租车营运监管措施，加大路检路查力度，严厉查处拒载、不使用计价器、无从业资格证等违章行为，出动稽查人员600余人，检查出租车辆2 500余辆，处理出租汽车驾驶员违章案件29起，罚款金额6 100元，客运市场秩序进一步规范；本着“谁出钱加油，谁享受补贴”的原则，根据出租车的实际运行情况发放补贴，全年发放燃油补贴资金481.27万元。此外，推进出租汽车改革工作，起草《玉溪市人民政府关于深化改革推进出租汽车行业健康发展的实施意见》《玉溪市网络预约出租汽车经营服务管理实施细则》，以市政府规范性文件行文实施。玉交集团开通途途行网约车平台，并开通玉溪至长水机场网约车线路。全面推进公共交通行业公益广告刊播工作，中心城区190座公交车站台、187座站台线路牌、100座电子站台、236辆公交车车辆均按要求全部刊载创文公益广告；550辆出租车安装使用“社会主义核心价值观”主题座位套，后车窗刊载卫生城市公益广告，证件卡槽粘贴行业规范，车载顶灯循环滚动播放各类公益广告。

【新能源汽车推广】 2018年，全市推广新能源汽车1 718辆（新能源公交车309辆、出租车197辆）；全市建成13座充电站，充电桩/位430个（分散式充电桩/位132个），基本满足现有新能源车充电。同时，开展黄标车治理淘汰工作，制定《玉溪市交通运输局关于营运黄标车淘汰和机动车维修企业废矿物油、废铅酸电池等危险废物处置整改方案》，截至10月15日，淘汰黄标车13辆，淘汰率100%；淘汰全市2005年底前注册登记营运黄标车1 049辆，淘汰率100%；注销全市6 596辆营运黄标车《道路运输证》，注销率100%。

【公路质量管理】 2018年，市交通运输局坚持按现行的规范和标准进行工程质量安全监督，针对现场检查发现的工程质量安全问题，下发抽查意见通知书，对出现施工质量缺陷的工程部位要求进行返工处理，确保工程质量安全处于受控状态。全年监督检查工程建设项目117个，填发《工程质量抽查意见书》114份，《工程质量安全督查痕迹记录》93份，形成会议纪要24期；接到公路工程质量监督申请书3份，填发工程质量监督计划书3份，项目合计数3个，总里程3.74千米，总投资5 788.87万元；开展工地试验室备案登记审查3个，备案延期审查3个，增项审查4个，办理撤销手续16个，试验室巡视检查13次，专项督查2批次，叫停整改2个工地试验室，相关法律法规及行业规章、规范性文件的学习宣贯工作开展1次，农村公路工地试验室综合督查1批次；完成2017年度试验检测信用评价工作。同时，对晋红、江通、武易（玉溪段）、大夏、元蔓（玉溪段）高速公路，国道213线17家监理单位及监理工程师134人，48家试验检测单位及试验检测员、检测工程师共324人进行信用评价，对公路建设领域开展各项安全检查54次，对发现的各项隐患限期整改回复，对发现的重大隐患点挂牌督办。

【运输服务管理】 2018年，扎实推进农村客运发展进程，实现全年建制村通客车率达到100%的任务目标。降低实体经济物流成本，严格落实鲜活农产品绿色通行减免政策和从事跨境运输的三类以上车辆减免政策，开展宣传办理云通卡使用优惠政策活动并积极为客货运输车辆办理云通卡，晋红高速列为试点项目，对持ETC“云通卡”交费的客车给予10%的车辆通行费优惠，降低物流和社会出行成本；全年绿色通道减免3 998.93万元，ETC通道通行费优惠2 500.13万元。8月取消江通、江华一级路收费，拆除江华路、江通路收费站。

【交通安全管理】 2018年，市交通运输局将安全生产工作放在首位，突出道路运输“两客一危”、公路建设桥隧施工等重点领域、重点单位、重点岗位，严守安全生产红线，严格落实“党政同责、一岗双责、齐抓共管、失职追责”及“管行业必须管安全、管业务必须管安全、管生产经营必须管安全”的要求，深入开展平安交通专项整治行动，增强全市交通运输行业安全生产治理能力，加大交通社管综治力度，加强交通运输行业监管，摸排行业重点领域。通过客运站、出租车、公交车、公交站台、高速公路收费站等载体，张贴通告200张、悬挂标语（横幅）159条、LED滚动频644块、微信公众号发送信息56条；向公路、桥梁、在建施工企业、客货运输企业发放宣传资料1.52万份。响应华宁6·25洪灾和通海地震应急处置工作，投入60万元应急保通资金，做好通海地震灾区道路保通、灾毁损失统计、灾后公路重建等工作。

【严格值守“12328”交通运输服务监督电话】 2018年，市交通运输局认真抓好信访工作，受理、办结、回复信访案件29件，回复率100%、办结率100%、满意率100%；受理12 328交通运输服务监督电话561单。

（赵艳芳）

邮 政

【概 况】 2018年，全市许可快递企业65家（不含邮政EMS），登记备案的企业分支机构240家（不含邮政EMS），快递末端网点21个（不含邮政EMS），品牌快递21个（邮政EMS、圆通、申通、中通、百世快递、韵达、顺丰、天天、全一、国通、优速、京东、全峰、唯品会、德邦、日益通、瑞丰、东骏、海硕、远成快运及其他），邮政普遍服务营业场所86个、机要通信营业场所9个。玉溪市江川区鹏达快递有限公司被评为省邮政行业统计先进单位。全市邮政业累计完成业务收入2.17亿元（未包括邮政储蓄银行直接营业收入），比上年增长18.09%，累计完成业务总量2.22亿元，比上年增长24.37%。其中，快递业务累计完成703.25万件，比上年增长44.20%；快递业务收入累计完成1.2亿元，比上年增长25.30%。

【优化行业发展环境】 2018年，市邮政管理局紧紧围绕寄递安全生产薄弱环节做好政策法规宣传，继续加大对《中华人民共和国邮政法》《快递市场管理办法》《中华人民共和国反恐怖主义法》和《邮政普遍服务标准》《快递暂行条例》等法律法规的宣传贯彻，制定出台《玉溪市人民政府关于支持现代物流产业发展若干政策的意见》《玉溪市人民政府办公室关于印发玉溪市推进电子商务与快递物流协同发展实施方案的通知》和《玉溪市邮政管理局玉溪市公安局关于加强全市邮政业电动三轮车交通安全管理工作的实施意见》，切实解决投递“最后一千米”瓶颈，有效促进行业发展。同时，根据《云南省人民政府重大决策听证制度实施办法》和《玉溪市重大决策听证制度实施细则（试行）》的规定。12月10日，市邮政管理局在中玉酒店组织开展《玉溪市邮政业电动三轮车管理办法（暂行）》听证会。8月13日，通海县发生5.0级地震，地震发生后，市邮政管理局启动突发事件应急预案，第一时间与通海县分公司和各快递企业取得联系，逐一核实人员伤亡、财产受损、邮件损毁、受阻、积压等情况，及时解决困难。全年举办邮政业安全生产知识、行业法律法规培训3次，举办全市邮政业特邀社会监督员培训1次，开展反恐演练1次；为提升邮政、快递从业人员业务素质，市邮政管理局联合市快递协会组织开展邮政、快递业务知识竞赛活动，有754人参加。

【“放管服”改革】 2018年，市邮政管理局开展撤销提供邮政普遍服务邮政营业场所审批、邮政企业停止办理或者限制办理邮政普遍服务业务和特殊服务业务审批经营审批工作、普遍服务营业场所备案信息变更登记工作。加强快递业务经营许可常态化、规范化管理，严格管控审批时限，做好快递市场准入工作，依法办理快递企业分支机构及末端网点备案工作，做好许可快递企业委托核查和经营许可年度报告工作。全年受理撤销邮政普遍服务营业场所审批1份，机要营业场所搬迁1份；办理许可证变更核查和协查企业40家，办理增设分支机构49份，撤销分支机构21份，分支机构信息变更15份，受理企业经营许可年度报告57份。

【邮政普遍服务监督管理】 2018年，市邮政管理局以贯彻落实《邮政普遍服务》新标准为监管工作主线，强化监督检查，确保邮政普遍服务水平不降低，确保邮政机要通信万无一失，建制村直接通邮率100%，全市县级城市党政机关《人民日报》当日见报率100%。全年开展邮政普遍服务执法监督检查82人，检查邮政营业场所41个，下发书面检查通知书3份；检查邮政机要通信网点20个，检查40人。全市8位邮政特邀社会监督员开展社会监督347次，反馈监督报告347份，走访消费者347次。

【快递市场监督管理】 2018年，市邮政管理局按照“全覆盖、零容忍、严执法、重实效”的总要求，加强日常监督检查和专项检查，与邮政企业和各快递企业主要负责人签订《2018年度玉溪市邮政业寄递安全和保障责任书》《2018年玉溪市邮政业旺季安全和服务保障工作责任书》，制定印发《玉溪市邮政管理局关于落实寄递企业安全生产主体责任的实施方案》，全面强化邮政企业和快递企业安全生产主体责任落实；全力推进寄递安全“三个100%”管理制度的落实，采取会议部署、签订责任书、约谈、督查检查、定期通报等措施，全面贯彻落实三项安全管理制度；加快信息系统支撑实名制推广工作，截至年末，全市邮件快件实名制收寄信息化率98.1%。同时，抓好重要节点安全保障及应急工作，突出做好“春节”、全国“两会”“上合组织青岛峰会”“中国进博会”、纪念改革开放40周年大会等重大活动期间及“通海8.13地震”“非洲猪瘟”期间寄递渠道安全保障工作，开展全市邮政业“扫黄打非”“反恐维稳”“行业禁毒”、打击“假冒侵权”“缉枪治爆”等工作。全年实地检查邮政企业网点和快递企业及分支机构网点313家，出检646人，下发书面《责令改正通知书》8份，约谈企业8家，实施行政处罚8起，处罚金额4.8万元。

【用户申诉】 2018年，市邮政管理局为维护邮政业消费者合法权益，促进邮政业服务质量提高，根据《中华人民共和国邮政法》《中华人民共和国邮政法实施细则》等有关法律、法规规定，做好消费者申诉处理工作，加强邮政业消费者申诉受理与市场监管的衔接和联动，及时妥善解决用户反映的问题和诉求。全年受理、处理消费者申诉11起，办结11起，用户满意率100%。

【普遍服务能力增强】 2018年，市邮政分公司有邮政支局（所）87个，设置服务网点93个，其中农村支局（所）68个，妥投点5.91万个；开通邮路81条，城市投递段道达1 638千米（单程），农村投递线路达7 870千米（单程），其中汽车577千米（单程）、电动三轮车574千米（单程）、摩托车6 116千米（单程）、电动自行车583千米汽车（单程）、自行车4千米（单程）、步班16千米（单程）。全市51个乡镇、436个行政村通邮面达100%。全年免费收寄义务兵函件和盲人读物59件，收寄国际国内及港澳台平常信件及印刷品25.34万件、给据函件6.39万件、无名址函件47.4万件，邮资封片卡7.71万件、普通包裹1.36万件、快递包裹38.82万件、标准快递39.77万件，投递国内平常函件313.09万件、给据函件32.41万件、快递包裹313.69万件、无名址函件10.28万件、普通包裹1.51万件、国际及港澳台函件包裹0.14万件、速递物流0.06万件、标准快递82.88万件，投递报纸杂志1 659.46万份，处理进出口机要邮件2.58万件，开发、兑付汇票4.54万笔，代收话费及公共事业费37.54万笔，代理彩票、航空、铁路、汽车票务5.89万张。做好国家机要通信传递工作，全年流转1.47万件机要邮件，做到“及时、安全、保密”，机要通信质量全红。同时，不断提高邮政服务能力，缩小城乡邮政普遍服务差距，全年邮政普遍服务及特殊服务投入成本费用约920万元；推进建制村直接通邮工作，全市533个建制村，投入资金28.52万元，直接通邮率为100%；加强对投递服务质量的监督管理力度，落实投递各环节规章制度的贯彻执行，全年开展平信报刊投递服务质量专项整治、普遍服务邮件时限和作业质量“双达标”等活动，邮件当日妥投率92.73%、三日妥投率97.49%，投递质量大幅提升；加大普遍服务网点的建设，全年普服网点改造投入180余万元。

【邮务类业务】 2018年，市邮政分公司邮务类业务实现收入2 486.1万元。创新以客户为中心的服务机制，举办丰富多彩的集邮活动，搭建平台，融合性发展函件、集邮、报刊专业，持续开发朋友圈广告等“互联网”新业务，以文化传媒提升品质开辟文化传媒业务增收新路子。持续做大“农电项目”、邮储短信业务以及代理车险业务等项目的规模，加快与税务、移动、保险、中石油、中石化等行业单位深度合作，发挥网点资源优势，为百姓提供代收代付水电费、税费及代办证照、代理车险、代征税款、代售飞机票、火车票、长途汽车票等便民、利民服务，加强与盐业公司沟通与合作，利用便民服务站搭载食盐零售销售渠道，重视开发批售渠道。

【寄递类业务】 2018年，市邮政分公司寄递类业务收入实现1 459.61万元。全市各县区结合各地自身实际与地域特色在生鲜季、919暨中秋专项营销和双11旺季等阶段营销中取得明显效果，成功开发多个电商项目。将身份证、“两院”、工商企业监管告知书、生鲜、公安交管等项目作为“生命线”强势推进，开展寄递业务“创收争先”劳动竞赛和“拔点插旗——标快反击战”等活动，加强对各经营单位经营督导，有序推进全市邮政寄递事业部改革工作顺利开展。

【代理金融类业务】 2018年，市邮政分公司紧紧围绕“点燃激情、挑战不可能”发展目标，开展专场金融宣传活动2 000余场，推进烟草款、土地款、种植养殖收购款等项目开发及专项营销活动，创新开展“金融+”“+金融”项目联动发展。全年代理金融业务实现收入4 713.57万元，截至年末，储蓄余额规模为37.8亿元，净增4.57亿元。

【农村电商】 2018年，市邮政分公司注重渠道建设，着力推进农产品进城。全市有邮政便民服务站626个（新增5个）；邮乐购店584个（新增31个），月均活跃度为16.67%，邮助手注册102名；邮乐网招商商家25个（新增15个），累计上线产品128个，优帮帮运作项目4个，地方馆2个。

【警邮合作服务站建成】 2018年1月26日，为贯彻落实省公安厅、市公安局有关“放管服”要求，积极回应群众就近办理车管业务的期待，市邮政分公司与市公安局交警支队本着方便人民群众办理业务的原则，充分发挥邮政网络、人力、物力优势，借力邮政营业点办理车管业务，在红塔区东风南路邮政营业厅、元江县曼来邮政所、华宁县青龙邮政所建成全市首批警邮合作服务站。

【国家邮政局局长马军胜到玉溪调研邮政业发展工作】 2018年2月1日，国家邮政局党组书记、局长马军胜等一行5人到玉溪调研邮政业发展工作，听取玉溪邮政业发展基本情况介绍，并深入市分公司东风南路邮政支局和玉溪圆通分拣中心调研。调研中，马军胜局长认真了解企业网点收入、业务量、客户结构、从业人员等情况，听取基层员工在生产经营中采取的具体措施办法，同时，鼓励企业转变思路，主动顺应市场，主动融入地方经济社会发展大局，加强与商务、发改、交通、供销等部门协作配合，促进快递业与现代制造业、旅游业等相关产业协同发展，不断拓宽业务范围，增强行业竞争力，提高企业经济效益。

【开展“百凤还巢来 邮储献真情”送温暖活动】 2018年，市邮政分公司与市总工会、市交通运输集团联合在全市各地火车站、汽车站设置外出创业人员接待站，开展以“百凤还巢来邮储献真情”为主题的送温暖活动，提供临时休息场所，提供免费热水、充电及免费领取邮储新春大礼包，发放外出公务手册，宣传金融反假币知识，免费发放综合交通意外伤害保险等。

【第五届“悦邮书香全面阅读”图书巡展活动】 2018年3月26日，玉溪市红塔区第五届“悦邮书香全面阅读”图书巡展活动在玉溪聂耳文化广场举行。来自红塔区北城中心

2018年3月25日，云南省第十届集邮展览玉溪盛大开幕，暨《海棠花》特种邮票首发　（夏利喜　摄）

小学、瓦窑中心小学部分师生以及近百名市民参加此次活动，活动现场由市邮政分公司向北城中心小学捐赠价值1万元的图书，玉溪宏泰食品以及红塔汽车修理公司两家爱心企业为北城中心小学、瓦窑中心小学分别捐赠价值4 000元的图书。同时，还为到场16名品学兼优的学生捐赠价值200元的图书，图书巡展活动为期12天，书展汇集多家出版社的精品图书，涵盖儿童读物、中外文学、生活休闲、医疗养生、书法篆刻、科学科普等多种类别，以满足不同年龄层次的读者需求，所展图书以“卖2赠5”的公益形式吸引大量市民前来翻阅和选购。

【华宁邮政承办禁毒宣传剧取得圆满成功】 2018年，为进一步加强华宁县青少年的禁毒意识，普及道路交通安全、消防安全、拒绝毒品等安全知识，6月19日晚，禁毒宣传话剧《笑傲江湖》在华宁县文化馆演出并取得圆满成功，青少年禁毒宣传话剧《笑傲江湖》以轻松诙谐的演出方式、幽默搞笑的台词，深入浅出地揭露毒品给亲人、家庭、社会带来的危害，发人深省。

【纪念人民币发行70周年暨云南邮政《盛世改革·七彩云集》钱币展览会】 2018年7月17～22日，纪念人民币发行70周年暨云南邮政《盛世改革·七彩云集》钱币展览会在全市七县二区进行巡展。此次展览会提供第二、第三、第四、第五套人民币大、小全套，第三四五套合集和部分连体钞实物展览。

【峨山邮政举办邮政储蓄杯广场舞大赛】 2018年7月3～4日，峨山县邮政分公司联合峨山县双江街道举办“彝心向党.舞动峨山”邮政储蓄杯广场舞大赛，全县41支代表队近608人参加比赛。

【成立玉溪市寄递事业部】 2018年，市邮政分公司于9月21日成立市、县（区）寄递事业部，顺利完成机构设置人员划分的工作，全面整合资源、促进发展。

【党建工作有实效】 2018年，市邮政分公司为进一步加强国有企业建党工作，于5月成立党建工作部（监察室），按照省分公司的要求，配置三人，从严从实主抓全市党建工作，不断提升党建工作科学化水平。全市创新开展“党建+”活动，实现党建工作与经营工作深度融合、相互促进、同频共振，陆续开展活动，使“党建+”与金融、包快、电商等重点高效业务深度融合，取得较好成绩；组织开展机关党员“下网点、办实事”主题实践活动；组织开展“当一回大堂经理，当一天营销人员”，每月定期深入网点支局，和基层员工同工作、同体验、同发展。

（武映棣　段　娟）

（李卫东　摄）

财政·税务

FINANCE · TAXATION

责任编校：王　捷

财　政

税　务

财 政

【概 况】 2018年，全市一般公共预算收入完成142.5亿元，比上年增长3.8%。其中，增值税完成55.5亿元，增长13.2%；企业所得税完成5.9亿元，增长7.8%；城市维护建设税完成18.7亿元，增长13.3%。分级次看，市本级完成62亿元，比上年增长2.7%；县（区）合计完成80.5亿元，比上年增长4.8%；高新区完成7亿元，比上年增长5.1%；红塔区完成17.9亿元，比上年增长7.9%；通海县完成5.2亿元，比上年下降7.7%；江川区完成7.8亿元，比上年增长10.3%；澄江县完成9.5亿元，比上年增长8.6%；华宁县完成4.4亿元，比上年增长4.4%；易门县完成6.4亿元，比上年增长6.1%；峨山县完成4.5亿元，比上年增长3.3%；新平县完成13.4亿元，比上年增长6.1%；元江县完成4.4亿元，比上年下降10.6%。分收入结构看，税收收入完成104.3亿元，比上年增长10.9%；非税收入完成38.2亿元，下降11.5%。

全市一般公共预算支出277.7亿元，增长5.9%。其中，教育支出44.8亿元，下降7.3%；社会保障和就业支出38.3亿元，增长13.9%；医疗卫生与计划生育支出27.7亿元，增长2.7%。分级次看，市本级完成63.7亿元，比上年下降8.7%；县（区）合计完成214.1亿元，比上年增长11.3%；高新区完成6.5亿元，比上年下降8.6%；红塔区完成34.6亿元，比上年增长10.3%；通海县完成18.1亿元，比上年增长0.3%；江川区完成20.5亿元，比上年增长11.6%；澄江县完成27.3亿元，比上年增长24.7%；华宁县完成17.6亿元，比上年增长9.5%；易门县完成18.6亿元，比上年增长8.3%；峨山县完成16.8亿元，比上年增长8.4%；新平县完成34亿元，比上年增长22%；元江县完成20.1亿元，比上年增长6.4%。全市农林水事务支出23.25亿元（含直拨“粮食风险基金专户”的农业支持保护补贴资金9882万元），其中，农业支出6.32亿元、林业支出3.83亿元、水利支出3.58亿元、扶贫支出4.45亿元、农村综合改革支出5 907万元。

【政府性基金】 2018年，全市政府性基金预算收入完成49.6亿元，为年初预算的100.4%，比上年增长61.1%。支出完成48亿元，为年初预算的219.8%，比上年增长141.2%。市本级政府性基金预算收入完成6.4亿元，为年初预算的63.3%，比上年增长9%；支出完成13.7亿元，为年初预算的408.3%，比上年增长384.6%。高新区政府性基金预算收入完成1.6亿元，为年初预算的31.3%，比上年下降49.1%；支出完成1.2亿元，为年初预算的31%，比上年下降64.1%（受土地盘活进度不理想影响）。

【社会保险基金】 2018年，全市社会保险基金预算收入完成76.9亿元，为年初预算数的109%，比上年下降2.4%。支出完成61.1亿元，为年初预算的106%，比上年下降9%。当年收支结余15.8亿元，年终结转115.5亿元。市本级社会保险基金预算收入完成26.9亿元，为年初预算数的108%，比上年下降0.3%。支出完成15.2亿元，为年初预算的110%，比上年增长0.6%。当年收支结余11.7亿元，年终结转85.3亿元。

【国有资本经营预算】 2018年，全市国有资本经营预算收入完成3849万元，为年初预算数的190.9%，比上年增长417.3%。支出完成797万元，为年初预算的87%，比上年增长705.1%。市本级国有资本经营预算收入完成143万元，为年初预算数的11.8%，比上年增9.2%。支出完成10万元，为年初预算的9.3%，比上年减少89%。

【政府采购】 2018年，市政府采购需求预算9.71亿元，实际采购金额9.02亿元，比上年减少3.76亿元，下降29.44%，节约采购资金6 943万元，节约率为7.15%。不纳入基础数据统计的PPP模式项目采购4个，比上年减少14个，计划投资金额40.1亿元，减少275.63亿元，下降了87.3%。全年收到并受理投诉案件3件，受理2件，不予受理1件，投诉案件涉及金额408万元。供应商申请撤诉终止处理1件，改变原有结果1件。受理举报案件3件，涉及金额886万元，已全部结案。未发生行政复议和行政诉讼案件。

【采购信息公开】 2018年，市政府采购网页累计发布信息量达7 413条。其中，采购信息公告（公示）3 834条、采购单位公告合同数量3 286条、监督公告9条。

【金 融】 截至2018年末，全市共有29家银行业金融机构，人民币各项存款余额1 850.18亿元，较年初增加128.15亿元，增长7.44%，增速位居全省第1位。全市银行业金融机构各项贷款余额1 142.56亿元，较年初增加145.66亿元，增长14.61%，增速位居全省第2位。全市共有26家保险机构，实现保费收入44.76亿元，较年初增加3.79亿元，比上年增长9.09%。理赔支出14.30亿元，比年初增加1.87亿元，赔付率31.94%。赔付率20.19%。全市共有6家证券机构（不含红塔证券）累计开户数9.18万户，比年初增加1.34万户；总成交额43.78亿元，比年初减少15.77亿元。托管市值24.18亿元，比年初减少12.57亿元；代买卖证券2.56亿元，比年初减少0.55亿元。金融业增加值87.4亿元，占全市GDP（1493亿元）的5.85%，较上年上升0.03个百分点。

【农村综合改革“美丽乡村＋文化”试点建设项目】 2018年，江川区江城镇温泉村委会徐家头村、华宁县宁州街道办事处上村社区瓦窑村成为全省首批农村综合改革“美丽乡村＋文化”试点，共获得试点资金1 300万元。江川区江城镇温泉村委会徐家头村试点项目投资概算851.61万元，其背靠古滇文化遗址李家山，依托当地独特的资源优势，将围绕青铜文化打造美丽乡村；华宁县宁州街道办事处上村社区瓦窑村项目投资概算505.55万元，将以陶瓷文化展开试点。结合项目的实施，试点村将探索建立农村可持续发展机制和农民持续增收的长效机制，盘活地方和民族特色文化资源，推进建立农村环境治理与保护长效机制，促进乡村传统文化与生态文明建设融合发展。

【农村综合改革乡村振兴试点试验示范项目】 2018年，红塔区大营街街道大营街社区、峨山县双江街道办事处富泉村和厂上村、澄江县右所镇小湾社区小湾村成为全省首批农村综合改革乡村振兴试点，共获试点资金3 000万元。红塔区大营街街道大营街社区试点项目投资概算1 682.53万元，峨山县双江街道办事处富泉村和厂上村2村项目投资概算1 094.7万元，澄江县右所镇小湾社区小湾村项目投资概算1 010.39万元。试点通过持续构建农村生态文明发展机制、推动村级集体经济持续健康发展、构建乡村治理新体系、弘扬乡村传统文化、建立健全农民持续增收机制等五项内容，加快推进乡村治理体系和治理能力现代化，推进一二三产业融合发展，提升产业整体效益和带动农民增收，让农业成为有奔头的产业，让农民成为有吸引力的职业，让农村成为安居乐业的美丽家园。

【预算绩效管理】 2018年，市财政局组织150多个市级预算部门（单位），对财政批复绩效目标的1 429个部门预算项目支出开展绩效自评工作，评价财政资金总额为25.1亿元。8～11月，市财政局对2017年市级预算金额大、影响面广、公众关注度高的提升城乡人居环境、民族团结进步示范、公共文化服务体系建设、农村义务教育学生营养改善计划、福彩公益金和体彩公益金6个重点项目和市旅游发展委员会1个部门，开展绩效再评价工作，涉及金额3.2亿元。旅游发展委员会部门整体支出评价结果为“良”，重点项目中4个项目评价结果为“良”、2个项目评价结果为“中”。市财政局对项目实施单位在项目管理、项目运营、资金管理方面存在的薄弱环节提出意见建议，并要求各部门对存在的问题进行整改将“全面实施绩效管理”的要求落实到执行和监督过程中，为财政资金在今后安全、合规、高效使用奠定良好的基础。

【市级行政事业单位国有资产处置情况】 2018年，市级行政事业单位国有资产处置工作认真贯彻落实《市政府关于印发玉溪市行政事业单位国有资产管理办法的通知》精神，严格按照《市级行政事业单位国有资产处置管理暂行办法》进行审批。资产处置始终坚持“公开、公平、公正”的原则。截至12月31日，市级行政事业单位共处置国有资产186件，账面原值7.86亿元。其中，土地、房屋及构筑物28.1万平方米，账面原值3.92亿元；无形资产账面原值2 810.06万元；公务用车处置95辆，账面原值1 239.51万元（不含44辆黄标车价值）；执法执勤用车处置120辆（包含115辆摩托车），账面原值359.98万元；其他车辆处置23辆，账面原值365.42万元；通用设备账面原值2.44亿元；专用设备账面原值6 501.65万元；家具用具动植物账面原值3 386.60万元；货币性资产核销账面原值328.34万元；图书、档案账面原值22.12万元；文物和陈列品账面原值9.76万元。

【首次向人大报告国有资产管理情况】 2018年10月，市政府首次向市人大常委会报告国有资产管理情况，首次亮出国有企业国有资产、金融企业国有资产、行政事业单位国有资产和自然资源国有资产4大类国有资产“家底”。截至2017年12月31日，全市国有企业和行政事业单位资产总额1 913.17亿元，其中，国有企业（不含金融企业）资产总额707.25亿元，占比36.97%；地方金融国有企业资产总额929.92亿元，占比48.61%；行政事业单位资产总额276亿元，占比14.43%。全市国有土地资源10.26万公顷；全市主要矿种探明储量：煤炭4.91亿吨，磷矿6.34亿吨，铁矿6.04亿吨，锰矿56.25万吨，铝土矿14.74万吨，铜金属量246.4万吨，铅金属量2.3万吨，锌金属量11.2万吨；全市林业用地面积1 519.65万亩，占全市国土面积的67.58%，森林覆盖率为56.7%，林木绿化率为67.94%，森林蓄积量626.9万立方米；全市水资源总量48.23亿立方米，折合径流深322.7毫米，比上年偏多9.7%，其中地下水资源量18.98亿立方米。

【支付电子化】 2018年，市财政局办理电子支付业务10.43万笔，共计金额329.78亿元。其中，直接支付业务（含工资）1.76万笔，共计金额10.75亿元，均已完成支付和清算；实拨业务892笔，共计金额239.86亿元，人行已完成支付；下达授权支付额度1.49万笔，共计金额38.79亿元；预算单位开具授权支付凭证7.09万笔，共计金额40.38亿元，均已准确高效地清算完毕。

【脱贫攻坚】 2018年，市本级财政预算安排财政专项扶贫资金1.18亿元，占市级农口部门本级财政预算（含下达县区资金）的52.08%，占各级财政专项扶贫资金的44.39%，达中央和省级财政专项扶贫资金的121.37%。市级财政专项扶贫资金预算严格按照中央、省、市财政专项扶贫资金管理办法和实施细则要求，采用因素分配法进行资金分配，资金分配向贫困少数民族地区和贫困革命老区倾斜权重高达35%，市级财政专项扶贫资金分配给红塔区、江川区、通海县、澄江县4个坝区、县区的占23.55%，分配给华宁县、易门县、峨山县、新平县、元江县5个山区县的占76.45%。全市2016年和2017年度财政专项扶贫资金结转结余资金清零。2018年度财政专项扶贫资金投入（纳入2018年财政专项扶贫资金绩效考评）4.07亿元，结余结转802.94万元，结余结转率为1.97%，其中中央资金1.86%、省级资金2.01%、市级资金2.07%、县级资金1.9%，下达县区资金2.55%、下达市直部门资金为零。全市继续推进资产收益扶贫工作，各县（区）共开展23个资产收益扶贫试点项目，计划投资7 392.53万元（财政补助资金2 385.45万元），受益建档立卡贫困户2 906户1.05万人，其他农户356户1 110人；实际投资8 702.58万元（财政补助资金2 284.08万元），受益建档立卡贫困户2 782户1.02万人，其他农户872户3 071人。

【农业供给侧结构性改革】 2018年，市财政局继续支持开展农村土地承包经营权确权登记颁证工作，农村土地承包经营权确权登记工作按照国土二调面积（380.84万亩），中央、省级、市级、县区4级按照10元/亩给予补助。市级分3年将应资金3 808.40万元全部拨付县（区），全市土地确权颁证工作基本完成，共确权面积319.27万亩。同时，及时将中央耕地地力保护资金将补助资金9 882万元拨至各县（区）“粮食风险基金”专户，并要求县（区）级按照审核认定并公示后的补贴面积、补贴标准、补贴金额通过“一折通”兑付给农户。并争取中央农机购置补贴资金2 990万元，农业深松整地资金216万元，省级农机技术推广与购置补贴资金106万元。此外，安排国家农业可持续发展试验示范区（绿色发展先行区）建设经费190万元、农产品质量安全系统推广应用50万元、农产品质量安全检测仪器及试剂购置经费436万元；安排红河谷—绿汁江农业产业发展经费350万元，切实推进热区产业经济带农业发展；做好特色文章，做实项目储备，配合主管部门，积极争取省级现代农业产业园、支持绿色食品发展等资金支持。

【严控“三公”支出】 2018年，全市三公经费合计1.08亿元，比上年减少1 018.56万元，下降8.65%。其中，市本级三公经费合计2 745.76万元，比上年减少333.61万元，下降10.83%。分类别看，全市公务接待费支出3 333.55万元，比上年降低21.62%；公务用车购置及运行维护费支出7 131.30万元，比上年降低2.2%；因公出国（境）费支出290.79万元，比上年增长26.54%。

【转贷债券】 2018年，市财政局积极协调各相关债务部门、单位、公司做好省级转贷债券申报工作，争取到省级转贷政府债券资金87.85亿元，其中置换债券38.54亿元、偿还到期政府债券22.83亿元、新增债券26.48亿元，为改善全市政府债务结构、促进经济社会健康发展起积极作用。

【政府债务】 2018年，全市当年归还政府债务本息77.6亿元。其中，偿还政府债券本金25.33亿元，利息13.73亿元；置换政府存量债务38.54亿元，支付利息1 372.8万元，有效维护政府信誉；着力挤出政府债务“水分”，核销政府存量债务15亿元。

【行政事业单位内部控制体系建设】 2018年，市财政局多措并举，组织全市行政事业单位按时汇总编制《玉溪市2017年度地区（部门）行政事业单位内部控制报告》报送省财政厅。

【会计类考试荣获省厅嘉奖】 2018年，全市有6 224人参加会计专业技术初级资格无纸化考试，786人合格办证；1 555人参加会计专业技术中级资格无纸化考试，99人合格办证；19人报考高级会计师，9人合格办证；注册会计师玉溪考区（含玉溪、普洱、版纳）共报考1 003科次，有7人7科合格，取得注册会计师资格。全市考试组织管理工作被省注册会计师考试委员会和省会计专业技术资格考试领导小组办公室评为“考试组织工作一等奖”。

【推进政府和社会资本合作PPP模式】 2018年，全市为防止进一步推进PPP规范发展，夯实PPP可持续发展基础，结合PPP项目库管理实际，按照“分类施策”原则，通过项目瘦身和管控投资，切实降低政府支出责任；通过调研论证，采取停建不必要项目，退出不适合项目等措施，严格将市本级及各县（区）PPP项目财承占比控制在10%的红线范围内。截至年底，全市纳入全国PPP综合信息平台管理库项目53个，总投资659亿元。PPP项目分布均衡，执行正常，市、县（区）财承红线均控制在10%以内。

【地方金融】 2018年，全市16户地方金融法人机构（信用社类9户，银行类7户）共有185个对外服务网点。年末从业人员2 772人，资产总额1 720.03亿元，比年初增长8.26%；吸收存款余额1 329.25亿元，比年初增加117.78亿元；贷款总额696.34亿元，比上年增加74.82亿元；实现营业收入43.72亿元，比上年增长15.06%；实现利润总额10.71亿元，比上年增长85.36%；上缴税金6.14亿元，比上年增长73.72%；不良贷款27.44亿元，比上年增长10.62%，不良贷款率3.94%，比上年下降0.05个百分点。

【普惠金融】 2018年，全市普惠金融发展资金共申报各级配套资金1.86亿元，其中县域金融机构涉农贷款增量奖励资金698.89万元，农村金融机构定向费用补贴资金558.19万元，创业担保贷款贴息及奖补资金1.74亿元；撬动银行发放贷款11.42亿元，引导金融资金投向民生，投向“小微”，投向“三农”等领域，有效实现金融支持“三农”、支持创业、支持地区发展。

【农业保险】 2018年，全市安排下达农业保险保费补贴中央配套缺口资金和2018年度中央、省市配套资金2 556.12万元。其中，中央资金1 318万元，省级资金667万元，市级资金571.12万元，资金及时足额下达，保障全年投保保单签署，为农业生产和森林火灾添保障。通过农业保险项目的实施，降低农民种植和森林受灾的风险，确保农民致富增收，保障农民收入持续增长，推动农业可持续发展。

【市直单位烟酒茶玉专项整治】 2018年，按照《中国玉溪市纪委办公室玉溪市监察委办公室关于开展严禁公务活动中赠送收受烟酒茶玉等专项整治活动的通知》要求，市财政局积极配合开展市直部门烟酒茶玉专项整治，并出具《关于开展严禁公务活动中赠送收受烟酒茶玉等专项整治活动资产处置问题的意见》，指导市直各部门在专项整治中做好资产处置和账务处理工作，市直各部门在自求平衡的基础上将资产处置结余资金151.33万元上缴市财政国库。

【重点工作经费】 2018年，市财政局新增预算安排“一部手机游云南”专项资金900万元，新增安排全市提前治理淘汰黄标车市级配套资金6 635.92万元，新增安排改善乡镇职工基本生活条件市级配套资金2 610万元，新增安排“互联网＋政府服务热线”专项资金114.09万元，新增安排市级交流干部一号周转住房资金577.79万元，新增安排深化“放管服”优化营商环境专项资金1 500万元。同时，安排“两新组织党建、城市党建、中小学党建”等党建经费1 877.9万元，安排文明城市创建经费1 840万元，安排市纪委监察委留置场所建设、办案费补助等经费1 881万元，安排十九大精神宣传教育培训及示范点建设经费221.5万元，安排全国第四次经济普查专项资金1 220万元，安排民族团结进步示范区建设经费500万元，安排反恐怖专项资金300万元，安排纪念改革开放40周年暨玉溪撤地设市20周年系列活动专项资金208.83万元。

【公务用车改革】 2018年，按公务用车改革相关费用计算公式口径要求测算，全市改革前费用5.29亿元，改革后费用4.14亿元，改革后比改革前节约资金1.16亿元，节支率达到21.88%。全市执法执勤用车改革前编制数1 331辆，改革后留用883辆，市级留用186辆，县（区）留用697辆，保留的执法执勤用车纳入“云南省执法执勤用车信息监管平台”监管。市县级按执法执勤用车北斗卫星定位终端全部安装完毕并上线运行。

【社保基金】 2018年，全市24.31万人参加企业职工基本养老保险，26.98万人参加城镇职工基本医疗保险，121.39万人参加城乡居民养老保险，8.89万人参加机关事业养老保险，185.85万人参加城乡居民基本医疗保险（2017年全市原城镇居民医疗保险与新型农村合作医疗保险合并），25.62万人参加工伤保险，20.74万人参加生育保险，16.57万人参加失业保险。

【医药卫生体制改革】 2018年，市医改试点受到国务院、财政部的高度关注，并于5月在市内召开国务院医改督查工作会议和财政部增强医保基金可持续性座谈会。2015～2018年，市属3家公立医院连续启动了5项改革。市级3家公立医院从2015年12月1日起，取消医院药品加成（不含中药饮片）；2015～2016年试行医院内部分配制度改革，在严格执行医院财务会计制度和国有资产保值增值（二医院允许适度亏损）的条件下，人员支出控制在医疗业务成本的40%以内，并于2017年3月被列为全省薪酬制度改革试点；自2016年1月20日起，调高部分医疗服务价格；对公立医院用药、实行联合限价采购、由医保中心与配送单位结算药品价款；自2017年1月1日起在市人民医院实施DRGs付费改革。

【彩票公益金】 2018年，市财政局为规范和加强彩票专项公益金管理，发挥彩票公益金使用效益，支持和推动全市社会公益事业全面发展，从各县（区）上报的27个项目中筛选出23个符合资助范围的申请项目上报省财政厅，申报建设项目补助资金1 454万元。省厅下达彩票专项公益金1 434万元。其中，2018年彩票专项公益金项目资金（第一批）1 235万元，支持基层老年人体育场地设施建设项目140万元，省级乡村学校省少年宫新建项目和项目运转补助资金59万元。

【“点亮玉溪”工程】 2018年，市财政局安排市级财政资金1.08亿元，用于“点亮玉溪”工程，在全市4 663个尚无路灯的自然村组的村内户外、部分村寨人员密集区域的连接路安装一期5万盏智能太阳能路灯，解决农村群众夜间出行困难的基本问题，完善农村基础设施，提升农村人居环境。

【海绵城市和综合管廊】 2018年，市财政局加强资金的监管和绩效考评，积极向上争取政策和资金支持，与相关部门共同组织，严格管理，认真做好国家海绵城市建设试点和省级地下综合管廊建设试点的各项工作，加快推进项目建设。全年下达城市管网专项补助资金3.2亿元，收到上级海绵城市第二批试点城市补助资金2亿元（支出列2019年）。

【三湖保护治理】 2018年，市财政局牢固树立“绿水青山就是金山银山”的发展理念，坚持“预防为主、保护优先、防治结合”原则，以水质改善为核心，大幅削减入湖污染物，用全新的、综合性的生态系统管理策略解决湖泊保护治理复杂的经济社会问题和生态问题，争取省级每年补助抚仙湖保护专项资金6亿元，连续补助5年，合计30亿元。全年补助资金6亿元专项用于抚仙湖休耕轮作工作，解决抚仙湖径流区内大水大肥种植模式造成农业面源污染严重的问题，在径流区内推行农业休耕轮作，调整优化农业种植结构，发展生态绿色农业，减少农业面源污染，确保抚仙湖保持Ⅰ类水质。同时，收到2019年6亿元补助部分中的2.10亿元，收支列入2018年，专项用于“森林抚仙湖”项目；收到提前下达抚仙湖山水林田湖草重点生态修复试点工程中央专项补助资金5亿元（收支列入2019年）。此外，做好抚仙湖山水林田湖重点生态修复工程相关工作，加强资金的监管和绩效考评。

（任　媛）

税　务

【收入情况】 2018年，全市税务系统组织税费收入490.60亿元，比上年增收19.35亿元，增长4.11%。其中，税收收入入库403.24亿元，比上年增收3.77亿元，增长0.94%；社保费及非税收入入库87.35亿元，比上年增收15.58亿元，增长21.71%。

【收入结构】 2018年，全市税务系统完成中央级税收收入280.92亿元，比上年减收6.51亿元，下降2.26%；市级收入53.51亿元（含教育费附加3.73亿元），比上年增收6.03亿元，增长12.71%；地方级税收收入完成122.32亿元，比上年增收10.27亿元，增长9.17%，地方级税收收入在财政收入中占比进一步提高。10个征收单位收入呈现“8增2减”的特征。“8增”即澄江县增长20.66%，通海县增长14.40%，江川区增长12.41%，新平县增长11.86%，易门县增长9.59%，红塔区增长9.11%，华宁县增长1.63%，高新区增长0.13%；“2减”是元江县下降9.33%，峨山县下降7.15%。

【分税种收入】 2018年，全市17个税种中除消费税、个人所得税、耕地占用税、印花税、营业税负增长外，其余税种仍然保持正增长。其中，增值税入库113.07亿元，比上年增收12.39亿元，增长12.31%；消费税入库190.39亿元，比上年减收13.77亿元，下降6.75%；企业所得税入库36.79亿元，比上年增收2.66亿元，增长7.81%；个人所得税入库11.17亿元，比上年减收1.02亿元，下降8.33%；城市维护建设税入库23.85亿元，比上年增收2.80亿元，增长13.29%；车辆购置税入库5.19亿元，比上年增收1 904万元，增长3.81%；卷烟“四税”入库274.60亿元，比上年减收4.53亿元，下降1.62%。非烟税收累计完成128.65亿元，比上年增收8.29亿元，增长6.89%。

【社会保险费】 2018年，全市税务系统社会保险费完成59.85亿元，比上年增收7.78亿元，增长14.94%。除工伤保险降低7.74%外，其余6项增幅均在两位数以上。其中，生育保险费增幅最高，比上年增长60.10%，增收的主要因素是生育保险费费率提高政策，带动全市生育保险费快速增长；机关事业单位基本养老保险费，比上年增收2.23亿元，增长16.15%，增收的主要因素是工资薪金上涨，缴费基数增大。

【非税收入】 2018年1月1日起，全省防空地下室易地建设费等11项非税收入划转到税务部门征收，因非税收入项目和规模增加，全市税务系统全年征收非税收入项目15项，非税收入增幅较大，非税收入完成9.70亿元，比上年增收5.81亿元，增长149.74%。

【工业卷烟税收】 2018年，全市工业卷烟税收入库274.60亿元，占全市税收收入68.10%，比上年减收4.53亿元，下降1.62%，非工业卷烟税收入库128.65亿元，占全市税收收入31.90%，比上年增收8.29亿元，增幅6.89%，工业卷烟税收仍是全市税收收入增幅的主力军，收入占比较高。

【减税降负】 2018年，全市税务系统减免各项税收40.33亿元，其中，改善民生减免6.63亿元，鼓励高新技术减免1.16亿元，促进小微企业发展减免4.66亿元，节能环保减免8 545

万元，促进区域发展减免3.37亿元，支持文化教育体育减免1 657万元，支持金融资本市场减免14.97亿元，支持三农减免3.39亿元，支持其他各项事业减免5.07亿元。

【国税地税征管体制改革】 2018年，全市按照党中央、国务院和国家税务总局关于改革国税地税征管体制“新税务机构挂牌、制定落实‘三定’规定、社保费和非税收入征管职责划转”的安排部署，市税务局成立机构改革工作领导小组和专项工作组，制定实施方案，强化制度保障，压实工作责任，稳步推进改革。7月，市税务局和10个县（区）级税务机构先后顺利挂牌，先行合并的4个部门实现集中办公。9月底，市局机关“三定”方案顺利落实，市县两级税务部门联合党委顺利改设党委，市税务局内设科室负责人和工作人员先后安排到位。10月底，10个县（区）局“三定”方案顺利落实，职能配置、机构设置、人员编制均按要求落地，干部队伍思想稳定，工作状态良好。全市税务系统共有市级税务机构1个，县（区）正科级税务机构10个，其中市税务局机关有内设机构20个，派出机构6个，事业单位3个。

【税制改革】 2018年1月1日，《中华人民共和国环境保护税法》正式施行，全市392户纳税人顺利完成环保税申报，2 785万元环保税征缴入库，实现排污费“费改税”平稳落地。5月，深化增值税改革各项工作全面启动，597户一般纳税人顺利转为小规模纳税人，全市一般纳税人6 557户实际享受减税纳税人超6 000户。全市推广个人所得税扣缴客户端2.2万户，个税改革过渡期平稳有序运行。《烟叶税法》于2018年7月1日起开始执行，市税务局开展烟叶税专项调研，全面总结烟叶税征管经验，分析2013～2017年间烟叶税分布状况，预判烟叶税立法后续影响，做好烟叶税征管准备工作，有针对性地向省局提出贯彻执行《烟叶税法》的有效建议。

【放管服改革】 2018年，市税务局严格落实放权举措，持续推进行政审批目录化、清单化管理，推行备案管理，简化涉税资料报送、表单填写，为经济主体“松绑”“减负”，仅保留7项行政审批事项。4月1日起，全市税务系统正式实施办税事项“最多跑一次”清单，配置自助办税终端机23台，优化纳税服务。市税务局联合市银监分局与建设银行玉溪分行等6家银行建立银税合作联系机制，全年向银行系统推送纳税人信用信息5 640户，银行累计授信贷款143户（次），贷款金额1.41亿元，全部为小微企业。全市税务系统组织开展“问需求优服务”纳税人座谈活动11场，229位纳税人代表参加，直接听取纳税人的意见建议，答复纳税人咨询；持续开展走访纳税人活动，全市走访民营企业153户，其中创新型民营企业16户、小微企业88户。一般纳税人登记网上办理于9月1日起全省推广应用，全市同步推广运用，全年有74户纳税人通过网上电子税务局实现一般纳税人登记网上办理。全市完成2017年度纳税信用等级评价工作，经过复评、补评等动态调整，截至2018年底，参评户数为2.56万户，其中，A级425户、B级8 055户、M级1.15万户、C级2 651户、D级2 971户。

2018年7月5日10点，国家税务总局玉溪市税务局挂牌 （杨有德 摄）

【个人所得税改革】 2018年，市税务局抓好个税改革过渡期预培训，对290户重点扣缴单位开展入户政策辅导，对2.3万户扣缴单位开展79场政策预培训，对扣缴义务人和纳税人实施精准辅导，实现对有扣缴综合所得税款的扣缴义务人面对面辅导100%全覆盖，协同市财政局研究确定全市财政统发统扣单位新旧税制衔接解决方案，保证全市1 829户财政拨付工资单位，在2019年1月1日准确申报专项附加扣除，享受政策红利。同时，开展个税改革过渡期政策效应分析，自10月个税过渡期政策实施以来，个税改革红利逐步显现，全市中低收入群体广泛受益、工薪阶层普遍受益，30.23万户个人所得税纳税人共享改革红利。据统计，全市10月入库个人所得税7 872万元，11月入库个人所得税6 475万元，个人所得税净入库税额11月较10月环比减少1 397万元，比上年减少2 284万元，其中，11月工资薪金个人所得税较10月减少1 320万元，减幅26.6%，比上年减少3 322万元，减幅48%。从税率档次看，适用20%、25%税率档次的工资薪金个税入库税额下降最为明显，11月较10月的环比减幅分别为10.68%和77.36%，领取工资薪金所得在2万元以下的纳税人，减税幅度均超过50%，改革减税效应明显。

【社保费和非税收入职能划转】 2018年，市税务局按照中央、省全面贯彻落实社会保险费和非税收入征管职责划转工作要求，市政府牵头成立由常务副市长柳文炜担任组长的划转工作领导小组，结合省局《社会保险费和非税收入征管职责划转工作实施方案》，制发《玉溪市社会保险费和非税收入征管职责划转工作实施方案》，与财政、人社等部门组成划转协调机制办公室，开展划转试点，稳步推进划转工作。截至12月底，全市清理医疗保险费数据256余万条，清理养老保险费数据1万余条，清理失业保险费数据近17万条。

①2018年10月1日，个人所得税改革全面推开。市县（区）税务局增设辅导专窗，宣传个税新政 ②国税地税征管体制改革期间，市县（区）税务部门开展主题党日活动，拥护改革、支持改革、参与改革

（余 娇 摄）

【税收征管】 2018年，市税务局协同相关职能部门共同开展税收风险应对工作，全年清理欠税6 280万元，对3 414户次纳税人开展风险应对，查补税款1.35亿元；推行实名办税工作，于12月17日全市全面上线实名办税；开展税源费源摸底统计和管户对照工作，截至12月底，全市开业状态纳税人9.5万户，其中，企业2.5万户、个体经营户7万户、登记在册缴费人共6.6万户；做好自然人税收管理系统上线工作，组织人海压力测试2次，组织扣缴义务人培训79场次，培训人次达1.9万多；开展征管数据治理工作，组建数据治理团队，清理数据7.3万条；完成2018年度红塔区存量房评估系统数据维护工作，确定新增红星国际广场紫郡等27个标房数据，调整瑞丰小区等14个标房数据，中心城区大部分区域房屋单价（含普通住宅，别墅、复式楼、车位、车库、其他）上调10%，商铺及写字楼不做调整。

【依法治税】 2018年，市税务局做好“双公示”工作、重大税务案件审理，以“两打一专”为重点，严厉打击税收违法行为，持续开展行业、区域和发票专项整治行动，整顿税收秩序，开展“双随机、一公开”，实施“黑名单”推进联合惩戒工作。全年对119户开展重点稽查，查结案件选案准确率达100%，稽查查补入库税款合计7 761.5万元，其中，审结重大税务案件29件。并与市公安局建立税警协作机制，协同各职能部门共同开展扫黑除恶专项斗争。

【出口退税】 2018年，全市办理出口退（免）税企业128户，办理出口退（免）税5.91亿元，与去年同期相比下降5%。其中，退税5.39亿元，与去年同期相比下降9%；免抵调库5 200万元，与去年同期相比增长57%。从出口产品结构情况看，全市主要是以收购初级农产品为原料加工出口货物，以水果、蔬菜、分割猪肉等产品为主，其次是机械设备、五金制品、箱包、中药等。出口国别主要是越南、香港、泰国等东南亚国家。

【从严治党】 2018年，全市税务机关根据新机构组织、人员架构，按照总局和省局的统一安排部署，迅速健全各级党组织，市县两级联合党委先后改设党委，市局设立系统党建工作科、机关党委，10个县（区）局组建了9个机关党委、1个党支部，进一步强化全面从严治党的组织和机制保障；健全完善“条主责、块双重，纵合力、横联通，齐心抓、党建兴”的新纵合横通强党建机制体系，建立党建联系点工作制度，深入落实“下抓两级、抓深一层”工作机制，不断加强党的建设；始终把党风廉政建设作为税收改革发展的重要保障，聚焦改革，建立监督执纪领导小组，开展机构改革纪律执行情况监督检查，推进“纠四风·强纪律”专项整治活动，推动“以案促改”工作。全年立案审查违纪案件2件，给予政纪处分7人，对3个县（区）局党委（党组）给予了检查、通报问责。

【扶贫攻坚】 2018年，市税务局向扶贫联系点平掌社区和平富库村委投入帮扶资金78.34万元，实物价值2.3万元，合计80.64万元。10月，经动态管理识别认定，原有的建档立卡户44户142人，43户138人已实现稳定脱贫，未有脱贫户返贫及贫困户新识别纳入现象，贫困发生率降至0.32%。

【表彰表扬】 2018年，全市国税地税征管体制改革工作获市、县各级地方党委政府充分肯定，获各级表扬性批示32次。环境保护税改革工作成绩突出，受到国家税务总局通报表扬，并被表彰为环境保护税改革工作先进集体。市税务局报送的城市维护建设税立法调研报告被中共云南省委依法治省领导小组办公室采用，并印发各地学习借鉴。玉溪税务代表队在全市党纪法规知识竞赛中，取得第四名的好成绩。峨山县税务局被中共玉溪市委、玉溪市人民政府命名为“第九届玉溪市文明单位”。

【干部队伍】 截至2018年12月底，全市税务系统有干部职工1 438名（男性858名、女性580名），其中中共党员880名。硕士研究生以上学历人员共有12人，占0.83%；大专以上学历人员1 389人，占96.59%。50岁以上人员624人，占43.39%；40～50岁人员364人，占25.31%；35岁以下人员353人，占24.54%。全市税务系统新进人员63人，退休62人。

（张 楠）

（张本聪　摄）

金融业

FINANCE AND INSURANCE

责任编校：佐湘麟

金融管理

【概　况】　2018年，市人行贯彻落实国家宏观调控政策和上级行工作部署，把握“严纪律，强基础，防风险，促提质”工作主线，围绕全市经济社会发展目标，强化金融对实体经济的支持力度，切实防范金融风险，有效提升金融服务水平。全年金融机构各项存款余额1 850.2亿元，比年初增加128.2亿元；各项贷款余额1 142.6亿元，比年初增加145.7亿元。

【强化货币政策传导】　2018年，市人行加强货币政策与宏观政策的协调配合，强化窗口指导和政策引导，着力疏通货币政策传导机制，督促全市金融机构优化信贷投向结构，有力地支持实体经济发展。同时，充分发挥支农支小再贷款和定向降准政策工具作用，引导金融机构加大对基础设施建设、重点产业发展、“三农”、民营经济和小微企业的支持力度，全年累计发放支农、支小再贷款分别为2.04亿元、10亿元；建立打通货币政策传导“四项机制”，为支持民营企业和小微企业融资搭建“银政企”沟通对接服务平台，全年促成138户工业企业、36户农业企业和45户商贸企业合计新增贷款12.9亿元，续贷43.9亿元。为缓解企业融资贵，引导信贷利率下行，全市地方法人金融机构企业加权平均利率为6.28%，比年初回落0.44个百分点；推广应用应收账款融资服务平台缓解中小企业融资难题，累计融资成交额45.77亿元。

【加强金融风险防范化解】　2018年，市人行按照防范化解金融风险三年攻坚战行动实施方案，分类处置存量债务，加强金融风险排查，协助市政府依法调查和处置“大道金行”非法金融活动，做好金融控股公司风险监测，建立云南合和集团和控股金融机构的常态化报表监测制度，加大其与所控股金融机构之间的关联交易信息监测力度，有效监测金融控股集团风险。同时，牵头协调银监局、金融办、银行业协会、保险业协会等单位和组织，率先在云南省辖区人行系统构建金融广告监测和治理协作机制，全年监测金融广告698条，责令变更投资管理有限公司名称6家，注销违法违规评估有限公司1家；深入推进存款保险工作，保护存款人权益，维护金融安全稳定，做实存款保险制度早期纠正功能，推动个案风险处置，扩大银行压力测试范围，按季开展央行金融机构评级，揭示金融机构风险状况；推进辖区互联网金融风险专项清理整治，完善系统性金融风险防范和处置机制，加强对P2P、网贷、网络众筹等方面的风险监测分析，防止非银行支付领域风险；加强反洗钱监管工作，强化金融机构客户识别，加强反洗钱的非现场和现场监管，推进重点领域反洗钱调查和协查工作进展；深入推进“两管理、两综合，一保护”工作，加强对金融机构监督检查和管理，督促金融机构严格落实人行各项政策规定，持续规范金融机构的经营行为。

【深化金融改革与开放】　2018年，市人行推进全市利率市场化改革，率先在全省地州市建立市场利率定价自律联席会议机制，全市30家金融机构成为基础成员，有效维护辖内利率市场定价秩序，促进金融市场规范健康发展，平稳有序推进利率市场化改革，全市11家地方法人金融机构成为全国市场利率定价自律机制基础成员，全市金融机构累计发行同业存单148.2亿元，大额存单158.5亿元。同时，高度关注中美贸易摩擦对玉溪经济及国际收支的影响，强化货物贸易监管，加强资本项下跨境资金流动风险监测分析和防范，深化外汇领域“放管服”改革，促进贸易和投资便利化，支持玉溪外向型经济平稳发展，全年跨境收支申报总额9.3亿美元，跨境收支顺差7.9亿美元，银行结售汇总额2.8亿美元，结售汇顺差1.2亿美元，完成跨境人民币结算金额46亿元。

【加强金融基础建设】　2018年，市人行推进社会信用体系建设，推动出台玉溪市守信激励和失信惩戒实施细则，推进农村和中小企业信用体系建设，全市创建信用乡镇22个，信用村190个，评定信用户39.9万户，累计取得银行融资的中小企业546户，金额905.32亿元，建立31个诚信宣传教育基地，支持地方法人金融机构信贷资产质押再贷款，做好央行内部（企业）评级工作。同时，大力提升支付系统服务水平，全市支付系统处理业务83.3万笔，清算资金126万亿元；深入推进农村支付环境建设，有效为农村群众提供便利的金融服务，全市建立农村惠农支付服务点415个（普惠金融服务站103个），覆盖全市七县二区415个行政村，惠及113.8万农村群众，全力推动云南省移动支付便民示范工程，新平嘎洒镇于11月成为云南省首个移动支付特色旅游小镇；加强国库管理，准确、及时办理国家预算收支，全年办理国库业务187.2万笔，增长30.4%；办理各级预算收入502.5亿元，增长3.5%；办理预算支出378.5亿元，增长5.6%；经收社保五险和工会经费61.9亿元，增长14.9%；强化人民币管理，投放现金84.55亿元，回笼现金76.83亿元，净投放现金7.72亿元。

【创新完善统计分析和调查研究工作机制】　2018年，市人行紧紧围绕上级行要求，立足区域实际和自身情况，创新完善机制，全力推动做好调查研究工作，探索建立课题研究激励机制、与高校合作机制、行内联动机制、政务信息青年团队机制，制定中支《青年骨干课题研究业务竞赛办法》《政务信息劳动竞赛管理办法》等制度办法，开展统计调查研究和政务信息工作，提升调查研究质量和水平；结合区域热点难点问题深入开展专题调研，提高调查工作的敏锐性、针对性和前瞻性，针对玉溪市省级直贷在全省占比较小、不良贷款司法清收、关注类贷款、地方政府银政考核、小微企业融资难情况、PPP项目清库等情况开展多项专题调查；加强调查统计分析工作，完善金融统计考核机制，开展金融统计执法检查，提升统计数据质量，突出区域特色，建立烟草行业存、贷款监测机制，开展理财和资金信托统计制度的研究，拓展金融统计监测的广度和深度；加强调查分析团队建设，建立数据解读交流机制，发挥合力，提升分析工作的深度和广度。截至年末，全年市人行5篇信息被国办刊用，16篇信息被总行刊用，《调查显示：金融机构与PPP项目合作中四个问题亟须关注》被省政务常务副省长批示，省级重点课题《货币政策与宏观审慎政策协调：基于企业融资约束视角》获得总行青年课题三等奖，云南省青年课题论坛一等奖。

（徐　昊）

外汇管理

【概　况】 2018年，市外汇局紧紧围绕服务实体经济、防控金融风险、深化金融改革三项任务，落实防范化解重大风险三年攻坚战总体部署，立足服务玉溪全面深化改革和对外开放新格局的现实需要，增强工作责任感、使命感和紧迫感，各项工作取得较好成效。

【促进贸易投资自由化便利化】 2018年，市外汇局坚持推进依法行政和“放管服”改革，落实好稳外贸、稳外资各项措施，推进跨境贸易自由化、便利化，执行简化A类企业货物贸易外汇收入管理有关政策，服务好辖内涉外实体经济，依法保障辖内企业真实合规用汇需求，促进外资外贸稳定，优化和改善投融资环境，针对市政协调研组提出涉外企业反映的问题，及时研究落实；组织全辖涉外企业完成存量权益登记“多报合一”工作，围绕“一带一路”建设，配合省局开展国际金融理论成果编译并上报编译信息14篇，配合开展《“一带一路”国家外汇管理政策概览》专题调研及年度更新工作，做好对泰国宏观经济金融形势及舆情监测分析任务。

【推进外汇管理方式转变】 2018年，市外汇局强化各类专项核查，规范市场主体用汇行为，全年对4家银行金融机构开展经常项目业务、银行卡境外交易业务、对外金融资产负债业务、国际收支业务等专项核查，完善银行考核机制，推动外汇业务经营激励约束机制，对辖区14家外汇指定银行进行考核，考核8家A类、6家B+类；化解和防范外汇业务风险，加强对货物贸易项下异常交易的核查力度，按照“双随机”原则对市内4家外贸企业开展核查，全年注销名录企业21家，对6家出口企业进行监管约见谈话，发出风险提示函2份；加强与市场主体沟通座谈、政策宣传，主动引导和塑造预期，全年组织银企座谈会3次，对银行开展现场外汇政策、业务操作规范讲座2次，向外贸企业开展外汇政策宣传、知识专题培训1次；夯实统计监测基础，做好新版核查制度的贯彻实施，加强外汇形势分析研判，密切关注跨境资金流动苗头性、倾向性问题；提高外汇管理调查研究质量，加强对出口不（少）收汇、转口贸易、大额预付货款等业务动向监测，立足自身实际深化微观监管探索，对跨境资本流动风险防范开展调查研究。全年上报信息调研9篇，其中《对资本项目穿透式监管的思考与探索》一文在全省重点研究课题评审中被省局评为二等奖，被总局《资本项目信息摘编》刊用。

【维护外汇市场秩序】 2018年，市外汇局加强外汇业务监管，树立执法政策跨周期稳定性、连续性和一致性的执法理念，向市场和银行传递从严监管信号。全年对4家金融机构开展外汇业务专项检查，通报批评1家金融机构并约谈高管；严打地下钱庄、网络炒汇，配合公安、工商等部门对云南普罗米资产管理有限公司玉溪工作点疑似非法网络炒汇进行调查，共同促进地方经济健康发展；利用“诚信兴商”宣传月活动，开展“七五”普法宣传教育，将外汇政策和外汇典型案例普及大众，引导塑造良好的金融生态环境。

【防范跨境资金流动风险】 2018年，市外汇局继续完善个人外汇管理，加大个人外汇管理政策执行力度，扩大个人关注名单范围，强化电子银行个人结售汇“人证一致”管理，督促银行加强个人分拆结售汇的管理，加强规范银行卡境外大额提现现金交易管理，督导银行及时、准确、完整报送银行卡境外交易信息，强化资本项下跨境资金流动风险防范；探索境外投资穿透式监管，加强境内机构内保外贷和对外债权的管理，跟踪全口径跨境融资宏观审慎框架下辖区外债规模和结构变化，完善外商投资企业外汇管理，做好短期资本流动监测分析及预警。

（徐　昊）

银行业监管

【概　况】 2018年，玉溪银保监分局根据党中央、国务院关于深化党和国家机构改革的决策部署，按照中国银保监会和云南银保监局部署要求于12月25日挂牌成立。玉溪银保监分局专注监管主业，聚焦服务实体经济质效，积极引导银行业推动供给侧改革、加大金融扶贫力度、推进普惠金融发展、强化风险防控，促进玉溪经济金融平稳健康发展。截至年末，全市银行业金融机构资产总额2 524.3亿元，较年初增长7.6%；负债总额2 355.55亿元，较年初增长7.46%；各项存款余额1 835.88亿元，较年初增长7.19%，高于全省银行存款增速6个百分点；各项贷款余额1 139.56亿元，较年初增长14.31%，高于全省贷款增速4.09个百分点，保持信贷投放平稳较快增长。

【服务实体经济】 2018年，玉溪银保监分局紧紧围绕地方发展战略，确保重点领域资金需求，鼓励银行业创造条件为市级“七大重点产业”“四个一百”“五网建设”和“四带多园”等重大战略、重点项目提供信贷支持。截至年末，全市银行业金融机构支持交通、水利、电力等基础设施行业贷款余额249.85亿元，较年初增加43.14亿元；支持“四个一百”重点项目贷款余额133.24亿元，其中新发放贷款49.06亿元；支持全市战略性新兴产业贷款余额16.21亿元，较年初增加5.74亿元；支持绿色环保产业发展，绿色信贷余额92.59亿元，较年初增加26.3亿元；支持消费扩大升级，个人消费贷款余额235.96亿元，较年初增加46.84亿元。

【推进普惠金融发展】 2018年，玉溪银保监分局强化监管引领，加大银行业金融机构对普惠金融服务的考核力度，引导银行业积极支持小微企业发展，截至年末，全市银行业为5.52万户小微企业发放贷款485.38亿元，比上年增长7.25%；普惠型小微企业（单户授信总额1 000万元及以下）贷款余额140.69亿元，贷款户数比上年增加1.81万户；推进“银税互动”和“无还本续贷”业务，全年辖内有9家银行与税务局签订“银税互动”合作协议，基于“银税互动”合作发放贷款余额9 503.9万元；落实“无还本续贷”政策发放贷款5.57亿元，推动企业降本增效；提升服务“三农”水平。截至年末，全市银行业发放涉农贷款余额507.98亿元，较年初增长5.7%，继续扩大农村基础金融服务的广度和深度，全市行政村基础金融服务覆盖率100%，比年初提高14.23个百分点。

【推进精准脱贫】 2018年，玉溪

银保监分局督促银行业加大金融精准扶贫力度。截至年末，全市银行业发放各类项目扶贫贷款余额 90.07 亿元；督促银行业积极做好易地扶贫搬迁、农村危房改造等专项贷款发放工作，全市银行业易地扶贫搬迁贷款余额 6.84 亿元，农村危房改造贷款余额 32.86 亿元；督促银行业全面落实小额扶贫包干责任制，联合扶贫办制定银行业年度扶贫小额信贷计划，并进行分解落实，全市银行业累计发放扶贫小额信贷 8 670 户，4.17 亿元，超额完成省级下达任务。同时，开展银行业扶贫领域作风问题专项治理，制定专项治理实施方案，对部分重点机构开展督查。

【深化银行业改革发展】 2018 年，玉溪银保监分局有序推进农信社改制农商行，按照“成熟一家、组建一家”的总体原则，新平农村商业银行、红塔农村商业银行、华宁农村商业银行相继挂牌成立。截至年末，辖内已有农村商业银行 5 家，积极引进村镇银行，北京银行发起设立新平、元江两家北银村镇银行于 4 月开业运营，村镇银行县域覆盖率 66.67%；加强地方法人银行股东和股权管理，强化法人公司治理，健全管理制度，完善管理办法，推动云南红塔银行做优做强，督促农村中小金融机构坚守支农支小服务定位。截至年末，全市有 29 家银行业金融机构，364 个持证机构网点，5 126 名银行业从业人员。

【强化银行业风险管控】 2018 年，玉溪银保监分局着力防控信用风险，紧扣监测、暴露、处置等关键节点，促进银行业资产质量不断提升。截至年末，全辖不良贷款余额 34.08 亿元，较年初减少 3.53 亿元，不良贷款率 2.99%，较年初下降 0.78 个百分点，总体实现“双降”；加大房地产、“地条钢”及产能过剩行业信用风险管控，打击“首付贷”等投机行为；深化市场乱象整治，对 7 家机构开展现场检查和督查，对 2 家严重违规机构分别罚款人民币 25 万元（合计 50 万元），对 1 名高管给予警告行政处罚；保持案件风险防控高压态势，针对银行发生的案件及风险事件，下发风险提示和监管提示，开展案件督查；开展银行业保险业扫黑除恶专项斗争工作，压紧压实银行保险机构主体责任，开展涉黑涉恶违法违规问题线索摸排，加强市场准入和从业人员管理，严禁银行业和保险业为涉黑涉恶活动提供金融服务；严防交叉金融风险，协助地方政府清理规范隐形债务，配合处置非法集资、整治 P2P 网络借贷，处置 7 起涉嫌非法金融活动，涉及金额 3.55 余亿元，确保不发生区域性金融风险。

【提升监管质效】 2018 年，玉溪银保监分局强化内部管理，以干部队伍建设为抓手，提升监管效能。细化教育培训，制定年度职工教育培训计划，自主开展 12 期培训，培训人员 600 余人；强化制度建设，根据新形势新要求修订《机关处室年度综合考核办法》《职工“月度过错”考核管理办法》，出台规范干部职工办理婚丧喜庆事宜等制度，突出制度管人、管事；严格干部管理，认真梳理领导干部个人有关事项报告制度，规范职工休假管理和因私出入境管理，细化职工履职回避管理；切实保护消费者合法权益，对 41 件信访投诉事项进行妥善办理，对 7 家银行业金融机构 2017 年度消费者权益保护工作进行考核评价，对云南红塔银行考评发现问题整改情况进行跟踪督查，对 3 家法人机构消费者权益保护体制机制建设工作开展“回头看”；开展形式多样的争先创优、帮扶互助及健康向上的文体活动，调动职工监管工作积极性，着力打造“忠、专、实”监管队伍。

【获得表彰奖励】 2018 年，玉溪银保监分局各项工作扎实推进，荣获 2016 ~ 2017 年度原银监会系统文明单位，银保监会先进信息直报点、青年文明号，原云南银监局先进单位、政务信息先进单位、舆情工作先进单位、EAST 应用劳动竞赛先进团队、全省网络安全攻防大赛团体第二名，玉溪市法治单位、综治维稳先进单位等多项荣誉；被评为 2017 年玉溪市政府系统政务信息中央驻玉单位第一名、2017 年度党委信息报送工作情况较好单位一类单位；获评“银保监会系统青年文明号”等多项集体荣誉。

（康俊青）

商业银行

【市农发行经营状况】 2018 年，市农发行以服务乡村振兴战略为总抓手，以推进高质量发展为主线，立足市情行情，拓宽业务发展思路，实现各项业务稳定发展。截至年末，各项存款余额 15.58 亿元，贷款余额 38.94 亿元，风险防控成效显著，无不良贷款，贷款质量保持良好。

【贷款支持救灾应急】 2018 年，市农发行在华宁县发生暴雨灾害及通海县发生地震灾害后，集中人力物力，在最短时间内快速完成贷款受理、调查、审查、审批、投放等环节，发放救灾应急贷款 1.42 亿元。

【积极支持乡村振兴】 2018 年，市农发行坚持以乡村振兴战略为总抓手，加大对粮油购销储、棚户区改造、土地流转、扶贫等领域的支持力度，积极支持乡村振兴，做实粮油购销储业务，全年累计发放粮油贷款 1.4 亿元；支持棚户区改造投放贷款 6.81 亿元；发放村土地流转和规模经营项目贷款 0.42 亿元；成功获批高速一级公路贷款 5.7 亿元。此外，加大精准扶贫力度，全年发放扶贫类贷款 2 笔，金额 1.02 亿元，扶贫类贷款项目 12 个，余额 16.6 亿元。

【开展党建 + 群团建设】 2018 年，市农发行开展“党建 + 群团建设”，激发党建工作新活力，加强青年员工思想政治理论教育，组织开展“青年读书活动”“青年职业精神教育活动”，提升员工思想境界和高度，团委获总行“五四红旗团组织”称号。

（张 雪）

【市工行经营概况】 2018 年，市工行坚持党建工作和经营管理“两条主线”，内部管理进一步加强，资产质量大幅好转，经营效益稳步提升。截至年末，各项存款 128 亿元，比年初增加 20.13 亿元；各项贷款 105.94 亿元，比年初增加 26.15 亿元；贷款不良率 0.88%，比年初下降 2 个百分点，实现“双降”目标。

【服务地方经济能力进一步提高】 2018 年，市工行认真落实省分行与玉溪市政府签订的重点项目战略合作协议，持续跟进“四个一百”重点项目融资服务，加大对重点企业的信贷投入，成功完成全省首笔与省再担保公司合作的公司法人客户贷款。截至年末，累计发放公司贷款 40.8 亿元，公司法人客户贷款余额 69.04 亿元，较年初增加 21.87 亿元。

【支持居民消费提档升级】 2018年，市工行于6月7日与市公积金中心签订个人住房公转商贴息贷款协议，全省首家推出个人住房公转商贴息贷款新业务，全力扩大二手房贷款业务，大力发展公积金委托贷款业务。截至年末，累计发放个人贷款14.18亿元，个人贷款余额33.56亿元，较年初新增9.43亿元。

【普惠金融业务实现新发展】 2018年，市工行组建普惠金融事业部，承担小微金融业务、个人经营性贷款等普惠金融全产品营销管理和组织推动，围绕做专、做优、做小、做细小微金融，统筹推进涉农、金融扶贫等普惠金融服务。截至年末，全行人行定向降准口径贷款余额1.13亿元，银监普惠口径贷款余额2.21亿元。

【金融服务迈上新台阶】 2018年，市工行完成江川明珠路自助银行、红塔山支行的装修改造，启动澄江支行、新兴支行装修改造流程，东风支行迁建、玉兴支行等四个支行装修改造前期工作已经启动，网点服务质量不断提高，北市区支行荣获中国银行业协会“千佳网点”称号，江川支行荣获市银行业协会文明规范服务示范单位称号，4名员工荣获服务明星称号。

（瞿　敏）

【市农行经营概况】 2018年，市农行在岗员工820人，对外营业网点48个。截至年末，普惠金融监管指标全面达标，央行降准口径，普惠金融贷款余额19.68亿元，占全行各项贷款余额的13.88%，比年初增加1.27亿元，高于全行各项贷款增幅6.11个百分点；银保监会监管口径，普惠金融贷款余额10.63亿元，占全行各项贷款余额的7.5%，比年初增加4 726万元。

【业务营销】 2018年，市农行中标代理烟草涉农资金、卷烟销售等4个项目，实现烟草资金多级账户的归集；实现全省农行首笔对公结构性存款落户，成功营销4亿元结构性存款，成为结构性存款全省第二大客户。同时，新开办结构性存款质押低风险承兑汇票业务，实现企业的多元化融资；代理项目收益专项债14.1亿元；“银校通”业务取得实质性进展；在全市率先开通“电子社保卡”业务。

【满足群众住房信贷需求】 2018年，市农行累计发放家装专项分期1 577万元，是唯一破千万的二级分行，在全省农行首家开办“个人住房公积金贴息贷款”（简称“公转商”）。截至年末，累计投放公转商贷款134笔，金额7 294万元。

【支持“三农”发展】 2018年，市农行做好农户及涉农企业金融服务。截至年末，农户贷款余额6.9亿元，比年初增加3.67亿元，其中“惠农e贷”余额2.86亿元，完成省分行计划的179%；累计开通“金穗惠农通”工程服务点716个，覆盖乡镇72个，覆盖率100%，覆盖行政村512个，行政村覆盖率90.14%，县以下电子机具布放2 666台，市农行与55家（含国家级1户）省级及以上农业产业化龙头企业建立业务关系，国家级龙头企业服务覆盖率100%，省级龙头企业服务覆盖率87.3%，全年累计发放省级以上农业产业化龙头企业贷款4.15亿元。

（柏存龙）

【市中行经营概况】 2018年，市中行资产总额78.57亿元，较上年增加3.73亿元；全年实现利润8 099.76万元，比上年增加2 044.65万元；人民币各项存款（人行口径）时点余额74.4亿元，较上年增加3.32亿元。

【支持澄江老城片区棚户区改造补偿款代发和兑付工作】 2018年，市中行积极支持澄江棚户区改造补偿款结算和拆迁居民代发工作，集中人力、物力持续奋战6个多月，圆满完成拆迁居民3 197户资金代发和兑付工作，有力地支持澄江县委、县政府棚户区改造项目。

【社保卡业务持续发力】 2018年，市中行社保卡累计开卡8.51万张，激活3.69万张，激活数在云南省中行排名第三；通过社保卡代发资金量2 606万元，已激活社保卡客户全年新增金融资产2.78亿元，向社保卡客户开办手机银行，手机银行月活客户数从6月末的1.11万户提升到12月末的1.29万户，提升幅度16.75%。同时，社保卡工作得到市社保局、市医保局的高度认可，多次在推进会上提出表扬。

【服务实体经济质效提升】 2018年，市中行定期听取中小、个贷及各行对普惠金融发展情况，制定措施办法、落实具体客户，每周行务例会小结落实情况，将“好政策”兑为“真实惠”，完善考核机制，细化考核内容，把民营企业客户和普惠金融贷款指标由原来的5分增加到8分；减免费用，清退历年来中小、个贷等客户评估费215笔，金额40.12万元。截至年末，民营企业贷款新增5 444万元，贷款余额5.1亿元；普惠金融授信余额1.15亿元，户数109户。

（管迎春）

【市建行支持地方经济建设】 2018年，市建行坚持银行工作回归本源，合力支持实体经济发展，加大普惠金

2018年，市建行与市住建局在全省首家合作推出住房租赁交易服务平台，完成住房租赁监管服务系统上线

融服务力度，资金实力明显增强。截至年末，全行一般性存款余额228.79亿元，比年初新增20亿元，新增市场占比41%。其中对公存款时点余额138.2亿元，比年初新增8.61亿元，个人存款时点余额90.59亿元，比年初新增11.39亿元。同时，完成全市土储、棚改专项债11.6亿元发行任务；信贷投放大幅提升，加大对"五网"、信息、物流等重大基础设施建设项目支持，共实现中建海绵、中广核风电、中铁集团等重点项目累计信贷投放15.7亿元；加大对居民消费、住房信贷需求的支持力度，完成公积金贴息贷款投放2.73亿元。截至年末，各项贷款余额97.11亿元，比年初新增15.69亿元，其中对公贷款余额46.92亿元，比年初新增7.18亿元；个人贷款余额50.19亿元，比年初新增8.51亿元。

【服务民生社会】 2018年，市建行深耕民生沃土，服务社会民生，改革创新助力普惠金融，加大对中小微企业、个体工商户、农户、建档立卡贫困人口信贷支持，推出"小微快贷""云税贷""押快贷"定制化产品，以线上平台助推普惠金融业务上台阶。截至年末，普惠金融贷款余额4.79亿元，新增1.48亿元。同时，搭建金融科技平台助推经济发展，加快金融科技与传统业务融合，丰富"裕农通"渠道产品，服务乡镇客群；推广智慧柜员机、"慧兜圈"一体化支付结算；推出金融社保卡、公交一卡通、ETC龙卡等行业运用项目；推出"银医通""智慧校园""智慧政务""一部手机办事通"等金融科技服务。

（杨　茜）

【市交行两个主业融合发展】 2018年，市交行持续提升基层服务型党组织工作能力，有力推动各项经营管理工作良性发展，坚持党建引领，推动党建与经营管理同步发展，开展"献礼华诞舍我其谁"竞赛、广场舞大赛营销等特色党日活动。同时，云南省分行与市政府签署"三张牌"战略合作协议，全力支持玉溪在"三张牌"、基础设施建设、教育医疗等重点领域的发展，努力实现政银合作共赢。截至年末，市交行人民币各项日均存款余额51.82亿元，其中对公日均存款28.69亿元，储蓄日均存款23.13亿元。

【支持地方经济建设】 2018年，市交行紧紧围绕市委、市政府经济发展战略，强化项目跟踪落实，加大项目投放力度，助推地方经济建设，积极对接"5577"发展战略，围绕海绵城市、供排水、抚仙湖综合治理、玉溪特色小镇打造等项目加强业务拓展，加大项目储备力度，加大业务创新力度，年内棚户区改造项目资管业务获批10亿元，成功投放5亿元，拓宽融资渠道，有力支持地方经济建设。

【加强风险管控】 2018年，市交行高度重视全面风险管控工作，加强信用风险管控，进一步增强合规稳健发展意识，提升风险识别和化解能力，扎实开展各项专项治理工作，在执行人行政策综合评价中被评为A类行。全年保持对公不良余额为0，个贷不良余额5万元，信贷资产质量继续保持优良水平。

【打造幸福家园】 2018年，市交行坚持落实总行幸福家园建设工作要求，工会、团委相继开展各类丰富多彩的比赛活动，坚持打造幸福家园，激发员工活力，丰富员工业余文化生活，玉溪分行营业部荣获"交通银行青年文明号"称号，红塔支行荣获"交通银行先锋号"称号，并双双获评玉溪市银行业协会"文明规范服务示范单位"。

（乔艳梅）

【市华夏行经营概况】 2018年，市华夏行在当地政府、监管部门的关心、支持下，以昆明分行确定的"筑牢基础、优化结构、提速改革、以稳定保发展"思路为出发点，围绕"化解不良、夯实基础、提升创利、服务实体"开展工作。截至年末，实现各项存款余额23.34亿元，较上年增加7.1亿元；其中对公存款19.55亿元，储蓄存款3.79亿元，全年实现考核利润0.72亿元，各项贷款余额23.14亿元，较上年增加3.6亿元。

【支持地方发展】 2018年，市华夏行紧紧围绕市委市政府"5577"总体思路，积极创新产品和服务，抓住转型升级、动能转换、"三张牌"建设等发展关键，立足地方主流经济，以客户需求为出发点，致力于为客户提供高品质综合金融服务解决方案和行业整体解决方案，充分发挥服务实体的职能。

【优化信贷结构】 2018年，市华夏行以"优化结构、夯实基础"为目标，把项目储备和新客户开发作为贯穿全年的重点，积极推进业务结构优化调整，加大对"四带多园"规划建设等重点环节的金融支持和信贷投放力度，充分运用新产品、优化方案设计；成功申报玉溪开投PPN项目并获批承销10亿元、包销2亿额度；加大对全市转型升级、动能转换、大健康以及绿色产业的信贷支持；加大对县域经济的信贷投放，主动调整大、中、小客户的比例结构，提高结构比例质量，增强发展的稳定性。

【践行社会责任】 2018年，市华夏行成立20周年，开展系列行庆客户回馈活动，组织丰富多彩的职工活动。同时，开展扶贫工作，与挂包扶贫点联谊共建。

（唐纾乔）

【市民生行经营概况】 2018年，市民生行紧紧围绕市委、市政府经济发展战略，把支持地方经济建设与自身业务发展结合，服务实体经济，助力小微企业，在坚持依法合规稳健经营，有效防范金融风险的前提下，保持战略定力，抓住机遇，积极扩展市场、创新产品、培育客户，实现各项业务的全面发展。截至年末，各项存款12.53亿元，其中对公存款余额9.19亿元，储蓄存款余额3.16亿元，各项贷款余额3.92亿元。

【服务实体经济】 2018年，市民生行坚持"民营企业的银行""科技金融的银行""综合服务的银行"三大战略，结合区域市场实际，聚焦玉溪当前发展战略方向，围绕玉溪市"四个一百重点项目""148户企业"重点企业与项目，创新产品体系，完善服务，提供信贷资金支持，不断扩大客户群体规模和市场份额，调整业务结构，加大对实体经济的支持力度，为地方民营经济的快速发展形成有效推动，为地方经济建设发展做出贡献。

【提升服务水平】 2018年，市民生行注重服务力的提升和网点转型升级，牢固树立"以客户为中心""客户体验至上"的经营理念，紧盯客户需求，创新产品与服务体验，提升服务质量，获得"玉溪市银行业文明规范服务示范单位"称号。

【风险管控】 2018年，市民生行优化风险管理模式，健全全面风险管理体系，成立“风险管理委员会”“消费者权益保护管理委员会”，制定相关实施细则，加强内部管理；配置风险经理、法律合规经理等岗位，建立涵盖日常风险管理、资产保全、内控合规等方面的基本内控管理体系，严密监测各类贷款风险变化情况、操作风险管理情况，不定期进行风险排查，不断优化改善内控环境。

（廖　雁）

【市浦发行经营概况】 2018年，市浦发行落实市委工作会提出的工作任务和奋斗目标，贯彻落实国家宏观调控政策和监管部门的各项监管要求，围绕“调结构、保收入、强管理、降风险”的经营主线，坚持以效益为中心、以客户为基础、以创新为突破、以风控为前提，积极支持玉溪地方经济建设。截至年末，各项存款19.36亿元，比年初新增0.45亿元；表内外各项信贷16.22亿元，个人金融资产日均余额18.71亿元，增长率18.94%。

【金融服务与金融宣传】 2018年，市浦发行完成表内外信贷投放16.5亿元。3月16日，市浦发行公积金点贷业务正式上线，通过“‘贷’自己好一点”的宣传，推进“互联网+住房公积金”业务，年内实现投放3 000多万元。全年市浦发行走进社区、市场、学校、企业、农村开展金融消费者知识宣传，先后开展人民币反假、防范电信诈骗、征信知识等金融知识宣传活动，引导客户强化风险意识。

【企业文化】 2018年，市浦发行党委、工会围绕业务技能，优质服务提升等方面组织开展“贯彻十九大，建功新时代”主题业务技能竞赛、读书活动、主题朗诵等比赛，通过技能竞赛、培训、运动会、户外拓展训练等活动加强企业文化建设，增强员工凝聚力，提升员工综合素质，在职工运动会获得团体第一名，党委被昆明分行党委评为2017年度先进党组织，被市银行业协会评为2017～2018年度文明服务示范单位，被授予红塔区第八届“文明单位”称号。

（李晓琳）

【市广发行经营概况】 2018年，市广发行把支持地方经济建设与自身业务发展有机结合，服务实体经济，助力小微企业。在经济下行，风险压力加大的情况下，加强资产管理，严控经营风险，强化案防措施，确保全行稳健经营发展。截至年末，市广发行各项存款余额13.12亿元，较上年增加1.84亿元，各项贷款余额4.09亿元，较上年增加2 118万元。

【企业信贷】 2018年，市广发行通过银政、银企关系的不断深入带动资产业务的发展，年内获批、发放中梁城置业有限公司“中梁壹号院”房地产开发贷3.1亿元；在玉溪市工商局专人驻点跟进工商e线通业务，利用行内推出的“税银通”“政采贷”“E秒贴”等系列创新产品拓展服务客户新渠道，提升市广发行满足小微企业差异化融资服务需求的能力。同时，加快业务转型，支持玉溪基础建设，与玉溪抚仙湖投资公司抚仙湖径流区项目和玉溪家园投资公司等市属国有企业开展业务合作。

【个人信贷】 2018年，市广发行与玉溪市公积金管理中心签署合作协议，开展公积金相关业务，提供一手住房按揭贷款、二手住房按揭贷款、一手商用房按揭贷款、二手商用房按揭贷款、抵押易、筑梦一贷等抵押类贷款和保单信用贷、E秒贷、自信一贷等信用类贷款。

（廖成海）

【市中信行经营概况】 2018年，市中信行存款规模保持良好的增长势头，7月26日存款时点余额破10亿元，截至年末，市中信行存款余额8.3亿元，贷款余额32.12亿元；理财销售9.45亿元，代理信托产品销售600万元，非货币基金销售61.83万，保险销售62.04万元，贵金属销售2.73万元，信用卡全年网点独立发卡962张。

【业务稳步发展】 2018年，市中信行立足玉溪实际，围绕总分行发展战略谋划布局，业务发展稳中有进，在资产业务方面，大力支持地方经济发展，5月成功投放医疗行业贷款2亿元，7月成功落地第一笔低风险授信业务，为玉溪分行在资产业务方面取得良好的开端；银政合作方面，与市住房公积金管理中心成功签订合作协议，取得公积金业务办理资格，为开办缴存、归集、支取、委托贷款等多项业务奠定基础，打通服务市民的又一渠道。银企合作方面，个人住房按揭贷款、消费贷款、经营性贷款等个人贷款业务稳步推进。

【履行社会责任】 2018年，市中信行始终秉承总行“履行社会责任，追求持续发展”的责任理念，组织、参与各类宣传活动，在维护社会治安、维护群众金融利益、助力和谐社会建设方面不断努力，组织参与扫黑除恶专项斗争宣传、市场乱象整治宣传、反洗钱宣传、普惠金融服务宣传、支付便民示范工程宣传、银行卡知识与账户分类管理宣传、6.14征信关爱日宣传、金融知识进万家等活动，以实际行动践行“全力打造综合化服务平台”的社会承诺。

（栾　奕）

【市邮储行经营概况】 2018年，市邮储行实现营业收入1.13亿元，较上年增加0.31亿元，比上年增长38.61%。截至年末，总资产52.50亿元，比上年增长8.27%；各项存款余额48.12万元，比上年增长7.63%；各项贷款余额35.86亿元，比上年增长109.58%。

【业务发展】 2018年，市邮储行各项业务稳步提升。截至年末，个人存款余额45.32亿元，较年初增7.58亿元，增长18.67%；个人贷款余额14.74亿元，较年初增1.09亿元，增长8%；公司存款余额2.8亿元，公司贷款余额16.67亿元，较年初增16.67亿元；银行卡业务，全年发卡量2.25万张，其中绿卡借记卡发卡1.23万张；信用卡发卡1.02万张，信用卡累计消费金额15.92亿元，比上年增长34.55%，余额2.2亿元；小企业金融业务，全年投放小企业贷款55笔，金额1.33亿元，贷款余额2.25亿元。

【金融服务】 2018年，市邮储行积极支持地方经济建设，承贷大戛高速公路建设项目，已投放贷款27.72亿元；投放住房公积金流动资金贷款1亿元；投放燃气贷1 798.48万元。做好“三农”金融，为乡村振兴做贡献，截至年末，建成10个“信用村”，累计投放农户信用贷款809户，金额6 010万元，全行涉农贷款余额26.14亿元。大力做好民生工程，全年投放创业促就业贷款2 769笔，金额2.77亿元，自开办业务以来累计扶持1.7万多名创业促就业人员，为精准扶贫工作做出积极努力。截至年末，累计投放精准扶贫小额贷款2.77亿元，支持5 927户贫困户，积极争取上级资金4.6万元投入易门木冲村精准扶贫。同时，全面完成小微企业投放及降费让利指标，全年按监管口径三农条线净增8 543万元，小企业条线净增4 119万元，全面完成监管指标，实现降费让利。个体工商户及小微企业主贷款利率下降0.49%；小企业法人贷款利率下降0.74%。

【合规建设】 2018年，市邮储行推行稳健、审慎的风险管理政策，持续推进全面风险管理体系建设，及时调整和完善管理措施、政策。同时，对标监管和同业，开展差距分析，优化管理结构，持续提升合规意识。

（栗　芳）

【市富滇行经营概况】 2018年，市富滇行作为省属地方性国有控股商业银行，秉承富滇银行“心以致远、行于维新”的企业精神，紧紧围绕“打好三张牌”战略布局，积极为玉溪市的经济社会发展和人民群众金融、经济生活提供优质、便捷的服务。截至年末，各项存款余额16.51亿元，各项贷款余额47.41亿元。分行营业部获“云南省五一巾帼标兵岗”和“红塔区级文明单位”称号。

【夯实党建基础】 2018年，市富滇行认真学习贯彻党的十九大精神和习近平新时代中国特色社会主义思想，以“基层党建巩固年”、党支部规范化达标创建活动为重要抓手，切实加强基层党建、党风廉政和意识形态建设工作，通过加强与社区、市属国有公司联合开展支部联建工作，不断提高党建个工作水平，深入开展扶贫攻坚工作，分行联系的11户结对联系贫困户已全部实现脱贫。

【服务地方经济】 2018年，市富滇行全力支持市重大项目建设，发放抚仙湖绿色贷款9亿元，支持市生态环境保护建设；在玉溪市、新平县两地召开“民营企业融资对接会”，扶持当地核心企业、龙头企业、高原特色农业发展；以“微型企业培育工程贷款”“金果贷”等优势普惠金融产品为重点，加大对小微企业的支持力度，1 000万元以下小微企业贷款46户，贷款金额7 076万元。

【提升服务水平】 2018年，市富滇行大力支持新平县政府开展扶贫攻坚工作、棚户区改造，深入推进普惠金融和“金果贷”业务，持续加强对县域市场的开发，积极开展调结构、挖潜力、促转型的工作，通过代发部分公务员工资，为市区相关单位提供高质量金融服务，富滇银行玉溪北苑支行利用区位优势积极服务社区居民，不断提升服务质量和服务水平。

【强化风险防控】 2018年，市富滇行强化合规意识和责任意识，提高合规内控管理水平，深入开展“基层党建、选人用人”“以案为鉴、强化监管、防范风险”专项整治和治理金融乱象自查整改等相关工作。

（张芃婉）

【红塔银行经营概况】 2018年，红塔银行贯彻落实国家经济金融政策，积极融入国家和地方发展战略，在服务实体经济的过程中实现较快发展，全行经营呈现规模与效益同步增长、速度与质量协同提升的良好态势。截至年末，红塔银行资产总额1 050.92亿元，较上年增长15.58%，资产规模首次迈上千亿元大关，在全国城商行中排名第77位；各项存款余额744.59亿元，各项贷款余额279.3亿元，增速分别比全省平均水平高18.98个百分点和9.77个百分点；全年实现营业收入19.9亿元，比上年增长31.01%，实现净利润5.64亿元，比上年增长86.42%。资产质量保持优良，不良贷款率1.37%，拨备覆盖率257%，在全国城商行分别排名第27位和第18位。

【支持地方经济发展】 2018年，红塔银行紧紧围绕玉溪市委市政府中心工作，采取多种方式加大对玉溪经济社会发展的支持力度，将从省外烟草工商企业组织到的存款全部落地玉溪，年末余额176.5亿元，较上年增加36.4亿元；同时，全面深化银政企合作，围绕重点项目和中小微企业加大信贷投放，年末在玉溪的贷款余额110.57亿元，较上年增加35.92亿元；发挥自身特色优势，大力推广烟草全产业链金融服务，助力玉溪支柱产业保持优势、再上台阶，为玉溪市烟草公司、合和集团等15家烟草行业企业代发工资，全年向烟草种植户和卷烟零售户发放贷款24.82亿元；红塔银行作为地方法人金融机构，主动承担和履行社会责任，全年累计缴纳各项税金4.06亿元，较上年增加2.11亿元，增长108.21%；全年向玉溪扶贫帮困、捐资助学等社会公益事业捐款140.6万元，较上年增加35.91亿元。

（龙　伟）

【市农信社经营概况】 2018年，市农信社坚持稳中求进的总基调，坚定支农支小和零售银行战略定位，把风险防控作为重中之重，纵深推进“一体两翼”转型发展，加大对地方经济建设支持力度。截至年末，各项存款余额562.71亿元，较年初减少11.43亿元，各项贷款余额398.43亿元，较年初净增27.49亿元，较好完成涉农贷款持续增长和普惠型小微企业“两增”目标任务。

【提升“三农”服务水平】 2018年，市农信社立足“三农”市场定位不动摇，进一步提升金融服务水平，涉农

2018年9月13日，云南红塔银行与玉溪市政府签订战略合作协议

贷款余额233.59亿元，较年初增加7.04亿元，其中农户贷款149.59亿元，较年初增长7.94亿元，增幅5.61%。支持重点农业龙头企业发展，促进玉溪市农业产业转型升级，对省级重点农业龙头企业（小巨人）授信4.94亿元，贷款余额3.61亿元；加大对具有玉溪特色的高原特色农业扶持力度，高原特色农业贷款余额69.84亿元，较年初增加2.81亿元。

【服务实体经济】 2018年，市农信社加强与市政府及市工信委的合作，签署银政担保金融服务专项合作协议；督导9家县（区）行社与省农业担保公司签署合作协议，破解小微企业融资担保难题，全面提升小微企业综合服务能力，积极扶持小微企业发展，小微企业贷款余额184.09亿元，较年初增加23.58亿元，增幅14.69%。

【支持重点项目建设】 2018年，市农信社采取“名单督办制”狠抓省联社与市政府战略合作协议和市委市政府“三个责任交办清单”项目落地，对纳入名单项目授信23.13亿元，发放贷款20.49亿元；向四个一百项目发放贷款5.76亿元，贷款余额10.96亿元，向五网建设项目发放贷款3.83亿元，贷款余额16.1亿元。

【助力脱贫攻坚，践行普惠金融】 2018年，市农信社累计发放扶贫小额、“贷免扶补”创业促就业、微型企业培育、农危改等民生类贴息贷款40.11亿元，贷款余额25.1亿元，惠及5.27万户农户、居民及微型企业；持续做好辖内155.32万张金融社保卡、15.33万张工会会员卡及385个惠农支付点服务工作，有效解决部分农村及偏远地区金融缺失问题；加大“金融夜校进城乡”推广力度，为2万余名各族群众送去“金融夜宵”。

（杨益民）

保险业监管

【概　况】 2018年，市保险行业协会有会员公司29家（产险公司15家、寿险公司11家，中介代理公司3家），高管人员157人，职工人数2 021人（女性1076人），营销员人数1.5万人。实现保费收入44.76亿元，比上年增长9.09%；全年为社会经济发展及全市人民提供保险保障2.7万亿元，上缴税金2.68亿元，其中财产险保费收入18.95亿元，比上年增长9.24%；人寿险保费收入25.81亿元，比上年增长8.98%；全市赔款支出14.3亿元，赔（给）付率31.94%，其中财产险支付赔款9.08亿元，赔付率47.93%；人寿险给付赔款5.21亿元，给付率20.19%。

【党　建】 2018年，市保险行业协会党支部面向全行业发展党员，转入正式党员3名、转出正式党员1名，发展3名预备党员，现有党员人数25名（正式党员22名、预备党员3名）。协会党支部委员会先后接受省（市）委组织部、市直属机关工委及社会组织党委的考察，接待各行各业党支部参观交流6次，协会党支部被列为市委组织部及市直属机关工委社会组织党建的示范点。

【自　律】 2018年，市保险行业协会认真开展自律工作，规范车险市场，防范从业人员行为风险。车险自律方面，协会认真贯彻《云南保监局关于进一步规范机动车辆保险市场秩序的通知》精神，先后6次组织全市财产险公司召开“规范全市机动车辆保险市场秩序”工作会议，还印发《玉溪市保险行业协会规范机动车辆保险市场秩序2018年（暂行）管理办法》，形成“自我约束、相互监督、行业查办”巡查检查机制；执业证自律检查方面，协会从各保险公司抽调工作人员，每5～6家产险和寿险公司交叉组合成为1组，每组设组长一名，分为5个执业证自律检查小组，严格按照《2018年玉溪市执业证自律检查工作方案》，于2018年10月16～18日期间，到各保险公司开展执业证自律检查工作，并将检查结果如实报送云南省保险行业协会。

【维权、服务】 2018年，市保险行业协会下属玉溪市保险业人民调解委员会（以下简称保调委）成立五周年。截至年末，保调委在行业内外设立调解室25个（红塔区人民法院1个、协会及部分保险公司13个、各区县交警大队11个），来自律师事务所和各保险公司、交警部门兼职人民调解员144名。保调委全年受理保险纠纷案件3 013件，涉及金额7 010.44万元，调解金额5 696.64万元，其中道路交通事故损害赔偿纠纷案件3006件，占全年保险纠纷总案件的99.76%，比上年增长20.10%，调解成功率100%；与红塔区法院开展的保险诉调对接案件216件，成功调处103件，调处成功率为47.69%，当事人自动履行率100%，且无一反悔案件发生。

【宣传、交流】 2018年，市保险行业协会着力强化对消费者的宣传力度，以普及保险知识和提示消费风险为主线，搭建多样的保险知识传播平台，倡导科学理性的保险消费观念，提高公众风险意识和维护自身权益的能力。协会全年累计在《玉溪日报》刊发稿件50篇，协会微信公众号上推送消息1 172篇。同时，协会还借助“7·8保险扶贫健步走”“厉害了，我的保险！玉溪保险业手指舞大秀点赞7·8”“金融知识普及月金融知识进万家”等活动，向全社会展示保险从业者“乐于奉献、自强不息、热心公益、服务社会”的自身素质和职业形象，更进一步推动全行业持续深化服务的理念和意识。

【及时应对通海地震】 2018年，市保险行业协会对8月13日通海县发生的5.0级地震成立专项应急事故处理小组，此次地震造成多人受伤，通海县、江川区部分房屋受损，震级达到“云南省玉溪市政策性农房地震保险试点”赔付标准。事故发生后，协会组织各保险公司赴灾区开展救灾行动，并要求各公司立刻启动紧急预案、组织现场救援，到医院看望伤员，及时开展灾后理赔服务，全市6家共保公司在主承保诚泰公司组织下，仅用32小时就将1 600万元地震保险赔款划拨到玉溪市民政局账户，为受灾地区提供经济补偿，加快灾后的恢复重建。

【创文工作】 2018年，市保险行业协会作为市文明委成员单位、市创建云南省文明城市工作责任领导单位，积极发动全市29家保险公司开展创文工作。截至年末，全行业建有28个志愿服务站点，志愿者187人，服务站点均按照有统一标识、服务专柜、志愿者队伍、工作台账、服务项目、服务内容等，开展规范化建设。同时，协会按照《玉溪市创建云南省文明城市2018年宣传工作细化方案》要求，对标对表，要求并督促各公司做好创文公益广告宣传。另外，协会组织各保险公司志愿者结合公司实际，积极开展各项志愿者公益活动18次。

【综治维稳】 2018年，市保险行业协会落实综治各项工作措施，划拨5万元综治经费至社会治安综合治理挂钩联系点新平县者竜乡，积极支持者竜乡的发展建设。

【奖励荣誉】 2018年，市保险行业协会被云南省保险行业协会授予5A级协会称号。

（高　敏）

保险公司

【市人保财险公司概况】 2018年，市人保财险公司贯彻落实集团公司“3 411工程”及各项战略部署，深化融合促转型，持续推进公司的改革转型，克服宏观经济下行带来的压力和挑战，各项工作取得明显成效。截至年底，公司保费收入8.9亿元，比上年增长10.3%，市场份额47.09%，比上年提升0.58个百分点，处理案件9.01万件，赔付金额3.74亿元；上缴国家税收9 333万元；有团体客户9.86万个、个人客户54.58亿个，分别比上年增加6.4%和10.4%；为全市人民提供财产和人身保险保障4 195亿元。

【党建引领】 2018年，市人保财险公司组织与15个县支公司党支部和机关党支部签订《全面从严治党责任状》，覆盖率100%；严格执行党委会议事规则和“三重一大”制度，规范“三会一课”、组织生活会、民主生活会和双向约谈等制度；切实解决党建和公司改革发展“两张皮”的问题，把党建工作纳入全盘考虑、统筹安排，使党建优势体现在良好的经营业绩上；进一步做实党建协调委员会，以区域党建工作的发展来促进区域业务快速发展；开展公司企业文化建设工作，持续加强工会、群团组织建设，完善职代会制度，组织开展建言献策活动，进一步推进企业民主管理，开展形式多样的主题活动；加强培训教育工作，着力提升干部队伍专业素养；6月22日，玉溪分公司开展纪念建党97周年主题活动；同时，分公司党委书记杨迎东带领全体党员在党旗下重温《入党誓词》，分公司130余名党员参加活动。

【队伍建设】 2018年，市人保财险公司加强基层人力资源支持，推动县区支公司和五级机构建设。加大青年人才和后备干部培养力度，加快推进干部队伍年轻化，打造高素质、专业化的人才队伍，规范干部选拔任用程序，加大干部考核力度，推行干部交流和“见习经理”选拔，切实推进基层干部队伍结构优化和能力提升；派送66人分别参加省总公司举办的42期各类培训班，参与基层公司5期培训班授课，共计27课时；通过千人工程、应届生招聘、社会招聘、同业引进等，充实县域支公司销售队伍，加大薪酬资源向基层一线的倾斜力度；加强农村保险服务体系建设，盘活现有农村网点资源，加大产品投放，截至年底，全市有39个三农营销服务部，全年完成保费1.45亿元，比上年增长38.52%，部均产能372万元；标准化建设达标21家，江城、杨广、塔甸、新平戛洒获得示范三农营销服务部称号，江城、杨广、华宁青龙、塔甸、研和、戛洒获得共建共享三农营销服务部称号。

【提升服务】 2018年，市人保财险公司通过强化考核监督，严格服务质量督导，提升服务品质。全市全险种案均报案支付周期7.26天，比上年提速17.12个百分点，全省排名第二；提供流动上门检测服务，全年累计检测4.68万辆；积极维护社会和谐稳定，人保财险人民调解室全年处理保险纠纷3 696起，被市保险行业协会评为优秀调解室；国庆、春节期间，搭建“心服务”站22个，为出游群众提供水、方便面、车辆检测、事故急救等服务；9月，按照公安部深化“放管服”改革、提升交管服务便民化的措施要求，联合市交警支队在全市各县区支公司营业网点设置“警保联动”窗口11个；公司微信关注率20.16%、绑定率15.83%、家自车入会率16.09%。

【精准扶贫】 2018年，市人保财险公司高度重视精准扶贫工作，组织干部、员工深入到对口新平县老厂乡黑查莫村克特起村民小组进行走访，结对68余人次，协助化解村民纠纷矛盾11次，组织慰问活动21次，为帮扶人员送上被子、大米、油等生活用品，价值金额1.02万元，并为扶贫点6个党小组活动室，捐出扶贫资金6万元购买办公桌椅；红塔支公司“挂包帮”组织慰问活动3次，慰问金额9 000元；峨山支公司帮扶贫困户17户，帮扶资金2万余元；新平公司对7户帮扶对象开展生活用品慰问，价值金额7 000元，为建档立卡户学生248人次减免保费每人150元，共计3.72万元；易门支公司为贫困户开展生活用品慰问，价值金额4 000元；澄江支公司为贫困户开展生活用品慰问，价值金额1 000元。

【助力民生】 2018年，市人保财险公司在三农保险、巨灾保险、责任保险、普惠金融和扶贫支农等主营业务方面不断取得突破，承保领域不断拓宽，积极开办自身现有险种，开拓一些符合国家产业险种，服务好地方经济发展。承保全市精准扶贫医疗救助保险，建档立卡贫困户进入大病范围剔除起赔线后全额赔付、附加意外疾病身故给予赔付的福利政策，赔付1 039人，支付赔款304.19万元；承保法院执行救助保险，为诉讼无法执行到款项的困难户65户提供风险保障，赔付赔款81.2万元；承保玉溪市工会在档职工、非公工会会员非工作期间意外伤害保险、母婴安心保险、家庭财产综合保险风险保障，赔付75人，支付赔付赔款14.3万元；承保全市民政局（震级触发型农房地震指数保险），8月13～14日通海发生5.0级地震，导致大面积农房倒塌及部分农房不同程度受损，灾情发生后，省市县立即启动“地震预案”，组成“地震工作应急小组”赶赴深入通海灾情较重的四街镇者湾村、龚杨村等灾区进行灾情查勘定损，在四街、龚杨设立心服务站点2处，为灾区村民提供保险服务，到通海县医院探望地震中受伤的村民，让村民第一时间感受到中国人民保险的温暖，于8月21日，赔付赔款560万元，并组织612名员工向通海地震灾区人民捐款2.03万元，帮助灾区重建，恢复再生产，受到的通海县政府及灾民的一致好评，并收到通海县政府的感谢信；9月8日普洱市墨江县地震，波及元江县农房受损，于9月26日，赔付赔款5.65万元；承保玉溪市野生动物公众责任保险，提高群众对野生动物的保护意识，赔付1 493户，支付赔款139.52万元；承保香葱、大棚蔬菜、柑橘保险等商业性种植业保险，共计赔付213.92万元，为种植户提供自然灾害风险保障。10月11日，为在澄江举办的国际珐伊28R帆船世界锦标赛，提供直升机应急救援服务，为赛事保驾护航；11月8日10时，市分公司联合通海县交警大队、卫计局及县人民医院等单位，在地震灾区通海县政府新区广场开展“生命至上急速救援”直升机空地一体救援演练。

【争先评优】 2018年，市人保财险公司荣获省分公司“综合经营管理奖”二等奖、工会工作荣获省分公司二等奖、单证管理先进单位三等奖、省理赔技能大赛团体第二名、“客户服务管理先进单位”“服务质量管理先进单位”等称号；峨山支公司被总、省公司表彰为中国人民财产保险股份有限公司总、省级青年文明号；元江支公司、高新支公司、澄江支公司、易门支公司荣获省分公司“标杆县区支公司”；元江支公司、高新支公司荣获2017～2018年度“明星县区支公司”；魏小程被总公司表彰为分公司优秀IT员工；魏佳、董云平被省分公司表彰为单证管理先进个人；李丽、朱华、张丽华、杨江波、张云、任杨芳、乐津秀、代琼莲被省分公司表彰为客户服务管理先进个人；郑琼华、李英、赵婷、马沙、孙明、蔡芳菲、李海丽等7人被省分公司表彰为金牌服务明星；康瑞被省分公司评为优秀工会干部；雷明、高蕊、毕瑞卿、分别荣获理赔车险查勘定损技能个人第一名、人伤理赔技能个人第一名、财产险理赔技能个人奖项第一名；可琼红荣获省公司出单技能个人三等奖；施建美荣获得市保险行业协会优秀人民调解员；许庆玲、刘海燕、沈子译、刘东梅、陈春获得市保险行业协会先进人民调解员。

（张晓欢）

【市人寿保险公司经营概况】 2018年，市人寿保险公司贯彻落实省公司“一个中心、两个确保、三个着力”总体工作思路，大力倡导“三种文化”、强化“三种思维”，围绕坚持队伍驱动发展战略不动摇，遵循“重价值、强队伍、优结构、稳增长、防风险”的经营方针，稳步推进各项工作，在趸交业务大幅缩减6 100万元的情况下，总保费规模、短期险、保障型业务、续期保费、新单创费均实现正增长。全年实现总保费收入6.19亿元，比上年增长2.8%，行业市场份额24.04%，纳税总额1 209.99万元，退保金1.31亿元，赔付支出2.52亿元，其中死亡给付871.76万元，医疗给付520.81万元，满期给付1.49亿元，赔款支出5 565.18万元，年金给付3 355.23万元。

【队伍建设】 2018年，市人寿保险公司个险渠道全市累计新增入司963人，全年月均增员率6.57%，三晋率26.9%，育成36名组经理以及1名部经理，管理干部队伍年轻化建设初见成效，先后安排一批80后年轻干部到一线接受培养和锤炼。

【人力资源和财务管理】 2018年，市人寿保险公司完善薪酬分配体系，落实员工薪酬政策和“员工收入稳步增长工程”，执行工资总额向基层和业务发展部门倾斜政策；规范薪酬福利管理，建立富有激励性和竞争力的薪酬激励体系；落实绩效激励体系和薪酬体系改革成果，做好对员工贡献与价值评估，客观公正、准确科学的评估员工岗位价值。加强财务管控，紧盯各项管控指标，针对重点管控科目制定相应措施办法，及时、准确做好全市财务预算执行情况分析，为各渠道、各支公司提供准确的财务数据。严格执行分渠道管控措施，按预算审批、报销流程认真操作，引导各渠道、各支公司以收定支，开源节流，确保各渠道、各支公司预算内费用支出报销的及时性。

【教育培训】 2018年，市人寿保险公司推广实施“增育一体”项目。科学规划个险新人育成体系制式培训、个险主管育成制式体系培训、销售渠道兼职讲师培训等三条培训生产线。同时，做到不培训不上号，实现100%全覆盖，严格管控举办签约班，实施定期开班制；整合培训资源，持续推进银团销售培训，科学设计整合共享个险销售培训与银团销售培训诸方面的培训资源；提升培训效能，扎实做好培训基础建设；落实A、B岗位工作制度，开展教育培训工作管理及岗位考核工作，实现国寿E学、云助理、易学堂三方对接，移动教学成为现实。

【推进客户服务和业务管理基础工作】 2018年，市人寿保险公司加强服务基层意识，指导和帮助基层公司做好新业务承保及各渠道、各节点运营支持工作。推广上线全程无纸化投保；推广保全E化服务，通过国寿E宝、E家、E柜、微信等多渠道实现柜面服务向全渠道服务转型升级。此外，严格执行客服管理规范，服务客户、服务销售，做好理赔服务基础工作，强化赔付率控制，加大理赔调查、医务核定工作力度，制定调查管理办法，组建专兼职调查人员队伍并加强培训，短期险赔付率管控特别是老年人保险赔付管控得到加强；围绕新单微回执、微回访、电话回访、续期交费提醒、客户投诉管控等专项职能指标开展工作。

【党建和党风廉政建设】 2018年，市人寿保险公司全面落实从严治党、加强党的建设要求，抓实基层党组织建设，牢固树立“四个意识”，坚定“四个自信”，做到“两个维护”。加强基层党建工作，落实党风廉政建设责任制，严格履行“监督、执纪、问责”职能，严格依法合规经营、提高风险管控水平，强化党建目标管理，党支部“三会一课”制度得到有效落实。全年完成8个基层党支部换届选举，完善1个县支公司党支部组织架构，成立1个专业化支公司党支部，党的基层组织建设和党支部书记队伍建设得到加强。落实党风廉政建设“两个责任”决策部署，强化遵守政治纪律、政治规矩，严格落实中央“八项规定”精神，坚决纠正“四风”，领导干部廉洁自律意识不断提高。纪委履行监督责任，按照着眼防范、主动监督要求，从严格落实党风廉政建设责任制、深化干部思想作风、强化“一岗双责”、规范用权、廉洁自律等方面对新聘任领导干部进行廉政谈话。贯彻落实民主集中制、集体领导制度和“三重一大”议事规则，规范重大决策的合法性、正确性、科学性、制度性。年内对所辖7家综合性县支公司开展政治巡察，对两家支公司开展执行力巡察和政治巡察回头看，对55名员工进行访谈。落实反腐倡廉工作部署，构建和完善惩防体系，坚持将党风廉政建设和反腐倡廉工作有机结合，常抓不懈，提高领导干部廉洁自律意识，增强领导干部拒腐防变能力，提高新形势下干部员工抵制“四风”问题能力，将“八项规定”内化于心、外化于形，发挥案件警示教育的震慑和教育作用。建立和完善领导干部廉政档案，加强党员干部廉政监督，提高履行纪检监督问责能力，形成预防案件风险合力，做到防微杜渐，保障公司规划目标的实现和健康长远发展。

【品牌宣传】 2018年，市人寿保险公司与《玉溪日报》合作，加大对外宣传，展示公司品牌及形象。通过举办首届玉溪国寿“六一”卡通节、中国人寿召开服务质量社会监督座谈会、中国人寿70周年特别产品鑫享金生产品发布会等活动，提升客户认知度以及公司品牌形象。学平险、计生保险、老龄保险等三项政保业务的推广与发展，业务涵盖学生及学生家长、计划生育家庭、老年人群众等三大群体，参保人群接近60万人，全市近30%的群众参保。

【依法合规】 2018年，市人寿保险公司严格遵守反洗钱法律法规，履行反洗钱义务，防范洗钱风险，营造良好的经营秩序，结合“治乱打非”工作开展风险排查，全年开展三次反洗钱发现问题整改；有效开展内控合规工作，组织内控知识培训，完成“非法集资风险管理”管理事项，完成关键岗位轮岗真实性检查和轮岗工作，完成县支公司主要负责人调整的经济责任审计和反洗钱审计工作。同时，抓好审计队伍建设，全年完成2个经济责任审计项目，提出9条审计建议；完成反洗钱审计项目2个，提出审计意见11条。

【强化市场竞争力】 2018年，市人寿保险公司强化对标意识，树立“预算是底线、市场是根本线”理念，落实对标责任，建立对标责任制，每月通报相关数据，进行全市对标分析，按照机构对机构、渠道对渠道、平台对平台，精准查找短板和不足；加强对标管理，加大市场竞争力系数考核力度，将“双领先”纳入基层公司工作评价考核体系，作为各基层单位班子履职能力的重要评价指标。

【扶贫减灾】 2018年，市人寿保险公司履行社会责任，认真开展扶贫工作，严格执行《玉溪市2018年脱贫攻坚巩固提升工作要点》，“电商扶贫”投入资金2.21万元，向定点扶贫单位投入资金1万元，助困物资折款1.83万元，“河道整治”捐赠2万元，挂钩新平县平田村五户建档立卡贫困户全部脱贫，其中3户实现异地搬迁；积极开展保险扶贫工作，实施特困生学生保险、妇女安康保险等保险费减免政策；通海地震、普洱墨江地震等重大自然灾害中，通海、元江公司反应迅速，第一时间赶到受灾现场开展查勘理赔；通海公司及时向受灾客户开展慰问和关爱活动，向群众宣传抗震知识、赠送保险，在多点设立中国人寿“8·13”抗震救灾宣传咨询点，提供矿泉水、发放急救物品，讲解抗震救灾知识、开通绿色理赔通道。

【心系职工】 2018年，市人寿保险公司按照“坚持提升员工幸福感与获得感不止步”要求，着力提高员工收入，保障和维护员工利益。全市系统调整员工体检频率，由两年一检调整为一年一检；调整所有在职在岗、退休员工补充商业保险的保险金额、保险责任，大幅提升员工的商业保险保障水平；认真听取职工心声，工会积极维护职工合法权益，做好职工互助医疗等工作；持续开展送温暖活动，适时启动工会重大突发救助机制，为发生重大突发疾病或意外的员工伸出援手；在传统节日、职工生日、子女升学慰问开支金额24.3万元，走访伤、病人员和困难职工送温暖开支金额2.48万元。

（李跃辉）

玉溪市2018年12月份财产保险公司业务统计表

单位：万元

单位	险种	保险金额	保费收入				赔款支出			
			本年累计	上年同期	同比(%)	份额（%）	本年累计	上年同期	同比(%)	简单赔付率（%）
人保财险	1. 企业财产保险	3,855,832.37	1,730.27	1,789.88	-3.33%	54.58%	694.79	539.32	28.83%	40.16%
	2. 家庭财产保险	1,028,391.13	554.52	1,110.73	-50.08%	78.90%	955.66	382.18	150.06%	172.34%
	3. 机动车辆保险	14,925,720.14	74,916.66	67,189.52	11.50%	46.90%	39,459.74	32,701.35	20.67%	52.67%
	其中：交强险	3,204,403.20	18,729.88	17,092.71	9.58%	43.06%	6,797.19	6,058.74	12.19%	36.29%
	4. 工程保险	184,958.22	315.13	268.00	17.59%	71.61%	13.06	76.48	-82.92%	4.15%
	5. 责任保险	2,151,089.49	1,800.26	1,381.49	30.31%	46.95%	800.53	562.23	42.38%	44.47%
	6. 信用保险	-	-	188.68	-100.00%	-	7.72	180.16	-95.72%	-
	7. 保证保险	24094.56	1742.84	510.33	241.52%	32.04%	196.08	-	-	11.25%
	8. 船舶保险	810.00	4.58	-	-	100.00%	-	-	-	0.00%
	9. 货物运输保险	694,574.03	508.16	1,454.04	-65.05%	59.96%	650.14	1,037.62	-37.34%	127.94%
	10. 特殊风险保险	-	-	-	-	-	-	-	-	-
	11. 农业保险	30,039.91	1,069.94	904.39	18.30%	21.09%	642.39	425.00	51.15%	60.04%
	12. 健康险	6,034,186.78	4,269.49	4,064.29	5.05%	94.55%	2,819.30	2,055.30	37.17%	66.03%
	13. 意外伤害保险	9,084,997.39	2,087.56	1,824.01	14.45%	37.00%	876.30	886.61	-1.16%	41.98%
	14. 其他险	-	-	-	-	-	-	-	-	-
	合计	38,014,694.01	88,999.43	80,685.36	10.30%	46.97%	47,115.72	38,846.24	21.29%	52.94%

（续表）

单位	险种	保险金额	保费收入				赔款支出			
			本年累计	上年同期	同比 (%)	份额（%）	本年累计	上年同期	同比 (%)	简单赔付率（%）
太保产险	1. 企业财产保险	1,697,234.63	497.61	568.66	-12.50%	15.70%	35.92	212.91	-83.13%	7.22%
	2. 家庭财产保险	17,518.33	4.61	11.34	-59.34%	0.66%	2.11	4.07	-48.18%	45.74%
	3. 机动车辆保险	2,557,880.44	15,039.40	12,884.94	16.72%	9.41%	6,213.09	5,037.19	23.34%	41.31%
	其中：交强险	485,242.80	4,187.16	3,613.62	15.87%	9.63%	1,501.67	1,279.01	17.41%	35.86%
	4. 工程保险	17,976.48	30.54	103.77	-70.57%	6.94%	–	–	–	0.00%
	5. 责任保险	361,299.68	181.42	229.30	-20.88%	4.73%	92.93	123.62	-24.83%	51.22%
	6. 信用保险	–	–	–	–	–	–	–	–	–
	7. 保证保险	6,131.92	40.43	7.05	473.45%	0.74%	–	–	–	0.00%
	8. 船舶保险	–	–	–	–	–	–	–	–	–
	9. 货物运输保险	103,311.90	51.79	99.16	-47.77%	6.11%	29.11	86.16	-66.21%	56.22%
	10. 特殊风险保险	–	–	–	–	–	–	–	–	–
	11. 农业保险	67,460.16	3,364.11	1.76	191042.70%	66.31%	2,010.77	–	–	59.77%
	12. 健康险	–	–	–	–	–	–	–	–	–
	13. 意外伤害保险	1,365,847.57	532.69	520.05	2.43%	9.44%	320.13	382.39	-16.28%	60.10%
	14. 其他险	–	–	–	–	–	–	–	–	–
	合计	6,194,661.11	19,742.59	14,426.03	36.85%	10.42%	8,704.05	5,846.34	48.88%	44.09%
平安产险	1. 企业财产保险	443,173.55	142.09	167.99	-15.42%	4.48%	78.35	2.93	2574.60%	55.14%
	2. 家庭财产保险	369,976.44	54.13	210.02	-74.23%	7.70%	223.59	31.07	619.55%	413.08%
	3. 机动车辆保险	6,033,563.89	24,504.43	20,882.60	17.34%	15.34%	9,300.52	6,832.68	36.12%	37.95%
	其中：交强险	944,694.80	6,133.42	5,210.71	17.71%	14.10%	2,003.51	1,766.45	13.42%	32.67%
	4. 工程保险	10,670.53	26.62	154.03	-82.71%	6.05%	71.71	22.23	222.51%	269.33%
	5. 责任保险	418,570.97	543.01	501.99	8.17%	14.16%	207.24	423.48	-51.06%	38.16%
	6. 信用保险	–	7.56	64.45	-88.26%	100.00%	45.70	7.04	549.51%	604.17%
	7. 保证保险	11,381.14	0.35	–	–	0.01%	0.00	–	–	0.05%
	8. 船舶保险	–	–	–	–	–	–	–	–	–
	9. 货物运输保险	926,089.55	115.11	112.44	2.37%	13.58%	117.87	3.74	3054.18%	102.40%
	10. 特殊风险保险	–	–	–	–	–	–	–	–	–
	11. 农业保险	–	–	1.57	-100.00%	–	0.01	0.01	83.53%	–
	12. 健康险	122,603.54	92.30	108.70	-15.09%	2.04%	38.39	52.73	-27.20%	41.59%
	13. 意外伤害保险	5,038,038.53	1,007.10	648.85	55.21%	17.85%	64.38	67.45	-4.54%	6.39%
	14. 其他险	740.84	13.48	–	–	84.03%	0.52	–	–	3.89%
	合计	13,374,809.00	26,506.16	22,852.63	15.99%	13.99%	10,148.27	7,443.35	36.34%	38.29%
天安产险	1. 企业财产保险	160.00	0.63	–	–	0.02%	–	–	–	0.00%
	2. 家庭财产保险	4,040.00	0.28	–	–	0.04%	–	–	–	0.00%
	3. 机动车辆保险	7,977.00	26.90	68.75	-60.87%	0.02%	31.75	266.80	-88.10%	118.03%
	其中：交强险	–	9.61	42.40	-77.33%	0.02%	17.32	54.96	-68.49%	180.23%
	4. 工程保险	–	–	–	–	–	–	–	–	–
	5. 责任保险	12,477.00	1.30	0.51	154.90%	0.03%	0.54	–	–	41.54%
	6. 信用保险	–	–	–	–	–	–	–	–	–
	7. 保证保险	–	–	–	–	–	–	–	–	–

（续表）

单位	险种	保险金额	保费收入				赔款支出			
			本年累计	上年同期	同比 (%)	份额（%）	本年累计	上年同期	同比 (%)	简单赔付率（%）
天安产险	8. 船舶保险	–	–	–	–	–	–	–	–	–
	9. 货物运输保险	–	–	–	–	–	–	–	–	–
	10. 特殊风险保险	–	–	–	–	–	–	–	–	–
	11. 农业保险	–	–	–	–	–	–	–	–	–
	12. 健康险	30,358.00	7.57	0.87	770.11%	0.17%	–	–	–	0.00%
	13. 意外伤害保险	18,714.00	21.56	0.53	3967.92%	0.38%	–	–	–	0.00%
	14．其他险	–	–	–	–	–	–	4.63	-100.00%	–
	合计	73,726.00	58.24	70.66	-17.58%	0.03%	32.29	271.43	-88.10%	55.44%
华泰产险	1. 企业财产保险	1,044,050.09	240.29	285.82	-15.93%	7.58%	11.98	16.09	-25.56%	4.99%
	2. 家庭财产保险	49.32	0.04	0.93	-95.61%	0.01%	2.00	–	–	4889.98%
	3. 机动车辆保险	72,798.20	1,178.56	1,634.75	-27.91%	0.74%	589.01	641.61	-8.20%	49.98%
	其中：交强险	53,741.00	369.10	482.51	-23.51%	0.85%	169.30	142.08	19.16%	45.87%
	4. 工程保险	–	–	–	–	–	–	–	–	–
	5. 责任保险	37,950.00	78.76	90.87	-13.33%	2.05%	72.33	34.34	110.64%	91.84%
	6. 信用保险	–	–	–	–	–	–	–	–	–
	7. 保证保险	–	–	–	–	–	–	–	–	–
	8. 船舶保险	–	–	–	–	–	–	–	–	–
	9. 货物运输保险	95,000.00	47.17	227.88	-79.30%	5.57%	61.05	65.78	-7.20%	129.43%
	10. 特殊风险保险	–	–	–	–	–	–	–	–	–
	11. 农业保险	–	–	–	–	–	–	–	–	–
	12. 健康险	107,331.40	8.18	3.68	122.17%	0.18%	–	–	–	0.00%
	13. 意外伤害保险	8,258.52	37.31	30.67	21.64%	0.66%	13.70	8.35	64.17%	36.73%
	14．其他险	–	–	–	–	–	–	–	–	–
	合计	1,365,437.53	1,590.30	2,274.61	-30.08%	0.84%	750.07	766.17	-2.10%	47.16%
大地产险	1. 企业财产保险	129,668.06	63.61	98.02	-35.11%	2.01%	9.14	10.01	-8.69%	14.37%
	2. 家庭财产保险	24,410.40	4.76	9.16	-48.03%	0.68%	–	–	–	0.00%
	3. 机动车辆保险	4,405,477.50	16,971.26	15,892.40	6.79%	10.62%	7,633.11	5,958.90	28.10%	44.98%
	其中：交强险	964,827.92	5,228.18	4,973.04	5.13%	12.02%	1,585.40	1,505.38	5.32%	30.32%
	4. 工程保险	–	–	-27.55	-100.00%	–	62.21	64.34	-3.31%	–
	5. 责任保险	341,524.13	288.78	186.27	55.03%	7.53%	67.87	27.69	145.11%	23.50%
	6. 信用保险	–	–	–	–	–	–	–	–	–
	7. 保证保险	3,323.37	1,192.97	1.07	111392.52%	21.93%	–	–	–	0.00%
	8. 船舶保险	–	–	–	–	–	–	–	–	–
	9. 货物运输保险	1,169,535.68	104.03	0.34	30497.06%	12.27%	–	3.92	-100.00%	0.00%
	10. 特殊风险保险	–	–	–	–	–	–	–	–	–
	11. 农业保险	–	–	0.78	-100.00%	–	–	–	–	–
	12. 健康险	504,962.00	70.83	21.73	225.95%	1.57%	0.96	–	–	1.36%
	13. 意外伤害保险	1,850,194.06	681.48	618.99	10.10%	12.08%	160.30	158.90	0.88%	23.52%
	14．其他险	185.00	–	–	–	–	–	–	–	–
	合计	8,429,280.20	19,377.72	16,801.21	15.34%	10.23%	7,933.59	6,223.76	27.47%	40.94%

（续表）

单位	险种	保险金额	保费收入				赔款支出			
			本年累计	上年同期	同比 (%)	份额（%）	本年累计	上年同期	同比 (%)	简单赔付率（%）
永安产险	1. 企业财产保险	–	–	3.01	–100.00%	–	–	–	–	–
	2. 家庭财产保险	–	–	0.05	–100.00%	–	–	–	–	–
	3. 机动车辆保险	189,831.91	736.21	523.28	40.69%	0.46%	327.68	462.23	–29.11%	44.51%
	其中：交强险	70,247.60	314.82	204.73	53.77%	0.72%	104.51	155.90	–32.96%	33.20%
	4. 工程保险	915.75	0.94	–	–	0.21%	–	–	–	0.00%
	5. 责任保险	46,606.40	41.55	37.74	10.10%	1.08%	–0.29	0.48	–160.42%	–0.70%
	6. 信用保险	–	–	–	–	–	–	–	–	–
	7. 保证保险	–	–	–	–	–	–	–	–	–
	8. 船舶保险	–	–	–	–	–	–	–	–	–
	9. 货物运输保险	–	–	–	–	–	–	–	–	–
	10. 特殊风险保险	–	–	–	–	–	–	–	–	–
	11. 农业保险	–	–	–	–	–	–	–	–	–
	12. 健康险	–	–	–	–	–	–	–	–	–
	13. 意外伤害保险	36,971.16	13.67	10.75	27.16%	0.24%	1.04	2.22	–53.15%	7.61%
	14. 其他险	–	–	–	–	–	–	–	–	–
	合计	274,325.22	792.37	574.83	37.84%	0.42%	328.43	464.93	–29.36%	41.45%
安邦产险	1. 企业财产保险	–	–	–	–	–	–	–	–	–
	2. 家庭财产保险	–	–	–	–	–	–	–	–	–
	3. 机动车辆保险	27,669.43	115.97	238.45	–51.37%	0.07%	83.27	73.73	12.94%	71.80%
	其中：交强险	5,368.00	34.60	66.88	–48.27%	0.08%	31.54	23.67	33.23%	91.16%
	4. 工程保险	–	–	–	–	–	–	–	–	–
	5. 责任保险	2,161.00	3.69	30.82	–88.04%	0.10%	–	–	–	0.00%
	6. 信用保险	–	–	–	–	–	–	–	–	–
	7. 保证保险	–	–	–	–	–	–	–	–	–
	8. 船舶保险	–	–	–	–	–	–	–	–	–
	9. 货物运输保险	–	–	–	–	–	–	–	–	–
	10. 特殊风险保险	–	–	–	–	–	–	–	–	–
	11. 农业保险	–	–	–	–	–	–	–	–	–
	12. 健康险	914.00	0.23	0.75	–69.47%	0.01%	–	–	–	0.00%
	13. 意外伤害保险	3,674.49	1.15	5.20	–77.87%	0.02%	0.88	0.11	738.15%	76.63%
	14. 其他险	–	–	–	–	–	13.48	0.07	19337.65%	–
	合计	34,418.92	121.03	275.23	–56.02%	0.06%	97.63	73.90	32.10%	80.66%
阳光产险	1. 企业财产保险	259,247	44.78	42.91	4.36%	1.41%	15.09	3.41	342.52%	33.70%
	2. 家庭财产保险	119,640.90	27.99	28.10	–0.39%	3.98%	11.33	14.68	–22.82%	40.48%
	3. 机动车辆保险	49,715.47	3,703.31	3,718.39	–0.41%	2.32%	1,496.51	1,337.15	11.92%	40.41%
	其中：交强险	–	1,460.23	1,464.59	–0.30%	3.36%	445.50	460.93	–3.35%	30.51%
	4. 工程保险	808.24	2.35	6.33	–62.88%	0.53%	–	–	–	0.00%
	5. 责任保险	2,281	126.84	87.18	45.49%	3.31%	76.26	3.28	2225.00%	60.12%
	6. 信用保险	–	–	–	–	–	–	–	–	–
	7. 保证保险	6,360.69	2,463.44	2,226.14	10.66%	45.28%	743.47	510.51	45.63%	30.18%

（续表）

单位	险种	保险金额	保费收入				赔款支出			
			本年累计	上年同期	同比 (%)	份额（%）	本年累计	上年同期	同比 (%)	简单赔付率（%）
阳光产险	8. 船舶保险	–	–	–	–	–	–	–	–	–
	9. 货物运输保险	9,825.45	4.86	6.43	-24.42%	0.57%	0.23	1.50	-84.67%	4.73%
	10. 特殊风险保险	–	–	–	–	–	–	–	–	–
	11. 农业保险	–	–	–	–	–	–	–	–	–
	12. 健康险	–	–	–	–	–	–	–	–	–
	13. 意外伤害保险	782,116.68	132.25	88.90	48.76%	2.34%	18.07	7.85	130.19%	13.66%
	14. 其他险	–	0.91	0.29	213.79%	5.67%	–	0.01	-100.00%	–
	合计	1,229,994.85	6,506.73	6,204.67	4.87%	3.43%	2,360.96	1,878.39	25.69%	36.28%
永诚产险	1. 企业财产保险	423.11	0.87	2.00	-56.72%	0.03%	–	0.00	-100.00%	0.00%
	2. 家庭财产保险	21.50	0.01	0.06	-90.14%	0.00%	–	–	–	0.00%
	3. 机动车辆保险	293,354.92	710.93	715.75	-0.67%	0.45%	352.95	192.37	83.47%	49.65%
	其中：交强险	45,859.80	205.70	200.28	2.71%	0.47%	72.23	58.35	23.79%	35.11%
	4. 工程保险	–	–	–	–	–	–	–	–	–
	5. 责任保险	4,348.00	6.06	16.32	-62.87%	0.16%	1.14	–	–	18.85%
	6. 信用保险	–	–	–	–	–	–	–	–	–
	7. 保证保险	–	–	–	–	–	–	–	–	–
	8. 船舶保险	–	–	–	–	–	–	–	–	–
	9. 货物运输保险	–	–	–	–	–	–	–	–	–
	10. 特殊风险保险	–	–	–	–	–	–	–	–	–
	11. 农业保险	–	–	–	–	–	–	–	–	–
	12. 健康险	39,876.80	8.79	3.47	153.31%	0.19%	2.07	0.01	20633.00%	0.00%
	13. 意外伤害保险	270,448.54	33.67	25.23	33.45%	0.60%	37.08	2.02	1738.55%	110.14%
	14. 其他险	–	–	0.02	-100.00%	–	0.30	0.28	9.09%	–
	合计	608,472.86	760.33	762.84	-0.33%	0.40%	393.55	194.67	102.16%	51.76%
渤海产险	1. 企业财产保险	–	1.00	–	–	0.03%	3.00	–	–	300.00%
	2. 家庭财产保险	–	–	–	–	–	–	–	–	–
	3. 机动车辆保险	123695.00	522.82	1007.00	-48.08%	0.33%	329.30	440.00	-25.16%	62.99%
	其中：交强险	30182.00	190.00	389.00	-51.16%	0.44%	83.00	109.00	-23.85%	43.68%
	4. 工程保险	–	1.00	2.00	-50.00%	0.23%	–	–	–	0.00%
	5. 责任保险	–	37.00	27.00	37.04%	0.96%	29.00	17.00	70.59%	78.38%
	6. 信用保险	–	–	–	–	–	–	–	–	–
	7. 保证保险	–	–	–	–	–	–	–	–	–
	8. 船舶保险	–	–	–	–	–	–	–	–	–
	9. 货物运输保险	–	–	–	–	–	–	–	–	–
	10. 特殊风险保险	–	–	–	–	–	–	–	–	–
	11. 农业保险	–	–	–	–	–	–	–	–	–
	12. 健康险	–	20.50	–	–	0.45%	32.30	–	–	157.56%
	13. 意外伤害保险	–	43.00	49.00	-12.24%	0.76%	5.00	87.00	-94.25%	11.63%
	14. 其他险	–	–	25.00	-100.00%	–	–	9.00	-100.00%	–
	合计	123,695.00	625.32	1,110.00	-43.66%	0.33%	398.60	553.00	-27.92%	63.74%

（续表）

单位	险种	保险金额	保费收入				赔款支出			
			本年累计	上年同期	同比 (%)	份额（%）	本年累计	上年同期	同比 (%)	简单赔付率（%）
人寿产险	1. 企业财产保险	594,432.68	275.86	446.83	-38.26%	8.70%	119.33	173.38	-31.18%	43.26%
	2. 家庭财产保险	92,671.21	44.54	51.45	-13.43%	6.34%	59.11	6.72	779.31%	132.71%
	3. 机动车辆保险	3,165,818.07	15,127.54	14,964.10	1.09%	9.47%	8,579.79	5,927.57	44.74%	56.72%
	其中：交强险	662,923.60	4,251.62	4,082.72	4.14%	9.77%	1,628.26	1,388.33	17.28%	38.30%
	4. 工程保险	2,940.93	8.40	6.95	20.89%	1.91%	111.57	13.15	748.25%	1327.70%
	5. 责任保险	1,169,344.28	526.81	570.06	-7.59%	13.74%	253.98	243.49	4.31%	48.21%
	6. 信用保险	–	–	–	–	–	–	–	–	–
	7. 保证保险	–	–	–	–	–	–	–	–	–
	8. 船舶保险	–	–	–	–	–	–	–	–	–
	9. 货物运输保险	3,513.10	15.76	6.27	151.44%	1.86%	14.57	0.49	2857.19%	92.44%
	10. 特殊风险保险	–	–	–	–	–	–	–	–	–
	11. 农业保险	587,005.95	639.24	3,948.08	-83.81%	12.60%	43.08	3,312.03	-98.70%	6.74%
	12. 健康险	252,179	30.43	–	–	0.67%	1.16	–	–	3.80%
	13. 意外伤害保险	914,092.34	524.39	495.15	5.91%	9.29%	171.59	160.24	7.08%	32.72%
	14. 其他险	3,518.00	1.65	7.42	-77.73%	10.30%	0.06	-0.15	-143.23%	3.80%
	合计	6,785,515.56	17,194.63	20,496.31	-16.11%	9.07%	9,354.23	9,836.93	-4.91%	54.40%
诚泰产险	1. 企业财产保险	352,126.36	96.37	141.03	-31.67%	3.04%	16.75	19.50	-14.10%	17.38%
	2. 家庭财产保险	–	–	739.99	-100.00%	–	727.26	–	–	–
	3. 机动车辆保险	668052.47	2,664.61	2,332.09	14.26%	1.67%	1,178.20	858.11	37.30%	44.22%
	其中：交强险	209840.00	926.14	854.81	8.34%	2.13%	264.60	280.98	-5.83%	28.57%
	4. 工程保险	3380.48	9.69	0.43	2153.49%	2.20%	0.01	0.08	-87.50%	0.10%
	5. 责任保险	124880.08	151.69	147.00	3.19%	3.96%	22.78	7.08	221.75%	15.02%
	6. 信用保险	–	–	–	–	–	–	0.13	-100.00%	–
	7. 保证保险	–	–	–	–	–	–	0.07	-100.00%	–
	8. 船舶保险	–	–	–	–	–	–	–	–	–
	9. 货物运输保险	5,000.00	0.63	0.70	-10.00%	0.07%	–	0.14	-100.00%	0.00%
	10. 特殊风险保险	–	–	–	–	–	–	0.03	-100.00%	–
	11. 农业保险	–	–	–	–	–	65.38	82.89	-21.12%	–
	12. 健康险	–	–	0.02	-100.00%	–	–	0.35	-100.00%	–
	13. 意外伤害保险	266,537.41	271.69	230.43	17.91%	4.82%	113.06	94.74	19.34%	41.61%
	14. 其他险	–	–	–	–	–	–	–	–	–
	合计	1,419,976.80	3,194.68	3,591.69	-11.05%	1.69%	2,123.44	1,063.12	99.74%	66.47%
太平产险	1. 企业财产保险	7,092.51	10.66	6.90	54.61%	0.34%	4.37	–	–	40.99%
	2. 家庭财产保险	160,097.00	11.97	0.00	1061274.56%	1.70%	–	–	–	0.00%
	3. 机动车辆保险	1,019,597.65	2,730.11	2,291.90	19.12%	1.71%	850.42	732.38	16.12%	31.15%
	其中：交强险	577,365.00	1,264.56	1,044.72	21.04%	2.91%	343.55	333.86	2.90%	27.17%
	4. 工程保险	2,752.42	7.70	158.82	-95.15%	1.75%	2.74	25.37	-89.19%	35.61%
	5. 责任保险	23,647.00	46.73	14.22	228.64%	1.22%	1.18	0.28	329.78%	2.54%
	6. 信用保险	–	–	–	–	–	–	–	–	–
	7. 保证保险	–	–	–	–	–	–	–	–	–

（续表）

单位	险种	保险金额	保费收入				赔款支出			
			本年累计	上年同期	同比 (%)	份额（%）	本年累计	上年同期	同比 (%)	简单赔付率（%）
太平产险	8. 船舶保险	–	–	–	–	–	–	–	–	–
	9. 货物运输保险	–	–	–	–	–	–	–	–	–
	10. 特殊风险保险	–	–	–	–	–	–	–	–	–
	11. 农业保险	–	–	–	–	–	–	–	–	–
	12. 健康险	27,688.00	6.01	5.38	11.66%	0.13%	–	–	–	0.00%
	13. 意外伤害保险	243,926.75	194.72	129.06	50.88%	3.45%	27.78	8.05	245.11%	14.27%
	14. 其他险	–	–	–	–	–	–	–	–	–
	合计	1,484,801.34	3,007.90	2,606.28	15.41%	1.59%	886.50	766.08	15.72%	29.47%
鼎和产险	1. 企业财产保险	31,846.48	66.17	–	–	2.09%	–		–	0.00%
	2. 家庭财产保险	–	–	–	–	–	–	0.20	-100.00%	–
	3. 机动车辆保险	199,429.60	804.28	701.76	14.61%	0.50%	198.93	169.65	17.26%	24.73%
	其中：交强险	29,304.40	195.25	179.50	8.77%	0.45%	46.59	46.46	0.28%	23.86%
	4. 工程保险	10,655.09	37.67	–	–	8.56%	–	–	–	0.00%
	5. 责任保险	398.00	0.86	–	–	0.02%	–	7.21	-100.00%	0.00%
	6. 信用保险	–	–	–	–	–	–	–	–	–
	7. 保证保险	–	–	–	–	–	–	–	–	–
	8. 船舶保险	–	–	–	–	–	–	–	–	–
	9. 货物运输保险	–	–	–	–	–	–	–	–	–
	10. 特殊风险保险	4,816.58	47.09	–	–	100.00%	0.76	–	–	1.61%
	11. 农业保险	–	–	–	–	–	–	–	–	–
	12. 健康险	5,832.40	1.04	–	–	0.02%	–	–	–	0.00%
	13. 意外伤害保险	52275.13	59.87	29.26	104.61%	1.06%	6.53	1.60	308.13%	10.91%
	14. 其他险	–	–	–	–	–	–	–	–	–
	合计	305,253.28	1,016.98	731.02	39.12%	0.54%	206.22	178.66	15.43%	20.28%
行业合计	1. 企业财产保险	8,415,286.44	3,170.20	3,553.04	-10.78%	100.00%	988.72	977.55	1.14%	31.19%
	2. 家庭财产保险	1,816,816.23	702.85	2,161.83	-67.49%	100.00%	1,981.05	438.92	351.34%	281.86%
	3. 机动车辆保险	33,740,581.69	159,752.99	145,045.68	10.14%	100.00%	76,624.26	61,631.72	24.33%	47.96%
	其中：交强险	7,284,000.12	43,500.27	39,902.21	9.02%	100.00%	15,094.17	13,664.10	10.47%	34.70%
	4. 工程保险	235,058.14	440.05	672.77	-34.59%	100.00%	261.30	201.66	29.58%	59.38%
	5. 责任保险	4,696,576.86	3,834.75	3,320.78	15.48%	100.00%	1,625.49	1,450.17	12.09%	42.39%
	6. 信用保险	0.00	7.56	253.13	-97.01%	100.00%	53.42	187.33	-71.48%	706.23%
	7. 保证保险	51,291.69	5,440.03	2,744.59	98.21%	100.00%	939.55	510.58	84.02%	17.27%
	8. 船舶保险	810.00	4.58	–	–	100.00%	–	–	–	0.00%
	9. 货物运输保险	3,006,849.72	847.50	1,907.25	-55.56%	100.00%	872.97	1,199.35	-27.21%	103.01%
	10. 特殊风险保险	4,816.58	47.09	–	–	100.00%	–	0.03	-100.00%	0.00%
	11. 农业保险	684,506.03	5,073.29	4,856.58	4.46%	100.00%	2,761.63	3,819.92	-27.70%	54.43%
	12. 健康险	7,125,931.92	4,515.36	4,208.89	7.28%	100.00%	2,894.18	2,108.39	37.27%	64.10%
	13. 意外伤害保险	19,936,092.56	5,642.11	4,706.08	19.89%	100.00%	1,815.85	1,867.51	-2.77%	32.18%
	14. 其他险	4,443.84	16.04	32.72	-50.99%	100.00%	14.37	13.84	3.81%	89.58%
	合计	79,719,061.68	189,494.41	173,463.35	9.24%	100.00%	90,833.55	74,406.98	22.08%	47.93%

玉溪市 2018 年 12 月份车辆保险业务统计表

单位：万元

单位	车型分类	承保数量（件）			保费收入			赔款支出			
		本年累计	上年同期	同比 %	本年累计	上年同期	同比 %	本年累计	上年同期	同比 %	简单赔付率（%）
人保财险	家用车	262,064	232,500	12.72%	41,215.03	37,867.93	8.84%	21,597.86	18,528.81	16.56%	52.40%
	营业货车	27,214	23,070	17.96%	19,399.11	15,418.96	25.81%	9,154.92	6,089.55	50.34%	47.19%
	非营业货车	32,774	32,132	2.00%	4,830.26	4,668.62	3.46%	3,125.92	2,941.49	6.27%	64.72%
	营业客车	2,165	2,221	-2.52%	567.43	555.31	2.18%	154.98	168.72	-8.14%	27.31%
	非营业客车	17,104	17,326	-1.28%	3,237.49	3,339.38	-3.05%	1,687.25	1,708.28	-1.23%	52.12%
	特种车	6,575	6,402	2.70%	3,418.37	3,116.74	9.68%	2,367.08	2,285.12	3.59%	69.25%
	挂车	2,191	1,888	16.05%	722.81	705.80	2.41%	478.31	481.57	-0.68%	66.17%
	摩托车	74,274	71,166	4.37%	879.67	835.80	5.25%	400.57	183.35	118.47%	45.54%
	拖拉机	19,288	21,533	-10.43%	646.50	680.99	-5.07%	492.86	314.45	56.74%	76.24%
	合计	443,649	408,239	8.67%	74,916.66	67,189.52	11.50%	39,459.74	32,701.35	20.67%	52.67%
	其中：交强险	265,474	246,907	7.52%	18,729.88	17,092.71	9.58%	6,797.19	6,058.74	12.19%	36.29%
太保产险	家用车	45,031	43,740	2.95%	6,731.99	6,232.01	8.02%	2,638.89	3,028.90	-12.88%	39.20%
	营业货车	12,455	7,727	61.19%	6,277.51	4,516.78	38.98%	2,632.63	1,099.07	139.53%	41.94%
	非营业货车	7,797	7,040	10.75%	1,129.61	1,208.45	-6.52%	572.47	530.64	7.88%	50.68%
	营业客车	1,317	894	47.32%	327.00	194.87	67.80%	81.91	33.09	147.54%	25.05%
	非营业客车	2,250	2,386	-5.70%	256.19	322.32	-20.52%	88.39	60.53	46.03%	34.50%
	特种车	734	617	18.96%	276.21	316.93	-12.85%	152.13	264.71	-42.53%	55.08%
	挂车	-	-	-	-	-	-	-	-	-	-
	摩托车	3,543	5,021	-29.44%	40.89	93.58	-56.30%	46.67	20.25	130.47%	114.14%
	拖拉机	-	-	-	-	-	-	-	-	-	-
	合计	73,127	67,425	8.46%	15,039.40	12,884.94	16.72%	6,213.09	5,037.19	23.34%	41.31%
	其中：交强险	40,349	38,627	4.46%	4,187.16	3,613.62	15.87%	1,501.67	1,279.01	17.41%	35.86%
平安产险	家用车	114,293	95,463	19.72%	18,420.05	16,085.27	14.52%	-	-	-	-
	营业货车	3,762	2,484	51.45%	2,982.80	2,125.80	40.31%	-	-	-	-
	非营业货车	8,435	7,752	8.81%	1,262.12	1,093.24	15.45%	-	-	-	-
	营业客车	1,332	1,448	-8.01%	242.60	257.20	-5.68%	-	-	-	-
	非营业客车	4,369	3,959	10.36%	784.77	735.76	6.66%	-	-	-	-
	特种车	774	664	16.57%	401.55	319.06	25.86%	-	-	-	-
	挂车	768	451	70.29%	307.16	204.37	50.29%	-	-	-	-
	摩托车	7,076	4,389	61.22%	103.38	61.91	66.99%	-	-	-	-
	拖拉机	-	-	-	-	-	-	-	-	-	-
	合计	140,809	116,610	20.75%	24,504.43	20,882.60	17.34%	-	-	-	-
	其中：交强险	76,581	64,020	19.62%	6,133.42	5,210.71	17.71%	-	-	-	-
天安产险	家用车	255	409	-37.65%	26.90	46.77	-42.48%	31.75	266.80	-88.10%	118.03%
	营业货车	-	136	-100.00%	-	1.67	-100.00%	-	-	-	-
	非营业货车	-	-	-	-	-	-	-	-	-	-
	营业客车	-	52	-100.00%	-	9.94	-100.00%	-	-	-	-
	非营业客车	-	-	-	-	-	-	-	-	-	-

（续表）

单位	车型分类	承保数量（件）			保费收入			赔款支出			
		本年累计	上年同期	同比 %	本年累计	上年同期	同比 %	本年累计	上年同期	同比 %	简单赔付率（%）
天安产险	特种车	–	1	-100.00%	–	0.17	-100.00%	–	–	–	–
	挂车	–	–	–	–	–	–	–	–	–	–
	摩托车	–	1,014	-100.00%	–	10.20	-100.00%	–	–	–	–
	拖拉机	–	–	–	–	–	–	–	–	–	–
	合计	255	1,612	-84.18%	26.90	68.75	-60.87%	31.75	266.80	-88.10%	118.03%
	其中：交强险	118	1,348	-91.25%	9.61	42.40	-77.33%	17.32	54.96	-68.49%	180.23%
华泰产险	家用车	7,362	9,458	-22.16%	998.22	1,382.13	-27.78%	469.98	566.37	-17.02%	47.08%
	营业货车	95	75	26.67%	16.67	13.48	23.64%	1.18	0.45	165.29%	7.10%
	非营业货车	1,045	1,181	-11.52%	132.10	159.31	-17.08%	96.48	55.35	74.29%	73.04%
	营业客车	–	–	–	–	–	–	–	–	–	–
	非营业客车	148	389	-61.95%	27.98	73.99	-62.18%	21.37	17.62	21.33%	76.39%
	特种车	10	14	-28.57%	1.99	3.41	-41.63%	–	0.28	-100.00%	–
	挂车	–	–	–	–	–	–	–	–	–	–
	摩托车	141	215	-34.42%	1.60	2.42	-34.13%	–	1.55	-100.00%	0.00%
	拖拉机	–	–	–	–	–	–	–	–	–	–
	合计	8,801	11,332	-22.33%	1,178.56	1,634.75	-27.91%	589.01	641.61	-8.20%	49.98%
	其中：交强险	4,810	6,202	-22.44%	369.10	482.51	-23.51%	169.30	142.08	19.16%	45.87%
大地产险	家用车	85,234	82,279	3.59%	12,888.28	12,605.54	2.24%	6,031.95	4,603.99	31.02%	46.80%
	营业货车	2,730	2,201	24.03%	1,263.12	726.15	73.95%	401.76	429.83	-6.53%	31.81%
	非营业货车	13,653	11,459	19.15%	1,811.32	1,500.06	20.75%	872.76	505.90	72.52%	48.18%
	营业客车	710	692	2.60%	184.23	210.38	-12.43%	15.09	103.92	-85.48%	8.19%
	非营业客车	1,622	1,647	-1.52%	289.09	277.40	4.21%	137.50	64.11	114.48%	47.56%
	特种车	461	398	15.83%	107.37	81.94	31.03%	35.64	36.50	-2.36%	33.19%
	挂车	50	17	194.12%	19.84	4.78	315.06%	0.68	0.15	353.33%	3.43%
	摩托车	35,851	42,744	-16.13%	408.01	486.15	-16.07%	137.73	214.50	-35.79%	33.76%
	拖拉机	–	–	–	–	–	–	–	–	–	–
	合计	140,311	141,437	-0.80%	16,971.26	15,892.40	6.79%	7,633.11	5,958.90	28.10%	44.98%
	其中：交强险	91,234	95,561	-4.53%	5,228.18	4,973.04	5.13%	1,585.40	1,505.38	5.32%	30.32%
永安产险	家用车	3,981	2,161	84.22%	460.42	271.17	69.79%	107.37	159.22	-32.57%	23.32%
	营业货车	354	313	13.10%	97.94	103.55	-5.42%	24.78	105.32	-76.47%	25.30%
	非营业货车	732	432	69.44%	90.13	51.48	75.08%	77.46	51.58	50.17%	85.94%
	营业客车	121	197	-38.58%	48.10	44.87	7.20%	0.23	0.93	-75.27%	0.48%
	非营业客车	59	67	-11.94%	7.89	11.33	-30.36%	4.65	1.08	330.56%	58.94%
	特种车	9	42	-78.57%	1.77	24.53	-92.78%	102.30	131.23	-22.05%	5779.66%
	挂车	–	–	–	–	–	–	–	–	–	–
	摩托车	2,655	222	1095.95%	29.96	2.51	1093.63%	1.92	2.15	-10.70%	6.41%
	拖拉机	–	262	-100.00%	–	13.84	-100.00%	8.97	10.72	-16.32%	–
	合计	7,911	3,696	114.04%	736.21	523.28	40.69%	327.68	462.23	-29.11%	44.51%
	其中：交强险	5,758	2,310	149.26%	314.82	204.73	53.77%	104.51	155.90	-32.96%	33.20%

（续表）

单位	车型分类	承保数量（件）			保费收入			赔款支出			
		本年累计	上年同期	同比 %	本年累计	上年同期	同比 %	本年累计	上年同期	同比 %	简单赔付率（%）
安邦产险	家用车	800	1,238	-35.38%	108.79	190.70	-42.95%	81.09	72.91	11.22%	74.54%
	营业货车	8	14	-42.86%	1.26	2.26	-44.25%	–	0.36	-100.00%	0.00%
	非营业货车	46	78	-41.03%	4.41	7.57	-41.74%	0.85	0.46	84.78%	19.27%
	营业客车	3	183	-98.36%	0.27	34.55	-99.22%	1.33	–	–	492.59%
	非营业客车	27	39	-30.77%	1.91	3.33	-42.64%	–	–	–	0.00%
	特种车	6	–	–	0.59	–	–	–	–	–	0.00%
	挂车	–	–	–	–	–	–	–	–	–	–
	摩托车	1	9	-88.89%	–	0.04	-100.00%	–	–	–	–
	拖拉机	–	1	-100.00%	–	–	–	–	–	–	–
	合计	891	1,562	-42.96%	117.23	238.45	-50.84%	83.27	73.73	12.94%	71.03%
	其中：交强险	441	743	-40.65%	34.60	66.88	-48.27%	31.54	23.67	33.25%	91.16%
阳光产险	家用车	20,109	21,322	-5.69%	2,510.09	2,487.63	0.90%	1390.60	1149.26	21.00%	55.40%
	营业货车	749	931	-19.55%	346.27	412.71	-16.10%	52.15	96.13	-45.75%	15.06%
	非营业货车	251	274	-8.39%	33.64	45.53	-26.11%	3.10	7.31	-57.59%	9.22%
	营业客车	825	687	20.09%	166.96	191.45	-12.79%	7.31	5.17	41.39%	4.38%
	非营业客车	1,612	1,007	60.08%	345.40	207.01	66.85%	42.80	21.39	100.09%	12.39%
	特种车	21	67	-68.66%	3.32	19.22	-82.73%	–	1.45	-100.00%	0.00%
	挂车	27	48	-43.75%	10.74	22.60	-52.48%	0.55	0.08	587.50%	5.12%
	摩托车	25,296	29,104	-13.08%	286.89	332.24	-13.65%	31.55	56.36	-44.02%	11.00%
	拖拉机	–	–	–	–	–	–	–	–	–	–
	合计	48,890	53,440	-8.51%	3,703.31	3,718.39	-0.41%	1,528.06	1,337.15	14.28%	41.26%
	其中：交强险	38,442	44,658	-13.92%	1,460.23	1,464.59	-0.30%	445.50	460.93	-3.35%	30.51%
永诚产险	家用车	–	–	–	–	–	–	–	–	–	–
	营业货车	–	–	–	–	–	–	–	–	–	–
	非营业货车	–	–	–	–	–	–	–	–	–	–
	营业客车	–	–	–	–	–	–	–	–	–	–
	非营业客车	–	–	–	–	–	–	–	–	–	–
	特种车	–	–	–	–	–	–	–	–	–	–
	挂车	–	–	–	–	–	–	–	–	–	–
	摩托车	–	–	–	–	–	–	–	–	–	–
	拖拉机	–	–	–	–	–	–	–	–	–	–
	合计	4,563	4,432	2.96%	710.93	715.75	-0.67%	352.95	192.37	83.47%	49.65%
	其中：交强险	2,459	2,379	3.36%	205.70	200.28	2.71%	72.23	58.35	23.79%	35.11%
渤海产险	家用车	3,488	5,628	-38.02%	411.02	744.00	-44.76%	296.30	353.00	-16.06%	72.09%
	营业货车	156	409	-61.86%	29.00	89.00	-67.42%	11.00	54.00	-79.63%	37.93%
	非营业货车	526	1,041	-49.47%	65.00	135.00	-51.85%	20.00	14.00	42.86%	30.77%
	营业客车	–	–	–	–	–	–	–	–	–	–
	非营业客车	105	137	-23.36%	13.00	25.00	-48.00%	1.50	18.00	-91.67%	11.54%
	特种车	20	13	53.85%	3.00	2.00	50.00%	–	–	–	0.00%
	挂车	–	–	–	–	–	–	–	–	–	–

（续表）

单位	车型分类	承保数量（件）			保费收入			赔款支出			
		本年累计	上年同期	同比 %	本年累计	上年同期	同比 %	本年累计	上年同期	同比 %	简单赔付率（%）
渤海产险	摩托车	133	1,066	-87.52%	1.80	12.00	-85.00%	0.50	1.00	-50.00%	27.78%
	拖拉机	–	–	–	–	–	–	–	–	–	–
	合计	4,428	8,294	-46.61%	522.82	1,007.00	-48.08%	329.30	440.00	-25.16%	62.99%
	其中：交强险	2,519	5,039	-50.01%	190.00	389.00	-51.16%	83.00	109.00	-23.85%	43.68%
人寿产险	家用车	64,221	58,479	9.82%	9,406.13	8,939.28	5.22%	5,759.52	3,543.72	62.53%	61.23%
	营业货车	5,932	6,827	-13.11%	3,507.66	3,971.69	-11.68%	1,754.62	1,491.33	17.65%	50.02%
	非营业货车	10,519	9,862	6.66%	1,389.27	1,270.94	9.31%	751.04	648.78	15.76%	54.06%
	营业客车	177	224	-20.98%	30.34	58.42	-48.08%	4.06	8.38	-51.51%	13.39%
	非营业客车	2,699	2,681	0.67%	489.69	463.64	5.62%	206.40	147.84	39.61%	42.15%
	特种车	521	544	-4.23%	174.90	182.65	-4.24%	44.76	49.49	-9.56%	25.59%
	挂车	–	–	–	–	–	–	–	–	–	–
	摩托车	9,311	6,056	53.75%	104.75	67.94	54.19%	53.10	21.21	150.33%	50.70%
	拖拉机	1,386	193	618.13%	24.80	9.54	160.06%	6.29	16.83	-62.63%	25.36%
	合计	94,766	84,866	11.67%	15,127.54	14,964.10	1.09%	8,579.79	5,927.57	44.74%	56.72%
	其中：交强险	54,338	47,604	14.15%	4,251.62	4,082.72	4.14%	1,628.26	1,388.33	17.28%	38.30%
诚泰产险	家用车	1,398	10,448	-86.62%	1,887.07	1,447.98	30.32%	825.43	717.85	14.99%	43.74%
	营业货车	62	850	-92.71%	270.57	296.05	-8.61%	174.33	83.09	109.81%	64.43%
	非营业货车	200	1,785	-88.80%	261.30	223.78	16.77%	80.02	32.42	146.82%	30.62%
	营业客车	77	109	-29.36%	39.17	100.70	-61.10%	20.40	2.07	885.51%	52.08%
	非营业客车	24	582	-95.88%	99.56	101.01	-1.44%	31.03	5.68	446.30%	31.17%
	特种车	12	75	-84.00%	15.30	13.58	12.67%	23.76	0.42	5557.14%	155.29%
	挂车	–	–	–	4.37	–	–	5.54	–	–	126.77%
	摩托车	868	13,174	-93.41%	87.27	148.98	-41.42%	17.69	16.57	6.76%	20.27%
	拖拉机	–	–	–	–	–	–	–	–	–	–
	合计	2,641	27,023	-90.23%	2,664.61	2,332.08	14.26%	1,178.20	858.10	37.30%	44.22%
	其中：交强险	1,891	20,858	-90.93%	926.14	854.81	8.34%	264.60	280.98	-5.83%	28.57%
太平产险	家用车	16,751	13,837	21.06%	2,129.94	1,819.19	17.08%	682.16	602.92	13.14%	32.03%
	营业货车	272	471	-42.25%	54.71	96.12	-43.08%	23.52	37.58	-37.42%	42.99%
	非营业货车	–	–	–	–	–	–	–	–	–	–
	营业客车	–	–	–	–	–	–	–	–	–	–
	非营业客车	641	524	22.33%	93.26	49.84	0.00%	25.27	5.56	0.00%	27.10%
	特种车	204	23	786.96%	27.40	5.03	444.23%	5.46	1.48	268.99%	19.94%
	挂车	–	–	–	–	–	–	–	–	–	–
	摩托车	37,299	28,426	31.21%	424.80	321.72	32.04%	114.01	84.84	34.39%	26.84%
	拖拉机	–	–	–	–	–	–	–	–	–	–
	合计	55,167	43,281	27.46%	2,730.11	2,291.90	19.12%	850.42	732.38	16.12%	31.15%
	其中：交强险	47,437	37,024	28.13%	1,264.56	1,044.72	21.04%	343.55	333.86	2.90%	27.17%
鼎和产险	家用车	2,106	2,301	-8.47%	279.63	310.00	-9.80%	110.30	106.87	3.21%	39.44%
	营业货车	17	44	-61.36%	3.10	9.14	-66.08%	1.80	0.49	267.35%	58.06%
	非营业货车	1,107	712	55.48%	202.10	141.15	43.18%	42.35	28.92	46.44%	20.95%

（续表）

单位	车型分类	承保数量（件）			保费收入			赔款支出			
		本年累计	上年同期	同比 %	本年累计	上年同期	同比 %	本年累计	上年同期	同比 %	简单赔付率（%）
鼎和产险	营业客车	–	–	–	–	–	–	–	–	–	–
	非营业客车	1,085	857	26.60%	267.43	195.38	36.88%	19.76	30.80	–35.84%	7.39%
	特种车	175	151	15.89%	51.64	43.65	18.30%	24.53	2.29	971.18%	47.50%
	挂车	–	–	–	–	–	–	–	–	–	–
	摩托车	34	216	–84.26%	0.39	2.45	–84.08%	0.20	0.27	–25.93%	51.28%
	拖拉机	–	–	–	–	–	–	–	–	–	–
	合计	4,524	4,281	5.68%	804.29	701.77	14.61%	198.94	169.64	17.27%	24.73%
	其中：交强险	2,402	2,411	–0.37%	195.29	179.50	8.80%	46.59	46.46	0.28%	23.86%
行业合计	家用车	627,093	579,263	8.26%	97,473.56	90,429.59	7.79%	40,023.19	33,700.62	18.76%	41.06%
	营业货车	53,806	45,552	18.12%	34,249.73	27,783.37	23.27%	14,232.69	9,487.19	50.02%	41.56%
	非营业货车	77,085	73,748	4.52%	11,211.26	10,505.12	6.72%	5,642.44	4,816.85	17.14%	50.33%
	营业客车	6,727	6,707	0.30%	1,606.10	1,657.70	–3.11%	285.31	322.28	–11.47%	17.76%
	非营业客车	31,745	31,601	0.46%	5,913.66	5,805.39	1.86%	2,265.92	2,080.88	8.89%	38.32%
	特种车	9,522	9,011	5.67%	4,483.41	4,128.90	8.59%	2,755.66	2,772.98	–0.62%	61.46%
	挂车	3,036	2,404	26.29%	1,064.91	937.55	13.58%	485.08	481.80	0.68%	45.55%
	摩托车	196,482	202,822	–3.13%	2,369.40	2,377.93	–0.36%	803.94	602.06	33.53%	33.93%
	拖拉机	20,674	21,989	–5.98%	671.30	704.37	–4.70%	508.12	342.00	48.58%	75.69%
	合计	1,030,733	977,530	5.44%	159,754.26	145,045.69	10.14%	67,355.31	54,799.02	22.91%	42.16%
	其中：交强险	634,253	615,691	3.01%	43,500.31	39,902.22	9.02%	13,090.66	11,897.65	10.03%	30.09%

玉溪市 2018 年 12 月份人寿保险公司业务统计表

单位：万元

单位	险种	保险金额	保费收入				赔款支出			
			本期	同期	同比 %	份额	本期	同期	同比 %	简单赔付率 %
中国人寿	人身意外伤害险	79,381,848.06	3,379.26	2,602.19	29.86%	46.24%	1,133.19	1,123.44	0.87%	33.53%
	健康险	55,717,511.32	7,790.27	5,985.85	30.14%	18.51%	4,431.99	3,175.77	39.56%	56.89%
	寿险	46,174,091.74	50,770.54	51,663.36	–1.73%	24.32%	19,662.47	18,868.54	4.21%	38.73%
	合计	181,273,451.12	61,940.07	60,251.40	2.80%	24.00%	25,227.65	23,167.75	8.89%	40.73%
太保人寿	人身意外伤害险	968,243.20	1,088.67	1,358.95	–19.89%	14.90%	237.71	428.87	–44.57%	21.83%
	健康险	878,259.14	206.24	153.06	34.74%	0.49%	101.61	77.75	30.69%	49.27%
	寿险	1,432,428.54	16,613.83	14,635.99	13.51%	7.96%	4,076.21	2,880.96	41.49%	24.54%
	合计	3,278,930.88	17,908.74	16,148.00	10.90%	6.94%	4,415.53	3,387.58	30.34%	24.66%
平安人寿	人身意外伤害险	158,860.50	709.43	522.18	35.86%	9.71%	27.89	109.91	–74.62%	3.93%
	健康险	330,088.34	2,780.00	1,998.61	39.10%	6.60%	433.23	351.58	23.22%	15.58%
	寿险	188,589.25	12,810.77	10,234.83	25.17%	6.14%	1,995.73	1,488.00	34.12%	15.58%
	合计	677,538.09	16,300.20	12,755.62	27.79%	6.31%	2,456.85	1,949.49	26.03%	15.07%
泰康人寿	人身意外伤害险	135,920.82	211.73	234.02	–9.52%	2.90%	30.46	52.04	–41.47%	14.39%
	健康险	5,069,756.74	9,584.35	6,664.46	43.81%	22.77%	1,314.72	764.83	71.90%	13.72%
	寿险	1,192,513.15	42,885.20	41,621.27	3.04%	20.55%	7,886.90	9,413.95	–16.22%	18.39%
	合计	6,398,190.71	52,681.28	48,519.75	8.58%	20.41%	9,232.08	10,230.82	–9.76%	17.52%

（续表）

单位	险种	保险金额	保费收入				赔款支出			
			本期	同期	同比 %	份额	本期	同期	同比 %	简单赔付率 %
新华人寿	人身意外伤害险	626,340.00	228.68	159.89	43.02%	3.13%	61.71	73.71	–16.28%	26.99%
	健康险	1,772,268.71	10,307.45	7,175.53	43.65%	24.49%	614.43	460.91	33.31%	5.96%
	寿险	288,260.33	21,048.16	20,700.09	1.68%	10.08%	649.21	771.85	–15.89%	3.08%
	合计	2,686,869.04	31,584.29	28,035.51	12.66%	12.24%	1,325.35	1,306.47	1.45%	4.20%
平安养老	人身意外伤害险	1,043,164.00	382.81	526.25	–27.26%	5.24%	491.75	214.69	129.05%	128.46%
	健康险	269814.73	275.26	352.73	–21.96%	0.65%	336.53	299.66	12.30%	122.26%
	寿险	–	21.10	19.56	7.87%	0.01%	552.40	567.48	–2.66%	2618.01%
	合计	1,312,978.73	679.17	898.54	–24.41%	0.26%	1,380.68	1,081.83	27.62%	203.29%
人民人寿	人身意外伤害险	646,603.44	531.37	591.54	-10.17%	7.27%	49.44	7.63	547.97%	9.30%
	健康险	157,948.82	3,766.83	3,007.87	25.23%	8.95%	1,632.89	1,797.14	–9.14%	43.35%
	寿险	67,135.27	22,722.89	24,904.65	–8.76%	10.89%	3,456.44	3,966.74	–12.86%	15.21%
	合计	871,687.53	27,021.09	28,504.07	–5.20%	10.47%	5,138.77	5,771.52	–10.96%	19.02%
太平人寿	人身意外伤害险	526,132.61	366.95	234.26	56.64%	5.02%	20.74	0.05	41380.00%	5.65%
	健康险	464,636.44	2,461.92	1,161.10	112.03%	5.85%	180.77	27.96	546.53%	7.34%
	寿险	45,989.35	5,176.69	5,185.45	–0.17%	2.48%	520.99	309.72	68.21%	10.06%
	合计	1,036,758.40	8,005.56	6,580.81	21.65%	3.10%	722.50	337.73	113.93%	9.02%
阳光人寿	人身意外伤害险	100,150.71	183.48	132.66	38.31%	2.51%	9.28	2.27	308.81%	5.06%
	健康险	49,283.86	841.14	410.88	104.72%	2.00%	151.72	130.07	16.64%	18.04%
	寿险	67,937.69	9,016.02	14,407.92	-37.42%	4.32%	1,378.37	1,978.60	-30.34%	15.29%
	合计	217,372.26	10,040.64	14,951.46	-32.85%	3.89%	1,539.37	2,110.94	–27.08%	15.33%
富德生命	人身意外伤害险	79,333.88	61.75	6.87	799.19%	0.85%	–	10.00	-100.00%	0.00%
	健康险	75,633.48	675.96	462.18	46.26%	1.61%	86.64	24.32	256.24%	12.82%
	寿险	45,142.94	5,278.19	4,684.72	12.67%	2.53%	277.61	954.52	-70.92%	5.26%
	合计	200,110.30	6,015.91	5,153.76	16.73%	2.33%	364.25	988.84	-63.16%	6.05%
华夏保险	人身意外伤害险	2,104.31	163.24	117.33	39.13%	2.23%	95.00	14.00	578.57%	58.20%
	健康险	4,765.52	3,407.01	2,181.28	56.19%	8.09%	222.83	59.11	276.98%	6.54%
	寿险	24,012.68	22,384.56	12,771.95	75.26%	10.72%	–	–	–	0.00%
	合计	30,882.51	25,954.81	15,070.56	72.22%	10.05%	317.83	73.11	334.73%	1.22%
行业合计	人身意外伤害险	83,668,701.52	7,307.38	6,486.13	12.66%	100.00%	2,157.17	2,036.61	5.92%	29.52%
	健康险	64,789,967.10	42,096.43	29,553.55	42.44%	100.00%	9,507.36	7,169.11	32.62%	22.58%
	寿险	49,526,100.94	208,727.95	200,829.79	3.93%	100.00%	40,456.33	41,200.36	–1.81%	19.38%
	合计	197,984,769.56	258,131.75	236,869.48	8.98%	100.00%	52,120.86	50,406.07	3.40%	20.19%

证 券

【太平洋证券玉溪营业部经营概况】 2018年，太平洋证券玉溪营业部在受中美贸易摩擦、资管新规实施、美联储加息、PPP整顿等因素影响，A股市场持续低迷的市场大环境下，在传统经纪业务的基础上，继续加强推进融资融券、资管产品、重点进行基金销售等各种业务，努力维护客户稳定。截至年末，营业部有员工15人，客户经理18人，经纪人7人。

【开展特色投资服务】 2018年，太平洋证券玉溪营业部依托电子邮件、手机短信、微信公众号、信息专栏、现场咨询、大众媒体等形式，为客户提供每日晨报、投资周报、不定期专题研究报告，让投资者快速掌握股市先机；每周举行股市沙龙，定期进行证券专业知识、投资技巧讲座；高端客户专业服务，公司强大研究咨询团队支持，满足客户不同投资需求。

（马丽波）

【大同证券玉溪营业部经营概况】 2018年，大同证券玉溪营业部在行业相对惨淡的状态下，在公司的正确领导和全体员工的共同努力下，在确保经纪业务基础不动摇的前提下，落实合规管理，积极进行业务转型，同时做好客户服务工作，拓宽销售渠道，提升品牌形象，并取得较好的成绩。截至年末，营业部有员工18人，经纪人21人。

【业务开展及创新】 2018年，大同证券玉溪营业部积极参加公司举行的各项专题活动，取得不俗成绩。截至年末，玉溪营业部有客户资金账户1.68余万户，全年交易量119亿元；新业务方面，营业部继续力推融资融券业务及金融产品销售；融资融券业务主要放在风险控制上，加强担保比例控制，尽量保证客户本金不受损失；加强对营业部员工产品销售能力的提升，转向稳健型理财产品的销售，累计销售开放式基金1 330余万元，其他金融产品9 300余万元。同时，加快期权及期货IB业务开展步伐，已取得业务开展资格。

【开展专项活动】 2018年，大同证券玉溪营业部于10月与上海证券交易所共同举办“上证50ETF基金及期权”培训活动，此次活动由上海证券交易所竺旭东、鲁亚运老师进行授课，营业部邀请近100名客户及潜在客户到场参与，通过活动客户们对期权有更进一步的了解，有多名客户在培训后开通模拟账户进行模拟交易；在提升客户黏度的同时，也对公司知名度产生正面影响。3～7月，农职院聘请财富中心理财经理作为学院经济管理专业的兼职讲师，担任《公司理财》及《个人投资》两门课程的授课讲师，接到聘书后，营业部相关人员积极投入相关工作中，受到教职员工及同学们的好评。

（雷亚萍）

【国泰君安证券玉溪营业部业务发展情况】 2018年，国泰君安证券玉溪营业部始终贯彻“一个国泰君安”理念，不断提升核心能力，为个人客户提供证券经纪业务、信用业务、期货IB业务、财富管理服务、理财产品服务、投资顾问服务、君弘会员服务等多方面全覆盖的金融综合服务；作为企业的优秀合作伙伴，营业部为企业提供股权融资、债务融资、财务顾问、新三板挂牌、债务融资、并购重组、做市、转板等全方位多角度的综合金融服务；在开展业务的同时始终践行“风险管理创造价值，合规经营才有未来”的理念，通过多种途径加强风险文化的培训和宣导，培育人人都是风险官的全员风险理念。截至年末，玉兴路营业部在职员工9人，证券经纪人2名；开立客户资金账户4 128户，A股证券账户7 549户，基金账户7 468户，全年A股交易金额5.15亿元，基金交易金额3 709万元，债券交易金额242万元；债券融券回购交易金额7 401万元，金融产品销售额6 767万元；开立期货账户23户，全年交易金额3.13亿元。

（雷冬梅）

（李卫东　摄）

（黄　凯　摄）

教　育

EDUCATION

责任编校：王　斌

教育管理

学前教育

义务教育

普通高中教育

中等职业教育

高等教育

成人教育

特殊教育

民办教育

招生考试

教师队伍建设

学生工作

办学条件

教育管理

【概　况】 2018年以来，全市教育系统全面贯彻落实全国教育工作大会、全国和省教育工作会议精神，紧紧围绕玉溪“5577”总体发展思路，围绕培养德智体美劳全面发展的社会主义建设者和接班人的总体目标，以落实求突破，用创新谋发展，全力谱写玉溪教育现代化新篇章。

截至2018年底，全市有各级各类学校993所，其中：幼儿园353所，小学510所，初中85所，普通高中22所，职业中学9所，普通中专3所，成人中等专业学校8所，普通高等院校1所，高等职业学校1所，特殊教育学校1所。在校学生达368 390人，其中：幼儿园（学前班）63 603人，小学142 540人，初中78 066人，普通高中38 942人，职业中学15 172人，普通中专7 973人，技师学院4 805人，普通高等学校16 799人，特殊教育学校490人。全市共有教职工31 039人，其中，专任教师25 866人。学前三年幼儿园毛入园率84.99%；义务教育巩固率94.99%；高中阶段毛入学率87.29%；大部分均高于全省平均水平。所有县（区）在2018年初已全部通过国家义务教育基本均衡督导评估，加快推进玉溪率先在全省实现教育现代化的步伐。

【中小学教师职称改革工作】 2018年，市教育局组织召开中专讲师评审委员会和市直学校中小学一级教师专业技术职务任职资格评审委员会，评议中专高级讲师24人，同意推荐22人；评审中专讲师41人，通过41人；评议中小学高级教师31人，同意推荐30人；评审一级教师39人，通过39人。严格落实评审权下放政策，将中小学一级教师评审权下放至各县（区）教育局，指导各县（区）完成申报和初评委、中评委评审工作。各县（区）申报高级职称1 518人，经审查，符合条件1 396人，其中中学高级522人，小学高级874人。申报中级职称1 596人，中级职称通过1 398人。

（蔡建平）

【教育脱贫攻坚】 2018年，全市持续健全完善从学前教育到大学教育的家庭经济困难学生资助体系，实现家庭经济困难学生“应助尽助”目标，全年下拨学生资助资金6.25亿元，受益学生104万人次，全面推进省级授权的学生资助管理中心标准化建设试点工作。精准识别建档立卡贫困学生，按户籍地统计共有建档立卡户学生15 916名。实施玉溪对口迪庆州教育帮扶项目，接收3批90名迪庆学生到玉溪优质普通高中学习，置换和选派迪庆州及玉溪优秀教师10名进行跟岗学习和支教。

（胡贵青）

【教育对外交流与合作】 2018年，玉溪师院、玉溪二职中与老挝占巴塞、沙湾拿吉省签订教育合作协议，玉溪师院接收该项目老挝学生5人、玉溪二职中接收老挝学生39人；玉溪农职院招收老挝来华留学生5人，分别在该校三年制专科的财务管理和商务管理专业学习。玉溪三中国际班有学生343人，玉溪一中高三年级德语班在DNS德语语言证书考试中再创佳绩，德语科单科平均分124.4分，名列全国DSD项目学校前茅。为做好学校教育对外开放的监督管理工作，市教育局下发《关于外国籍和港澳台籍学生在玉溪学校、幼儿园就读的相关要求》《关于报送2018年中外人文交流工作情况的通知》，对全市规范国际班和项目学校的课程设置，国际学校、国际学生及外籍教师等情况进行梳理和排查。

2018年11月13日，上海音乐学院与玉溪师范学院合作共建“聂耳艺术研究中心”和“上海音乐学院研究生专业实习基地和师生创作采风基地”签约仪式在玉溪师范学院图书馆举行

（廖鹏飞　摄）

【语言文字工作】 2018年，玉溪市三类城市语言文字规范化达标评估工作圆满收官，华宁、易门、元江县3个县的三类城市语言文字规范化达标评估顺利通过省市专家的验收，全市语言文字规范化工作全部达标。组织创建市级语言文字规范化示范校5所、省级规范汉字书写教育特色学校1所，并积极组织申报省级示范校和书写特色学校。新增玉溪农职院、易门、元江考点，全市11个考点分别对各类人员进行测试，全年共测试12 775人，其中学生6 672人，社会考生6 103人，超额完成省测试站下达的指标。结合中华经典诵读工程，开展玉溪市第三届“起来·读书”暨中华经典诵书讲系列活动，激发师生读经典诵经典的热情。在全市范围内选拔138名APP技术指导员，稳步推进语言扶贫APP项目工作，新平县向69名“直过民族”国家通用语言培训需求人员发放语言扶贫APP智能手机，有序开展普通话和识字培训。推进新平县水塘镇拉博村普及普通话示范村建设工作，启动实施普通话县域调查，完成对七县二区推普攻坚计划底数统计和县域普通话验收工作。

（张帆舸　邵昌云）

学前教育

【学前教育提质增量】 2018年，全市幼儿园从2013年的243所增加到298所，在园幼儿6.5万人。通过多方协调，加快中心城区学前教育资源建设，扩容增量、增加学前教育学位，9月计划增加学前教育学位950个，实际招生478人。“入园难”问题现已初步缓解，保教质量明显提高，“洛

玉溪市第一幼儿园开展“育禾苗·感党恩·润童心”系列活动 （市一幼 提供）

河模式”“名园＋民园”等多种学前教育举办模式得到省教育厅高度认可并在全省推广。华宁县幼儿园成功创建为省一级一等幼儿园，全市省级示范幼儿园由原来的7所增加至8所。全市有省一级幼儿园22所，其中一级一等示范幼儿园8所，一级二等幼儿园7所，一级三等幼儿园7所。紧抓项目申报机遇，争取到省级学前教育课程游戏化建设、幼儿园帮扶奖补、等级幼儿园晋级奖补和园长骨干教师培训基地省级补助资金162万元，其中红塔区确定为省级游戏化试点区，获得奖补资金122万元。争取到中央第一批、第二批民办骨干普惠幼儿园建设专项资金280万元，合理进行资金分配，有效地调动民办普惠性幼儿园的办园积极性。下达学前教育市级专项资金87万元和民办教育发展市级专项资金237万元，惠及幼儿园30所。按照一县一示范、一镇一公办、一村一幼的发展思路加快学前教育建设，每个县（区）均建有示范幼儿园，乡镇公办中心幼儿园建设基本覆盖，2017年底所需的231个一村一幼建设项目减少到50个，学前教育服务网络基本建成。

【制定学前教育规划政策】 2018年，市政府出台《关于加快学前教育发展的实施意见》，制定实施学前教育3个三年行动计划，有力地加快全市学前教育改革发展步伐，以县（区）为单位编制《学前教育三年行动计划》《县（区）人民政府关于加快学前教育发展的意见》《关于进一步加快民办教育发展的意见》等配套政策，具体明确各县（区）学前教育的发展目标和措施办法，为学前教育发展提供有力的政策保障。

【规范办园行为】 2018年，市教育局制定《玉溪市幼儿园“小学化”专项治理工作方案》，对幼儿园开展防止和纠正“小学化”现象活动的专项检查，并采取有力措施进行集中检查、分级检查，确保纠正“小学化”现象工作落到实处，遵循幼儿身心发展规律，规范幼儿园办园行为，保障幼儿健康快乐成长，促进幼儿园健康、有序、协调地发展。示范幼儿园结对帮扶薄弱幼儿园工作形成常态，不断规范薄弱园的办园行为，提高薄弱幼儿园保教质量和办园水平，全市有4所民办幼儿园在多年的引领帮扶下晋升省一级三等示范园行列。2018年，红塔区被省教厅确定为2个省级课程游戏化试验区之一，3月，红塔区“幼儿园课程游戏化实践与研究”课题得到省、市级课题的立项，以园区为平台开展课题研究。

（杨金发）

义务教育

【义务教育均衡发展】 2018年，市教育局启动红塔区义务教育优质均衡发展试点，制定了《红塔区启动义务教育优质均衡工作实施计划》。依法加强义务教育阶段控辍保学工作，全市义务教育巩固率为91.4%。按户籍人口统计，2017年11月至2018年，全市建档立卡户子女实现“零辍学”目标。确保进城务工子女100%在公办学校就读。对普通残疾儿童、重度残疾儿童少年分别实施特殊教育“随班就读”全覆盖，“送教上门”，全市残疾儿童少年入学率达到98.26%，走在全省前列。特殊教育学校申报的《开拓创新送教路，砥砺前行云岭中——西部少数民族残疾儿童送教上门有效运行模式的研究》被省厅推荐至教育部进行评选。组织安排中央特殊教育补助资金30万新建资源教室3个，落实省级特殊教育补助资金112万，建设资源教室9个。

（周 平）

【农民工随迁子女教育工作】 截至2018年11月统计，全市随迁子女义务教育阶段在校生28 122人。小学、初中毛入学率分别为99.3%、101.3%。凡“三证”齐全的随迁子女，经个人申请都安排在公办学校就读。其中就读初中7 807人中，在公办学校就读的6 929人，占88.7%；就读小学20 315人，在公办学校就读的19 775人，占97.3%。小学及初中在公办学校就读比例都高于云南省85%的要求。

【消除城镇大班额工作】 2017年以来，玉溪市认真调研规划，制定方案，多措并举，全力开展消除大班额工作，效果显著，据2018年底统计，全市299个已消除175个。其中：小学56人以上大班额消除72个，初中消除73个。小学66人以上超大班额消除24个，初中6个超大班额全部消除。全市大班额占比已降低到1.6%以下，在国家、省要求控制的范围内，其中澄江、易门、峨山、新平县已全部消除。

（杨金发）

普通高中教育

【扩大高中办学规模】 2018年，全市持续加快推进改善普通高中办学条件和教育基础薄弱县普通高中建设工程，不断扩大普通高中规模，玉溪衡水实验中学（聂耳中学）新增学位800个，华宁一中顺利晋升一级三等学校。通过内培外引，扩大优质高中资源，深入推进“捆绑体”、支持民办普通高中发展等措施，大力提升教育质量，玉溪一中、江川一中成功申报省级高考改革试点学校项目。组织1 300多人开展新修订普通高中课程方案和课程标准的市级培训。全市高考成绩多项指标较上年大幅提升，狠抓教育质量成效更加凸显，玉溪一中蔡千千以总分708分的优异成绩成为云南省高考文科总分第一名，打破了玉溪市、玉溪一中历史上没有高考文科全省第一名的记录。全市有9名考生进入全省前50名，比上年增加4人，增幅达80%。全市600分以上642人，比上年增加391人，增幅达156%。全市县（区）高中600分以上65人，比上年增加52人，增幅达400%，长期困扰本市的县（区）高中无高分、不平衡的问题逐步改善。“特少小”民族学生高考成绩创新高，市民族中学19名“特少小”民族考生参加高考，600分以上2人，最高分625分，一本率15.8%，本科率68.42%，100%上线。德语班考试成绩斐然，单人成绩居全国第一。

【玉溪一中入选第八届“全国百强中学”】 2018年12月17日，以“改革开放四十年，构建教育新格局”为主题的第八届“全国百强中学”发布会暨第二届中国名校校长创新峰会颁奖典礼在北京举行。玉溪一中在继2017年之后，又一次入选“全国百强中学”，连续两年成为云南省入选“全国百强中学”的3所学校之一。

【玉溪一中上榜“2019中国500强中学之五大学科竞赛‘省一’排行榜”】 学科竞赛网根据教育部、中国科协官方公示的2018年获得数学、物理、信息学、化学、生物五个学科竞赛省一等奖名单进行统计，发布“2 019中国500强中学之五大学科竞赛‘省一’排行榜”，玉溪一中取得6个云南省一等奖的成绩，其中数学1个、生物3个、信息学2个，榜上有名，成为中国学科竞赛500强中学之一。

【玉溪一中被评为第二批国家级节约型公共机构示范单位】 玉溪一中全力打造节约型学校，2015 ~ 2018年玉溪一中先后完成学生宿舍太阳能热水改造、校园主干道太阳能路灯改造、食堂燃气管道改造等工程建设；完成卫生间节水感应式智能冲水系统、校园中水处理系统和蓄水模块系统水循环利用等节水工程，完成了玉溪市节水型单位的创建工作及“海绵校园”建设。通过一系列绿色环保节能改造工程的建设，2018年11月，玉溪一中被评为“第二批国家级节约型公共机构示范单位”。

（周　平）

【师院附中教育科研成果丰硕】 2018年，玉溪师院附中申报的国家级课题《委培藏区高中生综合素质提升策略研究——以玉溪师院附中为例》获得全国规划办批准立项。学校倡导和鼓励将教学实际中的问题思考和教学成功实践及反思形成物化成果，近5年来教师在省级及国家级刊物上发表100余篇论文，10多篇荣获国家、省市级奖项；参加教学竞赛获省级二等奖1次，市级一等奖23次、二等奖7次；参加技能竞赛获国家级一等奖1次、二等奖2次，省级一等奖4次、二等奖2次，市级一、二等奖各4次。其中2018年七个学科六个获一等奖；玉溪市中小学实验教学说课竞赛一等奖3人、二等奖1人、三等奖2人；闵卿松获2018年全国历史优质课评比一等奖；蒋李艺获2017年云南省民族团结教育展示活动二等奖。学校先后荣获“全国教育科研先进集体”称号、“云南省心理健康教育示范学校”称号，被省教育厅认定为云南省首批“特色高中”，荣获玉溪市“十二五”教育科研先进集体称号，充分发挥了师院附中相关学科在深化基础教育课程改革及教育教学实践和研究中的示范、引领、辐射作用。

（高　俊）

玉溪师院附中男子足球队卫冕玉溪市“希望杯”青少年校园足球联赛高中（中职）组三连冠　（吴希敏）

【市民中民族教育彰显特色】 2018年，玉溪市民族中学被命名为第二批“云南民族优秀文化教育示范学校”。2018年，玉溪市民族中学面向全市二区七县继续降分招收苗族、拉祜族等少小民族学生15人；继续接收来自迪庆州德钦县藏区学生30人，为少数民族地区培养优秀人才和民族教育贡献了力量。

【市民中学教学教研工作】 2018年，玉溪市民中积极开展教学研究、交流，省级甘霖名师工作室组织活动14次；孙宏星主持的市级地理名师工作室组织活动17次；马兴富主持的市级化学名师工作室组织活动12次，“国培计划”省级李燕翔数学名师工作坊组织活动10次，陈永川主持的市级心理名师工作室组织活动17次，并组织“名师助考”活动，参与学生10 000余人，把心理教育转化为促进学校发展、学生健康成长的新成果。教师参加各级课堂教学竞赛共10人次获奖，其中市级及以上有1人次；组织教师参加各种形式的考核和评奖33人次，其中省级及以上28人次；教师发表省级及以上论文10篇，申报市级教育研究课题4个，省级课题1个。

（马晓红）

中等职业教育

【提升职业教育办学水平】 2018年，全市职业院校招生9 933人。全市职业教育坚持“面向市场、服务企业、突出特色、注重技能”的办学导向，做到专业设置与产业需求对接，课程内容与职业标准对接，教学过程与生产过程对接，毕业证书与职业资格证书对接，努力培养实用型人才，打造具有玉溪特色、省内一流、全国知名的职业教育品牌。组织全市12所职业院校211名参赛选手，100余名指导教师参加全省2018年职业技能大赛，荣获团体一等奖10个、二等奖11个、三等奖8个；单项一等奖42个、二等奖55个、三等奖51个。与上年相比，团体获奖总数增加5个，单项获奖总数增加32个，获奖数量、获奖质量均名列全省前茅，从2014～2018年，连续五年蝉联云南省职业技能大赛冠军，“职教高考”实现五连冠。组织职业院校22位教师参加教育部职业技术教育中心研究所组织的“新时代中职德育工作创新发展培训会”。组织6位职业院校管理人员赴上海参加省教育厅组织的中德职教师资职业技能提升培训。开展专业成果展示及体验活动、职教活动周文艺展演和演讲比赛、校企合作创新创业活动、创新创业大赛培训、优秀毕业生报告会、学生社团活动以及家长开放日等一系列活动，有1 700余名教师、22 749名学生，100个企业参加，学生参与覆盖率达98%，有7 000余名社会人士参与。

【工业财贸学校毕业生就业率稳步提升】 2018年，玉溪工业财贸学校在办好玉溪开放学院的基础上，加大与重庆大学、玉溪师院等高校联合办学力度，通过开办“五年一贯制”高职专科专业，学校成功构建了“大专+高级技工”“预备技师+本科”的特色技能人才培养体系。2018年，玉溪开放学院招生1 004人。“高技能+高学历”学生已占在校生的56.3%。学校全面推行顶岗实习网络远程动态管理，同时进一步修订完善《学生顶岗实习驻外办事处管理办法》《学生顶岗实习驻外办事处主任、专职班主任考核办法》等管理制度。全年安排学生1 467人分别到上海、厦门、苏州、合肥、芜湖等地及省内22家企业顶岗实习，派出顶岗实习专职班主任36人次，顶岗实习学生巩固率达67.2%。毕业生就业率稳中有升，就业质量和社会满意度不断提高。2 018届毕业生1 994人，涉及22个专业，实现就业1 964人，登记就业率98.51%。在就业形势总体比较严峻的情况下，毕业生就业率和就业质量稳步提升，呈现出毕业生就业率、就业质量和社会满意度不断提高的可喜态势。

【工业财贸学校教师队伍建设】 2018年，玉溪工业财贸学校积极开展师资培训，3名教师参加国家级、5名教师参加省级、20名教师参加市级师资培训。持续推进“名师名校”战略，现有硕士及在读博士63人，云岭首席技师1人，云岭教学名师4人，云岭技能大师2人，云岭技能工匠4人，省市级学科带头人及教学名师57人，“双师型”教师375人，技师、高级技师176人，中高级职称244人，中高级考评员215人。深化职评工作，学校适时调整岗位设置方案，3人被评为技工院校正高级职称，15人被评为副高级职称，29人被评为中级职称。学校成功举办国培项目“玉溪窑青花技艺传承”研修班；6月5日，省教育厅公示玉溪工业财贸学校为云南省省级职业院校教师培训基地。

【职业技能培训鉴定】 2018年5月30日，玉溪市安全生产考试分中心玉溪技师学院考试点，顺利通过省、市安全生产监督管理局专家的检查验收。2018年玉溪工业财贸学校完成社会各类人员培训鉴定10 731人次，其中学校毕业生和顶岗实习部分学生实习前职业技能培训鉴定2 630人次，机动车驾驶培训1 167人次，其他社会人员培训鉴定6 934人。

（易　帅）

【卫校办学质量稳步提高】 玉溪卫生学校努力培养学生成为持有毕业证书和“国家护士执业资格证书”的“多技能，多证书”复合型人才。2018年全国护士执业资格考试通过率仅为40%，玉溪卫生学校合格率为82.6%，高于全国42.6个百分点，在全国同类同层次学校中办学质量名列前茅。2014～2018年，护士执业资格考试通过率平均为82.38%，高于全国平均水平40个百分点。2018年玉溪卫校开展中医药适宜技术——母婴保健技能培训293人次，国家护士执业资格证考试培训759人次，大理大学、楚雄医药高等专科学校升学考试培训570人次。继续拓展成人学历教育形式与规模。招收与大理大学联合办学专科、专升本学员367名，与大理大学签署“成人高等学历联合办学协议”并正式授牌，玉溪卫校成为大理大学成人高等教育玉溪分院。

（毛倩雯）

【体校参加2018年省年度赛】 2018年，玉溪体育运动学校派出15个在训项目参加省体育局组织的省十五运会预赛及年度锦标赛。参加省十五运会预赛的拳击、摔跤、柔道、散打、举重、皮划艇、射击7个项目的129名参赛运动员，获金牌19枚、银牌14枚、铜牌15枚。预赛7个项目的103人获得2018年省十五运会决赛阶段的参赛资格。参加2018年省年度比赛的田径（中长跑竞走）、自行车、排球、沙滩排球、篮球、射箭、击剑、武术8个项目的204名参赛运动员，获金牌22.5枚、银牌13枚、铜牌11枚。

【体校射击队参赛西南协作区射击赛获3金】 2018年4月10～16日，2018年西南协作区射击比赛在云南省北教场体育训练基地举行，来自重庆、四川、云南、贵州、南部战区、昆明、成都、贵阳的406名运动员及教练员参加比赛。玉溪体育运动学校射击队选派12名运动员代表云南队参加比赛。雷舰获男子50米手枪成年组冠军，潘晓润获女子10米气步枪成年组冠军，李可获女子10米气手枪青年组冠军，钟双蔓获女子10米气手枪青年组第三名。

（蒋晓霜）

高等教育

【师院招生就业工作】 2018年度，玉溪师院录取新生3 555人，本科3 000人，专升本379人，专科76人，少数民族预科100人。本科生源质量好于往年，一本批次录取考生310人；二本批次中，文史理工录取线高出二本合格线50余分，艺体类的录取线均高出二本控制线20分以上。毕业生3 310人，117名应届毕业生考取硕士研究生。截至9月1日，师院本科初次就业率89.6%。总体就业率与上年同期持平，自由职业比上年同期21.4%低5.9个百分点。截至11月20日，本科就业率96.9%，其中党政机关占3.6%，比同期高出0.7个百分点；中初教育单位就业16.2%（上年同期8.6%）；国有企业5.2%（上年同期4.7%）；高质量就业率明显比上年同期有所增加。在非国有企业就业占比40.6%，中小型企业就业已经成为毕业生就业的主要渠道；基层项目（特岗教师＋村官）就业占比6.2%（上年同期16.2%）；自主创业人数占比2.2%，升学就读2.6%；出国出境就业3.3%；自由职业15.4%（上年同期27.6%）。玉溪师院已连续12年获得云南省高校毕业生就业创业工作目标责任考核一等奖。

【师院学科建设与专业调整】 2018年度，玉溪师院有56个本科专业，其中师范专业17个，非师范专业39个，初步形成对接云南八大产业和玉溪七大产业的学科专业群，全面提升为地方基础教育和社会经济服务的能力。现有国家级特色专业1个、省级重点特色专业6个、硕士授权建设学科3个、省级高原B类一流学科1个、省级重点学科5个。全力做好师范类专业认证工作。在云南省新一轮硕士授权单位及授权学科的申报工作中，美术学、体育学、化学3个学科获得云南省新一轮硕士点授权建设，制定学校"一流大学一流学科建设"方案。完成与西北师范大学、云南艺术学院、云南师范大学等高校联合培养研究生22名，新增硕士生导师2名。

【师院校政、校企和校校合作】 2018年，玉溪师院在巩固与新平县、峨山县和元江县开展校－县合作基础上，积极拓展与本地其他市县（区）的合作，有针对性地培养本地少数民族人才。进一步加强与玉溪农职院、玉溪技师学院、玉溪体校联合培养专业人才。与市纪委监委合作共建"玉溪纪检监察学院"。落实省委、省政府和市委、市政府建设科教创新城的发展战略，进一步密切与市教育局、玉溪科教创新城管委会等部门的联系，在市政府与上海音乐学院战略合作框架协议基础上，与上海音乐学院合作成立"聂耳艺术研究中心"和"上海音乐学院研究生专业实习基地和师生创作采风基地"。在市政府与华东师范大学战略合作框架协议基础上，推进成立"华东师范大学云南基础教育研究院"。学校与市政府、华大基因就合作共建"华大生物学院"达成初步意向。

【师院科研工作】 2018年度玉溪师院科研立项96项，经费735万元。包含：纵向项目77项，经费265万元；横向项目19项，经费470万元。其中，国家级科研项目8项，省部级科研项目39项，地厅级科研项目30项，横向项目19项。荣获省哲学社会科学优秀成果二等奖1项，三等奖2项。1项重点项目、10项面上项目、4项青年项目获省科技厅——地方本科高校联合专项科研基金项目立项。省级青年学术和技术后备带头人刘云教授获准出站，5名教师入选玉溪市学科技术（后备）人才，9名学科骨干晋升高级专业技术职务。

【师院人才队伍建设】 2018年，玉溪师院考核博士54人，办理入编22人，考取博士22人，申请报考2019年博士的教职工43人，化生环学院和法学院完成年度人才引进任务，6名博士获得市人才项目资助。成立玉溪师院教育发展基金会，保障博士引培经费。石贵明入选云南省千人计划"云岭青年人才"；刘云获得"云南省中青年学术和技术带头人"称号；程文广、李清薇获得省院省校教育合作"高层次人才培养"项目资助；5人入选云南省人事考试专家库；6人获市人才引进项目资助和市引进高层次人才绿色通道服务证。选派45名青年骨干教师赴西北师范大学培训。"高层次人才师资学科团队建设"项目获得中央财政支持地方高校发展专项资金。

【师院对外交流与合作】 2018年，玉溪师院围绕国家"一带一路"战略规划，主动融入和服务国家及云南省重大战略，积极推进国际化办学。全年选派192名学生赴境外交流学习实习，接收65名留学生到校学习，完成64人次的HSK考务工作，聘请外籍教师5名。接待境外来宾来访15批，165人次，签订21份校际合作协议；办理13批，54人次因公临时出国境手续。积极争取各种公派出国留学项目，推荐4名教师参加地方公派出国访学项目。承办了110人规模的"海外华裔青少年夏令营"活动和105人的华文教师培训项目。

【师院文化传承创新】 2018年，玉溪师院加强传习馆全省高校文化保护与传承领域示范基地建设，设置15个传承实验室，开设19门公选课，培养学生600余人，作品400余件，采用请进来的教学模式进行教学，请民间艺人进行课堂授课。该公选课从传习馆特有的自然科学及人文社科知识着手，引导学生围绕古生物、濒危语言、美学、艺术人类学民族学等方向拓展知识领域并鼓励他们朝着相应方向提升学历。传习馆接待到馆参观上百余次，到馆参观总人数上千余人次。在传习馆说艺坊举办学生作品展10余次，成为云南民族民间文化展示和传播的重要基地，为云南民族民间文化的宣传和保护做出了积极的贡献。

【师院教学科研成果丰硕】 2018年1月19日，玉溪师院文学院殷亚林的

2018年7月7日，玉溪师范学院与玉溪市纪委监委签订《校地合作框架协议》合作共建玉溪纪检监察学院 （廖鹏飞 摄）

"明代戏曲与文化家族研究"，荣获云南省第二十一次哲学社会科学优秀成果（著作）二等奖。3月31日，玉溪师院在2017年全国大学生数学建模竞赛云南赛区颁奖仪式暨数学建模竞赛指导工作经验交流会上获全国二等奖1项；省一等奖1项，二等奖3项，三等奖1项；任继阳、李怀珍分别获优秀组织者和优秀指导老师奖。4月24日，参加"珠江源之声"第五届云南本土歌曲创作与演唱大赛，任丹获美声唱法教师组二等奖；宋璐获民族唱法教师组优秀奖；张文君、陈刚分获声乐作品的创作二等奖、三等奖；多名学生获演唱组二等奖、三等奖及优秀奖。4月27～29日，网球代表队参加"康湃思杯"第二十三届中国大学生网球锦标赛分区赛比赛，获得专业组女子团体亚军、男子团体季军，获得参加第二十三届中国大学生网球锦标赛总决赛的资格。7月15～16日，在第四届中国"互联网+"大学生创新创业大赛云南赛区总决赛中获得金奖2项、银奖4项、铜奖10项，在创新创业微视频大赛中获得铜奖1项并获优秀组织奖。12月3～4日，师院校报选送的作品《高校党建工作提质怎么提？》在中国高校校报协会2018年年会暨第三届中国高校传媒发展高端论坛上，荣获言论类三等奖。12月21日，赵彬参加第二届"爱我国防"全国大学生主题演讲大赛总决赛，荣获三等奖。12月26日，在云南省2018年度易班建设工作推进会暨专题培训，师院荣获2018年度云南省"十佳易班共建高校"，易班学生工作站荣获"十佳易班工作站"，案例"依托易班积极打造大学生网络思政工作新平台"荣获"十佳易班共建案例"，易班指导教师陆正江荣获"十佳易班指导教师"荣誉称号。12月28～29日，师院外国语学院选派7名英语专业学生参加"2018年全国高师学生英语教师职业竞赛（云南赛区决赛）暨首届云南省高师学生英语教学设计大赛"，在"教学设计"和"课堂教学"两项目比赛中荣获特等奖1项，一等奖9项、二等奖2项、三等奖3项。2018年12月，云南省第二批应用型本科人才培养示范高校考察专家组到玉溪师院实地考察工作结束。玉溪师院获批第二批云南省应用型本科人才培养示范院校建设单位。

【师院学生工作】 2018年，玉溪师院协助63名学生完成学费和国家助学贷款补偿；为4 672名学生办理国开行生源地信用助学贷款发放和缴纳学费工作，其中贷款到校账户金额2 050.03万元，缴纳学费2 015.88万元。按时按期发放春季学期奖学金590.875万元（3989人次），秋季学期奖学金922.05万元（4881人次）。为480多名培训学生举办第十四期贫困生能力提升班，开设12门培训课程，丰富受助学生的能力结构，培养应用型地方人才。

2018届本科毕业生中共有407人报名参加研究生考试，录取117人，有26人被"211工程"高校录取，有11人被"985工程"高校录取。启动"文明修身、立德树人"工程，通过考核、评审，共评选出文明学院3个、文明班级16个、文明学生4人、精品单项1项，全校累计实名注册志愿者10 949人，达到90%的注册要求。无偿献血活动累计有1 770名师生参与献血，献血总量达361 250毫升，获全国无偿献血促进奖。

【师院成人函授和国培计划工作】 2018年，玉溪师院成人学历教育函授在籍学员2 473人（本科1 563，专科生850人）；毕业884人（本科485人，专科399人），成人学士学位授予8人，2018级入学新生791人（本科535人，专科256人）；承接各类社会考试10 284人次；承担"国培计划"乡村教师培训团队研修项目260人的培训，5个项目县为红河州的石屏县、红河县、绿春县、金平县、屏边县，倾斜支持集中连片特困地区县和国家级贫困县教师培训。7月与市纪委监委合作成立"玉溪纪检监察学院"，全年培训纪检干部1 200余人；为市地税系统组织两期科级干部培训100余人；2018年奥鹏远程教育，本专科招生127人，毕业学员93人，在籍本专科学生342人，涉及专业70余门，主要涵盖工学、医学和农学。

【师院文体活动成绩斐然】 2018年，玉溪师院在"互联网+"大学生创新创业大赛和"创青春"大学生创业大赛中获全国铜奖1项、优胜奖1项；省金奖3项、银奖7项、铜奖24项，获奖数量和层次位居省内高校前列。在全国第四届大学生艺术展演获银奖1项。获省第八届辅导员职业能力大赛"优秀组织奖"，马丽娟荣获二等奖；李铁获第十届高校辅导员年度人物，普月力获2018年省优秀辅导员，孟丽获第三届最关爱学生班主任；7个班级荣获"云南省先进班集体"；参加省第十一届少数民族传统体育运动会，在秋千、民族健身操等项目中取得1金2银3铜的佳绩并荣获"少数民族体育工作优秀集体"称号；荣获第十二届云南省高校广播节目联展"优秀组织奖""最佳节目奖""最佳女播音奖""优秀节目奖"；在第八届云南省大学生心理情景剧比赛中心理情景剧《心灵舞梦》荣获"三等奖"。

2018年12月6日，玉溪农业职业技术学院与玉溪技师学院、玉溪工业财贸学校签订"3+2"五年制高职联合办学协议 （玉溪农职院 提供）

【师院博士楼投入使用】 2018年9月25日，玉溪师院博士楼竣工并投入使用。该项目2017年11月开工，工程概算总投资为1 993.44万元，为玉溪师院教师周转房建设项目，占地面积430.86平方米，总建筑面积5 482.17平方米，框架结构，建筑层数12层，建筑高度36.3米，共70套住房，分A，B，C三种户型，A户型面积59.23平方，B户型面积59.76平方，C户型面积59.15平方。70套住房为精装房，每户型设计使用功能套内一个客厅带阳台、一个厨房、一个卫生间、两个卧室。博士楼的建成，为师院引博工作奠定了基础。

（玉溪师院）

【农职院科研工作】 2018年11月28日，市科技局组织本市同行专家，对玉溪农业职业技术学院承担的玉溪市第三批科技发展计划项目“高原特色农业技术创新平台建设”项目进行验收评审。高原特色农业技术创新平台是农职院依托现有的农业科技平台和技术力量，积极开展高原特色农业技术创新平台建设机制研究，该课题2016年立项，经过两年的研究已顺利通过结题验收。11月12日，玉溪农业职业技术学院云南高原湖泊土著鱼繁育中心、玉溪华大高原农业基因测序中心揭牌。

（杨　睿）

成人教育

【农村劳动力实用技术培训】 2018年，全市有农村成人文化技术培训学校558所，教学点2 752个，根据实际情况，积极组织农村劳动力参加实用技术培训，全年参加实用技术培训的结业人数401 513人。

【职教教师培训】 2018年4月，中国职教质量万里行云南行玉溪站培训会在玉溪技师学院举行，来自全市各县（区）教育局分管职业教育的副局长、职成教科科长，职业院校校长、副校长、教务主任和昆明技工学校教育研究会成员学校近100余人参加集中培训。9月市教育局联合同济大学职业教育培训基地，组织30余人参加玉溪市康体职教集团管理及骨干教师研修班学习。10月组织17人参加云南省中等职业学校卓越校长、骨干校长、“双师型”教师培训，举办骨干专业教师综合素质提升培训班，促进教师职业教育教学能力提升。

【职业技能培训】 2018年上半年，全市各职业院校先后在华宁县开展为期40多天的养殖培训、陶艺等培训，共培训学员近百余人。澄江县开展农村妇女茶艺、礼仪、化妆等技能培训。江川区开展金属加工工艺技术、旅游服务技能、宾馆服务技能、餐饮服务、客户服务技能、服务礼仪、计算机操作、食品烘焙、电子商务等培训184人。峨山岔河谢札村委会、红塔区小石桥村委会等开展烤烟栽培技术、病虫害防治、务工常识、法律维权、禁毒防艾知识等方面的培训，培训257人。全市职业院校积极协助农广校、乡职成技校开展新型职业农民培育、农村劳动力转移培训，传授蔬菜种植、养殖、医学按摩、家政、烹饪、化妆等技术，培训人员7 500余人，并利用职业院校就业渠道，积极推荐参训人员就业，受到了参训人员的好评。

（李远征）

特殊教育

【特校参加第三届全国基础教育信息化应用展示交流活动】 2018年5月4日，由教育部基础教育司和中央电化教育馆主办，以“信息技术推动基础教育教与学模式的变革与创新”为主题的第三届全国基础教育信息化应用展示交流活动在北京举行．市特殊教育学校选送的“互联网＋送教上门”课题被中央电化教育馆教育部基础教育司确定为全国基础教育信息化应用学校典型并进行表彰，推选为2016～2017年度全国基础教育信息化应用典型案例。

【特校加入“特教联盟”】 2018年5月18日，“特教联盟”在上海市闵行区启智学校成立。玉溪特校与来自香港东华三院群芳启智学校、湖南省株洲市特殊教育学校、上海市浦东新区辅读学校、上海市普陀区启星学校、上海市虹口区密云学校、上海市闵行区启智学校共同签订“联盟公约”。特教联盟致力于特殊教育学校的发展，以“自愿平等、优势互补、共建共享、合作发展”为原则，以“管理联系、研修联动、资源联享”为运行方式与工作内容。

【特校出了两个本科生】 2018年6月，玉溪市特殊教育学校听障班的学生阿强、郭家琪分别被长春大学视觉传达与设计专业和黑龙江绥化学院环境设计专业录取，这是玉溪特校自建校以来听障学生首次被本科院校录取。

【省残运会特校运动员获佳绩】 2018年9月2～7日，省第十一届残疾人运动会暨第五届特殊奥林匹克运动会在临沧举行。玉溪市组团参加田径、游泳、举重、羽毛球、盲人板铃球、聋人篮球、特奥篮球等5个单项、2个集体项目比赛，有49名运动员参赛，年龄最小的14岁，来自特校的运动员有21人。杨箭平、张琴、段予诚参加100米、200米、400米3个项目的比赛，获3金2银4铜的佳绩，段予诚获个人“体育道德风尚奖”。在盲人板铃球个人项目中，李延锦、李瑶芝分获男子单打金牌及女子单打银牌。板铃球团体项目获金牌，是玉溪代表团唯一的一块团体金牌。特奥男子篮球获第6名，比赛实现预期的目标，展现残疾运动员的精神风貌。

民办教育

【概　况】 2018年，全市以“清理整治非学历教育培训机构办学行为、净化民办教育办学秩序和发展环境、保护依法办学者和受教育者的合法权益”为目标，坚持“整体部署、部门联动、试点先行、总结经验、推广应用”的清理整顿思路，通过开展排查摸底、全面整改、督促检查，稳妥推进校外培训机构专项治理工作。认真落实玉溪市促进民办教育发展的相关政策，力推全市民办教育健康有序发展。安排省、市民办教育发展专项资金299万元，惠及幼儿园25所，中小学2所，其中50万用于玉溪衡水实验中学（聂耳中学）建设，扩大优质教育资源，7万用于红塔区民办骨干教师的培训，5万用于市级开展民办教育专题培训。对全市民办教育分类改革发展情况开展调研，全市批准设立的民办学校（含培训机构）有408所。以红塔区为试点，积极推进校外培训机构专项治理。

【普惠性幼儿园建设】 2018年，全市投入学前教育市级专项资金87万元，市级民办教育发展专项资金237万元，省级资金62万元，中央专项资金579万元，加大学前教育引导性投入，鼓励社会力量兴办教育，普惠性民办幼儿园数量逐年增加，普惠性幼儿覆盖率不断提高，全市现有142家普惠性民办幼儿园。

（杨金发）

招生考试

【普通高校招生考试】 2018年，全市高考报名人数13762人，比上年减少750人，其中三校生报名666人。实考12 714人，上线12 335人，上线率89.74%，比上年下降6.26个百分点；一本上线2 002人，上线率15.75%，比上年上升1.19个百分点；本科上线4 557人，上线率35.84%，比上年下降6.84个百分点；专科上线5 776人，上线率45.43%，比上年上升6.67个百分点；600分以上641人，占实考人数的5.04%，比上年上升3.19个百分点。截至2018年9月30日全市共录取考生12 495人，录取率90.8%，比上年下降3.36个百分点；本科录取4 846人，录取率35.21%，比上年下降5.46个百分点；专科录取5 614人，录取率40.79%，比上年下降5.96个百分点。在全省高考报名人数增加、玉溪无集中连片特殊困难地区、不享受国家专项计划等形势下，被北京大学、清华大学、香港大学等高校录取的人数不降反增，在全省录取总人数中占比进一步提高。

【高中阶段招生改革】 2018年是云南省中职学校招生改革力度最大的一年，其中改革措施有四项：一是实行中职学校预录取；二是实行高中阶段招生录取“一档两投”；三是实行中等职业学校秋季招生批次合并、平行投档；四是实行普通高中和中等职业学校同步录取。2018年全市初中毕业生28 307人，报名人数27 125人，高中阶段招生计划24 763人（其中：普通招生计划14 000人，中职招生计划10 763人），报名人数与总计划比值为1∶0.91，与普通高中比值为1∶0.52。高中阶段录取26 316人，完成计划的106.27%，录取数占报考数的97.02%。其中：普通高中录取14 264人（本市高中13 575人，外市高中689人），完成计划的101.89%，录取数占报考数的52.59%；中职录取12 052人，完成计划的111.98%，录取数占报考数的44.43%。普职比大体相当，普高与中职的计划比为1∶0.77，录取比为1∶0.85。较好地完成了招生任务。

【高中学业水平考试】 2018年1月、7月两次组织全市高中学业水平考试，1月考试设19个考点，报考63 666科次，其中文化课63 295科次，信息技术371科次；7月考试设18个考点，报考83 850科次，文化课72 058科次，信息技术11792科次；3～6月，各高中学校顺利完成理化实验考查报考、考试和成绩上报工作。

【成人高考】 2018年各类成人高校、成人中专学校招生全国统一考试，全市报名人数共6 199人，其中：专升本3 462人，高起本328人，专科2 398人，专升本免试生7人，中专4人（免试入学）。与上年相比，报名人数比上年的5 786人增加413人，增幅7.14%，其中：专升本比上年的3 137人增加325人，增幅10.36%；高起本比上年的409人减少81人，减幅19.8%；专科比上年的2 182人增加216人，增幅9.9%；专升本免试生比上年的8人减少1人，减幅12.5%；中专比上年的50人减少46人，减幅81.3%。成人教育辅导机构多样化，与往年相比考生就读和报考踊跃，考生整体素质有所提高，考风考纪良好。

【自学考试】 2018年，全市由招生考试办公室组织的自学考试，上半年1 794人，3 923科次。下半年1 987人，4 573科次。高等教育教师资格笔试47人，83科次。特岗教师考试545人（其中学前教育191人，初中语文165人，初中数学136人，初中英语53人）。

【全国中小学教师资格考试】 2018年，全市中小学教师资格考试报名9 245人（幼儿园845人，小学3 652人，初中2 987人，高中1 558人，中职文化课33人，中职专业课157人，中职实习指导13人），共19 974科次，近万人报考，比上年增加2 503人。

（方丽华）

教师队伍建设

【师资队伍培训】 2018年，市教育局选派新平县2名初中校长、2名英语教师参加上海信托“上善”系列云南教育助学信托计划2018年第一期和第二期的培训；选派2名教师参加教育部教师工作司、中国教师发展基金会启动的“乡村优秀青年教师培养奖励计划”项目培训。选派53名优秀教师到云南师大进行为期半年的“万名校长培训计划”全脱产培训。玉溪市与云南师范大学成人继续教育学院合作，选派50名中小学校级后备干部参加“2018年玉溪市中小学后备干部培训”；举办农村山区学校初中英语教师培训。组织教育行政主管、部分教研员、普通高中学校领导30人赴上海参加“新高考改革应对策略与上海师范大学附属中学研讨活动”；举办高中教务主任和部分教研员40人组成的“新高考有效策略应对”专业研修学习班，赴上海参加专题课程学习与学校访学活动。分二期共4个批次对全市所有县（区）教育局基教股负责人、教研部门高中教研员、普通高中教学副校长、教务主任、高一年级各学科教师900余人，进行新修订普通高中课程方案和课程标准的市级培训；组织完成2 018义务教育阶段部编版八年级“三科”教材五门学科共700余人的市级培训。完成省级名师工作室换届工作，启动玉溪市第二届名师工作室建设工作，增建5个市级初中学科名师工作室，全市共建27个学科名师工作室，6所学校入选省级名师工作坊，2所学校入选省级名校长工作坊，5所学校入选“国培计划”网络研修与校本研修示范校。

【教学教研活动】 2018年，全市教育部门紧紧围绕质量提升工作，坚持以高中为重点，兼顾初中和小学的教研工作思路，有效开展教学视导、备考复习、送教下乡、课堂竞赛等形式多样的教学教研活动。组织全市34 399学生人次参加省高三检测1次、全市统测2次，组织召开9个学科高考研讨会2次、重难点学科高考复习备考专题研讨会1次、数学学科高考冲刺专题讲座1次，来自北京等地的9个学科专家组做专题讲座42场次，全市2 930多名教师、410名学生参加学习研讨。市县（区）教科所联合，采取自下而上的学校自评、县（区）复评、市终评方式，对全市84所初级中学进行教学质量监控综合评价，对名列前40名和教学质量进步较大的学校给予通报表彰。组织开展全市幼儿园、中小学中青年教师“秋韵杯”课堂教学评比观摩活动，21个学科268名教师参加教学角逐，3 500名教师参加观摩。评选出一等奖73名、二等奖102名、三等奖79名、鼓励奖9名；举办600余人参加的玉溪市第三届中小学“春华杯”主题班会观摩暨德育研讨活动。

（张帆舸　邵昌云）

学生工作

【德育工作】 2018年5月，玉溪市校外未成年人心理健康辅导中心挂牌成立，对市直学校和红塔区中心城区各级各类学校开展持续多轮的“创文”工作督查指导。组织开展市直教育系统开展学习贯彻党的十九大精神主题演讲比赛、“传承红色基因”系列教育活动，举办庆祝改革开放40周年“童心向党·筑梦红塔”文艺展演等丰富多彩、内涵深刻的活动；组织召开玉溪市教育系统未成年人思想道德建设工作会，有力推动未成年人思想道德建设。开展“新时代好少年”推荐工作，向市文明办报送候选人34人，其中李铭玉被省文明办作为全国新时代好少年候选人推荐到中央文明办；推荐250名同学为省级三好学生，62名同学为省级优秀班干部，16个班级为省级先进班集体；推荐260名同学为市级三好学生，82名同学为市级优秀学生干部，16个班级为市级先进班集体。深入开展文明校园创建工作，玉溪卫校、玉溪八中等7所学校评为第一届玉溪市文明校园称号；玉溪师院附中、澄江县凤山小学等8所学校评为第一届云南省文明校园。圆满承办2018年云南省青少年校园足球、篮球、排球、啦啦操四级联赛总决赛，参赛队员达到5 000余人，高效的组织、合理地运作模式、良好的收效得到省教厅、省体育局肯定和认可。

（杨进宏）

【学校安全管理】 2018年，市教育局联合相关部门对7县（区）及市直69所学校进行明察暗访，排查217条安全隐患问题，对暗访情况进行全市通报，有力促进整治工作的落实。突出抓好防治校园欺凌伤害、防溺水、预防交通事故、预防食品中毒等学校安全专项整治工作。联合有关部门，开展学校安全专项督查检查6次，抽查学校217所，排查整治安全隐患问题近300个。对县（区）及市直学校进行整治“回头看”2次。发出安全警示、预警、重要天气提示80余条次。做好日常信访工作，办理信访件45件，及时调处、化解社会矛盾，确保教育系统的稳定。扎实开展“平安校园”创建工作，对2017年11所市级“平安校园”进行表扬。

（刘家伟）

办学条件

【互联网＋教育】 2018年，市教育局推进教育云平台培训工作，深入县（区）教科所及学校进行点对点培训53次，参培教师4 212人，培训内容包括教师上传及共享资源、网络备课、课堂教学（运用教师助手授课）、开设公开课、集体备课、录播评课、教学评价等云平台教育教学应用模块。完成全市教育资源平台、管理平台、评价平台建设，统一构建玉溪教育云平台，实名注册师生25万人，活跃度达56%。玉溪教育云平台建设包涵43万个教学资源，150万道试题的题库、12万余册电子图书、3 000余册数字期刊、150多个仿真实验资源、320多本幼儿绘本资源、1万多条优质微课大赛资源、1 000余名省内外名师2 500多个名师视频资源。艺术、体育、美术、音乐等5个专题的MOOC资源正在制作，将教学内容最基础、最核心的知识要素制作成模块化、专题化的MOOC课程，满足师生教学需求，推进基本建成“三通三平台”，基本建成“人人皆学，处处能学，时时可学”现代教育体系。

（方泽军）

【普惠性幼儿园建设】 2018年，全市投入学前教育市级专项资金87万元，市级民办教育发展专项资金237万元，省级资金62万元，中央专项资金579万元，加大学前教育引导性投入，鼓励社会力量兴办教育，普惠性民办幼儿园数量逐年增加，普惠性幼儿覆盖率不断提高，全市现有142家普惠性民办幼儿园。

（杨金发）

【中小学幼儿园C级不安全校舍加固改造】 2018年，市教育局组织各县（区）对现有的中小学幼儿园进行拉网式排查，聘请省市专家对全省19个地震重点监视防御区中的华宁、通海、峨山3县C级危房进行重点抽查，准确、细致地掌握C级校舍基本信息。经过鉴定，全市需要加固改造的C级不安全校舍15.81万平方米。截至10月8日，全市C级不安全校舍加固改造开工项目172个15.8万平方米，竣工97个项目8.16万平方米，竣工率51.61%，完成投资7 795.6万元。

【教育项目建设】 截至2018年9月底，总建筑面积77 459.41平方米，总投资37 388万元的玉溪卫生学校迁建项目教学一区，6幢建筑已全部封顶，实际完成投资9 960万元，完成年度投资计划1亿元的99.6%。总建筑面积178 557.67平方米，总投资58 297万元的玉溪卫生学校迁建项目教学二区，12幢建筑10底封顶，实际完成投资21 794万元，完成年度计划投资3亿元的72.6%。玉溪卫生学校计划于2019年9月实现迁建招生办学。占地面积922.23亩，总建筑面积271 749.46平方米，总投资138 677.4万元的玉溪体育运动学校及少年儿童体育运动学校迁建项目已按计划开工建设，一区场馆已开始实施钢结构吊装，二区已开始实施场地平整，计划于2020年9月实现迁建招生办学，实际完成投资29 168万元，完成年度投资计划5亿元的58.3%。总长约12千米，总投资33.74亿元玉溪科教创新城职教园区基础设施建设项目基本完成职教片区内大部分道路路基开挖和回填施工，实际完成投资38 620万元，完成年度计划投资5亿元的77.2%。

（业　凌）

（张本聪　摄）

（李卫东　摄）

科学技术

SCIENCE AND TECHNOLOGY

责任编校：王　斌

科技管理

自然科学研究与应用

知识产权工作

科技情报

社会科学研究与应用

科技管理

【概 况】 2018年，玉溪科技工作深入实施创新驱动发展战略，认真落实省委、省政府“六个走在全省前列”、打造“三张牌”和举全市之力建设国家创新型城市的要求，以建设国家创新型城市为统领，服务玉溪高质量发展大局，强化创新驱动战略支撑，着力培育发展新动能，科技实力进一步增强，科技创新迈上新高度；全市科技对经济增长的贡献率达58.5%，省级研发机构、全国科普教育基地、高新技术企业的拥有量和省级创新人才及团队数量、省级可持续发展试验区拥有量居全省第二位，高新技术产业成为推动玉溪经济增长新亮点，为高质量跨越式发展提供有力支撑。

【玉溪获批建设国家创新型城市】 2018年4月，玉溪获批建设国家创新型城市，成为全国17个、西部3个、全省唯一的获批城市，市科技局与省科技厅建立厅市协同创新合作机制，按照建设国家创新型城市的总体部署和要求，全力推进各项工作。5月9日，邀请中国科学技术信息研究所专家到玉溪举办推进创新型城市建设专题讲座。5月17日，成立由市委、市政府主要领导为组长的创新型城市建设工作领导小组，领导小组办公室下设市科技局。6月19日，争取省政府国家创新型城市建设引导资金2亿元下达。8月，印发《玉溪市建设国家创新型城市实施方案》《玉溪市人民政府关于加快推进国家创新型城市建设的若干意见》《玉溪市领导干部服务企业科技创新行动方案》《玉溪市专利权质押融资扶持办法（试行）》等四个文件，将创新型城市建设工作纳入全市综合考评体系。8月23日，召开玉溪市国家创新型城市建设动员大会，对加快推进国家创新型城市建设做出安排部署，发放企业科技研发经费投入补助3 876.8万元。10月23日，争取国家创新型城市建设咨询资金100万元下达。充分利用网络、电视、报刊、微信公众号等，加大创新型城市建设相关工作宣传，进一步激发全社会参与创新型城市建设的积极性和主动性，形成建设创新型城市的社会舆论氛围。

【科技招商合作】 2018年，市科技局聚焦国家创新型城市建设，深入县（区）、企业进行调研，共征集合作需求项目230项。4月14日，组织参加省科技扶贫示范推广现场会院士专家对接活动，征集对接11项合作需求。5月16～19日，与科技部科技成果转化研究中心等单位对接，达成18项科技合作意向。5月28～30日，参加第二届陕西“一带一路”科技创新创业博览会，与西安的科技创新企业开展合作交流。6月26～28日，到南京开展“科技入玉”交流洽谈，对接项目40余项。6月28～29日，组织相关单位到江苏省连云港市考察生物医药产业发展情况，参观恒瑞医药、康缘药业并进行对接洽谈。11月21～23日，赴广东省佛山市学习考察国家创新型城市建设先进经验，推进区域协同创新发展。12月16～19日，赴中国科学院绿色城市产业联盟、中科集团、国科控股、中国人民大学、中科院北京国家技术转移中心潍坊分中心、临沂分中心就搭建科技成果转移转化平台、支持玉溪建设国家创新型城市建设、科学家小镇建设等事宜进行考察洽谈。2018年31个科技项目签约落地玉溪，投入资金10亿元。

【研发投入】 2018年2月24日，成立科技统计中心，对研发投入等科技进步指标加强跟踪监测。2月27日至3月8日，根据市政府《玉溪市实现2020年R&D经费投入占GDP2.5%实施方案（试行）》和《玉溪市人民政府办公室关于开展研发经费投入工作情况专项督查的通知》要求，市科技局联合市财政局、市统计局等部门组成3个市研发经费投入工作专项督查组，采取走访企业、查看资料、听取汇报等方式对全市各县（区）、高新区研发经费投入工作情况进行专项督查，宣传优惠措施，帮助企业规范项目档案、理顺研发经费科目、传授填报方法、培训业务人员等，并形成督查报告。11月23日，举办玉溪国家创新型城市建设企业研发投入统计培训，讲授促进企业研发经费投入优惠政策和企业研发年报制度改革政策。2017年全市R&D投入9.08亿元，同比增长56.1%，增速居全省前列；投入强度完成0.64%，比上年提高0.2个百分点；企业研发经费支出8.07亿元，同比增长61%。

【创新主体培育】 2018年，市科技局组织申报高新技术企业40户（其中再申报企业19户，新申报企业20户），30户通过认定，总数达94户。据统计，2017年全市高新技术企业产值达280.1亿元，比上年增66.7亿元，增长31.3%; 主营业务收入211.7亿元，比上年增47.9亿元，增长29.2%；产品销售收入207.8亿元，比上年增47.7亿元，增长29.8%；实际上缴税费14.6亿元，比上年增2.4亿元，增长19.7%；出口创汇2.9亿元，比上年增1.1亿元，增长61.1。新增国家科技型中小企业56户。认定省科技型中小企业74户，总数达405户。组织18个项目参加省创新创业大赛，9个项目获奖。

2018年8月23日，全市国家创新型城市建设动员大会，主席台就座领导为企业颁发补助经费　　（曾永洪　摄）

【创新平台建设】 2018年，市科技局依托东南大学和江苏省生产力促进中心构建与江苏省技术转移联盟招才引智合作平台；依托中科院昆明分院构建了与全国中科院系统协作创新平台；依托中国科学技术情报研究所和云南省科学技术情报研究院，构建全国科技信息对接交流平台；与西双版纳生物医学研究院共建玉溪脑科学与人工智能研究中心等。认定市级重点实验室、工程技术研究中心5个，总数达49个。认定省“众创空间”1个，总数达5个。

【创新人才培引】 2018年，市科技局通过选拔、筛选、审核，推荐云南省技术创新人才及培养对象4人，云南省学术和技术带头人后备人才1人。截至2018年，全市有国家创新创业人才3人，国家科技创业领军人才2人，云南省学术和技术带头人及后备人才13人、云南省技术创新人才及培养对象13人，中青年学科技术带头人165人，4个团队入选云南省创新团队。发放了市直单位部门带头人2018年工作津贴。

【获云南省科学技术奖项目】 2018年度，玉溪市主持或参与完成的5项科技成果获云南省科学技术奖，其中科技进步特等奖1项、二等奖1项、三等奖3项，是近5年获奖等次最高的一年。云南磨浆农业股份有限公司参与完成的《云南核桃全产业链关键技术创新与应用》获云南省科技进步特等奖。中烟施伟策（云南）再造烟叶有限公司主持完成的《基于施伟策引进线的原料处理与优质产品自主研发及产业化》获云南省科技进步二等奖，玉溪市农业科学院主持完成的《玉溪三湖径流区农田氮磷梯级削减技术研究与应用》、华宁县水产工作站主持完成的《鲟鱼产业化技术集成与应用》、玉溪市疾病预防控制中心完成的《高疟区消除疟疾危害技术策略集成与应用研究》获云南省科技进步三等奖。

【科普与宣传】 2018年1月22日，玉溪市2018年文化科技卫生“三下乡”集中示范活动在江川区九溪镇六十亩村委会举行。活动由市委宣传部牵头，市科技局、市文广局、市卫生计生委等22家单位和部门参与，为当地村民送上文艺演出、科技服务、义诊、普法、计生宣传等活动，发放《科技宣传手册》2 000册，筹集277万元的项目资金和物资。4月23日，市科技局举办玉溪市第三届科普讲解大赛，1名选手获一等奖，2名选手获二等奖，7名选手获三等奖；选送5位选手参加省第四届科普讲解大赛，1名选手获三等奖。5月22日，市科技局在澄江县举办2018年玉溪市科技活动周暨澄江集中示范活动，针对基层群众以摆放宣传展板、播放宣传视频、接受群众现场咨询及发放宣传资料等形式，进行科普、科技创新、综治维稳、反邪教科普宣传。9月19日，市科技局参加在华宁县举办的玉溪市2018年全国科普日活动暨第三届科普展，现场发放科技知识宣传手册1 000份，普及科学知识，营造讲科学、爱科学、学科学、用科学的浓厚氛围，激发全社会的创新热情和创造活力。2018年，市科技局积极推荐市图书馆申报省精品科普教育基地，组织玉溪师院涓公河次区域民族民间文化传习馆申报重大科普项目。

【生物医药产业园区建设】 2018年，市科技局推进玉溪高新区建设形成集研发、生产、销售为一体的科技型生物医药产业园区。加强龙头企业培育，扶持沃森、维和、克雷斯等有成长潜力的骨干企业做大做强。搭建生物医药科技创新平台，建设提升一批生物医药重点实验室、工程研究中心、临床医学研究中心、院士专家工作站，为企业科技创新发展筑巢引凤。加大人才团队培引，重点培养一批生物医药领域科技领军人才，加强“云药之乡”的打造和认证。加强重大项目推引，加强新药研发投入，支持企业实施生物医药产业发展重大科技专项项目。2018年生物医药产业主营收入55亿元，同比增长20%。

【农业科技创新项目】 2018年8月30日，科技部国家农业科技园区验收考察组到玉溪，对玉溪国家农业科技园区进行验收考察，玉溪国家农业科技园区顺利通过科技部验收。上报省科技厅中央引导地方科技发展专项资金项目10项，其中创新平台与研发中心建设项目5项、开发示范项目3项、服务机构项目2项，申报省农业科技类专项资金350万元。新增国家级星创天地4个，认定省星创天地4个，总数达7个。认定“三区人才”5名，每名获中央财政支持2万元。

【创新品牌打造】 2018年11月5日，江川区成功申报成为省级可持续发展试验区。11月6日，红塔区被省科技厅批复为云南省支持建设的12家省级科技成果转化示范县（区）之一，成功入围云南省创新引领型科技成果转化示范县（区）。11月22日，科技部对首批创新型县（市）建设名单进行公示，全国52个县（市），云南仅通海入选，建设主题为“科技支撑生态文明”。12月4日通海五金产业园区获批为省级高新区。

（胡　晓）

自然科学研究与应用

【气象监测及预报服务】 气象观测及预报预警能力建设。2018年，市气象局围绕绿汁江、红河谷流域农业产业发展和特色小镇建设，在热区（绿汁江、红河谷流域）和各县（区）主要特色乡镇建设了10个6要素区域自动站；9个县（区）大监测站日照自动观测计和2个能见度自动观测仪建设完工并投入使用；元江大监测站新址建设完工，并于2019年1月1日投入业务运行；及时修改完善“内响应外联动工作机制”“基层突发灾害性天气预警服务实施细则”“灾害性天气临近警报发布规定”等业务制度，根据国土、水利等部门的不同需求，制作了1、3、6、12、24小时雨量预警阈值，山洪及地质灾害气象风险预警准确率得到有效提升；加强对上级强对流天气落区和降水落区预报指导产品的订正评估，暴雨、大风、雷电、冰雹预警准确率平均值分别为75.9%、64.85%、71%和23.1%，预警时间提前量分别为60分、87分、45分和38.5分。

综合防灾减灾气象服务能力建设。组织开展暴雨、干旱、冰雹、雷电、大风、低温等主要灾害的县级气象灾害风险区划，全市各县（区）均完成《气象灾害防御规划》和《气象灾害应急预案》编制，并由政府印发实施。完成两个乡镇的防雷示范点建设。截至2018年底，全市9个县（区）局全部完成“三农”项目第一轮建设任务，农村气象灾害防御和气象为农服务体系进一步健全，气象灾害防御能力明显提升。组织开展市应急体系建设中期评估、气象防灾减灾“十三五”规划中期评估，并积极推进规划实施。

监测预警能力建设。按照“滚动监测、及时预警、靶向服务”要求，切实做好水库、山洪地质灾害、城市内涝、五网建设等重点工程防汛和主要旅游景区的气象服务工作。根据国土、水利等部门的不同需求制作1、3、6、12、24小时雨量预警阈值，严密监控并及时进行服务，取得明显成效。发布各类天气消息及预警信息156期，服务35万多人次，发送降水量实况信息18 000多人次气。市气象台准确预报1月31日至2月6日寒潮天气过程，易门县气象局做好7月14日暴雨、局部大暴雨的强降水预报及服务，受到各级党委、政府及有关部门的肯定和赞扬。

农业气象、生态保护和重点项目气象服务建设。始终坚持把气象为高原特色农业服务作为服务重点，根据天气气候特点，及时主动为农、林、水、国土等部门做好专业气象服务，制作各类服务材料188期。

【气象保障服务能力建设】 2018年，市气象局与市环保局签订《加强环境保护和气象工作合作（框架）协议》，联合发布重污染天气预警信息，建立健全环境保护部门和气象部门的合作与应急联动机制。推动新平县政府开展“中国天然氧吧”创建活动，开展大气负氧离子监测和分析，为申报成功做出积极贡献。为玉溪城市规划修编、江川通用机场建设等提供气象资料分析。按照《玉溪市人民政府办公室关于印发抚仙湖径流区耕地休耕轮作工作方案的通知》要求，市气象局积极配合市抚仙湖管理局开展抚仙湖径流区区域自动气象站建设工作。沿抚仙湖流域建成6个六要素自动气象站和14个自动雨量站，实现降雨、气温、气压、湿度、风向、风速等气象要素的自动采集和传输，为建设抚仙湖生态环境保护气象监测网，开展抚仙湖定量化水质监测评估及生态环境保护气象服务提供了有力依据。

【人工影响天气工作】 2018年，市气象局做好《2018年玉溪市人工影响天气工作实施方案》编制并上报市政府批准后组织实施。围绕全市烤烟生产种植需求，布设人工影响天气作业点98个，组织实施防雹作业1 144点次，发射各类箭弹8 788枚，受灾面积比上年减少78%，为烤烟丰收做出积极贡献，人工防雹保护烤烟约43万亩，其他经济作物约45万亩，粮食作物约49万亩。

积极推动人影作业点标准化升级改造和视频监控建设，实施标准化作业点建设5个，开展红塔区固定作业点视频监控和人影无线通信网络管理平台项目建设，组织编制《玉溪市人工影响天气固定作业点标准化建设和改造项目可行性研究报告》，并争取政府主导推进整改；开展《玉溪冰雹监测预警指标研究》，不断提高冰雹监测预警水平及人工影响天气作业的科学性。

【通海地震应急救灾气象服务保障】 2018年8月13日1时44分和14日3时50分，通海发生2次5.0级地震，地震发生后，市气象局立即启动地震灾害应急气象服务三级响应，市气象局相关单位、通海县气象局进入应急响应状态。8月13日至9月5日，市气象台向市委、市政府、市抗震救灾指挥部及相关部门滚动发布地震专题预报共31期，发布强对流天气消息3期，重要天气消息2期，联合市国土局共同发布地质灾害预警消息2期，为政府组织抗震救灾和安置稳定灾区群众提供有力的保障。

【气象服务供给侧改革】 2018年，市气象局围绕重点产业发展需求，不断深化气象服务供给侧改革。继续强化烤烟气象服务能力建设，建立滇中烤烟气象服务系统并投入使用，实现资料采集、分析和服务产品制作发布一体化。建立火龙果气候品质认证指标和认证方法，以火龙果气候品质认证为试点探索推广农产品气候品质，服务乡村振兴和特色农业产业发展。

【气象行政执法与防雷减灾】 2018年，市气象局认真推进“放管服”改革，进一步规范气象行政许可，所有行政许可事项实现一个窗口办理。加强行政监管，开展易燃易爆场所防雷安全检查351家（次），雷电易发景区和矿区防雷安全检查86家（次），开展防雷安全监管和施放气球活动“双随机一抽查”。与市住建局联合印发《关于建立建设工程防雷管理协调会议制度的通知》，牵头建立“玉溪市建设工程防雷管理协调会议制度”，为优化防雷审批流程，规范防雷中介服务行为提供了组织保障。2018年，全市共发出执法通知书168份，发出责令停止违法行为通知书3份，立案办结案件2起。依法办理施放气球活动审批12件、防雷装置设计审核11件。防雷装置竣工验收12件。

【市气象局与铁塔公司签署战略合作框架协议】 2018年，市气象局与中国铁塔股份有限公司玉溪分公司签署战略合作框架协议，由中国铁塔股份有限公司玉溪分公司承担全市考核区域自动气象站维护保障工作。全市有考核区域自动气象站202个，涉及国家地面天气站、交通气象站等，区域站均为无人值守站，分布面广、量大、分散且交通不便，日常维护、故障维修等面临诸多困难。市、县两级气象局装备保障能力不足与区域站保障任务繁重的矛盾日益突出，在一定程度上制约了气象防灾减灾和公共气象服务工作的开展。此次服务协议的签署，把部门需求与社会资源有机结合，切实提升了全市区域站维护保障的综合能力，为气象观测业务正常开展提供了保障。

（李林润）

2018年8月13日，通海县气象局到震中区开展地震气象保障服务

（市气象局　提供）

【地震活动】 2018年1月1日至12月31日，玉溪市境内共发生可定位1.0级以上地震1 398次。其中：1.0～1.9级1 307次，2.0～2.9级79次，3.0～3.9级9次，4.0～4.9级1次，5.0～5.9级2次。具体分布为：通海县462次，新平县340次，易门县195次，红塔区135次，元江县76次，华宁县75次，江川区61次，峨山县44次，澄江县10次。最大地震为8月13日、14日发生在通海县四街镇的2次5.0级地震，震源深度分别为7千米、6千米，各县（区）震感明显。通海2次5.0级地震共造成31人受伤，11 409人失去住所，直接经济损失4.944亿元。受邻区地震影响并造成灾害损失的是9月8日普洱市墨江县5.9级地震，震时元江全县震感强烈，此次地震造成元江县曼来、咪哩、因远等乡镇不同程度受灾，直接经济损失720万元。2018年，玉溪市的地震活动频次明显增多、强度显著增强，通海两次5.0级地震是继2001年7月15日江川5.1级地震后，时隔17年玉溪再次发生破坏性地震。

【妥善应对通海5.0级地震】 2018年8月13日01时44分在通海县（北纬24.19°，东经102.71°）发生5.0级地震，震源深度7千米，14日03时50分原地再次发生5.0级地震，震源深度6千米，宏观震中位于通海县四街镇的四街至四寨一带。地震造成通海县、江川区、华宁县13个乡镇（街道）89个行政村（社区）不同程度受灾，直接经济损失4.944亿元。

地震发生后，应急管理部派出由中国地震局阴朝明副局长带队的工作组赴通海县灾区指导抗震救灾工作；省委书记陈豪、省长阮成发和副省长和良辉分别做出重要批示，和良辉副省长带领省直相关部门领导赴灾区查看灾情、指导救灾；省地震局派出副局长解辉为组长的通海地震现场工作组第一时间赶赴灾区指导应急处置工作。市委、市政府沉着应对，市委书记罗应光、市长张德华分别做出批示，市政府分管领导亲赴一线指挥抗震救灾工作。联席会议各成员单位快速响应，科学调度救援，及时派出工作组、救援力量和专业人员，高效开展震情研判、物资资金调拨、疏导交通、灾害调查等工作。在党政军警民的合力攻坚下，通海地震救灾工作有力有序有效开展，无1人因灾死亡，最大限度降低灾害损失，取得抗震救灾工作阶段性胜利。

在抗震救灾工作中，防震减灾部门震后第一时间提供准确的震情信息和决策建议，为抗震救灾工作有序展开提供重要依据。全市各行业、各部门、各级组织齐心协力，共克时艰，凝聚起抗震救灾工作的最大合力。据统计，在抗震救灾中，全市共设置安置点331个，累计紧急转移安置45 245人，其中集中安置20 073人、分散安置25 172人；组织调运救灾帐篷3 340顶、折叠床5 000张、折叠床垫5 000床、床上用品3 000套、棉被6 800床、彩条布1 200件运抵灾区，安排使用救灾粮257吨，保证地震灾区每个受灾户有房住、有床睡、有饭吃。及时兑付通海县政策性农房地震保险赔付资金1 600万元，最大限度减少灾区民房受损灾民损失。

8月16日，市委书记罗应光主持召开五届市委常委会第94次会议，听取市政府分管领导代表市政府党组关于通海地震抗震救灾工作情况汇报，对下一步抗震救灾工作进行安排部署。会议要求提前谋划恢复重建工作，以对党和人民高度负责的态度，积极主动与省里汇报对接，结合乡村振兴战略的实施，按照“拆危房、除闲房、腾空房、建新村、换新貌、奔小康”的要求，认真谋划、及早部署灾后重建工作，科学编制灾后恢复重建规划，争取国家和省各类资金政策支持，加快推进灾后重建工作。9月11日，恢复重建工作会议在通海县召开。11月下旬，省发改委组织专家评审通过《通海“8·13”“8·14”地震恢复重建总体规划》。通海地震恢复重建工作有序推进。

【应对墨江5.9级地震】 2018年9月8日10时31分29秒，云南省墨江县（北纬23.28°，东经101.53°）发生5.9级地震。震时元江全县震感强烈，此次地震造成元江县曼来、咪哩、因远等乡镇民房、交通不同程度受损，直接经济损失720万元。地震发生后，市委、市政府高度重视，市委副书记、市长张德华做出批示：“请防震减灾指挥部密切关注震情，迅速查清灾毁情况，采取有效措施，最大限度减少生命财产损失，确保安全和稳定”。市政府分管领导带领民政、住建、防震减灾等部门领导和技术人员赶赴元江县指导抗震救灾工作。元江县委、县政府第一时间做出应急响应，及时召开抗震救灾指挥部紧急会议，成立综合协调、抢险救灾、群众生活保障、震情监测、医疗救治防疫、次生灾害处置防范等10个专项工作组，全面开展抗震救灾工作。累计投入462人次、158辆车次深入曼来、咪哩、因远等乡镇开展拉网式查灾核灾、隐患排查和群众救助工作。兑付元江县政策性农房地震保险赔付资金16.129万元。

【地震监测预报】 2018年，市防震减灾局强化震情跟踪工作。紧盯震情，强化震情跟踪监视工作，制定《玉溪市会商制度改革方案》《玉溪市地震监测台网、台站运行管理办法（试行）》《玉溪市信息节点管理办法（试行）》等，确保信息畅通、数据快速传递和各类监测仪器正常运转。适时召开各类震情会商会40余次，对云南或玉溪本地短期地震趋势进行分析和研判，报送《玉溪市震情跟踪月报》《地震加密会商报告》等200余份。严密监视年内发生的44起宏微观异常，及时对宏微观异常进行分析研判，坚持“异常跟踪”与“现场核实”相结合，确保落实异常不过夜。关注网络舆情，积极引导社会舆论，消除社会恐慌。

加强地震监测台网监视和人才队伍培养。完成易门县小绿汁地震观测山洞改造项目的观测用房、监测山洞改造等工程，安装超宽频带地震计和VP型宽频带倾斜仪。在峨山、易门、通海、新平、江川、华宁、元江县安装9套低精度水温设备，进一步优化监测台网布局。积极推进“三网一员”建设，截至2018年底全市共有群测群防人员1 383人，宏观联络员343人。6月14日在红塔区举办全市地震分析预报培训班，培训内容围绕地震活动性参数介绍及应用、前兆资料数据处理和异常提取方法、数字地震学参数（视应力）计算、前兆资料映震的机理分析等4方面进行讲授，对提高全市地震分析预报人员专业素质起到积极作用。

【震害防御】 2018年，全市深入开展地震安全示范社区创建工作和科普示范学校认定工作，共创建“玉溪市防震减灾科普示范学校”10所，红塔区玉兴街道玉湖社区和易门县兴文街社区被认定为市级、省级“地震安全示范社区”。利用“1·05”“5·12”“11·6”等重要时间节点深入开展防震减灾法律法规和科普知识宣传，累计发放各类宣传资料4万余份，接受咨询200余次，《玉溪防震减灾报》随《玉溪日报》发行15.3万份。利用微信公众、玉溪市政府信息公开网“市防震减灾局”栏目积极传播防震减灾科普知识。依托玉溪市防震减灾科普馆，开展防震减灾法律法规和地震科普知识宣传。全年累计开馆80余次，接待机关、企事业单位、学校、社区、驻玉军警部队等近4 000位参观者，有效提升公众的防震减灾意识。市防震减灾局2名科普讲解员获第二届“全国防震减灾科普讲解大赛南方赛区预赛”优秀奖。玉溪第六中学和第三中学分别代表玉溪市初中组和高中组参加“云南省中学生防震减灾知识竞赛暨全国防震减灾知识大赛”云南省初赛，分别获初中组一等奖、高中组三等奖。玉溪六中代表云南省初中组在“全国中学生防震减灾知识竞赛南部赛区”比赛中获三等奖。加强对全市建设工程抗震设防要求及新一代地震动参数区划图执行情况的监督管理，为澄江概念性规划及城市设计、玉溪江川机场三个预选场址提供相关资料及意见建议。

【地震应急】 2018年“8·13”“8·14”通海5.0级地震后，迅速派出工作组赶赴灾区开展地震应急相关工作，召开紧急会商会及加密会商会，分析辖区内震兆资料变化情况，对震后趋势做出初步研判。持续跟踪地震序列发展变化、宏微观前兆资料变化，形成《通海5.0级地震序列跟踪分析》《通海5.0级地震加密会商报告》等相关材料，为市委、市政府决策提供可靠依据。“9·08”墨江5.9级地震发生后，及时派出工作组赴元江县灾区开展调查，分析研判震情趋势，为元江县党委政府提出地震应急处置工作建议。配合省地震局划定烈度区，对涉及玉溪市的灾区进行灾害损失评估。

3月12日、5月17日，省政府检查组、应急管理部先后对玉溪市应急准备工作进行检查，6月26日全国人大教科文卫委调研组对玉溪市防震减灾法贯彻落实情况进行检查调研。市防震减灾局根据上级检查调研时反馈的问题及时整改，进一步加强应急抢险队伍和装备建设，完善救灾物资储备，强化应急演练，确保突发灾害时能快速高效处置灾情，全力维护人民群众的生命财产安全。

5月3日、6月20日先后两次对全市应急民兵轮训备勤进行地震应急救援知识专题培训，培训内容包括地震应急救援知识、抗震救灾装备器材的操作使用、灾区卫生防疫等方面，通过培训进一步加强玉溪市基层组织地震救援能力建设，提高地震灾害应急处置和地震应急自救互救能力。7月16日，在红塔区举办全市地震应急技术能力培训班，培训内容涵盖云南地震灾情获取新技术应用探索、市县（区）地震应急工作及现场保障、地震应急基础数据库运维及地震灾情快速评估系统软件操作等地震应急指挥技术相关内容，通过培训强化预防和处置地震灾害能力建设，提高地震应急技术人员业务水平，更好地发挥地震科技服务领导决策和抗震救灾工作的作用。

（尹俊峰）

知识产权工作

【知识产权专利】 2018年，市科技局多次深入县（区）知识产权部门及企业调研指导，进行专利挖掘，督导县（区）围绕年度任务目标，细化措施，责任到人，确保年度专利任务指标按时完成。2018年，全市专利申请量2 430件，其中：发明专利494件，实用新型专利1 707件，外观设计专利229件。专利授权量1 473件，其中：发明专利93件，实用新型专利1 118件，外观设计专利262件。专利有效量857件。每万人口发明专利拥有量达到3.6件，四项指标均居全省第二。做好省、市专利奖励项目申报，获批省专利资助项目37件，资助资金8.25万元。根据《国家知识产权局关于评选第二十届中国专利奖的通知》要求，组织开展第二十届中国专利奖评选，推荐云南大红山管道有限公司、贵研资源（易门）有限公司2家企业参加，全省有6项发明专利荣获中国专利优秀奖，玉溪包揽2项。组织开展云南省专利奖评选，贵研资源（易门）有限公司、云南红塔塑胶有限公司等5家企业的5项发明专利参加，取得省专利奖一等奖1项、三等奖2项。

【知识产权强县强企工作】 2018年，市知识产权局推进知识产权强县、强企，深化知识产权优势企业培育，易门县被评为省知识产权优秀县。红塔烟草公司、中烟施伟策（云南）再造烟叶有限公司、玉溪大红山矿业有限公司被认定为国家知识产权优势企业。云南磨浆农业股份有限公司、云南通印股份有限公司等9户企业被认定为省知识产权优势企业。玉溪沃森生物技术有限公司、云南同方科技有限公司等32户企业通过评审进入省知识产权优势企业培育。云南大红山管道公司获得国家“贯标”企业认定，成为玉溪首个获认证的企业。

【知识产权质押融资工作】 2018年，玉溪市被列为国家专利质押融资试点地区以来，按照试点工作方案，抓好需求调研，编印《企业知识产权质押贷款宣传册》，及时将政策和办理流程传达到县（区）和企业。举办培训

2018年10月15日，陈芬儿院士工作站在易门县磨浆农业股份有限公司正式揭牌

（市科技局　提供）

班2期，邀请省专家讲授“专利权评估及操作实务”“质押融资产品及业务流程”，开展现场咨询服务，发放《专利申请与保护指南》《企业知识产权质押贷款宣传册》等资料共500份，市、县（区）规模以上企业和相关部门领导及业务人员300人参训，培训内容丰富，与会人员参与互动交流，参训的企业受益匪浅。召开玉溪市专利权质押融资会议，对有关工作进行安排部署。抓好《玉溪市专利权质押融资扶持办法（试行）》的多次修改论证，市科技局、财政局、金融办联合出台《玉溪市专利权质押融资扶持办法（试行）》，帮助企业解决融资难题。

【知识产权宣传周】 2018年4月20日，市知识产权局以“倡导创新文化，尊重知识产权”为主题，举办全市知识产权宣传周集中示范活动，市直16个单位、玉溪高新区和各县（区）知识产权局、相关企业参加，市知识产权局、质监局、工商局、文化广电局、法院分别作专利、地理标志权、商标权、版权保护的发言。各县（区）同时组织开展形式多样内容丰富的宣传周活动，开展专题讲座8场，参加人数约2 000人，开展送知识产权知识到乡镇、进企业、进学校活动15次，组织咨询服务20次，发放资料30 000份，开展商标专项执法检查、发布侵犯知识产权的典型案例，加强各种舆论宣传，将宣传周活动落到实处抓出实效，取得良好效果。

【专利执法】 2018年7月11日，省、市和峨山县知识产权局到峨山县嘉利达商贸公司开展三级专利联合执法行动，对部分食品、生活用品、茶具和洁具等商品进行抽查，重点检查涉嫌专利标识不规范情况，采集近1 000种样品，查出22件专利标识不规范商品，对案件归档立卷报送省平台，超额完成省知识产权局下达玉溪20件专利目标任务。7月13日，市科技局和红塔区科技局组成专利行政执法组，进入2家药店开展执法，对100余件专利产品进行抽查，对商品专利标识标注进行登记、拍照、取证，向商场人员讲解辨别假冒专利产品的方法。此次执法工作，对规范文化市场和专利产品流通市场秩序，打击侵犯知识产权和制售假冒伪劣商品行为，营造公平竞争的市场环境起到积极的作用。

【知识产权实务人才】 2018年，市知识产权局组织省知识产权人才申报，推荐玉溪新兴钢铁有限公司、中烟施伟策（玉溪）烟叶有限公司2人申报，中烟施伟策（玉溪）烟叶有限公司1人被认定为云南省知识产权实务人才。

（胡　晓）

科技情报

【技术合同登记】 2018年1～12月，全市技术交易规模稳步增长，全市技术合同登记32项，技术合同成交额33 745.92万元，居全省第三，同比增长147.24%。其中，反映技术转移和成果转化规模的技术交易额1 358.85万元，创历史新高。按统计指标统计，技术开发合同登记23项，合同成交额为33 585.10万元，占总成交额的99.52%；技术服务合同登记7项，合同成交额为153.82万元，占总成交额的0.46%；技术转让合同登记2项，合同成交额为7万元，占总成交额的0.02%。统计分类显示，技术合同交易主要以技术开发类为主，农林牧渔业发展、社会发展和社会服务类占了较大比重。按社会经济目标统计，技术合同认定登记数排名前三位的分别是农林牧渔业发展10项、社会发展和社会服务7项、环境保护生态建设及污染防治领域5项，其他10项；按计划来源统计，计划内21项，其中，国家部门计划2项，省市计划12项，地市计划7项；计划外项目11项。

【县域成果转化中心建设】 2018年，全市进一步加快县（区）科技成果转化中心建设步伐，建成红塔区、江川区、澄江县、新平县、元江县、峨山县、易门县、通海县科技成果转化中心，省科技厅分别对各县（区）成果转化中心补助经费40万元。这些县（区）科技成果转化中心的主要职责为：贯彻落实科技成果转移转化法规，以及有关的规划、计划和行动；开展县域经济社会发展关键共性技术的需求分析研究；承担县域成果转移转化公共服务平台搭建、运营，为转移转化提供孵化、培育等公共服务；组织和承担成果示范、技术推广等科技项目；承担科技政策解读与宣传、培训，科学技术普及、科技特派员和“三区”科技人员选派等专项工作；开展科技咨询、项目策划与组织服务。县（区）科技成果转化中心的成立，进一步促进了科技成果转移转化工作的发展。

【科技信息开放共享】 2018年，市科技局在原有科技文献服务平台的基础上，继续加大力度，完善和丰富《中文科技期刊数据库》《中国科技经济新闻数据库》两个数据库。《中文科技期刊数据库》共收录期刊1.2万余种国内公开发行的中文期刊，6 800万篇文章，涵盖工业、农业、医药卫生等学科。《中国科技经济新闻数据库》遴选国内420种重要报纸和1.2万种期刊中的445万篇科技经济新闻报道。创新科技文献数据库管理和共享服务模式，玉溪科技文献公共服务平台面向全市互联网用户免费开放使用，成为云南省唯一的一个开放式科技文献服务平台。

（胡　晓）

社会科学研究与应用

【社科研究】 2018年，市社科联围绕市委“5577”总体思路及“六个走在全省前列”、打造“三张牌”的新定位新要求，聚焦防范化解重大金融风险、巩固脱贫成果、强化污染防治、推进供给侧结构性改革、推进工业转型升级、加快发展现代服务业、实施乡村振兴战略、深化改革开放、推进新型城镇化建设、保障和改善民生等方面的重点领域和关键环节，精心策划选题，开展课题申报，共收到课题申报82项，经过专家评审、立项公示，予以资助立项年度课题20项。在推动经济高质量发展上，立项开展9个课题研究；在实施乡村振兴战略上，立项开展6个课题研究；在生态文明建设上，立项开展3个课题研究；在领导班子和干部队伍思想作风建设上，立项开展2个课题研究。

组织开展庆祝改革开放40周年暨纪念玉溪撤地设市20周年学术论文征文活动。认真落实市委、市政府《庆祝改革开放40周年暨纪念玉溪撤地设市20周年活动方案》关于推出理论研究成果的部署要求，联合市委宣传部、市委党校、玉溪师院宣传部，开展庆祝改革开放40周年暨纪念玉溪撤地设市20周年学术论文征文活动。征集学术论文138篇，评出入选论文40篇。

围绕《云南蒙古族史话》的编撰、

蒙古族服饰文化、回族刺绣与服饰文化及产业，开展6个委托课题研究。积极鼓励党校高校科研机构申报2018年度国家、省社科基金项目。玉溪师院申报国家社科规划项目21项、省级社科规划项目26项，获批国家社科规划项目3项、省级社科规划项目4项。积极组织参加省第22次哲学社会科学优秀成果评奖，共申报成果23项。积极参与《云南改革开放40年玉溪卷》第九章《全面推进扶贫开发工作》的撰写工作。

【社科组织建设】 2018年，市社科联起草《关于加快县（区）社会科学界联合会建设的指导意见（征求意见稿）》，加强对县（区）成立社会科学界联合会的指导，县（区）社科联建设态势良好。全市已落实县（区）社科联编制33人，编制人数最多的县（区）5人，最少的3人。积极扶持社科类社会组织开展社科活动，对举办学术年会等予以提醒，确保社科活动唱响主旋律，凝聚正能量。深入开展社科类社会组织党组织覆盖提升行动，挖掘和推广以党建促会建的成功经验，推进规范化建设，扩大党的组织和工作覆盖。

【社会科学知识普及】 2018年，市社科联完成省级社科普及示范基地的申报工作，申报省级基地2项。扎实推进“云岭大讲堂·玉溪讲坛”公益性科普讲座。以宣传贯彻习近平新时代中国特色社会主义思想和党的十九大精神为重要内容，精心选题、层层把关、严格报批，推动“云岭大讲堂·玉溪讲坛”进机关、进党校、进高校、进基层，不断提升讲坛的影响力，使讲坛逐步成为干部培训的课堂、推进党的创新理论大众化基层的舞台、大学生弘扬社会主义核心价值观的阵地。承办“云岭大讲堂·玉溪讲坛”10讲、受众2 900余人。积极做好“云岭大讲堂”主讲嘉宾的推荐工作，将玉溪师院马克思主义学院院长罗伟教授推举为省委宣传部、省社科联主办的“云岭大讲堂”主讲嘉宾。

（靳　雨）

（李卫东　摄）

（张本聪　摄）

（张本聪　摄）

文化事业

CULTURE

责任编校：王　斌

文化管理

【概　况】 2018年，玉溪文化公共服务补短板与提效能同步推进。“三馆一站”全面“零门槛”免费开放，图书馆播放免费电影百余场，观影人数近万人次；文化馆、图书馆、博物馆为不同年龄层次的受众举办各类公益讲座、知识讲座，包括寒暑假青少年免费培训、女职工素质提升培训、成人艺术培训、农民工培训、广场舞培训等公益性培训近百场次，组织举办各类公益性书法、绘画、文物、博物、摄影展览30余场。市图书馆再次荣获国家一级图书馆，建设了自助借还系统、新增2台朗读亭、与新知图书城合作开展“你读书，图书馆买单”图书荐购活动，不断提升免费开放服务质量，丰富文化惠民形式。对聂耳纪念馆、市文化馆综合演艺厅等文化设施提档升级，5个乡镇（街道）文化站得到新建、改扩建，峨山、澄江2个县级文化馆新馆址得到落实，市县（区）均有文化馆、图书馆，乡镇有文化站，基层公共文化服务设施逐步夯实，实现全市文化馆、图书馆、乡镇（街道）文化站全覆盖。市级2院和7县2区专业群众文化工作队、350支市、县（区）文化馆（站）优秀业余文艺队围绕元旦、春节、七一、国庆等重大节庆和地方民俗节庆活动，开展“科技文化三下乡”“聂耳大众文艺小分队”“中国梦·玉溪情”——玉溪市2018年百团千队红色文艺轻骑兵宣传贯彻“十九大精神文化惠民演出”走进农村、厂矿、校园、部队等地巡演，圆满完成惠民演出1 027场，观众人次达132余万人次。

“聂耳音乐之都”系列演出活动186场，其中聂耳大剧院着重以“引入中外优秀剧目、开展文化艺术交流、树立地方文化品牌”为核心，2018年成功引入戏剧、芭蕾舞剧、儿童剧、交响乐、民乐等诸多艺术类别精品剧节目31个共42场演出，聂耳文化广场舞台演出137场、市文化馆（市非物质文化遗产保护中心）综合演艺厅演出42场，形成“周周有活动，月月有演出，节日有庆典，群众都受益”的文化新局面。成功举办2018中国玉溪“聂耳音乐之都”“聂耳杯”合唱比赛“聂耳音乐之都”“中国梦唱响云南”2018原创音乐荣耀盛典，以及庆祝改革开放40周年暨玉溪撤地设市20周年文艺晚会。

艺术创作生产出新出彩，繁荣有序。滇剧《王者江上》获国家艺术基金250万元资助，并成功首演；新创花灯《蝶舞》成功公演；聂耳竹乐团新创作《笙鼓欢歌》赴文山演出取得成功，创作全新音乐作品《云水九章》，预计2019年编排完成。通过组织开展公共文化服务体系建设业务知识培训、戏剧创作人才培训和美术人才培训、繁荣艺术作品创作征集等活动，收集戏剧、曲艺作品26件、音乐类作品34件、舞蹈作品11件、美术作品24件。组织参加省首届传统戏剧曲艺会演获6项奖，省第三届大家乐群众文化“彩云奖”获4项奖，省第十二届青年演出比赛获14项奖，“七彩云南2018民族赛装文化节”获10项奖，省花灯滇剧艺术周获15项奖。举办“玉溪市第六届青年演员比赛”等活动。

通海兴义贝丘遗址为云南省首次斩获“田野考古一等奖”，该奖项是我国田野考古工作的最高荣誉；组织省级、市级文保单位申报、评选工作，将26项具有重大历史、艺术和科学价值的县级文物列为市级文物保护单位，上报16项申报省级文物保护单位；加强对民间文学、民族文化、民间音乐舞蹈戏曲、少数民族史诗等遗产项目的抢救，年内新增2名国家级“非遗”项目传承人，评选出29名第五批市级非物质文化遗产项目代表性传承人。

文化交流不断加强。受邀参加中央电视台《2018新年戏曲晚会——古戏迎新春》《璀璨梨园——空中剧场（云贵川渝专场）》《2018花好月圆——中秋戏曲晚会》和“中华民族一家亲——2018中国少数民族新年音乐会”；《秘境云南》到重庆、文山、广州、中山、南海、河源等地巡演；《水莽草》到北京、天津、河北等地巡演13场；《山茶花红》在全省巡演29场；完成“我和云南有个约会”2018总领事玉溪音乐故事会、省第十五届体育运动会闭幕式暨省十六届运动会承办地交接仪式、省第十一届残（奥林匹克）运会暨下一届承办地交接仪式等重大演出交流任务；成功承办第十二届全国舞蹈展演巡演；多次组织地方优秀书画作品、文物、博物赴省内外展览，努力提升玉溪对外文化影响力取得成效。

进一步擦亮“聂耳”这张文化牌，包装13个文化产业项目加大文化招商力度，组织外出推介10次，引入“聂耳音乐小镇”“玉溪龙马山生态旅游度假区”“嘎洒花街水岸文化体验”和“玉溪市聂耳大剧院独家票务系统提供与票务代理协议”“北城镇文化中心改扩建项目”5个项目，投资总额7.852亿元。

（市文广局）

【2018中国·玉溪“聂耳音乐之都”“聂耳杯”合唱比赛】 由市委、市政府、中国合唱协会主办，市委宣传部、市文化广播电视局、云南聂耳音乐基金会、市旅游文化体育投资公司承办的2018中国·玉溪“聂耳音乐之都”“聂耳杯”合唱比赛于2018年11月17～21日举办。来自全国26个省（市）、自治区的30个合唱团（其中省外优秀合唱团25个，省内优秀合唱团5个）齐聚玉溪聂耳大剧院比赛交流。市文化馆“群苑”合唱团、玉溪师院玉音青年合唱团分别荣获成人组混声合唱二等奖。

比赛期间，浙江音乐学院“八

2018中国·玉溪“聂耳音乐之都”“聂耳杯”合唱比赛颁奖文艺晚会 （瞿文君　摄）

秒”合唱团受邀举办专场合唱音乐会；各合唱团分场在聂耳文化广场进行精彩的广场展演活动，为广大市民呈现精彩绝伦的合唱盛宴；中国合唱协会指挥委员会副主任、国家一级指挥、浙江音乐学院教授、“八秒”合唱团创建人阎宝林在聂耳纪念馆做了题为《音准之能——以“八秒”合唱训练体系为例》的专题讲座，中国合唱协会艺术委员会副主任、童声合唱委员会主任、指挥家孟大鹏做了题为《合唱团声乐训练的目标与方法》的专题讲座。

【“聂耳音乐之都”“中国梦·唱响云南”原创音乐暨改革开放40周年云南音乐荣耀盛典在玉溪举办】 由云南广播电视台、中共玉溪市委、玉溪市人民政府主办，市委宣传部、云南音乐广播、市文化广播电视局共同承办的2018“聂耳音乐之都”“中国梦·唱响云南”原创音乐暨改革开放40周年云南音乐荣耀盛典于2018年12月8日在玉溪聂耳大剧院举行。2018年度云南原创音乐项目面向全国原创歌手征集云南题材的原创歌曲，通过征集、打榜、投票、音乐专家评审，从200余首原创作品中产生24个提名奖和11个年度奖项（风格奖、人气奖、新人奖、组合奖、最佳作曲奖、最佳作词奖、最佳制作奖、最佳说唱奖、最佳女歌手奖、最佳男歌手奖、最佳乐队奖）。通过原创音乐项目鼓励推动原创音乐的发展，形成具有玉溪特色的原创音乐人才队伍，打造属于玉溪的音乐文化品牌。

【“唱响音乐之都”云南首届“聂耳杯”流行歌手大赛】 由市文化广播电视局、云南省音乐家协会流行音乐学会主办，华侨城云南文投·云南省演出公司、市文化管理服务中心、云南比其文化传播有限公司承办的2018“唱响音乐之都”云南首届“聂耳杯”流行歌手大赛在全省掀起了一场流行音乐的全民风暴。通过网上海选，玉溪、昆明、蒙自、安宁、楚雄、文山、芒市、曲靖、大理、西双版纳10个城市相继举办复赛，获胜选手于2018年7月7日齐聚玉溪聂耳大剧院进行总决赛，角逐产生冠军1名、亚军2名、季军3名、最佳潜力男（女）歌手、最佳原创作词奖、最佳原创作曲奖、最佳编曲奖等单项奖。

（刘　毅）

【向玉溪花灯经典致敬新春音乐会】 2018年1月23日，建设“聂耳音乐之都”——向玉溪花灯经典致敬音乐会在聂耳大剧院举行。音乐会上，花灯剧《情与爱》《金银花·竹篱笆》《卓梅与阿罗》《江姐》《山茶花红》等经典选段，民族管弦乐《闹灯》、女声独唱《过年》、大合唱《茶山瑶》等精彩节目，回顾玉溪花灯60多年来所走过漫长而艰辛、光荣而辉煌的演艺历程和创新之路。用美妙音符陪伴广大观众共迎新春，同时，借以弘扬优秀传统文化，保护国家非物质文化遗产取得预期效果。

（市花灯剧院）

【“玉汝于成　溪达四海”大型民族音乐会】 2018年6月30日，建设“聂耳音乐之都”七一特别活动——“玉汝于成　溪达四海”庆祝中国共产党成立97周年暨纪念改革开放40周年、玉溪撤地设市20周年音乐会在聂耳大剧院举行。音乐会分为《颂歌献给党》和《共筑中国梦》两个部分，分别以建党和改革开放以来的优秀作品为主。来自市文化馆聂耳民族乐团和市群苑合唱团的演员们，通过管弦乐合奏、演唱、合唱、配乐诗朗诵的表现形式，彰显地方民族乐团特色，歌颂中国共产党成立97周年及改革开放40周年所取得的成绩，深切表达中华儿女对于早日实现“中国梦”的期盼。

（市文化管理服务中心）

群众文化

【寒暑假公益免费培训】 2018年1月底，市文化馆微信报名功能启用，微信报名启用让市文化馆培训活动报名人数屡创新高。1月底开办的寒假公益免费培训开设42个培训班、24个专业，涵盖肚皮舞、中国舞、扬琴、琵琶、钢琴、古筝、声乐、视唱练耳、架子鼓、小提琴、手鼓、国画、色彩、漫画、素描等类别班次，超800人报名，收录学员485名。7月开办的暑假公益免费培训开设色彩、素描、书法、剪纸、琵琶、钢琴、声乐、音乐理论基础、葫芦丝、萨克斯、小提琴、古筝、肚皮舞、架子鼓、吉他、中国舞基础班、街舞、思维口才等18个专业38个培训班，采取文化馆主导，社会艺术机构志愿服务联动办学的方式，招录学员468人，再创暑期公益培训参与人数新高度。

【成人艺术公益培训】 2018年3月5日至6月底，市文化馆举办两期成人艺术公益培训班，培训学员600余名。3月5日至4月27日，第一期培训班开设健身操、形体、舞蹈、交谊舞、国标舞、女声合唱、口才培训、瑜伽、书法等12个贴近群众文艺需求的专业课程，收录学员334名；5月21日至6月底，第二期培训班开设形体、舞蹈、交谊舞、国标舞、肚皮舞、女声合唱、口才培训、瑜伽、书法等12个专业13个培训班，收录学员300名。

【美学教育走进大学】 2018年3月4日至7月31日，每周三晚上19：00至21：00，市文化馆利用馆内优势资源，将美育向教学单位倾斜，在玉溪师院尝试性开设公共选修课——《大学生艺术素质拓展》，收录学生55名。课程从当代大学生实际出发，以艺术概念、门类切入，把艺术作品作为分析对象，循序渐进普及艺术教育，力求让课程设计符合大学生群体对艺术的期待和认知，最大限度地激发大学生对艺术的兴趣。同时，课堂授课教师结合身表声形训练，不断促成大学生追求美、热爱美、创造美，寻求情感与智力平衡，保持身心健康全面发展。课堂教学生动活泼，受到师生一致认可和喜爱。

【纪录片《守望》获文化和旅游部“乡村拍手”优秀作品奖】 2018年6月，市文化馆张培学创作的纪录片《守望》荣获文化和旅游部全国公共文化发展中心颁发的“乡村拍手”优秀作品奖，同时，该作品被收录于全国公共数字文化资源库，为公众提供公共文化服务。云南省共有两部纪录片入列，《守望》是其中之一。《守望》讲述通海县78岁的老艺人姜增福，年轻时就喜爱雕塑艺术，2000年他从玉溪印刷厂退休后，开始钻研面塑技艺，探索用面塑形式将国家级非物质文化遗产——高台艺术保留，并使高台这一古老艺术能够得以传承的故事。

（市文化馆）

【“文化信息共享工程农民工计算机免费培训”】 2018年，4月16～20日市图书馆举办2018年第一期“文化信息共享工程农民工计算机免费培训”，共有33人参加培训。

参加培训的 33 人中，大多数人平时很少接触电脑，因此培训内容以计算机基础知识和简单操作为主，力求在 5 天短暂的学习中，让参训人员掌握电脑操作的基本技能，消除人机障碍。课程从键盘指法、鼠标的操作、如何开关机讲起，再到如何上网、使用 QQ、收发电子邮件。通过培训，学员学会了正确的指法，自如地操作鼠标，学会上网购票、搜索资料、用 QQ 聊天、传送文件、发邮件、发贺卡等简单而实用的操作。

（王　凌）

【“女职工素质提升”培训班】 自 2016 年以来，市文化馆受市总工会女职工委员会所托，已成功举办五期“女职工素质提升”培训，受到广大女职工欢迎。2018 年 9 月 7 日，第六期“女职工素质提升”培训班开班。此次培训开设舞蹈、肚皮舞、拉丁舞、健身操、瑜伽、服装设计、化妆、书法、素描、普通话等 10 个专业、班次，招收学员 301 人。开班信息发布 2 天，10 个班次全部满员。

【澄江县老干部诗书画协会路居分会书画作品展】 《澄江县老干部诗书画协会路居分会书画作品展》于 2018 年 3 月 15 日至 4 月 20 日在市文化馆综合展示厅举办，展览展出 96 幅作品。澄江县老干部诗书画协会路居分会现有会员 30 余名，大部分均为当地农民，年龄最长的 92 岁，最年轻的 25 岁。协会自成立以来，每月定时坚持集中活动，并推荐出 60 余幅优秀书画作品多次参加市、县举办的诗书画展览。

【“三湖风情”写生绘画展】 市文化馆于 2017 年 12 月组织 20 多名美术作者到澄江禄充、隔河，江川海门村等地深入生活，采风写生，收集素材。经过几个月的努力，创作出 77 件作品，于 2018 年 4 月 27 日到 5 月 27 日，在市文化馆综合展示厅举办《“三湖风情”写生绘画展》。所展出的 77 幅作品门类多样，风格各异，极好地宣传抚仙湖、星云湖、杞麓湖三湖绚丽多姿的湖光山色，让广大市民树立起热爱家乡，参与环保的意识。

【第二届少儿美术考级优秀作品展】 市文化馆在每年举办美术考级活动期间，从市、县（区）各个考点挑选出一部分考生作品，举办一次少儿美术优秀作品展。2018 年 9 月 12 日至 10 月 20 日，第二届少儿美术考级优秀作品展在市文化馆综合展厅举办，此次展览各考点共选送作品 118 件，其中：漫画 46 件、国画 39 件、素描 22 件、书法 4 件、水粉 5 件、速写 2 件。作品内容贴近学生的生活，梦幻般的童话世界，让观众走进孩童乐园，享受纯真的美。

【万人广场舞活动】 2018 年 6 月，建设聂耳音乐之都群众文化系列活动——万人广场舞活动启动。市文化广电局从市（区）及新平、元江等地的群众文化专业技术队伍中遴选高水平舞蹈教师 7 名，组成师资团。自 6 月 25 日开始，以“层层训、互相帮”的方式，在市文化馆月光综合演艺厅对城区 30 余名广场舞社团的负责人和文艺服务志愿骨干开展集中培训，以列入国家级、省级戏剧、音乐、诗歌类非物质文化遗产保护名录的哈尼族棕扇舞、玉溪花灯戏、烟盒舞、花街调、傣族叙事长诗为主，编创加工成群众易学易跳的广场舞题材，进行学习培训。7 月开始，每天晚上 7 点至 9 点，由培训完成的 40 余名老师带领，广场舞爱好者在聂耳文化广场上“万人齐舞”，在传承非物质文化遗产的同时进一步丰富群众业余精神生活。

【曹翠芬荣获优秀歌手奖项】 2018 年 8 月 18 日，“唱响黄河歌颂中华”十六省区民歌展演颁奖晚会在山西省怀仁市体育馆隆重举行，此次民歌展演共有来自黄河流域及云、贵、川、湘 16 个省区的 183 名歌手参赛。共评选出优秀歌手 50 名、十佳歌手 10 名。玉溪市参赛选手曹翠芳凭借玉溪特有的“五山腔”“四腔”等原生态唱腔和较好的艺术呈现荣获优秀歌手奖项。

（市文化馆）

【“鲁迅的读书生活”展】 2018 年 5 月 24 日，“鲁迅的读书生活”展在市博物馆开展。由北京鲁迅博物馆、玉溪市博物馆、聂耳纪念馆共同主办，聂耳图书馆协办，展期 45 天，展览分“青少年时代”“苦读岁月”“创作与翻译”“从教授到自由撰稿人”和“书刊的编辑与出版”五部分，共展出 60 幅展板、300 余幅图片和鲁迅著述、翻译的书籍、手稿、书信等珍贵展品 60 余件（套）。

（杨　霏　解景然）

【国画及玉溪陶瓷工艺大赛作品展】 2018 年 7 月 13 日，“新中国美术家系列”云南省国画作品展、2018“世界青年技能日”暨玉溪陶瓷工艺大赛作品展在市博物馆同时开展。“新中国美术家系列”云南省国画作品展玉溪巡展展期 16 天，展出云南省 9 位画家、56 幅国画作品，体现了对故土的热爱和对美好生活的歌颂；2018“世界青年技能日”暨玉溪陶瓷工艺大赛作品展，展出陶瓷工艺作品近百件，表现工艺技师们对陶瓷技艺的追求和对工匠精神的坚守。

（杨　霏）

【通海者湾农民书画展】 2018 年 4 月 4 日至 5 月 5 日，由市图书馆和通海县文化广电和体育局主办，通海县图书馆、四街文化站、文化馆、者湾村委会承办的“通海者湾农民书画展”在市图书馆开展。通海县者湾村，书画艺术源远流长，享有“云南省书画

2018 年玉溪现代音乐嘉年华　　（瞿文君　摄）

之乡”和“碧山墨庄”的美誉。此次展览共展出由通海县四街镇者湾村40位农民书画家独立创作的136副书画作品，作品囊括古今。

（陈南男）

文化交流

【玉溪滇剧登上全国新年戏曲晚会】 “2018年新年戏曲晚会”于2017年12月29日在国家大剧院举行，以冯咏梅为代表的云南滇剧表演艺术家登上新年戏曲晚会舞台，把云岭高原传统文化的艺术魅力展现在国家艺术舞台上，党和国家领导人观看演出。2018年新年戏曲晚会由中宣部、文化和旅游部联合主办，于2017年4月在全国范围内发动推荐全国优秀戏曲节目和演员，玉溪市积极申报；12月初，滇剧表演艺术家冯咏梅携市滇剧院相关演职人员赴北京参加晚会节目排练、遴选。晚会汇聚全国入选剧种22个、演职人员700多人，经多次审查，三轮遴选，冯咏梅以精湛的表演技艺赢得国家戏剧专家的高度赞誉，成功入选参加晚会节目——《古戏迎新春》。

（徐亚玲）

【冯咏梅受邀参演】 2018年2月4日，玉溪滇剧表演名家冯咏梅受山东省戏剧家协会邀请，参加山东济南市春节晚会，让山东人民领略云贵高原戏剧精彩魅力。2018元宵节，由泉州市文广新局主办，福建省梨园戏实验剧团承办的泉州“名戏名家唱上元”戏曲晚会，邀请京剧、昆剧、秦腔、滇剧、越剧、上党梆子、莆仙戏等近10个剧种优秀保留剧目聚泉献演，玉溪滇剧表演艺术家冯咏梅受邀参加交流演出。

2月，中央电视台戏曲频道“璀璨梨园”栏目组织举办“空中剧院大型系列戏曲演唱会——云贵川渝专场演唱会”，邀请云南省京剧院、贵州京剧院、重庆市京剧团等10个国有院团参演。演唱会融合京剧、川剧、白剧、滇剧、花灯戏等剧种，由刘洁、程联群、胡春华、刘露、朱福、冯咏梅、沈铁梅、陈智林等名家携各剧种名段参演。玉溪市滇剧表演艺术家冯咏梅携滇剧《水莽草》片段精彩亮相，与云贵川渝艺术家们同台献艺。演唱会于2月27日在中央电视台戏曲频道播出。9月24日晚，为庆祝“中秋”佳节，中央电视台戏曲频道在北京长安大戏院现场直播主题为“歌伴情意到，情随彩云飘”的《2018花好月圆——中秋戏曲晚会》。晚会邀请全国16个省、市、自治区、15个戏曲剧种的32位国家一级演员，29位梅花奖获得者及众多优秀青年演员参与演出。著名滇剧表演艺术家、市滇剧院院长冯咏梅受邀率领22名演员参与演出。

（李佳晴）

【引入精品惠民演出项目】 2018年，为推进“聂耳音乐之都”建设，玉溪市成功引入2018新年音乐会、大型舞剧《诺玛阿美》《桃花源记》、中国话剧院原创话剧《谷文昌》、音乐剧《爱如星火》、儿童剧《三只小猪》《冰雪奇缘》《洛克王国之魔法学院》、乌克兰芭蕾舞剧《天鹅湖》、澳大利亚《莫扎特音乐会》、法国《爵士钢琴音乐会》、斯洛伐克《吉他遇上风琴手》、加拿大《萨克斯钢琴音乐会》、音乐剧《爱如星火》、日本钢琴家二见勇气久石让作品钢琴音乐会《菊次郎的夏天》、“吉祥天籁”陀乐乐团祈福音乐会、红河州交响乐团专场音乐会等31个剧目、42场演出。其中，国外团队11个、国内团队20个，涵盖戏剧、芭蕾舞剧、儿童剧、话剧、民乐、戏曲、爵士乐、幽默剧、合唱、综合性合唱比赛等诸多艺术类别，4万余人次走进聂耳大剧院观演。

（刘　毅）

【北京交响乐团新年音乐会】 2017年12月28日，北京交响乐团新年音乐会在聂耳大剧院奏响2018充满希望的华彩乐章。新年音乐会由著名指挥家谭利华执棒，开场以中国著名作曲家王西麟采用云南少数民族民间音调，用交响手法创作的交响套曲《云南音诗》第四乐章《火把节》拉开音

①2018年元旦，玉溪聂耳竹乐团受邀赴北京民族剧院参演“中华民族一家亲——2018新年音乐会”。参演节目选自创新跨界融合舞台作品《秘境云南》中的《赶街子——竹琴合奏》（市文化管理服务中心　提供）　②建设“聂耳音乐之都”系列演出——阿卡贝拉·乌克兰Mansound组合音乐会

（瞿文君　摄）

乐会序幕。随后，小提琴协奏曲《梁山伯与祝英台》（选段）、约翰·施特劳斯的不朽名作《春之声圆舞曲》、聂耳作曲的《金蛇狂舞》、民族交响乐曲《二泉映月》、柴可夫斯基第一部交响曲《第四交响曲》第四乐章等一批中外经典作品相继奏响。指挥谭利华在每一首曲目演奏之前都就曲风和背景向观众做出简要介绍，引领观众尽情环游古典音乐殿堂，聆听美妙交响乐，感受经典魅力。

（瞿文君）

【《歌从草原来》巡回演唱会】 2018年4月22日，建设“聂耳音乐之都”系列文化演出《歌从草原来》巡回演唱会在聂耳大剧院激情唱响。演唱会云集了国家一级演员阿其木格、朝鲁、乌日塔、娜日莎、毕力格等众多蒙古族优秀的歌唱家及新生代歌手。演唱会由《好客草原》《多情草原》《吉祥草原》三个乐章组成。在高亢的长调、神奇的呼麦、激昂的马头琴中，艺术家们演唱了质朴高亢的《草原情》《草原升起不落的太阳》《敖包相会》《呼伦贝尔大草原》《乌兰巴托之夜》《鸿雁》等一批经典歌曲，用美妙动人的歌声、极具特色的蒙古族乐器与舞蹈，把草原的景象呈现在观众眼前，带领观众感受草原的壮阔之美，赢得玉溪观众热烈掌声和阵阵喝彩。

【儿童舞台剧《冰雪女王》上演】 2018年6月3日，建设“聂耳音乐之都”2018“六一”特别演出——魔幻雪景儿童舞台剧《冰雪女王》在聂耳大剧院上演，献礼六一。该剧以话剧形式为基础，采用业界领先的裸眼3D技术丰富视听感受，并在演出中多次与观众进行互动游戏，增强演出的趣味性。《冰雪女王》用四季作为全剧的线索，加入写意的手法，以歌、舞作为表达，通过引人入胜的故事，亦真亦幻的舞台，精彩绝伦的表演，声光的完美配合，展现精良制作，寓教于乐，陪伴孩子们欢度六一。

（市文化管理服务中心）

【《天地宝藏》视幻杂技秀】 2018年6月12日，中国杂技团建团六十周年推出的视幻杂技秀《天地宝藏》在聂耳大剧院精彩上演。作为建设“聂耳音乐之都”以来首个引入的包括各种体能和技巧的表演艺术，吸引了大批观众观看。《天地宝藏》和以往单纯的杂技表演相比，有很多新尝试与突破。该剧以探寻宝藏为主题，以小丑角色为线索，集故事、杂技于一体，呈现出险中见难、难中有奇、奇中现妙的艺术效果。幽默诙谐的小丑互动，传奇探险的寻宝主题，视幻多变的音效灯光，软钢丝、球技、顶碗、地圈、空竹、车技等惊险纷呈的高难度杂技表演令观众眼花缭乱，大呼过瘾。

（瞿文君）

【原创民族音乐剧《爱如星火》】 2018年7月4～5日，建设“聂耳音乐之都”系列演出——云南红河州歌舞团大型原创音乐剧《爱如星火》在聂耳大剧院上演，献礼建党97周年。《爱如星火》是一部具有浓郁彝族风情的音乐剧，以解放战争中云南弥勒西山革命根据地的创建等历史事件为背景，以革命英烈杨治庭为人物原型，讲述1947年经历抗战血与火斗争的彝族青年阿西，肩负中共地下党使命，回到家乡，组织开展武装斗争。阿西的恋人阿真受阿西革命思想的影响，投身革命。和阿西、阿真一起长大的昂宝，剑走偏锋，加入国民党保安团。在星星之火的洗礼中，他们用生命点燃革命火把，谱写了一段缠绵悱恻的生死绝恋和荡气回肠的革命史诗。

【久石让作品钢琴音乐会】 2018年7月18日，建设“聂耳音乐之都”系列文化演出——日本钢琴家二见勇气久石让作品钢琴音乐会《菊次郎的夏天》在聂耳大剧院上演，让玉溪广大乐迷重温久石让经典。音乐会以电影《菊次郎的夏天》主题配乐《夏天》为序幕，揭开了一场时空穿梭之旅，带领听众乘着娜乌西卡的飞行器穿越《风之谷》，徜徉在《幽灵公主》出没的《萤火虫》闪烁的山林中，再搭乘安静的旧式火车滑过寂静水面，奔向奇妙的神隐之乡。日本钢琴家二见勇气在日本爵士钢琴界享有很高声誉，曾作为新日本梦幻爱乐乐团钢琴手与久石让合作。他凭借其敏感细腻的指法和温暖柔美的音色完美诠释了久石让作品充满童心却又能够阐释哲理的精髓，让广大乐迷度过了一个温暖、悠扬、感动与回忆的夜晚。

（市文化管理服务中心）

【乌克兰轻松幽默剧《疯狂医务室》】 2018年7月23日，建设“聂耳音乐之都”系列文化演出——乌克兰爆笑杂技幽默剧《疯狂医务室》在聂耳大剧院欢乐上演。杂技幽默剧《疯狂医务室》用新颖独特的方式、诙谐幽默的肢体表演以及各种夸张道具，在喜剧演出的基础上独具匠心地结合杂技、体操表演、蹦床、舞蹈、杂耍、武术以及可爱的小丑表演，向观众展现一群奇怪的病人和无奈的医生、护士，在医务室里发生的一连串令人捧腹大笑的故事。本次受邀的演员都是常年活跃在俄罗斯及世界喜剧舞台上、具有较高知名度的幽默艺人，有些演员还曾在蒙特卡洛国际杂技节、莫斯科杂技节等国际赛事上获奖。《疯狂医务室》中既有哑剧形体幽默、传统幽默技巧的施展，也有现代高科技手段的运用。

【澳大利亚儿童亲子音乐会《遇见莫扎特》】 2018年8月4日，由市文化广播电视局主办，市文化管理服务中心、玉溪报业传媒有限责任公司承办，建设“聂耳音乐之都”系列演出——澳大利亚儿童亲子音乐会《遇见莫扎特》在聂耳大剧院倾情上演。此次活动由澳大利亚帕特玛儿童音乐教育机构组织演出。演出时，通过大屏幕播放可爱幽默的图片，搭配生动的配音讲解，形象地讲述莫扎特奇妙的一生；音乐家、歌唱家们倾情演奏莫扎特的经典音乐作品；现场小朋友还作为指挥上场与音乐家们共同完成演奏，让孩子们亲身体验演奏，提升孩子们对音乐的兴趣与热爱。

（瞿文君）

【《红河，从这里流过》交响合唱音乐会】 2018年9月9日，由玉溪市文化广播电视局、红河州文化体育和广播电视局主办，市文化馆、市文化管理服务中心、红河州文化馆共同承办的“聂耳音乐之都”系列活动之《红河，从这里流过》交响合唱音乐会在聂耳大剧院举办。红河州歌舞团、红河学院音乐学院送上了《栽秧鼓》《美丽的家园》《阿波毛主席》《红河的月亮》《哈尼情歌》等音乐作品。

【保山市文化馆“共庆十九大江山美如画”美术、摄影书法作品展】 2018年5月31日，保山市文化馆“共庆十九大，江山美如画”美术、摄影、书法作品展在市文化馆综合展示厅展出。此次展览为期20天，共展出保山市艺术家90件作品（美术、书法、摄

2018 年 7 月 24 日，第十二届全国舞蹈展演优秀节目玉溪巡演在聂耳大剧院举行，来自北京、上海、广东、深圳、山东、四川、内蒙古和云南省的 120 余名艺术家和舞蹈精英为玉溪市民们献上了一场异彩纷呈的舞蹈艺术盛宴　（瞿文君　摄）

影各 30 件）。参展作品风格、语言多样，诠释了保山这块神奇土地上，古老、深厚的文化底蕴，展现了保山儿女对自然、对家乡、对美好生活的爱恋。

【浙江省台州市摄影作品展】 2018 年 12 月 11 日至 25 日，“两地携手、共创美好生活——浙江省台州市摄影作品展”在玉溪市文化馆综合展示厅举办，开启玉溪台州跨省区文化走亲，共创群众文化工作新篇章。此次展览共展出台州市摄影爱好者创作的摄影作品 88 幅。这些作品题材广泛、意境深远，有瞬间精彩画面、有传承传统文化、有赞美台州风光、有展示地区社会发展进步……以独特的艺术语言，从不同角度、以多样的形式向玉溪人民集中展示台州市的文化发展成就，增进台州、玉溪两地文化交流，夯实文化互补优化基础，共享文化建设成果。

【怒江·玉溪·保山“改革开放四十年，云岭大地换新颜”书法、美术、摄影优秀作品交流展】 2018 年 7 月 29 日至 8 月 11 日，以“改革开放四十年，云岭大地换新颜”为主题，由玉溪市文化馆、怒江州文化馆、保山市文化馆联合举办的 2018 年怒江 . 玉溪 . 保山“改革开放四十年，云岭大地焕新颜”书法、美术、摄影优秀作品交流展在怒江州文化馆展览厅举行。展览共聚集展出怒江·玉溪·保山三地优秀书画摄影作品 190 件，其中摄影作品 50 幅，书画作品 140 幅，充分展示各地书画摄影创作水平，并取到良好的交流作用。

（市文化馆）

【苍洱镌石——大理历代名碑拓片展】 2018 年 3 月 28 日至 5 月 1 日，大理市博物馆“苍洱镌石——大理历代名碑拓片展”在市博物馆一楼临时展厅开展。展出拓片藏品 74 件，涵盖从汉晋时期到唐（南诏）、宋（大理国）、元、明、清至民国的古代碑刻。在大理诸多文化积淀中，碑刻作为一种独特的文化载体，他们是大理古代资料宝库的重要组成部分，历代均有大量遗存，内容涉及政治、经济、文化、教育、语言、宗教、天文、医药、美术、名人传略、风土人情、宗族系谱、地理山川、人口结构、生产技术等，具有极其重要的学术价值和艺术欣赏价值，是大理地区宝贵的民族文化遗产和悠久历史的见证。苍洱镌石——大理历代名碑拓片精品展旨在弘扬中华民族悠久灿烂的碑刻文化，同时也让更多人从另一侧面了解大理、认识大理，感悟大理深厚的历史文化底蕴。

（王　溢）

文化市场管理

【文化市场监管】 2018 年，玉溪市加强对网吧、游戏场所、音像市场、出版物发行、印刷、影视剧播出、演艺和文物等文化市场监管，全市出动检查 11 485 人次、检查经营单位 4 756 家次、责令改正 18 家次、受理举报 29 件、立案调查 48 件、办结案件 47 件、警告 30 家次、罚款 144 100 元、责令停业整顿 1 家次、吊销许可证 2 家。没收违法所得 7 500 元，没收非法音像制品 3 923 张、非法书刊 132 册，收缴查获非法地面卫星接收机 198 套、小锅盖 52 个。市支队查处擅自安装地面卫星接收设施案件 1 起，配合相关部门依法查处取缔了 2 家黑网吧、取缔黑电台 1 家，查办网络案件 10 起，其中：立案 6 起（市文化执法支队 4 起），约谈擅自从事网络出版服务微信公众号整改 3 起、责成擅自从事网络出版服务的网站自行关闭 1 起，坚持严厉打击各类走私违法经营行为。

【校园周边文化市场环境专项治理行动】 2018 年，全市结合“扫黄打非”“护苗 · 2018”专项行动，加强与公安、教育部门的沟通，对校园周边文化市场现状进行调查摸底分析，先后4次联合相关部门对玉溪一小、玉溪五中等区域实施校园周边文化市场高频率、高密度巡查和执法，重点整治校园周边网吧、电子游艺厅、书报刊摊店、音像制品店等经营场所。全市共清查经营单位437家，清理游商和无证摊点18个（次），警告27家，取缔游商地摊2家，收缴（暂扣）非法书刊567册，立案查处4起。

【侵权盗版及非法出版物集中销毁活动】 2018年4月26日，世界知识产权日到来之际，在聂耳大剧院门口举行全市侵权盗版及非法出版物集中销毁活动，各县（区）"扫黄打非"领导小组办公室同步开展销毁活动。共销毁侵权盗版及非法出版物3.3万余件，其中，盗版光碟18 932张（片）、非法（盗版）图书14 093册、非法游戏电脑板7块、违法电脑设备16台（套），积极营造保护知识产权的良好氛围。

【"黑广播"打击治理行动】 2018年5月1日14:10分，经监测发现一个疑似黑广播，调频FM87.5兆赫，播放内容为医药广告。5月2日17:30，信号源再次出现。市文化市场综合行政执法支队、红塔区文化执法大队会同市工信委、红塔区公安分局刑侦大队把信号源锁定，并于21:30查获一千瓦调频立体声发射机一套，交由红塔区文化市场综合行政执法大队扣押，涉案人员由红塔区公安分局进行追查。

【文保单位行政执法检查】 2018年4月18日，接报位于新平县戛洒镇的国家重点文物保护单位陇西世族庄园保护范围内出现违法建筑行为。市文化市场执法支队会同市文化广播电视局文博科、市文物管理所工作人员，对国家重点文物保护单位陇西世族庄园涉嫌违法建筑开展执法检查，并提出整改意见。这是玉溪首次组织开展文保单位行政执法检查。

【非法安装使用地面卫星接收设施专项整治】 2018年，全市文化市场综合行政执法机构对广电、卫星电视地面接收设施进行专项整治，出动执法人员70余人次，检查宾馆（酒店）等经营单位50余家次，查获立案宾馆、酒店13家，查获非法地面卫星接收机159套、小锅盖52个。

（市文化市场综合行政执法支队）

文化产业

【文化招商项目】 2018年，市文化广电局储备、包装13个招商引资项目，先后到深圳、北京、玉林、桂林、成都、福州等地推介、洽谈项目10次，对接洽谈市外企业22户，推介项目11个，包括"李家山遗址公园""古滇休闲文化园""聂耳音乐小镇"、滇剧、花灯、竹乐等音乐产业和文博项目。招商引资签约"聂耳音乐小镇""玉溪龙马山生态旅游度假区""嘎洒花街水岸文化体验"和"玉溪市聂耳大剧院独家票务系统提供与票务代理协议""北城镇文化中心改扩建项目"5个项目，投资总额7.852亿元。促成市政府与云南文投集团签订投资意向协议1个。指导、帮助华宁陶瓷产业发展，组织华宁县完成"华宁县舒氏陶艺陶文化观光示范园"项目包装，拟定"华宁陶民俗猜窑活动实施方案"。

（市文广局）

【文化精品亮相第五届京交会】 第五届中国（北京）国际服务贸易交易会于2018年5月28日至6月1日在北京国家会议中心举办。中国（北京）国际服务贸易交易会是由商务部、北京市政府主办的大型交易会，简称京交会。京交会获得世界贸易组织、联合国贸发会议、经合组织三大国际组织的永久支持，是全球唯一涵盖服务贸易12大领域的综合型服务贸易交易会。此次京交会共吸引122个国家和地区的近10万人次客商参展参会。市文化广播电视局携滇剧《水莽草》、大型跨界融合舞台剧《秘境云南》、花灯剧《山茶花红》等近年来荣获国家艺术基金立项资助项目的地方优秀文化项目参加此次京交会，开展宣传推介活动。借助京交会平台，玉溪文化项目受到文化交流领域、演出行业、新媒体等相关机构关注和青睐。

（李奇松）

【市文化产业博览会】 2018年9月21～23日，市文化产业博览会在市博物馆举办。本届文博会由市委宣传部、市文产办、市文化广播电视局联合主办，玉溪日报社、玉溪市博物馆共同承办，以"打造文化产品交易平台，推动文化产业跨越发展"为宗旨，集中展示全市文化体制机制改革成果和文化产业发展成就，创造文化财富，提升创意价值。博览会分设玉溪陶瓷、金土、木石布文化、高校作品展、印刷业展、家居文化展、小记者创意集市、动漫嘉年华及文化演艺等11个展区展示文化产业成果。期间举办"弘扬优秀传统文化，促进文化产业发展论坛"及云南省工艺美术"玉溪文博·工美杯"优秀作品征集、评选及颁奖活动，评选出云南省工艺美术"玉溪文博·工美杯"金、银、铜奖获奖者151名并进行颁奖。

（杨　霏　王　溢）

文化基础设施建设

【市图书馆完成自助借还书系统建设】 2018年，在大数据平台下，市图书馆积极探索"互联网+"服务模式，用"互联网+"提升图书馆服务，完成自助借还书系统建设，采用RFID射频技术实现数据自动采集，对接图书馆数据库及流通管理系统实现读者自助借还书、自助办理借书证、图书防盗等功能。同时，自助借还书系统采用标准TCP/IP协议，实现与玉溪自助图书馆互联互通，实现图书通借通还、网络化统一管理。

【市图书馆新增朗读亭设备】 2018年初，市图书馆推出博看朗读亭，供广大读者免费使用，朗读亭设立在图书馆一楼数字体验区，采用高强度全隔音钢化玻璃与专业的录音棚设备，包括高保真音响、头戴式耳机和专业麦克风等设备，以保证良好的朗读体验效果，功能上集朗读、练习、录制、演讲训练等为一体。朗读亭可供选择的题材丰富，有诗歌、散文、小说等，朗读者在朗读时还能自主选择朗诵配乐，既能获得朗读的内心满足，又让朗读陶怡情操的理念得到推广。朗读亭还配备隐私窗帘，紫外线消毒麦克风，让朗读体验更加舒适。在朗读亭灯光和背景音乐的渲染下，读者可以尽情地在文字中放飞想象，在朗读中感悟人生。

（罗启元）

【市图书馆创新图书采买新方式】 2018年"世界读书日"来临之际，市图书馆联合新知（玉溪）图书城，探索创新出一套新的图书采买办法：市民只要持市图书馆的借书证，就可以到新知图书城选自己想看的图书，进行现场登记后不用付钱便可将图书带回家阅读30天，到期交还市图书馆即可。这套方法，不仅为爱阅读的市民提供更加便捷的服务，多方面的满足市民个性化的阅读需求，有效缩短图书馆员采购、分编、加工、上架的繁复流程，直接将读者的阅读需求转换为图书馆的馆藏和借阅行为，提高读者在图书馆藏书建设中的参与度，是图书馆系统性建设馆藏体系的有利补充。

（王玲玲）

【聂耳纪念馆升级改造】 2018年1～3月，聂耳纪念馆进行升级改造建设。3月14日，聂耳纪念馆完成升级改造重新开放。升级改造后，聂耳纪念馆以“匆匆而永恒”“时代谱风华”“义曲铸强音”为名，设置三个楼层展区，进一步丰富展览内容，运用科技手段，提供多元、丰富的展览服务，详细、生动地展现聂耳生平、代表性作品、《义勇军进行曲》的诞生背景和创作过程，还为观众提供点播欣赏世界各国国歌的新服务。

（聂耳纪念馆）

【月光综合演艺厅修缮】 市文化馆月光综合演艺厅及业务用房主楼始建于1993年。作为“聂耳音乐之都”建设三大重要阵地之一，市文化馆月光综合演艺厅承担着每月5场专场演出及日常群众性辅导培训活动任务，月接待群众近4 000人次。因场馆设施老旧，不适应工作及演出需求，市文化馆于2016年、2017年，通过公开招投标、竞争性谈判等形式对部分已损坏灯光、音响进行更换，重新修葺灯控、音控室，完成舞台改造。2018年，为保证满足更高规格、高质量演出需求，市文化馆耗资35万余元，对演艺厅门厅进行装修，对内部观众厅进行改造。拆除原有门头重新装修，安装两台55寸电视机，分别用于滚动播放国家公共文化云数字资源和“聂耳音乐之都”系列演出活动；拆除原有室内二楼厅室，安装可容纳197人的电动移动式座椅（可二次搬迁），并完成配套水电、网络的改造，对市文化馆综合演艺厅进行提档升级改造。

（马一雄）

【“文化玉溪云”公共数字文化服务平台建成】 2018年6月11日，市文广局出台《文化玉溪云建设实施方案》并召开全市建设工作启动暨业务培训会议，各项建设工作全面开启。截至11月25日，“文化玉溪云”已建设完成并注册用户1 070人次，在线场馆111个，活动发布数92场，在线活动10个，活动室总数93个。“文化玉溪云”是通过云平台汇集全市文化精品创作工程、现代公共文化服务体系、优秀传统文化传承体系、现代文化产业体系和对外文化交流体系等文化信息资源，通过手机终端向人民群众提供在线文化服务，运用互联网打通公共文化服务“最后一千米”，努力缩小城乡、区域、群体之间的公共文化服务差距和“数字鸿沟”，促进公共文化资源配置向城乡基层特别是少数民族地区和贫困地区倾斜，为全市人民群众提供综合性的公共数字文化服务。

【文化馆站乡镇（街道）全覆盖】 2018年，峨山县、澄江县文化馆均已建成搬迁，免费向群众开放服务，各项活动正常运行。红塔区玉带路街道、新平县古城街道已完成改扩建投入使用；峨山县双江街道、元江县甘庄街道和蔓来街道3个街道文化站采取“两条腿”走路，既临时改扩建恢复免费开放活动，又新建改扩高标准建设。全市实现县（区）、乡镇（街道）文化馆站全覆盖。

（李　敏）

文学艺术活动

【滇剧·花灯演唱比赛】 2018年6月15日，由市文广局主办、市文化馆（非物质文化遗产保护中心）、市滇剧院、市花灯剧院承办，各县（区）文化馆协办的“2018年玉溪市滇剧·花灯演唱比赛”在市文化馆月光综合演艺厅举办。本次比赛共有来自全市7县2区及外地州的57名戏曲爱好者的24个节目进入决赛，其中花灯组28人，滇剧组29人，最终评出滇剧、花灯演唱一等奖2名、二等奖4名、三等奖6名、传承奖12名、优秀组织奖4名。参赛节目中既有《小尼姑思凡》《血手印》《黛玉葬花》《梁祝恨》等传统滇剧、花灯唱段，也有《水莽草》《玉溪颂》《幼儿滇声》等反映时代特点、生活风貌的新编剧目。此次比赛为各剧种票友之间搭建了良好的交流平台，同时也达到历练戏剧队伍、培育戏剧新人的目的。

（市文化馆）

【第六届青年演员比赛】 2018年7月11～14日，“逐梦新时代——玉溪市第六届青年演员比赛”举行，比赛由市文广局和市文联主办，市艺术创作研究所承办。比赛分为戏曲组、舞蹈组、声乐组和器乐组，71名演员携61个剧（节）目参赛。经过省、市级专家评委组评选，最终评选出一等奖8名、二等奖14名、三等奖21名、特别奖2名。此外，评委组还评出了3个育花奖和6个特别组织奖。通过比赛推选出一批优秀青年演员，参加云南省第十二届青年演员比赛。

（徐亚玲）

【迎新春文艺晚会】 2018年2月5日，市文联在聂耳文化广场举办“十九大精神进万家”2018年新春文艺晚会。文艺晚会由市戏剧家协会、市曲艺家协会承办，市滇剧院、市花灯剧院、红塔集团工会、红塔区聂耳文化演艺有限公司等单位参加演出。晚会节目丰富多彩、形式多样，上演了《我们的中国梦》《滚灯》《共圆中国梦》等8个节目，既有讴歌祖国的歌伴舞，也有姿态优雅、动作轻盈的民族舞蹈，既有旋律优美、赞美新时代的男、女声独唱，也有生动活泼、引人开怀的花灯小戏，用主题鲜明、积极向上的文艺作品宣传和弘扬社会主义核心价值观，激发广大群众在新时代昂扬奋斗、追求幸福生活的内生动力。

【市文联开展专题调研】 2018年3月20～30日，市文联围绕加强和改进文艺家协会工作、促进玉溪文艺繁荣发展的主题，组织召开市文艺家协会工作座谈会，深入各县（区）文联进行走访调研，广泛征求市直文艺家协会、各县（区）文联、文艺家代表关于加强文艺家协会工作的意见建议，深入查找制约文艺家协会工作和各艺术门类发展的主要困难和存在问题，组织人员撰写了题为《新时代加强和改进文艺家协会工作的思路和对策》的调研报告，为文艺家协会转变工作职能、开创工作局面提供参考依据。

【中国文联领导专题调研玉溪文艺工作】 2018年3月22～23日，中国文联副主席郭运德到玉溪专题调研文艺工作，重点了解党的十八大以来玉溪市贯彻落实习近平总书记文艺工作座谈会重要讲话精神的具体措施、经验做法和主要成果。郭运德一行参观了玉溪师院湄公河次区域民族民间文化传习馆、聂耳纪念馆、帽天山动物化石群博物馆等地，听取了市文联主席普辉关于玉溪文艺事业发展情况的汇报，了解玉溪文艺事业发展的主要成就、文联深化改革的重点工作、困扰文联发展的突出短板和薄弱环节，对文联贯彻落实习近平新时代中国特色社会主义思想，履行工作职能、深化文联改革、推动文艺创作，开创文艺工作新局面提出具体要求。云南省文联党组成员、专职副主席张维明，玉溪市副市长李劲松陪同调研。

【书画摄影展】 2018年2月10日至3月5日，市文联与市文化广播电视局共同举办玉溪画院第五届美术作品展，展出玉溪知名画家过去一年来精心创作的中国画、油画、版画、雕塑、水彩等作品70余件，这些作品题材丰富、风格多样，从不同角度反映了玉溪的人文风景和历史文化。4月18日至5月10日，市文联与市文化广播电视局在聂耳大剧院共同举办“世相图鉴——姚钟华水墨漫画新作展”，展出云南著名画家姚钟华的104件水墨漫画作品，作品用讽喻幽默、简洁有趣的绘画语言，针砭社会时弊，弘扬中华优秀传统文化。姚钟华是当代云南画坛的领军人物，其艺术创作专注于描绘云南独特的少数民族形象、地域和风俗。4月20日至5月5日，市文联与市各民主党派共同承办“不忘合作初心，继续携手前进”——玉溪市统一战线纪念中共中央发布“五一口号”70周年书法美术摄影展，共展出书法、美术作品135幅、摄影作品70幅，充分展示党的十八大以来玉溪市多党合作事业发展成就和各民主党派、无党派人士在促进玉溪经济社会发展中做出的贡献。9月1～10日，由市文联、玉溪日报社、元江县洼垤乡党委、政府共同主办的“来自乡土的情怀—洼垤乡脱贫攻坚纪实专题摄影展”在聂耳大剧院举行。此次展览共展出黄凯、崔永红、李红3位作者在元江县洼垤乡拍摄的106幅作品，生动记录了省级贫困乡—洼垤乡人民日常生产生活的点点滴滴和即将消失的彝族传统民居土掌房，反映玉溪市在全面建成小康社会征程中，广大干部群众的火热激情和奋斗足迹以及彝家儿女对美好生活的向往与追求。9月26日至10月16日，市美术家协会在聂耳大剧院举办迎国庆·2018玉溪市美术家协会会员提名展，展出玉溪美协会员创作的作品120余件，包含中国画、油画、版画、水粉水彩、雕塑等，这些作品充分展示玉溪丰富独特的民族文化和人文形态。11月24日至12月8日，市文联与红河州文联共同举办红风玉秀2018红河州玉溪市书法交流展在玉溪市图书馆展出。展出玉溪市、红河州两地书法家精心创作的100幅作品，促进了玉溪和红河两地的艺术交流。12月13日至2019年1月3日，市委宣传部、市文联、市文化广播电视局共同举办庆祝改革开放40周年暨纪念玉溪撤地设市20周年美术书法创作展。展览共展出作品140件，其中美术、书法各70件，集中展现改革开放40年暨玉溪撤地设市20周年的发展成就，热情讴歌新时代玉溪人民朝气蓬勃、昂扬向上的精神风貌。

2018年12月13日至2019年1月3日，庆祝改革开放40周年暨纪念玉溪撤地设市20周年美术书法创作展（杨勇摄）

【文联和作协深化改革】 经市文化教育卫生体制改革专项小组和中共玉溪五届市委全面深化改革领导小组第十三次会议审议通过，《玉溪市文联深化改革方案》《玉溪市作家协会深化改革方案》于2018年5月印发实施。《玉溪市文联深化改革方案》从拓展新时代文联工作职能、改革优化文联机构设置和人员配备、改革文联及所属文艺家协会运行机制三个方面提出27项改革措施，《玉溪市作家协会深化改革方案》提出建立作家深入生活长效机制、建立文学人才培养长效机制、完善文学精品创作扶持机制等14项改革措施，为文联和作协深化改革提供了制度保证。

（杨　勇）

文艺人才培养

【“两片区”文学创作笔会】 2018年6月20～23日，由市文联主办、新平县文联承办的2018年哀牢山四县文学创作笔会在新平县嘎洒镇举行，会议邀请《边疆文学》编辑雷杰龙、作家祝立根授课，易门、峨山、新平、元江县的文学创作骨干60余人参会。6月29日至7月1日，由市文联主办、江川区文联承办的2018年抚仙湖文学创作笔会在江川区举行，会议邀请《滇池》编辑李小松、田冯太授课，红塔区、江川区、通海县、澄江县、华宁县的文学创作爱好者70余人参会。

【《民族文学》创作基地授牌仪式暨文学创作笔会】 2018年9月13～15日，市文联举办中国作家协会《民族文学》云南玉溪创作基地授牌仪式暨2018年文学创作笔会，《民族文学》杂志社主编石一宁、省文联党组书记李勇，市委常委、宣传部部长杨兴荣出席仪式并讲话，《民族文学》主编石一宁、副主编陈亚军，省作协副主席范稳、胡性能、诗人王单单分别为作者授课，全市各县（区）委宣传部部长、文联主席和文学创作

2018 年 9 月 15 日，《民族文学》主编石一宁（右）向玉溪市文联主席普辉授牌
（杨　勇　摄）

骨干 100 余人参加授牌仪式和文学创作笔会。

（杨　勇）

【繁荣艺术创作作品征集暨（戏剧、舞蹈、音乐）艺术人才培训活动】 市文广局于 2018 年 3 月至 5 月启动玉溪市 2018 年繁荣艺术创作作品征集暨（戏剧、舞蹈、音乐）艺术人才培训活动，共征集戏剧（花灯、滇剧）小戏、曲艺（小品、音乐快板）、舞蹈、音乐（声乐、器乐）95 件艺术作品。6 月上旬举办戏剧艺术人才培训班，7 月中旬举办舞蹈、音乐艺术人才培训班。全市共 80 余名艺术创作人才参加培训，每个艺术门类均邀请国家级、省级名家、教授莅临指导。经培训指导和精心打磨，本次活动的 9 件优秀戏剧作品入选参加省 2018 年花灯滇剧艺术周；活动中的优秀剧节目组织一台精彩晚会于 2019 年新年在聂耳文化广场演出。

（徐亚玲）

【合唱指挥培训班】 2018 年 11 月 23 ~ 25 日，市文化馆和市音乐家协会共同举办的“玉溪市 2018 年合唱指挥培训班”在市文化馆综合演艺厅开班。来自全市 7 县 2 区的 100 余名从事合唱艺术的音协会员、音乐爱好者参与培训。培训特邀云南艺术学院音乐学院张红彬教授向学员们讲授基本指挥法、合唱排练的基本方法，同时还有针对性地对“群苑”合唱团学员们进行排练教学，力求不断加强基层音乐文化人才队伍培养和发展壮大，提升广大音乐人专业素质，繁荣广大市民音乐文化活动。

（市文化馆）

文艺创作成果

【大型花灯剧《半把剪刀》经典再现】 2018 年 2 月 6 ~ 8 日，由市花灯剧院复排的经典剧目、获“国家非物质文化遗产保护专项资金资助”的大型花灯剧《半把剪刀》在花灯剧院惠民演出。大型花灯剧《半把剪刀》是市花灯剧院于 20 世纪 60 年代根据同名甬剧移植改编的一出经典传统剧目，共有“荣归”“被逐”“送子”“提亲”“重逢”“洞房”“法场”七个章节，讲述的是官宦子弟曹锦棠骗奸了侍女陈金娥，使其有孕，后娶梁惠梅为妻，梁惠梅却带着身孕嫁进了曹家。客栈伙计根福来曹府找姐陈金娥与梁惠梅相遇，谁知根福熟知梁惠梅与人私通，为防败露，梁惠梅设计加害金娥，曹锦棠顺水推舟，将金娥赶出曹门后引发的一连串悲情故事。此次复排演出受到广大观众的肯定和喜爱。

（市花灯剧院）

【滇剧《王者江上》获国家艺术基金资助】 2018 年 3 月，市滇剧院新创滇剧《王者江上》成功入选国家艺术基金 2018 年度大型舞台剧和作品创作资助项目，并于同年 11 月 3 日晚，在聂耳大剧院进行首演。《王者江上》由市滇剧院组织创作，由国家二级演员李卫明领衔主演，是市滇剧院继精品力作《水莽草》之后，又一部继承传统、探索创新的新派滇剧力作，在题材上与滇剧《水莽草》差别很大，但是在现代性、寓言感的追求上，又一脉相承。全剧以云南古老神秘的爨文化为背景，讲述大爨公爨帛如何从一个懦弱平庸的“伪王者”，被命运逐步推向万众瞩目的“真王者”的人生历程。

【新创花灯剧《蝶舞》成功公演】 2018 年 4 月 17 ~ 20 日，由市花灯剧院创排获“国家非物质文化遗产保护专项资金资助”的新编传奇花灯剧《蝶舞》，在市花灯剧院剧场内进行惠民公演，众多市民到场观看。该剧取材于家喻户晓的传奇爱情故事《梁山伯与祝英台》，由市花灯剧院院长杨丽琼担任出品人，国家二级编剧、市艺术创作研究所所长潘勇编剧，国家一级演员、原云南省滇剧院艺术总监马庆导演，国家一级作曲李明作曲，国家二级演员许伟和夏毅媛主演。

（潘　勇　李忠福）

【滇剧《水莽草》全国巡演完美收官】 2018 年 6 月 10 日，市滇剧院携三度入选国家艺术基金资助的滇剧《水莽草》全国巡演归来。此次巡演历时一个多月，先后到北京、天津、河北等地完成全国巡演 13 场。《水莽草》自 2012 年投排以来，经过多次修改，邀请多位戏剧界著名专家参与创作，积极探索古老滇剧艺术发展、转型与超越之路，成为滇剧的最新代表剧目，也成为观众喜爱的口碑新作。该剧演出足迹遍及全国多地，演出场次近 150 场，先后荣获国家艺术基金三度扶持，荣获中宣部“五个一工程”优秀作品奖、中国东盟戏剧周最高奖“朱槿花”奖、2016 年国家艺术基金滚动资助项目全国八强、滇中南艺术节“白鹇”金奖等多项大奖，作为云南代表作品，在中国艺术节、中国戏剧节等各类重要文化艺术节中大放异彩。

（市滇剧院）

【国家艺术基金资助项目——花灯剧《山茶花红》】 市花灯剧院排演的大型新编革命题材花灯剧《山茶花红》获评国家艺术基金 2018 年资助项目。本剧以云南省第一位共产党员李国柱和中共云南第一个地方组织——中共云南特别支部书记吴澄为原型，描写两位革命先烈从相遇相识到相知相随的过程，用播种、萌芽、含苞、绽放、傲雪、花红六个章节生动形象地叙述了吴澄和李国柱俩人为共同信仰毅然投身革命，甘洒一腔热血，终因叛徒出卖被捕，共赴刑场的革命事迹。展现了革命先烈不忘初心，坚持信仰，追求真理和不怕牺牲的高尚情操。同时展现了云南共产党发展的曲折历程。5～6月完成省内巡演，先后在市内、省委党校、昆明大学城、昭通市公益演出29场，11月10日，受邀参加在红河州建水县举办的云南省花灯滇剧艺术周开幕式演出。

（市花灯剧院）

【参加省首届传统戏剧曲艺会演】 2018年2月，玉溪市选送国家级非物质文化遗产项目玉溪花灯戏、玉溪滇剧、小屯关索戏3台传统戏剧参加云南省首届传统戏剧曲艺会演，取得5个剧目奖、1个组织奖共6个奖项好成绩。市滇剧院传统滇剧折子戏《五台会兄》获优秀示范奖、传承奖，市花灯剧院传统花灯剧《莫愁女》片段获示范奖，澄江县小屯关索戏《三英战吕布》获优秀会演奖、传承奖。云南省首届传统戏剧曲艺会演由云南省文化厅、云南省民族宗教事务委员会共同主办，是云南省国家级、省级传统戏剧、曲艺类非物质文化遗产项目首次集中展示。此次会演有来自全省14个州市及省滇剧院、省花灯剧院16个代表队500余名戏曲工作者参加，演出剧目33个。

（徐亚玲）

【参加省第三届大家乐群众文化“彩云奖”】 2018年8月30日，云南省第三届大家乐群众文化“彩云奖”颁奖晚会在红河大剧院举行，玉溪市选送的戏剧作品《谷花鱼》、曲艺作品《一堂课》、舞蹈作品《花开的声音》、书法作品《录毛泽东诗词五首》分获四个艺术类别彩云奖，市文广局荣获“优秀组织奖”。“彩云奖”由省文化厅主办的全省群众文化艺术的最高奖项，包括音乐、舞蹈、戏剧、曲艺、美术、书法、摄影7个艺术门类。玉溪市选送的戏剧作品《谷花鱼》将代表云南省参加2019年举办的中国“第十二届艺术节”暨第十八届“群星奖”评比。

（市文化馆）

【参加云南省第十二届青年演员比赛】 2018年9月15～20日，主题为“唱响新时代.舞动新形象”的云南省第十二届青年演员比赛，按不同剧种类别分别在西南剧院（戏剧组）、昆明剧院（舞蹈、杂技组）、红河州弥勒市东风韵小镇万花筒艺术馆（音乐组）三个剧场举行。全省16个州市、省直属5个院团及艺术院校、民营企业艺术团等30家参演单位213名演员参加比赛。玉溪人选花灯、滇剧4名、器乐1名、声乐2名、三人舞1个、双人舞1个，共11名优秀青年演员。通过角逐，玉溪市荣获1个戏剧表演一等奖、1个戏剧育花奖、2个戏剧表演三等奖、1个舞蹈原创作品奖、8个人选奖共13个奖项。

（徐亚玲）

【参加省“花灯滇剧”艺术周活动】 2018年11月10～16日，由省委宣传部、省文化厅、省文联、省广播电视台主办，红河州委宣传部、建水县委、县政府承办的2018年云南省“花灯滇剧艺术周”活动在建水县举办。全省相关州市和省级文艺院团、艺术院校15支代表队、21个花灯小戏、11个滇剧小戏和12个花灯歌舞参加剧（节）目展演，61名青年演员参加演唱比赛。市花灯剧院花灯剧《山茶花红》开幕式献演，玉溪入选比赛作品有2个花灯小戏、4个滇剧小戏、1个花灯歌舞，市花灯剧院和市滇剧院11名青年演员及2名滇剧业余演员参加青年演员演唱比赛。最终，玉溪荣获2个小戏类剧目、1个花灯歌舞节目、5个单项奖、6个青年演员演唱比赛奖及组织工作奖，共15个奖项。

（徐亚玲）

【第三届“碧玉清溪是我家”摄影、美术、书法作品展】 2018年1月1日，玉溪市第三届“碧玉清溪是我家”摄影作品展在市文化馆综合展厅展出。以“碧玉清溪是我家”为主题的美、影、书展览是市文化馆推出的免费开放系列活动之一，每年定期举办。此次摄影展共征集到来自全市各行各业113名摄影爱好者、580幅作品。经过评审，最终选出72位作者、88幅作品展出。2月1～28日，玉溪市第三届“碧玉清溪是我家”美术作品展在市文化馆综合展厅展出。本次展览共展出作品78件，其中：国画51件、油画20件、粉彩3件、漫画3件、版画1件。作品题材丰富，画法风格各异，构图新颖、构思巧妙、色彩鲜艳。此次书画展吸引广大群众前往观看。11月19日至12月25日，玉溪市第三届“碧玉清溪是我家”书法作品展在市文化馆综合展厅展出。此次参展的书法作品共有92件作品，均来自市内基层书法爱好者之手，有篆、隶、行、楷、草等种类书体，有条幅、对联、中堂等丰富多样的书写形式。

【参加七彩云南2018民族赛装文化节活动】 2018年7月31日至8月5日，七彩云南2018民族赛装文化节在楚雄举办。玉溪市选送19套传统类民族服饰、16套创意类民族服饰、20片绣品、16幅服饰设计图亮相“赛装节”，受到观众和评委一致好评，最终从全省16个州市25个世居少数民族的154幅刺绣作品、183张创意设计图中脱颖而出，玉溪荣获10个奖项，其中：优秀组织奖1个、十佳传统服饰奖1个、十佳传统服饰提名奖1个、十佳创意服饰奖1个、十佳创意服饰提名奖1个、十佳民间刺绣（布艺）能手奖1个、十佳民间刺绣（布艺）能手提名奖2个、十佳设计师提名奖2个。

（市文化馆）

文化遗产保护管理

【新增1名国家级非遗传承人】 2018年5月8日，文化和旅游部公布第五批国家级非物质文化遗产代表性项目代表性传承人名单（1082人），玉溪市新增1名滇剧项目传承人梁子华。至此，全市共有花灯代表性传承人陈克勤、李鸿源，高台技艺代表性传承人公孙馨，哈尼族棕扇舞项目代表性传承人龙正福，滇剧代表性传承人梁子华5名国家级非物质文化遗产代表性项目代表性传承人。梁子华是一个集作曲、演奏、指挥于一身的多能人才。梁子华自幼生长在玉溪农村，由于受本村业余滇剧、花灯演唱的熏陶，热爱滇剧艺术。在担任主弦（操琴）方面，通过几十年的积累，他创作技艺娴熟，能把传统唱腔与现代主题和人物有机结合，他写的音乐唱腔，音色柔和、饱满、甜润、味足，在滇剧界别具一格。既有继承，更有创新，无论何种题材、剧情、人物、情绪，都能为演员写出字正腔圆、旋律流畅的唱腔，得到演员们的认可和尊重。梁子华代表作品有《朱德与唐淮源》

《京娘》《西施梦》《油灯灯开花》《雁鸣陀关》《界鱼石》《美元梦》《金凤》《抚仙湖之恋》《水莽草》等，是云南省滇剧界为数不多的音乐人才之一。

（市文化馆）

【新增29名市级非遗代表性传承人】 2018年10月11日，第五批玉溪市级非物质文化遗产代表性项目代表性传承人专家评审会在市文化馆会议室举行。此次评审，7县2区及市滇剧院共报送34名县（区）级传承人，涉及27个项目、8个类别，其中民间文学2人、传统音乐4人、传统舞蹈11人、传统戏剧5人、传统体育、游艺与杂技1人，传统技艺3人，传统医药1人，民俗7人。最终评定29人入选第五批市级非物质文化遗产代表性项目代表性传承人名单。

（王静霞）

【市博物馆恐龙研究有重大发现】 2018年3月22日，中、美、英、南非四国的古生物学家在北京宣布，在一件于1997年底在玉溪市易门县十街乡脚家店发掘出土，现保存于玉溪市博物馆、保存相对完整的禄丰龙骨骼化石上找到了一种独特的病变证据，这是第一次在蜥脚形类恐龙中发现这种病变。这一发现填补了我国在蜥脚形类恐龙古病理学上的空白，丰富了恐龙病理学知识，也加深了人类对侏罗纪早期各种恐龙之间相互关系的理解。该研究成果于当日发表在自然出版集团旗下开放获取期刊《科学报告》（Scientific Reports）上。

（解景然）

【通海兴义遗址考古发掘项目荣获田野考古奖一等奖】 2018年10月22日，第二届中国考古学大会在四川成都开幕，由省文物考古研究所、市文物管理所、通海县文物管理所承担的云南通海兴义遗址考古发掘项目荣获“田野考古奖一等奖”，这也是云南省首次获得田野考古奖一等奖。田野考古奖是中国考古行业的最高奖项。通海兴义遗址位于通海县杨广镇兴义村，遗址为包含大量螺蛳壳堆积的贝丘遗址。2015年7月，通海兴义小学在扩建过程中，发现人骨及陶罐等文化遗存，经省、市、县文物部门现场勘查，初步认定兴义遗址为包含有海东类型新石器时代遗存的贝丘遗址。经过一年多的发掘，考古队先后从两个深达9米多的探方内发掘出陶器、石器、骨器、青铜器以及石范、铜矿石等标本器物1 460件。从出土器物分析，遗址发现海东类型遗存、兴义二期遗存、滇文化遗存相互叠压的地层序列，基本构建起滇中杞麓湖区域距今约4000 ~ 2000年的考古学文化序列，为探讨滇中地区新石器时代晚期至青铜时代的文化过渡奠定基础。另外，兴义遗址是目前国内已发掘的堆积最厚的贝丘遗址。遗址采用的探方加固（物理加固和化学加固）和发掘方法，成功解决了贝丘遗址发掘难的问题，初步探索和积累了高原湖泊型贝丘遗址的发掘经验。

（张琼梅）

【江川路居甘棠箐第三次考古发掘】 2018年10月，江川路居甘棠箐迎来第三次考古发掘，此次发掘有效引入数字化考古技术。相较于1989年甘棠箐第一次发掘，数字化考古技术不论在内容、深度，还是在广度上都有很大的提高，可以最大限度地保存探方内地层关系和遗迹、遗物的准确信息。由于引入科技手段和方法，打破过去传统的考古理念，有效地减少发掘破坏，较好地保存田野信息采集完整性和准确性。

（市文物管理所）

【玉溪文物精品走进泉州】 2018年6月8日，市博物馆携《穿越古滇文明之光—云南玉溪文物精品展》走进福建省泉州市中国闽台缘博物馆，开启2018年全国巡展第一站。此次展览展期为60天，展出包括古生物化石、新旧石器、陶器、青铜器、瓷器、书画、非遗等玉溪本土特色文物精品148件。

【市博物馆展厅易碎文物防震保护工作】 2018年8月13日、14日，通海县先后发生2次5.0级地震和多次有感地震。市博物馆部分库房文物和展厅文物出现轻度移位现象，但未造成文物损毁。9 ~ 12月，市博物馆依据文物属性，分别采取固定安置及隔离垫层等方法，使用粘、吸、捆、卡、支包等将文物固定于基础上的方法，对陶瓷、青铜、史前文化、非遗文化等四个展厅中的186件陶瓷展品、141件石陶骨器展品及20件青铜展品实施防震处理，有效确保“文物不发生倾覆、文物可有限滑动但不受破坏、脆弱易损文物自身不受破坏”。

（解景然）

【“文化和自然遗产日”集中示范展示活动】 2018年6月8 ~ 10日，玉溪市“文化和自然遗产日”集中示范展示活动在华宁县举办。活动现场发放《玉溪市国家级、省级、市级非物质文化代表性项目名录》宣传册，解答非遗知识咨询，通过图文、实物、视频影像、传统文艺游展、展演等方式进行丰富多彩的宣传展示；布置陶器制作技艺、青花瓷制作技艺、银饰制作技艺、剪纸、木雕、竹编、彝族刺绣等二十多个省、市级非遗项目实物联展和传统产品展，布置展位90个。

（市文化馆）

广播电视

【概　况】 2018年，玉溪广播电视媒体以新闻宣传为抓手，牢牢把握思想意识形态正确导向，结合市委、市政府重大决策部署，深入基层关注民生、了解民情、反映民意，宣传报道党的路线、方针和政策。玉溪广播电视台全年播出新闻13 109条，其中广播新闻4 409条，在省台播出250条，在中央台播出78条；电视新闻8 700条，在省台播出1 339条，在中央台播出88条。新闻外宣工作以总分16 621分的成绩继续领跑全省各州市，排名位列全省第一。新媒体共推送微信公众号新闻信息21 563条次。玉溪广播电视台坚持“新闻立台、栏目活台、产业强台、人才兴台、技术保台”的发展思路，坚持内外宣传并重，以创优促创收，以融合促发展，各项工作保持良好发展势头。围绕庆祝改革开放40周年主题主线和市委、市政府中心工作，精心策划，统筹推进，唱响主旋律，打好主动战。先后在《玉溪新闻》《玉广新闻》和新媒体平台开设“新时代、新作为、新篇章”“壮阔东方潮，奋进新时代—庆祝改革开放40年”“弘扬跨越发展争创一流比学赶超奋勇争先”等36个栏目，全力提升新闻宣传影响力、传播力和凝聚力，为推动全市经济社会高质量跨越式发展提供强有力的舆论支撑。紧扣全市“5577”经济社会发展总体思路，重点报道各级各部门推动发展的新思路和破解难题的新招数，全面展示各地抓落实促落地的有效方法，多形式解读“跨越发展、争创一流；比学赶超、奋勇争先”的具体要求，全面展示各级各部门和广大干部群众比学赶超、力争上游的生动局面。在宣传工作上着力创新理念、形式、方法和手段，牢牢坚持正确的政治导向、价值导向和审美导向，深入生活、扎根人民，创作生产出一批主旋律响亮、正能量强劲的优秀广播影视作品，取得较好成绩。玉溪广播电视台荣获全省新闻出版广播影视系统先进集体荣誉称号。

积极推进媒体融合工作，加大新媒体的建设力度。玉溪广播电视台有计划、有步骤地实施媒体转型，在新的媒体格局和舆论生态下不断增强广播电视台的传播力、引导力、影响力，构建区域性、全域化的新型主流媒体宣传阵地。构建“哇家玉溪H5”对应“哇家玉溪七彩云”“玉溪新闻”“大家帮”等微信公众号，集视音频、图文、直播、点播、互动为一体的“H5+”新媒体矩阵，形成“传统广播电视播出平台+新闻门户网站+新媒体矩阵”的融合媒体格局。县（区）播出机构微信公众号“热情元江”“掌上澄江”“峨山电视”等借助新媒体的传播特点及技术优势，充分整合资源，在新媒体平台上占据一席之地，为推进县级融媒体发展打下坚实基础。

事业建设不断夯实，进一步做好本地节目无线数字覆盖网运行维护和管理，有力保障广播电视信号畅通、安全；继续推进中央广播电视节目无线数字化覆盖工程建设，实施完成一期工程中星6B备用信号源的安装调试，组织实施补点工程基础设施和附属设施建设，在全省率先开通试播；积极向省广播电视局争取剩余资金建设百县万村示范项目，在相关村委会建设农村应急广播大喇叭系统69套，其中易门县30套、峨山县20套、新平县19套。扎实开展行业扶贫，顺利完成村村通、户户通任务。

（普悦 陈冬）

【广播电视商业广告监管】 2018年，市文化广播电视局加大对广播电视虚假违法广告的监管力度，指导玉溪广播电视台及各县（区）广电媒体依法、依规、诚实、守信地开展广播电视广告经营。督促辖区内广播电视媒体严格广告承接、备案、审批、播出制度，以“广告宣传也要讲导向”的高度自律和工作担当，坚决杜绝虚假违法广告的播出。认真落实省广播电视局和市工商局关于商业广告管理的有关通知要求，对国家广播电视总局、国家市场监管总局在全国范围内要求停播的违法违规广告及时进行排查清理，并及时核查处理群众信访、投诉，维护群众合法权益。市文化广播电视局组织开展全市广播电视广告专项整治等多项行动，对各类在播拟播广告进行清理排查，全市未发现广播电视媒体播出过国家有关部门要求停播的违法违规广告，也没有广播电视媒体因播出虚假违法广告被有关部门处理。

【广播电视公益广告制作播出】 2018年，市文广局组织广播电视媒体落实十九大、健康教育、禁毒、税收、版权、防范非法集资、脱贫攻坚、安全生产、敬老养老助老等各类公益广告展播活动。6月起，按照广电总局的要求启用全国优秀广播电视公益广告作品库，对全市广播电视播出机构公益广告的下载播出、统计进行规范化管理。年内在辖区内组织落实广电总局和省级广播电视公益广告扶持项目征集工作。玉溪广播电视台获云南省广播电视公益广告扶持项目“优秀传播机构”二类扶持，玉溪广播电视台公益广告《我劳动我快乐》获电视类公益广告三类扶持。玉溪广播电视台制作了“开展扫黑除恶建设善美玉溪（30秒）”“出重拳、扫黑恶、保平安（30秒）”“扫黑除恶玉溪在行动（30秒）”等多条扫黑除恶公益广告。

【广播电视播出机构管理】 2018年，市文广局加强对全市广播电视播出机构的管理。一是强化日常监管，及时转发上级通知、通报，杜绝播出机构擅自增设频率等违法违规行为。指导市县广播电视播出机构按照政策规定有序加强传播能力建设。二是发挥广电部门职能，加强与公安及工信等相关部门的协调联动，对广电部门监测发现的疑似“黑广播”及时报告公安部门。2018年，市文化广电局提供线索并联合工信、公安部门及时打掉1个黑广播。对“黑广播”始终保持露头就打的高压态势。及时消除了虚假违法广告等不良信息带来的危害，确保群众的利益不受侵害，有效维护了全市空中广播电视电波秩序，维护了意识形态安全。

（普悦）

【境外卫星电视传播及节目管理】 2018年，市文广局把开展专项行动和坚持推动全市非法卫星地面接收设施常态化的清理整治工作结合起来，同时加大力度、保持高压态势，进一步规范境外卫星电视节目管理。在开展常规工作的同时，对三星级以下宾馆擅自安装使用卫星地面接收设施进行专项整治，取得较好的效果。认真做好境外卫星电视节目监管，要求各县（区）定期开展对持有《接收卫星传送的境外电视节目许可证》的三星级以上涉外宾馆进行专项检查。全市用户接收境外卫星电视节目来源渠道规范有序、安全可控。通过质监、工商、文化广电、公安、610等部门的共同努力，在非法卫星电视广播地面接收设施整治方面，取得显著成效，有效遏制“山寨锅”的蔓延。根据《云南省广播电视局关于2018年度各州市非法卫星地面接收设施专项整治工作考核结果的通报》，玉溪市该项工作的考核评分为满分100分。

（普悦）

【规范网络视听节目管理】 2018年，市文广局认真落实上级关于网络视听节目管理的相关要求，指导辖区内网络视听节目服务机构按照‘谁办网谁负责’的原则，健全节目内容审核流程，坚持先审后播，严把审核播出关，确保内容、播出、技术和应用的安全。顺应媒体融合发展趋势，积极探索传统媒体和新媒体融合发展的路径和方式。认真落实上级关于2018年度网络视听节目内容建设专项资金扶持项目申请工作和进一步规范网络视听节目传播秩序的相关要求。组织开展2018年“弘扬社会主义核心价值观共筑中国梦”主题原创网络视听节目征集推选和展播活动。向省广播电视局选送玉溪市社会主义核心价值观原创网络视听节目作品8件。玉溪广播电视台拍摄的微电影《追梦玉溪》获云南省新闻出版广播影视奖优秀网络视听节目奖。

（可春辉）

【获奖节目】 2018年，玉溪广播电视台六集系列纪实专题《一个都不能少》荣获“中国梦·扶贫攻坚影像盛典”评选一等奖，为云南唯一一家荣获一等奖殊荣的市级媒体；纪实专题《边疆教育脱贫的领航人——杨琼英》荣获此次评选三等奖。《打赢攻坚战保护抚仙湖》《小香葱启示录》《哇家玉溪》等4件作品获第34届云南新闻奖三等奖。在首届云南省新闻出版广播影视奖评选中，玉溪广播电视台有4件作品获得“优秀新闻”“优秀广播电视社教”“优秀网络视听节目”奖项。

（包翠芬）

【完成中央广播电视节目无线数字化覆盖补点工程建设】 2018年9月，玉溪市率先在全省完成中央广播电视节目无线数字化覆盖补点工程建设，此项工程包括玉溪市龙马山广播电视发射台和华宁通红甸、峨山总果、峨山老九街、新平平掌、元江老白期、元江咪哩广播电视转播台等7个项目点建设，中央广播电视节目公共覆盖范围进一步向广大农村地区扩大，大大提升了农村地区的广播电视公共服务水平。中央广播电视节目无线数字化覆盖工程在全市的人口覆盖率达80%以上。

【党史系列纪录片《滇中·红色记忆》制作播出】 2018年9月，由玉溪广播电视台历时两年摄制的大型党史系列纪录片《滇中·红色记忆》制作完成。全片共六集，每集时长30分钟。该片以弘扬社会主义核心价值观，崇尚英雄、致敬英雄为创作宗旨，以滇中革命斗争中影响较大的重大历史事件为线索，生动展现1926年至1951年滇中革命斗争英勇悲壮、艰苦卓绝、可歌可泣的光辉历程，热情讴歌中国共产党带领滇中人民在土地革命斗争、抗日战争和解放战争时期前仆后继、敢于斗争、无私奉献的崇高精神。国庆前夕，该片在玉溪广播电视台首播，向新中国成立69周年倾情献礼。

（陈　冬）

【人物访谈节目《在路上》】 2018年7月5日，玉溪广播电视台推出人物励志情感访谈栏目《在路上》。该栏目把镜头对准那些具有时代奋斗精神的典型人物，通过挖掘嘉宾鲜为人知的心路历程和奋斗故事，激扬向善向上情怀，凝聚推动玉溪发展的精神力量。节目每两周播出一期，时长40分钟。该栏目在2018年云南省新闻出版广播电视局季度推优活动中，荣获云南省第三季度广播电视新闻优秀作品奖。其中《李培林——让爱充满校园用心塑造完美》被省局推荐至国家广电总局参加优秀作品角逐。

（包翠芬）

【省广电局向通海地震灾区捐献广电应急救援器材】 2018年8月13日，通海县发生5.0级地震。8月15日，省新闻出版广电局派出工作组深入通海县地震灾区，对广播电视设施的受灾情况进行检查核实，希望基层广播电视机构要充分发挥广播电视的宣传作用，做好抢险救灾、地震避震知识的宣传报道，杜绝传谣信谣。同时，加快有线电视入户线路的抢修，让群众及时收听收看到广播电视节目。8月16日，省新闻出版广电局再次派出工作组到通海，为灾区群众送来50套广播电视应急救援器材，并派出省、市相关技术人员深入灾区各安置点，及时安装广播电视应急救援器材，让灾区人民聆听到党中央的声音，了解全国各地的新闻信息。

（文广局）

报　刊

【习近平新时代中国特色社会主义思想和党的十九大精神的宣传报道】 2018年，玉溪日报社认真做好策划，开展好习近平新时代中国特色社会主义思想和党的十九大精神的宣传报道。在《玉溪日报》、玉溪网和各新媒体端口，开设“在习近平新时代中国特色社会主义思想指引下——新时代新作为新篇章”“新时代新气象新作为——认真学习贯彻十九大精神”等专栏，深入宣传全市广大干部群众学习贯彻党的十九大精神的实际行动和精神风貌。注重宣传各地区各部门学习贯彻的具体举措和实际行动，注重反映基层干部群众学习贯彻的典型事迹和良好风貌。组织记者深入民族地区、贫困地区，走进田间地头、街道社区、工矿企业、大专院校等，采访报道广大干部群众认真学习贯彻党的十九大精神的生动场景。及时转载新华社、人民日报、云南日报稿件，引导广大干部群众准确领会把握党的十九大精神的思想精髓、核心要义。精心做好十九大精神和十九大报告的宣传解读，深刻阐述党的十九大在政治上、理论上、实践上取得的一系列重大成果，阐明新时代坚持和发展中国特色社会主义的一系列重大理论和实践问题的大政方针和推进党和国家各方面工作制定的战略部署。全年共刊发各类稿件9278篇（幅）。

【纪念改革开放40周年宣传报道】 2018年7月10日起，在《玉溪日报》、玉溪网和各新媒体端口开设“壮阔东方潮奋进新时代——纪念改革开放40年”专栏，围绕纪念改革开放40周年主题，通过“走基层、转作风、改文风”主题采访活动，回顾玉溪市改革开放的发展历程，展示干部群众在改革开放过程中敢于拼搏、奋发有为的良好精神面貌，激励全市上下不忘初心、牢记使命，开拓进取、扎实工作，奋力闯出一条具有玉溪特色的跨越式发展之路，在全省率先全面建成小康社会。

【撤地设市20年宣传报道】 2018年6月7～28日，在《玉溪日报》、玉溪网和各新媒体端口开设“撤地设市20年”专栏，陆续刊出一批有分量有深度的通讯、综述、言论、权威访谈和理论文章，全面展示玉溪撤地设市20年特别是十八大以来，玉溪市干在实处、走在全省前列的工作特色亮点经验，围绕民生改善、“五网”建设大发展、20年改革不停步、对外开放、文化建设、生态文明建设、脱贫攻坚、玉溪从高增长转向高质量跨越式发展等主题进行报道，激发市民的爱国爱乡热情。

【红河谷—绿汁江全媒体宣传活动】 2018年9月7日，红河谷—绿汁江全媒体宣传活动在易门县绿汁镇启动。红河谷—绿汁江全媒体宣传活动围绕“花果飘香”“时光秘境”“风情花腰”三个主题，对红河谷—绿汁江沿线自然风光、人文风情、产业发展等内容进行拍摄、采访，深入了解当地丰厚的历史文化、特色小镇建设及当地文化旅游发展现状等方面情况。进一步宣传好流域内良好的自然生态、热区资源、民族文化等内容，为推进区域文化旅游开发、特色村镇打造、生态环境保护、农业产业提升等营造良好氛围。红河谷—绿汁江全媒体宣传活动由市委宣传部牵头，玉溪日报社在红河谷—绿汁江热区产业经济带沿线四县县委宣传部的协助配合下，组成组委会负责活动的组织开展工作，为期一年。摄影家、媒体记者分别到易门、峨山、新平、元江县选取具有代表性的摄影和报道内容进行集中拍摄、采访，拍摄、采访结束后将举办专题摄影展。

【玉溪日报文学奖摄影奖颁奖】 2018年5月11日，第五届玉溪日报文学奖、第三届玉溪日报摄影奖颁奖仪式在玉溪日报社举行。来自全市各地的获奖者，新闻界、文艺界人士70余人出

2018 年 9 月 7 日，红河谷——绿汁江全媒体宣传活动启动仪式在易门县绿汁江观景台举行　（崔永红　摄）

席此次颁奖仪式，并分组座谈。第五届玉溪日报文学奖参评作品主要来自2017 年度在玉溪日报社主办的文艺副刊栏目《红塔》上刊登过的作品，32件作品从初选的近 200 件文学作品中脱颖而出，并分获散文奖、诗歌奖、新秀奖和入围奖。在摄影奖方面，评奖范围包括2017 年度在《玉溪日报》、玉溪网、玉溪日报社下属各新媒体、玉溪日报社主办承办的各种刊物上公开发表的反映玉溪的摄影作品，以及在行摄玉溪网发表的以玉溪本土题材为主的摄影作品。经过评选，60 多件摄影作品分获纪实类和艺术类奖项。

【“走进高鲁山”专题摄影展】　2018 年 7 月 13 日，“‘走进高鲁山’（峨山县）专题摄影展”在聂耳大剧院开展，为期近 20 天，精挑出的 115 幅精美作品，分为“城市建设”“民族风情”和“自然风光”3 个类别，向人们充分展示峨山神奇秀美的山水自然风光和多姿多彩的民族风情、人文历史，为市委、市政府“将高鲁山生态休闲文化旅游园打造成为滇中地区乃至全省的休闲旅游新高地”营造良好宣传舆论氛围。在历时一年多的拍摄活动中，玉溪日报社组织 20 多名特约摄影师，先后 10 余次走进高鲁山峨山片区和峨山县其他地方进行专题摄影，共收集到 2 000 多幅摄影作品。

【玉溪日报社屡获殊荣】　2018 年 11 月 6 日，首届云南省优秀新闻工作者颁奖报告会在昆明举行，玉溪日报社记者白诚颖作为首批 15 名云南省优秀新闻工作者之一受到表彰。11 月 7 日，在深圳市宝安区举办的中国报业发展四十年深圳峰会上，中国报业协会对改革开放四十年·报业经营管理先进单位、先进个人进行表彰，玉溪日报社被评为先进单位、广告资讯部主任李莉被评为先进个人。在第 34 届云南新闻奖评选中，玉溪日报社报送的《“赶马校长”坐高铁》《一条河流的抵达与再出发》《玉溪人的传家手艺》《一周新闻漫谈专栏》等作品荣获二等奖；《新平哀牢山首次发现千年野生古茶树》《托管的考量》《“易门经验”透视系列报道》《多车相撞人被困爱心接力救伤员》荣获三等奖。在第 20 届云南报业新闻奖评选中，玉溪日报社报送的《玉溪人的传家手艺》《那诺乡红白事习俗改革调查》《保护抚仙湖雷霆行动系列报道》荣获一等奖；《让村规民约求出群众利益最大公约数》《第五届中国聂耳音乐（合唱）周系列报道》《“微权力”也需严监督》荣获二等奖；《抚仙湖交通培训中心正式退出抚仙湖一级保护区》《市政府为企业设立 24 小时专线电话》《杨有田：成就“太空第一杯茶”》《从资源枯竭到破茧重生——易门十年转型发展之路"》《改进乡村治理有待厘清权力清单》《玉溪米线：一头牵引我们的食欲，一头温暖着游子的乡情》《红塔区网友反映“塑料米”事件调查》荣获三等奖。玉溪日报社“玉溪新闻云”项目荣获中国报业新媒体项目创新奖 30 强，“第五届中国聂耳音乐（合唱）周手机直播”专题荣获中国报业深度融合发展直播作品三等奖。《玉溪日报》荣获中国地市报研究会“最具广告投放价值地市报”称号，“2 017 中国玉溪哇家灯会”荣获“最佳营销创新案例”称号。

（徐志强）

地方志编纂

【全省地方志工作推进电视电话会议召开】 2018年10月17日，省人民政府组织召开全省地方志工作推进电视电话会议。会议在省政府设立主会场，玉溪市组织相关单位负责人70余人在市分会场参加会议。会议由省政府办公厅副主任彭耀民主持，省人民政府副省长李玛琳做讲话，提出了明确要求，要强化认识，提高站位，从“为党立言、为国存史、为民修志”的站位，高度重视地方志工作；要坚持标准，注重质量，修出无愧于历史的精品良志；要加强领导，狠抓落实，确保二轮修志任务如期完成，到2020年，省、市、县三级志书要全部出版，省、市、县三级年鉴要全面覆盖，这个目标是法定任务、刚性指标，必须按期完成。

【省地方志办主任杨建林到玉溪调研】 2018年10月23日，为贯彻落实好全省地方志工作推进会议精神，加强对各州市的督促检查，省地方志办主任杨建林一行到玉溪市调研。通过情况汇报、座谈交流，杨建林全面深入了解玉溪市地方志工作进展情况及存在的困难问题，充分肯定玉溪市委、市政府长期以来对地方志工作的关心支持，对今后的工作提出明确要求，在完成好“两全目标”任务的基础上，要进一步打开工作局面，编纂出版新时代的市情概览，建设市情信息网，开通“方志玉溪”微信公众号，创办“治市问道”刊物，把方志馆建设提上议事日程，启动名镇志、名村志编纂出版工程。

【《玉溪市志》形成征求意见稿】 经过多年精心编纂，2018年10月，《玉溪市志（1978～2005）》形成征求意见稿。全志分为上、中、下3册，共计250余万字，设政区建置、自然环境、人口、农业、林业、水利、烟草、工业、商业贸易、交通邮电信息产业、城乡建设环境保护、财政税务、金融、经济管理、中国共产党地方组织、人民代表大会、人民政府、政治协商会议、民主党派、群众团体、政法、军事、劳动和社会保障、人事、民政、教育、科学技术、文化艺术、大众传媒、旅游、卫生、体育、民族宗教、县区概况34篇及人物、附录等，全面系统翔实地记述1978～2005年27年间全市自然、政治、经济、文化和社会等历史与现状、发展变化情况。

【市地方志办公室考察易门县野生菌博物馆】 2018年10月31日，市地方志办公室干部职工到易门县调研，与易门县史志办人员一同考察野生菌博物馆。易门县野生菌博物馆坐落于县城西北郊南屯湖生态旅游园项目区高家山顶，占地面积34亩，建筑面积2 700平方米，于2018年7月18日举行开馆仪式，免费向社会开放。野生菌博物馆由菌菇之乡、菌菇之谜、菌菇之蕴、菌菇之业4个展区组成，运用现代声、光、电技术，结合电子显示屏、拼接屏、触摸屏和投影等多元表现形式，展示易门县丰富多样的野生菌资源和发展潜力。

（市志办）

（李卫东　摄）

旅游业

TOURISM

责任编校：王　斌

景区建设与促销

旅游节庆活动

旅游行业管理

景区建设与促销

【概 况】 2018年，全市旅游行业认真落实省委、省政府对玉溪提出的“六个走在全省前列”和打造绿色能源、绿色食品、健康生活目的地“三张牌”的指示和市委市政府的要求，紧紧围绕全市经济社会发展“5577”总体思路，充分发挥旅游职能作用，干在实处、走在前列，推动玉溪旅游产业高质量跨越发展，各项旅游经济指标均保持快速增长。

全市共接待海外旅游者7 058人次，同比增长8.90%；接待国内旅游者4 290.22万人次，同比增长19.84%；实现旅游总收入368.34亿元，同比增长30.06%。春节黄金周接待游客232.16万人次，同比增长8.48%；实现旅游收入13.13亿元，同比增长47.92%；国庆黄金周接待游客159.52万人次，同比增长7.59%；实现旅游收入9.53亿元，同比增长42.05%。

【旅游重大项目建设】 2018年，全市继续推进大项目带动大发展战略。稳步推进纳入省市统计的澄江寒武纪乐园、太阳山国际生态旅游度假社区、抚仙湖国际老年康体养生度假中心、仙湖山水国际休闲旅游度假园、广龙旅游小镇、玉山城、临岸三千城、新兴蓝莓庄园、元江果香四季国际旅游度假区、山云华界庄园等38个旅游重大项目建设。积极抓好旅游项目招商工作。采取“走出去”和“请进来”的方式，积极对接文化、体育、大健康相关部门，梳理包装文化、旅游、体育、大健康等32个招商引资项目，制作招商引资项目PPT，参与开展“深圳市对外经济贸易与投资发展促进会”“第20届中国国际（厦门）投资贸易洽谈会”等招商活动。在上海“相约春天共筑梦想”招商引资推介会上进行推介，签约3个旅游文化产业项目，计划投资27亿元；与世博集团签订合作协议，与云南基投签订戛洒外滩酒店项目投资协议，引进云南建投开发云茶山庄度假区和果香四季国际旅游度假区、北京昆石联创公司开发磨豆山汽车营地、昆钢控股开发汇溪文旅小镇、云南园林绿化公司开发绿汁·滇铜时光小镇项目等。2018年，38个旅游重大项目完成投资83.97亿元，同比增长85.39%，完成省下达的54亿元考核任务，完成市政府有关旅游固定资产投资27亿元目标任务。

【旅游业态开发建设】 2018年，玉溪市以大众需求为导向，积极引导旅游板块、企业拓展旅游基本要素和发展要素，推动“旅游+”休闲业态开发。大力发展休闲农业、农事体验、农家乐、特色种养殖等乡村旅游产品为载体建设一批特色旅游村，打造玉溪庄园国家生态旅游示范区、新平樱花庄园、褚橙庄园、桔荔庄园等一批庄园旅游产品，打造了帽天山地质公园、李家山青铜博物馆、秀山历史文化公园、新平花腰傣民族文化园、华宁碗窑村等文化旅游品牌，打造戛洒花腰傣风情小镇、广龙旅游小镇等特色旅游小镇品牌。

【旅游厕所建设】 2018年，全市坚持“政府主导，社会共建、合理布局，分类建管、环境协调，体现特色、规范标准，如厕方便”的建管原则，采取政府主导，部门联动，企业参与的方式，扎实推进旅游厕所的建设和管理。把厕所革命工作作为提升服务水平、改善旅游环境的重要抓手，高位推动，全力推进。安排旅游厕所专项建设资金，将旅游厕所建设管理工作纳入10件惠民实事进行督查，各级各部门加大督查管理力度。市旅发委、商务局、交通局、住建局及各县（区）将责任落实到岗、压实到人，明确专人负责落实，确保旅游厕所建设进度和质量。结合玉溪实际，下发《关于开展2018年旅游厕所建设管理实地核查和AAA级旅游厕所评定的通知》，按照《旅游厕所质量等级的划分与评定》国家标准，由市旅发委牵头组织市直有关单位先后深入到各县（区）对年内建设的旅游厕所进行督导检查，并现场提出整改意见和要求。

2018年，全市计划完成的72座旅游厕所建设已全部录入全国旅游厕所管理系统（其中：旅游部门35座、交通部门8座、商务部门11座、住建部门18座）；争取国家、省旅游发展资金390万元。2017年、2018年市级财政每年安排旅游发展资金750万元用于旅游厕所建设；截至12月底，玉溪市旅游厕所建设完工75座，完工率104.17%。超额完成年度计划，受到省旅产办的通报表扬。

【“一部手机游云南”工作】 2018年，玉溪市积极推进“一部手机游云南”工作。高度重视、抢抓机遇、高位统筹、强势推进，全面推进，按质量完成第一、二、三批工作任务，保证“游云南”APP于10月1日高质量上线运行。制定重点任务清单和重点项目清单，细化分解88项具体任务，明确市、县（区）涉旅部门和企业责任；完成各级城市名片、景区名片制作上线，采编了20余个城市宣传视频，录制17个景区四季语音导览，持续提升30余路慢直播质量，精选上报华宁陶、玉溪青花瓷、猫哆哩等名特优商品，完成A级景区4G基站、手绘地图、6座智慧厕所、3个智慧停车场建设；强化综合监管，持续加强指挥中心建设，建立1个市级指挥中心、19个涉旅市级部门、171个涉旅县（区）部门有分管领导，有具体负责工作人员，建成“1＋3＋N＋1”旅游市场综合监管和市、县（区）、涉旅企业三级旅游投诉处置工作体系；不断加强涉旅企业诚信评价，编制《玉溪市涉旅经营户诚信指数评价办法》，统筹工商、食药监、旅游等部门开展诚信评价工作，完成38家旅行社、506家住宿企业（含26家星级饭店）、654家餐饮企业、102名导游、12件商品等诚信评价及上报工作，确保名店、名馆、名品等资源全要素上线；加强宣传推广，在全市A级景区、旅行社门店、重点酒店及餐饮店、高铁站、汽车站等区域共计投放宣传海报、台卡2 000余份，全市19 000余名干部职工开通城市名片宣传视频及彩铃功能。

【市场促销】 2018年，市旅发委围绕打造“帽天山、抚仙湖、花腰傣”三张名片，强化宣传推广和市场营销。认真指导红塔区、江川区、华宁县、易门县、峨山县做好陶、铜、银、刺绣等特色商品推广工作；积极开展“秘境百马”美丽乡村马拉松系列赛事玉溪境内8场赛事活动；成功举办玉溪灯会、米线节、金芒果节、花街、千桌万人磨盘宴、开新街暨油菜花旅游文化节、梨花节、柑橘节、2018总领事玉溪音乐故事会、摸鱼节等节庆活动，吸引大量省内外游客参加，取得了良好的经济效益和社会效益。

【会展宣传促销】 2018年4月20～22日，市旅发委组织县旅游部门和旅游企业参加第十四届海峡旅游博览会。展会期间，玉溪市展台主要以“抚仙湖、花腰傣、帽天山”三张名片为宣传主题，向参展商和公众展示玉溪市旅游形象，推介玉溪市旅游线路、旅游产品，推广“玉溪旅游”微信公众号，发放旅游招商项目手册、联络项目投资单位。福建电广旅游传媒有限公司、新潮传媒集团厦门公司、众纳传媒有限公司等旅游媒体、旅游文化创意公司到玉溪市展台进行业务交流、表达合作意向。历时3天的博览会，玉溪展团共向参展机构和厦门市民发放宣传资料、旅游纪念品1.8万多份，接待参展机构、旅游媒体及公众1.2万多人次，促进玉溪市旅游行业与参展旅行机构、旅游媒体的交流合作，提高了玉溪旅游产品的认知度和影响力。

6月14～20日，第5届中国—南亚博览会暨第25届昆明进出口商品交易会在昆明滇池国际会展中心举行。市旅游发展委员会在云南旅游馆特装72平方米的旅游形象展区进行旅游产品和旅游线路宣传推广，并组织全市11家陶、铜、银、刺绣等特色旅游商品生产企业在旅游商品展区参展销售。玉溪旅游形象展区以“抚仙湖、帽天山、花腰傣”三张名片为主要元素，以休闲康养为主题，融入打造全国一流健康生活目的地的全新定位。在旅游形象展区，设置VR体验区，首部“虚拟现实”旅游宣传片《VR全景看玉溪》在本次南博会上首播。宣传片利用航拍、地拍、移动端等先进媒体技术，通过720度全景视频及环绕声音等手段，为来宾提供身临其境的视听享受，产生“沉浸式”体验效果，将玉溪的山水风光立体地呈现给大家。玉溪旅游形象展区向展商和参观市民发放宣传手册、折页、旅游地图、旅游纪念品等旅游宣传物品3万余份，《VR全景看玉溪》访问量近4 000人，增加玉溪旅游在省内外的知晓度，扩大玉溪旅游在全省的影响力。旅游商品展区，玉之陶、华宁舒氏陶艺、江川培兴铜艺、通海县艺源角艺制品厂、峨山慧玉彝文化传播有限公司等11家企业集中展示玉溪特色手工艺品精湛的技艺，深受参展客商和参观市民的喜爱，完成现场交易额51.78万元。

①2018年5月27日，“秘境百马”美丽乡村马拉松玉溪站活动 ②2018年6月14～20日，市旅游发展委员会在第5届中国—南亚博览会暨第25届昆明进出口商品交易会期间进行旅游产品和旅游线路宣传推广 （市旅发委 提供）

11月16～18日，由文化和旅游部、中国民用航空局、上海市政府共同主办的2018中国国际旅游交易会在上海新国际博览中心举行。玉溪以“健康生活目的地”为宣传主题，向参展商和公众宣传玉溪市七县二区特色旅游产品和旅游线路，推广“玉溪旅游”微信公众订阅号，对外展示玉溪抚仙湖、帽天山、花腰傣、聂耳、红塔山品牌形象，进一步擦亮帽天山、抚仙湖、花腰傣三张名片。开展第一天，共计发放玉溪旅游宣传手册、旅游纪念品、特色旅游商品15 000余份，吸引近3 000名旅游购买商和游客前来了解。其中，江川卓一食品有限公司高原彩系列调味品以其精美的包装和独特的口感备受各地游客青睐。

9月7～9日，玉溪市组团参加在厦门举办的第20届中国国际投资贸易洽谈会；9月9～15日，参加省旅发委组团赴武汉、合肥、杭州开展云南旅游宣传促销活动；9月25日，举办“我和云南有个约会”——2018总领事玉溪音乐故事会，重点对外展示和宣传“帽天山、抚仙湖、花腰傣”三张传统名片和“聂耳、红塔山”两张新名片。

【媒体宣传】 2018年，玉溪市继续加强与市内外各类媒体及户外平面广告媒介合作，在昆明长水国际机场、昆明高铁站、大理火车站、玉溪高铁站、各县（区）客运站、入滇高速公路、玉溪康辉旅游汽车公司旅游大巴等易于引人注目的场所投放旅游形象宣传广告；续用玉溪日报、新华网、中国网、新浪网、云南就爱去旅游文化传媒、玉溪网、玉溪高古楼、玉溪发布微信公众号、玉溪旅游微信公众号等媒体大力宣传玉溪旅游的整体形象，擦亮帽天山、抚仙湖、花腰傣三张名片，提升玉溪旅游关注度。

（徐晓秋）

旅游节庆活动

【米线节】 2018年2月16日，随着大营街“汇龙祈福”迎“土主”鞭炮响起，拉开了2018年玉溪米线节序幕。作为世界历时最长的节日品牌，本次活动围绕“国强民富迎新春·米线文化祈福乐”的主题，以主分会场相结合的形式，按照“政府引导、企业主导、社会参与”的原则，通过“米线搭台”，各类丰富多彩的文化活动“唱戏”，得到广大群众和各方游客的一致好评。米线节主会场（大营街汇龙生态园）举办“冬之韵”郁金香花展、米线文化街、民俗文化巡展、“汇龙欢歌”文艺巡演、“花灯之乡”经典戏曲传唱、“皓首延年”汇龙敬老行等活动。新兴饭店、青堆米线、桥香园、只卖鳝鱼米线、王及小吃等在玉溪颇有名气的特色米线店分布在各个角落，美食街中央，来自四面八方的游客围坐在桌子旁，品尝杂酱米线、鳝鱼米线、凉米线、玉溪土八碗等特色风味美食。各分会场活动亦精彩纷呈：北城米线节活动推出高古楼茶会、高古楼寻宝和趣味运动会等丰富多彩的民俗节庆活动，向人们展示北城街道特有的文化底蕴和民俗风情；凤凰街道在城市驿站举行“凤凰青花美，倾城米线香”系列文化活动，将米线文化和玉溪青花文化紧密结合，让市民和游客在品尝美食的同时，沉醉于青花美器之中；玉兴街道分会场在嘉阳商业城举行，有24家米线餐饮户参加，并连续三天进行文艺演出，让群众有吃有看有玩；小石桥乡首届文化米线节以龙马山景区为核心，以“美食+旅游活动”吸引游客驻足；李棋街道以“李棋印象”民俗文化展为切入点，引入李棋竹篾文化，现场匠人现场编织演示，让群众亲手感受编制各类竹篾器皿、生产生活用具。5月7日，历经81天的米线节圆满落幕。据不完全统计，本次米线节活动期间接待游客180万人次，实现旅游收入8.6亿元。米线节充分展示红塔区聂耳故乡、花灯之乡、云烟之乡新形象，提升红塔区旅游文化知名度。

【峨山县开新街暨油菜花文化旅游节】 2018年2月3～28日，峨山县举办“梁子一路情·扎实唻果嗦”2018年开新街暨油菜花文化旅游节活动。通过前期多种有效形式的宣传，吸引各地游客到峨山赏花品美食。峨山县欲通过彝韵高山梯田油菜花及独有的彝族开新街活动，全力打响“天下彝家·笃慕梦园”旅游文化品牌，让更多游客走进峨山、爱上峨山。据统计，2018“梁子一路情·扎实唻果嗦”开新街暨油菜花文化旅游节，游客数突破16万人次。

【千桌万人磨盘宴】 2018年3月17日，新平县民族文化广场人头攒动，10 000余人齐聚共享世界上规模最大的宴席——千桌万人磨盘宴。新平县千桌万人磨盘宴于2006年开始举办，2010年获世界上规模最大的宴席称号。2018年新平县创新思路，本着市场运作的原则，在承办主体、市场化运作和宣传渠道等方面创新，由新平县政府主办，新平哀牢山旅游开发有限公司承办，10家餐饮企业共准备1 100桌美食。在确定方案后，各企业开始销售，销售效果显著，9天内所有餐票销售完毕。

【易门二月二戏会】 2018年3月18日，易门县历史最为悠久、名声最为响亮、最具代表性的群众性民俗民间文化活动——“二月二”传统戏会在龙泉国家森林公园隆重开幕。来自昆明、安宁、楚雄、玉溪各县（区）的游客以及易门县数万群众欢聚龙泉国家森林公园、龙泉河景区和龙泉文化广场，看大戏、观民俗、沐春光、赏美景、品美食，共度传统戏会，表达对新一年的美好祈盼。此次“二月二”传统戏会活动历时三天，安排有花灯、龙灯、舞狮等传统节目及商品展贸等，并举办“中国梦·易门情”广场舞大赛、五人制足球赛、美影书画展等系列文化旅游活动。戏会历时三天，期间省花灯剧院在易门会厅演出大型古装花灯剧剧《赌徒遗恨》《玉珠串》等剧目。据不完全统计，易门县“二月二”戏会期间接待游客6.5万余人，实现旅游收入3 500万元。

【金芒果文化旅游节】 2018年6月8～28日，“中国·元江2018金芒果文化旅游节”在元江县太阳城举行，20项系列活动贯穿节日，精彩纷呈。元江金芒果文化旅游节是云南省著名的旅游节庆品牌之一，2018年已经是第十五届。与往年不同，今年的金芒果节与端午节、哈尼族“库扎扎”节、傣族花街节相遇，节中有节，更加热闹非凡。节日期间举办“金芒果好声音”歌手大赛、云上梯田欢乐“库扎扎”、清凉一夏水上游乐、金芒果开园采摘直播、芒果产业大会等系列活动，为广大游客献上丰富的文化旅游大餐。在端午小长假期间，还举行吃芒果比赛、万人泼水狂欢、七彩泡泡跑、相聚太阳城民族歌舞晚会、舞动元江最炫民族风、狂欢之夜啤酒音乐嘉年华、“曼妙傣韵，梦想花开”专场晚会、花街风情赶摆等众多精彩刺激、民俗味浓的游客体验项目，游客还体验观光采摘、无火之炊、美丽乡村游，逛水果街、乡土街、美食街等，品尝少数民族的特色粽子，近距离学习感受哈尼族棕扇舞、彝族阿哩、傣族蒙面情歌等少数民族原生态歌舞。2018金芒果文化旅游节，接待游客再创新高，星级宾馆酒店入住率达100%。全县共接待游客30.2956万人次，比上年增加1.3476万人次，同比增4.66%；实现社会旅游收入16 252.09万元，同比增41.48%。其中：一日游游客26.3003万人次，同比增2.28%，过夜游客3.9553万人次，同比增23.57%。游客接待量首破30万人次大关。

【野生食用菌交易会】 2018年7月20～24日，“聚集华夏山珍，推进绿色发展”——第十四届中国（云南）野生食用菌交易会在易门县举行。展会期间，举办野生食用菌产品交易、美食展、小商品展、人工栽培食用菌展、集邮展、野生菌科普展、品牌汽车展、食用菌产业十年规划展、水上娱乐活动、野生菌美食长街宴等系列活动。交易会设4个展区800个展位，其中精品展区250个、鲜菌交易区300个、美食展区50个、小商品展区200个，展位数比上届增200个。

【抚仙湖铜锅美食节】 2018年7月21日，以"魅力仙湖，寻味澄江"为主题的抚仙湖铜锅美食节在禄充景区开幕。禄充景区抚仙湖铜锅美食节首日喜迎1.6万人次游客。活动分为“文化澄江”“味道澄江”“稀奇古怪特色澄江”“魅力澄江”四大版块。从人文历史、非遗民俗、特色美食、风情演绎等方面，策划游客互动性和参与性极强的节庆活动，是一场集视觉、

听觉、味觉为一体的盛宴，让游客感受别样的旅游体验。

【柑橘文化节】 2018年9月7～9日，2018中国·华宁柑橘节在泉乡华宁县举行。游客们品尝蜜橘美食，赏千年古陶，游澶泉风光，体验趣味活动，尽享桔乡之旅的种种乐趣。2018柑橘节以“泉润橘乡陶冶华宁”为活动主题，旨在宣传和展示华宁独特旅游文化资源，进一步提升华宁“泉乡”“桔乡”“陶乡”的知名度和影响力，促进华宁旅游文化产业发展。柑橘节在华宁县城泉乡文化广场设主会场，在华溪镇、盘溪镇设分会场，举办乡村民俗系列节庆活动。节庆期间县城及主会场共举办开幕式及文艺演出、“唱响泉乡”电视歌手比赛、开窑活动、华宁陶发展论坛、磨豆山户外系列活动、品牌汽车华宁展、盆景展、华宁特色炊锅宴等15项节庆活动。节庆期间接待游客41 880人次，其中过夜游客21 358人次，一日游游20 522人次，实现旅游收入2 573.37万元。与上年同期相比，游客总量增长107.2%，旅游收入增长169.7%。

【峨山摸鱼节】 2018年9月23日秋分日入选首届“中国农民丰收节”系列活动名单的“峨山摸鱼节”拉开帷幕。峨山县利用得天独厚的自然资源，以双江街道为龙头带动农户发展稻田养鱼，实行全生态环保养殖，出产的稻花鱼和稻米品质十分优良，稻花鱼肉质细嫩，味道鲜美，与鱼共生的稻米品质优良，香润可口，受到众多消费者的喜爱。“峨山摸鱼节”自2016年开办以来形成了富有地方特色的节日，已成为当地民众生活的一部分。2018“峨山摸鱼节”活动于9月23日在双江街道桃李谷举办。活动当天，除精彩的开幕式表演外，还有田间寻宝、稻田自行车挑战赛、农特产品展示活动等特色创意活动以及地方特色美食等，吸引了众多游客。

【哈尼“十月年”】 2018年11月17～19日，元江县哈尼族迎来一年一度的传统节日“十月年”，哈尼山寨到处洋溢着喜庆的节日气氛。四方宾客与哈尼群众一起品长街宴、跳棕扇舞、荡秋千……共同体味传统民俗，感受地道的哈尼年味。

节日期间，除棕扇舞狂欢活动外，游客还能在长街宴上品尝哈尼美食，体验当地的冲粑粑、荡秋千、捉谷茬鱼等民俗活动。“文化搭台、旅游唱戏”，在元江县羊街、那诺等乡镇，通过“哈尼狂欢十月年”系列年俗活动，展示、宣传、弘扬哈尼民族传统文化，提升哈尼民族文化的影响力，促进当地文化旅游和经济社会持续健康发展。

【春节黄金周】 2018年春节黄金周，全市共接待游客232.16万人次，同比增长8.48%，实现总收入131 327.06万元，同比增长47.92%。其中过夜游客23.23万人次，同比增长30.22%，过夜收入24 931.25万元，同比增长69.37%；一日游游客208.93万人次，同比增长6.5%；一日游收入106 395.82万元，同比增长43.65%。中心城区、抚仙湖、哀牢山红河谷旅游区以及通海秀山、古城片区受到广大游客的欢迎。一日游仍旧是游客的主要旅游方式，占游客总数的89.97%。红塔区城市体验游、抚仙湖观光亲水游、哀牢山民族风情游、红河谷避寒养生游等精品旅游线路广受游客青睐，成为2018春节“黄金周”旅游的热门之选。

【“清明”小长假】 2018年4月5～7日，清明小长假全市接待游客35.64万人次，同比增长13.40%，实现旅游总收入2.03亿元，同比增长52.33%。其中过夜游客10.17万人次，同比增长22.92%；一日游游客25.47万人次，同比增长9.99%。

2018年9月25日，“我和云南有个约会——2018总领事玉溪音乐故事会”在抚仙湖畔举办，来自缅甸、老挝、泰国、柬埔寨、马来西亚、澳大利亚等国的驻昆明（成都）总领事欢聚一堂，共享金秋岁月，共叙多边友谊。玉溪市委书记罗应光，云南广播电视台台长和亚宁，省外事办、省旅发委、玉溪市相关领导出席了活动 （市旅发委 提供）

【"五一"小长假】 2018年4月29日至5月1日，全市共接待游客80.61万人次，同比增长15.35%；实现总收入44 078.89万元，同比增长54.77%。"五一"期间，部分玉溪至昆明南站的动车组票价"打8折"，优惠的票价、快捷的交通吸引游客前往玉溪观光。"五一"期间天气转暖，一日游游客人数、过夜游客人数大幅增长。各县（区）举办特色突出的节庆活动，吸引外地游客到玉旅游。

【"端午"小长假】 2018年"端午小长假"，全市共接待游客57.82万人次，同比增长83.27%，实现总收入32 169.3万元，同比增长135.11%，游客出行呈现出上升趋势。"端午"旅游市场呈现以下特点：县（区）活动丰富多彩、自驾游成为首选、旅游商品热销、旅游市场秩序良好。

【"中秋"小长假】 2018年"中秋节"小长假，全市共接待游客50.42万人次，实现总收入29 103.69万元。其中过夜游客16.6万人次，过夜收入11 879.66万元；一日游游客33.82万人次，一日游收入17 224.03万元。小长假3天进出各县（区）车辆49.88万辆次。玉溪市倾力打造的"三湖"休闲度假旅游环线、"哀牢山—红河谷民族生态旅游环线""易—红—华特色旅游连接线"三条精品线路的旅游产品得到市场的认可。

【"十一"黄金周】 2018年国庆"黄金周"，全市接待游客159.52万人次，实现总收入9.53亿元，同比分别增长7.59%、42.05%。其中过夜游客25.02万人次，过夜收入2.68亿元；一日游游客134.50万人次，一日游收入6.85亿元。

10月1日，"游云南"APP正式上线，游客带上手机就可玩转云南、玩转玉溪。国庆期间，玉溪市城市名片、景区名片、直播视频、游记攻略等内容关注度较国庆前夕有大幅度提升，景区wifi覆盖、找厕所、慢直播等功能深受游客喜爱，智慧旅游建设惠民成效明显。根据省政府有关文件要求，10月1日起，市内禄充景区、秀山公园、磨盘山国家森林公园、古滇文化园、九龙池公园、陇西世族庄园票价进行下调，门票降价带动了游客出行，红利凸显。

（徐晓秋）

旅游行业管理

【星级饭店评定复核】 2018年，全市参加星级饭店年度常规性复核24家，通过复核22家，取消星级2家。其中：三星级饭店13家：汇龙温泉大酒店、龙马大酒店、西都大酒店、昆明铁路国际旅行社（集团）象山宾馆、易门大酒店、非常阳光酒店、新平惠通酒店、峨山大酒店、通印大酒店、金茂大酒店、凯迪宾馆、景湖酒店、云溪宾馆；二星级饭店9家：天运温泉度假村、江川宾馆、宏盛酒店、贵元酒店、新平宾馆、宏福大酒店、大云酒店、穆斯林宾馆、象鼻温泉度假村；取消星级的2家：玉波苑酒店（三星级）、云安宾馆（二星级）。

【旅行社审批及导游换证】 2018年，市旅发委办理完结旅行社5家，完成电子导游证换发67名，审批旅行社服务网点45个。截至年底，全市共有39家旅行社（出境旅行社2家、国内旅行社37家），分社6家，服务网点（门市部）169家，完成电子导游证换发401名。

【星级乡村旅游接待户评定】 2018年，市旅发委评定乡村旅游星级接待户5户，全市有星级乡村旅游经营户125家（四星级18家，三星级89家，二星级18家），从业人员1 724人。全年接待游客171.48万人次，乡村旅游综合收入8 099.14万元。

【旅游市场监管】 2018年，全市积极推进旅游市场整治工作。按照省委、省政府的决策部署，保持推进旅游市场秩序整治工作的定力，坚定推进旅游市场秩序整治工作的决心和信心，加大联合执法力度。坚持问题导向，对全市旅游企业开展全面督查检查，进一步规范旅行社服务网点经营行为；加大景区景点监管和整治力度，不断提升服务质量和服务水平，加快推进旅游企业明码标价工作，促使旅游企业树立诚信经营意识。加大明察暗访、综合考核评价、执纪问责力度，压实县（区）政府责任，做到"守土有责、守土负责、守土尽责"，严格落实整治工作要求，抓实抓好旅游市场秩序整治工作。2018年，市、县（区）两级共开展旅游市场秩序整治督查检查364批次，其中暗访20批次，出动执法人员2 693人次，联合执法检查178批次，参与单位559家次，检查涉旅企业1 734家次，其中旅行社（含旅行社分社及服务网点）598家次，饭店355家次，景区景点315家次，旅游车船公司15家次，其他涉旅企业451家次，做到涉旅企业多轮检查全覆盖，促进旅游企业诚信、依法规范经营，确保玉溪旅游市场秩序平稳有序并持续向好。全市共受理各类投诉、咨询和建议意见96件次，其中旅游有效投诉65件，办结65件，结案率100%，无一起行政复议案件，无一起省挂牌督办案件，无旅游安全责任事故，进一步巩固了玉溪良好的旅游目的地形象。

【旅游安全管理】 2018年，市旅发委制定了《2018年玉溪市旅游行业安全生产专项整治工作方案》《玉溪市旅游发展委员会开展旅游安全隐患大排查大整治工作方案》。按照"全覆盖、零容忍、严执法、重实效"的要求，开展全市旅游行业安全隐患大排查大整治专项行动。排查全市旅行社、星级饭店、A级旅游景区（点）、星级乡村旅游、旅游汽车公司等旅游生产经营单位。重点排查安全管理组织体系，制度建设、责任落实、现场管理、档案管理、事故查处等方面存在的薄弱环节，做到100%全覆盖。结合旅游市场整治组织开展安全生产"打非治违"行动，按照"随机抽查""四不两直"方式，进行暗访抽查6次。制定《玉溪市旅游行业安全生产工作检查制度》，实行自查和检查，定期和不定期检查相结合。重要节点元旦、春节、五一、国庆等节假日，由市假日办牵头，开展集中专项检查，联合安监、工商、发改、消防、食药监、交通、技监等部门，对以旅游A级景区、星级饭店、星级乡村旅游接待户为重点的全市旅游企业进行联合大检查。全年组织集中专项检查8次，暗访抽查6次，开展检查210家次，出动检查人员1 318人次，车辆284台次，检查旅行社64家、酒店宾馆38家、旅游景区34个、星级农家乐及沿线经营户72家、旅游汽车公司2家。健全完善旅游行业安全监管制度，及时上报相关信息，加强安全生产应急管理，加强值班值守。

（徐晓秋）

（李卫东　摄）

（张本聪　摄）

卫　生

HYGIENE

责任编校：王　斌

卫生管理

【概　况】 2018年，全市卫生计生系统始终坚持以人民的健康为中心，紧扣以基层为重点，以改革创新为动力，预防为主，中西医并重，把健康融入人民共建共享的新时期卫生与健康工作方针，坚持不懈地打基础、抓改革、攻难点、惠民生，大幅提高群众医疗保障水平，全市医疗卫生计生事业取得长足发展。

2018年5月，玉溪因改革成效明显受到国务院办公厅通报表扬，并得到604万元资金的激励支持。7月，出台《国家公立医院综合改革示范城市建设玉溪工作方案》《玉溪市关于建立现代医院管理制度的实施意见》《玉溪市城市公立医院医药价格改革试点方案》，对当前及今后医改进行全面安排，加快推进公立医院章程、预算、审计、绩效考核等全覆盖。年内，红塔区、新平县成为国家慢性病示范区；全市艾滋病存活感染者、病人接受抗病毒治疗率及治疗有效率居全省第一；健康扶贫工作得到省脱贫攻坚领导小组通报表扬；市医院改扩建、市儿童医院项目建设以及市中医医院扩容、市妇幼保健院迁建前期工作顺利推进；编制完成《玉溪市大健康产业战略研究》及《玉溪市大健康产业发展规划（2018 ~ 2035年）》，启动实施健康城市、农村家庭病床、互联网医院建设等试点工作，群众健康有了更多更好的制度保障，看病就医更加公平可及。玉溪市顺利通过国家卫生城市第二轮复审；率先在全省将孕产妇死亡率控制到个位数。2008至2017年，玉溪市连续6届荣获全国无偿献血先进城市。

2018年，全市卫生技术人员1.7957万人，同比增长4.97%。新增培养人才56名、享受国务院特殊津贴1名、“云岭名医”1名、省政府特殊津贴2名、省卫生高层次人才4名、省委联系专家2名、兴玉人才4名。

【医药卫生体制改革】 2018年，全市10家综合医院推行DRGs支付改革，建立“医保管费用、医院管成本、一起管质量”的新机制，城镇职工、城乡居民住院费用全部按照统一费用标准执行。全市医疗费用增幅6.3%，连续3年下降；占医保基金支出总量约80%的住院总费用，由改革前增长16%降为增长10%左右。全市门诊次均费用174.9元，住院次均费用6 218.7元，平均住院日为8.4天，群众看病就医负担保持在合理区间。

各级公立医院积极调整优化医院收入结构，增强可持续发展的内生动力。全市药占比（不含中药饮片）为28.2%，3年下降8.7个百分点；医疗服务收入占比为31.8%，呈现逐年提高的良好态势。深化薪酬改革试点，稳步提高医务人员薪酬水平，6个改革试点公立医院编内人员的薪酬水平约为18.2万元，是市内事业单位在职在编人员薪酬水平的1.65倍。全市公立医院人员经费支出占比43.3%，突破40%的上限控制。出台加快推进医联体建设实施方案，所有三级医院牵头组建医联体，县级公立医院牵头组建15个医共体。峨山县在县乡村一体化建设的基础上，开展以医保基金打包付费为核心的紧密型医共体，试点工作成效明显，医保基金使用效率提高、医共体主动控费、基层服务能力明显提升。实施药品集中联合限价采购。积极推行“两票制”，截至2018年底，共计采购17.45亿元，与省药采平台相比，价格平均降幅14.58%，共计节约采购资金2.83亿元。

分级诊疗制度建设。认真贯彻落实《玉溪市加快推进医疗联合体建设实施方案》，全面推动多种形式的医联体建设工作。市医院与峨山县医院建成专业紧密型医联体，与31家医疗机构建成医联体、与10家医疗机构心电网络专科联盟；市第二人民医院与20家医疗机构建成精神专科联盟；市中医医院与13家医疗机构建成中医医联体、与12家医疗机构建成针灸推拿专科联盟、与12家医疗机构建成肛肠专科联盟；市妇幼保健院与25家医疗机构建成产前筛查暨新生儿疾病筛查专科联盟。峨山县开展以打包付费为核心的医共体建设，将辖区2家民营医院和全部基层医疗机构纳入医共体建设，成立相关组织机构，配套相关政策，取得一定成效；其他县（区）也积极启动建设工作，将全部基层医疗机构纳入医共体建设。全面推进分级诊疗工作，实行工作情况月报制，组织开展中期评估，市、县（区）两级医疗机构累计上转患者20 592人次，累计下转患者614人次。继续巩固加强县乡村医疗服务一体化管理工作。全市9个县（区）的县级医疗机构与54个乡镇卫生院实现一体化管理，县（区）覆盖率达到100%，乡镇覆盖率达80.60%。托管单位下派1 576人次，所托管单位上派进修学习485人次，被托管的基层医疗机构的管理更加规范，服务能力得到提升。

【智慧医疗建设】 2018年，市卫计委升级完善市级区域卫生信息平台功能模块和接口规范，成功上线家庭医生签约服务系统和基层高血压管理系统，圆满完成省卫计委交办的“一部手机办事通——我要看病”指令性任务。自2012年启动全市区域卫生信息化建设以来，已建成市级数据中心、区域卫生云平台、区域卫生综合管理系统、卫生综合服务系统和居民健康自助服务系统。在澄江县试点全景诊疗项目，实现省、市、县、乡、村五级远程诊疗。基于市级全民健康信息平台，积极构建“互联网+医疗健康”服务体系。7月，市医院被确定为全省医联体互联网试点医院，各项工作积极推进。

【医疗服务能力建设】 2018年，市医院改扩建、市儿童医院、中山大学澄江教学医院等卫生重大项目强力推进，市医院提质扩容、市中医医院扩容、市妇幼保健院迁建前期工作稳步开展。全市卫生补短板项目累计完成投资2.6亿元。实施中央预算内投资项目16个，总投资近6.42亿元。新平县中医医院、江川区中医医院改扩建项目竣工投入使用。投入160万元补助建设23个村卫生室，全市所有村卫生室实现建设达标。

通海县、澄江县、新平县人民医院通过县级医院提质达标验收，获得省政府500万元“以奖代补”资金。市医院神经内科、神经外科被评为省级临床重点专科。通海县医院成为全国首批示范卒中防治中心，澄江县医院胸痛中心通过国家级评审。院前医疗急救体系建设不断完善，成为全省首家实现市县（区）院前医疗急救网络联网的州市。投入100万元启动2个中心卫生院慢性病管理中心和心脑血管救治站建设工作。各县（区）积极筹措600余万元，购置救护车、便携式B超、心电图机、除颤仪、监护仪等设施设备101台（件），改善基层服务能力。启动乡镇卫生院和社区卫生服务中心等级评审工作。

【基本公共卫生服务】 2018年，全

市无甲类传染病报告，报告乙类传染病12种2 658例，发病率119.90/10万，传染病疫情控制在全省最低和玉溪市历史最低水平。以乡镇为单位的免疫规划疫苗报告接种率95%以上。启动实施“健康惠民工程”，居民健康水平得到不断提高。慢病防治水平不断提升，全市人均期望寿命达75.58岁，高于全省平均水平，位居全省前列。完成全国精神卫生试点建设工作并通过考核验收，新平县创建为国家级示范区，江川区创建为省级示范区，红塔区完成国家级示范区复审工作。全市人均基本公共卫生服务项目补助经费提高到55元，在省级组织绩效考评中取得较好成绩，继续保持在全省前列。继续实施第四轮防治艾滋病人民战争，在全省首创将艾滋病防治工作延伸到社区（村委会）及探索美沙酮外带服务，存活感染者、病人接受抗病毒治疗率及治疗有效率居全省第一，率先在全省实现国际治疗艾滋病三个90%目标的两个。卫生应急救援有序开展，全市突发公共卫生事件预警信息响应率、规范处置率、事件处置及时率均达100%。

【健康扶贫】 2018年，全市建档立卡贫困户均参加基本医疗保险、大病医疗保险，建立电子健康档案、签约家庭医生。全市建档立卡人员发生普通住院23 989人次，总费用11 005.68万元，自付比例为9.7%。按照国家和省级要求将宫颈癌、乳腺癌、肺癌、尘肺病等29种病纳入大病集中救治，实现大病专项救治覆盖所有患大病建档立卡贫困人口。市卫计委被评为省脱贫攻坚扶贫先进集体。

【卫生、健康城市创建】 2018年，玉溪市顺利通过国家卫生城市复审，创建省级卫生县城4个并顺利通过国家卫生县城创建申报，新增省级卫生乡镇1个、卫生村18个，红塔区、易门县、元江县省级健康促进试点县（区）工作进展顺利。推进健康城市试点建设，落实《玉溪市建设国家健康城市试点工作方案》，推进健康细胞工程建设。谋划大健康产业、“健康生活目的地牌”工作。

【放管服工作】 2018年，全市卫计部门“放管服”改革和依法行政进一步强化。卫生健康行政审批事项减少至6类434项。开展“互联网＋政务服务”，把卫生计生部门的15项（含子项）行政审批和10项公共服务事项录入管理系统。医疗机构、医师、护士电子化注册率率先达到100%。

【中山大学澄江教学医院建设项目讨论会】 2018年2月8～9日，澄江县政府组织召开中山大学澄江教学医院建设项目讨论会。中山大学校长助理、中山大学第一附属医院副院长祁少海，市卫生计生委主任鲁志明、原主任马跃武、副主任曲校德，市医院、玉溪大健康产业公司、广东华方工程设计有限公司、澄江县卫生计生局、澄江县人民医院相关领导和工作人员参加，会议由澄江县副县长夏德喜主持。各参会人员围绕项目建设的科学设置及建筑布局、人才培养计划及规划、医疗设备清单、落实工程建设部门和医疗部门的工作机制等6个议题进行讨论协商，并达成共识。

【省卫计委主任杨洋到玉溪调研】 2018年8月6日，省卫计委主任杨洋率省卫计委相关处室负责人到市卫计委，围绕互联网医院建设目标与思路进行调研。市医院项目负责人从开展业务内容、建设内容、项目建设可行性分析、相关政策配套需求等方面向调研组进行汇报。市卫计委主任鲁志明、市医院院长曾勇等就互联网医院建设做补充汇报。省卫计委相关处室负责人就玉溪市互联网医院建设提出建设性意见、建议。

【农工党中央调研组到玉调研】 2018年10月24日，农工党中央参政议政部副部长王素芳率农工党中央及省调研组一行12人到玉溪调研医改及全科医生制度建设。副市长曾敏主持调研座谈会，市卫计委主任鲁志明从医改及全科医生制度建设两个方面做了汇报。座谈会上，双方就玉溪医改及全科医生制度建设进行了互动交流，国家卫健委卫生发展研究中心助理研究员李婷婷对玉溪医改情况进行评价，王素芳副部长对玉溪医改及全科医生制度建设给予充分肯定。全国政协委员、农工党云南省委主委杨鸿生建议玉溪市进一步总结经验，加大宣传，推进工作。

【省公立医院综合改革典型经验推广培训班在玉举办】 2018年12月6～7日，全省公立医院综合改革典型经验推广培训会在玉溪举办。国家卫健委体制改革司巡视员朱洪彪，省卫计委主任杨洋，市长张德华、副市长曾敏出席会议。朱洪彪做专题授课，张德华向出席大会的来宾表示诚挚的欢迎，并介绍了玉溪医改经验和工作开展情况。各州（市）、县（区）政府分管领导和卫生系统相关负责人150余人参加培训，玉溪市、峨山县、禄丰县、云县和祥云县作经验交流，与会人员还到峨山县医院、小街卫生院和永昌卫生室进行现场观摩。

（王一舒）

【院前急救】 2018年，玉溪市急救中心受理呼救43 467人次，有效受理呼救9 775人次，其中：完成院前急救5 424人次，较上年同期的5 377人次，增加47人次，同比增长0.87%；完成长途转运2 697人次，较上年同期的2 217人次，增加480人次，增长21.65%。受理危重患者1 120人，

2018年10月24日，农工党中央调研玉溪医改及全科医生工作　（高双桥　摄）

抢救危重患者 1 120 人，危重患者处置率 100%，CPR 抢救人数 47 人，其中成功人数 5 人次，CPR 成功率为 10.6%。共回访 6 393 人次，满意 6 310 人次，不满意 83 人次，群众满意率达 98.70%。全年无重大医疗事故发生。稳步提升调度能力，总体实现“一分钟调度，二分钟出诊”要求。在每次调度中，做到急救电话接听时间平均不超过 7 秒，调度派车时间平均不超过 60 秒，急救电话受理时间平均不超过 60 秒，体现“救命电话”的特殊功能。2018 年度日平均完成院前急救调度 16 次，日平均完成转院返送 8 次，日最高派诊次数为 38 次。

市急救中心统一购买 GPS 车载终端，为 7 县 2 区 43 辆救护车免费安装 GPS 车载终端。为全市院前急救联网工作奠定坚实基础。

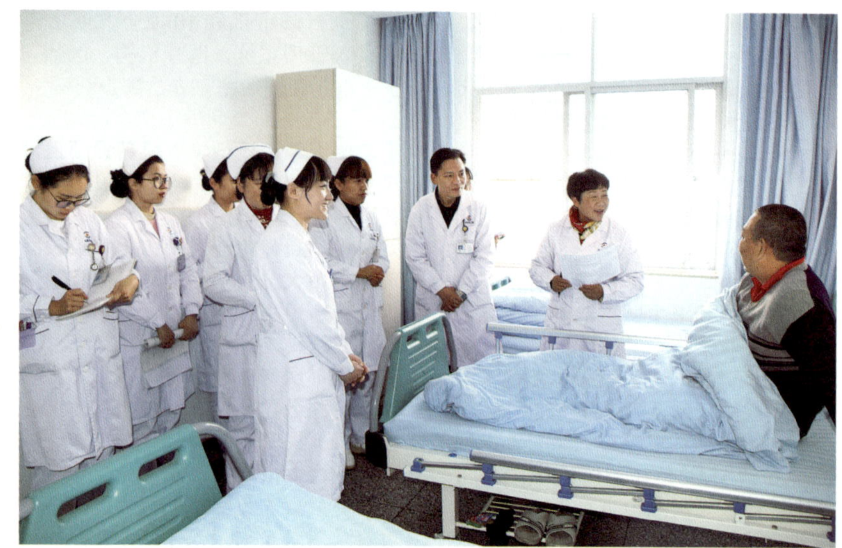

2018 年 4 月 12 日，市二院老年精神科、睡眠医学科通过上级卫生行政主管部门的优质护理服务病房验收工作（何孝勇　摄）

【联合应急医疗救援演练活动】 2018 年 11 月 6 ~ 7 日，市急救中心与澄江县卫计局、澄江县急救站联合在澄江县海口镇谷堆山村后山顶，开展以“澄江县海口镇谷堆山村后山顶发生客车与货车相撞”为背景的突发事件应急医疗救援演练活动，共 35 人参加演练活动，演练活动中医务人员对伤员进行开放性气胸处理，心肺复苏技术、负压夹板固定术、头部外伤包扎止血术、颈托固定术、短脊板固定术、开通静脉术，伤员信息扫码记录等多个项目，通过演练，进一步磨合工作机制、理顺工作关系、提高工作效率。

【院前急救指挥调度系统联网建设】 2018 年底，玉溪市院前急救中心与各县（区）急救站的调度指挥系统实现相互联网，实现市急救中心对全市参与院前急救车辆的网络信息全覆盖，为市指挥调度系统在全市范围内实现车辆 GPS 实时定位、轨迹查询，调度信息、出诊信息、日任务流水表、患者信息等院前急救信息共享迈出了坚实的一步，为实现全市范围内院前急救资源的统一协调、统一管理，构建“平时分级调度，战时统一指挥”的院前急救体系提供了平台基础。在全省各州市中率先实现省、市、县三级联网无缝对接。

（杞云博）

卫生规划与建设

【卫生规划工作】 围绕《玉溪市“十三五”卫生与健康规划》确定的目标，细化任务、明确分工，统筹协调、注重实效，全力推动“一纲要一规划”贯彻落实。围绕国家和省级“十三五”卫生与健康规划、《云南省医疗卫生服务体系规划（2016 ~ 2020 年）》，认真组织、细化方案，圆满完成中期评估。完成《玉溪市“十三五”卫生与健康规划》《玉溪市医疗卫生服务体系规划（2016 ~ 2020 年）》中期评估工作。

【县级医疗卫生项目建设】 2018 年，全市争取中央预算内投资建设项目 3 个，分别是峨山县疾病预防控制中心迁建项目、通海县妇幼保健院整体搬迁新建项目、新平县妇计中心整体搬迁建设项目。3 个项目总投资 4 998 万元，其中中央资金 3 000 万元，截至年底，3 个项目均已开工，开工率为 100%。

峨山县疾病预防控制中心迁建项目概算总投资 1 218 万元，其中中央预算资金 600 万元，其余不足部分峨山县通过处置现疾控中心资产解决；项目规划用地 5.37 亩，总建筑面积 3 655.9 平方米，其中新建业务楼 3 335.1 平方米，室外附属车棚、配电房、值班室、消防控制室及医疗废物间等 320.8 平方米及水、电、路、绿化等配套附属工程。该项目于 6 月 27 日完成工程招标，7 月 18 日举行开工仪式，截至年底，完成固定资产投资 150 万元，完成基桩开挖灌注工程，正在进行基础承台工程。

通海县妇幼保健院整体搬迁新建项目概算总投资 2 280 万元，其中中央预算资金 1 200 万元，不足部分地方配套解决；项目规划用地面积 15.6 亩，总建筑面积 7 600 平方米，建设集住院、门诊、急诊、体检中心、行政综合、医技、医疗保健、辅助设施（围墙、地平、污水处理）等为一体的综合服务楼。截至年底，完成固定资产投资 1 160 万元，基坑土方开挖完成，已进入工程桩施工阶段。

新平县妇计中心整体搬迁建设项目概算总投资 1 500 万元，其中中央预算资金 1 200 万元，地方政府配套 300 万元；项目建设面积 5 000 平方米，建设内容为门诊医技楼。截至年底，完成固定资产投资 1 005 万元，工程施工进入二层支砖阶段。

（杜　洋　谢坊枋）

卫生监督执法

【卫生监督放管服工作】 2018 年，市卫生监督局认真梳理“放管服”工作中卫生行政审批事项，牵头组织对已经编制的行政审批事项业务手册、办事指南及公共服务事项的服务指南进行删减。做好政务服务事项（行政许可 23 项、卫生行政处罚 310 项、行政确认4项、行政征收1项、其他行政权力3项、公共服务事项8项）梳理录入和维护管理工作。实行“一窗受理、内部流转、限时办结、一窗出证”的服务流程，审批服务类事项进驻政务中心到位、授权到位。利用“玉溪卫生监督信息网”“玉溪市卫生监督局微信公众号”告知查询，将事项名称、申报材料、办理流程、办理时限和受理窗口、地址、交通方式、咨询电话等服务信息推向手机终端。在“信用玉溪”“玉溪市卫生监督局网站”“玉溪市卫生监督局微信公众号”进行报批公示，在“信用玉溪”录入各类许可事项24件。

【完成双随机任务】 2018年，国家卫生计生监督中心抽取下发“双随机”任务表，涉及监督员共85人，抽取双随机785户，完成729户，关闭56户，完成率达92.87%，完结达100%，抽检任务按2018年国家抽检计划和双随机任务抽检合并，对抽查的9个专业已按质按量完成抽检任务，对不合格单位下达意见书和行政处罚，并限期整改到位。

【卫生监督稽查】 2018年，市卫生监督局开展对各县（区）卫生监督局的卫生监督执法专项稽查和层级稽查工作，各县（区）均实现了医疗机构和公共场所行政处罚、行政许可均在执法过程中全程记录。开展全市卫生监督员着装专项稽查、内部稽查和外部稽查。开展2018年卫生计生监督执法案例征集和评选活动，对42个行政处罚案卷和行政许可案卷进行自查、交叉评查、集中评查，全市在信用云南和卫生监督信息网公示行政处罚案件101件，许可案件1507件，全年查处行政违法案件125件。受理投诉举报51件，查处51件。

【传染病防治监督】 2018年，市卫生监督局规范行政审批行为，严格执行准入标准，制作用于医疗机构准入的《预防性卫生监督量化评分表》。督促医疗卫生机构建立和落实传染病疫情报告制度、自查核对制度及奖惩制度。医疗卫生机构的消毒产品进货验收台账建立率、索证率达95%以上，索证完整率达90%以上。全年传染病防治监督检查1 426户次，医疗机构控感管理、医疗废物及医院污水管理卫生监督1 413户次，消毒药物、消毒器械使用及消毒实施情况监督检查1 444户次，实验室生物安全监督检查148户次，全年共抽检医疗机构376户、样品1 931件，合格1 867件，合格率96.7%。

【医疗机构监督管理】 2018年，全市卫生监督部门对各类医疗机构执业情况、处方管理情况、抗菌药物使用情况、麻醉药品管理情况进行监督检查，共监督各类医疗机构1 404户次，组织开展限制类医疗技术备案22户次。对采供血机构、临床用血机构进行监督检查69户次，无非法采供血事件发生。开展母婴保健技术服务机构监督检查81户次，检查各类执业人员1 748人次，各类医疗机构未发现开展“两非”行为。开展人间传染的病原微生物实验室生物安全专项检查、严厉打击非法行医专项整治行动等各项专项整治11次，共监督检查各类医疗机构2 474户次，开展医疗广告监测315次，发现违法医疗广告19户次，下达意见书责令整改8户次，给予警告1户次。组织开展母婴保健技术服务执业人员培训、医政医管培训、中医药法及配套政策培训3期328人次，圆满完成省卫生计生监督传染病防治和医疗卫生监督实践基地培训2期24人次。全年累计受理办结卫生许可2 523件。

【餐饮具集中消毒和学校卫生监管】 2018年，市卫生监督局制定并下发《开展餐具、饮具集中消毒服务单位监督抽检工作实施方案的通知》，组织开展全市餐饮具集中消毒单位监督检查。全年共监督检查餐饮具集中消毒服务单位33户，建档率为100%，抽检消毒备用餐具350件，检测合格349件，合格率99.71%。组织人员对各县（区）餐饮具集中消毒服务单位进行监督检查及督导，并对2个县（区）餐饮具集中消毒服务单位负责人、从业人员进行现场培训。组织各级学校卫生监督员、卫生监督协管员、聘任的学校卫生监督协管员开展业务培训。组织开展全市春秋两季学校卫生专项检查工作，传染病及突发公共卫生事件的监督检查，对787所学校和托幼机构进行监督检查，加强督导，落实好卫生监督校园行动各项工作，并制定具体实施方案。对54所学校及各县（区）教育行政部门进行统一督导检查。

【食品安全企业标准备案】 2018年，市卫生监督局进一步完善有关工作制度，做好食品安全企业标准备案相关工作，从人员、技术、管理等方面保证食品安全企业标准备案工作顺利开展。制定工作方案、配套措施和管理制度，做好各项准备，充分利用并统筹现有卫生计生资源，强化能力，确保下发事权的正确履行。明确具体操作流程，按照规程办理备案工作。全年共审查并发布各类食品安全企业标准97个。

【生活饮用水卫生监管】 2018年，市卫生监督局制定下发《玉溪市2018年农村饮用水卫生监督抽检工作方案》，对全市乡镇级集中供水单位提供的饮用水进行监督抽检，共抽检40个末梢水及1个定点扶贫村水源水样品，合格水样13个，合格率32.5%。在全市范围内开展涉水产品生产企业和经营单位专项监督检查，共检查涉水产品生产企业10户，生产涉水产品24件，持有效卫生许可批件14件，责令限期改进2户；检查涉水产品经营单位142户，经营涉水产品250件，持有卫生许可批件175件，标识符合要求214件，有卫生安全检验报告122件，责令限期改进84户。

【职业放射卫生监管】 2018年，卫生监督部门开展放射诊疗建设项目预评价卫生审核17户，职业病危害放射防护设施竣工卫生验收22户；换发、校验放射诊疗许可证97户次。举办全市放射诊疗工作管理培训班1期89人次，组织放射影像医师和技师（士）等相关放射工作人员考试429人。

【公共场所卫生监管】 2018年，卫生监督部门开展夏季重点公共场所卫生监督专项行动监督检查工作，在全市范围内开展公共场所艾滋病防治专项整治，公共场所量化分级管理工作，对住宿、美容美发、沐浴、游泳场所实施公共场所卫生监督量化分级管理，全市公共场所量化分级管理评定共计3 358户，A级单位53户，B级单位760户，C级单位2 478户，不予评级67户。认真开展对全市17家消毒产品生产企业及357家消毒产品经营单位进行监督检查，检查3 000多个品种。开展对辖区内消毒产品经营单位进行专项卫生监督检查。

（杜鹏程）

2018年12月7日，云南省公立医院综合改革典型经验推广培训会与会人员到峨山县小街卫生院进行现场观摩　（王一舒　摄）

基层卫生

【基层医疗卫生机构能力提升】 2018年，市级预算160万元，补助建设23个村卫生室，新建2 591.32平方米，改扩建570平方米。9月启动基层卫生人才能力提升培训项目，采取理论培训和临床实践的方式，共培训乡村两级医疗卫生机构工作人员379人，培训项目最短5天，最长一年。乡村医生市级补助262.34万元，其中：在岗村医1 938人，补助232.56万元，按年龄政策退出岗位乡村医生391人，补助29.78万元。

（邓雪松）

疾病预防控制

【甲乙类传染病发病情况】 2018年，全市共报告甲乙类传染病病种12种，均为乙类传染病。发病2 658例，较上年同期（13种2951例）减少293；死亡52例，比上年同期（56例）下降7.14%；发病率119.90/10万，较上年同期（124.3/10万）下降3.54%；死亡率2.19/10万，较上年同期（2.40/10万）下降8.75%。

发病数顺位：肝炎（785例）、梅毒（585例）、肺结核（507例）、猩红热（267例）、淋病（234例）、艾滋病（108例）、痢疾（81例）、伤寒/副伤寒（77例）、布病（9例）、乙脑（2例）、登革热（2例）、疟疾（1例）。

【突发公共卫生事件处置】 2018年，全市报告突发公共卫生事件31起（学校22起，发病713例，波及14 560人，无死亡病例，罹患率为4.90%），累计发病806例，事件波及17 507人，报告死亡4例，病死率0.50%。其中传染病暴发疫情25起，发病744例，无死亡病例；突发中毒事件6起，发病62例，报告死亡病例4例。31起事件中Ⅳ级事件27起，发病786例，死亡1例；Ⅲ级事件3起，发病11例，死亡3例；未分级事件1起，发病9例，无死亡病例。突发事件集中在7月份，报告6起。各县（区）报告起数分别为：澄江县7起、红塔区6起、元江县5起、峨山县4起、江川区4起、易门县3起，华宁县2起；市、县（区）疾病预防控制中心进行及时调查、处理，并进行网络直报，其中27起事件已结案。2018年传染病自动预警系统信息1 203条，及时响应1 147条，响应及时率95.34%。

【疫情管理】 2018年，对全市167个疫情报告单位进行专项督导检查，覆盖率达100%。开展传染病疫情报告管理专项检查及传染病疫情漏报调查工作，对澄江县、易门县、峨山县和市级27个单位进行法定传染病漏报调查、疫情管理和突发公共卫生事件报告情况进行质量督导检查，共抽查门诊日志、检验及影像登记和出入院登记654 870人次，查出14种法定报告传染病641例，漏报31例，总漏报率4.84%，报告及时率97.21%。其中门诊登记457 889人次，查出法定报告传染病345例，漏报13例，漏报率3.77%；住院登记37 142人次，查出法定报告传染病91例，无漏报；检验及影像登记159 839人次，查出法定报告传染病205例，漏报18例，漏报率8.78%。传染病疫情报告质量核查，市级医疗机构4家共查各类登记158 000人次，查出传染病129例，漏报1例，漏报率0.78%，报告及时率90.63%；易门县抽查8家医疗机构各类登记167 350人次，查出法定报告传染病209例，漏报12例，漏报率为5.74%、报告及时率97.97%；峨山县抽查7家医疗机构各类登记93 619人次，查出法定报告传染病144例，漏报13例，漏报率为9.03%、报告及时率100%；澄江县抽查8家医疗机构各类登记235 901人次，查出法定报告传染病159例，漏报5例，漏报率为3.14%、报告及时率99.35%。

【鼠疫监测防治】 2018年2月，市卫计委牵头召开玉溪市鼠疫防治联防工作会议，总结2017年鼠疫防治工作，布置2018年的鼠疫联防工作任务。认真执行鼠疫疫情“三报”及“零”报告工作制度，“零报告”106月次，报告符合率、及时率均为100%。持续开展鼠疫防治相关知识宣传普及工作，年内发放鼠疫防治宣传材料44 000余份，群众鼠疫防治相关知识知晓率达80%以上。强化对宿主及媒介的监测工作，全市设2个固定监测点（元江县、新平县每年各设1个）和108个流动监测点进行鼠密度等监测，7县2区室内外共布放捕鼠工具40 084笼（夹）次，捕鼠849只，鼠密度2.12，鼠种以褐家鼠为主，其次是黄胸鼠；完成鼠脏器细菌培养3 277份，昆虫细菌培养1 252组，鼠血清抗体检测1 367份，结果全部为阴性。切实加强鼠疫防治培训工作，6月10～14日在元江县举办2018年鼠疫防治监测技术培训班，邀请省地方病防治研究所专家亲临授课，取得了很好的培训实效。

【霍乱监测防治】 2018年，全市共监测腹泻病例11 552例，采集相关标本849份进行霍乱病原菌培养，均未检出霍乱病原菌；外来海产品114份、生活饮用水139件、外环境污水标本290份，均未检出霍乱弧菌。

【结核病监测防治】 2018年，全市发现治疗管理结核病人575例，发病率24.21/10万；结核病信息系统中各县（区）登记管理肺结核患者586例（含结胸53例），患者登记管理率92.14%；1—9月初诊患者6 935例，完成指标任务的135.69%，病原学诊断阳性率58.65%。初诊患者查痰率99.88%；涂阴患者痰培养85.36%；新涂阳培养率34.55%；非结防机构共报告患者2 018例，重报257例，重报率12.74%，住院17例，出院9例，收到转诊单1 743例，转诊率99.43%，转诊及时到位率61.67%，需要追踪657例，追踪率100%，追踪到位率97.41%，总体到位率99.03%；活动性结核病人治疗成功率94.93%，流动人口治疗成功率94.38%；结核病人筛查艾滋病病毒，全市登记结核病患者573例，HIV筛查人数570例，筛查率99.48%，确认新检测阳性1例，既往阳性6例，阴性562例。

【手足口病的监测防治】 2018年，全市共报告12 632例手足口病病例，其中，重症病例47例，累计采集检测咽拭子标本700份，进行荧光RT-PCR核酸检测，检出阳性标本508份，阳性率为72.57%，其中EV71型50份，CoxA16型210份，其他肠道病毒248份。

【狂犬病防治】 2018年，卫生监督部门加强与兽医部门合作，一旦在畜间发现可疑疫情，及时采取防制措施，把疫情控制在最低水平；加大宣传工作，群众对狂犬病防控意识不断增强。共发放宣传单20 000余份，出黑板报120余期；强化犬伤门诊建设，提高医务人员狂犬病防治应急处置能力，犬伤门诊从疾控部门全部转移到市、县(区)医院。全年因犬受伤14 817人，规范处理伤口1 420人，共接种狂犬疫苗14 816人份，接种人狂犬免疫球蛋白1 857剂次。2018年发生一犬伤多人事件3起，波及12人，及时接种人狂犬免疫球蛋白7剂次、狂犬疫苗12人份。未报告狂犬病病例。

【流感、禽流感、人禽流感和SARS监测防治】 2018年，全市流感监测哨点（市人民医院）报告流感样病例2 393例，门诊病例总数387 449人，流感样病例占门诊病例总数百分比（简称ILI%）平均为0.62%。哨点医院共采集咽拭标本1 676份进行流感病毒RT-PCR核酸检测和MDCK细胞的分离培养，其中阳性数为509份，阳性率为30.36%。509份标本经过MDCK病毒培养后81份流感病毒毒株血凝滴度均高于8，其中甲型H1N1流感病毒有61份，乙型流感病毒Victoria系列9份，乙型流感病毒Yamagata系列9份。聚集性病例、暴发疫情监测敏感性进一步提高，全市共报告暴发和聚集性病例14起，其中通过“突发公共卫生事件报告管理系统”报告流感暴发疫情2起，通过“中国流感监测信息系统”报告6起，无死亡病例。全市14起流感疫情均发生在学校，在校学生为主要发病人群。对14起暴发和聚集疫情采集93份标本通过快速核酸RT-PCR检测，共检出核酸阳性标本56份，阳性率为60.21%，主要型别为乙型流感病毒BV亚型和甲型H1N1流感。积极开展外环境高致病性禽流感监测工作，完成环境标本48份，其中9份为通A阳性，其中H9N2有7份，H9/N6阳性2份。

【麻风防治工作】 2018年，全市麻风病疫村数1 087个，调查1 087个，调查率为100%；疫村总人口475 405人，调查145 629人，调查率30.63%；发现麻风可疑线索297条，追踪检查297条，追踪检查率100%。全市非麻风病疫村数5 616个，调查5 616个，调查率为100%；非疫村总人口1 718 797人，调查263 718人，调查率15.34%；发现麻风可疑线索314条，追踪检查314条，追踪检查率100%。全市新发现麻风病例4例，有现症病人19人，检查19人，现症病人检查率100%；有现症病人家属43人，检查43人，现症病人家属检查率100%；有治愈存活者684人，检查681人，治愈存活者检查率99.56%，有治愈存活者家属2 084人，检查2 079人，治愈存活者家属检查率99.76%。

【疟疾监测和防治】 2018年，全市血检任务数为7 400例，完成8 035例，完成率为108.58%；县级血片复检任务数740张，完成964张，完成率为130.27%；病人治疗1人。

【疫苗冷链运转情况】 2018年，全市一类疫苗入库85次，共472 740支；发放785次，466 930支，分别为卡介苗11 340支、脊灰疫苗（IPV、常规及补种）50 300支、脊灰疫苗(bOPV)15 690支、10ug乙肝疫苗84 900支、白破二联疫苗11 650支、A群流脑疫苗18 860支、乙脑疫苗59 400支、A+C群流脑疫苗45 340支、无细胞百白破70 600支、麻风二联疫苗31 800支、冻干甲肝疫苗32 700支、麻腮风三联疫苗34 350支。注射器入库13次，共667 800支，发放227次，共627 000支，分别为0.1ml自毁型注射器31 800支、0.5ml自毁型注射器372 600支、1ml自毁型注射器24 200支、2ml一次性注射器198 400支。完成对各县（区）疫苗配送42次76县次，做到疫苗运输全程温度监控和记录，保证疫苗的安全。完成一类疫苗盘点144苗次、自毁型注射器盘点48次。惠民23价肺炎疫苗入库2次2 900支，出库25次，共1 820支，惠民Hib疫苗入库6次600支，出库19次，共440支。

【常规免疫接种率监测】 2018年，全市各县（区）均及时报告接种率表，报告率100%。“五苗”基础免疫报告接种数分别为：卡介苗应种数27 545人，实种数27 459人，接种率99.69%；脊灰疫苗全程应种数32 611人，实种数32 401人，接种率99.36%；百白破疫苗全程应种数24 997人，实种数22 320人，接种率89.29%；麻风疫苗应种数31 725人，实种数31 513人，麻风疫苗接种率99.33%；流脑第一针应种数31 732人，实种数31 354人，接种率99.49%，流脑第二针应种数30 685人，实种数30 472人，接种率99.31%；乙脑应种数32 353人，实种数32 039人，接种率99.03%；乙肝疫苗全程应种数31 497人，实种数31 254人，接种率99.23%，首针应种数27 987人，实种数为27 916人，首针接种率为99.75%，24小时及时接种26 535人，及时接种率为94.81%。

加强免疫报告接种数分别为1.5～2岁组，DPT应种29 312人，实种25 376人，接种率86.57%；麻腮风疫苗应种35 418人，实种35 212人，接种率99.42%；乙脑应种30 637人，实种30 350人，接种率99.06%；甲肝应种35 119人，实种34 807人，接种率99.11%。3岁组流脑A+C应种23 997人，实种23 874人，接种率99.49%。4岁组OPV应种28 160人，实种27 949人，接种率99.25%。6岁组白破应种27 230人，实种27 060人，接种率99.38%；流脑A+C应种26 159人，实种25 981人，接种率99.32%。

【AFP、新破、麻疹、乙肝主动监测】 2018年，全国麻疹监测系统收到报告玉溪市麻疹疑似病例74例（按照报告地区），全部经实验室排除麻疹风疹病例，麻疹风疹排除病例报告发病率3.4/10万，达到国家指标要求。按照现住址统计，全市共报告AFP病例12例，报告发病率3.15/10万。按照报告地区统计，全市报告AFP病例11例，易门县无病例报告。报告后48小时调查率100%，14天内双份粪便采集率100%、合格便采集率92.31%、便标本7天内送达率84.62%，75天随访表及时送达率87.5%，通海县因随访表录入时信息错误，导致送达时间不及时。所有监测指标均达到国家要求。全市共监测报告乙型肝炎病例328例，其中急性乙肝34例占总比例数10.37%，慢性乙肝294例占总比例数89.63%。其中：附卡6项完整填写率100%（328/328）（要求90%）、分类报告准确率100%（328/328）（要求95%）、ALT检测率100%（要求100%）、抗-HBcIgM1：1 000检测率100%（34/34）（要求90%）、疑似急性乙肝个案流行病学调查率100%（要求100%）、乙肝病例监测报告监督覆盖率100%（要求100%）。所有监测指标均达到乙肝监测方案指标要求。

【疑似麻疹病例血清学病原学监测】 2018年，全市共上报疑似麻疹病例74例，其中红塔区报告17例、江川6例、澄江7例、通海13例、华宁8例、易门3例、峨山3例、新平9例、元江8例。共采集血清74份、尿液共72份、咽拭液72份，病例标本采集率分别为100%、97.30%、97.30%，分别进行麻疹、风疹实验室IgM检测诊断，其中血清74份确诊1例麻疹（江川），确诊1例风疹（华宁）；咽拭、尿液PCR麻疹、风疹核酸检测全部阴性。

【“健康惠民工程”项目】 根据市政府《关于在全市开展Hib、23价肺炎疫苗群体性预防接种的批复》及市政府办《关于在全市开展Hib、23价肺炎疫苗群体性预防接种健康惠民工程的通知》精神，对2018年1月1日后出生的玉溪市户籍人口免费接种HIB疫苗；对60岁以上玉溪市户籍人口免费接种23价肺炎疫苗。自2018年3月9日至12月31日，全市共完成Hib疫苗接种26 112针次，23价肺炎疫苗接种89 830人。

【IV补种及脊灰、麻风疫苗查漏补种】 2018年5～7月，全市开展IPV补种活动。其中接种不足3剂次bOPV儿童补种4 444人，已接种3剂次bOPV儿童补种3 523人。7月15日至9月30日在全市范围内开展一轮脊灰（bopv）和麻风疫苗查漏补种活动，脊灰疫苗应补种1 013人，实际补种975人，疫苗补种率96.25%，补种前“零”剂次儿童47人。麻风疫苗应补种628人，实际补种599人，疫苗补种率95.38%，补种前“零”剂次儿童127人。

各县（区）按照方案要求，对查漏补种开展快速评估工作。脊灰疫苗补种共调查1 326名适龄儿童，补种34人，补种前“零”剂次儿童2人，信息系统录入数1 303人，录入率98.27%；麻风疫苗补种共调查1 223名适龄儿童，补种16人，补种前“零”剂次儿童4人，信息系统录入数1 200人，录入率98.12%。

【乙脑监测】 2018年，全市共报告疑似乙脑病例11例，采集血清、脑脊液各11份，经实验室检测确诊1例乙脑，其余均为排除病例。

【入托入学预防接种证查验】 2018年，全市886所中小学和托幼机构，实际开展查验工作886所，入学新生45 207名，实际查验预防接种证45 207名，查验率100%；持证学生45 033，持证率99.62%，无证174人，补证174人，补证率100%。应补种5 897人，实际补种5 670人，补种完成率96.15%。其中托幼机构应补种1 941人，实际补种1 849人，补种率95.26%。小学应补种3 956人，实际补种3 821人，补种率96.59%。对入托入学儿童开预防接种证审核报告3 438份。

【65岁及以上老年人健康管理】 2018年，全市共完成65岁及以上老年人建档225 518人，建档率88.51%；完成生活自理能力评估203 205人，评估率90.11%；完成体检（含辅助检查）180 052人，体检率79.84%；健康管理178 501人，健康管理率70.06%。

【高血压、糖尿病患者管理】 2018年，全市下达任务数170 589人，为高血压患者建档173 989人；体检163 601人，体检率94.03%；规范管理（按基层高血压管理规范完成4次随访）158 423人，规范管理率91.05%；管理人群血压控制119 204人，血压控制率68.51%。全市下达任务数44 193人，为糖尿病患者建档管理39 687人，建档率89.80%；体检37 567人，体检率94.66%；规范管理（按第三版规范完成4次随访并体检）36 047人，规范管理率90.83%；管理人群血糖控制23 008人，血糖控制率57.97%。

【严重精神障碍患者管理】 2018年，全市在册患者人数为12 385人，报告患病率4.63‰。其中红塔区报告患病率4.01‰，其余各县（区）报告患病率均高于4.5‰。管理情况，全市在管患者人数10 581人，管理率96.12%，规范管理患者人数9 815人，规范管理率89.16%，面访率88.71%，病情稳定率85.87%。治疗情况，全市服药人数9 682人，规律服药人数5 888人，服药率为87.93%；规律服药率为53.47%；精神分裂症患者服药人数6 638人、规律服药人数3 953人，服药率为87.79%。

【心血管病高危人群早期筛查与综合干预项目】 2018年，全市完成初筛2 131人，初筛完成率106%，高危检出人数558人，高危检出率26%，完成高危干预人数506人，高危干预率90%。短期随访完成人数506人，短期随访完成率101%。长期随访完成人数2 930人，长期随访完成率83%，长期随访面访率96%，完成年度工作任务。

【死因监测】 全市监测点网络报告2018年死亡个案15 142例，平均报告死亡率6.95‰，县级以上医院未报告单位的比例为0，县级医疗机构（院内）报告及时率93.71%，乡镇卫生院（院外）报告及时率95.60%，及时审核率99.58%，死因编码错误比例0.16%，身份证完整率为98.90%，多死因链完整率为99.64%，漏报率为0.06%。

【肿瘤登记随访报告】 2018年，全

市新发病例 3 235 例，发病率 149/10 万，报告死亡病例 2 358 例，死亡率 108/10 万。

【儿童口腔疾病综合干预项目】 2018 年，承担窝沟封闭的 5 县（区）已确定窝沟封闭和局部用氟的医疗机构，其中公立的 13 家、非公立的 15 家。5 县（区）均举办培训班，培训口腔医师 45 人，护士 4 人，疾控人员 23 人，行政、教育等其他人员 74 人，共 146 人；健康教育覆盖学生、家长、老师、社会人群等共 131 875 人；窝沟封闭共覆盖 192 所小学，共筛查出窝沟封闭适应症人数 11 239 人。

【心脑血管登记报告】 全市 9 县（区）网络报告 2018 年心脑血管事件发生 11 546 人次，事件发生率 530.58/10 万，任务完成率 176.87%；报告死亡个案 3 594 例，报告死亡率 165.16/10 万，任务完成率 110.11%。

【地方病防治】 碘盐监测：2018 年共采集学生和孕妇食盐样品 2 703 份，实验室检测样品 2 703 份，合格碘盐 2 643 份、不合格碘盐 56 份、非碘盐 4 份，碘盐覆盖率 98.85%、碘盐合格率为 97.93%、合格碘盐食用率 97.78%、非碘盐率 0.15%。通海县检出不合格碘盐 5 份、非碘盐 1 份，非碘盐率为 0.33%；华宁县检测出不合格碘盐 5 份、非碘盐 3 份，非碘盐率为 1.0%。8 ~ 10 岁学生、孕妇尿碘检测童尿碘中位数为 211.14ug/L，碘营养状况为略超碘适宜量；孕妇尿碘中位数为 170.89ug/L，为碘适宜量。

【放射卫生监测】 2018 年，全市完成 145 家放射单位监测工作，其中医疗单位 143 家，监测人员数 566 人，工厂 2 家，监测人员数 34 人个人剂量监测工作；共计发放个人剂量 2 400 人份，回收 2 390 人份，共检测芯片量 4 780 片次。检测结果未超国家相关标准。共制作发放个人剂量检测报告 580 份。对重点职业病监测情况，对辖区内市人民医院介入科和核医学科以及玉溪百姓医院放射科 80 人进行双剂量监测，实际监测 53 人，监测率 66%。完成对辖区内 98 家放射诊疗机构问卷调查，机构覆盖率为 70.5%，超额完成每年度至少覆盖 1/3 的项目目标。

【环境卫生监测】 2018 年，市疾控中心受市卫生监督局委托完成市内 17 家公共场所双随机监督抽查任务。其中，8 家理发、美容业，8 家旅店业，1 家公共浴室，采样 18 点次，71 件次，105 项次。合格 14 家，不合格 3 家，检测合格率 82.4%；合格 100 项次，不合格 5 项次，合格率 95.2%；主要是公共用品的细菌总数超标问题。饮水水质卫生监测：完成监测 887 件，任务完成率 103.0%。其中，城市水厂出厂水、末梢水、二次供水监测 210 件，合格 203 件，合格率 96.67%。农村饮用水监测出厂水和末梢水共 677 件，合格 452 件，合格率 66.77%。

【职业卫生监测】 2018 年，重点职业病监测与职业健康风险评估项目。全市新建用人单位信息卡 52 条。上报有毒有害作业工人健康监护卡 218 条，发现疑似职业病 12 人，调离 7 人，职业禁忌证 501 人。其中，上岗前监护 8 358 人，发现疑似职业病 5 人，职业禁忌证 407 人；在岗监护应检 33 395 人，实检 34 066 人，监护率达 99.72%，发现疑似职业病 7 人，调离 7 人，职业禁忌证 94 人；离岗监护 2 107 人，未发现疑似职业病；报疑似职业病卡 21 条；尘肺病卡 20 条（10 例矽肺，9 例煤工尘肺，1 个铸工尘肺）；职业病诊断与鉴定相关信息报告卡 6 条。农药中毒卡 465 条。

【食品卫生监测】 2018 年，全市食源性疾病上报结案报告 76 起，报告中蘑菇中毒 55 起，其他有毒植物中毒 21 起，分别为炒油豆角中毒、白花豆中毒、蒲公英中毒，草乌泡酒中毒等，不明原因中毒 1 起。易门 25 起，澄江 11 起，元江 5 起，江川 6 起，红塔区 5 起，通海 2 起，华宁 5 起，峨山 10 起，新平 7 起。所有事件暴露人数共 867 人，发病人数 341 人，住院人数 85 人，死亡人数 4 人。

食源性疾病主动监测及疑似食源性异常病例 / 异常健康事件监测：全市的食源性疾病监测哨点医院由上年的 11 家增加到 103 家，哨点医院覆盖县级以上综合医院及所有的乡镇卫生院（街道社区服务中心）。全市 103 家哨点医院均开展食源性疾病监测上报工作，对 5 276 例（2017 年为 3036 例）腹泻病人填写《食源性疾病病例信息表》，其中红塔区 1 700 例、江川区 494 例、易门县 483 例、通海县 564 例、华宁县 453 例、澄江县 491 例、峨山县 272 例、新平县 388 例、元江县 432 例。全市 103 家哨点医院均未发现疑似食源性异常病例 / 异常健康事件病例。

【学校卫生监测】 2018 年，全市共完成 49 所学校的学生健康体检工作，63 970 名学生参加体检；完成 18 个市直学校的教学、生活环境监测，并撰写监测报告书发放到各学校；在师院附中、工业财贸学校、卫校开展学生常见病的防治专题讲座，受众学生 3 000 多名；督查、指导学校开展形式多样的“学生营养”健康教育。

【从业人员体检】 2018 年，全市共对 13 602 人公共服务从业人员进行了健康体检。体检发现甲肝 IgM 抗体阳性 22 例，检测率 0.18%；戊肝 IgM 抗体阳性检出 29 例，检测率 0.23%；志贺氏痢疾检出 2 例，检测率 0.02%；沙门氏菌检出 0 例，检测率 0%；检出活动性肺结核 3 例，检出率 0.02%；皮肤病 49 人，色盲 2 人，色弱 9 人，其他异常 16 人。为健康体检和复查正常的 12 481 人办理公共从业人员健康证。对体检不合格的 39 名从业人员均按规定进行调离。

【健康教育】 2018 年，市疾控中心开展各种卫生宣传日活动 8 次，1 万多人受益，发放宣传资料 3 万份。充分利用报刊、电视、短信、网络、板报等平台开展健康教育工作，共发放各种宣传材料 18 种 10 余万份（条）。参加“文化、卫生、科技”三下乡活动、市科技活动周活动、“防震减灾日”“食品安全”宣传周活动、万步健走宣传活动等系列活动。按要求完成省级健康素养监测问卷 2 000 份，市级监测 2 700 份；按要求完成省级烟草流行监测 2 800 份。

【消毒效果监测】 2018 年，市疾控中心对 12 家市直医疗机构和 3 家双随机诊所进行消毒效果监测。共采样 161 份，合格 158 份，合格率 98.14%。其中空气 16 份，合格 16 份，合格率 100%；物体表面 38 份，合格 37 份，合格率 97.37%；医护人员手 28 份，合格 26 份，合格率 92.86%；灭菌医疗器材 16 份，合格 16 份，合格率 100%；消毒医疗器材 2 份，合格 2 份，合格率 100%；血液透析治疗用水 2 份，合格 2 份，合格率 100%；使用消毒液 28 份，合格 28 份，合格率 100%；紫外线灯辐照强度 17

份，合格 17 份，合格率 100%；压力蒸汽灭菌器生物监测 14 份，合格 14 份，合格率 100%。

【医疗机构污水监测】 2018 年，市疾控中心对市直 11 家医疗机构污水进行监测，共采样 11 份，粪大肠菌群、沙门氏菌、志贺氏菌全部合格，总余氯低于国家标准的 2 家。监测结果提示医院应加强对污水处理系统的日常监测与维护，确保机器正常运行。

【托幼机构预防性消毒采样监测】 2018 年，市疾控中心完成对市直托幼机构预防性消毒的采样监测工作。采样监测 2 家市级幼儿园及分园，共采样监测 48 份，合格 41 份，合格率 85.42%。其中空气采样监测 11 份，合格 11 份，合格率 100%；物体表面（包括桌面、玩具等）采样监测 13 份，合格 13 份，合格率 100%；餐饮具采样监测 13 份，合格 11 份，合格率 84.62%。饮水机开关及水龙头采样监测 11 份，合格 6 份，合格率 54.55%。监测结果提示，幼儿园应加强餐具消毒，重视水龙头等易传播病原体部位的消毒。

（李顺祥）

卫生应急

【突发公共卫生事件基本情况】 2018 年，全市共报告突发公共卫生事件 31 起（比上年同期 23 起上升 34.78%），累计发病 810 例（比上年同期 363 例上升 123.14%），事件波及 17507 人（比上年同期 12 019 例上升 45.66%），报告死亡 4 例（比上年同期 8 例下降 50%），病死率 0.49%。31 起事件中Ⅳ级事件 27 起，发病 790 例，死亡 1 例；Ⅲ级事件 3 起，发病 11 例，死亡 3 例；未分级事件 1 起，发病 9 例，无死亡病例。

【突发公共卫生事件及发病情况】 2018 年，突发中毒事件：突发中毒事件 6 起，发病 62 例，报告死亡病例 4 例。31 起事件中Ⅳ级事件 27 起，发病 786 例，死亡 1 例；III 级事件 3 起，发病 11 例，死亡 3 例；未分级事件 1 起，发病 9 例，无死亡病例。传染病暴发疫情：传染病暴发疫情 25 起，发病 744 例，无死亡病例。其中丙类传染病暴发 19 起，发病 557 人；其他传染病暴发 6 起，发病 187 人，无甲乙类传染病暴发。预警响应：截至 12 月 31 日，传染病自动预警系统共预警 1 203 次，响应 1 203 次，其中 24 小时内响应 1 147 次。

（罗永波）

2018 年 8 月 13 日，通海地震救援　　（疾控中心　提供）

妇幼保健

【妇幼健康及人口发展】 2018 年，“关爱妇女儿童健康行动”指标圆满完成，孕产妇死亡率创历史新低。婴儿死亡率和 5 岁以下儿童死亡率为 4.48‰和 5.73‰，继续走在全省前列。孕产妇死亡率 8.37/10 万，率先在全省控制到个位数，为历史最低。

计划生育服务管理加快转型，全面两孩政策稳步实施。75 个乡（镇、街道）实现网上办理生育登记服务，计划生育特殊家庭特别扶助金标准进一步提高，121 438 人享受计划生育家庭奖励与扶助政策。圆满完成全国流动人口均等化试点重点联系城市各项评估督导指标，获得市委、市政府流动人口均等化试点工作先进单位荣誉称号。通海县获全国流动人口动态监测调查优秀单位，5 名督导员被国家卫健委通报表彰。

（王一舒）

【关爱妇女儿童健康行动】 2018 年，全市产妇数 23 973 人，活产数达 23 976 人，孕产妇健康管理率 95.99%，产妇系统管理率 91.06%，住院分娩率 99.97%；高危产妇管理人数 15 660 人，检出率 65.82%；孕产妇辖区内死亡 2 例，死亡率为 8.34/10 万。7 岁以下儿童 158 995 人，其中 5 岁以下儿童 114 536 人，3 岁以下儿童 76 899 人；7 岁以下儿童健康管理率 97.28%，3 岁以下儿童系统管理率 97.04%；婴儿死亡率 4.55‰，5 岁以下儿童死亡率 5.84‰。孕产妇死亡率、婴儿死亡率和 5 岁以下儿童死亡率低于全省、全国平均水平，孕产妇死亡率在全省率先实现个位数。

【妇女常见病筛查】 2018 年，全市结合农村妇女免费宫颈癌和乳腺癌检查项目，全面开展妇女常见病筛查，认真落实早诊早治防病原则。20 ~ 64 岁妇女病筛查 708 853 人，筛查率 66.63%，妇女常见病人数 32 083 人，患病率 20.41%；乳腺癌筛查 14 293 人，乳腺癌 7 例，患病率 48.98/10 万；宫颈癌筛查 30 236 人，宫颈癌 38 例，患病率 125.68/10 万；为 6 240 例农村妇女提供免费“乳腺癌”筛查，为 15 585 例农村妇女提供免费“宫颈癌”筛查工作，完成宫颈癌 HPV 基因免费检测 16 271 例，进一步提高妇女健康水平。

【免费婚前医学检查】 2018 年，全市结婚登记 32 554 人，免费婚前医学检查 31 137 人，婚前医学检查率 95.65%，检出疾病 2 378 人，其中指定传染病 552 人（性传播疾病 135 人），严重遗传性疾病 0 人，有关精神疾病 2 人，生殖系统疾病 1 146 人，对影响婚育疾病的医学意见 206 人。

【预防艾滋病、梅毒和乙肝母婴传播】 2018年，全市为新婚登记人群提供HIV、梅毒免费检测31 165人，HIV阳性51例，阳性率0.16%；梅毒阳性74人，阳性率0.24%。为孕产妇提供HIV、梅毒和乙肝检测29 249人，检测率99.37%，HIV阳性孕产妇70例，检出率0.24%。HIV阳性孕产妇服药率100%，婴儿服药率100%，HIV感染产妇所生儿童抗体检测率100%，HIV感染产妇及所生儿童母婴传播阻断措施覆盖率100%。梅毒孕产妇药物治疗率98.53%，药物规范治疗率91.18%。梅毒感染产妇所生儿童规范治疗率100%，乙肝感染产妇所生儿童免疫球蛋白注射率100%。母婴阻断网络直报及时报告率100%。

【产前诊断暨新生儿疾病筛查】 2018年，全市完成25 096例产前血清学筛查，产前筛查率85.22%；无创产前DNA检测1 489例，遗传咨询8 137人次，通过对794位筛查为高风险的孕妇进行羊膜腔穿刺羊水细胞培养产前诊断，确诊45例胎儿染色体异常，分别为：唐氏综合征（21三体）26例、18三体4例、13三体1例、其他各种异常14例；完成541例外周血染色体检查，确诊异常染色体核型29例；通过对23 952名新生儿进行遗传代谢病筛查，检出G6PD阳性82例，确诊先天性甲减8例、苯丙酮尿症1例，确诊的阳性病例均得到有效的随访管理和干预治疗，出生缺陷发生率102.24/万。3月28日市产前筛查与诊断暨新生儿疾病筛查专科联盟组建。市妇幼保健院与本市25家医疗助产机构签署专科联盟合作协议，与市外298家助产医疗机构签订产前诊断合作协议。年内，市妇幼保健院被省卫计委列为省级出生缺陷（遗传代谢病）救助项目定点医院，成为全省7家项目实施定点单位之一。

【托幼机构卫生保健管理】 2018年，全市有托幼机构321个，幼儿园卫生保健人员152人；保教人员4 678人，体检率达100%。在园儿童49 987人，体检人数49 038人，体检率达98.10%。低体重人数占1.37%、龋齿人数占43.83%、弱视斜视人数占2.18%、佝偻病人数占0.73%、贫血人数占1.26%，对市管托幼机构开展健康管理与指导，并对体检儿童进行综合评估，对儿童保健知识进行广泛宣传。

【出生医学证明管理】 2018年，全市申请30 000份出生医学证明，使用签发27 289份，其中机构内首次签发26 470份，换发332份，补发345份，机构外签发46份。发生废证96份，废证率0.35%；年内未发生遗失、被盗出生医学证明的案件，亦未发生违规发放的情况。

【妇幼健康教育】 2018年，市妇幼保健院充分利用广播、手机、报刊、网络等媒体开展健康教育活动，年内新开发制作宣传资料30种112 810份，累计发放宣传资料83 060份。开展进村入户宣传，使育龄群众优生优育、避孕节育知识知晓率达95%以上。2018年举办讲座及义诊咨询活动14次，内容涉及优生优育、避孕知识、女性健康知识等，受教人数达1 600余人，发放健康教育宣传资料7 500份。利用门诊大厅电子屏每天循环播放健康教育科普片，内容涉及艾滋病预防、孕期保健、母乳喂养、产前筛查、新生儿疾病筛查等。利用微信公众号和线上孕妇学校，推送信息99篇。开展志愿者服务活动，创建“玉溪市妇幼计生志愿服务队”，招募志愿者155名，职工注册比例达84.24%以上，并进行志愿服务队网上志愿活动申报、招募、组织。年内开展志愿活动25次，其中进社区义诊12次，志愿活动参与人员187人，参与率达100%，服务时间达2 392小时。在“互联网+孕期健康科普教育”工作中，单位荣获中国医药教育协会母婴健康管理专业委员会先进医院奖和“线上孕妇学校”模范医院奖，1人获先进个人奖；在2018年全省妇幼“基层天地”稿件评选中，单位荣获优秀组织单位。

【医学影像学检查】 2018年，市妇幼保健院开展早孕期NT筛查、胎儿系统超声检查、女性盆底超声检查、小儿发育性髋关节异常等超声检查及诊断工作。超声检查31 997人次，其中胎儿系统超声检查1 470人次，NT检查1 422人次，女性盆底检查97人次，小儿髋关节检查704人，共检出胎儿畸形138人。对于出生严重致畸致残胎儿，孕妇及家属绝大部分都自愿终止妊娠，降低了出生缺陷。

（周艳华 杨新燕）

2018年7月6日，肯尼亚等非洲国家及国际组织艾滋病防治交流代表团到玉溪交流

（高双桥 摄）

爱国卫生

【农村改水改厕】 改水工作：2018年全市农村总人口170.4494万人，累计受益141.9022万人，受益率达83.25%，当年受益10.7129万人；自来水厂（站）2 588个，累计受益139.5976万人，受益率达81.88%，当年受益7.9091万人，国家、集体、个人用于农村改水总投资2 362.14万元。改厕工作：全市农村总户数53.2996万户，累计卫生厕所户数37.2148万户，卫生厕所普及率69.82%，无害化卫生厕所普及率达56.95%，三格化粪池式累计6.0096万户，三联沼气池式卫生厕所累计14.0482万户，完整下水道水冲式8.0801万户，新增无害化

卫生厕所 1.7902 万户，累计使用卫生公厕户数 12.2636 万户，国家、集体、个人用于农村改厕、改水总投资分别为 1 249.72 万元、2 362.14 万元。

【健康教育】 2018 年，全年组织开展“千名医生下农村，健康服务送农民”活动，多形式和多渠道为农民送药送健康知识；参加文化科技卫生“三下乡”和文体、科教、卫生、法律“四进社区”活动，并积极开展学校、社区、机关、企事业单位健康教育，落实《学校卫生工作条例》《中小学健康教育指导纲要》，协同教育部门组织中小学生卫生与健康知识竞赛，通过创建国家卫生城市，卫生县城、卫生村镇这一平台，进一步完善各县（区）学校健康教育网络。开展社区、机关企事业单位健康知识讲座及活动，以展板、发放宣传资料、安全套等方式在“爱国卫生月”“世界无烟日”“世界厕所日”等卫生宣传日开展宣传活动；窗口各单位至少设有电子显示屏、宣传栏或宣传橱窗 1 ~ 2 块，有专兼职健康教育工作人员，有 12 种以上健康教育宣传资料；在玉溪电视台开设《健康开讲》专栏每周播出一期，公共频道《大众周刊》栏目每周日 21 点，邀请专家讲解疾病预防、急性疾病处理等知识。玉溪人民广播电台开设《健康早知道》等栏目，各县（区）电视台也分别播出《定期健康体检做到早发现、早诊断、早治疗》等节目。全市居民健康素养水平达到 17%。

【控烟工作】 2018 年，全市控烟宣传坚持实行两个结合，把日常性控烟宣传与“无烟日”大型社会宣传结合起来，以创建国家卫生城市（县城）为抓手，市爱卫办牵头组织市疾控中心、红塔集团、烟草专卖局、市场监管局就烟草广告、卷烟店门头、学校周边、医院烟草售卖等进行规范。全市各医疗卫生单位及其他公共场所实行全面禁烟，在醒目位置设立禁烟告示牌，规范吸烟区设置。迎接国家卫生城市第二轮复审，制作 33 余万张禁烟标识，粘贴在所有公共场所。全市广泛开展捡拾烟头的网格化志愿者服务，控烟工作取得较大成效。

【爱国卫生月活动】 2018 年 4 月，在开展“关注小环境，共享大健康”为活动主题的第 30 个爱国卫生月活动期间，全市参加健康教育活动人数 33.84 万人次，发放各类健康教育宣传材料 149.79 万份，展出宣传展板 2 078 块，黑板报 1 175 期。全市参加活动人数共计 81.20 万人，清除垃圾 23 120.2 吨，出动车辆 15 699 辆次，清理污水沟 343 465 米，清除违章占道 5 054.02 处，清理乱贴乱画小广告 1 004.21 张，清除卫生死角 13 325 处。投放灭鼠毒饵 8 020.53 千克，投放灭蟑药 2 818.3 千克，药物灭蚊灭蝇 70 144.2 万平方米，投入资金 58.2059 万元。各县（区）积极组织开展健步环城、登山捡垃圾、自行车比赛等活动，参与人数达 8 万余人。

【病媒生物防制】 2018 年，全市 7 县 2 区结合创建卫生城市、卫生县城、城乡人居环境卫生综合整洁行动、百村示范，千村整治等工作实际，充分利用 4 月第 30 个爱国卫生月活动的契机和春秋两季以灭鼠为重点的防治工作，组织开展城区（县城）的“四害”病媒生物防制工作，做好消杀及防鼠等“四害”设施建设，“四害”密度监测，加强对人员聚集区、宿舍区、单位食堂、宾馆、餐饮店等区域的监测，采取堵洞抹缝，除积水，清洁卫生死角等措施，宣传发动群众积极参与到消除病媒生物活动中去，各项指标达到全国爱卫会相关标准，“四害”密度得到有效控制。对 4 个建成区（红塔区 3 个、江川区 1 个）进行病媒生物防制监测，均达到 B 级标准。全市投放灭鼠毒饵 8 020.5 千克，投放灭蟑药 2 818.3 千克，药物灭蚊灭蝇 70 144 万平方米，投入资金 95.522 万元。

【健康城市试点工作】 2018 年 3 月，市委办、市政府办下发《玉溪市建设国家健康城市试点工作实施方案（2018 ~ 2020 年）》，实施方案主要涉及 7 大健康工程：营造健康环境工程、构建健康社会工程、优化健康服务工程、培育健康人群工程、实施全民健身工程、实施健康细胞建设工程、创新健康发展工程。年内，全市 2 个示范区共建成健康社区 65 个，健康单位 21 家，健康家庭 320 户，健康学校 5 所，健康食堂 8 家、健康餐厅 7 家，健康主题公园 4 个，健康步道 5 条，健康知识宣传一条街 4 条，健康小屋 8 个，社区自助式健康检测点 76 个。“15 分钟医疗、体育健身服务圈”基本建成，医疗、健身服务日趋完善。机关企事业单位开展工间操活动覆盖率达 85.5%。易门县、澄江县、新平县申报为云南省健康县城试点；红塔区 5 个村镇、江川区 1 个村镇、通海县 3 个村镇、元江县 2 个村镇，共计 3 个县（区）11 个村镇为省健康村镇试点。红塔区、易门县、元江县成功申报省级健康促进县试点县（区）并获得 102 万元的省级项目经费支持。

【国家卫生城市复审】 2018 年，市政府安排市爱卫办 50 万元经费用于禁烟标识、宣传海报等宣传品的制作。8 月 31 日至 9 月 4 日，全国爱卫办组织的专家暗访组对玉溪市巩固国家卫生城市工作进行第二轮暗访检查。专家组认为玉溪市按照《国家卫生城市标准》，扎实巩固国家卫生城市创建成果，各项工作落实比较到位。

2018 年 8 月 19 日，玉溪市首届“中国医师节”暨上海医疗援滇大型义诊活动举行
（高双桥 摄）

城市规划建设科学合理，市容市貌干净整洁，随访的居民、出租车司机和游客普遍认为市市容环境管理有序，对城市卫生状况满意度较高，玉溪市巩固国家卫生城市成果工作总体开展良好，成效显著，整体卫生水平达到《国家卫生城市标准》要求。暗访评分809.2分，决定予以通过本次暗访。

【国家卫生乡镇复审】 2018年8月31日至9月4日，全国爱卫办组织的专家暗访组红塔区大营街街道进行评审、暗访，专家组认为玉溪市高度重视卫生城镇创建工作，持续推进卫生创建工作，全面深入开展爱国卫生运动，健全城市卫生长效管理机制，努力解决影响群众健康的突出问题，不断加强城镇社会卫生综合治理巩固和发展国家卫生创建成果，发挥典型示范作用，决定再次命名玉溪市红塔区大营街街道为国家卫生镇。截至2018年，全市有6个省级卫生镇（红塔区北城街道、李棋镇街道，新平县杨武镇，通海县秀山街道、通海县里山彝族乡、通海兴蒙蒙古族乡）、112个省级卫生村（红塔区15个，江川区7个、新平县15个、易门县10个、通海县18个、澄江县10个、华宁县12个、元江县15个、峨山县10个）、129个“市级卫生村”。

（黎明燕　殷镱榕）

医政管理

【分级诊疗制度建设】 2018年，全市卫生部门认真贯彻落实《玉溪市加快推进医疗联合体建设实施方案》，全面推动多种形式的医联体建设工作。市人民医院与峨山县人民医院建成专业紧密型医联体，与31家医疗机构建成医联体、与10家医疗机构心电网络专科联盟；市第二人民医院与20家医疗机构建成精神专科联盟；市中医医院与13家医疗机构建成中医医联体、与12家医疗机构建成针灸推拿专科联盟、与12家医疗机构建成肛肠专科联盟；市妇幼保健院与25家医疗机构建成产前筛查暨新生儿疾病筛查专科联盟。峨山县开展以打包付费为核心的医共体建设，将辖区2家民营医院和全部基层医疗机构纳入医共体建设，成立相关组织机构，配套相关政策，取得了一定成效；其他县（区）也积极启动建设工作，将全部基层医疗机构纳入医共体建设。全面推进分级诊疗工作，市、县（区）两级医疗机构累计上转患者20 592人次，累计下转患者614人次。继续巩固加强县乡村医疗服务一体化管理工作。全市9个县（区）的县级医疗机构与54个乡镇卫生院实现一体化管理，县（区）覆盖率达到100%，乡镇覆盖率达到80.60%。

【市级公立医院绩效考核】 2018年，市卫计委认真组织开展2017年度市级公立医院绩效考核，3家医院均考核为优秀。拟定《2018年度玉溪市公立医院绩效考核方案》和《2018年度玉溪市公立医院绩效考核评分标准》并组织实施。

【医师资格考试】 2018年，全市619人通过医考，通过率为43.91%，同比增加9.52%。连续多年医考组织领导到位，工作无差错，雷同率为0。1月，玉溪考点被云南省医师资格考试考区办公室评为优秀考点。

【医疗机构执业登记、医师护士执业注册】 2018年，全市共办结医师、护士执业注册2 306件。全面推进医疗机构、医师、护士电子化注册管理，统一接入国家数据共享交换平台，运用信息化手段优化行业准入机制，强化并完善事中事后监管工作机制。6月，全市医疗机构电子化注册率、医师电子化注册率、护士电子化注册率在全省率先达到100%。全年办理医师多机构执业158人。

【健康扶贫工作】 2018年，全市卫生部门进一步强化诊疗方案制定和救治台账、档案管理，认真落实划片包干帮扶机制，有效发挥诊疗专家组的技术支持作用。落实按病种付费有关标准，建立健全基本医疗保险、大病保险、医疗救助、疾病应急救助、慈善救助和扶贫资金的协同保障机制。按要求新增专项救治病种；成立市级专家组；加强专项救治医疗质量安全管理；严格控制医疗费用；做好信息报送。组织市医院做好帮扶墨江县人民医院相关工作。做好玉溪市医疗帮扶德钦县相关工作。继续组织开展三级医院对口帮扶贫困乡镇卫生院工作。全市三级医院对口贫困乡镇卫生院支援人数101人，医技人才定向帮扶工作派出医师432人（其中副高及以上医师140人），护士220人。

【医疗服务体系建设】 2018年，澄江县、新平县人民医院达标晋级通过验收。市人民医院神经内科、神经外科被评为2019年省级临床重点专科。加强疾病预防控制，做好手足口病、结核病防治、流感病例救治及信息上报。推进市儿童医院新院区建设，做好市儿童医院独立设置和儿童就诊高峰期的医疗服务保障工作。市卫计委制定《关于促进玉溪市护理服务业改革与发展实施意见》，组织开展第五批优质护理病区验收工作，共22个病区（房）验收合格，抽查11个病区（房）均复查合格。成立玉溪市中医护理培训基地，推进全市中医护理人才培养和专科技术培训、指导，推广和应用中医特色护理技术。

【医疗质量安全监管】 2018年，市卫计委认真贯彻落实进一步改善医疗服务行动计划（2018～2020年），积极推进5项制度建立和11个方面医疗服务模式创新，加强指导和考核，持续改善患者就医体验。市卫计委制定《玉溪市卒中防治中心建设实施方案》《关于开展胸痛中心创建活动的通知》，成立组织机构，组织开展卒中中心和胸痛中心创建活动，通海县人民医院于5月成为全国首批示范卒中防治中心，澄江县人民医院胸痛中心通过国家级评审。开展脑卒中筛查与干预项目，按要求完成4 000例筛查以及2 000例院内干预任务。继续建立健全医疗质控体系网络，新建5个医疗质量控制中心（已建25个），推进医疗管理专业化，逐步实现同质化服务。组织市药事管理与临床药学质控中心、医院感染质量控制中心、院前急救质量控制中心、临床输血质量控制中心和健康体检质量控制中心开展专项督查。年内，市政府办制定《关于进一步加强无偿献血工作的实施意见》，明确部门职责，细化工作目标。全市千人口献血人次达到13人次。组织开展全市血液安全核查工作及《献血法》实施二十周年系列活动和采供血技能大赛。玉溪市连续6次荣获全国无偿献血先进城市。

加强医疗废物管理工作。做好医疗废物源头分类，强化医疗废物的收集、运送、暂存、转移、处置等各环节管理，按要求完成医疗废物申报统计及公示工作。做好长江经济带固废排查和中央环保督查回头看整改工作。印发《玉溪市卫生和计划生育委员会玉溪市环境保护局关于进一步加

2018 年 4 月 20 日，市二院正式授牌成为玉溪市精神卫生医疗质量控制中心 （何孝勇 摄）

强医疗卫生机构污水处理管理工作的通知》和《玉溪市卫生计生委玉溪市环境保护局关于进一步规范医疗废物管理工作的通知》，进一步加强全市医疗卫生机构污水处理工作和进一步规范医疗废物的安全管理工作。

【临床药事、抗菌药物及医院感染管理】 2018 年，市卫计委组织开展二级及以上公立医疗机构抗菌药物临床合理应用自查工作。组织开展抗菌药物临床应用管理阶段性评估，并委托市药事管理与临床药学质控中心开展抗菌药物临床应用管理阶段性评估督查，并对督查中发现的问题进行通报，进一步加强医院药事管理工作，提高医疗质量，保障患者安全。成立市抗菌药物临床应用与细菌耐药评价专家委员会，加强抗菌药物临床应用与细菌耐药综合评价，遏制细菌耐药。举办全市抗菌药物临床应用实践交流会，进一步加强全市医疗机构抗菌药物使用管理，学习国内部分医院在抗菌药物临床运用管理 AMS 策略方面的探索实践经验，持续完善抗菌药物管理体系，促进抗菌药物合理应用。贯彻落实《医院感染管理办法》，完善医院感染监控和管理机制，加强宣传培训，持续提高医院，特别是县级医院和基层医疗机构医院感染管理水平，保障患者安全。委托市医院感染质量控制中心开展医院感染管理督导检查，并对检查工作中发现的问题进行通报，进一步加强医院感染管理工作，提高医疗质量，保障患者安全。

（杨 坤）

【市级医院基础设施建设】 2018 年，玉溪市中医医院 3 号楼完成院内验收工作，并积极争取成教学院划拨。5 月，引进的全新进口奥林巴斯 EVIS290 电子胃肠镜系统经过调试已正式投入使用，提升了医院对于早期消化道癌症的诊疗能力。

2018 年，市中医医院信息系统完成核心网络改造项目建设。实现院内各大楼万兆网络双链路连接，实现网络图形化管理，可以快速进行网络故障排查。信息系统跨省异地医保的接口工作、信息系统医保事前提醒接口工作、特 / 慢病处方接口开发和病区护士复核医嘱流程改造工作全面完成，实现二号楼到中心机房和备用机房的万兆链路的冗余连接。与市急救中心合作，120 正式进驻市中医院。5 月市中医医院伤口 / 造口专科护理门诊开诊。6—11 月，骨伤科进行二级分科，分为 4 个专科：上肢足踝、关节与运动医学、小儿骨科、脊柱外科。7 月，与“云南中医”合作，开设“跟我学针灸”专栏，突出实用性、服务性。市中医医院经市人力和社会保障局批准成为玉溪市城镇职工和居民参保人员的首诊医院。8 月，全国名老中医药专家易修珍工作站在玉溪市中医医院落户，PICC 护理门诊、骨伤科护理门诊开诊。

2018 年，市人民医院大力推进大玉医医联体建设，在与全市 7 县 2 区共计 29 家人民医院、中医医院、民营医院医疗机构签订医疗联盟协议的基础上，于 2018 年 9 月 3 日与峨山县人民医院签订紧密型医联体建设合作协议，派驻 21 名专家团队到峨山县人民医院驻扎共建。10 月 8 日，市人民医院成功指导峨山县人民医院完成首例心脏永久双腔起搏器植入手术。11 月 30 日，市人民医院郝应禄基层专家工作站落户新平县人民医院。此外，市人民医院还成功指导元江县人民医院开展心脏射频消融治疗工作。市人民医院改扩建工程项目主体结构分部工程项目及抗震黏滞阻尼墙于 2 月 6 日验收完成，并于 7 月正式进入二装及智能化安装阶段。此外，在市人民医院等医疗机构的多方协调下，自 7 月 1 日起玉溪市医疗保险启动定点药店慢性病购药服务工作。同年，医院“银医一卡通”项目正式上线，并在微信预约挂号功能基础上增加了支付宝、微信门诊费用结算支付功能，一定程度缓解了群众就医难的问题。

2018年8月6日，市财政局下发《关于玉溪市人民医院无偿划拨固定资产到玉溪市儿童医院的批复》，同意将玉溪市人民医院（儿童医院使用）固定资产（账面原值2287万元）无偿划拨到玉溪市儿童医院。9月5日，玉溪市人社局下发《玉溪市人力资源和社会保障局关于玉溪市儿童医院编制人员集体划转的复函》。12月13日，玉溪市儿童医院与昆明市儿童医院签订联盟合作框架协议，就管理支持、医疗资源共享、专项技术帮扶、人才培养等合作达成共识。协议的签订，能切实发挥医疗联合体优势，以专科协作为纽带，提升区域医疗服务能力，落实分级诊疗和双向转诊，形成补位发展模式，更好地提升玉溪市儿童医院的医疗服务能力和管理水平，为玉溪儿童提供更加方便、优质的医疗服务。12月28日，玉溪市儿童医院取得三级医疗机构执业许可证。12月29日，玉溪市儿童医院依法取得事业单位法人证书，舒蕾为法人代表。12月30日，玉溪市儿童医院新信息系统上线。

（杨 丽 周 義 纳全龙）

【无偿献血】 2018年，玉溪市中心血站采集全血21 763人次，采血量6 237 700毫升；机采459人次，684个治疗量。较上年相比全血采集量上升2.84%，机采采集量上升3.17%，无偿献血率为9.33/千人口，较上年上升0.2/千人口。建立献血者队伍机采献血者329人、稀有血型献血者323人、固定无偿献血者7 424人；连续13年实现全市医疗临床用血100%来自自愿无偿献血。1月9日至2月6日，为缓解全市春节前临床用血紧张局面，市卫计委动员全市卫计系统干部职工开展无偿献血活动，共有630人献血166 900毫升，带动1 762名群众献血524 950毫升，保障了临床用血。

【血液检测】 2018年，市中心血站完成血液检测22 222人份；血液检测率为100%；血型检测准确率为100%；血液标本漏检率为0；血液检测报告发放准确率为100%；质量安全事故率为0。

【成分输血】 2018年，市中心血站积极推广成分输血，全年向临床供应血液64 667.25U，分别是悬浮红细胞：29 596.5U；洗涤红细胞：1 008.5U；冰冻解冻去甘油红细胞：5.25U；单采血小板：6 730U；新鲜冰冻血浆：13 333U；冰冻血浆：9 294U；冷沉淀：4700U。较上年上升2.23%。成分输血率100%。

【购置仪器设备】 2018年，市中心血站添购高压灭菌器、智能采血仪（秤）、微电脑采液控制器、全自动血压计、壁挂式空调、柜式空调、多通道生化分析仪、台式低温离心机、自动封管热合机（器）、全自动开盖机、全自动生化分析仪、平板壁挂式空气消毒机一批仪器设备，以满足采供血工作的需要。

【采供血机构岗位技能大赛】 2018年7月，由市卫计委、市总工会主办，市医学会协助市中心血站承办首届玉溪市采供血机构岗位职业技能大赛，44名来自市中心血站采供血岗位的参赛选手经过笔试、技能测试和知识竞答，分别遴选出采血、成分制备和检验岗6名优胜选手，参加首届云南省采供血机构岗位技能大赛。8月30日，首届云南省采供血机构岗位技能大赛在昆明结束，代表玉溪参赛的6名选手中，1人在成分制备岗个人竞赛中获得第一名，被授予“技术状元”称号；2人在采血岗个人竞赛中分获二、三等奖；2人获得检验岗个人竞赛二、三等奖；玉溪市获团体三等奖。

【玉溪市荣获“全国无偿献血先进市”称号】 2018年10月，玉溪市被国家卫生健康委员会、中国红十字会总会、中央军委后勤保障部卫生局授予“2016—2017年度全国无偿献血先进市”，至此玉溪市连续6届获得“全国无偿献血先进市”表彰，成为云南省唯一6次蝉联“全国无偿献血先进市”称号的城市，40人荣获“全国无偿献血奉献奖”金奖、80人获银奖、282人获铜奖，玉溪师院荣获“全国无偿献血促进奖”。12月21日，市中心血站流动采血班组获得由国家卫生健康委、中国红十字会总会、中央军委后勤保障部卫生局联合颁发的“全国表现突出采血班组”称号。

（沈佳佳）

社会办医

【出台《关于支持社会力量提供多层次多样化医疗服务的实施意见》】 2018年12月，市政府办公室制定出台《关于支持社会力量提供多层次多样化医疗服务的实施意见》，明确工作目标，到2020年全市每千常住人口社会办医疗机构床位数不低于1.5张，医疗技术、服务品质、品牌美誉度明显提升，专业人才、健康保险、医药技术等支撑进一步夯实，社会力量进入医疗领域发展环境全面优化；完善并强化政策支撑，提出优化审批服务、完善医保政策、落实医疗服务价格政策、落实各项财税优惠、加强用地保障、加强投融资政策支持、强化人力资源保障等措施。

【简化审批流程】 2018年，市卫计委成立许可审核科，对资料齐全、符合条件的社会办医疗机构，在执业登记、变更、校验以及医师、护士注册等审批事项力争当场办理，并将医疗机构设置审批时限由《医疗机构管理条例》规定的30日压缩为15日，将执业登记时限由《医疗机构管理条例》规定的45日压缩为20日。

【社会办医疗机构情况】 2018年底，全市共有民营医疗机构579个（其中民营医院44个），占医疗卫生机构总数的40.66%；实有床位3 246张（达到每千常住人口1.36床），占全市医疗卫生机构床位总数的23.95%；执业（助理）医师1 802人，占全市医师总数的29.67%；护士2 557人，占全市护士总数的30.25%。2018年，民营医疗机构门急诊人次372.03万人次，占全市门急诊人次的21.14%；出院人次7.65万人次，占全市出院人次的17.60%；业务收入7.79亿元，占全市医疗机构业务收入的18.38%。

（杨 坤）

中医药管理

【提升基层中医药服务能力】 2018年，全市4个社区卫生服务中心，67个乡镇卫生院都给予中医综合服务区（中医馆）建设项目资金支持，全

2018 年 1 月 30 ~ 31 日，玉溪市卫计系统无偿献血活动在澄江县开展，澄江卫计工作者积极响应，共有 193 人献血 57000 毫升
（中心血站　提供）

市 645 个村卫生室也给予中医适宜技术设备的配备，社区卫生服务中心、乡镇卫生院、村卫生室的中医门诊人次占总门诊人次分别为 15.26%、13.78%、12.06%。中医医院建设项目顺利推进，江川区中医医院改扩建项目于 2018 年 7 月竣工。新平县中医医院整体搬迁项目于 2018 年 8 月投入使用。峨山县中医医院迁建项目现完成门诊楼、医技楼、住院楼主体工程，已完成总合同工程量 65%。江川区、澄江县、通海县、易门县、峨山县作为省中药资源普查第四批项目实施单位，分别制定《中药资源普查工作实施方案》，开展普查工作。红塔区被国家中医药管理局命名为全国基层中医药工作先进单位。

【《国家公立医院综合改革示范城市建设玉溪工作方案》出台】 2018 年，市政府出台《国家公立医院综合改革示范城市建设玉溪工作方案》，方案规定参保人员到二级及以上中医医院普通门诊就诊，按每次处方金额的 20% 比例给予报销，1 个自然年度内最高支付限额为 300 元，不纳入最高支付限额累计。参保人员到二级及以上中医医院住院治疗，医疗费用起付标准在现行基础上降低 200 元；三级中医医院纳入分级诊疗的首诊医院、转诊医院。

【中医药人才培养】 2018 年，市中医医院名医馆正式开馆，建设有全国名老中医药专家易修珍工作站，段其昌全国名医工作室、夏惠明名医、朱勉生名医、石学敏院士、全国名老中医药专家易修珍传承工作室、赵淳传承工作室、云岭名医秦国政工作室、云岭名医彭江云工作室的二级工作站。澄江县中医医院建设余洋基层名老中医药专家传承工作室，从基层遴选 9 名继承人进行跟师学习，组织继承人 11 人次参加省级中医经典理论培训班。2018 年市中医医院获批 1 部省级民族医药文献整理项目“玉溪地区彝族医药文献整理研究”及 1 个中药民族药院内制剂研发项目“理伤祛瘀合剂的研发”，1 人荣获全国民族民间医药突出贡献奖。

市中医医院作为第二批国家级中医住院医师规范化培训基地，2018 年共招录中医科学员 8 人，中医全科订单定向学员 24 人，往届学员尚有 9 人在培。完成江川区、澄江县等 2 批 3 人的半年的全脱产研修培养。年内接收对口帮扶乡镇卫生院基层人才培养 11 人次。澄江县中医医院作为中医助理全科医师培训基地，接收玉溪市范围农村订单定向免费医学毕业生中医类别助理全科医生培训人员 12 人。完成全国中药特色技术传承人才、国家中医药管理局第一批中医药外向型优秀骨干人才、云南省第四批师带徒、云南省高层次中医药人才的推荐、申报、考核；完成云南省万人计划的推荐、申报。

（龙江涛）

医教科研

【医学科研成果与教学能力】 2018 年，市人民医院获国家自然基金项目 1 项（截至 2018 年共 5 项）、省教育厅科学研究基金项目 6 项、省社会哲学与科学科研项目 1 项、院级科研立项 53 项。获省卫生科技奖三等奖 4 项、优秀奖 1 项。发表学术论文 326 篇，其中：SCI11 篇（截至 2018 年共 36 篇）、国家级 13 篇、省级 302 篇。举办国家级继教项目 7 项，省级继教项目 33 项，州市级继教项目 23 项。

接收各类实习、进修、培训、教学班人员1 135人次，招收博士硕士研究生19名。昆医大五大班培养质量连续两年获得昆医大表扬，教学统考成绩第一名。

市中医医院有2项省科技厅－云南中医学院应用基础研究联合专项资金项目立项，科研验收7项，发表论文114篇。举办16项继续医学教育项目，其中有2项国家级项目，7项省级项目，7项市级项目。申报完成2019年度省科技厅基础研究计划项目1项，2019年省科技厅－云南中医学院联合专项资金项目5项。获准2018年省科技厅－云南中医学院联合专项资金立项1项，1项青年项目。获批1部省级民族医药文献整理项目及1个中药民族药院内制剂研发项目。通过2017年度市科技局结题验收1项，市卫计委科研项目验收结题13项。共审核发表学术论文87篇，院内人员参与图书编写5本。获批2018年国家级继教项目2项，省级继教项目8项，市级继教项目8项，举办省级继教项目3项，市级继教项目7项。市中医医院作为国家中医住院医师规范化培训基地，独立招收学员，共招录2 018级中医住院医师规范化培训学员32名。

市第二人民医院申报的3项科学研究基金项目"玉溪市少数民族双相情感障碍基因多态性研究""奥氮平与降压药合并用药时对降压效果的影响""轮匝肌转位术治疗老年性上睑内翻的效果研究"顺利通过立项。7月参加昆明理工大学2017～2018学年课堂教学比赛，1人获三等奖，医院获昆明理工大学首届医学青年教师教学基本功竞赛组织奖。2人被昆明医科大评为"优秀教师"。

【专科建设】 2018年，市人民医院建立市医疗界首个院士工作站——孙颖浩院士工作站、左力教授工作站、西京消化病医院玉溪整合医学中心、国家标准化代谢性疾病管理中心（MMC）、国际肾内科联合诊疗中心、中关村血液净化诊疗技术创新联盟——云南培训基地、亚太痛风联盟高尿酸血症及痛风管理中心、云南省血液净化技能实训基地、中华口腔医学会继续口腔医学教育基地、省内首家地市级脑起搏器远程程控分中心，被授牌中国房颤中心，并在全国首批开展"阳光医院"建设，通过国家临床重点专科建设项目护理专业评估验收、中国房颤中心认证、首批PCCM规范化建设达标单位认证，被批准人工授精技术试运行，启动玉溪市药物安全输注培训基地建设项目。医院有1个国家级临床护理重点专科，9个省级临床重点专科，1个省级临床重点专科建设培育项目，1个省级内设研究中心，23个市医疗质量控制中心，新更改名称和分科的11个病区顺利通过优质护理病房验收。

【医疗新业务新技术】 2018年，市人民医院先后完成了3D打印技术下复杂人工髋关节置换手术、省内首例房颤射频消融联合左心耳封堵术、市内首例肥厚型心肌病化学消融术、市内首次超声造影、巨大颅内肿瘤切除手术、首例降主动脉阻断下肾蒂血管修补术、高龄患者心脏手术、首例经椎板间入路椎间孔镜下巨大椎间盘突出手术、首例下肢动脉血栓介入植入导管溶栓术、胸腔镜单操作孔肺癌根治术，成功救治一例左肾动脉出血患者。11月玉溪市肛肠专科联盟成立大会举行，市中医院与12家县级医院签订"肛肠专科联盟"合作协议书，实行科室对科室，"点对点"合作，实现优势互补。

【获奖情况】 2018年，市人民医院经中央精神文明建设指导委员会复查合格蝉联五届全国文明单位称号，先后获"2018年护理管理创新优秀奖""2017年度国家卫健委脑卒中高危人群筛查与干预项目先进集体""首届医院质量管理（QC）小组成果发表交流会二等奖""2016～2017年度积极推动云南省医院品管圈活动先进集体""DRGs推广应用典型案例三等奖""2017年度卫生政务信息工作先进单位"等43项荣誉；在2018年国家卫健委脑卒中筛查与防治基地医院考核中位列全国第46名，国家高级卒中中心综合排名位列全国第39名；医院重症医学科被省妇联、省人社厅授予"云南省三八红旗集体"称号。8月市中医院被省卫计委复评确定为三级甲等中医医院。12月市中医院荣获省中医药学会颁发的"2017～2018年度云南中医·科普专栏杰出贡献奖"。

（杨　丽　周　義　纳全龙）

（张本聪　摄）

体　育

PHYSICAL EDUCATION

责任编校：王　斌

体育管理

竞技体育

群众体育

体育产业

体育管理

【概 况】 2018年，市体育局广泛开展全民健身活动，加强全民健身基础设施建设，健全全民健身组织机构，推动全民健身与全民健康的深度融合发展；主动承接国内国际重大赛事，有效提升玉溪的国际形象和城市知名度；积极参加或承办全国性和省级各类赛事活动，体育竞技人才培养成效明显；持续推进国家体育产业联系点工作，体育产业不断创新发展。

全民健身活动广泛开展。2018年开展群众性体育赛事活动120余项次，全市经常参加体育锻炼人数达37.7%。全民健身组织机构不断健全，市、县（区）有体育总会10个，市级单项体育协会28个，全市体育健身俱乐部4个，国家级青少年体育俱乐部11个，健身气功活动站点58个，全民健身站点503个，社会体育指导员6 029人。全年共投入300余万元用于13个乡镇和38个行政村以及聂耳公园体育基础设施建设，乡镇（街道）体育基础设施覆盖率95%、行政村（社区）体育基础设施覆盖率90%。建成登山步道176千米、健身步道184千米、骑行道243千米。全市人均体育场地面积1.62平方米，城乡居民全民健身条件有较大改善。投入380万元实施国民体质监测工程。

竞技体育稳步前行。全年共组织足球、游泳、田径等各级各类教练员培训学习80余次，组队参加省级以上各类竞技体育比赛180余次。玉溪市培养输送的运动员在国际国内重大比赛中，获亚运会金牌2枚、全运会金牌1枚。在省第十五届运动会上，玉溪代表团获金牌46.5枚、银牌65枚、铜牌61枚，团体总分全省第二，荣获体育道德风尚奖，顺利完成参赛任务。

体育产业不断创新发展。玉溪市与西班牙巴萨足球俱乐部、上海阿里体育、世界帆联国际珐伊28R帆船协会等近20家国内外企业进行深度洽谈合作。发挥“体育+金融”作用，撬动社会资金投入体育产业，助推体育产业及体育消费持续增长。着力推进抚仙湖健身休闲特色小镇、磨盘山越野赛事、户外自驾车营地项目建设、体育训练基地、帆船国际赛事基地等项目建设，打造玉溪赛事品牌，推动巴萨足球学院、万科抚仙湖国际户外营地等项目落户玉溪。全市有体育产业法人单位、个体工商户840家，从业人员3 214人。2017年玉溪市体育及相关产业总产出7.31亿元，占全市GDP的0.295%。

省第十六届运动会筹备工作有序推进。承担开闭幕式、集中大部分比赛项目和运动队食宿的科教创新城体育中心正在紧张施工，主体育场建设调规手续正在加紧办理，整个体育中心主体工程计划2019年底完成施工，2020年9月交付使用。以玉溪体校、少体校开设项目组队训练为主，引入其他社会力量为辅，正抓紧实施各个项目的备战训练。

2018年8月20日，在临沧市举行的省十五届运动会闭幕式上，市委副书记、市长张德华从省政府副省长李玛琳手中接过省运会会旗，玉溪正式接办2022年云南省第十六届运动会
（市体育局 提供）

【全市体育工作会议】 2018年1月24日，全市体育工作会议召开。各县（区）文旅广体（文广体）局局长、分管体育工作副局长等106人参加会议。会上，市体育局党组书记、局长李家富作《勠力同心促改革攻坚克难谋发展奋力开启新时代玉溪体育事业新征程》的工作报告。会议回顾总结2017年全市体育工作，分析研究存在的困难和问题，对2018年体育工作进行安排部署。通海县文广体局、玉溪体校、市少体校、玉溪市旅游文化体育投资有限责任公司、玉溪同道伟业体育发展公司在会上做交流发言。

【体育彩票销售】 2018年，全市体育彩票销售8.97亿元，比上年度净增3.86亿元，销售额创历史新高。玉溪总销量排名全省第二位，与上年度相比增幅达75.39%，比全省增幅40.23%高出35.16%，增长速度位列全省第二。彩民中出1个500万元以上的大奖。

（市体育局）

竞技体育

【青少年足球精英赛】 2017年12月30日至2018年1月1日，由市体育局主办，市青少年足球训练中心、市足球协会承办的“2017年玉溪市青少年足球精英赛”在玉溪六中举行。来自全市38支球队450余名小球员经过3天82场的比赛，展示了玉溪青少年足球运动员良好的精神面貌和竞技水平。

【游泳教练员培训】 2018年1月10～12日，玉溪市游泳教练员培训班在玉溪市少体校举办。邀请国家队教练朱志根、省游泳队主教练尹文举、谢智等专家授课，全市各县（区）游泳教练员、体育教师40余人参加学习。

【省青少年足球教练员培训在玉举办】 2018年1月22日，云南省青少年足球教练员培训班在玉溪开班，来自全省各州市30多名足球教练员参加培训。培训班邀请塞尔维亚国家青训总监，欧足联B级教练，前贝尔格莱德红星队球员布兰科授课。

【青少年足球训练网点学校】 2018年1月24日，玉溪市青少年足球训

练网点学校授牌大会在玉溪龙马大酒店举行。此次批准授予全市第一批青少年足球训练校点30所。通过在学校布设青少年足球训练网点，有助于打造学校青少年足球工作品牌，为青少年学生提供足球运动和提高身体健康素质平台，有助于发现、培养、输送优秀足球体育后备人才。

【省青少年篮球锦标赛】 2018年2月2～10日，2018年云南省青少年篮球锦标赛在玉溪举行，来自全省12个州市45支代表队共622名运动员参加比赛。玉溪代表队获U18女子比赛第二名。

【参加云南省第十五届运动会】 2018年8月8日，云南省第十五届运动会开幕式在临沧市举行。玉溪市代表团青少年组派出550人参赛，其中运动员393名。获金牌46.5枚，银牌65枚，铜牌61枚，带入金牌81.5枚，团体总分位居全省第二，代表团荣获体育道德风尚奖。击剑、柔道、体操、沙滩排球4个项目获金牌。84名运动员获金牌，独获三枚金牌运动员2人。1个项目8人7次破7项全省青少年纪录。击剑、举重、体操女队、幼儿体操、游泳5支代表队获体育道德风尚奖团队。8月20日晚，云南省第十五届运动会在临沧市落下帷幕。闭幕式上，市委副书记、市长张德华代表第十六届运动会承办方从副省长李玛琳手中接过省运会会旗。省第十六届运动会将于2022年在玉溪举办。

【玉溪籍运动员刘浩获亚运会金牌】 2018年8月30日上午，在印尼雅加达举行的亚运会上，玉溪籍运动员刘浩和队友王浩代表中国队参加皮划艇静水项目比赛，刘浩/王浩最终凭借51秒25、1分46秒90、2分43秒83的分段成绩，以3分39秒825的总成绩获得该项目冠军。获得男子双人划艇1 000米金牌。

（姜　彬　李志能）

①2018年8月8日晚，云南省第十五届运动会开幕式在临沧市举行。图为进入会场的玉溪市体育代表团　②2018年11月13日，“体育冠军校园行，青春扶志我当先”活动在峨山职中举行。图为奥运冠军郭伟阳与学生进行趣味互动，展示自己的体育专长，同时向学生传授体操项目的基础知识　（市体育局　提供）

【青少年年度比赛】 2018年9月20日至10月5日，市体育局、市教育局联合举办2018年度市级青少年田径、游泳、篮球等项目年度比赛。全市698名运动员分别在玉溪师院、玉溪体校、江川区参加比赛。

【“体育冠军校园行，青春扶志我当先”体育公益扶志活动】 2018年11月12～13日，由云南省教育厅、云南省体育局和共青团云南省委联合主办，玉溪市教育局、玉溪市体育局和共青团玉溪市委联合举行的“体育冠军校园行青春扶志我当先”体育公益扶志活动，先后走进红塔区研和中心小学和峨山县职业中学开展活动。此次体育公益扶志活动旨在宣传中华体育精神，促进青少年学生德智体美劳全面发展，用体育冠军的拼搏精神激发贫困青少年学生坚定信心、志存高远、自强不息、勇攀高峰，在参与云南决战脱贫攻坚、决胜全面小康、推动实现高质量跨越式发展中做出贡献。

【青少年足球训练营】 2018年11～12月，2018年玉溪市青少年足球训练营在玉溪二职中举行，全市足球训练网点学校、特色项目学校、社会俱乐部等700余人参加此次活动。

【全国青少年足球冠军杯赛在玉举行】 2018年12月27～30日，由市体育局、北京奥林匹克经济技术开发公司及北京国奥越野足球俱乐部有限公司主办，云南动享体育产业发展有限公司承办的“玉溪杯”2018全国青少年足球冠军杯赛在玉溪二职中举行。来自全国各省市16支队伍、272名运动员参加。玉溪队首次组队参加全国青少年足球赛角逐获团体二等奖。

【组织参加跨界跨项选材活动】 在2018年国家体育总局组织的跨界跨项选材活动中，全市29人初选进入国家集训队，分别涉及高山滑雪、单板滑雪等项目。

（市体育局）

群众体育

【元旦·春节环城赛跑活动】 2018年1月26日，“七彩云南全民健身运动会”2018年玉溪市、红塔区元旦·春节环城赛跑活动在聂耳文化广场举行。市领导叶本功、李劲松、汪燕平、范志华出席启动仪式。市总工会主席范志华、红塔区副区长杜清祥在启动仪式上讲话，副市长李劲松宣布活动开始，市体育局局长李家富主持启动仪式。来自市、区直属机关、省属驻玉单位、部队、厂矿、学校、乡(街道)、企事业单位的干部、职工、农民、学生等203个单位的13 000余人参加了这次环城赛跑。

（夏联强）

【第六届县(区)乡镇(街道)篮球大联赛】 2018年4月9日，玉溪市第六届县(区)乡镇(街道)篮球大联赛在峨山县体育馆开幕。来自全市的15支代表队参赛(男队9支，女队6支)，经过51场的角逐，红塔区获男子组第一名，华宁县、江川区分获第二、三名。江川区获女子组第一名，红塔区、新平县分获女子组第二、三名。

【承办云南省柔力球比赛】 2018年7月3日，云南省柔力球比赛(网式项目)在玉溪市体育馆举行。来自昭通市代表队、曲靖市代表队、玉溪市一队、玉溪市二队共四支代表队参赛。经过角逐，曲靖市代表队获得一等奖，玉溪市一队获二等奖，玉溪市二队、昭通市代表队获三等奖。

①2018年7月3日，云南省柔力球比赛(网式项目)在玉溪市体育馆举行。图为颁奖仪式现场 ②2018年9月21日，玉溪市第二届广场舞大赛在峨山县民族团结广场举行

（市体育局 提供）

【全国百城千村健身气功交流展示系列活动】 2018年8月5日，云南省“全民健身日”活动玉溪分会场暨2018年全国百城千村健身气功交流展示系列活动云南省玉溪赛区暨云南省第五届视频大奖赛玉溪赛区在聂耳文化广场举行。3 000余名健身气功习练者进行了健身气功“八段锦”、易筋经、五禽戏、六字诀、大舞、养生十二法等九种功法展示。

2018年3月7日，国家体育总局健身气功管理中心，对参与2017年全国百城千村健身气功交流展示系列活动大赛的单位进行表彰。市体育局荣获“2017年全国千村气功交流展示系列活动大赛”一等奖。

【受表彰的省群体先进单位】 2018年8月8日，2014～2017年云南省群众体育先进表彰大会在临沧市会议中心举行，玉溪市3个单位和6名个人受到表彰。市卫计委、澄江县文化广电和体育局、玉溪第四小学被授予“2014～2017年度云南省群众体育先进单位”称号；张兴武、陈爱仙、王红、周军、李海泉、李建祥被授予“2014－2017年度云南省群众体育先进个人”称号。

【大众组别参赛省第十五届运动会】 2018年7月9日至8月13日，云南省十五届运动会大众组在临沧举行，玉溪市派出104名运动员参加6个大项51个小项的角逐，获金牌13枚，银牌10枚，铜牌13枚，位列金牌总数第3；获团体总分318分，列团体总分第3名；获得体育道德风尚奖。

【参赛省第十一届残疾人运动会暨第五届特殊奥林匹克运动会】 2018年8月29日，玉溪市参赛云南省第十一届残疾人运动会暨第五届特殊奥林匹克运动会出征授旗仪式在市体育馆举行，市委副书记、市委统战部部长保明顺向代表团授旗，副市长曾敏做动员讲话。9月1～8日，在临沧市举行的云南省第十一届残疾人运动会暨第五届特殊奥林匹克运动会上，玉溪市代表团90余名运动员及教练员参加田径、游泳、举重、羽毛球、板铃球和聋人篮球、特奥篮球等5个单项、2个集体项目的比赛。玉溪市代表团获得金牌总数第12名，团体总分第11名的成绩。

2018 年 11 月 7 ~ 8 日，全国中等城市柔力球邀请赛暨 2018 年云南省柔力球比赛（花式集体项目）在玉溪市体育馆开赛

（市体育局　提供）

【市第二届广场舞大赛】　2018 年 9 月 21 日，“七彩云南全民健身运动会”暨纪念改革开放四十年·玉溪市第二届广场舞大赛在峨山县民族团结广场拉开帷幕。来自全市 19 支代表队展开激烈角逐，最终新平县文广体局代表队获得一等奖，峨山县姐妹花健身舞蹈、峨山县舞之韵培训中心代表队获得二等奖。

【社会体育指导员培训】　2018 年 9 月 25 ~ 28 日，云南省 2018 年一级社会体育指导员、玉溪市二级健身气功社会体育指导员培训班在玉溪师院体育学院和市体育局举办，来自全市七县两区、各体育协会、玉溪师院的 140 余名社会体育指导员参加培训。

【承办全国中等城市柔力球邀请赛】　2018 年 11 月 7 ~ 8 日，全国中等城市柔力球邀请赛暨 2018 年云南省柔力球比赛（花式集体项目）在市体育馆开赛。来自省内外 9 支柔力球队 106 名运动员参加，玉溪市派出 2 支队伍参赛。经过 2 天的角逐，玉溪一队获一等奖，玉溪二队获二等奖。

【第二届气排球邀请赛】　2018 年 11 月 23 ~ 25 日，2018 年玉溪市“二区七县”第二届气排球邀请赛在玉溪红塔文体中心举行。比赛分男子中青年组、男子老年组、女子中青年组、女子老年组 4 个组别，来自全市 54 支队伍参加比赛。最终，红塔物业一队获男子中青年组冠军，峨山气排球获男子老年组冠军，红塔物业代表队获女子中青年组冠军，江川气排球协会代表队获女子老年组冠军。

【省老体协调研玉溪市老年体育工作】　2018 年 11 月 29 ~ 30 日，云南省老体协刘平主席一行 6 人到玉溪市调研老年人体育工作。调研组先后深入江川区九溪镇、红塔区李棋街道下赫社区、市老年人体育文娱活动中心等地，了解玉溪市老年体育文体活动中心建设情况以及老年体育工作开展情况。

【参赛省第十一届少数民族运动会】　2018 年 12 月 4 ~ 13 日，云南省第十一届少数民族传统体育运动会在临沧市举行。玉溪市代表团获得金牌 10 枚、银牌 12 枚、铜牌 8 枚，并获得“代表团组织奖”。市民宗局和玉溪师院学工部被省民宗委、省体育局授予“云南省 2014 ~ 2018 年度少数民族体育工作优秀集体”荣誉称号；玉溪体校柏家渭、新平县民宗局李文祥获得“优秀个人”称号。

【首届健身气功交流比赛】　2018 年 12 月 6 日，玉溪市首届健身气功交流比赛在市体育馆举行，来自全市七县二区 9 支代表队 100 余人参加比赛。比赛分集体项目和个人项目，比赛内容为健身气功·易筋经普及功法、健身气·六字诀普及功法和健身气功·八段锦普及功法。红塔区代表队获得集体赛冠军，华宁、元江县代表队获体育道德风尚奖。

（市体育局）

体育产业

【体育招商引资工作】　2018 年，市体育局开展体育招商引资工作，签订体育重点产业招商项目投资协议，加大招商引资项目推进力度。参加中国体育文化·体育旅游博览会、创意云南文化产业博览会、第二届陕西体育博览会、济南“法国尼斯国际体育嘉年华”等招商引资活动 6 次。市政府及体育等部门与上海阿里体育有限公司、西班牙巴萨足球俱乐部、世界帆联国际珐伊 28R 帆船协会、中冶凯远实业有限公司、LAN 体育、深圳弘金地体育产业有限公司、云南省体育产业投资有限公司等近 20 家国内外企业进行招商引资合作洽谈。玉溪市与阿里体育有限公司、云南省体育产业投资有限公司、中冶凯远公司等公司签订 6 个合作协议，其中 3 个投资协议分别为：西班牙巴萨足球俱乐部、云南省投资控股集团有限公司、玉溪市抚仙湖开发投资有限责任公司投资合作建设抚仙湖巴萨足球学院，协议投资额 284.8 万欧元；云南省投资控股集团有限公司与玉溪市抚仙湖保护开发投资有限公司出资 1 亿元成立中国抚仙湖巴萨足球学校有限公司项目；玉溪市体育局与云南众康体育发展有限公司签订投资合作协议，众康公司投资 2 000 万元建设玉溪众康体育健身中心，已投入运营。

【体育产业工作培训】　2018 年 3 月 24 日，由市体育局主办，市体育产业发展促进中心承办，云南同道伟业体育发展有限公司协办 2018 年玉溪市第一期体育产业工作培训班举行。来自市体育系统、各县（区）文（旅）广体局、玉溪旅游文化体育投资有限责任公司、玉溪市体育产业协会及各会员单位、玉溪市体育总会及市级体育协会领导及业务人员 80 余人参加培训。培训班邀请山东省体育产业发展服务中心主任刘益民、成都体育学院休闲体育系、硕士研究生导师杨强副教授授课。两位专家解读了国家体育产业最新政策，结合玉溪市体育产业发展规划，对玉溪市和部分县（区）体育产业发展进行分析，提出发展建议，结合大型文体活动组织和市场开发典型案例进行讲授。

8月30～31日，市体育局与市中小企业服务中心在市委党校联合举办2018年玉溪市体育产业统计暨中小企业促进法宣贯培训班，开展体育产业政策法规及《奥林匹克标志保护条例》《中小企业促进法》解读。来自市体育局、市体育产业发展促进中心、各县（区）文（旅）广体局、市体育产业协会会员单位及相关体育产业企业70余人参训。各参训人员到市体育馆和众康体育健身中心进行实地教学。

【全市体育产业统计】 2018年市体育局聘请第三方机构昆明泰立经济信息咨询有限公司开展2016、2017年玉溪市国家体育产业调查统计工作，编制发布《2016～2017年玉溪市体育产业调查统计报告》。调查统计结果显示：2017年全市有体育产业单位459户，其中企业法人单位190户，非企业法人单位120户，个体工商户149户，与2016年相比，企业法人增117户，非企业法人增3户，新增个体工商户149户。2016年玉溪市体育及相关产业总产出6.20亿元，增加值3.85亿元，占全市GDP（1 315.09亿元）比重为0.29%。2017年玉溪市体育及相关产业总产出7.31亿元，比2016年增加1.11亿元，增加值4.18亿元，比2016年增加0.33亿元，占全市GDP（1 415.14亿元）比重为0.295%，比重增加0.005个百分点。总体来看玉溪市体育产业发展较为稳定，2017年比2016年的增加值和占全市GDP的比重有所增长，在企业数量、从业人员数量不断增加、结构不断优化、特色体育产业实力不断增强。

【申报国家体育产业优选项目】 2018年3月5日，国家体育总局办公厅下发《关于做好2018年全国优选体育产业项目推荐工作的通知》，决定开展2018年全国优选体育产业项目遴选工作，并会同国有4家金融机构共同确定2018年全国优选体育产业项目名录。玉溪市积极梳理上报符合条件的体育产业项目，共推荐申报优选体育产业项目6家。7月9日，《体育总局办公厅中国工商银行办公室中国农业银行办公室中国银行办公室中国建设银行办公室关于印发2018年全国优选体育产业项目名录的通知》公布2018年全国优选体育产业项目名录。体育总局与中国工商银行等4家银行共同从各省市申报的618个项目中遴选出383个体育产业项目，云南省有9家，其中玉溪市有2家入选国家体育产业优选项目名录，分别是云南抚仙湖帆船基地、红塔区体育综合体运营建设项目。

【主办抚仙湖2018年国际珐伊28R帆船世界锦标赛】 2018年10月8～14日，抚仙湖2018年国际珐伊28R帆船世界锦标赛在澄江县海口镇矣渡湾举行。比赛由世界帆联国际珐伊28R帆船级别协会、中国帆船帆板运动协会、省体育局、玉溪市政府主办，市体育局、市旅发委、市抚管局、澄江县政府、上海珐伊玻璃钢船艇有限公司承办，云南云湖水上运动有限公司执行，玉溪旅游文化体育投资有限责任公司协办。来自中国、泰国、日本、菲律宾、新加坡、澳大利亚、丹麦、德国、荷兰、俄罗斯、瑞典、

2018年10月8～14日，抚仙湖2018年国际珐伊28R帆船世界锦标赛在澄江县海口镇矣渡湾举办。来自中国、日本、南非等5大洲14个国家共26支船队近150名选手参赛

（市体育局 提供）

土耳其、美国和南非等14个国家26支船队150名选手参赛。经过11轮赛事的激烈角逐，南非RSAMagic帆船队获得总冠军。此次2018国际珐伊28R帆船世界锦标赛的举办，实现政府投入200万元，撬动社会资金1 000多万元投入赛事，有效拉动体育消费，带动抚仙湖周边住宿、餐饮、娱乐等行业发展，面向世界宣传、推介抚仙湖的自然环境和发展帆船运动的优势条件，为玉溪市打造特色体育文化城市的名片。

【抚仙湖国际半程马拉松赛】 2018年9月16日，保利·2018抚仙湖国际半程马拉松赛在抚仙湖畔樱花谷鸣枪起跑，来自国内外近万名选手参赛。本次赛事由市体育局指导，中国田径协会、澄江县政府主办，澄江县文化广电和体育局承办。赛事包括半程马拉松、10千米跑、迷你马拉松、亲子跑4个项目，赛道平均海拔超过1 700米，起点月亮湾湿地公园，途经樱花谷、太阳山、荷藕庄园。抚仙湖国际半程马拉松赛始于2016年，2018年从A2类赛事升级为A1类赛事。根据《2018年中国马拉松年度报告》，抚仙湖国际半程马拉松赛荣膺银牌赛事和“最美赛道”称号。

【入选省体育旅游精品项目】 2018年12月11日，省体育局在广州中国体育文化·体育旅游博览会云南展馆举行云南省体育旅游精品项目颁奖仪式，省体育局副局长常林、市委常委、副市长胡春雨出席博览会开幕式并为全省50个获奖项目颁奖。玉溪市5个项目获奖，是获奖最多的州市，其中新平磨盘山国际户外运动公园入选体育旅游精品景区，抚仙湖国际高原帆船赛、元江县冬季滑翔伞邀请赛入选体育旅游精品赛事，玉溪九峰登山体育旅游线路入选体育旅游精品线路，抚仙湖体育旅游目的地入选体育旅游目的地。新平磨盘山国际户外运动公园入选国家体育总局评选的2 018中国体育旅游精品景区。

【参展中国体育文化·体育旅游博览会】 2018年12月11～13日，中国体育文化体育旅游博览会在广州市保利世贸博览馆举行。受省体育局委托，本届两博会云南展馆由省登山户外运动协会、玉溪市体育局负责布展工作。云南展馆展位面积208平方，参展主题为“七彩云南，健康生活目的地，一地四乡，运动玉溪”。本次两博会云南展馆参展工作被国家体育总局体育文化发展中心评为“优秀组织奖”和“优秀展示奖”。

（市体育局）

（张本聪　摄）

社会生活

SOCIETY

责任编校：王　斌

人力资源管理

【农民工工资支付工作】 2018年，市委、市政府高度重视保障农民工工资支付工作，建立健全保障农民工工资支付工作领导机构和工作机制，由市人力资源和社会保障局牵头制定并报市政府同意出台了《玉溪市进一步加强工程建设领域保障农民工工资支付工作暂行办法》，提出15条新政策，与各县（区）和市解决农民工工资拖欠问题联席会议22家成员单位签订责任书，将保障农民工工资支付工作纳入市委、市政府对县（区）和市直有关部门年度综合考评和综治维稳考核，层层压实政府属地责任和部门责任。发改、工信、财政、公安、人社、行业主管、工会等部门围绕职能职责，明确任务分工，加强协同配合，充分发挥各自职能优势，共同治理农民工工资拖欠问题，构建齐抓共管工作格局。同时，推动制度措施落地落实。加强监管，积极督促企业落实"治欠保支"各项制度，进一步规范工资支付行为。全市工程建设领域实行实名制覆盖率99.3%，执行按月足额支付工资规定覆盖率94.7%，落实人工费用与其他工程款分账管理覆盖率83.4%，在建工程项目"双公示"和农民工工资保证金制度实现在建工程项目全覆盖。

【举办"第三届云南国际人才交流会生物医药大健康产业发展论坛"】 2018年6月12～14日，由市人力资源和社会保障局承办的"第三届云南国际人才交流会生物医药大健康产业发展论坛"在玉溪举行，两百多名国内外嘉宾学者、行业精英齐聚玉溪，共同分享生物医药大健康产业发展先进理念。国家外专局、省人社厅领导，市委、市政府主要领导参加了论坛的各项活动。中国工程院院士樊代明、中国科学院院士顾东风、美国匹兹堡大学抗体治疗中心主任季米特洛夫等9位国内外知名专家围绕"生物医药大健康产业发展"主题，阐述了当今国内外最先进的理念。市政府向樊代明院士、顾东风院士等10位专家颁发"玉溪市柔性引进高层次人才（专家）"聘书。此次柔性引进的10名人才是中国工程院院士、美国医学科学院外籍院士樊代明，中国科学院院士、国家心血管病中心副主任、中国医学科学院阜外医院副院长顾东风，中国科学院植物研究所研究员、博士生导师蒋高明，贝泰妮集团董事长兼总裁、健康724集团董事长、美国乔治华盛顿大学（GWU）终身教授郭振宇，美国麻省理工学院科学博士、麻省理工学院（硅谷）科技委员会主席、国家"千人计划"特聘专家、南京绿色科技研究院有限公司董事长周楚新，云岭高端外国专家、玉溪泽润生物技术有限公司总经理曾宪放，国家纳米药物工程技术研究中心主任杨祥良，华中科技大学教授罗亮，华中科技大学国家纳米药物工程技术研究中心副部长杨海，中糖委高级工程师、中国巧克力（苏州）研发中心创始人季顺英。华中科技大学国家纳米药物工程研究中心纳米生物项目落户玉溪，"西京消化病医院玉溪整合医学中心"成立。这是玉溪市近年来一次性柔性引进高层次人才最多的一次。

【院校合作】 2018年，市政府与清华大学公共管理学院签署战略合作协议，由市人社局牵头组织，选派60名干部到清华大学培训学习，接收13名清华大学公共管理学院博士（硕士）研究生赴玉溪开展社会实践活动。加强与清华大学合作医保支付方式改革工作，玉溪市医保支付方式改革研讨会在清华大学召开，并得到专家、领导的高度评价。

【人才工作】 2018年，市人力资源和社会保障局增强"抢人才、抢项目"的紧迫感、使命感和责任感，做到事业留人、环境留人、感情留人和政策留人，引进、培养并激发各类人才创新创业活力。2018年，新增"省级专家基层科研工作站"3个（累计21个）、新增"省级博士后科研工作站"2个（全省仅7个）、新增"技能大师工作室"3个（累计9个）；建设"市级专家基层科研工作站"5个（累计10个）、新增"市级行业专家工作站"15个；引进1名"新世纪百千万人才工程"国家级人选、2名院士、2名"云岭高端外国专家"、1名"国家百千万人才工程"入选者在内的各类高层次紧缺人才近百名；新增"享受省政府特殊津贴"3名、"省政府有突出贡献专业技术人员"5名、省级"技术能手"4名、省级"万人计划"入选者9名；培养高技能人才3 835名。建设一批"柔性引进高层次人才基地""高层次人才体育活动基地""技能大师工作室""玉溪市专家服务工作站"等人才服务平台，着力构建人才服务绿色通道。完成"外国人来华工作许可"行政审批41件，成功申报"云岭高端外国专家"1名。组织卫生、林业、农业、畜牧业等50余名专家到基层开展4期玉溪市"专家服务基层大篷车"活动，免费发放各类药品合计1万余元、向当地学校及贫困学生捐赠近6万元学习用具。再次成功申请了"人社部专家服务基层活动"，围绕玉溪市医疗卫生、高原特色农业、中草药种植等发展难题，遴选11名医疗卫生、农业等行业的高层次专家开展科研和服务活动。全力争取海外高层次人才项目，积极开展"海外赤子为国服务行动计划""中国留学人员回国创业启动支持计划""高层次留学人才回国资助试点"等项目申报，全年向省级单位发布海外高层次人才需求和项目需求96条，提供博士、硕士引才需求70余个。启动实施"清华大学研究生社会实践活动"，与清华大学公共管理学院共同组织了13名博士、硕士研究生到玉溪开展社会实践，结合玉溪产业发展情况和研究生专业，制定实践方案，开展"清华学子进校园""清华学子进园区"等活动，"清华大学公共管理学院赴玉溪社会实践活动"项目获得清华大学社会实践金牌项目，受到清华大学和实践单位的好评。

【公务员队伍管理】 2018年12月2日，市人社局以高质量、高标准、高水平的要求圆满完成首次在玉溪设立考点的1.2万名国考考生笔试工作任务。组织完成14 171名考生省考笔试和287名考生面试工作，全市新录用公务员183人。开展第六届人民满意的公务员（集体）评选活动，授予"人民满意的公务员"称号1人，"人民满意的公务员集体"称号1个，记一等功集体1个、一等功个人1人。积极开展清理规范创建示范活动，取消创建示范活动255项。

【事业单位人事管理】 2018年，市人社局加强事业单位岗位管理，核发"岗位卡"3 530张，为202批次事业单位536名工作人员办理各类岗位等级晋升聘任手续，审查通过各类专业技术职务资格4 230人。对全市318家事业单位的岗位设置方案进行调整核准，深化职称改革，重新调整和组建评审委员会6个。

【收入分配】 2018年，市人社局认真贯彻落实各项工资津贴补贴与福利待遇政策，稳慎完善和推进机关事业单位工资收入分配制度改革。巩固落实事业单位实施绩效工资制度，规范事业单位奖励性绩效工资的核定和分配工作，促进事业单位收入分配制度的健康发展。在全市6个改革试点的公立医院探索建立试行符合市公立医院综合改革医院特点的科学合理、激励有效、规范有序的薪酬制度。指导、督促企业和用人单位、职工个人严格落实云南省2018年最低工资标准，及时发布玉溪市2018年企业工资指导线。

【军转安置培训】 2018年，市人社局圆满完成2017年度30人次自主择业军转干部赴重庆开展个性化培训和2018年度计划分配军队转业干部安置适应性培训及考试工作，完成64名计划安置军转干部、3名随调家属和2名随军家属的安置任务，接收安置25名自主择业军转干部。

【人事档案管理】 2018年，市人社局协助全市各单位、部门查阅档案263卷、查阅人次299人次，专审出入库680卷、928人次。接收档案179卷，转出档案14卷；接收材料3 786份，整理归档市直73家单位、材料3 154份。

【企业退休人员管理服务】 2018年，市人社局负责全市纳入社会化管理服务企业退休人员53 868人，社会化管理率达100%。其中进入乡镇（街道）、社区管理53 416人，社区管理率达99.16%。部分县（区）退管中心还接收了7 229名机关事业单位退休人员，与企业退休人员实行一体化规范管理。全市共组建退休人员自管大组285个，自管小组253个，在5 755名退休人员党员中，组建党总支7个，党支部371个，党小组47个。圆满完成退休人员基本养老金调整兑现工作，企业退休人员月人均增加基本养老金139.14元，增幅5.89%，调整后月人均养老金为2 501.95元。

【人事考试】 2018年，由市人社局与全省同步统一组织全省事业单位公开招聘统一笔试。全市共设21个考点，731个考场，提供公开招聘岗位971个，为20 840名考生提供了考试服务。全市提供“三支一扶”招募岗位50个，8 221名考生通过资格审核参加笔试，最终招募到岗39人，已于9月1日上岗。做好事业单位定向招聘，全市提供定向招聘岗位40个，并入事业单位公开招聘共同组织实施。

【人才网升级改版】 2018年11月，市人社局对“玉溪人才网”进行全面改版升级，优化事业单位招考服务、就业服务、网上招聘求职服务模块，开通招才引智栏目，搭建流动党员之窗，以满足高校毕业生、各类人才等服务对象的需要，实现“让数据多跑路、群众少跑腿”。

【劳动力转移】 2018年，市人社局积极巩固劳务对接机制，发挥与广东省惠州市、惠州市博罗县、博罗县石湾镇政府建立的劳务合作伙伴关系及成立的三个驻粤农村劳动力转移就业工作服务站作用，不断向省外转移劳动力，全年共向工作站服务地转移就业15 675人，其中成建制转移2 875人。

（王　锦）

民政事务管理

【社会救助工作】 2018年，全市社会救助工作紧紧围绕打赢全市脱贫攻坚巩固战，提高群众获得感、幸福感、安全感，促进玉溪在全省率先全面建成小康社会为目标，以民政部门职能职责为根本，建立完善城乡社会救助服务体系，困难群众生活保障制度日趋完善，切实提高社会救助兜底保障能力。

2018年7月起，城市和农村低保标准分别自506元/人·月提高到560元/人·月，3420元/人·年提高到3500元/人·年。全市城乡低保专项治理行动实行扫网式排查，共排查专项治理对象28 156户，49 861人，正常退出因收入增加不再符合低保条件的8 888户，11 225人，新纳入低保对象3 150户，8 015人，有进有出，形成动态管理良性循环，精准施保水平不断提升。全市发放城乡低保资金1.84亿元，为12 564户17 447名城市低保对象，20 600户38 430名农村低保对象提供保障，建档立卡困难群众纳入城乡低保7 199户15 219人，重合率27%。全市供养特困人员4 024人（集中865人，分散3159人），全年按月足额发放供养资金2 814.53万元。供养标准由过去的每月506元提高到每月665元，提高31%。医疗救助封顶线由原来的2万元提高到10万元。2018年实施医疗救助98 730人次，支出资金4 615.63万元（含重特大疾病医疗救助18 074人次，资金1 577.44万元），对建档立卡人员实施医疗救助21 730人次，支出资金743.72万元。救助困难群众7 687人次1 691.31万元，有效解决困难群众突发性、紧迫性、临时性生活困难。资助贫困大学生773人，其中建档立卡115人，城乡低保59人、重点优抚对象家庭学生11人，其他困难群众588人，累计发放资助资金221.8万元。

【防灾减灾救灾】 2018年，全市大风、单点暴雨、短时强降雨等极端灾害性天气频现，局地低温冰冻、洪涝灾害严重，其中“2·03”澄江、华宁等县低温冰冻灾害，“6·08”易门洪涝灾害和“6·25”华宁洪涝灾害尤为突出，特别是通海“8·13、8·14”两次5.0级地震。全市受灾人口43.35万人，因灾死亡1人、受伤38人，紧急转移安置4.57万人（其中集中安置2.02万人、分散安置2.55万人）；农作物受灾面积20 374公顷（其中成灾15 823公顷、绝收5643公顷）、毁坏耕地面积27公顷，死亡牛15头、羊10只，房屋倒塌损坏1.67万户3.25万间，交通、电力、水利、通信等设施和工矿企业也遭受不同程度的损失，全市因灾直接经济损失9.63亿元。下拨省级冬春生活补助资金110万元、省级抗震救灾应急资金1 000万元、中央自然灾害生活补助资金4 000万元，赔付兑现通海5.0级地震政策性农房保险资金1 600万元。调拨救灾帐篷3 730顶，发放折叠床5 000张、床垫5 000床、彩条布1 200件、床上用品3 000套、棉被2.37万床、衣服2.42万件（套）、大米2 035吨，累计救助19.7万人次，紧急转移安置通海地震灾区受灾群众45 245人。争取中央财政预算内资金448万元支持澄江、新平县救灾物资储备库建设。易门新建救灾物资储备库项目主体工程完工。全市储备救灾专用帐篷2 900顶、彩条布1 200件、折叠床2 560张、棉被13 300床、床上用品1 100套、毛巾被4 000条、衣服39 550套等。组织开展防灾应急演练1 872次、防灾减灾科普宣传1 908场次，发放宣传材料46万份，排查风险隐患3 388个。争取省级资金100万元改造升级聂耳文化广场和出水口生态公园应急避难场所。制定出台《玉溪市关于推进防灾减灾救灾体制机制改革的实施意见》。红塔区李棋街道下赫社区、华宁县华溪镇华溪社区、易门县浦贝彝族乡浦贝社区、峨山县化念镇念江社区、新平县古城街道锦秀社区被国家减灾委、应急管理部、中国气象局、中国地震局命名为全国综合减灾示范社区。

【养老服务体系建设】 2018年，市政府办出台《玉溪市支持社会力量发展养老服务业的实施意见》，玉溪市老年养护院建设项目完成前期工作，4个乡镇敬老院改扩建、13个居家养老服务中心全面开工建设，新建老年活动室101个，新增养老床位640张。开展养老院服务质量专项整治，问题整改率100%；实施养老机构综合责任险投保工作，完成59家养老机构1 221个床位和302名雇员投保工作，风险防范能力逐步提高。落实老年人优待政策，为17 562名60岁以上老年人办理优待证，为21名满100周岁的老年人挂百岁匾，为50 301名高龄老人发放保健（长寿）补助3 840.7万元。为170 436名65周岁以上老年人实行健康管理，健康管理率83.9%。23.7万城乡老年人签约家庭医生服务，签约率65.3%。继续实施老年人意外伤害保险投保工作，参保人数15.1万人，投保率41.6%，受理理赔案件4 047件，累计赔付金额516.34万元。开展重要节日关爱老年人活动，全年共慰问高龄老人、困难老人、空巢老人22 241人，累计投入慰问金443.1万元。推进红塔区、峨山县、元江县医养结合试点，“预防、医疗、养老、养生”深度融合的健康养老服务模式初现成效。

【社区建设】 2018年，市委、市政府制定出台《加强和完善城乡社区治理的实施意见》，市委办、市政府办出台《玉溪市建立社区工作准入制度的实施意见》。开展农村社区建设试点，新成立社区7个，红塔区玉兴街道办事处等5个单位被表彰为全省社区建设先进单位。借鉴红塔区经验和做法，在全市开展村规民约（居民公约）修订工作。完成全市709个村（社区）基层群众性自治组织特别法人统一社会信用代码证发放。下拨280万元补助23个城乡社区综合服务设施建设；下拨200万元补助15个城乡社区综合服务设施建设；下拨社区干部生活补助经费1 281.45万元，教育培训补助经费26.68万元，保障社区工作正常运转；组织150名村（社区）干部到市委党校培训，提升村（社区）干部履职能力。全省农村社区建设示范培训班在玉溪举行，省民政厅相关领导及全省16个州市基层政权与社区建设科科长、129个县（区）基层政权与社区建设股股长158人到玉溪参观学习城乡社区治理先进经验。

【社会组织管理】 2018年，市政府成立“关于进一步开展社会组织清理规范工作领导小组”，开展社会组织清理规范专项行动。市民政局开展打击整治非法社会组织专项行动。市民政局制定出台《关于大力培育社区社会组织的实施意见》，引导社区社会组织健康有序发展，充分发挥社区社会组织提供服务、反映诉求、规范行为的积极作用；积极引导社会组织参与扶贫攻坚，全市31个社会组织从基础设施建设、就业扶贫、产业扶贫、志愿帮扶等方面开展扶贫工作，累计投入资金8 136.6万元，物资124.2万元，项目涉及收益贫困村299个，建档立卡贫困户1 341户。全面加强社会组织党建工作，推进社会组织党建“两个覆盖”，全市符合建党组织的756个，已建577个，社会组织党组织覆盖率76.3%，党的工作覆盖率达100%。依法开展社会组织登记和管理，2018年新增社会组织88个（社团67个、民非21个），注销68个（社团48个、民非20个），认定慈善组织11家，1 273支志愿服务组织13.5万人注册志愿者，开展各类志愿服务活动47万余人次，全市累计社会组织1 253个（社团936个、民非316个、基金会1个）。

【殡葬改革】 2018年，玉溪市委、市政府把殡葬改革作为生态文明建设破题之举，作为一项“功在当代、利在千秋”的大事，加快推进全国殡葬改革试点工作，开展殡葬领域突出问题专项整治行动。殡葬改革以来，全市累计投入殡葬设施建设资金11亿元，共建成9个殡仪馆、11个经营性公墓、702个农村公益性公墓，补助群众殡葬惠民资金1.7亿余元。3月1日，全市实现辖区100%划定为火化区，火化率100%，骨灰100%进公墓安葬，工程项目迁坟100%迁移到公墓安置、公益性公墓100%覆盖全部乡镇（街道）和村（社区）“五个100%”目标任务，基本形成移风易俗，丧事简办的文明新风。

【流浪乞讨人员救助】 2018年，全市民政部门累计投入救助金443万元，救助流浪乞讨人员7 678人次，完成寻亲服务58次；严格执行滞留10天以上无法核实身份的救助人员身份查询工作，及时录入全国救助寻亲网、报请公安部门采集DNA。持续开展“寒冬送温暖”专项救助活动，动员全市30余个公益慈善社会组织和出租车司机、环卫工人、园林工人、志愿者、社区居（村）干部、社会工作者，实施了457次主动救助，实现市区主干道、重点社区、集镇、景区工作全覆盖，对需要帮助的5 778人次进行帮助，保障了生活无着的流浪乞讨人员、流落街头陷入临时生存危机和需要帮助的人顺利过冬。

【留守儿童和困境儿童保障工作】 2018年，市政府调整农村留守儿童关爱保护工作联席会议制度，建立玉溪市农村留守儿童关爱保护和困境儿童保障工作联席会议制度，市级下拨困境儿童生活保障金435.4万元，保障385名困境儿童（孤儿270名、艾滋病感染儿童16名、事实无人抚养儿童97人）基本生活。开展玉溪市2018年“情暖童心·爱系留守”星启夏令营活动。市儿童福利院实施“添翼计划”项目，为37名残障儿童在市儿童福利院开展免费康复训练。动员社会各界共同关心关爱农村留守儿童，帮助75名留守儿童开阔视野，感受关怀。积极动员社会力量开展儿童关爱保护，开展“学习雷锋，关爱留守儿童、残疾人”志愿服务活动，开展志愿服务活动400多次，参加人次8 000多人次，爱心牵手活动共帮扶留守儿童3 000余名，资助善款148万余元。玉溪市心理学会、玉溪义工联合会、玉溪市“阳光076”志愿者驿站、玉溪市暖暖公益协会等社会团体，热心公益，主动履行社会责任，积极为留守儿童健康成长提供心理疏导、生活照料等服务。

【婚姻收养登记】 2018年，全市共设20个婚姻登记处，全面落实停征婚姻和收养登记费。全年依法开展婚姻登记23 240件，其中结婚17 139对，离婚6 101对；办理涉外结婚42对、离婚4对；依法办理收养登记93件。

【残疾人两项补贴工作】 2018年，全市全面建立残疾人两项补贴制度，累计发放残疾人“两项补贴”2 623.8万元，保障了44 016名残疾人权益。其中困难残疾人28 354人，累计发放生活补贴1 563.5万元，重度残疾18 263人，累计发放护理补贴1 059.3万元。

【抚恤优待政策落实】 2018年，全市按月及时足额发放各类优抚资金共计1.5亿元。投入经费15万元，组织2批100名重点优抚对象到市社会福利服务中心光荣院开展短期疗养活动，增强广大优抚对象的荣誉感和幸福感。

【退役士兵安置】 2018年，全市接收退役士兵861名，选择自主就业安置的680名，安排工作181名，符合政府安排工作的在12月19日全部安置到位。投入培训经费260余万元，培训退役士兵345人次。

【双拥创建活动】 2018年，玉溪市，红塔区、澄江县、华宁县、易门县、通海县获得云南省第十届双拥模范城（县）；市委办公室、市民政局、玉溪二职中获得爱国拥军模范单位称号；市政府办杨楠，峨山县民政局局长李洪荣获爱国拥军模范个人称号。春节投入慰问金241.7万元，建军节投入慰问金214.2万元走访慰问驻军部队和优抚对象。下拨烈士纪念设施维修资金95万元，有力推进烈士纪念实施维修改造工作。全年接待25 096人到辖区烈士纪念场馆祭扫烈士。9月30日烈士公祭日，市、县（区）两级开展烈士公祭9场次，党、政、军领导、干部及学生4 170人参加活动。

（史　丽）

基层民主政治建设

【概　况】 2018年，市民政局加快城乡社区治理相关配套文件出台，年内出台《关于加强和完善城乡社区治理的实施意见》和《玉溪市建立社区工作准入制度的实施意见》，健全自治、法治、德治相结合的城乡治理体系，实现政府治理和社会调节、居民自治良性互动，全面提升城乡社区治理能力和水平；下拨社区工作人员生活补贴补助经费1 281.45万元，教育培训补助经费26.68万元，确保社区工作正常运转；进一步提高城乡社区治理法治化、智能化、专业化水平，加强村（居）民委员会规范化建设，完成全市709个村（社区）（含澄江县阳宗镇）基层群众性自治组织特别法人统一社会信用代码证发放；组织举办全市村（社区）干部培训班，150名村（社区）干部参加培训，进一步提升村（社区）干部履职能力；补助280万元省、市资金完善城乡社区综合服务设施，提升城乡社区服务功能。加快推进新型城镇化布局，新成立社区7个；深入推进村规民约（居民公约）修订完善，全市621个村（社区）完成村规民约（居民公约）修订完善工作。全省农村社区建设示范培训班在玉溪举办，省民政厅相关领导及全省16个州市基层政权与社区建设科科长、129个县（区）基层政权与社区建设股股长158人到玉溪参观学习城乡社区治理先进经验。

【修订完善村规民约】 2018年4月，市政府办出台《关于加强村规民约（居民公约）修订完善工作的通知》下发各（县）区，要求各县区结合实际开展村规民约（居民公约）修订完善工作，全面清理现行村规民约（居民公约），加快推进村规民约（居民公约）的修订完善工作，并加强督查指导，尽快建立健全长效机制。9月，结合省文明办、省民政厅《关于进一步修订完善村规民约的通知》的精神，市民政局会同市文明办制定下发《关于进一步做好村规民约（居民公约）修订完善工作的通知》，进一步明确修订完善村规民约（居民公约）重要意义及规范修订完善工作原则和内容、程序、相关要求，推动村规民约（居民公约）修订完善工作深入开展，各县（区）基本形成“党建引领、高位推动、依法依规、因地制宜、强化监督”的工作格局，村规民约修订完善工作取得阶段性成效，截至年底，全市621个村（社区）完成了村规民约（居民公约）修订完善工作。

【农村社区试点建设】 2018年，确定易门县为全市农村社区建设试点县，选择易门县十街彝族乡贾姑村委会开展试点，坚持以党的基层组织为核心，村民自治和村务监督组织为基础，集体经济组织和农民合作组织为纽带，各种经济社区服务组织为补充，按照产业兴旺、生态宜居、乡风文明、治理有效、生活富裕的总要求，稳步推进试点工作。试点村贾姑村委会逐步形成以彝族特色村寨乡村旅游为亮点，经济林、无公害蔬菜、畜牧养殖为支柱，第三产业为辅的发展格局，铸就了“贾姑米”“谷花鱼”“摆依村”等品牌，依托彝族民俗打造了“5.20摸鱼节”“火把节”等乡村旅游品牌，推动贾姑村委会产业格局从单一的传统农业生产向乡村旅游、特色农业多元化发展转变；投入45.5万元用于完善农村社区试点单位贾姑村委会综合服务设施建设，提升综合服务功能。6月27～30日，全省农村社区建设示范培训班在玉溪举办，省民政厅相关领导及全省16个州市基层政权与社区建设科科长、129个县（区）基层政权与社区建设股股长共158人参训，红塔区、通海县相关负责人就红塔区村规民约（居民公约）修订完善工作经验及通海县推行村（组）干部38项权力清单经验做法交流发言。

【撤村设居工作】 2018年，市民政局上报市政府，批复撤销澄江县右所镇小西村民委员会、吉花村民委员会、右所村民委员会、矣旧村民委员会、小湾村民委员会，海口镇海口村民委员会，九村镇九村村民委员会，设立澄江县右所镇小西居民委员会、吉花居民委员会、右所居民委员会、矣旧居民委员会、小湾居民委员会，海口镇海口居民委员会，九村镇九村居民委员会。

【和谐社区建设】 2018年，红塔区玉兴街道办事处、红塔区凤凰街道葫田社区居委会、江川区民政局、华宁县盘溪镇下街社区居委会、峨山县甸中镇甸中社区居委会5家单位被省委、省政府表彰为全省社区建设先进单位，澄江、通海、易门、元江、新平县民政局5人受省委、省政府表彰为全省社区建设先进个人，红塔区大营街街道大营街社区、华宁县盘溪镇盘江社区、通海县秀山街道大树社区、峨山县双江街道登云社区、元江县澧江街道澧江社区5人受省委、省政府表彰为全省社区优秀工作者。

（史　丽）

地名管理

【地名工作】 2018年，完成澄江县更名及撤县设市报件材料。深化第二次全国地名普查成果转化，启动《玉溪市地图》《玉溪市行政区划图》和县区地图、地名志编制工作，新命名地名38条。深化平安边界创建，推行界线界桩管理责任制，完成了市内5条县区边界线联检工作，调处边界纠纷4起。

【地名普查成果转化】 2018年，市民政局依托全市第二次全国地名普查资料，按照分类、分级、分批的原则，加强保护和传承少数民族语地名文化，编写《玉溪市少数民族语地名故事》78个上报省民政厅；根据国务院地名普查办、省地名普查办部署，完成《中华人民共和国标准地名词典·玉溪词目》473条词目释文和上报工作，完成《中华人民共和国标准地名志·云南卷·玉溪市词条》145条词条释文和上报工作；按照档案管理的规范和验收标准，完成地名普查成果档案的归档工作；编制出版《玉溪市地图》《玉溪市行政区划图》，华宁县民政局编纂了《华宁县地名志（送审稿）》，易门县民政局出版发行《易门县行政区划图》，红塔区民政局编纂了《红塔区地名志（初稿）》。

（史　丽）

社会保险

【全省首张电子社保卡成功签发】 玉溪市被确定为全国第二批电子社保卡试点地区，也是云南省首个电子社保卡试点城市，市人社局于2018年12月5日举行首发仪式，并成功签发云南省首张电子社保卡。电子社保卡的首发成功，意味着社保卡线上线下全面打通，以线下为基础，线上线下相互补充的社保卡多元化服务生态圈正在形成，社会保障卡将以更加方便、快捷和智能的方式，为百姓提供更为便利的人力资源和社会保障公共服务。

【医疗保险制度改革】 2018年，市人社会局深入推进医改工作，建立DRGs付费、总额预付、病种付费、打包付费、项目付费等多种付费方式有机结合的支付制度。启动医联体医保打包付费试点工作，及时核定2018年峨山县医共体医疗保险总控指标。将按病种付费结算病种扩大到120个，有效解决医疗机构按病种收费的问题。协同推进异地联网结算信息系统建设，确保异地就医结算畅通，省外异地就医的接诊医院扩大到28家。7月1日，启动玉溪市医疗保险定点零售药店慢性病售药服务工作，确定50家慢性病定点零售药店，使全市近10万名慢性病患者切实享受到公平、便捷、优质的医疗保险服务。稳妥推进市公立医院第二轮药品采购工作，药品采购金额8.83亿元，与省平台比对节约金额1.23亿元，平均降幅达12%。

【医联体打包付费试点工作】 2018年3月，市人社局在峨山县启动医联体医保打包付费试点工作。通过打包付费，激发医院自身动力，提升医院管理水平，提高基金使用效率。峨山县医联体发生医疗保险统筹支付5 177万元，结余1 340万元，结余率20.6%；1–12月医共体内参保人员住院率7%，低于全市6个百分点，医保基金支出增长率4%，低于全市平均增幅13个百分点，有效激发医院自身动力、提升医院管理水平、提高基金使用效率，从根本上解决群众看病难、看病贵的问题。

【工伤认定】 2018年，市人社局研究出台《玉溪市人力资源和社会保障局关于进一步明确工伤认定工作有关事项的通知》，明确了工伤认定工作由原来市级集中认定调整为按属地管理进行认定，进一步精简工伤认定办事流程，全年受理工伤认定申请1 335件，认定为工伤的1 291件。建筑业新建项目实现100%参加工伤保险。

【建档立卡贫困人口基本养老保险和基本医疗保险】 2018年，全市建档立卡贫困人口93 726人，经入户调查核准符合参加基本养老保险条件74 667人，已参保74 767人，参保率100%；参加基本医疗保险和大病保险93 726人，参保率均达100%。落实建档立卡贫困人口参加医疗保险全额资助政策，2018年度居民医保参保缴费工作在2017年底已绝大部分完成，建档立卡贫困人口未收取2018年医保费，其个人缴费部分按《云南省人民政府办公厅关于印发云南省健康扶贫30条措施的通知》，由省财政和市财政对已脱贫建档立卡贫困人口按照4 ∶ 6的比例承担，对未脱贫建档立卡贫困人口按照6 ∶ 4的比例承担。继续贯彻落实好市政府健康扶贫30条措施和一站式就医即时结报政策。全市建档立卡人员发生普通门诊392 914人次，门诊总费用1 658.01万元，门诊报销费用619.98万元；门诊特慢病21 643人次，总费用879.24万元；普通住院23 989人次，总费用11 005.68万元，基本医疗保险支付7 934.58万元，大病保险支付490.56万元、医疗救助支付869.10万元、兜底保障支付473.31万元、其他保障补助费用169.585万元。

【扩大社会保险覆盖面】 2018年，全市参加基本养老保险154.62万人，完成任务目标152.54万人的101.36%，其中：参加城镇职工基本养老保险33.23万人，完成任务目标32.44万人的102.44%；参加城乡居民养老保险参保121.39万人，完成任务目标120.1万人的101.07%。参加基本医疗保险212.82万人，完成目标任务212万人的100.39%。参加失业保险人数16.57万人，完成省厅下达目标任务16.16万人的102.54%。参加工伤保险参保25.62万人，完成任务目标24.33万人的105.3%；参加生育保险20.74万人，完成任务目标19.77万人的104.91%。

【调整城乡居民基本医疗保险待遇】 2018年1月1日，市人社局根据城乡居民医疗保险基金运行情况，将门诊单次最高支付限额20元调整至30元，住院报销比例提高5个百分点，扩大门诊特殊病种范围。

【提高社会保险待遇】 2018年，市人社局圆满完成退休人员基本养老金调整兑现工作，企业退休人员月人均增加基本养老金139.14元，增幅5.89%，调整后月人均养老金为2 501.95元。机关事业单位退休人员月人均增加178.49元，增幅3.99%，调整后月人均养老金4 651.69元。调增城乡居民医疗保险待遇，门诊每次最高支付限额由20元调整为30元，住院医疗待遇按医疗机构级别分别上调5个百分点。失业保险金平均标准从每月862元提高到1 044元，为失业人员代缴医疗金从每月 292 元提升到 353 元。

【足额发放社会保险待遇】 2018 年全年，市人社局圆满完成发放社会保险待遇工作。全市共计涉及城乡居民养老保险领取待遇人员 29.89 万人，发放养老金 3.69 亿元。确保机关事业和企业离退休人员养老金待遇按时足额发放，及时办理资金拨款，按时足额发放离退休人员养老金待遇，社会化发放率达 100%，全市涉及离退休领取待遇人员 7.59 万人，发放养老金 28.9 亿元（不含机关事业单位离休人员统筹外养老金）。严格执行政策，确保及时支付工伤生育保险待遇，全市涉及支付工伤保险待遇人员 3 083 人，发放待遇 0.84 亿元；生育保险待遇人员 9 869 人，发放待遇 1.07 亿元。领取失业保险金 5 007 人，其中：本年新增领取失业保险金 2 861 人，12 月末领取失业保险金人数为 2179 人，全年共有 615 名农民合同制工人领取一次性生活补助。

【社保险基金收益】 2018 年，市人社局对《社会保险基金银行账户存款保值增值协议》部分内容进行修改完善，各项存款利率由原来上浮基准利率的 1.3 倍提高为上浮 1.4 倍，9 项社保基金（含失地农民社会保障资金）银行存款合计 116.17 亿元，收益为 3.14 亿元，平均收益率达 3.06%。同时，按照省人社厅、省财政厅要求如期完成了全市 24 281 万元资金归集上划任务。

（王　锦）

民族事务

【争创全国民族团结示范市】 2018 年，市委、市政府出台《关于玉溪市创建全国民族团结进步示范市的实施意见》《玉溪市深入开展民族团结进步创建“八进”活动实施方案》等加强民族宗教工作和推进示范区建设的文件，市委、市政府于 12 月 4 日召开创建全国民族团结进步示范市动员大会，提出 2020 年建成全国民族团结进步示范市目标，从制度和政策层面上为民族团结进步创建工作提供有力保障。在贯彻落实过程中，市财政安排民族团结进步示范创建专项资金 500 万元，重点支持少数民族聚居区经济社会发展、民生改善、繁荣发展民族文化、协调民族宗教关系和做好民族宗教代表人士工作，全市 9 个县（区）均安排专项经费，加快推进示范创建工作。3 月，印发《玉溪市创建民族团结进步示范市应知应会知识 100 问》12 000 册、组织市级主流媒体集中推出一批采访报道，将民族团结宣传扩展为贯穿全年、覆盖全面的常态化活动。12 月 29 日，新平戛洒镇被命名为“全国民族团结进步示范乡镇”。

【民族团结进步示范项目建设】 2018 年，全市投入资金 8 100 万元，在元江、新平县 49 个直过民族聚居村和 4 个村委会率先启动第二轮百千工程。下达中央和省级资金 2 180 万元推进示范点创建，共实施 1 个示范县、2 个示范乡镇（特色乡镇）、15 个示范村（特色村）、1 个示范社区创建。示范创建工程成为全市示范区建设的有力抓手和民心工程，成为玉溪民族团结进步事业的生动实践。

【国家民委主任巴特尔到通海调研】 2018 年 11 月 16 日，国家民委主任巴特尔在省、市相关领导陪同下到通海县兴蒙蒙古族乡进行调研。巴特尔一行先后走访调研兴蒙云南蒙元历史文化博物馆（三圣宫）和兴蒙乡中心小学，听取蒙元历史文化介绍并观看了学员马头琴演奏。

【扶持人口较少民族（支系）发展】 2018 年，市民族宗教局继续加大对“直过民族”拉祜族在内的市内 6 种人口较少民族（支系）的帮扶力度。按照《玉溪市坚决打赢“直过民族”脱贫攻坚战的实施方案》，会同有关部门实施拉祜族帮扶工作，脱贫攻坚首战告捷。采取特殊政策，对 6 种人口较少民族（支系）代缴新农合个人承担费用 539 万元。实施普通高中学生“三免一补”政策，并给予每年每生 1 500 元生活补助；实施学历培养政策，对考入玉溪师院、玉溪农职院的学生，每生每年给予 5 000 元资助，2018 年安排资金 60 万元对考入玉溪师院、玉溪技师学院、玉溪农职院的 48 名人口较少民族（支系）困难学生实行定额补助；对 2018 年考入大学的其他少数民族贫困学生 170 名给予一次性补助。协同教育部门推选少数民族中考学生就读中央民族大学附中民族班 1 名，云南民族大学附中民族班 2 名，云南师范大学附中民族班 9 名。9 月 11 ~ 14 日，市民族宗教局在市委党校举办全市民族宗教干部培训班，来自全市各县（区）民族宗教系统干部和 74 个乡镇的分管民族宗教工作干部共 130 余人参训。通过学习培训，进一步开拓了民族宗教干部的思维和视野。

【民贸民品】 2018 年，市民族宗教局贯彻落实国家和省扶持民族贸易和民族特需用品生产企业的优惠政策，抓宣传，强服务，搭平台，重实效，培育发展民族特色优势产业，以通海银饰、工艺刀具、石雕、木雕品牌等为代表的民族民间工艺品影响力和产业实力逐步提升。13 家民贸企业被列入“十三五”期间民贸民品定点生产企业。

【民族文化抢救保护和百名人才扶持项目】 2018 年，全市争取并实施省级民族文化项目 12 个，专项经费 135 万元。项目分三类：实施少数民族传统文化抢救保护 9 项，翻译整理出版《玉溪彝族四弦调（彝文典籍版）》、红塔区洛河中心小学彝族文化传承保护、江川区彝族民间刺绣传承保护、澄江县海口镇松元村委会松子园小组彝族传统阴灯傩戏抢救保护、通海县濒危语言纪录片《喀卓语》制作、华宁县苗族传统文化乐器“铜响篾”抢救、易门县唢呐花鼓传承保护、新平县彝文古籍抢救保护、元江县因远镇白族口传文化有声采录与典藏。民族文化精品工程 1 项，翻译整理出版《峨山彝族谱牒选译》。云南省民族文化“双百工程”中的“百名人才”扶持项目 2 项，玉溪（红塔区李鸿源）花灯抢救保护、通海县（公孙馨）高台精品打造。8 月，市民族宗教局在办理市五届人大普春德代表在五届人大一次会议上提出的建议案中，牵头协调玉溪绣尖顶商贸有限公司，江川区民族宗教局、妇联等单位，在江川区九溪镇矣文村设立矣文小龙茵非遗刺绣传习馆和矣文小龙茵绣娘基地，并在绣娘基地中举办 30 余名绣娘参加的刺绣培训班。

【参加省第十一届少数民族传统体育运动会】 2018 年，市民族宗教局牵头组织 240 人的代表团参加省第十一届少数民族传统体育运动会，参加龙舟、射弩、武术、摔跤、高脚竞速、板鞋竞速、蹴球、秋千、民族健身操、吹枪舞龙、陀螺 12 个竞赛大项（117 个小项）和表演项目（竞技类、综合类、开幕式驻停表演 3 个类别）的比赛。获得金牌10枚、银牌12枚、铜8枚，奖牌数30枚。玉溪代表团获组织奖。市民宗局和玉溪师院学工部获省民宗委、省体育局评选的“云南省2014～2018年度少数民族体育工作优秀集体”称号、玉溪体校柏家渭、新平县民宗局李文祥获得“优秀个人”称号。

【依法行政】 2018年，市民宗局认真贯彻落实《玉溪市民族宗教事务法治建设规划（2016～2020年）》，严格部门重大决策程序，加强部门权责清单管理，做好行政审批事项服务工作。全年审批许可设立宗教活动场所事项1件，办理公民民族成分变更确认审批事项174件。积极开展“双随机一公开”工作，随机抽查12个工作管理对象，并将检查结果在部门网站上公开。按照部门法律顾问制度要求，做好部门法律顾问聘期到期的续聘工作。

【团结稳定工作】 2018年，市民族宗教局加强宣传教育，深入持久组织开展民族团结“宣传月、宣传周、宣传日”活动，集中进行民族法律法规、民族政策和民族团结宣传教育；在农村推行民族团结公约，在城市创建民族团结进步示范社区，在宗教活动场所创建和谐寺观教堂，鼓励宗教界开展好“慈善周”活动，发挥宗教正能量，形成贯穿全年、覆盖全面的常态化工作，充实完善宣传阵地，继续在《玉溪日报》开辟“玉溪民族宗教”宣传专栏、组织编印《玉溪市创建民族团结进步示范市应知应会知识100问》12 000册及其他相关宣传资料。积极做好矛盾隐患排查调处，以民族团结进步示范区建设为统领，突出中心城区、回族聚居区、行政接边民族地区和宗教活动场所，认真落实同步监测监管涉及民族宗教因素影响团结稳定问题机制，定期开展民族宗教关系分析研判，积极稳妥化解各类矛盾纠纷隐患，维护全市连续20余年没有发生因民族宗教问题引发群体性事件的团结和谐稳定局面。

（邹贤超）

宗教事务

【和谐寺观教堂创建】 2018年，市民族宗教局在全市宗教领域开展以“学习”为主题创建和谐寺观教堂活动，全市各宗教活动场所精心组织创建活动，广泛宣传、深入学习政策法规，充分利用宣传横幅、宣传栏、报刊、新媒体等多种形式，采取专题讲座、集中学习、交流讨论等多种方式开展学习创建活动。注重学以致用，将学习成果转化到进一步加强宗教活动场所管理的规范化、科学化水平，全市各宗教活动场所完善管理制度，严格照章办事，宗教活动更加规范有序，宗教和社会的关系更加和谐，树立宗教界的良好形象。各县（区）民宗局按照和谐寺观教堂评比标准，展开监督检查，创建活动取得实效。

【宗教团体建设】 2018年，市民族宗教局认真抓好全市宗教团体建设，指导宗教团体发挥积极作用，定期拨付全市性宗教团体工作经费和副秘书长以上人员生活补助资金60万元。加强对宗教教职人员的教育培训，10月11～13日，市民族宗教局举办2018年度全市宗教界人士政策法规培训班，全市126个宗教活动场所管理组织负责人、各县（区）民宗局带队干部及市民宗局相关业务科室145人参加培训。选派11人参加省民族宗教委举办的伊斯兰教清真寺管委会主任培训班，选派6人参加省民族宗教委举办的基督教培训机构骨干教师政策法规培训班，选派5人参加省民族宗教委举办的佛教代表人士培训班。鼓励宗教团体积极开展交流学习研讨活动，市伊斯兰教协会于1月10～12日，举办以爱国爱教和坚持中国化方向为主题的“卧尔兹”演讲比赛，市基督教会于6月11～15日举办以“正信正行”为主题的讲道交流会及教牧人员培训班，市佛教协会于10月13～15日举办以“转正法论利乐有情”为主题的讲经交流会。通海县下回村清真寺于3月13～16日承办云南省伊斯兰教第十三届“卧尔兹”演讲比赛。

【政策法规学习月】 2018年6月，在全市民宗系统开展为期1个月的政策法规学习活动，各县（区）民宗局制定好活动方案和学习内容，加强监督检查，全市各宗教活动场所充分利用宣传横幅、宣传栏、展报、新媒体等多种形式，采取专题讲座、集中学习、交流讨论等多种方式开展学习月活动。据不完全统计，累计开展集中宣讲160余次，各类展板380余块，发放各类宣传资料5 000余份。

【宗教慈善周活动】 2018年9～10月期间，在全市宗教界以“慈爱人间三教同行”为主题，认真开展“宗教慈善周”活动，全市各县（区）宗教活动场所利用公示栏、墙报、条幅等方式开展宣传，指定教职人员围绕“慈善周”活动相关内容进行专题宣讲，以场所为单位、以民间运作为主要方式开展扶贫、济困、助学、助残、敬老等公益慈善活动，形成全市宗教界广泛地关心、支持、参与的浓厚氛围。全市宗教界累计捐款捐物40余万元，用于扶贫助弱、怜恤孤寡、助学助残等。

【朝觐组织服务】 2018年，市民族宗教局认真做好朝觐事务组织服务工作，高度重视，精心组织，严格管理，用心服务，全市207名朝觐人员圆满

2018年10月11～13日，市民族宗教局举办2018年度全市宗教界人士政策法规培训班

（市民宗局　提供）

完成朝觐功课，实现“平安朝觐、有序朝觐、文明朝觐”的工作目标。市民族宗教局被评为2018年度云南朝觐组织工作“优秀组织单位”，带队干部马明辉被评为“先进个人”。

【《玉溪市宗教活动场所管理办法》出台】 2018年3月23日，玉溪市人民政府五届2次常务会议讨论通过并于3月29日以文件印发《玉溪市宗教活动场所管理办法》。《管理办法》包括总则、宗教活动场所的登记设立、宗教活动场所的管理组织、宗教教职人员、宗教活动、宗教教育、宗教活动场所财产、法律责任和附则共9章49条，对涉及的宗教活动场所的设立登记、管理组织、宗教活动、教职人员、宗教教育、场所财产等内容做出规定，标志着全市宗教事务管理法治化水平迈上一个新台阶。

【宗教活动场所管理】 2018年，全市民族宗教工作部门持续加强宗教活动场所管理。抓好宗教活动场所民主管理组织换届工作，公开、公平和公正推选出民主管理组织；加强制度建设，规范和完善场所内部自我管理；完成主要教职人员备案工作，对新任的主要教职人员严格进行备案；加强宗教活动管理，严格执行宗教活动审批程序，做到事中、事后监管，确保宗教活动场所举办宗教活动做到规范有序；进一步巩固伊斯兰教经文学校（班）规范管理成果。继续深入开展宗教领域各类违法违规现象的专项整治工作，非法宗教活动场所、非法宗教活动得到有效遏制。

（邹贤超）

移民工作

【移民后期扶持工作】 2018年，全市发放后期扶持直补资金1 238.345万元。大力推进移民后期扶持项目建设，实施各类项目29项，总投资5 766.615万元，其中移民专项资金4 801.455万元，其他专项及自筹资金965.16万元。通过扶持，积极改善了库区和移民安置区的生产生活条件。

【移民安置工程后续工作】 2018年，市移民局继续推进外迁化念移民安置工程后续工作，确保移民稳得住、能致富。成功解决涉及移民787人、118亩水田（鱼塘）配置遗留问题，完成土地配置收尾；扎实推进移民安置工程设计变更，完成土地整理、外部水利设施配套项目设计变更，初步完成化念移民安置工程结算审核；4个安置点新增生活污水处理配套项目开工建设；争取到溪洛渡水电站建设移民安置资金1 328.88万元，超计划22.88万元，完成年度任务102.22%。推进新建、在建水库和滇中引水项目相关工作。完成在建项目移民安置年度任务，鲁布、矣则河、苗茂水库共完成移民投资2 315万元，生产安置移民72人，超额完成年度任务；推进洋发城水库、白沙河水库编制初设阶段移民安置规划，上报审批；配合市滇中引水办（工程局）做好一期项目征地移民和二期项目规划相关工作，江川区签订征（租）地协议1 231.72亩，超计划231.22亩，通海县签订征（租）地协议397.15亩。

【移民信访维稳工作】 2018年，市移民局进一步建立完善领导接待日制度，完善工作台账，努力化解本部门、本系统的矛盾纠纷，减少群众越级上访、重复上访。多次深入化念移民安置区和戛洒江电站项目区、元江鲁布电站移民安置区、滇中引水项目区调研指导做好移民信访稳定工作，及时指导帮助化念移民安置区妥善处置念江组鱼塘分配、帮助新平县化解戛洒电站业主营地租地补偿等重点矛盾隐患，全市没有发生涉及移民到市级及以上的信访和网上舆情。深化“平安库区”创建，积极开展移民矛盾纠纷排查、化解工作，加强分析研判及预警工作，完善移民法律服务工作机制，切实维护移民合法权益，切实维护库区和移民安置区和谐稳定。采取制定年度综治维稳暨“平安库区”建设工作要点任务分解；按月按季对全市库区和移民安置区涉及移民的矛盾纠纷、安全问题进行全面排查、分析研判；指导监督县（区）制定并认真落实综治维稳暨“平安库区”建设工作要点，积极稳妥推进滇中引水征地拆迁、新平戛洒江电站停建和化念移民安置区发展、稳定等重点区域的工作；做好移民法律服务工作等多途径做好“平安库区”创建，从根源上减少和消除不稳定、不和谐隐患，引导移民依法反映诉求，依法化解矛盾纠纷，全市库区移民安置区继续保持安居乐业、稳定和谐局面。

（龙利玲）

计划生育

【计划生育指标完成情况】 据人口计生自然年报显示（所有数据均不包含澄江县阳宗镇）：2018年底全市户籍总人口223.30万人，年内全市出生婴儿23 371人，比上年同期减少3 813人，其中：男婴12 052人，女婴11 319人，出生婴儿性别比106，比上年同期下降1个点。从分孩次出生婴儿看：一孩出生10 233人，一孩率43.79%，出生性别比105；二孩出生11 793人，二孩率50.46%，出生性别比107；多孩出生1 345人，多孩率5.75%，出生性别比114。与上年同期相比，一孩出生减少1 431人，一孩率下降0.88个百分点；二孩出生减少2 586人，二孩率下降2.44个百分点；多孩出生增加204人，多孩率上升1.56个百分点。在出生的23 371人中，政策内生育22 198人，符合政策生育率为94.98%，比上年同期降低0.42个百分点。分孩次符合政策生育率情况分别为：一孩93.61%，比上年同期上升0.77个百分点，二孩99.34%，比上年同期下降0.08个百分点，多孩67.21%，比上年同期上升3.78个百分点。计划外出生1173人，比上年同期减少76人，计划外生育率5.02%，比上年同期上升0.42个百分点。其中计划外多孩出生441人，比上年同期增加110人，计划外多孩生育率1.89%，比上年同期上升0.67个百分点。全市已婚育龄妇女420 810人，占全市总人口2 232 994人的18.85%，比上年同期增加3 333人。落实各种节育措施354 426人，比上年同期减少4 437人；综合节育率84.22%，比上年同期下降1.74个百分点。其中：长效节育人数321 417人，与上年同期相比减少7 365人，优选节育率76.38%，比上年同期下降2.37个百分点；采取针药及避孕药具避孕33 009人，增加2 928人，针药具避孕率7.84%，比上年同期上升0.64个百分点。

【计划生育家庭奖扶优待】 市卫计委继续贯彻落实中央、省、市出台的计划生育“奖优免补”系列政策，2018年度奖、免、扶、补资金兑现4 048.91万元，惠及群众121 438人。其中：兑现农村独生子女家庭奖励扶助金（农村养老生活补助）9 149人，资金875.76万元；兑现计划生育家庭特别扶助制度（独生子女伤残、死亡家庭）1 293人，资金495.71万元；兑现计划生育家庭特别扶助制度（其他家庭）592人，资金74.16万元；兑现农村独生子女家庭“一次性奖励金”470人，资金23.74万元；兑现农业人口独生子女教育“奖学金”10 220人，资金459.91万元；兑现新型农村合作医疗符合全额资助条件（新农合）资金85 473人，资金1 537.87万元；兑现独生子女死亡家庭“一次性抚慰金”78人，资金19.40万元；兑现城镇居民未享受退休金独生子女父母“养老扶助金”689人，资金70.40万元；兑现独生子女保健费29 219人，资金164.69万元。以上项目资金均已及时、足额兑现到人（户），兑现率100%。走访慰问计划生育特殊家庭和困难家庭100多户，发放慰问金33 000元，大米100余袋，食用油100余桶。认真落实计划生育特殊家庭帮扶三个一百：即100%设立家庭联系人、100%开展家庭医生免费签约服务、100%享受就医绿色通道。全市一级以上公立医院为计划生育特殊家庭开通就医绿色通道99家，占全市公立医院的93.4%。

【医养结合工作初见成效】 2018年，市卫计委继续推进医疗卫生和养老服务相结合工作，初步形成四种模式。一是居家型医养结合。推进医疗卫生服务融入社区、进入家庭，以家庭医生签约服务为载体，以居家养老服务中心为平台，依托国家基本公共卫生服务项目资金和社保资金支持，为老年人建立健康档案，提供健康教育、健康咨询、健康体检、慢病管理等基本公共卫生服务和娱乐、棋牌、就餐、家政等日间照料服务。二是互助型医养结合。加强养老机构与医疗机构签订医疗卫生服务协议，按照属地化、互利互惠、就近就便和双向选择的原则。为入住老年人提供基本公共卫生服务、定期巡诊、疾病诊疗、中医药养生保健、理疗及转诊绿色通道等医疗卫生服务。全市已有60个养老机构与医疗机构签订医疗卫生服务协议，占全市70个养老机构的85.71%。三是融入型医养结合。加强深度融合，实现医养互补，在医疗机构或养老机构中设置养老机构或医疗机构，为入住老年人提供养老及医疗卫生服务，满足入住老年人有病治病、无病养老需求。四是引入型医养结合。鼓励和引导社会力量进入康复、护理、养老服务领域，支持社会力量举办中高端医养结合机构以及老年康复、老年护理等专业医疗机构，以满足不同人群的医疗、健康、养老需求。经相关部门批准，新平县康茂医院成立养护中心，设置养老床位50张，玉溪百信医院成立医养融合中心，设置床位养老床位100张。借助医院的医护团队和医疗设施，为60岁以上的自理、半自理、失能、失智老年人提供生活照料、医疗康复护理、文化娱乐、精神慰藉等服务。元江县引进社会资本启动了集休闲、娱乐、旅游、文化、体育、健康养生、医养服务为一体的温泉休闲旅游度假区建设项目。

【综合治理出生婴儿性别偏高】 2018年，全市卫计部门加强对各级医疗机构妇产、检验、B超从业人员职业道德、相关法律法规的学习培训，提高医务人员对打击“两非”工作的认识。加强妇产、检验、超声等科室的管理，在各医疗机构醒目位置张贴“严禁非医学需要鉴定胎儿性别和严禁非医学需要选择性别终止妊娠”的标志，接受社会监督。严格计划生育技术准入，认真规范医疗保健机构、个体诊所的诊疗范围，严格按照《医疗机构执业许可证》核定的项目开展诊疗活动。结合全省打击非法行医整治行动，开展打击“两非”及避孕药具市场集中专项整治行动。印发了《玉溪市卫生计生委玉溪市工商行政管理局玉溪市食品药品监督管理局等关于开展玉溪市2018年打击“两非”及避孕药具市场专项整治行动的通知》，以7月为集中整治月，以不同的方式方法对辖区内医疗保健机构、计划生育技术服务机构、个体诊所、医药公司药品批发部、药品零售店等进行清查整治，共出动执法人员134人次，车辆29台，检查各级各类医疗机构、个体诊所、药品批发企业、零售药店、酒店宾馆、成人用品店438户次，查处涉“两非”案件1起。全市出生婴儿性别比106，保持在正常值范围内。

【巩固全国幸福家庭活动示范市成果】 2018年6月制定下发了《关于进一步加强“和美家庭”工程创建活动实施“新家庭计划”的意见》，把“和美家庭”与“新家庭计划”有机融合，以“加强宣传倡导，促进家庭文明；加强公共服务，守护家庭健康；加强资源整合，帮扶家庭致富；强化社会责任，引领家庭奉献”为主要任务，以开展“家庭保健、科学育儿、养老照护、家庭文化活动”为抓手，狠抓落实。2017—2018年投入30万元“和美家庭”工程创建活动项目经费，集中资金重点支持示范点的打造。充分利用5·15国际家庭日开展以“幸福母亲，幸福家庭”为主题的宣传活动，全市45家单位300多人参加，发放儿童保健、孕产妇保健手册、计划生育政策、优生优育、疾病防治等宣传资料30多种，96 000多份，义诊和健康咨询服务53 000多人次，慰问49户计划生育困难家庭，慰问金21 300元，大米58袋，食用油58桶，免费上门检查身体74户。

【人口计生信息化建设】 市卫生计生委2017年12月招标采购了一批身份证阅读器和高清拍摄仪，于2018年初配备到县（区）、乡计划生育工作一线窗口岗位。至2018年底完成全员系统人口信息初始化采集入库226.32万人，超额完成年度工作目标。10月开始网上办理生育登记服务证，年底网上办证3 000余人次。

（刘浩勇）

【计划生育药具管理及技术服务】 2018年全市计划分配计划生育药具715 678.5元，实际分配699 017.3元，计划执行率97.67%；全市应使用药具人数356 298人，实际使用药具人数354 231人，药具使用率99.42%；本期使用药具人数80 348人，随访人数78 534人，有效人数78 119人，药具随访率98.60%，有效率97.89%。2018年共有规范药具免费发放网点1 060个，其中主渠道发放网点924个，社会发放网点106个，药具自助发放机网点30个；开展孕前优生健康检查23 359人，省级下达目标任务完成率111.23%；完成叶酸发放人数18 276人，省级下达目标任务完成率119.45%。

（周艳华　杨新燕）

【计生协五次会员代表大会】 2018年11月14日，市计生协第五次会员代表大会召开。省计生协副会长兼秘书长苏建波出席并致辞，会议通过了市计生协专职副会长郑丽英代表市计划生育协会第四届理事会作的《不忘初心牢记使命合力推进计生协事业跨越发展》的工作报告，选举产生了计划生育协会第五届理事会理事41名、常务理事20名，副市长曾敏当选为市计划生育协会第五届理事会会长，郑丽英当选为专职副会长，李丹、史勇、张春亚当选为兼职副会长，方省英被任命为秘书长。新当选的市计划生育协会第五届理事会会长曾敏作了《迈进新时代展现新作为奋力开创玉溪市计生协会事业新局面》的讲话。

【组织建设】 2018年底，全市共有各级计生协会组织812个，机关企事业计生协27个，流动人口计生协42个；共有协会理事8 901名，团体会员1 765个，个人会员195 277人，志愿者队伍170个、志愿者3 559人，文化社团986个。

【宣传教育】 2018年，全市各县区计生协组织开展以“会员心向党、建功新时代”为主题的中国计生协成立38周年纪念日、第20个计生协“5.29”会员活动日和以“主动检测，知艾防艾，共享健康”为主题的第31个“世界艾滋病日”宣传服务活动；召开主题座谈会、开展主题宣传活动、举办晚会170台（次），参与干部职工336人次，参与、观看群众78 800人次；广播宣传784次，出板报424期，悬挂宣传横幅92条，制作宣传展板59块；发放各种宣传资料161 700份、安全套143 500支、避孕药具18 630盒，组织培训19场（次）78 078人次，群众咨询52 850人次，为育龄妇女免费提供生殖健康医学服务13 876人次，义诊、量血压等25 743人次。

【计生项目】 2018年，市计生协新建计划生育基层群众自治乡级示范省级项目3个，对易门县龙泉街道、元江县红河街道、新平县平甸乡各补助5万元，共计15万元；新建青春健康教育培训示范省级项目点2个，即玉溪师院、玉溪工业财贸学院，各补助5万元，共计10万元；流动人口关怀关爱省级项目点1个，即红塔区，补助5万元；新建“会员之家”建设示范省级项目点2个，其中红塔区春和街道春和社区补助5万元，元江县兴元社区补助3万元，共计8万元；开展各类帮扶省级项目5个，澄江县凤麓街道开展计生特殊家庭帮扶项目（帮扶基金5万元）、澄江县开展“生育关怀——帮扶计生困难家庭”种植养殖项目（帮扶基金20万元）、易门县开展帮扶计生家庭发展致富项目（帮扶基金10万元）、红塔区大密罗社区开展计划生育基金帮扶项目（帮扶基金20万元）、峨山县开展计划生育基金种养殖帮扶项目（帮扶基金20万元），共计帮扶基金75万元。

【助力脱贫攻坚】 2018年，全市各级计生协走访慰问计生困难户899户、慰问金额199 600元、走访慰问留守儿童等200人、慰问金额64 000元，大米、食用油等慰问品折合人民币31 670元。

【计生家庭意外伤害保险】 2018年，全市各级计生协全力推动计生家庭意外伤害保险工作，截至年底，全市承保户数共10.3025万户，保单份数35.0545万件，承保人数32.8004万人，完成投保金额（系统生效）1 402.18万元；理赔总件数3 754件，理赔金额827.26万元，其中死亡赔付172件金额270.18万元，伤残赔付49件金额40.32万元，医疗赔付3 533件金额516.76万元；11月份，启动了失独家庭住院护理保险工作，保费全额省财政投入，充分发挥了计生保险为政府分忧、为计生群众解难的保险保障作用。

（黄健华）

老龄工作

【老龄人口情况】 截至2018年底，全市60周岁以上老年人36.7万人，占户籍人口总数的16.54%，其中60～69周岁20.17万、70～79周岁11.26万、80～89周岁4.77万、90岁以上0.51万人、100周岁以上47人。

【老年人社会救助】 2018年，全市2.1万名老年人纳入城乡最低生活保障，城镇老年人低保人均补助水平从上年的月均358元增加到381.8元，农村低保人均补助从202元提高到215.3元，城乡特困供养标准提高到665元/人/月，全年为4 024名（集中865人，分散3 159人）特困人员发放供养资金2 814.53万元。

【老年人医疗保障】 2018年，全市共资助3.3万名老年人参加医疗保险，对参加新型农村合作医疗的70岁以上老年人，住院医疗费用减免补偿比例增加3%，对60岁以上的老年人，由属地的市、县（区）医院每年对其免费常规体检一次，建立健康档案221 817人，建档率95.6%，完成健康管理176 890人，健康管理率76.6%，生活自理能力评估210 081人，评估率91%。

【养老机构基础设施建设】 2018年，全市4个农村敬老院改扩建、45个居家养老服务中心（农村养老服务站）建设纳入省政府10件惠民实事，建成和在建城市公办养老机构10个，床位1 486张；民办养老机构5个，床位417张；农村敬老院56所，床位2 891张；居家养老服务中心153个，床位2444张；年末，全市共有养老床位数7 329张，平均每千名老年人拥有20张。同时，对2016年、2017年补助的居家养老服务中心进行项目绩效评价，开展居家养老服务示范点建设，对5个社会福利服务中心，56个农村敬老院和99个居家养老服务中心进行运营补助。

【老龄事业投入】 2018年，市、县（区）老龄事业经费列入同级财政预算，全年投入老龄事业和老龄工作专项经费5 194万元，其中市财政投入1 270万元，包含高龄补助经费800万元、养老服务机构运营补助经费400万元、老龄事业经费及慰问经费60万元，政协提案办理专项补助资金资助老年活动室10万元；县区财政投入3 170万元，包含老龄事业发展资金67.1万元、老年人补助经费2 408.5万元、居家养老服务中心配套建设经费434万元、百村建设经费45万元、敬老节活动经费94.2万元，工作经费99万元，其他经费22.2万元。市级福彩公益金投入养老服务体系建设2 024万元，其中投入587万元，补助86个基层老年协会新建或修建老年活动场所、添置活动设施，投入100万元补助老年体育活动设施建设，投入520万元补助福利院、老年公寓等城市公办养老机构建设，投入200万元，补助农村敬老院进行改扩建，投入587万元补助居家养老服务项目建设，投入30万元补助特困人员购买老年人意外伤害保险，福彩公益金投入养老服务体系建设的资金占全年留存总数的71%，推动了养老服务设施的建设工作。上级投入养老服务体系资金、设施建设资金和高龄补助资金1 672.92万元，其中投入居家养老服务中心建设852.79万元，民办养老机构建设238万元，老年活动室建设130万元，高龄津贴补助422.13万元。

【老年人优待】 2018年，市老龄委为1.28万名60岁以上老年人办理《云南省老年人优待证》，为65岁以上老年人建立健康档案并免费常规体检一次，为21名百岁寿星挂百岁匾。为老年人办理“爱心卡”，免费乘坐市内公交车，全年免费乘坐1 316万人次，政府补助公交公司574万元。

【保健（长寿）补助发放】 2018年，全市发放高龄老人补助金3 840.65万元，其中80周岁以上5.03万人，金额3 219.1万元，70至79岁2.16万人，金额621.55万元。除市财政补助的800万元和省级补助的422.13万元外，县（区）承担2 618.52万元。

【老年人意外伤害保险】 2018年，全市老年人意外伤害保险参保人数由上年的13.9万增加到15.09万，投保率由38.2%增加到41.53%，收取保费754.625万元。投入30万元为全市3 217名农村特困老人、1 233名城市“三无”老人购买意外伤害保险，完成老年人意外伤害保险的扩面工作。

【老年协会建设】 2018年末，全市共成立机关、企事业单位老年协会40个，社区基层老年人协会307个，村级基层老年协会500个，有老年人协会分会3 513个，32.39万名老年人加入老年协会组织。

【敬老及老年政策法规宣传】 2018年，全市结合敬老月活动和12.4普法日，积极开展“一法一条例”的宣传，发放宣传册12 240本；开展老年人防灾避险和防诈骗宣传教育，引导老年人保护好自己的生命财产，发放《老年人防灾避险手册》和《老年人防诈骗手册》各2 000本；结合重阳节组织老、中、青和少年儿童代表进行同台演出；大力弘扬敬老爱老传统美德，在《玉溪日报》用2个专版宣传全市老龄事业发展情况；制作敬老爱老动漫及宣传标语在玉溪电视台滚动宣传1个月。

【老年人生活服务】 2018年，全市各县（区）、乡镇（街道）全部成立老龄工作机构，机关、村（社区）共成立老年协会847个，老年服务网络进一步健全。建立老年人信息系统，及时掌握老年人的动态情况和服务需求。社区为老年人开展生活、文化、教育、体育、医疗、康复、护理、日托服务。部分村（社区）利用居家养老服务中心的书画室、体育健身室、医疗护理室、日托聊天室、棋牌娱乐室等场所为老年人开展教育、休闲、娱乐、自助餐等服务。志愿者、共青团员定期不定期地为孤寡、残疾老年人提供生活照料和服务，做好困难老人家庭生活救助的申请、调查、审核、上报等方面的工作。全市共招聘政府购买养老服务人员280多人。

【老年人维权服务】 2018年年末，全市共有老年人法律援助工作站68个，基层老年法律援助覆盖率100%，全年，法院受理涉老案件163起，基层司法调解涉老纠纷150起，老年人协会调解涉老纠纷772起，涉及老人997人。在办理过程中加大宣传力度，引导老年人依法维权，提高老年人的维权意识和维权能力。并简化老年人申请援助程序，降低援助门槛，拓展援助工作渠道，扩大老年人法律援助范围，为老年人提供更加方便、快捷的法律援助服务。

【文体休闲教育服务】 2018年，全市投入老年活动场所建设资金817万元，为94个基层老年协会新建或修建老年活动场所、添置活动设施。年末，全市共有老年活动中心（室）4 120个，其中市级老干部活动中心和老年文艺体育活动中心2个，县区级老年活动中心8个，乡镇（街道）老年活动中心38个，社区及村委会老年活动中心（室）517个、村民小组老年活动中心（室）3 555个。建有门球场、地掷球场近141块，老年服务设施基本普及。成立老年文艺团（队）1 631支，队员3.47万人，老年体育团队1 860个，队员4.79万人。有老年大学（学校）265所，其中市、县（区）老年大学7所，乡镇老年学校17所，村（居）委会221所，村（居）民小组77所，学员3.85万人。形成市、县区、乡镇（街道）、村（居）委会、村（居）民小组五级学习网络。

【慰问老年人活动】 2018年春节，全市各级党委、政府广泛开展走访慰问老年人活动。市、县（区）政府共慰问56名百岁老人、169位空巢老人、2.2万名困难老人，支出慰问金400万元。老年节期间，又将全部百岁寿星和部分空巢、失能困难老人作为重点走访慰问对象，慰问61名百岁老人，慰问困难、高龄老人1 325人，支出慰问金85.44万元，慰问养老机构2个，支出2.1万元。

（史　丽）

关心下一代工作

【上级领导调研】 2018年2月27～28日，省关工委主任张宝三率调研组到玉溪调研关心下一代工作，副市长李劲松，市关工委执行主任刘邦元、副主任杨凤荣、秘书长李雪梅陪同调研。调研组先后到新平县桂山街道亚尼社区、新平县新化乡中心小学等地，调研了解农村青年“讲政治、育新人，学科技、奔小康”致富示范带动工作情况及农村留守儿童之家工作开展情况。

10月16日，中国关工委常务副主任祖书勤率队到玉溪市调研关心下一代工作。省关工委常务副主任鲍德珠陪同调研。市委书记罗应光汇报了玉溪经济社会发展情况，市委副书记、市委统战部部长、市关工委主任保明顺汇报近年来玉溪市关心下一代工作开展情况，市关工委执行主任刘邦元就中国关工委五个方面的调研内容作了详细汇报。祖书勤对玉溪市关心下一代工作给予了充分肯定。

【思想道德教育】 2018年，市关工委结合宣传学习十九大精神和纪念改革开放四十周年等工作，通过召开青少年关爱教育联席会、思想教育宣传通联工作会、“中华魂”主题教育推进会、学习宣讲党的十九大精神专题汇报会、举办“读书班”等方式，全面促进青少年思想道德建设工作。各级关工委通过开展“两史”教育、中华魂主题教育、传统文化教育、民族团结教育，引导青少年树立和践行社会主义核心价值观；教育广大青少年爱国、爱党、爱家乡、爱社会主义，听党话、跟党走，取得明显效果。年内，全市征订《腾飞的祖国—改革开放四十年》中华魂读本23 359册，319所学校115 648名师生及戒毒所3 000余名强戒人员参加主题教育活动，撰写征文、心得体会21 577篇，全市5个单位及34名个人获全国、全省表彰。2018年，全市各级关工委成立思想道德宣讲团347个，宣讲员2 480人，做报告1 526场，受教育人数38.67万人次；成立社会主义核心价值观演讲团297个，演讲957场次，受教育

人数达 36.87 万人次，其中在校学生 28.4 万人次。

【关心下一代工作会】 2018 年 1 月 26 日，市关工委召开玉溪市关心下一代工作会，市委、市政府主管联系关工委工作的领导，市关工委在职副主任，市关工委委员以及市、县（区）关工委全体驻会老同志 90 人参加会议。市委常委、市委秘书长王志新作讲话，市政府副秘书长、办公室主任瓦庆超传达省委有关会议精神，市关工委执行主任刘邦元主持会议并总结 2017 年工作、安排布置 2018 年工作。会议从增强做好关心下一代工作的责任感使命感、帮助青少年扣好人生的“第一粒扣子”、净化青少年成长环境、助力脱贫攻坚奔小康、开展特殊青少年群体关爱、凝聚关心下一代工作合力六个方面达成共识。

【法治教育与帮教】 2018 年，全市各级关工委主动与法院、检察院、公安、司法、综治、教育等部门协调配合，建立党政主导、关工委协调、部门参与、学校实施的“四位一体”的普法教育长效机制，深入开展“关爱明天、普法先行”主题教育活动，建立法治教育基地，加强对青少年的法治教育。使《未成年人保护法》《预防未成年人犯罪法》《义务教育法》等法律法规学习宣传有声有色，效果显著。2018 年，全市关工委有法制教育讲解团 259 个，参加法治宣讲人数 1 433 人，宣讲 1 043 场次，受教育人数 44.94 万人次；发放《预防未成年人犯罪法》《未成年人保护法》宣传手册 2 000 余册。同时，各级关工委积极发动“五老”开展“结对一帮一”“亲情面对面”等帮教失足青少年活动。全市各级关工委成立帮教小组 2 571 个，帮教员 6 529 人，其中老同志 1 687，帮教对象 4 363 人（其中未成年人 3 488 人），有转变的 3 781 人（其中未成年人 3210 人）。

【未成年人司法项目】 2018 年，全市未成年司法项目工作得到稳步发展，市、县（区）工作机构、制度基本健全，市、县（区）相关部门间工作关系进一步理顺，工作逐步得到社会的认可。3 月，市司法项目指导小组被评为“云南省开展未成年人司法项目先进单位”。全年举办业务培训 21 期，共 827 人参加。各县（区）参与办案机关首次讯问 159 次，参加后续讯问 139 次，参加检察院维权 81 人（次），参加法院庭审 37 人（次），受委托进行社会背景调查 101 次，提出触法未成年人分流建议人数 28 人，办案机关采纳 25 人，占提出分流人数的 89.29%。组织帮教触法未成年人 214 人。

【农村青年致富培训】 2018 年，全市各级关工委积极主动配合有关部门，加大对农村青年的思想教育和科技培训力度，特别重视对回乡初、高中生的技能培训。通过举办农村青年养殖、种植等培训班，涌现出了一大批讲政治、学科技、懂技术、会经营的先进青年，培育农村青年教育示范点 35 个，重点联系点 78 个，在农村青年中发挥引领示范带头作用。全年，各级关工委成立农村（社区）青年致富报告团 138 个，参与报告人数 478 人，做报告 435 场；成立科技培训学校 266 所，举办农村青年科技培训 963 期，受训青年 15.98 万人次，其中，35 岁以下青年 86 416 人次；全市共有科技致富带头人 2 020 人。

【济困助学】 2018 年，市关工委结合文明城市创建工作，联合财政、民政、残联、团委、市委办等单位，通过建立“农村留守儿童之家”、开展残疾少儿困难家庭“生产自救”帮扶、困难家庭未成年人救助、“爱心圆梦大学”以及开展志愿服务活动等，关注农村（社区）留守儿童、孤儿、单亲家庭子女、孤残青少年、贫困生、触法青少年、外来务工人员子女、精准扶贫户子女的健康、快乐成长。全年，发放省、市救助金 31 万元，救助困难家庭未成年人 395 人，其中，高中生 155 人、初中生 122 人、小学生 118 人。筹资 10 万元，在易门县小街乡中心小学、新平县漠沙镇中心小学、元江县那诺乡中心小学各建立 1 个“农村留守儿童之家”。核拨 3.5 万元到易门、峨山、新平、元江县关

① 2018 年 2 月 8 日，市关工委到峨山县开展“爱心圆梦大学”活动，救助 5 名贫困家庭大学生（张　翼　摄） ② 2018 年 4 月 24 日，中国关心下一代工作委员会“中华魂”书屋捐赠仪式在澄江六中举行（刘小宏　摄）

工委开展残疾少儿困难家庭“生产自救”工作。发放1万元“爱心圆梦大学”公益金，救助脱贫攻坚联系点峨山县富良棚乡5名贫困大学生。市关工委投入爱心救助款52 900元（捐款7750元），于“六一”儿童节前、元旦前，分别深入峨山、新平、元江、易门县边远少数民族地区及建立留守儿童之家的学校，开展志愿服务活动，给296名困境、留守儿童带去国家和社会的温暖及关爱。

【假期活动】　2018年，市关工委联合市教育局、团市委、市民宗局不断创新节假日活动形式，抓住玉溪市创建云南省文明城市的契机，将节假日活动这个品牌工作做细、做实。举办玉溪市第十四届“关爱”夏令营和“心系国防·爱我中华”为主题的玉溪市少年军校第二十四期军政训练，全市1 711名中小学生参加夏令营活动，6 237名中小学生接受军政训练和国防知识教育；举办玉溪市第三期农村山区小学教师心理健康教育培训班，全市62名来自边远山区有志于从事心理健康教育的小学教师参加培训；组织22名山区少数民族地区小学优秀教师到贵阳、遵义进行红色基因学习培训。县（区）的假期活动也呈现各自特色：新平县举办“共享蓝天、快乐成长”少数民族学生夏令营活动，34名山苏学生参加；红塔区104个村（社区），投入活动经费10.5万元，开展活动263场次，23 681人次青少年参加活动，节假日活动在全区实现全覆盖。

（昂子艺）

残疾人事业

【残疾人组织联络工作】　2018年4月11～13日，玉溪市残疾人联合会第五次代表大会召开，出席会议应到代表137人，实到代表123人，符合法定人数。市委常委、政法委书记明正彬，市人大常委会副主任龙兰，市政府副市长曾敏，市政协副主席杨建敏出席会议。会议由市政府副秘书长张名主持。省残疾人联合会党组副书记、副理事长黑贵祥到会祝贺。市残疾人联合会第四届主席团副主席、执行理事会理事长普建蓉代表执行理事会作《凝心聚力、勇于担当，为实现全市残疾人对美好生活的向往而努力奋斗》工作报告。大会通过选举产生第五届主席团和执行理事会领导班子。表彰了“十二五”期间残疾人先进单位和个人。

5月30日，全市全国残疾人基本服务状况和需求信息数据动态更新登记工作启动，投入45.5万余元对7县2区760人调查员举办16期残疾人信息采集培训工作。印发宣传资料2 663册，发送手机短信3 270条，慰问160户残疾人家庭，发放慰问金6.30万元。社登记区704个，调查67 637名持证残疾人，入户率98.22%，完善专职委员信息704名，9月20日，圆满完成玉溪残疾人基本服务状况和需求信息数据动态更新工作。2018年，全市办理残疾人证4 137本，注销50本。组织志愿者助残活动，出动志愿者团队95个，志愿者15 120人，参与助残活动30 620人次。争取上级资金2 270.2万元，其中经常性资金1 247.6万元，一次性资金1 022.6万元。协助税务部门征收残疾人保障金6 000万元，其中市级征收1 900万元。

【残疾人康复工作】　2018年，全市对有康复需求的33 721名残疾人进行精准康复服务，康复服务32 585人，服务率96.63%；对辅助器具适配有需求的5 861名残疾人，提供服务5 395人，适配率92.05%。对1 728例白内障患者免费实施复明手术、对1 674名翼状胬肉患者实施切除手术，帮助3 402名患者实现防盲脱盲。对80名肢体残疾人开展康复，80名截肢残疾人安装普及型假肢，30名肢体残疾人装配矫形器。供应残疾人用品用具1 211件，其中轮椅760辆、助行器205件、助听器246台。为200例重度精神病患者提供免费住院、1 350例精神病患者提供免费服药救助，“阳光家园”居家托养1 100例。争取省残联在峨山县双江日间照料站挂牌成立省残联残疾人辅助性就业机构，补助10万元经费。制定《玉溪市人民政府关于建立残疾儿童康复救助制度的实施意见》。

【残疾人扶贫工作】　2018年，全市25 486名贫困残疾人领取每月50元的生活补贴，18 371名重度残疾人领取每月40–70元的护理补贴。对返贫的190户残疾人基础数据进行重点核实。全市17 317名残疾人纳入低保，对237户农村贫困残疾人进行危房改造。创建残疾人扶贫示范基地2家，辐射带动100名残疾人脱贫致富。开展农村残疾人实用技术培训3 086人。利用春节、助残日走访慰问残疾人4 153户，发放慰问资金143.7万元，市本级走访慰问贫困残疾人900户，发放慰问金45万元。积极组织志愿助残活动，出动志愿者团队95个，志愿者15 120人，参与助残活动30 620人次。投入扶贫联系点资金10余万元，为驻村扶贫队员解决工作经费2万元。

【残疾人教育工作】　2018年，全市补助大中专院校残疾学生或残疾人子女新生367人，中小学生1 012人，补助资金110.53万元。334名特教老师和康复员为312名重度残疾儿童开展“送教上门”服务15 600余人次，发放送教上门残疾学生生活补助104万元。组织开展“六一”儿童节慰问残疾儿童活动，市特殊教育学校学生义务阶段教育实现全免费，职业高中实现定量补助。积极争取省彩票公益金助学项目资金24万元，资助贫困残疾人学生及残疾人子女就读高中、大学189人，残疾儿童入学率达到90%以上。

【残疾人文体宣传工作】　2018年，依托市特校开展文艺体育后备人才培养，培训聋人篮球队员12人、足球队员12人、舞蹈队员20人。投入40万元补助峨山县盲人图书馆建设。9月1～8日，组织48名残疾人运动员参加省第十一届残疾人运动会暨第五届特殊奥林匹克运动会，获得11金11银5铜的好成绩。组织省第十二届残运会接旗仪式节目《玉溪欢迎你》，成功举办全市首届盲人朗读比赛，选送3名盲人参加全国演讲比赛，获得1个二等奖、2个优秀奖。开展“文化周活动”，开办“手语周日新闻”栏目，市电视台新闻播报新闻30条、玉溪日报刊登5版宣传全市残疾人工作，其中3条报送云南省电视台转播。利用中残联网站发布工作信息227条、省残联网站441条、市残联微信公众号110条。组织市级五个专门协会开展“肢残人活动日”“国际盲人节”“聋人节”活动7次，400多名残疾人及家属参加了活动。

【残疾人维权信访工作】　2018年，全市残联部门协助司法部门做好残疾人法律援助和服务工作，积极为残疾人提供法律服务和援助，免费为来信来访残疾人及时提供优质的法律援助服务。严格按照“属地管理，分级负

2018年4月12日，玉溪市残疾人联合会第五次代表大会第二次全体会议，选举第五届主席团委员和出席云南省残疾人联合会第七次代表大会代表

（市残联 提供）

责”的原则，做好日常接访工作。做好重要会议、节假日期间的信访接待、矛盾纠纷排查工作，将矛盾及时化解在基层，做到矛盾不激化、不上交。全年接待残疾人来访1 647人次，来信141件，回复率100%，无越级上访事件和集体上访事件发生。办理市人大和市政协交办的代表建议和委员提案1件。完成玉溪市“十三五”加快残疾人小康进程规划纲要实施情况中期评估工作。主动配合职能部门，深入开展调查研究，及时反映残疾人的需求、困难和问题，提出科学合理和可行的意见建议。向中央财政争取资金89.596万元为3 446名肢体残疾人发放残疾人机动轮椅车燃油补贴。投资180万元为300户贫困残疾人家庭开展无障碍改造。实施贫困残疾人家庭无障碍改造402户，其中中央和省级资金实施234户，市级资金实施100户，县级自筹资金实施68户，补助资金6 000元/户。争取省残联资金229.8万元，为通海、江川、华宁县地震受灾残疾人383户开展灾后重建。

【残疾人就业工作】 2018年，市残联举办玉溪市第五届残疾人职业技能竞赛。组织39名残疾人参加第六届省残疾人职业技能竞赛，获团体总分第三及五个单项第一和四个第三名。对15家超比例安排残疾人就业用人单位进行奖励，全市按比例安排残疾人就业1 273人，其中市本级168人。新增残疾人自主创业40户；创建6家市级残疾人创业就业示范点，申报2家省级残疾人创业就业示范点，带动扶持100余名残疾人实现创业就业。组织6名残疾人参加省级网页制作和办公软件技能培训班，参加“2018年高校残疾人毕业生网上双选会”，2018年应届高校残疾人毕业生就业率70%。组织各类盲人按摩培训7期，盲人保健按摩基础技能培训80人次、盲人保健按摩技能提升培训110人次、盲人就业辅助技能培训80人次。组织7名盲人参加医疗按摩人员考试，3人取得盲人医疗按摩资格证书。组织8名盲人医疗按摩人员参加国家级继续教育培训。对21家盲人按摩店开展盲人按摩店规范化管理，开展以“就业帮扶，真情相助，不让一个困难群众掉队”为主题的企业用工招聘会，发放宣传资料10 000份，安置250名残疾人就业。

（刘祥松）

慈善事业

【概　况】 2018年，市慈善总会共接收捐款812.7万元，接收捐物价值140.79万元。截至2018年12月31日止，累计筹集善款2 543.2万元，接收捐赠物资价值849.23万元。

【通海地震捐款】 2018年，通海县“8·13”“8·14”地震发生后，市委、市政府高度重视，市直各部门、部分县（区）及社会各界爱心人士纷纷伸出援助之手向灾区捐款。8月17日至12月31日，慈善总会共接收市内、外到账捐款2 051 786.6元，接收捐款情况在玉溪社会组织网进行公告。根据捐赠单位和个人意愿，经市抗震救灾指挥部和市民政局同意，下拨1 426 670.20元捐款，其中：下拨通海县民政局1 026 670.20元，江川区民政局300 000.00元，华宁县民政局100 000.00元。

【助学助教】 2018年，市慈善总会实施“2018衣恋阳光助学”项目，在云师大易门附中再资助50名贫困高中生，每学年每人资助3 000元的助学款，共发放3年，2018学年的助学款15万元已发放。开展开展“情系学生——健康爱眼公益活动”。争取玉溪星启华山眼科视光中心，联合峨山县慈善总会、峨山县教育局开展“情系学生——健康爱眼公益活动”，为峨山县捐赠价值80万元近视眼镜配镜资助款。星启华山眼科工作人员携带视光检查设备深入峨山县49所中小学为近2万名师生提供初级眼保健服务、眼病筛查、眼健康宣传等服务，并向视力有问题的师生提供每人价值300元的免费配镜资助；玉溪星启华山眼科视光中心还捐赠17万元在总会成立“玉溪星启华山公益基金”，其中5万元用于青基会“爱心圆梦大学”公益活动，12万元为峨山县岔河中学购买电脑、装修电教室。继续在峨山一中开展中慈“好运来基金”贫困高中生救助项目，资助22名贫困高中生每人每学年3000元，年补助6.6万元。继续在华宁一中开展中华慈善总会“泰益德集团御印基金”贫困高中生救助项目，对39名贫困生实施助学救助，其中：对27名贫困新生实施每人每年3 000元助学救助，临时资助特困学7人每人1 000元；单独走访5户特困高中生家庭，每户资助1万元。接收云南欢乐大世界投资控股有限公司捐款5万元、云南澄江盘虎化工有限公司捐赠4万元、澄江县磷化工华业有限责任公司捐赠4万元、云南澄江冶钢公司捐赠3万元、澄江鹏程旅游文化有限公司捐赠2万元、云南澄江志成磷业化工有限责任公司捐赠2万元、云南红塔卷烟胶厂捐款1.2万元、澄江灵山胜境殡葬服务有限公司捐赠1万元、云南德春绿色食品有限公司捐赠1万元、云南福莲农业科技开发有限公司捐款0.8万元、澄江颐诚科技有限公司捐赠0.4万元、澄江县正春装饰工程有限公司捐赠0.4万元，12家单位捐赠24.8万元，定向用于资助澄江县2018年被录取贫困家庭大学生完成学业。接收

2018年1月9日，在澄江县开展"慈善情暖万家""创维送温暖"惠民活动捐赠启动仪式（市民政局　提供）

云南合和（集团）股份有限公司捐赠79万元、红塔烟草（集团）有限责任公司捐赠79万元，云南云南猫哆哩集团食品有限责任公司捐赠2万元，定向用于玉溪师院资助人才培养；资助困难学生、奖励优秀学生；开展符合玉溪师院教育发展基金会宗旨的其他公益慈善活动。接收云南玉溪仙福钢铁（集团）有限公司捐赠56万元，定向用于玉溪师院博士楼教师周转房家具、设施的购买。接收澄江平天汽车商贸有限公司捐赠0.8万元，定向用于澄江县开展"爱心托起梦想、平天相伴、快乐人生、爱心助学"活动。对1名特困大学生进行困难救助，发放救助金0.7万元每年，共发放3年。

【助医助残】 2018年，市慈善总会接收云南艾维投资集团有限公司捐赠20万元、湖南爱眼公益基金捐赠200万元，联合市残疾人联合会、玉溪华山眼科医院共同实施"慈善玉溪光明行"公益救助项目，为残疾困难人群眼疾病（白内障、翼状胬肉等眼部常见多发疾病）患者提供慈善医疗救助及手术救治。2017年1月至2018年9月为全市3508名中、老年人白内障、翼状胬肉等眼病患者给予手术救助。先施医疗有限责任公司捐赠50万元，在玉溪先施医疗有限责任公司（玉溪市先施医院）设立"爱心公益医疗费用救助基金"，为全市贫困家庭重、急病患者进行救助，向294名贫困家庭重、急病患者发放救助款22.67万元。接收云南澄江冶钢集团有限公司捐赠1万元，定向用于资助1名本厂职工的医疗费用。

【扶老关爱工作】 2018年，市慈善总会向全市59名抗战老兵，发放生活补助金共34.37万元。协调"仁青寿益99长寿基金"奉养百岁寿星援助金人民币2.9997万元，向3位百岁老人，每人发放援助金9 999元。接收宋某（个人）捐赠0.5万元、云南汇鑫电力器材制造有限公司捐赠1万元，定向用于改善澄江县龙街敬老院全体人员生活。

【精准扶贫】 2018年，市慈善总会引入慈善力量参与脱贫攻坚，打造新农村亮化工程。深圳固纬科技有限公司向玉溪市无偿捐赠光能无杆路2 678盏，价值40.79万元左右，在全市开展"平安行、慈善情、亮千村"活动；其中，向红塔区捐赠528盏，价值8.44万元左右；向易门县捐赠500盏，价值7.99万元左右；向峨山县捐赠618盏，价值9.88万元左右；向华宁县捐赠626盏，价值10万元左右；向澄江县捐赠406盏，价值6.49万元左右。捐赠的光能路灯主要用于每个村的活动中心、广场、村委会等村民集中的公共路段。联合创维集团（深圳创维—RGB电子有限公司云南分公司），县（区）慈善总会（民政局）开展"创维送温暖"惠民公益慈善活动。由市慈善总会搭桥，实施"创维公益万里行"惠民工程活动，为红塔区洛河乡低保户发放棉被230床，价值3万元；为澄江县低保户发放棉被660床，价值8万元；为易门县困难群众发放毛毯750床，价值9万元，为低保户发放惠民折7 151张；为峨山县困难群众发放棉被637床，价值8.2万元；为元江县发放棉被650床，价值约8.2万元；为华宁县发放棉被700床，价值约8.8万元。从市慈善总会创始资金利息中拨款2万元，为红塔区高仓街道龙树社区2小组小坝村1名建档立卡贫困户建盖房屋。动员爱心企业捐款捐物118.5万元，为12个社区、村、小组精准扶贫解决人畜饮水困难、危房改造、公益活动、基层党建工作开展、基础设施建设、计划生育家庭的救助和发展产业、壮大集体经济等问题。

（史　丽）

红十字会工作

【市红十字会三届五、六次理事会】 2018年4月16日，市红十字会召开第三届理事会第五次会议。会议审议通过理事会2017年度工作报告和2017年度财务收支情况报告。11月16日，市红十字会召开第三届理事会第六次会议。会议选举副市长曾敏为第三届理事会会长，市红十字会党组书记欧光荣为第三届理事会常务副会长。

【备灾救护工作】 2018年，市红十字会在第十个防灾减灾日组织开展防灾避险知识竞赛，1 600多人参赛，通过开展竞赛活动，普及防灾避险常识，提升自救互救意识和自我防范能力。举办红会系统备灾救灾能力培训班和备灾救灾核心业务培训班两期，通过培训，启动红十字网上报灾系统，完成自然灾害救助应急预案编制工作，提高全市红十字系统备灾救灾的能力和水平。围绕重点人群开展红十字应急救护知识公益培训，全年开展应急救护公益培训150期，覆盖受益人群32 000人。

【参与抗震救灾工作】 2018年，通海"8·13""8·14"地震发生后，市红十字会立即启动自然灾害应急响应，及时赶赴灾区察看灾情，向上级红会报灾争取支持。中国红十字总会、省市红十字会调拨价值20.5万元的物资发放到通海、江川灾区。向社会各界发出募捐倡议，共接收爱心捐款74.01万元，全部拨付灾区用于支持救灾工作。持续到灾区红十字会协助开展赈济救灾工作，对县（区）红十字会救灾物资接收、发放工作开展督查，确保物资分配公开、公正、透明。

【“博爱送万家”活动】 2018年，全市各级红十字会积极开展“红十字博爱送万家”活动，通过多种方式筹集到价值48.28万元的款物，其中省十字红会下拨28.48万元、市县（区）红十字会自筹19.8万元，物资包括应急包、毛毯、棉被、医用降温贴等物资。活动惠及全市9个县（区）53个乡镇街道9 198名群众。

【实施云南省博爱校医室项目】 2018年11月29日上午，云南省博爱校医室授牌暨校医培训开班仪式在玉溪举行，云南省四个州市县的105名校医参加为期3天的培训。中国红十字基金会常务副理事长兼秘书长孙硕鹏、云南省红十字会副会长潘晓玲出席开班仪式并讲话。市红十字党组书记、常务副会长欧光荣在开班仪式上致辞。该项目由中国红十字基金会援建，在江川区、澄江县、通海县、华宁县、峨山县5所学校开展校医能力提升培训、校医室装修改造、配备医疗器械和办公设备等方式实施。

【实施“探索人道法”项目】 该项目由中国红十字会总会和红十字国际委员会共同支持开展。2018年5月20日，举办了“探索人道法项目”云南首期师资培训班，中国红十字会总会组织宣传部副部长边晓，红十字国际委员会东亚地区代表处高级官员叶英华，云南省红十字会党组书记、常务副会长董和春，省红十字会副会长潘晓玲，副市长曾敏等领导出席开班仪式并讲话。玉溪10所项目学校的40余名教师参加为期6天的培训。

【开展募捐救助工作】 2018年，全市红十字会广泛动员汇聚爱心力量，积极开展筹资募捐工作，共筹集款物合计368万元，其中市本级收到捐款173.82万元，救助964人。在关注民生、救助社会弱势群体、助力脱贫攻坚等方面中发挥了积极作用。

【实施生命健康安全教育项目】 项目由中国红十字会总会批准实施，中国彩票公益金支持开展，主要用于打造生命健康安全体验教室，开展救护员培训、亲子讲座、主题宣传等系列“学校＋社区”安全健康教育活动。2018年，市红十字按项目要求举办生命健康安全教育师资初训班一期，培训师资44人。到机关单位、社区、学校开展公益培训、亲子讲座、救护员培训29期9 450人参加培训。

【红十字志愿服务】 2018年，全市各级红十字会新招募红十字志愿者320人，利用学雷锋纪念日、世界红十字日等重要纪念日组织志愿者开展志愿服务活动。全市各级红十字会组织募捐、植树、环保、义诊、慰问、培训等志愿服务活动105次，720人次志愿者参加活动，增强了红十字会的影响力和凝聚力。

【开展“三献”宣传】 2018年，市红十字会联合市中心血站开展集中宣传采血活动，325人无偿献血8万多毫升。招募造血干细胞捐献志愿者100人，并采集志愿者血样入库。开展“造血干细胞捐献者，你还好吗？”主题活动，回访慰问市内成功捐献造血干细胞的4名捐献者。开展主题为“生命之约，大爱传递”的人体器官志愿登记捐献宣传季活动，分别到各团体会员单位和部分理事单位开展人体器官志愿登记捐献培训，800多名医护人员和卫校在校学生参加培训，通过培训提高医护人员对人体器官捐献知识的知晓率、参与率和支持率。登记捐献人体器官志愿者20余人。见证4例公民逝世后人体器官捐献，挽救了12名重症患者的生命，让3名眼疾患者重见光明，充分彰显“人道、博爱、奉献”的红十字精神。

（杨　梅）

①全市2018年“红十字博爱送万家”活动启动仪式　②“探索人道法师项目”师资培训现场

（市红十字会　提供）

（张本聪　摄）

县（区）概况

GENERAL SITUATION OF THE COUNTRIES AND DISTRICT OF YUXI

责任编校：胡　芸

红塔区

江川区

通海县

澄江县

华宁县

易门县

峨山彝族自治县

新平彝族傣族自治县

元江哈尼族彝族傣族自治县

红塔区

【地理位置】 红塔区位于云南省中部，玉溪市西北部，位于东经102° 17′ 32″ ~ 102° 41′ 37″，北纬24° 08′ 30″ ~ 24° 32′ 18″ 区间，东与江川区相连，东南与通海县毗邻，西南与峨山县交界，北与晋宁县接壤。距省会昆明88千米。区内交通便利，213国道、昆磨高级公路和昆玉铁路、玉蒙铁路纵贯南北，形成云南省南北交通枢纽，是泛亚铁路东线、中线和昆曼、昆河高速公路等区域性国际大通道的交汇区域。

【自然概貌】 全区平面形态呈北宽南窄不规则三角形状，区境四面环山。市区中心——州城海拔1 630米，境内最高点（高鲁山）海拔2 614米，最低点（玉溪与通海交界处的曲江河滩）海拔1 502米。幅员周边长161千米，土地面积1 004平方千米，森林覆盖率60.49%。土壤酸碱性适中，有机质含量和熟化程度高，宜种性广。境内地层褶皱、断裂构造复杂，水系比较发达，玉溪大河横贯其间，河流的主干和支干流总长350余千米，河网密度0.35%，水资源年均总量4.3亿立方米，其中地下水占29%。境内自然资源丰富，有动物、植物1 500多种。矿藏有铁矿、硅矿、煤等16个矿种，有大、中、小矿床28个，矿点11个。

全区为中亚热带半湿润冷冬高原季风气候，冬无严寒，夏无酷暑，气候宜人。2018年年平均气温16.4℃，极端最高气温30.5℃（4月23日），极端最低气温0.1℃（2月5日）。全年日照时数1 829.4小时，日照率41%。霜降从2017年11月5日始至2018年2月17日止，共105天；全年降雨166天，降雨量838.4毫米。主要气象灾害有低温霜冻、倒春寒、局部暴雨洪涝灾害等。2018年气候条件对库塘蓄水、森林防火工作及交通、旅游较有利，对农业生产属中等略偏上年景。

【历史沿革】 红塔区历史悠久，开发较早。先秦时属古滇国地。汉武帝元丰二年（公元前109年）置益州郡俞元县。蜀汉时为建宁郡俞元县地，两晋时为晋宁郡俞元县地。隋时置宁州总管府西爨地。唐贞观年间置求州，红塔区即为所属。玄宗时，云南为南诏控制。肃宗上元元年（公元760年），南诏以澄江为河阳郡，郡下辖温富州。温富州的设置使红塔区在历史上开始成为州一级的行政单位。宋代大理国时为河阳郡休制部。元代至元十三年（公元1276年）设新兴州，隶属澄江府，明清沿袭。辛亥革命后，民国元年（1912年），改新兴州为新兴县，管辖范围未变。民国2年，因新兴县与广东肇庆的新兴县同名，更名为休纳县；民国5年，又更名为玉溪县。1950年1月1日，玉溪县人民政府成立。1983年9月9日，更名为玉溪市（县级），1997年12月13日改为玉溪市红塔区（县级）。

【人口、民族】 2018年年末，红塔区公安部门登记的全区总户数183 369户、全区总户籍人口454 364人。其中，乡村人口185 382人，城镇人口268 982人；少数民族人口75 064人，占总人口的16.5%，有30个民族，其中世居民族有汉族、彝族、回族、白族、哈尼族5个。人口密度452人/平方千米。年内出生人口5 670人，出生率12.55‰，死亡人口2 459人，死亡率5.44‰，净增人口3 211人，人口自然增长率7.11‰。

【行政区划】 全区设玉兴、玉带、凤凰、北城、大营街、研和、李棋、春和、高仓9个街道和洛河、小石桥2个彝族乡；村委会（社区居委会）104个，其中社区94个，村委会10；村（居）民小组1 106个，其中社区居民小组1 035个，村民小组71个；自然村437个。

【经济概况】 2018年，红塔区面对错综复杂的严峻形势和发展压力，把握“稳中求进”的工作总基调，统筹推进“五位一体”总体布局。抓好稳增长、调结构、促改革、保生态、惠民生、防风险等各项工作，克服宏观经济下行、市场需求不振、烟草经济低迷等困难，推进全区供给侧结构性改革，培育催生新产业、新业态，壮大综合经济实力，促进全区经济平稳健康发展、社会和谐稳定。

2018年，全区实现地区生产总值（现价）655.03亿元，按可比价计算（下同），比上年增长6.5%。人均生产总值实现12.74万元，同比增6.4%。在生产总值中：第一产业（农业）增加值15.79亿元，同比增6.2%；第二产业（工业、建筑业）增加值437.85亿元，同比增4.9%；第三产业（除一、二产业外）增加值201.39亿元，同比增10.1%。三次产业在生产总值中的比重分别为：2.4%、66.8%、30.8%。区属生产总值319.01亿元，其中：第一产业（农业）增加值为15.79亿元，同比增6.2%；第二产业（工业、建筑业）增加值111.92亿元，同比增9.9%；第三产业（除一、二产业外的行业）增加值191.30亿元，同比增10.2%。不含红塔集团的三次产业在生产总值中的比重分别为：4.9%、35.1%、60%。

【农　业】 2018年，全区农、林、牧、渔业现价总产值29.55亿元，同比（可比价，下同）增长6.2%。其中种植业产值19.49亿元，占农业总产值的66%，同比增长5.4%；畜牧业产值9.47亿元，占农业总产值的32%，同比增长8%；其他产值0.59亿元，同比减5.3%。全年农业增加值完成15.94亿元，同比增长6.2%。其中种植业12.33亿元，同比增长6.1%；畜牧业3.23亿元，同比增长6.7%；其他0.38亿元，同比增长6.1%。

全区乡村从业人员18.72万人，比上年增1 821人。其中男劳动力9.56万人；女劳动力9.16万人。在农村从业人员中：从事第一产业的从业人员有6.51万人，占农村从业人员的34.8%，比重比上年下降0.7个百分点；从事二产业的从业人员有6.72万人，占农村从业人员的35.9%，比重上升1.1个百分点，从事三产业的从业人员有5.49万人，占农村从业人员的29.3%，比重下降0.4百分点。

2018年，全区经济作物种植1.46万公顷，比上年减少582.67公顷，减3.8%；烤烟播种2 316.6公顷，比上年减少129.33公顷，减5.3%；烤烟总产量478.69万千克，比上年减少9.76万千克，减2%；油料种植3 239.8公顷，比上年减少12.2%，产量799.98万千克，比上年减少17.4%。蔬菜种植1.15万公顷，比上年增加4 623.13公顷，增长68%；蔬菜总产量2.83亿千克，比上年增加1.34亿千克，增长90.4%；花卉种植584公顷，比上年减少104.8公顷，减少15.2%。全年粮经作物种植比例由上年的32.07 ∶ 67.93，调整为31.87 ∶ 68.13，经济作物比重比上年上升0.2个百分点。

年末，生猪存栏13.15万头（上年21.78），同比增18.2%，其中存栏能繁母猪7 100头，同比增8.6%。全年生猪出栏23.54万头，同比增2.6%；出栏肉牛5 800头，同比增2.3%；出栏家禽609.43万只，同比增5%。全区肉蛋奶总产量5 359.5万千克，同比增5.2%；猪、牛、羊肉总产量2 506.1万千克，同比减1.1%，其中猪肉产量2 323.4万千克，同比减2%；禽蛋产量1 346万千克，同比增23.7%。

2018年，全区完成绿化造林764.53公顷亩，其中珠江防护林工程666.67公顷、异地造林90.46公顷、义务植树基地造林7.4公顷，义务植树72.67万株。拥有湿地面积985.37公顷，其中人工湿地812.05公顷，自然湿地173.32公顷。在洛河高鲁山建成瞭望台1座，全区设固定瞭望台8座，防火期有巡山护林人员416人；投入47.8万元，维护防火通道156.68千米，修复防火隔离带15千米；新建森林火情视频监控4套，改造森林防火无线数字通讯系统。加大防火宣传，进行火源管控，社会防火意识提高，连续4年无森林火灾发生。年内林业有害生物发生面积2 633.33公顷，主要是小蠹虫和金龟子；防治面积2 633.33公顷，重点采取人工清理蠹害木、喷粉和喷烟的方法防治，防治率达100%，无公害防治面积2 620公顷，无公害防治率99.4%。

2018年，全区完成种植业保险3 913.33公顷；落实耕地地力保护补贴549.69万元；投保能繁母猪1.18万头；发放畜牧贴息贷款4 000万元。完成购机补贴资金182.3万元，补贴机具325台（套），受益农户251户。实施节柴改灶700眼，推广太阳能热水器600套，建成1 000立方大型沼气池1个。实施一事一议财政奖补建设项目21个。土地流转面积4 306.67公顷，完成土地承包经营权确权登记颁证，确权1.21万公顷，占1998年二轮家庭承包耕地面积的151.15%；确权承包农户68 534户，占1998年二轮家庭承包户数的104.36%。兴修农田水利设施，治理水土流失面积4.06平方千米。平滩箐水库全面完工，解决3 372人的饮用水问题，改善灌溉面积271.8公顷；推进红旗水库片区高效节水项目，发展高效节水灌溉面积708.53公顷，完成五小水利黄草坝村山区“小水网”项目工程建设，改善灌溉面积56.87公顷，新增灌溉面积63.73公顷。实施农村饮水安全巩固提升工程9件，改善6 473人的饮水安全问题，其中贫困户278户，贫困人口1 083人。

【工　业】 2018年，全区工业总产值（现价，下同）完成982.72亿元，比去年同期增长12.1%。其中全区规模以上工业产值完成943.37亿元，同比增长12.5%。区属工业总产值完成487.52亿元，同比增长24.5%，其中区属规模以上工业总产值完成448.17亿元，同比增长26.8%。

在区属工业中，钢铁产业、卷烟配套产业、装备制造业、战略性新兴产业、农产品加工业三增二减。钢铁产业实现总产值217.32亿元，同比增长35.4%，占区属工业总产值的比重44.6%；卷烟配套产业实现总产值32.83亿元，同比下降3.2%，占区属工业总产值的比重6.7%；战略性新兴产业实现总产值39.15亿元，同比增长101%，占区属工业总产值的比重8%；农产品加工业产值49.73亿元，同比下降3.7%，占区属工业总产值的比重10.2%；装备制造业实现产值35.16亿元，同比增长34.2%，占区属工业总产值的比重7.2%。

2018年，区属规模以上工业实现主营业务收入434.54亿元，同比增长23%；工业企业实现利税总额累计38.11亿元，同比增长12.6%；其中利润总额25.80亿元，同比增长9.1%。亏损企业27户（亏损面为23.3%），比上年增加8户；亏损企业亏损总额1.38亿元，同比增长47.9%。我区涉及的23个行业中，化学原料和化学制品业、印刷业、造纸业等9个行业利税总额为负增长，其他行业保持较快发展。化学原料和化学制品业实现利税总额1.25亿元，同比减少14%；造纸业实现利税总额1.60亿元，同比减少31.9%；印刷业实现利税总额1.29亿元，同比减少25.7%。黑色金属冶炼业实现利税总额11.98亿元，同比增长32.2%；计算机、通信和其他电子设备制造业实现利税1.86亿元，同比增长10.8%；非金属矿物制品业实现利税2.79亿元，同比增长22.1%；医药制造业实现利税4.12亿元，同比增长32.6%；电力供应业实现利税2.39亿元，同比增长18.6%；食品制造业实现利税6.13亿元，同比增长6.7%。

主要工业产品产量增长幅度有所提高。水泥产量237.22万吨，同比增长16.5%。钢铁行业的生铁产量488.51万吨，同比增长19.5%；粗钢产量533.09万吨，同比增长25.2%；钢材产量512.26万吨，同比增长20%。塑料制品产量8.33万吨，同比增长3.1%；金属切削机床产量4 962台，同比增长11.8%。

【固定资产投资】 2018年，全区固定资产投资下降10.7%，增速低于全市（11.3%）的22个百分点。其中民间投资增长12.5%，占全区投资比重26%。在固定资产投资完成总额中，非房地产投资同比下降25.9；房地产开发企业投资同比增长90.1%。从产业投资情况看，第一产业投资同比增长10.3%；第二产业投资同比下降27.1%；其中，工业投资同比下降27.1%；非电力工业投资同比下降23.7%。第三产业投资同比下降6.8%。从主要行业投资完成情况看，生产经营性行业投资同比下降36.8%，占投资完成总额的21.6%，比重同比下降8.9%；房地产行业同比增长57%，占投资完成总额的34.2%，比重同比增长14.8个百分点；基础设施建设投资同比下降32.4%，占投资完成总额的29.8%，比重同比下降9.6个百分点；社会公共事业投资同比增长20.8%，占投资完成总额的14.4%。

【房地产、建筑业】 2018年，全区房地产开发企业完成投资57.13亿元，同比增90.1%。其中住宅投资40.47亿元，同比增126.7%；办公楼投资1亿元，同比增长207.4%；商业用房投资5.08亿元，同比下降32.3%；其他投资10.58亿元，同比增141.6%。住宅投资占房地产开发投资总额的70.8%。年末，全区联网直报的房地产开发企业50家，其中，具有一级资质等级1家，二级资质等级10家，三级资质等级6家，四级资质等级13家，五级资质等级20家。有项目开发的房地产公司28家，40个在建楼盘，其中新开工项目5个。

2018年，全区有资质等级的建筑施工企业106户。其中，施工总承包一级4户，二级29户，三级33户；专业承包一级3户，二级17户，三级20户；建筑业完成施工产值141.30亿元，比上年增长36.2%。年末从业人员3.69万人，比上年增加6 639人，同比增长21.9%。

【交通运输、通信】 2018年年末，全区公路通车里程1 430.9千米，与上年持平。其中，国道 141.1 千米，省道 22.2 千米，县道 162.8 千米，乡村道路 1 104.8 千米。公路网密度 142.5 千米／百平方千米。全区拥有机动车 24.65 万辆，其中，汽车 16.45 万辆（载客汽车 13.63 万辆、载货汽车 2.70 万辆、其他汽车 1 300 辆）、挂车 2 000 辆、摩托车 8 万辆。机动车驾驶员 27.18 万人，其中汽车驾驶员 25.29 万人。

2018 年，全区本地电话交换机总容量 398.30 万门，比上年减少 55.19 万门。年末固定电话机总数 4.75 万户，比上年减少 660 户；移动电话用户 66.46 万户，比上年减少 17.66 万户；电话普及率每百人 138 部，其中移动电话普及率每百人 129 部。互联网宽带用户平稳增长，有 20.58 万户，比上年增长 8.5%。

【商业物流】 2018 年，全区完成社会消费品零售总额 176.95 亿元，同比增长 11.7%。分销售地域看，城镇消费品零售额 154.12 亿元，同比增长 11.2%；其中，城区实现零售额 141.20 亿元，同比增长 6.4%。乡村实现零售额 22.83 亿元，同比增长 14.9%。从消费形态看，餐饮收入 27.89 亿元，同比增长 9.1%；商品零售额 149.06 亿元，同比增长 12.1%，占全区消费品零售总额的 84.2%。年末，全区公路货运周转量 92.59 亿吨千米，同比增长 15.9%；公路客运周转量 39 340 万人千米，同比下降 12.7%。公路货运量 4 889 万吨，同比增 11.1%；公路客运量 497 万人，同比下降 15.5%。

【城市建设】 2018 年，红塔区实施城市“北进西拓”，强化城市规划、建设、管理和运营，促进城市扩容提质。推动“科教创新城、健康宜居城、生态园林城”3 个行动规划编制。推进两个城市副中心规划建设，玉溪科教创新城玉枕山片区项目动工建设。完善城市路网格局，加快西横七路、红塔山路建设，完成白龙路截污管道工程，高铁新城 7 条市政道路开工建设。玉交集团棚户区改造、泷水塘老工业片区改造项目安置房完工交付，推进老五街片区棚户区改造项目。

年末，红塔区中心城区建成区面积 32.92 平方千米，公共绿地总面积 327.13 万平方米，人均公共绿地面积 12.52 平方米，绿化覆盖率 39.57%。完成中心城区内 61 条道路、1 个交通环岛、6 个城市水景、3.8 万株行道树和绿地乔木、绿地 52.43 万平方米、游路硬地 6.37 万平方米的管护保洁。启动大营街幸福小镇建设，大营街社区获“中国美丽休闲乡村”称号。开展农村集体土地清理整治及规范管理农村集体资产资源，拆除临违建筑 70.3 万平方米，腾出空地 79.67 公顷，缓解乡村建设用地供求矛盾，拓展城市发展空间。农村人居环境提升 PPP 项目启动招标，完成 5 个省级人居示范村、137 个百千工程项目建设，村庄公厕覆盖率达 100%。

2018 年，依托街道、社区、街巷建立 3 级网格，结合国家卫生城市复审、省级文明城市创建，城市管理中的短板逐渐消除，城市管理和公共服务水平逐步提升。加大执法力度，开展建筑垃圾和散体物料运输、非法运营、市容秩序、市场经营秩序、噪声污染等专项治理行动。整治出店经营者、流动摊贩 3.28 万起，清理乱粘乱贴违法宣传广告 641 起，拆除布标 124 条；清理沿街散发小广告 8 600 起。加强城市下水道清淤和排水设施维护，清除玉江大道、白龙路明沟淤泥及垃圾 2 000 立方米，更换修复窨井盖、雨水篦子 70 个，维修人行道 200 平方米。城区环境卫生，城市清扫保洁机扫率 65%。推行生活垃圾、医疗废物无害化处理，启动生活垃圾收集转运一体化项目建设，生活垃圾焚烧发电项目进展顺利；处理生活垃圾 10.5 万吨，日均处理生活垃圾 357 吨，城市生活垃圾无害化处理率 95%，处理医疗垃圾 23 吨。中心城区路灯、景观灯设施完好，装灯率 100%，亮灯率 99% 以上；完成 20 条道路、14 个节点和部分道路沿线园林绿化景观提升工程。信息化城市管理水平不断提升，数字城管九大基础子系统和五个扩展子系统建设完成投入使用，中心城区城市管理实现智慧城管监控全覆盖。

【生态环境】 2018 年，红塔区推进大气污染综合防治、饮用水源地周边环境保护、大河综合治理及生态文明体制改革。持续深化工业大气污染防治和扬尘污染专项整治，完成 5 530 辆黄标车、6 座燃煤锅炉治理淘汰。开展集中式饮用水源地保护，大矣资社区搬迁安置点民房主体工程竣工。玉溪大河等 4 条黑臭水体综合治理加快推进，健全河（湖）长制，完成“一河一策”方案编制、信息平台建设等。开展国家第二次污染源普查和省级生态文明区创建，完成生态保护红线划定，起草飞井水库饮用水水源地保护条例。

强化减排项目监管力度，深挖减排潜力，对区域内的 6 户企业不定期现场检查，确保二氧化硫、氮氧化物、化学需氧量、氨氮 4 项主要污染物的减排任务完成。年内，规模以上工业综合能源消费总量为 300.04 万吨标准煤（当量热值），同比增长 20.6%；万元产值能耗 0.3 吨标准煤，同比增长 7.2%，单位生产总值能耗下降 1.51%。

【旅　游】 2018 年，全区推进昆玉红旅游文化产业经济带建设，抢抓高铁开通机遇，创建省级全域旅游，完善旅游接待设施，优化旅游发展环境。推进全域旅游多元发展，应大众需求，强化和优化新业态的空间布局，推动“旅游 +”休闲业态开发，提升红塔工业接待中心、汇龙生态园、映月潭休闲文化中心等景区产品，加快推进文化产业创业园与旅游的融合发展。加大旅游公路、特色旅游村、扶贫旅游村、乡村旅游接待点、景区内标识标牌安装等旅游基础设施建设。大营街社区申报成为中国 150 个中国美丽休闲乡村之一，春和街道玉碗水村被确定为国家传统村落，黄草坝村被确定为省级旅游扶贫示范村。

年末，全区有国际旅行社 25 家，国内旅行社 23 家。有 7 家星级饭店（四星级酒店 2 家，三星级酒店 3 家，二星级酒店 2 家）平均床位出租率 54.34%，比上年下降 6.58 个百分点。接待中外旅游者 1 352.09 万人次，同比增长 18.2%；实现国内旅游收入 111.82 亿元，同比增长 27.4%；其中接待海外旅游者（含港澳台同胞）1 564 人次，同比增长 8.2%，实现外汇收入 80.43 万美元，同比增长 35.6%。

【招商引资】 2018 年，红塔区坚持将招商引资作为推动经济发展的生命线、跨越发展的主抓手和富民强区的主引擎，相继制定出台加快招商引资工作发展实施意见、重点产业招商引资若干优惠政策、鼓励扶持总部楼宇经济发展意见、促进工业项目投资优化奖补机制实施意见等一系招商引资政策措施。构建起集项目策划包装、高效审批服务、项目落地推进在内的投资全产业链条运作机制，推动招商引资取得新突破。参加“相约春天共筑梦想”“相约红塔收获金秋”招商大会，参加昆交会、南博会，到全国各地进行点对点和精准招商。38 家企业入驻玉溪，10 家商会 100 余人参加玉溪米线文化节招商茶话会。年内，共实施市外国内招商引资项目 50 项，引进资金 300 亿元，同比增长 6.4%。其中到位省外资金 287.17 亿元，同比增长 14.4%。实施外资项目 3 个，到位外资 176.35 万美元。

2018 年，全区进出口总额 1.93 亿美元，比上年增加 5 038 万美元，同比增长 35.2%，其中出口总额为 1.89 亿美元，比上年增加 5 017 万美元，同比增长 36.1%；进口总额 413 万美元，比上年增加 21 万美元，同比增长 5.4%。

【财政收支、金融信贷】 2018 年，全区财政总收入完成 37.32 亿元，同比增长 4.3%。地方公共财政预算收入完成 17.90 亿元，比上年同期增加 1.31 亿元，增长 7.9%；地方公共财政预算支出完成 34.64 亿元，比上年同期增加 3.22 亿元，增长 10.3%；其中财政八项支出完成 39.36 亿元，同比增长 11.2%。

年末，全区金融机构人民币各项存款余额为 1 059.21 亿元，同比增加 119.65 亿元，增长 12.7%。其中，住户存款余额 338.21 亿元，同比增加 20.4 亿元，增长 6.4%；非金融企业存款余额 503.91 亿元，同比增加 89.22 亿元，增长 21.5%；广义政府存款余额 210.51 亿元，同比增长 4.9 亿元，增长 2.3%。全区金融机构人民币各项贷款余额 578.14 亿元，同比增加 106.4 亿元，增长 22.6%。从贷款用户看，住户贷款余额 160.55 亿元，同比增加 39.24 亿元，增长 32.3%；非金融企业及机关团体贷款余额 414.59 亿元，同比增长 64.16 亿元，增长 18.3%。

【科学技术】 2018 年，全区共申报省市科技项目 90 余项，认定高新技术企业 11 户，创新型试点企业 3 户、省级科技型中小企业 6 户、省级科技特派员 4 人。成立科技成果转化中心，创建省级科技成果转化示范区。专利申请量 1 527 件，授权量 733 件，专利有效量 505 件。“双创”稳步推进，众创空间获国家认定，入驻企业 66 户，“双创”孵化中心建成运营。评出 2017 年度拟授奖科技进步一等奖 4 项、二等奖 4 项、三等奖 4 项。

【教　育】 2018 年，全区有学校（幼儿园）176 所。其中，高等院校 2 所，中等专业学校 3 所，普通中学 25 所，中等职业学校 2 所（成人中等专业学校 1 所、职业高中学校 1 所），特殊教育学校 1 所，小学 69 所，幼儿园 74 所。在校学生 103 997 人，比上年增 1.3%。其中小学在校学生 33 856 人；普通中学在校学生 29 464 人（初中 18 226 人，高中 11 238 人）；中等职业学校在校学生 8 161 人；普通中专在校学生 9 691 人；特殊教育学校在校学生 526 人；高等学校在校学生 22 299 人。全区有专任教师 6 037 人。

全区深化教育供给侧改革，提高教育质量，推进教育现代化。争取上级资金和项目建设，实施“一村一幼”项目 13 个，区二幼综合楼新建项目主体工程完工，全面改薄校舍建设项目竣工 42 个，投资 1.04 亿元建成新校舍面积 4 万平方米，投资 7 922 万元在李棋中学、玉河小学等 9 所学校实施海绵工程改造项目。优化教育资源配置，启动红塔区创建全国义务教育发展优质均衡县（区）试点，制定《红塔区启动义务教育优质均衡工作实施计划》，编制《红塔区中小学及幼儿园布局规划（2017 ~ 2035 年）》，扩大高中招生规模，玉溪衡水实验中学招收高一新生 838 人，高中入学率提高到 53%。75 所学校开展供餐模式地方试点，受益学生 3.21 万人，14 所农村中小学校通过学校食堂方式供餐，保障营养改善计划实施。“三免一补”资助政策和寄宿生生活补助落实，免费发放教科书 5.21 万套，文具费补助下拨 51 万元，寄宿生生活补助下拨 626 万元，小学跨村就读交通费受助学生 370 人。产教融合，玉溪二职中职业教育成为特色产业技能型人才培养培训基地。10 所学校申报创建“平安校园”。

【文　化】 2018 年年末，全区有文艺表演团体 5 个，群众艺术馆 13 个，博物馆 5 个，文物管理所 5 个，公共图书馆 2 个，藏书 75.2 万册，其中市图书馆藏书 52.9 万册，区图书馆藏书 22.3 万册。全年博物馆、纪念馆活动参观人数 106.89 万人次。

2018 年，全区完善公共文化服务体系配套政策，出台加强非物质文化遗产保护与利用的工作实施意见和支持戏曲传承发展的实施方案。实现乡、街道文化站点全覆盖，打造以姜氏宗祠、文明寺、文化广场、文化长廊为核心的文化阵地。“两馆一站”免费对外开放每周 56 小时；全区 112 个农家书层采购新书 8 556 册，总藏书量 27 万册，全部免费开放。李棋街道任井社区农家书屋，被评为“云南农家书屋示范点”。开展文化惠民活动，繁荣农村、社区和广场文化，节庆文化系列演出、四季风文艺演出、周末传统花灯剧目展演、学习十九大、致富奔小康等文化惠民演出 283 场次，观众 14 万多人次。传统酸醋酿制技艺等 4 项非物质文化遗产列入区级保护名录，命名 30 位非遗代表性传承人。郑氏旧居委托管理，加强玉溪窑址、玉溪聂耳故居参观接待，改造修缮玉溪窑址等文物建筑，新增 8 个市级文物保护单位。挖掘玉溪窑文化，实施玉溪青花街项目。

【广播电视】 2018 年，红塔区广播电视发挥区级媒体主阵地作用，讲好红塔区故事，传播正能量，通过新闻、专栏、专题等形式宣传报道。全年区电视台播出电视新闻 1 604 条，玉溪电视台采用 164 条；播出自办节目《哇家玉溪》59 期、资料栏目 1 750 期；播出电视剧 1 825 集；播出宣传标语、各类通告、公益广告 8 022 条；上载发布“印象红塔区”官方微信公众平台电视新闻、专栏节目 1 512 条（期），发布通告、宣传标语 1 914 天（次），为公众了解红塔区提供便捷的资讯服务。精品节目参加全国广电节目评比，获奖项 4 件。完善广播影视城乡一体化公共服务体系，实施农村电影“2131”工程，送电影下乡，放映农村公益性数字电影故事片 227 场，累计观众 7.79 万人次，放映覆盖率 100%。推进万达影城、玉溪红塔厚品店的常态运营，放映电影 1.32 万场次，累计观众 19.63 万人次。全区 1 987 户“户户通”用户后期维护服务，排除各类故障 140 个。

【体　育】 2018 年，组织全区 203 个单位、1 万余人参加七彩云南全民健身市、区元旦・春节环城赛跑，承办全民健身日登山健步走活动、高鲁山泉杯越野跑比赛、龙马山自行车爬坡越野赛、红塔区首届新兴杯足球等赛事活动，参加人数 2.64 万人次，举办第九套广播体操工间操培训。加强全民健身基础设施建设，采购健身器材 300 件（套），篮球架 10 副，采购金额 57.58 万元。新增健身路径 25 条，篮球场 10 块，新增体育面积 7.86

万平方米。组织参加七彩云南全民健身运动会玉溪市第六届县（区）乡镇（街道）篮球大联赛，获得男子组第一名，女子组第二名，体育道德风尚奖和优秀组织奖。

【卫　生】　2018年，红塔区全力推进和深化医药卫生体制改革，完善基本医疗卫生制度。调整医疗服务价格，全面取消药品加成。推进DRGS付费方式改革，按DRGS支付7 803人次，入组率96.39%，患者住院日从2015年的8.41天下降至7.54天，药品收入较改革前下降8.55%。创新医疗服务模式，构建全民健康保障网，建立分级诊疗工作机制，基本实现“小病不出村，常见病不出乡，大病不出区，康复在基层”的就医格局；家庭医生签约服务深入实施，家庭医生签约服务覆盖率40%，重点人群签约服务覆盖率60%以上。区乡医疗健康服务实现互联互通，建设“医养结合”联合体网络信息平台，全区8个乡（街道）卫生院、4个社区卫生服务中心和74个村卫生室信息化实现与市级平台诊疗数据、检验结果和健康档案信息互联共享。完成2个区级医疗机构、12个基层医疗卫生机构规范性中医馆建设，区妇幼保健计生服务中心成功申报云南中医学院熊磊教授专家基层工作站，北城中心卫生院建成全市首个省级基层名中医工作室。探索“医养结合”的新型模式，推进社区服务体系，全区65岁以上老年人健康管理建档率97.4%。开展第四轮艾滋病防治人民战争，实现联合国艾滋病规划署提出抗病治疗覆盖率、抗病毒治疗有效率90%以上，区美沙酮维持治疗门诊被评为“2017年度全国优秀戒毒药物维持治疗门诊”。年末，全区有卫生机构315个，其中医院、卫生院37个，急救中心1个，采供血站1个，社区卫生服务中心（站）4个，妇幼保健院（所）2个，卫生疾病预防控制中心2个，卫生监督局2个，乡村卫生室80个，诊所、医务室186个。卫生技术人员7 223人，医院和卫生院床位5 564张。

2018年，全区计划生育特殊家庭签约率达100%，开通就医绿色通道，宣传住院分娩，系统管理孕妇住院分娩率100%，产后访视率98.98%。实施关爱妇女儿童健康行动计划和预防接种健康惠民工程，3岁以下儿童系统管理率98.46%；7岁以下儿童保健管理率97.46%。开展新生儿听力筛查、出生缺陷监测和Hib、23价肺炎疫苗群体性预防接种。年末，全区已婚育龄妇女8.96万人，占总人口比重的19.72%，选用各种节育措施75 131人，节育率83.84%。本期三术节育率72.62%，综合节育率83.84%。

【社会保障、劳动就业】　2018年，全区对部分低保户、五保户、贫困户等困难群众实施春荒粮、冬寒衣被救助，发放铺盖帐盖579套和春荒粮（大米）20万千克，救助户数6 904户，受益困难群众11 417人。城乡低保实施动态管理，保障城乡居民基本生活，全年有城乡低保对象2 920户3 743人，支出资金1 609.15万元。城乡特困人员321人采取集中供养和分散供养，供养标准年每人每月分别提高至100元、115元。城乡医疗救助一站式结算服务，大病报销病种由原来的6种增加至22种，重特大疾病医疗救助封顶线由1万元提高到10万元。全年为困难群众发放医疗救助金1480人（次）、200万元；对临时性、突发性原因造成基本生活出现暂时困难的低收入城乡家庭，实施救助498人，救助资金98.25万元。贾井社区的居家养老服务中心开工建设，古城社区完成招投标。年末，区内有居家养老服务中心11个，建筑面积1.6万平方米，设计床位155张。

2018年，全区新增城镇就业人员6 915人。扶持创业，强化贷免扶补、创业促就业小额担保贷款、劳动密集型小企业贷款，带动吸纳就业710人。拓宽高校毕业生就业渠道，完善“三支一扶”管理服务，实施云岭大学生创业引领计划，引导未就业高校毕业生自主创业，全区有高校毕业生见习基地4个。开展就业援助月、春风行动、民营企业招聘周、高校毕业生就业服务月等就业专项服务，组织招聘会6场，办理用工单位登记630家（次），提供就业岗位3万多个。推进农村劳动力培训转移就业，实施农村劳动力转移就业扶贫、技能扶贫专项行动，提高农村劳动力技能水平。全年城镇登记失业率3.23%。

年末，全区参加医疗保险单位（含市级）3 026个，其中，企业（个体）2 557个，机关及事业单位469个，参保人数12.27万人（含灵活就业）。其中，企业（个体）9.93万（含灵活就业）人，机关及事业2.34万人；收缴基本医疗保险金7.06亿万元。参加城镇居民基本医疗保险参保登记32.62万人。

全区11个乡（街道）建立老龄工作委员会，村（居）委员会老年协会组织104个，社区老年协会组织117个，会员5.12万人。有门球队15个，参加人数195人，地掷球队10个，参加人数92人，健身操（舞）206个，参加人数4 800人，其他体育锻炼85个，参加人数3 900人。有老年文艺队401个，参加人数7 947人，演出1 132场、节目2 946个。年内，区境内有敬老院4所（含市级1所），集中供养63人，民间投资兴办2所。年内对422名高龄特困老人进行慰问，其中敬老节区级慰问高寿老人100人，百岁寿星11人；春节慰问特困老人300人，百岁寿星11人。

【人民生活】　2018年，全区城镇居民人均可支配收入3.91万元，比上年增加3 061元，增长8.5%，扣除价格因素，实际增长7.1%。其中工资性收入2.10万元，比上年减少565元，降2.6%。城镇居民人均消费性支出2.59万元，比上年减少493元，降1.9%。农村居民人均可支配收入1.70万元，比上年增加1 489元，增长9.6%，扣除价格因素，实际增长8.2%。其中工资性收入1.19万元，比上年增加4 298元，增长56.4%；农村居民人均生活消费支出1.45万元，比上年增加2 614元，增长22%。城乡居民收入比为2.3：1（以农村居民可支配收入为1）。年末，城镇居民人均拥有生活住房面积83平方米，每百户平均拥有家用汽车80辆、家用电脑68台、健身器材8套、移动电话267部。农村居民人均拥有生活住房面积74平方米，每百户农民家庭拥有彩色电视机119台、电冰箱105台、家用电脑34台、家用汽车78辆、摩托车79辆。

【领导名录】　区委书记张小良（彝族），区委副书记方洪（2018年3月离任）、瓦庆超（2018年3月任）、罗盛勇（2018年1月离任）、任峻宏（2018年3月任）。区人大常委会主任殷绍焜，区人大常委会副主任李家金、姜永祥、杨文武、龙海燕（女）。区政府区长方洪（2018年4月离任）、瓦庆超（2018年4月任代理区长，2018年6月任区长），区政府副区长李永聪、赵南方（2018年3月离任）、牛旺林（2018年3月任）、王红（女）、梁士洪、杜清祥（2018年4月离任）、李剑（傣族）、黄云鹏（2018年4月任）、洪江（挂职，2018年8月离任）、石磊（挂职，2018年3月离任）、王洪宇（挂职，2018年12月离任）、李艳萍（女，挂职，2018年4月任）。区政协主席王文平，区政协副主席孟国平、白发福（彝族）、董晋红。区纪委书记解永辉，区纪委副书记郭金安、张云春、何明春、杨春燕（女，2018年7月任，挂职）。

（王德莉）

江川区

【地理位置】 江川区地处云南省中部，位于东经102° 35′ ~102° 55′和北纬24° 12′ ~24° 32′ 之间。东接华宁县，南连通海县，西与红塔区交界，北同晋宁、澄江两县毗邻。区政府驻地距省人民政府驻地106.05千米、距市人民政府驻地25.4千米。

【自然概貌】 区境东西最大横距31.9千米，南北最大纵距33.7千米，区域面积850平方千米（折合127.5万亩）。区境由湖泊、盆地、中低山组成。在总面积中，山区、半山区占71.67%，平坝占15.96%，湖泊占12.37%。整个地势四周高、中部低，西部九溪略向玉溪倾斜。境内最高峰谷堆山海拔2 648米，最低点九溪河口村海拔1 690米。境内主要河流有16条，河道总长184.8千米，属珠江流域西江水系，最大洪水流量315立方米/秒，多数为季节性河流。县境中部有高原断陷湖泊星云湖，辖有抚仙湖三分之一水面。星云湖总面积34.7平方千米，最大水深10米，平均水深7米，容水量1.84亿立方米，正常水位海拔1 722米，属富营养型湖泊，十分适合鱼类生长，被誉为“天然养鱼塘”。抚仙湖总面积212平方千米，其中江川辖水面68.94平方千米，占水面总面积的32.5%。

2018年年平均气温为16.7℃，比历年同期偏高0.8℃，比上年同期偏低0.2℃，属略偏高年份。年极端最高气温为30.2℃（4月23日）；年极端最低气温为-0.5℃（2月3日）。全年日照时数为2 071.8小时，比历年同期偏少117.6小时（-5%），比上年同期偏多119.6小时，属略偏少年份。全区平均降水量863.6毫米，比常年同期偏多14.8毫米；日最大降水量95.1毫米（6月25日）。

【行政区划】 2018年，全区辖大街街道和江城、前卫、九溪、路居4个镇及安化（彝族乡）、雄关2个乡。全区共有74个行政村（有21个社区，53个村委会），340个自然村；464个村（居）民小组（有居民小组168个，村民小组296个）。

【人口、民族】 2018年年末，全区有常住人口28.82万人，其中，城镇人口12.73万人，乡村人口16.09万人。全区城镇化水平44.17%，比上年提高1.17个百分点。自然增率为6.12‰，比上年提高0.1个千分点。公安年末户籍人口为284 809人，比上年增0.7%。其中，城镇人口110 261人，乡村人口174 548人。年出生人口3 868人，死亡人口1 847人，人口自然增率为7.12‰，比上年下降0.99个千分点。总人口中，汉族人口262 843人，占总人口的92.3%；少数民族人口21 966人，占总人口的7.7%。

【综合经济指标】 2018年，全区完成现价生产总值（GDP）100.30亿元，按可比价格计算，同比增11.6%。分产业看，第一产业增加值17.62亿元，增6.6%；第二产业增加值36.91亿元，增18.8%；第三产业增加值45.50亿元，增8.2%。产业结构加快调整，三次产业结构由上年的18.2 ∶ 33.7 ∶ 48.2调整为17.6 ∶ 36.9 ∶ 45.5。一、二、三产业分别拉动GDP增1.2、6.6、3.8个百分点，对经济增长的贡献率分别为10.4%、56.4%、33.2%。全区人均地区生产总值3.47万元，按可比价计算增11.4%。非公经济增加值57.86亿元，增12.2%，占全区生产总值比重的57.8%，比上年上升1.2个百分点，拉动全区经济增长7.1个百分点，对全区经济增长贡献率为60.7%。

【农　业】 2018年，全区实现农、林、牧、渔业增加值18.14亿元，按可比价格计算增6.6%。其中，农业（种植业）增加值13.61亿元，增6.7%；林业增加值3 692万元，增2.4%；牧业增加值2.76亿元，增7.5%；渔业增加值8 803万元，增4%；农、林、牧、渔服务业增加值5 125万元，增6.9%。

年末，全区常用耕地面积12.82万亩。农作物总播种43.07万亩，比上年增3.56万亩，增9%。其中全年粮食播种9.31万亩，减少505亩，降0.5%。油料播种3.65万亩，增加5 414亩，增17.4%。烤烟栽种8.92万亩，增加2 643亩，增3.1%。蔬菜栽种19.76万亩，增加2.48万亩，增14.4%。花卉面积1.15万亩，增加3 261亩，增39.8%。全区粮食总产量4 480万千克，增1.7%。收购烟叶982.5万千克（不含路居镇），收购单价31.22元/千克。蔬菜产量4.55亿千克，增14.4%。油料产量779.3万千克，增10.9%。园林水果产量1 131万千克，增3.9%。全年完成营造林面积2 100亩，人工造林1 700亩，特色经济林4 000亩。全区森林覆盖率44.07%，自然湿地保护率99.6%。

2018年，全区肉蛋奶总产量2.76万吨，比上年增23%，其中，肉类总产量1.93万吨，增24.9%；禽蛋产量8.30万吨，增19.6%。年内肥猪出栏14.8万头，增16.7%；出售仔猪36.6万头，增30.3%；年末生猪存栏11.4万头，降5.4%。其中能繁殖母猪1.4万头，下降11.8%。水产品产量4355吨，比上年增加5吨，增0.1%，其中，星云湖2 365吨，增65吨，增2.8%；抚仙湖558吨，增2吨，增0.4%。

【工业和建筑业】 2018年，全区完成全部工业增加值30.22亿元，按可比价格计算增17.5%，拉动GDP增5.2个百分点，对经济增长的贡献率为45%。全区规模以上工业企业46户，主营业务收入53.27亿元，利税总额6.88亿元；规模以上工业增加值增23.4%。规模以上工业中，分经济类型看：国有控股企业增28.8%，股份制企业增23.1%，私营企业增26.6%。分门类看：采矿业增加值增26.2%，制造业增加值增23.2%。分行业看：非金属采矿业增加值增26.2%，农副食品加工业增加值增20.1%，造纸和纸制品业增加值增7.4%，化学原料和化学制品制造业增加值增20%，橡胶和塑料制品业增加值增30.2%，非金属矿物制品业增加值增54.8%。

随着龙泉园区路网、标准化厂房、新能源公交车等配套基础设施的进一步完善，园区经济呈快速发展态势。2018年，园区实现工业增加值3.37亿元，同比增37%，高于全区规模以上工业增加值增速13.6个百分点，园区经济所占规模以上工业增加值比重由上年的19%提高到24%。

2018年，全区建筑业增加值实现6.87亿元，按可比价格计算增25.8%。具有资质的建筑施工企业22户，资质建筑企业期末人数5 785人，其中工程技术人员 1 544 人。资质以上建筑企业房屋施工面积 45.7 万平方米，增 31.9%；房屋竣工面积 21.6 万平方米，增 1.3%。全区商品房销售面积 17.05 万平方米，增 31.5%。

【固定资产投资】 2018 年，全区 500 万元及以上固定资产投资（不含农户）增 10.2%，其中 500 万元及以上项目投资同比增 12.2%。从三次产业看：第一产业增 22.2%，第二产业增 214.2%，第三产业降 15.1%。从所有制关系看：国有单位降 8.4%，其他单位增 62.2%。从主要行业看：工业投资增 214.2%，房地产开发投资增 0.8%，交通运输、仓储和邮政业投资降 12%，水利、环境和公共设施管理业投资降 29.3%。

【交通运输和邮电】 2018 年，全区交通运输、仓储及邮政业增加值 1.51 亿元，按可比价格计算增 4.5%。年末公路总里程 865.58 千米，其中，高速公路 16 千米，一级公路 15.07 千米，二级公路 18.61 千米，三级公路 197.70 千米，四级公路 594.22 千米，等外公路 24 千米。年末，全区拥有载货汽车 9 085 辆，载客汽车 73 辆。全区公路运输客运量完成 174 万人，降 16.74%，旅客运输周转量 9 433 万人千米，降 12.75%。完成货运量 1 646 万吨，增 11.14%；完成公路运输货物周转量 309 048 万吨千米，增 15.92%。

全区电信业务总量 9.96 亿元，比上年同期增 104.37%。年末固定电话用户 7 034 户，其中住宅电话 4 125 户。移动电话 25.55 万户。互联网用户 7.07 万户。

【国内贸易、对外经济和旅游】 2018 年，全区社会消费品零售总额完成 2.77 亿元，增 12.3%。按销售单位所在地统计：城镇市场实现消费品零售额 23.95 亿元，增 12.3%；乡村市场实现消费品零售额 3.75 亿元，增 12.3%。按消费形态分：餐饮收入 6.36 亿元，增 18.3%；商品零售 21.34 亿元，增 10.6%。商品零售占消费品零售总额的 77%，是销售市场的中坚力量。全年销售营业额合计 49.16 亿元，增 16.2%，其中，批发业销售额 7.76 亿元，增 18.8%；零售业销售额 27.56 亿元，增 14.6%；住宿业营业额 2.55 亿元，增 15.4%；餐饮业营业额 11.29 亿元，增 18.5%。

2018 年，全区完成外贸自营进出口总额 4 070 万美元，降 9.6%，其中，出口 3 965 万美元，降 8.7%；进口 105 万美元，降 32.7%。全年招商引资项目共实施 67 个，其中，续建项目 36 个，新建项目 31 个。年内实际利用区外国内资金 90.39 亿元，比上年增 9.98 亿元，增 12.41%，其中，市外国内资金 90.26 亿元，增 13.18 亿元，增 17.09%；省外资金 80.90 亿元，增 14.56 亿元，增 21.95%。

2018 年，全区共接待游客 557.56 万人次，比上年增 86.17 万人次，增 18.28%。旅游总收入 46.25 亿元，增 11.86 亿元，增 34.49%。年末，全区拥有星级饭店 2 家，国际国内旅行社 4 家，国家级 A 级以上景区 3 个。

【财政收支、金融】 2018 年，全区一般公共预算收入 7.84 亿元，增 7 333 万元，增 10.3%，其中，增值税完成 1.26 亿元，增 11.7%；企业所得税完成 1 975 万元，增 8%；城市维护建设税完成 1 791 万元，增 5.3%。全区一般公共预算支出 20.53 亿元，增 2.13 亿元，增 11.6%，其中，教育支出 4.03 亿元，降 5.7%；社会保障和就业支出 3.38 亿元，增 22.4%；一般公共服务支出 2.55 亿元，降 31%；公共安全支出 7 121 万元，降 22.2%；科学技术支出 2 095 万元，降 55.7%；医疗卫生与计划生育支出 1.49 亿元，增 1.7%；节能环保支出 1.09 亿元，增 16.1%；城乡社区支出 2.20 亿元，增 26.2%。

2018 年，全区金融业增加值实现 5.08 亿元，增 7.2%。年末金融机构各项存款余额 134.91 亿元，比上年增 8.7%，其中，住户存款余额 90.71 亿元，增 11.2%；各项贷款余额 102.08 亿元，增 15.3%。存贷比为 75.7%，比上年提高 4.4 个百分点。

【教育、科技】 2018 年，全区共有公立学校 74 所，其中，乡镇中心完小 12 所，村完小 44 所，教学点 2 个，乡镇中学 11 所，普通高中 2 所，职中 1 所，进修学校 1 所，区幼儿园 1 所。有教学班 1 078 个，其中，幼儿学前班 238 个，小学班 500 个，初中班 211 个，普通高中班 90 个，职业高中班 39 个。在校生 3.78 万人，其中，在园（班）幼儿数 7 677 人，小学 1.50 万人，初中 9 217 人，普通高中 4 682 人，职业高中 1 224 人。

小学毛入学率 101.7%，小学学龄儿童入学率 99.99%，毕业率 100%，小学毕业生升学率 96.8%，年巩固率 100.3%。新招一年级新生受过一年学前教育率 99.59%，学前幼儿毛入园（班）率 90.5%。15 周岁初等教育完成率 99.9%。初中毛入学率 114.17%，初中毕业率 100%，初中辍学率 0.17%，年巩固率 99.57%。17 周岁初级中等教育完成率 98.92%。现有教职工 2 917 人，专任教师合格率高中 97.92%、初中 100%、小学 99.71%。

2018 年，全区共向国家、省、市推荐申报科技项目和科普专项共 37 个，其中，省级科技项目 14 个，市级科技项目 16 个；国家级科普项目 2 个，省级科普项目 3 个，市级科普项目 2 个。申报成功的国家、省、市各类科技项目 30 项，其中，省级 14 个，市级 16 个；科普专项获得立项的 7 个，其中，国家级 2 个，省级 3 个，市级 2 个。争取各项科技经费共计 1 033.9 万元。全年申请专利 120 件，批准（授权）专利量 56 件。

【文化、广播电视】 2018 年年末，全区共有文化馆 1 个，公共图书馆 1 个，乡镇综合文化站 7 个，文艺队 252 个，文化馆辅导文艺团体 68 个；组织文艺调演会演 34 次，组织文艺活动 129 次；有文化室 24 个，全年共举办展览 33 期，举办各种培训班 99 期。

2018 年，江川区广播电视发挥区级媒体主阵地作用，紧紧围绕区委、区政府中心工作，讲好江川故事，传播正能量，通过新闻、专栏、专题等形式宣传报道。全年区电视台共播出电视新闻 1 233 条，其中，被玉溪广播电视台玉溪新闻采用 208 条，大众新闻采用 77 条，玉广新闻采用 227 条，新媒体采用 41 条。播出自办节目《江川新闻》166 期，《平安江川》40 期，《一周说》50 期，共计 256 期。播出电视剧 2 190 集，播出宣传标语、各类通告、公益广告 1.6 万条 / 次。放映农村公益性数字电影 438 场次，累计观众 7.22 万人次，放映覆盖率 100%。升级改造工作完成的印象影城放映电影 4 242 场次，累计观众 6.47 亿人次。做好全区 2 800 户“户户通”用户后期维护服务工作，共为“户户通”用户排除各类故障 50 个，确保该工程长期通、优质通。

【体育、卫生】 2018 年，全区共成立体育协会组织8个，累计举办活动17余场，参加活动人数0.7万人次。全区乡镇（街道）均成立全民健身领导小组，挂牌成立“全民健身指导站”，晨晚训练点53个。拥有社会体育指导员601人。全年举办区级体育比赛活动10次，组织基层体育比赛活动7次，全区体育人口33%。举办全民健身活动17次，人数0.7万人次。年末，全区拥有体育场地414个，体育系统拥有体育场地7个，开放使用7万人次。举办培训班4期，参加培训115人次。竞训体育省传统游泳项目1个点，在训运动员15人；市训练项目（柔道、足球）4个点，在训运动员32人；区训练项目（篮球、羽毛球）1个点，在训运动员45人。

2018年年末，全区共有卫生机构177个（含门诊、村医务室），其中，区级医院2个，其他医院2个，卫生院7个，妇幼保健院1个，疾病预防控制中心1个，卫生监督机构1个。卫生机构拥有床位数805张。拥有卫生技术人员1 503人，其中执业医师和执业助理医师532人，注册护士704人，其他158人。

2018年，全区传染病发病率为90.48/10万，孕产妇建卡率99.96%，孕产妇系统管理率89.08%，住院分娩率100%。年末，全区已婚育龄妇女人数4.55万人，已领取独生子女证人数5 656人，比上年减少167人。本期三术节育率79.39%，综合节育率83.79%。

【城市建设】 2018年，全区建成区面积5.8平方千米，建成区人口5.6万人。供水管道107.83千米，年供水总量620.45万立方米。拥有城区城市路灯3 321盏，环卫机械总数25台（包括15辆机械车，8辆电瓶车，1台压缩机，1台环保除尘雾炮机），全年清运生活垃圾4.34万吨。绿化覆盖面积182.92公顷，园林绿地面积170.05公顷，绿化覆盖率36.36%，人均公共绿地面积19.14平方米/人。城市生活垃圾无害化处理率100%，城市生活污水处理率92.32%。路灯设施完好率95%，亮灯率97%。

【社会保障】 2018年，全区城镇新增就业2 801人，城镇失业人员再就业718人，公益岗位就业585人，城镇登记失业率3.35%。

年末，全区共有重点优抚对象2 729人，发放抚恤定补金额1 834.28万元。义务兵家属201户，发放义务兵家属优待金186.91万元；享受城市最低生活保障633户881人，发放城市最低生活保障金651.8万元；享受农村最低生活保障1 726户3 327人，发放农村最低生活保障金774.5万元。全区共有敬老院6个，职工24人，床位数280张。

2018年，全区参加基本养老保险人数17.18万人，其中，参加城镇职工基本养老保险2.18万人；参加城乡居民养老保险15万人。参加基本医疗保险23.98万人，参加失业保险8 431人，参加工伤保险1.65万人，参加生育保险1.16万人。（此部分数据不含路居镇）

【人民生活】 2018年年末，全区在岗职工1.76万人，比上年末增加1 591人。全年在岗职工平均工资7.44万元，增加4 790元，增6.9%。城镇居民人均可支配收入3.67万元，增8%；农村居民人均可支配收入1.33万元，增9.1%。

【能源消耗和安全生产】 2018年，全区能源消费总量87.45万吨标准煤，较上年下降5.89%，单位GDP能耗0.87吨标准煤/万元，降15.67%，其中规模以上工业单位增加值能耗1.79吨标准煤/万元，降44.72%。全社会用电量8.17亿千瓦时，同比下降21.15%。分产业看，第一产业用电量0.18亿千瓦时，同比上升7.45%；第二产业用电量6.26亿千瓦时，同比降27.43%；第三产业用电量0.65亿千瓦时，同比上升14.28%。城乡居民生活用电量1.08亿千瓦时，同比上升8.48%。

2018年，全区安全生产考核控制指标类别事故共发生3起，比上年减少2起，降40%；死亡人数4人，比上年减少1人，降20%；直接经济损失83万元，减57.86万元，降41.1%。其中工矿商贸企业事故1起，死亡人数1人，直接经济损失80万元；生产经营性道路交通事故1起，死亡人数2人，无人员受伤，直接经济损失3万元；建筑施工事故1起，死亡人数1人，无人员受伤，无直接经济损失。全年共发生道路交通事故2 168起，较上年增加608起，增39%；死亡人数31人，减少2人，下降6%；直接经济损失266.8万元，增加31.2万元，增13.2%。火灾事故46起，减少29起，降38.7%；无死亡人员，直接经济损失8.75万元，减少44.2万元，降83.5%。

【领导名录】 区委书记徐贤，区委副书记王志华、张燕华（女，2018年1月离任）、张文彬（2018年4月任）、李长金（挂职）。区人大常委会主任龚桂存（女），区人大常委会副主任李绍华、普朝鹏、何眉、李保平。区政府区长王志华，区政府副区长张文彬（2018年9月离任）、李卫东（2018年9月任）、牛旺林（2018年2月离任）、杨军苹、王柄璋、溥恩武（2018年2月任）、李忠海、靳永春、陈慧敏（2018年11月离任）。区政协主席罗跃岗，区政协副主席杨吉英（女）、邓春元（2018年1月任）、顾秋。区纪委书记矣向林。

（徐凡清）

通海县

【地理位置】 通海县位于云南省中南部，东经102° 30′ 26″~102° 52′ 53″、北纬23° 55′ 11″ ~ 24° 14′ 49″之间。是历史有名的滇南重镇及经济和手工业发达的地区，有“秀甲南滇”“冠冕南州”“礼乐名邦”之美誉。县城所在地秀山街道（原秀山镇）为云南省级历史文化名城，县人民政府驻地秀山街道距市政府所在地红塔区47千米，距省会昆明市125千米。通海县东与华宁县接壤，南与红河州石屏县、建水县交界，西与峨山县、红塔区相邻，北与江川区毗邻。

【自然概貌】 通海属坝区县，县境以中山、平坝、河谷三大区组成，中山占77.07%，平坝占21.63%，河谷占1.3%。全县总面积721平方千米，东西长37.97千米，南北宽36.32千米。在平坝中部镶嵌有面积达36平方千米的杞麓湖，是坝区用水及调节气候的重要因素，杞麓湖四周为平坦肥沃的农田，是全县粮食和经济作物的主要产区。全县湖、山、河相间，风光秀美，景色秀丽。县城海拔高度1 815米，最高峰为位于河西镇的螺峰山，海拔2 441米；最低处为位于红河州建水县与通海县交界处的马脖子，海拔为1 350米，高差1 091米。通海县属中亚热带湿润凉冬高原季风气候，冬无严寒、夏无酷暑，全年气候宜人、雨量充沛。2018年降雨量

903.6毫米，与常年同期相比偏多4.2毫米，与上年同期相比偏少326毫米。年平均气温16.2℃，与常年同期相比偏高0.2℃，与上年同期持平。年内总日照时数2 197.6小时，与常年同期相比偏多29.8小时，与上年同期相比偏多52.5小时。

【行政区划】 2018年年末，全县设2个街道、4个镇、3个乡，即秀山街道、九龙街道、河西镇、四街镇、杨广镇、纳古镇、里山彝族乡、兴蒙蒙古族乡、高大傣族彝族乡。下属49个村委会、27个社区居委会，331个村民小组、219个社区居民小组，361个自然村。

【人口、民族】 2018年年末，全县常住人口31.16万人，比上年增加0.12万人。其中城镇人口16.69万人，城镇化率53.57%，比上年提高1.16个百分点；出生率12.66‰，死亡率6.71‰，自然增长率5.95‰，比上年提高0.1个千分点。据公安人口统计年报，年末全县户籍人口为104 517户290 700人，分别比上年增加1 580户1 212人。在总人口中，男性人口144 007人，占总人口的49.5%，女性人口146 693人，占50.5%；城镇人口118 296人，占总人口的40.7%；乡村人口172 404人，占总人口的59.3%；少数民族人口49 734人，占17.1%。全县共居住着彝族、回族、傣族、蒙古族、哈尼族等30种少数民族（人口2 000人以上的少数民族5个），至2018年年底，全县少数民族人口49 734人，占总人口的17.1%；全县共有少数民族乡（镇）4个，少数民族村（社区）委会25个，少数民族村民小组115个。

【综合经济指标】 2018年，全县完成现价生产总值（GDP）116.71亿元，比上年增长7.6%。分产业看，第一产业增加值17.94亿元，增长6.4%；第二产业增加值45.50亿元，增长11.8%；第三产业增加值53.27亿元，增长4.3%。三次产业比重为15.4 ∶ 39 ∶ 45.6。一、二、三产业对GDP增长的贡献率分别为12.3%、62.1%、25.5%，分别拉动GDP增长0.9、4.7、1.9个百分点。全县人均GDP达到3.76万元，比上年增加1 435元，增长7.7%。非公经济增加值73.48亿元，比上年增长5.3%，占全县GDP的比重63%，比上年上升0.1个百分点。

【农 业】 2018年，全县完成农、林、牧、渔业总产值29.30亿元，比上年增长6.3%。其中，农业（种植业）产值17.63亿元，增长7.1%；林业产值1 388万元，减41.8%；牧业产值11.01亿元，增长6.3%；渔业产值2 902万元，增长1.3%；农林牧渔服务业产值2 305万元，增长0.3%。实现农林牧渔业增加值18.02亿元，比上年增长6.4%。农作物总播种面积39.17万亩，其中，粮食、油料、烤烟、蔬菜、花卉面积分别为6.49万亩、0.98万亩、4.87万亩、25.62万亩和0.83万亩。粮食与非粮食作物面积比例基本稳定在22 ∶ 78。认证绿色食品8个，认定绿色基地1.56万亩，新增省市级龙头企业3户、市级示范社（农场）8个，"云秀"鲜切花、"锦海"种苗、"高原"娃娃菜分别入选云南省"十大名花""十大名菜"，被认定为云南省特色农产品优势区。

2018年，全县植树造林2 100亩，义务植树55.91万株。畜牧业持续稳定发展，猪牛羊禽全面增长，肉蛋产量继续增加。水产品产量3 120吨，其中杞麓湖产量1 300吨。

2018年通海县主要农作物产量表

计量单位：万千克

产品	2018年	增减（%）
粮食产量	2 440	0.8
油料总产	157.67	49.5
烤烟总产	677.7	-1.8
蔬菜总产	79 404.28	4.6
其中：小春	42 704.31	5.2
大春	36 699.97	4
水果产量	917.33	-1.8

2018年通海县主要畜牧产品产量

产品	单位	2018年	增减（%）
大牲畜年末存栏	头	11 658	4
大牲畜当年出栏	头	12 689	3.9
猪年末存栏	头	89 231	5.4
猪当年出栏	头	136 518	6.2
牛年末存栏	头	11 585	4.4
牛累计出栏	头	12 678	3.9
羊年末存栏	只	25 104	2.5
羊累计出栏	只	25 339	3
家禽期末存栏	只	5170 210	5.2
家禽当年出栏	只	5310 610	5.8
肉类总产量	吨	23 689.6	4.4
其中：猪肉产量	吨	10 592	3.8
牛肉产量	吨	2 292.9	4.2
羊肉产量	吨	625.2	4.2
禽肉产量	吨	10 178	4.9
禽蛋产量	吨	32 318.6	8.1
奶类产量	吨	5 101.6	5.3

【工 业】 2018年，通海县积极引导关停涉钢企业转型重组，穆光工贸点火试车，通变电器入列云南省百强企业，13户企业升规纳限，着力打好"三大战役"，五金产业园区成功申报"云南省高新技术产业开发园区。全年实现工业增加值38.61亿元，增长10.9%，对GDP的贡献率为50.9%，拉动GDP增长3.9个百分点。75户规模以上工业企业完成工业总产值116.33亿元，比上年增长20.2%；工业增加值同比增长15%，实现工业

销售产值114.14亿元，增长19.5%，产销率为98.1%，比上年下降0.6个百分点。民营经济实现增加值76.38亿元，增长8%。

2018年通海县规模以上工业主要产品产量

产品名称	单　位	2018年	2017年	增减（%）
机制纸及纸板	吨	57 422	53 749	6.8
多色印刷品	万对开色令	234	200	17.0
硅酸盐水泥熟料	吨	279 906	243 186	15.1
水泥	吨	394 170	367 897	7.1
商品混凝土	立方米	215 301	146 110	47.4
生铁	吨	260 849	95 361	173.5
粗钢	吨	226 815	82 881	173.7
钢材	吨	837 399	637 870	31.3
铝材	吨	8 461	6 672	26.8
铸铁件	吨	2 486	5 832	-57.4
金属紧固件	吨	9 938	8 864	12.1
变压器	千伏安	4880 834	4031 548	21.1
油墨	吨	1 647	1 382	19.2
自来水生产量	千吨	3 602	3 517	2.4
供电量	万千瓦时	103 581	104 644	-1.0

【固定资产投资和建筑业】 2018年，全县固定资产投资比上年增长29.8%，其中工业投资增长20.5%。500万元以上项目投资增长31.6%；房地产投资减34.8%。按产业划分：第一产业减58.8%，第二产业增长20.5%，第三产业增长37.5%。施工房屋面积比上年减73.4%，其中住宅面积减87.6%；竣工房屋面积减94.4%，其中住宅面积减100%。

2018年，全县建筑业完成增加值6.96亿元，增长19.3%。具有资质等级证的建筑、装饰企业14户，从业人员5 090人，完成建筑业总产值20.52亿元，增长27.9%。

【交通运输、邮电和旅游】 2018年年末，公路通车总里程1 011.5千米。其中，国道40.6千米，省道74.5千米，县道110.4千米，乡村公路768.1千米。公路总里程中，高速公路14.7千米，一级公路25.1千米，二级公路34.3千米，三级公路96.1千米，四级及以下公路841.3千米。全县机动车拥有量10.50万辆（含拖拉机），比上年减少5 388辆，其中，汽车6.40万辆、大中小型拖拉机8 071台、摩托车3.20万辆、挂车953辆。全县公路营运货车2.09万辆，吨位8.95万吨；运营客车215辆，客座4 716座。公路运输客运量完成233万人，旅客运输周转量11 272万人千米；完成货运量1 900万吨，公路运输货物周转量332 299万吨千米。

全年邮政业务总量2 003万元，电信业务总量13.28亿元；固定电话用户1.10万户，其中住宅电话5 859户；移动电话用户22.42万户；电话普及率75.5部/百人；互联网宽带网用户6.13万户。

2018年，全县共接待国内旅游人数507.51万人次，接待境外旅游者3 221人次，全年旅游总收入37.39亿元，较去年同期分别增长22.83%和27.26%。

【国内贸易和对外经济】 2018年，全县实现社会消费品零售总额38.19亿元，比上年增长11.4%。按经营单位所在地分：城镇消费品零售额19.90亿元，增长10.6%；乡村消费品零售额18.29亿元，增长12.4%。按消费形态分：餐饮收入13.96亿元，增长21.3%；商品零售24.24亿元，增长6.5%。全年完成烟叶收购总量685万千克，减1.9%，收购总金额2.04亿元，增2.3%，中上等烟比例达到96.95%，比上年提高1.65个百分点，其中上等烟比例71.49%，提高5.36个百分点。

县域内贸流通市场主体12户，外贸出口企业62户，完成第三产业增加值53.53亿元，增长4.4%。杨广智慧农业小镇进入财政部PPP项目库。16户企业实现网络交易，全县电商交易额1.51亿元，被列为省电子商务试点县。

全年完成进出口贸易总额10.94亿美元，减28.6%，其中进口额实现95万美元，减48.9%，出口贸易额完成10.93亿美元，减28.6%，净出口10.92亿美元，减28.6%。全年共引进市外国内资金70.87亿元，增长20%，其中引进省外资金53.47亿元，增长31%。6户企业被评为全国农产品出口创汇百强企业，13户企业在境外设立直销点。

2018年，全县上报项目51个，其中结转项目15个，新增项目36个。引进市外国内资金70.86亿元，完成引资目标任务的104%，与上年的58.06亿元相比增22%；其中引进省外资金53.46亿元，完成引资目标任务的115%，与上年的40.24亿元相比增33%。年内引进签约建设项目5个，项目总投资6.8亿元。

【财政收支、金融】 2018年，全县完成财政总收入9.48亿元，比上年增长6.8%。地方财政收入完成5.67亿元，减1.8%。一般公共财政预算收入完成5.15亿元，减7.7%。税收收入完成3.22亿元，增长4%，其中增值税1.11亿元，增长23.3%；营业税64万元，减24.7%；企业所得税1 490万元，减13.6%；烟叶税4 489万元，增长2.37%。全年地方财政总支出2.15亿元，增长17.1%。一般公共财政预算支出18.05亿元，增长0.3%，其中一般公共服务支出3.76亿元，增长21.3%；教育支出3.98亿元，减11.7%；社会保障和就业支出3.89亿元，增长23.8%；农林水事务支出8 235万元，减14.4%；医疗卫生与计划生育支出1.74亿元，增长5.1%。年末，全县金融机构各项存款余额143.56亿元，增长6.8%，其中住户存款余额116.57亿元，增长6.9%。各项贷款余额91.28亿元，增长6.2%，存贷比为63.6%。

【教育、科技】 2018年，全县中、小学、中等职业学校共63所，其中，高级中学2所，完全中学1所，初级中学7所，中等职业学校1所，小学52所，其中小学教学点1个。全县中学、小学、中等职业学校班数962个，其中，初中班214个、高中班86个、职业高中班30个、小学班632个。全县在校学生总数3.75万人，比上年减少846人，其中，普通高中4 649人、初中1.05万人、中等职业学校1 192人、小学2.12万人。全县有幼儿园34所，班数319个，在园幼儿数1.01万人，比上年减少858人。全县专任教师2 684人，比上年减少69人，其中，普通中学1 106人、中等职业学校61人、小学1 272人、幼儿园245人。全县毕业生人数9 259人，比上年增加241人，其中，高中1 568人、初中3 634人、中等职业学校398人、小学3 659人。学龄儿童入学率99.98%，小学升学率94.62%，初中升学率93.5%，3～5岁儿童毛入园率101.06%。

2018年，通海县用于科技投入资金5 887万元。新列入科技专项计划项目78项，其中，国家级19项、省级38项、市级21项。申请专利92件，专利授权168件。新增国家、省级科技型中小企业19户、农产品深加工科技型企业16户、创新型试点企业5户、省级工程技术研究中心1个，新增农业科技示范园5个、优质种业基地4个，被列入全国首批创新型县（市）建设名单。

【文化、卫生和体育】 2018年，全县“三馆一站”全面免费开放，解家营村列为省民间工艺品示范村，兴义贝丘遗址获国家“田野考古一等奖”。年末，全县有文化馆1个，公共图书馆1个，乡镇（街道）文化站9个。全县广播和电视综合覆盖人口29.76万人和30.04万人，覆盖率95.51%和96.41%；调频转播发射台2座，调频发射机7部，电视转播发射台4座，电视发射机8部。全县数字电视用户数2.97万户，其中，农村用户数2.02万户，城镇用户数9 482户。省级全域旅游示范区创建全面推进，“一部手机游云南”通海板块上线运行，秀山智慧景区建设全面完成。

年内，全县有医疗卫生机构193个，其中，医疗机构190个、预防保健和计划生育技术服务机构1个、卫生监督机构1个，急救中心1个。医疗机构中：医院10个（卫生部门所属医院3个，其他医院7个），乡镇卫生院8个；工业、其他部门所属医务室及个体办医105个；村卫生室66个。全县医疗机构有病床1 377张，其中卫生部门所属医疗机构病床888张。全县医疗卫生技术人员2 012人，其中卫生部门所属机构卫生技术人员1 144人（包括合同工、长期临时工）、其他机构及个体诊所卫生技术人员868人。全县每千人口拥有床位数4.42张，拥有卫生技术人员6.46人。全县传染病发病率92.78/10万。2018年（3+1模式）孕产妇系统管理人数3 373人，孕产妇系统管理率98.79%，建卡率100%，住院分娩率100%；7岁以下儿童保健人数2.36万人，保健管理率98.27%，3岁以下儿童系统管理人数1.17万人，系统管理率97.45%，孕产妇死亡率0/10万，婴儿死亡率4.42‰，5岁以下儿童死亡率5.89‰，出生缺陷发生率166.14/万。2018年全县出生人口3 205人，出生率10.56‰；年内死亡人口1 909人，死亡率6.29‰；自然增长人口1 296人，自然增长率4.27‰，比上年同期减1.99个千分点。全县“三术”人数4.62万人，三术率为78.79%，比上年下降2.22个百分点。全县计划生育率97.35%，比上年减少0.06个百分点。基本医疗保险报销2.04亿元；建成省市专家基层工作站3个，县医院、中医院卫生补短板项目和疾控中心实验室、妇幼保健院整体搬迁项目建设加快推进，累计完成投资1.51亿元。

全年举办县内各种竞赛活动13次，参赛人数1.20万人次。参加国家、省、市比赛256人次，获一等奖12块、二等奖18块、三等奖7块，向上级输送运动员8人。

【城市建设】 2018年，通海县完成城市总体规划、县城避难场所专项规划和155个村庄规划修编，提升完善县城给排水、综合交通等8个专项规划。全面开展县城古城保护建设和风貌提升，国家历史文化名城申报工作取得突破性进展，河西镇列为第七批中国历史文化名镇，兴蒙桃家嘴村列入中央财政支持中国传统村落名单。国家卫生县城、省级文明城市、省级园林县城创建活动有序开展。加快县城提质扩容项目建设，累计完成投资1.6亿元，提升改造秀山路、挹秀路等城市道路7.2千米。“五网”基础设施建设加快实施，江通高速（通海段）、弥玉高速（试验段）完成投资26.5亿元；“四好农村路”建设完成投资5 000万元，实现自然村100%通水泥硬化公路；琉璃河水库扩建工程开工建设，木格水库大坝封顶，曲江河治理、农田水利设施建设等项目顺利推进，累计完成投资3.3亿元。制定实施《乡村振兴走在前列实施意见》，编制《乡村振兴战略规划》，建成美丽乡村15个、省级重点示范村2个、民族团结示范村3个；完成农业综合开发项目3个、一事一议财政奖补项目30个、“百村示范、千村整治”项目122个、地质灾害避让搬迁项目3个，村规民约修订工作全面完成，社风民风持续好转。启动实施农村人居环境专项整治三年行动，在全市率先推行路长制、村长制，依法清理查处违法违规建筑18.84万平方米，改造绿化面积1.3万平方米；深入开展“厕所革命”，改扩建城市公厕11座，新建农村公厕43座，改造农村无害化卫生厕所1 715座，自然村垃圾治理率、生活污水处理率分别为100%、62.34%。年末县城建成区面积达到8.70平方千米；县城建成区道路长度75.46千米，道路面积104.82万平方米；建成区绿化覆盖面积334.56公顷，覆盖率38.45%，园林绿地面积290.39公顷。

【生态环境】 2018年，通海县深入实施“生态立县”战略，严守资源消耗上线、环境质量底线和生态保护红线，引领绿色发展。严格落实“四治一网”，《云南省杞麓湖保护条例》修订获省人大常委会通过，“十三五”规划项目开工率达93.3%，累计完成投资6.15亿元。争取到3亿元保护治理省级专项债券资金支持，一级保护区“四退三还”加快推进，国家湿地公园PPP项目获批实施，第二污水处理厂竣工试运行，主要河道生态治理、南岸环湖截污治污等重点项目进展顺利，全湖水质综合评价为Ⅴ类。深入实施水、大气、土壤污染防治行动计划，环保监管机制不断健全，“高原湖库水生态修复研究中心”挂牌成立。初步划定生态红线，完成防护林补植补造0.65万亩，管护重点公益林38.62万亩，治理水土流失3平方千米，森林覆盖率52%。农业面源污染治理取得实效，制定出台《杞麓湖径流区农业产业结构优化方案》，流域农业产业优化全面启动，关闭禁养区畜禽养殖22户，化肥、农药施用量减少3%，集中式饮用水源地水质达标率保持100%。深入推进节能减排，完成汽车客运站标准充电站建设，治理淘汰黄标车2 456辆，更换新能源公交车128辆，单位GDP能耗下降3%，县城空气优良率达98.98%。严格落实环境保护“党政同责、一岗双责”，河（湖）长制全面落实，山林长制全面推行，从严从实整改落实27项中央和省环保督察反馈问题，办结环保督察转办件22件。

【安全生产】 2018年，通海县委、县政府健全完善安全生产责任体系和“1+3+5”安全生产大检查长效机制，推动实现安全生产常态化、规范化、动态化监管。深入开展重点行业领域专项整治行动，从严抓好重点时段安全监管，强化安全生产行政执法，积极提升应急救援体系建设，严格落实三项检查制度。全县共发生各类生产安全事故7起，共造成7人死亡。其中较大生产安全事故1起，死亡4人；工矿商贸事故3起，死亡3人，生产经营性道路交通事故3起，无人员死亡。

【脱贫攻坚】 2018年，全县整合各类资金2.68亿元，大力实施行业扶贫，其中专项扶贫资金1 783.66万元，实施14个整村扶贫推进等项目建设。发放扶贫到户贴息贷款2 205万元，财政贴息资金95.9万元。全县完成农村“四类重点对象”危房加固改造400户，房屋结构体系整体安全；建档立卡贫困学生进行全程资助，实现就学有保障；建档立卡贫困人口农村医疗保险、大病保险、养老保险、家庭医生签约、贫困户电子健康档案建档率均达100%；建档立卡贫困户扶贫资金项目帮扶全覆盖。建档立卡户减贫728户2 387人，贫困人口减少到6户22人。

【抗震救灾】 据中国地震网正式测定，2018年8月13日、14日，通海县连发两次5.0级地震，造成全县9个乡镇（街道）、76个村（社区）不同程度受灾，直接经济损失3.47亿元。地震发生后，全县各级各部门和广大干部群众奋力抗灾，妥善安置群众4.19万人，救治受伤人员22人，全力抢修损毁基础设施，最短时间内恢复了灾区群众正常的生产生活秩序，没有发生次生灾害、重大疫情。争取上级应急抢险、灾后恢复重建资金4 135万元，接收社会各界捐款捐物1 536.65万元，赔付地震农村房屋保险1 124万元。筹措县级财政资金5 000万元，过渡安置无房受灾群众3 966户1.5万人，保障了受灾群众温暖安全过冬。同时启动灾后恢复重建，拆除违法违规建筑、土坯房、空心砖房等存在较大安全隐患的房屋6.71万间、176万平方米。研究制定灾后恢复重建系列政策措施，编制灾后恢复重建村庄规划118个，修复受损路面1.1万平方米、校舍2.23万平方米，完成25个受损医疗卫生机构修复加固，实施14个受损小坝塘除险加固，1 647户受损民房拆除重建全面开工。

【社会保障】 2018年，全县参加城镇职工养老保险人数为24 125人，其中，企业8 398人，个体、自谋职业者9 784人，机关事业单位5 943人。参加城乡居民基本养老保险人数16.37万人。参加城镇乡基本医疗保险人数27.81万人，其中，参保职工2.42万人，参保城乡居民25.40万人。参加工伤保险职工人数1.85万人，生育保险职工人数1.55万人。参加失业保险的职工人数1.34万人，本年失业人员再就业人数1 316个，年末全县城镇登记失业率为3.24%。年末全县有农村敬老院6个，有床位208张。全年为全县3 853户6 438人城乡最低生活保障户提供最低生活保障金1 911.7万元；为266名在乡复员、带病回乡人员发放341.3万元定补金；为“三属”、革命伤残军人及义务兵家庭、优抚对象发放抚恤、补助金660.1万元，为9.34万人自然灾害救济对象安排口粮60万千克、提供救济衣被1.33万件（条）、救助资金2 100万元。以廉租住房租赁补贴方式保障473户，1 109人次，共发放租赁补贴43.85万元，以保障性住房实物配租方式保障4 078户，至年底累计保障4 082户，1.22万人次。投入小额信贷资金6万元扶持2户残疾人；投入13.7万元资助59名残疾贫困大中专生；投入102万元先后为35名残疾人实施白内障手术，为10名残疾人装配假肢，对20名残疾儿童进行早期康复训练，为2名残疾人提供畸形矫治术，供应用品用具195件。

【人民生活】 2018年，全县城镇居民人均可支配收入3.77万元，比上年增加2 887元，增8.3%；农村居民人均可支配收入1.64万元，比上年增加1 385元，增9.2%；城乡居民人均储蓄存款3.74万元，比上年增加2 288元，增6.5%。全年居民生活必需品货源充足，主要商品市场供应平稳，运行正常，市场物价水平保持平稳态势。

【领导名录】 县委书记卢维江（壮族），县委副书记柳洪（2018年9月离任）、马春明（回族，2018年9月任）、金宏森（2018年1月任）。县人大常委会主任陈文存（2018年1月任职），县人大常委会副主任喻学超（2018年2月离任）、周清、钱秀琼（女）、王国雄。县政府县长柳洪（2018年9月离任），代理县长马春明（回族，2018年9月任职），县政府副县长刘绍宏、杨兴龙、张希也（女）、孟志明、常伟、张发彦。县政协主席钱润光，县政协副主席吴云（女）、马吉光、施俊（回族）、龚汉坤，县纪委书记李荣奇（2018年12月离任）、张建波（2018年12月任）。

（苏为勇）

澄江县

【地理位置】 澄江县地处云南省中部，位于北纬24°29′～24°55′，东经102°42′～103°4′之间。东沿南盘江与宜良县交界，西与呈贡、晋宁两县接壤，南跨抚仙湖与江川、华宁两县为邻，北含阳宗海与宜良毗连。县城位于舞凤山下，海拔1 755米，距省会昆明市52千米，距玉溪市行政驻地红塔区93千米。

【自然概貌】 县境南北长47.5千米，东西宽26千米，总面积773平方千米，其中，山区占总面积的73.43%，水面占18.6%，坝区占7.97%，形成“七山二水一平坝”的天然格局。境内有淡水湖泊抚仙湖、阳宗海。“滇中第一山”梁王山为境内最高点，海拔2 820米；境内最低海拔1 327米，绝对高差近1 500米，立体气候明显。常年气候温和，四季如春。2018年，县境内平均气温16.6℃，属于特高年份，与历年平均值比偏高0.5度，与上年比持平。年极端最高气温30.3℃（4月23日），年极端最低气温－1.9℃（2月3日）。境内雨量充沛，常年降雨量900～1200毫米。2018年，全县降雨量918.8毫米，属于正常年份，与历年平均值比偏少6.1毫米，与上年比偏少232.3毫米。日照充足，常年日照时数2 141.8小时，常年平均总辐射量为每平方厘米12 220千卡。2018年日照总数2 033.8小时，与历年平均值比偏少31小时，与上年比偏多190.9小时，年日照百分率46%，日照时数最多出现在3月，其值为258.6小时，最少月出现在6月，其值为104.6小时。

【行政区划】 2018年，全县辖2个街道、4个镇，即凤麓、龙街2个街道，阳宗、右所、海口、九村4个镇，下辖25个社区居民委员会、15个村民委员会，242个居民小组、142个村民小组。受市抚仙湖管理委员会委托管理江川区路居镇3个社区居民委员会、7个村民委员会，20个居民小组、43个村民小组；华宁县海关、海镜2个社区，19个居民小组。

【人　口】 2018年年末，全县（含阳宗镇，不含路居镇）常住人口18.20万人，与上年相比增加0.10万人，增长0.55%；自然增长率6.05‰；全县出生人口0.23万人，出生率12.39‰；死亡人口0.12万人，死亡率6.34‰；全县城镇人口9.41万人，比上年增加0.27万人；城镇化率51.7%，比上年提高1.21个百分点。

【综合经济指标】 2018年，全县完成生产总值（GDP）100.29亿元，按可比价计算增长13.1%。分产业看：第一产业增加值11.79亿元，增长6%；第二产业增加值31.72亿元，增长14.5%，其中，全部工业增加值完成22.50亿元增长10.9%，规模以上工业增加值增长17.3%；第三产业增加值56.77亿元，增长13.9%。三次产业结构由上年的12.2 ∶ 31.2 ∶ 56.6调整为11.8 ∶ 31.6 ∶ 56.6。一、二、三产业分别拉动GDP增长0.7、4.7和7.7个百分点，对经济增长的贡献率分别为5.8%、35.6%和58.6%。全县人均生产总值5.53万元，按可比价计算增长12.5%。非公经济实现增加值54.35亿元，按可比价计算增长13.1%，占GDP的比重为54.2%。

【农　业】 2018年，全县农、林、牧、渔业总产值（现价）完成19.37亿元，可比价（下同）增长6%。其中农业（种植业）产值16.02亿元，增长9.7%；林业产值955万元，增长2.6%；畜牧业产值2.84亿元，减少8.9%；渔业产值3 136万元，增长5%；农林牧渔服务业产值991万元，减少0.6%。农林牧渔业增加值（现价）完成11.84亿元，可比价（下同）增长6%。其中农业增加值11.35亿元，增长9.5%；林业增加值679万元，增长2.6%；畜牧业增加值2 167万元，减少15.4%；渔业增加值1 615万元，增长5%；农林牧渔服务业增加值520万元，增长9.6%。

2018年，全县农作物总播种37.39万亩，减少0.4%；粮食作物播种8.80万亩，减少8.8%；蔬菜种植12.24万亩，减少49.2%；烤烟种植4.48万亩，增长28.5%。全年农作物播种面积复种指数由上年的414.4%上升到419.4%，上升5个百分点。粮食作物播种面积与非粮食作物播种面积比例由上年的24.3 ∶ 75.7调整为23.5 ∶ 76.5，非粮食作物比重比上年上升0.8个百分点。全县粮食总产量3 498万千克，减少4.2%；烤烟总产量643.73万千克，增长30.8%；蔬菜产量1.45亿千克，减少43.8%。

2018年，全县农业机械总动力13.5万千瓦，比上年下降18.2%，拥有拖拉机2 158辆。农用化肥施用量1.73万吨，地膜覆盖面积10.54万亩，农药使用量152.73吨，农村用电量3 678.5万千瓦小时。

2018年，全县肉蛋奶总产量1.23万吨，增长2.4%，其中肉类总产量8 116吨，增长0.3%；禽蛋产量1 741吨，增长17.1%；牛奶产量2 429吨，增长0.3%。全县水产品产量1 686吨，减少6.2%。

2018年，全县林业用地面积57.06万亩，其中林地面积37.73万亩，森林覆盖率34.79%。全年完成义务植树40万株，全县发生各类破坏森林资源和野生动植物案件96起，查处96起，综合查处率100%。全年无森林火警、火灾，无特大森林火灾发生。实施森林病虫害防治6.15亩，防治率100%；采伐木材1.92万立方米，木材调运检疫1.85万立方米，苗木调运检疫138.57万株。

2018年，全县建设水利工程70件，水利建设投入资金5.28亿元；新增有效灌溉面积5.1万亩，改善灌溉面积5.1万亩；治理水土流失面积28.04平方千米。拥有水库、坝塘134座，其中，中型水库2座，小（一）型水库5座，小（二）型水库31座，坝塘96座。总库容4 492.23万立方米，蓄水工程设计供水能力3 100万立方米。

【工　业】 2018年，全县完成全部工业增加值22.50亿元，按可比价计算增长10.9%，拉动GDP增长2.8个百分点，对GDP增长的贡献率为21%。全县规模以上工业企业23户，增加值按可比价计算增长17.3%。规模以下工业企业增加值按可比价计算比上年增长0.5%。全年完成主营业务收入29.93亿元，增长7.2%。

规模以上工业企业分行业：非金属矿物制品业实现总产值11.05亿元，同比增长21.5%；完成增加值3.09亿元，同比增长10%。农副食品加工业实现总产值3.23亿元，同比增长18.3%；完成增加值3 888万元，同比增长16%。食品制造业实现总产值1.04亿元，同比增长21.8%；完成增加值2 006万元，同比增长11.5%。橡胶和塑料制品业实现总产值2 763万元，同比增长21.8%；完成增加值481万元，同比增长17.7%。化学原料及化学制品制造业实现总产值24.40亿元，同比增长23%；完成增加值4.21亿元，同比增长14.4%。其中磷化工企业实现总产值22.92亿元，同比增长26%；完成增加值4.03亿元，同比增长16.5%。金属制品业实现总产值2 997万元，同比增长22.7%；完成增加值659万元，同比增长20.3%。通用设备制造业实现总产值3 195万元，同比增长30%；完成增加值828万元，同比增长39%。电力、热力生产和供应业实现总产值3.22亿元，同比增长26.9%；实现增加值1.39亿元，同比增长39%。其中电力生产实现总产值1.47亿元，同比增长37.4%，实现增加值9 341万元，同比增长49.5%；电力供应实现总产值1.75亿元，同比增长19%，实现增加值4 522万元，同比增长20.3%。农副食品加工业、食品制造业、橡胶及塑料制品制造业、化学原料及制品制造业、电力生产及供应业、水的生产和供应业等形成多点支持发展的局面。

【建筑业】 2018年，全县完成建筑业增加值9.25亿元，按现价计算增长34.4%，完成现价总产值1.62亿元，增长43.1%。全县具有资质等级证的建筑施工企业16家，资质建筑业期末人数5 013人，其中工程技术人员709人，比重为14.1%。资质以上建筑企业房屋施工面积53.6万平方米，增长61.9%；房屋竣工面积33.4万平方米，增长19.7%。

【固定资产投资】 2018年，全县固定资产投资（不含农户）增长17.3%。其中房地产开发投资增长290.2%。分产业看，第一产业投资增长134.9%，第二产业（工业投资）增长82.1%，第三产业投资增长8.7%。

从施工和新开工项目情况看，2018年在建项目74个，其中续建项目37个、新建项目37个。从投资规模看，亿元以上项目31个，亿元以下项目43个。

【国内贸易和对外经济】 2018年，全县实现社会消费品零售总额24.93亿元，增长12.5%。按销售单位所在地分，城镇21.29亿元，增长13%，其中城区14.45亿元，增长8.8%；乡村3.64亿元，增长9.6%。按消费形态分，餐饮收入8.23亿元，增长12.9%；商品零售16.70亿元，增长12.3%。批零住餐情况：批发业销售额15.02亿元，增长20.6%；零售业销售额25.56亿元，增长16.6%；住宿业营业额3.03亿元，增长16.9%；餐饮业营业额11.12亿元，增长18.1%。

2018年，全县招商引资实际利用市外国内资金95.02亿元，比上年增加11.63亿元，增长13.95%。重点包装、宣传、推介项目70个。

【交通运输】 2018年年末，全县境内公路通车里程1 163.69千米（含石安公路过境线10千米）。其中，按行政等级划分：有国省道184.62千米，县道172.78千米，乡道744.07千米，村道42.35千米，专用公路9.87千米；按技术等级划分：有二级公路105.66千米，三级公路84.14千米，四级公路960.66千米。公路密度136千米/百平方千米。全县拥有各种机动车辆4.74万辆，其中，大型汽车1 149辆，小型汽车2.08万辆，摩托车2.54万辆，三轮汽车、低速货车1辆，其他车辆127辆。开通县城第一路至第十三路公交车、环湖公交车，共投放运力84辆，覆盖全县5个街道镇。

【旅　游】 2018年，全县接待国内外游客584.16万人次，与上年同期491.21万人次相比增长18.92%，接待海外游客539人次，与上年同期481人次相比增长12.06%，旅游总收入55.74亿元，与上年同期43.48亿元相比增长28.19%。全县（含托管区）接待国内游客1 141.72万人次，同比增长18.61%，接待海外游客1 185人次，同比增长9.93%，实现旅游总收入101.98亿元，同比增长31.01%。住宿营业额增长16.9%。

【财政收支和金融业】 2018年，全县一般公共预算收入完成9.51亿元，增长8.6%。其中国内增值税完成8 008万元，增长16.4%；营业税完成11万元，下降90.2%；企业所得税完成1 814万元，增长16.7%；个人所得税完成1 126万元，增长30.3%；城市维护建设税完成2 179万元，增长29.2%。全县一般公共预算支出完成27.25亿元，增长24.7%。八项支出合计22.11亿元，增长28.4%。其中一般公共服务支出4.98亿元，增长65.3%；公共安全支出1.09亿元，下降11.5%；教育支出3.94亿元，下降2.8%；科学技术支出695万元，下降84.2%；社会保障和就业支出3.38亿元，下降5.8%；医疗卫生与计划生育支出1.79亿元，增长12.5%；节能环保支出4.06亿元，增长106.1%；城乡社区支出2.80亿元，增长109.8%。

2018年，全县金融业实现增加值3.98亿元，增长7.3%。年末金融机构各项存款余额113.47亿元，增长10.1%，其中住户存款余额65.29亿元，增长14.2%；金融机构各项贷款余额64.80亿元，增长13.4%。存贷比57.1%。比上年增长1.6个百分点。

【教育、科技】 2018年年末，全县有中小学、幼儿园及职业学校62所，其中，普通中学4所，职业高级中学1所，小学31所，幼儿园26所。全县在校中小学生共1.68万人（含职业中学，不含幼儿园），其中，职业高级中学598人，普通中学6 961人（高中2 152人、初中4 809人），小学9 225人。在园幼儿4 198人。全县有教职工1 435人，其中，专任教师1 407人，普通中学专任教师576人，小学专任教师687人，幼儿园专任教师64人。全县有教学班604个，其中，普通高中38个，初中112个，小学299个，幼儿136个。全县小学学龄儿童入学率100%，少数民族儿童入学率100%，小学毕业生升学率93.82%，巩固率99.98%；初中阶段学龄人口入学率98.2%，初中学龄人口毛入学率107.5%，升学率93.82%。九年义务教育阶段巩固率97.76%。2018年，全县有843名考生参加高考，上线人数843人，比上年增加26人，其中本科上线303人。“三免一补”政策惠及学生3.93万人次，免补资金2 799.13万元。

2018年，全县向国家、省、市科技管理部门申报科技项目3项，获立项支持3项；举办科普宣传及展览31次，发放科普宣传材料22.17万余份，观众5.22万余人次；工信局采取邀请中介和企业一对一座谈形式知识产权培训，座谈培训企业10户，培训人员30余人次。

【文化和广播电视】 2018年，澄江县开展文化“三下乡”活动，放映电影409场（次），观众3.8万人（次），其中“2131”工程放映321场（次），观众2.7万人（次），广场电影周放映88场（次），观众1.1万人（次）。为活跃农村文化，举办文化广场晚会和文化专场演出66场。年末，全县有公共图书馆1个，图书室52个，总藏书量17.56万册，流通26.62万人次，流通图书38.69万册次，读者8.53万人次，外借图书16.8万册，阅览11.52万人次。

2018年，全县开办电视栏目311期，播出电视新闻稿1 945条，其中，被省、市电视台及广播采用551条，播出新闻直通车节目42条，播公益广告681条次、标语880条次。年末，全县广播电视覆盖率100%，广播节目综合人口覆盖率100%，电视节目综合人口覆盖率100%。

【体育、卫生】 2018年，全县经常参加体育活动人数7.77万人，占全县总人口比重的37%。年末，全县有体育场地330块，其中，标准体育场304块占92%，非标准体育场地26块占8%。

2018年年末，全县有卫生医疗机构75个（含托管区不含阳宗镇），其中，镇及镇以上卫生机构13个，村级卫生所38个，一级民营医院1家，综合门诊部2家，个体医疗诊所21家；床位数629张；在职职工626人，其中卫生技术人员536人（执业医师234人、职业助理医师39人、注册护士153人、药剂人员28人、检验人员30人、其他卫生技术人员52人），占总人数的89.78%。每千人口拥有卫生技术人员3.65人，拥有病床数4.28张；门诊人数86.93万人次，住院人次1.84万人。县内乙类传染病发病率122.49/十万人，比上年下降16.25/十万人，五苗覆盖率95.66%，餐具、饮具合格率100%。全年孕产妇建卡管理人数1 962人，管理率99.29%，孕产妇系统管理人数1 941人，管理率98.23%，七岁以下儿童保健人数1.23万人，儿童保健管理率99.06%，三岁以下儿童保健人数5 894人，管理率98.89%。

【城市建设】 2018年，全县投资2.80亿元加强城市基础设施建设。县城建设区面积3.97平方千米，城区道路长53千米，道路面积103.4万平方米，其中人行道面积19.39万平方米，人均道路面积32.72平方米；供水管道总长209.23千米，年内供水总量300万立方米，出厂水水质合格率100%，管网水细菌合格率100%，管网水大肠菌群合格率99.9%，管网水浊度合格率100%；建成区路灯增至4 872盏，路灯道路总长24.2千米，安装夜景灯1.1万盏；城市绿化覆盖面积155.01公顷，建成区绿化覆盖率39.07%，建成区园林绿地面积134.88公顷，人均公园绿地面积10.79平方米；人均公共绿地面积26.35平方米，包括公园绿地面积及天然绿地面积（防护绿地）；抚仙湖水质达GB3838—2002 Ⅰ类标准。县城饮用水水源水质达标率100%。

【社会保障】 2018年，全县城镇新增就业人员2 801人，帮助就业困难人员实现就业709人，城镇下岗失业人员再就业742人，开发公益性岗位617个，全县城镇登记失业率3.01%。全年社会困难救济1.82万人次，支出820.84万元。已享受居民低保户数2 852户，人数5 208人，其中，城镇居民1 136户、1 991人，发放低保金956.63万元；农村居民1 716户、3 217人，发放低保金1 033.39万元。全年发放低保资金1 990.02万元。全县共有集体办敬老院6个，实有床位299张，年末在院人数83人。

2018年，全县参加基本养老保险参保人数12.40万人，基本养老保险参保人数完成率101.95%。其中，参加机关事业养老保险参保缴费人数4 620人，参加企业缴费人数1.05万人，参加城乡居民养老保险1.05万人。全年养老保险应征基金1.77亿元，实际征收2.11亿元，基金收缴率118.72%。企业事业单位失业保险参保单位523户，参保人员9 183人；企业工伤保险参保缴费人数1.33万人，应征收保险基金587万元，实际征收保险基金733.89万元，收缴率126.97%；生育保险参保人数1.2万人，应征收保险基金423万元，实际征收保险基金555.34万元，收缴率131.28%；参加职工和城乡居民基本医疗保险人数17.92万人，其中参加城乡居民基本医疗人数16.34万人，全县基本医疗保险参保人数完成率100.89%。参加大病医疗保险人数17.92万人，参保率100%。

【安全生产】 2018年，全县发生各类伤亡事故4起、死亡4人，其中生产经营性道路交通事故死亡2人、工矿商贸事故死亡2人。已连续16年杜绝一次死亡10人以上的重特大事故。

【物价和人民生活】 2018年，全县居民消费价格（CPI）比上年上涨4.2%。分类别看：食品烟酒类价格上涨5.9%，衣着类价格下降1.4%，居住类价格上涨8.5%，生活用品及服务类价格下降0.6%，交通和通信类价格上涨3.2%，教育文化和娱乐类价格上涨1.9%，医疗保健类价格上涨2.5%，其他用品和服务类价格持平。商品零售价格上涨2.8%；农业生产资料价格上涨8.8%。

2018年，全县城镇居民人均可支配收入3.83万元，增长8.2%。城镇居民人均生活消费支出2.85万元，在生活消费支出中：食品支出6 838元，占生活消费支出的24%；衣着支出2 885元，占生活消费支出的10.1%；居住支出4 161元，占生活消费支出的14.6%；家庭设备及服务用品支出2 370元，占生活消费支出的8.3%；医疗保健支出1 981元，占生活消费支出的6.9%；交通和通讯支出7 072元，占生活消费支出的24.8%；教育文化娱乐及服务支出2 604元，占生活消费支出的9.1%；其他商品和服务消费支出635元，占生活消费支出的2.2%。城镇居民人均住房面积52平方米。农村居民人均总收入2.15万元，增长29.7%，农村居民人均可支配收入1.52万元，增长9.7%。农村居民人均生活消费支出1.16万元，其中食品支出3 092元，占生活消费支出的26.5%；衣着支出686元，占生活消费支出的5.9%；居住支出2 913元，占生活消费支出的25%；家庭设备及服务用品支出601元，占生活消费支出的5.2%；医疗保健支出993元，占生活消费支出的8.5%；交通和通讯支出1 911元，占生活消费支出的16.4%；教育文化娱乐及服务支出1 180元，占生活消费支出的10.1%；其他商品和服务消费支出272元，占生活消费支出的2.3%。农村居民人均居住住房面积为50平方米。

2018年年末，全县单位从业人员1.36万人，其中在岗职工1.06万人。从业人员工资总额10.47亿元，增长29.8%，其中在岗职工工资总额9.03亿元，增长28.4%；从业人员平均工资8.02万元、增长24.2%，其中在岗职工平均工资8.58万元，增长22.8%。

【领导干部】 县委书记孙金会（2018年3月任），县委副书记范永光（彝族）、施忠诚（彝族，2018年7月任）。县人大常委会主任王亚波，县人大常委会副主任马汝乾（回族）、余安全、赵宏高、蒋冬琼（女）。县政府县长范永光（彝族），县政府常务副县长高正刚，副县长刘燕萍（女）、夏德喜（2018年9月离任）、刘荣、刘吉祥、陈斌、朱云海、朱光波（2018年6月任）、李东泰（2018年10月任）。县政协主席陆永泽，县政协副主席吴运龙、郭亮、张丽萍（女）、任自能。县纪委书记张盛国。

（赵腾蛟）

华宁县

【地理位置】 华宁县地处滇中偏东南，玉溪市东部，位于东经102°49′～103°09′、北纬23°59′～24°34′之间。东接弥勒市，南连建水县，西邻江川区、通海县，北倚澄江县、宜良县。县城距市政府所在地红塔区53千米，距省会昆明市148千米。

【自然概貌】 全县境内东西宽34千米，南北长59千米，总面积1 313平方千米。地势西北高，东南低，地形东西狭，南北长，崇山峻岭连绵起伏，高山、丘陵、盆地、河谷间杂交错，呈“两脊夹两槽”地形，较大的盆地有宁州坝和盘溪坝。主要河流有南盘江、青龙河、海口河、龙洞河和华溪河，均属珠江水系。境内最高海拔磨豆山2 663.1米，最低海拔磨法冲江边1 110米，相对高差1 553.1米。气候总体属亚热带半湿润高原季风气候，但由于地形地貌复杂，形成南亚热带、中亚热带、北亚热带和南温带4个气候类型区，呈现垂直变化大、季节变化小、干湿季分明、地区差异明显的立体气候特点。2018年年平均气温16.3℃，与常年平均值相比持平，极端最高气温 30.2℃（4 月 23 日、5 月 21 日），极端最低气温 -1.3℃（2 月 3 日）；年日照总时数 1 908.3 小时，与常年平均值相比，偏少 269.6 小时，无霜期 306 天，全年总降水量 908.3 毫米，较常年平均值偏多 1%。

【行政区划】 2018 年，全县辖宁州街道，青龙、盘溪、华溪 3 个镇和通红甸彝族苗族乡，有 23 个社区居委会、54 个村委会，649 个村（居）民小组。

【人口、民族】 2018 年年末，全县总人口 76 381 户 213 215 人，同比增加 385 人，其中，男性 109 272 人，女性 103 943 人。乡村人口 140 585 人，城镇人口 72 630 人，人口自然增长率 4.30‰，城镇化率 46.9%。少数民族人口 65 153 人，占总人口的 30.6%。

【综合经济指标】 2018 年，全县县内生产总值 91.23 亿元，同比增长 8.4%，其中，第一产业增加值 19.50 亿元，同比增长 6.4%；第二产业增加值 30.49 亿元，同比增长 14.6%；第三产业增加值 41.24 亿元，同比增长 4.9%。一、二、三产业对县内生产总值增长的贡献率分别为 16.5%、56.8%、26.7%。非公有制经济完成增加值 46.46 亿元，同比增加 2.55 亿元，增长 9.9%，占生产总值的 50.9%。规模以上工业总产值 35.34 亿元，同比增长 8.1%；农业总产值 30.37 亿元，增长 6.1%。全年税收收入 4.77 亿元，同比增收 686 万元，增长 1.5%；实现地方财政收入 4.71 亿元，同比增收 171 万元，增长 0.4%；地方财政支出 20.37 亿元，同比增支 4.02 亿元，增长 24.6%。

【农　业】 2018 年，全县农、林、牧、渔业总产值 30.37 亿元，同比（按当年价格计算）增长 6.1%。从产业构成上看，农业产值 22.74 亿元，占 74.9%，同比增长 7.8%，其中，粮食产值 1.5 亿元，同比增长 15.7%，烤烟产值 3.57 亿元，同比增加 19.2%，蔬菜产值 6.70 亿元，同比增长 0.5%；林业产值 2 213 万元，占 0.7%，同比增长 6.1%；牧业产值 6.71 亿元，占 22.1%，同比增长 0.6%；渔业产值 4 593 万元，占 1.5%，同比增长 8.9%；农林牧渔服务业产值 2 473 万元，占 0.8%，同比增长 10.2%。“三棵树”产值 9.31 亿元，同比增长 11.8%，其中，柑橘产值 8.74 亿元，同比增长 7.4%，柿子产值 3 926 万元，同比降低 36.9%，核桃产值 2 286 万元，与上年持平。

【工　业】 2018 年，全县工业增加值 25.12 亿元，同比增长 14.8%，其中，规模以上工业增加值同比增长 21.5%。规模以上工业总产值 35.34 亿元，同比增长 8.1%。

【固定资产投资】 2018 年，500 万元以上在库项目 54 项，固定资产投资同比增长 20.6%，其中房地产投资同比增长 6.1%。从行业看，第一产业投资同比下降 25.3%；第二产业投资同比增长 50.5%，其中非电工业投资同比增长 49.5%；第三产业投资同比增长 21.1%。

【招商引资、金融】 2018 年，全县引进市外国内资金 62.02 亿元，同比增长 16%。其中，引进省外资金 55.65 亿元，同比增长 26.1%。出口 827 万美元，同比减少 142 万美元，下降 14.7%。

年末，金融机构各项贷款余额 52.40 亿元，比上年同期增加 2.62 亿元，增长 5.3%；各项存款余额 70.85 亿元，比上年同期减少 3.45 亿元，下降 4.6%。人均储蓄 2.46 万元，同比增加 989 元，增长 4.2%。

【交通运输、邮电和旅游】 2018 年年末，全县境内公路里程 1 818.8 千米，公路密度每平方千米 1.4 千米，其中，二级以上 58 千米，占 3.2%。在总里程中，省道 180.90 千米，县道 264 千米，乡镇道路 1 373.9 千米。全年公路客运量 29.3 万人次，旅客周转量每千米 2 052.2 万人次；公路货运量完成 789.6 万吨，货运周转量每千米 120 023.9 万吨。营运汽车 3 214 辆，其中，客运车辆 120 辆，载货汽车 3 094 辆。

全县邮政业务总量 1 009 万元，同比增长 15.1%。年末拥有固定电话 5 719 户，同比减少 358 户，下降 5.9%；移动电话 20.13 万户，下降 3.1%；宽带用户 6.41 万户，同比增加 3.10 万户，增长 93.5%。全年电信业务总量 6.25 亿元。

2018 年，全县共接待游客 127 万人次，同比增加 20 万人次，增长 18.7%。实现旅游收入 12.62 亿元，同比增加 3.67 亿元，增长 41%。

【教育、科技】 2018 年，全县共有各级各类学校 122 所，其中，高级中学 1 所、完全中学 1 所，初级中学 8 所、完小 70 所（不含海关，海镜），教师进修学校 1 所、职业中学 1 所、幼儿园 40 所。全县在校生 3.02 万人，其中，高中在校生 3 138 人，初中在校生 7 843 人，小学在校生 1.3 万人，职中在校生 759 人，幼儿园（学前班）在园幼儿 5 415 人。在职在编教职工 2 207 人，临时工 416 人。师生合计 3.28 万人，占全县总人口的 15.3%。学前 3 年幼儿毛入园率 88.92%，学龄前儿童入园（班）率 109.43%。小学适龄儿童入学率 99.98%，小学辍学率为 0.08%。初中毛入学率 110.09%，初中辍学率 0.7%。2018 年参加高考人数 1 009 人，上线人数 1 006 人，高考上线率 99.7%。

2018 年，全县财政科技投入 1 948 万元，申报科技项目 26 项；新列入科技专项计划项目 16 项，其中，省级项目 6 项，市级项目 10 项；申请专利 118 件，获专利授权 64 件，其中实用新型专利 56 件。

【广播电视】 2018 年，县广播电视台《华宁新闻》栏目编播 261 期，组稿 1 304 条；中央广播电视总台播出 5 条，云南省广播电视台播出华宁方面的新闻稿件 55 条，玉溪市广播电视台综合频道和大众频道播出华宁新闻稿件 435 条。县台制作专题片 12 部，播出公益广告 1.70 万条次，完成栏目编审监播 365 期，完成 2 555 集电视剧、365 部电影、365 集动画剧的编审监播工作。华宁新闻手机微信公众号关注人群 9 000 多人，单条新闻最大点击量上万人。有线电视传输干线网络总长 1 540 千米，有线电视用户数 4.83 万户。

【文　化】 2018 年，全县有县级图书馆、文化馆、文物管理所各 1 个，乡镇（街道）文化站 5 个，农家书屋 78 个。图书馆藏书 10.41 万册，全年接待读者 4.20 万人次，外借、阅览图书 7.67 万册次。县、乡文化馆（站）举办展览 26 次，藏书 3.39 万册，文物藏品 306 件（套）。全年组织开展各类文艺演出活动 159 场，参与演出的文艺队伍有 1 034 支，演员 1.24 万人次，演出节目 1 882 个，观众 28.2 万余人次。全年共创作文艺作品 419 件，其中，书法 307 幅、美术 27 幅、舞蹈 71 个、花灯小戏 8 个、音乐 3 首、快板2个、小品1个。年末，全县共有省级文物2个、市级文物6个、县级文物点64个，新增市级文保单位2个，即文庙大成门尊经阁，华盖山宁寿寺。

【体育、卫生】 2018年，全县组织各类竞赛26次，参赛代表队197支，参赛5 581人次，向上级输送运动员9人。建有400米跑道田径场4块，游泳馆（池）5个，网球场5块，篮球场218块，地掷球场10块，门球场11块。经常参加活动人数7.9万人，占全县总人口的37.7%。

2018年，全县有卫生机构128个，其中，医院3个，卫生院5个，妇幼保健院、疾病预防控制中心、卫生监督所各1个，诊所、卫生所、医务室116个。实际开放病床797张，同比减少23张。卫生专业技术人员1 198人，同比减少9人，其中，执业医师322人，执业助理医师89人，注册护士554人。医疗机构全年门诊诊疗116.76万人次，同比增长9%。住院3.07万人次，同比增长7.11%，出院3.06万人次，死亡117人，死亡率0.38%。年内共报告法定管理传染病13种，发病数1 708例，发病率802.52/十万，死亡率1.88/十万；基础疫苗覆盖率99.09%；完成治疗肺结核患者56例；新发麻风病人2例。全年全县孕产妇系统管理1 719人，系统管理率89.72%，健康管理率94.52%；7岁以下儿童保健管理率98.55%，婚前健康检查率99.59%，婴儿死亡率5.22‰，出生缺陷率15.14‰。组建家庭医生签约团队98个357人，签订服务协议9.51万份。

【社会保障】 2018年，全县参加城镇职工养老保险单位4 408个，参保人员1.28万人，收缴基本养老金1.94亿元，支出养老保险金1.88亿元；城乡居民养老保险参保12.29万人，参保率99.5%，收缴养老保险金4 142.1万元，支出养老保险金3 778.2万元。城镇职工医疗保险参保单位370个，参保职工1.43万人，收缴基本医疗保险基金7 385万元，累计发生支出6 607万元；城镇职工工伤保险参保单位518个，参保职工1.3万人，收缴保险金394万元，支付保险金361万元；城镇职工生育保险参保单位513个，参保职工1.09万人，收缴保险金486.4万元，支付保险金441.96万元；城镇职工失业保险参保单位420个，参保职工9 155人，筹集保险金556.1万元，支付保险金546.5万元。城乡居民医疗保险实际参保18.34万人。

2018年，全县享受定期补助优抚对象总人数1 661人，优待金总额1 046万元。困难临时救助791户，救助金额230万元；困难医疗救助9 914人次，救助金额372万元。纳入最低生活保障7 330人，发放低保金2 165万元。

【人民生活】 2018年，全县城镇居民人均可支配收入3.71万元，同比增长8.1%；农村居民人均可支配收入1.40万元，同比增长9.8%。社会消费品零售总额23.18亿元，同比增长12.3%；人均实现购买力1.09万元，同比增长12.1%。全年居民消费价格总水平上涨1.7%。

【生态文明创建】 2018年，华宁县组织编制《华宁国家生态文明建设示范县规划（2016～2020）》，是全省首个完成编制并通过技术审查的县（区）。6月，被省环保厅推荐参与第二批国家生态文明建设示范县评选，12月13日荣获“全国生态文明建设示范县”称号。华宁第六中学、宁州街道普茶寨小学、通红甸彝簇苗族乡小河边小学、盘溪镇小龙潭小学4所学校；青龙镇青龙社区、落梅村委会、矣马白村委会、宁州街道新庄社区、右所社区、铁梗社区，华溪镇牛白村委会7个社区被命名为市级绿色学校（社区）。截至2018年年底，实现省级生态乡镇创建全覆盖，国家级生态乡镇3个（华溪镇），省、市级绿色社区19个，绿色学校33所。

【领导名录】 县委书记黄云鹃，县委副书记张洪坤。县人大常委会主任魏德锦，县人大常委会副主任陈宁、高玉萍（女）、黄永祥、王明清。县长张燕华（女，2018年1月任），县政府副县长罗勇、沐华斌（回族，2018年8月离任）、殷智才（彝族）、王平伟、郭艳（女）、李敏灿、邓会宾（2018年10月任）。县政协主席白应海（彝族），县政协副主席张进文、高双全、何文珠（女，土族）、万燕（女）。县纪委书记施永林（彝族，2018年12月离任），杨俊荣（哈尼族，2018年12月任）。

（张 兰）

易门县

【地理位置】 易门县地处滇中西部，玉溪市西北部，位于北纬24°27′～24°57′、东经101°54′～102°18′之间。东接安宁市、晋宁区，南连峨山县，西邻楚雄州双柏县，北与禄丰、安宁两县市接壤，东南距市政府所在地红塔区146千米，东北距省会昆明市94千米。

【自然概貌】 县域东西横距44千米，南北纵距57千米，地形西高东低，呈马蹄形，东、北、西三面高山屏立，中部是溶蚀性盆地，东南面为中山河谷地带。土地面积1 571平方千米，坝区和河谷面积占3%，山区面积占97%。境内最高海拔2 608米（县北小街乡甲浦老黑山顶），最低海拔1 036米（县南绿汁镇南部炉房村旁易门与双柏、峨山交界处的绿汁江面），县人民政府驻地龙泉街道海拔1 570米。2017年12月至2018年11月总降水量801.3毫米，比历年平均值偏少42.2毫米，偏少5%，比上年同期偏少185.7毫米。降水的时空分布不均匀，主汛期降雨偏多，三秋期间降雨日数偏多，整个汛期单点性大雨、暴雨和强对流天气突出，洪涝灾害较常年偏重。由于防范及时，烤烟受灾较常年偏轻。全年平均气温正常为16.5度，与历年平均值相近，比上年平均值偏低0.3度，属正常年份。2018年日照时数正常为2 125.5小时，与历年平均值相近，比上年同期值偏多217.4小时。远在宋朝的时候，易门就有“仙源”之称，境内高山河谷相间，立体气候明显，森林覆盖率60.09%，气候温润，生态环境良好，林丰草茂，多样性生物衍生出多类型植被和多种动物，100多种野生动物活跃在高山峡谷、平坝青溪中。300多种野生菌是森林的精灵，70多种可食用野生菌以品种全、数量多、品质优、口感好而闻名全省，干巴菌、鸡枞、牛肝菌和铜厂黑松露名声尤著。境内蕴藏着铜、钴、铁、锰、铅、锌、钨、钼、高岭土（瓷土）、大理石、花岗石、石灰石等24种矿产资源，以县境东部的东山铁矿和西部绿汁江岸的铜矿储量最大，龙泉国家森林公园内一眼富含锶等微量元素的天然矿泉水为饮用佳泉和大龙口酒生产用水。易门县是国家对外开放县和云南省革命老区县，是中国建筑卫生陶瓷协会授予的“中国西南建筑陶瓷生产基地”。2005年被列为中国·云南野生食用菌交易中心，有“滇中水城、菌乡易门”的美称。

【行政区划】 2018年，全县设龙泉、六街2街道，绿汁1镇和浦贝彝族乡、十街彝族乡、铜厂彝族乡、小街乡4个乡，下辖39个村民委员会和19个社区居民委员会，共766个村（居）民小组，781个自然村。县政府驻龙泉街道。

【人口、民族】 年末，按公安户籍人口统计，全县总户数60 388户，总人口165 654人，其中，城镇30 925户，乡村29 463户。在总人口中，男性84 235人，占户籍总人口的50.8%，女性81 419人，占户籍总人口的49.2%，城镇人口72 392人，占户籍总人口的43.7%；乡村人口93 262人，占户籍总人口的56.3%。2018年，辖区内有汉族109 579人，彝族48 985人，哈尼族3 755人，回族1 328人，苗族960人，白族328人，其他民族719人。年内，全县人口自然增长率2.82‰。

【综合经济指标】 2018年，全县实现现价生产总值107.9亿元，按可比价格计算，同比增12%。其中第一产业增加值12.1亿元，可比价增6.4%，增速列全市第五位；第二产业增加值60.9亿元，可比价增17.4%，绝对值列全市第二位，增速列全市第五位；第三产业增加值34.9亿元，可比价增4.4%，绝对值列全市第二位，增速列全市第八位。人均生产总值5.96万元，同比增17.4%。三次产业结构为11 ∶ 57 ∶ 32，保持“二三一”的发展格局。固定资产投资（不含农户）同比增长15.8%。实际利用市外国内资金86.1亿元，同比增11%。2018年财政总收入11.4亿元，同比增7.1%，地方财政收入7.8亿元，同比增7.7%。地方财政支出19.5亿元，同比增8.8%。完成社会消费品零售总额23.5亿元，增长12.4%。农村居民人均可支配收入1.36万元，增长9%；城镇居民人均可支配收入3.75万元，增长8.6%，人均生活消费支出2.14万元，增长7.4%，居民消费价格指数101.5%，小幅上涨0.5个百分点。

【农　业】 2018年，全县完成农、林、牧、渔业总产值20.6亿元，增长6.3%，完成农、林、牧、渔业增加值12.2亿元，增长6.4%。其中种植业实现增加值5.6亿元，增长6.8%；林业产业实现增加值0.4亿元，增长9.7%；畜牧业实现增加值6亿元，增长5.8%；渔业产业实现增加值0.07亿元，增长6.5%；农林牧渔业服务业实现增加值0.14亿元，增长7.7%。种植烤烟6.39万亩，收购烟叶16.65万担，实现烟农收入2.34亿元（含各项补贴及保险赔付）。

【工　业】 2018年，全县规模以上工业增加值同比增长20.4%，比同期回落9.5个百分点。分经济类型看：国有控股企业增加值增长22.2%，非公有工业增长17.4%。分行业看：矿冶产业增加同比增长19.7%；陶瓷水泥建材业增加值增长17.1%；食品加工业增加值增长23.9%。

2018年，易门县主要工业产品产量：铜精矿含量2 942吨，同比下降0.4%；硫酸44.80万吨，同比增长27.6%；水泥276万吨，同比增长9.5%；粗铜10.01万吨，同比增长24.5%；铸铁件7 594吨，同比增长63.9%；墙地砖1.17亿平方米，同比增长0.2%；日用陶瓷2 742万件，同比下降0.6%；发电量1.05亿度，同比增长85.4%。供电量10.58亿度，同比增长8%；自来水生产量310万吨，同比增长0.6%；石膏板4 102万平方米，同比增长4.2%。

【交通运输、邮电】 2018年，易门县武易高速公路（易门段）工程竣工投入使用、玉楚高速公路有序推进，公路路网不断完善。投资1亿元，完成农村公路硬化改造86千米，在全市率先实现58个行政村村村通硬化路，50户以上和30户以上贫困发生率35%以上的农村公路硬化全覆盖。实现了100%行政村通油路水泥路、100%农村公路实现列养、100%乡镇客运站建、100%行政村开通农村客运“4个百分百”的目标。年末，全县有客运车辆245辆，其中市县班线车83辆、农村客运162辆（微型车123辆、中巴车39辆）；公交车39辆、出租车60辆；客运线路69条，其中市际3条、县际3条、县内56条、公交7条。新投入新能源公交车8辆、出租车10辆及配套的充电桩40座。

2018年，全县邮政业务收入完成1 081.7万元，完成年计划1 133.8万元的95.4%，邮政通信质量指标完成率100%。电信公司对部分FTTH薄覆盖区域进行薄改厚，完成对所有行政村的光网覆盖，光网覆盖率达95%，进一步完善城乡4G网络信号，4G覆盖率达98%。

【财政收支】 2018年，全县财政总收入完成11.4亿元，同比增7.1%。其地方财政收入完成7.8亿元，同比增7.7%。地方财政支出19.5亿元，同比增8.8%。一般公共预算收入6.4亿元，同比增6.1%。一般公共预算支出18.6亿元，同比增8.3%。各项贷款余额58.2元，同比减1.9%。各项存款余额78.8亿元，同比减10.5%。

【贸易、旅游】 2018年，全县完成社会消费品零售总额23.5亿元，增长12.4%。旅游业快速发展，全年接待游客228.1万人次，增长18.2%，实现旅游收入18.51亿元，增长28.5%。全县共接待海外游客92人次，同比增长9.52%；完成住宿营业额9 625.6万元，同比增长22.2%。完成2017年建设的四座旅游厕所的星级评定工作。

【教育、科技】 2018年，全县有中小学62所，共553个班，在校学生1.66万人。其中普通高中1所，45个班，在校学生2 382人；职业高级中学1所，36个班（在校在籍24个班，835人，与玉溪工财校、农职院联办12个班，382人）；初级中学8所，139个班，在校学生5 460人；小学52所，345个班，在校学生7 928人。小学入学率99.99%，初中毛入学率121.46%，学前三年毛入园率83.5%。全县在编在岗正式教职工1 846人，政府购买服务性岗位343人。全县共有在园在班幼儿3 699人，学前三年幼儿园毛入园率83.5%。其中学前班40个班，625人；民办幼儿园31所，99个班，在园幼儿2 071人；公办园4所，29个班，在园幼儿1 003人。

2018年，全县申报科技项目54项。其中国家级科技计划项目8项，已立项8项；省级科技计划项目34项，已立项26项；市级项目12项，已立项12项。年内，全县专利有效量为43件，专利申请量120件，专利授权量110件。9月，在省第三批知识产权强县工程试点工作中易门县被省知识产权局考核为优秀。易门铜业有限公司被再认定为高新技术企业。贵研工业催化剂（云南）有限公司等8户公司被认定为国家科技型中小企业。云南山岩霖源茶业有限公司等8户公司被认定为省科技型中小企业。云南省易门农业科技园区顺利通过省农村科技服务中心组织的省级农业科技园区中期检查评估工作，获得第二次专项补助资金100万元。

【文化、广播电视】 2018年，县图书馆接待读者4.5万人次，书籍流通9.49万册次。图书馆已初步具备建设数字图书馆的基本条件，数字终端访问量8.58万人次，文献下载、在线阅读9.6万册次。县文化馆先后举办文艺骨干培训班3期、农村文艺队业务辅导培训60余期、书画培训班7期、免费开放进校园培训23期。圆满完成春节、二月二戏会、菌交会期间文艺展演，非遗展演和非遗进校园演出活动，庆祝改革开放四十周年文艺演出等，共举办各类演出70余场次。成功申报2个省级、3个市级非遗项目传承人，开展2018年“文化和自然遗产日”系列活动。平稳抓好“扫黄打非”和文化、旅游市场行政执法工作，出动执法人员7 680人次，检查文化旅游经营场所1 920家次，开展联合执法行动4次，处理群众举报8起，回复8起，回复率达100%。县文化馆选送戏剧类作品《谷花鱼》及书法作品获得云南省第三届大家乐群众文化“彩云奖”。以节庆日为平台，举办自行车邀请赛、越野车场地赛，组织开展自驾游活动，城市名片（1分钟视频）在全省129个县排名13名。

广播电视节目传输覆盖全县58个村（居）委会街道、794个自然村，建成13个广播电视发射站点，全县369个村11.8万人可以接收到地方节目地面数字电视广播信号。制播《易门新闻》146期，播出新闻稿884条，与市电视台合办栏目《新闻直通车》播出40期，开办《两会专递》《乡村振兴进行时》等10余个栏目，制作专题片、资料片、汇报片4部集，制播公益广告15类36个内容6 000多条次，播出影视剧950多部集，播放影片470余场。

【体 育】 全县完成体育场提档升级改造一期工程和2015年体彩公益金建设项目验收，完善乡村文体设施配套，实施体彩公益金项目22个；积极筹建“公路自行车训练基地”，举办体育赛事单项比赛5次，组织参加市级体育比赛4次，各体育社会团体组织开展体育活动10余次。全县7个晨晚练点健身活动正常开展，每天有近3 000人在晨晚练点开展健身活动，完成销售体育彩票2 000万元。先后组队参加“玉溪杯”2018玉溪市足球比赛，获第五名及体育道德风尚奖；参加市第十六届县（区）乡镇（街道）篮球大联赛，获女子篮球三等奖、男子优胜奖、优秀组织一等奖，男女队道德风尚奖；组织参加市少年儿童田径比赛获团体总分第二名。

【卫 生】 2018年，全县共有医疗卫生机构115家，其中县级医疗机构3家、疾控中心1家，急救站1个，乡镇卫生院7家、村卫生所48家、民营医院3家、个体诊所47家、口腔门诊部1家、医务室4家。全县辖区内医疗机构有病床编制860张，其中民营医院211张，实际开放991张（民营医院216张）。全县医疗机构卫生信息化全覆盖，基本公共卫生服务均等化经费人均标准50元，健康教育覆盖率76.6%。辖区内疫情网络报告传染病13种共1 241例，发病率748.79/十万，其中乙类8种138例，发病率83.27/十万，疫情状态平稳，无甲类传染病。启动实施市健康惠民工程，完成Hib流感疫苗接种1 564人，23价肺炎疫苗接种7 182人。全县产妇1 771人，其中高危孕产妇744人，管理率100%、住院分娩率100%、孕产妇死亡为零；县域剖宫产出生367人，剖宫产率25.68%。完成城乡居民纸质建档16.97万人，电子建档16.75万份，建档率96.07%。完成0～6岁儿童健康管理8 788人，孕产妇保健服务1 449人，老年人健康管理1.35万人，高血压患者管理1.34万人，糖尿病患者管理3 271人，重性精神疾病患者管理1 051人，结核病患者管理41人，完成白内障复明手术146例。共上报食源性疾病病例442例，完成食品安全风险监测采样送检29件。2018年，全县村卫生所建设全部达标，7个乡镇（街道）卫生院和所辖区卫生所全部配备和使用基本药物，按要求均在省药品集中采购平台上统一采购，并实行零差率销售。加大饮用水卫生检测监督管理力度，全县有集中式供水单位8户，二次供水15户。其中1户集中式供水单位和15户二次供水单位取得卫生许可证。生活饮用水管理重点检查卫生管理制度、水质检测记录、供管水人员健康证明、卫生知识培训记录、涉水产品卫生许可批件、水源卫生防护措施、水质净化及消毒设施运转情况等。召开生活饮用水卫生监督工作会议，对参加培训的各乡镇水管站管水人员、集中式供水单位管水人员、二次供水单位负责人，共计34人进行卫生知识及法律法规培训。全年共采集监测水样74份，农村饮用水合格率69.35%，城市饮用水合格率100%。年内，开展慢性病防控主题宣传及全民健康生活方式宣传活动18次，开展“全民健康生活方式、慢病与健走、合理膳食等”知识讲座10次，开展多部门集体性健身活动10次，开展“慢病管理、万步领队及全民健康生活方式”等业务培训4次，召开慢病示范区及“万步有约”等慢病防控相关会议6次。开展全民健康生活方式相关报刊、电视台、网络等媒介宣传报道28次。

【社会保障】 2018年，全县参加医疗保险16.04万人，其中参加城镇职工医疗保险1.79万人，参加城乡居民医疗保险14.25万人。参加基本养老保险12.43万人，参加失业保险8 611人，参加工伤保险2 265人，参加医疗保险16.04万人，参加生育保险1.39万人。全县企业退休平均养老金水平2 335元/月。机关事业单位退休平均养老金水平4 518元/月。工伤保险基金支出1 101万元，生育保险基金支出755万元，城乡居民养老参保资金支出3 193.64万元。全县建档立卡贫困人数1.27万人，截至12月底，符合参保人数1.08万人，参保率100%，参保缴费率100%。

2018年，审批机关事业单位正常退休58人，提前退休63人。审批企业正常退休228人，上报市级提前退休125人（特殊工种105人，完全丧失劳动能力20人）。认定两参人员视同缴费年限参加企业职工养老保险21人，认定劳动合同制工人招收前临时工补缴养老保险110人。组织劳动能力鉴定4批共148人，其中，因工125人，因病23人。按程序招录公务员22名，有序补充事业单位工作人员123人，其中公开招聘79人、村官定向招聘5人、提前招聘19人、医学类定向培养聘用8人、“三支一扶”考核聘用1人、退伍安置11人。切实规范事业单位人员流动，教育系统县外公开选调5名（2018年因机构改革，除教育、卫计系统县外公开选

调外，暂时停止事业单位人员流动），按程序解聘事业人员8名，其中，考录公务员解聘3人，办理辞职5人（卫计系统2人，教育系统3人）。2018年，审核推荐上报职称评审298人，其中副高级97人、中级176人、初级25人。组织农业、林业、水利、教育4个初评委开展初级职称评审工作，评审25人，通过25人。教育系统中评委评审中级职称147人，通过144人；评议高级职称88人，推荐上报市高评委77人。举办首届易门县家政技能大赛，设3个竞赛项目60余人参加比赛。组织机关事业单位53名工勤人员参加技术等级培训鉴定，其中，技师19人，高级工22人，中级工12人。举办2018年“春风行动”、省外企业专场招聘会等招聘21场次，提供就业岗位1.23万个，为重点群体提供就业帮扶，实现新增农村劳动力转移就业1.35万人，新增省外转移就业4 906人次。

进驻政务服务中心部门16个，设置服务窗口83个，办理各类行政审批和服务事项166项，其中，行政审批事项75项，服务事项91项。全年累计受理各项审批和服务事项31.08万件，办结31.08万件，办结率100%。

全县共建关工委组织786个，其中，县级关工委1个，乡镇、街道关工委7个，机关、企事业单位关工委35个，村（社区）关工委58个，关工小组685个，全县关工委队伍2 428人。全年民政社会事业经费支出8 966万元。

【领导名录】 县委书记马亚东（2018年6月离任）、吴渔琛（2018年7月任），县委副书记吴渔琛（2018年7月离任）、刘世伟（2018年9月任）、马春明（2018年9月离任）、张庆春（2018年1月任）。县人大常委会主任王华堂，县人大常委会副主任王文芳、李翠仙（女）、沐尚葵（女）、刘光夫。县政府县长吴渔琛（2018年9月离任），县政府副县长刘世伟（2018年10月任）、杨剑纲（2018年9月任）、赵兴堂、王跃华、段丽蓉（女）、李贵祥。县政协主席吕培生，县政协副主席周黎明、朱林、侯丽芬（女）。县纪委书记杨潇（女）。

（孙银龙）

峨山彝族自治县

【地理位置】 峨山彝族自治县地处云南省中部，位于东经101°52′~102°37′，北纬24°01′~24°32′之间。东接红塔区，东南与通海县交界，南与红河州石屏县接壤，西南与新平县山水相连，西北与楚雄州双柏县隔江相望，北与易门县相通，东北与昆明市晋宁区毗邻。玉元高速公路（213国道）穿境而过。峨山县委、县政府驻地双江街道距市政府驻地24千米，距省会昆明市118千米。

【自然概貌】 区域最大横距74.6千米，纵距56.7千米。总面积1 972平方千米，山区面积占96%，坝区及河谷占4%。属高原地貌，丘陵、平坝、河谷、中山相间，地势西北高东南低，县城海拔1 538米，最高点为北部甸中镇镜湖行政村的火石头山，海拔2 583.7米，最低点在西部富良棚乡绿汁江边的丫勒，海拔820米。立体气候显著，属亚热带半湿润凉冬高原气候区。县境地形似三角形，东部狭长，西部较宽，由中山、河谷、小盆地三种地貌构成。境内海拔2 000米以上的高山有60多座，较大的有高鲁山、大西山、总果山、大黑山、火石头山等。地势西北高东南低，东部因受曲江（县境称猊江）切割，形成西北至东南走向的山地与谷地相间的地貌形态。中部的岔河、塔甸、富良棚等乡（镇）属岩溶比较发达的石灰岩地区，群山起伏，溶洞、洼地较多，有地下沟、河分布，地面水源较缺。西部和北部山高坡陡，箐深谷狭，地形破碎。境内峰峦叠翠、山清水秀，素有“山有多高，水有多高，冬无严寒，夏无酷暑，四季如春”之美称。境内河流分属红河、珠江两大水系。分水岭由高鲁山沿峨山、红塔区入岔河乡境内，经黄草岭而南至厂上李家山，南入石屏县。分水岭以东为珠江水系，以西为红河水系。2018年，境内年平均气温16.3℃，最低气温0.2℃，最高气温37℃，有霜期2018年12月25日至2019年2月8日，有霜日14天，年日照时数2 071.4小时，年降雨量946.4毫米。峨山矿产资源主要有铁、煤、硅、铜、锌、高岭土、花岗岩、大理石等。县内森林资源丰富，有植物1 500多种，有国家一级保护植物——大树桫椤，有国家二、三级保护植物数十种。香菇、木耳、干巴菌、鸡枞等20多种野生食用菌以质优量大闻名省内外。

【行政区划】 2018年，全县辖双江街道、小街街道、化念镇、甸中镇、塔甸镇、岔河乡、富良棚乡、大龙潭乡2个街道3个镇3个乡。设55个村民委员会、21个社区，421个村民小组、176个居民小组，557个自然村。

【人口、民族】 2018年年末，全县常住人口17.01万人，与上年持平，其中，城镇人口7.87万人，乡村人口9.14万人。常住人口出生率11.94‰，死亡率6‰，自然增长率5.94‰。全县城镇化率46.26%，比上年提高1.17个百分点。全县户籍总户数53 265户。户籍总人口155 828人，其中，城镇人口59 137人，占总人口的38%；乡村人口96 691人，占总人口的62%；男性78 338人，占总人口的50.3%；女性77 490人，占总人口的49.7%；少数民族106 841人，占总人口的68.6%；彝族88 456人，占总人口的56.8%。年内全县登记出生1 642人，注销死亡961人。

【综合经济指标】 2018年，全县实现生产总值（GDP）84.87亿元，按可比价计算同比增长13%，其中，第一产业增加值12.51亿元，增长6.6%；第二产业增加值35.01亿元，增长21.2%；第三产业增加值37.35亿元，增长7.4%。三次产业比重由上年的15 ∶ 38.6 ∶ 46.4调整为14.7 ∶ 41.3 ∶ 44，分别拉动GDP增长0.9、8.7和3.4个百分点，对GDP增长的贡献率分别为7.2%、66.9%和25.9%。按常住人口计算，全县人均生产总值4.99万元，按可比价计算同比增长12.9%。全县实现非公有制经济增加值50.96亿元，按可比价计算同比增长15.4%，占GDP的比重为60%。

【农　业】 2018年，全县实现农、林、牧、渔业总产值18.95亿元，按可比价计算同比增长6.5%。其中，农业产值12.09亿元，增长6.2%；林业产值1亿元，增长4%；牧业产值5.38亿元，增长8%；渔业产值1 622万元，下降0.5%；农林牧渔服务业产值3 124万元，增长1.1%。

2018年，全县实现农、林、牧、渔业增加值12.73亿元，按可比价计算同比增长6.6%。其中，农业增加值8.47亿元，增长6.1%；林业增加值7 696万元，增长1.9%；牧业增加值3.18亿元，增长9.4%；渔业增加值986万元，下降2.3%；农林牧渔服务业增加值2 172万元，增长7%。

2018年，全县农作物总播种面积40.43万亩，比上年增加8 446亩，增长2.1%，复种指数188.7%，比上年提高0.8个百分点，其中，粮食播种面积17.52万亩，比上年减少628亩，下降0.4%；经济作物播种面积22.91万亩，比上年增加9 074亩，增长4.1%。全年粮经作物种植结构由上年的44.4 ∶ 55.6调整为43.3 ∶ 56.7，经济作物比重比上年提高1.1个百分点。全年种植蔬菜9.04万亩，油料5.85万亩，中药材8 385亩，温带水果7 567亩，花卉5 367亩，油橄榄3 000亩，除虫菊2 500亩。

2018年，全县完成新造林9 600亩（新一轮退耕还林4 100亩、珠防工程4 000亩、项目建设植被恢复异地造林1 500亩），森林覆盖率68.37%；完成核桃提质增效3万亩。

2018年，全县累计培育规模以上养殖户199家、合作社158个；加快推进德康30万头生猪养殖、双胞胎9 000头母猪扩繁场项目，完成22户39个单元家庭农场建设。全年实现肉蛋奶产量1.86万吨，比上年增加1 767吨，增长10.5%。全年生猪出栏14.18万头，增长21.4%；牛出栏1.39万头，增长24.3%；羊出栏4.15只，增长10%；家禽出栏142.93万只，增长5.3%。

2018年，全县完成水产养殖面积6 200亩，与上年持平，其中，池坝塘养殖3 076亩，水库养殖3 124亩；实现水产品总量964吨，同比增产8吨，增长0.8%。全年发展稻田养鱼4 457亩，稻田鱼产量94吨。

【工业和建筑业】 2018年，全县实现全部工业增加值31.84亿元，按可比价计算同比增长20.6%，拉动GDP增长7.8个百分点，对GDP增长的贡献率为60.5%。其中26户规模以上工业企业增加值按可比价计算同比增长24.3%。

年末，全县共有资质等级建筑业企业12户，比上年增加4户，其中，施工总承包二级资质3户，施工总承包三级资质8户，专业承包三级资质1户。全年实现建筑业增加值3.24亿元，按可比价计算同比增长30.2%。

【固定资产投资】 2018年，全县规模以上固定资产投资同比增长34.6%，其中，5 000万元及以上项目投资增长28.2%，500～5000万元项目投资增长37.6%，房地产开发投资增长57.8%。分产业看：第一产业投资增长159.5%，占投资总额的比重为18.6%，拉动投资增长15.4个百分点；第二产业投资下降26.8%，占投资总额比重的11.7%，影响投资下降5.8个百分点；第三产业投资增长36.4%，占投资总额比重的69.7%，拉动投资增长25个百分点。

2018年，全县共有施工项目188个，比上年减少10个。其中，5 000万元以上项目29个，500～5000万元项目158个，房地产开发投资项目1个。其中，新开工项目115个，续建项目73个，本年竣工投产项目151个。

2018年，全县房地产开发投资同比增长57.8%，其中，住宅投资增长59.7%，商业营业用房投资增长0.4%，其他投增长6.8%。全年房屋施工面积46.07万平方米，增长44.6%；商品房销售面积5.99万平方米，增长50.5%；商品房销售额2.75亿元，增长1倍。

【国内贸易和对外经济】 2018年，全县实现社会消费品零售总额19.88亿元，同比增长12.4%。按销售单位所在地分：城镇市场实现零售额17.16亿元，增长11.5%；乡村市场实现零售额2.73亿元，增长18.4%。按消费形态分：实现商品零售16.05亿元，增长12.1%；实现餐饮收入3.84亿元，增长13.7%。

2018年，全县实施市外国内资金项71项（资金到位项目66项），其中，新建项目49项，结转项目22项。全年实际到位市外国内资金79.63亿元，同比增长10.5%，其中，省外国内资金67.57亿元，增长29.4%。全县外贸进出口总额1 164万美元，同比下降12.6%，其中，出口总额1 160万美元，下降12.7%；进口总额4万美元，与上年持平。

【财政收支、金融】 2018年，全县实现财政总收入（省口径）6.5亿元，比上年减收1 715万元，下降2.6%。一般公共预算收入完成4.47亿元，比上年增收1 412万元，增长3.3%。其中，税收收入完成2.42亿元，减收760万元，下降3%，占一般公共预算收入比重的54.1%；非税收入完成2.05亿元，增收2 172万元，增长11.9%，占一般公共预算收入比重的45.9%。一般公共预算支出完成16.83亿元，比上年增支1.31亿元，增长8.4%。其中，财政八项支出完成14.89亿元，增支1.94亿元，增长15%，占一般公共预算支出比重的88.5%。

年末，全县金融机构人民币存款余额71.53亿元，同比下降7.2%，其中，住户存款余额48.68亿元，增长1%。金融机构人民币贷款余额53.48亿元，同比增长7.5%。存贷比为74.8%，比上年提高10.2个百分点。住户人均存款2.86万元，同比增加255元。

【交通运输和旅游】 2018年，全县公路通车里程2 321.99千米（含易峨高），其中，国道186.50千米（含易峨高），省道94.02千米，县道394.21千米，乡道1 383.60千米，专用公路44.61千米，村道219.06千米。按技术等级分：高速公路35.96千米，一级公路12.01千米，二级公路117.23千米（含易峨高），三级公路46.95千米，四级公路2 109.83千米。按路面等类型分：沥青混凝土路面238.39千米（含易峨高），水泥混凝土路面684.31千米，简易铺装路面97.95千米，砂石路面1 301.33千米。年末，共有客运车辆144辆，全年客运量108万人，旅客周转量4 799万人千米；共有货运车辆（含牵引车、挂车）5 778辆，全年货运量889万吨，货物周转量133 172万吨千米。

2018年，全县共接待国内旅游者222.26万人，同比增长32.31%；实现国内旅游收入22.84亿元，同比增长40.68%；共接待国际旅游者89人，同比增长15.58%；实现外汇旅游收入4.14万美元，同比增长25.25%。

【教育、科技】 2018年，全县共有幼儿园18所，其中，公办幼儿园7所，民办幼儿园11所；有小学41所，其中，完全小学40所，教学点1个；有普通中学10所，其中，高级中学1所，初级中学9所；共有中等职业教育学校2所，其中，成人中等专业学校1所，职业高中1所。共有校舍建筑面积31.97万平方米，其中，幼儿园2.99万平方米，小学14.85万平方米，初

中9.88万平方米，高中2.04万平方米，职业高中2.22万平方米。

2018年，全县毕业学生5 900人，其中，幼儿园1 275人，小学1 720人，初中1 864人，高中676人，职业高中365人；共招生5 724人，其中，幼儿园1 614人，小学1 324人，初中1 677人，高中741人，职业高中368人；共有在校学生2.02万人，其中，幼儿园3 343人，小学8 396人，初中5 211人，高中2 122人，职业高中1 162人；共有专任教师1 847人，其中，幼儿园152人，小学889人，初中568人，高中146人，职业高中92人。学龄前儿童入园率98.88%，小学入学率99.84%，初中入学率97.94%，高中（峨山一中）高考本科上线率57.65%。

2018年，全县认定省级科技型中小企业6户、省级“星创天地”1户、省级科技特派员6名，列入省级知识产权优势企业培育名单2户；荣获省政府科学技术进步三等奖1项；完成专利申请70件，授权35件；有效发明拥有量13件。

【文化、广播电视】 2018年，峨山县加快推进公共文化服务体系建设，继续抓好彝族花鼓舞申报国家级“非遗”工作，大力实施文化惠民工程，加大文化遗产保护传承力度，促进文化事业和产业繁荣发展。图书馆各服务窗口全年免费开放，文化馆以“点菜单”和“流动课堂”的方式深入基层免费开展公益培训活动；农村电影管理站按照“一月一村一场”放映目标在75个村（居）委会，放映电影869场，观众10余万人；县群众文化工作队惠民演出78场次，观众9万多人次。年内，“罗里关帝庙”被列为县级文物保护单位、“峨山文庙”被列为市级文物保护单位、“八字岭大庙”被列为省级文物保护单位，完成峨山县2018～2020年度“中国民间文化艺术之乡（彝族花鼓舞）”申报工作。

2018年，全县实施中央广播电视节目无线数字化覆盖工程，完成高平总果村委会后山发射点和大龙潭乡老九街村后山发射点建设任务；建立“村村通”“户户通”管理运行维护长效机制，不断完善广播电视公共服务体系建设；建成广播电视安全播出监测平台，做好广播电视安全播出工作。全年全县广播综合覆盖率99.58%，电视综合覆盖率99.65%；有线电视用户27 537户，有线电视入户率51.7%。

【卫生、体育】 2018年年末，全县共有卫生机构127个，其中，县级直属卫生机构5个，乡镇（街道）卫生院8个，村（居）委会卫生室75个，民营医院1家，个体诊所30家，厂矿与学校医务室8个。卫生机构实有病床727张；拥有卫生技术人员1 159人，其中，执业医师310人，助理执业医师40人，注册护士457人。

2018年，峨山县全面实施全民健身工程，广泛开展全民健身活动。完成县体育馆屋面钢结构防锈防水维修更换作业，监控设备安装，主席台凳子更换，有效改善体育馆健身环境；完成运动场空地硬化和健身器材安装，完成四个硅PU篮球半场建设，全面提升运动场的整体环境；完善“嶍山十里”健身步道沿线体育健身设施设备。成功举办迎新春环城赛跑、第二届峨山县青少年校园足球联赛、2018年峨山县工间操（第九套广播体操）比赛、2018年“体彩杯”周末足球比赛、“全民健身日”环城赛、峨山县第三届运动会等活动；承办玉溪市第六届县（区）乡镇篮球大联赛、玉溪市第二届广场舞大赛等活动。

【城市建设和生态环境】 2018年年末，县城建成区面积4.22平方千米、城市人口3.87万人、市政道路39.22千米、道路面积80.02万平方米、道路照明灯5 809盏、亮灯率99%、绿地总面积148.17万平方米、绿化覆盖总面积169.10万平方米、绿地率35.11%、绿化覆盖率40.07%、城市人均公园绿地面积9.64平方米、生活垃圾无害化处理率100%。年末，全县共成功创建“生态乡镇”10个，其中，国家级2个，省级8个；创建“绿色学校”44所，其中，省级15所，市级29所；创建“绿色社区”22个，其中，省级3个，市级19个。

2018年，环境空气质量监测有效天数363天，其中，一级天数222天，二级天数139天，超二级天数2天，县城环境空气质量状况（AQI）优良天数比例为99.4%。县城区设置噪声监测点位28个，其中，区域环境噪声监测点位17个，道路交通噪声监测点位11个，均达到城市区域声环境质量二级标准。曲江（峨山段）永昌桥国控断面水质状况年均值综合评价达Ⅳ类，县城集中式饮用水源地水质达标率100%，乡（镇）集中式饮用水源地水质达标率逐年提高。年末，单位生产总值能耗为0.97吨标准煤/万元，按可比价计算同比下降7.5%。

【社会保障】 2018年，全县城镇新增就业人数2 801人；城镇失业人员再就业712人；就业困难人员再就业710人；开发公益性岗位510个；安排高校毕业生就业见习30人；农村劳动力转移培训1.33万人次；新增省内农村劳动力转移就业6 606人次，省外转移就业4 859人次，其中建档立卡贫困劳动力转移400人次；发放“贷免扶补”386户3 855万元，带动就业人数443人；发放担保贷款647户6 470万元；发放小微企业担保贷款10户1 850万元，带动就业人数888人。全县城镇登记失业率2.94%。

2018年，全县城乡居民最低生活保障人数5 362人，共发放低保资金1 837.27万元，其中，城镇居民最低生活保障人数1 899人，发放低保资金936.8万元；农村居民最低生活保障人数3 463人，发放低保资金900.47万元。全县参加基本养老保险人数12.88万人，参加基本医疗保险人数14.89万人，参加工伤保险参保人数1.62万人，参加生育保险参保人数1.16万人，参加失业保险参保人数9 158人。劳动合同签订率92%，劳动人事争议仲裁结案率100%，劳动保障监察举报投诉案件结案率100%。

【人民生活】 2018年，全县城镇居民人均可支配收入3.79万元，比上年增收2 934元，增长8.4%；农村居民人均可支配收入1.30万元，比上年增收1 110元，增长9.3%。年末，城镇居民人均住房建筑面积51.25平方米，农村居民人均住房建筑面积58.86平方米。

【脱贫攻坚】 2018年，全县脱贫攻坚以富良棚贫困乡和35个贫困村为主战场，瞄准1 914个未脱贫人口，投入财政扶贫专项资金3 585.69万元，小额到户贷款额度5 000万元，全面组织开展专项扶贫、行业扶贫和社会扶贫。全力抓实整乡推进、整村推进、产业扶贫、老区扶贫、小额到户贷款等扶贫项目，进一步夯实贫困村组基础设施建设，改善生产生活条件，扶持发展产业增加贫困户收入，巩固脱贫攻坚成果，持续提升脱贫攻坚质量，实现建档立卡户脱贫退出529

户 1 533 人，全县未脱贫贫困人口从 2013 年的 4 458 户 1.48 万人减少到 130 户 449 人，贫困发生率降至 0.34%。

【安全生产】 2018 年，全县共发生各类安全生产事故 30 起，死亡 5 人，其中，发生道路交通安全生产事故 20 起，死亡 2 人，无人员受伤；发生消防安全事故 8 起，无人员伤亡；发生工贸安全事故 1 起，死亡 2 人，无人员受伤；发生化工领域安全事故 1 起，死亡 1 人，无人员受伤；建筑施工、农业机械、煤矿、非煤矿山、烟花爆竹、特种设备等重点行业（领域）未发生安全生产伤亡事故。

【领导名录】 县委书记姜兴林，县委副书记邓志刚（2018 年 3 月离任）、王勇（2018 年 3 月任）。县人大常委会主任陈爱军，县人大常委会副主任陈丽、李顺龙、李戈良（2018 年 6 月免）、王朝斌。县政府县长鲁春红，县常务副县长常成，县政府副县长朱国翠、马东坤、徐强、倪强、普睿、王文（挂职，2018 年 7 月离任）。县政协主席董云勇，县政协副主席邱永明、普丽华、马晓东、方银芬。县纪委书记、监委主任康德勤。

（普文光）

新平彝族傣族自治县

【地理位置】 新平彝族傣族自治县位于云南省中部偏西南，地处哀牢山中段东麓，北纬 23°38′15″～24°26′05″、东经 101°16′30″～102°16′50″ 之间。东与峨山县毗邻，东南与石屏县接壤，南连元江县，西南接墨江县，西与镇沅县相接，北隔绿汁江与双柏县相望。县人民政府驻地桂山街道办事处海拔 1 480 米，距省会昆明市 180 千米，距市政府所在地红塔区 90 千米。

【自然概貌】 境内地势西北高、东南低，最高海拔哀牢山主峰大磨岩峰 3 165.9 米，最低海拔漠沙镇曼线村委会阿迭组江边 422 米。全县总面积 4 223 平方千米，其中山区面积 4 139.6 平方千米，坝区面积 83.4 平方千米，是全市土地面积最大的县。气候受海拔差影响，形成河谷高温区、半山暖温区、高山寒温区三个气候类型。2018 年年平均气温 17.5℃，极端最高气温 31.3℃（7 月 21 日），极端最低气温 -2.3℃（2 月 3 日），全年总降水量 1 046.9 毫米，总日照时数 2 321.2 小时，无霜期 333 天。

【自然资源】 水资源。一江三十二条河蕴藏着巨大的水能资源。县内河流除平掌乡过境河道谷麻江属李仙江水系外，其余均属元江水系。李仙江在县境流程短，主要河流有麻大江河、班东河；元江干流流经新平县境，长 113.7 千米，三江口以上称石羊江，三江口至河口大桥称戛洒江，河口大桥以下称漠沙江，于漠沙阿迭村流入元江县境。全县水资源总量为 18.9 亿立方米，水能资源理论蕴藏量 127.22 万千瓦（含红河干流），可开发利用装机容量 52.36 万千瓦。

生物资源。全县共有林地面积 353 万亩，占全县土地面积的 55.8%，森林面积 187 万亩，森林覆盖率 64.6%；草地面积 126 万亩。有高等植物 219 科 762 属 1 402 种，有国家一级保护植物伯乐树、二级保护植物水青树、三级保护植物翠柏等；兽类 75 种，禽类 153 种，两栖爬行类 45 种，昆虫类 130 余种，其中有一级保护动物绿孔雀、二级保护动物白鹇等。

矿产资源。县境内已发现矿种 37 种（含伴生矿种），占省内矿种的 25%，有各类矿床、矿点、矿化点 156 处，已探明的矿种金属矿有金、银、铜、铁、铬、镍、钴、铅、黄铁、水银、铝、钯、铀，非金属矿有煤、石灰岩、白云石、蛇纹石、石膏、石棉、水晶、滑石、叶蜡石、大理石等，其中，铁矿石储量 5.86 亿吨，铜矿石储量 173 万吨，分别占全省探明储量的 48% 和 25%；煤炭储量 620 万吨，可开采量 250 万吨；锌矿储量 36.2 万吨；大理石储量 2.6 亿立方米。

【历史沿革】 新平县属古西南荒裔，汉为嶍猊蛮所居，唐为阿僰所居。宋·大理国时设马龙甸、他郎甸，地域为今新平的漠沙、戛洒、新化、老厂、水塘、建兴、腰街、者竜。元宪宗时，戛洒江以西及新化、老厂一带设马龙甸二千户所，桂山、平甸、扬武属嶍峨五千户所，均隶宁州万户府。元至元十三年（1276 年），并马龙、他郎等甸。他郎（今新化）设马龙他郎甸司，隶元江路军民总管府；司东南设平甸县，辖今桂山、平甸、扬武等乡镇，隶嶍峨州。元至元二十六年（1289 年），嶍峨州降为县，平甸县降为嶍峨县（今峨山县）的乡。明弘治八年（1495 年），马龙他郎甸长官司改设直隶新化州。明万历十九年（1591 年），以平甸乡为基础，划入元江、石屏、河西、新化等州县部分村寨，建立新平县，今平甸乡旧城村为县城，与新化州并属临安府。明崇祯七年（1634 年），县城迁今地，筑砖石城。清康熙四年（1665 年），裁新化州入新平县。1948 年 1 月至 1949 年 4 月，云南省第六区行政督察专员公署设于新平县城，管辖新平、峨山、双柏、龙武、镇沅、景东、元江、墨江八县。1949 年 9 月 17 日，建立新平县人民政府。1979 年 12 月 26 日，国务院批准成立新平彝族傣族自治县，1980 年 11 月 25 日，正式成立新平彝族傣族自治县。

【行政区划】 2018 年，全县辖 2 个街道 4 镇 6 乡，即桂山街道、古城街道、扬武镇、漠沙镇、戛洒镇、水塘镇及平甸乡、新化乡、老厂乡、建兴乡、平掌乡、者竜乡，设村（居）民委员会 123 个，村（居）民小组 1 459 个。

【人口、民族】 2018 年年末，全县户籍人口总户数 87 973 户，比上年增 0.01%。户籍人口 279 769 人，比上年增 0.5%；城镇人口 63 575 人，比上年增 1.4%；乡村人口 216 194 人，比上年增 0.3%。彝族、傣族人口 183 972 人，比上年增 0.7%，占全县总人口的 65.8%。年内出生人口 3 488 人，出生率 12.53‰；死亡人口 1 842 人，死亡率 6.62‰。人口自然增长率 5.91‰，比上年下降 1.99 个千分点。

【综合经济指标】 2018 年，全县实现生产总值（GDP 现价）151.34 亿元，按可比价计算比上年增 12.5%。其中，第一产业增加值 21.40 亿元，比上年增 6.6%，拉动 GDP 增长 0.9 个百分点，对 GDP 增长的贡献率为 7.3%；第二产业增加值 59.52 亿元，比上年增 14.9%，拉动 GDP 增长 6.1 个百分点，对 GDP 增长的贡献率为 48.7%；第三产业增加值 70.43 亿元，比上年增 12%，拉动 GDP 增长 5.5 个百分点，对 GDP 增长的贡献率为 44%。三次产业结构由上年的 14.4 ∶ 38.7 ∶ 46.9 调整为 14.1 ∶ 39.3 ∶ 46.5，经济结构呈三、二、一格局。全县人均生产总值 5.18 万元，按可比价计算比上年增 12.4%。

【农　业】 2018年，全县实现农、林、牧、渔业总产值（现价）39.86亿元，按现价计算比上年增7.7%，其中，种植业产值25.49亿元，比上年增10.5%；林业产值2.5亿元，比上年增13.1%；畜牧业产值11.1亿元，比上年增0.4%；渔业产值2 396万元，比上年减0.04%。年末乡村从业人员162 938人，比上年减0.7%，其中从事一、二、三产业的从业人员分别为10.81万人、1.99万人、3.49万人，分别占乡村从业人员总数的66.4%、12.2%、21.4%。

2018年，全县耕地总资源31.50万亩，与上年持平，乡村人口人均耕地总资源1.46亩；有常用耕地29.29万亩，与上年持平，乡村人口人均常用耕地1.14亩。全县拥有农业机械总动力28 641万瓦特，比上年减25.4%；大中型拖拉机96台，比上年减97.9%；小型拖拉机5 540台，与上年持平。全年化肥施用量8.09万吨，比上年减0.1%；农药使用量947吨，比上年增13.5%。稳产高产基本农田13.42万亩，比上年增0.8。全年粮食总产量1.72亿千克，比上年增5.3%，其中，大春1.53亿千克，比上年增5.8%；小春1 924万千克，比上年增1.2%。烤烟总产1 103万千克，比上年增4.5%。甘蔗总产（估产）47.93万吨，比上年减5.7%。油料总产128.1万千克，比上年增3.2%。蔬菜总产2.2万千克，比上年增13.8%。水果总产2.24亿千克，比上年增60.1%。茶叶总产178.7万千克，比上年增4.6%。核桃总产7 040.7吨，比上年增15.8%。笋丝总产916.7吨，比上年增26%。

年末，全县拥有水库、坝塘677座，总库容1.47亿立方米，年末蓄水量1.12亿立方米，其中中型2座，库容5 730万立方米，蓄水量4 869万立方米。水利有效灌溉面积19.39万亩，占常用耕地面积的65.3%，比上年增1.2个百分点。

全年完成竹子低效林改造1万亩，核桃抚育6万亩，森林抚育0.5万亩，种植车桑子0.61万亩、旱冬瓜100万株，建成核桃科技示范基地0.41万亩，完成新一轮退耕还林项目种植4.5万亩，建成核桃竹子林区道路310千米，共投入营造林资金6 332万元。森林覆盖率65.2%。全年实现林业增加值1.29亿元，按可比价计算比上年增7.6%。

2018年，全县实现畜牧业增加值6.44亿元，按可比价计算比上年增2.3%。肉蛋奶总产量2 888万千克，比上年增4.8%。生猪年末存栏19.07万头，比上年增4.7%；生猪年内出栏18.69万头，比上年增5.3%。大牲畜年末存栏6.72万头，比上年增2.5%；大牲畜年内出栏2.49万头，比上年增3.7%。山绵羊年末存栏11.02万只，比上年增4.7%；山绵羊年内出栏7.32万只，比上年增5%。家禽年内出栏320.1万只，比上年增4.5%。

全年全县水产品产量1 477吨，比上年减3.1%，实现渔业增加值1 304万元，按可比价计算比上年增9%。

【工　业】 2018年，全县实现规模以上工业总产值241.67亿元，按现价计算比上年增24.7%；实现工业增加值52.55亿元，按可比价计算比上年增14.6%，拉动GDP增长5.4个百分点，对GDP增长的贡献率为43.3%。全年规模以上工业企业实现利税总额20.83亿元，比上年增2.8%；实现利润总额13.94亿元，比上年减6.4%。主要工业产品产量：成品糖4.24万吨，比上年增3.8%；合成橡胶2万吨，比上年减33%；发电量9.19亿度，比上年增45.8%；铁精矿422万吨，比上年减4.7%；机制纸及纸板4.80万吨，比上年增73.7%；铜金属含量3.81万吨，比上年减21.4%；铁矿石原矿889万吨，比上年减10%；球团矿30万吨，比上年减95.2%；粗钢203.60万吨，比上年增22.2%；线材92.97万吨，比上年增9.9%；棒材68.75万吨，比上年增3.8%；耐磨钢球2.66万吨，比上年减27.6%；水泥117.88万吨，比上年增7.3%。

【建筑业】 2018年，全县具有资质等级的建筑企业12个，从业人员3 464人，比上年增29.3%。从业人员中工程技术人员1 141人，占从业人员总数的32.9%。完成建筑业总产值28.45亿元，比上年增25.6%；实现建筑业增加值7.05亿元，按可比价计算比上年增18.2%。

【固定资产投资】 2018年，全县完成规模以上固定资产投资97.63亿元，比上年增12.6%，其中，第一产业完成投资6.92亿元，比上年增4倍；第二产业完成投资12.85亿元，比上年增31.6%；第三产业完成投资77.86亿元，比上年增3%。

全年完成房地产开发投资1.92亿元，比上年增66.5%，其中，商品住宅投资6 750万元，比上年减25.2%；商业营业用房投资1.04亿元，比上年增5倍。全年商品房施工面积24.8万平方米，比上年减10.5%；商品房销售面积3.9万平方米，比上年减49.4%；实现销售额1.27亿元，比上年减52%。

【国内贸易和对外经济】 2018年，全县实现社会消费品零售总额27.25亿元，比上年增12.5%。从消费形态分，实现餐饮收入5.10亿元，比上年增9.8%；实现商品零售额22.15亿元，比上年增13.1%。从销售单位所在地分，城镇实现消费品零售额22.25亿元，比上年增11.8%；乡村实现消费品零售额5亿元，比上年增15.6%。

2018年，全县实施市外国内资金项目81项，比上年增24.3%，实际到位市外国内资金82.44亿元，比上年增11%；完成进出口总额2 600万美元，比上年减47.5%，其中出口2 502万美元，比上年减47.9%；进口98万美元，比上年减34.2%。

【交通运输、邮电】 2018年年末，全县公路通车里程5 732.6千米，按行政等级划分，国高22千米，国道282.9千米，省道118.6千米，县道517千米，乡道2 296.4千米，村道2 495.6千米；按技术等级划分，高速公路22千米，二级公路141.4千米，三级公路132.2千米，四级公路4 045.6千米，等外公路1 391.4千米，公路密度135.7千米/百平方千米。全县拥有各种机动车辆10.41万辆（不含拖拉机），比上年增5%，其中，营运货车4 631辆，营运客车385辆（出租汽车100辆、公交车7辆、班线客车119辆、农村客运车辆159辆）；客运周转量10 983万人千米，比上年减40%。全年实现交通运输、仓储及邮政业增加值8.16亿元，比上年增4.7%。

全年报刊杂志累计发行131.3万件，比上年减3.1%。年末电话机总数24.47万部，比上年减4.6%，其中固定电话0.68万部，比上年减11.7%；移动电话23.79万部，比上年减4.7%；电话普及率83.8部/百人，比上年减4.3%；互联网用户5万户，比上年增13.4%。

【财政收支、金融和保险业】 2018

年，全县实现财政总收入25.69亿元，比上年增9.4%；实现地方财政收入16.56亿元，比上年增7%，其中一般公共预算收入13.44亿元，比上年增6.1%；完成地方财政支出34.61亿元，比上年增11.9%，其中一般公共预算支出34.02亿元，比上年增22%。税收收入18.41亿元，比上年增12%。

2018年年末，全县金融机构各项存款余额107.42亿元，比上年减2.2%，其中住户存款余额65.33亿元，比上年减0.2%；贷款余额85.52亿元，比上年增2.3%。

2018年，全县实现保费收入2.32亿元，比上年增13.2%，其中财产险保费收入1.17亿元，比上年增10.9%；人寿险保费收入1.16亿元，比上年增15.7%。全县赔付支出6 744万元，比上年增11.6%，其中财产险业务支付赔款3 620万元，比上年减3.5%；人寿险业务给付赔款3 125万元，比上年增36.3%。

【城市建设和生态环境】 2018年年末，全县城镇建成区面积14.62平方千米，其中县城中心城区建成区面积6.5平方千米。县城建成区绿化覆盖面积255公顷，绿化覆盖率39.2%；绿地面积225公顷，绿地率34.6%；公园绿地面积76公顷，人均公园绿地面积14.2平方米。省级文明县城创建成果得到巩固，国家卫生县城通过复审。

漠沙镇关圣小学、鱼塘小学和新化乡老五斗小学获第八批玉溪市绿色学校命名，水塘镇水塘社区居民委员会和者竜乡庆丰社区委员会获第六批玉溪市绿色社区命名。截至年末，全县共建成省级绿色学校17所，市级绿色学校36所，省级绿色社区6个，市级绿色社区14个和省级环境教育基地创建工程2个。云南玉溪仙福钢铁（集团）有限责任公司180平方米烧结机脱硫工程和新平县工业园区污水集中收集处理工程2个减排项目建成投运；仙福公司烧结机脱硫、红山球团竖炉脱硫和鲁奎水泥脱硝等6个管理减排项目治理设施运行正常，二氧化硫、氮氧化物、化学需氧量、氨氮四项约束性指标全面完成。县城集中饮用水水源地清水河、他拉河水库水质均达到II类，饮用水源地水质达标保持100%；全县17个1 000人以上乡镇（街道）集中式饮用水水源地水质达到或优于III类水质标准的占比达82.3%，比上年提高17.3个百分点；地表水环境质量戛洒江和平甸河水质均为III类，水质状况均为良好。县城环境空气质量优良率为99.4%，比上年提高0.6个百分点。全年共出动执法监察人员252人次，检查企业110家次，立案查处企业3家，实施行政处罚3件。处理各类环境信访案件32件，处理率100%，全年辖区内未发生重特大环境污染事件。

【教育、科技】 2018年年末，全县共有各级各类学校150所，其中，高中1所，高级职业中学1所，教师进修学校1所，初级中学12所（含在建的新平三中），完全小学92所，幼儿园43所（含民办幼儿园31所）。教职员工3 719人，专任教师2 963人，其中小学1 424人。在校学生3.78万人，比上年减1.3%，其中小学1.76万人，比上年减1.3%。毕业学生1.06万人，比上年减2%，其中小学3 189人，比上年减3%。学龄儿童入学率100%，小学巩固率100%，小学升学率97.27%，初中升学率88.08%，高中升学率91%。全县有党职技校13所，其中县委党校1所，乡镇（街道）党职技校12所。

2018年，全县组织申报省市级科技项目19项，其中获省级立项8项，获补助科技经费745.6万元；市级研发经费和高新技术企业认定补助9项，获补助科技经费409.5万元。争取省级专利资助19件，获补助资金3.8万元；申报市级专利奖励75件，获补助资金16.2万元。兑现县级专利奖励270件29.2万元。申报并认定国家级科技型中小型企业4户，省级科技型中小企业7户。云南大红山管道有限公司、玉溪大红山矿业有限公司分别荣获云南省科学技术进步二等奖和三等奖。全年完成专利申请177件、专利授权173件、发明专利有效量190件。云南凯添农业开发有限公司申报并认定国家级“凯添农业互通星创天地”。云南大红山管道有限公司申报并认定国家知识产权贯标企业，公司《长距离浆体管道分流输送系统和浆体分流切换输送方法》荣获第二十届中国专利优秀奖。玉溪大红山矿业有限公司申报并认定国家知识产权优势企业。年内，在市对县科技创新考核工作中，新平县荣获第一名。年末，全县共有各类专业技术人员4 186人，其中，正高级5人，副高级1 131人，中级1 531人，初级1 102人，员级138人，未定等级279人。

【文化、旅游、广电和体育】 2018年，新平县创编精品小品8个，舞蹈29个、歌曲6首、快板1个，其中《腰花》《永远的纳格拉》荣获市第六届青年舞蹈大赛三等奖。在省第十一届少数民族传统体育运动会上，竞技类表演项目《耍秧萝》《抢葫芦》分别荣获金奖和铜奖，驻停表演《花腰翘》获银奖，综合类项目《彝山开·花鼓来》获银奖。全年举办、协助、参与各项文艺演出累计135场次，参加人员5 000余人次，观众12.8万余人。搜集小调、山歌、敬酒歌等71首。全县共有各级不可移动文物保护单位11处，征集可移动文物296件，认定非物质文化遗产项目109项，培养传承人95名；民族图书馆藏书4.72万册，电子书1.8万册；外借1.58万册，农家书屋借阅1.78万人次、阅览3.19万人次。

年末，全县共有星级饭店6家，星级乡村旅游接待点37户，国内旅行社1家，旅行社服务网点5个，AA级景区4家，AAA级景区1家，AAAA级景区1家；全年接待游客466.1万人次，比上年增21%；实现旅游业总收入39.58亿元，比上年增34.4%。

2018年，新平县广播电视台紧紧围绕县委、县政府的中心工作，积极开展新闻宣传报道，为全县经济社会发展创造良好的舆论氛围。全年播出本台电视新闻1 694条，在中央、省、市台播出涉及新平新闻382条；新闻综合广播共播出广播新闻240期2 136条、《气象服务》768期。新平新闻微信公众号1～12月共发布消息198条，阅读人数45万余人。

2018年，全县共主办、承办、协办各种赛事及运动会26场次。全县人均体育场地面积1.8平方米，有各类体育专业社会团体15个，共有社会体育指导员500余人，体育人口占全县总人口的48%。年内，向市体育运动学校输送体育后备人才14名。县体育馆连续两年被国家体育总局列为大型体育场馆（丙类）免费低收费开放场馆。

【卫　生】 2018年年末，全县有医疗卫生机构59个，其中，县级3个，乡镇卫生院10个，其他卫生机构46个。有医院编制床位1 284张，实有病床1 438张。职工2 405人，其中卫生技术人员1 770人，比上年增5.6%；执业医师457人，比上年增7.8%；执业助理医师116人，比上年减 2.5%；注册护士 736 人，比上年增 2.4%。村级卫生所 122 个，乡村医生和卫生员 316 人。每万人拥有卫生技术人员 60.6 人，每一名卫生技术人员负担人数为 165 人。全年病床使用率 68.8%，门诊治疗病人 170 万人次，入院人数 4.76 万人。年内无甲类传染病病例报告，乙丙类传染病发病率 756.7/10 万，乙类传染病发病率 156.6/10 万，丙类传染病发病率为 600/10 万。

【社会保障】 2018 年，全县共有 20.44 万人参加基本养老保险，其中，职工 2.93 万人，城乡居民 17.51 万人；有 1.75 万人参加失业保险；有 27.33 万人参加基本医疗保险，其中，城镇职工 2.29 万人，城乡居民 25.04 万人；有 1.66 万人参加职工医疗互助活动。全县共有 945 户 1 630 名城镇居民享受最低生活补助，发放最低生活保障金 796.7 万元；有 2 586 户 5 440 名农村居民享受最低生活保障补助，发放最低生活保障金 1 450.9 万元。年内，实现城镇新增就业 3 056 人、农村劳动力转移就业 2 016 人，城镇失业人员再就业 1 010 人，城镇失业登记率 3.36%。

【人民生活】 2018 年，全年发放在岗职工工资总额 20.56 亿元，比上年增 6%，其中国有经济单位 10.55 亿元，比上年减 4%。在岗职工年平均工资 7.64 万元，比上年增 7.5%，其中国有经济单位 11.63 万元，比上年增 7.2%。农村常住居民人均可支配收入 1.34 万元，比上年增 9.5%。城镇常住居民人均可支配收入 3.74 万元，比上年增 7.8%。

【领导名录】 县委书记李永忠（2018 年 12 月离任），县委副书记普光照、王华（2018 年 12 月离任）。县人大常委会主任史亚新，县人大常委会副主任郭健鑫、张永光、李学明、高焕美。县政府县长普光照，县政府副县长王丽娟、杨雪波、李玉琼（2018 年 8 月离任）、普红青、刀文高、巨立中、郭金平、张林（2018 年 8 月任）。县政协主席刘振华，县政协副主席毛启芳、龙家寿、陈强。县纪委书记坝汝明。

（刀燕勤）

元江哈尼族彝族傣族自治县

【地理位置】 元江哈尼族彝族傣族自治县位于云南省中南部，东经 101°39′～102°22′、北纬 23°19′～23°55′之间；东与红河州石屏县接壤，南与红河县相连，西与普洱市墨江县毗邻，北与新平县紧邻。县城距市政府所在地红塔区 132 千米，距省会昆明 220 千米。

【自然概况】 县境南北长 64.5 千米，东西宽 71.5 千米。总面积 2 858 平方千米，其中，山区 2 766.5 平方千米，占 96.8%；坝区 91.5 平方千米，占 3.2%。境内地势西北高，东南低；山脉南北走向，以元江（河）为界，西南支属哀牢山脉，东北支属横断山脉，两山脉逶迤向南延伸，使元江河谷形成了东峨坝、元江坝等河谷盆地。境内最高海拔 2 580 米，最低海拔 327 米，县城所在地海拔 380 米。气候属低纬高原季风气候，由于地形复杂，立体气候特点突出，山区温凉，坝区炎热。2018 年年平均气温 24.2℃，较历年同期相比偏高 0.3℃，较上年同期相比偏低 0.1℃。其中春季平均气温 26.4℃，夏季平均气温 28.8℃，秋季平均气温 24.0℃，冬季平均温度 17.4℃。极端最高气温 40.3℃（4 月 23 日），极端最低气温 9.3℃（2 月 9 日）；年降雨量 833.4 毫米，较历年同期偏多 29.1 毫米，较上年同期偏多 0.2 毫米。

【行政区划】 2018 年，全县辖 5 个乡 2 个镇 3 个街道，即咪哩乡、羊街乡、那诺乡、洼垤乡、龙潭乡、曼来镇、因远镇、澧江街道、红河街道、甘庄街道。设 81 个村（居）委会，其中，57 个村民委员会、24 个社区居民委员会，765 个村（居）民小组，684 个自然村。

【人口、民族】 2018 年年末，全县常住人口 22.45 万人，其中城镇人口 9.51 万人，城镇化率 42.35%，比上年提高 1.15 个百分点。据公安部门统计，年末全县户籍户数 67 775 户。户籍总人口 211 157 人，比上年增加 997 人，其中，男性人口 108 743 人，女性 102 414 人。少数民族人口 173 148 人，占总人口的 82%，全县少数民族中，哈尼族 92 511 人，占总人口的 43.81%；彝族 46 198 人，占总人口的 21.88%；傣族 25 606 人，占总人口的 12.13%；白族 5 930 人，占总人口的 2.81%；苗族 1 103 人，占总人口的 0.52%；拉祜族 1 141 人，占总人口的 0.54%；壮族 232 人、回族 145 人、佤族 22 人、纳西族 14 人、瑶族 23 人、蒙古族 32 人、布依族 18 人，其他少数民族 3.82 万人。按年龄分：0～17 岁以下 4.44 万人、18～34 岁 5.48 万人、35～59 岁 8.21 万人、60 岁及以上 2.99 万人。年内出生人数 1 667 人，出生率 12.01‰，年内死亡人数 1 146 人，死亡率 5.82‰，人口自然增长率 6.19‰，比上年提高 0.1 个千分点。人口密度为每平方千米 74 人。

2018 年末人口及其构成

指标	单位	年末数	比重（%）
常住人口	万人	22.45	100
按城乡分：城镇	万人	9.51	42
乡村	万人	12.94	58
户籍户数	户	67 775	100
户籍人口	人	211 157	100
按性别分：男性	人	108 743	52
女性	人	102 414	49
按主要民族分：哈尼族	人	92 511	44
彝族	人	46 198	22
傣族	人	25 606	12
按年龄分：0～17 岁以下	人	44 388	21
18～34 岁	人	54 799	26
35～59 岁	人	82 063	39
60 岁及以上	人	29 907	14

【自然资源】 由于地理环境特殊，元江县水能、地热、矿产和动植物等自然资源非常丰富。2018年，全县水能理论蕴藏量41.37万千瓦，可开发25.51万千瓦，500千瓦以上可建31座（红光、漫画沙田电站570千瓦和500千瓦已停运，基本已拆除），已开发水力电力10.45万千瓦（可运行电站），占可开发量的25.25%。共有15处地热温泉，水温为21℃～94℃，流量86.2升/秒，年产水量272万立方米。矿产资源基本情况：全县辖区内，目前已发现各类矿产21种，其中金属矿产有镍、铜、金、铁等9种，非金属矿产有红宝石、蛇纹石、石膏、石灰岩、硅石、页岩等11种，燃料矿产煤1种。截至2018年底，已探明镍金属储量53万吨、保有铜金属储量20万吨、金矿金属储量1 893千克、铁矿955万吨、水泥用石灰岩4 500万吨、蛇纹石4.8亿吨、煤330万吨、硅石283万吨，优势矿产为镍矿、铜矿，镍矿主要分布在因远镇，镍矿属难选冶的硅酸镍矿，铜矿主要分布在甘庄街道，近城区江东以水泥用石灰岩为主，矿产资源分布散，储量小。境内野生动植物栖息分布情况：野生动物有30目96科142属479种，其中云豹、黑熊、蜂猴、猕猴、穿山甲、绿孔雀、江獭、丛林猫、蛇雕、红鹇、蟒蛇、蛤蚧等为国家一、二级保护动物；麂子、岩羊、眼镜王蛇、豪猪、竹鼠等为省级保护动物（“三有”保护动物）。野生植物共有2 303科1 081属2 394种，其中桫椤、伯乐树（钟萼木）、元江苏铁、润楠、十齿花、普通野生稻、金荞麦、红椿、千果榄仁、翠柏、榉树、香木莲等植物为国家一、二级保护植物；顶果木、八宝树、野茶树、鬼柳树、罗望子（酸角树）等为地方狭有濒危珍贵树种。

云南元江国家级自然保护区由江东片和章巴片2个不相连接的片区组成，总面积22 378.9hm^2，其中核心区9 988.2hm^2、缓冲区4 609.1hm^2、试验区7 781.6hm^2，共涉及元江县9个乡镇（街道），30个村委会（社区）73个村（居）民小组。是我国唯一建在干热河谷自然条件下的森林生态系统类型的自然保护区，是云南中南部最完整的河谷——山地生态系统。其主要保护对象为干热河谷型稀树灌木草丛植被，桫椤、元江苏铁、旱地油杉、红花木莲和原始常绿阔叶林等特有植被类型及珍稀物种为代表的国家重点保护的珍稀濒危域特有动植物物种资源及其栖息地。保护区内森林生态系统类型丰富，生境类型多样，海拔从350米到2 580米范围内，自下而上依次出现8个植被型、12个植被亚型、33个群系和42个群丛。珍稀濒危保护物种集中度高，记录有野生维管束植物2 379种、哺乳动物97种、鸟类258种、爬行动物71种、两栖动物53种、鱼类47种，昆虫种类423种。分布有国家级珍稀保护植物元江苏铁、阴生桫椤、红花木莲、水青树等16种，发现省内植物分布的新纪录物种10种，发现火焰兰、希陶木、瘤果三宝木等元江狭域特有植物13种。其中，特异大戟科植物新种在元江干热河谷首次被发现，新种希陶木为纪念植物学家蔡希陶教授而用其名命名的物种，珍稀濒危物种——云南火焰兰是灭绝50年后在保护区内被发现。

【综合经济指标】 2018年，全县实现地区生产总值（GDP）85.92亿元，比上年增加4.36亿元，按2015年可比价格计算，增长8.8%，其中，第一产业农、林、牧、渔及其服务业增加值20.84亿元，增长6.6%，对GDP贡献率为18.5%，拉动GDP增长1.63个百分点；第二产业工业和建筑业增加值20.63亿元，增长19.8%，对GDP贡献率为50.4%，拉动GDP增长4.43个百分点。在第二产业中，工业增加值14.83亿元，增17.8%，建筑业增加值5.86亿元，增长26.8%；第三产业（除第一、二产业外的其他产业）增加值44.44亿元，增长5.2%，对GDP贡献率为31.1%，拉动DGP增长2.74个百分点。三次产业在生产总值中的比重分别为24.3%、24%、51.7%。人均地区生产总值3.83万元，可比价增长8.8%。

全县非公有制经济增加值37.15亿元，可比价增长12.5%；非公有制经济增加值占GDP的比重为43.2%，比上年增长1.2个百分点。

【工　业】 2018年，全县实现现价工业总产值51.05亿元，增长18.3%。增加值14.83亿元，可比价增长17.8%，对GDP贡献率为35.3%，拉动GDP增长3.1个百分点，其中，规模以上（年主营业务收入2 000万元以上独立核算）工业企业24户，实现产值38.58亿元，增长23.3%；增加值5.18亿元，可比价增长23.4%；非公有制工业增加值占全部工业增加值比重的87.6%。

全年完成建筑业增加值5.86亿元，可比价增长26.8%，现价增长34.2%，对GDP增长贡献率为15.2%，拉动GDP增长1.3个百分点。资质以上建筑企业共有11户，其中，3级资质9户，2级资质2户。实现资质以上建筑企业总产值16.45亿元，同比增长40%；实现合同额19.07亿元，同比增长28.3%；实现新增合同额17.52亿元，同比增长55.3%；期末从业人员4 130人，同比增长12.5%。

【固定资产投资】 2018年，全县500万元以上固定资产投资完成额同比增长31%，较上年同期回落1.8个百分点，增速高于全市水平19.7个百分点。其中城镇投资增长57.8%；房地产开发投资下降81.1%。按三次产业划分，第一产业投资增长122.6%；第二产业投资增长124.2%；第三产业投资增长18.4%。一、二、三产业投资占总投资的比重分别为12%、8.5%、79.5%。从施工项目看，全年在库施工项目136个，同比减少84个，下降38.2%。其中投资项目126个，房地产项目10个。

【农　业】 2018年，全县实现农、林、牧、渔业总产值（现价）33.94亿元，比上年增加2.01亿元，按可比价格计算，增长6.5%。其中农业产值29.27亿元，增长6.5%；林业产值8 414万元，增长0.6%；牧业产值3.43亿元，增长8%；渔业产值2 922万元，增长4.2%；农林牧渔服务业产值1 122万元，增长5.6%。

全年农作物总播种50.23万亩，比上年增加6 180亩，增长1.2%。复种指数为179.8%，比上年提高3个百分点。全年粮食播种28万亩，比上年减少271亩，占总播种面积的55.7%，比上年下降0.8个百分点；经济作物面积22.23万亩，比上年增6 451亩，占总播种面积的44.3%，比上年上升0.8个百分点。

特色生物产业进一步发展，全年芦荟鲜叶产量3.32万吨，比上年增加1.02万吨，增长44.7%；实现农业产值1 690万元，比上年减少278.11万元，下降14.1%；实现工业产值2.54亿元，比上年增加3 364万元，增长15.2%。茉莉花鲜花交易量5 108.3吨，比上年减少385.1吨，增长8.3%；实现农业产值1.29亿元，比上年增加

2 995万元，增长30.1%；种植花卉1.02万亩，实现花卉产值1.31亿元，比上年增加5 616万元，减少75.5%。青枣产量5.11万吨，实现产值2.42亿元；香蕉产量2.94万吨，实现产值6 704万元。

2018年，全县完成绿化造林（人工造林）4万亩，义务植树61万株；森林覆盖率55.49%；林木绿化率67.2%，其中国家特别规定灌木林2 897.2公顷。

2018年，全县共有生猪标准化规模养殖场31个。全年出栏肥猪50头以上的规模户65户，其中500头以上的6户，1 000头以上的6户；饲养肉牛20头以上的规模户191户，其中100头以上的5户；饲养羊50只以上的规模户99户，其中年出栏50只以上的规模户12户，年出栏100只以上的7户；年出栏肉鸡1 000只以上的规模户11户，其中1万只以上4户，5万只以上1户；年饲养蛋鸡1 000只以上1户，其中1万只以上1户；年出栏水禽500只以上10户。

2018年，全县水产养殖19 595亩（含稻田养殖面积），其中，池坝塘2 500亩，水库6 895亩，稻田1.02万亩。全年水产品产量1872吨，比上年增加33吨，增长2%。

全县年末乡村劳动力13.22万人。全年完成中低产田地改造3.5万亩，年末实有常用耕地27.58万亩，其中，田7.19万亩，地20.39万亩（含水浇地4万亩）。

全年完成农田水利化建设项目68项（不含小水窖），新增有效灌溉面积7 500亩，年末有效灌溉面积18.80万亩，水利化程度67.28%。全县年末实有水库48座，其中中型水库4座，小型水库44座，水库总库容1.09亿立方米；小坝塘170座，总库容294.05万立方米。全年完成供水量1.42亿立方米，其中，农业供水1.07亿立方米；工业供水1 990万立方米；城镇生活供水857万立方米；农村生活供水530.4万立方米。

全年化肥施用量4.90万吨，比上年减少2 071.89吨；农药使用量586.31吨，比上年减少85.59吨，下降12.7%；农膜使用量579.6吨，比上年减少44.42吨，下降7.1%。

年末，全县农业机械总动力10.18万千瓦，其中拖拉机1 249台1.28万千瓦。

【国内贸易和招商引资】 2018年，全县实现社会消费品零售总额30.86亿元，同比增长12.2%。批发业销售额7.87亿元、零售业销售额33.89亿元、住宿业营业额1.26亿元、餐饮业营业额12.45亿元，分别增长21.4%、15.6%、18%、17.6%。

2018年，全县共实施招商引资项目58项，实际利用县外国内资金76.28亿元，比上年增长13%，其中省外国内资金60.52亿元，比上年增长14%。全年实现进出口总额1 525万美元，其中出口1 525万美元。

【旅　游】 2018年，全县接待海外游客515人次，接待国内游客245.12万人次，旅游业总收入24.03亿元，分别同比增长16.27%、27.21%。年内，举办撒摩阿哩文化节、春节系列活动、苗族花山节、傣族蒙面情歌节、梯田人家“嗦奢扎”等民族节庆活动。据统计，春节期间共完成接待旅游者10.12万人次，比上年增长15%，实现旅游业总收入6 569.06万元，同比增长53%；国庆期间共完成接待旅游者7.42万人次，比上年增长19%，实现旅游业总收入4 944.13万元，同比增长52%。

举办2018金芒果文化旅游节，不断探索办节方式，推动节日向市场化运作。据统计，芒果节期间，星级宾馆酒店入住率达到100%，共接待省内外游客30.30万余人次，比上年增加1.35万人次，同比增4.66%；实现社会旅游收入1.63亿元，比上年增加4 764.67万元，同比增41.48%。其中一日游游客26.30万余人次，过夜游客3.99万余人次，分别比上年同期增2.28%和23.57%。年末，全县实有宾馆158家，其中星级宾馆1家。共有床位6 436张，其中星级宾馆床位162张。实有乡村旅游星级接待单位18家，其中旅行社1家，旅行社网点5家。2018年1～12月元江县住宿业营业额1.26亿元，同比增幅18%。稳步推进果香四季、山云华界、元江大酒店提档升级重点项目建设，截至2018年12月累计完成固定资产投资6.9亿元。坡垤谷田园综合体项目由元江坡垤谷农业旅游有限公司组织开发建设，投资备案2.4亿元，计划总投资8 000万元，流转土地2 000亩，依托山野菜、中药材种植，建设集农业开发、农产品销售、生态观光农业、民俗文化旅游为一体的现代休闲观光农业项目。已完成土地流转2 000余亩，已种植砂仁，套种柿子、芒果、橙子、樱花，各项农业工作处于管理阶段。元江红河谷侨乡汽车旅游营地（新建）。项目与云南城投集团合作，初步拟定建设位置为银矿山（红侨三队），总概算投资6 800万元，规划用地约120亩，计划按照3S标准，打造集文化展览馆精品度假酒店、帐篷酒店、房车营地、木屋露营区，以及餐饮、停车场，休闲旅游场所为一体的汽车旅游营地。项目正在进行方案调整中。

【交通运输和邮电】 2018年，全县交通运输、仓储和邮政业增加值4 349万元，可比价增长4.7%。年末，全县公路通车里程2 802.94千米；公路运输客运量47.95万人，下降19.7%；旅客运输周转量4 716.39万人千米，下降19.7%。完成货运量463万吨，增长11.3%；完成公路运输货物周转量94 278万吨千米，增长15.92%，公路总周转量上升15.27%。

2018年，全县拥有机动车8.39万辆，其中，大型汽车749辆，小型汽车1.90万辆，摩托车6.40万辆，农用运输车（三轮汽车、低速货车）24辆，挂车142辆，教练车、教练摩托车76辆。全县共有汽车驾驶员3.74万人，摩托车驾驶员3.67万人。营运客车240辆，其中，客运公交车26辆（城市公交车9辆，城乡公交车17辆），班线客车90辆，专线微型车53辆，客运出租车31辆，城市客运观光电瓶车40辆。

2018年，全县邮电业务总量1 586.9万元，其中快递企业业务收入987.65万元。固定电话用户5 771户，移动电话用户12.5万户；互联网（宽带网）用户3.1万户。完成国内外函件1.12万件，订销报纸累计112.97万份，订销杂志累计5.89万份。

【财政收支、金融】 2018年，全县累计完成财政总收入7.45亿元，比上年增加1 039万元，增长23.6%，其中一般公共预算收入4.36亿元，下降10.6%。地方财政支出21.28亿元，增长11.1%，其中一般预算支出20.09亿元，增长6.4%。各项税收收入9.14亿元，增长3.8%，其中税收收入4.67亿元，下降9.3%。

全县金融机构人民币存贷款余额124.26亿元，增长3.9%，其中存款余额67.63亿元，下降2%；贷款余额56.63亿元，增长11%。存贷比为83.7%。

【教　育】 2018年，全县有教师进修学校1所、普通高中2所、职业高中1所、初级中学9所、完全小学44所、教学点17个、幼儿园29所（含民办幼儿园6所）、其他教育事业单位5个。在职公办教职工2 493人，其中教师进修学校教职工10人；义务教育阶段学校教职工1 903人（小学1 245人、初中658人），专任教师1 808人（小学1 208人、初中600人）；高中阶段学校教职工339人（普高277人，职业高中62人），专任教师298人（普高248人，职业高中50人）；学前阶段公办学校教职工195人，专任教师171人；其他事业单位教职工43人。在职民办教职工194人，专任教师127人。

全县在校学生3.19万人，其中义务教育阶段学校在校学生2.31万人（小学1.58万人、初中7 280人）；普通高中在校学生3 273人；职业中学在校学生312人；学前在园（班）儿童5 212人。全县校园占地面积98.55万平方米，校舍建筑面积41.93万平方米，教学及辅助用房15.84万平方米，行政办公用房1.75万平方米，生活用房21.35万平方米。义务教育阶段小学学龄人口入学率99.92%，辍学率0.01%；初级中学学龄人口入学率92.9%，辍学率1%；三类残疾儿童少年入学率100%。2018年高考参加考试报考人数1 020人，上线1 019人，其中一本上线16人，二本上线320人，文科最高分598分，理科最高分576分；初中学业水平考试报考人数2 229人，总平均分332.34分。小学六年级学业水平检测报考人数2 524人，成绩稳步提高，全科合格率74.56%。

2018年，国家财政性教育经费投入5.02亿元，其中，中央资金投入4 736.72万元、省级资金投入1 898.79万元、市级资金投入1 725.59万元，县级资金投入4.18亿元，已按要求及时足额拨付到学校，拨付率达100%。

年末，全县建档立卡贫困户家庭在校学生人数4 485人，其中学前388人，小学2 258人，初中1 107人，普通高中376人，职业高中41人，大专以上315人。2018年，对1 525人家庭经济困难学前儿童发放困难补助资金45.75万元；对1.26万名义务教育寄宿学生发放生活补助资金1 328.97万元；对1.64万名义务教育学生落实农村义务教育学生营养改善计划资金1 274.88万元；对特殊少数民族实行特殊扶持政策，对1 405人少小民族山苏学生实施专项补助资金89.68万元。落实789人次普通高中国家助学金156.61万元；对770名建档立卡户学生实施生活补助96.25万元；2018年，对264名普通高中少小民族在校学生实施“三免一补”资金31.21万元，退还484名建档立卡贫困户学生免学费资金37.28万元；落实78名中职国家助学金15.56万元，257人免学费资金51.3万元。落实23名大学新生路费1.6万元、144名省市优秀学子奖励资金52.8万元；6名建档立卡贫困户大学生学费奖励资金3万元、6名“直过民族”贫困户大学生学费奖励资金3万元。通过公开推选旅游服务与管理班1名学生获得省政府奖学金4 000元。

【科学技术】 2018年，全县有效发明专利12件，申请专利75件，专利授权50件，科技项目获得省市主管部门立项支持8项，争取项目资金117.93万元，其中，省级4项（项目资金91.6万元）、市级4项（项目资金26.33万元）。2018年新认定省级科技型中小企业2个（元江县张海水果种植有限公司和元江县昊源热带水果开发有限公司）、市级企业技术中心1个（元江瑞丰民特食品有限公司）、省级星创天地1个（云南万绿生物股份有限公司“元江芦荟产业星创天地”）。获云南省科学技术奖三等奖1项（“山地油菜避灾高效栽培技术研究与集成应用”项目）。

【文　化】 2018年，全县共有文化馆1个，公共图书馆1个，乡镇（街道）文化站10个。列入国家级“非物质文化遗产”名录项目1个，省级项目4个，市级项目25个，县级项目47个。省级重点文物保护单位4处，市级8处，县级11处。国家级非物质文化遗产代表性传承人1人，省级6人，市级25人，县级121人。全年县群众文化工作队下乡演出70场次，观众9万余人。县文化馆共组织各类文娱活动21场次，观众2.19万余人；全县10个乡镇（街道）文化站共组织各类文娱活动154场次，观众11.64万余人。放映电影543场，观众3.97万余人。2018年，县图书馆购进新书749册，馆藏3.48万册；订购期刊246种，订购报纸10种；收集地方文献17种143册；到馆1.98万人次，外借9 095人次，书刊文献外借量2.87万册次；办理借书证189个，持证读者1 889人；组织各类讲座7次，参与305人；举办展览5次，共参观1 300人；举办培训班6次，培训228人。有电子图书数据库1个，内含百万册电子图书，主要在PC端阅读；电子期刊数据库1个，内含3 600种30万册期刊，可以在图书馆微信公众号阅读，也可以下载移动端APP来阅读；电子图书借阅机1台，内含图书3 000册，每月更新图书150册；电子期刊报纸借阅机1台，内含电子期刊1 500种和报纸100种；数字音乐点唱机1台。2018年，新华书店发行图书84万册，完成销售收入1 240万元，其中门市410万元，其他销售收入830万元，实现利润248万元。县档案馆馆藏档案157全宗，8.73万卷。

【广播电视】 2018年年末，全县广播人口综合覆盖率95.87%，电视人口综合覆盖率95%。本地节目覆盖率75%，县电视台全年播出新闻1 425条，市级电视台播出606条，省级电视台播出281条，中央电视台播出20条，拍摄制作电视专题片10部，播出专栏节目108期。截至2018年12月，热情元江公众号关注人数4.21万人，发布图文消息947条；微信公众号热情元江直播3场。《中国·元江2018金芒果文化旅游节来了，这个盛夏激情狂欢嗨起来》阅读量7.88万人，点赞数182人。2月28日电视高清频道开播，热情元江·七彩云同步上线运行，节目前端摄录、制作、播出实现全高清化，全新演播室投入使用，提高了《元江新闻》的质量和档次，开创县广播电视台发展的新纪元。县广播电视台连续11年被省、市台表彰为新闻宣传先进集体。11月28日，县广播电视台在全国2 107家县级广播电视台中脱颖而出，喜获“改革开放四十年全国百佳县级广播电视台”荣誉称号，是全市唯一获此殊荣的县级广播电视台。

广播电视台设备更新改造纳入元江县十项惠民工程建设，并于2018年6月完成。洼垤乡么佐山广播电视发射台工程建设稳步推进，全部建设完成后广播电视信号可覆盖全县5个乡镇（街道），为7万人提供广播电视公共服务。9月21日，中央广播电视节目无线数字化覆盖补点项目设备安装调试完成。“村村通”“户户通”服务体系建设积极推进，技术人员开展下乡服务45次，服务群众876户次。

【体　育】　2018年，全县共举办各类运动会18次，参赛运动员5 000余人次，向上级输送各类体育人才10人。全县小学、初中参加国家学生体质健康标准测试及格率分别为97.7%、95.5%。全县经常参加体育锻炼人数占总人口数的38%以上。9～10月，组队参加市少年儿童田径、游泳、篮球比赛，取得游泳男子团体第一名、游泳女子团体第一名、田径团体第一名、女子篮球第三名和男子篮球第六名的成绩。县（户籍）运动员全年共获奖牌73枚，其中市级比赛金牌34枚、银牌25枚、铜牌14枚。

完善江东体育场和体育馆基础设施，吸引社会力量参与场馆养护管理和运营工作，盘活和利用好场馆资源。积极争取上级项目资金，不断推进村级体育基础设施建设，年内预计完成采购篮球架10付、健身路径4条。建设体育场地2块。截至2018年12月，全县境内乡镇（街道）共有体育场1块，体育馆1座，游泳馆1座，网球馆1座，篮球场338块，网球场6块，羽毛球场6块，乒乓球场8块，地掷球场13块，门球场12块，健身路径113条；体育用地面积31.77万平方米，建筑面积2.69万平方米，场地面积29.08万平方米，投入资金8 605万元（含体彩公益金和体彩项目资金1 742万元），总人口（不含在学校学生）人均活动面积1.66平方米。

【卫　生】　2018年年末，全县实有卫生机构（含私立）115个，职工1 624人，其中卫生技术人员1 148人。每万人拥有卫生技术人员52人。全年门诊诊疗病人114.44万人次，入院人数3.42万人，病床使用率72.98%；传染病发病率179.4/10万。

2018年医疗卫生基本情况

指标	单位	年末数	与上年相比（%）
医疗卫生机构	个	38	22.6
其中：县及县以上医院	个	3	0.0
农村乡镇卫生院	个	10	0.0
其他卫生机构	个	25	38.9
病床总数（含私立）	张	887	2.1
卫生人员合计（含私立）	人	1 624	4.5
其中：执业医师	人	265	6.4
执业助理医师	人	74	4.2
注册护士	人	500	10.9
村设置的医疗点	个	77	2.7
其中：乡村医生	人	209	6.1
卫生员	人	33	-15.4
个体	户	19	11.8
从业人员	人	278	-1.8
卫生技术人员	人	228	-3.8

2018年，全县已婚育龄妇女人数42 613人。年内施行计划生育手术1 273例，累计落实各种节育措施人数35 384人，“三术率”72.88%，比上年下降2.42个百分点。全县计划生育率88.9%，比上年下降2.67个百分点。二孩服务证夫妻登记数582人，二孩出生534人，领取独生子女光荣证40户，补办24户。注销独生子女光荣证84户。全县流动人口总数1.63万人，其中流出人口8 785人，流入人口7 526人，流出已婚育龄妇女4 773人，发放流出人口婚育证明580人。新建流动人口示范单位1街道1社区，巩固开展流动人口示范企业1家，示范学校1所，示范户3户。免费药具发放1 253人、723盒，查环查孕312例，落实免费计划生育手术127例。

全县全面推进家庭医生签约和农村家庭病床工作。为7个卫生院配置7辆价值112万元救护车，实现卫生院救护车全覆盖。组建家庭签约服务团队235个、县级团队专家组2个，家庭医生307人，全科医生15人，家庭签约服务8.37万人。建立家庭病床服务团队10个，服务团队人数66人，建床人数31人，建床33人次。家庭病床服务团队上门巡诊60人次，县级巡回医疗队巡诊34人次，市级专家巡诊医疗队巡诊16人次；共出动救护车137车次。全县2.42万建档立卡贫困人口100%参加基本医保和大病保险。县人民医院申报椎体成形术、椎间孔镜下髓核摘除术、交叉皮瓣技术、无痛分娩术、B超引导下神经阻滞等新技术、新项目31项。中医医院开展14C呼气试验、浮针、雷火灸、揿针、胃肠镜技术、四肢血管超声检查、胃功能检测、气压治疗等新技术、新项目10项。

【城市建设和生态环境】　2018年年末，县城建成区面积3.84平方千米；县城建成区道路长度35.72千米，道路面积75.6万平方米；建成区绿化覆盖面积156.34公顷，覆盖率40.71%，公园绿地面积37.69公顷。

2018年，元江县不断强化污染减排、环境综合整治和环境执法工作。全年现场监察268家次，出动监察执法人员804人次，查处环境违法行为32件，其中，要求整改并处罚款32件，罚款169.3万元，结案24件，下达环境违法行为限期改正决定书25家。共受理各类信访案件49件，处理率100%，办结率100%。全年化学需氧量（COD）排放3 124.16吨，氨氮排放153.3吨，二氧化硫排放量112.81吨，氮氧化物排放1 080吨。二氧化硫排放达标率100%；工业废水排放达标率100%；工业废气处理率100%；工业固体废弃物综合利用率80%。

【社会保障】　2018年，全县共投入30.6万元为51户贫困残疾人家庭进行无障碍设施建设。争取资金45.46万元，为37名残疾人装配37例假肢；投入10.8万元，对8名残疾儿童进行早期康复训练；投入资金17.66万元，为107名听力障碍残疾人免费验配助听器；投入2.22万元，为74名贫困视力残疾人免费验配助视器具。

年末，全县共有重点优抚对象1 184人，发放抚恤定补金额943.3万元；义务兵家属130户，发放义务兵家属优待金120.9万元；享受城市最低生活保障1 272户1 513人，发放城市最低生活保障金995.92万元；享受农村最低生活保障3 338户6 505人，发放农村最低生活保障金1 596.96万元。全县共有"特困供养"对象350人，其中集中供养74人。集体办敬老院9个，职工20人，床位165张。

2018年，全县职工基本养老保险参保2.44万人，其中，企业参保1.14万人，机关事业单位参保5 698人。实际征收基本养老保险基金2.36亿元，全年支付养老保险金2.76亿元；城乡居民基本养老保险参保11.23万人，参保率98.08%，实际收缴养老保险基金1 096.7万元，政府补贴3 147.44万元，实际支付养老金3 296.32万元。城镇职工基本医疗保险参保1.96万人，其中在职人员1.29万人，全年实际收缴基本医疗保险金8 912万元，支付5 860万元；全县参加城乡居民医疗保险18.23万人，参保率96.7%，筹集基金3 599万元。全年享受待遇85.93万人次，基金支出8 090万元。工伤保险参保企业职工1.01万人，其中农民工6 780人，全年收缴保险基金536万元，支付275万元。生育保险参保企业职工7 484人，其中农民工4 358人，全年实际收缴生育保险金646万元，支付445万元。失业保险参保职工9 532人，全年实际收缴失业保险金604万元，支付227.71万元。全县城镇新增就业人员2 802人，城镇下岗失业人员再就业716人，帮助就业困难人员实现就业708人，开发公益性岗位454个，城镇登记失业率2.86%。

【人民生活】 2018年年末，全县在岗职工1.51万人，比上年减少429人，下降2.8%。在岗职工工资总额12.05亿元，比上年增加5 310万元，增长4.6%。全县在岗职工年平均工资8万元，比上年增加3 138元，增长4.1%。2018年，城乡居民生活水平进一步提高，城镇居民人均可支配收入3.68万元，同比增长7.9%；农村居民人均可支配收入1.28万元，同比增长9.4%。

【领导名录】 县委书记杨光旭（2018.03任），县委副书记封志荣、白文华。县人大常委会主任方国铁，县人大常委会副主任陈家福、曾睿辉（2018.10离任）、白春林、吴海燕。县政府县长封志荣，县政府副县长雷鸣、李丽、刘玉龙（2018.01任）、瞿瑞、郑荣、邓拾祥、贺斌。县政协主席黄文康，县政协副主席陶明、刀桂芳、赵德福、白雄。县纪委书记、监委主任李浩（2018.01离任），魏鸿林（2018.01任）。

（李红兰）

（张本聪　摄）

（黄　凯　摄）

人　物

FIGURES

责任编校：王　斌

享受国务院政府特殊津贴

享受省政府特殊津贴

云南省有突出贡献优秀专业技术人才

受表彰人物

享受国务院政府特殊津贴

【曾　勇】 男，1964年10月生，汉族，博士，二级教授，博士生导师，主任医师，云南省玉溪市人民医院·昆明医科大学第六附属医院院长、党委副书记。云岭名医、云南省中青年学术和技术带头人及有突出贡献优秀专业技术人才。

曾勇多年来培养博硕士35名，发表论文116篇（SCI收录12篇），主编、副主编出版教材2部、英文专著译著2部、参编专著10部；获云南省科技进步二、三等奖8项，主持及参与国家自然、国家科技支撑计划项目等科研项目15项；获云南省委、省政府表彰的云南省第三轮防治艾滋病人民战争先进工作者，云南省卫计委表彰的援助尼泊尔地震抗震救灾医疗防疫工作先进个人、妇幼健康计划先进个人等荣誉称号。其中近五年来，获省科技进步二等奖1项、三等奖3项、地厅级成果奖二、三等奖各1项；主编、副主编人卫出版教材2部，参编专著2部，获专利1项，发表论文6篇。获省委、省政府表彰1次及省级部门及协会表彰9次，主持及参与国家级及省级科研项目6项。经国务院批准，享受2018年度“国务院政府特殊津贴”

享受省政府特殊津贴

【柏家渭】 男，1966年3月生，彝族，中共党员，在职研究生学历，现任玉溪体育运动学校校长。

柏家渭连续31年从事职业教育，先后在三个职业院校工作，负责国家中等职业教育改革发展示范校、现代学徒制试点学校、全国数字化校园实验学校等项目。主编《中职生心理健康指南》《网店构建指南》（云南大学出版社）等教材正式出版，获得多项科技奖励，有多篇论文发表。2017年，玉溪16个竞技体育项目参加十五届省运会预赛，夺得金牌40.5枚，银牌31枚，铜牌51枚。2017年，获得玉溪市“十二五”教育科研优秀成果一个一等奖、一个二等奖、一个三等奖。积极参加国家级、省级、市级课题研究，主持的玉溪市社会科学2016年度立项项目《职业教育有效参与玉溪市精准扶贫的策略研究》顺利结题，主持的《中高贯通、高本衔接在中职体校的研究课题》获得市级课题立项。2017年玉溪体校被国家体育总局授予2013～2016年度全国群众体育先进单位；“国家高水平体育后备人才基地”；“国家田径单项（中长跑）奥林匹克水平后备人才基地”；被教育部认定为“全国青少年校园足球特色学校”；被云南省就业局确定为省级大学生创业孵化园。经云南省人民政府批准，享受2018年“云南省政府特殊津贴”。

【张锡光】 男，彝族，1966年3月生，中共党员，硕士学位、主任医师，现任玉溪市人民医院副院长。昆明医科大学硕士生导师、玉溪市中青年学科技术带头人，云南省医师协会副主任委员。

张锡光工作30余年来，以精湛的技术和高尚的医德为病人解除痛苦，为医院及学科的发展发挥了较大的作用。2005年，他担任玉溪市人民医院急诊外科主任后，使急诊外科快速发展，在复杂髋关节置换术、复杂髋膝关节翻修术、3D打印技术在髋关节置换术中的应用等工作取得了突破，科室工作走在全省全列。2014年8月率队参加云南鲁甸抗震救灾，克服重重困难，出色完成任务，受到当地和省卫生厅的高度赞誉。近5年来，主持完成的2项成果获市卫计委科技进步二等奖。参与省级科技项目研究2项，参与国家自然基金项目1项。以第一作者或通讯作者发表论文5篇（均为SCI收录）。培养硕士研究生2名。2017年获云南省先进工作者、玉溪首届“兴玉名医”。经云南省人民政府批准，享受2018年“云南省政府特殊津贴”。

【景　明】 男，1967年3月生，中共党员，本科学历、主任医师，现任玉溪市中医医院院长、党委副书记。是云南中医学院硕士研究生指导教师，中华中医药学会推拿分会委员、中国民族医药学会常务理事、云南省针灸学会理事、云南省康复学会理事、云南省推拿专业委员会副主任委员、云南省康复专业委员会副主任委员、玉溪市中青年学科技术带头人。

在长期的临床实践工作中，景明总结形成了一套以中医正骨和脊柱矫正手法、道家天人相应理念为主，传统针灸、推拿及民间中草药、理疗为辅的冷疗方法体系运用于临床，疗效显著。作为市级学科带头人，帮助各县级中医医院及基层卫生院进行人才培养、技术指导、科研成果应用以及专科建设，形成了本市针灸推拿学科较好的发展态势，针灸推拿被确定为全省重点专科。对诊治颈椎病、腰痛病、面神经麻痹、中风偏瘫、脊柱小关节紊乱等疾病积累了丰富的临床经验，言传身教，培养了一批医术精湛的中医人才。自创的“瞬间复位手法治疗寰枢关节半脱位”技术、“拳弹压法”治疗慢性软组织损伤、“肘压法复位”治疗胸椎小关节紊乱疗效显著，三项技术进一步弘扬了中医特色。在玉溪市中医医院副院长、院长岗位上，对医院的建设发展，为全市中医药事业的发展做出了突出贡献。工作以来获科研奖奖励9项，发表相关医学论文12篇。近5年，主持完成科研项目7项，分别获得玉溪市科技进步二等奖2项、三等奖3项，玉溪市卫计委技进步奖二等奖1项、三等奖1项。以第一作者发表学术论文2篇。承担省科技计划项目《彝药“金基痹痛舒”治疗类风湿性关节炎的药效学、毒理学及作用机制研究》《针刺镇痛在腹腔镜胆囊切除术后的机制研究》等项目2项。先后获玉溪市首届“兴玉名医”，被云南省中医药学会评为第三届优秀青年中医，云南省中医学院评为临床实践基地先进工作者，玉溪市卫生系统创先争优优秀共产党员，多次获中医院年度突出贡献奖。经云南省人民政府批准，享受2018年“云南省政府特殊津贴”。

云南省有突出贡献优秀专业技术人才

【吴光耀】 男，1972年5月生，中共党员，工程硕士，正高级工程师。现为玉溪新兴钢铁有限公司技术中心主任。

吴光耀曾多次获得玉钢、昆钢公司“先进生产者”“技术质量先进个人”，武钢集团“优秀科技工作者”等荣誉称号。2013年当选玉溪市中青年学科技术带头人。作为主要技术负责人完成了《改善玉钢中宽带质量分析研究》《烟草烤炉专用钢KNS的研发及试制》《热轧带肋钢筋抗震性能技术开发及应用》和《复杂高磷钒钛铁水、半钢冶炼关键技术开发及应用》等项目和云南省地方标准 DB53/T380–2012《烟草烤炉用耐腐蚀热轧钢带》和 DB53/T379–2012《冷轧用热轧中宽带》的起草编写。先后荣获云南省、玉溪市、红塔区、安宁市科技成果及论文奖励 20 余项，其中云南省科技进步奖一等奖 1 项，二等奖 1 项，玉溪市科技进步一、二等奖共 4 项。申请并授权国家发明专利 14 项，实用新型 12 项，在国内学术核心期刊上共发表学术论文 8 篇。经云南省人民政府批准，获得 2018 年度“云南省有突出贡献优秀专业技术人才”称号。

【段金枝】 女，汉族，1967 年 8 月出生，中共党员，现任通海县职业高级中学党支部书记。

段金枝担任通海县职业高级中学主要负责人期间，学校实现了规模、结构、质量和效益的跨越式发展。她积极弘扬并努力践行黄炎培职业教育思想，引领学校走出了一条内涵发展之路、特色发展之路、品牌发展之路，学校核心竞争力不断增强，学校从一所濒临倒闭的学校，发展成为生源爆满、充满生机、特色鲜明的省级示范性中等职业学校，成为“特色立校”的优秀案例，职教园地的一朵奇葩。近年来，段金枝先后荣获“全国职业教育先进个人”“全国第五届黄炎培杰出校长”“云南省第三届黄炎培杰出校长”“云南省优秀共产党员”“玉溪市劳动模范”“玉溪市十二五教育科研先进工作者”“玉溪市优秀教师”等荣誉。先后被聘为教育部全国餐饮职业教育教学指导委员会委员、中国烹饪协会教育委员会委员、世界中国烹饪联合会聘为国际烹饪教育分会委员、云南职教学会艺术类教学专业委员会副主任、云南职教学会公共关系教学专业委员会副主任、云南职教学会旅游职业教育教学指导委员会委员、云南省烹饪协会副会长、玉溪市饮食行业协会高级专家顾问等，为区域职业教育的发展做出了重要贡献，自编《柑橘栽培与管理技术》和主编《烹饪专业教学菜谱》等校本教材，主编教育部中等职业教育“十二五”国家规划立项教材《地方风味面点制作》，已由重庆大学出版社出版发行。经云南省人民政府批准，获得 2018 年度“云南省有突出贡献优秀专业技术人才”称号。

【罗林勇】 男，白族，大学学历，中共党员。现任云南若水建筑设计有限公司总经理、党支部书记。中国建筑学会会员、中国民族建筑研究会专家。

在 2017 年 11 月中国最具特色规划及建筑景观设计大会上罗林勇荣获“中国最具特色工匠名师”称号。近 5 年来负责主持设计完成 30 余个绿化景观设计项目，这些项目的建设，对加速推进玉溪城市化进程，改善市容市貌，完善城市基础设施系统配置，促进各具特色、功能的新型城市的形成起到积极的作用。这些工程项目的实施带动了周边土地资源的综合利用、盘活了土地资产、深度开发，促进了旅游业、农业等的快速发展，为招商引资，发展国有及个体私营企业，创造了良好的投资环境，为玉溪市建成以山水园林为特色的现代中等高新技术产业城市的未来发展目标奠定了基础。经云南省人民政府批准，获得 2018 年度“云南省有突出贡献优秀专业技术人才”称号。

【张友存】 女，汉族，1966 年 9 月生，高级农艺师，江川区水产技术推广站工作。

张友存工作以来一直在江川水产部门从事渔业技术试验研究及推广工作，主要致力于“土著”鱼的保护开发利用，积累了丰富的实践经验和解决渔业生产中技术问题的能力，深受养鱼户欢迎。共获科技成果奖 16 项次，其中：省部级奖励 3 项、地厅级奖励 7 项次、县处级奖励 6 项；获国家知识产权局授予实用新型专利 5 项；参与编制土著鱼类养殖地方规范 4 项，在省级以上刊物发表论文 18 篇，其中：核心期刊 3 篇，18 篇论文获市级优秀论文奖。特别是近五年来在特色渔业发展、土著鱼类保护和开发利用等方面做了大量卓有成效的工作。共获各级科技成果奖 9 项次，其中省科技进步三等奖 3 项、地厅级成果二等奖 3 项、县级奖 3 项次；获实用新型专利授权 5 项；发表论文 14 篇（涉及渔业生产技术及加工方面），均获市级论文奖；参与编写 3 个地方标准。为玉溪市特色渔业发展和“土著”鱼保护开发利用做出了突出贡献。经云南省人民政府批准，获得 2018 年度“云南省有突出贡献优秀专业技术人才”称号。

【王树明】 男，汉族，1965 年 10 月生，本科学历，现任玉溪市植保植检站站长，农业推广研究员。

王树明工作以来一直在基层从事农业科技研究及推广工作，主要致力于作物病虫害预防、发生原因及综合防治技术的研究与应用，积累了丰富的实践经验和解决农业生产技术问题的能力，深受种植户的尊敬和爱戴。共获各级科技成果奖 25 项（次），发表论文 30 篇，参与编著书籍 2 本，制定地方规范 2 项，曾 8 次获先进个人奖励。特别是近五年来针对玉溪乃至全省高原特色产业发展过程中发生的蔬菜十字花科蔬菜病虫害、除虫菊病害、南方水稻黑条矮缩病、柑橘小实蝇等突出问题，作为相关 4 个课题的区域性主持人，从发生原因、绿色防控技术方面开展了广泛的研究和推广应用，成效显著。共获科技成果奖 7 项次，其中：“十字花科蔬菜根肿病生物防控技术研究与示范”成果获 2017 年度云南省科技进步一等奖、“小菜蛾优势天敌半闭弯尾姬蜂扩繁关键技术与应用”成果获 2014 年度云南省科技进步三等奖，市科学技术三等奖 1 项、省农业技术技术推广三等奖 2 项、县处级 2 项；在核心期刊发表专业论文 4 篇，参与由云南出版集团公司出版《云南省农作物有害生物发生分布及危害特点》专著编写，制定地方规范 2 项，为玉溪市农业可持续发展做出了突出贡献。经云南省人民政府批准，获得 2018 年度“云南省有突出贡献优秀专业技术人才”称号。

（人社局）

受表彰人物

【陶正祥】 男，傣族，1974 年 12 月生，中共党员，研究生学历，现任元江县人民检察院党组副书记、副检察长。

陶正祥工作 18 年来，时刻牢记“立检为公、执法为民”的宗旨，主动放弃遴选到省检察院工作的机会，扎根边疆民族基层院，忠实履行职责。他先后从事和分管过公诉、职务犯罪预防、侦监、反贪、反渎、刑事执行检察等业务工作，无论身在何种岗位，处处奋勇当先，事事亲力亲为。分管反贪反渎期间，以自身净、自身硬的严要求，先后组织查办各类职务犯罪案件 55 件 63 人，通过办案挽回经济损失 600 余万元，为当地营造风清气正的政治生态环境做出了贡献。分管侦查监督和刑事执行检察工作期间，主动带头办理各类案件600余件，依法开展立案监督，纠违、纠漏和各类刑事执行违法违规工作，无一错捕、错办案件。多年来，他坚持干中学、学中干，不断提升自身素养，2004年以玉溪市第二的分数通过国家统一司法考试A证，2009年在全院干警中第一个获云南大学在职法律硕士学位。因工作成绩突出，先后被评为："玉溪市检察机关十佳好干警"、元江县"政法工作先进个人""优秀共产党员""优秀公务员""先进工作者"等，荣记个人嘉奖4次、三等功2次，2015年被云南省检察院评为"第一届云南省刑事执行检察业务竞赛标兵"，2017年被云南省检察院、云南省人社厅评为"全省先进检察人员"。

（元江检察院）

【袁有妹】 女，汉族，1968年11月出生，大专文化，广西防城人。2013年以来，袁有妹历任甘庄街道华侨管理办公室主任、侨联副主席，专职从事侨务工作。在工作中袁有妹紧紧围绕县委、县政府、甘庄街道的中心工作和上级侨务部门的要求，全面履行各项职能，团结甘庄街道归侨侨眷和海外侨胞，带领广大侨务干部扎扎实实开展各项工作。多年来，街道侨联获得元江县侨联系统"先进集体""华侨农场改革先进集体"等荣誉。她个人被评为县"先进侨务工作者""优秀政协委员""侨场改革先进个人"。2018年8月，袁有妹被中华全国归国华侨联合会、国务院侨务办公室授予"全国归侨侨眷先进个人"荣誉称号。

（甘庄街道）

【曾建志】 男，汉族，峨山县人，1962年2月出生，中共党员，研究生学历。玉溪市防震减灾局党组书记。

2018年，因人事调整组织确定由曾建志全面主持市防震减灾局工作，一年来，他团结带领全局干部职工，认真贯彻落实市委、市政府的决策部署，贯彻落实中国地震局、省地震局的工作部署和要求，抓机遇、补短板、求创新，积极推进地震监测预报、地震灾害防御、地震应急救援三大体系建设。"8.13、8.14"通海5.0级地震和"9.08"墨江5.9级地震发生后，带领全局职工快速响应，带队赴震区全力做好地震应急处置和与省地震局前线指挥部的协调配合等工作，积极为市委、市政府开展应急救援工作提建议、当好参谋。圆满完成了防震减灾各项工作任务。2018年，曾建志获全国市县防震减灾人员考核先进工作者称号。

（尹俊峰）

（张本聪　摄）

（张本聪　摄）

附　录

APPENDIX

责任编校：李海明

重要文件

主要经济指标

重要文件

玉溪市人民政府关于支持现代物流产业发展若干政策的意见

为进一步加快玉溪现代物流产业发展，将其培育成为我市现代服务业重要支柱产业，把玉溪打造成交通畅通、出口产业聚集、国际贸易活跃、贸易服务设施配套的面向南亚东南亚国际内陆港和滇中城市经济圈区域性、中转型、加工型现代综合物流枢纽，力争将玉溪建成全国二级物流园区节点城市，到“十三五”末期实现物流业营业收入450亿元，物流产业增加值150亿元。根据《中共云南省委云南省人民政府关于着力推进重点产业发展的若干意见》《云南省现代物流产业发展“十三五”规划》《云南省加快推进现代物流产业发展10条措施》、玉溪市委市政府《关于贯彻落实加快滇中城市经济圈一体化发展的实施意见》《玉溪市“十三五”现代物流业发展规划》，结合玉溪“5577”产业发展思路、产业发展战略规划和打造现代物流产业的要求，制定本意见。

一、产业布局和发展重点

（一）物流产业空间布局为“一核，两带、多节点”。“一核”：以红塔区为物流经济核心区，构建玉溪（国际）物流商贸加工示范园。“两带”：昆曼物流经济带，以研和、罗里、甘庄泛亚铁路连线，形成我市西南向物流经济带；滇中环线物流经济带，以澄江、江川、通海、华宁形成我市东南向物流经济带。“多节点”：各县产业物流节点。（责任单位：市现代物流产业发展工作小组成员单位、各县区人民政府）

（二）物流产业布局实施“十一大工程”。以玉溪国际物流港统筹布局实施园区示范工程、物流通道工程、多式联运工程、城乡配送工程、智慧物流工程、供应链发展工程、冷链物流工程、电商物流工程、跨境物流工程、企业引商工程、标准化工程。（责任单位：市现代物流产业发展工作小组成员单位、各县区人民政府）

（三）规划建设物流园区、物流中心、专业配送中心支撑体系。依托交通运输枢纽、工业产业功能区、城乡市场，规划建设以布局集中、用地节约、产业集聚、功能集成、经营集约为特征的玉溪国际物流港。重点规划建设研和综合物流园区（含保税物流中心）、通海农产品物流园区、江川雄关农产品物流园区等。依托玉溪区域性优势打造高效物流通道，以物流产业聚集区为基础规划物流发展平台和载体，提升物流节点资源整合功能，进一步发挥物流发展平台和载体的聚集效应。（责任单位：各县区人民政府、市现代物流产业发展工作小组成员单位）

（四）建设面向南亚东南亚国际内陆港和滇中综合物流枢纽。加强重点物流园区和物流枢纽、节点等公共服务平台建设，推动区域工业、商贸、金融、电子商务与物流业的融合和联动发展。鼓励有条件的工商企业将物流业务从主业中剥离，成立独立的物流企业，或将物流业务外包给第三方物流企业。以投资、合作、联盟等形式对外拓展业务，推动其在本市业务向业务管理中心、单证管理中心、结算中心等转型，塑造与提升产业资源聚集能力。（责任单位：市现代物流产业发展工作小组成员单位、各县区人民政府）

（五）加快发展保税物流和国际物流。加快推进玉溪市保税物流中心（保税仓储、国际物流配送、简单加工和增值服务、检验检测、进出口贸易和转口贸易、商品展示、物流信息处理、口岸、入物流中心出口退税）建设，大力发展保税物流；积极发展国际商贸物流、跨境电商物流、国际快递物流等，改进物流模式，降低物流成本。（责任单位：市现代物流产业发展工作小组成员单位）

（六）加快发展快递和城乡配送网络体系。统筹规划建设县级集散中心，发展集中仓储和共同配送，支撑城乡双向物流配送网络高效衔接。推动快递业与电子商务融合发展，培育一批电子商务和快递业联动发展示范企业；加快建设快递物流园区，打造低成本和现代化的快递物流公共服务平台，构建便捷高效、竞争有序、技术先进、服务优质、覆盖城乡的快递物流服务体系。合理布局物流分拨中心、公共配送中心和末端配送站点三级网点，加强末端配送网点、配送停车和装卸场地设施建设，推广共同配送、“网订店取（送）”等创新模式。结合道路交通实际状况，出台方便物流配送专用车辆在中心城区通行和停靠的具体政策，完善配送车辆通行、停靠有关的交通标志、标线。完善城市配送车辆技术标准和通行管理，统一车辆标识，允许符合技术标准要求的电动三轮车等小型运输工具合法合规实施终端配送作业。支持发展农资和农村消费品物流配送中心建设，引导邮政企业、物流企业充分利用农村邮政网络、农村客运班车开展农村物流服务，与电商合作发展电商小包等新型邮政业务，推动农资下乡和农产品进城。（责任单位：市公安局、市现代物流产业发展工作小组成员单位、市供销社、各县区人民政府）

（七）推进重大项目实施，充分发挥重大物流项目的示范带动效应。推进中国西南·玉溪国际物流港、中国东南亚食品商贸仓储物流港、活发现代商贸物流园、通力物流公路港、九溪润特仓储物流中心、宏程现代物流配送及综合加工、江川雄关农产品物流园、通海杨广国际冷链物流园、元江甘庄物流园等一批投资大、基础性强、具有战略性、带动性的重点物流项目建设。支持大宗鲜活农产品产地预冷、初加工、冷藏保鲜、冷链运输等设施建设，完善冷链物流网络。重点培育一批具备较大业务规模、较强竞争力的综合供应链物流服务企业，打造知名品牌，发挥龙头企业品牌示范效应，促进物流产业结构优化和转型升级。（责任单位：市现代物流产业发展工作小组成员单位、

各县区人民政府）

二、加强集约用地与保障发展用地

（八）加大用地扶持，对符合发展规划、城乡规划、土地利用总体规划的重点物流园区、物流中心、配送中心以及重点物流企业项目建设所需用地，优先合理安排年度用地计划指标。在工业园区和现代农业高效示范园建设的生产服务型物流园区享受工业用地价格。市内中心城区、主要交通节点县的物流配送中心和连锁企业物流配送中心建设项目用地列入工业、仓储用地范畴。第三方物流企业所使用的行政划拨物流用地，符合土地利用总体规划和城市规划条件的，按工业、仓储类用地补缴土地出让金。新建工业、商业项目和居住小区应规划、预留物流用地和配送末端网点用地，新建写字楼、居住小区应同时规划建设配送末端网点用房；优先安排整合物流业务的公共型平台和与工业、商贸业融合发展的物流项目土地供应。鼓励企业在符合城市规划、不改变土地用途的前提下，利用工业企业旧厂房、仓库及其他存量土地资源建设物流设施或提供物流服务，涉及原划拨土地使用权转让或租赁的，按规定办理划拨土地使用权转让、租赁审批手续。支持各县区采取长期租赁、先租后让、租让结合方式使用土地，推行用地出让弹性年限制。对企业利用现有厂区、厂房改造建设，增加容积率用于工业仓储、加工等生产性项目的，不再增收土地出让金。（责任单位：市国土资源局、市发展改革委、市住房城乡建设局、各县区人民政府、玉溪高新区管委会）

三、加强财政扶持和奖励

（九）从2018年起，通过融资、争取中央和省资金支持，多渠道筹措资金用于引导现代物流业发展及扶持，力争在“十三五”期间，引进培育一批大型物流龙头企业。以中国西南·玉溪国际物流港、重点物流园区、物流项目等为重点，打造全国二级物流节点，引导物流企业、专业市场和社会性仓储物流设施向物流园区、物流中心集中，构建多式联运要求的物流基础设施建设和衔接平台，支持物流园区等物流功能聚集区有序发展，构建社会化、专业化、网络化、信息化的现代物流服务体系，全面提升玉溪的市场竞争力。（责任单位：各县人民区政府、市现代物流产业发展工作小组成员单位、市物流投资有限公司）

（十）充分发挥市场在资源配置中的决定性作用。支持以股权投资、贷款贴息等方式对公益性、公共性、创新性强、具有示范和带动效应的项目予以扶持。鼓励支持市物流投资有限公司与民营物流企业合作，发展物流业混合所有制经济。（责任单位：市现代物流产业发展工作小组成员单位、各县区人民政府）

（十一）对首次认定的市级重点物流企业给予一次性100万元奖励；对固定资产投资1亿元以上的物流在建项目，每个项目一次性给予50～100万元的补贴。（责任单位：市现代物流产业发展工作小组成员单位、各县区人民政府）

（十二）鼓励发展物流供应链服务业态创新。对供应链物流服务法人企业，或面向全国和区域的营运总部、分拨中心、配送中心、业务管理中心、单证管理中心、结算中心的法人企业，本意见实施次年起在玉溪年物流营业收入首次达到3亿元、5亿元、10亿元以上并在玉溪辖区内纳税的企业，分别给予50万元、100万元、200万元的奖励。对于按要求可享受更高奖励标准的同一企业，按照应享受奖励标准扣除已享受奖励标准后给予补差奖励，最高奖励不超过200万元。（责任单位：市现代物流产业发展工作小组成员单位、各县区人民政府）

（十三）支持和鼓励发展跨境贸易，打造“一带一路”国际物流通道。着力拓展东南亚市场，按照“政府推动、铁路支持、企业运作、口岸保障”的原则，给予泛亚铁路货运班列运营补助。对于注册在市内的外贸企业，农产品每出口100万美元奖励2万元人民币，其他产品每出口100万美元奖励5 000元人民币。（责任单位：市现代物流产业发展工作小组成员单位、各县区人民政府）

（十四）扶持创建国家等级企业。对总部设立在玉溪且在总部属地统一纳税，首次获评国家“3A”“4A”“5A”级的物流企业，分别奖励20万元、30万元、50万元，之后每晋升一个等级即奖励10万元。（责任单位：市现代物流产业发展工作小组、各县区人民政府）

（十五）支持物流信息化建设。对以服务中小企业为主，利用信息化、物联网、移动互联网、大数据和物流技术装备起到较为显著的引领带动、整合资源、提升效率的物流公共信息平台建设，投资额达1 000万元以上专业物流公共信息平台，每个项目补助50～100万元。（责任单位：市现代物流产业发展工作小组、各县区人民政府）

四、改善物流发展环境

（十六）市现代物流产业发展工作小组办公室应加强自身建设，完善工作机制和信息发布机制，提升协调服务能力，落实好产业发展政策；根据本意见制定、实施重点物流企业、项目认定办法，牵头制定有关扶持、奖励等政策实施办法；对城市商贸共同配送和快递业重点企业和重点项目认定办法、奖励措施由市商务局、市交通运输局、市邮政管理局、市财政局制定；完善市级发展现代物流产业协调工作机构联席会议机制，推进现代物流产业有序健康发展。市级各职能部门应各司其职，密切配合协作，根据本意见制定具体实施办法；各县区可结合本地的实际情况制定具体实施办法，报市现代物流产业发展工作小组办公室备案。（责任单位：市现代物流产业发展工作小组成员单位、各县区人民政府）

（十七）拓宽投融资渠道。创新投融资方式，加快推广政府与社会资本合作模式，积极引导社会资本参与我省物流通道、物流园区等基础设施建设。引导银行业金融机构加大对物流企业的信贷支持，对符合条件且信用评级高的重点物流企业提高信贷额度。针对物流企业特点推动金融产品创新，推动发展新型融资方式，为物流业发展提供更便利的融资服务。支持符合条件的物流企业通过发行公司债券、非金融企业债务融资工具、企业债券和上市等多种方式拓宽融资渠道。鼓励创业投资、产业投资基金等投资符合现代物流业发展规划方向的重点物流项目，并积极参与重点物流企业重组、并购。支持搭建银企合作平台，创新业务模式与金融产品相结合，发展物流与供应链金融。支持金融机构开展供应链金融、仓单质押转让、保理等金融创新业务。（责任单位：市金融办、人行玉溪中心支行同各商业银行负责）

（十八）市商务、公安、规划、交通、邮政等管理部门根据城市配送业务发展的需要，合理规划、规范物流配送车辆车型、行驶路线、停靠点、停靠时段等，最大限度

满足配送业务需求。（责任单位：市公安局会同规划、住建、城管、交通、邮政、商务部门负责）

（十九）组织实施社会物流统计核算，开展物流产业相关的指标数据采集、数据统计分析等工作，突出抓好交通运输、仓储、邮政、商贸等部门物流业统计工作；加强重点企业物流统计监测工作，逐步实现物流产业运行状况的跟踪监测和信息发布。（责任单位：市统计局）

（二十）建立全市物流业征信平台。加强物流业信用体系建设，推动物流信用信息资源整合共享，加大失信惩戒力度。（责任单位：市商务局、市发改委）

（二十一）企业因严重违法经营被行政处罚或者被追究刑事责任，或者发生重大以上安全事故的，2 年内不得享受优惠政策、奖励措施。（责任单位：市工商局、市国税局、市地税局、市安全监管局、市质监局）

（二十二）积极培育和引进现代物流人才。市内大中专院校、职业院校要积极开设现代物流类相关专业。鼓励社会资本在市内探索建立专业现代物流职业学校，探索产教深度融合、校企协调育人的物流人才培养新模式。将物流人才培训纳入我市职业教育培训计划，支持职业院校、技能人才培训基地和物流企业合作开展职业技能培训。积极引进现代物流业高端管理人才。（责任单位：市教育局、市人力资源社会保障局、市发展改革委、市财政局、各县区人民政府、玉溪高新区管委会）

（二十三）强化行业自律。筹建物流行业协会，发挥行业协会桥梁纽带作用，建立健全政府购买物流业社会服务制度，做好物流行业战略和专业课题的研究，配合制定、推广物流行业标准，进一步为物流企业提供全面、优质服务。（责任单位：市商务局）

玉溪市人民政府

2018 年 3 月 28 日

玉溪市人民政府
关于加快推进新型智慧城市建设的实施意见

新型智慧城市是以物联网、云计算、大数据、人工智能为代表的新一代信息技术与城市发展深度融合的新时代城市形态，对推动政府管理、公共服务、城市建设、产业发展等领域的全面转型升级具有重大现实意义，将有力推动经济社会跨越发展。为加快推进玉溪新型智慧城市建设，培育新型智慧城市产业集群，有效促进新型城镇化发展，打造生态宜居文明幸福魅力之城，特制定本实施意见。

一、总体目标

立足玉溪信息化和新型城镇化发展实际，全面推动新一代信息通信技术与城市发展深度融合，引领和驱动城市创新发展，形成智慧高效、充满活力、精准治理、安全有序、人与自然和谐相处的城市发展新形态新模式，打造无处不在的惠民服务、透明高效的在线政府、融合创新的信息经济、精准精细的城市治理、安全可靠的运行体系，建设一个数据开放共融共享、网络空间安全清朗、为民服务全程全时、城市治理高效有序、经济发展绿色开源为主要目标的玉溪新型智慧城市，有效促进新型城镇化发展，推动经济社会跨越发展。到2020年，玉溪新型智慧城市建设初见成效。

二、基本原则

玉溪新型智慧城市建设必须遵循的基本原则：1．坚持政府主导、社会投资、市民参与的多元化建设原则；2．坚持全生命周期管理要求、市场化投建运营的多模式建管原则；3．坚持物联网、大数据、人工智能的人才聚集和产业转型升级的可持续发展原则；4．坚持信息资源融合共享、齐抓共管的网络安全运维原则。

三、重点内容

围绕玉溪新型智慧城市建设以两年初见成效的总体目标，以《玉溪市新型智慧城市顶层设计修编报告》为统领，确定以基础架构、城市治理和惠民服务为主要内容，建设时空地理信息平台、城市智脑、智慧市政、智慧医疗、智慧教育、智慧旅游、智慧农业等重点项目。

（一）建设时空地理信息平台。主要是建设完善支撑新型智慧城市各类项目应用的基础性时空地理信息平台，包括具有空间和时间特征的基础地理信息、城市管理、公共服务及产业发展的专题数据，全面提升数字城市地理空间架构基础，将空间基准提升为时空基准、基础地理信息提升为时空大数据、地理信息服务提升为时空信息服务，为各类项目应用提供统一的时空地理信息接口，以统一的时空网格数据规范实现数据的结构化，提高大数据的处理效率，支撑城市所有数据资源统一融合。（牵头单位：市国土资源局，配合单位：领导小组成员单位）

（二）建设城市智脑大数据中心。1．建设智慧城市数据中台：主要是建设智慧化转型重要基础设施，按照统一标签、统一服务、统一接口的原则，构建跨层级、跨行业、跨部门、跨体制、跨系统的数据融合综合治理平台和社会人口数据画像、企业数据画像、时空地理信息图谱、社会资源图谱、通用数据集市、数据交易平台等重要信息化设施，为合作运用大数据平台产品和数据融合治理技术、打造多维度的智能服务平台奠定基础。2．建设智慧城市智能服务平台：主要是建设无差别、多租户、可计价云计算、大数据、人工智能计算等统一计算智能服务平台，采取云服务模式，运用计算智能服务平台，动态弹性调度算能，使用虚拟桌面、离线计算、物联网套件、实时计算、人工智能算法平台等服务，通过计算智能平台同数据中台的统一接口，访问中台数据库，充分利用全市共享数据。同时，通过计算智能平台提供数据交换、数据交易接口，支持数据交易平台采用闭环可追溯模式，实现平台上不同商业实体间的数据资产流转。（牵头单位：市委网信办，配合单位：领导小组成员单位）

（三）建设人才工程。1．建设玉溪众智国际大数据双创平台，引入BAT大数据双创平台技术，加强智慧城市、大数据、人工智能领域等人才培养和培训，强化新型智慧城市建设智力支撑。2．建设玉溪大数据外包中心，充分利用玉溪新型智慧城市建设优势和良好的生态资源，建立玉溪高校大数据实习基地，结合智慧城市产业集群强化双创实践和培训，打造国内外物联网、大数据、人工智能领域人才高地。3．建设玉溪新零售创客产品集市，通过线下基地创客产品集市和线上新零售平台，为创客提供专业服务能力。4．实施云南“云上云行动计划”，通过发放云代金券和风池计划，大力扶持玉溪企业上云工程，发展数字经济，促进企业转型升级。5．筹备组织玉溪全球创客大赛，有效促进玉溪“大众创业、万众创新”。6．建设玉溪物联网、大数据、人工智能人才智库，主动融入“一带一路”智库联盟，不断提升企业家、创业者、专家学者服务玉溪智慧城市产业集群的能力。（牵头单位：市人力资源社会保障局，配合单位：领导小组成员单位）

（四）建设智慧市政。1．建设城市综合管理信息平台：主要是运用物联网、GIS、BIM等技术，有效整合市政设施运行、环境、应急等城市管理功能，建设感知、分析、服务、指挥、监察“五位一体”的城市综合管理信息平台，构建综合管廊监测系统、海绵城市监测管控信息系统和城市人群、设施、环境、制度执行等方面的智能化精细管理体系，加快玉溪数字化城市管理向智慧化功能转变，切实解决城市秩序混乱、信息不及时等突出问题，全面提升城市治理水平。（牵头单位：市住房城乡建设局，配合单位：领导小组相关成员单位）2．建设不动产登记政务服务平台：主要是建设房屋交易、不动产登记为一体的服务平台，建立房屋交易、不动产登记和税费缴纳“一窗受理、受办分离、串并结合、同步办理”的便民高效的信息化服务体系。（牵头单位：市委网信办，配合单位：领导小组相关成员单位）3. 建设智慧政务平台：改造升级电子政务视频会议系统，建设覆盖市、县区及74个乡镇集语音、图像、视频信息双向传输高清视频会议系统；改造升级协同办公系统，按照办公“无纸化”“网络化”“智能化”“移动化”的要求，融合公文交换、文件内部签批流转、电子邮箱、手机OA、督查督办、文档库等功能，推动政务服务从办公自动化向协同办公升级转型，全面提高政务服务效率和水平。（牵头单位：市委网信办，配合单位：领导小组成员单位）4. 建设河（湖）长制管理平台：充分运用国内外信息化企业数据可视化平台、物联网信息套件等技术手段，整合全市GIS、水利、水文、气象等信息进行数字化建模，通过建设数据可视化全局大屏，构建全市4级河（湖）长制责任落实监管、河段信息采集、水质状况监控、污染源治理等管理体系，有效推进全市河（湖）生态环境治理和水资源管理工作。（牵头单位：市水利局，配合单位：领导小组相关成员单位）5. 建设公租房租售服务平台：聚焦玉溪存量公租房租售滞后问题，积极探索符合市场需求的租售模式，应用大数据分析、人工智能、云计算等新技术，建立公租房租售服务大数据中心，实现地产规划、工地建设、办公流程、租赁对象、租售交易、业主信息、物业管理、商圈综合数据的统一治理，建设一体化、综合性、敏捷性业务中台，为公租房租售管理企业打造敏捷办公云、智能建设云、租售电商云、智慧商圈云和金融服务云，开拓创新互联网+房地产商业场景，全面提高公租房租售运营效率，有效推进政府性公租房产业业态的转型升级。（牵头单位：市住房城乡建设局，配合单位：领导小组相关成员单位）6 . 建设城市社区（小区）服务平台：以管理精细化、服务人文化、运行社会化、手段信息化、工作规范化为建设思路，运用大数据技术，统筹城市各类服务资源，建设社区（小区）服务数据平台，提供政务服务、公共服务、社区医疗、社区养老、智慧物业、社区帮扶、社区电商、社区文化、社区教育、社区消防、社区安防等综合服务，打造生活服务更便捷、生活环境更优美、生活状态更和谐、幸福指数更提升的智能、人文、宜居的现代新型社区（小区）。（牵头单位：市住房城乡建设局，配合单位：领导小组相关成员单位）7. 建设城市公共能源综合管理平台：运用物联网和大数据分析技术，建立城市能源数据中心，构建能源需求管理、能源规划及效果评估、高效能源运营管理体系，加强用能设备单元、能耗种类、能源消耗等重点环节监管，有效推进节约型低碳城市建设。（牵头单位：市住房城乡建设局，配合单位：领导小组相关成员单位）

（五）建设智慧交通。聚焦区域性交通管理信息一体化滞后、城市交通拥堵等短板，建设智慧交通综合管控平台，建立交通管理数据共享与交换机制，构建交通秩序综合监管系统，依靠平台强大的集成能力打通交通系统业务流程，推动交通信息化向智慧化转变，消除“数据孤岛”、打通“烟囱壁垒”，全面实行区域性交通一体化管理和服务。（牵头单位：市交通运输局，配合单位：领导小组相关成员单位）

（六）建设智慧医疗。主要是建设远程影像中心与智能诊疗平台，针对玉溪3所三甲医院集中在中心城区、医疗资源分布不平衡、病患大数据信息库尚未建立的实际情况，通过建立慢性病大数据跟踪系统、远程诊疗服务平台、全科医生培训平台，实现分级诊疗、院前诊治，提高民众常规诊疗频率，节约社会医疗成本；运用云视频直播和点播技术、医疗影像智能匹配技术、医用物联网套件，建设远程医疗影像中心和智能诊疗平台，大力推广基础医院和社区诊所微型超声、微型检测设备运用（覆盖面75%以上），利用远程医疗影像中心和智能诊疗平台采样、汇聚、分析病患数据，建立慢性病跟踪防治大数据平台。通过远程医疗影像中心和智能诊疗平台建设，有效促进综合检测等全科技术、诊疗资格考试和持证上岗等医疗资源的充分运用，大力开发医疗资源的商业价值，打造远程诊疗、全科医生培养、健康大数据综合应用等完整产业链，全面提高社会效应和经济效益。（牵头单位：市卫生计生委，配合单位：领导小组相关成员单位）

（七）建设智慧教育。主要是建设在线互动教育与职业培训平台，全面提升玉溪已经建设的在线教育课程资料中心平台，运用在线互动视频、VR、AR等先进技术，建立线上线下双师制视频教育平台，通过大数据分析技术，引入优质教育资源，建立课程定制和效果反馈闭环等措施，积极探索教育付费方式商业模式，提高教育资源利用效率，有效促进全市教育均衡化发展；加强与国内外在线教育平台合作，建立职业实训平台，强化IT规划、云计算、人工智能、电商运营等课程运用，大力培养云计算、大数据等信息产业人才，不断优化区域性人才结构，为打造西南典范的众智平台赋能。（牵头单位：市教育局，配合单位：领导小组相关成员单位）

（八）建设智慧旅游。主要是按照“一部手机游云南”相关要求建设玉溪智慧旅游平台，聚焦玉溪交通区位、生态环境、人文地理等丰富多彩的旅游资源，合理规划建设全域旅游配套设施，与阿里云、中电等国内外信息化企业集团合作，充分挖掘整合旅游资源，把线下旅游资源数字化、在线化、金融化，改变传统的旅行社组织游客旅游为主模式，通过导航服务、语音文字机器人等信息化技术手段，创新旅游产品销售模式，全力推荐数字化旅游等全新智能旅游产品，大力推广自助导游、无现金旅游、定制游、随性游等全域旅游形态，打造玉溪旅游品牌，振兴旅游产业大发展。（牵头单位：市旅游发展委，配合单位：领导小组相关成员单位）

（九）建设智慧农业。针对玉溪特色农业基础实、农产品自营出口额大、农产品中小电商规模发展等不断破局创新的实际情况，充分利用全国农业大数据，建设玉溪智慧农业和农业供应链平台。联合知名农业产业集团和投资集团，优选水果、花卉、蔬菜、生物药、食用菌等高原特色农产品，不断优化农业产业结构，全力构建覆盖良种培育、农资投入、农产批发、农产零售的全链条普惠金融服务体系，扩大生产规模，提升产品质量，紧紧依托盒马鲜生、零售通、天猫优选、京东等渠道进行精品包销和全渠道营销，打造高原绿色农产品品牌，提升农产品市场核心竞争力，推动玉溪智慧农业发展，切实解决农业产业转型升级问题。（牵头单位：市农业局，配合单位：领导小组相关成员单位）

（十）建设智慧综治维稳。综治维稳相关信息智能化平台建设事项由市委政法委统筹安排制定具体实施意见，另行发文执行。

四、保障措施

（一）加强组织领导。为加快推进新型智慧城市建设，调整充实玉溪市新型智慧城市工作领导小组，由市政府市长任组长，常务副市长和相关副市长任副组长，市直相关部门和东南大学玉溪智慧城市研究院主要负责人为成员。领导小组下设办公室在市政府办公室，由市政府分管副市长担任主任，联系副秘书长和市委网信办、市住房城乡建设局主要领导担任副主任，市住房城乡建设局相关领导担任专职副主任，成员从市直15个部门各抽调1名工作人员。领导小组办公室设立技术保障、网络安全、项目建设、工作督查4个工作组。

（二）强化制度管理。1. 制定领导小组议事规则，建立高效运行机制，研究解决重大问题，切实提高工作效率，统筹加快推进玉溪新型智慧城市建设。2. 制定年度工作计划管理制度，强化推进项目建设，实行新型智慧城市建设年度工作计划管理，加快玉溪新型智慧城市建设步伐。3. 制定项目管理制度，规范新型智慧城市项目建设管理，提高投资效益，有效推进玉溪新型智慧城市建设健康发展。

（三）组建建营机构。为进一步加快玉溪新型智慧城市建设步伐，强化人才和技术支撑，切实解决投融资建设和管理运营短板，科学合理组建玉溪新型智慧城市建营机构。1. 由市政府国有企业与国内外知名信息化企业合作，组建国有控股的玉溪新型智慧城市投资运营公司，统筹推进新型智慧城市项目建设；创新人才选拔机制，建立合理的现代企业薪酬制度，面向全国招聘企业高管和专业技术人员；2. 根据项目发展需要，以市场化运作模式，合理组建项目运营专业公司，负责具体项目的投资建设和管理运营。

玉溪市人民政府

2018年6月8日

玉溪市深化“放管服”改革优化营商环境实施方案

为进一步深化“放管服”改革，加快政府职能转变，不断优化办事创业和营商环境，全面提升玉溪发展软实力，推动玉溪高质量跨越式发展，在全省率先全面建成小康社会，根据全国、全省深化“放管服”改革转变政府职能电视电话会议精神和《中共中央办公厅国务院办公厅关于深入推进审批服务便民化的指导意见》《云南省深化“放管服”改革“六个一”行动实施方案》，结合玉溪实际，制定本实施方案。

一、总体要求

坚持以人民为中心，立足解决“办事难、办事慢，多头跑、来回跑”等问题，聚焦“企业开办、投资审批、产权登记、招商引资、公平竞争、政务服务”等企业群众关注关切关心的难点、痛点、堵点，持续深化“放管服”改革，深入推进审批服务便民化，大力实施“一门一窗一网、集成服务、马上就办”，努力实现“只进一扇门”“只到一个窗”“办理所有事”“最多跑一次”，着力营造审批最少、流程最简、时限最短、成本最低、服务最优的办事创业和营商环境，把玉溪打造成全省一流的营商环境高地，不断增强玉溪经济社会发展活力。

二、目标任务

立足玉溪“放管服”改革和营商环境现状，参考全省营商环境（政府效能）第三方评估结果，坚持问题导向，精准施策，精准发力，重点突破，深化“放管服”改革优化营商环境工作要努力实现“123456”目标：“1”即打造以政务服务中心为平台的市县乡村四级政务服务“一张网”，实行“一门一窗一网、集成服务、马上就办”，实现“只进一扇门”“只到一个窗”“办理所有事”“最多跑一次”；“2”即一般性不动产交易登记 2 个工作日办结；“3”即企业从申请设立到具备一般性经营条件 3 个工作日办结；“45”即企业投资项目从立项到施工许可 45 个工作日办结；“6”即“企业开办环境、投资审批环境、产权登记环境、招商引资环境、公平竞争环境、政务服务环境”等 6 项营商环境全面优化提升。“123 456”改革，2018 年 6 月底启动，2018 年 12 月底完成。

三、重点工作

（一）优化企业开办环境

1. 放宽市场准入。推行市场准入负面清单制度，坚持“非禁即入”，凡是市场主体基于自愿的投资经营和民商事行为，只要不属于法律法规禁止进入的领域，不损害第三方利益、社会公共利益和国家安全，不得设置审批限制、审批障碍，不得以任何形式限制进入。

2. 深化商事制度改革。全面清理涉企证照，编制涉企证照目录并向社会公布，未列入目录的证照事项，一律不得作为企业开办条件。继续推进“多证合一”改革，将属于信息采集、记载公示和管理备查类的一批证照事项，进一步整合到营业执照上，实行“多证合一、一照一码”，减少证照数量，降低企业办事成本。推进“证照分离”改革，借鉴复制上海浦东新区改革经验和模式，采取完全取消审批、改为备案、全面实行告知承诺制、提高透明度和可预期性、强化准入监管等措施，能减则减、能合则合，加大照后减证力度，进一步压缩企业开办时间。实施“证照同办”改革，除涉及国家安全、资源保护、公共环境、生态安全、意识形态、民族宗教和公众健康等外，其他各类市场准入类行政许可按法定程序交由工商（市场监管）部门集中实施，实行“证照同办”，实现“准入即准营”。“证照同办”集中许可后，按照“谁主管、谁监管”原则，由原审批部门制定事中事后监管措施，实施事中事后监管。对不能交由工商（市场监管）部门集中实施的市场准入类行政许可和其他事项，建立“证照联合审批”机制，实施注册登记、经营许可和后续相关登记“多证联办”。

3. 推进企业开办便利化。优化企业开办流程，压缩办理时限，营业执照核发、公章刻制备案、开立银行账户、申领税务发票等环节 3 个工作日办结，保证企业一般性经营活动开展。设置企业开办综合服务窗口，企业开办事项实行统一窗口综合受理；推进工商（市场监管）、公安、人力资源社会保障、银行、税务等部门间企业开办数据共享交换，实现一次提交、同步办理、信息共享、限时办结。推进企业名称登记改革，实行企业名称自主申报，除涉及前置审批事项或企业名称核准与企业设立登记不在同一机关外，企业名称不再实行预先核准，企业名称登记整合并入企业登记环节，将办理企业登记时间压缩至 1 个工作日。取消公章刻制审批，实行公章刻制备案管理，将公章刻制备案纳入“多证合一”事项，由申请人自主选择公章制作单位，公章制作单位公章刻制备案时间压缩至 0.5 个工作日。优化新开办企业开立银行账户流程，企业开立银行账户时间压缩至 1 个工作日。简化涉税办理，对已在登记机关领取加载统一社会信用代码营业执照的企业，不再单独进行税务登记，采用统一社会信用代码进行登记管理；取消企业首次办税补充信息补录，改为部分信息由税务部门金税三期核心征管系统自动生成，部分信息合并至实名办税、财务会计制度备案等环节采集；进一步优化税务发票申领程序，税务发票申领时间压缩至 0.5 个工作日，对企业申请领用 10 万元（含）以下增值税专用发票和增值税普通发票、定额发票的，应当场办理。不再单独核发社会保险登记证，取消社会保险登记证的定期验证和换证制度，逐步采用统一社会信用代码进行登记管理。科学合理下放登记管辖权限，实现一般性工商注册登记乡镇（街道）能办。外资企业设立商务备案与工商登记实行“一套表格、一口办理”，做到“无纸化”“零见面”“零收费”。大幅压缩照后经营许可和后续相关登记事项办理时限，照后经营许可和后续相关登记事项在法定时限基础上压缩 2/3 以上，审批服务部门要公开承诺、限时办结。探索实行“主题式服务”，以开办餐厅、药店、幼儿园、修理厂等事项为主题，梳理整合开办涉及的所有证照等事项，实施“打包服务、集成服务”。进一步深化工商注册登记全程电子化改革，实现注册登记各环节全程网上办理，强化电子营业执照的应用，逐步实现电子营业执照跨区域、跨部门、跨领域互通互认互用。简化住所登记手续，实行住所申报承诺制，实施“一址多照”“一照多址”和“住改商”登记。实施简易注销改革，简化注销登记程序，畅通市场主体退出渠道。

（二）优化投资审批环境

4. 精简投资项目审批事项和环节。全面梳理投资项目行政许可事项，编制公布投资项目行政许可事项目录，未列入目录的事项，任何部门不得以任何方式在投资项目审批过程中实施许可或变相实施许可。全面梳理投资项目报建审批事项，将现存的36项投资项目报建审批事项规范整合为26项，编制投资项目报建审批事项目录并向社会公布。大幅精简投资项目前置审批事项，除用地、规划、重大项目环评以外，其他投资项目前置审批事项改为后置并联审批。政府投资项目节能审查、招标方案核准、社会稳定风险评估审查与项目审批合并办理，对纳入各级行业发展规划、建设规划和政府工作报告、国民经济和社会发展计划报告的政府类投资项目，不再审批项目建议书；核准项目只保留对规划选址意见、用地预审意见两项前置要件进行核准。只从合理开发利用资源、保护生态、优化重大布局、保障公共利益等外部条件审查，不再对市场决定事项进行审查；除法律法规另有规定外，企业投资备案类事项全部实行县区属地办理，备案机关收到企业申报的全部规定信息即为备案。

5. 创新投资项目审批运行。实行投资项目“一张蓝图”明确项目建设条件、“一个系统”受理审批督办、“一个窗口”提供综合服务、“一张表单”整合申报材料、“一套机制”规范审批运行，全面推进审批提速。加快建立“多规合一”业务协同平台，统筹各类规划，以“多规合一”的“一张蓝图”为基础，统筹协调各部门提出项目建设条件，建设单位落实建设条件要求，相关部门加强监督管理和考核评估，实现“一张蓝图”明确项目建设条件。完善投资项目在线审批监管平台，以项目代码作为唯一身份标识，推进项目信息互联互通共享和项目并联审批、跟踪督办，实现“一个系统”受理审批督办。设置投资项目综合服务窗口，投资项目由综合服务窗口集中“一窗受理”，投资项目审批服务中心“全程代办”，审批结果归集综合服务窗口“一窗出件”，实现“一个窗口”提供综合服务。梳理多部门投资项目申请表单和申报材料，整合编制统一的投资项目申请表和申报材料目录，规范办事指南、业务手册，同一审批阶段统一收取“一套材料”，同步流转、重复使用，实行“一份办事指南、一张申请表单、一套申报材料、完成多项审批”，实现“一张表单”整合申报材料。建立健全投资项目审批配套制度，明确部门职责，明晰工作规程，规范审批行为，确保审批各阶段、各环节无缝衔接；建立审批协调机制，协调解决部门意见分歧；建立督办督查制度，实时跟踪审批办理，对全过程实施督查，实现“一套机制”规范审批运行。

6. 推行投资项目联合审批。将投资项目划分为项目前期工作阶段、项目立项阶段、工程报建阶段、工程施工阶段和工程竣工阶段5个阶段，由政务服务管理部门牵头组织，分阶段开展联合办理、并联审批。项目前期工作阶段，组织开展联合踏勘、联合测绘、联合会审，提出项目立项建议。项目立项阶段，对项目涉及的所有评价事项组织开展联合评价，委托综合机构或由一家机构联合若干机构协同开展联合中介服务；在园区推行按规划区进行区域集中评价，不再单个项目组织相关评价；项目立项3个工作日完成。工程报建阶段，采取政府购买服务方式，组织开展建设工程施工图、人防工程施工图、消防设计图等联合审查，联合审查费用由住房城乡建设部门统一申报列入财政预算；同时，实行开工前许可事项联合并联审批，42个工作日内核发施工许可证。工程施工阶段，组织开展多部门联合监管。工程竣工阶段，组织联合测绘和检测，开展多部门联合验收，13个工作日内完成所有验收事项。对牵头部门组织的联合审批、联合会审、联合踏勘、联合测绘、联合评价、联合图审、联合监管、联合验收等活动，缺席未参加或超承诺时限未办结的，实行缺席、超时默认制度。

7. 提高企业生产运营便利度。清理企业在获得水、电、气供应中的各类“搭车”行为，没有法律法规规定，一律不得以各类许可、备案、证明等作为企业获得水、电、气供应的前置条件。没有法律法规规定和国家强制标准要求，不得向用户强制指定水、电、气工程设计、施工、设备材料供应单位。确需指定的，必须以清单形式公布，并列明指定事项、法律法规依据。压缩水、电、气供应办理时限，企业供水全流程办理时间不超过25个工作日；用电报装办理时限压缩至低压11个工作日，高压单电源38个工作日，高压双电源53个工作日；用气办理报建时限压缩至5个工作日，完成工程并交验（通气）时间由供气企业公开做出承诺。水、电、气供应企业原则上进驻政务服务中心，实行“一站式”办公、一窗受理、一次性告知服务机制。创新“互联网+”服务手段，开通电子支付平台，实现客户从报装到缴费一次性网上办理。

8. 规范投资审批中介服务。全面梳理投资项目中介服务事项，编制投资项目中介服务事项目录并向社会公布，未列入目录中介服务事项一律不得作为投资审批的受理条件。继续整顿“红顶中介”、中介服务利益关联、指定中介服务、中介服务垄断等问题，规范中介服务行为。加强中介机构收费监管，整顿规范中介服务收费，降低企业制度性交易成本；价格监管部门要建立工作机制，定期、不定期抽查中介机构收费情况，严肃查处违规、违法收费行为。实行中介服务时限承诺、合同约定制度，加强中介机构履行服务时限承诺的监督，缩短中介服务时限，提高中介服务效率。取消中介服务区域性、行业性执业限制和数量限制，放宽中介服务市场准入。加快中介服务市场培育，在玉溪执业不足3家的中介服务事项，“中介超市”管理部门和行业主管部门要加大中介服务机构的引进和培育。加强中介服务监管，“中介超市”管理部门和行业主管部门要制定中介机构监管的具体措施办法。完善中介服务机构信用体系和考核评价机制，建立惩戒和淘汰机制，严肃查处违规收费、违约超时服务、出具虚假结果、谋取不正当利益、扰乱市场秩序等违法违规行为。推进检验检测机构整合，打破部门界限和行业壁垒，将分散在各部门的检验检测机构整合为综合性检验检测机构，并与行政主管部门脱钩。

9. 规范投资审批技术性审查服务。全面梳理投资项目涉及的专家论证、咨询事项和审批部门评估、评审等技术性审查服务事项，编制专家论证、咨询事项和评估、评审等技术性审查服务事项目录并向社会公布。列入目录的事项，由政务服务管理部门组织开展联合专家论证、咨询和联合评估、评审，费用由政务服务部门统一申报列入财政预算，严禁转嫁给行政审批申请人，切实减轻企业负担。

10. 规范投资审批收费行为。全面清理各类保证金，投资项目除缴纳依法依规设立的保证金外，其他保证金一律取消，编制涉企保证金目录并向社会公布，未列入目录的保证金一律不得向企业征收。推行收费清单管理，动态公布政府性基金及行政事业性收费目录清单、涉企经营服务性收费目录清单、政府定价项目清单、行业协会商会收费目录清单等，建立收费目录清单“一张网”，清单之外一律不得收费。简化收费环节，除土地出让金、税金按国家规定执行外，实行施工许可、竣工验收、产权登记3个节点各收一次费；除收费节点外的审批事项，各审批部门不得将缴费完成作为审批前置要求，在完成审批后即可发放相应证照，同时出具缴费通知书，委托银行代收，并将缴费信息共享给住房城乡建设、国土资源部门，住房城乡建设、国土资源部门在进行收费节点事项审批时，在确认本环节费用缴清后发放相关证照。

（三）优化产权登记环境

11. 整合不动产数据信息。加快数据整合，推进房产档案、土地档案和新登记档案合并整理，尽快实现房、地登记档案资料的数字化建库，搭建全市不动产交易登记数据共享平台，实现房产交易系统、不动产登记系统、征税系统的信息交互和实时共享。

12. 优化不动产交易登记流程。全面清理房产交易、不动产登记、缴税等所需提交的申报材料，大力精简各类证明材料，坚决杜绝“其他材料”，保留的申报材料编制申报材料目录并公开向社会公布，方便群众查询办事。全面梳理房产交易、不动产登记、缴税等工作环节，简化优化办理程序，重组再造不动产交易登记流程，大幅缩短不动产交易登记办理时限，努力实现一般性不动产交易登记2个工作日办结。

13. 推进不动产交易登记联合办理。实行国土资源、住房城乡建设、税务等部门集中办公，加强工作的协同。设置不动产交易登记综合服务窗口，推行房产交易、不动产登记、缴税等事项统一窗口综合受理，国土资源、住房城乡建设、税务等部门根据职责分工联合办理、并联审批，推进不动产交易登记全面提速。

（四）优化招商引资环境

14. 转变招商引资理念。加快推进政策优惠招商向营商环境招商转变，立足打造“绿色能源牌”“绿色食品牌”“健康生活目的地牌”，围绕信息、生物医疗及大健康、文化旅游、卷烟及配套、现代物流、矿冶及装备制造、高原特色现代农业等重点产业开展主题招商、产业链招商，着力规范项目对接、项目评审、项目谈判、合同签订、项目落实等程序。

15. 推进招商引资规范化。对因政府原因造成的各类历史遗留问题进行全面清理。一律不得对企业许诺违反法律法规规定、政策要求以及超出权限的各类政策优惠。许诺政策支持中属于上级部门权限的，必须取得上级部门书面同意。合法合规许诺企业的条件，必须及时兑现，不能“新官不理旧账”。

16. 抓好招商项目落地服务。提高落地项目生产要素保障能力，优先解决重大招商引资项目用地，优先为重大招商引资项目开工开辟绿色通道，优先为重大招商引资项目争取专项资金和提供融资支持，确保招商引资项目引得来、能落地、留得住、见实效。建立政府与重点企业对接沟通机制，指导企业用好、用活各项优惠政策，为企业营造良好发展环境。

（五）优化公平竞争环境

17. 深化“双随机一公开”监管。进一步健全“一单两库一细则”，完善抽查标准、频率、流程和抽查机制，推进“双随机一公开”监管全覆盖。进一步整合“双随机一公开”抽查事项，不同部门对企业实施的多项监督检查可一并完成的，统一由有关部门实施联合检查；同一部门对同一企业实施多项监督检查的，合并进行，一次检查，全面体检，综合会诊，减少检查次数，避免检查影响企业正常生产经营活动。加强随机抽查与日常巡查、专项检查的衔接，对法律法规规定及上级临时部署的监管执法检查活动，要严格依照法定程序和权限进行。检查情况及处理结果及时向社会公开，接受社会监督，避免“暗箱操作”。

18. 推进综合执法监管。进一步巩固深化生态环境保护、城市管理、市场监管等领域综合执法，积极推进文化市场、交通运输、农业等领域综合执法，从源头上解决多头执法、多层执法、重复执法等问题，促进公正监管，营造良好的公平竞争环境。

19. 推进“互联网+”监管。利用大数据平台，建立产品信息溯源制度，督促企业进入产品信息追溯系统，重点对食品、药品、农产品、日用消费品、特种设备等关系群众生命财产安全的重要产品实行溯源监管。实施“社会信用”监管，建立覆盖公民、法人和其他组织的信用信息归集、管理、公开、共享和应用平台，推进跨地区、跨部门、跨行业的守信联合激励、失信联合惩戒，构建“一处失信、处处受限”的失信惩戒制度，形成以信用为核心的监管新机制。

20. 推进政策支持公开公平。政府投入竞争性领域的资金支持、政策优惠必须依法在各级政府网站和各部门网站公布，列明支持内容、获得条件、评审程序、不予批准的情形等内容，逐步实现网上申请、网上办理、网上公示。对获得支持的企业，要永久公开公示，列明企业名称、获得支持的项目、获得支持的内容等。对以不当手段骗取政府资金支持、政策优惠的，要坚决查处，将有关处罚信息在企业信用信息公示平台予以公示，并实施联合惩戒。

（六）优化政务服务环境

21. 推进政务服务平台建设。加大投入力度，加快政务服务中心建设和提档升级，健全市县乡村4级政务服务体系。依托“一站式惠民”政务服务系统，加快信息资源整合，推进市县乡村4级政务服务平台之间以及各级政务服务平台与部门之间的互联互通，实现各级各部门服务网络和数据信息在政务服务平台集中归集和共享交换，着力打造横向到边、纵向到底，服务平台统一、服务布局统一、服务模式统一、服务流程统一、服务标准统一，线上线下融合的政务服务“一张网”。加快完善人口和法人基本信息库，将身份证、营业执照、不动产登记、婚姻登记、社会保险缴纳、税费缴纳等个人信息和法人信息集中归集至政务服务信息资源共享平台，并实现共享共用。

22. 推进相对集中行政许可。归并设置行政审批科，彻底整合行政审批职能、机构和人员，实现由行政审批科集中行使整个部门的行政审批职能，做到一个科室管审批。推行审批服务“三集中、三到位”，部门审批事项向一个科室集中、审批科室向政务服务中心集中、审批事项向网上办理集中，人员进驻到位、事项进驻到位、办理授权到位，打造“一门一窗一网式”审批服务平台。积极争取省级支持，在市、县区和玉溪高新区全面推进相对集中行政许可权改革，按照法定程序将投资报建类审批集中交由1个部门行使，原审批部门履行监管责任，2019年3月底前实现“一颗印章管审批”。

23. 转变政务服务模式。调整政务服务中心原有服务窗口建设模式和服务功能，将以部门为主体设置的部门服务窗口统一调整为以政务服务中心为主体设置的综合服务窗口，推动政务服务中心从“一楼式”服务向“一门一窗式”服务转变。全面实行“前台综合受理、后台分类审批、统一窗口出件”服务模式，今年12月底前将各部门审批服务过程中的咨询导办、接件受理、进度跟踪、结果发送等统一集中到综合服务窗口，由综合服务窗口统一接件后转后台审批办理，后台办结后再交由综合服务窗口出件。各部门可根据审批服务事项的管理性质和复杂程度，通过委托形式授权综合服务窗口开展实质性审查和办理，提高综合服务窗口即办率。建立健全前后台服务无缝对接运行机制，政务服务中心应在综合服务窗口日常培训、业务衔接、公章使用、责任追究等方面加强制度建设，组织、协调和监督各部门为前台服务提供业务和技术支撑。

24. 推进政务服务标准化。制定政务服务流程规范，按照“前台综合受理、后台分类审批、统一窗口出件”的要求编制政务服务流程图，实行一个流程规范市县乡村4级政务服务。重点优化企业开办、投资审批、产权登记办理程序，编制企业开办、投资审批、产权登记流程图，大幅精简申报材料和办事环节，压缩办理时限，实行全市企业开办、投资审批、产权登记统一流程办理。推进行政许可、公共服务等事项标准化，规范编制所有政务服务事项办事指南和业务手册，统一明确事项名称、设定依据、受理条件、申报材料、审批条件、办理时限、收费等内容，再造办事流程和审批流程，推进政务服务事项办理标准化、规范化，限制自由裁量权，杜绝权力任性。继续深化“减证便民”，凡没有法律法规依据的证明和盖章环节，一律取消；政府部门可通过与其他部门信息共享获得有关信息，不得要求企业和群众提供证明材料；政府部门在办理企业和群众有关事项中采集掌握的涉及当事人的数据必须向本人或企业委托人开放；本人或委托人通过政府网站查询到的自身信息，必须作为受理依据。

25. 持续推进“一站式惠民”政务服务。加大《玉溪市一站式惠民（“互联网＋政务服务”）建设实施方案》实施力度，总结推广红塔区试点经验，大力推进政务服务“一号一窗一网”建设，全面实施“一号申请、一窗受理、一网通办”。“一号申请”，以身份证号、社会信用代码分别作为公民、法人申请办事的唯一标识，实行一个证号办理所有政务服务事项；办事“一号”申请后，提交过的材料即与“一号”绑定，再次办理时业务系统自动匹配符合复用条件的历史材料，无须重复提交相同材料。“一窗”受理，整合构建综合服务窗口，实行“一个窗口统一收件、部门联动办理、一个窗口统一出件”，办事不见人，即办件立等可取，大幅提高政务服务的便利程度。“一网”通办，以“一站式惠民”政务服务平台为依托，打通横向和纵向的服务网络，实行一个平台管服务，一个网络办理所有政务服务事项，最终实现就近能办、同城通办、异地可办。

26. 加快推进政务服务“一网、一门、一次”改革。依托“一站式惠民”政务服务网，大力推行网上办理，按照省政府要求，在线办理事项数量2018年底达到75%、2019年底达到85%、2020年底达到95%以上。整合在政府部门设立的各类政务服务分中心，原则上不再保留政府部门自设的服务大厅，推动实体大厅“多门”变“一门”；确因场地条件限制，一时难以整合的，要制定整合计划，明确过渡期限，过渡期内暂时保留设在政府部门的政务服务分中心不得超过2个，其人员接受政务服务中心管理，服务质量接受政务服务中心监督。加大政务服务事项的梳理，规范并公布各级政府入驻本级实体政务服务大厅的政务服务事项目录清单；所有面向公民、法人和其他组织的行政审批、公共服务等政务服务事项和水、电、气供应等公用事业事项今年8月底前全部进驻政务服务中心，实行一个平台对外服务，对因涉密等特殊原因不能进驻的，必须报经政府同意。加快推进“最多跑一次”改革，群众和企业确需到现场办理的行政审批和公共服务等涉民涉企事项，在申请材料齐全、符合法定要求时，“最多跑一次”，简单性事项和个人事项实行“马上办”；今年10月底前集中公布市直各部门和各县区“最多跑一次”和“马上办”事项清单；到2020年，“最多跑一次”事项比例达到政务服务事项的90%以上。

四、组织实施

（一）加强组织领导。各县区、各部门要充分认识新形势下深化“放管服”改革优化营商环境的重要意义，以踏石留印、抓铁有痕的信心和决心抓好各项政策措施贯彻落实，让企业和群众看到实实在在的成效和变化。各县区、各部门主要负责同志作为第一责任人，要亲自研究部署和组织推动深化“放管服”改革优化营商环境各项工作。

（二）细化工作方案。各县区要落实属地责任，聚焦本县区的痛点、堵点、难点问题，研究细化改革的实施方案。各部门要根据职责分工，加快研究贯彻落实的措施办法，制定具体工作方案。各县区、各部门细化方案和措施于2018年8月15日前报市委编办（市政府审改办）、市政务服务管理局；工作推进情况（填报附件1）于每月25日前报市委编办（市政府审改办）、市政务服务管理局。

（三）加强协同联动。建立市级深化“放管服”改革优化营商环境联席会议制度，定期研究解决工作中的重点难点问题。各部门要加大组织协调和政策创新力度，采取第三方评估、问卷调查和召开座谈会等多种形式定期听取企业群众意见建议，为深化“放管服”改革优化营商环境提供决策依据。各县区要建立完善工作推进机制，主动与市级部门对接，市县统筹、协同联动，形成工作合力。

（四）加强督查考核。做好深化“放管服”改革优化营商环境工作贯彻落实情况的跟踪检查，每季度对措施落实情况进行专项督查，对重点地区、重点部门和窗口单位开展日常督查。完善考核机制，把深化“放管服”改革优化营商环境工作列入对县区和市直政府部门的年终综合考评。建立评估机制，从2018年起，市政府安排专项经费，委托第三方对市本级和各县区深化“放管服”改革优化营商环境工作进行年度专项评估，评估结果作为年终考评评分的主要依据。

（五）加大宣传力度。充分利用各种媒体，运用多种舆论工具，进行广泛宣传，为深化“放管服”改革优化营商环境营造良好的社会舆论氛围。要加大对典型经验和成功做法的总结宣传，促进相互学习借鉴提高，推动形成上下一心、互促互动、共同推进工作的良好局面。

本方案由中共玉溪市委机构编制办公室负责解释。玉溪市政务服务管理局负责牵头组织实施。

玉溪市人民政府

2018年7月6日

玉溪市人民政府
关于建立粮食生产功能区和重要农产品生产保护区
的实施意见

为贯彻落实《国务院关于建立粮食生产功能区和重要农产品生产保护区的指导意见》和《云南省人民政府关于建立粮食生产功能区和重要农产品生产保护区的实施意见》文件精神，优化我市农业生产布局，聚焦主要品种和优势产区，实行精准化管理，现就建立我市粮食生产功能区和重要农产品生产保护区（以下统称“两区”）提出以下意见：

一、总体要求

（一）指导思想。全面贯彻党的十九大精神，以习近平新时代中国特色社会主义思想为指导，牢固树立和贯彻落实创新、协调、绿色、开放、共享的发展理念，实施藏粮于地、藏粮于技战略，以划定并严守生态保护红线为指引，以推进粮食产能稳定提升和保障重要农产品有效供给为目标，以深入推进农业供给侧结构性改革为主线，以主体功能区规划和我市高原特色现代农业产业发展规划为依托，以永久基本农田为基础，将“两区”细化落实到具体地块，优化区域布局和要素组合，促进农业结构调整，提升农产品质量效益和市场竞争力，为实施“乡村振兴战略”、推进农业农村现代化奠定坚实基础。

（二）基本原则

——坚持底线思维、科学划定。按照新形势下国家粮食安全战略和保障重要农产品有效供给的要求，结合我市农业生产现状、水土资源条件和市场消费需求状况等因素，科学合理划定水稻、小麦、玉米生产功能区和糖料蔗、油菜籽生产保护区。

——坚持统筹兼顾、绿色发展。围绕保核心产能、保产业安全，正确处理当前与长远、生产与生态之间的关系，充分调动各方面积极性，推动我市高原特色现代农业可持续发展和生态环境持续改善。

——坚持政策引导、农民参与。完善支持政策和制度保障体系，充分尊重农民自主经营的意愿，保护农民的土地承包权和经营权，鼓励农民积极参与“两区”划定、建设和管护工作，鼓励农民发展粮食和重要农产品生产。

——坚持完善机制、建管并重。建立健全激励和约束机制，加强“两区”建设和管护工作，稳定粮食和重要农产品种植面积，保持种植收益在合理水平，确保“两区”建得好、管得住，能够长久发挥作用。

（三）主要目标。力争用两年半的时间完成全市“两区”地块划定任务，做到全部建档立卡、上图入库，实现信息化和精准化管理；力争用5年时间基本完成“两区”建设任务，形成布局合理、数量充足、设施完善、产能提升、管护到位、生产现代化的“两区”，确保我市粮食产能稳定提升的基础更加稳固，重要农产品有效供给水平稳定提高，农业产业安全显著增强。

1. 粮食生产功能区。在优势产区划定粮食生产功能区105万亩。其中，水稻生产功能区40万亩，小麦生产功能区15万亩，玉米生产功能区50万亩，重点在新平县、元江县、峨山县、江川区、华宁县、易门县划定水稻生产功能区；重点新平县、元江县、易门县、峨山县、华宁县划定玉米生产功能区；重点在易门县、华宁县、新平县、元江县划定小麦生产功能区。

2. 重要农产品生产保护区。在优势产区划定重要农产品生产保护区25万亩。其中，糖料蔗生产保护区15万亩、油菜籽生产保护区10万亩。重点在新平县、元江县划定糖料蔗生产保护区；重点在峨山县、红塔区、江川区、华宁县、易门县、元江县划定油菜籽生产保护区。

二、科学开展“两区”划定

（四）逐级分解落实任务。根据省下达的目标任务和各县区现有永久基本农田保护面积、粮食和重要农产品种植面积等因素，将划定任务分解落实到各县区，各县区人民政府按照划定标准和任务，综合考虑当地资源禀赋、发展潜力、产销平衡等情况，将本地“两区”面积细化分解到行政区域内的乡镇（街道），落实到村（社区）、组（小组），确保“两区”划定任务层层压实。将新平省级产粮大县和元江县、易门县、峨山县作为粮食生产功能区划定的重点。水稻生产功能区划定时要充分考虑轮作休耕情况，将具备水稻生产功能和条件的地块划定为功能区。（市农业局、国土资源局牵头；各县区人民政府配合）

（五）严格执行划定标准。粮食生产功能区、油菜籽和糖料蔗生产保护区划定应同时具备以下条件：水土资源条件较好，坡度在15度以下的永久基本农田；相对集中连片，原则上坝区连片面积不低于50亩，山区连片面积不低于30亩；农田灌排工程等农业基础设施比较完备，农业机械化水平较高，生态环境良好，未列入退耕还林还草、还湖还湿、耕地休耕试点等范围；具有粮食种植传统，近3年播种面积基本稳定；光、热、水、土条件好的优质地块，已建成的高标准农田，糖料蔗生产基地等具有较大生产潜力的地块应优先划入。（市农业局、国土资源局牵头；市发展改革委、财政局、水利局、林业局，各县区人民政府配合）

（六）以县为基础精准落地。县级政府要根据土地利用、土地整治、农业发展、城乡建设等有关规划，按照全国统一标准和分解下达的“两区”划定任务，结合农村土地承包经营权确权登记颁证和永久基本农田划定工作，将“两区”划在图上、落到地上，明确“两区”具体地块并统一编号，标明“四至”及拐点坐标、面积以及灌排工程条件、作物类型、承包经营主体、土地流转情况等有关信息，做到地块明确、权属清楚、信息完整、各方认可。市农业局、国土资源局要指导各地依托国土资源遥感监测“一张图”和综合监管平台，建立电子地图和数据库，建档立卡、登记造册，形成全省“两区”布局“一张图”。（市农业局、国土资源局、发展改革委牵头；各县区人民政府配合）

（七）审核汇总划定成果。各县区人民政府要根据目标任务，及时组织开展“两区”划定成果的核查验收工作，在公示无异议后，将有关情况报送市农业局、国土资源局、发展改革委，同时抄送市财政局、环境保护局、住房城乡建设局、水利局、林业局。市农业局、发展改革委要会同市直有关部门及时汇总“两区”划定成果并向市人民政府报告。（市农业局、发展改革委、国土资源局牵头；市财政局、住房城乡建设局、水利局、林业局，各县区人民政府配合）

三、积极推进“两区”建设

（八）提升综合生产能力。各地要进一步统筹高标准农田建设规划与土地整治规划的衔接与协调，按照集中连片、旱涝保收、稳产高产、生态友好的要求，积极推进“两区”范围内的高标准农田建设，加快建设进度，加强建后管护。依托高标准农田建设、糖料核心基地建设和土地整治项目，加大“两区”范围内的骨干水利工程和小型农田水利设施建设力度，因地制宜兴建“五小水利”工程，大力发展节水灌溉，打通农田水利“最后一千米”，“两区”实现田成方、渠相连、路相通、涝能排、旱能灌，地力等级较高，适合大中型农业机具作业，成为稳定提升全市粮食产能和保障糖料蔗等重要农产品供给的有力支撑。（市发展改革委、国土资源局、水利局牵头；市财政局、农业局、林业局，各县区人民政府配合）

（九）发展适度规模经营。优化支持方向和领域，在“两区”范围内大力培育专业种植大户、家庭农场、农民合作社、农业龙头企业等新型经营主体，壮大“两区”建设的骨干力量。以“两区”为平台，鼓励采用土地股份合作、土地托管、代耕代种等多种方式发展适度规模经营，健全农村经营管理体系，加强对土地经营权流转和适度规模经营的管理服务。支持新型农业经营主体根据市场需要，优化产品结构，推进产销对接，增加绿色优质农产品供给。力争5年内，“两区”适度规模经营率比全市平均水平高5个百分点以上。（市农业局牵头；市财政局、国土资源局，各县区人民政府配合）

（十）完善支撑服务体系。深化“两区”范围内的基层农技推广机构改革，发展新型农业社会化科技服务，努力构建覆盖全程、综合配套、便捷高效的农业社会化服务体系，提升农技推广和综合服务能力。重点加强良种繁育中心、收储中心、加工中心和服务主体建设，提高“两区”产前、产中、产后综合社会化服务水平，推动有关产业向前端延伸实现上游产业集约化发展和结构优化，向后端延伸实现下游产业生产加工、物流仓储等配套产业协调发展。（市农业局牵头；市科技局、工业和信息化委，各县区人民政府配合）

（十一）调整优化产业结构。根据市场需求，加快“两区”产业结构调整，不断优化产品供给结构、提高质量，满足城乡居民消费升级需求。在水稻生产功能区加大优质稻推广力度；在小麦生产功能区大力发展适宜加工的中筋或中强筋小麦，在适宜优势区适当发展优质弱筋小麦；在玉米生产功能区适度调减普通籽粒玉米，因地制宜发展青贮饲用玉米和甜糯玉米；在糖料蔗生产保护区加快甘蔗优良品种推广应用，大力推广绿色、高效、节本、安全的生产技术，推进种管收全程机械化；在油菜籽生产保护区大力推广“双低”油菜品种，提高种植机械化水平，改善产品品质。（市农业局牵头；市发展改革委、财政局，各县区人民政府配合）

四、依法强化“两区”监管

（十二）依法保护“两区”。各地要根据农业法、土地管理法、基本农田保护条例、农田水利条例等法律法规要求，完善落实“两区”保护有关制度，保护宝贵的水土资源。严格永久基本农田管理，确保“两区”范围内耕地数量不减少、质量不降低。“两区”范围内新增建设项目用地应尽量避让耕地，因重大项目建设确需征占的耕地，必须按照国家有关规定，完成耕地补充及永久基本农田补划。（市农业局、国土资源局牵头；市发展改革委、财政局、水利局、林业局，各县区人民政府配合）

（十三）落实管护责任。各地要严格落实“两区”农业基础设施保护，积极创新农田水利工程建管模式，鼓励农民、农村集体经济组织、各类新型经营主体等按照“谁使用、谁受益、谁管护”的原则参与建设、管理和运营。加强资产管护制度建设，依法依规推进资产管护工作。建立激励约束机制，将各地资产管护情况作为分配有关财政支农专项资金的重要因素，激励各地切实做好资产管护工作。（市农业局、发展改革委、国土资源局牵头；市财政局、水利局、林业局，各县区人民政府配合）

（十四）加强动态监测。综合运用现代信息技术，建立“两区”监测监管体系，定期对“两区”范围内农作物品种和种植面积等进行动态监测，实行精细化管理。建立“两区”信息报送制度，及时更新“两区”电子地图和数据库.建立健全数据安全保障机制，落实责任主体，在保证信息安全的前提下，开放“两区”电子地图和数据库接口，实现信息互通、资源共享。（市农业局、国土资源局牵头；市发展改革委、财政局、水利局、林业局，各县区人民政府配合）

（十五）强化监督考核。市农业局、发展改革委、国土资源局等部门要结合粮食安全行政首长责任制，对各县区“两区”划定、建设和管护工作进行评价考核，评价考核结果与“两区”扶持政策挂钩。切实抓好“两区”监管和执法检查工作，将有关工作作为各级政府绩效考核的重要内容，并建立绩效考核和责任追究制度。（市农业局、发展改革委、国土资源局牵头；市财政局、水利局、林业局，各县区人民政府配合）

五、加大“两区”政策支持

（十六）加大建设投入力度。把“两区”作为农业固定资产投资安排的重点领域，现有的高标准农田、土地整治、糖料蔗核心基地建设、农业综合开发、现代农业生产发展资金、水利发展资金、大中型灌区续建配套及节水改造等农业基础设施建设投资要积极向“两区”倾斜，集中投入“两区”建设。各地要积极探索政府和社会资本合作（PPP）模式等“两区”建设的投融资新机制，吸引金融资本、社会资本投入，加快建设步伐。（市农业局、发展改革委、国土资源局牵头；市财政局、水利局、林业局，各县区人民政府配合）

（十七）完善财政支持政策。进一步优化财政支农结构，创新资金投入方式和运行机制，支持“两区”按照规定开展涉农资金整合和统筹使用。推进“两区”围绕农业供给侧结构性改革部署，扎实开展以绿色生态为导向的农业补贴制度改革，确保粮食安全和农民收入稳定增长。（市财政局牵头；市农业局，各县区人民政府配合）

（十八）创新金融保险支持。鼓励金融机构完善信贷管理机制，创新金融支农产品和服务，充分利用农村产权制度改革成果，拓宽抵（质）押物范围，在符合条件的“两区”范围内探索开展粮食生产规模经营主体营销贷款试点，加大信贷支持。探索开展糖料蔗等农产品“保险＋期货”试点。完善政府、银行、保险公司联动机制，深化小额贷款保证保险试点，推动“两区”农业保险“提标、扩面、增品”，探索建立大灾风险分散机制。（市农业局、财政局牵头；人民银行玉溪中心支行、玉溪银监局，各县区人民政府配合）

六、强化组织保障

（十九）落实各级责任。市级成立以市人民政府分管领导为组长，市农业局、国土资源局、发展改革委、水利局、财政局等部部门为成员的“两区”工作领导小组，统筹协调全市“两区”划定、建设和监管工作。各县区人民政府要结合各地实际，建立相应协调机制，制定具体实施办法和管理细则，出台有关配套政策，推动工作落实。

（二十）明确部门分工。市直有关部门要加强指导协调和监督检查，确保各项任务落实到位。市发展改革委要会同有关部门做好统筹协调，配合国家开展第三方评估。市财政局要会同有关部门加强财政补贴资金的统筹整合，优化使用方向。市农业局、国土资源局要会同有关部门确定各地“两区”划定任务，制定有关划定、验收、评价考核操作规程和管理办法，做好上图入库工作。市金融办、人民银行玉溪中心支行、玉溪银监局要创新和完善“两区”建设金融支持政策．其他部门要按照职责分工做好有关工作。

玉溪市人民政府

2018 年 7 月 17 日

玉溪市人民政府
关于进一步加强非物质文化遗产保护与利用工作的实施意见

为深入贯彻落实《云南省人民政府关于进一步加强非物质文化遗产保护工作的意见》精神，进一步加强非物质文化遗产保护和利用工作，结合玉溪实际，现提出以下实施意见。

一、总体要求

（一）指导思想

以习近平新时代中国特色社会主义思想为指导，全面贯彻落实党的十九大精神，认真落实中央、省关于加强非物质文化遗产保护的决策部署，遵循“保护为主、抢救第一，合理利用、传承发展”的原则，注重非物质文化遗产的真实性、整体性和传承性，以玉溪花灯戏、滇剧、关索戏、妙善学女子洞经音乐、棕扇舞等独具特色的代表性非遗项目为工作重点，以生产性保护、活态化利用为实施路径，推进非物质文化遗产保护和利用工作与经济社会的协调发展，形成“在保护中探索利用，在利用中促进保护”的良好态势，夯实传承根基，延续历史文脉，彰显玉溪文化魅力。

（二）主要目标

到2020年，力争在国家级代表性项目的申报中获得新突破，新增省、市、县（区）级代表性项目分别不少于10个、30个和10个；新增国家级传承人1名以上，省、市、县（区）级传承人分别不少于10名、50名和180名。非物质文化遗产传承普及率持续提升，全市新增传承基地15个以上，传习馆（所、室）不少于20个，非遗展馆（厅）3个以上；四级非物质文化遗产项目名录体系和代表性传承人体系更加完善，非物质文化遗产项目和代表性传承人得到全面系统科学保护，重点非物质文化遗产代表性项目得到有效利用。

二、主要任务

（三）建立非物质文化遗产保护人才、传承人培养机制。建立非物质文化遗产保护人才队伍，加强业务培训，努力建设一支专职、专业、精干的保护工作人员队伍。每年开展不少于1次专项业务培训。建立玉溪市非物质文化遗产保护专家库，发挥好专家的作用，为非物质文化遗产保护工作提供业务指导和决策咨询服务。实施“非物质文化遗产传承人群研修研习培训计划”，扩大非物质文化遗产传承人群。采取“走出去”“请进来”等方式，组织多种形式的培训、交流、研讨活动，提高非物质文化遗产项目代表性传承人的学习能力、文化素养、审美水平和创新意识。逐步提高各级非物质文化遗产项目代表性传承人的传承工作补助标准，鼓励传承人带徒授艺、组织传习和培训活动。将非物质文化遗产保护纳入国民教育体系，在有条件的普通高等院校、职业院校开设相应专业和课程，并在招生录取上给予照顾，鼓励非物质文化遗产项目代表性传承人参与教育教学，为非物质文化遗产保护培养后继人才。（责任单位：市文化广电局、市教育局、市财政局、市人力资源社会保障局，各县区人民政府）

（四）加强非物质文化遗产保护利用设施建设。将非物质文化遗产保护成果展示纳入公共文化服务体系建设内容，实现资源整合、协同发展。加强各级各类非物质文化遗产保护传承基地、传习馆（所、室）建设。规范传承基地建设标准，每年为各类传承基地建设提供包括租赁场所、购置设备、举办培训、复排剧（节）目、编写教材等补助资金。对设立个人工作室的代表性传承人，根据开展传习和传播活动的实际情况，每人每年提供不少于5 000元的专项资助。鼓励社会资本投资参与非物质文化遗产保护和传承基地建设，吸纳有代表性的社会人士、专业人士、基层群众参与项目传承管理。发挥政府主导和引导作用，开展非物质文化遗产传承示范基地和生产性保护示范基地的推荐评选及命名工作。（责任单位：市文化广电局、市财政局、市旅游发展委，各县区人民政府）

（五）建立数字化保护资料库。运用文字、录音、录像、多媒体等方式，对代表性项目、代表性传承人进行真实、系统和全面的记录，搜集相关实物资料，建立非物质文化遗产档案、数据库和宣传网站。结合文化信息资源共享工程建设，开展非物质文化遗产数字化传播。鼓励和扶持一批非遗保护单位建立非遗项目的数字化展览馆、博物馆、体验馆和微信平台，促进非物质文化资源的创造性转化和创新性发展。对经文化部门认定为濒危的非遗项目，开展摄像、录音、笔录、建档等抢救性保护，按照保护工作实际投入，给予相应资金支持。（责任单位：市文化广电局、市财政局、市旅游发展委、市委档案局，各县区人民政府）

（六）加快文化生态保护区建设。将符合条件的区域公布为市级民族传统文化生态保护区，积极申报省级民族传统文化生态保护区，鼓励各县、区人民政府设立民族传统文化生态保护区，将保护区规划纳入当地城乡规划，加强民族传统文化生态保护区与新农村、美丽乡村、历史文化名城（镇、村、街）、中国传统村落、民族团结示范村、中国少数民族特色村寨、旅游小镇、特色小镇等项目规划的衔接协调，注重重点区域的历史风貌保持和传统文化生态保护，让广大群众“望得见山，看得见水，记得住乡愁”。（责任单位：市住房城乡建设局、市规划局、市文化广电局、市委农办、市民宗局、市旅游发展委，各县区人民政府）

（七）推动非物质文化遗产进校园。开展“非遗小小传承人计划”，有计划地编辑出版一批非遗乡土教材，把非物质文化遗产知识列为特色教育的重要内容，将具有代表性的非物质文化遗产项目纳入中小学课程。大力开展非遗进校园活动，鼓励有条件的中小学校建立非遗课堂和非遗传习所，聘请各级非遗代表性传承人担任传承教学任务。将传统民间技艺与职业教育、中小学课堂教育紧密结合，让“非遗”后继有人、永续传承。（责任单位：市教育局、市文化广电局，各县区人民政府）

（八）提升非物质文化遗产宣传展示展演水平。各级非物质文化遗产保护中心、文化馆、图书馆、博物馆、科技馆和乡镇、社区文化站等公共文化机构，要举办经常性的非物质文化遗产实物展览、图片展示、技艺展演、学术讲座等活动，向大众宣传普及非物质文化遗产知识。教育部门要把非物质文化遗产宣传教育作为学生爱国主义和社会主义核心价值观教育的重要内容。文化广电、新闻出版、旅游等部门要加强对非物质文化遗产及保护传承方面的知识普及、宣传报道和景区（点）开放服务，为非物质文化遗产保护营造良好的社会氛围。组织动员非物质文化遗产项目代表性传承人积极参与非物质文化遗产进校园、进社区、进景区（点）活动。在重要节庆、重大活动期间组织开展非物质文化遗产展示展演，进一步扩大影响。（责任单位：市文化广电局、市教育局、市科技局、市旅游发展委、市民宗局，各县区人民政府）

（九）加强非物质文化遗产保护管理工作。按照国家、省非物质文化遗产保护工作规范和标准，实现非物质文化遗产保护和管理工作的规范化。严格非物质文化遗产保护名录推荐评审和代表性传承人认定标准，规范非物质文化遗产项目调查、申报、评审、公布、建档等程序。加强非物质文化遗产知识产权保护，开展非物质文化遗产知识产权维权援助，依法保护传承人的知识产权和合法权益。完善非物质文化遗产实物、资料的征集和保护。（责任单位：市文化广电局，各县、区人民政府）

（十）鼓励支持传承人携技创业，落实相关配套扶持政策。对独具本土特色、传承状况良好、有一定市场前景的代表性项目，引导传承人采用独资、参股、合作等方式注册成立公司或机构，开展非遗项目的研发设计、展示销售、品牌推广、基地建设等产业化活动。对携非遗项目创业并通过项目评审的国家、省级非遗代表性传承人，分别资助创业启动资金，协调提供便利条件。对携非遗项目创业并通过项目评审的各级非遗代表性传承人，按照国务院《关于进一步支持小型微型企业健康发展的意见》和文化和旅游部、工业和信息化部、财政部《关于大力支持小微文化企业发展的实施意见》等文件精神，享受相应的国家扶持政策。对纳入文化创意产业的非遗项目，享受文化创意产业的配套政策。（责任单位：市发展改革委、市文产办、市财政局、市文化广电局、市旅游发展委，各县区人民政府）

（十一）精心打造非遗品牌系列。集中推出以通海高台、米线节、彝族火把节、傣族花街节等为代表的民俗类品牌，以陶瓷、刺绣、铜器制作、银器制作等为代表的手工技艺类品牌，以玉溪花灯戏、滇剧、关索戏为代表的戏剧类品牌，以妙善学女子洞经音乐、滇南四大腔（五三腔、四腔）等为代表的民间音乐类品牌，以棕扇舞、烟盒舞、四弦舞等为代表的民间舞蹈类品牌，以豆豉、铜锅鱼等为代表的老字号品牌，以《朗娥与桑洛》《阿波仰者》等为代表的民间文学类品牌，以剪纸、木雕、石雕为代表的传统美术类品牌等，构建玉溪非遗产品品牌体系。（责任单位：市文产办、市商务局、市旅游发展委、市文化广电局，各县区人民政府）

三、保障措施

（十二）落实政府责任。各级政府要严格执行《中华人民共和国非物质文化遗产法》和《云南省非物质文化遗产保护条例》有关规定，每年听取1次非物质文化遗产保护工作汇报，把非物质文化遗产保护工作列入政府重要议事日程，纳入国民经济、社会发展规划和城乡规划，纳入各级财政预算，列为文化体制改革的重要内容。（责任单位：各县区人民政府，市发展改革委、市财政局、市文化广电局）

（十三）强化部门职责。各级政府要支持文化部门按照《中华人民共和国非物质文化遗产法》和《云南省非物质文化遗产保护条例》有关规定，依法履行保护工作责任。（责任单位：各县区人民政府，市文化广电局、市发展改革委、市教育局、市民宗局、市财政局、市人力资源社会保障局、市规划局、市住房城乡建设局、市旅游发展委、市文产办、市卫生计生委）

（十四）加大经费投入。各级政府要依法保障非物质文化遗产保护专项经费投入。市财政每年根据实际市本级财力情况安排项目资金，主要用于重点扶持非物质文化遗产资料和实物保存、代表性项目保护和濒危项目抢救性保护、传承人保护、传承基地建设、产业化运作、人员培训、传播和研究工作。健全资金监管机制，确保资金足额拨付、专款专用。（责任单位：各县区人民政府，市财政局、市文化广电局、市旅游发展委）

（十五）调动社会力量参与。鼓励和支持个人、企业、社会组织在符合规定的条件下，积极参与非物质文化遗产保护工作。培育非物质文化遗产保护的社会组织，发挥其在非物质文化遗产保护中的积极作用。（责任单位：各县区人民政府，市民政局、市文化广电局）

（十六）加强机构队伍建设。设立独立建制的市非物质文化遗产保护中心；县、区政府要根据当地非物质文化遗产资源富集程度和实际工作需要，设立或明确非物质文化遗产保护专门机构，配备与工作相适应的专职人员。各级文化部门要结合非物质文化遗产保护工作的需要和特点，优化系统内专业人员配置，充实非物质文化遗产保护工作力量。（责任单位：各县区人民政府，市委编办、市教育局、市文化广电局）

（十七）加大检查考核力度。把非物质文化遗产保护工作作为各级领导班子和领导干部考核评价、年度综合考评的重要参考。建立非物质文化遗产保护工作考评制度，定期对非物质文化遗产保护工作开展情况及专项资金使用情况进行检查。（责任单位：市委组织部、市考评办、市监察委、市财政局、市人力资源社会保障局、市文化广电局，各县区人民政府）

（十八）加强法治建设。严格执行《中华人民共和国非物质文化遗产法》和《云南省非物质文化遗产保护条例》，加大行政执法力度，杜绝有法不依、执法不严等情况。健全和完善非物质文化遗产保护的法规规章体系。将非物质文化遗产法律法规纳入普法教育规划，纳入各级党校和行政学院教学内容。（责任单位：市文化广电局、市普法办、市委党校、市政府法制办，各县区人民政府）

玉溪市人民政府

2018年4月10日

主要经济指标

全市国民经济和社会发展主要指标（一）

指标名称	单位	2014年	2015年	2016年	2017年	2018年	2018年比2014年(%)	
							增长	年均递增
一、综合								
年末常住人口	万人	235.1	236.2	237.5	238.1	238.6	1.5	0.4
年末户籍人口	万人	215.99	216.01	217.49	219.00	220.25	2.0	0.5
年末从业人员数	万人	178.17	179.45	181.50	184.82	186.37	4.6	1.1
地区生产总值	万元	11847 251	12445 230	13118 823	14134 889	14930 383	39.0	8.6
第一产业	万元	1213 701	1265 983	1350 203	1403 222	1494 518	27.8	6.3
第二产业	万元	6860 540	6838 967	6853 375	7294 412	7663 979	32.1	7.2
第三产业	万元	3773 010	4340 280	4915 245	5437 255	5771 886	53.4	11.3
生产总值中：工　业	万元	6505 210	6415 317	6320 298	6625 316	6800 814	27.1	6.2
建筑业	万元	360 054	428 824	538 174	674 332	868 540	117.1	21.4
人均地区生产总值	元	50 500	52 812	55 389	59 510	62 641	36.7	8.1
生产总值比重								
第一产业	%	10.2	10.2	10.3	10.0	10.0	—	—
第二产业	%	57.9	55.0	52.2	51.6	51.3	—	—
第三产业	%	31.9	34.8	37.5	38.4	38.7	—	—
二、农业								
农林牧渔业增加值	万元	1228 305	1281 982	1366 909	1420 337	1512 878	27.9	6.3
1. 农业增加值	万元	803 252	834 735	889 727	1015 502	1088 321	27.7	6.3
2. 林业增加值	万元	36 374	36 584	38 239	40 886	41 908	18.5	4.3
3. 牧业增加值	万元	355 750	375 862	402 488	326 158	342 979	29.2	6.6
4. 渔业增加值	万元	18 322	18 802	19 749	20 477	21 310	13.5	3.2
5. 农林牧渔服务业增加值	万元	14 607	15 999	16 706	17 314	18 360	37.5	8.3

注：年末户籍人口不含澄江县阳宗镇人口。

全市国民经济和社会发展主要指标（二）

指标名称	单位	2014年	2015年	2016年	2017年	2018年	2018年比2014年(%)	
							增长	年均递增
主要农产品产量								
1. 粮食	万千克	59 771	58 247	58 044	59 381	61 669	3.2	0.8
2. 蔬菜	万千克	197 811	219 669	229 669	240 216	268 029	35.5	7.9
3. 油料	万千克	3 609	3 793	3 209	3 183	3 608	持平	持平
4. 甘蔗	万吨	91.32	85.98	75.60	65.31	67.79	–25.8	–7.2
5. 烤烟	万千克	8 624	8 070	8 019	7 533	7 990	–7.4	–1.9
6. 园林水果	万千克	54 755	63 317	70 575	80 642	95 947	75.2	15.1
7. 茶叶	万千克	369.0	383.0	366.8	379.0	397.0	7.6	1.8
8. 肉蛋奶总产量	万千克	24 453	24 311	24 303	24 110	27 079	10.7	2.6
其中：肉类总产量	万千克	18 554	18 432	18 115	18 412	19 903	7.3	1.8
9. 水产品产量	吨	16 159	16 491	16 812	17 179	16 800	4.0	1.0
三、工业								
1. 规模以上工业增加值	亿元	577.8	607.4	597.3	623.7	—	26.5	6.1

（续表）

指标名称	单位	2014 年	2015 年	2016 年	2017 年	2018 年	2018 年比 2014 年（%）	
							增长	年均递增
其中：中央省属企业	亿元	426.5	465.3	445.2	452.5	—	4.4	1.1
市县区属企业	亿元	151.3	142.1	152.1	171.2	—	101.0	19.1
总计中：①卷烟及配套产业	亿元	386.5	434.4	401.2	403.9	—	-0.6	-0.1
②矿冶业	亿元	132.2	106.4	90.3	125.6	—	63.8	13.1
总计中：轻工业	亿元	415.1	464.9	443.8	453.1	—	8.1	2.0
重工业	亿元	162.7	142.5	153.5	170.6	—	96.8	18.4
大中型企业	亿元	509.2	516.2	505.5	520.0	—	10.0	2.4
2. 分行业增加值								
煤炭采选业	万元	11 034	5 077	6 171	2 538	—	53.8	11.4
黑色金属矿采选业	万元	304 585	236 754	253 826	255 065	—	75.2	15.1
有色金属矿采选业	万元	106 831	101 438	91 343	106 312	—	62.1	12.8
制糖业	万元	11 246	13 282	8 904	10 695	—	35.4	7.9
烟草制品业	万元	3774 118	4238 378	3909 637	3936 239	—	2.7	0.7
印刷业	万元	53 590	50 567	52 151	45 170	—	35.4	7.9
造纸及纸制品业	万元	56 602	58 215	74 334	77 133	—	87.2	17.0
化学原料及化学制品制造业	万元	178 655	126 657	132 543	155 618	—	54.9	11.6
肥料制造业	万元	30 066	24 105	19 327	22 142	—	53.5	11.3
塑料制品业	万元	21 539	31 979	36 154	41 653	—	144.2	25.0

注：1. 云南调查总队根据第三次全国农业普查数据，对全市 2014 ~ 2017 年粮食、畜牧业数据进行了重新修订；
2. 云南省统计局对全市 2016 ~ 2017 年园林水果及茶叶数据进行了重新修订。

全市国民经济和社会发展主要指标（三）

指标名称	单位	2014 年	2015 年	2016 年	2017 年	2018 年	2018 年比 2014 年（%）	
							增长	年均递增
水泥、石灰及石膏制造业	万元	82 452	83 874	88 905	114 665	—	85.8	16.8
黑色金属冶炼及压延加工	万元	416 003	285 992	247 243	347 935	—	30.9	7.0
有色金属冶炼及压延加工业	万元	185 340	181 048	205 869	176 301	—	180.0	29.4
金属制品业	万元	15 295	19 942	34 446	39 613	—	215.5	33.3
电气机械及器材制造业	万元	36 667	26 871	26 336	31 135	—	56.7	11.9
电力、热力生产和供应业	万元	160 344	185 462	226 853	227 280	—	92.1	17.7
自来水的生产和供应业	万元	3 108	3 091	5 246	4 942	—	75.0	15.0
3. 规模以上工业销售率	%	90.2	92.8	92.1	92.3	—	—	—
其中：中央省属企业	%	90.4	98.7	95.4	97.2	—	—	—
市县区属企业	%	90.2	86.3	88.7	88.3	—	—	—
4. 产品产量								
糖	吨	91 726	105 400	79 562	76 393	65 202	-28.9	-8.2
铁矿石原矿量	万吨	1 683.6	1 819.6	1 719.1	1 828.7	1 145.5	-32.0	-9.2
磷矿石（折含 $P_2O_5$30%）	万吨	170.0	216.1	122.3	156.0	110.6	-34.9	-10.2
硫酸（折 100%）	吨	180 148	248 876	263 470	351 092	451 552	150.7	25.8
黄磷	吨	156 683	160 393	159 794	166 457	154 490	-1.4	-0.4
水泥	万吨	1 007.8	994.7	1 070.2	1 162.5	1 292.6	28.3	6.4
生铁	万吨	471.4	382.8	400.9	408.7	514.6	9.2	2.2
成品钢材	万吨	686.5	610.2	664.8	660.0	759.4	10.6	2.6
变压器	万千伏安	387.9	298.0	360.9	403.2	488.1	25.8	5.9

全市国民经济和社会发展主要指标（四）

指标名称	单位	2014 年	2015 年	2016 年	2017 年	2018 年比上年增长（%）
四、固定资产投资						
1. 固定资产投资完成额	万元	5119 163	6675 854	8936 911	—	11.3
其中：500 万元以上项目投资	万元	4004 612	6019 973	7950 033	—	5.7
按经济类型分：						
国有经济	万元	2201 105	2616 442	5082 116	—	2.3
集体经济	万元	113 004	761 637	1114 455	—	-44.5
外商和港澳台投资	万元	72 310	78 371	89 026	—	-39.7
其他经济	万元	2732 744	3219 404	2651 314	—	37.1
按隶属关系分：中央省属单位	万元	641 186	563 761	1129 223	—	27.9
市县区属单位	万元	4477 977	6112 093	7807 688	—	7.4
按三次产业划分：						
第一产业	万元	100 002	277 483	373 303	—	99.1
第二产业	万元	1414 994	1811 953	1694 117	—	15.3
第三产业	万元	3604 167	4586 418	6869 491	—	6.0
2. 在库项目（不含房地产开发）	个	916	1 446	1 950	—	-27.7
本年新入库项目	个	595	1 125	1 467	—	-33.2
建成投产项目	个	590	955	1 191	—	-43.3
3. 施工房屋面积	万平方米	1 503.7	1 993.0	2 497.9	—	-2.6
其中：住宅	万平方米	857.5	913.8	1 678.9	—	-11.5
商品房施工面积	万平方米	981.2	862.6	810.3	—	18.7
其中：住宅	万平方米	733.7	621.4	572.2	—	15.4
商品房竣工面积	万平方米	136.1	180.2	93.3	—	32.7
其中：住宅	万平方米	106.2	148.0	56.4	—	39.6
商品房销售面积	万平方米	110.5	87.8	116.4	—	22.2
其中：住宅	万平方米	90.8	66.2	102.9	—	32.2

注：2017 年、2018 年固定资产投资统计方法制度改革，不公布绝对数。

全市国民经济和社会发展主要指标（五）

指标名称	单位	2014 年	2015 年	2016 年	2017 年	2018 年	2018 年比 2014 年（%）	
							增长	年均递增
五、社会消费品零售总额								
全市社会消费品零售总额	亿元	259.1	291.4	326.8	350.6	392.5	51.5	10.9
1. 按销售单位所在地分：								
城镇	亿元	224.0	264.3	279.9	294.5	329.7	47.2	10.1
乡村	亿元	35.1	27.1	46.9	56.1	62.8	78.9	15.7
2. 按行业分：								
商品零售	亿元	213.3	243.2	267.8	291.0	325.8	52.7	11.2
餐饮收入	亿元	45.8	48.2	59.0	59.6	66.7	45.6	9.9
六、人民生活								
单位从业人员	万人	27.54	26.87	27.64	28.43	29.00	5.3	1.3
在岗职工平均工资	元	45 733	51 735	60 408	70 106	79 804	74.5	14.9
城镇常住居民人均可支配收入	元	27 223	29 631	32 177	34 880	37 650	38.3	8.4
农村常住居民人均可支配收入	元	9 969	10 977	11 968	13 057	14 264	43.1	9.4

注：2018 年单位从业人员、在岗职工平均工资两项指标为预计数。

全市国民经济和社会发展主要指标（六）

指标名称	单位	2014年	2015年	2016年	2017年	2018年	2018年比2014年（%）	
							增长	年均递增
七、财政收支								
一般公共预算收入合计	万元	1135 899	1248 167	1310 605	1372 211	1424 887	25.4	5.8
增值税（含改征增值税）	万元	210 258	232 961	377 388	490 541	555 089	164.0	27.5
营业税	万元	118 899	111 799	54 210	1 248	118	-99.9	-82.3
企业所得税	万元	46 909	47 273	42 353	54 565	58 824	25.4	5.8
个人所得税	万元	9 061	11 208	13 802	19 498	17 874	97.3	18.5
城市维护建设税	万元	192 173	185 814	155 956	165 074	187 109	-2.6	-0.7
烟叶税	万元	48 097	52 460	53 791	44 666	49 434	2.8	0.7
一般公共预算支出合计	万元	2073 099	2232 989	2333 523	2621 228	2776 816	33.9	7.6
教育支出	万元	322 464	368 087	418 644	483 273	448 143	39.0	8.6
科学技术	万元	25 175	29 328	31 031	57 963	41 363	64.3	13.2
医疗卫生与计划生育支出	万元	189 835	219 283	274 387	269 434	276 806	45.8	9.9
八、金融								
金融机构存款余额	亿元	1 195.6	1 322.3	1 515.7	1 719.4	1 847.4	54.5	11.5
金融机构贷款余额	亿元	777.2	846.2	903.5	996.9	1 142.5	47.0	10.1
住户存款	亿元	627.5	683.5	752.3	825.2	876.0	39.6	8.7
存贷比	%	65.0	64.0	59.6	58.0	61.8	—	—
九、对外经济与旅游								
外贸进出口总额	万美元	96 887	189 602	201 900	210 099	183 664	89.6	17.3
其中：出口总额	万美元	91 297	185 217	199 158	206 353	179 615	96.7	18.4
进口总额	万美元	5 590	4 385	2 742	3 746	4 049	-27.6	-7.7
接待国内旅游人数	万人次	2 030.0	2 309.6	2 710.7	3 580.6	4 290.2	111.3	20.6
旅游总收入	亿元	108.6	126.4	162.9	283.2	368.3	239.1	35.7

全市国民经济和社会发展主要指标（七）

指标名称	单位	2014年	2015年	2016年	2017年	2018年	2018年比2014年（%）	
							增长	年均递增
十、物价指数（以上年为100）								
居民消费价格总指数	%	102.1	102	101.3	101.1	101.8	—	—
工业生产者出厂价格指数	%	99.5	95.5	99.4	110.0	104.0	—	—
商品零售价格总指数	%	101.1	101.8	100.5	100.9	102.1	—	—
农业生产资料价格指数	%	100.9	102.5	100.9	100.9	104.0	—	—
十一、交通运输邮电								
公路货运周转量	万吨千米	1511 881	1623 537	1578 768	1823 519	2113 859	39.8	8.7
公路旅客周转量	万人千米	123 120	119 803	120 106	135 138	117 922	-4.2	-1.1
固定电话机总数	万部	15.3	12.7	11.3	10.5	9.7	-36.6	-10.8
移动电话用户数	万户	210.6	204.6	224.6	258.9	247.1	17.3	4.1
十二、教育文化								
高等学校在校学生数	人	18 442	14 923	15 687	16 148	16 799	-8.9	-2.3
普通中专学校在校学生数	人	11 073	7 786	7 890	7 618	7 973	-28.0	-7.9
普通中学在校学生数	万人	13.0	12.8	12.4	12.1	11.7	-10.0	-2.6

（续表）

指标名称	单位	2014 年	2015 年	2016 年	2017 年	2018 年	2018 年比 2014 年（%）	
							增长	年均递增
小学在校学生数	万人	16.2	15.4	14.8	14.4	14.3	−11.7	−3.1
学龄儿童入学率	%	99.93	99.94	99.96	99.96	99.96	—	—
文化馆	个	10	10	10	10	10	持平	持平
公共图书馆	个	10	10	10	10	10	持平	持平
广播人口覆盖率	%	98.85	98.92	99.10	99.11	99.11	—	—
电视人口覆盖率	%	98.97	99	99.28	99.29	99.29	—	—
十三、卫生								
全市卫生机构病床数	张	11 922	12 811	13 238	13 522	13 563	13.8	3.3
卫生机构技术人员	人	13 401	14 849	15 724	17 107	17 966	34.1	7.6
其中：执业（助理）医生	人	4 956	5 336	5 572	5 889	6 074	22.6	5.2

注：普通中学在校学生数含普通高中在校学生人数。

分县区主要指标完成情况（一）

县　区	生产总值（万元）			第一产业增加值（万元）		
	2018 年	2017 年	增长（%）	2018 年	2017 年	增长（%）
全　市	14 930 383	14 134 889	8.9	1 494 518	1 403 023	6.4
红塔区	6 550 270	6 349 074	6.5	157 896	148 259	6.2
江川区	1 000 299	906 501	11.6	176 226	164 872	6.6
澄江县	1 002 898	906 677	13.1	117 919	110 724	6.0
通海县	1 167 136	1 121 870	7.6	179 418	167 964	6.4
华宁县	912 274	870 044	8.4	194 970	184 517	6.4
易门县	1 079 320	1 003 720	12.0	120 530	113 111	6.4
峨山县	848 714	780 273	13.0	125 134	117 221	6.6
新平县	1 513 439	1 394 402	12.5	213 976	200 642	6.6
元江县	859 156	780 273	8.8	208 449	195 713	6.6

分县区主要指标完成情况（二）

县　区	第二产业增加值（万元）			第三产业增加值（万元）		
	2018 年	2017 年	增长（%）	2018 年	2017 年	增长（%）
全　市	7 663 979	7 294 412	9.4	5 771 886	5 437 255	8.7
红塔区	4 378 470	4 305 473	4.9	2 013 904	1 895 326	10.1
江川区	369 076	305 055	18.8	454 997	436 517	8.2
澄江县	317 242	282 476	14.5	567 737	513 472	13.9
通海县	455 006	421 659	11.8	532 712	532 239	4.3
华宁县	304 930	275 342	14.6	412 374	410 165	4.9
易门县	609 590	542 859	17.4	349 200	347 734	4.4
峨山县	350 113	301 418	21.2	373 467	361 610	7.4
新平县	595 178	539 234	14.9	704 285	654 483	12.0
元江县	206 335	301 418	19.8	444 372	361 610	5.2

分县区主要指标完成情况（三）

县区	一般公共预算收入（万元）			一般公共预算支出（万元）		
	2018 年	2017 年	增长（%）	2018 年	2017 年	增长（%）
全 市	1 424 887	1 372 211	3.8	2 776 816	2 621 228	5.9
市本级	619 645	603 575	2.7	635 365	697 721	-8.9
高新区	70 089	66 690	5.1	64 926	71 054	-8.6
红塔区	179 012	165 897	7.9	346 418	314 181	10.3
江川区	78 359	71 026	10.3	205 342	184 023	11.6
澄江县	95 148	87 607	8.6	272 519	218 521	24.7
通海县	51 515	55 790	-7.7	180 534	179 971	0.3
华宁县	43 937	42 090	4.4	175 925	160 719	9.5
易门县	64 459	60 765	6.1	186 432	172 171	8.3
峨山县	44 668	43 256	3.3	168 258	155 167	8.4
新平县	134 418	126 701	6.1	340 150	278 800	22.0
元江县	43 637	48 814	-10.6	200 947	188 900	6.4

分县区主要指标完成情况（四）

县区	固定资产投资	社会消费品零售总额（万元）		
	比上年增长（%）	2018 年	2017 年	增长（%）
全 市	11.3	3924 834	3505 881	12.0
红塔区	-10.7	1769 487	1584 772	11.7
江川区	10.2	277 040	246 764	12.3
澄江县	17.3	249 320	221 615	12.5
通海县	29.8	381 943	342 716	11.4
华宁县	20.6	231 798	206 458	12.3
易门县	15.8	235 318	209 302	12.4
峨山县	34.6	198 828	176 879	12.4
新平县	12.6	272 478	242 239	12.5
元江县	31.0	308 622	275 135	12.2

分县区主要指标完成情况（五）

县区	农村居民人均可支配收入（元）			城镇居民人均可支配收入（元）		
	2018 年	2017 年	增长（%）	2018 年	2017 年	增长（%）
全 市	14 264	13 057	9.2	37 650	34 880	7.9
红塔区	16 999	15 510	9.6	39 068	36 007	8.5
江川区	13 280	12 172	9.1	36 651	33 936	8.0
澄江县	15 236	13 889	9.7	38 274	35 373	8.2
通海县	16 436	15 051	9.2	37 669	34 782	8.3
华宁县	13 970	12 723	9.8	37 052	34 276	8.1
易门县	13 642	12 516	9.0	37 468	34 501	8.6
峨山县	13 047	11 937	9.3	37 860	34 926	8.4
新平县	13 424	12 259	9.5	37 425	34 717	7.8
元江县	12 806	11 706	9.4	36 757	34 066	7.9

全省分州市主要经济指标完成情况（一）

州市	生产总值（亿元）				第一产业增加值（亿元）			
	2018 年				2018 年			
	绝对数	排序	增速（%）	排序	绝对数	排序	增速（%）	排序
昆明	5 206.9	1	8.4	14	222.2	4	6.3	5
曲靖	2 013.4	2	8.5	11	360.2	1	6.4	1
玉溪	1 493.0	4	8.9	10	149.5	11	6.4	1
保山	738.1	9	9.5	5	168.5	8	6.3	5
昭通	889.5	7	8.5	11	162.6	10	6.3	5
丽江	350.8	14	9.3	7	52.8	14	6.3	5
普洱	662.5	10	8.5	11	163.7	9	6.3	5
临沧	630.0	11	9.3	7	172.1	6	6.2	13
楚雄	1 024.3	6	10.2	3	181.2	5	6.4	1
红河	1 593.8	3	9.7	4	234.0	2	6.3	5
文山	859.1	8	10.3	2	170.2	7	6.3	5
西双版纳	417.8	12	8.1	15	102.1	12	6.4	1
大理	1 122.4	5	9.3	7	224.8	3	6.3	5
德宏	381.1	13	8.0	16	85.1	13	6.2	13
怒江	161.6	16	12.1	1	22.1	15	6.2	13
迪庆	217.5	15	9.5	5	12.6	16	6.2	13

全省分州市主要经济指标完成情况（二）

州市	第二产业增加值（亿元）				全部工业增加值（亿元）			
	2018 年				2018 年			
	绝对数	排序	增速（%）	排序	绝对数	排序	增速（%）	排序
昆明	2 038.0	1	10.0	13	1 266.9	1	13.6	5
曲靖	777.4	2	11.4	10	555.9	3	11.7	10
玉溪	766.4	3	9.4	14	680.1	2	8.2	13
保山	281.1	9	15.1	4	172.0	9	13.3	7
昭通	397.8	7	12.4	8	231.2	7	11.6	12
丽江	137.7	12	13.0	6	63.6	12	15.8	3
普洱	244.2	10	10.6	12	119.8	10	6.9	14
临沧	205.4	11	11.4	10	107.8	11	12.5	8
楚雄	417.1	6	15.4	2	264.8	6	13.4	6
红河	760.0	4	12.8	7	533.0	4	12.5	8
文山	307.4	8	14.4	5	173.9	8	14.0	4
西双版纳	114.3	13	7.3	15	58.9	13	6.4	15
大理	424.8	5	11.9	9	298.3	5	11.7	10
德宏	92.7	14	7.0	16	56.0	14	5.8	16
怒江	50.3	16	17.0	1	27.3	15	21.0	1
迪庆	90.2	15	15.3	3	23.6	16	16.4	2

全省分州市主要经济指标完成情况（三）

州市	建筑业增加值（亿元）				第三产业增加值（亿元）			
	2018 年				2018 年			
	绝对数	排序	增速（%）	排序	绝对数	排序	增速（%）	排序
昆明	771.8	1	3.5	16	2 946.7	1	7.3	9
曲靖	222.3	3	10.4	11	875.8	2	6.5	13
玉溪	86.9	11	22.7	1	577.2	4	8.7	5
保山	109.3	9	19.1	3	288.5	9	6.0	14
昭通	166.7	4	13.9	7	329.1	8	4.9	16
丽江	74.2	12	9.5	13	160.3	14	6.7	12
普洱	124.4	8	15.2	4	254.7	10	7.9	8
临沧	97.7	10	9.7	12	252.5	11	9.4	2
楚雄	152.7	5	20.0	2	426.0	6	7.0	10
红河	227.2	2	13.8	8	599.7	3	6.9	11
文山	134.1	6	15.0	5	381.5	7	8.5	6
西双版纳	55.5	14	8.6	15	201.4	13	9.3	3
大理	127.0	7	12.7	9	472.9	5	8.2	7
德宏	36.7	15	9.5	13	203.3	12	9.2	4
怒江	22.9	16	11.5	10	89.2	16	10.8	1
迪庆	66.6	13	14.8	6	114.8	15	5.9	15

全省分州市主要经济指标完成情况（四）

州市	一般公共预算收入（亿元）				一般公共预算支出（亿元）			
	2018 年				2018 年			
	绝对数	排序	增速（%）	排序	绝对数	排序	增速（%）	排序
全省	1 994.3	—	5.7	—	6 074.9	—	6.3	—
昆明	595.6	1	6.2	10	756.8	1	–2.5	16
曲靖	141.9	4	4.2	13	477.2	2	7.8	11
玉溪	142.5	2	3.8	14	277.7	8	5.9	13
保山	66.2	8	6.2	10	261.3	11	9.8	7
昭通	78.2	7	15.8	1	460.0	3	10.5	5
丽江	42.9	12	7.0	9	167.3	12	4.0	14
普洱	54.3	10	2.1	15	293.2	7	7.9	10
临沧	44.2	11	10.3	4	267.3	10	10.0	6
楚雄	86.7	6	8.0	8	275.9	9	10.9	4
红河	142.3	3	0.7	16	448.5	4	11.3	3
文山	60.3	9	6.1	12	343.3	6	6.8	12
西双版纳	31.3	14	9.9	5	129.3	16	9.8	7
大理	96.2	5	10.5	3	366.2	5	8.3	9
德宏	37.0	13	9.7	6	150.0	14	–0.6	15
怒江	10.9	16	9.4	7	138.9	15	54.9	1
迪庆	11.5	15	12.6	2	160.1	13	14.4	2

注：本表数据为省财政部门反馈数。

全省分州市主要经济指标完成情况（五）

州市	固定资产投资		社会消费品零售总额（亿元）			
	2018 年		2018 年			
	增速（%）	排序	绝对数	排序	增速（%）	排序
全省	11.6	—	6 826.0	—	11.1	—
昆明	5.5	11	2 787.4	1	10.0	15
曲靖	1.6	15	656.1	2	12.2	2
玉溪	11.3	9	392.5	4	12.0	5
保山	23.5	3	231.8	9	12.0	5
昭通	17.7	5	284.1	8	11.0	12
丽江	17.4	6	124.4	14	11.7	11
普洱	18.5	4	199.5	11	11.0	12
临沧	24.5	2	203.4	10	12.0	5
楚雄	25.6	1	358.9	7	12.1	3
红河	16.9	7	420.8	3	12.1	3
文山	10.6	10	388.2	6	12.0	5
西双版纳	0.4	16	140.9	13	12.0	5
大理	5.0	13	390.8	5	12.3	1
德宏	5.1	12	152.3	12	10.0	15
怒江	3.8	14	37.8	16	12.0	5
迪庆	11.7	8	57.0	15	11.0	12

全省分州市主要经济指标完成情况（六）

州市	农村常住居民人均可支配收入（元）				城镇常住居民人均可支配收入（元）			
	2018 年				2018 年			
	绝对数	排序	增速（%）	排序	绝对数	排序	增速（%）	排序
全省	10 768	—	9.2	—	33 488	—	8.0	—
昆明	14 895	1	8.7	15	42 988	1	8.0	8
曲靖	12 394	4	9.2	8	34 423	3	7.8	14
玉溪	14 264	2	9.2	8	37 650	2	7.9	11
保山	11 280	7	9.3	7	32 636	9	8.2	5
昭通	9 474	14	9.2	8	27 632	14	8.1	7
丽江	10 385	11	9.1	13	32 903	8	8.2	5
普洱	10 386	10	9.5	4	29 088	13	8.3	4
临沧	10 756	9	9.6	2	27 161	15	8.4	1
楚雄	10 988	8	9.4	5	34 154	6	7.9	11
红河	11 330	6	9.4	5	33 396	7	8.4	1
文山	10 030	13	9.2	8	30 242	10	8.0	8
西双版纳	13 079	3	8.6	16	29 323	11	7.8	14
大理	11 490	5	9.2	8	34 298	5	7.9	11
德宏	10 325	12	9.1	13	29 093	12	7.7	16
怒江	6 449	16	9.8	1	24 558	16	8.4	1
迪庆	8 524	15	9.6	2	34 411	4	8.0	8

（张本聪　摄）

索　引

INDEX

编　制：李海明

说　明

一、本索引采用主题分析方法，索引范围包括各部类条目和表格。按主题词汉语拼音顺序排列。
二、书中的类目题、分目题用黑体字标明，其余用宋体字排印。
三、索引的主题词后面的数字表示内容所在页码，数字后面的字母（a、b、c）表示该页从左至右的栏别。
四、以数字开头的款项，不按音序排列，集中于"非音序"栏中。

条目索引

A

B

C

E

F

G

H

I

J

K

P

Q

T

Y

Z

表格索引

非音序